ALFRED NIESEL
BAUEN MIT GRÜN

BAUEN MIT GRÜN

DIE BAU- UND VEGETATIONSTECHNIK DES LANDSCHAFTS- UND SPORTPLATZBAUS

Herausgegeben von Alfred Niesel

Mit Beiträgen von
Harm-Eckart Beier, Hans-Jürgen Krems,
Alfred Niesel, Gerhard Osburg,
Heiner Pätzold, Karl-Bernhard Prasuhn,
Hans-Dieter Schmidt,
alle Fachhochschule Osnabrück

Gartenentwürfe von Herbert Keller,
Fachhochschule Osnabrück

Mit 688 Abbildungen und 163 Tabellen
im Text und im Anhang

Verlag Paul Parey   Berlin und Hamburg

Anschriften

Prof. Dr. Ing. H.-E. Beier, Fachbereich Landespflege,
Erdbau, Bodenmechanik

Prof. i. R. Dr. rer. hort. Herbert Keller,
Fachbereich Landespflege, Freiraumplanung

Prof. Dipl.-Ing. H.-J. Krems, Fachbereich Landespflege,
Betonbau/Statik/Stahlbeton

Prof. Dipl.-Ing. A. Niesel, Fachbereich Landespflege,
Landschaftsbau/Baubetrieb

Prof. Dr. G. Osburg, Fachbereich Landespflege,
Landschaftsbau/Technisches Zeichnen

Prof. Dipl.-Ing. H. Pätzold, Fachbereich Landespflege,
Landschaftsbau/Sportplatzbau

Prof. Dipl.-Ing. K.-B. Prasuhn, Fachbereich Landespflege,
Wegebau/Vermessungstechnik

Prof. Dipl.-Ing. H.-D. Schmidt, Fachbereich Landespflege,
Landschaftsbau/Baubetrieb

Fachhochschule Osnabrück, Am Krümpel 33,
D-4500 Osnabrück

Der Anhang enthält die aktuellen Daten mit
Stand Dezember 1990.

CIP-Titelaufnahme der Deutschen Bibliothek

Bauen mit Grün: die Bau- und Vegetationstechnik des
Landschafts- und Sportplatzbaus / hrsg. von Alfred Niesel.
Mit Beitr. von Harm-Eckart Beier . . . – Berlin ; Hamburg :
Parey, 1989
    ISBN 3-489-54322-X
NE: Niesel, Alfred [Hrsg.]; Beier, Harm-Eckart [Mitverf.]

Einband: Jan Buchholz & Reni Hinsch, Grafik-Design,
D-2000 Hamburg 73, unter Verwendung der Abb. 1.3/6

© 1989 Verlag Paul Parey, Berlin und Hamburg
Anschriften: Lindenstr. 44–46, D-1000 Berlin 61;
Spitalerstr. 12, D-2000 Hamburg 1

ISBN 3-489-54322-X · Printed in Germany

Reinzeichnungen: Atelier f. Grafik & Design Ingrid T. Oehrlein,
D-1000 Berlin 33

Satz: Dörlemann-Satz, D-2844 Lemförde
Lithografie: O.R.T., Excelsior, D-1000 Berlin 61
Druck: Saladruck, D-1000 Berlin 36
Bindung: Lüderitz & Bauer, D-1000 Berlin 61

Vorwort

Bei der Gestaltung und Anlage von privaten und öffentlichen Freiräumen verschiedenster Art nimmt die Pflanze eine besondere Stellung ein. Häufig bestimmt eine einzige Pflanze, ein Baum in einem Innenhof die Atmosphäre dieses Raumes. Gleiches gilt auch für den Eindruck, den der Betrachter von Fußgängerzonen gewinnt. Nicht der Belag dieser Flächen, sondern die Baumpersönlichkeiten, die Solitärpflanzen oder das Ensemble von Gehölzen, Stauden und Sommerblumen bestimmen das Gesicht dieser Stadtlandschaft. Doch das Wachsen der Pflanze ist ohne das Zusammenspiel mit der Technik häufig nicht möglich. In der Praxis geht es also darum, Technik und Pflanze in einem sinnvollen Miteinander zu vereinen. Bevor die Pflanze ihr Wachstum beginnen kann, sind im kleinsten Hausgarten, in der öffentlichen Grünanlage, in Wohnsiedlungen, Kleingartenanlagen oder auf Friedhöfen bauliche und technische Voraussetzungen dafür zu schaffen, daß die Pflanze wachsen und gedeihen kann.

Im März 1939 veröffentlichte Rudolf Schatz in der Reihe »Gärtnerische Berufspraxis« im Verlag Paul Parey das Heft »Gartentechnik«. Es war auf 118 Seiten, wie der Autor schrieb, zwar eine gedrängte, aber doch erschöpfende Behandlung aller bei der Ausführung von Gartenanlagen vorkommenden technischen und gärtnerischen Arbeiten. Der Erfolg dieses Heftes ist an fünf Auflagen abzulesen. Die fünfte Auflage dieses Heftes war dann eine völlige Neubearbeitung durch den Herausgeber dieses Werkes, denn unser Kenntnisstand hatte sich ständig und bisweilen sprunghaft verändert. Der Rahmen der Schriftenreihe setzte der notwendigen Information allerdings sehr enge Grenzen. So entstand der Gedanke, die »Gartentechnik« in einem größeren Werk zu behandeln. Wenn dieses Werk nun unter dem Titel »Bauen mit Grün« erscheint, dann soll damit deutlich gemacht werden, daß alles Bauliche, das die Gestalt einer Freianlage formt und seine Nutzung in vielfältiger Form häufig erst ermöglicht, letztlich zu einer Harmonie mit der Pflanze gelangt. Das Gebaute, das sich in seiner dienenden Funktion häufig unter der geformten und aufbereiten Erde verbirgt und in stützender oder auch zunächst gestaltgebender Funktion die Pflanzenstandorte erst schafft, tritt dabei immer mehr zurück. Die Pflanze wird häufig das allein prägende Element.

Der Begriff »Bauen mit Grün« wurde geprägt von Landschaftsgärtnern, die sich von anderen Bauausführenden dadurch unterscheiden, daß sie sowohl mit toten Baustoffen als auch mit der lebenden Pflanze umgehen. Unternehmen des Landschafts- und Sportplatzbaues betrachten aus der historischen Entwicklung heraus grüngeprägte Freianlagen als geschlossenes landschaftsgärtnerisches Gesamtwerk.

Alle baulichen und pflanzlichen Leistungen unterliegen jedoch technischen Regeln. Die Autoren dieses Werkes haben daher den Versuch unternommen, die bau- und vegetationstechnischen Zusammenhänge und Regeln für die verschiedenen Elemente einer Freianlage systematisch darzustellen und an einem Beispiel zu verdeutlichen. Daraus ergibt sich ein Standardwerk insbesondere für Landschaftsarchitekten und Ausführende des Landschafts- und Sportplatzbaues. Weil auf dem zur Verfügung stehenden Raum nicht alles in der erwünschten Tiefe behandelt werden konnte, werden ergänzende bzw. vertiefende Ausführungen in der Reihe »Pareys Fachbibliothek« erscheinen.

Dem Verlag Paul Parey danke ich sehr herzlich für seine Geduld, die gute Zusammenarbeit während der Erstellung und die hervorragende Ausstattung des Werkes.

Meine Mitautoren haben sehr viel Mühe und Zeit geopfert in einer Phase, in der die Hochschulen eine Überlast in Forschung, Entwicklung und Lehre zu tragen haben. Sie haben meinen besonderen Dank verdient.

Das Werk möge allen, die sich dem Arbeiten mit Grün verbunden fühlen oder beruflich damit befaßt sind, hilfreich sein. Angesprochen sind alle interessierten Gartenliebhaber, Auszubildende, Studenten, Architekten, Landschaftsarchitekten und Landschaftsgärtner.

Osnabrück, im Januar 1989

Alfred Niesel

Inhalt

13 Entwicklungs- und Unterhaltungspflege

(H.-D. Schmidt) 354

14 Zäune und Gitter

(G. Osburg) 361

15 Schutz der Vegetation bei Bauarbeiten (A. Niesel) 382

1 Einführung A. Niesel

Das Anlegen und Pflegen von Gärten ist so alt wie unsere Kulturgeschichte. Gärten waren schon immer Zeichen und Ausdruck einer Kultur und Spiegel der Gesellschaft. Die Kunst, Gärten zu gestalten und anzulegen, – die »Gartenkunst« – war auch immer Teil der jeweiligen Stilrichtung. Entsprechend unterschiedlich waren die Formen und Stilmittel. Objekte der Gartenkunst waren der kleine Garten als Gartenhof oder Atrium und der Landschaftspark, der die Landschaft zu einem Kunstwerk machte.

Das Aufgabengebiet, das sich heute der Garten- und Landschaftsgestaltung sowohl von der Planung (Gestaltung) als auch von der Ausführung her darbietet, umfaßt alle Freiräume außerhalb der Wohnung und Arbeitsstätte bis in die freie Landschaft hinein. Es sind insbesondere:

- Innerstädtische Freianlagen in Form von Bürgerparks, Freizeitparks, Fußgängerzonen, Kinderspielbereiche, Kleingärten, Friedhöfe, Grünzüge, Straßengrün, Außenanlagen an Schulen, Kindergärten und Krankenhäusern.
- Freiflächen in Wohnsiedlungen in Form von Hausgärten, Grünflächen und Freizeitanlagen an Reihenhäusern, Wohnblocks und Hochhäusern sowie Dachgärten in diesem Bereich.
- Sport- und Freizeitanlagen in verschiedensten Formen.
- Gestaltung und Erhaltung der Landschaft, oft in Verbindung mit Maßnahmen des Straßenbaues, des Wasserbaues, der Land- und Forstwirtschaft, des Bergbaues, der Industrie, des Gewerbes aber auch mit Freizeit und Erholung.

Unsere Mitbürger sind sich ihrer Umwelt, der ihr drohenden Gefahren, aber auch der in ihr ruhenden Möglichkeiten zur Hebung der Lebensqualität sehr bewußt geworden.

Ein grünes Bauwerk ist das Produkt verschiedenster Aktivitäten auf unterschiedlichsten Ebenen der Planung, Gestaltung und Ausführung. Im Vorfeld geht es darum, zunächst einmal das Bedürfnis und das Programm für einen grünen Freiraum, für eine Eingrünung oder einen gestaltenden Eingriff in die Landschaft festzustellen und zu definieren. Dieser Prozeß, der sich je nach Bedeutung des Objektes oft über Jahre hinweg erstreckt, bei dem betroffene Bürger beteiligt werden und neben der Erkundung und Sicherung aller rechtlichen Belange insbesondere auch für die Finanzierung der Baumaßnahme selbst und der Folgekosten gesorgt werden muß, ist nicht Gegenstand dieses Buches. Wir wollen an der Stelle des Gesamtablaufes beginnen, an der die Aufgabe der Realisierung einer Bauaufgabe mit Grün gestellt ist. Die Realisierungsphase nimmt ihren Anfang mit dem Entwurf und endet mit der Übergabe des fertigen Bauwerkes an den Bauherrn.

Jeder Freiraum soll später im Rahmen der Aufgabenstellung eine bestimmte Funktion erfüllen. So soll z.B. ein Hausgarten einen Sitzbereich aufweisen, er soll durch Wege erschlossen sein, vom Nachbarn oder von der vorbeiführenden Straße nicht eingesehen werden und natürlich in Erweiterung des Wohnhauses einen grünen Raum bilden, in dem sowohl schöne Blumen zu betrachten als auch Rasenflächen vorhanden sind, die bespielt werden können. Oder ein Freiraum im Rahmen des Stadtgrüns soll eine Vielzahl schattiger, sich gegenseitig nicht störender Sitzbereiche aufweisen, ein anderer städtischer Freiraum wiederum soll auf dem Wege in die freie Landschaft Spiel- und Liegewiesen, Fuß- und Radwege, Anlagen zum Freizeitsport und leicht bzw. nur selten zu pflegende Strauch- und Baumpflanzungen aufweisen. So vielfältig wie die Aufgabenstellung ist, so vielfältig sind auch die Gestaltungsmittel, derer sich der Landschaftsarchitekt bei seinem Entwurf bedient. Wichtigstes Gestaltungsmittel sind dabei immer die Pflanzen. Doch sie sind in der Regel nur die Krönung eines Bauwerkes, zu dessen Erstellung vorher oft viele technische Aufgaben zu lösen sind, die sowohl der formalen Gestaltung dienen als auch aus technischen Gründen notwendig sind. Da sind Wege, Plätze, Spiel- und Sportplätze zu planen und zu bauen, Höhenunterschiede durch Böschungen oder Mauern zu überbrükken, Treppen oder Rampen vorzusehen, Wasserflächen oder Springbrunnen anzulegen, Gartenräume auch mit Hilfe von Mauern oder Sichtschutzzäunen zu bilden, für das Ableiten von überschüssigem Wasser ist zu sorgen, das Gelände nach gestalterischen oder technischen Notwendigkeiten zu formen, der Boden so herzurichten, daß Pflanzen gut darin wachsen können und vieles andere mehr. Der Garten- und Landschaftsarchitekt sowie der Unternehmer des Landschafts- und Sportplatzbaues, der diese Objekte als Gesamtwerk ausführt, müssen dabei den Umgang mit diesen Baustoffen und Bautechniken beherrschen. Jeder Baustoff bietet ja ein anderes Bild und die gleiche Situation läßt in der Regel verschiedene Lösungsmöglichkeiten zu. Es ist die Aufgabe des Planers, aus der Fülle der gestalterischen und technischen Möglichkeiten die Lösung herauszuarbeiten, die unter Abwägung aller gestalterischen, technischen und finanziellen Einflußfaktoren die geeignete ist. Das gilt für Objekte jeder Größe, also für Hausgärten, Kleingärten oder Wohnstraßen ebenso wie für Freizeit- und Sportanlagen.

1.1 Regeln der Technik

Bei aller Freizügigkeit in der Gestaltung sind Planer und Ausführende gebunden an die technischen und physikalischen Eigenschaften der Baustoffe, die sie verwenden. Wenn vom Baustoff Holz bekannt ist, daß er in Abhängigkeit von seinem Feuchtegehalt »arbeitet«, also quillt oder schrumpft, und nur eine begrenzte Lebensdauer hat, dann muß das in alle Überlegungen bei der Gestaltung, technischen Detaillierung und Ausführung einbezogen werden. Ebenso typische Eigenschaften und Grenzen der Einsetzbarkeit haben auch alle anderen Baustoffe, die in diesem Buch vorgestellt werden.

Das bürgerliche Gesetzbuch, das Strafgesetzbuch und die Bauordnungen verlangen, daß die »anerkannten Regeln der Baukunst« beachtet werden. Zu diesen anerkannten Regeln der Baukunst oder auch der Bautechnik gehören insbesondere die DIN-Normen, die der »Normenausschuß Bauwesen (NA-Bau)« des *Deutschen Institutes für Normung* (DIN) für das Bauwesen aufstellt und laufend der neuesten Entwicklung anpaßt. Unter 18 000 überhaupt bestehenden Normen betreffen etwa 1000 das Bauwesen. Aufgabe der Normen ist es, Baustoffe und Bauweisen zu vereinheitlichen und einheitliche Festlegungen z. B. für Zusammensetzung, Eigenschaften, Maßtoleranzen, Prüfverfahren zu treffen. In den Kapiteln dieses Buches wird immer wieder auf die einschlägigen Normen verwiesen werden.

Im Gesamtwerk des Landschafts- und Sportplatzbaues unterscheidet man zwischen bautechnischen und vegetationstechnischen Leistungen. Unter Bautechnik versteht man alle Bauleistungen in Verbindung mit toten Baustoffen, deren Endprodukt ein unveränderliches Bauwerk mit vorher genau festgelegten Dimensionen und/oder Eigenschaften ist.

Tab. 1.1/1   **Landschaftsbau**

Vegetationstechnik		Bautechnik	
DIN	Geregelter Bereich	DIN	Geregelter Bereich
	ATV		ATV
18 320	Landschaftsbauarbeiten	18 299	Allgemeine technische Vertragsbedingungen für Bauleistungen
		18 300	Erdarbeiten
	Fachnormen – FN Vegetationstechnik im Landschaftsbau (DIN 18 915–18 929)	18 303	Baugrubenverkleidungsarb.
		18 306	Abwasserkanalarbeiten
18 915	Bodenarbeiten	18 315	Oberbauschichten m. bit. Bindemitteln
18 916	Pflanzen und Pflanzarbeiten	18 316	Oberbauschichten m. hydraul. Bindemitteln
18 917	Rasen- und Saatarbeiten	18 317	Oberbauschichten ohne Bindemittel
18 918	Ingenieurbiologische Sicherungsbauweisen	18 318	Steinpflasterarbeiten
18 919	Entwicklungs- und Unterhaltungspflege in Grundflächen	18 330	Mauerarbeiten
18 920	Schutz von Bäumen, Pflanzenbeständen und Vegetationsflächen bei Baumaßnahmen	18 331	Beton- und Stahlbetonarb.
		18 332	Naturwerksteinarbeiten
		18 333	Betonwerksteinarbeiten
18 035	Blatt 4 Sportplätze – Rasenflächen		Fachnormen – FN
		18 035	Blatt 5 Sportplätze – Tennenflächen

Unter Vegetationstechnik versteht man Bauleistungen, die mit der Pflanze als Lebewesen direkt oder indirekt zu tun haben, also z. B. die Bodenarbeiten, die die Voraussetzungen zu optimalem Wachstum schaffen, die Rasen- und Pflanzarbeiten selbst, die Leistungen der Fertigstellungspflege und die Unterhaltungspflegeleistungen.

Tabelle 1.1/1 führt wichtige Normen auf, die das Gesamtwerk des Landschafts- und Sportplatzbaues direkt betreffen. Bei diesen Normen unterscheiden wir:

ATV = Allgemeine Technische Vertragsbedingungen und FN = Fachnormen

*A*llgemeine *T*echnische *V*ertragsbedingungen (ATV) sind DIN-Normen, die in der *V*erdingungs*o*rdnung für *B*auleistungen (VOB) im Teil C zusammengefaßt sind. Sie regeln einmal den vertragsrechtlichen Rahmen einer Bauleistung, z. B. was eine Nebenleistung ist und wie eine Leistung abzurechnen ist (siehe dazu NIESEL, Der Baubetrieb im Garten- und Landschaftsbau, Bd. 2, Verlag Paul Parey). Zum anderen enthalten sie Festlegungen über die Beschaffenheit von Baustoffen, die bei der Ausführung verwendet werden sollen, und Regeln für die Ausführung der Leistung selbst. Weil diese Regeln und Festlegungen sehr umfangreich sein können und damit den Umfang der VOB sprengen würden und zudem bisweilen infolge neuer wissenschaftlicher Erkenntnisse relativ schnell veralten, werden sie heute in der Regel aus verfahrenstechnischen Gründen der Normung in Fachnormen niedergelegt, die schneller

der neuesten Entwicklung angepaßt werden können. In der ATV wird dann nur noch bestimmt, daß für die Stoffe und Leistungen eine oder mehrere Fachnormen gelten. So ist das auch bei der ATV DIN 18 320 »Landschaftsbauarbeiten« geregelt. Da unsere Erkenntnisse laufend zunehmen, ändern sich natürlich auch diese Normen. Von einem Fachmann erwartet man, daß er mit allen einschlägigen Normen und den neuesten Erkenntnissen auf seinen Tätigkeitsgebieten vertraut ist. Für den grünen Fachmann sind das sehr viele Normen, wie der Leser in den nachfolgenden Kapiteln feststellen kann.

Die in diesen Kapiteln aufgeführten technischen Grundsätze, die sich aus den Materialeigenschaften ableiten, gelten für Objekte jeder Art. Holz verhält sich im Hausgarten nicht anders als in einer Sportanlage, Pflanzen sind im Kleingarten nicht anders zu behandeln als im Freizeit- und Sportpark. Gleiches gilt für den Boden, für Steine, Metalle oder die Grundsätze des Wegebaues. Auf der Planungsstufe werden an den Planer bei größeren Objekten, wie z. B. Bezirkssportanlagen, Freizeitparks, Gartenschauen, Freianlagen an Hochschulen u.ä. weitergehende und höhere Anforderungen auf den Feldern der Erschließung, Ausstattung, Ver- und Entsorgung gestellt, als sie in diesem Buche dargestellt werden. Sportbauten verlangen eine spezielle Beschäftigung mit den Bauweisen zur Herstellung von Rasen-, Tennen-, Kunststoff- und Kunstrasenfeldern sowie deren Ausstattung, Ver- und Entsorgung. Wir haben uns für dieses Buch einen engeren Rahmen gesetzt und verweisen daher auf die entsprechende Fachliteratur für Sport- und Freizeitanlagen u.ä.

Die Entwurfs-Ideen des Planers und Gestalters werden nach den in diesem Buch behandelten Regeln im Rahmen der Ausführungsplanung detailliert. Detaillieren bedeutet, daß in Ausführungszeichnungen genau festgelegt wird, wie das jeweilige Bauwerk oder die Pflanzung ausgeführt werden soll. Die Detailplanung ist dann die Grundlage für die Aufstellung eines Leistungsverzeichnisses, in dem positionsweise die Einzelleistungen beschrieben werden, die dem ausführenden Unternehmer übertragen werden sollen. Dieser ermittelt im Rahmen einer Ausschreibung den Preis, für den er diese Leistung erbringen kann (siehe dazu Niesel, Der Baubetrieb im Garten- und Landschaftsbau, Teil 2, Verlag Paul Parey). Vom Unternehmer wird während der Ausführung erwartet, daß er die von ihm verlangte Leistung auf Übereinstimmung mit den Regeln der Technik überprüft.

An Hand eines konkreten Beispiels wollen wir in diesem Buch darstellen, wie sehr Gestaltung und Technik zusammengehören und über welches Rüstzeug Planer und Ausführende verfügen müssen, um ein solches Bauvorhaben zu realisieren. Wir haben als Beispiel einen Hausgarten gewählt, weil er überschaubar ist und auf kleinem Raum die verschiedensten Baustoffe angewendet werden können. Die Grundsätze der Anwendung von Baustoffen und der Weg der Entscheidungsfindung ist bei kleinen und großen Objekten gleich. Auf die Notwendigkeit einer erweiterten und vertieften Beschäftigung mit weiteren Baustoffen und Bauverfahren wurde bereits hingewiesen.

1.2   Der Garten K.

1.2.1   Das Programm

K. ist Diplomingenieur und als Hochschullehrer tätig. Er ist verheiratet und hat fünf Kinder. Das Grundstück hat er sich selbst gesucht, das Haus selbst entworfen. Jetzt setzt er sich mit einem Landschaftsarchitekten in Verbindung, denn um das Haus soll ein schöner Garten entstehen. Der Bauherr und der Landschaftsarchitekt setzen sich nun zusammen und formulieren das Programm. In diesem Falle war es der Wunsch des Bauherrn, einen Bereich für die Kinder zu haben, der in der Nähe der Küche liegt, und einen zweiten intimeren Bereich für die Erwachsenen in Verbindung mit dem Wohnzimmer. Die Hausfrau wünscht sich einen Kräutergarten und einige Obstbäume. Außerdem soll der Garten nicht allzuviel Arbeit machen. Aber auch die vage Vorstellung eines Wasserpflanzenbeckens mit Fischen und eines schattigen Platzes unter einer Pergola werden laut. Neben der Zufahrt zur Garage muß noch ein Einstellplatz für einen zweiten Wagen vorgesehen werden. In Verbindung mit dem Bastelraum hinter der Garage wird ein Platz im Freien erwartet, damit dort die Reparaturen an Fahrrädern etc. ausgeführt werden können.

1.2.2   Das Grundstück und der Plan des Hauses

Das Grundstück liegt am Ende einer kurzen Stichstraße mit einem Wendehammer (siehe Lageplan). Durch die Stadtplanung ist eine Straßenhöhe und gleichzeitig Sockelhöhe vorgesehen, die etwa 1,5 m über der ursprünglichen Geländehöhe liegen. Der Grundriß des Hauses ist in den Gartenplänen (Abb. 1.2.3/1 und 3) enthalten. Der Bauherr hat dabei seine Vorstellung von zwei unterschiedlichen Ebenen zwischen dem belebteren Küchen- und Eßzimmerbereich und dem Ruhebereich des Wohnzimmers verwirklicht. Der Ausgang aus dem Eßzimmer liegt deshalb drei Stufen höher als der Hauszugang und der Ausgang aus dem Eß-

Abb. 1.2.3/1

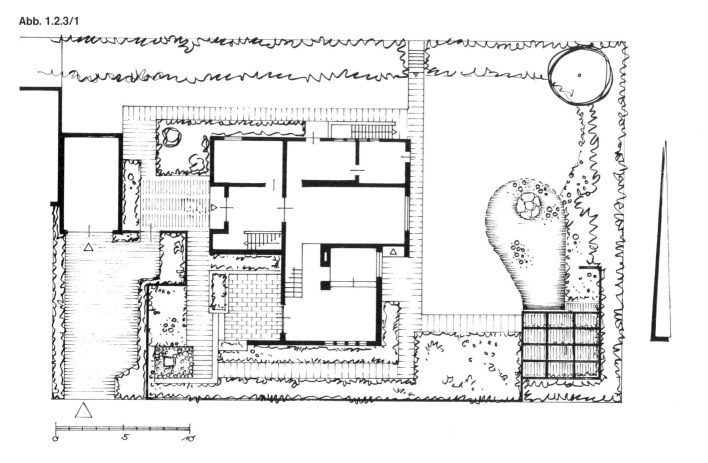

zimmer. Als Baumaterial wurden weiße Kalksandsteine für die Mauern und Schieferplatten für das Dach verwendet.

1.2.3 Der Entwurf des Gartens

Die Lage des Grundstückes und die Lage des Hauses im Grundstück und das gemeinsam mit dem Bauherrn aufgestellte Programm sind die Vorgaben, aus denen sich auf dem Zeichenpapier der Entwurf des Landschaftsarchitekten entwickelt. Die ersten Entwurfsskizzen, die mit dem Bauherrn besprochen werden, nennt man Vorentwurf. Aus ihm entwickelt sich dann unter Abstimmung mit dem Bauherrn, Nachbarn und Baubehörden der Entwurf. Die Pläne (Abb. 1.2.3/1–3) zeigen eine solche Entwicklung.

In der formalen Lösung dieser Aufgabe kann es sehr verschiedene Alternativen geben, denn jeder Landschaftsarchitekt hat seine eigene Handschrift. Ob aber nun eckig oder rund geplant wird, wichtig ist vor allem, daß die Funktionen stimmen, daß also Zugang und Zufahrt zum Hause richtig angeordnet sind und eine leichte Orientierung erlauben, daß der oder die Sitzplätze an der richtigen Stelle liegen und der Garten sinnvoll erschlossen ist. Neben den schon erwähnten Vorgaben für den Entwurf ist dann häufig auch noch das Geld ein begrenzender Faktor, der die Materialauswahl und damit auch die Form

Abb. 1.2.3/2

Abb. 1.2.3/3

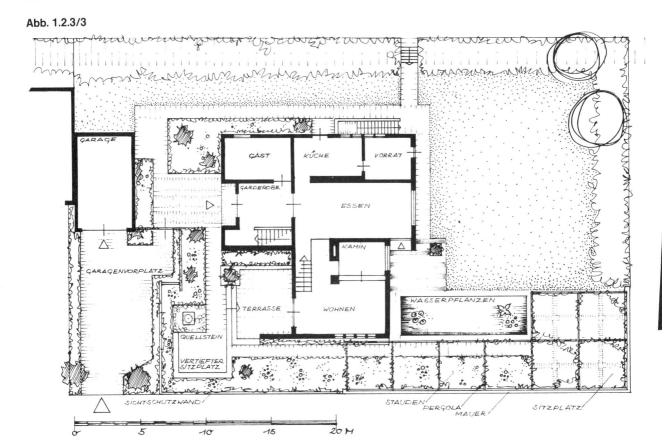

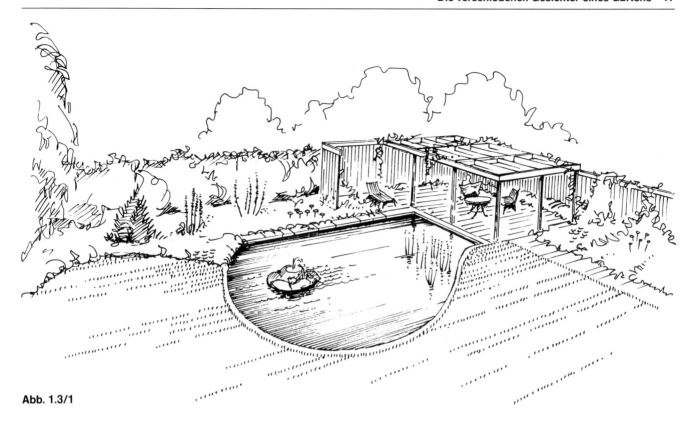

Abb. 1.3/1

des Gartens, aber auch seine Inhalte mitbestimmen. Natursteinmaterialien sind teurer als Kunststeinmaterialien wie z. B. Betonplatten und Materialien im Kleinformat sind teurer als solche im Großformat, wie z. B. Betonrechteckplatten. Großformate lassen sich auch schneller und damit billiger verlegen.

Aus all diesen Vorgaben entstand nun dieser Entwurf, mit dem sich der Bauherr einverstanden erklärte (Abb. 1.2.3/3).

Die schmale Zufahrt verbreitert sich hinter einem zur Straße hin abschirmenden Beet, damit dort wunschgemäß ein zweiter Wagen parken kann. Sichtblenden schirmen den erhöhten Sitzplatz vor dem Wohnzimmer von der Einfahrt ab und begrenzen einen kleinen Gartenhof, der zu diesem Sitzplatz und zu dem Wohnzimmer gehört. Rechte Garagenwand und die zweite, etwas versetzte Sichtblende bilden dann die rechte und linke Begrenzung für den Zugang zum Eingangshof, der durch einen Zaun und eine Toranlage gegenüber Zufahrt und Straße abgeschlossen wird. Mit dem Eingangshof beginnt also schon der Wohnbereich der Familie, denn dieser Hof ist gleichzeitig auch schon der Bastelplatz für die Kinder. An den Eingangshof schließt sich dann hinter dem Hause ein langgezogener Beeren-, Kräuter- und Gemüsegarten an, der durch die bepflanzte Böschung zum dahinterliegenden Grundstück begrenzt wird. Die größte Fläche gehört dem Wohngarten an der NO-Seite des Hauses. Direkt am Ausgang aus dem

Eßzimmer liegt ein erster Sitzplatz. Ein zweiter Sitzplatz ist dann unter einer Pergola in einer Mauerecke angeordnet. Wasserpflanzenbecken und ein Staudenbeet bereichern diesen Gartenteil. Die übrige Fläche ist ein großer Spielrasen, der von einem Kranz aus Blütengehölzen und kleinkronigen Bäumen eingefaßt ist.

Pergola und Wohngarten sind dann wiederum durch einen Weg verbunden, der durch Stauden und niedrige Gehölze begleitet ist.

1.3 Die verschiedenen Gesichter eines Gartens

Der Gartenplan, über den bisher gesprochen wurde, ist ein zweidimensionales Gebilde, d. h. man kann die Gestaltung des Gartens nach Länge und Breite ablesen. Um auch die Höhe, die dritte Dimension, aus dem Plan ablesen und sich vorstellen zu können, muß man schon eine gute Vorstellungskraft besitzen. Weil aber nur wenige Menschen sich eine dreidimensionale Vorstellung machen können, hilft man mit Perspektivzeichnungen nach. Jetzt zeigen sich auch dem Laien die Räume, die sich der Landschaftsarchitekt vorgestellt hatte. Mit den Räumen werden aber auch schon die Strukturen sichtbar, die die einzelnen Teile des Gartens besitzen werden (Abb. 1.3/1–7).

Wenn wir uns nun diesen Garten ansehen, dann stellen wir fest, daß er die

verschiedensten Elemente besitzt, die der Erschließung, der Raumbildung, der Höhenüberwindung, der Herstellung einer Wasserfläche, der Schaffung verschiedener Pflanzenstandorte und auch der Dekoration dienen. Ein Blick in andere Gärten zeigt uns, daß dort die unterschiedlichsten Materialien benutzt wurden, um die gleiche Aufgabe zu lösen. Auch für diesen Garten kann es die verschiedensten Materialien und Bauweisen geben, um die gestellte Aufgabe zu erfüllen. Eine erste Aufzählung soll die Fülle der Möglichkeiten erkennen lassen.

1.3.1 Zufahrt

Hier kann z. B. gewählt werden zwischen
- Natursteinpflaster als Mosaik-, Klein-, Mittel- oder Großpflaster in verschiedensten Natursteinmaterialien,
- Natursteinplatten rechteckig oder polygonal in verschiedenen Natursteinmaterialien,
- Betonsteinpflaster in verschiedenen Größen, Formen, Farben und Oberflächenstrukturen, mit und ohne Verbund, mit und ohne Fase,
- Betonplatten in verschiedenen Größen, Farben, Oberflächenstrukturen mit und ohne Fase,
- Klinkerpflaster in verschiedenen Größen, vom Mosaik- bis zum Verbundpflaster, in verschiedenen Farben, mit oder ohne Fase, flach oder hochkant verlegt in verschiedensten Mustern,

Abb. 1.3/2

– Holzpflaster rund oder eckig
– Bitumenbeläge mit unterschiedlicher Herstellungsweise und Oberflächenstrukturen,
– Betonbefestigungen als größere geschlossene Flächen mit unterschiedlichen Oberflächenstrukturen.

In Verbindung mit dem Belag sind dann noch die Randbegrenzungen zu überlegen, die jeweils von der gewählten Art der Befestigung abhängen, aber auch Aufgaben der Wasserführung im Zusammenhang mit der Entwässerung der Verkehrsflächen erfüllen.

1.3.2 Wege- und Platzflächen

Bis auf die Bitumenbeläge und Betonbefestigungen können alle Beläge gewählt werden, die schon für die Zufahrt aufgeführt wurden.

1.3.3 Sichtblende zwischen Zufahrt und Sitzplatz am Wohnzimmer und unter der Pergola

Auch hier gibt es die verschiedensten Entscheidungsmöglichkeiten.
– Geschlossene oder durchbrochene Mauern aus Naturstein, Klinker oder Kalksandsteinen,
– glatte oder strukturierte Betonmauern,
– Sichtblenden aus Betonfertigteilen in verschiedensten Formen und Oberflächenstrukturen,

– Sichtblenden aus Holz z.B. in Form von Palisaden, Lamellen- oder Flechtzäunen, senkrecht oder waagerecht gegliedert, fein- oder grobstrukturiert,
– Sichtblenden aus anderen Materialien, wie z.B. Asbestzement- oder Kunststoffplatten oder -profilen.

1.3.4 Stützmauer am Sitzplatz

Hier kann man denken an eine
– mehr oder weniger stark strukturierte Betonmauer,
– Ziegelmauer,
– Natursteinmauer,
– Palisaden- oder Bahnschwellenmauer.

1.3.5 Wasserbecken

Für den Bau von Wasserbecken gibt es verschiedene Bauweisen, die wiederum von der Form und von der Gestaltung abhängen, also z.B. davon, ob niveaugleich oder aus dem Boden gehoben gebaut werden muß. Man kann denken an
– Becken aus Stahlbeton,
– Fertigbecken aus glasfaserverstärktem Kunststoff,
– Wasserbecken mit Foliendichtung.

1.3.6 Pergola

Unterschiedlichste Materialien lassen hier viele gestalterische und technische Möglichkeiten zu, so z.B.

– Pfosten aus Holz, Stahl, Naturstein oder Kunststein,
– Pfetten oder Rahmen aus Holz oder Stahl in verschiedensten Profilen,
– Auflagehölzer aus Holz oder Kunstmaterialien.

1.3.7 Treppen und Beeteinfassungen

Der Höhenunterschied zwischen der Terrasse vor dem Wohnzimmer und dem Gartenhof soll hier durch eine Treppe überwunden werden. Außerdem sollen die Blumenbeete etwas höher als der Plattenbelag liegen. Als Lösungsalternativen bieten sich hier an
– Stellstufen aus Naturstein- oder Betonplatten,
– Legstufen aus Naturstein oder Beton,
– Palisadenstufen aus Holz oder Beton,
– Blockstufen aus Beton, Naturstein oder Holz.

1.3.8 Boden, Rasen und Pflanzung

Für den Rasen kann sich der Bauherr entscheiden zu einem
– Zierrasen,
– Gebrauchsrasen,
– Spielrasen.

Für die Pflanzung gibt es natürlich auch die unterschiedlichsten Alternativen; man kann eine sehr einfache naturnahe Stauden- und Strauchpflanzung

Abb. 1.3/3

Abb. 1.3/4

Abb. 1.3/5

Abb. 1.3/6

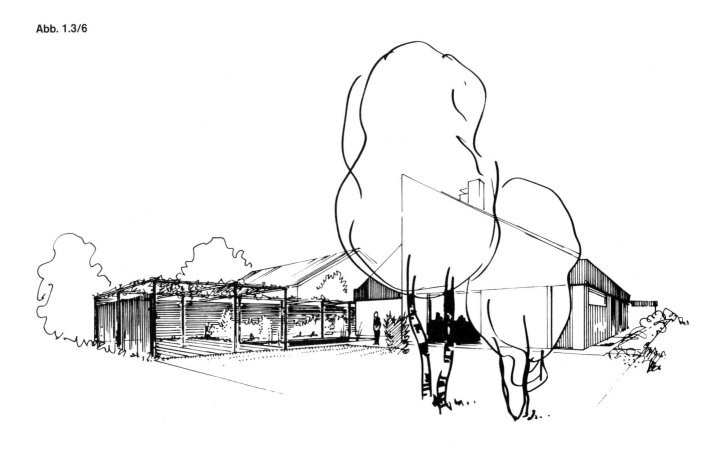

Abb. 1.3/7

wählen oder aber auch den Garten mit vielen schönen anspruchsvollen Pflanzen füllen. Auf die Art des Rasens und der Pflanzung muß bei der Aufbereitung des Bodens reagiert werden, d. h. es muß jeweils der für die Pflanzen geeignete Standort geschaffen werden.

1.3.9 Einfriedigung

In Deutschland sind wir es gewohnt, unseren Garten einzufriedigen. Auch hier gibt es eine breite Palette von Möglichkeiten, u. a.
- Holzzäune mit verschiedenen Profilen und Anordnungen, z. B. Senkrechtlattenzäune oder Kreuzsprie-

gelzäune mit Stahl-, Holz- oder Betonpfosten,
- Drahtzäune verschiedener Maschenarten mit Holz-, Stahl- oder Betonpfosten,
- Stahlprofilzäune als Systeme.

Alle hier erwähnten Materialien sollen dem Bauherrn viele Jahre lang Freude bereiten, d. h. gut aussehen, ihre Funktion ohne Beeinträchtigung erfüllen und lange haltbar sein. Nun wissen wir aus unserer Lebenserfahrung, daß alles Gebaute und jeder Stoff zunehmend verwittert, rostet oder zerfällt. Diesen Zerfallsprozeß kann man durch entsprechende Schutzmaßnahmen wesentlich verzögern. Das kann sowohl auf konstruktivem Wege geschehen, in-

dem man durch die Art der Konstruktion möglichst wenig Angriffspunkte für schädigende Einflüsse und damit Zerfall bietet, als auch auf chemischem Wege, indem man z. B. eine Haut über das bedrohte Material zieht und so Schädlinge oder schädigende Einflüsse fernhält oder diesen durch abtötende Stoffe keine Lebensmöglichkeiten gibt.

Für Rasen und Pflanzung gilt, daß sie möglichst gesund heranwachsen und bald das Bild ergeben sollen, das sich Planer und Bauherr vorgestellt haben. Da wir es hier mit Lebewesen zu tun haben, müssen die verschiedensten Kulturmaßnahmen wie z. B. Düngung, Wässerung oder Bodenlockerung deren Leben erhalten und fördern.

2 Erdarbeiten H.-E. Beier

2.1 Bauen mit Erde – Bauen auf Erde

Straßenbau, Tief- und Hochbau, Kanal- und Wasserbau, Landschaftsbau und das spielende Kind im Sandkasten benutzen alle mit mehr oder weniger großem Erfolg den Baustoff Erde, um aus ihm ein Bauwerk zu schaffen (Straßendamm oder Sandburg), in ihm zu bauen (Einschnitt, Baugrube, Zierteich) oder auf ihm ein Bauwerk zu errichten (Haus, Straßendecke, Gehölzpflanzung). Überall fallen damit bewußt oder unbewußt Erdarbeiten an und wird Erde – der **Boden** – als **Baustoff** oder als Gründungsebene für ein Bauwerk, also als **Baugrund** verwendet.

Wird nur die oberste Bodenschicht bearbeitet, spricht man von Oberbodenarbeiten (Kap. 3), die jedoch in vielfacher Hinsicht die gleichen Überlegungen erfordern wie die bautechnischen Erdarbeiten.

Sämtliche in oder auf dem Boden stattfindenden Tätigkeiten beanspruchen den Boden gegenüber der bisherigen Nutzung anders (meist stärker: Bauwerkslasten, Gerätegewicht) und wirken sich damit verändernd auf das ursprüngliche Bodengefüge aus.

Dadurch kommen, ausgelöst durch die Aktion der Bautätigkeit, Reaktionen des Bodens zustande. Die Aktionen (Art und Umfang der Arbeiten, Größe des Bauwerks, Nutzung der Flächen) sind überwiegend bekannt und faßbar. Um die Reaktionen des Bodens – also sein Verhalten, die Auswirkung der Bauweisen, seine Eignung als Baustoff oder Baugrund einschätzen zu können, müssen Wertmaßstäbe bekannt sein. Diese Maßstäbe müssen nicht nur Fragen nach der Eignung beantworten lassen, sondern auch nach der Wirtschaftlichkeit der Gesamtmaßnahme. Die erforderlichen Maßstäbe können aus einer Vielzahl von Bodenkenngrößen ermittelt werden. Ihre Interpretation führt schließlich zur Beurteilung der Wechselwirkung Bauwerk/Bauarbeiten – Boden.

2.2 Der Baustoff »Boden«

Zunächst soll das Baumaterial der Erdarbeiten – nicht »Erde«, sondern »Boden« oder »Fels« – in seiner Entstehung und grundsätzlichen Zusammensetzung erläutert, zur besseren gegenseitigen Verständigung Begriffsbestimmungen gegeben und die »Regeln« vorgestellt werden, nach denen die Untersuchungen des Bodens und die Ausführung der Erdarbeiten vorgenommen werden müssen.

Erdzeitalter	Periode (Beginn)	Unterteilung	Gestein
Archaikum Algonkium	Präkambrium (4500 Mio.)		Kristalline Schiefer
Paläozoikum (Erdaltertum)	Kambrium (570 Mio.)		Tonschiefer, Phyllit, Quarzit
	Ordovizium (500 Mio.)		Tonschiefer, Quarzit
	Silur (440 Mio.)		Kieselschiefer, Alaunschiefer, Kalkstein
	Devon (405 Mio.)	Unterdevon	Quarzite, Diabase
		Mitteldevon	Tonschiefer, Grauwacke, Kalkstein
		Oberdevon	Kalkstein, Diabas
	Karbon (350 Mio.)	Unterkarbon	Tonschiefer, Grauwacke
		Oberkarbon	Schieferton, Sandstein, Steinkohle, Granit
	Perm (285 Mio.)	Rotliegendes	Schieferton, Sandstein, Konglomerat, Magmatite
		Zechstein	Kalkstein, Gips, Anhydrit, Steinsalz, Kalisalz
Mesozoikum (Erdmittelalter)	Trias (230 Mio.)	Buntsandstein	Sandstein, Schieferton, Gips, Salz
		Muschelkalk	Kalkstein, Mergel, Gips, Salz
		Keuper	Schieferton, Sandstein, Gips
	Jura (195 Mio.)	Lias	Schieferton
		Dogger	Sandstein
		Malm	Schieferton, Kalkstein
	Kreide (137 Mio.)	Unterkreide	Schieferton
		Oberkreide	Sandstein, Schreibkreide
Känozoikum (Erdneuzeit)	Tertiär (67 Mio.)	Alttertiär	Kies, Sand, Ton, Braunkohle
		Jungtertiär	Kies, Basalt, Phonolith
	Quartär	Pleistozän	Geschiebelehm, Bänderton, Löß, Kies, Sand
	(1,5 Mio.)	Holozän	Auelehm, Flußkies

Abb. 2.2.1.1/1   Gliederung der Erdgeschichte; bautechnisch wichtige Gesteine Mitteleuropas

2.2.1 Die Entstehung des Bodens

Das Baumaterial des Erdbaus – **Boden** bzw. **Fels** – besteht aus **Gestein.**

2.2.1.1 Gestein und Fels

Das Ausgangsmaterial Gestein ist nach seiner Entstehung in drei Gruppen einzuteilen, die zu verschiedenen Zeiten der Erdgeschichte entstanden sind (Abb. 2.2.1.1/1).

Erstarrungsgesteine (auch Eruptivgesteine oder Magmatite genannt) sind aus im Erdinneren vorhandener flüssiger Gesteinsschmelze (Magma) entstanden. Es werden nach dem Entstehungsort unterschieden: Tiefengesteine, Oberflächengesteine und Ganggesteine. Zusammensetzung der Schmelze und Abkühlungs- (Erstarrungs)dauer führen zu unterschiedlicher Gesteinsbildung. Erstarrungsgesteine bilden die härteste Gesteinsgruppe.

Ablagerungs- oder **Sedimentgesteine** bestehen aus Teilen älterer Gesteine, die eine Verfestigung erfahren haben. Nach der Art der Verfestigung werden unterschieden:

Trümmersedimente oder klastische Sedimente, aufgebaut aus Gesteinsteilen mit Bindemitteln, die vorwigend klebend (physikalisch) wirken;

chemische Sedimente, entstanden aus wässrigen Lösungen in chemischem Prozeß und

organogene (biogene) Sedimente, im wesentlichen aus organischen Bestandteilen oder durch Lebewesen aufgebaut.

Umwandlungsgesteine oder **metamorphe Gesteine** sind aus bereits vorhandenen Gesteinen entstanden, die durch hohen Druck und/oder Temperatur – z.B. durch Verschiebungen der Erdkruste – umgewandelt worden sind.

Einen Überblick über die verschiedenen Gesteine liefert Abb. 2.2.1.1/2.

Liegen Gesteine in kompakter, fest gebundener Form vor, werden sie als

Gesteinsart	Widerstandsfähigkeit		
	schwer verwitternd (witterungsbeständig)	leicht verwitternd (witterungsempfindlich)	wasserlöslich
Tiefengestein	Granit, Syenit, Biorit, Gabbro		–
Oberflächengestein	Pophyr, Basalt, Diabas, Liparit		–
Ganggestein	Lamprophyre, Aplit, Pegmatit	in angewittertem und gelockertem Kornverband, Sonnenbrenner	–
geschieferte Gesteine (regionalmetamorph)	Gneis, Glimmerschiefer, Phyllit, Marmor, Quarzit, Grauwacke		–
Kontaktmetamorphe Gesteine	Hornfels, Knotenschiefer		
klastische Sedimente	Konglomerate, Sandsteine mit Kieselsäure oder kalkigem Bindemittel	Konglomerate, Sandsteine mit tonigem Bindemittel (Schieferton, Mergelstein, Tonschiefer)	–
chemische Sedimente	Dolomit, Kalkstein	Mergelstein	Salze, Gips, Anhydrit
organische Sedimente	Kieselschiefer (Steinkohle)	Braunkohle	–

Abb. 2.2.1.1/2   Einteilung der Felsgesteine

Fels bezeichnet. Die Eigenschaften und das Verhalten von Fels (oder Felsgestein) werden in der Felsmechanik beschrieben.

2.2.1.2   Boden

Boden entsteht aus den vorgenannten Gesteinen durch folgende vier Vorgänge:

Verwitterung (Zerstörung) des Felsgesteins oder Ausgangsgesteins:
Die Verwitterung wirkt auf dreierlei Art:
   durch **mechanische** Verwitterung: Frostsprengung (Eisdruck in wassergesättigten Poren und Spalten); Insolation (Entstehen von inneren Spannungen durch große Temperaturschwankungen); Salzsprengung (Kristallisationsdruck bei der Bildung von Salzen);
   durch **chemische** Verwitterung: Oxidation (z. B. Umwandlung von Sulfiden in Sulfate); Hydrolyse (z. B. Umwandlung von Feldspat zu Ton); Lösungsbildung (Auflösung wasserlöslicher Minerale, z. B. Kalk durch Wasser);
   durch **organogene** Verwitterung: die Zerstörung des Gesteinsgefüges durch Wurzeln und tierische Lebewesen; den Entzug von Nährsalzen aus dem Boden durch Wurzeln.

Die mechanische Verwitterung bildet vorwiegend die groben Bestandteile des Bodens (Geröll, Kies, Sand bis hinab zum Schluff), die chemische und organogene Verwitterung vorwiegend die feinsten Bodenbestandteile (Ton).

Abtragung des Gesteins (Erosion):
Infolge der Schwerkraft stürzen an Steilhängen oder Böschungen angewitterte Gesteine herab. Kommt es zum Auf-

tauen der oberen Bodenschicht, so kann diese über dem noch gefrorenen Untergrund ins Fließen geraten (Solifluktion). Weiterhin wird Gestein durch fließendes Wasser, Wind und Eis (Gletscher) abgetragen.

Transport der Gesteinsteile:
Ist die Strömungsenergie des Wassers oder des Windes größer als die Schwerkraftwirkung auf die Gesteinsteile, werden die abgetragenen Teile abtransportiert. Dabei erfahren sie beim Zusammenstoß mit anderen Teilen weitere Zerstörungen oder werden poliert.

Ablagerung der Gesteinsteile (Sedimentation):
Die Abtragung, der Transport und die Ablagerung stehen in einem gesetzmä-

ßigen Zusammenhang. Zur Ablagerung kommt es, wenn die Transportenergie – und damit meist die Fließ- oder Windgeschwindigkeit – zu gering wird. Am Ablagerungsort wirken nun physikalische und chemische Vorgänge auf das lockere Material ein (Diagenese) und verdichten und verfestigen es. Damit ist der Prozeß der Gesteinsbildung erneut eingeleitet, der durch Epirogenese (Schwingungen der Erdkruste), Tektonik (Bewegungen und Kräfte, die den Bau der Erdkruste erzeugen) und Metamorphose (Umwandlungen der Gesteine durch Erdkräfte unter der Erdoberfläche) vollendet wird. Je nach »Transportmittel« bilden sich unterschiedliche Ablagerungen. Windverfrachtete (äolische) Sedimente sind wegen der geringen Transportenergie des

Abb. 2.2.1.2/1   Kreislauf der Gesteinsbildung und der Gesteine

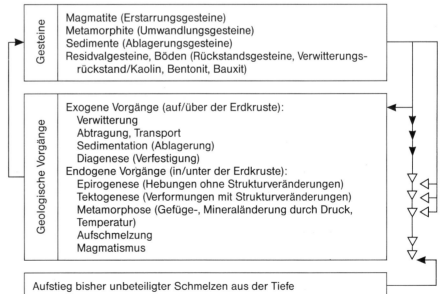

Gesteine	Magmatite (Erstarrungsgesteine) Metamorphite (Umwandlungsgesteine) Sedimente (Ablagerungsgesteine) Residvalgesteine, Böden (Rückstandsgesteine, Verwitterungsrückstand/Kaolin, Bentonit, Bauxit)
Geologische Vorgänge	Exogene Vorgänge (auf/über der Erdkruste): Verwitterung Abtragung, Transport Sedimentation (Ablagerung) Diagenese (Verfestigung) Endogene Vorgänge (in/unter der Erdkruste): Epirogenese (Hebungen ohne Strukturveränderungen) Tektogenese (Verformungen mit Strukturveränderungen) Metamorphose (Gefüge-, Mineraländerung durch Druck, Temperatur) Aufschmelzung Magmatismus

Aufstieg bisher unbeteiligter Schmelzen aus der Tiefe

Windes feinkörnig, locker (z.B. Löß, Flugsand) und nach Körnung sortiert. Eisverfrachtete (glaziale) Sedimente sind dagegen nicht kornsortiert (z.B. Geschiebemergel, ein Gemisch aus Korngrößen von Ton bis zu metergroßen Blöcken) und durch den Eisdruck stark verdichtet. Wasserverfrachtete (fluviatile) Sedimente sind in Richtung Mündung des Wasserlaufs zunehmend feinkörniger.

Alle vier genannten Vorgänge können gleichzeitig wirksam sein, um aus dem Felsgestein ein Lockergestein, den Boden zu bilden. Dabei können zusätzlich organische Bestandteile auf oder in den Boden geraten. Die unterschiedliche Intensität der Verwitterung, der Abtragung, des Transports und der Ablagerung können zu einem wesentlich inhomogeneren, d.h. ungleichartigeren Aufbau des Bodens gegenüber dem des Ausgangsgesteins führen. Böden auch aus dem gleichen Ausgangsgestein haben damit erwartungsgemäß unterschiedliche Eigenschaften. Diese Indifferenz wird zusätzlich durch den natürlichen Pflanzenbewuchs sowie die Bodenbearbeitung bzw. -nutzung vergrößert. Nicht außer acht gelassen werden dürfen auch die heutigen langfristigen Umwelteinflüsse, die z.B. durch den »sauren« Regen zu einer Zunahme der Metallöslichkeit im Boden führen und ebenfalls Bodeneigenschaften verändern.

Die Umwandlung von Gestein zu Böden ist systematisch in Abbildung 2.2.1.2/1 dargestellt.

Der aus Felsgestein gebildete Boden stellt ein sog. Lockergestein dar, das keine feste chemische oder kristalline Bindung besitzt und nur durch physikalische Komponenten einen gewissen Zusammenhalt erfährt.

Das Verhalten und die Eigenschaften der Böden werden durch die **Bodenmechanik** beschrieben.

2.2.2 Boden – ein Stoffgemisch

Boden enthält nicht nur die aus Gestein entstandenen unterschiedlich großen Mineralbestandteile, die feste Masse, sondern auch zahlreiche zwischen ihnen angeordnete verschieden große Hohlräume, die Poren. Diese können mehr oder weniger stark mit Wasser gefüllt sein. Der restliche Porenraum enthält Luft.

Boden besteht damit nicht aus einem homogenen Material (sog. Einphasensystem, das nur aus einem Stoff besteht). Er enthält im Normalfall drei Stoffe (Phasen): feste Masse (feste Phase), Wasser (flüssige Phase) und Luft (gasförmige Phase) und stellt ein **Dreistoffgemisch** oder **Dreiphasensystem** dar.

Hieraus kann sich in zwei Grenzfällen ein Zweiphasensystem bilden: im völlig ausgetrockneten Zustand besteht Boden nur aus fester Masse und Luft, im völlig wassergesättigten Zustand nur aus fester Masse und Wasser. Zwischen diesen Grenzfällen verändert sich die Mischung der drei Phasen laufend in unterschiedlicher Schwankungsbreite.

Damit kann Boden **keine unveränderlichen, konstanten Eigenschaften** wie z.B. Beton oder Stahl bestimmter Güte besitzen, sondern er muß sich entsprechend der Mischung der drei Phasen verändern. Das Verhalten des Bodens wird dabei primär von der Zusammensetzung der festen Phase geprägt. Je nach Bodenart wirken sich darüber hinaus Veränderungen des Bodenwasser- bzw. -luftgehaltes auf das Gesamtsystem beträchtlich aus. Die drei Phasen stehen damit in Wechselwirkung zueinander.

2.2.2.1 Die feste Phase

Von der Zusammensetzung der festen Masse hängt im wesentlichen die Struktur des Bodens (die räumliche Anord-

nung der festen Bodenteilchen) und damit die Größe der Poren ab. Daraus ergeben sich ein bestimmtes Verhalten zum Wasser (Kapillarität, Durchlässigkeit, Plastizität und Stabilität) und eine bestimmte Festigkeit (Scherfestigkeit, Durchwurzelbarkeit).

Bodenarten
Folgende drei Gruppen der Lockergesteine werden unterschieden:
mineralische Böden aus groben Körnern, sog. **nichtbindige** oder rollige Böden (z.B. Kies);
mineralische Böden aus feinen und feinsten Körnern, sog. **bindige** oder haftfeste Böden (z.B. Ton);
organogene (organische) Böden ohne bestimmte Teilchengröße (z.B. Torf). Diese Gruppen können in unterschiedlicher Mischung auftreten (Abb. 2.2.2.1/1).

Bindungskräfte und Strukturen
Zwischen den Körnern der nichtbindigen Böden treten lediglich **Reibungskräfte** auf. Derartige Böden bilden eine sog. Einzelkornstruktur, die nur durch das Gewicht der Körner und ihre äußere Belastung zustande kommt. Die Körner verbinden sich nicht untereinander (Abb. 2.2.2.1/2).

Die feinen Teilchen der bindigen Böden werden durch **Haftkräfte,** die sog. **Kohäsion** miteinander verbunden. Diese Kräfte entstehen durch elektrische Anziehung der Teilchen und durch das Bodenwasser (Kap. 2.2.2.2). Die Struktur kann je nach Entstehung des Bodens waben- oder flockenförmig sein (Abb. 2.2.2.1/3).

Zwischen den organischen Bestandteilen treten sowohl Kohäsion als auch ein mechanisches Verhaken auf. Die Wirkungen der organischen Eigenschaften überwiegen bei einem Bodengemisch, wenn der Volumen-Anteil der organischen Substanz am Gesamtge-

Abb. 2.2.2.1/1 Gruppierung der Lockergesteine

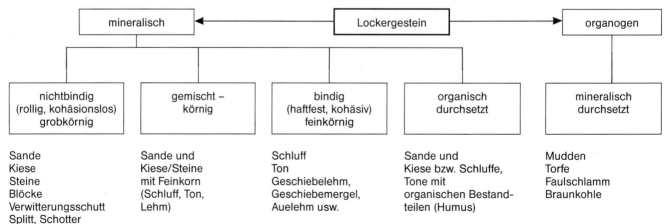

mineralisch			organogen	
nichtbindig (rollig, kohäsionslos) grobkörnig	gemischt – körnig	bindig (haftfest, kohäsiv) feinkörnig	organisch durchsetzt	mineralisch durchsetzt
Sande Kiese Steine Blöcke Verwitterungsschutt Splitt, Schotter	Sande und Kiese/Steine mit Feinkorn (Schluff, Ton, Lehm)	Schluff Ton Geschiebelehm, Geschiebemergel, Auelehm usw.	Sande und Kiese bzw. Schluffe, Tone mit organischen Bestandteilen (Humus)	Mudden Torfe Faulschlamm Braunkohle

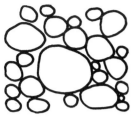

Abb. 2.2.2.1/2 Einzelkornstruktur

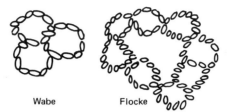

Wabe   Flocke

Abb. 2.2.2.1/3 Waben- und Flocken-struktur

rund   eckiggerundet   prismatisch   länglich   plattig

Abb. 2.2.2.1/4 Kornformen bei Sanden und Kiesen

Verschiebungsebene
Widerstand durch:
Verzahnung
Reibung bei
Verschiebungen
Drehung bei
Verschiebungen

Abb. 2.2.2.1/5 Widerstände gegen Strukturveränderungen bei nichtbindigen Böden

stochastische
Anfangsstruktur

flacher, ziegelartiger
Endzustand

Abb. 2.2.2.1/6 »Polarisation« von Ton durch Auflast

d groß / Pore groß   d klein / Pore klein

Abb. 2.2.2.1/7 Porengröße und Korn-durchmesser

  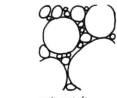

eng gestuft,
gleichförmig:
Poren groß

weit gestuft,
ungleichförmig:
Poren klein

Abb. 2.2.2.1/8 Porengröße und Stufung

bezogen auf **Einzelkorn:**
Form – rund, eckig-gerundet, plattig, pris-matisch, Waben, Flocken
Oberfläche – glatt, rauh, geschlossen, po-rös
Festigkeit – hart, weich, federnd

bezogen auf **Kornhaufwerk:**
Korngruppe – Durchmesser groß/klein
Stufung (Mischung) – eng / weit / sprung-haft
Bindungsart – Reibung, Haftkraft (Kohä-sion), Verhaken
Lagerung – locker, dicht

Abb. 2.2.2.1/9 Strukturbildende Einfluß-größen

misch größer als 30% ist. Weiterhin spielt der Zersetzungsgrad der organi-schen Teilchen eine wichtige Rolle. Die Struktur kann völlig gefügelos bis filzig sein.

Bei Mischböden wirken sich alle Bin-dungsformen entsprechend ihrem An-teil aus.

Kornform, Kornoberfläche und Kornfestigkeit
Bei Sanden und Kiesen werden folgen-de Kornformen unterschieden (Abb. 2.2.2.1/4).

gedrungenes Korn: kugelförmig/stark gerundet, prismatisch/kantenge-rundet, prismatisch/scharfkantig und
plattiges bzw. längliches Korn: scharf-kantig, gerundet.
Schluffe weisen im wesentlichen pris-matisch begrenzte Formen auf (Kristall-formen des Ausgangsgesteins).
Tone bestehen aus plattigen und/oder länglichen Teilchen, die sich zu waben- und flockenartigen Strukturen zusammenlagern.
Organische/Organogene Bestandteile haben teilweise gar keine Einzelform,

sondern treten als Gel oder leimartiger Stoff auf oder haben faserige Formen.

Die Kornoberfläche bei Sand- und Kies-körnern kann rauh, porös oder glatt poliert sein. Bei Schluffkörnern ist sie entsprechend der Kristallform glatt. Tonminerale sind glattflächig und zu-dem meist mit einem dünnen Wasser-film überzogen (Kap. 2.2.2.2). Die Fe-stigkeit der Einzelkörner kann recht unterschiedlich sein. Die Bestandtei-le des Schluffes, Sandes und Kieses weisen die Prismendruckfestigkeit der jeweiligen Ausgangsgesteine auf, die meist sehr hoch ist. Sie ist, da das Korn praktisch kein Wasser aufnehmen kann, von der Bodenfeuchtigkeit unabhän-gig. Tonminerale können jedoch Wasser aufnehmen und quellen. Sie sind damit plastisch verformbar. Organische Teile sind bei starker Zersetzung leimartig weich oder wirken bei geringer Zerset-zung federnd.

Strukturveränderungen
Bei nichtbindigen Böden führen Ver-schiebungen der Einzelkörner zur Ver-änderung der Struktur. Außer einer par-allelen Verschiebung treten dabei auch Verdrehungen der Körner auf. Beide Be-wegungen erzeugen zwischen den Kör-nern Reibung, die um so größer ist, je stärker die Teile aufeinandergepreßt werden, je dichter das Kornhaufwerk ge-lagert ist und je rauher bzw. flächiger die Einzelkörner sind. Außer diesen Kräften wirken einer Strukturverän-derung auch noch Verzahnungskräfte in der Verschiebungsebene entgegen. Bei statischen Belastungen kommen die Strukturveränderungen schnell zum Stillstand; dynamische Belastungen (Schwingungen) können dagegen zu fortwährenden Kornverlagerungen füh-ren. Die Einzelkornstruktur bleibt er-halten, lediglich die räumliche An-ordnung der festen Bodenbestandteile ändert sich, wodurch das Porenvolumen beeinflußt wird. (Abb. 2.2.2.1/5).

Feinkörnige Böden, besonders Ton, erfahren bei Belastung bzw. Bearbei-tung eine Umstrukturierung: die ur-sprünglich kartenhausartige, räumliche Gefügeanordnung wird zu zweidimen-sionalen, flachen Gefügen umgebaut (sog. Polarisation, Abb. 2.2.2.1/6). Man kann diesen Zustand an einer Schiefe-rung des Bodens, ähnlich dem Blätter-teig gut erkennen. Der Polarisations-effekt ist um so stärker, je höher die Belastung ist, je länger sie dauert oder je häufiger sie wiederholt wird. Diese Umstrukturierung, die gar nicht einmal einer beträchtlichen Verdichtung ent-sprechen muß, verringert die Wasser-durchlässigkeit und Durchwurzelbar-keit eines Feinbodens jedoch sehr stark.

Porengröße

Die Porengröße ist entscheidend für die Kapillarität (Saugkraft) und die Wasserdurchlässigkeit (Kap. 2.4.5.14), den Luftgehalt, die Festigkeit und die Durchwurzelbarkeit des Bodens. Sie hängt ab von der Korngröße, d. h. dem Durchmesser (mm) des Einzelkorns (Abb. 2.2.2.1/7) und der Mischung der Körner, der Stufung (Abb. 2.2.2.1/8). Die Poren werden um so kleiner, je kleiner das Einzelkorn und je unterschiedlicher die Größe der Körner ist (je weiter die Stufung), die das Gemisch bilden.

Weiterhin wird die Porengröße stark von der Verdichtung des Bodens beeinflußt. Die Porengröße hat ihre kleinste Größte erreicht, wenn die Verdichtung oder Setzung eines Bodens nicht mehr gesteigert werden kann.

In Abb. 2.2.2.1/9 sind alle strukturbildenden Einflußgrößen der festen Phase zusammengestellt.

2.2.2.2 Die flüssige Phase

Wasser kann frei beweglich, nur der Schwerkraft unterworfen, im Boden auftreten. Es kann aber auch durch verschiedene Kräfte an den Boden gebunden sein bzw. auf ihn selbst Kräfte ausüben.

Die Darstellung der verschiedenen Erscheinungsformen des Wassers beginnt mit der Betrachtung eines einzelnen Tonteilchens (Abb. 2.2.2.2/1).

In dem Mineralkern befindet sich sog. Strukturwasser oder Kristallwasser, das jedoch keine Flüssigkeit darstellt, sondern als Hydroxylgruppe in das Kristallgitter eingebaut ist. Bei hohen Temperaturen (über 300° C) kann es bei gleichzeitiger Zerstörung der Kristalle entfernt werden. Direkt um das Tonteilchen herum lagert das adsorptiv gebundene oder hygroskopische Wasser. Diese bis 10 Moleküle dicke Schicht wird durch elektrostatisch-molekulare Kräfte mit dem unvorstellbaren Druck von rd. 20000 kp/cm² (2000 N/mm²) an das Korn angelagert. Dabei erfährt sie eine so große Verdichtung, daß das Wasser ohne zu gefrieren zum festen Körper wird. Es kann nur durch Verdampfen beseitigt werden.

Die freien Bindungskräfte dieser Schicht bewirken die Anlagerung einer zweiten Schicht (Haft- oder Solvatwasser) die bis rd. 200 Moleküle dick ist. Die Kraftwirkungen auf diese Schicht sind noch so groß, daß Dichte und Viskosität des Solvatwassers größer als die des normalen Wassers sind. Die Viskosität entspricht etwa viskosem Bitumen. Auf das Solvatwasser folgt in den Poren befindliches normales Wasser (freies oder Porenwasser).

Diese Wasserarten werden nun an

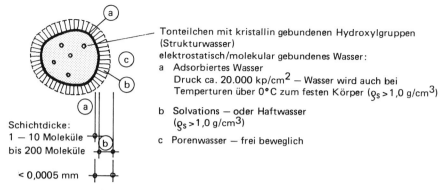

Abb. 2.2.2.2/1 **Wasserarten an Tonteilchen** (schematisch)

Tonteilchen mit kristallin gebundenen Hydroxylgruppen (Strukturwasser)

elektrostatisch/molekular gebundenes Wasser:

a Adsorbiertes Wasser
Druck ca. 20.000 kp/cm² – Wasser wird auch bei Temperturen über 0° C zum festen Körper ($\varrho_s > 1,0$ g/cm³)

b Solvations – oder Haftwasser ($\varrho_s > 1,0$ g/cm³)

c Porenwasser – frei beweglich

Schichtdicke:
1 – 10 Moleküle
bis 200 Moleküle
< 0,0005 mm

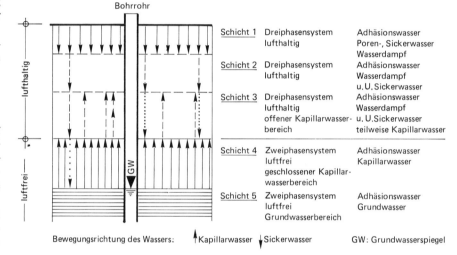

Abb. 2.2.2.2/3 **Bodenprofil, Phasensysteme, Wasserarten** (schematisch)

einem kleinen Bodenausschnitt (Abb. 2.2.2.2/2) betrachtet. Um die Bodenteilchen lagert das adsorptiv gebundene Wasser. Das Haft- oder Solvatwasser kann in verschiedener Form auftreten. In den Zwickeln der Körner bildet es das sog. Porenwinkelwasser oder es umhüllt einzelne oder mehrere Teilchen als sog. Häutchenwasser. Dieses bildet

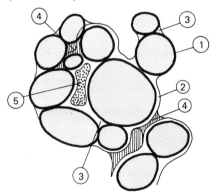

Abb. 2.2.2.2/2 **Wasserarten im Boden** (schematisch)

1 Adsorptionswasser
2 Häutchen – (Haft –) wasser
3 Porenwinkelwasser
4 Porenwasser
5 Bodenluft, Wasserdampf

auch die Abschlußschicht des Porenwassers zur Bodenluft. Durch die freien Bindungskräfte kann Porenwinkel- und Häutchenwasser Zugkräfte aufnehmen oder übertragen. In den Luftporen kann Wasser weiterhin als Wasserdampf in Erscheinung treten.

Für das Porenwasser gelten wiederum verschiedene Erscheinungsformen, die an einem nochmals vergröberten Bodenbild, einem systematischen senkrechten Schnitt durch einen wasserdurchlässigen Boden, verdeutlicht werden sollen (Abb. 2.2.2.2/3). Aufgrund der Art des Porenwassers können grundsätzlich fünf Bodenschichten unterschieden werden:

In bestimmter Tiefe – Schicht 5 – wird man normalerweise Grundwasser antreffen. Dieses füllt als Porenwasser alle Poren aus. Den Grundwasserstand kann man in einem Bohrloch oder einer Aufgrabung als freien Wasserspiegel erkennen. Die Bodenteilchen sind auch im Grundwasser von adsorptiv gebundenen Wasser umgeben. Diese Schicht ist luftfrei und stellt ein Zweiphasensystem dar. Auch oberhalb des Grundwasserspiegels ist als Schicht 4 eine völlig mit Wasser gesättigte Zone zu erkennen, die also ebenfalls ein luftfreies Zweiphasensystem bildet. Das Porenwasser besteht hier jedoch aus durch Adsorptionskräfte aus dem Grundwasser hochgesaugtem Kapillarwasser. Da alle Poren durch dieses Wasser gefüllt sind, spricht man vom sog. geschlossenen Kapillarwasserbereich. Seine Mächtigkeit hängt von der Bodenstruktur ab. Auch hier umhüllt das adsorptiv gebundene Wasser die Bodenteile. Schicht 3 enthält als Porenwasser noch aus dem Grundwasser hochgestiegenes Kapillarwasser, das allerdings nicht mehr alle Poren ausfüllt. Hier liegt also ein lufthaltiges Dreiphasensystem vor. Die Körner werden von adsorptiv gebundenem Wasser und Solvatwasser umhüllt. In Schicht 2 sind vorwiegend adsorptiv gebundenes Wasser und Solvatwasser vorhanden. Gegebenenfalls kann diese Schicht als Dreiphasensystem noch Sickerwasser aus Schicht 1 abführen. Sickerwasser oder Gravitationswasser bildet zusammen mit adsorptiv gebundenem Wasser und Solvatwasser die Feuchtigkeit in Schicht 1. Das Sickerwasser gehorcht der Schwerkraft und kann sich durch den Boden bewegen, sofern es nicht durch Kapillarkräfte festgehalten wird (sog. aufgehängtes Wasser). Schicht 1 bildet ebenfalls ein Dreiphasensystem.

2.2.2.3 Die gasförmige Phase

Die Bodenluft kann bei genügend großen Poren und niedriger Bodenfeuchte mit der Außenluft in Verbindung stehen, wobei ein freier Luftaustausch möglich ist. Sie kann aber auch die Verbindung verlieren, wenn sie von Bodenkörnern und dem sie umgebenden Adsorptions- und Solvatwasser eingeschlossen ist. Sie bildet dann möglichst kugelförmige Bläschen im Zentrum der Poren (Abb. 2.2.2.4/6). Diese treten mit dem Wasser in Wechselbeziehungen und verändern das Bodenverhalten. So verringert sich beispielsweise die Durchlässigkeit und bei Belastung erfährt der Boden – da die Luft nicht entweichen kann – elastische Formänderungen – er federt. Diesen Effekt kann man auf verdichtetem feuchtem Lehm gut ohne Hilfsmittel beobachten. Gaseinschlüsse in den Poren können auch durch chemische Vorgänge, z. B. durch Zersetzung organischer Substanz unter Luftabschluß entstehen.

2.2.2.4 Wechselwirkungen zwischen den Phasen

Gasförmige Phase und feste/flüssige Phase
Im vorangegangenen Kapitel waren bereits die wichtigsten Wechselwirkungen aufgezeigt: das Verringern der Durchlässigkeit durch eingeschlossene Luftbläschen und der Einfluß der gekapselten Bodenluft auf das Verformungsverhalten.

Flüssige Phase und feste Phase
An der Trennfläche zwischen Luft und Flüssigkeit, dem freien Wasserspiegel, bildet sich durch die sog. Oberflächenspannung (verursacht durch molekulare Kräfte) eine elastische Membran von etwa 10^{-7} cm Dicke (ca. 1 Millionstel mm). Diese Membran kann in gewissem Umfang Lasten tragen, z. B. eine dünne Stahlnadel, einen Wasserläufer etc. (Abb. 2.2.2.4/1), wobei sie sich durchwölbt (Meniskusbildung). Die Tangente gibt die Richtung der Kraft K_s an, die von der Oberflächenspannung erzeugt wird. Die mögliche Lastgröße A ist die Resultierende in dem dargestellten Krafteck. Trifft der freie Wasserspiegel nun auf die feste Phase, also ein Bodenkorn, so kann sich dort die Oberflächenspannung als Zugkraft (Bildung von Kapillarwasser durch Kohäsionskräfte zwischen den H_2O-Dipolen und durch Adhäsionskräfte zwischen den H_2O-Dipolen und den Festkörpergrenzflächen) auswirken.

Aufgrund der Oberflächenspannung steigt Wasser (Kapillarwasser) aus einem freien Wasserspiegel (z. B. Grundwasser) in dem aus verbundenen Bodenporen aufgebauten feinen Kapillarrohr auf (Abb. 2.2.2.4/2).

Die kapillare Steighöhe h_{ka} ist um so größer, je feiner die Poren sind (Kap. 2.4.5.13). Sie kann bis weit über 100 m betragen. Die Oberflächenspannungskräfte K_s stehen im Gleichgewicht mit dem Gewicht der Wassersäule im Kapillarrohr über dem freien Wasserspiegel. Kapillarwasser kann nur in einem Dreiphasensystem entstehen, da bei völliger Wassersättigung keine Oberflächenspannung mehr vorhanden ist.

Kohäsion oder Haftfestigkeit
zwischen den Bodenteilchen kann ebenfalls nur in einem Dreiphasensystem auftreten. Sie stellt die Haftwirkung zwischen zwei benachbarten Bodenteilchen dar (Abb. 2.2.2.4/3). Die Resultierende ergibt den Druck A, mit dem die Bodenteilchen aufeinandergepreßt werden. Dieser nimmt mit abnehmendem Korndurchmesser entschieden zu und beträgt – kugelförmige Teile vorausgesetzt – beispielsweise bei Feinsand mit d = 0,1 mm
A = ca. 0,024 N/mm² $\triangleq$ ca. 2,4.10⁴Pa,
bei Ton mit d = 0,0001 mm
A = ca. 2,4 N/mm² $\triangleq$ ca. 2,4.10⁶Pa.

Es ist verständlich, daß damit allein die Oberflächenspannung des Porenwassers eine Bearbeitung bindiger Bö-

Abb. 2.2.2.4/1 Oberflächenspannung bei freiem Wasserspiegel

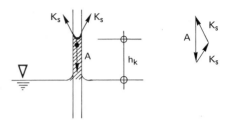

Abb. 2.2.2.4/2 Kapillarer Aufstieg

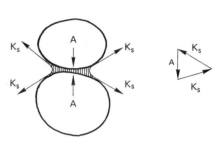

Abb. 2.2.2.4/3 Haftkraft zwischen Bodenteilchen

den erschwert. Diese Kohäsionskräfte werden jedoch durch die elektrischen und molekularen freien Bindungskräfte des adsorptiv gebundenen Wassers und Solvatwassers noch enorm gesteigert. So beträgt der Druck auf der Oberfläche des Adsorptionswassers etwa das 1000fache, nämlich ca. 2000 N/mm² (2.10⁹ Pa oder 20 000 kp/cm²)!

Die Kohäsion besteht somit aus der Oberflächenspannung des freien Wassers (Porenwasser) und den freien Bindungskräften des Adsorptions- und Solvatwassers. Sie ist um so größer, je kleiner die Bodenteile und je niedriger in einem Dreiphasensystem der Wassergehalt ist. Auch bei unveränderter Kornzusammensetzung ist die Kohäsion damit keine konstante Größe. Besonders augenfällig wird dieses bei bindigen Böden, die bei sinkendem Wassergehalt eine starke Verdichtung erfahren: sie schrumpfen, bekommen Risse und werden sehr hart. Umgekehrt führt die Zunahme des Wassergehalts zu einer Vergrößerung der Wasserfilmdicke und damit zur Abnahme der Oberflächenkräfte: der Boden kann quellen, er wird plastisch, weich oder sogar flüssig. Die Veränderungen in der flüssigen Phase beeinflussen damit die Festigkeit, Tragfähigkeit, Standsicher-

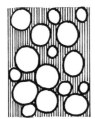

feste Masse und Luft   feste Masse und
                          Wasser (gesättigt)

Abb. 2.2.2.4/4   Phasenzustände bei Zwei-phasensystemen in Sand

(Poren— ∅ größer
als Korn– ∅ !)

Abb. 2.2.2.4/5a   Scheinbare Kohäsion durch Meniskusbildung bei Sand (li.)

Abb. 2.2.2.4/5b   Vergrößerte Poren durch scheinbare Kohäsion (re.)

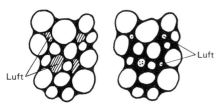

Abb. 2.2.2.4/6   Zusammenpressen der Bodenluft bei Wassergehaltszunahme

heit und Bearbeitbarkeit bindiger Böden in großem Maße (s. Kap. 2.4.5.3).

Bei nichtbindigen (rolligen) Böden tritt ebenfalls durch Oberflächenspannung Kohäsion auf, allerdings nur bei einem bestimmten Wassergehalt. Diese Form wird »scheinbare Kohäsion« genannt. Sie ist praktisch nur bei Sanden wirksam und zwar um so stärker, je kleiner die Körner sind. Bei Kieskörnern überwiegen Kraftwirkungen aus der Schwere der Einzelkörner.

Tritt Sand als Zweiphasensystem (Abb. 2.2.2.4/4) auf, enthält er also nur Wasser oder nur Luft, ist eine etwa gleichmäßige Verteilung von Bodenkörnern und Bodenporen festzustellen. Da keine Oberflächenkräfte wirken können, treten im Kornhaufwerk nur Druck- und Reibungskräfte zwischen den Einzelkörnern auf. In einem Dreiphasensystem kommt es zur Ausbil-

dung von Menisken durch die Oberflächenspannung des Wassers (Abb. 2.2.2.4/5a). Hierdurch tritt zwischen den Einzelkörnern die scheinbare Kohäsion auf, die eine beträchtliche Größe erreichen kann (in diesem Zustand kann in einem Sandboden eine senkrechte Böschung gebaut werden). Bei nur geringer Abnahme oder Zunahme des Wassergehalts verschwindet jedoch diese scheinbare Kohäsion plötzlich. Die scheinbare Kohäsion kann sogar in einem Sandboden Poren bilden, die größer als die Einzelkörner sind (Abb. 2.2.2.4/5b). Diese Struktur ist bei geringer Belastung und bei Ausschaltung von Erschütterungen sogar recht stabil, auch wenn der Wassergehalt zunimmt (Kap. 2.7.7). Bei Steigerung des Wassergehalts führt diese Oberflächenspannung des Porenwassers – wie schon früher aufgezeigt wurde – zur Zusammenpressung der restlichen Bodenluft in Porenmitte zur Kugelform. Das zusammenhängende Medium ist jetzt das Wasser (Abb. 2.2.2.4/6), die Kohäsion ist abgebaut.

Gerade beim Bau von Rohrgräben oder Baugruben kann so die Standsicherheit des Bodens überschätzt werden. Schon geringe Feuchtigkeitsänderungen (Austrocknung, Regen) oder Erschütterungen bringen schlagartig die Wandungen zum Einsturz und gefährden damit das Personal und das Bauwerk.

2.2.3   Begriffe

Wie bei jeder Fachdisziplin finden auch im Bereich der Erdarbeiten eine Vielzahl von Begriffen Verwendung, deren Bedeutung im einzelnen an anderer Stelle erläutert werden soll.

2.2.4   Normen, Richtlinien, Merkblätter

Für die Planung und Durchführung der Erdarbeiten, die Versuchstechnik und Qualitätsanforderungen an Baustoffe und Bauwerk gibt es viele DIN-Normen, Technische Vorschriften, Richtlinien, Merkblätter, ergänzende Rundschreiben der Verwaltungen, Empfehlungen und sonstige Regelwerke. Hier soll nur auf eine Norm besonders hingewiesen werden.

DIN 18300: »Allgemeine technische Vorschriften für Bauleistungen – Erdbeiten (VOB Teil C)« gilt für alle Erdarbeiten (Abtrag und Auftrag von Boden und Fels) mit Ausnahme der sog. »Naßbaggerarbeiten« (DIN 18311) sowie der »Oberbodenarbeiten« nach den Grundsätzen des Landschaftsbaus, also für vegetationstechnische Zwecke (DIN 18915).

2.3   Die Beanspruchung des Bodens und seine Reaktion

In diesem Kapitel soll auf die Auswirkungen der Erdarbeiten, eines Bauwerks und der Nutzung auf den Boden als Baustoff und Baugrund eingegangen werden, also auf die Wechselwirkung von Aktion (Bautätigkeit) und Reaktion des Bodens.

Je nach Ziel der Erdarbeiten liegen bereichsweise sehr unterschiedliche Anforderungen vor.

Eine einwandfreie Nutzbarkeit bzw. Haltbarkeit erfordert die Einhaltung bestimmter Qualitätsmaßstäbe (z. B. Festigkeit, Belastbarkeit, Durchwurzelbarkeit). Diese stehen häufig im Gegensatz zueinander. So sollte beachtet werden, daß z. B. die Erstellung eines Straßenbaukörpers oder Hauses sehr häufig weit über seine eigentlichen Grenzen ausstrahlt (z. B. durch Verdichtungen oder Materialtransport).

2.3.1   Beanspruchung – »Aktionsgrößen«

Prinzipiell können drei Gruppen unterschieden werden:

Beanspruchungen durch den eigentlichen **Bauablauf**, durch die **Witterung** und durch die **Nutzung** der Freiflächen.

2.3.1.1   Arbeitsschritte beim Bauablauf

Beispielhaft treten beim Bau eines Privatgebäudes folgende Arbeitsschritte auf:

Hochbaustelle vorbereiten,
Hochbau errichten,
Ausbauarbeiten durchführen und Versorgungsleitungen an das öffentliche Netz anschließen,
Wegeanschlüsse an die öffentliche Straße herstellen,
Freiflächen ausbauen.

2.3.1.2   Witterung

Bis zur endgültigen Fertigstellung und Nutzung vergeht häufig mehr als ein Jahr. Solange kann die Witterung (Niederschläge, Frost, Sonne, Wind) den noch nicht durch Wegedecken oder Begrünung geschützten Boden angreifen. Auch nach Fertigstellung der Anlage sind noch langfristige Witterungseinflüsse zu erwarten, beispielsweise im Bereich von Einzelpflanzungen.

2.3.1.3   Nutzung der Anlage

Außer dem Bauablauf und der Witterung wird die Nutzung der fertigen An-

Abb. 2.3.2.1/1 Gefügeveränderung durch Befahren (li. o.)

Abb. 2.3.2.1/2 Einzelfahrspuren (re. o.)

Abb. 2.3.2.1/3 Lagerung von Mieten

lage Auswirkungen auf die Bodenverhältnisse haben. Unterschiede liegen augenfällig z. B. zwischen einer Garagenzufahrt mit Rasenpflaster und einem Spielrasen oder reinem Zierrasen, einer Pflanzfläche mit Gehölzen, einem Sommerblumenbeet oder einem ständig wieder umgegrabenen Gemüsegarten vor.

2.3.2 Auswirkungen beim Boden – »Reaktionen«

Die verschiedenen Einflüsse treten bisweilen auf engstem Raum und auf eine verhältnismäßig kurze Zeitspanne konzentriert auf.

So werden z. B. fast alle Fahr- und Transportvorgänge auf den Flächen stattfinden müssen, die nicht von der Baugrube und den Lagerflächen eingenommen werden. Gerade bei kleinen Grundstücken sind besonders starke Auswirkungen der Belastungen zu erwarten.

2.3.2.1 Betrachtung der einzelnen Aktionsgrößen

Es wird vorausgesetzt, daß die Arbeiten weitgehend mit Maschinen ausgeführt

werden. Was geschieht nun bei den einzelnen Arbeitsschritten oder durch sonstige Einflüsse mit dem Boden?

Baufeld freimachen, Oberboden abtragen und auf Miete setzen, Aushubboden lagern etc. (Abb. 2.3.2.1/1 bis 3)
Bagger, Lader bzw. LKW belasten durch das intensive, teilweise flächige Befahren den Boden erheblich, verdichten ihn und verändern das ursprüngliche Gefüge. Oberbodenmieten, Aushubboden und sonstiges Lagergut bringen über lange Zeiträume Gewichte auf den darunterliegenden Baugrund, die häufig höher sind als die Belastungen durch das Hausfundament. Ferner kommt es auf Lageflächen oft zu Schadstoffeintrag in den Boden (z. B. Zementschlämme, Treibstoffe).

Geländeprofilierungen
Die Wiederverwendung von Aushubboden aus größeren Tiefen, aber auch die Profilierung selbst ergibt oft völlig neue Bodenprofile und zusätzliche Verdichtungen durch die Bearbeitung.

Witterungsverlauf
Niederschläge wirken sich auf viel kleineren Flächen aus als dies vorher der

Fall war (intensive Durchfeuchtung des Bodens). Es werden vor allem durch Niederschläge und Frost Bodenbereiche und Böden angegriffen, die früher durch andere Schichten geschützt waren. Langfristig wirkt sich die Witterung auf das neue (künstliche) Bodenrelief aus, z. B. gelangt von den befestigten Flächen und steileren Böschungen nun verstärkt Oberflächenwasser in Vegetationsflächen (Abb. 2.3.2.1/4).

Nutzung der Flächen
Befestigte Flächen wie z. B. die Grundstückszufahrt werden häufig mit wesentlich schwereren Fahrzeugen (Tankwagen etc.) befahren als eigentlich vorgesehen war. Diese Lasten führen zu einer stärkeren Beanspruchung des Bodens – sichtbar z. B. an Fahrspuren.

2.3.2.2 Zusammenfassung

Die Auswirkungen der einzelnen »Aktionsgrößen« lassen sich zu folgenden Gruppen zusammenfassen:
- Die **Belastungen** durch Geräte, Lagerung und Nutzung führen zu einer **Verdichtung** des ursprünglichen Bodengefüges.
- Die **Bearbeitung** des Bodens verän-

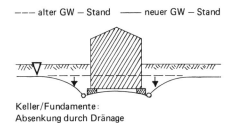

Keller/Fundamente:
Absenkung durch Dränage

Einschnitt/Abtrag:
offene Planumsentwässerung

Einschnitt/Anschnitt am Hang:
offene Planumsentwässerung

Verringerung des Oberflächenwassers

Staubildung und Durchfeuchtung

Abb. 2.3.2.1/4 Beispiele für Einflüsse der Bauarbeiten auf Grund-, Schichten- und Oberflächenwasser

dert das **Gefüge.** Bestimmte Böden werden bei artspezifischer Feuchtigkeit dadurch zumindest bereichsweise **verdichtet.**

● **Reliefänderungen** ergeben einen neuen Bodenaufbau. Häufig findet eine regelrechte Umkehrung des gewachsenen Bodenprofils statt.

● **Sickereinrichtungen** (Dränagen) und Abtragsbereiche können zu einer Absenkung des Grundwasserspiegels oder zum Entzug vom Schichtenwasser führen. Die oberen Bodenschichten werden trockener und erfahren dadurch ggf. Verdichtungen.

● Die **Befestigung** (Versiegelung) von Teilflächen (Haus, Terasse etc.) und Erhöhung der Geländeneigung vergrößern den Wasseranfall aus Niederschlägen auf den restlichen Flächen. Diese werden stärker durchfeuchtet, instabiler und luftärmer.

Ausheben der Baugrube von Fundament- und Leitungsgräben (Abb. 2.3.2.1/4)
Es entstehen zwischen benachbarten Bodenbereichen senkrechte Trennflächen, die den Luft- bzw. Wasserhaushalt des Bodens beträchtlich stören können (z.B. durch Grundwasserabsenkungen).

● Alle **Witterungsfaktoren** wirken auf steilere Geländeneigungen und u.U. aus tieferen Schichten stammende, völlig anders geartete Böden ein.

● Die vor dem Bau vorhandene **Bodenart** bzw. **Bodenqualität** (Struktur) wird stark verändert. Aus vegetationstechnischer Sicht ergeben sich damit allein aus der Bearbeitung Standortveränderungen. Diese können von durch das Bauwerk bedingten weiteren Einflüssen noch verstärkt werden (Sonne-Schatten-Verteilung, Feuchtigkeitszunahme, Windschneisen).

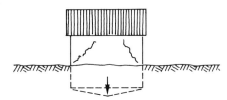

typische Rißbildung bei
Setzungen im mittleren Bereich des Gebäudes

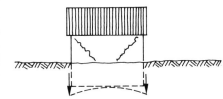

typische Rißbildung bei
Setzungen an den Gebäudeenden

Abb. 2.3.3/1a Setzungen in der Gründungsebene

● **Gefügeverdichtende Faktoren** verbessern im allgemeinen die bautechnischen Eigenschaften des Bodens, verschlechtern ihn jedoch aus vegetationstechnischer Sicht (Verringerung der Wasserdurchlässigkeit und des Luftaustauschs, Vergrößerung der Gefügefestigkeit).

2.3.3 Schäden als Folge falscher Bodenbeurteilung – »Überreaktionen« des Bodens

Die falsche Einschätzung der Bodenverhältnisse einschließlich des Bodenaufbaus (Bodenprofils) kann zu Schäden führen, die eine Überbeanspruchung des Bodens durch die belastenden Faktoren (Erdarbeiten, Witterung und Nutzung) wiederspiegeln.

Als Schäden sind Überbeanspruchungen zu bezeichnen, die von der

Abb. 2.3.3/1b Sackungen bei Treppenanlage

Abb. 2.3.3/1c Sackungen und Ausspülungen hinter elastischer Stützwand

1

Rutschen oberflächiger Schicht
(z.B. Oberboden)
(s. Abb. 2.3.3/2b)

2

Gleiten auf Trennschicht im Boden

3

Geländebruch bei homogenem Bodenaufbau
und zu steiler Böschung (s. Abb. 2.3.3/2c)

Abb. 2.3.3/4 Frostaufbruch

4

Grundbruch bei Versagen der unter dem
Bauwerk liegenden Böden

**Abb. 2.3.3/2a Rutschen, Gleiten,
Gelände- und Grundbruch**

Minderung der Bauwerksqualität bis zur
Zerstörung des Bauwerks reichen und
die auch kombiniert vorkommen:
Nachgeben der Gründungs- oder Erdoberfläche (Abb. 2.3.3/1a–c): Setzungen, Sackungen;
Bodenbewegungen auf geneigten Flächen (Abb. 2.3.3/2a–c): Gleiten, Rutschung, Geländebruch, Grundbuch;
Auswirkungen des Wassers (Abb.
2.3.3/3): Erosion;

Abb. 2.3.3/3 Erosionsschaden

Auswirkungen des Frostes (Abb.
2.3.3/4): Frostaufbrüche, Frostschäden.

2.4 Bodenanalyse

In den vorangegangenen Kapiteln sind
vielfältige Wechselwirkungen zwischen
den drei Phasen (feste Masse, Wasser,
Luft) im Boden selbst und zwischen den
»Aktionsgrößen« (Bearbeitung, Witterung, Nutzung) und dem gesamten Bodenaufbau aufgezeigt worden. Über eine große Zahl von Einzelmessungen
bzw. einzelne bodenphysikalische/bo-
denmechanische Kenngrößen (Analyse) können Interpretationen der Bodeneigenschaften (Synthese) angestellt
werden. Diese liefern den Bewertungs-
maßstab für den Boden bei einem ganz
spezifischen Belastungs- oder Nut-
zungsfall.

Abb. 2.3.3/2b Rutschen oberflächiger Schicht

Abb. 2.3.3/2c Geländebruch

Die Bewertung »gut/schlecht«, »geeignet/ungeeignet« ist grundsätzlich nicht in Form eines Patentrezeptes möglich. Sie muß für jede Situation neu erfolgen.

2.4.1 Problembereiche

Trotz aller Vielfalt der Einzelprobleme können diese auf vier Hauptproblembereiche (Abb. 2.4.1/1) zurückgeführt werden und zwar Stabilitätsprobleme, Verformungsprobleme, Probleme durch Wasserbewegung und Bearbeitbarkeit.

Je nach Baumaßnahme und örtlicher Gegebenheit können diese Probleme kombiniert auftreten und dem Objekt entsprechend sehr unterschiedliche Gewichtung besitzen.

Bei einer Verwendung des Bodens für bautechnische Zwecke stehen die Tragfähigkeit und Standsicherheit im Vordergrund. Für eine landschaftsbauliche/vegetationstechnische Anwendung muß ein Boden vor allem eine gute »Wuchsfähigkeit« aufweisen. Dies setzt z. B. eine möglichst leichte Durchwurzelbarkeit voraus.

Bei sehr vielen Baumaßnahmen müssen gleichzeitig bau- und vegetationstechnische Bedingungen erfüllt sein (z. B. Standsicherheit und Tragfähigkeit eines Straßendammes bei gleichzeitig guter Begrünbarkeit, Belastbarkeit von Rasenflächen auch bei ungünstiger Witterung etc.). Hierin liegen fast immer sehr widersprüchliche Anforderungen begründet.

Zusätzliche Probleme ergeben sich aus der Baulandknappheit, die oft keine freie Standortwahl mehr zuläßt und die Nutzung schlechter Standorte und Bodenaufbauten erzwingt.

Die erforderliche Bodenanalyse und -synthese muß immer einen räumlichen Bodenbereich, wie auch die einzelnen Schichten erfassen.

2.4.2 Zeitpunkt, Umfang und Art der Untersuchungen

Als optimal ist hier anzusehen: So früh wie irgend möglich – und so wenig wie gerade vertretbar. Hierbei werden Größe und Wertigkeit des Bauvorhabens eine wichtige Rolle spielen, ebenso wie die Risikobereitschaft (oder die Unwissenheit) des Bauherrn, Planers und Ausführenden.

2.4.2.1 Zeitpunkt der Untersuchungen

Die Eingliederung der Untersuchungen in den gesamten Planungs- und Bauablauf zeigt Abb. 2.4.2.1/1. Den Untersuchungen kommt eine regelnde, die Planung und Ausführung beeinflussende Rolle zu.

Gerade Untersuchungen zu Beginn der Planung sind wichtig, weil ggf. erforderliche Änderungen jetzt noch mit einem relativ geringen Aufwand durchzuführen sind:

Ist z. B. aufgrund des Bebauungsplanes eine relativ freizügige Gestaltung möglich, kann die Verteilung der bautechnisch und vegetationstechnisch zu nutzende Flächen den vorhandenen Bodenverhältnissen noch sinnvoll angepaßt werden. Liegen die nutzbaren Flächenbereiche z. B. durch Bebauungsplan bereits fest, so ist zumindest frühzeitig die Wahl der Bearbeitungsmethoden, Baustoffe/Hilfsmittel und der Vegetationsart/Pflanzenart möglich, bzw. Kosten für eine ggf. erforderliche Bodenverbesserung sind rechtzeitig erfaßbar.

Bei all diesen Überlegungen ist zu berücksichtigen, daß Bodenerkundungen und Bodenuntersuchungen einen bestimmten Zeitbedarf fordern und auch nicht zu jedem Zeitpunkt des Bauablaufs durchführbar sind. Bei Einschal-

tung mehrerer Prüfinstanzen ist zudem ein u. U. beträchtlicher Zeitverlust für den Versand der Proben und die Übermittlung der Ergebnisse bzw. eines Gutachtens anzusetzen. Der Zeitbedarf steigt allgemein mit der Größe und Wertigkeit der Baumaßnahme und der Art und Anzahl der Bodenarten. Er ist nur bei früher Hinzuziehung entsprechender Labore/Fachleute rechtzeitig kalkulierbar. Andernfalls muß unter Umständen eine zumindest teilweise Stillegung der Baustelle in Kauf genommen werden.

2.4.2.2 Umfang der Untersuchungen

Er muß sich zwangsläufig nach wirtschaftlichen Gesichtspunkten richten, d. h. je kleiner bzw. kostenniedriger das Gesamtprojekt ist, desto geringer wird der Umfang – besser der Kostenaufwand – der Untersuchungen sein müssen. Man sollte in diesem Fall lieber möglichst viele einfache und preiswerte Versuche anstellen, statt die Summe in einen »Superversuch« zu investieren. Dies deshalb, weil ein einzelner (zwar genauer) Versuch doch kaum ein sicheres durchschnittliches bzw. typisches Bild des Bodens liefern kann. Aus einer Vielzahl einfacher (und daher relativ ungenauerer) Versuche kann dagegen auf zu verallgemeinernde Aussagen geschlossen werden. In jedem Fall muß bekannt sein, mit welchem Ziel die Versuche überhaupt anzustellen sind, d. h. welche Aussage getroffen werden soll.

Aus Kostengründen jedoch gänzlich auf eine bewertende Untersuchung oder Bodenansprache zu verzichten, ist nicht ratsam. Mindestens sollte eine Analogabschätzung bezogen auf ähnliche bekannte Maßnahmen und Böden erfolgen (das berühmte »Schielen über den Gartenzaun«). Einfachste Felduntersuchungen, Kartenstudium und die vorhandene Vegetation können dabei wertvolle Hinweise geben, die wenigstens qualifizierende Aussagen bezüglich der Belastbarkeit, Bearbeitbarkeit bzw. Bodengefüge ermöglichen.

Genaue Rückschlüsse auf die Boden- und Bearbeitungsqualität können nur aus umfangreichen Laboruntersuchungen gezogen werden.

Ihr Kostenfaktor kann grob mit 2–10 % der Bausumme angesetzt werden.

2.4.2.3 Art der Untersuchungen

Hier sind entsprechend den Aussagemöglichkeiten bzw. der Anwendung drei Gruppen zu unterscheiden: Bodenerkundung, Probenahme und Prüfverfahren zur Ermittlung bestimmter Bodenkennwerte.

Abb. 2.4.1/1 Grundprobleme der Bodenmechanik

Problem	Bodeneigenschaften
Stabilität	Böschungsstabilität Druck des Erdkörpers auf Stützbauwerke Belastbarkeit des Planums oder Baugrunds Wasserbewegung in und auf dem Boden Frosteinflüsse
Verformung	Verdichtung Setzung des Erdbauwerks oder des Baugrunds Konsolidierung des Bodens durch Eigengewicht (Abnahme des Porenwassers)
Wasserbewegung	Durchlässigkeit Versickerung Kapillarität Porenwasserspannung

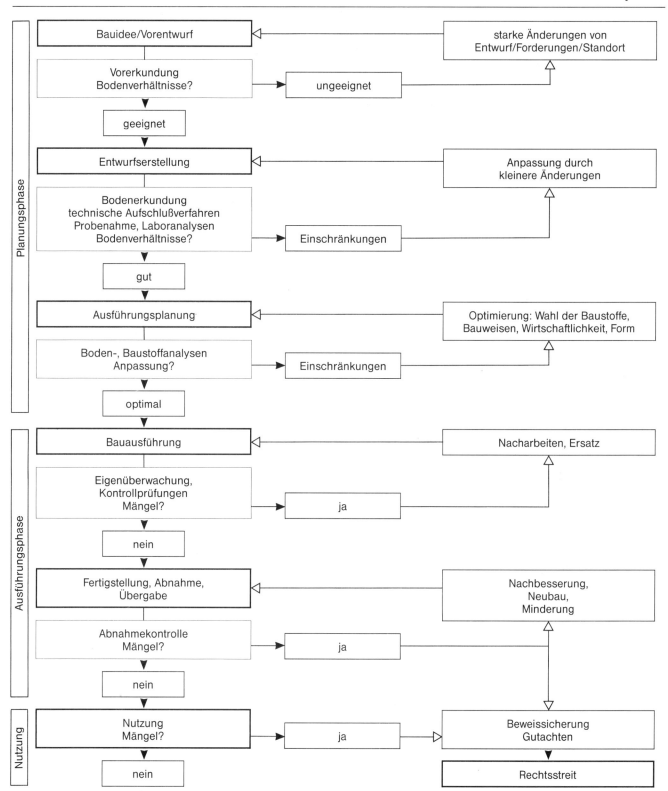

Abb. 2.4.2.1/1   Bodenuntersuchungen im Planungs- und Bauablauf

2.4.3 Bodenerkundung

Eindeutige Hinweise auf die für eine Baumaßnahme wirksamen Boden- und Baugrundeigenschaften können nur aus dem direkten Bereich der vorgesehenen Maßnahme gewonnen werden.

Die Möglichkeiten der Erkundung sind unter den Gesichtspunkten der Voruntersuchungen bzw. der Vorklärung und denen einer genauen, weiterführenden Untersuchung zu sehen.

2.4.3.1 Durchführung der Voruntersuchungen

Zu den Verfahren rechnen:
Aussagen aus Kartenmaterial und Felduntersuchungen ohne Hilfsmittel und weiterführende Untersuchungen mit technischen Anschlußverfahren und mit Probenahme sowie Untersuchungen zum Bodenwasser.

Diese relativ einfachen und vor allem schnell durchführbaren Verfahren sollten erstens zu einer »vorsortierenden« Beurteilung eines Vorentwurfes/Entwurfes oder spezieller vorgesehener Baumethoden verwendet werden. Zweitens dienen sie der Festlegung der Aufschlußpunkte sowie der Wahl bestimmter technischer Aufschlußverfahren.

Untersuchungen vom »grünen Tisch« aus mit Hilfe von Kartenmaterial liefern auch ohne direkten Zugriff zur Örtlichkeit schon viele wichtige Hinweise.

Im Vordergrund steht hier die Verwendung der »**geologischen Karte**« (Maßstab 1:25000 – 1:200000, gelegentlich auch 1:100000). Diese Karte enthält außer der Darstellung der Topographie Signaturen, die Gesteine bzw. erdgeschichtliche Schichtungen sowie Verwerfungen etc. als geologischen Untergrund verdeutlichen. Die oberste Schicht wird nicht berücksichtigt. Von einzelnen Siedlungs- bzw. Bauschwerpunkten gibt es noch sog. »ingenieurgeologische Karten« oder »Baugrundkarten« (meist im Maßstab 1:10000/1:25000), die zusätzlich zu den topographischen und geologischen Inhalten Hinweise zum Bodenwasser und Festigkeitsverhalten des Bodens enthalten. Nicht unerwähnt sollten auch die »normalen« topographischen Karten 1:25000, die »Meßtischblätter« und deren Vorläufer aus der Mitte des 19. Jh. bis zum Beginn des 20. Jh. bleiben. Hinweise auf die Bodenverhältnisse sind über die angegebenen Bodennutzungen und Siedlungs- bzw. Gemarkungsnamen zu gewinnen. Von besonderer Bedeutung sind hier Veränderungen in der Nutzung, Lage der Wasserläufe und Verkehrswege etc.

Begehung des Planungs- und Baugebietes – **Felduntersuchungen:** Sie sollen die topographisch-morphologischen

Abb. 2.4.3.1/1   Kniewuchs, Schrägstellung

Verhältnisse klären (Geländeform im Detail) und hierbei bereits Hinweise auf **geologische Zusammenhänge** geben (z. B. Entstehen bestimmter Formen durch weiche bzw. harte Gesteinsarten bzw. Bodenschichten). Weiterhin sind alle sichtbaren Arten des Wassers bzw. seiner Wirkungen, Wasseransammlungen, Vernässungsbereiche, Vorflutverhältnisse zu beschreiben. Diese Hinweise sind zu ergänzen durch die Beobachtung von Baugrundveränderungen durch künstliche Maßnahmen (z. B. Aufschüttung), durch Nutzung (z. B. Fahrspuren) oder bodenmechanische Vorgänge (z. B. Hangrutschungen, Erosion). Zur Begehung gehört ferner die Bodenansprache der offen zu Tage tretenden Schichten mit manuellen und visuellen Methoden (s. Kap. 2.4.5.1).

Diese Arbeitsschritte sind nach Möglichkeit auch an natürlichen Bodenaufschlüssen (z. B. frische Grabenböschung, Baugrube) im Planungsbereich bzw. seiner unmittelbaren Nachbarschaft durchzuführen. Darüber hinaus sind alle Schäden bzw. Veränderungen an Bauwerken (Setzungsrisse usw.) festzuhalten. Schließlich ist die Beobachtung der vorhandenen Vegetation wichtig. Je nach Boden- und/oder Wasserverhältnissen ergeben sich bei natürlicher Vegetation besonders gute Wachstumsverhältnisse für bestimmte Pflanzenarten, sog. Zeigerpflanzen. Aber auch künstlich eingebrachte Pflanzen können beispielsweise durch kümmernden Wuchs auf bestimmte Bodenverhältnisse hinweisen (Verdichtung, Wasseranreicherung, Wasserarmut, Luftarmut). Diese sind jedoch stets zusammen mit anderen Punkten zu bewerten. Auf bodenmechanische Veränderungen (Rutschungen) weist auch ein Mißwuchs von Ge-

hölzen, der sog. Kniewuchs, hin (Abb. 2.4.3.1/1). Je nach Lage bzw. Alter des Gehölzes kann auf Zeitpunkt oder Dauer der Rutschung geschlossen werden.

Diese aus der Begehung gewonnenen Hinweisgruppen sollten in einer **Lageskizze,** ergänzt durch textliche Vermerke und ggf. Lichtbilder, festgehalten werden.

Speziell geologisch ausgebildete Fachleute können als weiteren Schritt noch mit bestimmten Arbeitsgeräten den »Felsverband« aufnehmen. Hieraus sind Hinweise auf Gesteinsart und Festigkeit und auf das Verhalten des Bodenwassers abzuleiten (s. auch DIN 4021, Teil 2).

2.4.3.2 Genaue Untersuchungen mit technischen Aufschlußverfahren

Die technischen Aufschlußverfahren sollen aufzeigen, welche Böden anstehen, wie die Lagerungsverhältnisse zu beurteilen sind und wie die Wasserführung im Untergrund aussieht.

Dazu können sog. direkte oder unmittelbare Verfahren verwendet werden, die einzelne Bodenkennwerte liefern, oder sog. indirekte oder mittelbare Verfahren, die Rückschlüsse auf Bodenkennwerte zulassen (Abb. 2.4.3.2/1).

Aus den Ergebnissen der Vorerkundung und den Anforderungen des Objekts ist vor Beginn der Aufschlußarbeiten die Lage, Tiefe und Art der einzelnen Aufschlüsse so festzulegen, daß trotz eines Minimums an Kosten objektbezogen möglichst genaue Ergebnisse erwartet werden können. Bei größeren Baumaßnahmen sollte ein regelrechter **Erkundungsplan** aufgestellt werden.

Für kleinere Objekte sollen jedoch wenigstens Aussagen für Flächen verschiedener Nutzung vorliegen (bei Vegetationsflächen und einfachen technischen Flächen bis in rd. 2 m Tiefe, möglichst mit Erfassung des Grundwasserstands). Als technische Aufschlußverfahren werden benutzt:

Schürfe nach DIN 4021, Teil 1, auch Schürfgruben genannt, können maschinell oder von Hand in Lockergestein angelegt werden (Mindestabmessungen begehbarer Schürfe s. Abb. 2.4.3.2/2). Wenn aus verschiedenen Tiefen bzw. Schichten Bodenproben entnommen werden sollen, ist eine Wand von Hand abzuschrägen, besser abzutreppen. Vor Probenahme darf diese Seite nicht betreten werden. Zur Einsichtnahme von der Geländeoberfläche aus muß der Schürf nicht begehbar sein (kleinere Abmessungen).

Ein Schürf soll erst kurz vor der Pro-

Aufschlußverfahren	Schürf	Bohrung	Sondierung	geophys. Verfahren
Ergebnisse	begehbarer Aufschluß in Lockerböden zur direkten Einsicht in den Baugrund und zur Probenahme	künstlicher Aufschluß mit geringem Durchmesser aber beliebiger Tiefe mit speziellen Probenahmen	durch Einrammen od. Einpressen dünner Gestänge Ermittlung der Lagerungsverhältnisse ohne Probenahme	Messung physikalischer Größen zur Feststellung von Wechseln/Änderungen im Baugrund
Vorteile	sichere, genaue Probenahme	in allen Böden u. Tiefen einsetzbar	preiswertes, schnelles Verfahren	schnelle, großflächige Erkundung
Nachteile	begrenzte Tiefe, ggf. Verbau und/oder Wasserhaltung	schwierige Probenahme, ggf. nur geringe Probengüte	nur indirekte Aussagen; Verbesserung nur mit Bohrungen oder Schürfen	häufig unsichere, grobe Aussagen; Verbesserung nur mit Bohrungen

Abb. 2.4.3.2/1 Aufschlußverfahren

benahme angelegt bzw. fertiggestellt werden. Er ist gegen Witterungseinflüsse zu schützen. Schürfe sind nach Probenahme zu verfüllen und ggf. lagenweise zu verdichten, wenn sie nicht ohnehin abgebaut werden. Bis dahin müssen sie abgesperrt und kenntlich gemacht werden.

Bei Tiefen über 1,25 m sind Schürfe wie Baugruben abzuböschen oder auszusteifen (DIN 4124, Blatt 1 und entsprechende Unfallverhütungsvorschriften beachten).

Von Vorteil sind beim Schürf die gute Erkennbarkeit der Schichtenfolge des Bodens, der Bodenarten und zahlreicher Bodeneigenschaften sowie die Möglichkeit der Entnahme weitgehend ungestörter Bodenproben bis zur Güteklasse 1. Nachteilig ist bei ihrer Anlage bei größeren Tiefen der hohe Arbeits- und Kostenaufwand, so daß sie vor allem für oberflächennahe Bodenuntersuchungen verwendet werden. Ferner können Schürfe ohne Grundwasserabsenkung nur oberhalb des Grundwasserspiegels angelegt werden. Bei Schichtwasser ist eine Wasserhaltung erforderlich.

Bohrungen nach DIN 4021, Teil 1 und Teil 2 können in Lockergesteinen und Fest- (Fels-)gestein mit den in Abb. 2.4.3.2/3 aufgeführten Geräten und Arbeitsweisen ausgeführt werden. Die verschiedenen Bohrverfahren sowie die erreichbaren Güteklassen der Bodenproben sind in Anhang A 2.4.3.2/1 zusammengestellt. Danach kann grob für die vermuteten Bodenverhältnisse und den gewünschten Untersuchungszweck das geeignete Verfahren ausgewählt werden.

Vorteilhaft ist bei Bohrungen die Erkundung in allen Böden und praktisch beliebiger Tiefe, wobei eine Beeinträchtigung durch das Grundwasser kaum eintritt. Nachteilig dagegen ist die häufige Vermischung des erbohrten Bo-

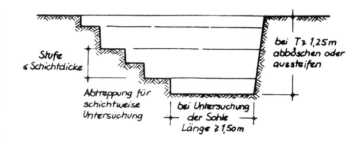

Abb. 2.4.3.2/2   Begehbare Schürfgrube für schichtweise Probenahme und Untersuchung der Sohle

Abb. 2.4.3.2/3   Bohrwerkzeuge für Lockergesteine

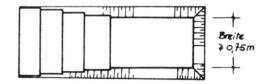

Bohrwerkzeug	Schappe	Ventilbohrer (Schlammbüchse, Kiespumpe)	Spiralbohrer	Meißel
Bewegung	drehend	stoßend	drehend	schlagend
Bodenart	weiche bis steifplastische bindige und feuchte nicht-bindige Böden	breiige bindige und organische sowie trockene und nasse nicht-bindige Böden	halbfeste bis feste bindige Böden	Schotter, Geschiebe
Beurteilung	universell für alle zusammenhaltenden Böden geeignet	universell für alle nicht zusammenhalten den Böden geeignet	Zur Auflockerung fester Böden geeignet	Zur Zerkleinerung von Hindernissen im Bohrloch geeignet

dens, wobei dünne Schichten oft gar nicht erkennbar werden. Die Wahl bzw. Kombination von verschiedenen Bohrverfahren kann hier Abhilfe schaffen. Bei den Verfahren 2 und 3 ist ggf. die Entnahme von Sonderproben erforderlich. Bohrarbeiten für Bodenerkundungen sind nur von entsprechend qualifizierten Firmen durchzuführen.

Sondierungen nach DIN 4094, Teil 1 und 2 und DIN 4096 werden mit relativ dünnen Stahlgestängen durchgeführt, die in Lockergesteinsbaugrund eingetrieben werden. Es werden unterschieden:

Rammsondierungen: Einschlagen (Einrammen) eines Gestänges mit bestimmter Kraft. Feststellung des Eindringwiderstands als Verhältnis von Rammarbeit und Eindringtiefe (Unterteilung nach DIN 4094, Teil 1).

Drucksondierungen: Meist hydraulisches Eindrücken eines Gestänges mit konstanter Geschwindigkeit. Messung des Eindringwiderstandes, aufteilbar nach Gesamtwiderstand und Spitzendruck (s. DIN 4094, Teil 1).

Drehsondierung/Flügelsondierung: Drehen eines eingetriebenen Gestänges mit einem Flügelpaar an der Spitze und Messung der Widerstandskraft des Bodens (s. DIN 4096).

Die Verfahren ermöglichen allein betrachtet im wesentlichen nur relative Aussagen (mittelbare Aussagen) über den Baugrund. Erkennbar sind Schichtgrenzen zwischen verschieden festen Böden. Erst im Vergleich mit Ergebnissen aus Bohrungen und/oder Schürfen und einer »Eichung« direkt im Bereich dieser Aufschlüsse können sie unmittelbar interpretiert werden. Sie eignen sich damit sehr gut zur »Verdichtung« eines weitmaschigen Aufschlußnetzes aus Bohrungen oder Schürfen. Feststellbar sind u. a. Schichtgrenzen der Böden, Hohlräume, Einlagerungen; ungefähre Lage des Grund- oder Schichtwassers in nichtbindigen Böden; Kennwerte wie z. B. die Dichte bzw. der Verdichtungsgrad oder die Scherfestigkeit.

Bei kleinen Objekten findet im allgemeinen nur die leichte Rammsonde (LRS) Anwendung. Das Gestänge aus 1 m-Abschnitten mit einer verdickten Spitze zur Herabsetzung der Mantelreibung wird mit einem Rammgewicht von 10 kg und ca. 15–30 Schlägen je Minute senkrecht in den Boden eingetrieben. Registriert wird die Anzahl der Schläge, die die Sonde um 10 cm in den Boden eingetrieben haben (n_{10}). Als Ergebnis gewinnt man ein Rammdiagramm oder eine Widerstandslinie, bei der auf der horizontalen Achse die Schlagzahl/10 cm und auf der vertikalen Achse die Tiefe aufgetragen ist. Ein

Abb. 2.4.3.2/4a Pürkhauer-Stab mit Verlängerungsstange

Abb. 2.4.3.2/4b Nutausbildung

Wechsel der n_{10}-Werte bedeutet Veränderungen in der Festigkeit des Bodens (Widerstandskraft) oder der Bodenart. Die leichte Rammsonde kann bis zu Tiefen von 6 m, evtl. auch 8 m eingesetzt werden.

Bei der Peilstangen- oder Schlitzsondierung wird ein Gestänge mit eingefräster Längsnut in den Boden eingetrieben, mehrere Male in einer Richtung gedreht und anschließend gezogen. Dabei bleibt in der Nut eine kleine Bodensäule erhalten, aus der der Schichtenaufbau und die Wasserverhältnisse des Baugrunds visuell abgeleitet werden können. Bekannt ist der in Abb. 2.4.3.2/4a und b dargestellte Pürkhauer-Stab mit 30 mm Durchmesser. Schlitzsondierungen können in Lockerböden mit nicht zu groben Bestandteilen durchgeführt werden. Die Qualität der Proben ist allerdings nicht sehr gut (A 2.4.3.2/1 im Anhang). Sie stellen einen Übergang zwischen Bohrung und Sondierung dar und können als Ergänzung zur leichten Rammsonde dienen.

Weitere Aufschlußverfahren werden hier nur namentlich aufgeführt:

Refraktionsseismik: Erzeugung künstlicher Wellen (kleiner »Erdbeben«) im Boden. Messung ihrer Ausbreitung;

Geoelektrik: Messung der elektrischen Leitfähigkeit des Bodens;

Geothermie: Messung der Temperaturverteilung im Boden;

Gravimetrie: Messung der Inkonstanz des Schwerefeldes;

Geomagnetik: Messung der kleinräumigen Magnetfelder;

Baugrundradiometrie: Messung bodenphysikalischer Nennwerte mit künstlich erzeugter radioaktiver Strahlung.

Aufschlüsse der **Wasserverhältnisse** nach DIN 4021, Teil 3 sollen folgende Ergebnisse erbringen:

1. Höhenlage, ggf. Veränderungen des Grund- oder Schichtenwasserpegels (Beobachtungsdauer u. U. bis zu einem Jahr oder wesentlich längere Zeiträume); Feststellung der Fließrichtung des Grund- oder Schichtenwassers und Ermittlung der Strömungsgeschwindigkeit; Wasseraufnahmefähigkeit von Fest- (Fels-)gestein.

2. Entnahme von Wasserproben; Feststellung der chemischen Zusammensetzung; Untersuchung auf betonschädliche Bestandteile (Untersuchung nach DIN 4030); Prüfung als Anmachwasser für Beton; Untersuchung auf Korrosionsgefahr usw.

Bei kleineren Baumaßnahmen genügt meist die Ermittlung des Grundwasserstandes. Er läßt sich schon in Sondierlöchern durch vorsichtiges Abloten ermitteln. Die Beobachtung sollte vor allem bei feinkörnigeren Böden über wenigstens 24 Stunden erfolgen, um den momentan höchsten Grundwasserstand sicher zu ermitteln.

Eine chemische Wasseruntersuchung empfiehlt sich auch bei kleineren Baumaßnahmen, wenn Betonfundamente, Stahlbauteile oder Sickereinrichtungen (Gefahr der Verockerung) im Grundwasserbereich angeordnet werden.

2.4.3.3 Darstellung der Ergebnisse

Die Ergebnisse der Aufschlüsse werden in einem Schichtenverzeichnis festgehalten, das nach DIN 4022, Teil 1 für Lockergestein und DIN 4022, Teil 2 für Fels (Festgestein) genormt ist. Hiernach wird ein Bodenprofil nach DIN 4023 angefertigt (Abb. 2.4.3.3/1) (Bezeichnungen sowie Signaturen s. Anhang A 2.4.3.3/1a–c, 2). Mehrere Bodenprofile, höhenrichtig nebeneinander gezeichnet, ergeben ein Schichtenprofil des Baugrundes, das auch den Schichtenverlauf nach Neigung und Dicke erkennen läßt.

2.4.4 Probenahme

Die Probenahme hat die Aufgabe, aus natürlichen Bodenvorkommen, künstlichen Aufschüttungen aus Naturgestein oder künstlichen Gesteinen (Schlacken etc.) oder transportiertem Gut eine Materialmenge zu gewinnen, die für die jeweils erforderlichen oder gewünschten Voruntersuchungen, Eignungs-, Eigenüberwachungs- und Kontrollprüfungen sowie Schiedsuntersuchungen benötigt wird und für die jeweils anstehende Bodenart repräsentativ ist.

2.4.4.1 Verfahrensfragen, Kennzeichnung, Benennung, Güteklassen

Die Probenahme hat allgemein so zu erfolgen, daß sie für alle Vertragspartner verbindlich ist. Daher sollte sie entweder in Gegenwart aller Parteien oder durch eine neutrale Institution erfolgen. Meist genügt die Entnahme einer Laborprobe. Ohne Übereinstimmung muß die Gesamtprobe gedrittelt werden. Eine Probe wird im Beisein der Vertragspartner als Rückstellprobe (Kap. 2.4.4.2) für Schiedsuntersuchungen versiegelt, die zweite dem Auftraggeber der Probenahme zur Verfügung gestellt und die dritte für die Laboruntersuchungen verwendet. Der Aufbewahrungsort der Rückstellproben muß vereinbart werden. Über die Probenahme sollte z. B. nach dem Muster (Anhang A 2.4.4.1/1) Protokoll geführt werden. Bei anstehenden oder eingebauten Böden sind die einzelnen Entnahmestellen lage- und höhengerecht einzumessen und mit ihren Bezeich-

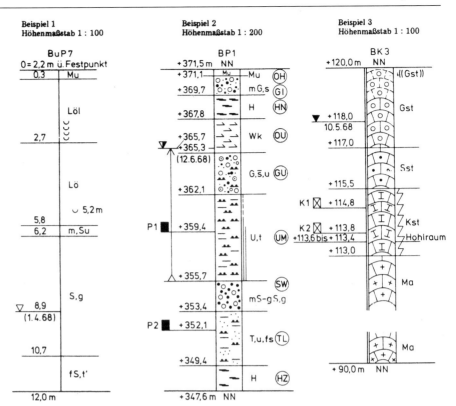

Abb. 2.4.3.3/1 Bodenprofil nach DIN 4023

Merkblatt über Probenahme für bodenphysikalische Versuche im Straßenbau und DIN 52101	Merkblatt für die Prüfung von Mineralstoffen im Straßenbau	DIN 4021	Probenahme für die Prüfung bituminöser Massen DIN 1996, T. 2
Einzelprobe	Einzelprobe	–	Einzelprobe
–	–	–	Einzelprobe als Durchschnitt
Sammelprobe	Sammelprobe	–	Sammelprobe
Sammelprobe als Durchschnitt	–	–	Sammelprobe als Durchschnitt
–	Mischprobe	–	–
–	Teilprobe	–	–
Laboratoriumsprobe	–	–	Laboratoriumsprobe
–	Laborprobe	–	–
Probeteil	–	–	Probeteil
–	Untersuchungsprobe	–	–
–	–	–	Schiedsprobe
–	Rückstellprobe	–	–
–	–	Bohrprobe	–
–	–	Sonderprobe	–
–	–	Schürfprobe	–

Abb. 2.4.4.1/1 Probenbezeichnungen nach verschiedenen Richtlinien etc.

nungen in einem Lageplan oder einer Lageskizze darzustellen. Diese sind dem Protokoll beizufügen.

Nach DIN 4021, Blatt 1 sind alle Bodenproben direkt nach der Entnahme dauerhaft und möglichst doppelt zu kennzeichnen und mit bestimmten Angaben zu versehen. Ebenso sind Versand und Lagerung von Bodenproben festgelegt.

Für die Probenahme sind zu beachten:
DIN 4021, Teil 1–3; DIN 4022, Teil 1–3; DIN 4023; DIN 4124; DIN 18196; DIN 18915, Teil 1; ggf. DIN 19680 und 19681.

Weiterhin wird verwiesen auf:
Bodenerkundung im Straßenbau, Teil 1 und Teil 2, FGStr 68/77; Merkblatt über die Probenahme für boden-

Güte-klasse	unveränderter Kennwert	feststellbare Kennwerte
1	Struktur Bodenzusammensetzung Bodenwasser Dichte	Feinschichtgrenzen Konsistenzgrenzen Kornverteilung Wassergehalt Raumgewicht Steifemodul Scherfestigkeit Konsistenzzahl Verdichtbarkeit Lagerungsdichte, Verdichtungsgrad Kornrohwichte Porenanteil Wasserdurchlässigkeit, Kapillarität organische Bestandteile pH-Wert Nährstoffgehalt
2	Bodenzusammensetzung Volumen	Feinschichtgrenzen Konsistenzgrenzen Kornverteilung Wassergehalt Raumgewicht Konsistenzzahl Verdichtbarkeit Lagerungsdichte, Verdichtungsgrad Kornrohwichte Porenanteil Wasserdurchlässigkeit organische Bestandteile pH-Wert Nährstoffgehalt
3	Bodenzusammensetzung	Schichtgrenzen Kornverteilung Wassergehalt Konsistenzgrenzen Konsistenzzahl Verdichtbarkeit Kornrohwichte organische Bestandteile pH-Wert Nährstoffgehalt
4	Zusammensetzung der festen Phase	Kornverteilung Schichtgrenzen Konsistenzgrenzen Verdichtbarkeit Kornrohwichte organische Bestandteile pH-Wert Nährstoffgehalt

Abb. 2.4.4.1/2 Güteklassen für Bodenproben (DIN 4021, Bl. 1)

physikalische Versuche im Straßenbau, FGStr 72.

Aufgrund verschiedener Kriterien werden Proben unterschiedlich bezeichnet (Abb. 2.4.4.1/1).

Die DIN 4021, Teil 1 legt fünf Güteklassen für Bodenproben fest, die sich in den möglichen feststellbaren Bodenkennwerten unterscheiden. Sie sind in Abb. 2.4.4.1/2 beschrieben. Für die Probenahme sollte stets die geringwertigste Güteklasse vorgesehen werden, die noch die für die jeweilige Baumaßnahme erforderlichen Bodenkennwerte liefert.

2.4.4.2 Probengröße und Anordnung der Entnahmestellen

Die Größe der Bodenproben richtet sich nach dem Größtkorn der anstehenden Bodenart und nach dem Untersuchungsziel, also der vorgesehenen bodenphysikalischen Untersuchung. Sofern der zu untersuchende Boden an der Entnahmestelle homogen ansteht, können die in der Abb. 2.4.4.2/1 genannten Probenmengen als Anhalt dienen (Untersuchungsprobe).

Die Laborprobe soll wenigstens die 3- bis 4fache Größe der Untersuchungsprobe aufweisen. Zu große Proben können durch Probenteilung auf die gewünschte Menge reduziert werden. Die Zahl der Proben hängt vom Schichtenaufbau und dem Umfang des Objektes ab. Abb. 2.4.4.2/2 u. 3 zeigen, wie Proben mit dem kleinstmöglichen typischen Volumen (Homogenvolumen) zu entnehmen sind.

Für die Probenahme sind die ZTVE-StB 76, die ZTVT, die ZTVV, die DIN 1054, die DIN 18035, Blatt 4 und 5 und die DIN 18915, Teil 1 zu beachten,

Wie die Anordnung der Entnahmestellen bei anstehenden natürlichen Böden, künstlichen Aufschüttungen aus natürlichem oder künstlichem Material, Halden und Lagerschüttungen sowie Transportfahrzeugen zu erfolgen hat, ist in Abb. 2.4.4.2/4 bis 11 angegeben. Für Silos und Stetigförderer (Bandstraßen, Förderbänder, Eimerkettenbagger) gelten besondere Bestimmungen.

Bei der Entnahme von Bodenproben aus künstlichen Aufschlüssen sind die DIN 4124 und die entsprechenden Unfallverhütungsvorschriften zu beachten.

2.4.5 Ermittlung der Bodenkenngrößen

Sie sind Werte, die bestimmte physikalische Eigenschaften des Bodens kennzeichnen und werden aus sog. bodenphysikalischen Prüf- oder Untersuchungsverfahren gewonnen. Ihre Ermittlung erfolgt teilweise **im Labor** an entnommenen Bodenproben oder mit Feldversuchen direkt **vor Ort** am anstehenden Boden.

In Abb. 2.4.5/1 sind die wichtigsten Bodenkenngrößen zusammengestellt. Sie liefern – jeweils allein betrachtet – meist nur begrenzte Aussagen, so daß oft erst die Kombination mehrerer Kenngrößen die gesuchte Antwort erbringt. Dieses besagt jedoch keineswegs, daß für die zu beurteilende Situation immer alle Kennwerte vorliegen müssen. Einen gewissen Anhalt gibt hier die Spalte »Anwendungsbereiche«. Die Vielzahl der Untersuchungsverfahren kann danach auf fünf Gruppen von Kenngrößen bezogen werden:

Aufbau des Baugrunds/Untergrunds
Die Verfahren zur Ermittlung des Schichtenaufbaus sind bereits beschrieben worden.

Zusammensetzung des Bodens
Korngrößenverteilung (feste Phase) – organische Substanz – Wassergehalt (flüssige Phase) – Poren-/Luftporenanteil (gasförmige Phase) – Sättigungszahl – Kapillarität – Durchlässigkeit.

Untersuchung bzw. gesuchter Kennwert		Probenmenge (g)			
		Ton und Schluff	Sand	Kies	steiniger Boden
Kornverteilung		10–50	50–200	200–15000	15000
Wassergehalt		10–50	50–200	1000–10000	10000
Konsistenzgrenzen und Konsistenzzahl		200–300	–	–	–
Raumgewicht		1000	1000	2000	2000
Verdichtbarkeit	lockerste und dichteste Lagerung, Porenanteil	–	200	3000	–
	Proctordichte ⌀ 10 cm	2000	2500	2500	–
	⌀ 15 cm	5000	5500	5500	–
	⌀ 25 cm	–	–	–	25000
Korndichte		100	100	500–2000	500–2000
Durchlässigkeit		500–2000	1000–5000	5000	7000

Abb. 2.4.4.2/1   Größenanhalt für Untersuchungsproben (ca. ⅓ bis ¼ einer Laborprobe)

Dichte und Zustandsform des Bodens
Korndichte – Feucht- und Trockendichte – Lagerungsdichte – Proctordichte – Verdichtungsgrad – Konsistenzgrenzen – Plastizitätszahl – Zustandsform (Konsistenz).

Chemische Eigenschaften des Bodens
pH-Wert, betonschädliche Eigenschaften.

Festigkeitsverhalten
Plattendruckversuch (Verformungsmodul) – Scherfestigkeit – Zusammendrückbarkeit. Es werden nur die wichtigsten Untersuchungsverfahren bzw. Kenngrößen ausführlicher beschrieben. Die anderen Verfahren werden lediglich kurz erläutert.

2.4.5.1   Korngrößenverteilung

Definition der Kennwerte
Die Zusammensetzung der Massenanteile der festen Phase eines Bodengemisches – ausgedrückt in Prozent der Gesamtmenge und zusammengefaßt in

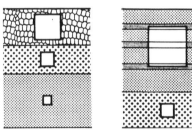

Abb. 2.4.4.2/2 + 3

Abb. 2.4.4.2/2   Schichtenprofil, kleinstes Homogenvolumen bei dicken Schichten

Abb. 2.4.4.2/3   Schichtenprofil, kleinstes Homogenvolumen bei dünnen Schichten

Abb. 2.4.4.2/4   Entnahme von Einzelproben (a) und Mischproben (b) bei horizontalem Schichtenverlauf

Abb. 2.4.4.2/5   Entnahme von Einzelproben (a) und Mischproben (b) bei schrägem Schichtenverlauf

Abb. 2.4.4.2/6   Entnahme von Mischproben bei kreuzendem Schichtenverlauf.

Abb. 2.4.4.2/7   Entnahmeraster für Einzelproben/Sammelproben bei nicht begrenztem Schichtenverlauf

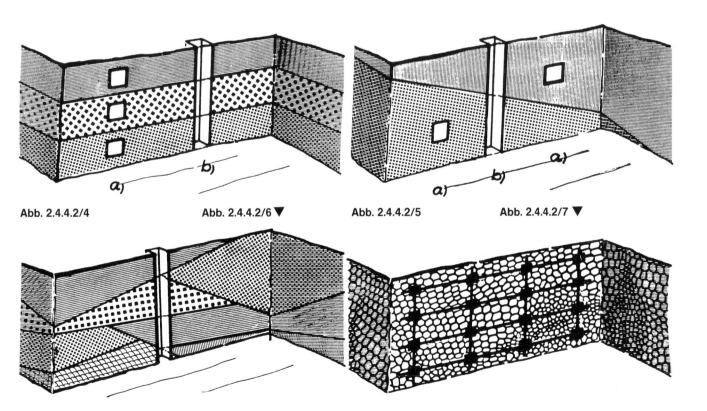

Abb. 2.4.4.2/4   **Abb. 2.4.4.2/6 ▼**   **Abb. 2.4.4.2/5**   **Abb. 2.4.4.2/7 ▼**

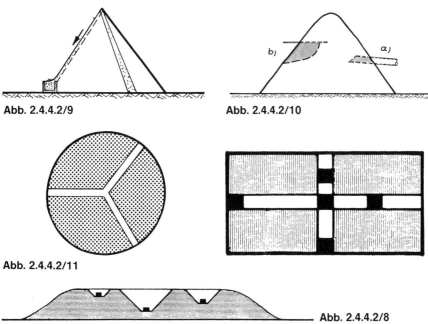

Abb. 2.4.4.2/9

Abb. 2.4.4.2/10

Abb. 2.4.4.2/11

Abb. 2.4.4.2/8

Abb. 2.4.4.2/8 Entnahmestellen bei flachen Schüttungen oder Erdplanum

Abb. 2.4.4.2/9 Anordnung von Entnahmeschlitzen für Mischproben bei Halden, Mieten, Haufen (o. li.)

Abb. 2.4.4.2/10 Entnahme von Einzelproben aus Halden, Mieten, Haufen; Entnahme mit Rohr (a), Entnahme von Hand mit Deckblech (b) (**o. re.**)

Abb. 2.4.4.2/11 Entnahme von Einzelproben vom LKW

Abb. 2.4.5/1 Bodenphysikalische Kennwerte und ihre Anwendung

Kennwert		Anwendungsbereich
Baugrundaufbau	Schichtenfolge	Grobbeurteilung als Baustoffvorkommen, Baugrund
	Schichtgrenze	Massenermittlung, Abrechnung, Kalkulation, Gründungs-, Setzungsberechnung
	Feinschichtgrenze	wie vor
	Grundwasserstand	wie vor
Einzeldaten des Dreistoffgemischs Boden	Kornverteilung	Benennung und Vorbeurteilung von Böden und Baustoffen
	Wassergehalt	Beurteilung der Bearbeitbarkeit, Verdichtbarkeit, Ermittlung der Trockendichte und Trockenwichte, Konsistenz
	Lagerungsdichte	Ermittlung der Verdichtbarkeit, Verdichtungskontrolle
	Proctordichte	wie vor
	Wichte	Gewichtsermittlung für Bauwerksauflasten, Fahrzeugladungen
	Korndichte	Schlämmanalyse, Porenanteil
	Porenanteil	Beurteilung des Wasserschluckvermögens, Wassersättigung
	Konsistenzgrenzen	Beurteilung der Witterungsanfälligkeit, Ermittlung der Bodenart
	Konsistenzzahl	Beurteilung der Bearbeitbarkeit, Belastbarkeit
	Wasserdurchlässigkeit u. Kapillarität	Beurteilung des Bodens als Filter-, Drän-, Dichtungsmaterial
	chem. Zusammensetzung des Wassers	Beurteilung beton- und stahlschädlicher Eigenschaften
Belastbarkeit	Steifemodul	Gründungs-, Setzungsberechnungen
	Scherfestigkeit	wie vor
	Verformungsmodul	Ermittlung der Tragfähigkeit bei Wechsellast
	Bettungsziffer	Ermittlung der Tragfähigkeit bei Dauerlast
vegetationst. Daten	organ. Bestandteile	Beurteilung der Eignung für bau- und vegetationstechnische Zwecke
	pH-Wert	Beurteilung als Oberboden
	Nährstoffgehalt	wie vor

Korngrößengruppen – wird als Korngrößenverteilung bezeichnet. Die Neigung und der Verlauf der Körnungskurve werden durch die Ungleichförmigkeitszahl und die Krümmungszahl beschrieben.

Darstellung/Berechnung der Kennwerte
Die Korngrößenverteilung wird als **Körnungskurve** (Körnungslinie) mit dem Korndurchmesser auf der Abzisse in logarithmischem Maßstab und den Massenanteilen auf der Ordinate in linearem .Maßstab aufgetragen (Abb. 2.4.5.1/1).

Die **Ungleichförmigkeitszahl U** wird aus zu den Ordinaten 10% und 60% gehörenden Korndurchmessern, die **Krümmungszahl C_c** zusätzlich dazu zum Korndurchmesser der 30%-Ordinate berechnet.

$$U = \frac{d_{60}}{d_{10}} \qquad C_c = \frac{(d_{30})^2}{d_{60} \cdot d_{10}}$$

Anwendung der Kennwerte
1. Zur exakten Benennung der Bodenart nach bestimmten Kriterien (Kap. 2.5.3.1) und
2. Zur qualitativen Beurteilung von Verdichtbarkeit, Witterungsverhalten (z.B. Frostverhalten), Bearbeitbarkeit, Tragfähigkeit, Filtereigenschaften usw. (Kap. 2.5.3.2ff.).

Untersuchungsverfahren
Für die Versuchsdurchführung bzw. Auswertung gelten folgende Normen und Richtlinien: DIN 4021; DIN 4022; DIN 4023; DIN 18123; DIN 18196; DIN 18300; DIN 19683; bodenphysikalische Prüfverfahren im Straßenbau (Merkblätter).

1. Feldversuche
Zur Ermittlung der Bodenzusammensetzung sind vor allem als Voruntersuchungen für Planung bzw. Bauausführung geeignet, um grobe Beurteilungen des Bodens bezüglich seiner Eignung vorzunehmen. Eine Körnungskurve kann mit ihnen nicht gewonnen werden; es ist lediglich das Vorkommen bestimmter Korngruppen nachweisbar, da eine Abschätzung der Massenanteile zu ungenau ist. Auswertungshinweise für Feldversuche gibt Abb. 2.4.5.1/2.

Beschreibung der Verfahren
(nach DIN 4022, T. 1)

a) Visuelles Verfahren
Eine Bodenprobe wird auf einer Unterlage auseinandergebreitet. Die Korngrößen werden über Vergleichsmaße (Kornstufenschaulehre oder bekannte alltägliche Dinge) bestimmt (Abb. 2.4.5.1/3).

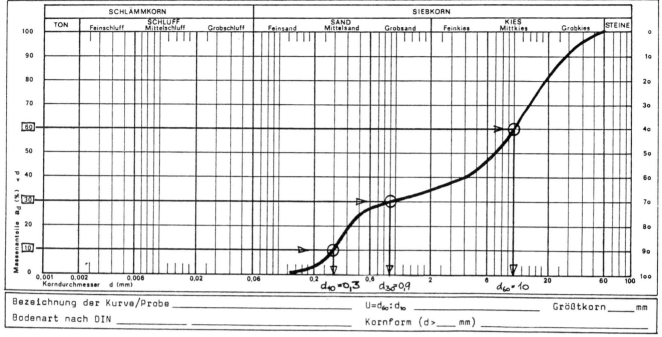

Abb. 2.4.5.1/1   Körnungskurve

Abb. 2.4.5.1/2   Hinweise auf Korngrößen aus Feldversuchen

Art des Feldversuchs	Ergebnis	Hinweis auf typische Bodenart (Abkürzung nach DIN 4023)	Bemerkung
Korngrößenansprache	Vergleichsmaß	S; G; X ; Y	s. Abb. 2.4.5.1/3
Farbansprache		org. Substanz	
Trockenfestigkeitsversuch	keine Trockenfestigkeit	S; G	
	niedrige Trockenfestigkeit	U; U-fS; U-S; U-S-G	
	mittlere Trockenfestigkeit	G-T; S-T; U-T	Tonanteil kann nicht sehr hoch sein
	hohe Trockenfestigkeit	T; T-U; T-S; T-U-S-G	Tonanteil sehr hoch oder weite Stufung
Schüttelversuch	schnelle Reaktion	fS; fS,u; U,fs	
	langsame Reaktion	U,t; U,s,t	
	keine Reaktion	T,u; T	
Knetversuch	leichte Plastizität	T,s̄; U,t'	
	mittlere Plastizität	U,t; T,s'	
	ausgeprägte Plastizität	T,u'; T	
Reibeversuch	seifiges Gefühl	T	gilt auch für Tonanteile; Boden klebt an den Händen, läßt sich nach Trocknen nur abwaschen
	mehliges Gefühl	U	gilt auch für Schluffanteile; Entfernung durch Klopfen u. Reiben
	rauhes Gefühl	S	fällt von selbst von den Händen
Schneideversuch	glänzende Fläche	T	
	matte Fläche	U,t; U	

Bodenart	Korngruppe	Hinweis zum Einzelkorn
Schluff, Ton	< 0,063 mm	mit bloßem Auge nicht erkennbar
Sand	0,063–2 mm	gerade noch erkennbar bis Streichholzkopfgröße
Feinsand Mittelsand Grobsand	0,063–0,2 mm 0,2–0,6 mm 0,6–2 mm	gerade noch erkennbar bis Grieß Grieß Grieß bis Streichholzkopfgröße
Kies	2–63 mm	Streichholzkopfgröße bis Hühnerei
Feinkies Mittelkies Grobkies	2–6,3 mm 6,3–20 mm 20 bis 63 mm	Streichholzkopfgröße bis Erbse Erbse bis Haselnuß Haselnuß bis Hühnerei
Steine Blöcke	63–200 mm > 200 mm	Hühnerei bis Kopfgröße größer Kopf

Abb. 2.4.5.1/3   Korngruppen nach DIN 4022 und visuelle Korngrößenansprache

Aussagen können nur für den Sand- und Kiesbereich getroffen werden.

b) Manuelle Verfahren
Sie dienen vor allem zur Interpretation des Feinkornbereiches (Schluffe, Tone).

Trockenfestigkeitsversuch:
Eine an der Luft oder unter leichter Erwärmung getrocknete kleinere Bodenprobe wird auf ihren Widerstand gegen Zerbröckeln oder Pulverisieren zwischen den Fingern überprüft.

keine Trockenfestigkeit: die Bodenprobe zerfällt bereits bei geringster Berührung in Einzelkörner;

niedrige Trockenfestigkeit: die Bodenprobe kann mit leichtem bis mäßigem Druck der Finger pulverisiert werden;

mittlere Trockenfestigkeit: die Bodenprobe zerbricht erst durch erheblichen Fingerdruck in einzelne zusammenhängende Bruchstücke;

hohe Trockenfestigkeit: die Bodenprobe kann durch Fingerdruck nicht mehr zerstört, sondern lediglich zwischen den Fingern zerbrochen werden.

Schüttelversuch:
Eine etwa nußgroße feuchte Bodenprobe wird auf der flachen Hand hin- und hergeschüttelt. Durch Wasseranreicherung auf der Oberfläche bekommt sie ein glänzendes Aussehen. Durch Fingerdruck kann der Glanz wieder zum Verschwinden gebracht werden. Bei stärkerem Fingerdruck zerkrümelt die Probe und kann durch erneutes Schütteln wieder zusammenlaufen.

Es lassen sich drei Stufen der Reaktionsgeschwindigkeit des Wasseraustritts und -verschwindens bilden:

schnelle Reaktion: der Vorgang läuft sehr schnell ab und ist gut wiederholbar;

langsame Reaktion: beim Schütteln bildet sich der Glanz nur sehr langsam und verschwindet unter Druck ebenfalls nur langsam;

keine Reaktion: der Schüttelversuch hat keine Auswirkungen.

Knetversuch:
Eine Bodenprobe wird so weit angefeuchtet, daß eine knetgummiartige Masse entsteht. Auf einer glatten Fläche oder in der Handfläche wird sie zu Röllchen von 3 mm Durchmesser ausgerollt. Sie sollen so oft wieder zusammengeknetet und erneut ausgerollt werden, bis sie höchstens noch zusammengeknetet aber nicht mehr ausgerollt werden können. Die Wiederholbarkeit ist Maßstab für drei Plastizitätsklassen wie bei DIN 18196:

leichte Plastizität: aus den Röllchen läßt sich kein zusammenhängender Klumpen mehr bilden;

mittlere Plastizität: aus den Röllchen läßt sich noch ein Klumpen bilden, aber nicht mehr kneten. Er zerbröckelt;

ausgeprägte Plastizität: aus den Röllchen läßt sich gut ein Klumpen bilden, der ohne zu zerbröckeln noch knetbar ist.

Reibeversuch:
Eine kleine Bodenprobe wird – ggf. unter Wasser – zwischen den Fingern zerrieben. Die Rauhigkeit wird unterschieden nach sehr rauh, kratzend; mahlig; seifig.

Schneideversuch:
Eine zusammengedrückte erdfeuchte Probe wird mit einem Messer durchgeschnitten oder mit dem Fingernagel geritzt bzw. ihre Oberfläche geglättet. Der sich auf der Schnitt- oder Oberfläche bildende Glanz wird beobachtet. Es wird unterschieden zwischen glänzender Oberfläche; matter Oberfläche.

2. Laborversuche
DIN 18123 legt folgende Verfahren ent-

sprechend der z.B. durch Feldversuche ermittelten Bodenart fest:

a) Siebung:
Trockensiebung: Anwendung bei Böden ohne Schluff- und Tonanteil für Korngrößen über 0,063 mm.
Naßsiebung: Anwendung bei Böden mit Schluff- und Tonanteilen bzw. bei kombinierten Analysen für Korngrößen über 0,063 mm, ggf. ab 0,02 mm.

b) Sedimentation (Schlämmanalyse):
Anwendung bei Schluff- und Tonböden bzw. bei der kombinierten Analyse für Korngrößen unter 0,125 mm.

c) Kombinierte Analyse:
Vereinigung von Naßsiebung und Sedimentation. Anwendung bei Mischböden (Schluff- und Tonböden mit Sand- und Kiesanteilen).

Beschreibung der Verfahren

a) Siebung:
Für die Ermittlung der Korngrößenverteilung durch Trockensiebung werden Siebsätze mit Sieben mit einem Mindestdurchmesser von 200 mm und Prüfsiebgewebe nach DIN 4188, T. 1, in den Maschenweiten (0,02/0,025)/0,063/0,125/0,25/0,5/1,0/2,0 oder (0,02/0,025)/0,063/0,2/0,63/2,0 mm und aus Sieben mit Quadratlochblechen nach DIN 4187, T. 2, mit den Lochweiten 4/8/16/31,5/63 oder 6,3/20/63 mm verwendet. Die Körnungen kleiner als das feinste Sieb werden in einer Schale aufgefangen.

Die Korngrößenverteilung der vorher getrockneten Bodenprobe wird aus der Masse der Rückstände auf den einzelnen Sieben bestimmt, ausgedrückt in Massenanteilen (Gewichts-Prozenten) der Gesamtmasse der Probe. Aus den einzelnen Massenanteilen wird die Kornverteilungskurve als Summenkurve auf halblogarithmischem Papier dargestellt.

Bei der Naßsiebung wird während des Siebvorgangs Wasser auf den Siebsatz und die naßaufbereitete Bodenprobe gegeben und zusammen mit den abgespülten Feinanteilen aufgefangen, um deren Menge zu bestimmen. Die Rückstände auf den einzelnen Sieben werden nach Rücktrocknung ausgewogen.

Den Geräteaufbau und eine zerlegte Bodenprobe zeigen die Abb. 2.4.5.1/4 bis 6.

Auswertungsbeispiel siehe Anhang A 2.4.5.1/1a und b

b) Sedimentation (Schlämmanalyse):
Bei der Sedimentation werden die Korndurchmesser und ihre Massenteile aus der unterschiedlichen Sinkgeschwindigkeit verschieden großer Körner in einer stehenden Flüssigkeit ermittelt. Die physikalischen Zusam-

Abb. 2.4.5.1/4   Durch Siebung zerlegte Bodenprobe

Abb. 2.4.5.1/6   Siebmaschine

Abb. 2.4.5.1/7   Geräte zur Schlämmanalyse

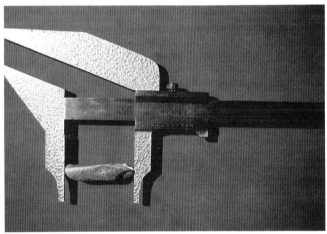

Abb. 2.4.5.1/9   Kornformschieblehre

Abb. 2.4.5.1/5   Schematische Darstellung eines Siebsatzes und Ermittlung der Massenanteile

Einwaage $m_d = 1492,8\ g$

Siebsatz			Korngruppen	
Sieb Nr.	Maschen-weite		Rückstand	
9	31,5 mm		$m_{31,5}$	0 g
8	16 mm		m_{16}	116,8 g
7	8 mm		m_8	406,7 g
6	4 mm		m_4	451,2 g
5	2,0 mm		m_2	110,5 g
4	1,0 mm		m_1	72,9 g
3	0,5 mm		$m_{0,5}$	64,7 g
2	0,25 mm		$m_{0,25}$	232,4 g
1	0,063mm		$m_{0,06}$	27,1 g
Sch	—		m_{sch}	8,4 g

menhänge werden dabei durch das Gesetz von Stokes wiedergegeben. Die Messung erfolgt durch Registrieren der Abnahme der Dichte einer Suspension aus Wasser und der Bodenprobe mit Hilfe eines Aräometers in festgelegten Zeitabständen (Geräte s. Abb. 2.4.5.1/7). Das Ergebnis wird ebenfalls als Körnungskurve dargestellt.

Eine vereinigte Sedimentation und Siebung wird getrennt wie vor durchgeführt und durch Rechnung miteinander gekoppelt. Auswertungsbeispiel siehe Anhang A 2.4.5.1/2a und b.

Probengröße
Entsprechend dem im zu prüfenden Boden vorhandenen Größtkorn sind bestimmte Probenmengen erforderlich (Abb. 2.4.5.1/8). Das ist bereits bei der Probenahme zu beachten, wobei Parallelversuche oder Rückstellproben zu berücksichtigen sind.

Kornform und Kornrauhigkeit
Die Auswirkungen der verschiedenen Kornformen und Oberflächen auf das Verhalten des Bodens sind geschildert worden. Ihre Ermittlung erfolgt nur am Grobkornanteil des Bodens durch Augenschein und textliche Beschreibung, wobei die Anteile der einzelnen Formen etwa angegeben werden sollten.

Eine genauere Unterscheidung in die Kornformen »gedrungen« und »plattig, länglich« ist mit einer Kornformschieblehre (Abb. 2.4.5.1/9), die ein bestimmtes Seitenverhältnis der Körnung festgelegt (z.B. 1:3), an Körnern über 6 mm Durchmesser möglich. Zuerst wird mit der Lehre die kleinste Kornabmessung festgestellt. Liegt die größte nun unter der festliegenden zweiten Spaltweite der Lehre, handelt es sich um ein gedrungenes Korn.

durch Felduntersuchung ermittelt		Probenmenge (feucht) für einen Versuch
Größtkorn	Bodenart	
< 0,002 mm	Ton	10–30 g
< 0,063 mm	Schluffe und Schluff-Ton-Gemische ohne Sandanteile	30–50 g
< 0,125 mm	Schluffe und Schluff-Ton-Gemische mit Sandanteilen	bis 75 g
2 mm	Sande	mindestens 150 g
5 mm	Kiese Feinkies	300 g
10 mm	Mittelkies	700 g
20 mm	Grobkies	2000 g
30 mm		4000 g
40 mm		7000 g
50 mm		12000 g
60 mm		18000 g ≙ 10 Liter

Abb. 2.4.5.1/8 Abhängigkeit der Probenmenge zur Ermittlung der Korngrößenverteilung vom Größtkorn

In bautechnischer Hinsicht ist besonders bei bindigen Böden die Auswirkung auf die Größe der inneren Widerstände des Bodens, also auf seine Tragfähigkeit, die Zusammendrückbarkeit und die Zustandsform wichtig. Bei nichtbindigen Böden ist vor allem die Verdichtbarkeit von dem vorhandenen Bodenwasser abhängig. Für vegetationstechnische Zwecke ist es z.B. wichtig, Aufschluß über die weitere Wasseraufnahmemöglichkeit und -spei-

Abb. 2.4.5.2/1 Bestandteile einer Bodenprobe (schematisch)

2.4.5.2 Wassergehalt

Definition des Kennwertes
Eine Bodenprobe besteht nach Abb. 2.4.5.2/1 aus den drei Bestandteilen Festmasse (Körner), Porenwasser und Luft.

Der Wassergehalt stellt das Verhältnis der Masse des in einer Bodenprobe vorhandenen freien Porenwassers (m_w) zu der Masse der trockenen Feststoffe (m_d) der Bodenprobe dar.

Berechnung des Kennwertes
Der Wassergehalt wird

als Verhältniswert $w = \dfrac{m_w}{m_d}$ oder

in Gewichts-% (Massenanteilen)

$w = \dfrac{m_w}{m_d} \cdot 100\,(\%)$ angeben.

Anwendung des Kennwertes
Viele Bodeneigenschaften werden außerordentlich stark durch das im Boden befindliche Wasser beeinflußt.

cherfähigkeit zu bekommen. Bei der Bewertung ist zu beachten, daß der »natürliche« Wassergehalt über die Zeit großen Schwankungen unterworfen ist (Abb. 2.4.5.2/2), seine Abhängigkeit von der Bodenart zeigt Abb. 2.4.5.2/3.

Die im Boden befindliche Wassermenge – der »natürliche Wassergehalt« – kann weiterhin zur Bestimmung des Zustands mit sog. »Grenzwassergehalten« in Beziehung gesetzt werden (s. Kap. 2.4.5.3).

Abb. 2.4.5.2/2 Zeitliche Schwankungen des Wassergehalts in Abhängigkeit von der Tiefe am Beispiel eines kalkhaltigen Tonbodens (nach: Bölling, Bodenkennziffern und Klassifizierung von Böden, Springer-Verlag, 1971)

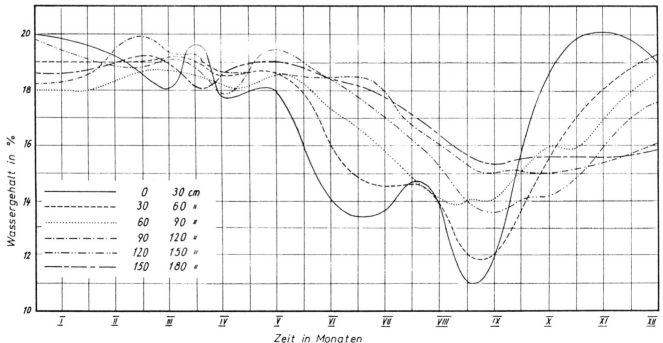

Bodenart	Wassergehalt (%)
a) nichtbindige Böden:	
Kiese, Grobsande – erdfeucht	1–3
Mittelsand – erdfeucht	1–5
Feinsand – erdfeucht	10–15
Kiese und Sande – gesättigt	rd. 20
b) bindige Böden:	
tonige Sande, Schluff – erdfeucht	10–25
plastischer Ton	20–30
hochplastischer Ton	30–80
gesättigte bindige Böden	bis rd. 300
c) organische Böden:	
organischer Schluff	40–80
organischer Ton	50–150
gesättigte org. Böden (z. B. Torf)	bis rd. 800

Abb. 2.4.5.2/3   Natürlicher Wassergehalt verschiedener Böden

Abb. 2.4.5.2/4   CM-Gerät

Untersuchungsverfahren

Für Versuchsdurchführung und Auswertung gelten folgende Normen und Richtlinien: DIN 18121, T. 1; DIN 19683, T. 4; bodenphysikalische Prüfverfahren im Straßenbau (Merkblätter).

1. Feld- oder Schnellversuche
liefern bei geringem Zeitaufwand häufig noch ausreichend genaue Versuchsergebnisse. Die Bodenart ist dabei zumindest durch Feldversuche zu bestimmen.

a) Fingerprobe:
Das Abschätzen des Wassergehaltes durch den Tastsinn ergibt völlig unzureichende Ergebnisse. Feststellbar ist näherungsweise nur der Sättigungsgrad (s. Kap. 2.4.5.7).

b) Abbrennen kleiner Proben:
Eine kleine Probe wird mit Spiritus oder Branntalkohol schnell vermischt und entzündet. Kurz vor dem Verlöschen wird die Probe gelockert. Der Vorgang wird so oft wiederholt, bis eine Wägekontrolle keine Massenveränderungen mehr zeigt. Aus dem Massenverlust wird der Wassergehalt berechnet. Das Verfahren ist für nichtorganische Böden und Böden mit geringem Feinkornanteil anwendbar.

c) Trocknung über offenem Feuer:
Eine größere Bodenprobe wird auf einem Ofen, Spiritus- oder Gaskocher unter häufigem Durcharbeiten bis zur ungefähren Massenkonstanz getrocknet. Der Gewichtsverlust läßt den Wassergehalt berechnen. Geeignet ist das Verfahren für schwachbindige Böden, Sande und Kiese. Organische Bestandteile sollten im Boden nicht vorhanden sein.

d) Tauchwägung:
Das Verfahren nutzt den Auftrieb (Gewichtsminderung) eines Körpers unter Wasser. Es ist nur für relativ kleine Bodenproben geeignet, deren Korndichte bzw. Kornwichte bekannt sein und die luftfrei unter Wasser gebracht werden müssen. Anwendbar ist das Verfahren für Sande, Kiese und sehr schwachbindige Böden ohne organische Substanz.

e) Doppelte Wägung:
Von einer feuchten Probe (bis rd. 20 kg) wird die Masse ermittelt. Dann wird ein formstabiler Behälter bis zu einer Marke mit Wasser gefüllt und ebenfalls gewogen. Im nächsten Schritt wird in den nur mit etwa der halben Wassermenge gefüllten Behälter die Bodenprobe gegeben und gut verrührt. Nach etwa 5 Minuten Standzeit wird der Behälter bis zur Marke mit Wasser gefüllt und erneut gewogen. Aus den verschiedenen Massen und der Korndichte des Bodens (die bekannt sein muß) wird nun der Wassergehalt bestimmt.

f) Calziumkarbid-Methode (CM-Gerät):
In einer verschlossenen Stahlflasche (Abb. 2.5.4.2/4) wird eine bestimmte Menge Calziumkarbid mit der feuchten Bodenprobe (Probenmenge nur 3–20 g!) vermischt. Dabei entwickelt sich durch Umsetzung des Calziumkarbids mit der Bodenfeuchtigkeit Azethylengas, wodurch der Druck in der Flasche steigt. Die Höhe des Drucks hängt bei konstanter Calziumkarbidmenge von der Probenmenge und dem in ihr enthaltenen Wasser ab. Aus der Masse der feuchten Bodenprobe und dem Gasdruck kann auf den Wassergehalt der Bodenprobe geschlossen werden.

Das CM-Gerät ist besonders für feinkörnige nichtbindige oder schwachbindige Böden geeignet (vor allem Sande). Bei Tonen treten Schwierigkeiten durch den starken Zusammenhalt der Probe auf. Organische Böden können, sofern sie keine Klumpen bilden und keinen zu hohen Wassergehalt aufweisen, über-

Bodenart und maximaler Korndurchmesser		übliche Einwaage
a) bindige Böden:		
plastische Tone		3 g oder 5 g
Schluff		5 g oder 10 g
leichtbindige Böden		10 g oder 15 g
b) nichtbindige Böden:		
Sand	2 mm	mindestens 5 g
Feinkies	3 mm	mindestens 10 g
	4 mm	mindestens 15 g
	5 mm	mindestens 20 g

Abb. 2.4.5.2/5   Bodenart bzw. maximaler Korndurchmesser und Probenmenge

geschätzter Wassergehalt w (%)	erforderliche Einwaage m_f (g)
5	20
5–15	10
10–35	5
20–75	3

Abb. 2.4.5.2/6   Geschätzter Wassergehalt und Probenmenge

Abb. 2.4.5.2/7   Probenmenge und erfaßbarer Wassergehalt bei einem Manometerdruck von 0,2 bis 1,5 kp/cm² (Klammerwerte gelten für 0,5 kp/cm²)

Einwaage m_f (g)	erfaßbarer Wassergehaltsbereich w (%)
3	6,7 (19,5) bis 100,0
5	3,9 (10,8) bis 42,6
10	1,9 (5,2) bis 17,7
15	1,3 (3,4) bis 11,1
20	0,9 (2,6) bis 8,1

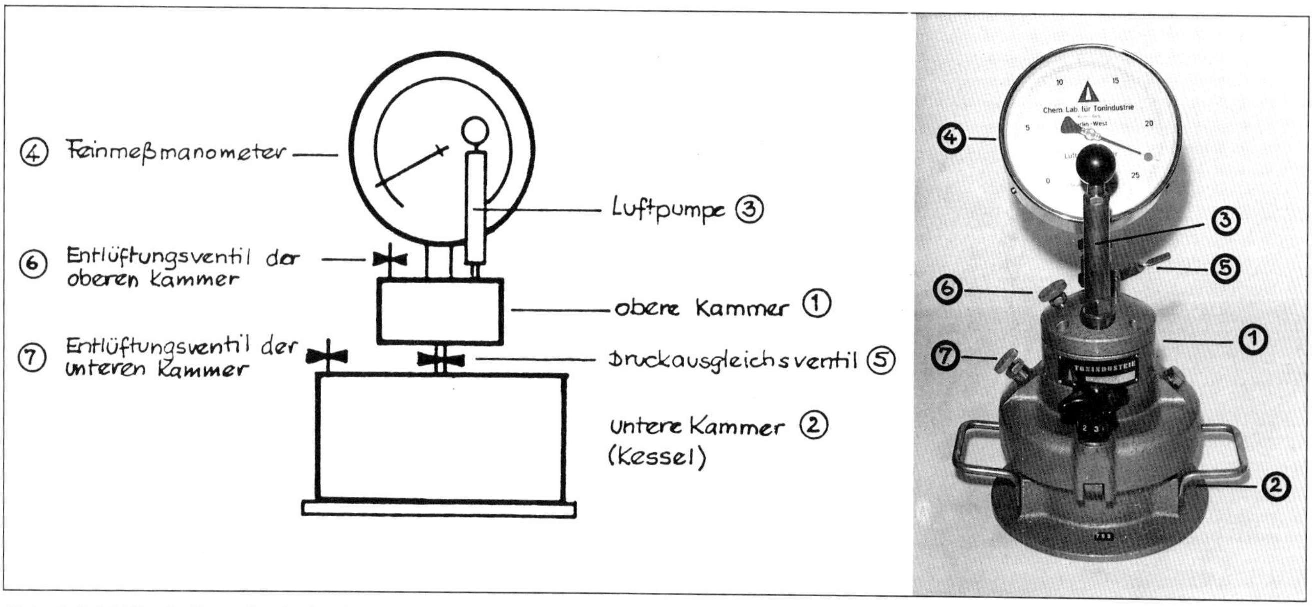

Abb. 2.4.5.2/8   Aufbau des Luftpyknometers

prüft werden. Grobkörnige Böden mit Korngrößen über 4 bis 5 mm lassen sich wegen der nur kleinen Probenmengen nur bedingt untersuchen. Ferner engt der erlaubte Höchstdruck von 1,5 kp/cm² den Einsatzbereich des CM-Gerätes ein: bei einer Probenmenge von 5 g beträgt der maximale Wassergehalt rd. 43 Prozent; bei einer Probenmenge von 3 g läßt sich der Meßbereich zwar noch auf 100 Prozent ausdehnen, nur ist die Ermittlung dieser kleinen Masse mit einer großen Ungenauigkeit behaftet; die minimal feststellbaren Wassergehalte liegen bei einem Druck von 0,2 kp/cm² bei 1 Prozent. Vorteil des Verfahrens ist, daß die Korndichte nicht bekannt sein muß. Die erforderliche Probengröße ist in Abb. 2.4.5.2/5, die jeweils erfaßbaren Wassergehaltsbereiche sind in Abb. 2.4.5.2/6 u. 7 aufgeführt.

Das Verfahren besitzt eine Genauigkeit von etwa ± 5% in Bezug auf das Endergebnis.

g) Luftpyknometer-Methode:
Das Gerät (Abb. 2.4.5.2/8) besteht aus einer ca. 1000 cm³ großen unteren Kammer (2), in die eine feuchte Bodenprobe mit bekannter Masse eingefüllt wird und einer im Deckel befindlichen oberen Kammer (1) mit ca. 250 cm³ Inhalt. Diese Kammer wird mit der Luftpumpe (3) auf einen bestimmten Druck gebracht. Über das Druckausgleichsventil (5) wird dann der Druck zwischen beiden Kammern ausgeglichen. Die Druckzustände werden am Manometer (4) abgelesen. Mit dem Boyle-Mariotteschen Gesetz kann der verbleibende Hohlraum in der unteren

Kammer und damit das Volumen der Bodenkörner einschließlich des enthaltenen Wassers ermittelt werden. Über eine Umrechnung wird der Wassergehalt bestimmt.

Das Luftpyknometer ist für nichtbindige oder nur schwachbindige Böden sehr gut geeignet. Stark bindige Böden, vor allem Tone lassen sich durch eine besondere Arbeitsweise überprüfen. Das Gerät kann sowohl auf der Baustelle als auch im Labor eingesetzt werden. Erforderlich ist eine Waage mit ausreichender Genauigkeit sowie die Kenntnis der Korndichte des zu untersuchenden Bodens. Es lassen sich beliebig große Wassergehalte ermitteln. Eine Begrenzung wie beim CM-Gerät gibt es nicht.

Die Meßgenauigkeit ist besser als ± 5% Abweichung vom Endergebnis.

Auswertungsbeispiel s. Anhang A 2.4.5.2/1a und b.

h) Anwendung radiometrischer Verfahren:
Die Methode ermittelt den Wassergehalt und die Dichte des Bodens ohne Probenahme, also ohne Zerstörung der vorhandenen Schichten (»in situ«). Gemessen wird die Schwächung der Strahlungsintensität eines radioaktiven Isotops durch Streuung und/oder Absorption im Boden. Zur Wassergehaltsermittlung wird eine Strahlung energiereicher (schneller) Neutronen und zur Dichteermittlung eine Gamma-Strahlung verwendet.

2. Laborversuche
a) Ofentrocknung:
Dieser Versuch kann als Standardversuch bezeichnet werden. Eine Boden-

probe wird bei einer Temperatur von 105° C durch Verdampfen des freien Bodenwassers bis zur Massenkonstanz ausgetrocknet. Besonders empfindliche Böden (Böden mit organischen Beimengungen, Tone) sollten jedoch nur bei Temperaturen bis 80° C durch Verdunsten ausgetrocknet werden. Nachteil der Ofentrocknung ist die lange Bearbeitungsdauer von ca. 6 bis 24 Stunden.

Die Vorteile liegen in der Genauigkeit, die von der Wägegenauigkeit und der Probengröße abhängt sowie der universellen Anwendbarkeit.

Einen Anhalt zur Probengröße gibt Abb. 2.4.5.2/9.

Abb. 2.4.5.2/9   Für die Ofentrocknung erforderliche Probenmenge

Bodenart	Probenmenge (g)
Ton, Schluff	10–50
Sand	50–200
kiesiger Sand	200–1000
Kies	1000–10000
grobkörnige, steinige Böden mit bindigen Beimengungen	über 10000

b) Die Trocknung kann auch mit speziellen Infrarotstrahlern vorgenommen werden. Ohne negative Beeinflussung des Prüfgutes sind dabei ca. 20° C höhere Temperaturen und somit kürzere Trocknungszeiten möglich.

Abb. 2.4.5.2/10 zeigt eine Zusammenstellung aller genannten Verfahren.

Verfahren	Einsatzbereich	Bemerkungen
Ofentrocknung radiometrische Verfahren	alle Böden alle Böden	
Luftpyknometer	schwachbindige Böden, Sande, Kiese bindige Böden mit Einschränkungen	Korndichte muß bekannt sein
CM-Gerät	schwachbindige Böden, Sande, organische Böden, Kiese mit Einschränkungen	kleine Probenmengen; Begrenzung des Wassergehalts bei org. Böden
doppelte Wägung	Sande, Kiese, u.U. schwachbindige Böden	Korndichte muß bekannt sein; org. Substanzen dürfen nicht enthalten sein; große Probenmenge
Tauchwägung	Sande, Kiese	Korndichte muß bekannt sein; org. Substanzen dürfen nicht enthalten sein; kleine Probenmenge
Abflammen	nichtbindige und schwachbindige Böden	org. Substanzen dürfen nicht enthalten sein; kleine Probenmenge
Trocknung über offener Flamme	nichtbindige und schwachbindige Böden	org. Substanzen dürfen nicht enthalten sein; große Probenmenge
Fingerprobe	alle Böden	sehr grobes Verfahren, praktisch nur Abschätzung der Sättigung, nicht des Wassergehalts

Abb. 2.4.5.2/10 Zusammenstellung der Verfahren zur Wassergehaltsbestimmung

2.4.5.3 Zustandsgrenzen und Konsistenz

Definition der Kennwerte
Feinkörnige Böden ändern ihre Konsistenz (Zustandsform) mit zunehmendem Wassergehalt w vom festen (harten) über den halbfesten, den plastischen bis zum flüssigen Zustand. Der Übergang von einer Zustandsform in eine andere stellt eine Zustandsgrenze (Konsistenzgrenze) dar. Die entsprechenden Festlegungen wurden von Atterberg getroffen (daher auch der Begriff »Atterbergsche Grenzen«). Es werden unterschieden:

Schrumpfgrenze w_s am Übergang vom festen in den halbfesten Zustand. Bei weiter abnehmendem Wassergehalt verringert sich das Bodenvolumen nicht mehr.

Ausrollgrenze w_p am Übergang vom halbfesten in den plastischen Zustand.

Fließgrenze w_l am Übergang vom plastischen in den flüssigen Zustand.

Der plastische Bereich wird durch die **Plastizitätszahl I_p** beschrieben. Er wird unterteilt in die Zustandsformen steif, weich und breiig.

Die Zustandsform kann auch mit der **Konsistenzzahl I_c** bezeichnet werden.

Die Versuche werden nur am Kornanteil < 0,4 mm Durchmesser einer Bodenprobe durchgeführt.

Darstellung/Berechnung der Kennwerte
Die Zustandsgrenzen stellen spezielle Wassergehalte dar und werden auch so berechnet.

Die Plastizitätszahl ist zu berechnen aus $I_p = w_l - w_p$

Graphisch kann sie gemäß Abb. 2.4.5.3/1 dargestellt werden. Die Konsistenzzahl wird aus den Zustandsgrenzen und dem vorhandenen Wassergehalt w ab:

$$I_c = \frac{w_l - w}{w_l - w_p} = \frac{w_l - w}{I_p}$$

Den Zusammenhang aller Rechenwerte zeigt Abb. 2.4.5.3/2.

Anwendung der Kennwerte
Die Zustandsgrenzen w_l und w_p und die Plastizitätszahl I_p lassen Rückschlüsse auf die Empfindlichkeit des Bodens gegenüber Wassergehaltsschwankungen zu. Die Hinzuziehung des momentanen Wassergehalts w ergibt die augenblickliche Zustandsform, die auf Tragfähigkeit, Setzungsverhalten, Rutschgefahr usw. schließen läßt. Qualitative Aussagen sind ferner bezüglich der Wasserdurchlässigkeit und Kapillarität möglich. Ebenso können Hinweise auf die Verdichtbarkeit gewonnen werden.

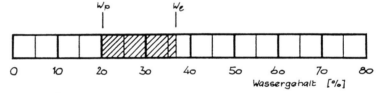

Abb. 2.4.5.3/1 Grafische Darstellung der Plastizitätszahl (plastischer Bereich)

Abb. 2.4.5.3/2 Konsistenz und Wassergehalt

Konsistenz (Zustandsform)	Konsistenzgrenze (Grenzwassergehalt)	Wassergehalt zur Zeit der Prüfung	Konsistenzzahl I_c nach DIN 18122	
flüssig		beliebig hoch $w > w_l$	$I_c < 0$	(negativ)
	Fließgrenze w_l	$w = w_l$	$I_c = 0$	
breiig			$I_c = 0$	bis 0,50
weich			$I_c = 0,50$	bis 0,75
steif			$I_c = 0,75$	bis 1,0
	Ausrollgrenze w_p	$w = w_p$	$I_c = 1,0$	
halbfest			$I_c > 1,0$	
	Schrumpfgrenze w_s	$w < w_p$		
fest		$w = 0$		

Konsistenzzahl	Konsistenz	Bodeneigenschaften aufgrund der Kohäsion
$I_c < 0$	flüssig	keine Belastbarkeit, gefügelos, nicht formstabil
$I_c = 0$ bis 1	plastisch	verformbar ohne Rißbildung, formstabil
$I_c > 1$	halbfest	verformbar mit Rißbildung, formstabil
	fest	nicht verformbar, blockartig gerissen

Abb. 2.4.5.3/3   Konsistenz und Bodeneigenschaften

Letztlich dienen die Zustandsgrenzen zur Einteilung bindiger Böden nach DIN 18196 (s. Kap. 2.5.3.1).

Untersuchungsverfahren
Für die Versuchsdurchführung und Auswertung gelten DIN 18122, Bl. 1; DIN 1054; DIN 18127; DIN 18196; DIN 18915, Bl. 1.

1. Feldversuche
Die Zustandsform läßt sich mit den Händen grob abschätzen:

Quillt Boden beim Zusammenpressen in der Faust zwischen den Fingern hindurch, liegt ein breiig/flüssiger Zustand vor. Läßt sich die Bodenprobe leicht kneten und behält die Form, ist der Zustand weich gegeben.

Kann man den Boden noch kneten und zu dünnen (3 mm) Röllchen in der Hand formen, ohne daß er zerbröckelt, ist die Zustandsform steif.

Zerbröckelt der Boden beim Ausrollen und läßt sich dennoch wieder zu einem Klumpen formen, ist der halbfeste Zustand erreicht.

Zeigt der Boden einen Farbumschlag nach hell, läßt sich nicht mehr kneten, nur noch zerbrechen und zeigt Risse, ist er als fest zu bezeichnen.

Weitere Hinweise auf den Bodenzustand sind Abb. 2.4.5.3/3 u. 4 zu entnehmen.

Die Zustandsform kann etwas genauer mit einem sorgfältig geeichten Penetrometer über den Eindringwiderstand eines Meßstempels gemessen werden.

2. Laborversuche
a) Fließgrenze:
Die Fließgrenze w_l wird mit dem sog. Fließgrenzengerät nach Casagrande (Abb. 2.4.5.3/5) bestimmt.

Der Wassergehalt der Bodenprobe entspricht dann der Fließgrenze w_l, wenn die im Fließgrenzengerät eingebaute und durch eine genormte Furche geteilte Probe nach genau 25maligem Herabfallen der Schale sich wieder auf eine Länge von 10 mm berührt (Abb. 2.4.5.3/6).

Diese in der Definition der Fließgrenze angegebenen Bedingungen sind nur auf sehr langwierige Weise versuchstechnisch zu erreichen. Man bestimmt daher die zu verschiedenen Wassergehalten gehörenden Schlagzahlen zwischen 10 und 40 und bestimmt die Fließgrenze graphisch.
– Versuchsauswertung siehe Anhang A 2.4.5.3/1.

b) Ausrollgrenze:
Die Ausrollgrenze w_p wird an einer Teilprobe ermittelt, die entweder mit der Hand auf einer wassersaugenden Unterlage oder in einem automatischen Ausrollgrenzengerät auf ein Durchmesser von 3 mm gebracht wird (Abb. 2.4.5.3/7 u. 8). Zerbröckelt die Walze genau bei diesem Durchmesser, entspricht der Wassergehalt der Ausrollgrenze.
– Versuchsauswertung siehe Anhang A 2.4.5.3/1.

c) Schrumpfgrenze:
Beim Trocknen vermindert sich der Rauminhalt einer feinkörnigen Bodenprobe im Verhältnis zur entweichenden Wassermenge. Dieses Schrumpfen wird durch die auf die Kornoberfläche wirkenden Kapillarkräfte hervorgerufen, die die einzelnen Bodenteilchen immer mehr zusammenziehen. Dieser Vorgang hält so lange an, bis die Reibungskräfte im Boden die gleiche Größe annehmen wie die Kapillarkräfte.

Als Schrumpfgrenze w_s ist der Wassergehalt definiert, bei dem die Schrumpfung des Bodens aufhört.

Versuchsdurchführung: Aus dem zu untersuchenden Material wird ein Versuchskörper mit wenigstens 30 cm^3 geformt, der an der Luft allmählich ausge-

Abb. 2.4.5.3/4   Mechanische und optische Hinweise zum Bodenzustand

Beschreibung des Boden-zustandes	Bezeichnung der Konsistenz nach DIN 18122 (Zustandsform)	Konsistenzgrenze zwischen den einzelnen Konsistenz-bereichen (Grenzwassergehalt)	
weich; quillt beim Kneten zwischen den Fingern durch; nicht belastbar bzw. nicht befahrbar	flüssig	Wassergehalt beliebig hoch	Schwankungsbreite des natürlichen Wassergehalts
		─Fließgrenze w_l	
knetbar, formbar; Erscheinungsform wie weiches bis festes Knetgummi; Boden schmiert beim Bearbeiten mit Maschinen	breiig weich (plastisch) steif		
		─Ausrollgrenze w_p	
dünne Bodenwalzen zerbröckeln beim Ausrollen; Boden krümelt beim Bearbeiten; Erdschollen zerfallen bei Schlag	halbfest		
		─Schrumpfgrenze w_s	
Bodengefüge zeigt Risse; Boden bildet einzelne feste, nur schwer zu zerteilende Klumpen; Boden zeigt meist einen Farbumschlag in helle Färbung	fest	Boden völlig ausgetrocknet (Wassergehalt w = 0)	

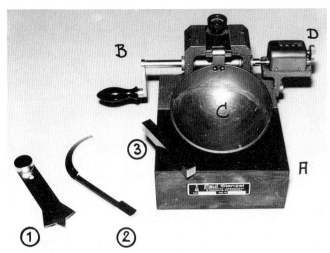

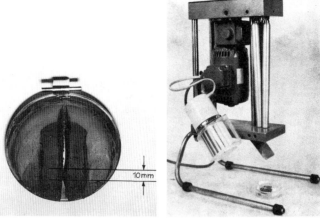

Abb. 2.4.5.3/5 Fließgrenzengerät nach Casagrande (1. Furchenzieher, 2. Furchendrücker, 3. Einstell-Lehre; A. Gerätesockel, B. Kurbel, C. Probenschale, D. Zählwerk)

Abb. 2.4.5.3/6 Probenschale mit geschlossener Bodenfuge am Versuchsende

Abb. 2.4.5.3/7 Automatisches Ausrollgrenzengerät, Modell »Stuttgart«

trocknet wird, wobei in größeren Zeitabständen die Masse und das Volumen des Probekörpers bestimmt werden (durch Eintauchen in ein Quecksilberbad oder der mit Schellack versiegelten Probe in ein Wasserbad). Die verdrängte Flüssigkeit entspricht dem Volumen der Probe. Ist keine merkbare Volumenabnahme mehr zu registrieren, wird die Probe im Trockenschrank völlig ausgetrocknet und abschließend ihre Masse und ihr Volumen bestimmt.

In einem Diagramm entsprechend Abb. 2.4.5.3/9 werden die festgestellten Volumina und die dazugehörigen Wassergehalte aufgetragen. Der Knickpunkt der dick eingezeichneten Kurve zeigt die Schrumpfgrenze w_s an. Zur Ermittlung der Schrumpfgrenze ist eine Norm in Vorbereitung.

Kennwerte

Zur groben Orientierung sind in Abb. 2.4.5.3/10 die Konsistenzgrenzen verschiedener Böden angegeben. Dies ersetzt die Versuche jedoch nicht!

2.4.5.4 Korndichte und Kornwichte

Definition der Kennwerte

Die Masse des Kornhaufwerks m_d eines Bodens bezogen auf das Volumen der Körner einschließlich ihrer von einer Meßflüssigkeit nicht benetzbaren Hohlräume V_K wird **Korndichte** ρ_s genannt (entspricht der »Rohdichte« des Einzelkornes). Bei der Ermittlung der »Reindichte« werden auch die korninneren Hohlräume berücksichtigt. Die **Kornwichte** γ_s stellt den gewichts- (kraft-) bezogenen Wert der Korndichte ρ_s dar.

Berechnung der Kennwerte

Die Korndichte wird berechnet zu

$$\rho_s = \frac{m_d}{V} \text{ [g/cm}^3 \text{ oder t/m}^3]$$

Die Kornwichte ergibt sich exakt zu
γ_s [kN/m^3] $= 9{,}81 \cdot \rho_s$,
näherungsweise
$= 10 \cdot \rho_s$.

Anwendung der Kennwerte

Die Korndichte ρ_s ist als Hilfswert bei der Berechnung der Porenanteile, der Sättigungszahl sowie bei einigen Verfahren der Ermittlung des Wassergehalts und der Korngrößenverteilung erforderlich.

Untersuchungsverfahren

Folgende Normen und Richtlinien sind zu beachten:

DIN 18124, T. 1; bodenphysikalische Prüfverfahren im Straßenbau (Merkblätter).

Abb. 2.4.5.3/8 Ermittlung der Ausrollgrenze durch einfachen manuellen Versuch

Abb. 2.4.5.3/9 Grafische Ermittlung der Schrumpfgrenze (re.)

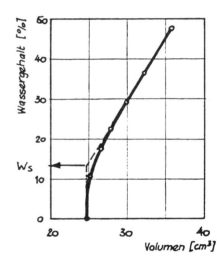

Abb. 2.4.5.3/10 Konsistenzgrenzen verschiedener Böden (Durchschnittswerte)
(nach Kézdi: Handbuch für Bodenmechanik, Bd. II)

Bodenart Konsistenzgrenze (%)		Sand	Sandmehl (fS + gSu)	Schluff	Ton
Fließgrenze	w_l	15–20	20–30	30–40	40–150
Ausrollgrenze	w_p	–	17–20	20–25	25– 50
Plastizitätszahl	I_p	–	3–10	10–15	10–100
Schrumpfgrenze	w_s	12–18	12–20	14–25	8– 35

Sämtliche Versuche sind **Laborversuche.**

1. Verwendung des Kapillarpyknometers:
Eine trockene Bodenprobe wird in einer Reibschale mit dem Pistill ohne Zerstörung der Einzelkörner zerteilt. Zusammenhängende Feinkornanteile sind möglichst auf Feinsandgröße zu verfeinern. Anschließend werden ca. 20 g der Probe in ein geeichtes Pyknometer von 100 cm³ Inhalt gefüllt und exakt gewogen. Danach wird das Volumen des Prüfgutes durch Füllen des Pyknometers mit Wasser und Entlüften des Inhalts bestimmt.

Aus Volumen und Masse der Bodenprobe kann die Korndichte ρ_s berechnet werden.

Das Verfahren kann bis etwa 5 mm Größtkorndurchmesser angewendet werden.

2. Tauchwägung (Dr. Haas):
Mit diesem Versuch können auch grobkörnige und gemischtkörnige Böden bis 63 mm Größtkorn untersucht werden. Ein spezielles Tauchwägegefäß ermöglicht eine Ermittlung der Trockenmasse der Bodenprobe an Luft und unter Auftrieb. Gleichzeitig sorgt die Versuchseinrichtung für eine ausreichende Entlüftung der Probe und des Wassers.

3. Luftpyknometer:
Das schon von der Wassergehaltsbestimmung bekannte Gerät kann auch mit einer getrockneten Bodenprobe (bzw. mit bekanntem Wassergehalt) gefüllt werden. Dann wird das Volumen des Kornhaufwerks ermittelt und mit der Masse der Körner die Korndichte errechnet. Eine Einschränkung der Korngröße ist nicht gegeben.

4. Verfahren mit Einfüllgerät (Dr. Neuber):
Das Verfahren entspricht im Sinn dem

Mineral	ρ_s (g/cm³)
Gips	2,32
Montmorillonit	2,4
Orthoklas	2,56
Kaolinit	2,6
Chlorit	2,6 … 3,0
Quarz	2,66
Kalzit	2,72
Muskovit	2,8 … 2,9
Dolomit	2,87
Serpentin, Kalkspat	2,7 … 3,0
Aragonit	2,94
Biotit	3,0 … 3,1
Amphibol, Apatit, Turmalin	3,0 … 3,1
Augit, Hornblendit	3,2 … 3,4
Pyroxen, Olivin	3,3 … 3,6
Limonit	3,8
Magnetit	5,17
Pyrit	5,0 … 5,1
Hämatit	5,2

Abb. 2.4.5.4/2 Reindichte gesteins- und bodenbildender Minerale (nach Kézdi: Handbuch für Bodenmechanik, Bd. 1)

Verfahren 2 bis auf die Art der Probenzugabe, die weitestgehend störungsfrei und mit bereits entlüftetem Probengut erfolgt. Korngrößen bis 10 mm lassen sich verarbeiten.

Kennwerte
Die Korndichten ρ_s einiger Böden sind als Anhalt in Abb. 2.4.5.4/1 angegeben; Abb. 2.4.5.4/2 nennt dagegen im Vergleich die Reindichten einzelner bodenbildender Minerale.

2.4.5.5 Dichte und Wichte

Definition der Kennwerte (Abb. 2.4.5.5/1)
Die **Dichte** ρ des Bodens ist die Masse des feuchten Bodens (m_f) bezogen auf

sein Volumen (V) einschließlich der mit Wasser und/oder Luft gefüllten Poren (früher »Feuchtraumgewicht«).

Die **Trockendichte** ρ_d (früher »Trockenraumgewicht«) bezieht dagegen nur die Masse der festen Bodenteile (m_d), d. h. die Masse der trockenen Bodenprobe auf dasselbe Bodenvolumen (V).

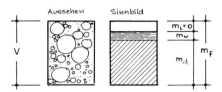

Abb. 2.4.5.5/1 Boden als Dreistoffgemisch
V = Bodenvolumen
m_l = Masse der Luft in den Bodenproben (gewichtslos)
m_w = Masse des Bodenwassers in den Bodenporen
m_d = Masse der festen Bodenteile (Trockenmasse)
m_f = Masse der feuchten Bodenprobe

Bodenart		Dichte ρ (g/cm³)
Ton:	hart	2,0–2,2
	plastisch	1,6–2,0
	breiig	rd. 1,5
Schluff		1,7–1,9
Löß, Lehm, Lößlehm		1,8–2,2
Geschiebemergel		1,8–2,3
Sand:	gleichförmig, locker	1,3–1,6
	ungleichförmig, mitteldicht	1,5–2,0
Kiessand, mitteldicht		1,9–2,1
Kies, gleichförmig, mitteldicht		1,8–2,0
Torf, Moorboden (unter Auflast)		1,2–1,4

Abb. 2.4.5.5/2 Durchschnittswerte der Dichte natürlich vorkommender Böden (in erdfeuchtem Zustand)

Die Dichte des Bodens ist – da sie massenbezogen ist – eine ortsunabhängig feststehende Größe (Beispiele s. Abb. 2.4.5.5/2). Die Wichte des feuchten Bodens γ stellt dagegen die senkrecht wirkende Kraft dar, mit der der Boden auf seine Unterlage drückt, die auf das Bodenvolumen einschließlich der mit Luft und/oder Wasser gefüllten Poren (V) bezogen wird.

Die Trockenwichte γ_d bezieht nur die Gewichtskraft der Festmasse auf das Bodenvolumen.

Abb. 2.4.5.4/1 Korndichten verschiedener Böden (Durchschnittswerte)

Bodenart	Korngruppen	ρ_s (g/cm³)
Kies-Sand-Gemische	G; G,s; S, g	2,65
Sand (U < 5)	S	2,65
Fein-Mittelsand-Gemische (U > 5)	fS/mS ..... mS, u'	2,65 bis 2,67
Mehlsand (Füller)	gU .... fS	2,67
Schluff	U	2,70
Ton	T, u .... T	2,75 bis 2,80
Verwitterungslehm, Gehängelehm	G, s̄, u', t' .... U, g', t, s (L)	2,68 bis 2,74
Geschiebelehm	G, s̄, u, t' .... S, ū, t, g' (Lg)	2,68 bis 2,71
Geschiebemergel	S, u, g', t' .... S, ū, t (Mg)	2,68 bis 2,72
Löß	U, s' .... U, s', t' (Lö)	2,65 bis 2,67
Lößlehm	U, t, s' .... U, s̄, t' (Löl)	2,67 bis 2,70
Auelehm, Aueton	U, s, g', t' .... U, t̄, s'	2,69 bis 2,75
organische Böden	–	1,10 bis 2,50

Die Wichte ist von der vorherrschenden senkrechten Beschleunigung (Fallbeschleunigung) abhängig und somit ortsveränderlich. Bei den bisher üblichen Dimensionen für massenbezogene »Raumgewichte« (g/cm³) und gewichtsbezogene »Raumgewichte« (p/cm³) bestand kein zahlenmäßiger Unterschied zwischen diesen beiden Bodenkennziffern. Daher wurde in beiden Fällen nicht ganz zutreffend von Raumgewichten des Bodens gesprochen.

Berechnung der Kennwerte

Für die Dichte ρ (Feuchtdichte) gilt

$$\rho = \frac{m_f}{V} \; [\text{g/cm}^3 \text{ oder t/m}^3].$$

Die Trockendichte ρ_d berechnet sich zu

$$\rho_d = \frac{m_d}{V} \; [\text{g/cm}^3 \text{ oder t/m}^3].$$

Beide Dichten stehen über den Wassergehalt w des Bodens in Beziehung:

$$\rho_d = \frac{\rho}{1+w} \; [\text{g/cm}^3]$$

Die Wichte γ ergibt sich aus der Dichte ρ wie folgt:
$\gamma \; [\text{kN/m}^3] = 9,81 \cdot \rho$,
näherungsweise $= 10 \cdot \rho$.
Entsprechend gilt für die Trockenwichte γ_d:
$\gamma_d \; [\text{kN/m}^3] = 9,81 \cdot \rho_d$

$$9,81 \cdot \frac{\rho}{1+w}$$

bzw.

$$\gamma_d \; [\text{kN/m}^3] = \frac{\gamma}{1+w}$$

● **Anwendung der Kennwerte**

Die Dichte ist für die Massenermittlung, die Berechnung der Lagerungsdichte, des Verdichtungsgrades des Porenanteils und der Sättigungszahl erforderlich.

Die Wichte wird bei Kraftberechnungen (Tragfähigkeit von Fahrzeugen, Bereich der Erdstatik, Gebäudeauflasten etc.) benötigt.

● **Untersuchungsverfahren**

Folgende Normen sind zu beachten:
DIN 18125, T. 1; DIN 18125, T. 2.

Zur Bestimmung der Dichte müssen Masse und Volumen einer Bodenprobe bekannt sein. Für die Berechnung der Trockendichte ist außerdem der Wassergehalt erforderlich. Die Verfahren unterscheiden sich nach der Art der Volumenermittlung:

1. Gewinnung von ungestörten Proben:
Verfahren mit dem Ausstechzylinder.

Größtkorn	Mindestvolumen	Masse
40 mm	1,7 l	3,5 kg
50 mm	3,3 l	6,5 kg
60 mm	5,7 l	11,0 kg
63 mm	6,6 l	12,5 kg
70 mm	9,0 l	17,0 kg
100 mm	26,0 l	50 kg
150 mm	88,5 l	170 kg
200 mm	210,0 l = 0,2 m³	400 kg
250 mm	410,0 l = 0,4 m³	800 kg
300 mm	710,0 l = 0,7 m³	1,4 t
400 mm	1,7 m³	3,3 t
500 mm	3,3 m³	6,5 t

Abb. 2.4.5.5/3 Größtkorn und Probengröße für die Dichtebestimmung (Masse ohne Probenbehälter)

Auflast einschließl. Probenbehälter	Trag-fähigkeit	Meß-genauigkeit
1– 3 kg	10 kg	± 1 g
6–15 kg	20 kg	± 10 g
bis 20 kg	25 kg	± 10 g
1,5–6 t	10–20 t	± 1 kg–± 20 kg

Abb. 2.4.5.5/4 Tragfähigkeit und Genauigkeit von Waagen zur Ermittlung der Probenmasse

2. Ermittlung des Volumens mit Ersatzverfahren:
Das Volumen der Bodenprobe wird durch Ausfüllen der Entnahmestelle mit einem geeigneten Ersatzmittel bestimmt. Es sind üblich: Densitometer-Verfahren (Ballon-Verfahren); Gipsersatz-Verfahren; Sandersatz-Verfahren; Flüssigkeitsersatz-Verfahren.

3. Ausmessen der Entnahmestelle:
Schürfgruben-Verfahren.

4. Zerstörungsfreie Messung:
Verwendung radiometrischer Meßverfahren.

● **Wahl des Verfahrens zur Volumenermittlung**

Der Einsatzbereich der vorstehend aufgeführten Verfahren wird von der Bodenart und den vorherrschenden Bodenverhältnissen bestimmt.

Bei Böden, die Grobkorn enthalten, soll das Probenvolumen gemäß DIN 18125, Blatt 2, mindestens dem 50-fachen Volumen des im Boden befindlichen Größtkorns entsprechen. Diese Forderung spielt für die Wahl des Prüfverfahrens praktisch erst bei einem Größtkorn von mehr als 40 mm Durchmesser eine Rolle. Einen Anhalt des erforderlichen Probenvolumens gibt Abb.

2.4.5.5/3. Es ist ersichtlich, daß ab einem Größtkorn von 70 mm nur noch das Schürfgruben-Verfahren anwendbar ist.

Versuchsbezogen sind drei Bodengruppen zu bilden:

Die Dichte feinkörniger ($d \leq 2$ mm) ist sehr gut mit dem Ausstechzylinder-Verfahren festzustellen.

Böden mit Grobkorn ($d = 2–63$ mm) werden vor allem mit den verschiedenen Ersatzverfahren überprüft.

Die Dichte der Böden mit Steinen ($d > 63$ mm) ist sehr gut mit dem Schürfgruben-Verfahren zu messen. Dies ist vor allem durch das erforderliche große Bodenvolumen bedingt.

Die Masse der feuchten Bodenprobe (m_f) wird durch Wägung bestimmt. Die Genauigkeit der Ermittlung muß auf 0,1% der Gesamtmasse erfolgen. Nach DIN 18125, Blatt 2, sollen die verwendeten Waagen je nach Auflast die in der Abb. 2.4.5.5/4 aufgeführte Tragfähigkeit und Meßgenauigkeit besitzen. Die Tragfähigkeit der auf der Baustelle verwendeten Waagen sollte bei dem Ausstechzylinder-Verfahren 10 kg, bei den Ersatz-Verfahren 20–25 kg und beim Schürfgruben-Verfahren 10–20 t betragen.

Alle Versuche können grundsätzlich nur bei ausreichend tragfähigen und standfesten Böden ausgeführt werden.

Abb. 2.4.5.5/5 Geräte für das Ausstechzylinder-Verfahren
1a,b : Ausstechzylinder
2 : Führungsrohr mit Grundplatte
3 : Schlaghaube
4a,b : Langer und kurzer Griff
5 : Deckel für Ausstechzylinder
6 : Klebeband

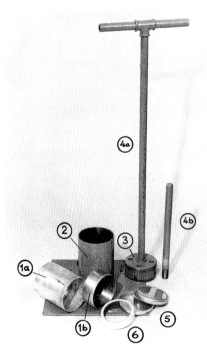

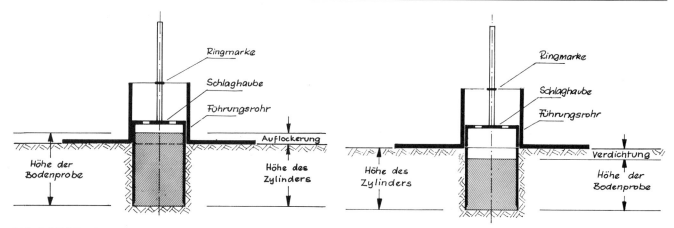

Abb. 2.4.5.5/6 Bodenauflockerung nach Eintreiben des Ausstechzylinders

Abb. 2.4.5.5/7 Bodenverdichtung (Sackung) nach Eintreiben des Ausstechzylinders

1. Feldversuche

a) Ausstechzylinder-Verfahren (Geräte s. Abb. 2.4.5.5/5):

Vor Versuchsbeginn muß die Bodenoberfläche eingeebnet werden. Danach wird der Ausstechzylinder in das Führungsrohr geschoben und mit der Schlaghaube in den Boden eingepreßt. Bei sehr widerstandsfähigen Böden ist der Zylinder zentrisch einzuschlagen. Die Tiefanlage des Ausstechzylinders wird durch entsprechende Ringmarken an dem Griff der Schlaghaube kontrolliert. Ist der Ausstechzylinder in die erforderliche Tiefe eingetrieben worden, wird er vorsichtig ausgegraben.

Nach Reinigung wird der obere und untere Deckel aufgesetzt und mit Klebeband luftdicht verschlossen.

Auswertung: Als Volumen der Probe gilt das des Ausstechzylinders. Die feuchte Masse wird durch Wägung bestimmt. Damit können Dichte und mit dem Wassergehalt die Trockendichte berechnet werden.

Auswertungsbeispiel Anhang A 2.4.5.5/1.

Besonderheiten: Bei nichtbindigen Böden kann – vor allem durch Einschlagen des Zylinders – die Bodenprobe aufgelockert bzw. verdichtet werden:

Auflockerung: Beim Ausgraben des Ausstechzylinders darf der über den oberen Rand überstehende Boden nicht verlorengehen. Diese Bodenschicht wird vorsichtig abgestrichen, aufgehoben und muß bei der Ermittlung der Masse der Bodenprobe mit berücksichtigt werden. Als Volumen der Probe gilt das des Ausstechzylinders (Abb. 2.4.5.5/6).

Verdichtung: Der durch Sackung der

Abb. 2.4.5.5/8 Geräte für das Sandersatzverfahren und Systembild für den Versuch

1 : Sandersatzgerät mit
1a : Absperrhahn und
1b : Grundplatte

2 : Ringplatte mit 2a : Zentrierstiften
3 : Behälter mit Prüfsand
4 : Waage

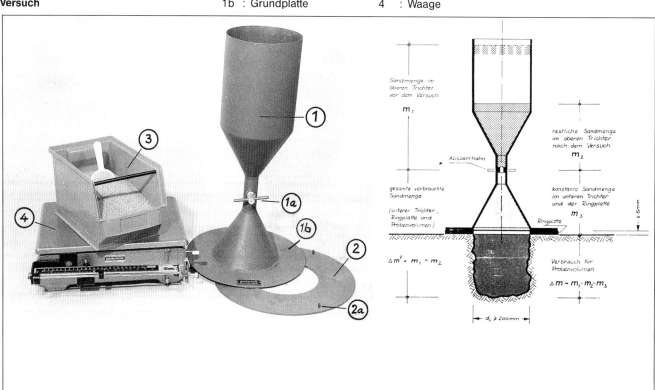

Probe in dem Zylinder entstandene freie Raum wird zur Verhinderung von Strukturänderungen mit dünnen Kunststoffscheiben (0,25–1,0 mm Dicke) oder einem anderen nicht wassersaugenden Material gefüllt und der Zylinder mit dem oberen Deckel abgeschlossen. Als Probenvolumen gilt auch hier das Zylindervolumen, als Probenmasse die der gesackten Probe (Abb. 2.4.5.5/7).

b) Ersatzverfahren
b1) Sandersatz-Verfahren (Geräte Abb. 2.4.5.5/8):
Um den Einfluß oberflächennaher Störungen wie Auflockerungen auszuschlaten, wird vor der Messung die oberste Bodenschicht von 5 cm Stärke abgetragen. Danach wird zur Auflage der Stahlringplatte eine ausreichend große Fläche möglichst waagerecht geebnet.

Jetzt wird innerhalb der Platte der Boden bis auf eine Tiefe von etwa 20–30 cm vorsichtig ausgehoben. Die Bodenöffnung soll möglichst senkrechte Wandungen besitzen und nirgends unter die Ringplatte fassen. Die entnommene Probe ist in einem möglichst luftdicht schließenden Behälter zu bewahren.

Ermittlung des Sandverbrauches (Volumenermittlung): Dazu wird das Sandersatzgerät nun mit speziellem Prüfsand gefüllt, gewogen und ohne Verschieben auf die Ringplatte gesetzt. Nach Öffnen des Absperrhahns rieselt der Sand in die Bodenöffnung und den unteren Geräteteil. Danach wird der Absperrhahn geschlossen und das Gerät erneut gewogen. Die verbrauchte Sandmenge ergibt sich als Differenz der beiden Wägungen.

Wird von diesem Wert die Masse des Sandes im unteren Trichter und der Ringplatte abgezogen, so verbleibt die Sandmasse in der Bodenöffnung (Δm). Das Volumen der Bodenprobe berechnet sich mit der Eichdichte des Prüfsandes (ρ_E) zu

$V = \Delta m$ [cm³].

Mit der Masse der aufgenommenen feuchten Bodenprobe wird die Dichte ρ und mit dem Wassergehalt die Trockendichte ρ_d bestimmt.

Auswertungsbeispiel s. Anhang A 2.4.5.5/2.

Besonderheiten: Die meisten Fehler bei der Volumenermittlung treten während des Versuchs durch Verdichtung des Prüfsands im Gerät und/oder der Bodenöffnung durch Erschütterung auf (Kornumlagerung bei gleichförmigen Bodengemischen). Daher sollten im näheren Meßbereich keine Arbeiten vorgenommen werden, die zu irgendwelchen Erschütterungen des Bodens führen können. Ferner treten Fehler bei Verschiebung der Ringplatte nach Ausheben der Bodenöffnung auf, oder

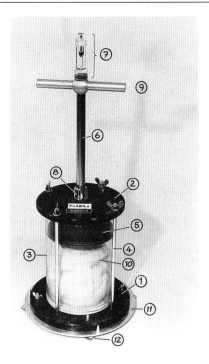
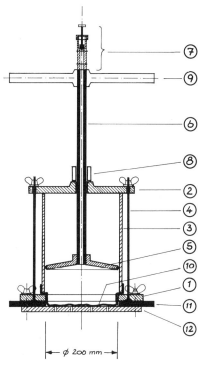

Abb. 2.4.5.5/9   Wasserballongerät (Densitometer), Systembild

1. Bodenringplatte
2. Deckel
3. Plexiglaszylinder
4. Spannstangen
5. Kolben mit Dichtungsring
6. durchbohrte Kolbenstange mit mm-Teilung
7. Plexiglasaufsatz mit Meßmarken für Flüssigkeitsspiegel und Kegelfallventil
8. drehbarer Nonius
9. Handgriff
10. Gummiballon
11. Stahlringplatte mit Zentrierstiften
12. abnehmbare Transportschutzplatte

wenn der Prüfsand in grobporiges Bodengemisch einrieseln kann und damit ein zu hoher Sandverbrauch eintritt. Fehler ergeben sich auch aus einer Zunahme des Wassergehaltes des Prüfsandes. Bei zu hoher Luftfeuchtigkeit, Nebel usw. empfiehlt sich, die Eichdichte des Prüfsandes wegen der veränderten Rieselfähigkeit neu zu ermitteln. Bei zu großer Feuchtigkeit bzw. während Niederschlägen sollte auf ein anderes Verfahren der Volumenbestimmung gewechselt werden.

Bei sorgfältiger Versuchsdurchführung liefert das Sandersatzverfahren ausreichend genaue Ergebnisse für die Dichte des Bodens.

Anwendungsbereich: Dieser Versuch kann nur bei standfesten Böden angewendet werden, die keine so großen Poren haben, daß Prüfsand in sie einrieseln kann. Damit bieten sich vor allem bindige und nichtbindige Böden mit grobkörnigen Einlagerungen bis 63 mm Durchmesser an, die nicht mit dem Ausstechzylinderverfahren überprüft werden können. Gleichkörnige Kiese o. ä. sind für die Überprüfung mit dem Sandersatzverfahren nicht geeignet.

b2) Ballon-Verfahren (Densitometer) (Geräte Abb. 2.4.5.5/9):
Der *Meßvorgang* ist in den Abb. 2.4.5.5/10a–f dargestellt. Zuerst wird das noch mit der Schutzplatte versehene Gerät mit Wasser gefüllt (Abb. 2.4.5.5/10a) und die Kolbenstange bei geschlossenem Ventil soweit hochgezogen, bis der Gummiballon durch den Unterdruck nach oben durchgewölbt ist. Jetzt können die Schutzplatte und die Stahlringplatte abgenommen werden. Das Gerät ist einsatzbereit (Abb. 2.4.5.5/10b). Die Prüfstelle wird geglättet und annähernd waagerecht abgezogen. Bei grobkörnigen Böden kann eine glatte Auflagerfläche für die Stahlringplatte durch ein zusätzliches dünnes Sandbett geschaffen werden, so daß gerade für schwer abgleichbare Böden die Messung mit dem Densitometer besonders günstig ist.

Jetzt wird die Stahlringplatte aufgelegt und eine Bodenschicht von wenigstens 5 cm Dicke (einschließlich Sandbettauffüllung) ausgehoben. Die Grube muß nicht ebenflächig sein und das entnommene Material nicht aufbewahrt werden (Abb. 2.4.5.5/10c). Jetzt wird das

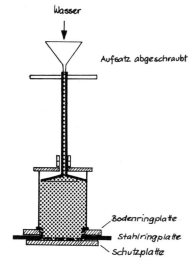

Abb. 2.4.5.5/10a   **Füllvorgang**

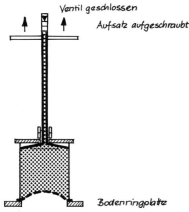

Abb. 2.4.5.5/10b   **Gerät einsatzbereit**

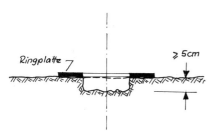

Abb. 2.4.5.5/10c   **Vorbereitete Meßstelle**

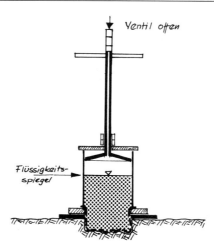

Abb. 2.4.5.5/10d   **Gerät auf Meßstelle aufgesetzt**

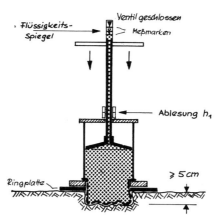

Abb. 2.4.5.5/10e   **Messung des 1. Wasserspiegels**

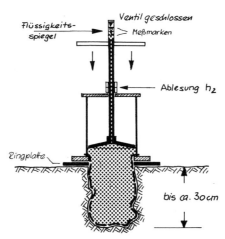

Abb. 2.4.5.5/10f   **Messung des 2. Wasserspiegels nach Probenahme**

Densitometer mit hochgezogenem Ballon zentrisch auf die Stahlringplatte ohne Verschieben aufgesetzt. Nach Öffnen des Ventils sinkt der Gummiballon durch die Wasserauflast nach unten und legt sich an die Bodenoberfläche an (Abb. 2.4.5.5/10d). Nun wird die Kolbenstange soweit nach unten geschoben, bis sich der Wasserspiegel zwischen den Meßmarken einpegelt. Nach Schließen des Ventils muß die Höhenlage der Kolbenstange mit Hilfe des Nonius auf $^1/_{10}$ mm genau abgelesen werden (Ablesung 1, Abb. 2.4.5.5/10e). Anschließend werden Kolben und Gummiballon mit geschlossenem Ventil wieder nach oben gezogen und das Densitometer vorsichtig von der Stahlringplatte abgehoben und die Bodenöffnung bis zur gewünschten Tiefe ausgehoben. Bei Geräten mit einem Zylinderdurchmesser von 20 cm kann so eine Tiefe von ca. 30–35 cm erreicht werden. Der entnommene Boden ist in luftdicht verschließbaren Behältern aufzubewahren. Danach wird das Densitometer erneut auf die Stahlringplatte aufgesetzt, der Gummiballon in die Grube abgesenkt und durch Nachschieben der Kolbenstange der Wasserspiegel wieder zwischen die Meßmarken eingepegelt und die Höhenlage ein zweites Mal abgelesen (Ablesung 2, Abb. 2.4.5.5/10f). Damit ist der Meßvorgang abgeschlossen.

Auswertung: Das Volumen der entnommenen Bodenprobe (Bodenöffnung) entspricht dem Volumen der Wassersäule in dem Zylinder zwischen den Ablesungen 1 und 2 (Höhendifferenz mal Kolbenfläche).

Aus der Masse der feuchten Probe und dem Volumen ergibt sich die Dichte ρ und dem Wassergehalt die Trockendichte ρ_d.

– Auswertungsbeispiel s. Anhang A 2.4.5.5/3.

Besonderheiten: Durch das Einpegeln des Wasserspiegels zwischen den Meßmarken wird auf die Wandungen der Bodenöffnung ein Überdruck von ca. 0,8 m Wassersäule ausgeübt, der bei nichtbindigen Böden eine Rückverdichtung der unvermeidbaren geringfügigen Auflockerungen der Wandungen ergibt.

Ein besonderer Vorteil des Densitometers besteht darin, daß an einer Meßstelle mehrere Messungen in dünnen Schichten höhengestaffelt ausgeführt werden können. So lassen sich Veränderungen der Dichte des Bodens mit der Tiefe feststellen.

Fehlmessungen entstehen, wenn der Nonius nicht fest auf dem Gerätedeckel aufliegt und damit für die beiden Ablesungen unterschiedliche Bezugshöhen vorliegen oder wenn sich – gerade bei höhengestaffelten Messungen – die Stahlringplatte verschiebt bzw. das Den-

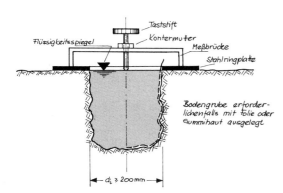

Abb. 2.4.5.5/11 Systembild Flüssigkeits-ersatz-Verfahren

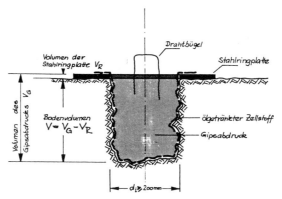

Abb. 2.4.5.5/13 Systembild Gipsersatz-Verfahren

sitometer nicht zentrisch aufgesetzt worden ist. Geringe Verletzungen der Gummiballonhaut führen zu einem schwer feststellbaren zusätzlichen Wasserverbrauch und täuschen damit ein zu großes Bodenvolumen vor. Bei nichtbindigen, gleichförmigen Böden kann bei ruckweiser Gerätebedienung eine nicht kontrollierbare Setzung des Gerätes erfolgen. Damit wird ein zu kleines Volumen der Bodenöffnung festgestellt. Bei bindigen Böden muß die Konsistenz beachtet werden, da bei zu weichem Zustand Gerätesetzungen oder -verschiebungen erfolgen.

Anwendungsbereich: Der Versuch ist für alle standfesten Böden bis 63 mm Korngröße geeignet. Auszuschließen sind umlagerungswillige Böden und Böden mit scharfkantigen Einschlüssen (z. B. Schotter, Glas, Stückschlacke o. ä.) oder zu großen Einzelhohlräumen, in die beim Versuch der Gummiballon gepreßt wird.

b3) Flüssigkeitsersatz-Verfahren (Versuchsaufbau Abb. 2.4.5.5/11):
Vor dem Versuch ist die Meßbrücke zu justieren. Dazu wird die Stahlringplatte auf eine glatte, ebene Fläche aufgelegt, die Meßbrücke aufgesetzt und der Taststift so weit nach unten gedreht, bis er gerade die Auflagefläche berührt. In dieser Höhenlage wird er arretiert. Die so vorbereitete Meßbrücke kann mit dieser Stahlringplatte immer wieder benutzt werden. Die Prüfstelle muß für eine glatte und waagerechte Auflage der Stahlringplatte bis rd. 5 cm unter die vorhandenen Oberfläche vorsichtig abgetragen und eingeebnet werden. Dies bereitet gerade bei Böden mit groben Einschlüssen Schwierigkeiten und muß entsprechend sorgfältig geschehen. Innerhalb der Stahlringplatte ist nun der Boden bis in ca. 15–30 cm Tiefe auszuheben und möglichst luftdicht aufzubewahren.

Bei Verwendung von Wasser als Ersatzmittel wird bei feinkörnigen Bö-

den bzw. von Tapetenkleister oder Bentonit bei grobporigen Böden wird in die Bodenöffnung dünne Kunststoffolie oder Weichgummihaut lose eingelegt und die Grube soweit gefüllt, bis der Flüssigkeitsspiegel gerade den Taststift der Meßbrücke berührt.

Das Volumen wird aus dem Verbrauch des flüssigen Ersatzmittels bestimmt, der sich als Differenz der Wägungen des Vorratsbehälters vor und nach dem Versuch und der Dichte ρ_F der Ersatzflüssigkeit ergibt.

Für Wasser und Tapenkleister können $\rho_F = 1{,}0$ g/cm³ angesetzt werden. Ein Temperatureinfluß bleibt unberücksichtigt. Die Dichte einer Betonitmischung ist durch Messung zu bestimmen.

Dann wird aus dem errechneten Volumen und der Masse der feuchten Probe die Dichte ρ und mit dem Wassergehalt die Trockendichte ρ_d bestimmt.

Anwendungsbereich: Das Verfahren kann bei allen Böden ohne hohen Anteil an Steinen angewendet werden. Besonders geeignet ist es bei groben Böden wie Schotter, Hangschutt oder Mischböden mit Einzelsteinen. In diesen Fällen empfiehlt sich die Verwendung einer Stahlringplatte von wenigstens 250 mm Innendurchmesser.

In durchlässigen Böden ist stets eine Dichtungshaut gegenüber dem Boden zu verwenden (dünne Kunststoffolie oder Weichgummihaut). Als Ersatzmit-

tel empfiehlt sich hier besonders Wasser, da es nach Versuchsende einfach versickern kann, ohne die Bodenverhältnisse zu beeinflusen.

Die Zusammenhänge zwischen Probengröße und Bodenkorn sind in Abb. 2.4.5.5/12 aufgezeigt.

b4) Gipsersatz-Verfahren (Versuchsaufbau s. Abb. 2.4.5.5/13):
Die Meßstelle ist wie beim Flüssigkeitsersatz-Verfahren vorzubereiten, die Bodenprobe zu entnehmen und aufzubewahren. Das Volumen der entnommenen Bodenprobe wird mit einem Gipsabdruck ermittelt.

Dazu wird ein gießfähiger Gipsbrei angerührt und ohne Bildung von Lufteinschlüssen in die Bodenöffnung gegossen. Ein Festhaften des Gipses an der Stahlringplatte wird durch Einfetten, an der Bodenöffnung durch ölgetränkte Zellstoffstreifen verhindert. Wenn der Gips abzubinden beginnt, wird er bündig mit der Oberfläche der Stahlringplatte abgezogen. Zum Transport und zur Volumenbestimmung wird ein Drahtbügel in den noch weichen Gips gedrückt. Nach Erhärten wird der Gipsabdruck samt Stahlringplatte an dem Drahtbügel aus der Grube herausgehoben, die Stahlringplatte abgenommen und der Gipsabdruck gesäubert.

Auswertung: Vor der Volumenbestimmung des Gipsabdrucks durch Wasserverdrängung der Tauchwägung ist dieser ca. 2 Stunden zur Sättigung in Wasser zu lagern. Vorteilhaft ist, daß diese Messungen bei Unstimmigkeiten wiederholt werden können. Von dem Gesamt-Volumen muß das der Stahlringplattenöffnung abgezogen werden, um das Volumen der Bodenprobe zu bekommen. Mit der Masse der entnommenen Bodenprobe kann nun die Dichte ρ und dem Wassergehalt die Trockendichte ρ_d bestimmt werden.

Auswertungsbeispiel s. Anhang A 2.4.5.5/4.

Abb. 2.4.5.5/12 Größtkorn beim Flüssigkeitsersatz-Verfahren

innerer Durchmesser der Stahl-platte	Größtkorn der Boden-probe	durchschnittliches Proben-volumen
200 mm	ca. 50 mm	5 Liter
250 mm	ca. 63 mm	10 Liter
300 mm	ca. 75 mm	20 Liter

Bodenart		Größtkorn	zu bevorzugendes Verfahren	durchschnittliche Probenmenge	durchschnittliches Probenvolumen	Bemerkungen
bindige Böden	Ton, Schluff	≤ 0,06 mm	Ausstechzylinder	1,5– 3 kg	900 cm³	alle anderen Verfahren möglich
	Ton, Schluff mit Sand	≤ 2,0 mm	Ausstechzylinder	1,5– 3 kg	900 cm³	alle anderen Verfahren möglich
	Ton, Schluff mit Kies	≤ 63,0 mm	Densitometer	6 –14 kg	4000–8500 cm³	Ausstechzylinder ungeeignet, Gips-, Sand- und Flüssigkeitsersatz möglich
nichtbindige Böden	Sand	≤ 2,0 mm	Ausstechzylinder	1,5– 3 kg	900 cm³	bei Gefahr starker Auflockerungen oder Verdichtungen Densitometer verwenden, Gips- und Sandersatz möglich
	Sand-Kies-Gemische	≤ 63,0 mm	Densitometer	6 –14 kg	4000–8500 cm³	Ausstechzylinder ungeeignet, bei scharfkantigen Körnern Gipsersatz vorziehen, Sand- und Flüssigkeitsersatz möglich
	Kies Schotter	≤ 63,0 mm ≤ 63,0 mm	Densitometer Gipsersatz	6 –14 kg 6 –18 kg	4000–8500 cm³ 4000–9500 cm³	Ausstechzylinder und Sandersatz ungeeignet, u.U. Flüssigkeitsersatz mit Folie möglich
Steine, Blöcke bzw. mit Steinen oder Blöcken durchsetzte Böden		> 63,0 mm	Schürfgrube	0,7–2,0 t	0,4–1,3 m³	Ausstechzylinder, Densitometer, Sand- und Gipsersatz ungeeignet, u.U. Flüssigkeitsersatz mit Folie möglich

Abb. 2.4.5.5/14   Bodenarten und geeignete Verfahren zur Dichtebestimmung

Anwendungsbereich: Das Verfahren ist für alle Böden mit Körnern bis rd. 63 mm Durchmesser geeignet, vor allem für Böden mit scharfkantigen Teilen wie z.B. Schotter oder Schlacke und für Böden, die relativ große Lufteinschlüsse (oder Klüfte) aufweisen.

c) Schürfgruben-Verfahren
Die Prüfstelle soll eine ebene Oberfläche aufweisen, die jedoch nicht waagerecht liegen muß. Jetzt wird eine möglichst rechteckige oder quadratische Grube mit einer Grundfläche von rd. 1 m² ausgehoben, deren Tiefe sich nach der Grobkörnigkeit des Materials richtet und etwa 0,5–1 m beträgt (Probenvolumen ca. 0,5 bis 1,0 m³).
Der Bodenaushub sollte möglichst von Hand erfolgen. Bei besonders fest gelagertem Boden kann ggf. ein leichter Bagger für das Lösen des Hauptmaterials verwendet werden. In jedem Fall muß von Hand exakt nachgearbeitet werden. Das Probenmaterial wird entweder in mehrere große Behälter gefüllt oder auf einen LKW geladen und anschließend gewogen (ggf. Fahrzeugwaage).

Das Probenvolumen wird üblicherweise aus den Abmessungen der Schürfgrube (Mittelwert aus je drei Messungen) als prismatischer Körper berechnet. Die Dichte ρ ergibt sich aus der Masse der entnommenen Probe und dem berechneten Volumen. Der Wassergehalt spielt bei grobstückigen Böden wie z.B. Steinbruchmaterial normalerweise eine sehr geringe Rolle und kann häufig vernachlässigt werden. Bei Mischböden oder bei besser korngestuftem Material wie z.B. steinigen Kiesen muß der Wassergehalt durch Trocknen einer ausreichend großen Teilprobe bestimmt werden. Dann läßt sich auch die Trockendichte ρ_d errechnen.

Besonderheiten: Bei diesem Verfahren liegen sowohl bei der Massenermittlung wie auch bei der Bestimmung des Volumens zwangsläufig größere Ungenauigkeiten vor. Die Dichte des Bodens kann daher nicht so exakt bestimmt werden wie mit den vorstehend geschilderten Verfahren. Für die Praxis ist aber der erzielte Meßwert bei derart groben Böden noch als unzureichend genau zu bezeichnen.

Anwendungsbereich: Dieses Verfahren ist vor allem für Böden mit stark steinigen Einschlüssen, wie Grobkies mit Steinen, Blöcken, Schutt, Stückschlacke aus Halden usw., Fels- und Steinbruchmaterial o.ä. geeignet. Es muß sich eine profilgerechte Schürfgrube anlegen lassen.
In Abb. 2.4.5.5/14 sind die wesentlichen Anwendungsbereiche des Ausstechzylinder-, der Ersatz- und des Schürfgrubenverfahren aufgelistet worden.

d) Radiometrische Meßverfahren
Die in Kap. 2.4.5.2 geschilderten Verfahren können auch zur direkten Messung der Dichte ρ und bei gleichzeitiger Erfassung des Wassergehalts zur Messung der Trockendichte ρ_d verwendet werden.

2. Laborversuche
Sie sind nur für relativ kleine Proben bis maximal Ausstechzylindergröße und Böden mit festem inneren Zusammenhang geeignet (Tone, Schluffe, Lehm, bindiger Sand). Die Masse der feuchten Probe wird stets durch Wä-

gung, der Wassergehalt durch Trocknung bestimmt.

Für die Volumenermittlung werden angwandt:

a) Quecksilberverdrängung:
Die Probe mit minimal 20 cm³ Volumen kann unregelmäßige Formen aufweisen. Das Volumen wird aus der Masse des verdrängten Quecksilbers berechnet.

b) Tauchwägung:
Die unregelmäßig geformte Probe soll mindestens ein Volumen von 100 cm³ aufweisen. Um eine Wasseraufnahme beim Eintauchen in das Tauchgefäß zu vermeiden, muß sie mit einem wasserdichten Schutzfilm überzogen werden (Schellack, Zelluloselack, Paraffin). Das Volumen ergibt sich rechnerisch aus der Masse der Probe an Luft und unter Auftrieb. Masse und Volumen des Überzugs sind zu berücksichtigen.

c) Ausmessen:
Besitzt der Probekörper regelmäßige Formen (Quader, Würfel, Zylinder/ Ausstechzylinder), kann das Volumen rechnerisch über Ausmessen mit einer Schieblehre ermittelt werden.

2.4.5.6 Porenanteil und Porenzahl

Definition der Kennwerte
Der **Porenanteil** (n) ist der Quotient des gesamten Porenvolumens (V_p) und des Gesamtvolumens der Bodenprobe (V).

Der Anteil an luftgefüllten Poren (n_a) der Quotient des Luftvolumens (V_a) und des Gesamtvolumens (V).

Die **Porenzahl** (e) (Porosität des Bodens) ist dagegen der Quotient aus dem gesamten Porenvolumen (V_p) und dem Volumen der Festmasse (Körner) (V_d).

Sie wird bei Berechnung häufig statt des anschaulicheren Porenanteils verwendet, da ihre Bezugsgröße V_d auch bei Verdichtungen oder Setzungen konstant bleibt (Zusammenhänge s. Abb. 2.4.5.6/1).

Berechnung der Kennwerte
Der **Porenanteil n** ist definiert zu

$$n = \frac{V_p}{V} \quad (1).$$

Nach Abb. 2.4.5.6/1 ist $V_p = V - V_d$. Damit wird aus Gl. (1)

$$n = \frac{V - V_d}{V} = 1 - \frac{V_d}{V} \quad (2).$$

V_d ist direkt nur schwer meßbar und wird daher über die einfach zu ermittelnde Trockenmasse m_d und Korndichte ρ_s ausgedrückt:

$$V_d = \frac{m_d}{\rho_s}$$

Damit entsteht aus Gl. (2)

$$n = 1 - \frac{m_d}{\rho_s \cdot V} \quad (3a).$$

Ist jedoch aus Versuchen nach Kap. 2.4.5.5 die Trockendichte $\rho_d = \frac{m_d}{V}$ bereits bekannt, ist Gl. (3a) umzuformen in

$$n = 1 - \frac{\rho_d}{\rho_s} \quad (3b)$$

Der Porenanteil liegt zwischen null, wenn die gesamte Probe theoretisch nur aus Körnern (V_d) besteht, und eins, wenn theoretisch nur Poren vorhanden sind ($V_d = 0$).

$$\boxed{n = 0,0 \text{ bis } 1,0}$$

Der **Luftporenanteil n_a** ist definiert zu

$$n_a = \frac{V_a}{V} \quad (4).$$

Da V_a ebenfalls direkt schwer meßbar ist, wird es über V, V_d und V_w ausgedrückt. Nach Abb. 2.4.5.6/1 gilt

$$V_a = V - V_d - V_w \quad (5)$$

Damit wird aus Gl. (4)

$$n_a = \frac{V - V_d - V_w}{V} = 1 - \frac{V_d}{V} - \frac{V_w}{V} \quad (6)$$

Für V_d gilt wie oben $V_d = \frac{m_d}{\rho_s}$, für V_w

gilt $V_w = \frac{m_w}{\rho_w}$ sowie $m_w = w \cdot m_d$, somit

$$V_w = \frac{w \cdot m_d}{\rho_w}$$

In Gl. (6) eingesetzt, ergibt sich

$$n_a = 1 - \frac{m_d}{\rho_s \cdot V} - \frac{m_d \cdot w}{\rho_w \cdot V} =$$
$$= 1 - \frac{m_d}{V} \left(\frac{1}{\rho_s} + \frac{w}{\rho_w} \right) \quad (6a)$$

Ist jedoch die Trockendichte $\rho_d = \frac{m_d}{V}$ nach Kap. 2.4.5.5 bestimmt und wird $\rho_w = 1,0$ g/cm³ gesetzt, wird aus Gl. (6a)

$$n = 1 - \rho_d \left(\frac{1}{\rho_s} + w \right) \quad (6b)$$

Der Luftporenanteil n_a schwankt zwischen den Werten »0,0« (alle Poren wassergefüllt) und »n« (Alle Poren luftgefüllt).

$$\boxed{n_a = 0,0 \text{ bis } »n«}$$

Er kann auch über die Sättigungszahl S_r berechnet werden (s. Kap. 2.4.5.7).

Die **Porenzahl e** ist definiert zu

$$e = \frac{V_p}{V_d} \quad (7)$$

Da das Porenvolumen direkt schwer meßbar ist, wird wie beim Porenanteil umgeformt.
Mit $V_p = V - V_d$ wird

Abb. 2.4.5.6/1 Verteilung der drei Stoffe Luft, Wasser und Festmasse im Boden
1. Aussehen des Bodens
2. Sinnbild der Stoffverteilung
3. Darstellung des Porenanteils n
4. Darstellung des Luftporenanteils n_a
5. Darstellung der Porenzahl e

Bodenart	Porenanteil n	Porenzahl e
Ton, weich	0,50–0,70	1,00–2,33
Ton, steif	0,35–0,50	0,54–1,00
Ton, fest	0,20–0,35	0,25–0,54
Lehm, Geschiebemergel	0,25–0,30	0,33–0,43
stark bindige Böden	0,30–0,75	0,43–3,00
schwach bindige Böden	0,25–0,45	0,33–0,82
Sand, gleichförmig	0,30–0,50	0,43–1,00
Sand und Kies, ungleichförmig	0,25–0,35	0,33–0,54
Faulschlamm, Torf	0,70–0,90	2,33–9,00

Abb. 2.4.5.6/2 **Porenanteil und Porenzahl verschiedener Böden** (Durchschnittswerte)

$$e = \frac{V-V_d}{V_d} = \frac{V}{V_d} - 1 \quad (8)$$

Hierin ist $\frac{V}{V_d}$ der Reziprokwert aus Gleichung (3b) für n.

Daher kann analog geschrieben werden:

$$e = \frac{\rho_s}{\rho_d} - 1 \quad (9a) \quad \text{oder} \quad e = \frac{n}{1-n} \quad (9b)$$

Der Wert für die Porenzahl e schwankt zwischen ∞ (unendlich) (Trockendichte = 0 / nur Poren vorhanden) und 0,0 (Trockendichte = ρ_s / nur Festmasse vorhanden).

$$\boxed{e = 0,0 \text{ bis } \infty}$$

Für einige häufig vorkommende Böden sind der Porenanteil und die Porenzahl in Abb. 2.4.5.6/2 aufgezeigt.

Anwendung der Kennwerte
Die Porenzahl e und der Porenanteil n können als Hilfswert bei der Berechnung der Dichte/Wichte und zur Beurteilung z. B. der Wasserdurchlässigkeit, dem Setzungsverhalten und der Verdichtung von Böden herangezogen werden. Weiterhin kann die Wasseraufnahmefähigkeit oder die restliche Bodenluft bestimmt werden, Werte, die vor allem für eine vegetationstechnische Beurteilung bedeutsam sind.

2.4.5.7 Sättigungszahl

Definition des Kennwertes
Die Sättigungszahl S_r gibt an, welcher Anteil aller in einem Bodengemisch vorhandenen Poren (n) mit Wasser gefüllt ist (n_w) (Abb. 2.4.5.7/1).

Berechnung des Kennwertes
Die Sättigungszahl S_r berechnet sich nach $S_r = n_w$ (1)
Sie vergrößert sich ohne Erhöhung des Wassergehalts bei Verdichtung des Bodens (n nimmt ab) bzw. mit Erhöhung des Wassergehalts ohne weitere Bodenverdichtung.

Der wassergefüllte Porenanteil n_w ist nach Abb. 2.4.5.7/1

$$n_w = \frac{V_w}{V} \quad (2).$$

Da V_w schwerer meßbar ist, wird es wie vor umgerechnet:

$$V_w = \frac{m_w}{\rho_w} \text{ wird mit}$$

$$m_w = w \cdot m_d \text{ zu } V_w = \frac{w \cdot m_d}{\rho_w}$$

In Gl. (2) eingesetzt, wird

$$n_w = \frac{w \cdot m_d}{\rho_w \cdot V} \quad (3a)$$

Bei bekannter Trockendichte $\rho_d = \frac{m_d}{\rho_w n}$

wird daraus

$$n_w = \frac{w \cdot \rho_d}{\rho_w} \quad (3b)$$

Diese Gleichung wird in Gl. (1) eingesetzt und ergibt

$$S_r = \frac{w \cdot \rho_d}{\rho_w \cdot n} \quad (4)$$

Nach Kap. 2.4.5.6, Gl. (3b) ist der Porenanteil

$$n = 1 - \frac{\rho_d}{\rho_s} = \frac{\rho_s - \rho_d}{\rho_s}$$

In Gleichung (4) eingesetzt ergibt sich für die Sättigungszahl

$$S_r = \frac{w \cdot \rho_d \cdot \rho_s}{\rho_w (\rho_s - \rho_d)} \quad (5a)$$

Die Trockendichte ρ_d kann über den Porenanteil n wie vor ausgedrückt werden:

$$n = 1 - \frac{\rho_d}{\rho_s} \text{ oder } \rho_d = \rho_s (1-n)$$

In Gleichung (4) eingesetzt, kann die Sättigungszahl geschrieben werden

$$\boxed{S_r = \frac{w \cdot \rho_s (1-n)}{\rho_w \cdot n} \quad (5b)}$$

Bei Anwendung der Porenzahl $e = \frac{n}{1-n}$ nach Kap. 2.4.5.6, Gl. (9b) wird aus Gl. (4)

$$\boxed{S_r = \frac{w \cdot \rho_s}{\rho_w \cdot e} \quad (5c)}$$

Die Sättigungszahl schwankt zwischen den Werten 0,0 (Boden völlig trocken, w = 0 und $n_w = 0$) und 1,0 (Boden mit Wasser gesättigt, $n_w = n$).

$$\boxed{S_r = 0,0 \text{ bis } 1,0}$$

Sättigungszahl S_r	Feuchtigkeit
0	trocken
0–0,25	feucht
0,25–0,50	sehr feucht
0,50–0,75	naß
0,75–1	sehr naß
1	wassergesättigt

Abb. 2.4.5.7/2 **Bereiche der Sättigungszahl**

Abb. 2.4.5.7/1 **Zusammenhang von Porenanteil, Luftporenanteil, Anteil wassergefüllter Poren und Sättigungszahl**
1. Darstellung des Anteils wasser- bzw. luftgefüllter Poren
2. Darstellung der Sättigungszahl

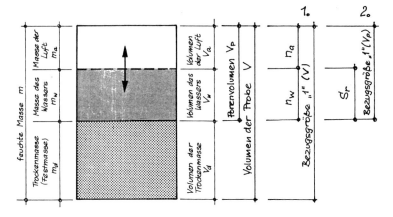

Mit Hilfe der Sättigungszahl kann der Luftporenanteil n_a berechnet werden. Nach Abb. 2.4.5.7/1 ist $n_a = n - n_w$ (6)

Nach Gleichung (6) ist $n_w = S_r \cdot n$

Damit wird aus Gleichung (1)

$n_a = n - S_r \cdot n$ oder

$$\boxed{n_a = n\,(1 - S_r)\ (7)}$$

Anwendung des Kennwertes

Die Sättigungszahl veranschaulicht deutlicher als der Wassergehalt die »Nässe« des Bodens und kann mit dem Tastsinn grob empfunden werden (Einteilung s. Abb. 2.4.5.7/2). Weiterhin kann sie zur Beurteilung des Verdichtungsverhaltens, der Wasseraufnahmefähigkeit, dem Luftanteil und zur Berechnung von Sättigungskurven und zur Auswertung des Proctorversuchs verwendet werden.

2.4.5.8 Organische Substanz

Definition des Kennwertes

Als organische Substanz gelten alle nichtmineralischen und durch biologische Vorgänge gebildete Bestandteile des Bodens.

Berechnung des Kennwertes

Die organische Substanz wird in Prozent oder als Verhältniswert ihrer Masse zur gesamten Trockenmasse des Bodens ausgedrückt.

$$\text{Organische Substanz} = \frac{m_{org}}{m_d}$$

Anwendung des Kennwertes

Da besonders Tragfähigkeit, Zusammendrückbarkeit, Durchlässigkeit und Wasserbindevermögen durch organische Beimengungen stark beeinflußt werden, kann ihr Anteil zur Beurteilung herangezogen werden.

Untersuchungsverfahren

Es wird auf Bodenphysikalische Prüfverfahren im Straßenbau (Merkblätter) und Siedeck, Voß, Floß: Die Bodenprüfverfahren bei Straßenbauten und weitere Fachliteratur verwiesen.

Danach werden vorwiegend angewendet:

1. Qualitative Untersuchung mit Natronlauge,
2. Abtrennen von Pflanzenresten,
3. Quantitative Bestimmung des organisch gebundenen Kohlenstoffs mit der Chromat-Methode.
4. Bestimmung des Glühverlustes

Dieses Verfahren wird wegen seiner Einfachheit besonders in der Bautechnik häufig angewendet, sofern der Anteil an organischer Substanz niedrig ist. Eine Bodeneinteilung nach dieser Methode ist in Abb. 2.4.5.8/1 vorgestellt.

2.4.5.9 Lagerungsdichte und bezogene Lagerungsdichte

Definition der Kennwerte

Die Lagerungsdichte D bzw. die bezogene Lagerungsdichte I_D wird durch Vergleich der dichtesten, lockersten und vorhandenen (natürlichen) Trockendichte des Bodens bestimmt.

Berechnung der Kennwerte

Zur Berechnung werden verwendet
Trockendichte bei dichtester Lagerung: $\max \rho_d$
Trockendichte bei lockerster Lagerung: $\min \rho_d$
vorhandene Trockendichte: ρ_d
Korndichte: ρ_s

Aus diesen Werten werden berechnet:
Porenanteil bei lockerster Lagerung:

$$\max n = 1 - \frac{\min \rho_d}{\rho_d}$$

Porenzahl bei lockerster Lagerung:

$$\max e = \frac{\rho_s}{\min \rho_d} - 1$$

Porenanteil bei dichtester Lagerung:

$$\min n = 1 - \frac{\max \rho_d}{\rho_s}$$

Porenzahl bei dichtester Lagerung:

$$\min e = \frac{\rho_s}{\max \rho_d} - 1$$

Porenanteil bei natürlicher Lagerung:

$$n = 1 - \frac{\rho_d}{\rho_s}$$

Porenzahl bei natürlicher Lagerung:

$$e = \frac{\rho_s}{\rho_d} - 1$$

Bezeichnung der Lagerungsdichte	Bereiche von D
Sehr lockere Lagerung	0,00* bis 0,15
lockere Lagerung	0,15 bis 0,30
mitteldichte Lagerung	0,30 bis 0,50
dichte Lagerung	0,50 bis 1,0*

Bezeichnung der bezogenen Lagerungsdichte	Bereiche von I_D
lockerste Lagerung	0,00
lockere Lagerung	0,00 bis 0,35
mitteldichte Lagerung	0,35 bis 0,50
dichte Lagerung	0,50 bis 0,70
sehr dichte Lagerung	0,70 bis 1,00
dichteste Lagerung	1,00

* Rechenwerte für D = 0,0 und 1,0 sind im Gegensatz zu denen für I_D rein theoretische Grenzwerte

Abb. 2.4.5.9/1 Einteilung der Lagerungsdichte D und bezogenen Lagerungsdichte I_D

Lagerungsdichte

$$D = \frac{\max n - n}{\max n - \min n} = \frac{\rho_d - \min \rho_d}{\max \rho_d - \min \rho_d}$$

bezogene Lagerungsdichte

$$I_D = \frac{\max e - e}{\max e - \min e} = \frac{\max \rho_d(\rho_d - \min \rho_d)}{\rho_d\,(\max.\ \rho_d - \min \rho_d)}$$

Anwendung der Kennwerte

Die Kennwerte dienen zur Beurteilung nichtbindiger bis schwachbindiger Sande/Kiese.

Aus den verschiedenen Lagerungsdichten kann auf die Verdichtbarkeit bzw. die vorhandene Verdichtung geschlossen werden.

Untersuchungsverfahren:

Für die Durchführung der Versuche gilt DIN 18126, Vornorm III 81.

Die heute übliche Einteilung der Lagerungsdichte D und bezogenen Lagerungsdichte I_D ist in Abb. 2.4.5.9/1 aufgeführt.

2.4.5.10 Proctordichte und Verdichtungsgrad – Proctorversuch

Definition der Kennwerte

Die Proctordichte ρ_{Pr} ist die beim Proctorversuch erreichbare größte Trockendichte eines Bodens. Ihr zugeordnet ist der optimale Wassergehalt w_{Pr}.

Der Verdichtungsgrad D_{Pr} vergleicht die vorhandene Trockendichte ρ_d mit der Proctordichte ρ_{Pr}.

Abb. 2.4.5.8/1 Glühverlust verschiedener organischer Böden (nach Graßhoff/Siedek/Floss: Handbuch für Erd- und Grundbau, Teil 1)

Gerüstbaustoff		Bodenart	
nichtbindig	bindig		
2– 3%	3– 5%	schwach humoser Mineralboden	belebter Boden
3– 5%	5–12%	humoser Mineralboden	Oberboden
5–10%	12–20%	stark humoser Mineralboden	Oberboden
über 10%	über 20%	organischer Boden	Moorboden

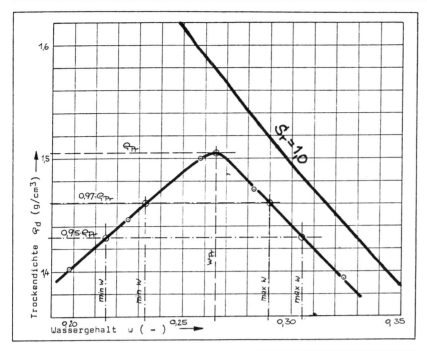

100 % der Proctordichte ϱ_{Pr} = 1,5o5 g/cm³	optimaler Wassergehalt w_{Pr} = o,265
97 % der Proctordichte ϱ_d = 1,46o g/cm³	min./max. Wassergehalt u = o,233-o,29o
95 % der Proctordichte ϱ_d = 1,43o g/cm³	min./max. Wassergehalt u = o,215-o,3o5

Abb. 2.4.5.10/1 Proctorkurve und Sättigungskurve für S_r = 1,0,
Beispiel: Tonboden

Darstellung/Berechnung der Kennwerte
Das Ergebnis eines Proctorversuches wird als Proctorkurve über den Werten Wassergehalt und Trockendichte dargestellt. Der Verdichtungsgrad ist festgelegt zu

$$D_{Pr} = \frac{\rho_d}{\rho_{Pr}}$$

Die Darstellung wird häufig durch die Sättigungslinie für S_r = 1,0 ergänzt (Abb. 2.4.5.10/1).

Anwendung der Kennwerte
Der Proctorversuch zeigt bei gleichbleibender Verdichtungsarbeit die Abhängigkeit der erreichbaren Verdichtung (mögliche Trockendichte ρ_d) eines Bodens vom Wassergehalt w.
Er dient zur Beurteilung der erreichbaren Verdichtung und läßt die erreichte Verdichtungsintensität erkennen. Weiterhin kann auf den Wassergehalt geschlossen werden, der eine bestimmte, gewünschte Verdichtung ermöglicht.
Der in Ausschreibungstexten häufig anzutreffende Ausdruck »Verdichtung bis zur Standfestigkeit« stellt keinen Qualitätsmaßstab dar, da die Verdichtung von der Auflast (Gerät) und dem Wassergehalt abhängt. Das Befahren eines Erdplanums zeigt ebenfalls nicht den Verdichtungsgrad, sondern nur die mehr oder weniger hohe Tragfähigkeit des Bodens.

In der Bautechnik sind je nach Objekt Verdichtungsgrade von D_{Pr} = 0,95 bis 1,03 üblich (s. Anhang A 2.4.5.10/1).

Versuchsdurchführung
Für die Durchführung und Auswertung des Versuchs gilt DIN 18127, Vornorm IV 76. Als Anhalt liefert Abb. 2.4.5.10/2 die durchschnittliche Proctordichte einiger Böden.

2.4.5.11 Scherfestigkeit und Zusammendrückbarkeit

Definition der Kennwerte
Wird ein Boden so stark beansprucht, daß sich Bodenbereiche gegeneinander verschieben, setzt er dieser Bewegung seinen Scherwiderstand entgegen. Der Scherwiderstand, der in einer Bruch- oder Verschiebungsfläche auftritt, wird Scherfestigkeit genannt. Mit Zusammendrückbarkeit (Kompression) werden die Formänderungseigenschaften eines Bodens bei Belastungen unterhalb der Bruchlast bezeichnet.

Berechnung der Kennwerte
Die Scherfestigkeit τ_f und Gleitfestigkeit τ_r werden über die Coulomb/Mohrschen Bruchbedingungen als Spannungen in Versuchen bestimmt.
Die Stauchung (Setzung) ε einer Bodenprobe wird aus ihrer Höhenänderung unter Last ermittelt.
Die Versuche zur Zusammendrückbarkeit liefern weiterhin den Steifemodul $E_s = \Delta\sigma \cdot h/\Delta h$ sowie den Verformungsmodul $E = \sigma \cdot h/\Delta h$

Anwendung der Kennwerte
Die Scherfestigkeit ist zur Beurteilung und Berechnung der Standsicherheit von Grund- und Erdbauwerken erforderlich. Aus der Art (Intensität, Dauer) der Zusammendrückbarkeit können

Abb. 2.4.5.10/2 Proctordichte und modifizierte Proctordichte verschiedener Böden (Durchschnittswerte)

Bodenart	ρ_{Pr} (t/m³)	w_{Pr} –	mod ρ_{Pr} (t/m³)	mod w_{Pr} –
hochplastischer Ton	1,44–1,55	0,20–0,30	1,65–1,80	0,14–0,20
schwachplastischer Ton	1,62–1,90	0,12–0,22	1,75–1,92	0,11–0,17
Schluff	1,75–1,85	0,12–0,20	1,85–1,95	0,11–0,14
sandiger Ton	1,70	0,17	–	–
sandiger Schluff	1,75	0,14	–	–
schluffiger Sand	2,0	0,11	1,82–2,05	0,06–0,12
schwach toniger Sand (U>5)	2,15	0,08	–	–
Feinsand U≤2)	1,70	–	1,70–1,82	0,05–0,09
Mittelsand (U=3)	1,85	0,11	–	–
Sand (U<2)	–	–	1,58–1,66	0,04–0,08
Sand (U=3–5)	1,75	0,12	–	–
Kiessand (U≤7)	1,98	0,11	1,95–2,10	0,04–0,07
Kiessand (U>7)	2,12	0,07	1,95–2,25	0,04–0,10
Lavaschlacke	1,49	(0,08)*	–	–

* Der Wassergehalt ist hier keine verläßliche Größe, da Lavaschlacke eine sehr große spezifische Oberfläche besitzt und das freie Wasser sich auch im Korn anlagert

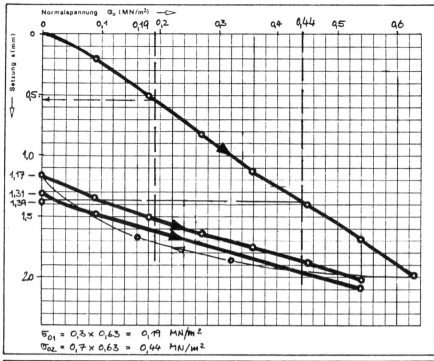

$$\sigma_{01} = 0,3 \times 0,63 = 0,19 \ \text{MN/m}^2$$
$$\sigma_{02} = 0,7 \times 0,63 = 0,44 \ \text{MN/m}^2$$

Berechnung des Verformungsmoduls E_v										$E_v = 0,75 \cdot d \frac{\Delta \sigma_0}{\Delta s}$
Kurve	σ_{02} MN/m²	σ_{01} MN/m²	s_2	mm	s_1	mm	$\Delta \sigma_0$ MN/m²	Δs	mm	MN/m²
1	0,44	0,19	1,37		0,54		0,25	0,83		$E_{v1} = 67,8$
2	0,44	0,19	1,88		1,53		0,25	0,35		$E_{v2} = 160,7$
3	0,44	0,19	1,97		1,63		0,25	0,34		$E_{v3} = 165,4$
Berechnung des Verhältniswertes							$E_{v2} : E_{v1}$			160,7 : 67,8 = 2,37

Abb. 2.4.5.12/1 Drucksetzungslinie (Plattendruckkurve) und Berechnung des Verformungsmoduls, Beispiel: Sand-Kies-Gemisch

Hilfswerte für erdstatische Berechnungen (Tragfähigkeit, Setzung, Verschiebung) abgeleitet werden (z.B. Grundbruch, Gleiten, Geländebruch).

Untersuchungsverfahren
Für die Versuchsdurchführung und Auswertung gelten:
DIN 18137, T. 1, Vornorm III 72;
DIN 18137, T. 2, Entwurf IX 79; EAU 1980; DIN 18136, Vornorm III 73.
Der direkte Scherversuch, Dreiaxialversuch, Kompressionsversuch und Zylinderdruckversuch stellen Laborversuche dar.

2.4.5.12 Verformungsmodul und Bettungsmodul – Plattendruckversuch

Wird eine Bodenschicht wechselnder Belastung (Be- und Entlastung z.B. beim Überfahren mit einem Fahrzeug) unterworfen, so erfährt sie während der Belastungsphase eine Kompression, die sich je nach Bodenart und -zustand nach Entlastung mehr oder weniger stark zurückverformt.
Drei Bodenreaktionen können dabei unterschieden werden:
1. Es bildet sich eine tiefe Fahrspur ohne nennenswerte Rückverformung.

Der Boden hat sich unter der Last irreversibel verformt. Weitere Belastungen können u. U. zur stärkeren Vertiefung der Fahrspur führen. Dieses Verformungsverhalten wird »plastisch« genannt.
2. Während der Überfahrt ist eine Fahrspurbildung zu erkennen, die sich nach Entlastung praktisch vollständig zurückbildet. Dieses Verformungsverhalten wird »elastisch« genannt.
3. Weder während des Befahrens noch danach ist eine Spurbildung erkennbar. Dieses Verformungsverhalten wird »starr« genannt.
Jeder Boden zeigt nun eine Überlagerung dieser drei Vorgänge. Dabei wird die plastische, dauerhafte Verformung umso größer sein, je niedriger die Konsistenz (weicher) und geringer der Verdichtungsgrad (lockerer) der Boden ist. Die elastisch/starre Verformung ist dagegen bei besonders trockenen bindigen und extrem stark verdichteten nichtbindigen Böden zu erwarten. Das Verformungsverhalten wird mit dem Plattendruckversuch ermittelt.

Definition der Kennwerte
Der Verformungsmodul E_v ist die vor Ort bestimmte Kenngröße für das Verformungsverhalten.

Der Bettungsmodul k_s ist die ebenfalls vor Ort gemessene Kenngröße für die Setzung unter der Wirkung einer dauernden Last.

Darstellung/Berechnung der Kennwerte
Das Versuchsergebnis des Plattendruckversuchs wird als sog. Drucksetzungslinie dargestellt. Dabei werden die Bodenbelastungen (Normalspannung σ_0) als Abzisse und die dabei auftretenden Bodenverformungen (Setzungen/Rückverformung s) als Ordinate aufgetragen (s. Abb. 2.4.5.12/1).
Der Verformungsmodul wird nach der Gleichung

$$E_v = 0,75 \cdot d \frac{\Delta \sigma_0}{\Delta s} \ [\text{MN/m}^2]$$

aus bestimmten Abschnitten der Drucksetzungslinien bestimmt.
Der Bettungsmodul wird dagegen mit der zu einer bestimmten Setzung gehörenden Belastung berechnet:

$$k_s = \frac{\sigma_0}{s} \ [\text{MN/m}^3]$$

Anwendung der Kennwerte
Der **Plattendruckversuch** zeigt bei schrittweisen Be- und Entlastungsvorgängen bestimmte zugehörige Setzungen. Er wird an der Prüfstelle ein- bzw. zweimal wiederholt.
Aus den Drucksetzungslinien können nicht nur die Kennwerte berechnet sondern das gesamte Verformungs- und Rückverformungsverhalten eines Bodens unter Wechsellasten abgeleitet werden.
Weiterhin wird aus dem Verformungsmodul die Tragfähigkeit eines Bodens für Verkehrslasten und aus dem Bettungsmodul die Setzung ermittelt, damit also eine bautechnische Bodenbeurteilung ermöglicht.
Letztlich kann aus dem Vergleich der gewonnenen Verformungsmodule auf die Qualität der Bodenverdichtung bzw. auf noch durch Nutzung zu erwartende Verformung geschlossen werden.
Die zu erreichenden Kenngrößen sind in Fachnormen bzw. Vorschriften für bau- bzw. vegetationstechnische Vorhaben verankert (s. Anhang A. 2.4.5.12/1).
Der **Befahrungsversuch** liefert dagegen nur visuelle Anhaltspunkte. Er kann jedoch zur Festlegung bestimmter Versuchspunkte und damit zur gezielten Anwendung des Plattendruckversuchs verwendet werden. Bei landschaftsbautechnischen Vorhaben kann er ggf. mit bestimmten Vereinbarungen als Prüfversuch zulässig sein.

Versuchsdurchführung
Die Prüfung des Bodens erfolgt mit Feldversuchen (in situ) als Platten-

druckversuch und als Befahrungsversuch, bei dem die Prüffläche möglichst flächendeckend mit einem LKW mit 5 t Radlast mit Schrittgeschwindigkeit befahren wird. Die Tiefe der Radspuren gibt einen Anhalt für das Verformungsverhalten des Bodens und vor allem die zu erwartenden Abweichungen auf der gesamten Fläche.

Der Plattendruckversuch ist durchzuführen und auszuwerten nach DIN 18 134, Vornorm VII 76, der Befahrungsversuch nach ZTVE-StB 76.

2.4.5.13 Kapillare Steighöhe

Definition des Kennwertes
Die kapillare Steighöhe gibt an, wie hoch Wasser in einem Boden durch Kapillarwirkung ansteigen kann.

Darstellung des Kennwertes
Die kapillare Steighöhe h_k wird in (m) angegeben.

Anwendung des Kennwertes
Die kapillare Steighöhe wird bei erdstatischen Berechnungen, bei Abdichtungsproblemen, im Erd- und Straßenbau zur Beurteilung der Frostgefährdung und zur Beurteilung der Konsistenzänderung benötigt.

Abb. 2.4.5.13/1 kapillare Steighöhe verschiedener Böden (Durchschnittswerte)

Bodenart	Korngruppe in (mm)	kapillare Steighöhe
Kies	2–6	bis 5 cm
Sand	2 –0,6	3– 10 cm
	0,6 –0,2	10– 30 cm
	0,2 –0,1	30– 60 cm
	0,1 –0,06	60–100 cm
Schluff	0,06 –0,02	1– 3 m
	0,02 –0,006	3– 10 m
	0,006–0,002	10– 30 m
Ton	bis 0,002	30–300 m

Untersuchungsverfahren
Zu den Versuchen wird auf entsprechende Fachliteratur verwiesen.

Einen zahlenmäßigen Überblick über die Größe der kapillaren Steighöhe gibt Abb. 2.4.5.13/1. Steighöhen von über 10 m treten jedoch nur noch als offener Kapillarwassersaum auf, da eine Wassersäule bei diesem Unterdruck Luft ausscheidet. Die Tabellenwerte können auch als »Saugspannung« verstanden werden, die einer Entwässerung des Bodens entgegenwirkt.

Bodenart	Durchlässigkeitsbeiwert k (m/s)
Geröll	0,1 bis 5
Grobkies	$1 \cdot 10^{-2}$ bis $1 \cdot 10^{0}$
Mittelkies	$1 \cdot 10^{-2}$ bis $1 \cdot 10^{-1}$
Feinkies	$1 \cdot 10^{-4}$ bis $1 \cdot 10^{-2}$
Grobsand	$1 \cdot 10^{-5}$ bis $1 \cdot 10^{-2}$
Mittelsand	$1 \cdot 10^{-6}$ bis $1 \cdot 10^{-3}$
Feinsand	$1 \cdot 10^{-6}$ bis $1 \cdot 10^{-3}$
Sand, schluffig	$1 \cdot 10^{-7}$ bis $1 \cdot 10^{-4}$
Schluff	$1 \cdot 10^{-9}$ bis $1 \cdot 10^{-5}$
Löß	$1 \cdot 10^{-10}$ bis $1 \cdot 10^{-5}$
Lehm	$1 \cdot 10^{-10}$ bis $1 \cdot 10^{-6}$
Ton	$1 \cdot 10^{-12}$ bis $1 \cdot 10^{-8}$

Abb. 2.4.5.14/1 Extremwerte des Durchlässigkeitsbeiwerts bei verschiedenen Böden (nach Schultze/Muhs: Bodenuntersuchungen für Ingenieurbauten, Springer-Verlag, 1967)

Durchlässigkeitsbereich	Durchlässigkeitsbeiwert k (m/s)
sehr schwach durchlässig	$< 10^{-8}$
schwach durchlässig	$10^{-8}–10^{-6}$
durchlässig	$10^{-6}–10^{-2}$
stark durchlässig	$10^{-4}–10^{-2}$
sehr stark durchlässig	$>10^{-2}$

Abb. 2.4.5.14/2 Einteilung der Durchlässigkeit nach DIN 18 130, Teil 1

2.4.5.14 Wasserdurchlässigkeit

Definition des Kennwertes
Die Wasserdurchlässigkeit eines Bodens wird durch den sog. *Durchlässigkeitsbeiwert* k (m/s) beschrieben, der von der Fließgeschwindigkeit des Wassers im Boden v und dem sog. hydraulischen Gefälle J abhängt.

Berechnung des Kennwertes
Der Durchlässigkeitsbeiwert wird nach

der Gleichung $k = \dfrac{v}{J}$ (m/s) berechnet. Er stellt keine konstante Größe dar, sondern ist von dem veränderlichen hydraulischen Gefälle J abhängig. Daher muß für eine Reproduzierbarkeit der Werte besonders auf die Wahl von J geachtet werden.

Anwendung des Kennwertes
Er wird für die Abschätzung bzw. Berechnung aller Fließvorgänge im Boden benötigt (z.B. bei Grundwasserabsenkungen, Sickerströmungen in Dämmen, Entwässerungsanlagen im Boden, Brun-

nen). Weiterhin hat er Einfluß auf die Tragfähigkeit und das Setzungsverhalten und vegetationstechnische Eigenschaften (gerade im Rasensportplatzbau).

Untersuchungsverfahren
Für die Ermittlung der Wasserdurchlässigkeit gelten DIN 18 130, T.1, Vornorm XI 83; für Sportplätze DIN 18 035, T. 4, T. 5 und T. 6.

Für einige Böden ist in Abb. 2.4.5.14/1 der Durchlässigkeitsbeiwert angegeben. Die Bedeutung dieser Werte kann Abb. 2.4.5.14/2 entnommen werden.

2.4.5.15 pH-Wert

Zum pH-Wert wird auf Kap. 3 verwiesen.

2.5 Bewertung der Bodenkenngrößen – »Bodensynthese«

Umfang und »Tiefgründigkeit« hängen von der Bedeutung des zu betrachtenden Bodens, dem Umfang des Objektes und damit dem bei Fehleinschätzung entstehenden Kostenrisiko ab.

2.5.1 Vorgaben aus dem Objekt

Eine sinnvolle Bodenbewertung kann nur vorgenommen werden, wenn exakt definierte, objektbezogene Vorgaben bekannt sind. Dazu sind folgende Aussagen zu treffen:

1. Zur Nutzung des Bodens
für bautechnische oder vegetationstechnische Zwecke; als Baugrund mit hoher oder geringer Belastung bzw. statischer oder dynamischer Beanspruchung; als Oberboden für unbelastete Vegetationsflächen (Pflanzflächen, Nutzgarten oder sehr gering belasteter Zierrasen); als Oberboden für belastete Vegetationsflächen (Spielrasen, Bolzplatz, Kinderspielplatz, Rasenparkplatz).

2. Zur Verwendung des Bodens
im Auftragsbereich als Schüttmaterial; im Abtragsbereich in Form des anstehenden Bodens; zur Hinterfüllung von Bauwerken.

3. Zur Formgebung
flächiger Auftrag auf waagerechten oder geneigten Flächen; Auftrag mit freien Böschungen.

4. Zum Schichtenaufbau
durch Abtrag verringerter natürlicher Schichtenaufbau; durch Auftrag entstandener künstlicher Schichtenaufbau.

unter Wahrung oder Abänderung bzw. Umkehrung der natürlichen Schichtenfolge; Lage des Bodens in tiefer Schicht mit oder ohne Einfluß des Grund- oder Schichtenwassers; Lage an der Erdoberfläche.

5. Zur Beanspruchung während der Bauarbeiten

durch Fahrzeuge und Baugeräte; als Lagerfläche für Baustoffe oder Bodenmieten.

2.5.2 Gesichtspunkte für die Bewertung der Bodenkennwerte

Aus den Vorgaben für das Objekt ergeben sich viele Einzelfragen, die in den folgenden Komplexen zusammengefaßt werden:

Für eine zweifelsfreie Verständigung zwischen Bauherrn, Planer und Auftragsnehmer ist eine exakte **Bodenbenennung** erforderlich. Für Planung und Ausführung ist die **Bearbeitbarkeit** wichtig.

Das **Verdichtungsverhalten** des Bodens und – daraus abzuleiten – die Durchwurzelbarkeit sind zu untersuchen.

Bei oberflächennaher Lage ist die **Frostempfindlichkeit** zu klären.

Muß der Boden Lasten aufnehmen, ist seine **Tragfähigkeit**, bei freien Böschungen auch seine **Standfestigkeit** zu bewerten.

Ferner ist der Boden innerhalb des gesamten **Schichtenaufbaus** zu beurteilen, da der ursprüngliche Bodenaufbau praktisch immer gestört ist.

Und schließlich sind **Kapillarität** und **Wasserdurchlässigkeit** im Zusammenhang mit dem Schichtenaufbau wichtig. Aus den Anforderungen ist die Auswahl der Komplexe zu treffen, die eine klare Definition der Ziele und Wünsche ermöglicht.

2.5.3 Bewertungskomplexe

Wie schon aus den vorstehenden Erläuterungen erkennbar war, sind die Bewertungskomplexe vorwiegend unter dem Gesichtspunkt einer »bautechnischen« Beurteilung des Bodens zu sehen. Eine besondere »vegetationstechnische« Wertung liegt in Kapitel 3.7 vor.

2.5.3.1 Bodenbenennung

Für die »Namensgebung« ist zuerst festzulegen, ob der Boden »wertfrei«, d.h. nur anhand seiner Zusammensetzung oder »bewertend«, d.h. auch aufgrund seiner Eigenschaften benannt werden soll. Weiterhin ist vorzugeben, ob die Benennung nach der Verwendung als »bautechnisches« oder »vegetationstechnisches« Material vorzunehmen ist.

Für die Benennung sind maßgebend:

1. »wertfrei« beschreibend:
DIN 4022 und 4023 (siehe A 2.4.3.3/1 u. 2) sollen gewährleisten, daß entnommene Bodenproben nach Art und Beschaffenheit einheitlich gekennzeichnet werden (»Bodenart«, »Felsart«).

2. »bewertende« Benennung:
unter bautechnischen Gesichtspunkten:
DIN 18196 (siehe A 2.5.3.1/1a und b) bildet »Bodengruppen«, die einen etwa gleichen stofflichen Aufbau und annähernd gleiche bodenphysikalische und damit bautechnische Eigenschaften haben.

DIN 18300 (siehe A 2.5.3.1/2) teilt Böden nach dem Aufwand der Löseenergie entsprechend Art und Zustand des Bodens in »Bodenklassen« ein.

unter vegetationstechnischen Gesichtspunkten:
DIN 18915 (s. Kap. 3) faßt Böden in »Bodengruppen« mit annähernd gleichen vegetationstechnischen und bodenphysikalischen Eigenschaften sowie annähernd gleicher Bearbeitungsproblematik zusammen.

Eine exakte Benennung ist nur nach einer labormäßigen Untersuchung anhand einer Körnungskurve möglich. Die Bodenhauptarten können ggf. auch mit einfachen Methoden (Fingerprobe etc.) festgestellt werden.

Beispiele

Ermittlung der **Bodenart nach DIN 4022/ 4023**

Die Körnungskurve wird in sogenannte Korngruppen unterteilt. Der Boden nach Anhang A 2.4.5.1/1b enthält unter 1% an Körnern mit einem Korndurchmesser kleiner als 0,06 mm (Schluff und Ton), 26,6% Sand (1% Feinsand, 19% Mittelsand, 6,6% Grobsand) sowie 73% Kies (30% Feinkies, 40% Mittelkies, 3% Grobkies).

Mit »Bodenhauptart« wird die Korngruppe bezeichnet, die den größten Anteil aufweist (hier also Kies). Als »Beimengungen« werden die weniger umfangreichen Korngruppen mit fallender Menge genannt (hier also Sand und Schluff). Die Beimengungen werden in Adjektivform, bei Anteilen unter 15% zusätzlich mit »schwach«, bei Anteilen von 15–30% ohne weitere Bezeichnung und bei Anteilen über 30% mit »stark« benannt (z.B. schwach schluffig). Die Benennung soll den Boden möglichst genau beschreiben. Bei einem gleichmäßigen Kurvenverlauf kann dies mit relativ großen Korngruppen geschehen. Ein unregelmäßiger Verlauf der Körnungskurve erfordert wie beim vorliegenden Beispiel eine feinere Unterteilung. Die Benennung des Bodens nach Abb. A 2.4.5.1/1b würde somit richtig lauten:
Kies, mittelsandig, schwach grobsandig, schwach feinsandig (Abkürzung: G, ms, gs', fs').

Ermittlung der **Bodengruppe nach DIN 18196**

Bei nichtbindigen Böden (Korndurchmesser über 0,06 mm) werden zur Benennung Bodenhauptart und Form der Körnungskurve, bei bindigen Böden (Kornanteil der Körner kleiner als 0,06 mm über 40%) Bodenhauptart und plastische Eigenschaften, bei gemischtkörnigen Böden (Anteil an Körnern kleiner 0,06 mm zwischen 5 und 40%) die Bodenhauptarten der nichtbindigen und bindigen Korngruppen, bei organogenen Böden oder Böden mit organischen Beimengungen die mineralische Bodenhauptart, bei rein organischen Böden der Grad der Zersetzung benutzt.

Die Form der Körnungskurve wird mit der »Ungleichförmigkeitszahl« $U = d_{60}/d_{10}$ ($U < 6$ eng gestufter Boden (E), $U > 6$ weit gestufter Boden (W) und der »Krümmungszahl« $C_c = d_{30}^2/d_{60} \cdot d_{10}$ beschrieben, wobei C_c über 3,0 bzw. unter 1,0 einen intermittierend gestuften Boden (I) kennzeichnet.

Für den Boden nach A 2.4.5.1/1b ist die Bodenhauptart Kies (G).

Die Ungleichförmigkeitszahl ergibt sich zu $U = \dfrac{d_{60}}{d_{10}} = \dfrac{7,0}{0,36} = 19 > 6$; damit liegt ein weitgestufter Boden vor (W); die Berechnung der Krümmungszahl ergibt $C_c = \dfrac{d_{30}^2}{d_{60} \cdot d_{10}} = \dfrac{2,3^2}{7 \cdot 0,36} = 2,1$ (zwischen 1 und 3), also ebenfalls einen weitgestuften bzw. nicht intermittierend gestuften Boden.
Die Bodengruppe lautet damit: GW (weitgestufter Kies).

Ermittlung der **Bodenklasse nach DIN 18300**

Hier gelten die in A 2.5.3.1/2 aufgezeigten Kriterien, die aus der Kornverteilung und dem Bodenzustand resultieren. Für das Beispiel ergibt sich die Bodenklasse 3, da der Anteil an Körnern kleiner 0,06 mm unter 15% (hier 1%), der Anteil an Körnern größer 63 mm unter 30% (hier 0%) liegt.

Ermittlung der **Bodengruppe nach DIN 18915**: s. Kap. 3

Die Benennungen ermöglichen weiterhin wie nachfolgend beschrieben eine Beurteilung der Bearbeitbarkeit, der Tragfähigkeit und Standfestigkeit, der Verdichtbarkeit sowie dem Verhalten zum Wasser.

2.5.3.2 Bearbeitbarkeit

Sie ist zu beurteilen nach
1. Einschränkungen wegen der Veränderung der Qualität des Bodens (vorwiegend Gefügeveränderungen);
2. Einschränkungen aus arbeitstechnischer Sicht (Arbeitsaufwand, Arbeitsverfahren);
3. Bearbeitbarkeit aufgrund des augenblicklichen Zustands (Feuchtigkeit und Dichte) und
4. Änderung der Bearbeitbarkeit über längere Zeiträume durch Witterung oder Lagerungsveränderungen (Auflast, Verkehr, Eigengewicht).

Maßstäbe für die Beurteilung der Bearbeitbarkeit liefern die DIN 18300 und 18915, wobei bei letzterer die Konsistenz entscheidend ist.

Weitere Anhaltspunkte sind aus der Kornverteilung, dem Schluff- und Tonanteil, aber auch persönlichen Erfahrungen zu gewinnen.

Der Boden nach A 2.4.5.1/1b bzw. Nr. 2 aus Abb. 3.5.2/1 gelten auch in dichtgelagertem Zustand nach DIN 18300 als leicht lösbare Böden, da sie einem Lösegerät (Bagger, Planierraupe, Radlader) nur einen geringen Zusammenhalt entgegensetzen (Bodenklasse 3).

Mit dem Boden 1 aus Abb. 3.5.2/1 (Schluff, tonig, schwach sandig) liegt dagegen ein Material vor, das über seine Kornverteilung nicht eindeutig eingeordnet werden kann, denn bei niedrigem Wassergehalt entsteht ein extrem festes Gefüge (Bodenklasse 4 oder 6), bei sehr hohem Wassergehalt ein fast flüssiges Material, das das Wasser zudem stark festhält (Bodenklasse 2).

Auch bezüglich der Verwendung des Bodens spielt die Konsistenz eine Rolle: in der Bautechnik soll meist eine optimale Verdichtung erzielt werden, bei vegetationstechnischer Verwendung soll dagegen die Verdichtung weitgehend vermieden werden.

Der Bodenzustand (Gefüge und Festigkeit) ändert sich bei nichtbindigen Böden vorwiegend durch Auflast, bei bindigen Böden durch Witterungseinflüsse. Je höher dabei der Schluffanteil ist, desto schneller laufen diese Zustandsänderungen ab.

Über Verbesserungsmaßnahmen kann die Bearbeitbarkeit in bestimmtem Rahmen verändert werden (s. Kap. 2.6).

2.5.3.3 Verdichtungsverhalten, Durchwurzelbarkeit

Die Weise wie ein Boden auf Belastungen reagiert, die sein Gefüge enger schachteln wollen, macht ihn für bestimmte Anwendungen besonders geeignet oder ungeeignet.

Sein Verhalten hängt vorwiegend von der Kornzusammensetzung, von der Art und Größe der Belastungen und der »Lockerheit« vor der Belastung ab.

Die Größe der erreichten Verdichtung kann verdeutlicht werden, indem die vorhandene Bodendichte mit der Proctordichte oder der lockersten und dichtesten Lagerung verglichen wird. Je höher der bei diesem Vergleich festgestellte »Verdichtungsgrad« ist, desto weniger wird sich das Bodengefüge wegen der hohen Tragfähigkeit bei weiterer Lasteinwirkungen noch verändern. Allerdings ist er in diesem Zustand am schwersten durchwurzelbar.

Zu beachten ist auch, daß die Verdichtung zu einer Verkleinerung der Einzelporen und zur Abnahme des gesamten Porenanteils führt. Dieses verringert die Wasserdurchlässigkeit, vergrößert die Wasserbindefähigkeit und Wassersättigung. Der Luftgehalt des Bodens nimmt ab, und der Luftaustausch in größere Tiefen wird eingeschränkt. In gewissem Grad nimmt die Frostempfindlichkeit zu.

Die Abschätzung der Verdichtbarkeit ist aus der Körnungskurve möglich:

Für **nichtbindige Böden** gilt: Je flacher die Kurve verläuft, aus je unterschiedlicheren Korngrößen also der Boden besteht (weit gestuft), desto besser können die einzelnen Körner im Gefüge ineinandergeschachtelt werden. Wegen der vielen Übertragungspunkte ist aber der Kraftaufwand größer, der eine derartige Kornverschiebung erzielt.

Vibrierend oder schlagend wirkende Geräte bzw. Lastwirkungen (vom speziellen Verdichtungsgerät Rüttelplatte/Vibrationswalze bis zum Kettenlader) erzielen eine größere Wirkung als statisch-rollend wirkende Geräte (Glattwalze, gummibereiftes Fahrzeug). Böden mit einem steilen Verlauf der Körnungskurve (enggestufte Böden) erfahren bei Belastung eher Kornumlagerungen als Verdichtungen.

Boden 2 nach Abbildung 3.5.2/1 würde somit in Bereichen, die hohe Verdichtung und Tragfähigkeit fordern, intensiv mit einer Rüttelplatte verdichtet werden können. Sollen Verdichtungen dagegen so gering gehalten werden wie möglich (z. B. bei Pflanzflächen), ist er nur mit leichten gummibereiften Maschinen zu befahren (besonders günstig: Niederdruckreifen).

Bindige Böden reagieren dagegen mit starker Verdichtung bei langandauernden Belastungen, da nur so das Bodenwasser in den feinen Poren bewegt und eine intensivere Ineinanderschachtelung des Bodens möglich wird. Damit haben knetend wirkende Maschinen mit hoher Auflast und geringer Fahrgeschwindigkeit eine hohe Leistung.

Die höchste Verdichtung wird erzielt, wenn die Konsistenzzahl I_c zwischen etwa 0,8 und 1,0 liegt. In diesem Zustand fühlt sich ein bindiger Boden wie steifplastisches Knetgummi an (er läßt sich noch kneten, ohne Risse zu bekommen). Ist ein bindiger Boden zu trocken, ist die Verdichtung wegen der hohen Bindungskräfte zwischen den Körnern (Kohäsion) sehr erschwert; in zu weichem Zustand kann er nicht einmal mehr das Gewicht der Verdichtungsgeräte tragen. Der steifplastische Bereich ist damit besonders kritisch: ein intensives Befahren mit Reifengeräten kann eine so starke Verdichtung ergeben, daß ein fast nicht mehr durchwurzelbarer Horizont entsteht und der Boden durch Luftarmut und Staunässebildung chemische Veränderungen erfährt.

Liegen derart verdichtete Schichten unter Vegetationsflächen vor, sind sie vor dem Aufbringen des Oberbodens wenigstens aufzubrechen, um partiell eine Verbindung zu durchlässigeren tieferen Schichten herzustellen. Dies ist z. B. bei Boden 1 nach Abb. 3.5.2/1 zu beachten.

2.5.3.4 Frostempfindlichkeit

Das Frostgeschehen, seine Auswirkungen auf den Boden und die sog. Frostkriterien sind in Kap. 8 beschrieben.

Den Grad der Frostempfindlichkeit kann man anhand der Körnungskurve genau ermitteln. Die kritischste Korngruppe ist hierbei der Schluff. Daher genügt es in vielen Fällen, sein Vorhandensein mit einfachen Mitteln nachzuweisen. Dies kann z. B. durch eine Fingerprobe (mehliges Gefüge) oder die Wasserlagerung einer nußgroßen, fest zusammengekneteten Probe geschehen: zerfällt sie schnell, liegt vorwiegend Schluff und nicht Ton als Bindemittel vor (s. Kap. 2.4.5.1/1).

Der Boden 1 nach Abbildung 3.5.2/1 ist somit als frostgefährdet zu bezeichnen. Wird er z. B. auf stark geneigten Böschungen eingebaut, besteht vor allem beim Frostaufgang die Gefahr des Abrutschens. Im Bereich belasteter Flächen tritt ein starker Tragfähigkeitsverlust ein. Soll auf diesem Boden eine technische Fläche erstellt werden (z. B. eine plattenbelegte Terrasse), ist für einen möglichst frostsicheren Aufbau zu sorgen. Hierzu ist entweder der Einbau einer Frostschutzschicht oder eine Stabilisierung des Bodens mit Kalk erforderlich.

Bei Boden 1 ist ferner die Reliefausbildung bedeutsam. Grundsätzlich ist so zu planen und zu bauen, daß Oberflächenwasser weitgehend durch entsprechendes Gefälle abfließt, um zu vermeiden, daß sich der Boden vor Frostbeginn unnötig mit Wasser sättigt. Boden 2 nach Abb. 3.5.2/1 ist dagegen als frostsicher, höchstens gering frostempfindlich einzustufen. Er kann überall ohne Einschränkung verwendet werden.

2.5.3.5 Tragfähigkeit und Standfestigkeit

Die Tragfähigkeit eines Bodens ist ausreichend, wenn bei Belastung keine unzulässigen Setzungen oder Verdichtungen auftreten. Eine absolute Grenze der Tragfähigkeit ist durch den sogenannten Grundbruch gegeben. Bei ihm hat die Belastung das gesamte Erdbauwerk zerstört.

Die **Tragfähigkeit** ist keine festliegende, konstante Größe wie bei homogenen Baustoffen (z. B. Stahl oder Beton), sondern hängt von den Anforderungen an das Erdbauwerk ab, denn je niedrigere Ansprüche gestellt werden, desto größer dürfen Setzungen oder Verdichtungen sein. Die Tragfähigkeit eines Bodens ist um so größer, je höher sein Verdichtungsgrad ist, da je Volumeneinheit des Bodengefüges immer mehr Berührungspunkte vorliegen, die Reibungskräfte und/oder Kohäsionskräfte übertragen können.

Außer der Verdichtung spielt bei nichtbindigen Böden die Kornzusammensetzung eine Rolle. Dabei bietet ein weitgestufter Boden mehr Berührungspunkte als ein enggestufter mit gleicher Bodenhauptart. Die innere Reibung wird ferner von der Kornform und Oberflächenrauhigkeit der Körner beeinflußt. Ein Boden aus rauhen, prismatisch gebrochenen Körnern hat eine fast doppelt so hohe Tragfähigkeit wie ein Boden aus runden, glatten Körnern. Außerdem ist der Korndurchmesser von Einfluß, denn je kleiner die Körner sind, desto mehr Kraftübertragungspunkte gibt es. Bei gleicher Stufung und gleichem Verdichtungsgrad ist also ein Boden aus kleinen Körnern tragfähiger als ein gröberer.

Bei bindigen Böden ist für die Tragfähigkeit vor allem die Bodenfeuchtigkeit, also der Bodenzustand entscheidend. Auch ein sehr dicht gelagerter bindiger Boden verliert an Tragfähigkeit, wenn er Wasser aufnimmt und erreicht umgekehrt bei Trockenheit wegen des sehr festen Zustands die größte Belastbarkeit. Gerade bindige Böden sind schwer zu beurteilen, weil sie mit dem Witterungswechsel fortlaufend ihre Tragfähigkeitseigenschaften verändern. Man sollte sich also nicht zu sehr auf einen Augenblickszustand verlassen, sondern

den Boden unter Beachtung seiner Lage im Bauwerk auf »Langzeiteigenschaften« beurteilen.

Boden 1 nach Abb. 3.5.2/1 besitzt kurzfristig veränderliche Eigenschaften, da er wegen seines hohen Grobschluffanteils sehr schnell und tiefgründig durchfeuchtet werden kann. Dagegen besitzt der Boden 2 nach Verdichtung gute Tragfähigkeitseigenschaften, die durch die Witterung kaum beeinflußt werden.

Die **Standfestigkeit** ist ausreichend, wenn ein Boden auf einer geneigten Ebene belastet nur durch sein Eigengewicht ausreichend haltbar ist. Auch hier gilt, daß mit steigender Zahl der Berührungspunkte bei nichtbindigen Böden die Festigkeit zunimmt und bindige Böden bei hoher Kohäsion (trockener Zustand) eine gute Haltbarkeit aufweisen.

Auf geneigten Ebenen wirken jedoch Wasser und u. U. auch Wind als erodierende Kräfte. Der Widerstand gegen Erosion ist besonders bei feinkörnigen nichtbindigen Böden (reich an Fein- und Mittelsand) aufgrund des geringen Korngewichtes und bei groben bindigen Böden (hoher Grobschluffanteil) wegen der geringen Kohäsion gering. Dieses steht der Aussage bei der Tragfähigkeit entgegen. Vor allem beim Frostaufgang zeigen sich hier durch die Wasseranreicherung Standfestigkeitseinbußen.

Mit Boden 1 nach Abb. 3.5.2/1 liegt ein gering tragfähiger und gering standfester Boden vor. Besonders bei Böschungen (Terrassenhang o. ä.) ist dies zu berücksichtigen. Außer durch eine Bodenstabilisierung können sofortige, flächendeckende Begrünungen (ggf. Zwischenbegrünung) Verbesserungen bringen.

2.5.3.6 Wasserdurchlässigkeit, Kapillarität und Schichtenaufbau

Diese drei Kenngrößen stehen in engem Zusammenhang. Sie beeinflussen vor allem den Wasserhaushalt des Bodens. Wasserdurchlässigkeit und Kapillarität sind in ihrer Größe einander entgegengesetzt.

Vor allem ein künstlicher Schichtenaufbau sehr verschiedener Böden bedingt einen Wechsel der Kenngrößen in den durch die einzelnen Böden vorgegebenen Eigenschaften. So entstehen gerade durch den Bauablauf u. U. sehr ungünstige Voraussetzungen für den Wasser- und Lufthaushalt des Bodens.

Die Größe der **Wasserdurchlässigkeit** bzw. der **Kapillarität** resultiert aus Porengrößen und Anzahl der Poren des Bodens je Volumeneinheit: je größer und zahlreicher die Poren sind, desto

größer ist die Durchlässigkeit und entsprechend kleiner die Kapillarität. Die Ausbildung der Poren hängt von der Kornzusammensetzung (Stufung), der Korngröße und der Verdichtung des Bodens ab. Dabei erzeugen grobe Korngemische mit enger Stufung (z. B. Grobkies) sehr große Poren, feine Korngemische mit enger Stufung (Feinsand) feinere Poren. Ebenso werden bei weitgestuften Korngemischen (Sand-Kies-Gemische) feine Poren gebildet. Liegen zusätzlich Anteile des Schluff- und/oder Tonbereiches vor, nimmt die Porengröße noch weiter ab und erreicht bei reinen Tonböden ihre geringste Größe. Die Porengröße wird weiterhin durch Verdichtung oder Setzung verringert bzw. bei Auflockerung vergrößert.

Aus der Körnungskurve kann somit auf die zu erwartende Wasserdurchlässigkeit und Kapillarität geschlossen werden, wenn man festlegt, daß der Boden in verdichtetem oder konsolidierten Zustand vorliegt. Die Kennwerte werden mit entsprechenden Versuchen ermittelt.

Die Beurteilung nur jeweils einer Bodenschicht kann zu falschen Schlüssen führen. Daher ist der gesamte, für das Objekt wichtige **Schichtenaufbau** zu betrachten, denn es können die Fälle »grobporiger Boden auf feinporigem Boden« und »feinporiger auf grobporigem Boden« mit folgenden Wirkungen auftreten: im ersten Fall wird das Sickerwasser schnell durch die durchlässige Bodenschicht fließen und sich auf der weniger durchlässigen Schicht ansammeln, da dort die Versickerung zumindest langsamer abläuft als die Wasserzufuhr von oben. Die Folge ist die Bildung von Staunässe. Dieser Vorgang tritt häufig in lockeren Oberböden auf, die unmittelbar auf einem z. B. intensiv befahrenen oder von Natur aus dichten Baugrund angedeckt worden sind. Der an sich gut durchlässige Boden wird also durch die tiefere Schicht verschlechtert (Abb. 2.5.3.6/1). Im zweiten Fall ist die Wasserführung auch nicht sehr viel besser: die obere, gering durchlässige Schicht führt zuerst zu einer oberflächigen Wasseranreicherung, da dieser Boden aufgrund seiner feinen Poren nur ein langsames Eindringen des Wassers erlaubt. Ebenso langsam wird die Durchsickerung ablaufen. Die durchlässige, tiefe Schicht nimmt dieses Sickerwasser allerdings nicht sofort auf, denn die obere Bodenschicht besitzt wegen ihrer kleinen Poren eine viel größere Wasserbindekraft, als der grobporige Boden an Saugkraft aufweist. Aus der oberen Bodenschicht läuft erst dann Wasser ab, wenn ihre Wasserbindekraft erschöpft ist. Dies ist der Fall, wenn sie sich weitgehend mit Wasser gesättigt

Abb. 2.5.3.6/1   Staunässe unter frisch angedecktem Oberboden

hat. So tritt trotz eines durchlässigen Untergrunds eine langandauernde Vernässung der oberen Schicht auf. Folgen sind Luftarmut und Verlust an Tragfähigkeit und Standfestigkeit. In beiden Fällen liegt ein sog. »kapillarer Bruch« vor, der zu beträchtlichen vegetationstechnischen und baulichen Mängeln führen kann. Günstig sind somit Schichtaufbauten, die in den einzelnen Schichten eine Anpassung der Kapillarität aufweisen.

Die aufgezeigten ungünstigen Verhältnisse können durch eine intensive Verdichtung des Bodens 1 nach Abb. 3.5.2/1 durch Bauverkehr und/oder Bodenbearbeitung zustandekommen. Zur Vermeidung eines kapillaren Bruchs sollte Boden 1 vor dem Andecken mit Boden 2 oder entsprechend durchlässigem Oberboden gelockert werden.

Wie schon oben erwähnt, kann das Sickerwasser auch eine Verlagerung von Feinteilen des Bodens bewirken. Dies ist der Fall, wenn die Poren größer sind als die in ihrer Nähe liegenden Bodenteilchen und die Strömungsenergie des Wassers groß genug ist, sie zu bewegen. Voraussetzung hierfür ist also eine ausreichende Durchlässigkeit. In sehr feinkörnigen Böden kann es zu einer derartigen Feinteilchenverlagerung ohne Zerstörung der strukturbildenden Grobgerüstes des Bodens (sog. Suffosion) nur in stark gelockertem Zustand kommen. Eine Suffosion ist bodentypisch und kann außer durch verklebend wirkende Bodenverfestigungen oder Änderungen der Bodenzusammensetzung nicht beeinflußt werden. Sie kommt zum Stillstand, wenn entweder alle Feinteilchen ausgespült sind oder der Boden in größerer Tiefe so

schwach durchlässig geworden ist, daß das Wasser nicht mehr schnell genug fließen kann. Ein ursprünglich gleichmäßig zusammengesetzter Boden erfährt bei Suffosion damit eine »Ausmagerung« im oberen und eine Feinteilchenanreicherung im unteren Bereich. Die vormals gleichen Bodeneigenschaften verändern sich also mit der Zeit, ohne daß dieses äußerlich sichtbar wird. Besonders kritisch sind Böden zu bewerten, deren Feinteilchenanteil bis zu etwa 20% beträgt und die einen intermittierenden Körnungsverlauf haben.

Ist die Spülkraft des Wassers so groß, daß bereits das strukturbildende Bodengerüst mit abgetragen wird, spricht man von einer »Erosion«. Sie bewirkt eine

völlige Zerstörung des vormaligen Bodens. Bekannt ist sie gerade durch Bodenabtransport auf Böschungen. Diese Schäden können so umfangreich sein, daß praktisch das ganze Bauwerk zerstört wird (Abb. 2.5.3.6/2). Erosionsvorgänge können aber auch im Bodeninnern stattfinden. Vor allem treten solche Schäden als »Kontakterosion« an der Nahtstelle zwischen zwei Bodenschichten auf, die einen sehr unterschiedlichen Kornaufbau zeigen. Dabei wird der feinere Boden völlig, oder zumindest mit vielen Anteilen in den grobporigeren Boden eingespült (Abb. 2.5.3.6/3).

Der Schichtenaufbau spielt aber nicht nur für abwärts gerichtete Wasserbewegung (Sickerwasser) eine Rolle, sondern auch für den nach oben gerichteten Strom (aufsteigendes Kapillarwasser). Dieses steigt durch die Saugkraft des Bodens aus dem freien Grundwasser oder Schichtenwasser nach oben auf. Wie dieser Wassertransport zu beurteilen ist, hängt von der Nutzung der vernäßten Bodenschicht ab. Vorteilhaft wäre dies bei einer feuchtigkeitsliebenden Begrünung zur Wurzelversorgung, nachteilig bei Böden, deren Tragfähigkeit hohen Ansprüchen genügen muß wie z.B. bei Wegeflächen.

Diese Wasseranreicherung bedeutet steigende Frostgefährdung des Bodens. Um Schäden aus diesen Gründen zu vermeiden, werden sog. kapillarbrechende Schichten unter den gefährdeten Bereich gebracht (die Frostschutzschicht im Straßenbau). Zur Beurteilung von Böden ist damit außer der Kornverteilung der Lagerungszustand, die Schichtenfolge, die Lage des Grund- oder Schichtwasserspiegels und die Belastung wichtig.

Abb. 2.5.3.6/2   Erosionsrinne nach Schlechtwetterperiode

Abb. 2.5.3.6/3   Kontakterosion (in Schotter eingespülter Oberboden)

2.6 Verbesserung der Bodeneigenschaften

Wenn die Bodenbewertung negativ ausgefallen ist, muß entschieden werden, ob die **Planung** so **verändert** werden kann, daß eine Anpassung an die Bodenverhältnisse möglich ist; oder ein **Bodenaustausch** erfolgen soll, d.h. der ungeeignete Bodenbereich nach Fläche und Tiefe entfernt und durch geeignetes Material ersetzt wird; oder eine **Bodenverbesserung** vorgesehen werden soll.

Die Entscheidung für eine dieser Möglichkeiten ist sowohl aus nutzungstechnischen wie wirtschaftlichen Erwägungen zu treffen.

2.6.1 Hauptaufgaben der Bodenverbesserung

Ihre wesentlichen Aufgaben sind:
Verfestigung und/oder Abdichtung tieferer Bodenschichten; Verbesserung der Tragfähigkeit; Verbesserung der Standfestigkeit im Böschungsbereich; Vergrößerung des Erosionswiderstands; Erhöhung der Frostsicherheit; Veränderung der Wasserdurchlässigkeit und Kapillarität; Verbesserung der Bearbeitbarkeit.

Diese Aufgaben können bei bautechnisch-konstruktiven wie vegetationstechnischen Baumaßnahmen auftreten.

2.6.2 Verfahren der Boden- und Untergrundverbesserung

Als Hauptwirkprinzipien der Vielzahl der heute angewendeten Verfahren dienen physikalische, chemische und biologische Vorgänge.

1. Physikalisch wirkende Verfahren
konstruktive Verfahren:
Bodenaustausch, Entwässerung, Verwendung von Kunststoffmatten, Vliesen und Folien, Bau mit »bewehrter« Erde;
mechanische Verfahren:
Verdichtung, Lockerung, Veränderung der Kornzusammensetzung;
thermische Verfahren:
Erhitzung, Gefrieren;
elektrische Verfahren:
Elektroosmose (Entwässerung schwer durchlässiger Böden).

2. physikalisch-chemisch wirkende Verfahren
Elektroinjektion,
thermoelektrische Verfahren.

3. chemisch wirkende Verfahren
Injektion von Chemikalien:

Flüssigkeiten (Suspensionen mit Zement, Ton, Mörtel; Emulsionen; echte Lösungen: Wasserglas, Kunstharze); Gase;
Einmischen von Chemikalien:
hydraulische und bituminöse Bindemittel (Kalk, Flugasche, Zement, Bitumen, Teer); sonstige Chemikalien (Kunstharze, Salze, Kleber: z.B. Algenauszüge, etc.).

4. chemisch-biologisch wirkende Verfahren
Züchtung bzw. Abtötung bestimmter Bodenbakterien

5. biologisch wirkende Verfahren:
Deckbauweisen:
Fertigbauweisen (Fertigrasen, Staudenmatten), Saatverfahren (Spritzansaat, Decksaat, Freisaaten);
Stabilbauweisen:
tote bzw. lebende/ausschlagfähige Baustoffe (Faschinen, Flechtzäune, Buschlagen, Gehölzpflanzungen);
Voranbau/Zwischenbegrünung:
Ansaaten ein- und mehrjähriger Kräuter.

Aus dieser Vielfalt werden nur einige physikalisch und chemisch wirkende Verfahren ausführlicher behandelt.

2.6.3 Darstellung ausgewählter Verfahren

Bezüglich der Bearbeitbarkeit, Tragfähigkeit und Durchlässigkeit treten bei bindigen Böden und gleichförmigen nichtbindigen Böden häufig Probleme auf, die nur durch eine Veränderung der Konsistenz oder der Kornzusammensetzung zu bewältigen sind. Häufig werden dazu folgende Verfahren angewendet:
1. die mechanische Bodenverbesserung (Gruppe 1 aus Kap. 2.6.2) und
2. Verwendung von Bindemitteln (Gruppe 3 aus Kap. 2.6.2).

2.6.3.1 Vorgaben und Arbeitsablauf

Die ausgewählten Verfahren beruhen auf der Einmischung von zusätzlichen Stoffen in den Boden und/oder einer durch die Bearbeitung verursachten Gefügeänderung.

Zur Wahl des geeigneten Verfahrens müssen die Kornverteilung, der Wassergehalt und der Verdichtungsgrad (Gefügefestigkeit) bekannt sein. Ebenso ist das Ziel der Verbesserungsmaßnahme zu definieren.

Schließlich ist wichtig, ob große Bodenmengen oder Flächen zu verbessern sind, welche Tiefe erreicht werden soll und welcher Qualitätsmaßstab (z.B. Gleichmäßigkeit) gefordert wird.
Arbeitsablauf:

Das Zusatzmittel kann mit dem »Ortsmischverfahren« oder dem »Zentralmischverfahren« in den Boden gebracht werden, wobei sich verschiedene Arbeitsabläufe und Einflußtiefen ergeben.

Ortsmischverfahren:
Grobplanum erstellen und höhengerecht abziehen, um bei der Verbesserung eine gleichmäßig dicke Schicht zu erzielen; Zusatzmittel von Hand oder Verteilgeräten ausbringen und einarbeiten (Scheibenegge, Fräse etc.); profilgerecht planieren und ggf. verdichten. Erreichbare Verbesserungstiefe: bis 30 cm.

Zentralmischverfahren:
Zu verbessernden Boden an zentralen Mischplatz transportieren; ggf. mit Zwangsmischer Zusatzstoff einmischen; verbessertes Material am Einbauort lagenweise bis zur gewünschten Gesamtdicke einbauen; Endplanum herstellen und ggf. verdichten.

Erreichbar ist eine gute Gleichmäßigkeit über die gesamte beliebige Dicke der verbesserten Schicht.

Vor allem bei einer Verbesserung der obersten Bodenschicht wird im Erd- und Landschaftsbau überwiegend das Ortsmischverfahren angewendet. Das Zentralmischverfahren kann im Landschaftsbau bei der Erstellung spezieller Vegetationsschichten, gegebenenfalls auf künstlich aufgebauten Baugrund und bei größeren Schichtdicken erforderlich sein.

2.6.3.2 Bodenverbesserungsverfahren und Zusatzstoffe

Es sollen unterschieden werden:
1. die mechanische Bodenverbesserung
1.1 Zugabe von gekörnten mineralischen Stoffen:
Sand, Kies, granulierter oder gemahlener Ton, Splitt, Schotter;
1.2 Zugabe von organischen Stoffen oder Ersatzmitteln:
Klärschlamm, Torf, Kunststoffe.

2. die Bodenverbesserung mit Bindemitteln
2.1 Zugabe von hydraulischen Bindemitteln:
Bodenverbesserung (Bodenstabilisierung) mit Kalk:
Feinkalk (Branntkalk/CaO); hydraulischer Kalk (gelöschter Kalk/$Ca(OH)_2$ mit oder ohne MgO oder $Mg(OH)_2$); hochhydraulischer Kalk (z.B. $CaOAl_2O_3$)
Bodenverfestigung mit Zement:
Zement (Portland-, Trasszement)
2.2 Zugabe bituminöser Bindemittel:
Bodenverbesserung (Bodenstabilisierung) mit Bitumen:

Bitumenemulsion, Kaltbitumen, Verschnittbitumen.
Bodenverbesserung (Bodenstabilisierung) mit Teer: Teeremulsion, Straßenteer.
2.3 Zugabe chemischer Bindemittel: Ionentauscher, Salze, Wasserglas, Kunststoffe
2.4 Zugabe organischer Bindemittel: z. B. Algenauszüge

Vorschriften
Für den Bereich des Erd- und Straßenbaus gelten die nachstehenden Vorschriften etc., die sinngemäß auch für vegetationstechnische Arbeiten heranzuziehen sind:
Anleitung für den Entwurf, den Bau und die Unterhaltung mechanisch stabilisierter (verfestigter) Trag- und Verschleißschichten (FG Wien, 1969);
Merkblatt für die Bodenverbesserung und Bodenverfestigung mit Kalken, FG 1979;
Vorläufiges Merkblatt für Bodenverfestigung mit Zement (FG 1956);
Vorläufiges Merkblatt für Bodenverfestigung mit bituminösen Bindemitteln, Teil 1: Sandböden (FG 1958);
Zusätzliche Technische Vorschriften und Richtlinien für die Ausführung von Bodenverfestigungen und Bodenverbesserungen im Straßenbau - ZTVV - StB 81;
Entsprechende Richtlinien und Merkblätter für die Eignungsprüfungen bei Bodenverfestigungen und Bodenverbesserungen.

2.6.3.3 Wirkungsweise und Anwendung der Verfahren 1.1 bis 2.2

1. mechanische Bodenverbesserung
Durch das Einmischen bestimmter Korngruppen wird der Kornaufbau des ursprünglichen Bodens geändert und physikalische Eigenschaften wie Struktur, Porenraum und Porengröße beeinflußt.
Das Verfahren ist für nichtbindige Sande und Kiese geeignet, sofern sie nicht zu grobe Anteile besitzen.

Folgende Kennwerte können verändert werden:
Kornverteilung, Plastizität, Wassergehalt (gering).
Nach Art und Menge des einzumischenden Bodens können als Wirkungen, die nicht unbedingt gleichzeitig auftreten, erzielt werden:
Verbesserung oder Verminderung der Verdichtungswilligkeit, Erhöhung der Tragfähigkeit und Scherfestigkeit (Standfestigkeit), Verringerung der Frostempfindlichkeit, Veränderung der Wasserdurchlässigkeit, der Kapillarität

und des Wasserhaltevermögens sowie der Durchwurzelbarkeit (s. Anhang A 2.6.3.2/1).
Die Menge der Zusatzkörnungen hängt von dem Ausgangsmaterial und der gewünschten Zusammensetzung ab. Anzustreben sind aus Kostengründen Anteile bis rd. 30 % (entsprechend bis 100–110 kg/m² bei ca. 15 cm Schichtdicke).

Anwendung für *bautechnische Zwecke:*
Verbesserung des Untergrundes oder Unterbaues von Wegen und Plätzen;
Bau von Frostschutz-, Trag- und Deckschichten im Wege- und Parkplatzbau;
Bau von Trag- und Dränschichten im Sportplatzbau und
Anpassung von Bodenschichten nach den Filterregeln.

Anwendung für *vegetationstechnische Zwecke* (Bau von belastbaren Rasentragschichten wie Spielplatzrasen, Parkplatzrasen, Rasensportflächen, Verbesserung sonstiger Saat- und Pflanzflächen):
Abmagerung oder Erhöhung des bindigen Anteils von vegetationsfähigem Material.

Die Dicke der verbesserten Schicht sollte beim Ortsmischverfahren nicht weit über 12 cm liegen, da sonst keine gleichmäßige Vermischung gewährleistet ist. Dickere Schichten sind mehrlagig aufzubauen.

2. Bodenverbesserung mit Kalk
Es treten folgende Wirkungen auf:
a) Sofortwirkung: Durch das Einmischen von Kalk in einen nassen, bindigen Boden oder stark bindigen Mischboden wird in sehr kurzer Zeit der Wassergehalt reduziert. Die weichplastische Bodenstruktur wird durch das plötzliche »Austrocknen« und die Reaktion von CaO- und MgO-Molekülen des Kalks mit Tonmineralen des Bodens schlagartig zu einer Krümelstruktur geändert und die Wasseraffinität vermindert. Die Ausrollgrenze erhöht sich und die Witterungsempfindlichkeit nimmt ab. Bereits unmittelbar nach der Verdichtung besitzt der verfestigte Boden eine höhere Tragfähigkeit als der unbehandelte Boden. Aufgrund der gröberen Bodenstruktur verringert sich jedoch die erreichbare Verdichtung bzw. Proctordichte (Abb. 2.6.3.3/1). Bei Regen darf wegen der starken Wassergehaltsänderung nicht stabilisiert werden.
b) allmähliche Wirkung: Der Boden erfährt im Laufe der Zeit eine zunehmende Verfestigung, die durch die Reaktion im Boden vorhandener Tonminerale und aktiver Kieselsäure mit CaO-

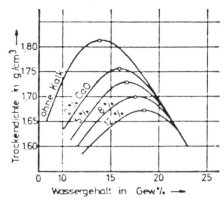

Abb. 2.6.3.3/1 Einfluß der Kalkmenge auf die Proctordichte und den optimalen Wassergehalt (Beispiel: stark bindiger Mischboden)

und MgO-Molekülen des Kalkes bzw. durch Hydraulefaktoren des Kalkes selbst zustande kommt.
Das Verfahren ist für alle bindigen Böden bzw. stark bindige Mischböden bis zu hochplastischen Tonen geeignet. Bei diesen ergeben sich jedoch Schwierigkeiten, da sie sich mit dem Kalk sehr schwer und unvollkommen und nur mit hohem Aufwand vermischen lassen.
Es werden Feinkalk, Kalkhydrat und hochhydraulischer Kalk verwendet.

Folgende Kennwerte können beeinflußt werden:
Wassergehalt, Plastizität, Bodenstruktur und Festigkeit.
Damit treten u. U. gleichzeitig folgende Wirkungen auf:
Verminderung des Wassergehaltes; Verbesserung der Bearbeitbarkeit; bleibende, z. T. zunehmende Verminderung der Empfindlichkeit gegen Wasser und Frost; Erhaltung und Erhöhung der Kohäsion auch bei späterer Wassergehaltszunahme; Zunahme der Festigkeit und Tragfähigkeit trotz Abnahme der erreichbaren Trockendichte.
Die Kalkmenge hängt von der Bodenart, dem Wassergehalt und dem Verwendungszweck des Bodens ab und ist durch Voruntersuchungen zu ermitteln. Sie beträgt bei Feinkalk z. B. für die Verbesserung der Bearbeitbarkeit bei einem Wassergehalt $w > w_p$ etwa 1–3 % der Trockenmasse des Bodens. Dies bedeutet für eine ca. 15 cm dicke Schicht etwa 2–10 kg/m². Für eine dauernde Bodenverbesserung sind dagegen etwa 4–8 Gew.-%, entsprechend 10–30 kg/m² bei 15 cm Schichtdicke erforderlich. Der Bedarf an Kalkhydrat bzw. hochhydraulischem Kalk liegt etwas höher.
Die Schichtdicke sollte nicht über 20 cm betragen.

Anwendung im Erdbau:
Austrocknung von Schüttmaterial zur Verbesserung der Einbaufähigkeit und Belastbarkeit;

Austrocknung belassener vernäßter Bodenschichten mit zu geringer Tragfähigkeit;

Erhöhung der Standsicherheit freier Böschungen,

Aufschließung zu nassen Bodens für eine nachfolgende Verfestigung mit hydraulischen oder bituminösen Bindemitteln.

Anwendung im Wegebau, ggf. auch Sportplatzbau:

Verbesserung des Untergrundes oder Unterbaues;

Absiegelung des Planums gegen Oberflächenwasser;

Verringerung der Frostempfindlichkeit des Untergrundes oder Unterbaues;

Bau einfacher Tragschichten für untergeordnete Wege (z. B. land- und forstwirtschaftliche Wege);

Erstellung provisorischer Fahrwege (z. B. Baustraßen) oder dauerhafter einfacher Gehwege.

Anwendung für vegetationstechnische Zwecke:

Krümelung tonreicher Böden (für bestimmte Pflanzenarten anwendbar).

Die kalkverfestigten Flächen können normalerweise bereits unmittelbar nach Verdichtung mit gummibereiften Fahrzeugen ohne Nachbehandlung befahren werden, während des Frostaufganges wegen des Aufweichens des Untergrundes jedoch nicht.

3. Bodenverfestigung mit Zement

Die Verfestigung tritt durch Erhärten des eingemischten Zements und nicht durch den Wasserentzug ein. Die Zementmenge ist je nach Verwendungszweck so zu bemessen, daß die verfestigte Schicht unter Wasser- und Frosteinwirkung nicht aufweicht. Es findet keine vollständige Kornumhüllung mit Zementleim statt, so daß die Bodenkörner nur punktweise miteinander verklebt werden. Die verfestigte Schicht ist damit zwischen »starr« und »elastisch« einzustufen, besitzt dennoch eine gute lastverteilende Plattenwirkung.

Das Verfahren ist besonders für eng oder sprunghaft gestufte Sande und Kiese bis 63 mm geeignet, die keine gute Verdichtbarkeit besitzen. Ferner können trockenere Schluffböden mit Zement verfestigt werden. Bei sehr nassen bindigen Böden ist eine vorherige Aufschließung mit Kalk ratsam.

Beton schädliche Stoffe und stark verunreinigte oder betonschädliche Wässer dürfen im Boden nicht vorliegen und diesen auch später nicht angreifen können. Es werden üblicherweise Zemente der Festigkeitsklasse Z 25 und Z 35 nach DIN 1164 und DIN 1167 verwendet (Portlandzement und Trasszement).

In Frostperioden darf nicht stabilisiert werden. Bei Regen ist darauf zu achten, daß der optimale Wassergehalt des Bodens nicht überschritten wird.

Beeinflußt werden vor allem die Kennwerte Festigkeit und Bodenstruktur. Erzielbare Wirkungen sind

Ausbildung einer lastverteilenden Platte, Erhöhung der Frostsicherheit und Erhöhung der Wasserbeständigkeit.

Die Zementmenge ist durch Voruntersuchungen zu ermitteln. Sie erhöht sich, je hochwertiger die Verfestigung sein soll und je feiner der Boden ist. Sie liegt zwischen ca. 3 Gewichts-% bei nichtbindigen Kiesen und ca. 20 Gewichts-% bei tonigen Schluffen. Dies entspricht bei einer 15 cm dicken Schicht etwa 9–50 kg Zement/m².

Die Schichtdicke sollte bei der Zementverfestigung nicht über 22 cm betragen.

Die Zementverfestigung ist für vegetationstechnische Zwecke ungeeignet. Im bautechnischen Bereich wird sie verwendet

zur Verbesserung des Untergrundes und Unterbaus,

zum Bau selbständiger Tragschichten für untergeordnete Wege, Parkplätze und u. U. Sportflächen ohne Rasendecken,

zur Verfestigung der oberen Lage der Frostschutzschicht,

zum Bau von Decken für untergeordnete Verkehrsflächen (gegen Oberflächenabwitterungen schützt eine bituminöse Oberflächenschutzschicht).

Die verfestigte Schicht darf frühestens 7 Tage nach Herstellung mit schweren Baufahrzeugen befahren werden. Eine allgemeine Verkehrsfreigabe darf bei Z 35 erst nach frühestens 14 Tagen bei Z 25 erst nach 28 Tagen erfolgen. Die Wirkungen einer Zementverfestigung zeigt Abb. 2.6.3.3/2.

4. Bodenverbesserung mit bituminösen Bindemitteln

Wie bei Zement tritt hier vor allem eine punktweise Verklebung des Korngerüstes auf, so daß sich bei mechanischer Beanspruchung die Körner nicht mehr umlagern.

Das Verfahren eignet sich vor allem für Sande, sandreiche Kiese, sandige Schluffe sowie u. U. auch für leichtplastische Böden. Bei mittel- und ausgeprägt plastischen Böden empfiehlt sich immer eine Vorbehandlung mit Kalk.

Als Bindemittel werden Straßenteer (T 40/70 bis T 140/240) und Spezial-Verschnittbitumen verwendet, die beide auf die entsprechenden Verarbeitungstemperaturen gebracht werden müssen (ordnungsgemäß nur beim Zentralmischverfahren möglich), sowie Kaltbitumen, Bitumenemulsion und Teeremulsion (kalt verarbeitbar). Je grobkörniger der Boden ist bzw. je höher die Anforderungen an die Verbesserung sind, desto zäher sollte das Bindemittel sein.

Für eine gute Endfestigkeit ist wie beim bituminösen Tragschicht- und Deckenbau die Zugabe von Füller (Gesteinsmehl) erforderlich. Am häufigsten ist dieses Verfahren bisher bei der Verfestigung von gleichförmigen Sanden eingesetzt worden.

Abb. 2.6.3.3/2 Zementverfestigte Bodenschicht (nur noch geringe Fahrspur links oben)

Bei der Verdichtung ist zu beachten, daß das Bindemittel selbst Wasser enthalten kann (Emulsion) und außerdem gewisse »schmierende« Eigenschaften besitzt.

Die Verklebung beeinflußt vor allem die Kenngrößen Festigkeit, Wasserempfindlichkeit.

Die Auswirkungen sind:
Erhöhung von Tragfähigkeit, Scherfestigkeit und Kohäsion; Verringerung der Wasseraufnahmefähigkeit bei bindigen Böden; Erzielung einer flexiblen, weitgehend frost- und wasserunempfindlichen Schicht; Verringerung der Erosionsgefahr auf geneigten Flächen.

Die Bindemittelmenge richtet sich vor allem nach der Bodenart und ist in Vorversuchen zu ermitteln. Die Bindemittelmenge darf nicht plastifizierend oder sogar schmierend wirken, da sonst die Festigkeit der behandelten Schicht herabgesetzt wird. Die Menge steigt mit den Nutzungsanforderungen und zunehmender Feinkörnigkeit des Bodens. Sie liegt bei einer 15 cm dicken Schicht zwischen etwa 8 und 40 kg/m². Die Schichtdicke der Verfestigung beträgt üblicherweise 8 bis 22 cm.

Bituminöse Bindemittel sind für folgende Aufgaben geeignet:
Verbesserung des Untergrundes oder Unterbaues;
Verfestigung ungebundener Tragschichten (z.B. Frostschutzschicht) oder relativ gleichförmiger Kies-Sande für hochbelastete Verkehrsflächen;
Bau selbständiger Tragschichten für untergeordnete Verkehrsflächen, ggf. auch für Sportflächen;
Bau selbständiger Befestigungen schwach belasteter Verkehrsflächen mit zusätzlicher Oberflächenschutzschicht (z.B. land- und forstwirtschaftliche Wege, Fuß- und Radwege, schwach oder nur mit leichten Fahrzeugen befahrene Betriebsflächen);
Festlegung erosionsgefährdeter Bodenschichten.

Die Verarbeitung bituminöser Bindemittel außer Emulsionen ist schwieriger als die hydraulischer Bindemittel. Bei Regen darf nicht stabilisiert werden.

Die Verkehrsfreigabe bituminös verfestigter Flächen sollte erst erfolgen, wenn keine nennenswerten Fahrspureindrücke mehr auftreten. Der Zeitraum hängt stark von den Witterungsverhältnissen ab, da die Verschnittmittel oder das Emulsionswasser erst verdunstet sein müssen, ehe die endgültige Festigkeit vorhanden ist.

Mit bituminösen Bindemitteln, vor allem Bitumenemulsion behandelte Böden sind ohne Schwierigkeiten durch-

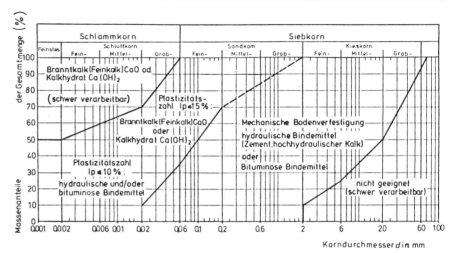

Abb. 2.6.3.3/3 Verbesserungsverfahren und Bodenart (nach Brand: Bodenverfestigung als konstruktive und betriebstechnische Maßnahme im Erd- und Straßenbau)

wurzelbar, normalerweise ausreichend wasserdurchlässig und weisen gerade für Ansaaten auch in später Jahreszeit ein noch günstiges Mikroklima auf.

5. Zusammenstellung der Eignung der Verfahren 1 bis 4
Nach Abb. 2.6.3.3/3 kann über die Korngrößenverteilung das günstigste Verfahren ausgewählt werden. Weitere Entscheidungskriterien liefert die vorgesehene Nutzung des verbesserten Bodens.

2.6.3.4 Ermittlung der Menge des Zusatzmaterials bei der mechanischen Bodenverbesserung

Das Verfahren wird an dem Beispiel einer Oberbodenabmagerung erläutert.

1. Aufgabenstellung
Für einen Rasenparkplatz soll Oberboden nach Abb. 2.6.3.4/1, Kurve 1 (schwach toniger, feinsandiger Schluff) verwendet werden, der vor allem bei Nässe eine zu geringe Tragfähigkeit besitzt und zudem intensiv verdichtet würde. Zur Verbesserung liegt ein stark feinkiesiger Sand vor (Abb. 2.6.3.4/1, Kurve 2). Gesucht ist die Menge des Zusatzmaterials.

Als Vorgabe wird in Anlehnung an DIN 19034, T. 4, der Korngrößenbereich für Rasensportplätze für die Zusammensetzung der belasteten Vegetationsschicht angenommen (Abb. 2.6.3.4/2).

2. Ermittlung des Anteils des Zusatzmaterials
a) In dem gewünschten Korngrößenbereich werden die zulässigen Bereiche beliebiger, möglichst gleichmäßig verteilter Korngrößen gekennzeichnet (Abb. 2.6.3.4/2, dicke Linien).

b) Diese Bereiche werden auf eine möglichst transparente »Lehre« übertragen (Abb. 2.6.3.4/3).
c) Abb. 2.6.3.4/4 zeigt die Anwendung der Lehre:
Zuerst werden auf der linken Ordinatenachse des Diagramms die Massenanteile der den Korndurchmessern der »Lehre« entsprechenden Korndurchmesser des Ausgangsmaterials (Kurve 1, Abb. 2.6.3.4/1) und auf der rechten Ordinatenachse die Massenanteile der entsprechenden Korndurchmesser des Zu-

Abb. 2.6.3.4/1 Körnungskurven des Ausgangs- und Zusatzmaterials für eine mechanische Bodenverbesserung (Abmagerung)
Kurve ①: Oberboden (Ausgangsmaterial): Schluff, feinsandig, schwach tonig (DIN 4022); U,fs,t' (DIN 4023); Bodengruppe 6 (DIN 18915, Blatt 1)
Kurve ②: Beimischung (Zusatzmaterial): Sand, stark feinkiesig (DIN 4022); S,fg (DIN 4023); Bodengruppe 2 (DIN 18915, Blatt 1)

Abb. 2.6.3.4/2 für die Mischung festgelegter Korngrößenbereich (Tragschichtbaustoff für Rasenflächen nach DIN 18035, Blatt 4)

Abb. 2.6.3.4/5 Körnungskurve des verbesserten Bodens im Vergleich zu den Ausgangsböden und dem festgelegten Körnungsbereich
Kurve ①: Ausgangsmaterial nach Abb. 2.6.3.4/1;
Kurve ②: Beimischung nach Abb. 2.6.3.4/1; schraffierter Bereich: nach Abb. 2.6.3.4/2 festgelegter Körnungsbereich;
Kurve ③: aus Abb. 2.6.3.4/4 entwickelte Körnungskurve der Mischung (20% Ausgangsmaterial und 80% Beimischung)

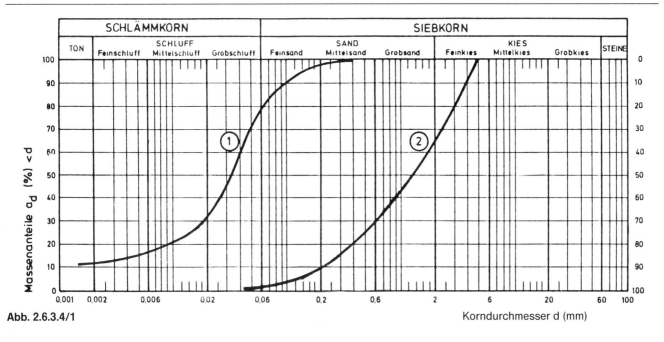

Abb. 2.6.3.4/1

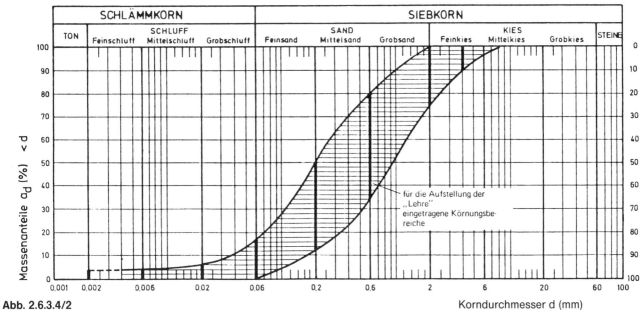

Abb. 2.6.3.4/2

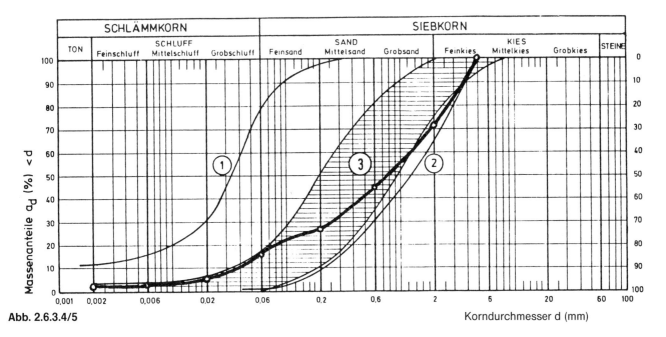

Abb. 2.6.3.4/5

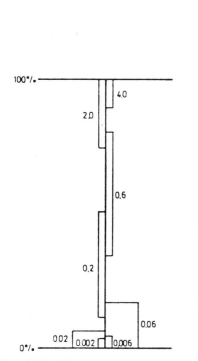

Abb. 2.6.3.4/3 aus dem Korngrößenbereich nach Abb. 2.6.3.4/2 entwickelte »Lehre«

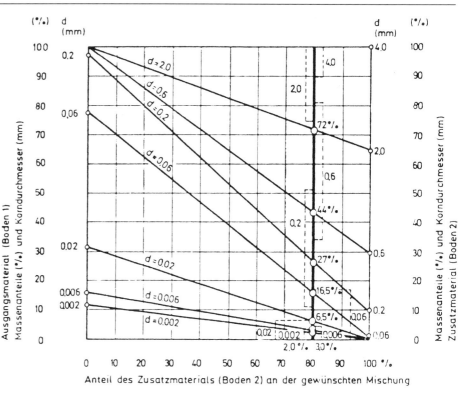

Abb. 2.6.3.4/4 Ermittlung des Anteils des Zusatzmaterials und der Massenanteile der Mischung

satzmaterials (Kurve 2, Abb. 2.6.3.4/1) aufgetragen. Dann werden gleiche Korndurchmesser auf beiden Achsen durch Geraden verbunden.

Nun wird die (transparente) »Lehre« auf das Diagramm gelegt und so lange nach rechts oder links verschoben, bis alle Verbindungslinien durch die auf der »Lehre« angegebenen zugehörenden Bereiche laufen. (Lage der »Lehre« durch dicken Strich, Bereiche der »Lehre« gestrichelt dargestellt).

d) Als Ergebnis ist auf der horizontalen Achse der Anteil des Zusatzmaterials mit 80% in der Mischung abzulesen, d.h. auf 1 Teil Ausgangsmaterial sind 4 Teile Zusatzmaterial zuzumischen. Der Schnitt der Verbindungsgeraden mit der »Lehre« ergibt die Massenanteile der einzelnen Korngrößen der Mischung.

Die Mischung ist in Abb. 2.6.3.4/5 als Kurve 3 dargestellt. Zum Vergleich sind die Körnungskurven des Ausgangsmaterials, des Zusatzmaterials und des gewünschten Körnungsbereiches zusätzlich eingetragen.

3. Kommentar

Die Korngröße 2,0 mm kommt mit nur 72% statt wenigstens 75% in der Mischung vor. Wird ihr Massenanteil erhöht, die »Lehre« also nach links verschoben, wird jedoch der Feinkornanteil unter 0,06 mm zu groß. Dies ist bei

stark belasteten Vegetationsflächen wegen der Abnahme der Durchlässigkeit jedoch nachteiliger als ein etwas zu geringer Sandanteil.

Es zeigt sich, daß stark bindige Böden nur mit sehr großen Mengen an Zusatzstoffen zu belastbaren Vegetationsschichten abgemagert werden können. Bei gröberem Zusatzmaterial wäre gar keine brauchbare Mischung mehr zustande gekommen.

Das vorliegende Beispiel ist zwar nominell noch eine mechanische Bodenverbesserung, in Realität ist es ein Bodenaustausch, bei dem der Zusatzstoff mit dem anstehenden Boden verbessert wurde!

2.7 Durchführung von Erdarbeiten

Auch bei kleineren Bauaufgaben werden heute anstelle einer Vielzahl von Handarbeitskräften Erdbaugeräte eingesetzt. Kennzeichnend für den modernen Erdbau ist eine relativ menschenleere »Maschinenbaustelle« mit weitgehender Nutzung von Großgeräten.

Bei allen Bauaufgaben kommt der Planung des an die Baumaßnahme und die Bodenverhältnisse optimal angepaßten Geräteeinsatzes, der Baumethoden

und Vorgabe der Baustoffe damit besondere Bedeutung zu.

2.7.1 Organisation der Erdbaustelle

Bereits Einrichtung und Organisation einer Baustelle können über künftigen Ärger, Baumängel und die Kosten entscheiden, wenn z.B. Zuwegungsmöglichkeiten (Breiten- und Höhenbeschränkung usw.), Anschlüsse an Ver- und Entsorgungseinrichtungen, Abstimmungen mit anderen im gleichen Bereich tätigen Firmen und Gewerken, Lagerflächen nicht ausreichend vorgeklärt worden sind.

2.7.2 Begriffe des Erdbaus

Unter Erdbau wird die Herstellung von Erdkörpern durch Bodenauf- und -abtrag mit zwangsweiser Veränderung der ursprünglichen Bodeneigenschaften verstanden.

Beim Bodenabtrag unterhalb und Bodenauftrag oberhalb der alten Geländeoberfläche werden unterschieden (Abb. 2.7.2/1):

Einschnitt (bei Linienbauwerken), sonst einfach Abtrag (a);

Anschnitt (seitliches Einschneiden in das Gelände) nur als Abtrag (b) oder Ab- und Auftrag (c);

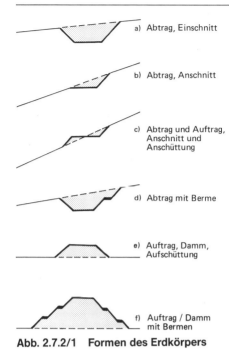

Abb. 2.7.2/1 Formen des Erdkörpers

a) Abtrag, Einschnitt

b) Abtrag, Anschnitt

c) Abtrag und Auftrag, Anschnitt und Anschüttung

d) Abtrag mit Berme

e) Auftrag, Damm, Aufschüttung

f) Auftrag / Damm mit Bermen

Bermen sind Stufen in der künstlichen Böschung (d, f);

Damm (bei Linienbauwerken), sonst einfach Auftrag (e) oder Aufschüttung;

Anschnitt mit Auftragsbereich (c);

Mit Planum wird die Oberfläche einer zu bearbeitenden oder fertiggestellten Bodenschicht bezeichnet.

Bei einer Erdbaumaßnahme fallen grundsätzlich folgende vier Arbeitsschritte an:

Gewinnen des Bodens (Abtragen):

Lösen des anstehenden Bodens und Laden des gelösten Bodens auf entsprechende Fördergeräte.

Fördern des Bodens:

Transport des Bodens zur Einbaustelle oder Abtransport auf Zwischenlager bzw. Absatzkippen.

Einbauen des Bodens (Auftragen):

Entladen am Einbauort und Herstellen des gewünschten Erdkörpers

Verdichten des Bodens:

Eingebauten Boden auf den geforderten Verdichtungsgrad bringen.

2.7.3 Bauablauf und Arbeitsweisen

2.7.3.1 Bauablauf

Die einzelnen Arbeitsschritte auf einer Erdbaustelle sind in dem schematischen Ablaufplan nach Abb. 2.7.3.1/1 dargestellt. Sie hängen weitgehend vom jeweiligen Projekt, den topographischen und bautechnischen Gegebenheiten, der Termingestaltung usw. ab.

2.7.3.2 Baumethoden im Abtrags- und Auftragsbereich

Im Abtragsbereich ist nach Möglichkeit an der tiefsten Stelle des gesamten neuen Planums zu beginnen. So kann das Oberflächenwasser stets aus dem weiterrückenden Arbeitsbereich abfließen und am tiefsten Punkt entweder mit natürlichem Gefälle zur Vorflut geführt oder abgepumpt werden. Dies ist besonders bei bindigen Böden zu beachten, da sie sonst u. U. tiefgründig durchfeuchten und dann nur mit gesteigertem Aufwand abgetragen, transportiert und eingebaut werden können. Eventuell kann ein vorläufiges Rohplanum mit entsprechend günstigem Gefälle erstellt werden, das erst zum Schluß der Arbeiten auf das geplante Gefälle und die richtige Höhe gebracht wird.

Sollen hinsichtlich ihrer Tragfähigkeit, Verdichtbarkeit, Frostempfindlichkeit oder vegetationstechnischen Eignung unterschiedliche Böden abgetragen werden, ist hierauf bereits in der Ausschreibung deutlich hinzuweisen, da in diesem Fall besondere Arbeitsmethoden anzuwenden sind.

Der Bodenabtrag erfolgt entweder auf volle Tiefe des Profils bzw. Reichweite des Gerätes (»Schlitz- oder Seitenbaggerung«) oder im Lagenbau mit aufeinanderfolgenden dünnen Schichten.

Der **Abtrag auf volle Tiefe** wird üblicherweise mit einem Standbagger mit Hoch- oder Tieflöffel, bei geringer Abtragstiefe bzw. bei niedriger Seitenbaggerung auch mit einem Fahrbagger (Radlader) durchgeführt. Diese Geräte lösen den Boden und beladen im gleichen Arbeitstakt z.B. einen LKW. Soll der Arbeitsrythmus des Baggers nicht unterbrochen werden, befindet sich das Transportfahrzeug auf der selben Ebene wie der Bagger.

Ein Hochlöffelbagger benutzt wie auch der LKW das neue Erdplanum, dessen Tragfähigkeit auch bei häufigem Befahren ausreichend sein sollte (Abb. 2.7.3.2/1 u. 2). Ein Tieflöffelbagger und LKW verbleiben auf dem ursprünglichen Geländeniveau (Abb. 2.7.3.2/3).

Fazit:

Die Wahl des Baggers hängt stark von der Befahrbarkeit des neuen bzw. alten Planums durch das Transportfahrzeug ab. Die erreichbare Abtragstiefe ist durch die Reichweite des Bagger begrenzt.

Beim Abbau auf volle Tiefe werden die anstehenden Bodenschichten miteinander vermischt. Dies kann bodenphysikalische Vorteile wie Nachteile haben.

Im **Lagenbau** wird fast immer ein sog. Flachbagger z.B. Planierraupe, Scraper

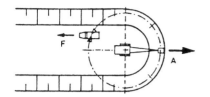

Abb. 2.7.3.2/1 Abtrag auf volle Tiefe (Schlitzbaggerung) mit Hochlöffelbagger
A: Arbeitsrichtung des Baggers
F: Fahrtrichtung des LKW

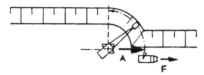

Abb. 2.7.3.2/2 Abtrag auf volle Tiefe (Seitenbaggerung) mit Hochlöffelbagger

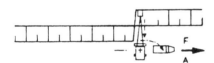

Abb. 2.7.3.2/3 Abtrag auf volle Tiefe (Seitenbaggerung) mit Tieflöffelbagger

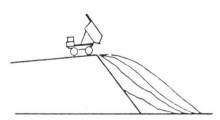

Abb. 2.7.3.2/4 Kopf- oder Seitenschüttung

eingesetzt. Das Gerät schält nacheinander dünne Bodenschichten ab, bis die gewünschte Tiefe erreicht ist. Dabei wird – begrenzt durch wirtschaftliche Förderweiten – der Abtragsboden entweder zu Sammelpunkten gebracht und verladen oder unmittelbar in den angrenzenden Auftragsbereich geschoben.

Fazit:

Die Bodenverhältnisse haben kaum Auswirkungen auf den Abbauvorgang.

Unterschiedliche Bodenarten können getrennt abgebaut werden. Das Transportfahrzeug befährt das jeweilige Planum wesentlich weniger.

Beim Bodeneinbau im Auftragsbereich sollte der Schüttboden möglichst entsprechend Kulturwert, Tragfähigkeit, Standsicherheit, Verdichtungsfähigkeit und Frostsicherheit sortiert werden. Dieses ist im Leistungsverzeichnis zu berücksichtigen, da beim Abtrag auf

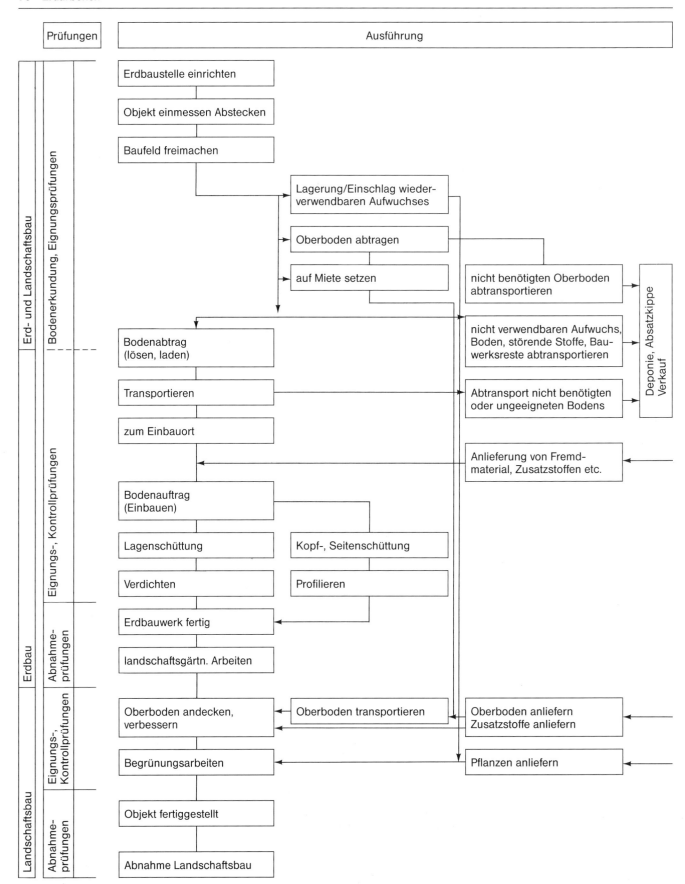

Abb. 2.7.3.1/1 Schematischer Ablaufplan einer Erdbaustelle

Abb. 2.7.3.2/5   Entmischung bei Kopf- oder Seitenschüttung

volle Tiefe immer eine Vermischung stattfindet.

Der Bodeneinbau erfolgt entweder mit einer Kopf- oder Seitenschüttung, bei der das Schüttmaterial von oben auf eine Böschung abgekippt wird oder einer Lagenschüttung in dünnen Lagen übereinander.

Bei einer **Kopf- oder Seitenschüttung** wird der Boden von einem vorhandenen Erdkörper entweder auf eine seitliche Böschung (Seitenschüttung) oder auf die Kopfböschung (Kopfschüttung) abgekippt (Abb. 2.7.3.2/4).

Zur Sicherung kippender Transportfahrzeuge gegen Absinken am Kipprand ist laufend eine Raupenplanie erforderlich. Die Kopf- oder Seitenschüttung gestattet beliebige Schütthöhen in einem Arbeitsgang. Ein wirksames Verdichten ist jedoch unmöglich. Böden mit groben Bestandteilen erfahren dabei eine Sortierung der Grobteile nach unten (Entmischung, Abb. 2.7.3.2/5). Daher treten abhängig vom Schüttmaterial relativ große, ggf. auch langandauernde Setzungen. Das Verfahren wird häufig bei Absatzkippen angewendet.
Fazit:
Kopf- und Seitenschüttungen sind für Objekte mit geringen Qualitätsansprüchen an gleichmäßigen Aufbau geeignet. Sonst ist ein sehr aufwendiges Nacharbeiten erforderlich.

Nachteilig sind die unterschiedlichen Setzungen bei verschiedenen Böden, da eine gezielte Verdichtung kaum möglich ist. Setzungsdifferenzen können u. U. erst nach längerer Zeit ausgeglichen werden. Dadurch verlängert sich die Bauzeit bzw. die Nutzung ist erst später möglich.

Bei der **Lagenschüttung** (Abb. 2.7.3.2/ 6) wird der antransportierte Boden mit Flachbaggern zu gleichmäßig dicken Schichten ausplaniert, die gezielt verdichtet werden können. Die Schichtdicke richtet sich nach der Bodenart und der Leistung des Verdichtungsgerätes. Eine gewisse Verdichtung ergibt sich bereits durch den Fahr- und Planierbetrieb. Für eine gleichmäßige Verdichtung sollte jede einzelne Schicht aus möglichst gleichem Material bestehen. Von Schicht zu Schicht darf sich jedoch der Boden verändern.

Abb. 2.7.3.2/6   Lagenschüttung

Die jeweilige Schüttlage sollte schnellstens planiert und verdichtet werden, um das Eindringen von Oberflächenwasser weitgehend zu vermeiden. Andernfalls ist häufig keine ausreichende Verdichtung mehr möglich. Bei bindigen Böden sollte das Planum mit möglichst 6% Gefälle nach außen bzw. zu provisorischen Entwässerungsmulden führen. Es ist nie mehr Boden anzutransportieren und zu schütten, wie bei ungünstiger Witterung bzw. an einem Arbeitstag verdichtet werden kann.

Die Verdichtung der Schüttlagen sollte von außen nach innen erfolgen.
Fazit:
Die Lagenschüttung ermöglicht eine optimale Anpassung an die Bodenverhältnisse. Sie ist die beste Form des Bodeneinbaus, da bei bautechnischen und vegetationstechnischen Vorhaben der Grad der Verdichtung steuerbar ist.

Bei der Lagenschüttung sind zwei **Fahr-** oder **Förderebenen** möglich:

a) Das Fahrzeug fährt auf dem Neuplanum, verdichtet es dabei und kippt als Seitenschüttung in beliebiger Schütthöhe. Das vorherige Planum wird nur noch sehr gering belastet. So sollte vorgegangen werden, wenn das vorherige Planum bereits optimal verdichtet ist und der Fahrverkehr die neue Schicht verdichten soll (typischer Fall im Erdbau).

Es kann aber auch auf diese Weise ein für vegetationstechnische Vorhaben bereits gelockerter Untergrund weitgehend geschützt werden. Die Verdichtung der neuen Schüttlage durch das Befahren und Planieren kann relativ leicht rückgängig gemacht werden.

b) Das Fahrzeug fährt auf dem alten Planum und kippt »auf Rückschlag«. Hierbei erhält man einen unbefahrenen Neuboden, der nur bei Planierarbeiten noch belastet wird. Die Auftragshöhe ist durch die Fahrzeughöhe begrenzt.

Diese Methode ist z. B. sinnvoll, wenn das Material der neuen Schüttlage in möglichst lockerer Struktur erhalten bleiben soll oder nicht befahren werden kann und eine zusätzliche Belastung des alten Planums keine Nachteile bringt.

Bei den meisten Erdbaumaßnahmen wird aus Kostengründen ein sog. Massenausgleich angestrebt. Dabei werden häufig ohne Berücksichtigung der **bleibenden Auflockerung** das rechnerische

Abb. 2.7.3.2/7   Auflockerung verschiedener Böden (Durchschnittswerte)

Bodenart	Auflockerung in %	
	anfänglich	bleibend
Sand, Kies	10–20	1– 2
schwerer Lehm (toniger Sand)	20–25	3– 5
Mergel	25–30	6– 8
bindiger Boden (trocken, $w < w_p$)	>30	8–10
Fels	35–50	10–15 und mehr

Abtragsvolumen identisch mit dem Auftragsvolumen angesehen. Dies kann jedoch zu beträchtlichen Differenzen führen, da sich ein unter natürlichen Bedingungen voll gesetzter (konsolidierter) Boden kaum wieder auf sein altes Volumen komprimieren läßt, nachdem er durch Abtragen eine Auflockerung erfahren hat. Die Abb. 2.7.3.2/7 zeigt diese Auflockerung für einige Böden.

Beispiel:
Die Aushubmasse (Lehmboden) betrage 240 m³. Sie soll im rechnerischen Massenausgleich verwendet werden, steigt jedoch auch nach Verdichtung auf V = 240 × 1,04 = 250 m³ an. Entweder müssen nun die 10 m³ im Planungsbereich zusätzlich verarbeitet oder abgefahren werden, was einer Masse von ca. 10.2 × 1 = 21 t entspricht! Welche Einflüsse die bleibende Auflockerung bei großen Bauvorhaben haben kann, ist gut vorstellbar.

2.7.4 Erdbaugeräte

Die Geräte, ihre Anwendung und Auswahlkriterien werden kurz vorgestellt. Die Zusammenfassung erfolgt jeweils für bestimmte Arbeitsschritte.

2.7.4.1 Geräte für das Lösen und Laden

Beim Lösen und Laden steht das Fahrwerk eines **Baggers (Standbagger)** praktisch still. Die Grabbewegung wird von Oberwagen, Ausleger und Grabgefäß ausgeführt.
Unterscheidungsmerkmale:
   Fahrwerk mit Raupe (Gleiskette) oder Reifen;
   Kraftübertragung hydraulisch oder mechanisch (Seil, Gestänge, Zahnradgetriebe);
   Grabwerkzeug für abschnittweises Arbeiten: Hoch-, Tief-, Greiferlöffel, Schleppschaufel; für kontinuierliches Arbeiten: Eimerkette, Schaufelrad.

Der Tieflöffelbagger (Abb. 2.7.4.1/1, Aushub unter Standniveau) wird am häufigsten für Ausschachtungsarbeiten, der Hochlöffelbagger (Abb. 2.7.4.1/2, Aushub über Standniveau), der Greiferbagger (Abb. 2.7.4.1/3, Aushub unter Standniveau) zum punktgenauen Arbeiten, z.B. bei Rohrleitungsgräben eingesetzt.

Zum Lösen und Laden muß beim **Lader (Fahrbagger)** die ganze Maschine bewegt werden, da das Grabgefäß mehr oder weniger starr an der Maschine befestigt ist.
   Lader stellen besonders bei leichten und lockeren Böden gegenüber dem Bagger ein häufig wirtschaftlicheres Ladegerät dar.

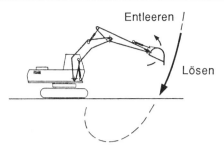

Abb. 2.7.4.1/1   Tieflöffelbagger

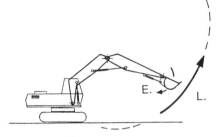

Abb. 2.7.4.1/2   Hochlöffelbagger

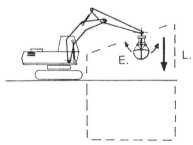

Abb. 2.7.4.1/3   Greiferbagger

Abb. 2.7.4.1/4   Radlader mit Achsschenkellenkung

Abb. 2.7.4.1/5   Radlader mit Knicklenkung

Abb. 2.7.4.1/6   Laderaupe

Abb. 2.7.4.1/7   Baggerlader

Unterscheidungsmerkmale:
   Fahrwerk mit Raupe (steglose Gleiskette) oder Reifen;
   Reifenfahrwerk mit Achsschenkellenkung oder Knicklenkung;
   Ausbildung als Frontlader (Schwenkschaufellader. Überkopflader nur bei kleineren Geräten).

Wegen der Wendigkeit und des Spurens der Vorder- und Hinterräder setzt sich bei den Radladern gegenüber der Achsschenkellenkung der Hinterachse (Abb. 2.7.4.1/4) immer mehr die Knicklenkung (Abb. 2.7.4.1/5) durch. Laderaupen haben zur Verbesserung der Stabilität und Erhöhung der Reißkraft häufig Heckmotoren und können meist mit Heckaufreißern ausgerüstet werden (Abb. 2.7.4.1/6).
   Eine Sonderform ist der Baggerlader (Abb. 2.7.4.1/7) mit schlepperähnlichem Fahrwerk, Frontladeschaufel und Heckbagger (meist als Tieflöffel). Das vielseitige Gerät ersetzt unter gewissen Bedingungen mehrere Einzelgeräte.

2.7.4.2 Geräte für das Lösen, Fördern und Einbauen

Alle Arbeitsschritte können zumindest über gewisse Entfernungen von den sog. **Flachbaggern,** die den Boden je nach Widerstand und Maschinenleistung in Schichten von ca. 0,1 bis 0,4 m Stärke abtragen, durchgeführt werden.
   Außer den im vorigen Kapitel genannten Aufgaben des Lösens und Ladens können **Radlader, Laderaupe, Baggerlader** gerade bei kleinen, engräumigen Baustellen oder bei geringen Bodenmassen als »Universalgeräte« auch für das Fördern und Einbauen des Bodens verwendet werden.
   Einsatzbereiche der **Planierraupe** und der seltener verwendeten **Raddozer** (Reifenplaniergerät, Abb. 2.7.4.2/1), sind das Lösen und gleichzeitige Transportieren des Bodens mit einem quer angebrachten heb- und senkbaren Schild auf Strecken bis zu ca. 50 m, das Lockern des Bodens mit Heckaufreißern und das Einbauen (Planieren) geschütteten Bodens. Sie besitzen eine höhere Reißkraft als Rad- und Kettenlader.
   Raddozer haben bei höherer Fahrgeschwindigkeit als Planierraupen eine geringere Reißkraft. Sie dürfen wie Radlader u.U. öffentliche Straßen benutzen und müssen nicht auf Tiefladern transportiert werden.

Besonderes Merkmal des **Graders** (Erdhobel), Abb. 2.7.4.2/2, ist der große Radstand und das zwischengesetzte Graderschild, das in einem weiten Bereich verdreht, verschoben und angehoben werden kann, so daß sowohl seit-

Abb. 2.7.4.2/1   Planierraupe

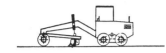

Abb. 2.7.4.2/2   Grader (Erdhobel)

Abb. 2.7.4.2/3   Scraper (Schürfkübelwagen)

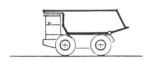

Abb. 2.7.4.3/1   Muldenkipper

liches Planieren wie auch Schneiden und Profilieren kleinerer Böschungen möglich ist. Grader können auch mit Querschild, Rechen oder Aufreißhaken statt Graderschild ausgerüstet werden. Durch eine besondere Steuerung ist ferner bei fast allen Gradern der sog. Paß- gang möglich, d. h. Vorder- und Hin- terräder spuren nicht. Durch diese Eigenschaften kann sich die Maschine vielen Baustellenbedingungen anpas- sen. Da Unebenheiten des Fahrplanums durch den großen Radstand weitgehend kompensiert werden, kann mit einem Grader ein extrem gutes Feinplanum hergestellt werden. Trotz ihrer Länge sind sie durch ihre extreme Wendigkeit auch auf räumlich engen Baustellen einsetzbar.

Scraper (Schürfkübelwagen, Abb. 2.7.4.2/3), werden vorwiegend im Mas- senerdbau und bei größeren Transport- entfernungen eingesetzt. Sie bestehen aus einem von Raupen- oder Radschlep- pern gezogenen zweiachsigen Anhän- geschürfkübel oder häufiger aus einer ein- oder zweiachsigen Spezialzugma- schine mit aufgelagertem einachsigem Schürfkübel. Die vordere Schneide des abgesenkten Schürfkübels schält bei Vorwärtsfahrt den Boden in etwa 10 cm dicken Schichten ab. Mit angehobenem Kübel transportiert der Scraper den Bo- den zur Einbaustelle. Dort wird der Boden bei Vorwärtsfahrt durch einen Schieber wieder aus dem Kübel her-

ausgedrückt und in etwa 20 cm dicken Lagen verteilt. Dieses Gerät verbindet optimal die Vorgänge Lösen, Laden, Transportieren und Einbauen des Bo- dens.

Eine Sonderform stellt die sog. Schürfkübelraupe dar, bei der der Kü- bel zwischen Gleisketten angeordnet ist.

2.7.4.3   Geräte für das Fördern

Erdbewegungen werden fast ausschließ- lich gleislos mit selbstfahrenden För- dergeräten durchgeführt, was eine gute Anpassung an die Geländeverhältnisse bei Erhöhung der Fördergeschwindig- keit ermöglicht. Probleme treten je- doch bei schlechter Witterung und ge- ring tragfähigen Böden auf. In diesen Fällen muß u. U. eine spezielle Förder- trasse geschaffen werden.

Verwendet werden Straßen-LKW, ge- ländegängige Straßen-LKW als Hinter- oder Seitenkipper, spezielle Erdtrans- portwagen (Muldenkipper, Abb. 2.7.4.3/ 1), Vorderkipper (meist Kleingeräte), Bodenentleerer (spezielle Transportan- hänger).

Entscheidend für die Wirtschaftlich- keit ist neben der Nutzlast eine mög- lichst hohe Fördergeschwindigkeit auch im Gelände (kurze Umlaufzeit).

2.7.4.4   Geräte für das Verdichten

Für das Verdichten von Böden gibt es statisch und dynamisch wirkende Ge- räte. Abb. 2.7.4.4/1 erläutert die Sym- bole in den Systemskizzen Abb. 2.7.4.4/2 bis 15.

Statisch wirkende Geräte verdichten den Boden nur durch ihr Eigengewicht über unterschiedliche Aufstandsflächen vor allem drückend und knetend. Sie müssen sich zur Verdichtung voranbe- wegen. Die Wirkungstiefe ist gegenüber gleich schweren, dynamisch wirkenden Geräten deutlich geringer.

Die Glattmantelwalze überträgt ihr Gewicht über die volle Bandagenbreite auf den Boden. Sie wird als Dreirad- walze (Abb. 2.7.4.4/2), Tandemwalze

Abb. 2.7.4.4/1   Erläuterungen der Sym- bole in den Abb. 2.7.4.4/2 bis 15

		nur vorwärts
	ANTRIEB	vor- und rückwärts
		nur vorwärts, bei einigen Geräten auch rückwärts
	LENKUNG	
		u. U. durch Gerät
	VERDICHTUNG	drückend, knetend, Einzelschläge
		Vibration

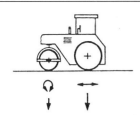

Abb. 2.7.4.4/2   Glattmantelwalze, selbst- fahrend (Dreiradwalze)

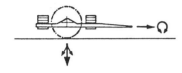

Abb. 2.7.4.4/3   Anhänge-Gitterradwalze

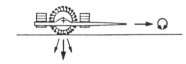

Abb. 2.7.4.4/4   Anhänge-Schaffußwalze

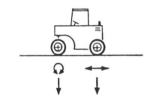

Abb. 2.7.4.4/5   Gummiradwalze, selbst- fahrend und als Anhängewalze

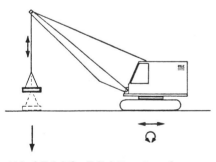

Abb. 2.7.4.4/6   Fallplattenstampfer

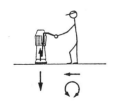

Abb. 2.7.4.4/7   Explosionsstampfer

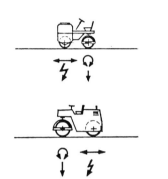

Abb. 2.7.4.4/8   Schnellschlagstampfer (li.)
Abb. 2.7.4.4/9   Einrad-(Vibrations-)-
walze (re.)

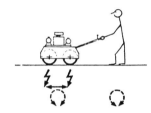

Abb. 2.7.4.4/10   Tandemvibrationswalze

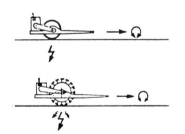

Abb. 2.7.4.4/11   Vibrationsdoppelwalze
(Duplexwalze)

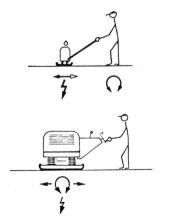

Abb. 2.7.4.4/12   Anhängevibrationswalze
Abb. 2.7.4.4/13   Anhänge-Vibrations-
schaffußwalze (u.)

Abb. 2.7.4.4/14   Leichte Vibrationsplatte
(Rüttelplatte)
Abb. 2.7.4.4/15   Schwere Vibrationsplatte
(Rüttelplatte) **(u.)**

und Anhängewalze gebaut. Einsatzbereiche sind vor allem Vorverdichten loser Schüttungen und Glätten bzw. Nachbehandeln von unebenen oder aufgelockerten Oberflächen.

Bei der Gitterradwalze (Abb. 2.7.4.4/3) wird der Druck durch eine Bandage mit gitterförmig angeordneten Stahlstäben auf den Boden übertragen. Die Auflast wird durch Ballast erzeugt. Die schmalen Aufstandsflächen ergeben sehr hohe Bodendrücke.

Die Bandage der Schaffußwalze (Abb. 2.7.4.4/4) besteht aus etwa 15 bis 30 cm hohen Aufsätzen mit unterschiedlicher Form und Anordnung. Das Gesamtgewicht wirkt nur auf die kleine Kopffläche dieser »Füße«. Dabei entsteht zusätzlich zum hohen Flächendruck bei der Fahrt eine gewisse Knetwirkung. Da die oberste Bodenschicht durch die Schaffüße häufig nicht ausreichend geglättet und verdichtet wird, ist eine Nachbehandlung z.B. mit einer Glattwalze empfehlenswert.

Gummiradwalzen werden als selbstfahrende oder Anhängewalzen ausgebildet (Abb. 2.7.4.4/5). Weiterhin gibt es Kombinationen aus Glatt- und Gummiradwalze. Durch die Walkwirkung der 3 bis 6 pendelnd nebeneinander gelagerten profillosen Luftgummireifen und ihre bewegliche Aufhängung wird der Boden nicht nur gedrückt, sondern auch sehr stark geknetet und eine gute Ebenheit der verdichteten Oberfläche erzielt.
Durch Änderung des Reifendrucks (z.T. während der Fahrt möglich) können die Aufstandsflächen in gewissen Grenzen geändert und so Einsinktiefe und Walkwirkung gesteuert werden. So ist eine gute Anpassung an wechselnde Bodenverhältnisse möglich.

Dynamisch wirkende Geräte verdichten den Boden zusätzlich zum Gewicht durch eine Wechselkraft.

Stampfend wirkende Geräte überwinden die Bodenwiderstände vor allem durch Einzel-Schlagwirkung. Zu diesen Geräten zählen: Fallplattenstampfer, Explosionsstampfer und Schnellschlagstampfer.

Beim Fallplattenstampfer (Abb. 2.7.4.4/6) wird eine schwere, meist quadratische Stahlplatte mit einem Seilbagger hochgehoben und auf den Boden aufprallen gelassen. Dann wird der Bagger einen Verdichtungsabschnitt weitergefahren und das Spiel wiederholt sich.

Beim Explosionsstampfer (Abb. 2.7.4.4/7) wird durch Verbrennen eines Gasgemisches das etwa 65 bis 100 kg schwere Gehäuse angehoben und dann frei fallengelassen. Die Verdichtung erfolgt durch den Gehäuseaufprall auf die Grundplatte des Gerätes. Die Schlag-

zahl liegt bei bis zu 80 Schlägen/min (z.B. Delmag-Frosch).

Beim Schnellschlagstampfer (Abb. 2.7.4.4/8) (Vibro- oder Rüttelstampfer) wird die Stampfplatte durch ein motorgetriebenes Kurbel-Feder-System bewegt. Die etwa 12 bis 220 kg schweren Geräte besitzen eigenen Vortrieb, teilweise mit Rückwärtslauf. Die Schlagzahl liegt üblicherweise zwischen 200 und 800 Schlägen/min, so daß sie einen Übergang zu den Vibrationsplatten darstellen.

Vibrierend wirkende Geräte verdichten vor allem durch kurzfristiges Aufheben der Reibung der Bodenteilchen untereinander und Zusammenpressung des Gefüges durch Auflast. Zu diesen Geräten gehören: Vibrationswalzen (Rüttelwalzen), Vibrationsplatten (Rüttelplatten) und Bodeninnenrüttler.

Einradwalzen (Abb. 2.7.4.4/9) sind leichte, handgeführte Walzen mit einer angetriebenen glatten Bandage.

Tandemvibrationswalzen (Abb. 2.7.4.4/10) sind selbstfahrende Aufsitzwalzen oder handgeführte Walzen mit einer glatten, statisch und einer glatten, vibrierend wirkenden Bandage. Die ungelenkte, angetriebene Bandage ist mit dem Unwuchterzeuger ausgestattet.

Vibrationsdoppelwalzen (Duplexwalze) sind selbstfahrende handgeführte Walzen (Abb. 2.7.4.4/11) oder Aufsitzwalzen mit zwei angetriebenen und mit Unwuchterzeugern versehenen Bandagen, die sehr eng gekoppelt sind.

Eine Anhängevibrationswalze (Abb. 2.7.4.4/12) ist eine Glattwalze mit einer Bandage und Schwingungserreger. Sie wird von leichten Planierraupen, Laderaupen und u.U. schweren Radschleppern gezogen.

Eine Vibrationsschaffußwalze wird meist als gezogene Schaffußwalze mit zusätzlichem Schwingungserreger (Abb. 2.7.4.4/13) gebaut.

Außer den vorgenannten Bauarten gibt es sog. Kompaktwalzenzüge (bzw. Kompaktoren) als dauergekuppelte Gerätekombinationen aus Einachs-Reifenschlepper und Glatt- oder Schaffußwalze sowie aus einer kombinierten, selbstfahrenden Glatt- und Schaffußwalze oder einer kombinierten, selbstfahrenden Glatt- und Gummiradwalze.

Die meisten Vibrationsplatten sind selbstvor- und -rücklaufend, einige auch lenkbar. Sie haben eine größere Tiefenwirkung als Vibrations-Tandem- und Duplexwalzen, jedoch geringere Flächenleistung. Sie werden in leichte (Abb. 2.7.4.4/14) und schwere Platten (Abb. 2.7.4.4/15) unterteilt.

Bodeninnenrüttler arbeiten wie die Flaschenrüttler bei der Verdichtung von Betonbalken oder Betonstützen. Sie werden für die sog. Tiefenverdichtung von Böden bei besonderen Gründungsverfahren eingesetzt (z. B. Rütteldruckverfahren Fa. Keller).

2.7.5 Wechselwirkungen zwischen Erdbaugerät und Boden

2.7.5.1 Auswirkungen bei Geräten zum Lösen, Laden, Fördern und Einbauen

Vor allem wird die Bodendichte vergrößert. Die Intensität hängt vom Gerät und von den Bodeneigenschaften ab.

Gerätewirkungen treten durch Antriebs-, Fahrwerks- und Lenkungsart und das Gewicht auf.

Bei Heck- oder Frontantriebsgeräten wird die belastete Achse von der angetriebenen vorwärts bewegt. Dies führt zu ungleichem Schlupf und unterschiedlicher Bodenbelastung durch Horizontalkräfte. Beim Allradantrieb sind die Wirkungen beider Achsen etwa gleich.

Die Bodenpressung unter einem Gleiskettenfahrwerk ist niedriger als bei Einzelrädern. Der Gerätedruck erfaßt jedoch durch Überlagerungen einen wesentlich größeren Bodenbereich. Die relativ starre Verbindung von Kettenlaufwerk und Maschinenrahmen führt weiterhin zu einer Übertragung von Vibrationen des Antriebsmotors auf den Boden. Die Dichte des Bodens wird damit nicht nur durch das Maschinengewicht, sondern auch durch Vibration verändert. Einfluß hat ferner die Art der Gleiskette. Planierraupen besitzen Stegketten, die zwar einen geringeren Schlupf aufweisen (sie rutschen nicht so schnell durch) als die steglosen Ketten der Laderaupen, dafür eine größere knetende Wirkung an der Bodenoberfläche hervorrufen (größere Horizontalkräfte).

Die Bodenpressung ist bei einem Reifenfahrwerk höher als bei Gleiskettenfahrwerken, der Einflußbereich der Verdichtung jedoch geringer. Hochdruckreifen besitzen in der Regel ein grobstolliges Profil. Niederdruckreifen sind fast profillos. Daher leiten Hochdruckreifen größere Horizontalkräfte in den Boden ein als Niederdruckreifen. Bei diesen ist dafür der Schlupf größer. Da Luftreifen weniger Antriebsvibration übertragen, wird die Dichte vor allem durch die knetende Wirkung vergrößert.

Bei der Achsschenkellenkung beschreiben die Räder der gelenkten und nicht gelenkten Achse bei Kurvenfahrt vier eigene Fahrspuren. In weichen Böden wird dadurch viel Antriebskraft benötigt und die Bodenfläche an vielen Stellen belastet. Weiterhin treten große nach außen gerichtete Horizontalkräfte auf.

Bei der Knicklenkung spuren Vorder- und Hinterräder bei Kurvenfahrt. Der Rollwiderstand sinkt, dafür wird der Boden in jeder Spur zweimal überfahren.

Die Erhöhung des Gerätegewichtes hat einen vergleichsweise geringen Einfluß auf die Verdichtung, vergrößert im wesentlichen nur die Tiefe des Verdichtungshorizontes. Bei den meisten verwendeten Geräten kann davon ausgegangen werden, daß die Verdichtungswirkung ab ca. 0,4 m Tiefe merklich abnimmt.

Einflüsse der Bodeneigenschaften ergeben sich aus der Bodenart, dem Wassergehalt und dem Verdichtungsgrad.

Die Reaktion nichtbindiger Böden auf das Befahren hängt in erster Linie von der Kornverteilung ab. Die Verdichtung ist vor allem durch die Vibrationswirkung bei Kettenfahrzeugen besonders groß.

Die Reaktion bindiger Böden hängt vor allem von der Bodenfeuchtigkeit (damit der Konsistenz) ab. Die größte Verdichtungswirkung haben knetende Reifenfahrzeuge.

Bei feinkörnigen Sanden und bindigen Böden spielt der Wassergehalt eine große Rolle. In nassen, weichen Böden ergeben sich, vor allem durch seitliches Ausweichen des Bodens, weniger durch Verdichtung, tiefe Fahrspuren durch alle Geräte. Trockene und harte Böden reagieren dagegen auf Befahren nur gering oder gar nicht.

Böden mit niedrigem Verdichtungsgrad werden vor allem durch das Gewicht der Geräte stark zusammengedrückt. Erst wenn eine gewisse Verdichtung erreicht ist, wirken sich Gleisketten- und Reifenfahrzeuge wieder unterschiedlich aus.

2.7.5.2 Auswirkungen bei Verdichtungsgeräten

Auch hier wirken sich Geräteart und Bodenverhältnisse aus.

Gerätewirkungen resultieren aus Verdichtungsart, Gerätegewicht, Fahrgeschwindigkeit und Zahl der Übergänge.

Statische Verdichtung überwindet die Reibung bzw. Kohäsion im Boden durch relativ lang anhaltenden Druck. Damit kann der Luftanteil gerade in feinkörnigen Böden reduziert werden. Bei nichtbindigen Böden führt die Auflast zu einer zusätzlichen Steigerung der Reibungskraft zwischen den einzelnen Körnern (Erhöhung des Verdichtungswiderstandes).

Dynamische Verdichtung (Vibration) lockert dagegen kurzfristig den Zusammenhalt, so daß geringe Geräteauflasten den Boden gut komprimieren können. Bei bindigen Böden kann dies jedoch sehr schnell zu einer weichen bis flüssigen Konsistenz führen. Der Boden wird unbearbeitbar.

Eine Steigerung des Gewichtes bringt eine Erhöhung der Verdichtung.

Je niedriger die Fahrgeschwindigkeit ist, desto intensiver ist die Verdichtung. Dies gilt besonders bei feinkörnigen, bindigen Böden. Bei Vibrationsverdichtung ist jedoch Vorsicht geboten, da u. U. Wiederauflockerungen auftreten können.

Mit der Zunahme der Geräteübergänge wird die Verdichtung gesteigert. Der Hauptanteil wird jedoch bereits durch die ersten Übergänge erzielt. Zu häufige Übergänge mit Vibrationsgeräten bei nichtbindigen Böden führen wieder zu Auflockerungen.

Einflüsse der Bodeneigenschaften ergeben sich aus Bodenart, Wassergehalt, Größtkorn und Schichtenaufbau.

Für die Verdichtbarkeit nichtbindiger Böden ist vor allem die Kornverteilung maßgebend. Ungleichförmige Böden lassen sich stärker verdichten als gleichförmige, erfordern aber einen höheren Aufwand. Bodengemische aus glatten, runden Bodenkörnern sind verdichtungswilliger als Böden aus rauhen und scharfkantigen Bodenkörnern.

Bei bindigen Böden ist der vorhandene Wassergehalt, also die Konsistenz des Bodens, ausschlaggebend. Eine Verdichtung ist nur möglich, wenn noch Luftporen vorhanden sind bzw. der Wassergehalt durch Entwässern, Belüften oder Bodenverbesserung verringert wird. Eine Verdichtung ist im steifplastischen Zustand ($I_c = 0,75$ bis $1,0$) am besten möglich (Wassergehalt etwas höher als w_p).

Die Verdichtbarkeit von Mischböden wird sowohl von der Konsistenz der Feinanteile wie auch der Kornzusammensetzung des Grobkorns beeinflußt. Je höher der Grobkornanteil ist, desto unproblematischer ist die Verdichtung. Dies gilt auch für Mischböden mit Steinen und Blöcken.

Bei Schüttungen nur aus Steinen und Blöcken spielt im Grunde die Kornabstufung die einzige Rolle. Eine Verdichtung ist nur noch mit schwersten dynamisch wirkenden Geräten möglich.

Die Verdichtungswilligkeit nichtbindiger Böden hängt um so mehr vom Wassergehalt ab, je ungleichförmiger diese Böden sind. Bei bindigen Böden ist die Spanne des möglichen Wassergehaltes zudem durch die Bearbeitbarkeit begrenzt.

Bodenart	U	I_p	Einbauwassergehalt (%)
Kies, Sand-Kies-Gemische	> 15	–	4– 8
	5–15	–	7–10
	< 5	–	keine große Bedeutung
Sand	> 5	–	5–10
	< 5	–	6–13
bindiger Kies	> 15	–	6–12
schluffiger Sand	–	–	7–16
Schluff	–	< 10	10–17
	–	> 10	12–18
Ton	–	< 25	14–23
	–	> 25	16–30

Abb. 2.7.5.2/1 Bodenart und günstige Einbauwassergehalte (Anhaltswerte)

Die wirtschaftlichste Verdichtung ergibt sich mit dem sog. optimalen Wassergehalt, der im Proctorversuch ermittelt wird. Diese »Einbauwassergehalte« sind in ihrer Tendenz aus Abb. 2.7.5.2/1 zu ersehen.

Die Dicke der zu verdichtenden Bodenschicht hängt von der Geräteleistung und vom Größtkorn ab. Als Mindestschichtdicke für eine gute Verdichtung muß der doppelte bis dreifache Durchmesser des Größtkornes angesetzt werden.

Ob die Verdichtung die gewünschte Wirkung hat, hängt sehr stark von dem Verformungsverhalten des Bodens unter der zu verdichtenden Lage, also dem Schichtenaufbau, ab. Der Untergrund muß eine ausreichende Festigkeit besitzen. Ggf. kann bei besonders schlechten Verhältnissen und genügender Tiefe unter der geplanten Oberfläche auch eine dickere Schüttlage Abhilfe schaffen. Extrem harte Unterschichten können bei Vibrationsverdichtungen durch Reflexwirkungen auch zu Wiederauflockerungen führen. Bei sehr kritischen Bodenverhältnissen und vor allem bei großen Baustellen sollten daher Probeverdichtungen auf kleinen Teilflächen durchgeführt werden, um Gerät und die Anzahl der Übergänge zu ermitteln.

2.7.6 Hinweise zur Wahl der Geräte

2.7.6.1 Geräte für Lösen, Laden, Transportieren und Einbauen

Eine Vorentscheidung zur Auswahl eines Gerätes für einen bestimmten Arbeitsschnitt kann aufgrund der allgemeinen Eignung des Gerätes, die vorwiegend von der Gerätemechanik (hauptsächlich bei den Grabwerkzeugen) und der Beweglichkeit (Wendigkeit, Ge-

schwindigkeit bei Last- und Leerfahrt) abhängt, nach Abb. 2.7.6.1/1 getroffen werden.

Weiterhin sollten nach Kap. 2.7.5 die Einflüsse des Fahrwerks auf den Boden abgeschätzt werden. Aber auch die Eig-

nung des Fahrwerks aufgrund der Baustellenbedingungen ist zu beachten (Abb. 2.7.6.1/2). Ein weiteres gerätetypisches Merkmal ist die Transportentfernung (Abb. 2.7.6.1/3). Konkrete Situationen können jedoch zu anderen Schlüssen (besonders bei der Wirtschaftlichkeit) führen.

Da ein Gerät auf der Baustelle kaum allein arbeitet, sondern im Gesamtarbeitsablauf auf andere Geräte einwirkt, muß die Wahl auch auf diese gesamte Maschinenkette bezogen werden. Wirtschaftlichkeit wird nur erreicht, wenn die Geräte innerhalb von Maschinenketten in der Leistung aufeinander abgestimmt sind und immer die je Be-

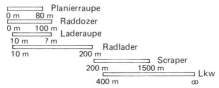

Abb. 2.7.6.1/3 Wirtschaftliche Transportentfernungen

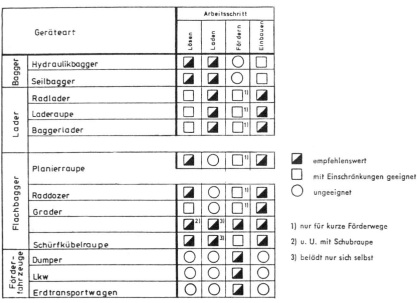

Abb. 2.7.6.1/1 Eignung der Geräte für einzelne Arbeitsschritte

Abb. 2.7.6.1/2 Einsatzkriterien für Reifen- und Kettenfahrwerke

Vorteilhafter Einsatz für Geräte mit Reifenfahrwerk	Vorteilhafter Einsatz für Geräte mit Kettenfahrwerk
bei größerer Transportentfernung	geringer Schlupf und niedriger spezifischer Bodendruck, daher geringe Bodenverdichtung besonders auf bindigem Boden; größere Schubkraft und Zugkraft; bessere Rangierbarkeit auf engem Raum
bei wechselnden Transportstrecken; einfaches und rasches Anfahren der Baustelle ohne Verwendung eines Tiefladers; rascher Baustellenwechsel; geringer Fahrwerkverschleiß	

triebsstunde billigere Maschine auf die teurere wartet. Dieser Grundsatz gilt nur bei Arbeiten zum Schutz des Bauwerks nicht.

Und letztlich ist wohl die Eigenwirtschaftlichkeit des Gerätes aufgrund der Kosten-/Leistungskriterien entscheidend. Hiervon sollte nicht unbedingt die Wahl des Gerätes abhängen und dafür gerade Fragen des Einflusses auf den Boden außer acht bleiben.

Häufig werden jedoch Geräte eingesetzt – einfach, weil sie vorhanden sind. In diesem Fall sollten sie dennoch auf ihre Eignung unter Beachtung der vorstehenden Überlegungen überprüft werden.

2.7.6.2 Geräte für das Verdichten

Die Auswahl des Verdichtungsgerätes ist vor allem von der Bodenart abhängig (Abb. 2.7.6.2/1).

Eine gute Verdichtung **nichtbindiger** Böden (Sande, Kiese) ist nur durch Erschütterung zur Überwindung der inneren Reibung möglich, deshalb sind dynamisch wirkende Geräte einzusetzen. Bei ungleichförmigen Böden wirkt die Vibration stärker, bei sehr gleichförmigen ist sie u. U. nicht viel wirksamer als der Druck statischer Geräte.

Im Extremfall können bei sehr schweren Vibrationsgeräten sogar gegenüber ihrem natürlichen Lagerungszustand größere Dichten erreicht werden, vor allem wenn der abgetragene Boden noch nicht voll konsolidiert war. Dies ist bei der Massenermittlung zu berücksichtigen.

Bindige Böden (Schluffe, Tone, bindige Sande) verlangen eine hohe, möglichst lang andauernde Flächenpressung. Statisch wirkende Geräte mit drückender und knetender Bodenbelastung sind daher am besten geeignet. Auch stampfende Geräte sind gut anwendbar. Schwach bindige Böden können evtl. auch mit dynamisch wirkenden Geräten verdichtet werden. Ist der Feuchtigkeitsgehalt bindiger Böden hoch (plastischer Zustand), wird der Boden vor allem bei Vibrationsverdichtung sehr schnell weich oder breiig. Damit ist er nicht mehr verarbeitbar und verdichtbar. Auch lockere, feinkörnige Böden reagieren im feuchten Zustand auf diese Weise. Zur Abhilfe kann nur stabilisert werden oder man muß mit körnigen Böden mischen oder austrocknen lassen.

Die besten Ergebnisse erzielen bei **Mischböden** (bindige Kiese, schwach steinige Böden) schwere knetende und dynamisch wirkende Geräte.

Bei stark **steinigen** Böden sind optimal schwere Stampfer, schwere Vibrationswalzen und Fallplattenstampfer anzuwenden.

Die Verdichtungsarbeit wird allgemein stark von der **Witterung** beeinflußt. Zu große Trockenheit erschwert zwar die Verdichtung, bei zu großer Nässe ist jedoch gar keine Bearbeitung mehr möglich. Die Oberfläche bereits verdichteten Materials sollte bei nasser Witterung zusätzlich geglättet werden (Glattmantelwalze). Dies ist besonders bei der Arbeit mit Gitterrad- und Schaffußwalzen sowie Stampfern zu beachten, da sie kein ebenes Planum erzielen.

Gefrorener Boden darf weder eingebaut noch verdichtet werden, da nicht sicher ist, ob alle Klüfte und Hohlräume der Schüttung ausreichend komprimiert werden. Beim Frostaufgang wären starke lokale Setzungen und Sakkungen die Folge.

Verdichtungsgerät				Damm, Einschnitt		Bauwerkshinterfüllung	Leitungsgräben
				beengt	frei		
statisch wirkende Geräte	Glattwalze			□	□	○	○
	Gitterradwalze			□	◪	○	○
	Schaffußwalze			□	◪	○	○
	Gummiradwalze	selbstfahrend		◪	◪	○	○
		gezogen		○	◪	○	○
dynamisch wirkende Geräte	Stampfer	Fallplattenstampfer 2)		◪	□	○	○
		Explosionsstampfer 1)		◪	□	○	○
		Schnellschlagstampfer 1)		□	○	◪	◪
	Walzen	Einradvibrationswalze 1)		◪	◪	□	□
		Tandemvibrationswalze	leicht 1)	◪	□	○	○
			schwer	◪	◪	○	○
		Duplexwalze	leicht 1)	◪	□	□	□
			schwer	◪	◪	□	○
		Anhängevibrationswalze	leicht	□	◪	□	□
			mittel	○	◪	○	○
			schwer	○	◪	○	○
		Vibrations-Schaffußwalze		□	◪	○	○
	Platten	Vibrationsplatte	leicht 1)	◪	□	◪	◪
			schwer	◪	◪	◪	□

◪ empfehlenswert □ mit Einschränkung geeignet ○ ungeeignet

1) nur für kleinere Flächen
2) nur für kleinere Flächen oder trockene bd. Böden und Steine

Abb. 2.7.6.2/2 Verdichtungsgeräte und Baustellenbedingungen

Abb. 2.7.6.2/1 Verdichtungsgeräte und Bodenart

Verdichtungsgeräteart			Bodenart	Sand, Kies			Schluffe Tone bindige Sande			bindige Kiese schwach steinige Böden			Steine, Blöcke 400 mm ohne bindige Anteile
			Wassergehalt W	< Wpr	= Wpr	> Wpr	< Wpr	= Wpr	> Wpr	< Wpr	= Wpr	> Wpr	ohne Bedeutung
statisch wirkende Geräte		Glattwalze		□	□	□	○	□	○	□	□	□	
		Gitterradwalze		○	○	○	◪	□	□	□	◪	○	□ 1)
		Schaffußwalze		○	○	○	◪	◪	■	○	□	◪	□ 1)
		Gummiradwalze		◪	◪	◪	□	◪	■	□	◪	□	○
dynamisch wirkende Geräte	Stampfer	Fallplattenstampfer		○	○	○	■	□	□	■	◪	□	■
		Explosionsstampfer 2)		□	□	□	◪	◪	□	◪	◪	□	□ 1)
		Schnellschlagstampfer 2)		□	□	□	□	□	○	□	○	○	○
	Walzen	Einradvibrationswalze		■	◪		○	○	○	□	□	○	○
		Tandemvibrationswalze	leicht	■	◪		○	○	○	○	○	○	○
			schwer	■	◪	◪	○	○	○	□	□	○	○
		Duplexwalze	leicht 2)	◪	◪		□	□	○	○	○	○	○
			schwer	◪	◪	◪	□	□	○	◪	◪	◪	□ 1)
		Anhängevibrationswalze	leicht	◪	◪	◪	□	□	○	○	○	○	○
			mittel	◪	◪	◪	□	□	○	◪	◪	◪	□
			schwer	◪	◪	◪	□	□	○	◪	◪	◪	□
		Vibrations-Schaffußwalze,		□	□	□	◪	◪	■	□	◪	◪	◪ 1)
	Platten	Vibrationsplatte	leicht	◪	◪	◪	□	□	○	□	□	□	○
			schwer	■	◪	◪	□	□	○	□	□	□	□ 1)

■ besonders gut geeignet ◪ Empfehlenswert □ mit Einschränkungen ○ ungeeignet

1) nur bei weichem oder angewittertem Gestein
2) nur bei kleinen Flächen oder bei beengten Verhältnissen

Geräteart			Bodenart	Schütthöhe (lose) d (m)	Übergänge n (−)	Arbeitsbreite b (m)	Arbeitsgeschwindigkeit v (km/h)
statisch wirkende Geräte	Glattwalze		Böden ohne Steine (d− 60 mm)	0,1 − 0,2	4 − 8	1,0 − 2,0	1,5 − 3,0
	Gitterradwalze (von Raupe gezogen)		Schluff,	0,2 − 0,3	6 − 10	rd 1,75	2,0 − 5,0
			Steine (d > 60 mm)	0,3 − 0,4	8 − 12	rd 1,75	2,0 − 4,0
	Schaffußwalze		alle Böden außer Sand und Kies	0,2 − 0,3	8 − 12	1,2 − 1,5	2,0 − 5,0
	Gummiradwalze	selbstfahrend	Böden ohne Steine (d < 60 mm)	0,2 − 0,3	6 − 10	1,7 − 2,4	3,0 − 9,0
		gezogen	Böden ohne Steine (d < 60 mm)	0,3 − 0,5	6 − 10	1,8 − 3,2	1,8 − 6,0
dynamisch wirkende Geräte	Stampfer	Fallplattenstampfer	alle Böden außer Sand und Kies	0,5 − 0,8	2 − 4	−	−
		Explosionsstampfer	alle Böden	0,2 − 0,5	3 − 5	−	−
		Schnellschlagstampfer	Sand, Kies, Mischböden	0,2 − 0,4	2 − 4	−	−
			Schluff, Ton	0,1 − 0,2	2 − 4	−	−
	Walzen	Einradvibrationswalze	Sand, Kies	0,15 − 0,25	3 − 5	0,7 − 0,8	1,0 − 2,0
		Tandemvibrationswalze leicht	Sand, Kies	0,2 − 0,4	3 − 6		1,0 − 2,0
		Tandemvibrationswalze schwer	Sand, Kies	0,2 − 0,5	3 − 6	0,9 − 1,1	
			Mischböden	0,2 − 0,4	5 − 8		
		Duplexwalze leicht	Sand, Kies, Mischböden	0,2 − 0,4	4 − 8	rd 0,9	1,0 − 2,0
			Schluff, Ton	0,1 − 0,2	5 − 8		
		Duplexwalze schwer	alle Böden außer Schluff und Ton	0,2 − 0,5	4 − 8	rd 2,0	
			Schluff, Ton	0,1 − 0,3	5 − 8		
		Anhänge-vibrationswalze leicht	Sand, Kies, Mischböden	0,2 − 0,5	3 − 5		
		Anhänge-vibrationswalze mittel	alle Böden außer Schluff und Ton	0,3 − 0,6	3 − 6		
			Schluff, Ton	0,2 − 0,3	3 − 4	1,4 − 1,9	1,0 − 3,0
		Anhänge-vibrationswalze schwer	Sand, Kies, Mischböden	0,4 − 0,8	3 − 5		
			Steine (d 60 mm)	0,5 − 1,0	4 − 6		
			Schluff, Ton	0,3 − 0,4	3 − 4		
		Vibrations- Schaffußwalze	Sand, Kies	0,3 − 0,5	3 − 5		
			Mischböden, Schluff, Ton	0,2 − 0,4	6 − 10	1,2 − 1,5	2,0 − 5,0
			Steine (d > 60 mm)	0,3 − 0,5	6 − 10		
	Platten	Vibrationsplatte leicht	Sand, Kies	0,15 − 0,4	3 − 8	0,5 − 0,7	0,4 − 1,2
			Mischböden	0,1 − 0,2	5 − 8		
		Vibrationsplatte schwer	Sand, Kies, Steine (d > 60 mm)	0,25 − 0,6	3 − 6		
			Mischböden	0,2 − 0,4	4 − 6	1,0 − 1,2	0,5 − 1,4
			Schluff, Ton	0,2 − 0,3	6 − 8		

Abb. 2.7.6.2/3   Verdichtungsgerät, Bodenart und Arbeitsbedingungen

Die Wahl der Geräte wird auch von dem zur Verfügung stehenden Platz – also den **Baustellenbedingungen** – beeinflußt (Abb. 2.7.6.2/2). Bei der Verdichtung von Bauwerkshinterfüllungen ist zu beachten, daß Bauwerk und Isolationsschichten nicht beschädigt werden.

Die Verfüllung von Leitungsgräben muß wegen des geringen Platzes mit besonders kleinen, wendigen und leichten Geräten verdichtet werden, damit die Leitungen nicht in Mitleidenschaft gezogen werden.

Auch bei Verdichtungsgeräten spielen die **Kosten-/Leistungskriterien** eine wichtige Rolle. Die Leistung ist abhängig von Bodenart, Schütthöhe der zu verdichtenden Schicht, Anzahl der Übergänge bis zur geforderten Verdichtung (wobei der erste schon bis 80 % der geforderten Verdichtung ergibt), Arbeitsbreite und Arbeitsgeschwindigkeit. Die Abb. 2.7.6.2/3 gibt die wesentlichen Systemunterschiede wieder.

Zu viele oder zu langsame Übergänge mit vibrierend wirkenden Geräten können eine Wiederauflockerung des Bodens zur Folge haben. Ihre Übergangsdauer über einen Verdichtungsquerschnitt sollte deshalb nicht länger als 20 Sekunden dauern.

Tritt bei feinkörnigen Böden bei der Verdichtung Wasser aus, ist die Verdichtung abzubrechen, da der Porenraum des Bodens in diesem Fall weitgehend mit Wasser gefüllt, keine Verdichtung mehr möglich ist, und weitere Belastungen die Konsistenz des Bodens zum weichen bis flüssigen Zustand abändern.

Bei statisch wirkenden Geräten kann die minimale Geschwindigkeit gefahrlos unterschritten werden. Meist ist damit eine Verbesserung des Verdichtungsgrades zu erzielen – vor allem bei relativ feuchten bindigen Böden. Die Geschwindigkeitsreduzierung führt jedoch zu kleineren Flächenleistungen.

Eine Steigerung der Geschwindigkeiten führt bei allen Geräten zu einer deutlichen Verringerung der Verdichtungsleistung.

Auch Verdichtungsgeräte sind in die **Maschinenkette** einzuordnen. Dabei ist jedoch zu beachten, daß nur so viel Boden antransportiert wird, wie das Verdichtungsgerät verarbeiten kann (vor allem bei bindigen Böden). Daher werden in der Praxis gerade Verdichtungsgeräte »reichlich« dimensioniert und haben damit zwangsläufig Stillstandzeiten.

2.7.7 Regenerierung zwischenzeitlich belasteter Flächen

2.7.7.1 Allgemeine Hinweise

Durch den Baustellenverkehr oder z. B. durch Bodenmieten sind Flächen belastet und damit verdichtet worden, deren ursprünglicher Zustand für die Begrünung erhalten werden sollte.

Bevor vegetationstechnische Arbeiten beginnen, sollte der ursprüngliche Bodenzustand des Untergrunds für Vegetationsflächen so gut es geht wieder hergestellt werden. Bei dieser »Regenerierung« handelt es sich damit eigentlich nicht mehr um erdbautechnische, sondern um vegetationstechnische Maßnahmen. Daher wird auch ergänzend auf das Kap. 3 verwiesen.

Unter Regenerierungsmaßnahmen ist im wesentlichen eine Lockerung des verdichteten Bodengefüges zu verstehen, die durch strukturerhaltende Maßnahmen u. U. ergänzt werden sollte.

Die Lockerung hängt von dem Verdichtungsgrad, der Verdichtungstiefe, der Bodenart, dem Schichtenaufbau und der Art der künftigen Vegetation ab.

- Bindige Böden sollten möglichst im halbfesten Zustand gelockert werden, da nur dann eine Krümelstruktur entstehen kann. In feuchterem Zustand werden lediglich Klüfte und Schlitze in den Boden gearbeitet, ohne daß die Zwischenbereiche eine Strukturverbesserung erfahren.
- Im Bereich von Bauwerken darf eine Bodenlockerung nur so tief vorgenommen werden, daß das Bauwerk dadurch nicht beeinträchtigt wird. Ebenso ist ein seitlicher Abstand zum Bauwerk einzuhalten (z. B. könnten Wegeeinfassungen aus Tiefbordsteinen oder Rasenkantensteinen seitlich ausweichen und die Wegefläche würde in Mitleidenschaft gezogen).
- Weiterhin ist auf eingebaute Ver- und Entsorgungsleitungen mit geringer Überdeckung zu achten.

Die Lockerung des Bodengefüges wird durch Belastung (auch durch das Eigengewicht des Bodens) und Vertikalbewegung des Wassers zum Teil wieder aufgehoben. Der Boden setzt sich wieder. Dieser Vorgang kann nur durch gefügestabilisierende Stoffe und eine möglichst schnelle und tiefwurzelnde Begrünung vermindert werden. Diese Setzungen sind bei der Festlegung des Planums zu berücksichtigen.

2.7.7.2 Bearbeitungsmöglichkeiten

Die Verfahren lassen sich für drei Tiefenbereiche aufteilen:

1. eine obere Zone: Sie kann je nach Bodengefüge und verwendetem Gerät bis etwa 15 cm, maximal 25 cm unter das Planum reichen und mit Handgeräten (Spaten, Grabgabel, Rigoler), motorbetriebenen Fräsen, Eggen, Grubbern bearbeitet werden. Je nach Bodenart (nichtbindig/bindig) und Wassergehalt läßt sich eine gute Feinkrümelung erzielen und bodenverbessernde Stoffe können gut eingearbeitet werden.

2. eine mittlere Zone: Sie umfaßt einen Bereich bis etwa 80 cm unter Planum (abhängig von Bodenart und Ge-

rät). Hier kann mit sog. Tiefenlocke-rungsgeräten gearbeitet werden, die sämtlich nach einem dem Heckaufrei-ßer ähnlichen Prinzip arbeiten. Die Ge-räte werden gezogen, wobei mit zuneh-mender Tiefe und Festigkeit des Bodens beträchtliche Zugkräfte und Maschi-nengewichte erforderlich sind. Die Ge-räte haben schon einen recht großen Platzbedarf und können auf kleinräu-migen Grundstücken nicht mehr einge-setzt werden. Eine feinkrümelige Bo-denstruktur kann nicht erreicht und bodenstabilisierende Stoffe kaum ein-gemischt werden.

3. die tiefe Zone: Sie beginnt in etwa 0,8 m Tiefe. In diesem Bereich kann eine Lockerung normalerweise nur noch durch einen Standbagger mit Tieflöffel oder Greifer erfolgen, der je-doch auch schon bei geringeren Tiefen eingesetzt werden kann. Im Prinzip ent-spricht dieses Verfahren einem sehr gro-ben Umgraben des Bodens. Bei trocke-nen Bodenverhältnissen lassen sich recht gute Lockerungsergebnisse erzie-len und mit etwas Geschick sogar Bo-denverbesserungsstoffe einbringen.

2.8 Anwendungsbeispiel für den Garten K.

In diesem Kapitel wurde über Erdarbei-ten gesprochen. Im nächsten Kapitel werden Bodenarbeiten behandelt. In beiden Fällen ist der Grundstoff die Erde. Bei den Erdarbeiten geht es um die bautechnische Verarbeitung dieses Baustoffes, bei den Bodenarbeiten um die vegetationstechnische. Die Grund-regeln bei der Bearbeitung des Bau-stoffes müssen daher gleich sein. Ent-scheidend ist immer das Ziel der jeweiligen Bauaufgabe.

Da die Grundregeln des Arbeitens mit diesem Baustoff identisch sind, soll die Anwendung des Baustoffes Erde/Boden in Kapitel 3.7 gemeinsam behan-delt werden. Es wird aber auf Kapitel 2.5 »Bewertung der Bodenkenngrößen – Bodensynthese« verwiesen, in dem ins-besondere die bautechnischen Wertun-gen und Rückschlüsse auf die Art der Ausführung behandelt wurden.

Literatur
Kézdi, Árpád: Handbuch der Bodenmecha-nik, Bd. 1–4, VEB Verlag für Bauwesen Ber-lin, Verlag der Ungarischen Akademie der Wissenschaften, Budapest 1969
E. Schultze/H. Muhs: Bodenuntersuchun-gen für Ingenieurbauten, Springer-Verlag 1967
W. Striegler/D. Werner: Dammbau in Theo-rie u. Praxis, Springer-Verlag 1969
W. E. Schulze/K. Simmer: Grundbau, Teil 1, Teubner-Verlag Stuttgart 1977
K. J. Klengel/O. Wagenbreth: Ingenieurgeo-logie für Bauingenieure, Bauverlag Wies-baden/Berlin 1987
G. Hänsler/A. Niesel: Landschafts- u. Sport-platzbau, Band 2, Landschaftsbau Fachnor-men-Kommentar DIN 18915 bis 18920, Bauverlag Wiesbaden 1983
H. L. Jessberger: Grundlagen und Anwen-dung der Bodenstabilisierung, VDI-Verlag, Düsseldorf 1967
W. H. Bölling: Bodenkennziffern und Klas-sifizierung von Böden, Springer-Verlag Wien/New York 1971
H. Graßhoff/P. Siedek/R. Floss: Handbuch Erd- und Grundbau, Teil 1 u. 2, Werner-Verlag Düsseldorf 1979/1982
W. Brand: Die Bodenverfestigung als kon-struktive und betriebstechnische Maßnah-me im Erd- und Straßenbau; Straßenbau-technik, Heft 13, 1964

3 Bodenarbeiten A. Niesel

Nach dem Kapitel »Erdarbeiten«, in dem auch viel über »Boden« gesprochen wurde, soll jetzt speziell über Bodenarbeiten gesprochen werden. In den Normen des DIN wird – ob zu Recht oder Unrecht – eine Unterscheidung nach Erdarbeiten (ATV – DIN 18 300) und Bodenarbeiten für vegetationstechnische Zwecke (FN – DIN 18 915) getroffen. Nach dieser Normenabgrenzung beziehen sich die Leistungen des Erdbaues auf alle bautechnischen Arbeiten, also auf tote Bauwerke, Bodenarbeiten dagegen sind auf die Vegetation ausgerichtet und beziehen sich auf die oberste Bodenschicht. Aussagen aus Kapitel 2 sind auch hier wieder zu finden. Sie stehen dann aber in einem anderen oder erweiterten Zusammenhang bezogen auf die Vegetation. In der Praxis liegen Erd- und Bodenarbeiten meistens zeitlich weit auseinander. Wie in Kapitel 2 geschildert, wickelt sich auf den Flächen rund um das technische Bauwerk der ganze Baustellenverkehr ab. Dieser Unterboden wird dabei erheblich verändert, bezogen auf die Vegetation in fast allen Fällen durch Verdichtung verschlechtert. In Kapitel 2.7.7 ist aufgeführt, wie sich derart verschlechterter Unterboden regenerieren läßt. Auf diesen Unterboden wird dann der Oberboden im Rahmen der Bodenarbeiten aufgetragen.

Der Boden ist das Substrat, in dem die Pflanzen wurzeln, sich verankern und aus dem sie Wasser und Nährstoffe zu ihrer Ernährung ziehen. Dieses Substrat ist nicht einheitlich beschaffen, sondern ist ein Produkt aus dem Ausgangsgestein, aus Klima, Vegetation, Relief der Bodenoberfläche, Grund- oder Stauwasser und auch der Arbeit des Menschen. Im Verlauf der Erdgeschichte wurde dieser Boden den verschiedensten Veränderungen unterworfen, die sich aus Klimaveränderungen ergaben. Die Folgen waren unterschiedlich starke Verwitterungen des Urgesteins, Ab- oder Aufträge durch Wasser- oder Winderosion, Überflutungen oder Austrocknungen mit jeweils unterschiedlicher, dem Standort angepaßter Vegetation. Alles das trug zur Bodenbildung bei, die ein andauernder Prozeß von physikalischer, chemischer und biologischer Verwitterung, des Abbaues und der Neubildung von Mineralien, der Zersetzung der organischen Substanz und des Aufbaues von Humusstoffen ist. Faßt man nun alle in irgendeiner Weise Einfluß nehmenden Faktoren zusammen, also z.B. den bis zu diesem Zeitpunkt gebildeten Boden, die Neigung des Geländes sowohl bezogen auf die Himmelsrichtung als auch auf den Neigungsgrad, das örtliche Klima mit einer typischen Niederschlagshäufigkeit und -menge, einem typischen Temperaturverlauf und einer überwiegenden Windrichtung und den prägenden Einfluß des Wassers z.B. als Grund-oder Stauwasser, dann entsteht daraus das Bild eines genau zu umschreibenden Standortes, auf dem bestimmte Pflanzen optimal wachsen. Standort und darauf wachsende Pflanzengesellschaft stehen also in einer direkten Beziehung zueinander. In diese natürlichen Standorte mit der für sie typischen Pflanzengesellschaft greift nun der Mensch durch Kulturmaßnahmen verschiedener Art ein. Das sind einmal die Eingriffe durch die Acker- und Weidekultur der Landwirtschaft, die Misch- oder Monokulturen der Forstwirtschaft oder zum anderen die baulichen Veränderungen unserer Umwelt infolge der Siedlungstätigkeit des Menschen mit den damit verbundenen Straßen- und Wasserbaumaßnahmen, Industrie- und Gewerbebauten oder auch den Freizeitbauten, die sich der Mensch zu seiner Zerstreuung und Erholung baut.

Bei der Acker-, Weide- oder Forstnutzung geht es darum, aus einer bestimmten Fläche einen möglichst hohen Nutzen, d.h. Ertrag zu erzielen. Deshalb werden durch Zugabe von Nährstoffen eine optimale Ernährung der Kulturpflanzen erzielt, u.U. durch zusätzliche Beregnung und Pflanzenschutzmaßnahmen deren Bestand überhaupt erst gesichert und durch chemische Eingriffe konkurrierende Pflanzen unterdrückt oder vernichtet. Mit der Kultur verbunden ist dann auch das jährlich oder in bestimmten Zeitabständen erforderliche Umbrechen des Bodens. Verbunden damit ist immer eine Zerstörung gewachsener Bodengefüge. Von einem natürlichen Standort kann man hier also nicht mehr sprechen.

Sehr viel gewichtiger sind die Eingriffe, die mit der Siedlungstätigkeit des Menschen verbunden sind. Sie verändern in der Regel das gesamte gewachsene Bodenprofil durch Auf- und Abträge und pflanzliche Nutzung erfolgt unter den verschiedensten, nicht immer standorttypischen Aspekten, wie z.B. Sicherung oder Eingrünung von Böschungen, Eingrünung von Industrie- und Gewerbebauten, Straßenbegleitgrün, dekoratives Grün in Gärten oder Parks oder belastbare Rasenflächen in Spiel- und Sportanlagen. Mit diesen Profilveränderungen greift der Mensch noch stärker als bei land- oder forstwirtschaftlichen Maßnahmen in die Gefügedynamik des Bodens ein. Da diese Eingriffe heute aus wirtschaftlichen Gründen mit großen Maschinen erfolgen, wirken auf den Boden vielfältige Kräfte der Zerstörung ein, die teilweise unvermeidlich sind, teilweise aber auch auf ein geringeres Maß beschränkt werden könnten.

Die Aufgabe landschaftsbaulicher Bodenarbeiten für vegetationstechnische Zwecke ist es nun, Störungen und Zerstörungen des Bodengefüges während der gesamten Bauzeit und speziell bei der Herstellung neuer Vegetationsflächen auf das technisch Unvermeidbare zu beschränken und durch geeigneten Profilaufbau, Bodenbearbeitung und Bodenaufbereitung neue Standorte zu schaffen, die unter den jeweiligen Nutzungsvorstellungen optimale ökologische und ökonomische Voraussetzungen für das Einrichten und den Weiterbestand von Vegetation bieten.

3.1 Normengrundlagen und Begriffe

3.1.1 Normengrundlagen

Für Bodenarbeiten sind zu beachten:

a) DIN 18 300; Erdarbeiten (ATV)
Erdarbeiten nach DIN 18 300 umfassen alle Leistungen, bei denen Böden als Baustoff für ein Erdbauwerk, also auch zur Geländemodellierung oder zur Herstellung des geforderten Planums im Sportstättenbau, verwendet werden (Vgl. Kap. 2, Erdarbeiten). Unter den in dieser Norm definierten Bodenklassen bildet Oberboden die Bodenklasse 1. Erdbautechnisch kann Oberboden wegen seines Gehaltes an organischen Bestandteilen eine störende Bodenart sein, die für Erdbauwerke nicht verwendbar ist. Soll dieser Oberboden aber für vegetationstechnische Zwecke verwendet werden, dann gilt diese Norm nicht mehr. Vielmehr sind dann die Normen des Landschaftsbaues heranzuziehen.

b) DIN 18 320; Landschaftbauarbeiten (ATV)
Diese in der VOB als Allgemeine Technische Vorschrift (ATV) verankerte Norm enthält die vertragsrechtlichen Regelungen, die bei Ausführung vegetationstechnischer Arbeiten zu beachten sind. Zur Frage der Beschaffenheit des Oberbodens und zur Ausführung von Oberbodenarbeiten wird auf die Fachnorm DIN 18 915 verwiesen.

c) DIN 18 915 Vegetationstechnik im Landschaftsbau; Bodenarbeiten
Bodenarbeiten für vegetationstechnische Zwecke nach DIN 18 915 umfassen alle Leistungen, die zur Vorbereitung und weiteren Behandlung eines Standortes erforderlich sind, auf dem Vegetation angesiedelt werden soll. Die in dieser Norm aufgestellten Regeln sind bei allen vegetationstechnischen Leistungen zu beachten, also auch bei Rasen- und Pflanzarbeiten, bei Unterhaltungsarbeiten, Sicherungsbauweisen und Schutzmaßnahmen zur Erhaltung von Bäumen, Vegetationsflächen und Pflanzenbeständen bei Baumaßnahmen. Die Norm (Gliederung siehe Anhang) befaßt sich mit der Einordnung der Böden in Bodengruppen und deren Bewertung, mit der Qualität des Bodens selbst und der Stoffe, die zu seiner Verbesserung verwendet werden, sowie mit den Bodenbearbeitungsverfahren.

3.1.2 Begriffe

Zum Gesamtverständnis ist es wichtig, einige Begriffe noch einmal anzusprechen, die schon in Kapitel 2 unter Erdarbeiten als technische Begriffe im Erdbau erwähnt wurden. Es sind die Begriffe Oberboden und Unterboden, die immer dann verwendet werden, wenn durch bauliche Veränderungen in das Ursprungsprofil eingegriffen wird. Für den Bodenkundler, der sich in der Regel nur mit den ungestörten Bodenprofilen in der freien Natur beschäftigt, ist diese Unterteilung viel zu grob. Ausgehend von der natürlichen Bodenbildung aus dem Ursprungsgestein unterscheidet er sehr verschiedene Bodentypen, die er nach Horizonten unterteilt. Tab. 3.1.2/1 versucht eine Gegenüberstellung der Begriffe. Dabei muß man aber sagen, daß das nur sehr grob sein kann.

Die bodenkundlichen Begriffe sind in der Vegetationstechnik schlecht verwendbar, weil die technischen Momente dabei zu kurz kommen. Andererseits kommen bei den vegetationstechnischen Begriffen und ihren groben Strukturen der rein technischen Bewertung die bodenkundlichen Zusammenhänge zu kurz. Der gute Fachmann muß deshalb sowohl die technischen als auch

Tab. 3.1.2/1 Gegenüberstellung der Begriffe aus Bodenkunde und Vegetationstechnik

Bodenkunde	Vegetationstechnik
Vegetation	-Vegetationsfläche
O = organische Horizonte auf dem Mineralboden aufliegend (L, O_f, O_h – Horizonte je nach Zersetzungsgrad)	**Vegetationstragschicht** = oberste Bodenschicht, die aufgrund ihrer Zusammensetzung und Eigenschaften für den Bewuchs mit Pflanzen geeignet ist. Sie besteht in der Regel aus Oberboden oder einem geeigneten Substrat. Dabei ist **Oberboden** die oberste Schicht des durch physikalische, chemische oder biologische Vorgänge entstandenen belebten Bodens, der je nach Kornzusammensetzung in Bodengruppen eingeteilt wird. Dicke je nach Bodenart 5–40 cm.
A = ein im oberen Teil des Solums gebildeter, humoser oder eluierter Horizont, z. B. A_p als der durch Pflugarbeit veränderte Teil des A-Horizontes oder A_i, A_h, A_e, A_l – Horizonte je nach Ausgangsgestein und Entwicklungszustand des Bodens.	
B = verbraunter, zum Teil illuierter Horizont unter dem A-Horizont von Landböden (B_v, B_h, B_s, B_a – Horizonte je nach Entwicklung und Zustand in Abhängigkeit vom Ausgangsgestein. S_d = Staukörper	**Baugrund** = der anstehende natürliche (Untergrund) oder durch Bodenbewegung aufgetragene (Unterbau) Unterboden unter der Vegetationstragschicht. Dabei ist **Unterboden** die unter dem Oberboden liegende verwitterte Bodenschicht.
C = Ausgangsgestein, aus dem der Boden entstand (Untergrund)	

die bodenkundlichen Zusammenhänge bei Planung und Ausführung insbesondere bei Arbeiten in der freien Landschaft sehen. Da das Betrachten der gesamten Zusammenhänge das Ziel und den Rahmen dieses Buches sprengen würde, wird auf die entsprechende Literatur am Ende dieses Kapitels hingewiesen.

Vegetationstechnische Begriffe
Oberboden ist die oberste belebte Schicht des durch physikalische, chemische oder biologische Vorgänge entstandenen belebten Bodens. Er ist für vegetationstechnische Zwecke besonders geeignet und enthält Wurzeln und Samen von standorttypischen Pflanzen.
Unterboden ist die unter dem Oberboden liegende verwitterte Bodenschicht, die durch entsprechende Maßnahmen für Vegetationszwecke verwendbar gemacht werden kann.
Vegetationsfläche ist die mit Pflanzen aller Art bewachsene oder dafür vorgesehene Fläche. Kann sie aufgrund ihrer Bodenzusammensetzung und ihres Bewuchses durch Begehen, Bespielen oder Befahren belastet werden, spricht man von einer belastbaren Vegetationsfläche.
Vegetationstragschicht ist die oberste Bodenschicht, die aufgrund ihrer Zusammensetzung und Eigenschaften für den Bewuchs mit Pflanzen geeignet ist.
Baugrund ist der Unterboden unter der Vegetationstragschicht. Er wird als Untergrund bezeichnet, wenn er natürlich ansteht, als Unterbau, wenn er zur Herstellung eines Bodenprofils aufgetragen werden mußte.

3.2 Voruntersuchung von Boden und Standort

Wer durch Planen und Bauen etwas verändern will, muß sich vorher über die Konsequenzen dieser Maßnahmen vergewissern. In Abhängigkeit vom Ausgangsgestein und den verschiedenen Bodenbildungsprozessen haben wir es mit sehr unterschiedlichen Oberböden zu tun. Sie unterscheiden sich in ihrer Zusammensetzung und ihren Eigenschaften. Um die richtigen Entscheidungen bzgl. Bodenbehandlung, Bodenbearbeitung und/oder Bepflanzung treffen zu können, muß der planende Landschaftsarchitekt schon zu Beginn der Planung einer vegetationstechni-

schen Baumaßnahme klären, ob die Eigenschaften des Bodens, der verwendet werden soll, und die Standortverhältnisse, wie z. B. Grundwasserstand, Besonnung, Neigung u. a. für die vorgesehene Vegetation und die beabsichtigte Nutzung geeignet sind. Aufgrund dieser Voruntersuchungen wird er entscheiden können, ob Verbesserungen erforderlich sind, oder ob andere Nutzungen oder andersartige Vegetation sinnvoller sind. In die Voruntersuchung werden insbesondere einbezogen:
- Korngrößenverteilung
- Plastische Eigenschaften
- Wasserdurchlässigkeit
- Grundwasserstand
- Gehalt an organischer Substanz
- Bodenreaktion
- Nährstoffgehalt
- Wichte des feuchten Bodens

Diese Untersuchungsergebnisse ermöglichen
a) die Einteilung der Böden in Bodengruppen
b) die Bewertung der Böden
c) die Entscheidung, welche Maßnahmen erforderlich werden und mit welchen bautechnischen und organisatorischen Konsequenzen während der Bauzeit gerechnet werden muß.

3.2.1 Kornverteilung und Einteilung in Bodengruppen

Jeder Oberboden ist ein Gemisch aus Gesteinskörnern unterschiedlicher Größe und organischen Stoffen. Dabei kann ein Boden z. B. überwiegend aus feinen und feinsten Gesteinskörnern bestehen, ein anderer überwiegend aus Sand- und Kieskörnern, ein dritter aus einem Gemisch feinster, feiner, sandiger und kiesiger Gesteinskörner und

Abb. 3.2.1.1/1 Beispiel für die Bestimmung einer Bodengruppe anhand von verschiedenen Körnungslinien

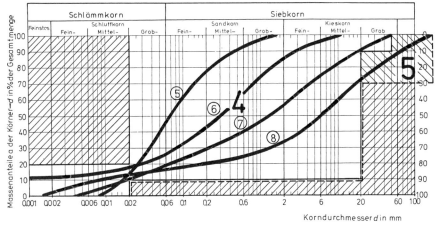

Tab. 3.2.1.1/1a Böden der Bodengruppe 4

Körnungslinie	d < 0,02 mm	d > 20 mm	Größtkorn
	Gew. %	Gew. %	mm
5	14	0	1,6
6	18	0	10
7	11	9	50
Grenzwerte für Bodengruppe 4	> 10 bis ≤ 20	≤ 10	50

Tab. 3.2.1.1/1b Böden der Bodengruppe 5

Körnungslinie	d < 0,02 mm	d > 20 mm	Größtkorn
	Gew. %	Gew. %	mm
8	13	26	200
Grenzwerte für Bodengruppe 5	> 10 bis ≤ 20	≤ 30	200

ein vierter aus Feinsand mit einem hohen Anteil an organischer Substanz. Schon diese erste Aufzählung zeigt, daß Oberböden sehr unterschiedlich in ihrem Aufbau sind und damit auch unterschiedlich hinsichtlich ihrer mechanischen Bearbeitbarkeit, ihres physikalischen Verhaltens während und nach einer Bearbeitung und ihrer vegetationstechnischen Eignung. Eine differenzierte Ansprache von Oberboden ist deshalb notwendig. Das geschieht durch eine Klassifizierung in verschiedene Bodengruppen (siehe Tab. im Anhang A 3.2.1/1). Maßgebend für die Einordnung in eine dieser Bodengruppen ist die Korngrößenverteilung eines Bodens.

3.2.1.1 Laboruntersuchungen

Von dem Boden, der untersucht werden soll, werden auf der Baustelle Einzel- oder Sammelproben (s. Kapitel 2) genommen. Dabei sollen die typischen und gegebenenfalls auch die unterschiedlichen Bodenverhältnisse erfaßt werden. Im Labor wird dann die jeweilige Körnungslinie ermittelt. Das Verfahren wird in Kapitel 2 behandelt. Für eine physikalische und mechanische Beurteilung eines Bodens ist insbesondere wichtig zu wissen
a) den Anteil der Körner d < 0,02 mm
b) den Anteil der Körner d > 20 mm
c) das Größtkorn mit den Grenzwerten 50 oder 200 mm.
Die Grenzwerte für die einzelnen Bodengruppen sind in Tabelle A 3.2.1/1 im Anhang aufgeführt. Unterschieden werden die einzelnen Bodengruppen nach

ihrem Anteil an bindigen, d. h. feinen Bestandteilen. Daraus sind dann auch die Bezeichnungen entwickelt:
● nichtbindiger Boden
● schwachbindiger Boden
● bindiger Boden
● stark bindiger Boden
Enthält der Boden dann auch noch in größerem Umfang Steine, dann bezeichnet man ihn zusätzlich noch mit dem Begriff »steinig«, z.B. »bindiger, steiniger Boden« oder bei hohem Steinanteil als »stark steinige Böden, leichter oder schwerer Fels«. In Abb. 3.2.1.1/1 wird die Arbeitsweise zur Bestimmung der Bodengruppe 4 und 5 erläutert. Man schraffiert die Bereiche, in denen sich die Körnungslinie nicht bewegen darf. Unschraffiert ist demnach der Bereich, in dem sich die Körnungslinie bewegen darf. Im gewählten Beispiel soll der Boden der Bodengruppe 4 einen Anteil an bindigen Bestandteilen d < 0,02 mm zwischen 10 und 20% besitzen dürfen. Der Anteil an Körner d > 20 mm darf höchstens 10% betragen. Und ein Größtkorn von d = 50 mm darf nicht überschritten werden. Wie die Darstellung zeigt, kann es in dem unschraffierten, also zulässigen Bereich sehr unterschiedliche Verläufe der Körnungslinien und damit auch unterschiedliche Eigenschaften geben.

In der gleichen Abbildung ist auch ein Bereich durch eine gestrichelte Linie eingetragen, bei dem bei gleichen Anteilen an Feinteilen 30% Körner d > 20 mm zulässig sind und das Größtkorn mit d ≤ 200 mm festgelegt wurde. Es handelt sich hier um das Beispiel ei-

nes schwach bindigen, steinigen Bodens der Bodengruppe 5. Voraussetzung für die Klassifizierung sind also Sieb- und Schlämmanalysen, die in einem Labor durchgeführt werden. Diese und auch andere bodenphysikalische Untersuchungsverfahren müssen bei größeren Bauvorhaben ebenso selbstverständlich durchgeführt werden wie Baugrunduntersuchungen oder statische Berechnungen im Hoch- und Tiefbau. Sie sind die Voraussetzungen dafür, das richtige Bauverfahren und evtl. erforderliche Bodenverbesserungen besser abschätzen und die notwendigen Leistungen ordnungsgemäß ausschreiben zu können.

3.2.1.2 Felduntersuchungen

Für kleinere Bauvorhaben wird der Aufwand für bodenphysikalische Untersuchungen jedoch in keinem Verhältnis zu seinem Nutzen stehen. Hier kann man durch Beobachtung und einfache Feldversuche hinreichend genaue Beurteilungskriterien auftun, um ebenso richtig Entscheidungen treffen zu können. Im einzelnen können folgende Hilfsmittel und Vergleiche Auskunft geben:

● **Vergleiche mit natürlichen Vorkommen**

Hilfreich für die Ansprache und Einordnung von Oberböden in eine der Bodengruppen kann ein Vergleich mit natürlichen Vorkommen sein, wie er in Tabelle A 3.2.1/1 im Anhang gezeigt wird.

● **Feldversuche**

Weitere Möglichkeiten zur Ansprache und Klassifizierung von Oberböden bieten die Feldversuche nach DIN 4022 und DIN 18 196. In ihnen werden visuelle und manuelle Verfahren erläutert, die grobe Hinweise auf die Zusammensetzung eines Bodens geben.

Visuelle Verfahren
Visuelle Verfahren sind die Korngrößenansprache und die Farbansprache. *Korngrößenansprache* (siehe Kap. 2.4.5.1)

Farbansprache
Sie dient der bedingten Feststellung organischer Anteile eines Bodens. Je dunkler ein Boden ist, desto höher ist im allgemeinen der organische Anteil. Man muß bei der Wertung aber berücksichtigen, daß grobkörnige Böden durch organische Substanz leichter verfärbt werden als feinkörnige und daß reine Mineralböden durch Mangan- und Eisenverbindungen grau oder schwarz verfärbt sein können.

Manuelle Verfahren

Zur Feststellung der Zusammensetzung eines Bodens dienen der Reibe- und der Schneideversuch, Kenntnisse über die plastischen Eigenschaften des Bodens lassen sich durch den Trockenfestigkeits-, den Schüttel- und den Knetversuch erlangen (siehe Kap. 2.4.5.1).

3.2.1.3 Bewertung von Oberboden aus der Korngrößenverteilung

Die Korngrößenverteilung läßt Rückschlüsse auf den Hohlraumgehalt, die plastischen Eigenschaften, die Wasserspeicherfähigkeit und die Wasserdurchlässigkeit des Bodens zu.

Pflanzenwachstum ist nur möglich, wenn im Boden Wasser und Luft in ausreichender Menge verfügbar sind. Unter natürlichen Bedingungen und Lagerung bestehen mineralische Böden zu ca. 50–75 %, i.M. 65 Volumenprozent aus festen Bodenteilchen in Form von Einzelkörnern oder Aggregaten und zu ca. 25–50 %, i.M. 35 Volumenprozent aus Luft und Wasser, die sich in den zwischen den Einzelkörnern und Aggregaten entstehenden bzw. vorhandenen Poren befinden. Die Größe dieses Porenvolumens, das Gesamtporenvolumen (GVP) und die Gliederung des Porenraumes werden bestimmt

a) durch die Korngröße der den Boden bildenden Bodenteilchen,
b) durch den Anteil der einzelnen Korngrößen in einem Boden (Ungleichförmigkeit),
c) durch die räumliche Anordnung der einzelnen Bodenkörner und Aggregate zueinander.

● **Korngröße**

Aufgrund der bestimmenden Korngröße und ihres Verhaltens in Verbindung mit Wasser werden nichtbindige und bindige Böden unterschieden. Als nichtbindige Böden werden im Landschaftsbau Sande und Kiese mit weniger als 10 Gew.-Prozent-Anteil an Mittelschluff, Feinschluff und Ton bezeichnet. Ihr vegetationstechnisches Verhalten wird bestimmt durch die beteiligten Korngrößen und den Grad der Ungleichförmigkeit.

Bindige Böden werden in Abhängigkeit von ihrem Gehalt an Mittelschluff, Feinschluff und Ton als schwachbindig, bindig oder starkbindig bezeichnet. In ihrem vegetationstechnischen Verhalten werden sie einmal durch ihre innere Struktur (Prismengefüge, Säulengefüge, Plattengefüge u.a.) und zum anderen durch Wasser beeinflußt.

● **Ungleichförmigkeit** (s. Kap. 2)

Aus der Ungleichförmigkeit eines Bodens lassen sich in Zusammenhang mit der Kenntnis der beteiligten Korngrößen, Wasserdurchlässigkeit, Wasserhaltevermögen und Porenraumgliederung ableiten. Von besonderer Bedeutung ist dabei die räumliche Anordnung der einzelnen Bodenteilchen zueinander, die je nach Grad der Ungleichförmigkeit durch die Art der Bodenbearbeitung positiv oder negativ verändert werden kann.

● **Räumliche Anordnung der Bodenteile**

Bodenteile können locker oder dicht aneinander gelagert sein. Die räumliche Anordnung ist abhängig von der Ungleichförmigkeit eines Bodens, von der Struktur, von der mechanischen Beeinflussung durch Maßnahmen des Baubetriebes und von Nutzungseinflüssen.

Nichtbindige gleichförmige, d.h. enggestufte Böden, lassen sich nicht dicht lagern. Zwischen den Einzelkörnern entstehen von der Korngröße abhängige Poren, die auch durch Verdichtungsmaßnahmen nicht verkleinert werden können. Mit Abnahme der Korngröße verkleinern sich die Poren und die Böden nähern sich im Verhalten den bindigen Böden.

Nichtbindige ungleichförmige, d.h. weitgestufte Böden können in Abhängigkeit vom Grad der Ungleichförmigkeit und der beteiligten Korngrößen sowie einer gewollten oder ungewollten Verdichtung relativ locker bis absolut

dicht lagern. Dynamisch wirkende Verdichtungskräfte, wie sie ja durch Eigenschwingungen der Bearbeitungsgeräte auftreten, verursachen infolge der damit entstehenden Umlagerungen und Umschichtungen innerhalb der Bodenkörner starke Verdichtungen. Betonartige Strukturen mit absoluter Wassersperre können dabei auftreten. Bei Einzelkorngefüge kann durch Auflockerung diese Verdichtung wieder aufgehoben werden.

● **Poren**

Im Boden sind Poren in unterschiedlicher Größe vorhanden. Sie haben in Abhängigkeit von ihrer Größe einen unterschiedlichen Einfluß auf den Wasserhaushalt. In Tabelle 3.2.1.3/1 sind die Bezeichnung der Poren und ihre Funktion aufgeführt.

Entscheidend für die vegetationstechnische Eignung eines Bodens bezogen auf Wasserhaltevermögen und Wasserdurchlässigkeit ist somit nicht das Gesamtporenvolumen, sondern vielmehr seine Gliederung. Nach Scheffer-Schachtschabel (1984) weisen Sand, Lehm, Ton sowie Torfe die in Tabelle 3.2.1.3/2 aufgeführte mittlere Porenraumgliederung in Volumen-Prozent auf.

Besondere Bedeutung kommt bei der vegetationstechnischen Beurteilung eines Oberbodens den Mittel- und Grobporen zu, denn die Pflanzenwurzeln

Tab. 3.2.1.3/1 Bezeichnung und Funktion der Poren

Bezeichnung	Funktion	⌀ in mm
Grobporen	schnell dränend	0,05
Mittelporen	langsam dränend, zum Teil pflanzenverfügbares Wasser	0,05–0,01
Feinporen	Speicherraum für pflanzenverfügbares Wasser	0,01–0,0002
Feinstporen	Totwasser, nicht pflanzenverfügbar	0,0002

Tab. 3.2.1.3/2 Porenraumgliederung verschiedener Bodenarten. Angaben in Volumen-Prozenten (nach Scheffer-Schachtschabel)

Bodenart	GPV	schnell dränende Poren	langsam dränende Poren	Fein- und Mittelporen
Sand	35–50	20–40	2–12	2–8
Lehm	37–53	5–25	8–22	10–20
Ton	40–56	3–13	5–15	20–40
Torf, schwach zersetzt	90–97	15–25	20–30	25–45
Torf, stark zersetzt	70–90	3–8	15–25	35–60

können nur in solche Poren dringen, in denen ein Gasaustausch möglich ist. Ihr Anteil am Gesamtporenvolumen ist abhängig von der Bodenart und nimmt mit zunehmendem Tongehalt auch bei natürlicher Lagerung ab.

Grob- und Mittelporen, die die Dränung eines Bodens übernehmen, unterliegen während der Baumaßnahmen und bei Nutzung von Vegetationsflächen durch Sport, Spiel oder Befahren einer Veränderung, die von der Bodenart, dem Zeitpunkt der Bearbeitung und von Zeitpunkt und Intensität der Nutzung abhängig ist. Allgemein tritt eine Verkleinerung der Grob- und Mittelporen ein und damit eine Zunahme der Fein- und Feinstporen. Während der Verkleinerung der Grobporen im Zuge der Baumaßnahme durch die Wahl der richtigen Geräte und Bearbeitungszeit begegnet werden kann, besteht diese Möglichkeit bei Spiel- und Parkplatzrasen in der Praxis nicht. Bindige Böden, also Lehm- und Tonböden, erfahren durch stampfende Bewegung beim Spiel und rollend knetende Bewegung beim Befahren die bestmögliche technische Verdichtung, denn im Erdbau wird durch stampfende und knetende Verdichtung die Luft aus den Grobporen gepreßt und so die größtmögliche Lagerungsdichte erzielt. Derartig verdichtete Böden weisen keinerlei Wasserdurchlässigkeit mehr auf.

3.2.2 Plastische Eigenschaften

Die Kenntnis der plastischen Eigenschaften eines Bodens ist für die Bewertung bindiger Böden – ergänzend zu der Kornverteilungskurve – zwingend erforderlich, denn aus Korngrößenverteilung und den plastischen Eigenschaften lassen sich die wichtigsten Aussagen über die Eignung, das Verhalten und die Bearbeitbarkeit eines Bodens ableiten.

Bindige Böden werden im Gegensatz zu nichtbindigen Böden mit zunehmendem Wassergehalt immer weicher bzw. mit abnehmendem Wassergehalt immer härter und fester. Die verschiedenen Konsistenzen (Zustandformen) werden durch die Konsistenzgrenzen (Grenzwassergehalte) voneinander getrennt (siehe Kap. 2.4.5.3).

Aus den Konsistenzgrenzen und insbesondere der Plastizitätszahl lassen sich Aussagen gewinnen, dic cinen wesentlichen Schlüssel zur Beurteilung eines bindigen Bodens in bezug auf die Witterungsanfälligkeit, den sinnvollen Einsatzbereich und vor allem die Termingestaltung für Bauvorhaben darstellen.

3.2.2.1 Konsistenzzahl

Um Schäden am Oberboden zu vermeiden, sollte zum Zeitpunkt der Bearbeitung eine Konsistenz vorliegen, bei der der Boden krümelt. Diese Zustandsform, d.h. die Konsistenz zum Zeitpunkt einer Untersuchung, läßt sich durch die Konsistenzzahl ausdrücken (siehe Kap. 2.4.5.3). Der Zusammenhang zwischen der Konsistenzzahl I_c und den Wassergehalten ist in Tabelle 3.2.2.1/1 dargestellt. Eine Konsistenzzahl kleiner als Null (also negativer Rechenwert) kennzeichnet den zähflüssigen Zustand, eine Konsistenzzahl zwischen Null und 1 einen als knetbar, formbar zu bezeichnenden Zustand und eine Konsistenzzahl von mehr als 1 den halbfesten Zustand.

Der als knetbar bezeichnete Bereich wird noch in drei weitere Teilbereiche unterteilt:
a) »breiig«: Die Konsistenzzahl liegt zwischen Null und 0,25. Der Boden weist eine zu geringe Festigkeit auf, er ist somit nicht bearbeitbar. (0 bis 0,5 nach DIN 18 122)
b) »weich«: Die Konsistenzzahl liegt zwischen 0,25 und 0,75. Bei einer Bearbeitung würde der Boden verschmieren. Eine Bearbeitung für vegetationstechnische Zwecke schließt sich somit aus. (0,5 bis 0,7 nach DIN 18 122)
c) »steif«: Die Konsistenzzahl liegt zwischen 0,75 und 1,0. Weil bei schwachbindigen Oberböden das Sand- bzw. Kieskorngerüst des Bodens schon einen Großteil der Lasten aufnehmen kann und damit eine Schädigung des Bodengefüges weitgehend ausgeschlossen werden kann, wird man solche Böden meist schon bei derartiger Konsistenz bearbeiten können. Der beste Bodenzustand liegt somit vor, wenn die Konsistenzzahl gleich oder größer 1 ist, der Wassergehalt zur Zeit der Prüfung und vor allem bei der Bearbeitung also gleich oder kleiner als w_p ist. In diesem Zustand krümelt der Boden bei der Bearbeitung.

3.2.2.2 Bewertung von Oberboden aus den plastischen Eigenschaften

Die vegetationstechnischen Eigenschaften bindiger Böden verändern sich fast immer durch die Bearbeitung – und fast nie zu Gunsten des Bodens. Die Gefahr von schweren, nur langfristig und mit großem Aufwand zu beseitigenden Schädigungen des Bodengefüges besteht insbesondere dann, wenn Böden in zu hohen Konsistenzbereichen bearbeitet werden. Die Gefügeschädigung, insbesondere die Zerstörung der Poren, beeinträchtigt den Wasser- und Lufthaushalt, die biologische Aktivität und behindert dadurch die Durchwurzelung des Bodens. Bei der Bearbeitung des Oberbodens in einem zu weichen Zustand können durch die Belastung Korntrennungen des Kornhaufwerks erfolgen. Hierbei werden Feinkornanteile, in erster Linie Feinschluff und Ton hauptsächlich an der Oberfläche der bearbeiteten Schicht angelagert. Diese dünnen Schichten sind extrem luft- und wasserundurchlässig. Sie wirken sich, sofern sie nicht beseitigt werden, als Sperrschicht aus.

Auch der Einsatz ungeeigneter Geräte kann zu Schäden in Form von verstärkten, tiefreichenden Verdichtungen führen.

In beiden Fällen werden vorwiegend die ohnehin bei bindigen Böden nur gering vorhandenen Grob-, Mittel- und Feinporen zerstört. Damit entsteht ein Boden, der fast nur noch Feinstporen mit ihren vegetationstechnisch so schlechten Eigenschaften aufweist. Eine Bearbeitung des Oberbodens in einem geeigneten Konsistenzbereich ist deshalb so wichtig, weil eine einmal einge-

Tab. 3.2.2.1/1   Zusammenhang zwischen der Konsistenz I_c und den Wassergehalten

Konsistenz (Zustandsform)	Konsistenzgrenze (Grenzwassergehalt)	Wassergehalt zur Zeit der Prüfung	Konsistenzzahl I_c
zähflüssig		beliebig hoch $w > w_1$	$I_c < 0$ (negativ)
	Fließgrenze w_1	$w = w_1$	$I_c = 0$
breiig			$I_c = 0$ bis $0,25$
weich			$I_c = 0,25$ bis $0,75$
steif			$I_c = 0,75$ bis $1,0$
	Ausrollgrenze w_p	$w = w_p$	$I_c = 1,0$
halbfest			
	Schrumpfgrenze w_s	$w < w_p$	$I_c > 1,0$
fest		$w = 0$	

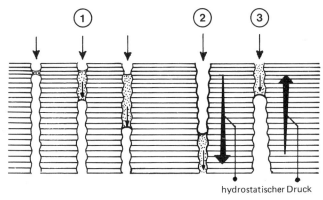

Abb. 3.2.3.1/1   Der hydrostatische Druck in Abhängigkeit von der Porengröße

Abb. 3.2.3.1/2   Die Richtung des hydrostatischen Druckes in Abhängigkeit von der horizontalen Porenraumgliederung

tretene Verdichtung nur bei bindigen Böden mit geringem inneren Zusammenhang (Kohäsion) rückgängig gemacht werden kann. Das sind Böden mit einem möglichst geringen, besser fehlenden Ton- und Feinschluffanteil und möglichst hohem Grobschluff- und Sandanteil. Bei tonreichen Böden bringt eine nachträgliche Lockerung lediglich große Klüfte zustande, die vegetationstechnisch ohne Wert sind und bei nachfolgender Belastung, z.B. auf Spielwiesen, sofort wieder zugedrückt werden.

Was für den Oberboden gilt, ist in gleicher Weise auch beim Baugrund zu bedenken. Starke Verdichtungen des Unterbodens und Gefügezerstörungen wirken sich besonders bei Störung der Wasserdurchlässigkeit oder bei absolutem Wasserstau direkt auf die Vegetation aus.

3.2.3   Wasserdurchlässigkeit

3.2.3.1   Die Wasserbewegung im Boden

In dem Drei-Phasen-System Boden – Wasser – Luft erfolgt die Wasserbewegung durch
a) die Kapillarität
b) die Schwerkraft
Das Kapillarsystem eines Bodens ist in Kapitel 2.4.5.13 und 2.4.5.14 erläutert. Die Aneinanderreihung der Poren ergibt Kapillare unterschiedlichen Durchmesser, in denen Wasser von einer freien Wasserfläche hinweg soweit bewegt wird, bis ein Gleichgewicht zwischen Adsorptions- und Kapillarkräften einerseits und Kohäsions- und Gravitationskräften (Schwerkraft) andererseits herrscht (Abb. 3.2.3.1/1+2). Entscheidende Voraussetzungen für die Wasserbewegung sind also die im Boden und Wasser wirksamen Kräfte, die unterschiedliche Potentiale erzeugen. Ein wasserungesättigter Boden hat ein sog. hohes negatives Potential, das Potential einer freien Wasserfläche ist gleich 0.

Das Wasser bewegt sich nun dem hydrostatischen Druck entsprechend vom Punkt höheren Potentials zu einem solchen mit niedrigem Potential. In unserer Darstellung wird also das Wasser von der freien Wasserfläche (Potential = 0) in die ungesättigten Kapillare (niedriges Potential) gezogen, bis ein Ausgleich eingetreten ist. Umgekehrt verläuft dieser Vorgang, wenn ein Boden von oben durch Niederschläge befeuchtet wird. Von einem bestimmten Sättigungspunkt an wird der hydrostatische Druck höher als der atmosphärische. Im Verhältnis zu einem Grundwasserspiegel oder ungesättigten Boden herrscht in der oberen Bodenzone ein positives Potential. Es entsteht dann ein nach unten gerichteter hydrostatischer Druck. Das Wasser bewegt sich nach unten, es wird in die ungesättigten Poren eingesogen. Man nennt dieses eine »ungesättigte Wasserbewegung«, bei der das Drei-Phasen-System Boden – Wasser – Luft noch besteht. Wird jedoch so viel Wasser hinzugegeben, daß alle Poren mit Wasser gefüllt sind, entsteht das Zwei-Phasen-System Boden – Wasser, in dem eine Wasserbewegung nur noch der Schwerkraft folgend möglich ist. Wir sprechen dann von einer »gesättigten Wasserbewegung«.

Wird in der Vegetationstechnik nach der Wasserdurchlässigkeit eines Bodens gefragt, dann versteht man darunter die vertikale Versickerung von Oberflächenwasser in tiefere Bodenschichten.

3.2.3.2   Laboruntersuchung

Die Wasserdurchlässigkeit ist eine komplexe Größe. Sie wird durch die Bestimmung des Wasserschluckwertes k* mod festgestellt. Dazu wird der zu untersuchende Boden in feuchtem Zustand in einer Schicht von 15 cm Dicke in ein zylindrisches Gefäß gefüllt, auf dessen Blindboden sich ein Drahtsieb befindet. Mit 12 Schlägen wird das Prüfgut verdichtet. Danach stellt man den Zy-

linder auf ein Maschensieb, setzt auf die Oberfläche des Prüfgutes zwei auf einem Drahtring befestigte Meßspitzen mit einer Höhendifferenz von 1 cm und füllt das Gefäß mit Wasser. Nach vollständiger Wassersättigung wird nun die Zeit gemessen, die vergeht, bis der Wasserspiegel um den einen Zentimeter zwischen den Meßspitzen gesunken ist. Der modifizierte Wasserschluckwert wird in cm/s angegeben und errechnet sich aus der Formel

$$\text{mod } k^* = \frac{1}{t} \cdot \frac{h}{h + 4,0}$$

h = Höhe des verdichteten Prüfgutes in cm

t = Zeit für das Absinken des Wasserspiegels von der oberen zur unteren Meßspitze in Sekunden.

Abbildung 3.2.3.2/1 zeigt das Schema der Prüfung.

3.2.3.3   Felduntersuchungen

Durch Zeigerpflanzen kann man Vernässungen, die durch Verdichtungen der Oberfläche oder auch unter der Oberfläche hervorgerufen werden, feststellen. Es handelt sich dabei in der Regel um Staunässe, doch Grundwassereinfluß kann nicht immer ausgeschlossen werden. Rückschlüsse auf die

Abb. 3.2.3.2/1   Versuchsanordnung zur Messung der Wasserdurchlässigkeit

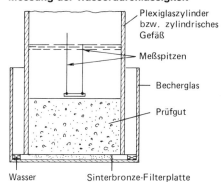

Wasserdurchlässigkeit sind jedoch nicht möglich. Zeigerpflanzen in diesem Sinne sind: Flechtstraußgras *(Agrostis stolonifera)*, Gänsefingerkraut *(Potentilla anserina)*, Gemeines Rispengras *(Poa trivialis)*, Huflattich *(Tussilago farfara)*, Kriechender Hahnenfuß *(Ranunculus repens)*, Krötenbinse *(Juncus bufonius)*, Liegendes Mastkraut *(Sagina procumbens)*, Rasenschmiele *(Deschampsia caespitosa)*

3.2.3.4 Bewertung aus der Durchlässigkeit

Zur Beurteilung der Aussagefähigkeit des mod k*-Wertes ist zunächst zu beachten, daß der Wasserschluckwert die Versickerungsrate in wassergesättigtem Zustand ist und die Bestimmung an einer gestörten Bodenprobe im Labor, in unbewachsenem Zustand und vor der Baudurchführung vorgenommen wird. Insofern erhält man nur eine beschränkte Aussage, bei der die biologischen Vorgänge und baubedingte Störungen unberücksichtigt bleiben, ebenso die ungesättigte Wasserbewegung.

Entscheidend für die gesättigte Wasserbewegung ist der Anteil an dränenden Poren. Eine Versickerung kann nur durch Grobporen erfolgen, in Mittel- und Feinporen findet keine Versickerung statt. Das Verhältnis von Grob- zu Mittel- und Feinporen spielt deshalb für die Wasserdurchlässigkeit aber auch für die Wasserversorgung der Pflanzen eine große Rolle. Es ist zunächst einmal von der Bodenart abhängig, wobei sowohl die Korngrößenverteilung als auch die Strukturen eine wesentliche Rolle spielen. In natürlich gewachsenen Böden haben sich im Laufe der Zeit gröbere Kapillare aufgebaut, in denen die Wasserbewegung stattfindet. Jede Bodenbewegung und Bodenbearbeitung zerstört nun diese gewachsenen Strukturen. Störungen in diesem Sinne sind auch Belastungen durch bodenbearbeitende Geräte, Spiel und Sport. Die dadurch verursachten Bodenverdichtungen führen zu einer Verkleinerung der Poren und zu einer Verschiebung der Porengrößenverteilung zum Feineren hin. Die Abnahme der Grobporen bei gleichzeitiger Zunahme der Mittel- und Feinporen ergibt eine Abnahme der Wasserdurchlässigkeit und eine Zunahme des Wasserrückhaltevermögens und damit u.U. sogar Bildung von Staunässe. Die Belastung kann zu völligem Porenverschluß und zur Zerstörung der Bodenstrukturen führen.

Um derartige Verschlechterungen zu vermeiden, werden an die Durchlässigkeit von belasteten Flächen höhere Anforderungen gestellt (siehe Tab. A 3.2.3.4/1 im Anhang).

Der Umfang der Belastung wird bei Rasenflächen, die nicht direkt als Sportflächen einzustufen sind, je nach Situation sehr unterschiedlich sein. Deshalb muß man schon zum Zeitpunkt der Planung überlegen, welche Durchlässigkeitsanforderungen sinnvoll sind. Mit einer geringeren Wasserdurchlässigkeit kann man auskommen, wenn durch bestimmte Nutzungsbeschränkungen eine Belastung in besonders feuchtem Zustand ausgeschlossen werden kann. Das ist bei öffentlichen Grünflächen durchaus der Fall, weil Freizeitsport in der Regel nicht bei Regen betrieben wird. Wird aber eine schnelle Wiederbenutzbarkeit, also eine Benutzung vor Abzug des Überschußwassers, verlangt, dann ist ein hoher mod k*-Wert unverzichtbar, um Schäden zu verhindern.

Bei untergeordneten Spiel- und Tummelplätzen kann man durch Oberflächenneigungen von mindestens 3% eine geringere Durchlässigkeit des Bodens kompensieren, weil dann ein Teil des Wassers oberflächlich abfließt, bevor es in den Boden eindringen kann.

Für Drän- und Filterschichten wird ein erheblich größerer mod k*-Wert verlangt, weil nicht nur eine vertikale, sondern auch eine horizontale Wasserbewegung zu einer Vorflut in Form der Dränung oder Sickergrube erfolgen soll. Diese Tatsache darf jedoch nicht dazu verleiten, aus Sicherheitsgründen nun eine besonders hohe Durchlässigkeit z.B. durch Verwendung von Grobsand oder Kies für die Dränschicht zu schaffen. In solchen Fällen kommt es zu einem kapillaren Bruch zwischen Vegetationstragschicht und Dränschicht. Darunter versteht man die Tatsache, daß das Wasser aus der normalerweise feinporigeren Vegetationsschicht wegen des fehlenden kapillaren Anschlusses nur

noch in gesättigtem Zustand abfließen kann. Das führt zu Erscheinungen in der Vegetationsschicht, die der Staunässe ähneln und nicht nur Schäden bei belasteten Flächen verursachen, sondern auch bei anderen Vegetationsflächen, wenn sie über längere Zeit in gesättigtem Zustand verbleiben. Die Staunässe infolge Sättigung tritt insbesondere in Monaten mit geringer Verdunstung auf. Der Schaden ergibt sich bei unbelasteten Vegetationsflächen durch das Fehlen von Sauerstoff im Wurzelbereich.

Im Sportplatzbau werden deshalb in der Regel Dränschichten aus einem feinsandreichen Sand oder feinsandreichen Kiessand hergestellt. Mit ihnen kann man den kapillaren Anschluß an die Vegetationsschicht gewährleisten und damit auch die ungesättigte Wasserbewegung, die für eine funktionierende belastbare Vegetationsschicht unerläßlich ist. Ein kapillarer Bruch läßt sich vermeiden, wenn beim Übergang zwischen den einzelnen Schichten die Filterregeln beachtet werden.

Die durch Zeigerpflanzen feststellbare Vernässung eines Standortes ist in der Regel durch einen zu geringen Anteil an wasserführenden Poren in oberen oder tieferen Bodenschichten und die damit zusammenhängende geringere Wasserdurchlässigkeit verursacht. Sie entsteht aus mechanischer Verdichtung durch Tritt- und Fahrspuren, aus Verlagerung feinerer Bodenteile (Ton, Schluff, feine organische Substanz) oder zu geringer biologischer Aktivität. Häufig finden sich auch Vernässungen in abflußlosen Senken mit einer im Verhältnis zur Wasserzufuhr zu geringen Versickerungsrate. Aus dieser Situation kann sich ein Feuchtbiotop gebildet haben.

Tab. 3.2.4/1 Mittlerer aktiver geschlossener Kapillarsaum über Grundwasserspiegel (nach Kuntze, Niemann, Roeschmann, Schwerdtfeger in »Bodenkunde«, Ulmer-Verlag 1981)

Bodenart	Kapillarsaum über GW-Spiegel in cm
kiesiger Sand	10
Mittelsand, kaum zersetzter Torf	20
Feindsand, schwach lehmiger Sand, lehmiger Ton, schwach schluffiger Ton, Ton	30
schluffiger Sand, stark lehmiger Sand, sandiger Lehm, schluffiger Ton, schwach zersetzter Torf	40
Lehm, stark schluffiger Ton	50
toniger Schluff, lehmiger Schluff, mittelstark zersetzter Torf	60
sandiger Schluff, Schluff, stark zersetzter Torf	70

Im Rahmen einer Planung sollte deshalb geprüft werden, ob im Sinne der Erhaltung des Landschaftsbildes eine Sicherung derartiger Biotope geboten oder zweckmäßig ist.

Bei baubedingten Störungen stellen sich Zeigerpflanzen je nach Situation erst nach längerer Zeit ein, sie sollten aber auch schon bei vereinzeltem Auftreten beachtet werden. Auf jeden Fall sind sie ein wesentliches Indiz bei der Unterhaltung von Freiflächen, denn sie charakterisieren diesen Standort. Man kann nun durch entsprechende Maßnahmen die Ursachen dieser Nässe beseitigen oder aber auch den eingependelten Zustand aus ökologischen Gründen tolerieren und evtl. durch Umnutzung oder eine oft preisgünstigere Anpassung der Begrünung ein stabiles Biotop erreichen, dessen Unterhaltung u. U. keinerlei Kosten verursacht.

3.2.4 Grundwasserstand

Grundwasser ist unterirdisches, freies, nicht gebundenes Wasser, das sich über einer wasserundurchlässigen Grundwassersohle ansammelt und die Hohlräume des Bodens zusammenhängend ausfüllt. Es ist ständig vorhanden, unterliegt aber jahreszeitlichen Schwankungen mit einem Hochstand zum Ende des Winters und einem spätsommerlichen Tiefstand. Trotz dieser Schwankung des Grundwasserstandes findet stets eine Aufnahme und Verteilung des Sickerwassers statt. Diese Verteilung geschieht durch das Fließen des Grundwassers, dessen Gefälle meistens annähernd dem Relief der Bodenoberfläche bzw. dem Schichtenverlauf folgt oder zu einem Quellhorizont führt.

Grundwasser darf nicht verwechselt werden mit Stauwasser, bei dem es sich um durch die Oberfläche eingesickertes Wasser handelt, das über einem teil- oder undurchlässigen Stauhorizont aufgestaut ist und dessen Stauhöhe von der Niederschlagsmenge und der Versickerungsrate der stauenden Bodenschicht abhängt. Es ist nur zeitweise vorhanden, weil es der Verdunstung durch Witterung und Pflanzen unterliegt. Bei geringer Versickerungsrate und starkem Wasserandrang von oben kommt es zu einer vollen und langfristigen Wassersättigung bis in die obersten Bodenschichten und damit zu einer absoluten Entlüftung.

Über jedem freien Grundwasserspiegel liegt noch ein geschlossener Kapillarsaum, in dem alle Poren mit Wasser gefüllt sind. Die Ausdehnung des geschlossenen Kapillarsaumes hängt von der Bodenart ab. Über die kapillare Wasserbewegung wird im Kapitel 3.2.3 be-

richtet. Durch die Adhäsions- und Kapillarkräfte des Bodens wird das freie Grundwasser nach oben gezogen in Abhängigkeit von der Saugspannung der jeweiligen Bodenart. Je mehr Feinporen ein Boden hat, desto höher ist die kapillare Steighöhe. Aus Tabelle 3.2.4/1 ist die unterschiedliche Steighöhe in Abhängigkeit von der Bodenart ersichtlich. In engem Zusammenhang mit der Steighöhe steht auch die Geschwindigkeit des Steigens. Bei einem Lehmboden kann man einen langsamen, aber hohen Anstieg beobachten, bei einem Sandboden kann man von einem schnellen, aber nur geringen Anstieg ausgehen. Abweichungen von den Werten der Tabelle sind möglich, insbesondere nimmt die kapillare Steighöhe mit der Lagerungsdichte und damit auch mit einer durch Baubetrieb verursachten Bodenverdichtung zu.

3.2.4.1 Felduntersuchung

Der Grundwasserspiegel wird wasserwirtschaftlich als Wasserspiegel in Brunnen oder Beobachtungsrohren nach Druckausgleich mit dem Grundwasser definiert. Zur Feststellung seiner Höhe unter NN sind also Schürfgruben auszuheben oder Bohrlöcher anzulegen.

3.2.4.2 Wertung aus dem Grundwasserstand

Grundwasser ist für das Pflanzenwachstum ein begrenzender Faktor, weil alle Pflanzen unterschiedliche Ansprüche an Durchlüftung und Wasserversorgung stellen. Je höher der Grundwasserstand ist, desto begrenzter ist das für die Bodenatmung zur Verfügung stehende Bodenvolumen.

Aufgrund der Ergebnisse der Voruntersuchung wird der Planer die geeigneten Pflanzen aussuchen. Man spricht dann von standortgerechten Pflanzen. Bei der Auswahl von Großgehölzen muß vor allem bei bindigen Böden bedacht werden, daß die Standfestigkeit dieser Pflanzen infolge der ständigen Durchfeuchtung und des damit verbundenen plastischen Zustandes oder des Verlustes an scheinbarer Kohäsion des Bodens erheblich gemindert ist.

Bei belastbaren Vegetationsflächen kann eine Festlegung eines Höchstwasserstandes unter Geländeoberfläche (siehe Tab. A 3.2.4.2/1 im Anhang) sinnvoll sein. Bei der Wertung einer solchen Begrenzung muß jedoch bedacht werden, daß die Böden unterschiedliche kapillare Steighöhen aufweisen. Durch die Begrenzung auf einen Höchstwasserstand soll verhindert werden, daß die Tragfähigkeit des Baugrundes und der belastbaren Vegetationsschicht infolge

stärkerer Durchfeuchtung verringert wird. Ein auf 60 cm Tiefe festgelegter Grundwasserstand kann bei bindigen Böden, die von Natur aus einen hohen kapillaren Wasseranstieg aufweisen, schon zu hoch sein, während bei schwach oder nichtbindigen Böden ein höherer Grundwasserstand ohne Beeinträchtigung der Tragfähigkeit durchaus möglich ist.

In die Planungsüberlegungen sollte man dann noch einbeziehen, daß grundwassernahe Bodenschichten langsamer erwärmen und dadurch den Standort für verschiedene Pflanzen einengen.

Im Gegensatz zur Grundwassernähe, auf die sich der Planer durch entsprechende Pflanzenauswahl einstellen kann, steht die Staunässe. Nur wenige Pflanzen, wie z. B. die Erle, vertragen über längere Zeit Staunässe. Die meisten Pflanzen sterben ab, weil ihnen wegen der absoluten Entlüftung des Bodens der Sauerstoff für die Wurzelatmung fehlt.

3.2.5 Gehalt an organischer Substanz

3.2.5.1 Humusformen und chemisch-biologische Vorgänge im Boden

Das Vorhandensein organischer Substanz ist ein wesentliches Merkmal für einen Oberboden, denn nur eine mit lebender und toter organischer Substanz durchsetzte Verwitterungsschicht gestattet natürliches Pflanzenwachstum. Die organische Substanz setzt sich im allgemeinen aus etwa 10 % Pflanzenwurzeln, 85 % toter organischer Substanz und 5 % Bodenflora und Bodenfauna (Edaphon) zusammen. Nach dem Absterben werden die Überreste der Pflanzen und Bodenorganismen biochemisch ab-, um- und neu aufgebaut. Die als Humus bezeichneten pflanzlichen und tierischen Rückstände färben den Boden dunkel und beeinflussen in besonderem Maße die physikalischen, chemischen und biologischen Eigenschaften des Bodens. Je nach Gehalt an organischer Substanz werden Böden gemäß Tabelle 3.2.5.1/1 als schwach humos, mäßig humos, stark humos, sehr stark humos, anmoorig oder als Moorboden bezeichnet.

Humus kann leicht zersetzbar in Form von Nichthuminstoffen (unveränderte Ausgangsstoffe) oder in Form von schwer zersetzbaren Huminstoffen mit hohem Ligningehalt vorliegen, die durch Humifizierung, d. h. Neubildung von bodeneigenen organischen Substanzen aus Zwischen- und Endprodukten der Mineralisierung aufgebaut wurden. Mineralisierung bedeutet Abbau

Tab. 3.2.5.1/1 Bezeichnung von Böden in Abhängigkeit von dem Anteil an organischer Substanz

Bezeichnung	Gehalt an organischer Substanz in Gew. %
schwach humos	bis 2
mäßig humos	2– 4
stark humos	4–10
sehr stark humos	10–15
anmoorig	15–30
Moorboden	über 30

der organischen Substanzen bis zu den Endprodukten CO_2, H_2O, NH_3, P, K, Ca. Der mikrobielle Abbau geschieht am leichtesten bei niedermolekularen Kohlehydraten, es folgen Polysaccharide wie Pektin und Zellulose. Lignin, das besonders in älterer Pflanzensubstanz vorliegt, hemmt den mikrobiellen Abbau.

Grad und Intensität des Ab- und Umbaues ist u. a. abhängig von der Temperatur und Feuchtigkeit, sowie dem Sauerstoffgehalt, pH-Wert und Nährstoffverhältnis im Boden.

Von besonderer Bedeutung ist die Erkenntnis, daß im Boden chemisch-biologische Prozesse ablaufen, die zur Oxidation und Reduktion von Stoffen führen. Die Oxidation eines Stoffes ist stets mit der Reduktion eines anderen gekoppelt. Die entsprechenden Reduktions-Oxidations-Reaktionen werden Redoxreaktionen genannt. Unter Oxidation versteht man allgemein die Abgabe von Elektronen (e^-) verbunden mit Sauerstoffaufnahme, Wasserstoffabgabe und Erhöhung der Wertigkeit. Die Reduktion ist der umgekehrte Vorgang der Oxidation. Der Elektronen aufnehmende Stoff wird durch die Aufnahme von Elektronen reduziert. Auf dieser Seite ist ein Beispiel eines solchen Redoxsystems dargestellt.

Bei der Oxidation wird z. B. Ammonium (NH_4^+) zu Nitrat aufoxidiert. Die Oxidationsstufe des Stockstoffs erhöht sich von 3– auf 5+. Durch Reduktion bilden sich aus Sulfaten (SO_4^{2-}) Schwefel oder Schwefelverbindungen, in denen Schwefel zweifach negativ ist, wie

Schwefelwasserstoff (H_2S) oder Schwefeleisen (FeS). Die Oxidationsstufe des Schwefels verringert sich von 4+ auf 2–.

Die oxidierende bzw. reduzierende Arbeit, d. h. die Elektronenauf- und -abnahme, die in einem Redoxsystem geleistet wird, bezeichnet man als das Redoxpotential (ROP). Je höher das ROP, desto stärker ist die Oxidationskraft. Das Redoxpotential des Bodens oder der einzelnen Bodenhorizonte ist das Gesamtpotential aller dort wirksamen Redoxsysteme. Hohe Potentiale finden sich in gut durchlüfteten Böden mit sauerstoffreicher Bodenlösung und hohen Anteilen oxidierter Verbindungen (Fe- und Mn-Oxide und Hydroxide, Nitrat- und Sulfat-Ionen).

Niedrige Potentiale kennzeichnen Böden mit hohem Anteil an reduzierten Verbindungen. Sie bilden sich bei Sauerstoffmangel bei Vorhandensein leicht umsetzbarer organischer Substanz als Nahrung für Mikroorganismen. Aerobe Mikroorganismen verbrauchen bei der Atmung zunächst den freien Sauerstoff. Gleichzeitig oder anschließend reduzieren anaerobe Mikroorganismen Verbindungen höherer Oxidationsstufen wie Nitrate oder Sulfate. Sie benutzen diese Verbindungen an stelle des Sauerstoffs bei der Atmung. Die Redoxpotentiale sinken weiter ab.

Die mehr oder weniger wechselnden Redoxpotentiale des Bodens werden bestimmt durch die unterschiedliche Sauerstoffversorgung z. B. in Abhängigkeit von der Bodendichte, dem Wasserhaushalt und der Tiefenlage der einzelnen Bodenhorizonte, und durch die wechselnde Versorgung der Bodenorganismen mit zersetzbarer organischer Substanz.

3.2.5.2 Laboruntersuchungen

Der Gehalt an organischer Substanz von Feinböden kann im Labor nur bei ton- und karbonatfreien Böden durch Veraschung bei 550°C gemäß DIN 19684 Blatt 32 genau bestimmt werden. In allen anderen Fällen wird er analytisch mittels einer nassen Oxidation aus dem analytisch ermittelten Kohlenstoff (C) – Gehalt oder durch Wägung errechnet.

● **Bestimmung des Glühlustes**

Eine Probemenge von 5 bis 15 g getrockneten Bodens wird einer Temperatur von 550°C bis 1000°C ausgesetzt. Dabei verbrennen die organischen Bestandteile. Der dabei entstehende Gewichtsverlust wird auf die Gesamtprobe bezogen.

● **Nasse Oxidation**

Hierunter wird verstanden, daß alle organischen Bestandteile einer vorher getrockneten Bodenprobe durch Zugabe von 30%igem Wasserstoffsuperoxid (H_2O_2) naß verbrannt (oxidiert) werden. Durch Wägung wird der Gewichtsverlust bestimmt und auf die Gesamtprobe von bis zu 1000 g bezogen.

Bei der Chromat-Methode wird der Kohlenstoffgehalt chemisch ermittelt und in Anteilen bezogen auf die Gesamtprobe angegeben.

3.2.5.3 Felduntersuchungen

● **Farbansprache**

Aus der Farbe des Bodens läßt sich auf den Anteil an organischer Substanz schließen, ohne daß die absolute Menge zu ermitteln wäre. Je dunkler ein Boden ist, desto höher ist meistens der organische Anteil. Grobkörnige Böden verfärben sich leichter als feinkörnige. In reinen Mineralböden kann die Dunkelfärbung (grau bis schwarz) aber auch von Mangan- oder Eisenverbindungen herrühren. Eine richtige Farbansprache ist nur an frischen Bruchflächen bei vollem Tageslicht möglich.

● **Riechversuch**

Organische Böden weisen in feuchtem Zustand meistens einen deutlich modrigen Geruch auf. Bei Erhitzung wird er noch deutlicher. Ein Geruch nach Schwefelwasserstoff weist auf verwesende faulige organische Bestandteile im Boden hin. Durch Übergießen mit verdünnter Salzsäure wird dieser Geruch noch verstärkt. Er tritt vor allem bei Mudden und frischen, nicht zersetzten Torfen auf.

Trockene anorganische Tone haben nach dem Anfeuchten einen erdigen Geruch. Aus dem Riechversuch kann man also Hinweise darauf ableiten, ob man es mit einem überwiegend anorganischen oder organischen Boden zu tun hat.

3.2.5.4 Bewertung aus der organischen Substanz

Die organische Substanz des Bodens hat einen großen Einfluß auf alle physikalischen, chemischen und biologischen Eigenschaften eines Bodens als Pflanzen-

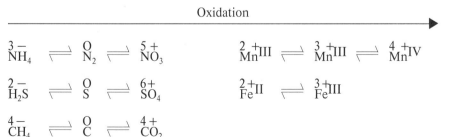

Oxidation

$$\overset{3-}{NH_4} \;\rightleftharpoons\; \overset{O}{N_2} \;\rightleftharpoons\; \overset{5+}{NO_3} \qquad \overset{2+}{Mn}III \;\rightleftharpoons\; \overset{3+}{Mn}III \;\rightleftharpoons\; \overset{4+}{Mn}IV$$

$$\overset{2-}{H_2S} \;\rightleftharpoons\; \overset{O}{S} \;\rightleftharpoons\; \overset{6+}{SO_4} \qquad \overset{2+}{Fe}II \;\rightleftharpoons\; \overset{3+}{Fe}III$$

$$\overset{4-}{CH_4} \;\rightleftharpoons\; \overset{O}{C} \;\rightleftharpoons\; \overset{4+}{CO_2}$$

Reduktion

standort und Baufläche. Nichtbindige Sandböden erhalten erst durch organische Substanz die Fähigkeit, Wasser und Nährstoffe pflanzenverfügbar zu speichern. In bindigen Böden kann sich durch Humus ein besseres Gefüge in Form von Ton-Humus-Komplexen bilden. Durch die Bodenorganismen wird organische Substanz ab-, um- und aufgebaut. Dabei entstehen einerseits reaktionsfähige Stoffe, die in neue organische oder organo-mineralische Verbindungen umgesetzt werden, und andererseits werden dabei Pflanzennährstoffe freigesetzt. Im Gegensatz zum Nährstoffstoß bei mineralischen Düngemaßnahmen werden hierbei die Nährstoffe und hier insbesondere der Stickstoff gleichmäßiger nachgeliefert. Die Nachlieferung von Stickstoff deckt jedoch nicht den Bedarf bei belasteten Vegetationsflächen oder Flächen mit hohem Dekorationsanspruch in der Pflanzenauswahl.

Für den Einfluß von organischer Substanz auf eine Baufläche ist wichtig, daß durch sie die Plastizitätszahl erweitert wird, wobei die Fließgrenze grundsätzlich angehoben wird. Die organische Substanz bildet also einen gewissen bodenstabilisierenden Puffer.

Fein verteilte organische Substanz kann in bestimmten Situationen nachteilig wirken. Es handelt sich dann meistens um feine und quellfähige organische Substanz z. B. in anmoorigen Sandböden. Die quellfähige organische Substanz verstopft bei längerer Durchfeuchtung die Poren und mindert die Wasserdurchlässigkeit. Solche Flächen sind dann nicht mehr belastbar, weil neben der mangelnden Wasserdurchlässigkeit auch die Tragfähigkeit nicht mehr ausreicht.

Für Pflanzen und insbesondere für Großbäume und Großsträucher, die in tiefe Pflanzengruben gepflanzt werden, spielen die Redoxpotentiale eines Bodens eine große Rolle. Treten z. B. durch Einbringen von Oberboden mit leicht umsetzbarer organischer Substanz in tiefere Bodenschichten bei gleichzeitig ungünstigen Wasserverhältnissen (Staunässe) und damit verbundenem Sauerstoffmangel abnehmende Redoxpotentiale auf, dann bedeutet das eine große Gefahr. Die Nährstoffaufnahme ist nämlich teilweise direkt an die Wurzelatmung gekoppelt. Bei verminderter Sauerstoffversorgung findet deshalb keine ausreichende Nährstoffaufnahme mehr statt. Daran und durch die Behinderung sauerstoffabhängiger Stoffwechselprozesse in der Wurzel können die Pflanzen zugrundegehen. Bei einem weiteren Absinken des Redoxpotentials können sich im Boden zusätzlich Pflanzengifte wie Ammoniak

und Schwefelwasserstoff oder Methan und andere organische Schadstoffe bilden. Diese wirken dann nicht selten tödlich.

Für belastbare Vegetationsflächen wird in der Regel eine Obergrenze für den Gehalt an organischer Substanz festgelegt. Der Grund ist darin zu suchen, daß zu stark mit organischer Substanz angereicherte Substrate schwammig werden und überdies die Wasserdurchlässigkeit eingeschränkt werden kann. (Festlegungen zum Gehalt an organischer Substanz siehe Tabelle A 3.2.5.4/1 im Anhang)

3.2.6 Bodenreaktion

3.2.6.1 Der pH-Wert als Kennwert

Neben den mechanischen Eigenschaften eines Bodens sind auch seine chemischen Eigenschaften von wesentlicher Bedeutung für den Pflanzenstandort und das Pflanzenwachstum. Wir sprechen von sehr stark sauren bis sehr stark alkalischen Bodenreaktionen. Kenngröße für die Bodenreaktion ist der pH-Wert. Das ist der negative Logarithmus der H^+-Konzentration. pH 1 bedeutet 1×10^{-1} oder $1/10$ g H^+/l. pH 3 bedeutet 1×10^{-3} oder $1/1000$ g H^+/l. Wenn der pH-Wert steigt, nimmt die H^+-Konzentration einer Lösung also ab. Die Bodenreaktion hängt zunächst vom Gehalt des Ausgangsgesteines an basisch wirksamen Kationen ab. Im Verlauf der Bodenentwicklung werde diese in unterschiedlicher Menge und Schnelligkeit frei. Daraus leitet sich eine unterschiedliche natürliche und für die Bodenart typische Basensättigung ab. Nach Kuntze et al. (1983) lassen sich Böden auf Grund ihrer Reaktion wie unten gezeigt einstufen.

Böden versauern von Natur aus und unter dem Einfluß der Tätigkeit des Menschen im Laufe der Zeit
1. durch saure Niederschläge, die CO_2, SO_2 und NO_x enthalten

2. durch das bei der Atmung von Bodenorganismen und Pflanzenwurzeln entstehende CO_2, insbesondere in dichtgelagerten, schlecht durchlüfteten Böden,
3. durch Entwässerung und Belüftung sulfidhaltiger Grundwasserböden infolge Oxidierung und
4. durch nicht standortgerechte Bodennutzung. So kommt es selbst über kalkhaltigem Unterboden unter der flachwurzelnden Fichte und ihrem sauren Bestandsabfall auf leichteren Böden zu einer Podsolierung, während z. B. ein Bestand aus Buchen eine Entwicklung zur Braunerde einleiten würde.

3.2.6.2 Labor- und Felduntersuchungen

Der pH-Wert wird in der Regel im Labor in einer 0,1 n-KCl-Suspension auf elektrometrischem Weg gemessen. Damit wird die größte Genauigkeit erreicht.

Weniger genau sind kolorimetrische Methoden, bei denen mit Hilfe bestimmter Indikatoren visuell auf Grund von unterschiedlicher Färbung der pH-Wert festgestellt wird. Man kennt flüssige Indikatoren und Indikatorpapiere. Nach entsprechender Aufbereitung vergleicht man die entstandene Farbe mit einer Farbskala. Die Meßgenauigkeit liegt beim Indikatorpapier bei $\emptyset$ 0,2 pH, bei flüssigen Indikatoren bei $\emptyset$ 0,5 pH.

Will man schnell feststellen, ob ein Boden oder ein Sand, den man z. B. zum Abmagern des Oberbodens verwenden will, $CaCO_3$ (Kalziumkarbonat) enthält, kann man auf der Baustelle die Salzsäureprobe anwenden. Dabei wird eine 1:3 mit Wasser verdünnte HCl-Lösung auf den angefeuchteten Boden geträufelt und aus der höhr- und riechbaren Reaktion auf den Karbonatgehalt geschlossen. Erfolgt keine Reaktion, ist der Boden karbonatfrei, starkes anhaltendes Schäumen ist ein Zeichen sehr starken Karbonatgehaltes.

Bezeichnung des Bodens	pH	Anmerkung
Hochmoorböden	unter 4	sehr stark sauer
Podsole, Moormarsch	4– 5	stark sauer
Pseudogleye, Parabraunerden		
Knickmarsch, Niedermoore	5– 6	mäßig sauer
Braunerden, Kleimarschen	6– 7	schwach sauer
Schwarzerden, Rendzinen, Kalk-		
marschen, kalkreiche Niedermoore	7– 8	schwach alkalisch
Neutralsalzböden	8– 9	mäßig alkalisch
	9–10	stark alkalisch
Alkaliböden (Solonez)	über 10	sehr stark alkalisch

Böden versauern von Natur aus und unter dem Einfluß der Tätigkeit des Menschen im Laufe der Zeit

3.2.6.3 Zeigerpflanzen

Bei ungestörten und weitgehend von Düngung und Nutzung unbeeinflußten Böden können Zeigerpflanzen einen Hinweis auf die Bodenreaktion geben. In DIN 18915 sind folgende Pflanzen erwähnt:

Stark saurer Boden:
— Ackerspörgel *(Spergula arvensis),*
— Einjähriges Knäuelkraut *(Scleranthus annuus),*
— Ausdauerndes Knäuelkraut *Scleranthus Perennis),*
— Hasenklee *(Trifolium arvense),*
— Kleiner Sauerampfer *(Rumex acetosella)*

Mäßig saurer Boden:
— Saatwucherblume *(Chrysanthemum segetum),*
— Ackerhundskamille *(Anthemis arvensis),*
— Rote Schuppenmiere *(Spergularia rubra),*
— Borstgras *(Nardus stricta)*
u.a.

Schwach saurer bis neutraler Boden:
— Echte Kamille *(Matricaria chamomilla),*
— Ackersenf *(Sinapis arvensis),*
— Gewöhnlicher Frauenmantel *(Alchemilla vulgaris),*
— Ackerhahnenfuß *(Ranunculus arvensis),*
— Erdrauch *(Fumaria officinalis),*
— Ackerfuchsschwanz *(Alopecurus myosuroides),*
— Flughafer *(Avena fatua),*
— Windhalm *(Apera spica-venti)*
u.a.

Neutraler bis schwach alkalischer Boden:
— Dreikörniges Labkraut *(Galium tricorne),*
— Adonisröschen *(Adonis flammea),*
— Blauer Gauchheil *(Anagallis arvensis)*

3.2.6.4 Wertung der Bodenreaktion

Jede Pflanzenart hat einen spezifischen pH-Bereich nötig, der bei einigen Arten sehr eng und bei anderen sehr breit ist. Artspezifische pH-Bereiche lassen sich nur bei Monokulturen einhalten. In der Regel werden im Landschaftsbau Mischkulturen angelegt. Diese sollten aber aus Pflanzen mit annähernd gleichen Ansprüchen an die Bodenreaktion bestehen. So gilt z.B. für Moorbeetpflanzen ein pH-Wert von 4,5–5,5 als anstrebenswert. Auch Rasen können noch als eine Sonderkultur mit einem pH-Bereich zwischen 5,5 bis 6,5 gelten. Diese Aussage gilt aber schon nicht mehr für naturnahe Wiesenflächen, bei

Tab. 3.2.6.4/1 Übliche pH-Werte von Acker- und Grünlandböden

Bodenart		Acker	Grünland
Böden mit weniger als 5% organische Bestandteile	Tonanteil in %	pH	pH
Sand	unter 5	5,3–5,7	4,8–5,2
lehmiger Sand	5–10	5,8–6,2	5,3–5,7
sandiger Lehm	10–15	6,3–6,7	5,8–6,2
sandiger Lehm, Löß	über 15	6,9–7,5	6,0–6,5
toniger Lehm, Ton	über 15	6,9–7,5	6,0–6,5
Böden mit mehr als 5% organische Bestandteile	org. Best. in %	pH	pH
Sand	5–10	5,2–5,0	5,2–5,0
Sand	10–20	5,0–4,8	5,0–4,8
Sand	20–30	4,8–4,6	4,8–4,6
Moor	über 30	3,8	3,8
Forstlich genutzte Böden		um 5,5	

denen die Gräser- und Kräuterauswahl wiederum u.a. reaktionsspezifisch erfolgen muß. Sommergrüne Ziergehölze mit neutralem bis alkalischem Bodenanspruch und Moorbeetpflanzen mit ihrem saurem Bodenanspruch gehören deshalb nicht zusammen in eine Mischpflanzung.

In Abhängigkeit vom Bodentyp können bestimmte Bodenreaktionen erwartet werden, sofern nicht durch Kultivierung und langjährige Nutzung mit der damit verbundenen Düngung diese typische Reaktion verändert wird. Anhalte können die Werte der Tabelle 3.2.6.4/1 geben, in der die anzustrebenden pH-Werte für Acker- und Gründlandböden bezogen auf die Bodenart aufgeführt sind (Empfehlungen der landwirtschaftlichen Untersuchungs- und Forschungsanstalten – LUFA).

Weiter hat die Bodenreaktion einen Einfluß auf die Gefügestabilität von Mineralböden. Mit Abnahme der Bodenreaktion kommt es zu Tonverlagerung, Tonmineralzerfall und Podsolierung mit dadurch bedingten Störungen des Luft- und Wasserhaushaltes. Mit steigendem pH-Wert steigt die Intensität der Verwitterung der anorganischen Bodenbestandteile und die Mineralisierung der organischen Substanz.

Weiter wird die Verfügbarkeit einzelner Nährstoffe durch den pH-Wert beeinflußt. Ein starkes Überschreiten des für den Boden optimalen pH-Bereiches, wie er in Tabelle 3.2.6.4/1 angegeben ist, führt durch Festlegung von Spurenelementen im Boden zu Mangelerscheinungen bei den Pflanzen.

Die Bodenreaktion kann durch Bodenverdichtungen z.B. infolge von Bodenbewegungen auf der Baustelle und in deren Gefolge durch Staunässe, aber auch durch Überdeckungen verändert werden. Wesentlich ist dabei die Änderung des Sauerstoffgehaltes des Bodens und sein Einfluß auf das Bodenleben und die mikrobiellen Vorgänge im Boden. Diese Veränderungen laufen grundsätzlich zum sauren Bereich hin, denn es kommt in den verdichteten oder staunassen Bodenschichten zu einer Verstopfung der organischen Substanz.

Eine Abstimmung des pH-Wertes auf die Vegetation wird vorrangig nur bei Spezialkulturen wie z.B. Containerpflanzungen, Dachgärten oder bei Monokulturen wie z.B. belastbaren Rasenflächen (Spiel- und Sportrasen) oder Moorbeetpflanzungen vorgenommen.

3.2.7 Nährstoffgehalt

3.2.7.1 Die Bedeutung der Nährstoffe

Für die Ernährung der Pflanzen sind neben H_2O und CO_2 als Hauptnährelemente N, P, K, Ca, Mg und S (Stickstoff, Phosphor, Kali, Kalk, Magnesium, Schwefel) sowie die Spurennährelemente Fe, Mn, Zn, Cu, B, Mo (Eisen, Mangan, Zink, Kupfer, Bor, Molybdän) u.a. erforderlich. Sie sind in der Regel in jedem Boden vorhanden, oft aber nicht in dem Verhältnis, das für die Ernährung der Pflanzen richtig ist oder aber in einer Form, in der die Pflanzen sie nicht aufnehmen können. Da der Boden ein dynamisches System darstellt, werden durch verschiedene Bodenaktivitäten einerseits fest gebundene in lösliche Nährstoffe, andererseits zugeführte Nährstoffe an Tonminerale oder organische Bodensubstanzen gebunden. Vor allem der Feuchtegehalt des Bodens, Wärme, Bodenreaktion und biologische Aktivität bestimmen die Pflanzenverfügbarkeit der Nährstoffe.

3.2.7.2 Laboruntersuchungen

Die Bestimmung der pflanzenverfügbaren Nährstoffe, insbesondere die der Phosphorsäure, des Kaliums und Magnesium, sowie der Spurenelemente Mangan, Kupfer und Bor wird allgemein von landwirtschaftlichen Untersuchungs- und Forschungsanstalten und Prüflabors des Landschafts- und Sportplatzbaues durchgeführt. Regeluntersuchungen sind:

1. Elektrometrische Bestimmung des pH-Wertes
2. Bestimmung des Kalkbedarfes nach SCHACHTSCHABEL
3. Bestimmung des Gehaltes an P_2O_5 und K_2O mit Hilfe der Laktatmethode nach Egner/Riehm.

Auf Wunsch werden noch folgende Untersuchungen durchgeführt:

4. Bestimmung des Gehaltes an Gesamt-Stickstoff nach KJELDAL
5. Bestimmung des Gehaltes an aufnehmbarem Stickstoff (Ammonium und Nitrat) in einem Calciumchlorid-Auszug
6. Bestimmung des Magnesiumsgehaltes in einem Calciumchlorid-Auszug
7. Bestimmung des Gehaltes an Spurenelementen.

Die Untersuchungen werden an einer repräsentativen Mischprobe von 250 g vorgenommen. Die Untersuchungsergebnisse werden in mg/100 g Boden angegeben.

3.2.7.3 Zeigerpflanzen

Bei ungestörten Böden läßt sich aus Zeigerpflanzen auf den Nährstoffgehalt schließen. In DIN 18915 sind als Zeigerpflanzen aufgeführt:

Nährstoffarmut, oft auch Versauerung im Ackerland:
- Hungerblümchen *(Erophila verna)*,
- Hasenklee *(Trifolium arvense)*,
- Kleiner Sauerampfer *(Rumex acetosella)*

u.a.

Nährstoffarmut, gewöhnlich auch Versauerung im Öd- und Brachland:
- Heidekraut *(Calluna vulgaris)*,
- Frühlingsspörgel *(Spergula vernaiis)*,
- Borstgras *(Nardus stricta)*,
- Schafschwingel *(Festuca ovina)*

u.a.

Nährstoffreicher Boden (insbesondere N):
- Große Brennessel *(Urtica dioica)*,
- Erdrauch *(Fumaria officinalis)*,
- Vogelmiere *(Stellaria media)*,
- Kleine Brennessel *(Urtica urens)*,
- Melde *(Atriplex sp.)*,
- Gänsefuß *(Chenopodium sp.)*

u.a.

3.2.7.4 Dünger und Düngerformen

Eine Zufuhr von Nährstoffen wird durch Dünger erreicht. Dabei werden organische, organisch-mineralische und mineralische Dünger unterschieden.

Die Nährstoffe der organischen Dünger müssen erst durch Mineralisierung im Boden freigesetzt werden, damit sie in Form von Ionen von den Pflanzenwurzeln aufgenommen werden können. Die Form der organischen Dünger reicht vom Stallmist über Klärschlamm und Kompost bis hin zu Düngern, in denen z.B. Traubenkerne oder Hornspäne zerkleinert und gemahlen verarbeitet sind. Sie wirken entsprechend langsam, reichern aber als Nebenwirkung den Boden mit organischer Substanz an.

In mineralischen Düngern stehen die Nährstoffe entweder in wasserlöslicher Form sofort zur Verfügung, oder sie werden nur langsam abgegeben, weil sie z.B. zitratsäurelöslich sind oder durch bestimmte Bindungsformen oder Umhüllungen als Depotdünger oder Langzeitdünger wirken. Sie werden als Ein- oder Mehrnährstoffdünger hergestellt. Als Einnährstoffdünger stehen Stickstoff (N), Phosphor (P_2O_5), Kali (K_2O) und Kali-Magnesium (K_2O^+MgO) zur Verfügung. In Mehrnährstoffdüngern sind zwei oder mehrere dieser Dünger kombiniert z.B. $P + K$, $N + K$, $N + P$ oder $N + P + K$.

In organisch-mineralischen Düngemitteln sind beide Düngerformen als Gemisch vorhanden, um neben einer langsam fließenden Nährstoffquelle auch schnelle Düngerwirkungen oder ein ausgewogenes Verhältnis der Nährstoffe zueinander zu erreichen.

Der Gehalt an Reinnährstoffen wird in einem Handelsdünger in Prozent (%) angegeben, z.B. bei einem Volldünger in der Kurzbezeichnung NPK 12:12:17. Das bedeutet, daß dieser Dünger 12% Reinstickstoff (N), 12% Phosphor (P_2O_5)

und 17% Kali (K_2O) enthält. Beispiele für Handelsdünger enthält Tabelle A 3.2.7.4/1 im Anhang. Einen Anhalt für eine ausreichende Vorratsdüngung gibt Tab. A 3.2.7.4/2 im Anhang.

3.2.7.5 Wertung der Nährstoffversorgung

Im Rahmen von Nährstoffuntersuchungen werden die vier Gehaltsgruppen niedriger, mittlerer, hoher und sehr hoher Nährstoffgehalt des Bodens unterschieden. Grundsätzlich wird bei den Vegetationsflächen des Landschaftsbaues ein ausgeglichener mittlerer Nährstoffgehalt angestrebt. Da es sich in der Regel um Mischbestände handelt, können in den Fachnormen nur generelle Richtwerte vorgegeben werden. Weil keine Grenzwerte für die einzelnen Pflanzengattungen vorliegen, kann man allenfalls Erkenntnisse der Landwirtschaft heranziehen. Tabelle 3.2.7.5/1 gibt einen Überblick über die Bewertung von Untersuchungsergebnissen.

Die Bestimmung des Nährstoffgehaltes ist im Landschaftsbau selten notwendig, weil auf den Baustellen der ursprünglich anstehende Boden während des Bauverlaufes in der Regel mehrfach umgelagert wird. Die dabei ausgelösten Veränderungen des Bodengefüges und die damit verbundenen Folgewirkungen beeinflussen auch den Gehalt an verfügbaren Nährstoffen. In die Vorüberlegungen sollten jedoch die durch die Vornutzung bestimmte Standortqualität z.B. durch Kleingärten oder Ödland und die Art und Intensität der späteren Nutzung wie z.B. intensive oder extensive ökologisch ausgerichtete Bepflanzung einbezogen werden. Nährstoffuntersuchungen können aber bei belastbaren Rasenflächen, Containerpflanzungen, Dachgärten oder Moorbeetpflanzungen in Verbindung mit der Bestimmung des pH-Wertes bedeutsam sein.

Tab. 3.2.7.5/1   Bewertung von Nährstoff-Untersuchungsergebnissen unter landwirtschaftlichen Aspekten

Nährstoff	Bodenart	Gehalt in mg/100 g Boden			
		niedrig	mittel	hoch	sehr hoch
P_2O_5	mineral. Boden	10	10–20	20–40	40
K_2O	S	< 7	7–10	11–20	> 20
	sL	< 10	10–15	15–20	> 25
	tL	< 12	12–17	17–35	> 35
	T	< 15	15–20	20–50	> 50
Mg	S	< 5	5–10	> 10	
	L	< 7	7–12	> 12	
	T	< 12	12–15	> 15	

Aus ökologischen Gründen sollte man im Landschaftsbau sparsam mit Nährstoffen umgehen, denn durch Auswaschungen werden insbesondere Wasserläufe stark belastet. Es wird ja auch kein »Ertrag« erwartet. Lediglich in der Startphase kann eine Nährstoff-Bewertung notwendig sein. Eine gute Versorgung ist dann weiter noch notwendig bei belastbaren Vegetationsflächen und Schmuck-Grün.

Zeigerpflanzen liefern unter den üblichen Baustellenverhältnissen nur beschränkt anwendbare Hinweise auf die Nährstoffversorgung. Bei Unterhaltungsarbeiten sind sie jedoch wertvolle Hinweise auf den Standort und seine Versorgung. So könnte z. B. versucht werden, eine der Zeigerpflanze entsprechende Pflanzengesellschaft durch behutsame Pflege sich entwickeln zu lassen und damit ein ökologisches Gleichgewicht in einem Biotop zu erreichen.

3.3 Allgemeine Anforderungen an den Oberboden

Aus den bisherigen Ausführungen geht hervor, daß ein Boden sehr unterschiedliche Eigenschaften haben kann. Grundsätzlich muß er für die vorgesehene Vegetation und Art der Nutzung geeignet sein. Das bedeutet, daß eine Grundabstimmung zwischen Vegetation und Boden hergestellt werden muß. Damit das geschehen kann, sollte in allen Zweifelsfällen der Boden einer Voruntersuchung unterzogen werden, damit man ihn bewerten und in eine der 10 Bodengruppen einordnen kann.

Ein Oberboden soll nicht verunreinigt sein mit toten Stoffen, die entweder die Nutzer der Vegetationsflächen schädigen können wie z. B. Bauwerksreste oder Glasscherben, oder aber das Anwachsen und die Entwicklung der Pflanzen hindern oder behindern können wie z. B. Mineralöle oder Chemikalien.

In Oberboden können auch ausdauernde Kräuter und deren Wurzeln störend sein. Hierzu gehören Quecke *(Agropyron repens)*, Huflattich *(Tussilago farfara)*, Ackerwinde *(Convolvulus arvensis)*, Giersch Geißfuß *(Aegopodium podagraria)*, Ampferarten *(Rumex)* und Gelbkresse *(Rorippa sylvestris)*. Es liegt jeweils am Einzelfall, ob diese ausdauernden Kräuter als Unkräuter einzustufen sind. Bei hochwertigen Pflanzflächen wie z. B. Stauden- oder Rosenflächen sind sie mit Sicherheit unerwünscht, weil sie vorwüchsig sind und durch Verunkrautung der Fläche das

Pflanzenwachstum stark behindern. In Oberboden für solche Flächen dürfen diese Unkräuter nicht enthalten sein.

Anders verhält es sich, wenn eine Vegetationsfläche in aller Konsequenz nach ökologischen Gesichtspunkten angelegt werden soll, z. B. eine Wiese. Hier wird u. U. eine Verkrautung ausgesprochen erwünscht sein. Auch bei Oberbodenarbeiten an Straßen können Kräuter nicht als störender Bestandteil angesprochen werden.

Sollen Rasenflächen für Spiel und Sport genutzt werden, dann stuft man sie als belastbare Vegetationsfläche ein. Für diese gibt es bestimmte Anhaltswerte bezogen auf ihre Kornverteilung, ihren Gehalt an organischen Bestandteilen, ihre Bodenreaktion, ihre Wasserdurchlässigkeit und auf die Höhe des Grundwasserstandes. Die Anhaltswerte sind in Tabelle A 3.3/1 im Anhang zu finden.

3.4 Verbesserungsmöglichkeiten

Grundsätzlich ist es erwünscht, daß die spätere Art der Begrünung bezüglich der Pflanzenauswahl auf die Bodenart und den Standort abgestimmt wird, um möglichst schnell ein natürliches ökologisches Gleichgewicht zu erreichen. Diese Wunschvorstellung steht aber oft in einem konträren Verhältnis zu der Wirklichkeit.

Diese Wirklichkeit wird einmal bestimmt durch die Zielvorstellungen, die mit einer Grünfläche bezüglich Nutzung und Aussehen verbunden sind und zum anderen durch die gravierenden Standortveränderungen, die durch die Bauarbeiten des Hoch- und Tiefbaues und durch die gestaltenden Erd- und Bodenarbeiten des Landschaftsbaues vorgenommen werden.

Die Verbesserung des Oberbodens ist darauf gerichtet, die bodenphysikalischen und bodenchemischen Gegebenheiten dem Verwendungszweck anzupassen oder Schäden, die bei Bauarbeiten oder bei der Bodenbewegung aufgetreten sind, aufzuheben, zu mildern oder eine biologische Aktivierung des Oberbodens wieder einzuleiten. Es gibt deshalb keine allgemein verbindlichen Rezepte. Die Verbesserungsmaßnahmen sind darauf auszurichten, was erreicht werden soll.

3.4.1 Verbesserung der Wasserdurchlässigkeit

Unter einer zu geringen Wasserdurchlässigkeit leiden in der Regel bindige Böden und humose Böden mit feinverteilter quellfähiger organischer Sub-

stanz. Als Verbesserung mit dem Ziel einer Erhöhung der Wasserdurchlässigkeit sind Sandeinmischungen zur Vermehrung der Grobporen und gegebenenfalls in Verbindung damit die Zugabe von Langfasertorf zur Erhöhung der ungesättigten Wasserbewegung anzusehen. Der Umfang der Verbesserung kann nur aus der Kornverteilung des Bodens abgeleitet werden. Man muß bei solchen Maßnahmen vor allem bedenken, daß zu geringe Sandmengen und zu grobe Körnungen wirkungslos bleiben, weil sie von den bindigen Bestandteilen des Bodens eingemantelt und damit wirkungslos gemacht werden (siehe dazu Kap. 2.6.3).

Einer zu geringen Wasserdurchlässigkeit kann man aber auch dadurch begegnen, daß man dem Gelände eine Neigung von mehr als 3% gibt und dadurch das Eindringen von größeren Wassermengen mit den damit verbundenen Nachteilen bei bindigen Böden mindert. Das dabei abfließende Wasser muß dann an anderer Stelle versickern können oder weitergeleitet werden in eine Vorflut.

Eine Verbesserung der Wasserdurchlässigkeit der Vegetationsschicht bleibt weitgehend ohne Wirkung, wenn das Wasser nicht vom Baugrund aufgenommen werden kann. Solche dichtlagernden Unterböden, Staunässehorizonte oder durch Baumaßnahmen verursachte Verdichtungen können manchmal schon durch Tiefenlockerungen behoben werden. Häufig sind aber noch Zusatzmaßnahmen zur Stabilisierung der Lockerung wie z. B. das Einbringen von Sand oder das Einmischen von Kalk anzuwenden, damit die Lockerung und damit Wasserableitung auf Dauer wirksam bleiben. Wenn solche Maßnahmen keinen Erfolg versprechen, wird man unter hochbelasteten Flächen durch ein System von Dränschlitzen für die Wasserableitung sorgen oder notfalls eine Dränschicht einbauen müssen.

3.4.2 Verbesserung der Wasserhaltefähigkeit

Als Maßnahmen bieten sich hier an:

1. Zugabe organischer Substanz in Form von Torf (aus ökologischen Gründen nur noch in Ausnahmefällen), organischen Düngern oder anderen organischen Substraten wie z. B. Rindenprodukte. Dabei muß bedacht werden, daß feine quellfähige organische Substanz die Wasserdurchlässigkeit erheblich beeinträchtigen kann.

2. Zugabe von wasserspeichernden Kunststoffen mit offener Zellstruktur. Diese werden aber meistens zusammen mit organischen Stoffen gegeben, damit

die Wasserabgabe kontinuierlich erfolgt und nicht abrupt abbricht, wie es bei diesen Kunststoffen der Fall ist.

3. Zugabe von Ton oder Schluff in trockener, gemahlener Form. Auch bei dieser Maßnahme ist der Umfang abhängig von der Nutzungsart und dem natürlichen Gehalt an organischer Substanz und der Kornverteilung des Bodens. Bei belastbaren Vegetationsschichten wird man die organische Substanz nicht über 3% erhöhen. Bei Moorbeetpflanzungen ist eine hohe Anreicherung notwendig.

3.4.3 Verbesserung der Belastbarkeit

Mechanisch durch Spiel und Sport belastete Vegetationsflächen müssen einen Bodenaufbau besitzen, der auch in durchfeuchtetem Zustand bei Belastung keiner wesentlichen Porenverkleinerung unterliegt. Sie brauchen also ein starkes Korngerüst. Das ist nur bei Böden mit geringen Anteilen an bindigen Bodenteilen der Fall. Die Belastbarkeit eines bindigen Bodens wird also durch die Zugabe von entsprechenden Mengen eines geeigneten Kiessandes erhöht. Durch sorgfältige Voruntersuchungen muß der Umfang der Verbesserung geprüft werden, wenn die Maßnahme nicht wie in Kapitel 3.4.1 beschrieben wegen zu geringer Sandzugabe oder falscher Körnung wirkungslos bleiben soll.

3.4.4 Veränderung der Bodenreaktion

Da eine Veränderung der Bodenreaktion meist nur sehr langsam z. B. durch Verwendung von entsprechenden Düngern, Beimischung von entsprechenden Böden und Substraten oder Bodenaustausch bewirkt werden kann, sollte zunächst einmal einer der Bodenreaktion entsprechenden Pflanzenauswahl der Vorzug gegeben werden.

Ist eine Veränderung nicht zu umgehen, dann erfolgt eine Erhöhung des pH-Wertes bis auf pH 7,0 unter Verwendung basischer Düngemittel auf der Basis Oxide, Hxdroxide und Carbonate von Calcium und Magnesium wie z. B. Thomasmehl oder Kalk. Die erforderlichen Mengen werden von den Untersuchungsanstalten auf Grund der Bestimmung des Kalkbedarfes nach SCHACHTSCHABEL berechnet. Eine Absenkung des pH-Wertes wird durch Verwendung physiologisch saurer Düngemittel wie z. B. Schwefelsaures Ammoniak bewirkt. Zur Herstellung eines sauren Substrates für Moorbeetpflanzen wird Torf eingesetzt.

3.4.5 Veränderung des Gehaltes an organischer Substanz

Diese Maßnahme steht häufig im Zusammenhang mit Maßnahmen zur Verbesserung der Wasserdurchlässigkeit, der Wasserhaltefähigkeit oder zur Veränderung der plastischen Eigenschaften. Das bekannteste Mittel zur Erhöhung der organischen Substanz ist Torf, dessen hoher Ligningehalt besonders erwünscht ist. Zur Schonung der nur noch begrenzt verfügbaren Torfe sollten häufiger Torfersatzstoffe wie Rindenprodukte, Müllkomposte und auch Klärschlämme eingesetzt werden. Deren Wirkung ist jedoch nicht immer genau bekannt, zumal nicht immer von der gleichen Zusammensetzung ausgegangen werden kann. Auf keinen Fall dürfen dabei unzulässige Mengen von Schwermetallen oder bei belastbaren Flächen scharfkantige Gegenstände eingebracht werden.

Eine Verbesserung des Gehaltes an organischer Substanz kann auch durch Gründüngung in Form eines Voranbaues oder einer Zwischenbegrünung erfolgen. Die Zunahme ist jedoch wegen des geringen Ligninanteils der Grünmasse nicht hoch einzustufen. Wichtiger sind hier die Wirkungen der Bodenerschließung durch die Wurzeln und die Anregung des Bodenlebens durch Mikroorganismen.

Der Anteil der organischen Substanz ist, wie in Kapitel 3.4.1 beschrieben durch Abmagerung zu reduzieren.

3.4.6 Veränderung des Grundwasserstandes

Ein zu hoher Grundwasserstand ist durch eine Dränung abzusenken. Eine solche Absenkung ist ohne Risiko nur bei Rasenflächen, Staudenflächen und Flächen mit flachwurzelnden Gehölzen möglich. Dränung bedeutet, daß in den Boden in ausgehobene Gräben Dränrohre aus Ton oder Kunststoff mit etwa 0,3 bis 0,5% Gefälle verlegt und an eine Vorflut angeschlossen werden. Die Gräben werden dann wieder verfüllt. Abstand der Drängräben und Tiefe richten sich nach der Bodenart und dem Absenkungsziel. Bei größeren Gehölzen und Bäumen besteht die Ge-

fahr, daß Wurzeln in die Dränung einwachsen und die Dränung unwirksam wird.

Grundwasser läßt sich auch durch das Anlegen offener Gräben absenken. Diese müssen allerdings dauernd offengehalten und gepflegt werden. Deshalb kann es auch noch sinnvoll sein, statt einer Absenkung des Grundwassers die Fläche durch Aufhöhen in größere Grundwasserferne zu bringen.

3.4.7 Veränderung der plastischen Grenzen

Das plastische Verhalten eines Bodens läßt sich durch Beimischen von grobkörnigeren Stoffen oder organischer Substanz verändern. Durch das Abmagern kann vor allem die Witterungsanfälligkeit eines Bodens verringert werden. Ein nennenswertes Ergebnis kann meist nur bei einer Einmischung von rund 50% Sand/Kies, häufig mehr erreicht werden. Durch diese Maßnahme wird der Boden durchlässiger und tragfähiger.

Auch durch Zugabe von langfaseriger organischer Substanz läßt sich das plastische Verhalten eines Bodens positiv beeinflussen. Organische Feinsubstanz, wie sie z. B. im Klärschlamm vorliegt, kann dagegen den Zustand noch verschlechtern.

Eine dritte Möglichkeit zur Veränderung des plastischen Verhaltens liegt in der Stabilisierung mit Kalk. Der Kalk bewirkt ein sofortiges Austrocknen des Bodens, so daß er nach kurzer Einarbeitungsdauer bearbeitet werden kann. Es stellt sich eine gewisse stabile Krümelung ein, die auch die Wasserdurchlässigkeit in Grenzen verbessert. Allerdings erhöht sich der pH-Wert. Das muß bei Anwendung dieser Maßnahme bedacht werden.

Vor Anwendung von Maßnahmen, die die plastischen Eigenschaften des Bodens verändern, sollte man wegen der damit verbundenen Kosten überprüfen, ob nicht durch eine gute Oberflächenentwässerung die mit den plastischen Eigenschaften verbundenen Nachteile gemindert werden können. Noch besser wäre es, wenn die Art der Nutzung durch entsprechende Planung den gegebenen Verhältnissen angepaßt wird.

$$\frac{x \text{ (benötigte Düngermenge)}}{10 \text{ (benötigter Reinnährstoff)}} = \frac{100}{13 \text{ (Reinnährstoffgehalt des Handelsdüngers)}}$$

$$\text{benötigte Menge} = \frac{1000}{13} = 76{,}92 \text{ g Rustica rot/m}^2.$$

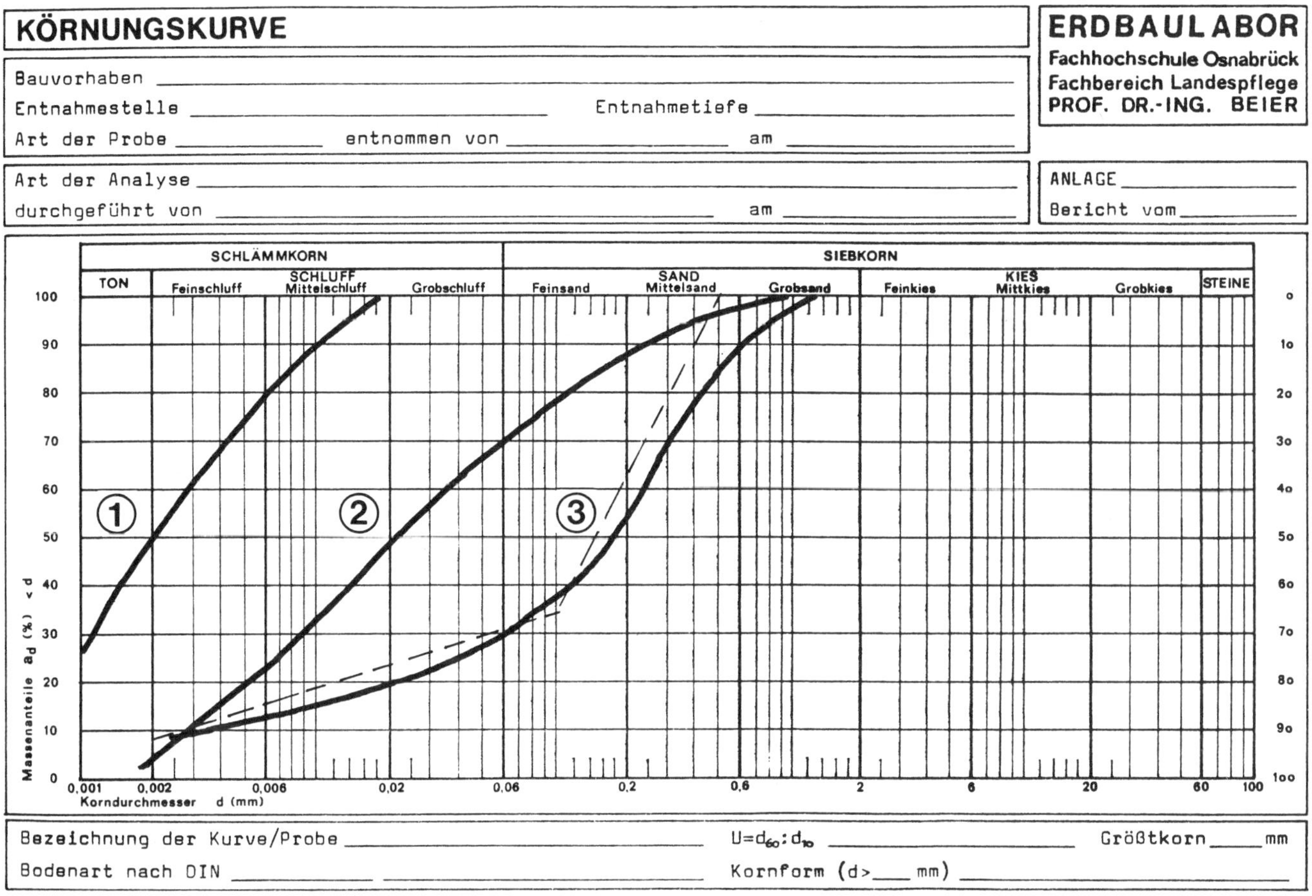

KÖRNUNGSKURVE

ERDBAULABOR
Fachhochschule Osnabrück
Fachbereich Landespflege
PROF. DR.-ING. BEIER

Bauvorhaben _____

Entnahmestelle _____ Entnahmetiefe _____

Art der Probe _____ entnommen von _____ am _____

Art der Analyse _____

durchgeführt von _____ am _____

ANLAGE _____

Bericht vom _____

Bezeichnung der Kurve/Probe _____ $U = d_{60} : d_{10}$ _____ Größtkorn _____ mm

Bodenart nach DIN _____ _____ Kornform (d > ___ mm) _____

Abb. 3.5.1/1   Kornverteilungskurven der Böden, die als Beispiele einer Bewertung verwendet werden

3.4.8 Verbesserung des Nährstoffgehaltes

Um der Vegetation einen guten Start und eine schnelle Etablierung zu ermöglichen, wird meistens eine Vorratsdüngung gegeben. Bei Gutachten werden häufig nur die Rein-Nährstoffmengen genannt, so daß man jeweils bezogen auf den Dünger, den man verwenden will, eine Umrechnung zur Berechnung der wirklich auszubringenden Düngermenge vornehmen muß.

Beispiel für eine Umrechnung von Rein-Nährstoff auf einen Handelsdünger:

Es sollen mit »Rustica rot 13:13:21« 10 g Rein-Stickstoff gegeben werden. Umrechnung s. Seite 3/15 unten.

3.5 Beispiele für die Bewertung von Böden

Für die Bewertung von Oberböden müssen im Prinzip alle Kriterien herangezogen werden, die wesentlichen Einfluß auf die Bodeneigenschaften und ihr Verhalten am Standort haben. Das sind:

1. Korngrößenverteilung
2. Plastische Eigenschaften und Konsistenz
3. Wasserdurchlässigkeit
4. Grundwasserstand
5. Gehalt an organischer Substanz
6. Bodenreaktion
7. Nährstoffgehalt

In den folgenden Beispielen sollen aber nur die Kornverteilung und die plastischen Eigenschaften als Grundlage für eine Bewertung herangezogen werden, weil aus ihnen schon die wichtigsten Erkenntnisse gezogen werden können.

3.5.1 Bewertung aus der Kornverteilung

1. Kurve 1 (Abb. 3.5.1/1)

a) Bodenart nach DIN 4022:
Ton/Schluff – T/Su, da 50 Prozent Ton und 50 Prozent Schluff.

b) Bodengruppe nach DIN 18 915:
Bodengruppe 8 – stark bindiger Boden, da Anteil der Körner d < 0,02 mm 100 Prozent.

c) U-Wert:
Ohne Bedeutung, da rein bindiger Boden.

d) Allgemeine Ansprache:
Ton und Feinschluff bestimmen das Verhalten des Bodens. Daher besitzt der Boden einen sehr geringen Anteil an Grob- und Mittelporen, dafür aber einen sehr hohen Anteil an Feinstporen. Die Wasseraufnahme erfolgt deshalb ebenso langsam wie die Wasserabgabe.

e) Technische Bearbeitbarkeit:
Der Boden krümelt nur bei einem Wassergehalt, der dem Wassergehalt bei Ausrollgrenze oder niedriger entspricht. Bei höherem Wassergehalt werden durch eine Bearbeitung Grob- und Mittelporen verschmiert. Dadurch tritt zusätzlich noch eine Verschlechterung des ohnehin schon schlechten Wasserhaushaltes ein. Bei wesentlich geringerem Wassergehalt in der Nähe der Schrumpfgrenze ist der Boden nur mit sehr großem Kraftaufwand bei schlechter Krümelung bearbeitbar.

f) Terminliche Bearbeitbarkeit:
Bearbeitung zu falschem Zeitpunkt, z.B. Nässe und Regen, führt u.U. zu vollkommenem Stillstand der Bodenarbeiten für lange Zeit, da einmal aufgenommenes Wasser nur sehr langsam wieder abgegeben wird. Wenn die Regeln des Erdbaues beachtet werden,

d. h. Boden sofort nach der Schüttung einbauen und Oberfläche schließen, ständig für Vorflut sorgen, um stärkere Wasseraufnahme zu vermeiden, können längere Stillstandszeiten vermieden werden. Kurzfristige Termine sind nicht möglich.

g) Wasserdurchlässigkeit:
Der Boden ist praktisch wasserundurchlässig und auch durch Auflockerung wenig zu verbessern, da nur klüftige Lufteinschlüsse entstehen, die bei Auflast wieder geschlossen werden. Sehr viele Feinstporen. Bei mechanischer Belastung werden Grob- und Mittelporen weiter verringert.

h) Wasserhaltevermögen:
Der Boden besitzt ein sehr hohes Wasserhaltevermögen, jedoch mit eng begrenzter Pflanzenverfügbarkeit des Wassers, da das in den Feinstporen enthaltene Totwasser nicht pflanzenverfügbar ist.

i) Vegetationstechnische Bewertung:
Der Boden bietet wegen seines schlechten Wasser- und Lufthaushaltes schlechte Wachstumsvoraussetzungen. Ein ausreichend gutes Feinplanum ist nur unter großen Schwierigkeiten und nur unter Beachtung des richtigen Wassergehaltes möglich. Beim Bewässern dringt Wasser nur langsam in den Boden ein. Bei Einbau auf geneigten Flächen fließt Wasser schnell ab und geht den Pflanzen verloren. Für belastbare Flächen ist der Boden ungeeignet, für Vegetationsflächen mit allgemeiner Bepflanzung bedingt geeignet, für Moorbeetpflanzen ungeeignet.

k) Was der Planer beachten muß:
– Überlegen, ob ein solcher Boden überhaupt verwendet werden soll wegen seiner schlechten vegetationstechnischen Eigenschaften.
– Bei Verwendung sollte vor dem Abtragen aufgekalkt werden, um Strukturverbesserungen einzuleiten.
– Organische Substanz, sofern sie langfaserig ist, verbessert das Verhalten des Bodens gegenüber Wasser und kann langfristig durch Erhöhung des Grobporenanteils eine Strukturverbesserung einleiten.
– Auf keinen Fall kurzfristige Termine setzen.
– Auf abflußlose Senken schon bei der Planung verzichten und ausreichende Vorflut einplanen.
– Den Boden auf keinen Fall für belastbare Vegetationsflächen verwenden.

l) Was der Ausführende beachten muß:
– Prüfen, ob die geforderten Termine unter Beachtung üblicher Witterungsverhältnisse einzuhalten sind. Bei zu kurzen Terminen Bedenken anmelden.
– Oberboden so aufsetzen, daß das Tagwasser schnell abfließen kann, evtl. auch Planen über das Oberbodenlager legen.
– Angedeckten Oberboden so einplanieren, daß ständig Vorflut gegeben ist. Den Boden nie locker liegen lassen, sondern sofort nach Lockerung oder Bodenverbesserung wieder andrücken und so gegen übermäßige Wasseraufnahme schützen.
– Prüfen, ob der Boden evtl. für belastbare Vegetationsflächen vorgesehen ist. In diesen Fällen Bedenken geltend machen, weil der Boden für die vorgesehene Nutzung ungeeignet ist.

2. Kurve 2 (Abb. 3.5.1/1)

a) Bodenart nach DIN 4022:
Stark sandiger Schluff -s Su, da 30 Prozent Sand, 65 Prozent Schluff und 5 Prozent Ton.

b) Bodengruppe nach DIN 18 915:
Bodengruppe 8 – stark bindiger Boden, da Anteil der Körner d < 0,02 mm 46 Prozent.

c) U-Wert:
Ohne Bedeutung, da bindiger Boden.

d) Allgemeine Ansprache:
Ein Boden, dessen Verhalten vom Schluff und Feinsand bestimmt wird. Der Boden ist extrem wasserempfindlich. Er nimmt Tagwasser sehr schnell auf, gibt das Wasser im Vergleich zu Boden 1 auch wieder schnell ab. Der Boden neigt bei Bodenbearbeitung in zu feuchtem Zustand zu Schluffverlagerung an die Oberfläche und zur Umlagerung aus Haufengefüge zu plattiger Lage.

e) Technische Bearbeitbarkeit:
Der Boden krümelt nur bei einem Wassergehalt, der dem Wassergehalt bei Ausrollgrenze oder niedriger entspricht. Bei höheren Wassergehalten werden, sofern der Boden dann bearbeitet wird, Grob- und Mittelporen verschmiert. Die Schluffverlagerung an die Oberfläche verhindert u. U. eine schnelle Austrocknung. Infolge enger Konsistenzgrenzen sind Erosionen und Abfließen von angedeckten Böschungen zu erwarten. Innerhalb der Bearbeitbarkeitsgrenzen bietet der Boden keine besonderen Schwierigkeiten.

f) Terminliche Bearbeitbarkeit:
Der Boden ist wegen seines hohen Schluff- und Feinsandanteiles extrem wasserempfindlich. Der Übergang vom halbfesten in den steifen, weichen und breiigen Zustand erfolgt schon bei geringen Regenfällen zum Teil schlagartig. Die Bodenbearbeitung muß dann, sollen Schäden an der Bodenstruktur vermieden werden, eingestellt werden. Das aufgenommene Wasser wird vergleichsweise schnell wieder abgegeben, so daß mit längeren Stillstandszeiten nach Regenfällen nicht gerechnet werden muß. Häufige, aber kurze Stillstandszeiten müssen aber eingeplant werden. Durch sofortiges Schließen des Bodens und entsprechende Vorflut können die Folgen der Wasserempfindlichkeit etwas gemildert, aber nicht aufgehoben werden.

g) Wasserdurchlässigkeit
In ungestörtem Zustand kann die Wasserdurchlässigkeit des Bodens gut sein. Bei Bodenbewegung in zu feuchtem Zustand, d. h. bei Wassergehalten oberhalb des Wassergehaltes bei Ausrollgrenze kann eine Schluffverlagerung an die Oberfläche mit absoluter Wassersperre und eine Umlagerung aus Haufengefüge zu plattiger Lagerung mit gleicher Wirkung auf die Wasserdurchlässigkeit eintreten. Für belastbare Vegetationsflächen ist die Durchlässigkeit nicht ausreichend.

h) Wasserhaltevermögen:
Das Wasserhaltevermögen dieses Bodens ist gut, die Verfügbarkeit für Pflanzen kann aber durch Feinstporenbildung bei plattiger Lagerung erheblich gemindert werden.

i) Vegetationstechnische Bewertung:
Der Boden bietet bei richtiger Bearbeitung relativ gute Voraussetzungen für Vegetation auf unbelasteten Flächen. Er ist durch langfaserige organische Substanz zu verbessern, vor allem dann, wenn durch Bearbeitung in feuchtem Zustand plattige Lagerung eingetreten ist. Für belastbare Vegetationsflächen ist der Boden ungeeignet. Seine extreme Wasserempfindlichkeit wird zu Erosionen und Rutschungen an Böschungen führen.

Kurze Bautermine sind nicht einzuhalten. Schon leichte Regenfälle erfordern Arbeitsunterbrechungen. Da sich auch Bearbeitungsschäden eines gleichartigen Unterbodens schädlich auf die Vegetation auswirken, müssen auch hier die Bearbeitbarkeitsgrenzen beachtet werden.

k) Was der Planer beachten muß:
– Möglichst keine kurzfristigen Termine setzen. Den Bauherren auf die Konsequenzen aus den schwierigen Bodenverhältnissen hinweisen und

auf die Folgen von Bauschäden, die durch zu kurze Termine eintreten können.

- Boden möglichst nicht zum Andecken von Böschungen verwenden. Wenn die Verwendung an Böschungen unvermeidlich ist, den Einzugsbereich von Tagwasser so gering wie möglich halten und den Boden sofort durch Ansaat sichern.
- Den Boden durch Zugabe von langfaserigem Torf oder ähnlichen Produkten verbessern.
- Abflußlose Senken vermeiden.
- Boden nicht für belastbare Flächen verwenden bzw. ihn entsprechend verbessern.
- Auch für den Unterboden die Einhaltung der Bearbeitbarkeitsgrenzen fordern.

l) Was der Ausführende beachten muß:
Für ihn gilt alles, was für Boden 1 gesagt wurde, sinngemäß. Zusätzlich muß er beachten, daß die extreme Wasserempfindlichkeit des Bodens die Einhaltung kurz gesetzter Termine besonders erschwert, zumal auch erdbautechnische Maßnahmen kaum wirken.

3. Kurve 3 (Abb. 3.5.1/1)

a) Bodenart nach DIN 4022:
Schluffiger Sand, da ca. 8 Prozent Ton, ca. 24 Prozent Schluff und 68 Prozent Sand.

b) Bodengruppe nach DIN 18 915:
Bodengruppe 4, da Anteil der Körner d < 0,02 mm 18 Prozent (zwischen 10 und 20 Prozent).

c) U-Wert:
U = 45. Der Boden ist sehr ungleichförmig.

d) Allgemeine Ansprache:
Der Boden ist gekennzeichnet durch einen relativ schwachen Kurvenanstieg im Ton- und Schluffbereich, d. h. einer sehr hohen Ungleichförmigkeit dieser Bodenbestandteile, und einem relativ steilen Kurvenanstieg im Sandbereich, was eine hohe Gleichkörnigkeit dieses Bodenbestandteiles kennzeichnet. Der Tonanteil dieses Bodens ist relativ hoch. Wir haben es also mit einem unausgeglichenen Kurvenverlauf zu tun. Abstrahiert gezeichnet verläuft die Kurve bis 35 Prozent flach, danach steil. Wenn man jetzt bedenkt, daß das Porenvolumen des Sandes zwischen 35 und 50 Volumen-Prozent beträgt, dann kann im ungünstigsten Fall bei dichter Lagerung das Porenvolumen des Sandes von Ton und Schluff ausgefüllt sein. Das würde eine völlige Wasserundurchlässigkeit hervorrufen, sofern man den Bo-

den als reines Mineralgemisch betrachtet. Solche Böden kommen in der Natur aber nicht vor. Deshalb kann man hier vermuten, daß es sich um ein künstliches Gemisch aus einem bindigen Boden und Sand handelt, wie es häufig nach Magerung bindiger Böden vorliegt. Aus dem Kurvenverlauf ist zu schließen, daß die Maßnahme vom Kurvenverlauf nicht viel Erfolg hatte. Der Erfolg dieser Maßnahme ist aber auch abhängig von dem Gefüge des bindigen Bodens und der Menge und Form der organischen Masse, die beim Körnungsdiagramm natürlich nicht in Betracht gezogen werden kann. Eine endgültige Bewertung dieses Bodens ist deshalb nur in Verbindung mit anderen Kriterien, insbesondere der Wasserdurchlässigkeit möglich.

e) Technische Bearbeitbarkeit:
Der Boden bietet technisch keine wesentlichen Schwierigkeiten, sein relativ hoher Tongehalt läßt eine gewisse Wasserempfindlichkeit erwarten.

f) Terminliche Bearbeitbarkeit:
Der Boden ist nicht absolut wasserunempfindlich. Er darf aber noch im steifen Bereich bearbeitet werden. Damit bleibt für die Bearbeitung ein weiterer Zeitraum als bei rein bindigen Böden.

g) Wasserdurchlässigkeit:
Aus dem Verlauf der Körnungskurve alleine ist anzunehmen, daß dieser spezielle Boden eine sehr geringe oder gar keine Wasserdurchlässigkeit besitzt. Vor einer endgültigen Beurteilung muß mindestens noch der Gehalt und die Art der organischen Substanz in Betracht gezogen werden. Außerdem muß die Wasserdurchlässigkeit durch einen Versuch überprüft werden.

h) Wasserhaltevermögen:
Das Wasserhaltevermögen dieses Bodens ist gut, die Pflanzenverfügbarkeit ist abhängig von der Dichte der Lagerung des Bodens und der Menge und Art der organischen Substanz.

i) Vegetationstechnische Bewertung:
Der Boden wird, vor allem bei entsprechendem Gehalt an organischer Masse, gute Wachstumsvoraussetzungen für Vegetation bieten. Für belastbare Flächen ist er nach seinem Gehalt an bindigen Bestandteilen eigentlich geeignet, aber eine Zugabe von langfaseriger organischer Substanz ist dringend anzuraten und verbessert die Bodeneigenschaften sehr.

k) Was der Planer beachten muß:
- Eine Zugabe von Sand macht einen bindigen Boden noch nicht wasser-

durchlässig. Der Sand muß aufgrund seiner Kornverteilung und auch von der Menge her einen Erfolg versprechen.
- Abmagerung alleine reicht nicht. Es muß vielmehr möglichst langfaserige organische Substanz zusätzlich eingebracht werden, um eine kapillare Leitfähigkeit und Strukturverbesserung einzuleiten.
- Bei Böden, die gerade noch den Anforderungen der entsprechenden Norm genügen, muß man bedenken, daß in der Norm Mindestanforderungen formuliert sind. Im Grenzbereich ist grundsätzlich Vorsicht geboten.

l) Was der Ausführende beachten muß:
Gleichkörnige Sande, in zu geringer Menge in bindige Böden eingebracht, können vom Schluff und Ton völlig ummantelt und damit unwirksam gemacht werden. Erst wenn es gelingt, durch die Art und Menge des Sandes den Anteil der Grobporen auf Dauer zu erhöhen, ist mit einem bleibenden Erfolg zu rechnen. Der Ausführende sollte also prüfen, ob sich mit der vorgesehenen Menge und Körnung des Sandes die beabsichtigte Wirkung erzielen läßt. Sonst muß er Bedenken geltend machen.

3.5.2 Bewertung aus den plastischen Eigenschaften

1. Boden 1 (Abb. 3.5.2/1 und 3.5.2/2)

a) Bodenart nach DIN 4022:
Schwach toniger Schluff, da 12 Prozent Ton, 83 Prozent Schluff, 3 Prozent Sand. Der Boden zeigt eine enge Stufung mit einem Größtkorn von 10 mm.

b) Bodengruppe nach DIN 18 915:
Bodengruppe 8, stark bindiger Boden, da Gehalt an Teilen d < 0,02 mm 45 Prozent.

c) Kenngrößen für die plastischen Eigenschaften (siehe Abb. 3.5.2/2):
- Konsistenzgrenzen:
  $w_l = 46,2\%$, $w_p = 29,2\%$, $w_s = 25,0\%$
- Plastizitätszahl:
  $I_p = 17,0\%$
- Bodenklasse nach DIN 18 196:
  mittelplastischer Schluff, Hinweis auf organische bzw. organogene Beimengungen.

d) Allgemeine Ansprache:
Der Boden besteht fast ausschließlich aus Schluff. Da der Sandanteil verschwindend gering ist, wirkt sich der Ton auf die bodenmechanischen Eigenschaften aus. Die enge Stufung, der

KÖRNUNGSKURVE

ERDBAULABOR
Fachhochschule Osnabrück
Fachbereich Landespflege
PROF. DR.-ING. BEIER

Bauvorhaben _____

Entnahmestelle _____ Entnahmetiefe _____

Art der Probe _____ entnommen von _____ am _____

Art der Analyse _____

durchgeführt von _____ am _____

ANLAGE _____

Bericht vom _____

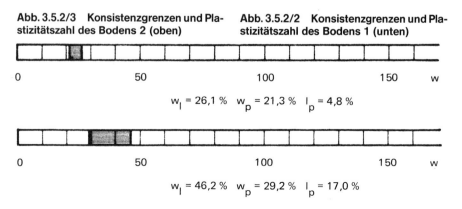

Bezeichnung der Kurve/Probe _____ U=d$_{60}$:d$_{10}$ _____ Größtkorn _____ mm

Bodenart nach DIN _____ _____ Kornform (d>___ mm) _____

Abb. 3.5.2/1 Kornverteilung der Böden, deren plastisches Verhalten bewertet wird

hohe Grobschluffanteil, der daraus resúltierende hohe Anteil an Mittelporen und die Plastizitätszahl weisen auf eine schnelle Wasseraufnahme und -abgabe hin. Der halbfeste Bereich ist sehr klein.

e) Technische Bearbeitbarkeit:
Wegen des großen Mittelporenanteils kann die Konsistenz des Bodens schnell zwischen halbfest und flüssig wechseln und dabei größere Tiefen erreichen.

Bodenarbeiten, Planumsherstellung und Krümelung sind nur bei $I_c \geq 1.0$ in dem kleinen halbfesten Bereich möglich. Bereits im steifen und erst recht im weichen Bereich macht sich eine Kornverlagerung störend bemerkbar, die zu dünnen, aber festen und fast völlig wasserdichten Schichten führt. Ein Bodenabtrag ist auch im festen Bereich möglich, da die Kohäsion des Bodens nicht so hoch ist, Klumpen lassen sich leicht zerkleinern. Auflockerungen verdichteter Zonen sind mit Erfolg möglich.

f) Terminliche Bearbeitung:
Der Boden ist als sogenannter »Minutenboden« anzusprechen. Bei Regen ist eine sofortige Beendigung der Bodenarbeiten erforderlich, da sonst die Gefahr der Korntrennung besteht mit Bildung dünner, zu Staunässe führender was-

serdichter Schichten. Nach oberflächlicher Abtrocknung meist wieder zu bearbeiten, Unterbrechungen aber plötzlich auftretend. Im Winterhalbjahr wegen des schnellen Wetterwechsels und mangelnder Austrocknung kaum zu bearbeiten.

Der Boden muß besonders sorgfältig vor Wasseraufnahme geschützt werden und es ist für dauernde Vorflut zu sorgen. Kurzfristige Termine stellen ein hohes Risiko dar.

g) Wasserdurchlässigkeit:
Bei Beachtung der Bearbeitbarkeits-

grenze von $I_c \geq 1,00$ kann bei nicht belasteten Vegetationsflächen eine ausreichende Durchlässigkeit erwartet werden. Bei belasteten Flächen besteht bei hohem Wassergehalt die Gefahr der Korntrennung und eine dadurch ausgelöste Wasserundurchlässigkeit. Feinverteilte organische Substanz kann ebenfalls die Wasserdurchlässigkeit einschränken.

h) Wasserhaltevermögen:
Bei ordnungsgemäßer Verarbeitung ist trotz des hohen Anteils an Totwasser mit einer ausreichenden Menge

Abb. 3.5.2/3 Konsistenzgrenzen und Plastizitätszahl des Bodens 2 (oben)

Abb. 3.5.2/2 Konsistenzgrenzen und Plastizitätszahl des Bodens 1 (unten)

0   50   100   150   w

w_l = 26,1 % w_p = 21,3 % I_p = 4,8 %

0   50   100   150   w

w_l = 46,2 % w_p = 29,2 % I_p = 17,0 %

pflanzenverfügbaren Wassers zu rechnen.

i) Vegetationstechnische Bewertung:
Der Boden ist für unbelastete Vegetationsflächen geeignet. Langfaserige organische Substanz verbessert die Wasserdurchlässigkeit. Für belastbare Vegetationsflächen ist der Boden ungeeignet. Bei Feuchtigkeitsaufnahme neigt der Boden bereits bei schwach geneigten Flächen zu Rutschungen. Er ist anfällig gegen Wasser- und Winderosion.

k) Was der Planer beachten muß:
– Prüfen, ob der Boden überhaupt für den vorgehenen Verwendungszweck geeignet ist oder als störende Bodenart nicht verwendet werden sollte.
– Eine Bodenverbesserung in bezug auf die Wasserdurchlässigkeit ist durch langfaserige organische Substanz oder/und Abmagerung möglich. Die Belastbarkeit ist nur durch starkes Abmagern zu erhöhen.
– Bei der Planung abflußlose Senken und große horizontale Flächen vermeiden und Vorflut schaffen. Erosionsgefahr durch flächenhafte Bodendeckung mindern.
  Termine keinesfalls eng fassen, ausgenommen sehr kleine Baumaßnahmen oder kleine Einbaumengen.

l) Was der Ausführende beachten muß:
– Prüfen, ob die gestellten Termine einzuhalten sind bei diesem wasserempfindlichen Boden.
– Oberboden bei Bodenlagern oder beim Einbau durch entsprechende Profilierung oder leichtes Andrücken vor Durchfeuchtung schützen und immer für ausreichende Vorflut sorgen.
– Soll der Boden ohne Verbesserung für belastbare Vegetationsflächen genutzt werden, Bedenken anmelden.

2. Boden 2 (Abb. 3.5.2/1 und 3.5.2/3)

a) Bodenart nach DIN 4022:
Schluffiger Sand, da 21 Prozent Schluff, 70 Prozent Sand, 7 Prozent Kies. Der Boden zeigt eine weite Stufung ($U = 30$). Das Größtkorn liegt bei 4 mm.

b) Bodengruppe nach DIN 18 915:
Bodengruppe 4, schwach bindiger Boden, da Gehalt an Teilen d < 0,02 mm 13 Prozent.

c) Kenngrößen für die plastischen Eigenschaften:
– Konsistenzgrenzen: (siehe Abb. 3.5.2/3)
  $w_1 = 26,1\%$, $w_p = 21,3\%$, $w_s = 18,0\%$
– Plastizitätszahl:
  $I_p = 4,8\%$

– Bodenklasse nach DIN 18 196:
  Leicht plastischer Schluff, kein Hinweis auf organische oder organogene Beimengungen.

d) Allgemeine Ansprache:
Der Boden besteht zur Hälfte aus Fein- und Mittelsanden, ein Viertel stammt aus dem Schluffbereich, der Rest ist Grobsand und Feinkies.
Der hohe Anteil an grober Substanz erklärt die hohe Ausrollgrenze und die niedrige Plastizitätszahl. Der Bodenanteil < 0,4 mm weist aufgrund seiner Zusammensetzung eine große Menge Mittel- und Grobporen auf. Der halbfeste Bereich des Bodens ist extrem klein ($w_p - w_s = 3,3$ Prozent).

e) Technische Bearbeitbarkeit:
Wegen des hohen Mittel- und Grobporenanteils kann der Boden sehr schnell Wasser aufnehmen und abgeben. Er kommt damit schnell vom festen/halbfesten in den flüssigen Zustand. Er ist schon in halbfestem Zustand bearbeitbar. Auch bei Wassergehalten niedriger als Schrumpfgrenze ist eine Bodenbearbeitung wegen der geringen Kohäsion möglich. Ein Feinplanum läßt sich aber gut nur im halbfesten Zustand herstellen.

f) Terminliche Bearbeitbarkeit:
Bei starkem Wasserzutritt verschmiert der Boden zwar leicht, doch nach Abtrocknung ist eine Auflockerung erfolgreich. Bei Regen sind allerdings wegen der schnellen Wasseraufnahme Schluffeinspülungen und damit tiefreichende Änderungen des Bodengefüges möglich. Deshalb sollte frisch angedeckter Oberboden sofort angedrückt werden. Für eine gute Vorflut ist zu sorgen. Kurze Termine führen zu Schwierigkeiten.

g) Wasserdurchlässigkeit:
Wenn eine Schluffverlagerung durch richtige Bodenbehandlung ausgeschlossen werden kann, ist der Boden ausreichend wasserdurchlässig. Für belastete Flächen reicht das aber ohne zusätzliche Maßnahmen wie Sandzugabe oder langfaserige Substanz nicht aus, weil der Boden weitgestuft ist und die Gefahr der Schluffverlagerung besteht. Liegt feinverteilte organische Substanz im Boden vor, ist mit einer unzureichenden Wasserdurchlässigkeit zu rechnen.

h) Wasserhaltevermögen:
Der Boden besitzt ein ausreichendes Wasserhaltevermögen, das durch Zugabe von organischer Substanz noch verbessert werden kann. Sie darf nur nicht fein sein.

i) Vegetationstechnische Bewertung:
Wegen der weiten Stufung und Verschlämmungsgefahr sollte der Boden für belastbare Flächen ohne Verbesserung nicht verwendet werden. Für alle anderen Vegetationsflächen ist er geeignet. Wegen einer gewissen Neigung zu hydrophobem Verhalten sollte er bei geneigten Flächen mit einer geschlossenen Pflanzendecke versehen werden.

k) Was der Planer beachten muß:
– Die Verbesserung der Tragfähigkeit und Durchlässigkeit ist nur durch Zugabe von Sand/Kies möglich. Die Wasserhaltefähigkeit ist durch langfaserige organische Substanz zu erhöhen.
– Bei belastbaren Flächen abflußlose Senken und große horizontale Flächen ohne Bodenverbesserung vermeiden.
– Für belastbare Flächen nur bedingt geeignet.
– Kurze Termine können insbesondere im Winterhalbjahr zu Schwierigkeiten führen.

l) Was der Ausführende beachten muß:
Es gilt hier im Prinzip alles, was schon unter l) gesagt wurde.

3.6 Ausführung von Oberbodenarbeiten

3.6.1 Abräumen des Baufeldes

Vor dem Gewinnen des Oberbodens muß das Baufeld so weit vorbereitet werden, daß der Oberboden ohne Verschlechterung der Qualität gewonnen werden kann. Als Vorarbeiten vor Oberbodenabhub kommen in Frage:
● Gewinnen von wiederverwendbarem Aufwuchs
● Roden von Aufwuchs, der nicht wieder verwendet werden soll
● Beseitigen von Baustoffresten und Verunreinigungen
● Entfernen von ungeeigneten Bodenarten

3.6.1.1 Gewinnen von wiederverwendbarem Aufwuchs

Ein solcher Aufwuchs besteht aus Stauden, Gehölzen, Bäumen, Vegetationsstücken und Rasen, deren Wiederverwendung sinnvoll erscheint. Da Bäume und Gehölze häufig lange Jahre auf diesem Standort ohne Verpflanzung gestanden haben, bleibt diese Wiederverwendung immer ein Wagnis. Dieses läßt sich verringern, wenn die Pflanzen in der Wachstumsruhe herausgenommen und sofort wieder aufgepflanzt oder aufgeschult werden. Man sollte nur unbeschädigte, im Freistand gewachsene Pflanzen aufnehmen. Jungpflanzen werden ohne Ballen unter Schonung der Wurzeln herausgenommen, sofort zurückgeschnitten und ohne Zwischeneinschlag gepflanzt. Alle anderen Pflanzen werden mit Ballen herausgenommen. Dieser soll den dreifachen Durchmesser des Stammumfanges, gemessen 100 cm über dem Erdboden, besitzen. Die Ballen werden durch Ballentuch gesichert. Vegetationsstücke sollten möglichst groß sein und den gesamten durchwurzelten Boden umfassen.

Rasen ist selten wieder verwendbar. Soll er aber trotzdem gewonnen und neu verlegt werden, muß er zuvor gemäht werden. Dann schält man ihn in der Regel mit einer Sodenschneidemaschine in einer Dicke von 1,5–2,5 cm, einer Breite von 30 cm und einer Länge von 167 cm ab. Auch Soden von 30 × 30 cm Breite und Länge sowie 2,5–4 cm Dicke sind üblich. Für die Weiterverarbeitung gilt dann das, was später über das Arbeiten mit Rollrasen gesagt ist.

3.6.1.2 Roden von nicht wiederverwendbarem Aufwuchs

Dieser Aufwuchs ist einschließlich der Hauptwurzeln zu roden, wenn nicht ausnahmweise der Wurzelstock zur vorübergehenden Geländesicherung bei Straßenbauarbeiten im Boden verbleiben soll. Benachbarter Bestand, der erhalten bleiben soll, muß sorgfältig geschont werden. Insbesondere ist der Fallwinkel von Bäumen darauf auszurichten.

Krautiger Bewuchs aus alten Grasnarben, Wiesen, Unkrautflächen oder Heideflächen bildet beim Abräumen große Fladen, die sich im Oberbodenlager nicht zersetzen. Sie bilden dann später eine wesentliche Behinderung bei den weiteren Oberbodenarbeiten. Solcher Aufwuchs muß deshalb vor dem Abschieben des Oberbodens zerkleinert werden. Danach empfiehlt sich ein Bestreuen mit Kalk, ein Abheben in 5 cm Dicke und Aufsetzen zu einer gesonderten Kompostmiete.

3.6.1.3 Entfernen von Baustoffresten und Verunreinigungen

Auf fast allen Baustellen sind noch die Materialreste anderer Handwerker, aber auch Reste früherer Bebauung, Straßen und Wege zu finden. Außerdem finden sich häufig Farbreste, Chemikalien und Öle aus dem Baubetrieb anderer Gewerke. Alles das muß entfernt werden,

damit es den Oberboden nicht verunreinigt. Ebenso muß natürlich auch eine Verunreinigung des Baugrundes vor Oberbodenauftrag beseitigt werden. So sind Bauwerksreste wie z. B. Fundamente, Fundamente von Kranbahnen und Mischanlagen mindestens 50 cm unter spätere Endhöhe abzutragen. Mit Chemikalien und Ölen verunreinigte Böden müssen ganz ausgewechselt werden, weil Pflanzen darin nicht wachsen können und evtl. Verunreinigungen des Grundwassers eintreten können.

3.6.1.4 Entfernen von ungeeigneten Bodenarten

Anstehender Oberboden kann für einen bestimmten Verwendungszweck durchaus ungeeignet sein. Es lohnt sich dann nicht, ihn gesondert zu gewinnen. Er kann dann mit Unterboden entfernt werden, sofern Bodenbewegungen vorgenommen werden. Ein Bodenaustausch ist immer dann notwendig, wenn der anstehende Boden für eine belastbare Fläche ungeeignet ist und auch nicht entsprechend aufbereitet werden kann. Ebenso verhält es sich dort, wo künstliche Standorte z. B. für Moorbeetpflanzen hergestellt werden sollen.

3.6.2 Oberbodenabtrag und Oberbodenlagerung

Oberboden soll von allen Bau- und Baubetriebsflächen abgetragen werden, um für vegetationstechnische Zwecke erhalten zu bleiben, sofern sich seine Wiederverwendung vegetationstechnisch lohnt. Dieser Abtrag muß getrennt von allen anderen Erdbewegungen durchgeführt werden. Im Wurzelbereich von Bäumen, die erhalten bleiben sollen, darf Oberboden nicht entfernt werden. Als Wurzelbereich gilt die Bodenfläche unter der Baumkrone zuzüglich 1,5 m nach allen Seiten.

Oberboden darf beim Abtrag nicht verschlechtert werden. Deshalb ist z. B. die Abtragsfläche vorher zu säubern. Zur Werterhaltung trägt auch bei, daß die Bearbeitbarkeitsgrenzen beachtet werden. Der Oberboden ist dann abseits des Baubetriebes in Mieten zu lagern, deren Höhe und Breite nicht vorgeschrieben ist. Ein Befahren der Mieten ist nur zulässig, wenn die Bearbeitbarkeitsgrenzen eingehalten werden. Am besten ist das Aufsetzen mit einem Bagger.

Wenn der Oberboden längere Zeit lagern soll, wird eine Umzäunung und eine Einsaat mit Pflanzen für eine Zwischenbegrünung empfohlen. Bindige Oberböden sollten mindestens einmal im Jahr umgesetzt werden.

3.6.3 Unterbodenbearbeitung

Der Baugrund ist sowohl bei technischen als auch bei vegetationstechnischen Maßnahmen als ein wesentliches Glied der Gesamtkonstruktion zu betrachten. Während bei bautechnischen Maßnahmen, z. B. zur Herstellung von Wegen und Plätzen, eine hohe Verdichtung notwendig ist, muß eine solche Verdichtung unter Vegetationsflächen unerwünscht sein. Bäume und Großsträucher nehmen mit einem Großteil ihrer Wurzeln den Unterboden in Anspruch und müssen deshalb dort Bedingungen vorfinden, die ein Einwurzeln erlauben und Pflanzenernährung und Atmung zulassen.

Da auch der Unterboden durch falsche Bearbeitung, d. h. bei Bewegung in zu feuchtem Zustand in seinem Porenaufbau gestört oder zerstört wird, wird man zweckmäßigerweise auch für ihn die Bearbeitungsgrenzen anwenden, die in Kapitel 3.6.4 für Oberboden genannt sind. Im allgemeinen haben wir es aber mit einem stark verdichteten Baugrund zu tun. Dieser muß vor Oberbodenauftrag über die ganze Fläche hin tiefgründig, mindestens aber 20 cm tief, gelockert werden. Besondere Bodenverdichtungen, Baustraßen, Ortsteinbildungen u. ä. können auch noch tiefere Lockerungen erforderlich machen. Spuren dürfen nicht unbearbeitet bleiben. Während dieses Arbeitsganges soll der Boden krümeln, d. h. er darf nicht naß sein und bei der Bearbeitung verschmieren.

Diese Lockerung bedeutet zunächst einmal nur eine Klüftung des Bodens, die jedoch je nach Ausgangsstruktur und Textur des Bodens der Beginn einer langsamen Strukturverbesserung sein kann. Die Wiederherstellung des Ursprungzustandes ist durch dieses Aufreißen nicht mehr möglich.

Das Planum des Baugrundes wird in seiner Genauigkeit von der Dicke der darüber aufzubringenden Oberbodenschicht bestimmt. Eine Abweichung von der Planhöhe soll nicht mehr als 25 Prozent der Dicke der darüberliegenden Schicht, höchstens aber 5 cm, betragen.

3.6.4 Oberbodenauftrag

Nach der Lockerung des Baugrundes wird der Oberboden, der auf Mieten lagerte, aufgetragen. Dabei müssen die Bearbeitbarkeitsgrenzen eingehalten werden, die wie folgt definiert sind:
1. Schwachbindige Böden der Bodengruppen 4 und 5 dürfen nur bei einer Konsistenzzahl $I_c \geqq 0{,}75$ bearbeitet werden.

Schüttebene, gelockerter Baugrund   Transport- und Verteilebene, Vegetationsschicht

Abb. 3.6.4.1   Oberbodenandeckung »Vorkopf«, wobei die bereits angedeckte Vegetationsschicht als Transportebene benutzt wird

2. Bindige Böden der Bodengruppen 6 bis 9 dürfen nur bei einer Konsistenzzahl $I_c \geqq 1{,}0$ bearbeitet werden.

3. Für Böden der Bodengruppe 2 und 3, das sind nichtbindige Böden, gibt es keine Beschränkungen.

Für den Praktiker bedeuten diese Vorschriften, daß der Boden nur bearbeitet werden darf, wenn er krümelt. Dann hat er eine Konsistenz, bei der seine Eigenschaften nicht mehr als unvermeidbar verschlechtert werden.

Weiter darf durch den Oberbodenauftrag der Lagerungszustand des Baugrundes, d. h. seine lockere Lagerung nach dem Aufreißen, nicht verändert werden. Er soll also nicht mehr befahren werden.

Heute hat sich als Arbeitsverfahren zum Auftragen des Oberbodens der »Vorkopfeinbau« durchgesetzt. Dabei wird die bereits angedeckte Vegetationsschicht als Transportebene benutzt (Abb. 3.6.4). Dabei geht man von der Überlegung aus, daß sich die Verdichtungen durch den Transportbetrieb nur bis etwa 20 cm Tiefe auswirken. Diese Verdichtungen sind dann durch nachträgliche Lockerungs- und Kulturmaßnahmen weitgehend wieder aufzuheben, wenn während der Transportarbeiten die Bearbeitbarkeitsgrenzen beachtet wurden.

Die Dicke von Vegetationsschichten richtet sich nach der Art der vorgesehenen Vegetation, aber auch nach anderen örtlichen Gegebenheiten wie Geländeneigung, Lage der Fläche oder Beschaffenheit des Baugrundes. Für Rasenflächen kann man von 5 bis 15 cm dicken Schichten auskommen, bei Stauden- und Gehölzflächen sind 25 bis 40 cm dicke Andeckungen üblich.

3.6.5   Oberbodenverbesserung und Düngung

Wenn der Oberboden nicht den Anforderungen entspricht, die wegen der vorgesehenen Vegetation an ihn gestellt werden müssen, wird jetzt eine Bodenverbesserung in der in früheren Kapiteln beschriebenen Form vorgenommen. Es werden also Stoffe zur

Abmagerung oder zur Verbesserung der Wasserhaltefähigkeit und Dünger als Start- und Vorratsdüngung aufgetragen und eingebracht, gegebenenfalls in Verbindung mit der anschließenden Lockerung (siehe 3.4ff.)

3.6.6   Oberbodenbearbeitung

Ziel der Oberbodenbearbeitung ist es, den Oberboden in einen kulturfähigen Zustand zu versetzen und die erforderliche Planumsgenauigkeit herzustellen.

3.6.6.1   Lockerung

In der Mehrzahl der Fälle ist der Oberboden durch Auftrag und Verteilen verdichtet worden. Diese Verdichtung ist durch Bearbeiten mit Spaten, Grubber, Fräse, Scheibenegge u. ä. zu beheben. Im Zuge dieser Arbeiten werden Bodenverbesserungsstoffe und Dünger eingearbeitet.

Wir unterscheiden wendende und lockernde Bodenbearbeitung. Die wendende Bodenbearbeitung geschieht durch Pflügen oder Graben. Beim Graben unterscheidet man nach der Tiefe der Bearbeitung.

1. **Umgraben.** Tiefe etwa 20 cm. Meist nur noch auf Restflächen angewandt und zum Unterarbeiten von Unkraut.

2. **Holländern.** Tiefe etwa 30–40 cm (zwei Spatenstich). Dabei wird der Boden der obersten Schicht umgeworfen und die untere Schicht gelockert.

3. **Rigolen.** Tiefe etwa 60 bis 65 cm (drei Spatenstich). Es muß dabei so gearbeitet werden, daß jede Schicht in der gleichen Ebene liegenbleibt.

In der Regel wird heute die Lockerung mit Maschinenarbeit vorgenommen. Dabei werden folgende Arbeitsweisen unterschieden:

1. **Pflügen.** Die Pflugarbeit lockert, wendet und mischt den Boden. Sie ist im Landschaftsbau stark in den Hintergrund getreten, da die Lockerung mit anderen Geräten schneller erfolgen kann. Das Pflügen eignet sich gut zum Einarbeiten von Gründüngung und zum Umbruch stark verunkrauteter Flächen.

2. **Grubbern.** Grubber werden zum tiefen und groben Lockern von Vegetationsflächen benutzt. Sie sind besonders zur Aufbereitung bindiger Böden geeignet, weil deren Struktur dabei weniger gestört wird als beim Fräsen. In der Regel folgt dem Grubber ein Eggenstrich. Grubber können starre oder halbstarre Zinken haben.

3. **Eggen.** Sie werden im Anschluß an Pflug- und Grubberarbeiten zum Krümeln und Lockern von Saatflächen benutzt. Es gibt eine Vielzahl von Geräten, angefangen von der Egge mit starren Zinken über Scheibeneggen hin zu Rütteleggen.

4. **Fräsen.** Fräsen übernehmen heute weitgehend die Kulturarbeit im Landschaftsbau. Die horizontal auf zwei Laufrädern oder Kufen angeordnete Arbeitswelle ist mit hakenförmigen und abgewinkelten Messern bestückt, die den Boden und Bodenverbesserungsmittel in kleinen Teilen losreißen und hinter das Gerät schleudern. Dadurch wird eine gleichmäßige Krümelung und Vermischung erreicht. Die Arbeitstiefe reicht etwa bis 25 cm. Bei einigen Geräten kann der Boden durch Regelung der Rotordrehzahl grob gekrümelt oder in ein gartenmäßig feines Saat- und Pflanzbett verwandelt werden. Werden Fräsen auch für bindige Böden eingesetzt, so sollten sie mit verminderter Rotordrehung arbeiten, um keine zu großen Strukturschäden zu verursachen.

Die Lockerung muß mindestens die ganze Vegetationsschicht erfassen, vertikal und horizontal gleichmäßig bis zur vorgeschriebenen Tiefe erfolgen und auch die Spuren der Maschinen erfassen. Stärker als 1:1,5 geneigte Flächen werden für eine Raseneinsaat nur angerauht und für Pflanzungen überhaupt nicht flächenhaft gelockert. Hier beschränkt sich die Lockerung nur auf das Pflanzloch.

Gelockerte Flächen müssen sich vor der Raseneinsaat und Pflanzung so weit gesetzt haben, daß Beeinträchtigungen des Anwachsens oder der Keimung wegen mangelnden Bodenkontaktes ausgeschlossen sind. Ein Vermischen mit den darunterliegenden Schichten darf nicht oder nur in einem vorher festgelegten Umfang erfolgen. Die Bearbeitbarkeitsgrenzen sind einzuhalten, um Strukturschäden und Verschlechterungen zu vermeiden.

Ebenso wie bei der Untergrundlockerung erfolgt auch bei dieser Lockerung lediglich eine Klüftung, die die Voraussetzung für eine langfristige Verbesserung des Bodens schafft. Die Klüftung führt aber auch dazu, daß der Boden sehr schnell Wasser aufnimmt. Bei bindigen Böden tritt dadurch häufig der Fall auf, daß die Flächen nach Regenfällen im Anschluß an die Lockerung so stark durchfeuchtet sind, daß sie für längere Zeit nicht mehr bearbeitbar sind. Pflanzungen und Raseneinsaaten sind dann erst wieder möglich, wenn der Boden soweit abgetrocknet ist, daß er bei der Bearbeitung krümelt. Bei wasserempfindlichen bindigen Böden muß deshalb sofort nach der Lockerung ein Bodenschluß in der Weise hergestellt werden, daß Niederschlagswasser zumindest in größeren Teilen oberflächlich abgeführt wird. Die Flächen sind deshalb sofort wieder anzudrücken und so schnell wie möglich ins Feinplanum zu legen.

3.6.6.2　Planum

Der Verwendungszweck bestimmt die Höhengenauigkeit und die Ebenflächigkeit des Planums. Deshalb werden in den Normen des Landschaftsbaues auch keine Regeln dafür aufgestellt. Der Landschaftsarchitekt muß seine Vorstellungen im Leistungsverzeichnis niederlegen. Die höchsten Ansprüche werden im Sportplatzbau gestellt. Dort wird eine Höhengenauigkeit von 2 cm verlangt. Das bedeutet, daß nicht mehr als 2 cm nach oben und unten von der Planhöhe abgewichen werden darf. Bei den üblichen Flächen im Landschaftsbau wird man meistens auf solche Festlegungen verzichten. Anders verhält es sich aber mit der Ebenflächigkeit. Es geht dabei um den Umfang von Vertiefungen, die sich noch im Planum befinden. Man mißt dabei unter einer 4 Meter langen Latte, welche Vertiefung sich zwischen zwei Auflagepunkten zeigt. Wiederum im Sportplatzbau werden mit 2 cm unter der 4-m-Latte die höchsten Anforderungen gestellt. Je nach den Vorstellungen des Planers und der Bedeutung der Vegetationsfläche kann man entsprechende Abstriche von dieser Vorgabe machen.

3.6.6.3　Oberflächenschutz durch Einsaaten

Aus jahreszeitlichen Gründen können Pflanzarbeiten nicht immer unmittel-

bar an die Bodenbearbeitung anschließen. Gleiches gilt auch für Raseneinsaaten. In der Zwischenzeit keimen vor allem viele Kräuter, aber auch Bodenerosionen treten auf. Deshalb soll man den Boden durch Zwischensaaten schützen. Man bezeichnet Maßnahmen, die diesen Zwischenraum überbrücken, als Oberflächenschutz.

Müssen nur wenige Wochen überbrückt werden, wird man auf ebenen oder wenig geneigten Flächen keimende Unkräuter durch Hacken, Eggen, Fräsen, Grubbern o. ä. im Abstand von vier Wochen beseitigen.

Bei Überbrückungszeiträumen über acht Wochen wird man schon eine Zwischenbegrünung mit Pflanzen vornehmen, die in Tabelle A 12.4 im Anhang aufgeführt sind. Die Wahl der zur Zwischenbegrünung verwendeten Pflanzen ist vom zu überbrückenden Zeitraum und von der Bodenart abhängig. Gegenüber einer rein mechanischen Sauberhaltung einer Fläche hat die Zwischenbegrünung die Vorteile, daß der Boden stärker erschlossen, mikrobielle Vorgänge im Boden eingeleitet und gefördert, organische Substanz und bei Verwendung von Leguminosen auch Stickstoff dem Boden zugeführt und Unkräuter unterdrückt werden. Die Zwischensaat erfordert aber als zusätzliche Arbeit das Mähen, Unterarbeiten und erneutes Planieren.

3.7　Anwendungsbeispiel für den Garten K.

Für den Hausgarten K. sollen die nachfolgenden Voraussetzungen gelten (Abb. 3.7/1). Die Ursprungshöhe des Geländes liegt bei NN 10,00 m. Es steht ein Oberboden in 30 cm Dicke an, der als schwachbindiger Boden (Kornverteilung nach Kurve 2 aus Abb. 3.5.2/1) einzustufen ist. Er hat zudem rd. 2,3 % organische Bestandteile.

Dann folgt ein Unterboden gleicher Struktur in 70 cm Dicke, der aber keine organischen Bestandteile aufweist. Er geht dann in einen stark bindigen Unterboden über, der eine Kornverteilung

nach Kurve 1 in Abbildung 3.5.2/1 hat. Die plastischen Eigenschaften dieser Böden sind in den Abbildungen 3.5.2/2 und 3.5.2/3 gezeigt.

Den Bauablauf muß man sich jetzt so vorstellen, daß als erstes der Oberboden abgeräumt und auf einer Miete gelagert wird, die möglichst weit vom eigentlichen Ort des Bauens entfernt liegen soll, damit er während der Bauzeit nicht verunreinigt werden kann. Das Abtragen des Oberbodens ist deshalb nötig, weil das Haus mit seiner Oberkante Fußboden Erdgeschoß (OK FE) 1,05 m über der ursprünglichen Höhe liegen soll, damit einmal das Wasser vom Hause weglaufen und der Kanalanschluß ohne Förderpumpe im Hause bewerkstelligt werden kann. Das Gelände um das Haus herum soll nun nach den Plänen des Landschaftsarchitekten 15 cm unter OK FE liegen, was einer Stufe vom Haus in den Garten entspricht. Für den Keller werden insgesamt 380 m³ Boden ausgehoben und zur Auffüllung des Geländes verwendet. Da insgesamt rd. 650 m³ benötigt werden, wird man diesen Boden zunächst dort einbauen, wo später besondere Schwierigkeiten bei der Anfuhr und dem Einbau fremden Bodens bestehen, also im hinteren Gartenteil.

Der Aushub besteht also aus schwachbindigem Boden der Körnungskurven 2 und starkbindigem Boden der Körnungskurve 1. Es kann nun passieren, daß Boden der Kurve 2 auf den gleichen Boden aufgetragen wird. An anderer Stelle aber kann dieser Boden von dem Boden der Körnungskurve 1 überlagert werden, so daß dort nach Oberbodenauftrag folgende Schichtung auftritt:
Oberboden (30 cm)
stark bindiger Unterboden nach Kurve 1 (90 cm)
schwach bindiger Unterboden nach Kurve 2 (70 cm)
stark bindiger Unterboden nach Kurve 1

Das ist eine unnatürliche Schichtung, die je nach Nutzung der Fläche Schwierigkeiten bringen kann. Die Eigenschaften dieser Böden sind schon in Kapitel 3.5.2 beschrieben worden. Der schwach bindige Boden macht uns eigentlich

Abb. 3.7/1　Geländehöhen im Hausgarten K.

keine großen Schwierigkeiten. Weil er aber schnell Feuchtigkeit aufnimmt, dürfen die Erdarbeiten nur bei trockenem Wetter durchgeführt und nach dem Einbau muß für ein gutes Gefälle zur Entwässerung gesorgt werden. Viel schwieriger ist der stark bindige Boden nach Kurve 1. Er ist extrem feuchteempfindlich. Damit verbunden sind starke Verschlechterungen seiner Eigenschaften, wenn er in einem ungeeigneten Feuchtezustand bewegt wird oder Wasser auf ihn einwirken kann. Er sollte auf jeden Fall nur bei trockenem Wetter gelöst und eingebaut werden. Wird das nicht beachtet, baut sich der Bauherr von Anfang an Bodenprobleme in den Untergrund. Besonders gravierend sind dabei Bodenverdichtungen und ein dadurch ausgelöster Wasserstau in der Vegetationstragschicht.

Wie kann man nun Verschlechterungen wirtschaftlich vermeiden? Am besten wäre es natürlich, den schwach bindigen Unterboden nach Kurve 2 auch teilweise abzutragen, damit der stark bindige Boden der Kurve 1 wieder auf gleichem Boden aufgetragen werden kann. Doch das wäre teuer.

So fragen wir, an welcher Stelle dieser Boden gefahrlos eingebaut werden könnte. Aus dem Plan des Landschaftsarchitekten geht hervor, daß hinter dem Haus ein Spielrasen angelegt werden soll. Würden wir unter diese Fläche den stark bindigen Unterboden einbringen, dann hätten wir uns gleich Probleme mit der Entwässerung eingehandelt. Dort geht es also nicht. Bleiben also im hinteren Gartenteil nur die Pflanzflächen, die die Abpflanzung aufnehmen sollen. Sie sind nach außen hin geneigt. Wasser kann also oberflächlich abfließen. Ideal bleibt eine solche unnatürliche Schichtung trotzdem nicht, denn wenn so unterschiedliche Böden aufeinandergelagert werden, entstehen Porensprünge, die die Luft- und Wasserführung stark beeinträchtigen. Diese negativen Auswirkungen kann man aber durch entsprechende Baumaßnahmen mildern.

Bei den Vegetationsflächen entscheiden wir uns also dafür, den Aushub der ersten 70 cm des Unterbodens zur Auffüllung der zukünftigen Spielrasenfläche, den weiteren Aushub zur Auffüllung des Randbereiches zu verwenden. Was dort nicht untergebracht werden kann, kommt unter die zukünftigen Wegeflächen der Einfahrt. Damit handeln wir uns zwar einen frostempfindlichen Untergrund für diese Flächen ein, da aber hier der gesamte Bauverkehr einschließlich Materiallagerung stattfindet, wird dieser Boden mit anderen nichtbindigen Baustoffen vermischt. Die Sauberkeitsschicht des Wegeaufbaues

muß dann zugleich als Frostschutzschicht die Frostsicherheit herstellen.

Sobald die Bauarbeiten am Hause soweit abgeschlossen sind, daß die Vegetationsflächen nicht mehr belaufen oder als Lagerflächen verwendet werden, wird mit der Herstellung der Außenanlagen begonnen. Erste Arbeit ist das Entfernen von Schuttresten und sonstigem Unrat, der noch auf den Flächen liegt. Dann muß das endgültige Profil der Flächen geformt werden. Dazu wird man bei einem solchen Garten in der Regel einen Radlader einsetzen. Um eine Verdichtung des Bodens mit den schädlichen Folgen zu vermeiden, sollte er nur bei trockenem Wetter und trockenem Boden eingesetzt werden. Eine Verkehrsbelastung ist nur in der Einfahrt vorgesehen. Die anderen Flächen dienen überwiegend der Vegetation und untergeordneten Wegeflächen im Garten. Für die Vegetation ist eine Verdichtung des Unterbodens im Grundsatz unerwünscht. Der Boden wird sich zunächst selbst durch sein Eigengewicht setzen. Deshalb werden nur die Wegeflächen innerhalb der Gartenfläche vor dem Einbringen der Tragschicht verdichtet. Der Unterboden unter Vegetationsflächen aber soll möglichst locker gelagert bleiben. Trotzdem wird er bei einem solchen Grundstück während der Bauzeit immer wieder belaufen und bei der Profilierung auch verdichtet. Er muß deshalb vor dem Auftragen des Oberbodens gut gelockert werden. Diese Lockerung soll insbesondere eine gute Verzahnung mit dem Oberboden bringen, der nach der Lockerung aufgetragen wird. Diese Verzahnung ist besonders dort nötig, wo der Oberboden auf dem stark bindigen Unterboden liegen wird. Durch die Verzahnung werden die Auswirkungen von Porensprüngen gemildert. Was technisch zu dieser Zeit nicht gelöst werden kann, muß man dann dem Wirken der Natur überlassen, wenn einmal eine Bepflanzung vorgenommen worden ist.

Betrachten wir nun weiter die im Hausgarten vorgesehenen Vegetationsflächen:
a) Da gibt es Flächen mit aufwendiger Pflanzung mit Stauden und Rosen in der Nähe des Wohnzimmers und im Staudenbeet,
b) weiter Gemüse- und Kräuterbeete,
c) Abpflanzungen mit standortgerechten Gehölzen sowie
d) Spielrasenflächen.
Der Oberboden, der uns auf dem Grundstück zur Verfügung stand, ist als schwach bindiger Boden für normale Pflanzflächen voll geeignet, hat aber für belastbare Vegetationsflächen (Spielrasen) zu viele bindige Bestandteile. Deshalb wird der Landschaftsarchitekt

dem Bauherrn folgende Vorschläge machen:
1. Oberboden sorgfältig gewinnen bei trockenem Wetter und die Miete mit Lupine einsäen.
2. Den Unterboden in der vorerwähnten Weise verteilen und bei anzulieferndem Unterboden darauf achten, daß es sich um einen schwach bindigen bis bindigen Unterboden handelt.
3. Den Unterboden vor dem Oberbodenauftrag gründlich und tief auflockern, um eine Verzahnung von Unter- und Oberboden zu erreichen.
4. Oberboden für Abpflanzung und Gemüse- und Kräuterbeete mit einer Zwischenbegrünung aus Lupine oder Luzerne für die spätere Begrünung vorbereiten.
5. Oberboden für die höherwertige Pflanzung mit organischen Bodenverbesserungsmitteln (Rindenhumus, Torf o.ä.) verbessern und möglichst auch mit Zwischenbegrünung aktivieren.
6. Den Oberboden für die Spielrasenfläche nach dem Auftragen mit 3-4 cm Sand der Körnung 0-4 mm mit nur geringen abschlämmbaren Teilen andecken und diese Schicht etwa 10 cm tief mit dem anstehenden Oberboden vermischen. Damit wird die Rasentragschicht belastbarer.
7. Alle Flächen sollten dann noch eine Nährstoffanreicherung mit 70 g eines mineralischen Mehrnährstoffdüngers in der Zusammensetzung 12 : 12 : 17 : 2 (NPKMg) erhalten. Dabei kann einer dieser Nährstoffe u. U. in einer unnötig hohen Menge gegeben werden. Das ließe sich nur ausschließen, wenn man vorher eine Nährstoffanalyse durchgeführt hätte. Da man aber bisher nur unvollständige Kenntnisse über den spezifischen Nährstoffbedarf der einzelnen Pflanzen bei solchen Mischpflanzungen hat, ist eine gleichmäßige Bevorratung kein Fehler.
8. Die Flächen werden nach dieser Anreicherung mit Bodenverbesserungsmitteln und Dünger, die im Rahmen einer Lockerung der Vegetationstragschicht möglichst gleichmäßig geschehen soll, in ein Feinplanum gelegt. Dabei soll die Rasenfläche eine bessere Ebenheit als eine Pflanzfläche erhalten. Vorstellbar wäre z.B. eine Ebenheit von 2 cm, gemessen unter einer 4 Meter langen Latte, für die Rasenfläche. Die Anschlüsse an Wegeflächen sollten 2 cm tiefer liegen, weil das eingesäte Gras ja auch immer eine Wuchshöhe von mindestens 4 cm aufweist und im Laufe der Jahre sich die Rasenfläche durch die Bildung von Rasen-

filz, auf der Fläche verbleibendes Schnittgut und gelegentliche Übersandungen hebt. Der Rasen legt sich dann wie ein Wulst über die Plattenfläche. Das sieht nicht sehr gut aus. Man wird solche Wülste später immer wieder durch Abstechen entfernen müssen. Bei Pflanzflächen wird man in einem Hausgarten keine besonderen Anforderungen stellen und als fachgerechte Arbeit verlangen, daß die Anschlüsse an Wegen oder anderen Kanten ebenflächig hergestellt werden.

Literatur

DIN 18 915 Vegetationstechnik im Landschaftsbau, Bodenarbeiten Beuth Verlag – Berlin

H. Kuntze, J. Niemann, G. Roeschmann und G Schwerdtfeger, 1983: Bodenkunde. Stuttgart. Ulmer Verlag

Scheffer, F., und P. Schachtschabel, 1984: Lehrbuch der Bodenkunde. Stuttgart. Verlag F. Enke.

4 Beton H.-J. Krems

4.1 Allgemeines

Bei der Herstellung von Fundamenten, der Verwendung von Wegeplatten oder Stuttgarter Mauerscheiben stoßen wir auf den Baustoff Beton.

Beton ist ein künstlicher Stein, der i.a. aus einem Gemisch von Zement, Betonzuschlag und Wasser – ggf. mit Betonzusätzen – durch Erhärten des Zementleims entsteht. Hergestellt als Frischbeton mit wählbarem Konsistenzbereich (steif bis fließend), kann er in beliebige Formen und Strukturen gegossen werden und ist damit vielseitig verwendbar.

Im Endzustand (Festbeton) zeichnet er sich besonders durch folgende Eigenschaften aus:

1. Hohe Druckfestigkeit, die gezielt gesteuert werden kann.

2. Hohe Witterungsbeständigkeit und damit eine große Lebensdauer.
3. Formbeständigkeit, nachdem Kriechen und Schwinden abgeklungen sind.
4. Besondere Eigenschaften, wie Wasserundurchlässigkeit, Frost- und Tausalzbeständigkeit, Abriebfestigkeit und Unempfindlichkeit gegen chemischen Angriff.

Im Landschaftsbau sind folgende Verwendungsmöglichkeiten zu nennen:
1. Gründungskörper (Streifen- und Punktfundamente)
2. Treppenelemente (Stufen, Träger, Platten)
3. Sichtschutz- und Stützwände (Schwergewichts- und Winkelstützmauern)
4. Wasserbecken
5. Betonwaren (Betonpflastersteine, U-Schalen, Pflanztröge, Durchlaßrohre etc.)

Als Gründungskörper hat der Beton mehrere Aufgaben gleichzeitig zu erfüllen. Zunächst muß er die Lasten aus dem Baukörper (Ziegelmauer o. dgl.) sicher in den Baugrund leiten. Dies ist ohne Stahlzulagen möglich, wenn die Lastausbreitung im Verhältnis 1:2 verbleibt. (Siehe auch DIN 1045, § 17.9/ Tab. 17). Weiterhin muß er den Baukörper vor Bauschäden aus Feuchtigkeit, Frost, chemischen Einflüssen etc. schützen. Das Fundament wird daher bis zur Frosttiefe heruntergeführt (ca. 0,80 m), oder auf einer Frostschutzschicht (Kies, Sand) abgesetzt.

Bei Treppenanlagen, Wänden und Wasserbecken ist die Abtragung der Lasten wesentlich komplizierter. Es treten Kräfte und Momente auf, die im Material Zug- und Druckspannungen erzeugen. Da der Beton i. w. nur Druckspannungen aufnimmt, werden Rundstäbe aus Betonstahl zugelegt (Bewehrung), die zur Aufnahme der Zugspannungen bestimmt sind. Die innige Haftung zwischen Stahl und Beton ist möglich, da beide Materialien denselben Wärmeausdehnungskoeffizienten haben und sich bei Temperaturwechsel nicht voneinander ablösen (Verbundstoff).

4.2 Normengrundlagen und Bestimmungen

Bei der Verwendung von Beton im Landschaftsbau sind folgende Normen und Bestimmungen zu beachten:
DIN 1045: Beton und Stahlbeton
DIN 1048: Prüfverfahren für Beton
DIN 1164: Portland-, Eisenportland-, Hochofen- und Traßzement
DIN 51043: Traß
DIN 4226: Zuschlag für Beton

DIN 488: Betonstahl, Blatt 1–4
DIN 4099: Schweißen von Betonstahl
DIN 4235: Verdichten von Beton durch Rütteln
DIN 1084: Überwachung (Güteüberwachung) im Beton und Stahlbeton.
DIN 4030: Beurteilung betonangreifender Gewässer, Böden und Gase.
DIN 4243: Betongläser
DIN 18551: Spritzbeton
Richtlinie für die Herstellung und Verwendung von Trockenbeton.
Richtlinien für die Zuteilung von Prüfzeichen für Betonzusatzmittel.
Richtlinien für die Herstellung und Verarbeitung von Fließbeton.
Merkblatt für Prüfstellen E (Fassung März 1972)
Merkblatt für Betonprüfstellen W
Merkblatt für Schutzanzüge auf Beton bei sehr starken Angriffen nach DIN 4030.

4.3 Begriffliche Abgrenzung und Unterscheidung

1. nach dem Größtkorn ⌀ [mm] des Betonzuschlags:
   Beton:
   Zementzuschlaggemische mit einem Größtkorn ⌀ ≪ 4 mm.
   Mörtel:
   Zementzuschlaggemische mit einem Größtkorn ⌀ ≤ 4 mm. Bei Zementmörtel nach DIN 1053 (Mauerwerksbau) gilt ein Größtkorn ⌀ ≤ 3 mm (Rundlochsieb). Reiner Zementmörtel entspricht der Mörtelgruppe III.

2. nach der Trockenrohdichte des Betons:

Bezeichnung	Trockenrohdichte [kg/dm³]
Leichtbeton	≤ 2,0
Normalbeton	2,0–2,8
Schwerbeton	≪ 2,8

Wenn eine Verwechslung nicht möglich ist, wird der Normalbeton als »Beton« bezeichnet.

3. nach der Festigkeit des Betons:
   Beton B I:
   Eine Kurzbezeichnung für Beton der Festigkeitsklassen B 5 bis B 25.
   Beton B II:
   Eine Kurzbezeichnung für Beton der Festigkeitsklassen B 35 und höher, in der Regel auch für Beton mit besonderen Eigenschaften.

4. nach Art und Kornform des Betonzuschlags:
   Kies-, Splitt-, Ziegelsplitt-, Bimsbeton etc.

5. nach Art des Einbringens und Verdichtens:
   Rüttel-, Stampf-, Guß-, Torkret- und Schleuderbeton.
   Torkretbeton wird mit 2 bis 3 atü Preßluftdruck aus Torkretkanonen in dünner Lage gegen die Schalung (ggf. Wände) gedrückt. Auch mehrlagig mit guter Haftung möglich. Schleuderbeton dient zur Herstellung runder Hohlkörper (Maste, Rohre etc.). Bei der Fertigung wird der Frischbeton gegen die rotierende Schalung geschleudert.

6. nach dem Ort der Herstellung:
   Ortbeton:
   Beton, der als Frischbeton auf der Baustelle in seine endgültige Lage eingebracht wird und dort erhärtet.
   Betonfertigteil:
   Betonelemente, die in einem Betonfertigteilwerk vorgefertigt werden, als Festbeton in der endgültigen Form auf die Baustelle transportiert und dort montiert werden. Betonfertigteile, die serienmäßig hergestellt werden und beim Baustoffhändler erhältlich sind, werden Betonwaren genannt.

7. nach dem Erhärtungszustand:
   Frischbeton:
   Beton, solange er verarbeitet werden kann.
   Festbeton:
   Beton, sobald er erhärtet ist.

8. nach dem Ort der Herstellung der Betonmischung (Frischbeton):
   Baustellenbeton:
   Die Bestandteile werden auf der Baustelle zugegeben und gemischt. Die Bezeichnung gilt auch für Frischbeton, der von einer Baustelle an ein bis drei benachbarte Baustellen desselben Unternehmens übergeben wird (Luftlinienentfernung – 5,0 km).
   Transportbeton:
   Das Mischgut wird von der Mischanlage eines Transportbetonwerkes in Spezialfahrzeugen an die Baustelle gefahren (entweder werksgemischt oder fahrzeuggemischt).

9. nach Art der Bewehrung:
   unbewehrter Beton:
   Beton ohne Stahleinlagen.
   Stahlbeton:
   Beton mit schlaffen Stahleinlagen.
   Spannbeton:
   Beton mit vorgespannten Stahleinlagen.
   Erläuterung:
   Wie bei allen steinartigen Baustoffen ist die Zugfestigkeit des Betons gegenüber der Druckfestigkeit gering. Dieser Mangel wird durch Einlegen von schlaffen Bewehrungsstäben behoben. So entsteht der Stahlbeton. (Verbundsystemaufnahme von Zug-, Biegezug-, Haupt-

zug- und Schubkräften). Daneben gibt es für besonders hoch beanspruchte Bauteile vorgespannte Stahlbetonkonstruktionen (Spannbeton). Hier werden Bewehrungsstäbe (Spannstähle) vorgespannt und der erhärtete Beton künstlich unter Druck gesetzt. Berechnung und Ausführung von Spannbetonbauteilen bedürfen besonderer Kenntnisse und Sorgfalt. Sie finden im Landschaftsbau kaum Anwendung.

4.4 Bindemittel

Bindemittel für Beton der Güteklassen B 10 und höher sind Zemente nach DIN 1164, Blätter 1 bis 8, und bauaufsichtlich gleichwertig zugelassene Zemente.

Unbewehrter Beton der Festigkeitsklasse B 5 darf auch mit Mischbindern nach DIN 4207 hergestellt werden.

4.4.1 Zement

Zement ist ein Bindemittel für Mörtel und Beton, das nicht nur an der Luft, sondern auch im *Wasser* erhärtet, hohe *Festigkeiten* erreicht und diese auf *unbegrenzte Zeit* beibehält.

Zusammensetzung und Eigenschaften, die ein guter Zement haben muß, sind in den *Zementnormen* festgelegt. Zemente, die diesen entsprechen und laufend überwacht werden, heißen Normzemente.

4.4.1.1 Herstellung von Zement

Natürliche Rohstoffe für die Herstellung von Zement sind:
1. Calciumkarbonat ($CaCO_3$) – Kalkstein, Kreide, Kalkmergel –
2. Kieselsäure (SiO_2) – Sand, Ton –
3. Aluminiumoxid (Al_2O_3) – Ton, Mergel, Flugasche –
4. Eisenoxid (Fe_2O_3) – Eisenerz –

Diese Ausgangsstoffe für das Rohmehl des Zements ermöglichen eine große Anzahl chemischer Verbindungen, die je nach Mischungsverhältnis und Reaktionsbedingungen beim Brennen entstehen und den Portlandzementklinker ergeben. Beim Brennen eines tonigen Kalksteins oder sehr kalkhaltigen Kalkmergels entstehen neben gebranntem Kalk CaO Verbindungen von Kalk mit Kieselsäure, Tonerde und Eisenoxid, die einen zementartigen Charakter haben, d.h. bei Berührung mit Wasser nicht ablöschen oder zerfallen. Dieses Ausgangsmaterial wird zuerst fein gemahlen und geht nach dem Anmachen mit Wasser eine wasserbeständige Verbindung ein, ohne sich auszudehnen (Treiben).

Die Herstellung von Zement mit verbürgter Festigkeit beruht auf der Einstellung und Einhaltung eines bestimmten eng begrenzten Verhältnisses zwischen den kalkigen und tonigen Rohstoffen, deren sorgfältige Feinmahlung, innige Mischung und Brennen bis zur Sinterung, d.h. bis zum beginnenden Schmelzen (1400–1500°). Dadurch wird der gesamte Kalk an Kieselsäure, Tonerde und Eisenoxid gebunden, so daß ein steinartig fester, lagerfähiger Zementklinker entsteht, in dem freier, ablöschender und im ungelöschtem Zustand treibender Kalk nicht mehr vorhanden ist. Der Zementklinker enthält i. W. 4 nachweisbare Klinkerphasen (Tab. 4.4.1.1/1), die die technologischen Eigenschaften des Zements beeinflussen (z.B. Hydratationswärme, Erhärtungszeit, Sulfatwiderstand). Das Bindemittel Zement entsteht durch Feinmahlen des Klinkers unter Zugabe von Calciumsulfat zur Regelung des Erstarrens. Zur Herstellung bestimmter Zementsorten ist die Zugabe von Hüttensand oder Traß erforderlich.

4.4.1.2 Zementarten

Normzemente nach DIN 1164:
Die Norm umfaßt folgende Zementarten:
Portlandzement   (PZ)
Eisenportlandzement   (EPZ)
Hochofenzement   (HOZ)
Traßzement   (TrZ)
Neben dem bereits beschriebenen Portlandzementklinker sind als Hauptbestandteile Hüttensand und Traß zu nennen. Hüttensand ist eine granulierte Hochofenschlacke und im fein vermahlenen Zustand ein latent hydraulischer Stoff. Er wird bei der Eisenverhüttung aus der anfallenden feuerflüssigen Hochofenschlacke durch schnelles Abkühlen gewonnen. Seine Zusammensetzung muß folgende Werte in Gew. % einhalten:

$$\frac{CaO + MgO + Al_2O_3}{SiO_2} \geq 1$$

Traß ist ein natürlicher puzzolaner Stoff. Seine Zusammensetzung muß DIN 51043 entsprechen.

Zusammensetzung der Zementarten: *Portlandzement* wird aus reinem Portlandzementklinker unter Zusatz von Calciumsulfat durch Feinmahlen hergestellt.

Eisenportland- und Hochofenzement werden durch gemeinsames werksmäßiges Feinmahlen von Portlandzementklinker und Hüttensand unter Zugabe von Calciumsulfat hergestellt.

Aus den 4 Normzementen werden noch Zemente mit besonderen Eigenschaften hergestellt:
1. *NW* (niedrige Hydratationswärme) Es handelt sich dabei um:
   a) hüttensandreiche Hochofenzemente
   b) Modulierte Portlandzemente
2. *HS* (hoher Sulfatwiderstand)
   a) hüttensandreicher HOZ (70–85 Gew. %)
   b) Portlandzemente mit:
      $\geq$ 3 Gew.% 3 CaO.Al_2O_3 (Tricalciumaluminat)
      $\geq$ 5 Gew.% Al_2O_3 (Aluminatoxid)

4.4.1.3 Zementeigenschaften

Werden Zement und Wasser zu einem dickflüssigen Brei verrührt, so wird dieser allmählich fest, der Zementleim entwickelt sich zum Zementstein.

Tab. 4.4.1.1/1 Klinkerphasen und zementtechnische Eigenschaften

	Abk.	Zementtechnische Eigenschaften
Tricalciumsilikat 3 CaO · SiO_2	C_3S	schnelle Erhärtung, hohe Hydratationswärme
Dicalciumsilikat 2 CaO · SiO_2	C_2S	langsame, stetige Erhärtung niedrige Hydratationswärme
Tricalciumaluminat 3 CaO (Al_2O_3, Fe_2O_3)	C_3A	in größerer Menge: schnelles Erstarren, höhere Hydratationswärme, Schwindneigung, empfindlich gegen Sulfatwässer
Aluminatferrit 2 CaO(Al_2O_3, Fe_2O_3)	$C_2(A,F)$	langsame Erhärtung, widerstandsfähig gegen Sulfatwässer
freier Kalk – CaO –		in geringer Menge unschädlich, sonst Kalktreiben
freie Magnesia – MgO –		in größerer Menge: Magnesiatreiben

Das zunächst glänzende Gemisch wird matt und mit zunehmender Erhärtung an der Luft trockener. Diese Verfestigung beruht auf Bildung wasserbeständiger (hydraulischer) Verbindungen. Dabei spielen die Reaktionsbereitschaft der Ausgangsstoffe, die Konzentration aller beteiligten Substanzen und die Möglichkeiten eines ungestörten Reaktionsablaufs eine wesentliche Rolle. Ist der Zement sehr fein gemahlen, so tritt eine fast vollständige Hydratation ein. Bei relativ großen Zementteilchen kann sich – vor allem bei geringem Wasserzusatz – das Gleichgewicht nicht einstellen. Es bleiben Reste unhydratisierter Zementbestandteile zurück. Wichtig ist hierbei das Gewichtsverhältnis von Wasser zu Zement, der *Wasserzementwert.*

25 Gew.% des Wassers werden chemisch als Hydratwasser gebunden, 15 Gew.% lagern sich physikalisch in den Gelporen des kolloidalen Kristallfilzes an, so daß der optimale Wasserzementwert bei w = 0.4 liegt.

Liegt der Wert wesentlich darunter, so bleiben Reste unhydratisierter Zementbestandteile zurück, liegt er höher, so bildet sich in den Kapillaren Porenwasser, das später verdunstet. Als Wesen der Verfestigung ist daher die Bindung des zugesetzten Wassers durch die feinen Zementkörner anzusehen. Bei einer Dicke der Zementkörner von 0.5 bis 50 μm = 10^{-6} bis 10^{-4} m beginnt die Wasserbindung an der Oberfläche und dringt bei ausreichendem Wasserangebot bis in deren Kern vor, so daß der gesamte Zement über den Zwischenzustand des Zementgels in Zementstein übergeht. Das für die Hydratation benötigte Wasser wird in das Kristallgitter der Neubildung aufgenommen und ist durch Verdunsten unter 100° C nicht zu entfernen. Fehlt Wasser oder verschwindet es vorzeitig, so ist nur eine unvollkommene Verkittung möglich. Daher müssen Mörtel

und Beton lange feucht gehalten werden. Das Versteifen des Zement-Wasser-Gemisches nennt man Erstarren, den Vorgang der Verfestigung Erhärten. Erstarren und Erhärten gehen ineinander über. Das Erstarren darf frühestens eine Stunde nach dem Anmachen beginnen und muß spätestens 12 Stunden nach dem Anmachen beendet sein.

Die Zemente werden nach ihrer Druckfestigkeit (Mindestdruckfestigkeit nach 28 Tagen) in Festigkeitsklassen eingeteilt (Tab. 4.4.1.3/ 1). Die Prüfung erfolgt gemäß DIN 1164, Teil 7 als Druckversuch an Prismenstücken – 4/4/16 cm –, die zuvor einem Biegeversuch unterworfen wurden. Der Mörtel ist wie folgt zusammengesetzt:

1 Gw.-Teil Zement
1 Gw.-Teil Normsand I (fein)
1 Gw.-Teil Normsand II (grob)
w = 0.5

Die Festigkeitsklasse Z 25 gilt lediglich für Zemente mit niedriger Hydratationswärme (NW) und/oder hohem Sulfatwiderstand (HS). NW- und HS-Zemente gibt es jedoch auch in höheren Festigkeitsklassen. Bei den Festigkeitsklassen Z 35 und Z 45 unterscheidet die DIN 1164 zwischen Zementen F mit höherer Anfangsfestigkeit und Zementen L, die etwas langsamer erhärten, aber eine bessere Nacherhärtung aufweisen. Die Verwendung von Zement mit höherer Anfangsfestigkeit kann z. B. für frühzeitiges Ausschalen, für frühzeitiges Vorspannen oder für Betonieren bei niedrigen Temperaturen zweckmäßig sein, die Verwendung von Zement mit langsamer Erhärtung z. B. für die Herstellung massiver Bauteile und für Massenbeton, da bei der Hydratation des Zements Wärme frei wird, die sogenannte Hydratationswärme.

Von baupraktischer Bedeutung ist auch, daß alle Zemente raumbeständig sein müssen und kein Kalktreiben, Magnesiatreiben und Gipstreiben aufweisen dürfen, und daß zementgebundene

Baustoffe beim Austrocknen schwinden, bei Wasseraufnahme quellen und unter Dauerlast kriechen. Die Verwendung von Zement mit hohem Sulfatwiderstand ist eine Voraussetzung für die Herstellung eines Betons mit hohem Widerstand gegen Sulfatangriffe. Die Verwendung von Zement mit niedrigem wirksamen Alkaligehalt (NA-Zement) kann bei Beton mit alkaliempfindlichem Zuschlag notwendig sein.

Nach DIN 1164 muß der Zement so fein gemahlen sein, daß seine spezifische Oberfläche, geprüft mit dem Luftdurchlässigkeitsverfahren nach DIN 1164, Teil 4 i. a. 2200 cm^2/g und in Sonderfällen 2000 cm^2/g nicht unterschreitet. Beton mit sehr feinem Zement besitzt einen höheren Wasseranspruch und kann je nach Betonzusammensetzung zäh und schwerer zu verarbeiten sein. Vom Wasseranspruch des Zements darf jedoch nicht ohne weiteres auf den Wasseranspruch des Betons geschlossen werden.

4.4.1.4 Bezeichnung, Lieferung und Lagerung

Jeder angelieferte Zement muß normgemäß gekennzeichnet sein. Aus der Bezeichnung auf Säcken und Lieferscheinen muß die Zementart, die Festigkeitsklasse, das Lieferwerk, das Bruttogewicht des Sackes bzw. das Nettogewicht des losen Zements, die Kennzeichnung für die Güteüberwachung und ggf. die Zusatzbezeichnung für besondere Eigenschaften hervorgehen. Auf jedem Lieferschein muß außerdem Tag und Stunde der Lieferung, polizeiliches Kennzeichen des Fahrzeugs, Auftraggeber, Auftragsnummer und Empfänger vermerkt sein. Jeder Lieferung von losem Zement ist außerdem ein farbiges, witterungsfestes Blatt zum Anheften am Silo beizugeben, das Zementart, Festigkeitsklasse, Lieferwerk, Zeichen der Güteüberwachung, Datumsstempel des Liefertages sowie ggf. Zusatzbezeichnung für besondere Eigenschaften enthält. Säcke und witterungsfestes Blatt müssen farbig gem. Tabelle gekennzeichnet sein. Der Zement muß vor jeder Verunreinigung und vor Feuchtigkeit geschützt werden. Er darf nur in saubere und von Rückständen früherer oder anderer Lieferungen freie Transportbehälter gefüllt, transportiert und gelagert werden. Schon geringe Mengen organischer Stoffe oder anderer mit den Betonbestandteilen nicht verträglicher Stoffe können sich nachteilig auswirken.

Zement darf mit einem anderen Zement oder einem anderen Bindemittel nur vermischt werden, wenn die Stoffe

Tab. 4.4.1.3/1 Festigkeitsklassen/Druckfestigkeit

Festigkeitsklasse		Druckfestigkeit in N/mm² nach			
		2 Tagen min.	7 Tagen min.	28 Tagen min.	max.
Z 25		–	10,0	25,0	45,0
Z 35	L	–	17,5	35,0	55,0
	F	10,0	–		
Z 45	L	10,0	–	45,0	65,0
	F	20,0	–		
Z 55		30,0	–	55,0	–

miteinander und mit den übrigen Betonausgangsstoffen verträglich sind.

Die Festigkeit eines Gemisches aus zwei miteinander verträglichen Zementen erreicht i. a. wenigstens die Festigkeit, die sich aus den Anteilen und den Festigkeiten der beteiligten Zementen errechnen läßt. Sie ist daher stets kleiner als die Festigkeit des Zements mit der höheren Festigkeit. Aber auch das Vermischen von zwei grundsätzlich miteinander verträglichen Zementen ist nicht zu empfehlen, und bei der Transportbetonherstellung zu vermeiden, weil es beim Zementgemisch wegen der dann nicht mehr vorhandenen Aufeinanderabstimmung der Zementbestandteile ein frühes Ansteifen und größere Festigkeitsstreuungen zur Folge haben kann.

Die Lagerung kann die Zementeigenschaften wesentlich beeinflussen. Nicht vor Luft- und Feuchtigkeitszutritt geschützter Zement nimmt auch aus der Luft Feuchtigkeit und Kohlensäure auf. Dies kann Klumpenbildung und Festigkeitsminderung zur Folge haben. Letzteres ist allerdings in der Regel vernachlässigbar, wenn sich die Klumpen zwischen den Fingern noch zerdrücken lassen. Die Behälter für losen Zement müssen daher so dicht sein, daß insbesondere Feuchtigkeit nicht hinzutreten kann. In Säcken verpackter Zement sollte möglichst in geschlossenen Fahrzeugen transportiert, in geschlossenen Räumen gelagert und vor Feuchtigkeit geschützt werden. Da Zement gegenüber diesem Einfluß um so empfindlicher ist, je schneller er erhärtet und je größer seine Anfangsfestigkeit ist, sollte die Lagerungsdauer von in normalen Säcken gelagertem Zement in der Regel bei schnell erhärtenden Zementen etwa 1 Monat, bei Zementen mit mittlerer Erhärtungsgeschwindigkeit etwa 2 Monate und bei langsam erhärtenden Zementen etwa 3 Monate nicht überschreiten.

Tab. 4.4.1.4/1 Kennfarben für die Festigkeitsklassen

Festigkeitsklasse	Kennfarbe	Farben des Aufdrucks
Z 25	violett	schwarz
Z 35L	hellbraun	schwarz
Z 35F	hellbraun	rot
Z 45L	grün	schwarz
Z 45F	grün	rot
Z 55	rot	schwarz

Kurzbezeichnung und Kennfarben

Zur Unterscheidung der Zementarten und Festigkeitsklassen sowie zur Kennzeichnung der Sondereigenschaften dienen die aufgeführten Kurzzeichen.

Beispiele: Zement PZ 35 F DIN 1164
oder
Zement HOZ 25 DIN 1164 – HS.

Bei Sackzement müssen Farbe und Aufdruck der Säcke den Angaben der Tabelle 4.4.1.4/1 entsprechen.

4.4.2 Bindemitteleinwirkung auf Metalle

Bindemittel in Mörtel und Beton dürfen keine Korrosionsschäden auf eingebauten Metallen hervorrufen. Es bestehen folgende Beziehungen:

Korrosionseinfluß der Mörtel

Mörtelart	Korrosion	keine Korrosion
Gipsmörtel	Stahl	Blei Zinn Aluminium Kupfer
Kalkmörtel	Zink Blei Aluminium Stahl	Kupfer Zinn
Zementmörtel		Stahl

4.5 Betonzuschlag

Betonzuschlag ist ein Gemenge aus ungebrochenen und/oder gebrochenen Körnern aus natürlichen und/oder künstlichen mineralischen Stoffen (DIN 4226). Er besteht i. a. aus verschieden großen Körnern mit dichtem Gefüge wie Sand, Kies, Splitt, Schotter (DIN 4226, Bl. 1), oder mit porigem Gefüge (z. B. Blähton, Blähschiefer), der überwiegend für Leichtbeton verwendet wird (DIN 4226, Bl. 2). In Sonderfällen wird auch Metall in Stückgrößen, die für die Betonherstellung geeignet sind, verwendet.

4.5.1 Gestein

Für die Herstellung eines Normalbetons guter Qualität ist wichtig, daß das Gestein eine hohe Druckfestigkeit besitzt und der Anteil schädlicher Stoffe eng begrenzt ist. Weiterhin spielen beim Sieben, Mischen und Einbringen des Frischbetons Kornform und Oberflächenbeschaffenheit des Korns eine große Rolle. Die Form der Zuschlagkörner soll möglichst gedrungen sein.

Als ungünstig gilt ein Korn, wenn das Verhältnis von Länge zu Dicke $\geq 3:1$ ist. Der Anteil dieser Körner über $\varnothing$ 8 mm soll 50 % nicht überschreiten. Günstig wirkt sich eine rauhe Oberfläche aus, da sie die Haftung zwischen Zementstein und Zuschlagkorn erhöht.

Bei der Herstellung von Normalbeton werden i. a. Betonzuschläge mit Kornrohdichten verwendet, die zwischen 2,60–2,70 kg/dm^3 liegen. Unter Kornrohdichte versteht man das Gewicht des Zuschlagkorns (kg), dividiert durch den vom Korn ausgefüllten Raum (Stoffraum/dm^3). Dabei werden die im Korn vorhandenen Hohlräume nicht abgezogen.

Beispiele:

Ziegelsplitt	2,00 kg/dm^3
Granit	2,60 kg/dm^3
Kiessand	2,65 kg/dm^3
Brechsand	2,70 kg/dm^3
Diabas, Porpluyr	2,80–2,95 kg/dm^3
Basaltsplitt	3,00 kg/dm^3

Im Gegensatz dazu versteht man unter Rohdichte das Raumgewicht in kg/dm^3 (1 dm^3 = 1 l)

Im wesentlichen werden bei den Normalzuschlägen folgende Arten unterschieden:

natürliche Zuschläge:

ungebrochene:	Fließsand Grubensand Fließkies Grubenkies
gebrochene:	Brechsand Splitt Schotter Steinschlag

künstlich hergestellte Zuschläge:
Hochofenschlackensand
Hochofenstückschlacke

4.5.2 Kornzusammensetzung

4.5.2.1 Allgemeines

Der Betonzuschlag soll in seiner Zusammensetzung gemischtkörnig sein, damit der Zementanteil bei der Herstellung eines Betons mit dichtem Gefüge wirtschaftlich bleibt und Kriechen und Schwinden einen geringen Einfluß haben (Abb. 4.5.2.1/1a).

Ein gleichförmiges Gemisch mit großem Korndurchmesser ist hohlraumreich und erfordert einen großen Anteil Zementstein (Abb. 4.5.2.1/1b).

Ein gleichförmiges Gemisch aus kleinen Korngrößen hat demgegenüber eine große spezifische Kornoberfläche, deren Verkittung ebenfalls einen hohen Zementbedarf hat (Abb. 4.5.2.1/1c).

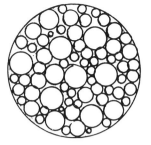 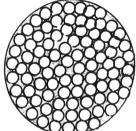 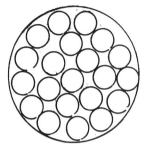

Abb. 4.5.2.1/1

Als Prüfsiebe sind in der DIN 1045 und DIN 4226 die folgenden mit quadratischen Öffnungen festgelegt:

Maschinensiebe (mm)		Quadratlochsiebe (mm)					
0,25	0,5	1	2	4	8	16	31,5*	63

* Nenngröße des Korns = 32 mm.

Das Größtkorn ist so zu wählen, daß Mischen, Einbringen und Verarbeiten des Betons dies zulassen. Seine Nenngröße darf $\frac{1}{3}$ der kleinsten Bauteilabmessung nicht überschreiten. Der überwiegende Teil des Zuschlags soll außerdem kleiner als der Abstand der Bewehrungsstäbe untereinander und von der Schalung sein.

Betonzuschläge werden in handelsüblichen Korngrößen geliefert. Dabei sind gewisse Abweichungen in Masse% für Anteile an Über- und Unterkorn zulässig. Es müssen aber beim Siebversuch mit Prüfsieben die Bedingungen der DIN 2642 erfüllt sein, unabhängig davon, welche Trennsiebe im Herstellerwerk verwendet werden (Tab. A 4.5.2.1/1+2).

Um eine Angabe über die Zusammensetzung von Zuschlaggemischen zu machen, werden die Zuschlagkörner nach Korndurchmesser geordnet. Es werden Korngruppen gebildet, die jeweils alle Korngrößen zwischen 2 gewählten Siebkorngrößen umfassen. So bedeutet Korngruppe 2/8, daß der überwiegende Teil der Körner durch das 8 mm Sieb hindurchfällt und auf dem 2 mm Sieb liegenbleibt. Folgende Anteile an Über- bzw. Unterkorn sind zulässig:

Korngruppen	Überkorn	Unterkorn
1/2; 1/4; 2/4; 2/8	10%	15%
sonstige	10%	10%

4.5.2.2 Sieblinien

Die Kornzusammensetzung der Zuschläge beeinflußt neben den Zementmengen in hohem Maße die Güte des Betons. Sie wird durch Siebversuche ermittelt und durch Sieblinien dargestellt (Abb. 4.5.2.2/1-4).

Bei den in der DIN 1045 angegebenen Regelsieblinien ist der Abstand aller Senkrechten gleich groß (logarithmischer Maßstab). In Abhängigkeit vom Größtkorn 8, 16, 32 und 63 mm sind jeweils 3 Sieblinien angegeben, die einen »günstigen« Bereich (3) und einen noch »brauchbaren« Bereich (4) begrenzen. Außerdem befindet sich ein Bereich (2) mit einer Begrenzungslinie U, die von unstetig aufgebauten Korngemischen (Ausfallkörnungen) nicht unterschritten werden darf.

Beispiel:

Vorgeschriebene Sieblinie:
$\hspace{3cm}$ 0,4 mm = 40%
$\hspace{3cm}$ 4/16 mm = 60%

Verfügbare Zuschlagstoffe:
$\hspace{2cm}$ Quarzsand γ = 2,60 kg/dm³
$\hspace{2cm}$ Splitt γ = 2,80 kg/dm³

Das geforderte Stoffraumverhältnis errechnet sich wie folgt:

40 dm Quarzsand	wiegen 40 × 2,6 = 104,0 kg
60 dm Splitt	wiegen 60 × 2,8 = 168,0 kg
100 dm Zuschlag	wiegen 272,0 kg

Soweit sind die Gewichtsanteile:

Quarzsand: $\quad \dfrac{104,0}{272,0} \quad = \underline{\underline{38,2 \text{ Gew.}\%}}$

Splitt: $\qquad \dfrac{168,0}{272,0} \quad = \underline{\underline{61,8 \text{ Gew.}\%}}$

Für Betone B 5 bis B 25, die nicht aufgrund einer Eignungsprüfung hergestellt werden, muß die Sieblinie des Zuschlaggemisches je nach Zementgehalt zwischen den Sieblinien A und B bzw. B und C liegen. Sie muß stets zwischen A und B liegen, wenn der Beton ohne vorausgehende Eignungsprüfung besondere Eigenschaften erzielen soll.

Zuschlaggemische mit unsteter Sieblinie dürfen nur bei vorausgehender Eignungsprüfung verwendet werden.

Die Herleitung der Sieblinien aus dem Siebdurchgang in Gew.% beruht auf der Voraussetzung, daß für alle Korngruppen Gestein gleicher Kornrohdichte verwendet wird. Ist dies nicht der Fall, so sind nicht mehr die Gewichtsmengen, sondern der nach Abzug der Zwischenräume ausgefüllte Stoffraum der verschiedenen Korngruppen maßgebend. Stoffraumanteile sind die durch die Kornrohdichte geteilten Gewichtsanteile.

Die ausgearbeiteten Betonrezepte legen Zuschlaggemische zugrunde, die den Regelsieblinien der DIN 1045 (Abb. 4.5.2.2/1-4) entsprechen. Das anstehende Zuschlagmaterial ist daher zunächst über eine Sieblinie zu analysieren und einer Regelsieblinie (Regelsieblinienbereich) einzuordnen.

4.5.2.3 Siebversuch

Die Brauchbarkeit eines Kiessandgemenges wird durch Siebversuche geprüft. Hierbei werden Siebsätze entsprechend den Korngruppen verwendet. Die festgelegte Sieblinie gilt als eingehalten, wenn die Abweichung, bezogen auf den gesamten Stoffraum (Siebgutgewicht), beim Durchgang durch das Prüfsieb 0,25 mm ⌀ nicht mehr als 3 Masse %, bei den übrigen nicht mehr als 5 Masse % beträgt. Das Ergebnis der Siebung wird an den Regelsieblinien gewertet (siehe Beispiel Abb. 4.5.2.3/1).

4.5.2.4 Körnungsziffer K

Als Kennwert einer Sieblinie wird die Körnungsziffer –K– eingeführt. Sie gilt als Maß für die Anteile der durch die Prüfsiebe begrenzten Korngruppen im Gesamtzuschlag. Die Körnungsziffer –K– erhält man durch Addition der Prozentzahlen der Rückstände auf den Prüfsieben des Siebsatzes und Division der Summe durch 100. Bei der Ermittlung von –K– ist auch der Rückstand auf

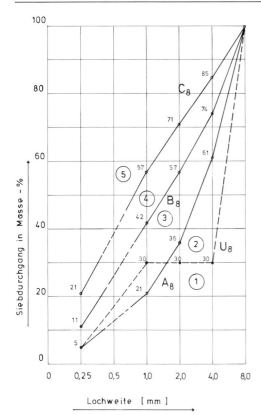

Abb. 4.5.2.2/1 Regelsieblinie: 0/8 (DIN 1045)

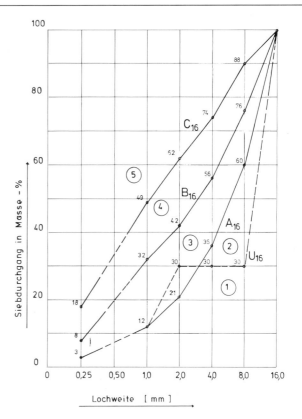

Abb. 4.5.2.2/2 Regelsieblinie: 0/16 (DIN 1045)

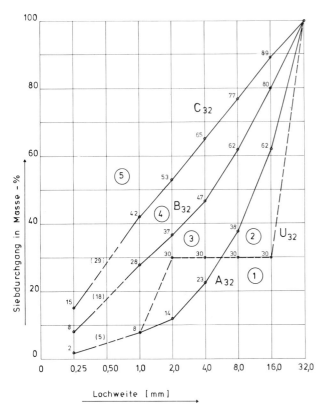

Abb. 4.5.2.2/3 Regelsieblinie: 0/32 (DIN 1045)

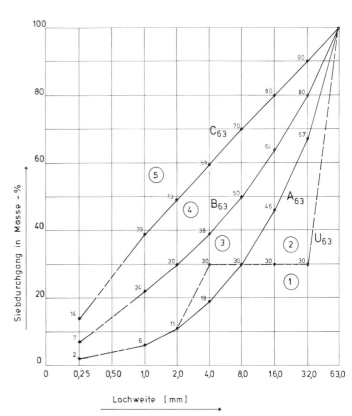

Abb. 4.5.2.2/4 Regelsieblinie: 0/63 (DIN 1045)

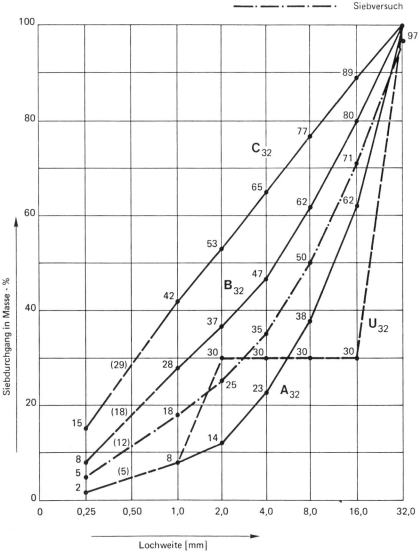

Abb. 4.5.2.3/1 Regelsieblinie: 0/32 (DIN 1045)

dem 0,5mm Sieb zu berücksichtigen (Klammerwert der Regelsieblinien).

Beispiel: Sieblinie A_{32}/B_{32} (siehe Siebversuch)

Prüfsieb mm	Durchgang Gew.%	Rückstand Gew.%
0,25	5	95
0,5	12	88
1	18	82
2	25	75
4	35	65
8	50	50
16	71	29
31,5	97	3
		487

$$\underline{\underline{K}} = \frac{487}{100} = \underline{\underline{4,87}}$$

4.5.3 Lieferung von Betonzuschlagstoffen

Betonzuschlag wird in 3 Formen bezogen:

a) nach Korngruppen getrennt,
b) werksgemischt,
c) ungetrennt.

Getrennte Korngruppen werden verwendet, um eine bestimmte Kornzusammenstellung des Zuschlaggemisches mit großer Sicherheit zu erreichen. Die DIN 1045 schreibt daher für Betonfestigkeitsklassen B 15 und höher die nach Korngruppen getrennte Anlieferung, Lagerung und Dosierung vor. Eine Unterteilung nach Tab. 4.5.3/1 ist erforderlich bzw. empfehlenswert (Klammerwerte).

4.5.4 Zusammenstellung und Verbesserung von Zuschlaggemischen

Die richtige Kornzusammensetzung läßt sich an Hand der Sieblinien graphisch überprüfen. Verläßt eine Gemengelinie den geforderten oder günstigen Bereich, so muß das Gemenge durch Zugabe bestimmter Korngruppen verbessert werden.

Die Ermittlung dieser Korngruppenanteile kann mit Hilfe der sogen. »Mischkreuzrechnung« durchgeführt werden.

Bei dieser Rechnung wird die Differenz der Bewertungsziffer (Körnungsziffer) der angestrebten Sieblinie zu den Bewertungsziffern der einzelnen Zuschlaggemische über Kreuz, ohne Beachtung des Vorzeichens, gebildet.

Beispiel:
Gesamtzuschlag aus 2 Zuschlaggemischen

Aus 2 im Kornaufbau bekannten Zuschlaggemischen (z. B. 0/4 und 4/32) soll eine vorgegebene Sieblinie (z. B. A_{32}/B_{32}) aufgebaut werden:

Gesamtzuschlag aus mehreren Korngruppen

Bei Zuschlaggemischen aus mehr als 2 Korngruppen kann die Ermittlung der prozentualen Anteile mit Hilfe der Sieblinienkennwerte durch schrittweise erfolgende Näherungsrechnungen (z. B. Mischkreuzrechnung) der Gesamtlinie erfolgen.

Rechengang:
1. Ermittlung des Kornaufbaus der Korngruppen und deren Kennwerte.
2. Auflösung der Gesamt-Sollinie rechnerisch in Teil-Sollinien, indem das jeweilige Größtkorn = 100% gesetzt wird.

Tab. 4.5.3/1

B	Korn gruppen	für Zuschlaggemische mit Größtkorn	
		8 und 16 mm	32 mm
15 und 25	2	0/4 mm 4/16 mm	0/4 mm 4/32 mm (4/16) (16/32)
35, 45, und 55,	3 (2*)	0/2 mm 2/16 mm (2/8) (8/16)	0/2 mm 2/8 mm 8/32 mm (8/16) (16/32)

* Bei Ausfallkörnungen

Siebweite (mm)		0,25	0,5	1	2	4	8	16	32	63	K
		Siebdurchgänge									
angestrebte Sieblinie		4	8	12	20	38	60	80	100	100	4,78
vorhandene Zuschlag-gemische	0/4 (mm)	9	20	35	55	95	100	100	100	100	2,86
	4/32 (mm)	0	0	0	3	10	40	70	95	100	5,82

K-Werte:

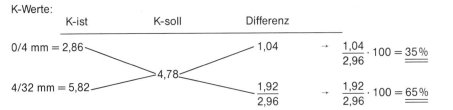

3. Zusammenstellung der Gesamt-Sollinie, indem, vom Größtkorn beginnend, rechnerisch die prozentualen Anteile der Einzelkorngruppen aus den Kennwerten der untergliederten Sollinie und den Ist-Kennwerten der Korngruppen ermittelt werden.

4.6   Anmachwasser

Das Anmachwasser des Betons setzt sich aus der Oberflächenfeuchtigkeit des Zuschlags und dem Zugabewasser zusammen. Die Oberflächenfeuchtigkeit des Zuschlags ergibt sich aus der Gesamtfeuchtigkeit des Zuschlags abzüglich der Kernfeuchtigkeit, die im Innern des Korns liegt und auf die Konsistenz und Festigkeit des Betons keinen Einfluß hat. Das Zugabewasser muß bei der Betonmischung mit einer Genauigkeit von 3 Masse % zugegeben werden. Geeignet sind die meisten in der Natur vorkommenden Wässer, z.B. Regenwasser, Grundwasser, Moorwasser. Nicht geeignet sind stark verunreinigte Wässer, die das Erhärten oder bestimmte Eigenschaften des erhärtenden Betons ungünstig beeinflussen, z.B. öl-, fett- oder zuckerhaltige Wässer. Huminhaltige Wässer können sich bereits in geringen Mengen nachteilig auf das Erhärten des Betons auswirken. Bei Stahlbeton darf der Chloridgehalt des Zugabewassers 300 mg/dm³ nicht überschreiten. Kohlensäurehaltige Wässer sind für Beton auf Normzementbasis bis zu einem pH-Wert von 4,0 als Zugabewasser geeignet.

4.7   Betonzusätze

4.7.1   Betonzusatzmittel

Unter Betonzusatzmitteln werden chemische Stoffe verstanden, die zur Erzielung bestimmter Eigenschaften dem Beton bzw. Mörtel in geringen Mengen ($\leq$ 50 g bzw. $\leq$ 50 cm³ je kg Zement) zugegeben werden. Betonzusatzmittel wirken sich im Beton volumenmäßig, abgesehen von ggf. entstehenden Luftporen, nicht aus. Man unterscheidet nach ihrer Wirkungsweise die unten angeführten Mittel. Zu ihrer Kennzeichnung dürfen auf dem Lieferschein und auf der Verpackung die Kurzbezeichnungen und Farben nach Tabelle 4.7.1/1 verwendet werden.

Tab. 4.7.1/1

Zusatz-mittel	Kurz-zeichen	Farb-ton
Betonverflüssiger	(BV)	gelb
Luftporenbildner	(LP)	blau
Betondichtungsmittel	(DM)	braun
Erstarrungs-verzögerer	(VZ)	rot
Erstarrungs-beschleuniger	(BE)	grün
Einpreßhilfen	(EH)	weiß

Sämtliche Zusatzmittel dürfen nur mit gültigem Prüfzeichen des Institutes für Bautechnik, Berlin, verwendet werden. Die Erteilung des Prüfzeichens bietet Gewähr dafür, daß das Zusatzmittel im Beton kein Treiben hervorruft, die Korrosion der Bewehrung nicht fördert und daß es die der Art des Mittels entsprechende Wirksamkeitsprüfung bestanden hat. Eine weitere Gewährleistung ist nicht gegeben.

Die Wirkung der Zusatzmittel ist weiterhin abhängig von der Zementart, der Kornzusammensetzung, dem Mischungsaufbau und den Witterungsverhältnissen beim Betonieren. Deshalb wird in der DIN 1045 verlangt, daß bei Verwendung von Betonzusatzmitteln, auch bei Beton B 1, eine Eignungsprüfung durchgeführt wird.

4.7.2   Betonzusatzstoffe

Betonzusatzstoffe sind fein aufgeteilte Stoffe, die bestimmte Betoneigenschaften (z.B. Konsistenz, Verarbeitbarkeit, Festigkeit, Dichtigkeit, Farbe usw.) beeinflussen und die als Volumenbestandteile zu berücksichtigen sind (z.B. Puzzolane, latent hydraulische Stoffe, Pigmente usw.). Sie dürfen das Erhärten sowie die Festigkeit des Betons nicht beeinträchtigen und mit den Bestandteilen des Betons keine störende Verbindung eingehen. Sofern diese Stoffe nicht der Zuschlagnorm DIN 4226 oder einer dafür vorgesehenen Norm, z.B. DIN 1164 oder DIN 51043, entsprechen, benötigen sie eine allgemeinbauaufsichtliche Zulassung mit dem Prüfzeichen vom Institut für Bautechnik, Berlin. Dies gilt insbesondere für organische Betonzusatzstoffe (z.B. auf Kunstharzbasis).

DIN 1045 fordert für Beton mit Betonzusatzstoffen bei Beton B 1 dann eine Eignungsprüfung, wenn die Zusatzstoffe nicht mineralisch sind oder auf den Bindemittelgehalt angerechnet werden. Die Forderung nach einer Eignungsprüfung geht auch aus dem Zulassungs- bzw. Prüfbescheid jeweils hervor.

4.8   Betoneigenschaften (Normalbeton)

4.8.1   Frischbeton

Um die für den erhärteten Beton geforderten Eigenschaften zu erreichen, muß der Frischbeton einen guten Mischungsaufbau zeigen und so verarbeitbar sein, daß er ohne wesentliches Entmischen eingebaut sowie praktisch vollständig verdichtet werden kann. Die maßgebende Eigenschaft des Frischbetons muß auf den jeweiligen Anwendungsfall, d.h. auf die Förderart, das Einbauverfahren und die Verdichtungsart sowie auf Abmessungen und Bewehrungsgrad des Bauteils, abgestimmt sein. Sie ist abhängig von der Betonzusammensetzung, insbesondere vom Wassergehalt, Mehlkorngehalt sowie von Art und Zusammensetzung des Zuschlags. Als Maß der Verarbeitbarkeit wird die Konsistenz angegeben.

4.8.1.1 Konsistenzmaße

Das Konsistenzmaß ist eine Kennziffer, die den Grad der Verarbeitbarkeit (Beweglichkeit, Verdichtungswilligkeit) des Frischbetons wiedergibt. Dabei kommt die Neigung des Frischbetons zum Entmischen weniger zum Ausdruck. Die DIN 1045 unterscheidet die Konsistenzbereiche

K_1 (steifer Beton), K_2 (plastischer Beton) und
K_3 (weicher Beton) (s. Tab. 4.8.1.1/1).

Innerhalb dieser Bereiche kann die Konsistenz durch ein bestimmtes Konsistenzmaß (Verdichtungsmaß, Ausbreitmaß) genauer festgelegt werden. Ein Konsistenzbereich für flüssigen Beton (Fließbeton) ist in der DIN 1045 noch nicht enthalten. Der Fließbeton findet in der Praxis zunehmend Verwendung, wobei seine flüssige Konsistenz nicht durch hohen Wasserzusatz, sondern unter Verwendung eines sog. »Superverflüssigers« erreicht wird.
Steifeprüfung nach DIN 1048
Die labormäßige Überprüfung der Konsistenz erfolgt nach dem Eindring-, dem Ausbreit- und dem Verdichtungsversuch.

a) Eindringversuch

Er dient der Steifeprüfung bei steifem Beton und bei K_1. Hierfür wird der Eindringprüfer nach Graf verwendet, bei dem in einem 30 cm hohen Würfel 2 gleichhohe Schichten Beton eingefüllt und mit einem 12-kg-Stampfer mit 27 Schlägen verdichtet werden. In diese Masse fällt dann aus 20 cm Höhe ein 15 kg schwerer, auf einem Führungsgestänge laufender, kugeliger Eindringkörper. Das Eindringmaß kann an der Führungsstange abgelesen werden.

b) Ausbreitversuch

Bei weichem und flüssigem Beton wird anstelle des Eindringversuches der Ausbreitversuch durchgeführt. Auf einem Tisch wird in einen 20 cm hohen, hohlen Kegelstumpf von 20 und 13 cm Durchmesser Beton in 2 gleichhohen Schichten eingefüllt, mit einem quadratischen Holzstab 10 × eingedrückt und mit einer Kelle bündig abgestrichen. Nach $^1/_2$ Minute wird der unten breitere Kegelstumpf hochgezogen, wobei der Betonkegel auf der Platte verbleibt. Danach wird die Tischplatte 15 × einseitig 4 cm hoch angekippt und frei fallengelassen. Dabei bildet sich ein flacher Betonkegel aus. Das Ausbreitmaß wird jetzt in der Tischmitte auf den beiden rechtwinklig aufeinander stehenden Tischdurchmessern gemessen. Aus den beiden Werten wird das Längenmittel gebildet.

c) Verdichtungsmaß

Zur Ermittlung des Verdichtungsmaßes wird der von Hand nochmals durchgemischte Beton mit einer Kelle langsam vom Rand in den Behälter (Abb. 4.8.1.1/1) abgekippt. Das Abkippen erfolgt mit langsamer Drehung von den

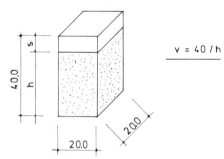

Abb. 4.8.1.1/1 Meßbehälter

einzelnen Kanten aus, bis der Behälter mit geringem Überstand gefüllt ist. Nach Abstrich des Überstandes wird der Beton vollständig verdichtet. Mit dem als Mittel an 3 verschiedenen Stellen gemessenen Abstrich »S« errechnet sich das Verdichtungsmaß zu $v = 40 : h$.

Behälter 20 cm · 20 cm, $h = 40$ cm; Kelle 10/16 cm

4.8.1.2 Mehlkorngehalt

Mehlkorn besteht aus dem Bindemittel, dem Feinstsand 0/0,25 mm des Zuschlaggemisches und einem ggf. zugegebenen, natürlichen oder künstlichen Mineralstoff 0/0,25 mm. Ein bestimmter Mehlkorngehalt ist zur Erreichung eines geschlossenen Gefüges des Betons sowie zur Erzielung einer guten Verarbeitbarkeit erforderlich. Die Menge hängt im wesentlichen vom Kornaufbau des Zuschlaggemisches, von der Mahlfeinheit des Zements, der Kornverteilung des Feinstsandes und dessen Wasserhaltevermögen sowie vom Gehalt des Betons an künstlich aufgebauten Luftporen ab. Ein Übermaß an Mehlkorn vergrößert jedoch den Wasseranspruch und beeinträchtigt bestimmte Eigenschaften des Festbetons, wie Frost- und Tausalzwiderstand sowie den Abnutzwiderstand. Außerdem nimmt mit dem Mehlkorngehalt das Kriechen und Schwinden des Festbetons zu. Ausreichend bemessene Mehlkorngehalte sind erforderlich: beim Befördern von Frischbeton über längere Strecken, bei Pumpbeton, beim Schütten unter Wasser, ebenso bei der Erstellung von dünnwandigen oder engbewehrten Bauteilen, bei Sichtbeton, bei wasserundurchlässigem Beton oder beim Anbetonieren an einer erhärteten Betonfläche. DIN 1045 gibt für den Mehlkorngehalt Richtwerte nach Tabelle 4.8.1.2/1 an.

Tab. 4.8.1.2/1 Mehlkorngehalt

Größtkorn des Zuschlaggemisches (mm)	8	16	32	63
Mehlkorngehalt (kg/m³)	525	450	400	325

Dem Richtwert von rd. 400 kg Mehlkorn für Beton mit 32 mm Größtkorn wird z. B. entsprochen, wenn man einen B 25 als Rezeptbeton mit einer Sieblinie A_{32}/B_{32} (Mitte) aufbaut.

4.8.2 Festbeton

Der Festbeton stellt den Endzustand des Betons dar und zeichnet sich aus durch Festigkeit, Dichtheit und Dauerhaftigkeit. Seine Form ist nur noch durch mechanische Bearbeitung veränderbar.

Tab. 4.8.1.1/1 Konsistenzbereiche

Konsistenz	Eigenschaften des		Verdichtungsmaß v
	Feinmörtels	Betons beim Schütten	
K_1 steif	etwas nasser als erdfeucht	noch lose	1,45 bis 1,26
K_2 plastisch	weich	schollig bis knapp zusammenhängend	1,25 bis 1,11
K_3 weich	flüssig	schwach fließend	1,10 bis 1,04

4.8.2.1 Druckfestigkeit

Unter Festigkeit wird die auf die Flächeneinheit bezogene Widerstandskraft verstanden, die feste Stoffe einer Verformung bzw. Bruch entgegensetzen. Für die Anwendung des Betons ist die Druckfestigkeit die wesentlichste bautechnische Eigenschaft. Die DIN 1045 unterteilt daher den Beton nach diesen Kriterien in Festigkeitsklassen B 5 bis B 55 sowie in »Beton mit besonderen Eigenschaften«. Dabei werden hinsichtlich der Bedingungen ihrer Zusammensetzung, Herstellung, Baustellenverhältnisse und Überwachung 2 Gruppen, B I und B II, unterschieden (s. Tab. 4.8.2.1/1).

Würfeldruckfestigkeit (Tab. 4.8.2.1/2)
Die Angabe der Festigkeitsklasse entspricht der Nennfestigkeit β_{WN}. Es müssen dabei folgende 2 Bedingungen erfüllt sein:
1. Die Druckfestigkeit β_{W28} jedes einzelnen Würfels von 20 cm Kantenlänge bzw. die 5%-Fraktile der Grundgesamtheit muß im Alter von 28 Tagen mindestens der Nennfestigkeit β_{WN} entsprechen.
2. Die mittlere Druckfestigkeit β_{W28} jeder Würfelserie muß mindestens die Serienfestigkeit β_{WS} erreichen, d.h. für die Festigkeitsklassen B5 mindestens 3N/mm², für die übrigen Festigkeitsklassen mindestens 5N/mm² größer sein als die Nennfestigkeit β_{WN}.
Die Würfelserie besteht aus mindestens 3 Würfeln, die aufeinanderfolgend aus 3 verschiedenen Mischerfüllungen stammen.

Werden zum Festigkeitsnachweis Zylinder (d = 15 cm, h = 30 cm) benutzt, so darf die Würfeldruckfestigkeit β_W aus der Zylinderdruckfestigkeit β_C abgeleitet werden.

4.8.2.2 Zementgehalt

Zur Erzielung der geforderten Druckfestigkeit sowie eines ausreichenden Korrosionsschutzes der Bewehrung ist ein bestimmter Zementgehalt je m³ verdichteten Betons erforderlich. Sofern nicht höhere Gehalte vorgeschrieben sind oder über eine Eignungsprüfung größere Mengen festgelegt sind, gelten die Mindestmengen nach Tabelle 4.8.2.2/1 und A. 4.8.2.2/1+2

4.8.2.3 Wasserzementwert

Als Wasserzementwert wird das Gewichtsverhältnis des Wassergehalts W zum Zementgehalt Z bezeichnet.

Tab. 4.8.2.1/1 Festigkeitsklassen des Betons und ihre Anwendung

Beton-gruppe	Festigkeits-klasse	Nennfe-stigkeit β_{wn} (N/mm²)	Serienfe-stigkeit β_{ws} (N/mm²)	erforderliche Würfeldruckfestigkeit β_{D28} bei Eignungsprüfung (N/mm²)		Anwendung
				B I	B II	
B I	B 5	5	8	$\geqq$ 11	–	unbewehrter
	B 10	10	15	$\geqq$ 20	–	Beton
	B 15	15	20	$\geqq$ 25	(> 20)*	unbew. Beton
	B 25	25	30	$\geqq$ 35	(> 30)*	Stahlbeton
B II	B 35	35	40	–	> 40	unbew. Beton
	B 45	45	50	–	> 50	Stahlbeton
	B 55	55	60	–	> 60	Spannbeton

* Wenn Beton die Bedingungen für Beton mit besonderen Eigenschaften erfüllen muß

Tab. 4.8.2.1/2

Festigkeitsklasse	Würfeldruck-festigkeit
$\leqq$ B 15	$\beta_w = 1{,}25\ \beta_c$
$\geqq$ B 25	$\beta_w = 1{,}18\ \beta_c$

Tab. 4.8.2.2/1

Beton		Mindestzementgehalt in kg je m³ verd. Beton
-art	mit Zement	
unbewehrt		100
bewehrt	Z 25	280
	Z 35	240
	Z 45	240
	Z 55	240

Tab. 4.8.2.3/1

Betonart		Wasserzementwert (Höchstwerte)
Stahlbeton mit	Zement Z 25	0,65
	Zement Z 35	0,75
wasserundurchlässiger Beton bei einer Bauteildicke	d $\leqq$ 40 cm	0,60
	d > 40 cm	0,70
Hoher Frostwiderstand	ohne LP-Mittel	0,60
	mit LP-Mittel (massige Bauteile)	0,70
Hoher Luft- und Tausatzwiderstand		0,60
Hoher Widerstand gegen chemische Angriffe	schwach	0,60
	stark	0,50
	sehr stark	0,50
Unterwasserbeton		0,60

$w = {}^W\!/z$. Der Wassergehalt ist dabei der Gesamtwassergehalt aus Zugabewasser und Oberflächenfeuchte des Zuschlags. Solange eine Mischung gut verarbeitbar ist, wird der Beton besser, je kleiner der Wasserzementwert bleibt. Festigkeit und Beständigkeit des Betons bleiben annähernd gleich, wenn der Wasserzementwert konstant gehalten wird. Bei $w \leq 0{,}35$ ist mit üblichen Zementgehalten der Beton im allgemeinen nicht mehr ausreichend verdichtbar, so daß auch eine Festigkeitserhöhung nicht mehr zu erwarten ist. In DIN 1045 sind für Beton B II Höchstwerte vorgeschrieben. Für Beton B I erübrigt sich bei Herstellung als Rezeptbeton eine besondere Angabe, weil durch Festlegung des Mindestzementgehalts und der Konsistenz der Wasserzementwert stets im zulässigen Bereich bleibt. Wird für Beton B I eine Eignungsprüfung durchgeführt, so gelten die Tabellenwerte für B II.

Zulässige Wasserzementwerte für Beton B II und B I, der aufgrund einer Eignungsprüfung hergestellt wird siehe 4.8.2.3/1

4.9 Betongruppen B I und B II

4.9.1 Beton B I

Beton B I kann entweder nach einem »Rezept« oder davon abweichend aufgrund einer Eignungsprüfung hergestellt werden. Eine Eignungsprüfung muß stets erfolgen, wenn der Beton mit einem Betonzusatzmittel und/oder einem Betonzusatzstoff hergestellt wird, der nicht mineralisch ist oder auf den Bindemittelgehalt angerechnet werden soll. Dasselbe gilt bei der Herstellung von B 5 mit einem Mischbinder.

Bei Herstellung nach »Rezept« sind die in der Tabelle vorgeschriebenen Mindestzementgehalte einzuhalten. Sie sind abhängig von der Konsistenz und der Festigkeitsklasse bzw. den gewünschten besonderen Eigenschaften sowie dem Sieblinienbereich des Betonzuschlags. Die für B 5 bis B 25 angegebenen Mindestzementgehalte gelten bei Verwendung von Zement der Festigkeitsklasse Z 35 und von Zuschlag mit einem Größtkorn ϕ 32 mm. Wird hiervon abgewichen, so sind angegebene ergänzende Bestimmungen zu beachten. Für Beton der Festigkeitsklasse B 15 und B 25 muß das Zuschlaggemisch aus mindestens 2 getrennt angelieferten Korngruppen zusammengestellt werden, und zwar aus 0/2 mm oder 0/4 mm und einer weiteren Korngruppe. Bei werksgemischtem Betonzuschlag erübrigt sich eine Trennung.

Wird der Beton B I aufgrund einer Eignungsprüfung hergestellt, so gelten die Mindestzementmengen. Die Eignungsprüfung muß mindestens 6 Wochen vor Betonierbeginn erfolgen. Hierbei müssen Festigkeiten erzielt werden, die um das Vorhaltemaß über die geforderten Serienfestigkeiten β_{WS} liegen.

Bei werksmäßig hergestellten Betonfertigteilen gelten die Angaben für B II. Anwendungsbereich für Beton B I siehe 4.9.1/1.

4.9.2 Beton B II

Beton der Festigkeitsklassen B 35 und höher muß als Beton B II hergestellt werden. Dies gilt auch allgemein für Beton mit besonderen Eigenschaften, sofern bei Beton $\leq$ B 25 keine Ausnahmen gestattet sind. Bei Beton B II muß in jedem Fall durch eine Eignungsprüfung nachgewiesen werden, daß mit der vorgegebenen Mischungszusammenstellung die gewünschte Festigkeit bzw. besondere Eigenschaft erreicht wird. Das Vorhaltemaß gegenüber der geforderten Serienfestigkeit β_{WS} kann dabei frei gewählt werden. Es wird jedoch empfohlen, die bei der Herstellung von B I festgelegten Vorhaltemaße einzuhalten. Für den Min-

destzementgehalt gilt für den höchstzulässigen Wasserzementwert Tabelle 4.8.2.2/2. Das Zuschlaggemisch muß in Korngruppen nach Tab. 4.9.2/1 getrennt angeliefert werden.

4.10 Betonherstellung

4.10.1 Technologische Beziehungen

In den folgenden Tafeln und Diagrammen sind die wichtigsten technologischen Beziehungen aufgezeigt, die für den Entwurf von Betonmischungen erforderlich sind.

Zementgüte	Normdruckfertigkeit (N/mm^2)
Z 25	35
Z 35	45
Z 45	55
Z 55	63,5

Beziehungen zwischen W und β_{D28}/N_{28}

Das Diagramm nach Abb. 4.10.1/1 zeigt die gemittelten Beziehungen zwi-

Tab. 4.9.1/1   Anwendungsbereiche für Beton B 1

Betonart	– B $\leq$ 25 –	nach »Betonrezept«	mit Eignungsprüfung
B 25	ohne Zusatzmittel und Zusatzstoffe	+	+
	mit Zusatzmitteln und/oder Zusatzstoffen	–	+
wasserundurchlässig	Wassereindringtiefe $\leq$ cm	+	[1])
Hoher Frostwiderstand	ohne LP-Mittel	+	[1])
	mit LP-Mitteln	–	+
	Hoher Widerstand gegen schwachen chemischen Angriff	+	[1])

+ = zulässig
– = unzulässig

[1]) Eine Eignungsprüfung bietet keine Vorteile.

Tab. 4.9.2/1

B	Korngruppen	Zuschlaggemisch mit Größtkorn	
		8 und 16 mm	32 mm
B 35 bis B 55	3 bei Ausfallkörnung: 2	$^0/_2$ mm $^2/_{16}$ mm ($^2/_8$) / ($^8/_{16}$)	$^0/_2$ mm $^2/_8$ mm $^8/_{32}$ mm ($^8/_{16}$) / ($^{16}/_{32}$)

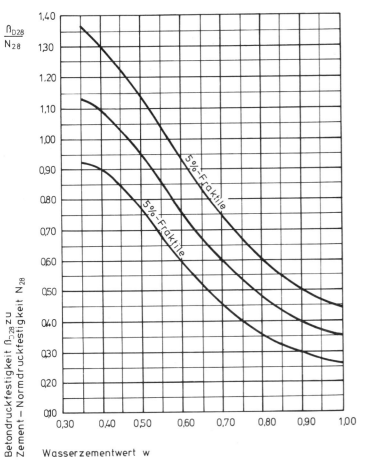

D / 1

D / 2

Abb. 4.10.1/1 Betondruckfestigkeit $\beta_{D\,28}$ zu Zement-Normdruckfestigkeit N_{28}

Abb. 4.10.1/2 Betondruckfestigkeit $\beta_{D\,28}$ im Alter von 28 Tagen in N/mm²

schen dem Wasserzementwert W und dem Verhältnis β_{D28}/N_{28} auf. Unter Vorgabe der Normdruckfestigkeit N_{28} des vorgesehenen Zements kann dem Diagramm D/1 ein Wasserzementwert entnommen werden, der zur verlangten Würfeldruckfestigkeit β_{D28} gehört. Folgende mittlere Normdruckfestigkeiten des Zements können angesetzt werden:

Beziehung zwischen W, Zement-Normfestigkeit und β_{D28}

Mit dem weiterentwickelten Diagramm D/2 ist es möglich, unmittelbar in Abhängigkeit von der geforderten Betondruckfestigkeit β_{D28} und den Normfestigkeitsklassen des Zements den dazugehörigen Wasserzementwert abzulesen (Abb. 4.10.1/2).

4.10.2 Ermittlung des erforderlichen Wassergehalts

Das nachstehende Diagramm D/3 (Abb. 4.10.2.1) gibt die Beziehung an zwischen dem Verdichtungsmaß v, der Körnungsziffer K und dem Wassergehalt W (kg/m³) des verdichteten Betons mit Zuschlaggemischen 0/32 mm. Der bei einer gewünschten Konsistenz

tatsächliche Wasseranspruch ist von vielen Faktoren abhängig (Kornform, Kornoberfläche, Mehlkorngehalt, Zusatzmittel usw.). Daher sind die Werte als Richtgrößen anzusehen. In Tabelle 4.10.2/1 sind diese Beziehungen noch einmal in anderer Form dargestellt und auf die Regelsieblinien nach DIN 1045 erweitert. Dabei ist zu beachten, daß der Beitrag des Feinstsandes 0/0,25 mm

Tab. 4.10.2/1

Sieb-linie	Körnungs-ziffer	Konsistenzbereiche (v)								
		K₁			K₂			K₃		
		1,45	1,35	1,26	1,25	1,18	1,11	1,10	1,07	1,04
A₈	3,64	158	160	168	168	175	188	190	195	202
B₈	2,89	177	180	186	186	195	207	210	215	224
C₈	2,27	196	200	207	208	215	231	233	240	248
A₁₆	4,61	138	140	147	147	155	166	168	175	179
B₁₆	3,66	158	160	166	167	175	188	190	195	203
C₁₆	2,75	182	185	190	191	200	213	215	220	229
A₃₂	5,48	132	135	138	138	145	155	157	165	169
B₃₂	4,20	151	155	159	160	165	177	181	185	194
C₃₂	3,30	172	175	178	179	190	202	205	215	221
A₆₃	6,15	122	125	127	128	135	145	147	150	157
B₆₃	4,92	139	140	146	147	155	165	168	175	180
C₆₃	3,72	162	165	170	171	175	193	193	200	209

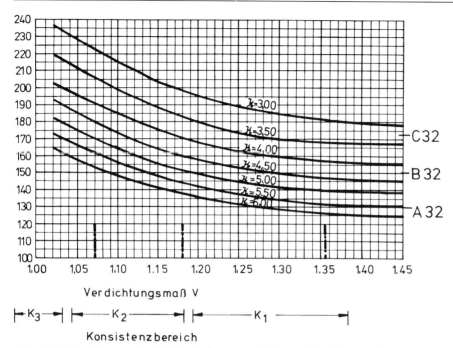

Abb. 4.10.2/1 Wassergehalt W (kg/m³) des verdichteten Frischbetons für die Konsistenzbereiche K₁, K₂, K₃; Beton mit Zuschlaggemischen der Regelsieblinien A, B, C

aus dem Zuschlaggemisch im Wassergehalt W bereits über die Körnungsziffer K erfaßt ist.

Bei der Ermittlung des Wasserbedarfs ist zu beachten, daß Mehlkorngehalte über 350 kg/m³ im allgemeinen zu einem höheren Wasseranspruch führen. Der Wassergehalt W kann nach folgender Formel errechnet werden:

$$W' = w \frac{W + 0{,}10\,(G_m - 350)}{w - 0{,}10} \; (kg/m^3)$$

Daraus resultiert eine Korrektur des Zementgehaltes mit

$$Z' = \frac{W'}{w} \; .$$

4.10.3 Entwurf von Betonmischungen

4.10.3.1 Rechengang

Mit den in den Diagrammen und Tabellen aufgestellten technologischen Beziehungen läßt sich die erforderliche Zusammensetzung einer Betonmischung entwerfen.
Es gelten folgende Beziehungen:

1. Zementgehalt

Z = W × w Wasserbedarf
Wasserzementwert

Bei der Herstellung von Rezeptbeton ist der Mindestzementgehalt zwingend vorgeschrieben. Bei Herstellung durch eine Eignungsprüfung wird über β_{D28} ein bestimmter Wasserzementwert W errechnet, wobei die Angaben bei ge-

wünschten Sondereigenschaften des Betons zu berücksichtigen sind. Es gilt stets der größte sich ergebende Zementgehalt Z bzw. Z'.

2. Betonzuschlag
Die Menge des Betonzuschlags errechnet sich aus der Stoffraummenge, bezogen auf 1 m³ verdichteten Beton.

W = Wasserbedarf
w = Wasserzementwert

$$\frac{Z}{\rho_Z} + W + \frac{G}{\rho_G} + P = 1000 \; dm^3.$$

Es bedeuten:
ρ_Z (kg/dm³) = Dichte (spez. Gewicht) des Zements,
Z (kg) = Gewicht des Zements.

Nach DIN 1164, Blatt 4, gelten folgende Werte:

Zementart		P_Z(kg/dm³)
PZ	– Portlandzement	3,10
PZ	– (mit C₃A-Gehalt BZ)	3,22
EPZ	– Eisenportlandzement	3,04
TrZ	– Traßzement	2,93
HOZ	– Hochofenzement	3,00

G (kg) = Gewicht des trockenen Betonzuschlags,
ρ_G (kg/dm³) = Rohdichte des trockenen Zuschlaggesteins,
W (kg) = Gesamtwassergehalt,

P (dm³) = Porengehalt im frischen, verdichteten Beton.

Im verdichteten, üblichen Beton kann dabei mit einem mittleren Porengehalt von 1,5% gerechnet werden. Der Anteil des trockenen Zuschlags errechnet sich aus der vorgenannten Gleichung wie folgt:

a) als Gewichtsanteil:

$$G = \rho_G \cdot (1000 - \frac{Z}{\rho_Z} - W - P) \; kg/m^3$$

b) als Stoffraumanteil:

$$G_{Str} = \frac{G}{\rho_G} \cdot (1000 - \frac{Z}{Z} - W - P) \; dm^3/m^3$$

4.10.3.2 Beispiele zum Entwurf von Betonmischungen

Beton B 25 als Rezeptbeton (Beispiel)

Gegeben:
EPZ 35 L DIN 1164 (ρ_Z = 3,04 kg/dm),
Zuschlag 0/32 mm werksgemischt aus Sand und Kies,
Sieblinie A_{32}/B_{32} Mitte (P_G = 2,67 kg/dm³),
Konsistenz K₂ (v = 1,18),
Porengehalt = 1,5%.

Rechengang:
1. Wassergehalt W = 155 kg (Tabelle 4.10.2/1)
2. Zementgehalt Z = 310 kg (Tabelle 4.8.2.2/1)
3. $w = \dfrac{W}{Z} = \dfrac{155}{310} = 0{,}5$
   (Kontrolle nicht erforderlich)
4. Zuschlag:
   $$G = 2{,}67 \cdot (1000 - \frac{310}{3{,}04} - 155 - 15) =$$
   1944 kg

1 m³ frischer, verdichteter Beton setzt sich demnach wie folgt zusammen:
Zement: 310 kg
Wasser: 155 kg
Zuschlag: <u>1944 kg</u> (Zuschlag trocken)
G gesamt = <u>2409 kg</u>

Berücksichtigung einer Eigenfeuchtigkeit des Zuschlags von 3%,
Wasseranteil des Zuschlags:
$$W_G = 0{,}03 \cdot 1944 = \quad \underline{58 \; kg}$$
Zusammenstellung:
Zement = 310 kg
Zugabewasser = 155–58 = 97 kg
Zuschlag: 1944 + 58 = <u>2002 kg</u>
G gesamt = <u>2409 kg</u>

Mehlkorngehalt:
Anteil aus Sieblinie A/B, Bereich 0/0,25 mm = 5%,
$G_M = 0{,}05 \cdot 1944$ = 97 kg
Zementgehalt = <u>310 kg</u>
G_M gesamt = <u>407 kg</u>

Erwünschter Mehlkorngehalt für Sichtbeton z. B. 400 kg.

Beton B 25 mit Eignungsprüfung (Beispiel)
Verlangt wird ein bewehrter Beton ohne besondere Eigenschaften. Zum Vergleich mit (1) werden die Eingangsgrößen übernommen.

Gegeben:
EPZ 35 L DIN 1164 ($\rho_Z = 3,04$ kg/dm³),
Zuschlag 0/32 mm werksgemischt aus Sand und Kies, Sieblinie A_{32}/B_{32}, Mitte ($\rho_G = 2,67$ kg/dm),
Konsistenz K_2 (V = 1,18),
Porengehalt = 1,5%.

Rechengang:
1. Wasserbedarf W = 155 kg
2. erf. $\beta_{D28} = 35$ N/mm² → daraus ergibt sich nach Abb. 4.10.1/2: w ≤ 0,57 (zul. w ≤ 0,75)
3. Zementgehalt:

$Z = \dfrac{155}{0,57} = 272$ kg > 240 (Mindestzementgehalt)

Zuschlag:

$G = 2,67 \cdot (1000 - \dfrac{272}{3,04} - 155 - 15) =$
$\hspace{5cm} 1977$ kg

1 m³ frischer, verdichteter Beton setzt sich demnach wie folgt zusammen:

Zement: 272 kg
Wasser: 155 kg
Zuschlag: 1977 kg (Zuschlag trocken)
G gesamt: = 2404 kg

Mehlkorngehalt:
Anteil aus Sieblinie A_{32}/B_{32}, Bereich
Bereich 0/0,25 mm   = 5%,
$G_M = 0,05 \cdot 1977$ = 99 kg
Zementgehalt   = 272 kg
G_M gesamt   = 371 kg

Ein erwünschter Mehlkorngehalt für Sichtbeton von etwa 400 kg/m³ wird in diesem Fall nicht erreicht.

4.10.4 Überprüfung des Zementgehalts der ausgeführten Frischbetonmischung

Auch bei sorgfältiger Ermittlung der stofflichen Zusammensetzung des verdichteten Frischbetons können der Zement-, Zuschlag- oder Wassergehalt einer Mischung durch nicht vorhersehbare Verarbeitungsgegebenheiten von der angezielten Menge abweichen. Es wird daher empfohlen, zumindest den geforderten Zementgehalt über das Gewicht der Probewürfel zu überprüfen.

$$\dfrac{Z}{\varrho_b \cdot 1000} = \dfrac{Z_M}{Z_M + G_M + W_M} \rightarrow Z =$$

$$\varrho_b \cdot 1000 \dfrac{Z_M}{Z_M + G_M + W_M}$$

Es bedeuten:
Z   = Zementmenge in kg/m³,
ϱ_b = Frischbetonrohdichte in kg/m³,
Z_M, G_M, W_M = Stoffmengen der Mischungszusammenstellung in kg.

Beispiel:
Es werden die Gewichtsanteile des Berechnungsbeispiels zugrunde gelegt.

Kantenlänge des Würfels:
$$l_K = 20 \text{ cm}$$
$$V = 2,0^3 = 8,0 \text{ dm}^3$$
Ermitteltes Würfelgewicht:
$$G_W = 18,9 \text{ kg}$$

somit wird: $\rho_b = \dfrac{18,9}{8,0}$ = 2,36 kg/m³

$Z_{vorh} = 2,36 \cdot 1000$
$$\dfrac{\cdot \, 310}{310 + 97 + 2002} = 304 \text{ kg/m}^3$$

Es fehlen an der Sollmenge 6 kg/m³

Mischungskorrektur:

$$Z_{Msoll} = \dfrac{z_{ist}}{z_{soll}} \cdot Z_{Mist} = \dfrac{310}{304} \cdot 310 =$$

316 kg/dm^3

Der Zementgehalt bei der Mischungsberechnung ist auf 316 kg/m³ verdichteten Frischbeton zu erhöhen.

4.10.5 Ermittlung der Mischerfüllung

Die Stoffanteile einer Mischung sind auf die Nenninhalte des Mischers abzustellen. Nach DIN 459 gilt als Nenninhalt das Volumen (Liter, dm³) des unverdichteten Frischbetons beliebiger Konsistenz, das der Mischer in der üblichen Mischzeit gleichmäßig durchmischt. Dabei bezieht sich der Nenninhalt nach DIN 459 auf »weichen Beton« der Konsistenz K_3.
Mischergrößen (Nenninhalte in Litern):
75, 100, 150, 250, 375, 500, 750, 1000, 1250 und darüber. Das Aufnahmevermögen eines Mischers errechnet sich zu

$$M = \dfrac{N \cdot \varrho_B}{v} \text{ (kg)}$$

Es bedeuten:
N = Nenninhalt (1)

ϱ_B = Rohdichte des verdichteten Betons (kg/dm³)
v = Verdichtungsmaß

Beispiel:
N = 7501
$\varrho_B = 2,4$ kg/dm³
v = 1,18 (K_2)

$$M = \dfrac{750 \cdot 2,4}{1,18} = 1,525 \text{ kg}$$

Der Mischer kann mit 1,525 kg Mischgut beschickt werden.

4.10.6 Mischen des Betons

4.10.6.1 Baustellenbeton (Ortbeton)

Die Ausgangsstoffe müssen grundsätzlich so lange gemischt werden, bis das Mischgut gleichmäßig verteilt ist. Dabei sind die einzelnen Betonbestandteile mit einer Genauigkeit von 3 Masse-% zuzugeben.

Handmischung
Bei Herstellung geringer Betonmengen der Festigkeitsklassen B 5 und B 10. Dabei gelten folgende Regeln: Saubere Mischunterlage, (möglichst Blech o. ä.); Kiessand und Zement mindestens 2× trocken bis zur gleichmäßigen Graufärbung mischen, dann unter ständigem weiterem Mischen mit Gießkanne Wasser zugeben und noch 2× unter gleichmäßigem Harken durcharbeiten, bis ein gleichmäßiges Gemenge vorhanden ist. Anmessung nur mit Mischkasten, Zuschlag und Zement einfüllen und Kasten anheben. Die Zuschläge sind möglichst auf volle Sackzahl Zement zu bemessen und dabei von Gewichts% auf Massen% umzurechnen.

Maschinenmischung
Beim Mischen über Betonmischern werden alle festen Anteile sofort eingebracht. Wasser soll innerhalb von 15 Sekunden zugesetzt sein. Eine trockene Vormischung ist nicht erforderlich. Bei Mischern mit besonders guter Mischwirkung beträgt die Mischzeit mindestens ½ Minute, bei den übrigen mindestens 1 Minute.

Man unterscheidet Freifall- und Zwangsmischer. Beim Freifallmischer (Trommelmischer) wird das Mischgut mittels Seitenerrichtungen durch Drehen des Mischers (oder der Seitenrichtung) nach oben gezogen und fällt im freien Fall nach unten zurück. Entleerung erfolgt durch Kippen der Trommel. Beim Zwangsmischer wird das Mischgut mittels eines Rührwerks durchgearbeitet. Entleerung erfolgt über eine Bodenklappe.

4.10.6.2 Transportbeton

Transportbeton ist ein im Betonwerk nach Gewicht zugemessener, im Werk oder im Transportfahrzeug gemischter, zur Baustelle transportierter und einbaufertig ausgelieferter Beton. Es wird zwischen werk- und fahrzeuggemischtem Transportbeton unterschieden, deshalb sind die Transportwagen mit Rührwerk und Wassermeßeinrichtungen ausgestattet.

Das Material ist teilfertig, transportempfindlich und schnell verderblich. Das Transportbetonwerk haftet für Betonqualität und -sorte. Die Werke liefern durchschnittlich 6 bis 8 Betonsorten und mehr, die in Listen mit allen erforderlichen Werten, wie Betongüte, Zementgehalt in kg/m³ verdichtetem Fertigbeton und Konsistenz, aufgeführt sind. Sie unterliegen einer freiwilligen Qualitätskontrolle durch Prüfstellen des »Güteschutzverbandes Transportbeton«. Nachteilig für einen zügigen Baustellenablauf kann eine unzuverlässige Anfuhr sein. Es ist deshalb notwendig, dem Lieferwerk sehr genau den vorausberechneten Bedarf anzugeben. Die Transportfahrzeuge fassen 3 bis 6 m³. Nachteilig kann auch eine vorzeitige Erstarrung bei zu großer Transportentfernung sein. Der enorme Vorteil für den Garten- und Landschaftsbau liegt in der Sicherheit im Hinblick auf die Eignungs- und Qualitätsprüfungen durch das Lieferwerk und im Vorteil der mischerlosen Baustelle.

Herstellung: Jede Betonsorte muß bis zur Auslieferung ihre Konsistenz behalten. Deshalb sind die Transportfahrzeuge mit Umdrehungszählern für das Rührwerk ausgestattet. Die Betontemperatur muß bei der Übergabe mindestens 5°C und darf höchstens 30°C betragen, bei einer Lufttemperatur ab −3°C mindestens 10°C. Der Beton muß spätestens 1 1/2 Stunden nach Wasserzugabe entladen sein. Bei ungünstigen Witterungseinflüssen und dadurch beschleunigter Versteifung ist die Entladefrist kürzer zu bemessen.

Der Gütenachweis hat durch die Lieferfirma zu erfolgen. Auf je 500 m³ sind mindestens 3 Probewürfel zu fertigen. Die Proben hierzu müssen bei der Übergabe auf der Baustelle entnommen werden. Gleichzeitig hat immer eine Konsistenzprüfung zu erfolgen. Hierbei müssen Entnahmen bei einem unterschiedlichen Entleerungsgrad (z.B. 1/4, 1/2, 3/4 Entleerung der Fahrzeuge) die gleichmäßige Steife der gesamten Fahrzeugladung erbringen.

Lieferschein muß enthalten:
Betonwerk mit Angabe der Güterüberwachungsstelle, Zeitpunkt der Beladung, Tag und Stunde der Lieferung, Abnehmer und Baustelle, Betonmenge und -sorte, Wassermenge.

Die Verwendung auf der Baustelle erfolgt sofort ohne Änderung der Zusammensetzung. Keinesfalls darf Wasser zugesetzt werden. Im Baustellentagebuch muß eingetragen sein, in welche Bauteile und zu welcher Zeit die einzelnen Wagenladungen eingebaut wurden.
Preise:
Im allgemeinen Grundpreise je m³ Festbeton frei Baustelle, Preiszuschläge für weitere Fahrstrecken, meist nach Entfernungszonen, für ungewöhnlich lange Aufenthalte auf der Entladestelle, für Betonzusatzmittel oder höherwertigen Beton, für Zusammensetzungen nach Wunsch des Abnehmers und für Kleinmengen ohne Fahrzeugauslastung.
Bestellung:
Das Lieferwerk muß Angaben haben über:

1. Gesamtmenge, frühzeitig angeben
2. Zeitpunkt des Betonierbeginns
3. stündliche Einbauleistung
4. aus dem Lieferverzeichnis: Betongüte – ob für Stahl- oder unbewehrten Beton
   Konsistenz – K_1 steif, K_2 plastisch, K_3 weich
   Fehlen feste Angaben, so wird als Größtkorn im Zuschlag 32 mm verwendet. Auf Wunsch kann für die Herstellung kleinerer Beuteile eine Körnung ab 16 mm Größtkorn oder bei Waschbeton eine Ausfallkörnung (Fehlen einer Korngruppe) verwendet werden.
5. Zementart (PZ, EPZ, HOZ; TrZ/ Z 35, Z 45, Z 55)
6. Sonderzusammensetzungen außerhalb des Lieferverzeichnisses müssen rechtzeitig einer Eignungsprüfung unterzogen werden können.

4.11 Betonprüfung

Man unterscheidet Prüfungen vor, während und nach dem Betonieren. Die Prüfmethoden sind in der DIN 1045/ DIN 1048 festgelegt.

4.11.1 Eignungsprüfung

Mit der Eignungsprüfung wird vor Verwendung des Betons festgestellt, wie der Beton zusammengesetzt sein muß, damit er die geforderten Eigenschaften erfüllt (Festigkeit, besondere Eigenschaften) und unter den gegebenen Baustellenverhältnissen zuverlässig eingebracht werden kann.

Eignungsprüfungen sind vorgeschrieben:

1. In der Betongruppe B I, wenn nicht die für Rezeptbeton vorgegebenen Mindestzementmengen eingehalten werden oder Mischbinder, Betonzusatzmittel bzw. Betonzusatzstoffe, die nicht mineralisch sind, verwendet werden.
2. In der Betongruppe B II ist stets eine Eignungsprüfung vorzusehen.

Ändern sich die Ausgangsstoffe des Betons oder die Baustellenbedingungen, so ist eine neue Eignungsprüfung vorzusehen.

Auf der Baustelle kann auf eine Eignungsprüfung verzichtet werden, wenn sie von der ständigen Betonprüfstelle vorgenommen wurde oder Transportbeton verwendet wird.

Für jede bei der Eignungsprüfung angesetzte Mischung und für jedes vorgesehene Prüfalter sollen mindestens 50 dm³ loser Frischbeton, bei sehr steifer Konsistenz 75 dm³ mit der Maschine sorgfältig gemischt werden. Die Mischdauer nach Zugabe aller Stoffe soll zwischen 1 und 1 1/2 Minuten liegen, die Temperatur der Mischung auf etwa 18°–21°C eingestellt werden. Die Prüfung muß dabei den Mittelwert der Druckfestigkeit von 3 Würfeln zugrunde legen, die die Werte β_{WS} der entsprechenden Betongüte nun an Vorhaltemaß überschreiten.

Bei Herstellung von B I beträgt das Vorhaltemaß:
B 5 – 3 N/mm²
B 10 bis B 25 – 5 N/mm²
Bei Herstellung von B II ist es dem Unternehmer freigestellt, das Vorhaltemaß nach Erfahrenswerten frei zu wählen.

4.11.2 Güteprüfung

Mit der Güteprüfung wird kontrolliert, ob der für den Einbau hergestellte Beton die geforderte Festigkeit oder Eigenschaft erreicht. Dabei sind die Betonproben für jeden Probekörper aus einer anderen Mischerfüllung zufällig und etwa gleichmäßig über die Betonierzeit verteilt zu entnehmen (s. DIN 1048, Blatt 1). Sind besondere Eigenschaften nachzuweisen, so ist der Umfang der Prüfung im Einzelfall festzulegen. Die Güteprüfung ist auch bei Transportbeton oder bei Baustellenbeton von einer benachbarten Baustelle durchzuführen.

4.11.3 Prüfungen am Bauwerk

Am erhärteten Bauwerk sind annähernde Druckfestigkeitsprüfungen nach DIN 4240 zugelassen, die mit Kugelschlaghämmern erfolgen. Hierbei werden Eindrücke in die Betonoberfläche registriert. Rückprallhämmer zeigen auf einer Skala die Würfeldruckfestigkeit an. Wegen der Ungenauigkeit wird ein Mittelwert aus 10 bis 20 Schlägen errechnet.

4.12 Betonieren und Nachbehandlung

4.12.1 Betoneinbringung und -verdichtung

Frischbeton soll nach dem Mischen sofort verarbeitet werden. Dabei darf er sich nicht entmischen und die Zementbrühe nicht abfließen. Die freie Fallhöhe soll nicht 1,00 m übersteigen. Weitere Höhendifferenzen sind z.B. durch Fallrohrrutschen zu überwinden. Um Betonnester zu vermeiden, soll der Beton nicht gegen die Schalung, sondern mittig eingebracht werden. Die Schalung ist vorzunässen oder zu ölen.

Es gibt die Verdichtungsmöglichkeiten des Stampfens, Stocherns und Rüttelns.

a) Stampfen

ist bei unbewehrten Beton (K1) möglich. Der Frischbeton wird in Schichten von 15 bis 20 cm Dicke eingebracht und verdichtet, bis an der Oberfläche Wasser austritt. Dabei muß man längs der Schalung und in den Schalungsecken beginnen. Vor Einbringen der nächsten Schicht wird die durch Stampfen verdichtete Fläche aufgerauht.

b) Stochern

erfolgt bei sehr weichem oder flüssigem Beton (K3) mit 3 bis 5 cm dicken Stangen, damit sich die Hohlräume schließen und Luftblasen austreten. Rütteln würde bei dieser Konsistenz zum Entmischen führen.

c) Rütteln

ist bei steifem oder mäßig weichem Beton (K2) die beste Verdichtungsmethode. Es gibt Oberflächen-, Innen- und Schalungsrüttler. Oberflächenrüttler sind für 20 bis 25 cm dicke Betonbeläge zweckmäßig, Innenrüttler für normalen Schalbeton und Schalungsrüttler nur für stark bewehrte Säulen und dünnwandige Betonkörper zur Ausrüttelung.

Die üblichen Innenrüttler sollen mit der Rüttelflasche 15 bis 30 Sekunden durch den Frischbeton in die darunterliegende Schicht noch etwa 10 bis 20 cm tief eintauchen (Eintauchschnelligkeit 8 cm/s) und langsam wieder herausgezogen werden. Hierbei wird eine Rüttelverbindung zur darunterliegenden Schicht geschaffen. Der Eintauchabstand beträgt etwa 50 cm überlappend mit 10 bis 20 cm Abstand von der Schalung.

4.12.2 Betonieren bei Hitze und Frost

4.12.2.1 Betonieren bei höheren Temperaturen

Hohe Betontemperaturen bringen unterschiedliche Erstarrung und Erhärtung sowie Verdichtungsschwierigkeiten. Die Frischbetontemperaturen sollen 30°C nicht überschreiten. Der Beton ist ggf. feucht abzudecken, oder das Betonieren ist einzustellen.

Vorbeugungsmaßnahmen: Erhöhung des Wassergehaltes bei gleichzeitiger Zementerhöhung zur Erhaltung des Wasserzementwertes. Die durch die Erwärmung beschleunigte Überschußwasser-Verdunstung bringt eine Lockerung des Gefüges und eine Rißbildungsgefahr. Theoretisch bringt 1 l Wasserverlust je m² Betonfläche (1000 cm³/m²) einen errechenbaren Riß von 1 mm Breite, einer gleichmäßigen Tiefenausbildung von 5 cm (kein Keil) und 20 m Länge. Da sich der Zuschlagstoff etwa 3mal so stark überhitzt gegenüber der Anmachwassererwärmung, empfiehlt sich hier, eine Überhitzung zu vermeiden.

4.12.2.2 Betonieren bei kühler Witterung und Frost

Bei niedrigen Temperaturen ist Vorsicht geboten. Beton erhärtet ab +10°C langsamer, ab +5°C wesentlich verzögernd, und ab 0°C tritt eine Unterbrechung ein. Durch Gefrieren des Anmachwassers lockert sich das Betongefüge (Volumenzuwachs 9%) oder es treten Frostsprengungen auf. Die Gefriergrenze liegt wegen der Abbindeerwärmung bei −3°C Lufttemperatur. Bei Frostaufgang setzt zwar der Erhärtungsprozeß wieder ein, der aber Gefügelockerungen nicht rückgäng macht. Die Schäden bleiben gering, wenn mindestens 3 Tage ab Betoneinbringung eine Erhärtung bei +5°C erfolgte und eine Druckfestigkeit von 5 N/mm² erreicht wurde. Dünnwandige Bauteile sind besonders gefährdet.

Schutzmaßnahmen

Laufende Wetterorientierung in frostgefährdeten Zeiträumen.

Keine gefrorenen Baustoffe verwenden.

Nicht auf oder gegen gefrorenen Baugrund oder Bauteile betonieren (ggf. vorher abdecken).

Z 45 oder Z 55 verwenden (schnellere Erreichung von 10 N/mm², höhere Wärmeentwicklung bei der Erhärtung).

Erforderliche Frischbetontemperaturen einhalten (nach der Mischung +15° bis 20°C, nach dem Verdichten +10°C

– Temperatureinhaltung durch warmes Anmachwasser und kurze Transportwege).

Geringster Wasserzusatz.

Sorgfältige Verdichtung.

Frischbetonabdeckung nach dem Einbringen.

Frostbeschädigten Beton entfernen.

Ausschalung erst nach der Erhärtung (Frosttage von Schalfristen abziehen).

Frostschutzmittel setzen den Gefrierpunkt des Anmachwassers herunter und wirken außerdem als Schnellerhärter. Sind nur bei mäßigem Frost wirksam und ersparen nicht die übrigen Frostsicherungsmaßnahmen und -voraussetzungen. Sie können festigkeitsmindernd und ausblühungsfördernd sein, sowie den Korrosionsschutz der Stahleinlagen aufheben. Zugabe bis 2% des Zementgewichtes. Luftporenbildende Betonverflüssiger erhöhen vorteilhaft die Frostbeständigkeit und verringern den Wasseranspruch.

4.12.3 Nachbehandlung und Erhärtung

Die Nachbehandlung des eingebrachten Frischbetons dient einer Förderung der ungestörten Erhärtung und einer Festigkeitserhöhung. Es wird hierbei das Betonschwinden verringert oder verzögert.

Die Erhärtung wird durch klimatische, chemische und mechanische Einwirkungen nachteilig beeinflußt. Hohe Temperaturen bewirken erhöhte, starke Oberflächenverdunstung und Gefahr des Schwindens, niedrige unterbrechen die Erhärtung und bringen Gefügelockerungen. Starker Regen wäscht Feinteile und Zement aus der Frischbetonoberfläche. Chemische Einflüsse entstehen, wenn aggressive Stoffe, vor allem aus dem Boden oder Grundwasser, vorzeitig den Beton berühren. Die nachteilige mechanische Einwirkung bedingt Schäden vor allem durch Erschütterungen während des Abbindens, z.B. durch Einsatz von Vibrationsgeräten in der Frischbetonnähe, durch vorzeitiges Begehen und Belasten und durch Stoßen.

Nach DIN 1045 ist der Beton vor diesen Schäden in der ersten Erhärtungszeit zu schützen. Außerdem ist danach zur Vermeidung von Schwindschäden der Beton 8 bis 14 Tage feucht zu halten. Dies gilt besonders für Z 45, Z 55, Sulfathütten- und Traßzement wegen der hohen Abbindewärme. Das Schwindmaß des Betons beim Erhärten an der Luft richtet sich nach der Zementmenge und dem Wassergehalt. Je größer Zement- und Wasseranteil sind und je feiner der Zement ist, um so höher das Schwindmaß. Bei 250 bis

300 kg/m³ Zementanteil beträgt es 0,3 bis 0,6 mm/m, bei starken Betonquerschnitten bis zu 50% mehr. Ein zu starkes Besprengen des Frischbetons führt zur Zementauswaschung.

4.12.3.1 Vorbeugende Maßnahmen gegen Schwindschäden

a) Abdecken
Zur Abhaltung von Hitze und Kälte und zur Verminderung eines vorzeitigen Entzuges von Überschußwasser. Im Außenbetonbereich verringert sich sonst der Wasseranteil stärker als im Betonkern. Dadurch setzt sich außen die gleichmäßige Erhärtung nicht mehr fort, und es entstehen Festigkeitsminderungen, die zu aussandenden Oberflächen führen. Außerdem wird außen das Volumen kleiner als im Betonkern, wodurch Schwindspannungen entstehen, die zu Rissen führen. Zement benötigt ca 20% seines Gewichtes an Wasser zur Hydratation.

b) Langfristiges Belassen der Schalung
c) Feuchthaltung
Evtl. Nachbehandlungsmittel spritzen zur Verdunstungsherabsetzung.

Schäden aus Behandlungsfehlern sind nicht mehr zu beheben.

4.12.3.2 Schalungsfristen nach DIN 1045

Das Ausschalen darf erst erfolgen, wenn eine ausreichende Erhärtung stattgefunden hat. Bei Erhärtungszeiten von +5° bis 0°C ist besonders sorgfältig zu prüfen, ob bereits eine Ausschalung möglich ist. Trat während der Erhärtung Frostwetter ein, so ist die Ausschalfrist um die Anzahl der Frosttage zu erhöhen. Die Haupterhärtungszeit liegt zwischen 4 und 6 Wochen ab Einbringung (siehe Tab. 4.12.3.2/1).

Tab. 4.13.1/1 Sorteneinteilung nach DIN 488 T. 1 (Ausgabe September 1984)

Kurzname		BSt 420S	BSt 500S	BSt 500M
Kurzzeichen		III S	IV S	IV M
Werkstoffnummer		1.0428	1.0438	1.0466
Erzeugnisform		Betonstabstahl		Betonstahlmatte
Nenndurchmesser	N/mm²	6 bis 28		4 bis 12
Streckgrenze	N/mm²	500	550	
Bruchdehnung	%	10		8
Geeignete Schweißverfahren[1]		E, MAG, GP, RA, RP		E, MAG, RP

[1] Die Kennbuchstaben bedeuten:
E = Metall-Lichtbogenhandschweißen
MAG = Metall-Aktivgasschweißen
GP = Gaspreßschweißen
RA = Abbrennstumpfschweißen
RP = Widerstandspunktschweißen

4.13 Betonstahl

Zum Bewehren von Beton wird in der Regel Betonstahl nach DIN 488, Teil 1 bis 7, verwendet. Den so bewehrten Beton nennt man Stahlbeton. Stahlbeton ist ein Verbundbaustoff. Stahl und Beton haben etwa gleiche Wärmeausdehnungszahlen. Der Beton besitzt eine hohe Druck-, aber eine geringe Biegezugfestigkeit. Im Stahlbeton übernimmt

Betonstahl U

Betonstahl K, durch Torsion verfestigt

Betonstahl K, durch Recken verfestigt

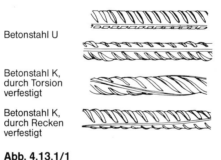

Abb. 4.13.1/1

deshalb der Beton die Druckspannungen, der Stahl die Zugspannungen. Es können Stabstähle und Betonstahlmatten verwendet werden. Alle Bewehrungsstähle müssen kalt verformbar sein. Beim Kaltbiegeversuch, einer Biegung von 180° um einen Dorn, dessen Durchmesser dem doppelten Prüfstahlquerschnitt entspricht, dürfen auf der Zugseite keine Risse entstehen.

4.13.1 Sorteneinteilung

Bei der Herstellung von Stahlbeton werden i. w. 3 gerippte, schweißgeeignete Stahlsorten verwendet (Tab. 4.13.1/1).

Die einzelnen Stahlgruppen sind weiterhin unterteilt:
a) nach der Herstellungsart:
U = Unbehandelter (naturharter) Stahl
– Festigkeit auf Grund der chemischen Zusammensetzung
K = Kaltverformter Stahl
– Kaltverformung des naturharten Stahls durch Verdrehen und/oder Recken (s. Abb. 4.13.1/1)
b) nach der äußeren Form:
G = Betonrundstahl mit glatter Oberfläche
R = Betonrippenstahl mit rechtwinklig oder schräg verlaufenden Rippen
P = Profilierter Betonstahl

4.13.2 Betonstabstahl

Betonstähle der Stahlsorten III und IV sind im Handel als Einzelstäbe erhältlich. Sie werden beim Einbau auf der Baustelle mit Querstäben (Verteilerstäben; Bügeln) zu einem unverschieblichen Bewehrungskorb, bzw. Bewehrungsmatte zusammengebunden (Tab. 4.13.2/1).

Tab. 4.12.3.2/1 Ausschalfristen

Zementfestigkeitsklasse	Für die seitliche Schalung der Balken und für die Schalung der Wände und Stützen	Für die Schalung der Deckenplatten	Für die Rüstung (Stützung) der Balken, Rahmen und weitgespannten Platten
	Tage	Tage	Tage
Z 25	4	10	28
Z 35 L	3	8	20
Z 35 F Z 45 L	2	5	10
Z 45 F Z 55	1	3	6

Tab. 4.13.2/1 Abmessungen von geripptem Betonstahl nach DIN 488
Durchmesser, Umfang, Querschnitt und Gewicht (Nennwerte)

Nenn-durchmesser	Nenn-umfang	Nenn-querschnitt	Nenngewicht je lfd Meter
d_S mm	U_S cm	A_S cm²	G kg/m
6	1,89	0,283	0,222
8	2,51	0,503	0,395
10	3,14	0,785	0,617
12	3,77	1,13	0,888
14	4,40	1,54	1,21
16	5,03	2,01	1,58
20	6,18	3,14	2,47
25	7,85	4,91	3,85
28	8,80	6,16	4,83

Nennquerschnitt (cm²) und Nenn-durchmesser (cm) errechnen sich aus dem Gewicht des Stabes.

$$A_S = \frac{1,274}{1} \ (cm^2)$$

$$d_S = 12,74 \sqrt{\frac{G}{1}} \ (mm)$$

G = Gewicht des Stabes (g)
1 = Länge des Stabes (mm)

4.13.3 Betonstahlmatten

Betonstähle der Stahlsorte IV sind vorwiegend nur als Betonstahlmatten im Handel. Man unterscheidet geschweißte Matten (Baustahlmatten) und nicht geschweißte Matten (Verbundstahlmatten). Bei den Baustahlmatten werden die Einzelstäbe durch maschinelle Widerstandspunktschweißung an den Kreuzungsstellen zu flächigen, steifen Bewehrungsnetzen miteinander verbunden. Verbundstahlmatten sind in den Knotenpunkten mechanisch unterschiedlich gehalten (z. B. durch Kunststoffmuffen).

Für geschweißte Betonstahlmatten werden nach DIN 488, Blatt 4, Einzelstäbe nach Tab. 4.13.3/1 verwendet.

Als Längsstäbe werden Einfachstäbe oder Doppelstäbe angeordnet. Die Querstäbe sind aus herstellungstechnischen Gründen immer Einfachstäbe. An den Mattenlängs- und Querrändern können Randsparzonen vorgesehen werden (Randsparmatten), indem der Stahlquerschnitt auf 50 % des Querschnittes in Mattenmitte reduziert wird.

Die Achsabstände der Längsstäbe betragen 50 mm; 75 mm oder ein Vielfaches dieser Maße. Die Querstäbe werden im Raster von 25 mm bei einem Mindestabstand von 50 mm angeordnet.

4.13.3.1 Baustahlgewebe

Baustahlgewebe gehört zur Gruppe der Baustahlmatten. Man unterscheidet Lager-, Listen- und Zeichnungsmatten. Lagermatten sind ab Händlerlager erhältlich und haben einheitliche Abmessungen von 5,00 × 2,15 bzw. 6,00 × 2,15 m. Listenmatten werden je nach Bauobjekt und statischer Berechnung in Mattenlisten zusammengestellt. Dabei sind bestimmte Stabdurchmesser und Stababstände sowie eine Maximallänge von 12,00 m und eine Maximalbreite von 2,45 m (Straßentransport) einzuhalten. Baustahlmatten, die den Mindestanforderungen der Listenmatten nicht genügen, heißen Zeichnungsmatten. Sie sind wegen der erforderlichen Sonderfertigung erst nach Absprache mit dem Herstellerwerk anzufertigen.

4.13.3.2 Listenmatten

Die Kennzeichnung erfolgt durch vier Zahlen, z. B.: 100 · 250 · 6,5 · 4,6, d. h.: Längsstababstand · Querstababstand · Längsstabdurchmesser · Querstabdurchmesser (Tab. A 4.13.3.2/ 1).

4.13.3.3 Lagermatten

Die Bezeichnung der Lagermatte (Tab. A 4.13.3.3/1) erfolgt mit N, Q, R oder K in Verbindung mit einer Zahl (100facher Tragstabquerschnitt [cm²/ m]). Matten mit der Bezeichnung N;Q haben quadratische Öffnungen, mit der Bezeichnung R;K rechteckige Öffnungen. Da N-Matten aus punktgeschweißten glatten Stäben hergestellt werden, dürfen sie nicht zur Aufnahme statisch nachgewiesener Zugkräfte verwendet werden (N = nicht statisch). Bei den Randsparmatten sind in Querrichtung folgende Überdeckungslängen erforderlich:
Q-Matte (4 Einfachstäbe) = 50 cm
R-Matte (2 Einfachstäbe) = 20 cm
K-Matte (4 Einfachstäbe) = 35 cm

4.13.4 Verlegen der Bewehrung

4.13.4.1 Allgemeine Angaben

Die Stahlbetonbestimmungen der DIN 1045 enthalten sehr eingehende Vorschriften über die Bewehrung, z. B. über ihre Anordnung, Verankerung, Stoßüberdeckung, Betonüberdeckung etc. Diese Vorschriften sind als Konstruktionsunterlage für das Ingenieurbüro

Tab. 4.13.3/1

Oberflächen-gestaltung	Nenn-durchmesser[1] d_s mm	Nenn-querschnitt[2] A_s cm²	Nenn-gewicht[2] G kg/m
	4	0,126	0,099
	4,5	0,159	0,125
	5	0,196	0,154
	5,5	0,238	0,187
glatt,	6	0,283	0,222
profiliert	6,5	0,332	0,260
oder gerippt	7	0,385	0,302
	7,5	0,442	0,347
	8	0,503	0,395
	8,5	0,567	0,445
	9	0,636	0,499
	9,5	0,709	0,556
	10	0,785	0,617
	10,5	0,866	0,680
	11	0,950	0,746
	11,5	1,039	0,815
	12	1,13	0,888

gedacht. Die Einhaltung wird vom Prüfingenieur für Baustatik überwacht. Es werden daher nur einige wichtige Grundregeln für die Baustelle angegeben, wobei insbesondere darauf hingewiesen wird, daß die auf den Schal- und Bewehrungsplänen gegebenen Anweisungen genau zu beachten sind. Die rechnerisch nachgewiesenen Stahleinlagen sind i. a. in der Zugzone zu verlegen. Diese kann je nach Tragverhalten der Platten unten oder oben liegen (Kragplatte). Es können auch bei Belastungen aus verschiedenen Anlässen beide Plattenseiten, oben und unten, auf Zug bewehrt werden müssen. Bei Platten und Balken werden die Zugeinlagen bis über die Auflagen geführt. Bei der Verwendung von Betonstählen werden die einzelnen Stäbe als Zug-, ggf. auch als Druckbewehrungen und als Verteilerstäbe längs und quer verlegt. Die Verteilerstäbe halten erstere in ihrer Lage und werden deshalb mit Bindedraht mit diesen verbunden. Dieser Draht hat keine statische Aufgabe, sondern er verhindert ein Verlagern der Stäbe während des Betoniervorganges.

Wird Baustahlgewebe eingebracht, so sind hier Zug- und Verteilerstäbe zu Matten verschweißt. Die Mattenverbindungen werden durch Überdeckung mit der Nachbarmatte erreicht. Es kann auch zwischen Betonstahleinlagen und Baustahlgewebematten kombiniert werden.

Da bei einem statischen Nachweis nicht alle Einflüsse der Beanspruchung berücksichtigt werden (z.B. Kriechen, Schwinden, Temperaturdifferenzen etc.), gibt die DIN 1045 Bewehrungsrichtlinien vor, nach denen Bauteile (Balken, Platten, Wände etc.) gemäß ihres Tragverhaltens grundsätzlich zu bewehren sind.

Das Konstruktionsbüro fertigt unter Einhaltung dieser Vorschriften einen Bewehrungsplan an, auf dem die Einzelstäbe oder Betonstahlmatten entsprechend Stahlsorte, Biegeform, Durchmesser und Länge nach Position geordnet und dargestellt sind.

4.13.4.2 Biegen

Beim Biegen der Bewehrung müssen bestimmte Biegeradien eingehalten werden. DIN 1045 gibt daher für Haken, Winkelhaken, Schlaufen, Bügel sowie für Aufbiegungen und andere gekrümmte Stäbe Mindestdurchmesser – d_S – der Biegerollen an (Tab. 4.13.4.2/1). Bei der Herstellung von Haken und Winkelhaken muß nach der Krümmung noch ein gerades Stück verbleiben, dessen Länge mindestens das 5fache des Stabdurchmessers betragen muß.

Die erforderlichen Biegerollendurchmesser müssen auf dem entsprechenden Bewehrungsplan angegeben werden.

4.13.4.3 Betondeckung

Abstandhalter sorgen für die richtige Lage der eingebrachten Bewehrung. Um den Stahl vor Korrosion zu schüt-

Tab. 4.13.4.3/1 Mindestmaße der Betondeckung, bezogen auf die Durchmesser der Bewehrung

Stabdurchmesser	(mm)	12	14–18	20,22	25,28	28
Betondeckung	(cm)	1,0	1,5	2,0	2,5	3,0

Tab. 4.13.4.3/2 Mindestmaße der Betondeckung für Ortbeton, bezogen auf die Umweltbedingungen (cm)

	Umweltbedingungen	B 15		$\geq$ B 25	
		allgemein	Flächentragwerke	allgemein	Flächentragwerke
1	Bauteile in geschlossenen Räumen, Bauteile, die ständig unter Wasser oder ständig trocken sind, Dächer mit wasserdichter Haut für die Seite, auf der die Dachhaut liegt.	2,0	1,5	1,5	1,0
2	Bauteile im Freien und Bauteile, zu denen die Außenluft ständig Zugang hat.	2,5	2,0	2,0	1,5
3	Bauteile in geschlossenen Räumen mit sehr hoher Luftfeuchtigkeit, Bauteile, die wechselnder Durchfeuchtung und schwachem chem. Angriff nach DIN 4030 ausgesetzt sind.	3,0	2,5	2,5	2,0
4	Bauteile, die korrosionsfördernden Einflüssen oder starkem chem. Angriff nach DIN 4030 ausgesetzt sind.	4,0	3,5	3,5	3,0

Tab. 4.13.4.2/1 Mindestwerte der Biegerollendurchmesser

Betonstahlsorte	I GU	III RU, RK IV RU, RK	IV GK, PK
Stabdurchmesser d_S in mm	Biegerolldurchmesser – ød$_B$ für		
	Haken, Schlaufen, Bügel	Haken, Winkelhaken, Schlaufen, Bügel	Haken, Schlaufen, Bügel
< 20	2,5 d$_S$	4 d$_S$	
20 bis 28	5,0 d$_S$	7 d$_S$	
seitliche Betondeckung	Aufbiegungen und andere Krümmungen von Stäben		
> 5 cm und > 3 d$_S$	10 d$_S$	15 d$_S$	
$\leq$ 3 cm oder $\leq$ 3 d$_S$	15 d$_S$	20 d$_S$	

d$_S$ = Stabdurchmesser   d$_B$ = Biegerollendurchmesser

zen, ist eine bestimmte Betondeckung einzuhalten. Diese richtet sich entweder nach dem Stabdurchmesser oder den Umweltbedingungen. Maßgebend ist stets der ungünstigere Wert. In auf dem Baugrund aufliegenden Betonplatten ist zunächst eine mindestens 5 cm dicke Betonschichte als Sauberkeitsschicht einzubringen. Die Mindestmaße für die Betondeckung sind in Tabelle 4.13.4.3/1 + 2 enthalten.

Flächentragwerke sind nach Tabelle 4.13.4.3/2 Platten, Rippendecken, Stahlsteindecken, Scheiben, Schalen, Faltwerke und Wände.

Für werksmäßig hergestellte Betonteile – B 35 gelten die Werte der letzten Spalte.

4.13.4.4 Stababstände

Der lichte Abstand von gleichlaufenden Bewehrungsstäben muß mindestens 2 cm betragen oder die Größe des Stabdurchmessers haben. Doppelstäbe geschweißter Betonstahlmatten dürfen sich berühren. Dies gilt auch für Stabstähle im Stoßbereich. Für nicht geschweißte Betonstahlmatten gelten die Angaben für den Stabstahl.

4.13.4.5 Verankerungen (Zugstäbe)

Im Stahlbetonbau sind nach Abbildung 4.13.4.5/1 Verankerungselemente gebräuchlich und in der DIN 1045 aufgeführt.

Rippenstäbe dürfen gerade enden. Dabei ist eine bestimmte Verankerungslänge a erforderlich, auf der über Verbund mit dem umhüllenden Beton die Kraft Z eingeleitet wird. Die Länge dieses Einleitungsbereichs ist abhängig von der im Bewehrungsstab vorhandenen Zugkraft Z, dem Umfang U des Bewehrungsstabes, der Mindeststreckgrenze des Betonstahls und dem zulässigen Rechenwert der Verbundspannung zwischen Bewehrungsstab und Beton. Hierbei ist die Größe der Verbundspannung abhängig von der vorhandenen Betongüte und der Lage des Bewehrungsstabes innerhalb des Betonquerschnitts. Genauere Angaben hierüber finden sich in der DIN 1045, Absatz 18.5. Glatte und profilierte Stäbe dürfen nicht allein durch gerade Stabenden verankert werden.

Mit Haken dürfen Stäbe aller Art verankert werden. Winkelhaken sind nur als Verankerungselement für Rippenstäbe vorgesehen. Durch die hakenförmige Aufbiegung verringert sich die erforderliche Verankerungslänge des Stabes. Rippenstäbe erhalten dann einen Winkelhaken, wenn aus konstruktiven Gründen die Verankerung mit geradem Stabende nicht mehr möglich ist.

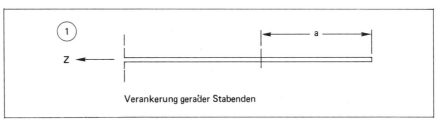

Abb. 4.13.4.5/1 ①–⑤ ① **Gerade Stabenden**

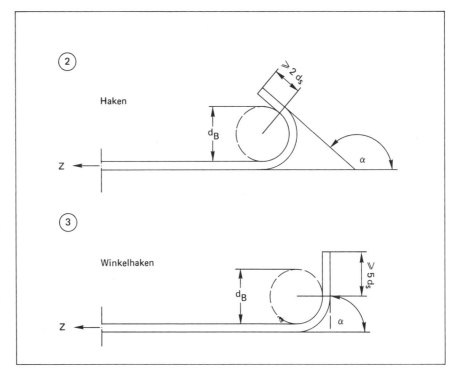

Abb. 4.13.4.5/1 ②, ③ **Haken und Winkelhaken nach DIN 1045**

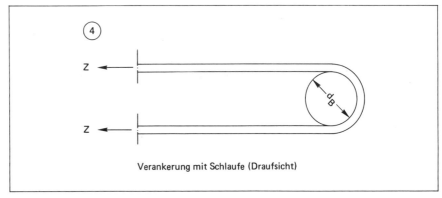

Abb. 4.13.4.5/1 ④ **Schlaufen nach DIN 1045**

Abb. 4.13.4.5/1 ⑤ **Aufgeschweißte Querstäbe**

Schlaufen sind Verankerungselemente, bei denen an jedem Schenkel eine annähernd gleiche Zugkraft Z angreift. Bei dieser Verankerungsform wird die Verankerungslänge noch kürzer und damit günstiger als bei Winkelhaken. Sie wird häufig bei kurzen Endauflagerflächen verwendet.

Ankerkörper

Verankerungen mit Ankerkörpern (Stahlplatten o. ä.) sollen möglichst nur an der Stirnfläche eines Bauteiles angeordnet werden. Dabei ist die zulässige Spannung auf 80% der in der DIN 1050 angegebenen Werte zu reduzieren. Für die Betonpressung an der Ankerfläche gelten die Werte der DIN 1045 für Teilflächenbelastung. Wird die Belastbarkeit aus Versuchen ermittelt, so genügt ein Mittelwert aus drei Versuchsergebnissen. Die zulässige Belastung darf dann mit der Hälfte des Mittelwertes der Bruchlast angesetzt werden. Für das Anschweißen von Ankerkörpern gilt DIN 4099.

Diese Form der Verankerung gilt bei geschweißten Betonstahlmatten, z.B. Baustahlgewebe. Die Verankerungslänge ist den Gleichungen (22) und (23) DIN 1045 zu entnehmen, wobei die Anzahl der Querstäbe auf ganze Werte aufzurunden ist. Betonstahlmatten aus Rippenstäben dürfen auch wie Stabstäbe ohne Anrechnung der Querstäbe verankert werden.

4.13.4.6 Stöße

Stöße in biegebeanspruchten Querschnitten sind nach Möglichkeit über den gesamten Bewehrungsbereich gleichmäßig zu verteilen und in der Längsrichtung gegeneinander zu versetzen.

Sie sollen außerhalb der Bereiche voll ausgenutzter Stahlquerschnitte angeordnet werden. Üblicherweise werden Stöße von Bewehrungen nach Abb. 4.13.4.6/1 hergestellt:

a) Übergreifen mit oder ohne Haken bzw. Winkelhaken an den Stabenden ① bis ③.
Analog zur Verankerungslänge sind bei Zug- und Druckstößen unterschiedliche Übergreifungslängen einzuhalten. Ausgehend von einem Grundmaß der Verankerung werden die Übergreifungslängen durch Multiplikation mit Faktoren ermittelt. Übergreifungsstöße mit geraden Enden oder Winkelhaken allein sind nur bei Rippenstäben zulässig.

b) Übergreifungsstöße mit Schlaufen ④
Bei einer Stoßausführung mit Schlaufen ist die Übergreifungslänge wiederum

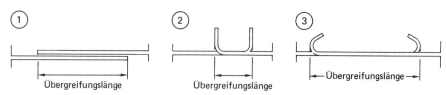

① **Übergreifungsstoß mit geraden Stabenden (Draufsicht)**
② **Übergreifungsstoß mit Winkelhaken (Ansicht)**
③ **Übergreifungsstoß mit Haken (Ansicht)**
④ **Übergreifungsstoß mit Schlaufen (Draufsicht)**
⑤ **Übergreifungsstoß geschweißter Betonstahlmatten aus Rippenstäben (Beispiel für 3mittig übereinanderliegende Maschen)**

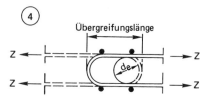

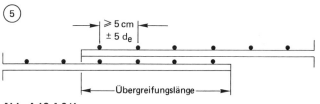

Abb. 4.13.4.6/1

sehr günstig. Dabei ist der Biegerollendurchmesser nach DIN 1045, Tabelle 18, einzuhalten.

Die seitliche Betondeckung rechtwinklig zur Schlaufenebene muß mindestens $3\,d_2$ betragen. Außerdem ist zur Aufnahme von Spaltzugkräften im Stoßbereich eine Querbewehrung anzuordnen.

c) aufgeschweißte Querstäbe ⑤
Geschweißte Betonstahlmatten dürfen bei vorwiegend ruhiger Belastung durch Übergreifen gestoßen werden. Die entsprechenden Übergreifungslängen sind der Tabelle 23, DIN 1045, zu entnehmen.

Für die aus Rippenstäben zusammengesetzten Baustahlgewebe-Lagermatten hat der Übergreifungsstoß 3mittig übereinanderliegende Maschen.
Das bedeutet:
bei einer R-Matte eine Ü-Länge von l = 1,00 m
bei einer Q-Matte eine Ü-Länge von l = 0,50 m

d) geschweißte und verschraubte Stöße
Bei geschweißten oder verschraubten Stößen dürfen alle Stäbe in einem Querschnitt gestoßen werden. Für die Herstellung geschweißter Stöße gilt DIN 4099. Bei verschraubten Stößen müssen die Verbindungsmittel (Muffen, Spannschlösser) die 1,2fache Tragfähigkeit der zu verbindenden Stäbe haben. Bei aufgerolltem Gewinde darf der Kernquerschnitt voll, bei geschnittenem Gewinde nur zu 80% in Rechnung gestellt werden.

4.13.4.7 Verlegeregeln für Baustahlmatten

Die Matten können ein- und mehrlagig verlegt werden:

a) Einlagige Bewehrung
(Abb. 4.13.4.7/1)
Die in Richtung der Zugspannung liegenden Stäbe liegen bei einer einlagigen, unteren Bewehrung immer unten ①, bei einer einlagigen, oberen Bewehrung immer oben ②.

b) Zweilagige oder kreuzweise Bewehrung
Die Stablage ist im Verlegeplan vom Statiker anzugeben.

4.13.4.8 Verlegeplan

Die Baustahlmatte wird mit ihrer äußeren Begrenzung eingetragen einschl. ihrer Überdeckung. Ein Diagonalstrich kennzeichnet die Mattenausdehnung und trägt mit Zahlenangabe die Mattenkennzeichnung. Bei zweilagigen Bewehrungen müssen ein Verlegeplan für die obere und einer für die untere Mattenlage gezeichnet werden.

4.13.4.9 Überdeckungsmaße für Baustahlgewebe-Lagermatten

Die Verbindung der Matten erfolgt durch eine einfache Überdeckung nach vorgeschriebenen Maßen (siehe Tab. 4.13.4.9/1).

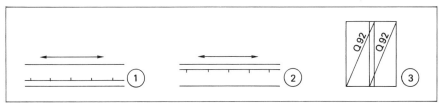

Abb. 4.13.4.7/1 ① – ③ **Mattenlage in Platten und Wänden**

Tab. 4.13.4.9/1

Gewebeart	Überdeckungsmaß L in Richtung der	
	Tragstäbe	Verteilerstäbe
Matten ohne Randeinsparung		
N, Q, R	3 Maschen + Überstand ⑥	1 Masche + Überstand ⑤
Matten mit unterschiedlichem Stabdurchmesser		
Q R	3 Maschen (mit den 4 schwächeren Stäben) + Überstand ② 1 Masche (mit den 2 schwächeren Stäben) + Überstand ①	
Doppelstabmatten		
Q R	④ ⑤ wie bei Matten mit unterschiedlichem Stabdurchmesser	

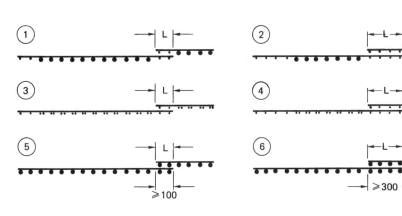

(1), (3), (5) Verteilerstoß
(2), (4), (6) Tragender Stoß

4.13.4.10 Schneiden und Biegen von Matten

Es gibt Baustahlgewebe-Schneidegeräte (elektr.), die auch bereits verlegte Matten mit bis 12 mm starken Einfachstäben oder 8,5 mm starken Doppelstäben schneiden. Außerdem gibt es Biegemaschinen für die üblichen Mattenbreiten.

4.13.4.11 Abstandhalter

a) Untere Bewehrungslage
Zur Einhaltung des notwendigen Überdeckungsabstandes werden Abstandsklemmen, Betonklötzchen oder Abstandhalter aus Asbestzement, Rundstahl oder Baustahlgewebe unterlegt.

Abstandhalter aus Asbestzement

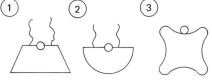

Abb. 4.13.4.11/1

(Abb. 4.13.4.11/1 ① bis ③). Sie werden für waagerechte und senkrechte Bewehrungen mit nachstehenden Abstandmaßen hergestellt: Maße in mm: 10, 15, 20, 25, 30, 35, 40, 50. Die Formgebung läßt je nach Lage die Verwendung für verschiedene Abstände zu. Die für senkrechte Schalungen bestimmten besitzen Haltedraht oder -gummi.

Abb. 4.13.4.11/2 Abstandhalter

b) obere Bewehrungslage
Zur Einhaltung der Konstruktionshöhe für obenliegende Mattenlagen werden u. a. Baustahlgewebe-Abstandhalter APSTA verwendet (Bau-Stahlgewebe GmbH, Düsseldorf Abb. 4.13.4.11/2 und Tab. A 4.13.4.11/1)
Die Abstandhalter A 8 bis A 40 werden in Körben von 2,00 m Länge und in Bunden von 10 Körben geliefert. Die Abstandhalter A 8 bis A 20 werden bevorzugt am Lager gehalten. Für größere Deckendichten können die Abstandhalter A 21 bis A 40 kurzfristig geliefert werden. Die Standfüße der Abstandhalter APSTA sind:
a) in Normalausführung rostgeschützt,
b) für Sichtbeton kunststoffummantelt.

4.14 Schalung

Die Schalung dient der Formgebung des Frischbetons. Sie muß daher sorgfältig aufgestellt, ausgesteift und ausgerichtet werden. Während des Betoniervorganges und des Rüttelns darf sie sich nicht verschieben. Beim Ausschalen muß sie sich leicht vom Beton lösen lassen, ohne die Betonoberfläche zu beschädigen. Schalöle erleichtern dies, dürfen aber keine Flecken oder Erhärtungsfehler hinterlassen. Deshalb werden i. a. wasserlösliche Mineralöle verwendet, die bei Fleckenbildung auswaschbar sind.

4.14.1 Schalmaterial

a) Schalbretter
Als Schalbretter werden i. a. Holzarten wie Fichte, Kiefer und Tanne verwendet. Die Brettstärken müssen dem Schalungsdruck und dem Aussteifungsabstand entsprechen. Bei stumpfgestoßenen Brettern beträgt die Dicke i. a. 24 mm. Sie sollen möglichst astfrei sein. Äste lassen sich mit Schellack isolieren, Astlöcher mit Holzpfropfen schließen. Alle Hölzer werden in gleicher Faserrichtung eingebaut, und es werden nur Hölzer gleichen Alters verwendet, da das Schalöl sonst unterschiedlich tief eindringt und mit unterschiedlicher Menge auf die Sichtbetonfläche ein-

wirkt, wodurch Farbunterschiede in der Ansichtsfläche auftreten. Ungehobelte Bretter hinterlassen Holzfasern auf dem Beton. Bessere Schalbretter haben gehobelte, gespundete oder gefalzte Verbindungen und sind damit dichter, so daß kein Zementleim ausläuft.

b) Schalungsplatten

sind zu Platten verarbeitete Massivbretter mit gehobelter Oberfläche, z. T. kunststoffbeschichtet. Sie sparen Schalöl und erzielen besonders glatte Oberflächen. Die Platten sind scharfkantig mit Profilkantenschutz und Nagellöchern ausgebildet und werden zu Tafeln zusammengenagelt. Die Maße sind ungenormt, meistens: Dicken 22, 23, 25 und 28 mm. Längen 0,75, 1,00, 1,50 und 2,00 m. Breiten 0,50 m, Halbbreite 0,25 m.

c) Sperrholzplatten

sind 12 bis 24 mm dick, 3- und 5schichtig mit Hartholzfurnieroberflächen verleimte Platten. Sie ergeben bei entsprechenden Plattengrößen fugenarme Oberflächen.

d) Hartfaserplatten

sind feuchtigkeitsempfindlich und nicht sehr dauerhaft, da vor allem die Kanten leicht ausbrechen. Außerdem enthalten sie Stoffe, die die Oberflächenerhärtung stören können oder Flecken bilden. Deshalb sollen nur Platten mit ölgehärteter Oberfläche verwendet werden. Die Platten wellen sich leicht und führen dadurch zu Oberflächenverformungen.

e) Stahlblech

ist teuer, dauerhaft und leicht montierbar. Es wird daher vorwiegend im Betonfertigteilwerk verwendet. Als Schalhaut müssen die Bleche auf Grund ihrer dünnen Dicken gut ausgesteift werden. Um Rostflecken zu vermeiden, sind sie mit einem Ölanstrich zu versehen.

f) Kunststoffe

sind als selbständige Schalungsplatten oder als Holzbeschichtung im Handel. Sie ergeben eine gute ausschalbare, glatte Sichtbetonfläche und erhöhen die Haltbarkeit des Schalmaterials.

4.14.2 Schalungsbehandlung

Schalwände sind vor dem Einbringen des Frischbetons vorzunässen, damit sich vorhandene Fugen schließen. Die verbleibenden Fugen sind zu verkitten. Die Eigenfeuchtigkeit der Schalung muß so groß sein, daß sie dem Frischbeton kein Anmachwasser entzieht. Sonst entstehen Erhärtungsfehler, und die Zementhaut reißt beim Ausschalen ab. Alle Schalbretter müssen saubere Ober-

flächen aufweisen, sie sind deshalb nach dem Ausschalen sofort, ggf. mit Hilfe eines Schalhobels, zu säubern.

Schalöle begünstigen das Ausschalen. Wasserlösliche Mineralölemulsionen sind gleichmäßig und dünn auf Schalung zu streichen.

Auf Sichtbetonflächen lassen sich Ornamente und kubische Aussparungen durch entsprechende Schalungsformen schatten. Bei engen Profilabständen sollte dann ein niedriger Grobkornanteil gewählt werden.

4.14.3 Schnellspreizen aus Asbestzement

Asbestzementrohre unterschiedlicher Längen und Stärken dienen zum Einspreizen zwischen senkrechte Mauerschalungen, wobei die Rohre mit Kunststoff-Trennscheiben auf die gewünschte Mauerstärke zugeschnitten werden. Rohre werden nach dem Ausschalen in der Mauer belassen. Die nun sichtbar werdenden Rohröffnungen werden mit Beton oder mit Asbestzementstöpseln verschlossen. Vorteil: schnelles Arbeiten, kein Abstemmen einbetonierter Spanndrähte, keine Rostflecken auf dem Beton, kein Verputzen von Stemmlöchern. Die Rohre liegen mit ihren Schnittflächen gegen die Schalung. Bei Leichtbauplatten werden Auflagescheiben als Schutz gegen Eindrücken zwischen Rohrschnittfläche und Schalung gelegt. Herstellungslängen 1,25 m, Wandstärke 7 mm.

I. W. in mm: 10, 12, 16, 18, 25, 32, 34, 40, 48, 62.

Anwendung bei wasserdichtem Beton: Gute Spreizenumhüllung notwendig. Nach dem Ausschalen und mindestens 5tägiger Abbindezeit Rohröffnungen zunächst auf der Wasserdruckseite mit 2 hintereinandergesetzten und mit Abdichtungskleber umhüllten Stöpseln bündig verschließen. Vorher muß Rohrinneres mit einer Rundbürste gereinigt werden. Nach 4 Tagen Wasserdruckprobe durchführen und dann erst die Rohrgegenseite mit einem kleberumhüllten Stöpsel verschließen.

4.15 Sichtbeton

Bei einem Bauwerk aus Sichtbeton wird die Außenfläche weder geputzt noch mit einem Verblendstein verkleidet. Man unterscheidet:

a) schalungsrauher Beton
- bleibt nach dem Ausschalen unbehandelt.

b) Waschbeton
- wird nach dem Ausschalen in der Oberfläche ausgewaschen.

c) Betonoberflächen mit Schlagbearbeitung
- werden nach dem Erhärten einer Oberflächenbearbeitung unterzogen.

Für alle Formen sind eine dichte und standsichere Schalung, gleichmäßiges Gefüge und gleichmäßige Verdichtung Grundbedingung. Unschöne Flächen entstehen durch Verformen der Oberfläche, Arbeitsfugen, un-

Tab. 4.15.1/1

Sichtbetonart	Gew.%-Anteile für Körnung in mm			
	0–4	4–8	8–16	16–32
schalungsrauher Beton	40	15	20	25
Waschbeton fein	15–20	–	80–85	–
Waschbeton grob	25	–	–	75
Spitz- und Kratzbeton	25	15	23	37

Tab. 4.15.1/2

Sichtbeton-farbe	Gew.%-Anteile für Körnung in mm					W/Z-Wert	Ausbreit-maß in cm
	Quarzit-mehl	0–4	4–8	8–16	16–32		
Graubeton	3–8*	34	14	20	28	0,45	40–44
Weißbeton	–	34**	16	20	28	0,54	40–44

* genaue Menge über Probe ermitteln.
** Brehmtaler-Taunus-Quarzit mit max. 20% Staubanteilen.
360 kg/m³ Z 35 bei Graubeton mit Betonverflüssiger,
360 kg/m³ Z 35 Dyckerhoff-Weiß ohne Betonverflüssiger für Weißbeton.

scharfe Kanten- und Eckausbildungen, ungleichmäßige Körnungsoberflächen durch Entmischen und durch Ausschalungsschaden.

Wesentlich wird das Bild durch ein zweckmäßiges Betongemenge bestimmt.

Sichtbeton muß gut gemischt und plastisch verarbeitet werden. Die Kornzusammensetzung soll der Sieblinie A_{32}/B_{32} entsprechen. Bei Ausführung eines B 25 soll die Mindestzementmenge 350 kg/m³ betragen, damit ein ausreichender Mehlkorngehalt von 400 kg/dm³ vorhanden ist und eine gleichmäßige Oberflächenstruktur erreicht wird. Zur Erzielung eines günstigen W/Z-Wertes kann ein Betonverflüssiger zugesetzt werden. Soll die Oberfläche nachträglich behandelt werden, so muß die Betondeckung zur Vermeidung von Rostdurchschlag mindestens 30 mm betragen. Das Betonieren muß sorgfältig ohne Unterbrechung erfolgen. Rüttler schnell eintauchen und langsam herausziehen.

4.15.1 Zuschlagkörnungen für Sicht- und Waschbeton

a) Körnungen für Sichtbetongemenge nach Schnasse (s. Tab. 4.15.1/1)
Gemenge mit Ausfallkörnungen sind festigkeitsgemindert und stellen Konzessionen an das Aussehen dar.

b) Körnungen für glatten Sichtbeton nach Esser (s. Tab. 4.15.1/2)

c) Waschbetonkörnungen
(Beispiele der Deutschen Zementindustrie)
1. 25 Gew.% 0–4 mm, 75 Gew.% 8–16 oder 16–32 mm. 16–32 mm kann Kies oder Gesteinssplitt sein. Für feinere Strukturen muß das Größtkorn auf 16 oder 8 mm begrenzt werden.
2. 350 kg/m³ Z 35, 150 kg/m³ Wasser, 625 kg/m³ 0–4 mm, 1265 kg/m³ 16–32 mm.

4.15.2 Beton-Oberflächenausbildung

Schalungsrauher Beton kann durch Oberflächenbearbeitungen verfeinert werden, z. B. kann ein Kratz- oder Spitzbeton ausgebildet werden. Weiterhin ist bei rechtzeitiger Ausschalung eine Waschbetonoberfläche möglich.

a) Schalungsrauher Beton
Schalung muß möglichst scharfkantig sein und dicht, so daß kein Ausschlämmen auf den Flächen und an den Kanten erfolgt. Bei ungehobelten, gesäumten Schalbrettern entsteht ein Bild, das die Holzstruktur widerspiegelt. Bei der

Verwendung von glatten Schaltafeln oder gehobelten und gefalzten Brettern bildet sich bei richtiger Körnung eine glatte, strukturlose Betonoberfläche aus. Schalbretter mit Schalungsöl vorstreichen, Beton nach dem Ausschalen nässen und abdecken.

Besonders glatte Oberflächen werden mit Stahlbetonfertigteilen erreicht, da bei der Herstellung eine Stahlschalung und hohe Betongüteklassen verwendet werden. Dabei ist darauf zu achten, daß bestimmte Bauteile abweichend von der Baustellenfertigung hergestellt werden (eine Fertigteil-Stütze wird z. B. liegend gefertigt – hat daher nur 3 Sichtbetonflächen).

b) Waschbeton
Die Ausschalung muß vor dem Erhärten erfolgen, um sofort das Feinkorn und den Zementanteil von der Oberfläche abzuwaschen, damit die Betonsichtfläche durch das verbleibende Grobkorn rauh und belebt erscheint. Das Auswaschen muß je nach Temperatur innerhalb von 12 bis 14 Stunden erfolgt sein. Ggf. kann die Schalungsinnenwand mit Abbindeverzögerer gestrichen werden. Es kann auch nach dem Ausschalen Planex-62-farblos aufgespritzt werden, das die Oberflächenerstarrung des Frischbetons verzögert. Nach dem Erhärten des Betonkerns soll dann noch ausgebürstet und abgewaschen werden. Der Vorteil liegt hier in einer geringeren Festigkeitsminderung.

Mit dem Auswaschen der äußeren Zementhaut wird das Zuschlagkorn freigelegt. Das Auswaschen mit Hand (mit Draht- oder Piassavabürsten) erfolgt mit viel Wasser und darf höchstens $^{1}/_{3}$ der Kornoberfläche freilegen, da sonst eine Kornlockerung erfolgt. Anschließend muß der Zementschleier durch Nachwaschen entfernt werden. Ist das Grobkorn infolge der Verwendung von Ausfallkörnung nicht mindestens zu $^{2}/_{3}$ mit Feinbeton umhüllt nach dem Auswaschen, so muß mit Frostschäden gerechnet werden.

Es kann auch ein Vorsatzbeton mit Hilfe einer Blechgleitschalung eingebracht werden. Dies ist besonders bei groben Körnungen zu empfehlen, da hier sonst selten die vorgeschriebenen Betongüteklassen zu erreichen sind.

Werden schalungsrauhe oder Waschbetonmauern nach dem Erhärten zusätzlich mit einem Sandstrahlgebläse abgeblasen, so wird hierdurch das Grobkorn zwar zementfrei, aber stumpf und unansehnlich.

Ist während der Anfangserhärtung einer Waschbetonmauer Frost eingetreten oder ist damit zu rechnen, so empfiehlt es sich, bei einer Ausschalung nach Einhaltung der Schalungsfrist die

Betonoberfläche nur auszubürsten und das Nachwaschen wegen der Frostgefahr (Gefügelockerung in der Betonoberfläche) zu unterlassen.

c) Schlagbearbeitungen
Kratzbeton
Der schalungsrauhe Beton ist etwa nach 12 bis 14 Stunden auszuschalen. Die ausgeschalten Sichtflächen werden dann mit einem Nagelbrett gekratzt, wobei die gröberen Körnungen ausfallen und deren Lager als Vertiefungen im verbliebenen Feinkorn stehenbleiben.
Spitzbeton
Die Behandlung erfolgt nach dem Abbinden. Mit dem Spitzmeißel wird das verbleibende Großkorn angespalten, so daß farbige Kieselbruchflächen sichtbar werden.
Steinmetzmäßige Bearbeitung
Nach dem Abbinden wird die erhärtete Oberfläche wie ein Werkstein durch Scharrieren oder Stocken behandelt.

4.16 Arbeits- und Dehnungsfugen

Fugen sind bei vielen Bauwerken unerläßlich. Da sie teuer sind und stets eine Schwächung des Bauwerks darstellen, soll ihre Anordnung gut durchdacht und ihre Anzahl auf ein notwendiges Maß reduziert werden.

4.16.1 Arbeitsfugen

Arbeitsfugen treten auf, wenn aus Herstellungsgründen Betonierabschnitte erforderlich sind. Sie sind unerwünscht, weil sie festigkeitsmindernd wirken und Ausgangspunkte für Rißbildungen, Frostschäden, Wasserdurchtritte und Ausblühungen bilden. Man sollte daher zunächst versuchen, den Betonkörper in einem Arbeitsgang herzustellen. Ist dies z. B. aus schalungstechnischen oder witterungsbedingten Gründen nicht möglich, so muß die Lage der Arbeitsfuge vor Betonierbeginn angegeben werden, evtl. mit einer Schein- oder Raumfuge gekoppelt werden. Auf den Oberflächen der Arbeitsfugen bilden sich oft wasserreiche Feinmörtelschichten, die später einen guten Verbund verhindern. Arbeitsunterbrechungen bis zu einer Stunde sind ohne nachteiligen Einfluß. Bei Sichtbeton sind Arbeitsfugen möglichst an die Bauwerkskante zu legen. Bei unbewehrtem Beton sollte die Arbeitsfuge eine Aufkantung erhalten, so daß eine Verzahnung entsteht.

Beim Wiederaufnehmen der Betonierarbeit wird nur dann eine gute Haftung in der Arbeitsfuge erreicht, wenn die vorgenannte Feinmörtelschicht auf der Anschlußfläche entfernt, der Altbeton gründlich aufgerauht und hierdurch die Anschlußoberfläche erheblich vergrößert werden. Außerdem könnte durch Abbindeverzögerer der Anschluß innerhalb von 24 Stunden überbrückt werden. Die Anschlußfläche ist vor dem Weiterbetonieren mit Zementmilch vorzuschlämmen und besonders bei geforderter Wasserundurchlässigkeit mit einer 4 bis 8 cm starken, steif-plastischen Zwischenschicht, einem Anschlußbeton ohne Körnung über 8 mm, vorzubehandeln. Hierauf ist sofort weiterzubetonieren. Es empfiehlt sich, bei geforderter Wasserundurchlässigkeit (z. B. Wasserbecken) ein Arbeitsfugenband einzulegen.

4.16.2 Dehnungsfugen

Beton ändert durch Kriechen, Schwinden und Temperatureinflüsse sein Volumen. Außerdem treten gelegentlich unterschiedliche Bodensetzungen auf. Diese Ursachen können zu Rißbildungen führen, wenn keine Dehnungsfugen vorhanden sind. Man unterscheidet dabei Raumfugen, die den Baukörper einschließlich Gründung unterbrechen und je nach Betonmasse alle 7 bis 12 m erforderlich sind, und zwischen diesen anzubringende Scheinfugen, die von der Betonaußenseite nur einige Zentimeter in den Beton reichen.

Die Fugenräume werden beim Betonieren durch Brett- oder Styroporeinlagen ausgebildet. Nach Entfernen der Einlagen werden die Fugen mit Spezialkitt ausgefüllt und mit einem Fugenverschlußband gegen Beschädigungen gesichert.

Bei Raumfugen kann man ein seitliches Versetzen der getrennten Bauteile gegeneinander durch Dübel verhindern. Diese Stabstähle reichen je zur Hälfte in horizontaler Lage in beide Bauteile und sind hier einbetoniert, wobei wechselseitig eine Stabhälfte vorher mit Bitumen gestrichen wurde. So haftet der Beton nur an der ungestrichenen Stabhälfte. Der Beton kann somit in der Mauerlängsrichtung schieben, ohne daß ein seitliches Versetzen möglich ist. Dehnungsfugen sind keine Nebenleistung im Sinne der VOB.

4.16.3 Fugenbänder

Für die konstruktive Ausbildung von Arbeits- und Dehnungsfugen werden von der Industrie in vielen Varianten Fugenbänder angeboten. Dehnungsfugenbänder haben einen elastischen, in der Fuge liegenden Mittelschlauch aus PVC. Die Mittelschläuche lassen Dehnungen zwischen 20 und 50 mm

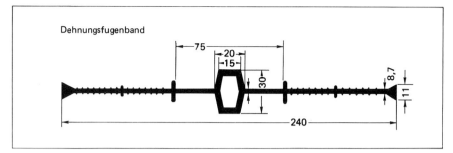

Abb. 4.16.3/1   Dehnungsfugenband

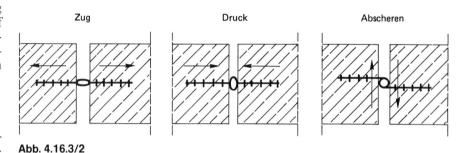

Abb. 4.16.3/2

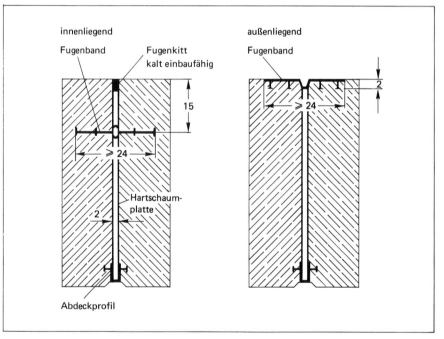

Abb. 4.16.3/3

zu. Sie sind somit in der Lage, Zug-, Druck- und Scherbeanspruchungen abzubauen, ohne einen Wasserdurchtritt zu gestatten (Abb. 4.16.3/1–3 u. Tab. A 4.16.3/1). Arbeitsfugenbänder haben i. a. keinen Mittelschlauch. Sie werden senkrecht zur Fugenebene eingebaut und dienen nur als Wassersperre. Da aus Gründen der Bewehrungsführung in der Mitte des Betonquerschnitts liegende Bänder schwierig einzubauen sind, werden auch innen oder außen liegende Fugenbänder angeboten (Abb. 4.16.3/4 + 5).

Einbau (Dehnungsfugenband)

In die Schalung des 1. Bauteils wird in den Fugenraum eine Hartschaumplatte (Styropor o. ä.) eingelegt. Hierbei ragen das Fugenband und das Abdeckprofil durch die Styropor- und Schalungsplatte hindurch. Sie werden im Betonierraum durch an die Schalung befestigte Rödeldrähte in der gewünschten Lage gehalten. Nach dem Ausschalen und dem Einschalen des 2. Bauteils wiederholt sich der Vorgang. Wird kein Abdeckprofil gewählt, so erfolgt nach dem Erhärten des Betons ein Fugenverschluß

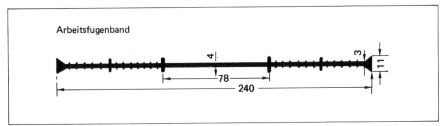

Abb. 4.16.3/4   Arbeitsfugenband

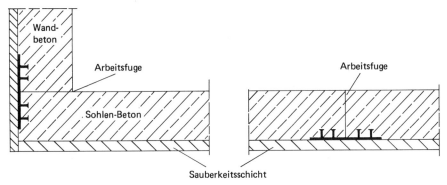

Abb. 4.6.3/5   Außen liegende Arbeitsfugenbänder im eingebauten Zustand

mit kalt einbaufähigem Fugenkitt, der als Kittstrang unterschiedlicher Querschnitte geliefert und in die gesäuberte und mit Vorstrichmitteln behandelte Fuge eingelegt und festgestopft wird. Zum Vergußschutz wird ein Fugenverschlußband mit Haftmörtel in die Fuge gedrückt. Diese Bänder haben eine Breite von 20 bis 50 mm und dringen zwischen 25 und 45 mm in die Fuge ein. Sie sind schwarz oder grau. Bei Fugenstärken unter 1 cm kann auf das Verschlußfugenband verzichtet werden.

4.17 Betonverwendung in betonschädlichen Böden und Wässern nach DIN 1030 (Auszug)

Chemische Aggressionen erfolgen durch Säuren und bestimmte Salze, vor allem durch Kohlensäure, freie Schwefelsäure, Sulfate, Huminsäure. Die Angriffe richten sich gegen den Betonstein, im allgemeinen nicht gegen die Zuschläge. Besonders gefährdet ist junger Beton, bei langfristiger Erhärtung läßt die Gefahr z.T. nach. Wasser mit $pH \leq 6$ gilt als schwach, mit ≤ 5 als stark betonschädlich, außerdem spielt der Gehalt an schädlichen Bestandteilen eine Rolle.

Wirksame Gegenmittel sind: dichter Beton mit glatter Oberfläche, keine Arbeitsfugen oder Risse, eine langfristige Erhärtung außerhalb des schädlichen Wassereinflusses. Wechselnde Wasserstände erhöhen den Angriff, deshalb evtl. dränen oder Grundwasser absenken.

Für schwachbetonschädliche Angriffe ist außer dem Vorgenannten vorgeschrieben: Wasserzementwert $\leq 0,5$ für bewehrten, $\leq 0,6$ für unbewehrten Beton. Wasserundurchlässigen Beton schaffen, ggf. Traß zusetzen. In sulfathaltigem Wasser Hochofen- oder Sulfathüttenzement verwenden. Für stark betonschädliche Angriffe ist vorgeschrieben außer dem Vorgenannten: Wasserzementwert $\leq 0,55$ für bewehrten, $\leq 0,5$ für Massenbeton. Zusätzliche Oberflächenanstriche.

Schutzmaßnahmen gegen Zerstörung von außen im Moor, bei aggr. Kohlensäure usw. siehe Tab. 4.17/1.

4.18 Ausschreibung und Abrechnung von Beton und Stahlbetonarbeiten nach DIN 18331 (Auszug)

Ausschreibung und Abrechnung können nach der VOB, DIN 18331, nach 3 Möglichkeiten erfolgen (siehe auch Tab. 4.18/1):
a) Beton und Stahlbeton einschl. Schalung und Bewehrung.
b) Beton und Stahlbeton getrennt nach Beton einschl. Schalung und Bewehrung.
c) Beton und Stahlbeton getrennt nach Beton Schalung, Bewehrung.

Enthält hierzu das Leistungsverzeichnis keine Angaben, so ist nach a) abzurechnen.

Als Bewehrung gelten Lieferung, Schneiden, Biegen und Verlegen lt. Bewehrungsplan einschl. Unterstützungen, Verspannungen, Montageeisen. Es ist das DIN-Einheitsgewicht zugrunde zu legen. Bindedraht und Verschnitt werden nicht berechnet. Die Ausschreibung von Baustahlgewebe-Lieferungen im Leistungsverzeichnis erfolgt meist getrennt vom Einbau nach Gewicht. Das Gewicht in kg/m² ist für Lagermatten den Tabellen zu entnehmen, für Listenmatten daraus zu errechnen.

Sichtbeton wird nach m² in der Ab-

Tab. 4.17/1

Einschluß in Wasser oder Boden	äußere Schutzmaßnahmen bei	
	Ortbeton	Fertigteilen + Rohrleitungen
Freie Schwefelsäure	Schutzsohle unter dem Bauwerk, Schutzschicht für die Außenwände	Schutzanstrich
Kohlensäure, Sulfate, usw.	wie vorher, Seitenschutzschicht durch bituminösen Anstrich	Schutzanstrich
Schädliche Salze in geringer Menge	Schutzsohle und Seitenanstrich	äußerer und innerer Schutzanstrich
Keine freien Säuren der schädlichen Salze	dichten Beton herstellen	keine Auflagen
Fast chem. Reinheit	außen mit Fluaten behandeln und Schutzanstrich	außen und innen Schutzanstrich

Tab. 4.18/1

Abrech-nungs-art	Abrechnungseinheit bei					
	Beton				Schalung	Bewehrung
	massige Bauteile	Mauerstärken		Mauer-Kreuzung		
		< 25 cm	> 25 cm			
	m^3	m^2 oder m^3	m^3	stärkere Mauer durch-messen	im Preis enthalten	im Preis enthalten
						kg oder t
					m^2	

Tab. 4.18/2

Abzugsfähige Betonmengen bei Abrechnung nach	
m^3	m^2
Öffnungen, Nischen, Schlitze, Keile wenn $\geq$ je 0,05 m^3	Öffnungen $\geq$ je 0,25 m^2, jedoch keine Schlitze, Keile, Nischen usw.
durchbindende Bauteile (z.B. Rohre bei > 0,05 m^3 verdrängter Betonmasse	bei Mauern stärker als 25 cm wird bei abgeschrägtem Mauerkopf bis zur höchsten Kante gemessen. Durch-bindende Bauteile > je 0,25 m^2 abziehen

Bewährungsverdrängte Betonmassen werden nicht abgezogen

wicklung als Zulage zum Betonpreis abgerechnet, Vorsatzbeton desgl., jedoch getrennt nach Art und Vorsatzstärke. Aufbetonierte Stufen nach Stückzahl oder Längenmaß abrechnen. Bei letzterem gilt als Abrechnungslänge die größte Ausdehnung.

Bei der Abrechnung dürfen nach Tab. 7.18/2 Abzüge für Öffnungen getroffen werden.

Schalungsabrechnungen erfolgen nach m^2 in der Abwicklung der geschalten Betonfläche, wenn nach c) abgerechnet wird. Zusätzliche Schalungen für Betonaussparungen ebenfalls nach m^2 in der Abwicklung der geschalten Betonfläche messen. Bei dem Aufmaß dürfen ohne Abzug übermessen werden: Aussparungen in der Schalung $\leq$ je 1 m^2, Schlitze und Kanäle $\leq$ 0,25 m^2/m bei Balken-, Stützen-, Wand- und Treppenschalungen.

4.19 Anwendungsbeispiel für den Garten K.

Im Garten K. wird Beton an mehreren Stellen benötigt. So sind z.B. die Fundamente der Pergola aus Beton herzustellen, ebenso die Fundierung der Stufen am Sitzplatz. Weiter wird Beton für die Fundamente der Einzäunung verwendet. Aus Beton könnte auch die Sichtschutzwand im Eingangsbereich gefertigt werden. Das muß man aber in der Abwägung der Vor- und Nachteile zusammen mit Mauerwerk sehen. Deshalb wird ein konkreter Anwendungsfall als Alternative zusammen mit Anwendungsbeispielen für Mauerwerk in Kapitel 5.9 beschrieben.

5 Mauerwerksbau H.-J. Krems

Der Mauerwerksbau hat eine vieltausendjährige Tradition und ist eine der ältesten Formen menschlicher Bautätigkeit. Der Stein kommt in der Natur häufig vor und konnte daher unmittelbar als Baustoff verwendet werden. So wurden zunächst durch Aufschichten der Steine, ohne Mörtel, Trockenmauern hergestellt. Später lernte man, Steine zu bearbeiten und durch ein Mörtelbett miteinander zu verbinden. Man erreichte somit höhere Festigkeiten und größere Mauerhöhen. Bauwerke, die von dieser Kunst zeugen, sind z. B. die Pyramiden (2550 v. Chr.), der Babylonische Turm (1800–1600 v. Chr.) oder die Chinesische Mauer (220 v. Chr. - ca. 1500 n. Chr.).

Erst sehr viel später war es möglich, durch Brennen von Lehm und Ton künstliche Steine (Ziegel) herzustellen. Der Ziegel wurde von den Römern nach Deutschland gebracht. Er hat ein handliches Format in Quaderform. Mit der Erfindung des Gewölbes erreichte der Mauerwerksbau seine höchste Vollendung, insbesondere zur Zeit der Gotik.

Heute werden andere Materialien (Stahl, Stahl- und Spannbeton) für tragende Deckenkonstruktionen herangezogen. Dennoch verbleibt dem Steinmaterial auf Grund seiner Schönheit, Nützlichkeit und Wirtschaftlichkeit der ursprüngliche Bereich des Mauerwerksbaus.

Im Bereich des Landschaftsbaus sind es vor allem freistehende Sichtschutz- und Futtermauern sowie Treppenanlagen. Hier ist weniger die Festigkeit des Materials gefordert als die architektonische Eingliederung des Bauwerks in den Freiraum.

Dabei spielt der Mauerwerksbau mit natürlichen Steinen eine untergeordnete Rolle, da die Bearbeitung der Steine zu hohe Lohnkosten verursacht.

Erst in unserem Jahrhundert wurde ein neue künstlicher Stein erfunden: der Kalksandstein. Er wird aus Kalk und Sand durch Brennen hergestellt und unter Dampf in Autoklaven erhärtet. Seine Farbe ist weiß. Der Kalksandstein ist heute der billigste Mauerstein, seine Anwendung weit verbreitet.

Daneben gibt es noch künstliche Steine aus Beton oder Hüttensande, deren Anteil insgesamt jedoch gering ist. Ebenso sei auf die Vielfalt der Leichtbausteine hingewiesen, die aus Gründen der Wärmedämmung im Wohnungsbau verwendet werden, im Landschaftsbau aber keine Bedeutung haben.

5.1 Wichtige DIN-Normen und Bestimmungen

DIN 106   Mauerziegel
DIN 105   Kalksandsteine
DIN 398   Hüttensteine
DIN 18152 Vollsteine aus Leichtbeton
DIN 4051   Kanalklinker
DIN 18166 Keramische Spaltplatten
DIN 18505 Leichtziegel, Leichtziegelplatten
– Vorläufige Richtlinien für die Bemessung und Ausführung von schlaff bewehrten Flachstürzen
DIN 18175 Glasbausteine
DIN 1060   Baukalk
DIN 1164   Zement

DIN 4207   Mischbinder
DIN 4211   Putz- und Mauerbinder
DIN 1055   Lastannahmen für Bauten
DIN 1053/1+2 Mauerwerk-Berechnung
     und Ausführung
DIN 1045   Beton- und Stahlbeton
DIN 1050   Stahl im Hochbau
DIN 1052   Holzbauwerke
DIN 1054   Baugrund-zul. Belastung
DIN 4018   Baugrund-Berechnung der
     Sohldruckverteilung unter Flä-
     chengründungen
DIN 4117   Abdichtung von Bauwerken
     gegen Bodenfeuchtigkeit
DIN 18550 Putz-, Baustoffe und Aus-
     führung
DIN 18554 Mauerwerk-Ermittlung der
     Tragfähigkeit von Wänden und
     Pfeilern

5.2   Mauerwerk aus künstlichen Steinen

5.2.1   Mauersteine

Für den Landschaftsbau sind Mauerziegel, Kalksandsteine und Hüttensteine
geeignet (Zusammenfassender Überblick siehe Tab. A 5.2.1/1).

5.2.1.1   Mauerziegel nach DIN 105

1. Ziegelarten
Mauerziegel ist ein Sammelbegriff für
alle Ziegelarten, die entsprechend ihrem Format und Güteeigenschaften für
die Herstellung von Mauern und Wänden verwendet werden. Sie werden aus
Ton, Lehm und tonigen Massen mit
oder ohne Zusatz von Sand, Ziegelmehl, Aschen oder ähnlichen Stoffen
maschinell geformt, getrocknet und bei
800–1200° C gebrannt. Die Branddauer
beträgt ca. 3 Tage.
     Mauerziegel, die nicht frostbeständig
sind, werden Hintermauerungsziegel
genannt. Sie werden für Mauerwerk verwendet, das verblendet, geputzt oder
mit einem anderen Witterungsschutz
versehen wird. Bleibt der Mauerziegel
im Außenbereich sichtbar, so muß er
frostbeständig sein.

Vollziegel: (Mz): Vollziegel ist die Bezeichnung für einen ungelochten Ziegel oder einen Ziegel, dessen Lochanteil bis zu 15% der Lagerfläche beträgt,
um das Ziegelgewicht zu verringern
(Abb. 5.2.1.1/1a–c).

Hochlochziegel: (HLz): Der Hochlochziegel ist senkrecht zur Lagerfläche gelocht. Der Lochanteil beträgt mehr als
15% der Lagerfläche und unterscheidet
sich nach der Lochungsart A oder B
(Abb. 5.2.1.1/1d–h).

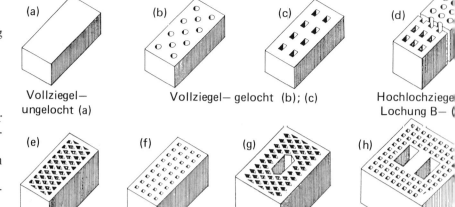

Vollziegel—
ungelocht (a)   Vollziegel– gelocht (b); (c)   Hochlochziege
                                                 Lochung B–

Hochlochziegel –
Lochung A – (e); (f);   Hochlochziegel – Lochung A –
                              mit Griffleisten (g); (h);

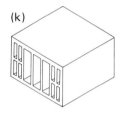

Langlochziegel
mit 1 Lochreihe in den zu
vermörtelnden Flächen

mit 2 Lochreihen in den
zu vermörtelnden Flächen

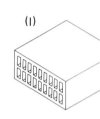

mit Lochreihen, die üb
die ganze Ziegelbreit
vermörtelt werden kön

Abb. 5.2.1.1/1   Beispiele (Auswahl)

Langlochziegel:(LLz): Bei den Langloch-
ziegeln sind die Lochungen gleichlaufend zur Lagerfläche angeordnet (Abb.
5.2.1.1/1i–l [siehe Zeichnung!]).

Vormauerziegel: (VMz; VHLz): Vormauerziegel sind alle frostbeständigen Mauerziegel. Sie sind für Sicht- und Verblendmauerwerk geeignet. Ihre Druckfestigkeit liegt zwischen 12,0 und 28,0 N/
mm², ihre Rohdichten zwischen 1,2 und
1,8 kg/dm³. Die Wasseraufnahme beträgt i. M. 12 Gew.%.

Klinker: (KMz; KHLz): Klinker sind
frostbeständig und werden bis zur Sinterung gebrannt. Sie werden für Mauerwerk verwendet, das starken mechanischen und chemischen Beanspruchungen unterliegt oder statisch hoch
beansprucht wird. Ihre Mindestdruckfestigkeit beträgt 28,0 N/mm². Die
Scherbenrohdichte ist i. M. 1,9 kg/dm³
und die Wasseraufnahme 6%.

Verblender: Verblender ist ein Sammelbegriff für alle Ziegelerzeugnisse, die
sich zum Verkleiden von Wandflächen
eignen. Die Abmessungen sind nicht
genormt. Verblendziegel werden mit
natürlicher Brennhaut geliefert. Durch

mechanische Einwirkungen kann die
Oberfläche genarbt, gesandet oder aufgerauht werden.
     Vormauerziegel und Klinker müssen
den Gütebestimmungen der DIN 105
entsprechen.
     Vormauerziegel weisen einen poren-
reichen Scherben, Klinker einen po-
renarmen, bis zur Sinterung gebrann-
ten Scherben auf. Hieraus ergeben sich
bei diesen Materialien unterschiedliche Scherbenrohdichten und ein un-
terschiedliches Verhalten gegenüber
Feuchtigkeit.
     Vormauerziegel sind in der Lage,
Wasser aufzunehmen, zu speichern und
rasch wieder abzugeben. Sie eignen sich
daher besonders für Sicht- und Ver-
blendflächen von Außenwandkonstruk-
tionen, die weitgehend atmungsfähig
bleiben sollen.
     Klinker nehmen nur wenig Wasser
auf, ihr Saugvermögen ist gering. Sie
eignen sich deshalb besonders für Ver-
blendschalen, bei denen die völlige Ab-
weisung des Regenwassers bereits auf
der äußeren Wandoberfläche beabsich-
tigt ist. Es bedarf dazu einer mängel-
freien Vermauerung und einer fachgerecht hergestellten Luftschicht. Der
Feuchteausgleich erfolgt bei Klinkern

weitgehend über das vermörtelte Fugensystem.

Die Saugfähigkeit der Sichtflächen von Vormauerziegeln und Klinkern ist i. a. niedriger als die der Lagerflächen. Die Ziegelsichtflächen besitzen neben der Brennhaut, die sie mit den Lagerflächen gemeinsam haben, eine Preßhaut, die ihre Kapillarität weiter einschränkt. Vormauerziegel und Verblender werden auch als Hochlochziegel angeboten. Vormauerhochlochziegel (VHLz) müssen auf ihrer in der Fassade sichtbaren Kopf- und Läuferseiten frei von Rissen sein, die über die gesamte Dicke der Außensteppe bis zur ersten Lochreihe durchgehen. Die Ziegellochungen stellen an sich keine Verminderung der Widerstandsfähigkeit gegen Schlagregen dar. Bei unsachgemäßer Vermauerung kann jedoch Regenwasser in die Ziegellochungen absickern.

Vormauerziegel oder Klinker I. Wahl müssen so beschaffen sein, daß je eine Läufer- und Kopfseite frei von Rissen, Kantenbeschädigungen und Deformationen ist, die die Verwendbarkeit der Sichtflächen beeinträchtigen würden. Es empfiehlt sich, bei der Bestellung über die Oberflächenbeschaffenheit und Farbe von Verblendern eindeutig definierte Abmachungen zu treffen. Verblender sind gleichmäßig sortiert aus der Lieferung zu entnehmen, um unbeabsichtigte Farbschwankungen in der Sichtfläche des Mauerwerks zu vermeiden.

2. Eigenschaften

Ziegelrohdichte Unter Ziegelrohdichte versteht man das Gewicht der Raumeinheit des trockenen Ziegels einschließlich aller Hohlräume, d. h. auch beim HLz werden die Lochungen mitgerechnet. Die Angabe erfolgt in kg/dm^3. Je geringer die Rohdichte, umso höher ist die Wärmedämmung; je größer die Rohdichte, um so besser ist der Schallschutz.

Alle Mauerziegelarten – außer Klinker – sind durch die Ziegelrohdichte charakterisiert.

Ziegelrohdichten nach DIN 105:

Nennwerte (kg/dm^3)	Größtwerte (kg/dm^3)
0,6	0,65
0,7	0,75
0,8	0,90
1,0	1,10
1,2	1,30
1,4	1,50
1,6	1,70
1,8	1,90
2,0	2,10

Scherbenrohdichte: Die Scherbenrohdichte ist das Gewicht der Raumeinheit des trockenen Ziegelscherbens, d. h. beim HLz ohne Berücksichtigung der Löcher.

Druckfestigkeit: Die Tragfähigkeit einer Mauer ist i. w. abhängig von der Druckfestigkeit der verwendeten Mauerziegel. Unter Druckfestigkeit versteht man die Bruchspannung = Bruchlast, bezogen auf die Lagerfläche. Die Prüfung der Mauerziegel erfolgt nach einem festgelegten Verfahren an 10 Ziegeln mit Hilfe einer Druckpresse. Der kleinste Einzelwert der Reihe ergibt die Nennfestigkeit, der Mittelwert der Einzelergebnisse die ›Mittlere Druckfestigkeit‹. Die Angaben erfolgen in N/mm^2.

Festigkeitsgruppen nach DIN 105. (N/mm^2)

Nennfestigkeit	mittlere Druckfestigkeit
2,0	2,5
4,0	5,0
6,0	7,5
8,0	10,0
12,0	15,0
20,0	25,0
28,0	35,0

Die Druckfestigkeit ist nur begrenzt von der Ziegelrohdichte abhängig. Es werden auch Hochlochziegel mit den Rohdichten 1,2 und 1,4 kg/dm^3 mit Steinfestigkeiten bis 28,0 N/mm^2 geliefert.

Durch verbesserte Herstellungsverfahren werden bereits mittlere Druckfestigkeiten erzielt, die über 45,0 N/mm^2 liegen. Ziegel dieser Art werden ›Hochfeste Ziegel und Klinker‹ genannt. Beträgt die mittlere Druckfestigkeit 75,0 N/mm^2 und das Wasseraufnahmevermögen maximal 6 Gew.%, so werden sie als Keramikklinker bezeichnet.

Druckfestigkeit (N/mm^2)	Farbmarkierung
4,0	blau
8,0	rot
12,0	– ohne –
20,0	weiß
28,0	braun

Kennzeichnung: Sämtliche Hintermauerungsziegel werden mit einem Werkszeichen versehen, aus dem die Herstellerfirma zu entnehmen ist. Weiterhin muß auf 200 Stück ein Ziegel mit einem mindestens 20 mm breiten Band markiert sein.

3. Bezeichnung

Die Ziegel werden in folgender Reihenfolge bezeichnet:
Ziegelart
Ziegelrohdichte
Druckfestigkeit
Abmessungen in mm (Länge, Breite, Höhe) oder durch Formatzeichen.
Kurzzeichen:

Mz	= Mauerziegel
VMz	= Vormauerziegel
VHLz	= Vormauerhochlochziegel
HLz	= Hochlochziegel
LLz	= Langlochziegel
KMz	= Vollklinker
KHLz	= Hochlochklinker

Beispiel:
Hochlochziegel mit Lochung A; Ziegelrohdichte 1,2 kg/dm^3; Druckfestigkeit 12,0 N/mm^2; Länge × Breite × Höhe = 240 × 115 × 113 mm = 2 DF.
HLz 1,2 / 12,0 / 2 DF DIN 105

4. Ziegelgrößen (Vorzugsgrößen)

Die in der DIN 105 festgelegten Abmessungen der Mauerziegel sind auf die Maßordnung im Hochbau DIN 4172 abgestimmt. In Tabelle 5.2.1.1/1 werden

Tab. 5.2.1.1/1 Ziegelmaße und Format-Kurzzeichen Vollziegel (Mz)

Format-kurzzeichen NF	DF	Abmessungen [cm] L	B	H
–	1	24,0	11,5	5,2
1	–	24,0	11,5	7,1
1½	2	24,0	11,5	11,3

Tab. 5.2.1.1/2 Riemchen u. Spaltklinker

Bezeichnung	Ansichts-fläche [mm]	Einbau-tiefe [mm]
Riemchen	220 × 52	30
	240 × 40	
	240 × 52	40
	240 × 65	52
	250 × 65	62,5
Spaltklinker	240 × 30	
	240 × 40	
	240 × 52	
	240 × 71	
	245 × 60	16–20
	245 × 120	
	250 × 60	
	250 × 120	
	300 × 52	
	300 × 71	

Tab. 5.2.1.1/3 Straßenbauklinker

Format	Kurzzeichen	Maße	Bedarf je m²	
			flach	hochkant
Reichsformat	KMz 25/12/6,5	25×12×6,5	32	52
Oldenburger Format	KMz 22/10,5/5,2	22×10,5×5,2	42	82
Normalformat	KMz 28 NF	24×11,5×7,1	32	48

Tab. 5.2.1.1/4 Benennung und Abmessungen von Kanalklinkern

Benennung	Figur	Abmessung [mm]	geeignet für Radien [m] von – bis
Kanalklinker NF	–	240 × 115 × 71 (52)	–
Kanalkeilklinker A	1	240 × 115 × 67 × 56	0,27–∞
Kanalkeilklinker B	1	240 × 115 × 67 × 46	0,17–12,0
Kanalschachtklinker C	2	240 × 115/77 × 71 (52)	0,37–1,01

die Formate zusammengestellt, die bevorzugt verwendet werden.

5. Riemchen und Spaltklinker
Riemchen und Spaltklinker sind ungenormte Vormauersteine. Spaltklinker sind Doppelriemchen, die vor dem Einbau geteilt werden. Auswahl siehe Tab. 5.2.1.1/2

6. Straßenbauklinker
Straßenbauklinker sind ungelochte Vollziegel. Sie sind gesintert und haben einen gleichförmigen dichten Scherben. Abgesehen von Oberflächenrissen darf der Klinker keine Hohlräume oder Risse aufweisen. Die Ziegelrohdichte beträgt ca. 1,9 kg/dm³, die Wasseraufnahme ca. 8 Gew.%. Formeln siehe Tab. 5.2.1.1/3

7. Kanalklinker (DIN 4051)
Kanalklinker sind weitgehend gesintert und säurebeständig. Sie sollen frei von Blätterungen, Hohlräumen und durchgehenden Rissen sein. Die Ziegelrohdichte beträgt ca. 1,8 kg/dm³, die Druckfestigkeit ist mindestens 28 N/mm². Benennung und Abmessungen siehe Tab. 5.2.1.1/4.

Kurzbezeichnungen: (Beispiele)
Kanalklinker NF DIN 4051
Kanalkeilklinker B 240 × 115 DIN 4051
Bei den Kanalkeilklinkern laufen die Stoßfugen konisch zu und haben eine Breite von 0,5 bis 2,0 cm.

5.2.1.2 Kalksandsteine nach DIN 106

Kalksandsteine sind Mauersteine aus Kalk und überwiegend kieselsäurehaltigen Zuschlagstoffen, die nach innigem Mischen durch Pressen oder Rütteln verdichtet, geformt und unter Dampfdruck gehärtet werden.

Ebenso wie beim Mauerziegel werden nicht frostbeständige Steine für die Hintermauerung sowie frostbeständige für das Sicht- und Verblendmauerwerk hergestellt.

Kalksand-Vollstein (KSV)
KS-Vollsteine ist die Bezeichnung für einen KS-Stein, dessen Querschnitt entweder ungelocht oder durch eine Lochung senkrecht zur Lagerfläche bis zu 25% gemindert wird. Im Gegensatz zum Mauerziegel sind die Löcher i. a. an der Oberseite geschlossen (Abb. 5.2.1.2/1a).

Kalksand-Lochsteine (KSL)
KS-Lochsteine sind fünfseitig geschlossene Mauersteine mit Lochungen senk-

recht zur Lagerfläche. Die Löcher sind in mindestens 3 Reihen über die Lagerfläche gleichmäßig verteilt und gegeneinander versetzt. Die Dicke der Abdeckung ist = 5 mm (Abb. 5.2.1.2/1b+c).

Kalksand-Hohlblockstein (KSHbl)
KS-Hohlblocksteine sind großformatige, fünfseitig geschlossene Mauersteine mit Hohlräumen senkrecht zur Lagerfläche. Bei einer Steinbreite von 300 mm sind diese in mindestens 5 Reihen angeordnet.

Kalksand-Vormauerstein (KSVm; KSVmL)
KS-Vormauersteine sind Kalksandsteine mit einer Mindestdruckfestigkeit von 12,0 N/mm². Sie sind frostbeständig und für Sichtmauerwerk im Außenbereich geeignet.

Kalksand-Verblender (KSVb; KSVbl)
KS-Verblender haben eine Mindestdruckfestigkeit von 20,0 N/mm² und gegenüber dem Vormauerstein eine erhöhte Frostbeständigkeit. Sie werden aus besonders ausgewählten Rohstoffen hergestellt.

Kurzbezeichnung (Beispiel):
KSV 1,8 / 12 NF DIN 106

5.2.1.3 Hüttensteine nach DIN 398

Hüttensteine sind Mauersteine, die aus Hochofenschlacke (i. a. granuliert als Hüttensand), sowie Zement nach DIN 1164 oder andere genormte hydraulische Bindemittel, auch Kalk nach DIN 1060 hergestellt werden. Sie werden nach innigem Mischen der Ausgangsstoffe geformt, durch Pressen oder Rütteln verdichtet und an der Luft, unter Dampf oder in kohlensäurehaltigen Ab-

Abb. 5.2.1.2/1 Beispiele (Auswahl)

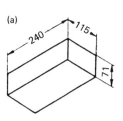

(a)
KS– Vollstein (ungelocht)
(a)

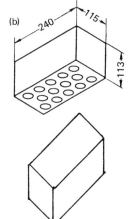

KS–Lochstein (b)

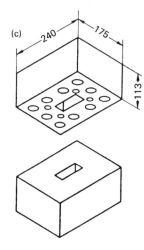

KS–Lochstein (mit Griffleiste) (c)

Tab. 5.2.1.3/1   Hüttensteine nach DIN 398

Benennung	Kennzeichnung	Druckfestigkeit in N/mm		Frostbeständigkeit	Farbzeichen
		Mittelwert	Einzelwert		
Hüttensteine	HS 6	7,5	6	nein	rot
	HS 12	15	12	ja*	schwarz
	HS 20	25	20	ja*	weiß
	HS 28	35	28	ja*	braun

* Bei Ausführung als Vormauersteine (z. B. VHSV).

gasen gehärtet. Ebenso wie beim Kalksandstein gibt es:
Hütten-Vollsteine (HSV)
Hütten-Lochsteine (HSL)
Hütten-Hohlblocksteine (HHbL)
Hütten-Vormauervollsteine (VHSV)
Hütten-Vormauerlochsteine (VHSL)
Benennung und Kennzeichnung siehe Tab. 5.2.1.3/ 1.

5.2.2   Mauermörtel

Mauermörtel ist ein Gemisch aus Bindemittel, Zuschlag und Wasser, ggf. Zusatzstoffen und Zusatzmitteln. In der DIN 1053 wird der Mauermörtel in die Mörtelgruppen I, II, IIa und III aufgeteilt.

Mörtel muß als Frischmörtel geschmeidig und gut verarbeitbar sein. Er muß also eine gute Kohäsion besitzen und darf nicht zur Wasserabsonderung neigen. Nach seiner Erhärtung als Festmörtel muß er dauerhaft sein und eine seiner Einstufung entsprechende Festigkeit aufweisen. Weiterhin muß er zwar einen wirksamen Schutz gegen Feuchtigkeit bilden aber dampfdurchlässig bleiben.

5.2.2.1   Bindemittel

Es dürfen nur solche Baustoffe verwendet werden, die den Normen entsprechen oder besondere Zulassungen haben.

a) Luftkalke
Erhärten durch Kohlensäureaufnahme an der Luft, nicht unter Wasser. Dem Ausgangsgestein nach wird unterschieden:
  Weißkalk,
  Dolomitkalk.

b) Hydraulisch erhärtende Kalke
Werden an der Luft wesentlich fester als Luftkalke. Sie erhärten auch unter Wasser, müssen aber vorher mehrere Tage an der Luft mit dem Erhärten begonnen haben. Es wird unterschieden und gekennzeichnet:

Wasserkalk mit I Strich auf dem Sack,
Hydraulischer Kalk mit II Strich auf dem Sack,
Hochhydraulischer Kalk mit III Strich auf dem Sack,
Romankalk mit III Strich auf dem Sack.

Letzterer erstarrt in einem Zeitraum von 30 bis 60 Minuten.

Handelsbezeichnungen und Mindestfestigkeiten sind Tab. 5.2.2.1/2 zu entnehmen.

Die Handelsbezeichnung bei Weiß- und Dolomitkalk ergibt sich aus dem Zusammenziehen der Benennungsspalten, z.B.: Weißkalkhydrat, Feingem. Dolomitbranntkalk. Bei den Wasserkalken gelten die Bezeichnungen in der senkrechten Spalte.

Die Säcke enthalten 40 und 50 kg. Der Sackaufdruck gibt Verarbeitungsvorschrift, Mörtelliegefrist (vor Arbeitsbeginn) und Höchstverarbeitungszeit an. Sackinhalte bei Löschkalk sollen zunächst trocken mit Zuschlag, später naß gemischt werden. Säcke sind vor Feuchtigkeit zu schützen!

Alle Kalke erfordern, auch Kalkhydrat, eine Zeit zum Quellen, bevor sie verarbeitet werden dürfen. Diese unterschiedliche Liegefrist ist auf dem Sack aufgedruckt. Sie erfordert klare Arbeitsvorbereitungen auf der Baustelle (z.B. bei Arbeitsschluß für den nächsten Tag ansetzen!).

Normzemente nach DIN 1164
Zementzusammensetzung, Festigkeitsklassen, Kurzbezeichnungen, Kennfarben, Handelsformen und nicht genormte Zemente siehe Kap. Betonbau. Wegen der schnellen anfänglichen Erhärtung müssen Zemente innerhalb 1 Stunde nach dem Anmachen verarbeitet sein. Hochwertige Zemente erreichen die Mindestfestigkeit der Zementgüteklasse früher, die Normfestigkeit wird bei allen einheitlich erreicht.

Bei der Lagerung von Zement sind folgende Grundsätze zu beachten:
Trocken stapeln, höchstens 10 Sack aufeinander, Nachlieferung auf neuen Stapel legen, nicht ohne Bretterunter-

Tab. 5.2.2.1/1   Baukalke nach DIN 1060

Handelsformen		
Handelsform	Kalkarten	
Stückkalk	Branntkalk	lose in Stücken
feingemahlener Branntkalk		in Säcken
Kalkhydrat	Löschkalk	trockengelöscht in Säcken
Kalkbrei, -teig		naßgelöschter, eingesumpfter Kalk

Tab. 5.2.2.1/2   Handelbezeichnungen und Mindestfestigkeiten von Baukalken

	Branntkalk		Löschkalk		Mindestfestigkeit	
	Stückkalk	Feingem. Branntk.	Kalkhydrat	Kalkbrei	in N/mm² nach DIN 1060	
					Druck	Biegezug
Weißkalk	+	+	+	+	–	–
Dolomitkalk	+	+	+	–	–	–
Wasserkalk	+	+	+	–	1,0	–
Hydr. Kalk HK 2,0	–	–	+	–	2,0	
Hochhydr. KalkHK 5,0	–	–	+	–	5,0	≥ 1,0
Romankalk	–	–	+	–	5,0	≥ 1,0

Tab. 5.2.2.1/3 Mörtelmindestfestigkeit für Binder

Binderart			Mindestfestigkeit in N/mm²	
			nach 7	nach 28 Tagen
Mischbinder MB 15		Biegezug	1,5	3,5
		Druck	7,5	15,0
Anhydritbinder Ab 12	ungemagert	Biegezug	1,0	2,5
		Druck	4,0	12,5
	1:3	Biegezug	0,4	1,0
		Druck	1,0	3,0

lage stapeln, nicht gegen Wände lagern, Luftfeuchtigkeit beachten.

Lagerfähigkeit des Zements:
Z 25 und Z 35 höchstens 2 Monate,
Z 45 und Z 55 höchstens 1 Monat.
Keine verhärteten Sackinhalte verarbeiten. Festigkeitsverluste nach 3 Monaten 10 bis 20%, nach 6 Monaten 20 bis 30%.

Gewährleistungsbestimmungen für Zementlieferungen (Auszug)
Die Gewährleistung entfällt, wenn

a) der Käufer bei der Anlieferung vor der Verarbeitung eine Prüfung auf Erstarrungsbeginn und Raumbeständigkeit unterlassen hat,
b) der Käufer keinen Herkunftsnachweis führen kann,
c) eine unsachgemäße oder zu lange Lagerung stattgefunden hat.

Mischbinder nach DIN 4207
siehe Kap. Betonbau. Mörtelfestigkeit siehe Tab. 5.2.2.1/3

Anhydritbinder AB 12/3,0 (DIN 4208)
Anhydritbinder ist ein nichthydraulisches Bindemittel aus wasserfreiem Kalziumsulfat und Anregern. Sie dürfen nicht mit Zement gemischt werden. Die Verarbeitung ist erst über 50 cm über dem Erdboden zulässig. A-Binder gehören zur Mörtelgruppe I. Die Lagerungsdauer beträgt höchstens 3 Monate. Mörtelfestigkeit siehe Tab. 5.2.2.1/3.

Bindemittel und Mörteleigenschaften
Es gibt an der Luft und unter Wasser erhärtende Bindemittel. Dementsprechend Luft- und Wassermörtel.

5.2.2.2 Sand

Alle Mörtel, die mit Zement oder Kalk hergestellt werden, enthalten Sand als Zuschlag. Sand reduziert das Schwinden und verringert die Herstellungskosten. Um eine hohe Festigkeit zu erzielen, muß er mineralischen Ursprungs und gemischtkörnig sein. Der Anteil abschlämmbarer Bestandteile (Korn $\varnothing \leq$

0.063 mm) soll = 4 Gew.% nicht überschreiten. Ebenso sind Stoffe organischen Ursprungs unerwünscht.

Gut verarbeiten lassen sich i.a. Mörtel mit rundkörnigem Flußsand, sofern ein ausreichender Anteil an Feinstkorn vorhanden ist. Geeignet sind auch Grubensande ohne tonige Beimengungen. Bei Verwendung von Schlackensanden ist darauf zu achten, daß sie keine mörtelschädigenden Bestandteile enthalten (z.B. freier Schwefel).

Das Größtkorn ist abhängig von der Mauer- und Fugendicke.

Einen gut zu verarbeitenden Mauermörtel erhält man, wenn der Sand folgenden Aufbau hat:

Korngruppe	Anteil
* 0-0,2 mm	10-20%
0,2-1 mm	30-40%
1 -3 mm	40-60%

* bezogen auf Rundlochsiebe

Für Fugmörtel wird i.a. ein gemischtkörniger Sand in einem Zuschlaggemenge 0-2,0 mm verwendet.

5.2.2.3 Mörtelzusätze

Zusatzstoffe sind fein aufgeteilte Zusätze, die die Mörteleigenschaften beeinflussen und im Gegensatz zu den Zusatzmitteln in größeren Mengen zugegeben werden. Sie dürfen das Erhärten des Bindemittels, die Festigkeit und die Beständigkeit des Mörtels nicht beeinträchtigen.

Farbzusätze werden i.a. nur beim Fugmörtel verwendet. Der Farbzusatz

Tab. 5.2.2.1/4 Übersicht

Bindemittel	DIN	Handelsbezeichnung	Erhärtungsweise	Mörtelbeschaffenheit
Baukalke	1060	Weißkalk	an der Luft	geringe Festigkeit, elastisch, Verdunstung schnell, stark saugfähig, lange verarbeitungsfähig
		Dolomitkalk		
		Wasserkalk	an der Luft, später auch hydraulisch	mäßige Festigkeit, elastisch, saugfähig, lange verarbeitungsfähig
		Hydr. Kalk		höhere Festigkeit, elastisch, Saugfähigkeit gering, Verarbeitungsfrist beschränkt
		hochhdy. Kalk		
		Romankalk		
Zemente	1164	Portlandzement	hydraulisch	sehr fest, gute Anfangserhärtung, wenig elastisch, schwach saugfähig, begrenzte Verarbeitungsfrist
		Eisenportlandzement		
		Hochofenzement		
		Traßzement		

soll möglichst gering gehalten werden, da er sich nachteilig auf die Dichtigkeit und Festigkeit des Mörtels auswirkt. Ein gefärbter Mörtel neigt weiterhin zu Schwindrißbildung. Die meisten »zement- und kalkechten« Farbstoffe sind künstlich hergestellte Mineralstoffe.

Farbe	Farbstoff
weiß	Titandioxyd, Titanweiß
gelb	Eisenoxydgelb
rot	Eisenoxydrot
blau	Kobaltblau
grün	Chromoxydgrün
braun	Eisenoxydbraun
schwarz	Eisenoxydschwarz

Zusatzmittel sollen die Eigenschaften des Frisch- bzw. Festmörtels verbessern. Hierzu gehören z. B. luftporenbildende Mittel, Verflüssiger, Dichtungsmittel, Erstarrungsbeschleuniger sowie Mittel, die die Haftung zwischen Mörtel und Stein günstig beeinflussen. Zusatzmittel bedürfen eines Prüfzeichens.

5.2.2.4 Mörtelherstellung

Zur Erzielung eines gleichmäßigen Mörtels ist die genaue Zugabe der Mörtelbestandteile sehr wichtig. Aus diesem Grunde ist für die Herstellung der

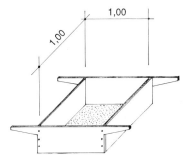

Abb. 5.2.2.4/1 Meßgefäß

Mörtelgruppen II, IIa und III die Verwendung von Waagen oder Zumeßbehälter vorgeschrieben. Im Gegensatz zur Betonherstellung ist die Zugabe nach Raumteilen erlaubt, es wird jedoch empfohlen, eine gewichtsmäßige Dosierung vorzunehmen.

Mörtel soll grundsätzlich nur maschinell in einem Zwangs- oder Freifallmischer gemischt werden, da nur gut und ausreichend lang gemischte Mörtel sich leicht verarbeiten lassen und Fehlstellen verhindern.

Zu empfehlen ist folgender Mischgang: Zunächst wird die Hälfte der erforderlichen Wassermenge in die Maschine gegeben. Danach die halbe Sandmenge. Nach gründlicher Durchmischung werden das Bindemittel und die restliche Sandmenge hinzugefügt. Erst nach weiterem Mischen und Steifwerden der Masse wird der Rest des Anmachwassers beigegeben. Der Misch-

vorgang soll noch mindestens 3 Minuten dauern, wenn die Gesamtmenge eingegeben ist. Als Gesamtmischdauer sind 4–5 Minuten empfehlenswert.

Bei der Herstellung des Mörtels ist zu beachten, daß nur soviel zubereitet wird, wie bis zum Erstarrungsbeginn verarbeitet werden kann. Ein bereits erstarrter Mörtel sollte nicht durch erneute Wasserzugabe »aufbereitet« werden, da er an Festigkeit und Dichtigkeit verliert.

Für untergeordnete Mauerbereiche ist bei kleinen Mengen eine Handmischung gestattet.

Das trockene Mischgut wird umgeschaufelt, danach Wasser zugegeben und nochmals ausgiebig durchgemischt.

Faustzahlen für Gefäßgrößen
1 Eimer = 10 l
1 Schubkarre = 25 l

Verwendung von Meßgefäßen (s. Abb. 5.2.2.4/1): Kasten hat keinen Boden. Lichte Weite $1,0 \times 1,0$ m = 1 m².

Inhalt:
je 10 cm Einfüllhöhe = 0,1 m³ = 100 l
je 1 cm Einfüllhöhe = 0,01 m³ = 10 l

Sinngemäß bei anderen Gefäßen Einfüllhöhen auf der Baustelle angeben. Mörtelkisten und Tonnen ausmessen und Baustellenkräfte genau anweisen. Bei der Mörtelherstellung wird der erforderliche Sandanteil möglichst dem Inhalt eines Bindemittelsackes beigemessen.

Tab. 5.2.2.4/1

Mörtel		Kurz-zei-chen	Misch. verh. in Rt.	Vorgeschriebene Raumteile					
				Zement	Luft- + Wasserkalk		Hydr.	Hochhydr.	Sand* (Natursand)
gruppe	art				Kalkteig	Kalkhydrat	Kalk	Kalk Romankalk	
I	Luft- + Wasser-Kalkmörtel	Km	1:4	–	1	–	–	–	4
			1:3	–	–	1	–	–	3
	Hydr. Kalkmörtel	HKm	1:3	–	–	–	1	–	3
	Hochhydr. Kalkm.	HhKm	1:4,5	–	–	–	–	1	4,5
II	Kalkzementmörtel	Kzm	1:1,5:8	1	1,5	–	–	–	8
			1:2:8	1	–	2	–	–	8
	Hochhydr. Kalkm.	HhKm	1:3	–	–	–	–	1	3
IIa	Kalkzementm.	Kzm	1:1:6	1	–	1	–	–	6
			1:2:8	1	–	–	–	2	8
III**	Zementmörtel	Zm	1:4	1	–	–	–	–	4

*: Sand im lagerfeuchten Zustand
**: Bei Verwendung von Zusätzen darf der Zementgehalt nicht verringert werden

Tab. 5.2.2.4/2 Mörtelmischungen, Anteil und Gemengemengen für jeweils 1 Sack Bindemittel

Kurz-zeichen		MV. in RT.	Mischung enthält 1 Sack								
			Kalkhydrat		Hydr. Kalk		Hochhydr. Kalk		Zement		Sand (Zuschlag)	
			kg	l	kg	l	kg	l	kg	l	kg	l
I	Km	1:3	40	80	–	–	–	–	–	–	312	240
	Hkm	1:3	–	–	50	65	–	–	–	–	254	195
	Hhkm	1:4,5	–	–	–	–	50	50	–	–	293	225
II	Kzm	1:2:8	40	80	–	–	–	–	50	40	416	320
	Hhkm	1:3	–	–	–	–	50	50	–	–	195	150
IIa	Kzm	1:1:6	20	40	–	–	–	–	50	40	312	240
	Kzm	1:2:8	–	–	–	–	80	80	50	40	416	320
III	Zm	1:4	–	–	–	–	–	–	50	40	208	160

Tab. 5.2.2.4/3 Anwendungsbereiche der Mörtelgruppen (Auszug)

Verwen-dungsart	Mörtelgruppe	vorgeschr. Druckfestigk. [N/mm²]		Bemerkung
		Einzelwert	Mittelwert	
Mauermörtel	I	keine	keine	–
	II	$\geq 2,0$	$\geq 2,5$	–
	IIa	$\geq 4,0$	$\geq 5,0$	
	III	$\geq 8,0$	$\geq 10,0$	für bewehrtes Mauerwerk

Berechnung der Mengenanteile (Beispiel)
Es soll hergestellt werden Zm in 1:4 Rt.
1 Rt Zement = 50 kg

$$\text{Sackinhalt in l} = \frac{\text{Sackinhalt in kg}}{\text{Zementgewicht in kg/l}}$$

1,2 kg Zement = 1 l
50 : 1,2 = rd. 40 l
4 Rt Sand = 40 l × 4 = 160 l
1 l Sand = 1,3 kg
160 l × 1,3 kg = 208 kg

Mörtelmischungsmengen
Durch Volumenverluste verringern sich beim Mischen die trocken eingebrachten Bestandteile auf etwa 64% der Rt. Hinweise auf Mischungsmengen und Anwendungsbereiche geben die Tabellen 5.2.2.4/1–3.

5.2.2.5 Werkmörtel

Werkmörtel ist ein von einem Mörtelwerk gemischter Fertigmörtel, der in 3 verschiedenen Arten angeliefert wird.

Naßmörtel (Vormörtel)
Beim Naßmörtel handelt es sich um eine Mischung aus Sand und nicht hydraulisch erhärtenden Bindemitteln. (Kalk nach DIN 1060) Er entspricht der MG. I. Zur Verarbeitung wird diesem Gemisch auf der Baustelle Wasser zugegeben, bis die erforderliche Konsistenz erreicht ist. Wird Naßmörtel nicht als MG. I verwendet, so wird durch nachträgliches Untermischen von Zement die MG II bzw. IIa erreicht. Die erforderliche Bindemittelart und -menge ist auf dem Lieferschein der Vormörtellieferung angegeben.

Zuschläge und Zusätze dürfen auf der Baustelle nicht mehr zugegeben werden, da diese bei der Eignungsprüfung im Herstellerwerk nicht erfaßt wurden.

Naßmörtel ist im angelieferten Zustand längere Zeit lagerfähig, sofern er gegen Schlagregen und starke Sonneneinstrahlung geschützt wird. Er läßt sich auch ohne Zugabe von Zusatzmitteln gut verarbeiten und ist auf der Baustelle gut zu dosieren.

Trockenmörtel
Der Trockenmörtel ist ein Gemisch von ofentrockenen Zuschlägen mit Bindemittel und evtl. Zusätzen. Die Mischung ist auf Grund einer Eignungsprüfung zusammengestellt. Vor der Verarbeitung muß dem Mörtel Wasser, entsprechend der Angabe des Herstellers, zugegeben werden. Der Mörtel wird als Sackware gehandelt oder als lose Ware in Säcken geliefert.

Trockenmörtel lassen sich problemlos einfärben und sind auch für spezielle Aufgaben herstellbar. So gibt es z. B. einen Sondermörtel für Verblendmauerwerk (Vormauermörtel), der das Vermauern und Verfugen in einem Arbeitsgang möglich macht.

Untersagt ist eine nachträgliche Zugabe von Zuschlägen oder Zusätzen, da dadurch das durch die Eignungsprüfung vorgegebene Rezept verfälscht wird.

Kellenfertiger Mörtel
Der kellenfertige Mörtel wird sofort verwendbar auf die Baustelle geliefert. Er wird im Werk so zusammengestellt und mit entsprechenden Zusatzmitteln gemischt, daß er im Mörtelgefäß des Maurers über ca. 36 Stunden (2 Arbeitsschichten) verarbeitungsfähig bleibt.

Der besondere Mischungsaufbau bewirkt, daß der verzögerte Erstarrungsbeginn nur bei der Lagerung im Mörtelfaß wirksam ist. Der in der Fuge verarbeitete Mörtel erstarrt und erhärtet auf Grund seines veränderten Wasserhaushaltes wie jeder andere Mörtel. Kellenfertiger Mörtel wird in allen 4 Festigkeitsgruppen als Mauermörtel geliefert. Als Vormauermörtel im Verblendmauerwerk ist er nicht geeignet.

5.2.3 Mauerkonstruktionen

Bei den Mauerkonstruktionen unterscheidet man ein- und zweischaliges Mauerwerk.

5.2.3.1 Einschaliges Mauerwerk

Beim einschaligen Mauerwerk werden die in der Sichtfläche liegenden Verblender im regelrechten Verband mit den Mauersteinen des inneren Mauerbereichs vermauert. In diesem Fall übernimmt der gesamte Mauerquerschnitt die Abtragung der Lasten. Die Dicke der freistehenden Mauer ist i. w. von der seitlichen Beanspruchung (Wind) und den Vertikallasten abhängig. Bleibt die Wand unverputzt, so sind Vormauersteine oder Klinker zu verwenden. Soll eine hohe Widerstandsfähigkeit gegen Schlagregen erzielt werden, so reicht ein 24 cm dickes Mauerwerk nicht aus. Als Mindestdicke sind 30 cm vorzusehen. Bei Verwendung von Hintermauerungsziegeln im Wandinnern ist darauf zu achten, daß beide Steinarten gleiches spezifisches Wasseransaugvermögen, gleiche Kapillarleitfähigkeit und Festigkeit haben. Als regelrechte Mauerverbände bieten sich der Block- und Kreuzverband an.

5.2.3.2 Zweischaliges Mauerwerk

Beim zweischaligen Mauerwerk ohne Luftschicht steht die äußere Verblendschale unmittelbar vor der tragenden Wandkonstruktion. Zwischen beiden Wandschalen soll eine satte Vermörtelung verhindern, daß bei Schlagregen aufgenommene Regenfeuchtigkeit in die innere Wandschale eindringt. Diese Schalenfuge soll 2 cm dick sein und ist beim Hochmauern schichtweise zu vergießen. Das Durchstecken von Bindersteinen ist unzweckmäßig, da hierdurch die Mörtelscheibe zwischen Innen- und Außenschale unterbrochen wird und Feuchtigkeit in die Hintermauerung dringen kann. Es ist jedoch gemäß DIN 1053 erforderlich, die unbelastete Verblendschale mit mindestens 3 Drahtankern pro Quadratmeter aus nichtrostendem Stahl nach DIN 1744 – ⌀ 3 mm – zu verankern.

5.2.3.3 Rohbaurichtmaße

Die Rohbau-Richtmaße sind in der DIN 4172 »Maßordnung im Hochbau« festgelegt. Die Maße sind auf die Einheiten »Meter« (m) und »Achtelmeter« (am) ausgerichtet, so daß 1 am = 12,5 cm entspricht.

Die Abmessungen der Mauersteine sind so gewählt, daß sie in Verbindung mit der Mauerfuge sich dieser Maßordnung anpassen. Die waagerecht liegenden Fugen werden Lagerfugen, die senkrecht stehenden Stoßfugen genannt. Man rechnet für Lagerfugen i.d.R. 12 mm, für Stoßfugen 10 mm Dicke. Schichtbezeichnungen siehe Abb. 5.2.3.3/1.

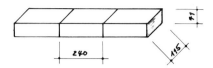

Läuferschicht

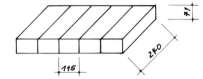

Binderschicht

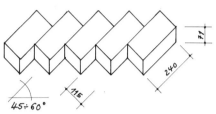

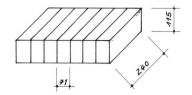

Rollschicht

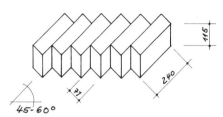

Schränkschicht (Schwalbenschwanz-mauerung)

Stromschicht (Schwalbenschwanz-mauerung)

Abb. 5.2.3.3/1   Schichtbezeichnungen

Tab. 5.2.3.3/1   Vorzugsmaße

Benennung	Kennzeichnung	Maße in mm			Bem.
		Länge	Breite	Höhe	
Dünnformat	DF	240	115	52	
Normalformat	NF	240	115	71	
1 ½ Normalformat	1 ½ NF	240	115	113	= 2 DF
2 ¼ Normalformat	2 ¼ NF	240	175	113	= 3 DF

Tab. 5.2.3.3/2

Abb.	Mauerdicke [cm]	Steinformat	Steingröße [mm]
1	5,2	1 DF	240 × 115 × 52
2	7,1	1 NF	240 × 115 × 71
3a	11,5	1 DF	240 × 115 × 52
3b		1 NF	240 × 115 × 71
3c		2 DF = 1 ½ NF	240 × 115 × 113
4	17,5	3 DF = 2 ¼ NF	240 × 175 × 113
5a	24,0	1 DF	240 × 115 × 52
5b		1 NF	240 × 115 × 71
5c		2 DF = 1 ½ NF	240 × 115 × 113
5d		3 DF = 2 ¼ NF	240 × 175 × 113
6	30,0	2 DF = 1 ½ NF + 3 DF = 2 ¼ NF	240 × 115 × 113 + 240 × 175 × 113
7a	36,5	1 DF	240 × 115 × 52
7b		1 NF	240 × 115 × 71
7c		2 DF = 1 ½ NF	240 × 115 × 113
7d		2 DF = 1 ½ + 3 DF = 2 ¼ NF	240 × 115 × 113 + 240 × 175 × 113
8a	49,0	1 DF	240 × 115 × 52
8b		1 NF	240 × 115 × 71
8c		2 DF = 1 ½ NF	240 × 115 × 113

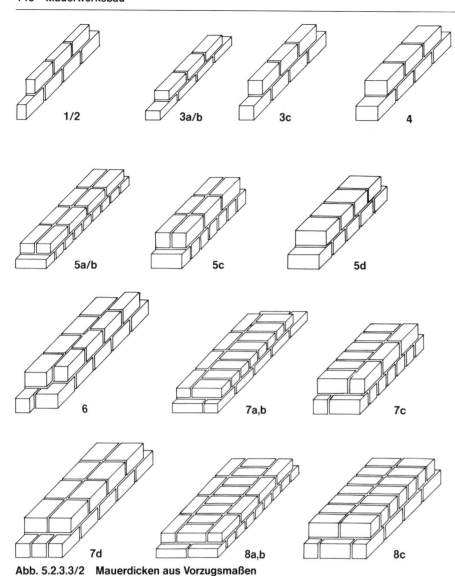

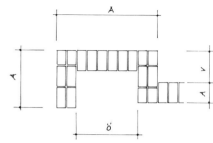

	Baurichtmaß	Nennmaß
A	x · 12,5	x · 12,5 − 1
Ö	x · 12,5	x · 12,5 + 1
V	x · 12,5	x · 12,5

Abb. 5.2.3.3/4 Beziehung zwischen Baurichtmaß und Nennmaß
A = Außenmaß
Ö = Öffnungsmaß
V = Vorsprungsmaß

Abb. 5.2.3.3/2 Mauerdicken aus Vorzugsmaßen

Die Ziegellänge ist so gewählt, daß Steinlänge und Fuge dem Baurichtmaß entsprechen:

24 cm + 1 cm = 25 cm
Steinlänge + Fuge = Baurichtmaß

Die Ziegelbreite berücksichtigt das Mauern mit wechselnden Läufer- und Binderschichten im Blockverband, Kreuzverband oder in den Zierverbänden. Sie ist daher so gewählt, daß zwei Steinbreiten und eine Stoßfuge der Steinlänge entsprechen.
(24 cm − 1 cm) : 2 = 11,5 cm.

Sonderbreiten von 17,5 cm, 24 cm oder 30 cm sind ebenfalls erhältlich und für entsprechende Mauerstärken gedacht. Vorzugsmaße siehe Tab. 5.2.3.3/1. Die Mauerdicken aus diesen Vorzugsmaßen zeigen Abb. u. Tab. 5.2.3.3/2.

Die Ziegelhöhe ist bei den unterschiedlichen Formaten auf 1,00 m ausgerichtet. Nur bei einer Steinhöhe von 17,5 cm ist ein Ausgleich mit einem 5,2 cm hohen Stein erforderlich (siehe Abb. 5.2.2.3/3).

Neben dem Baurichtmaß unterscheidet man Rohbaumaße, Nennmaße und Ausbaumaße.

Rohbaumaße beziehen sich auf den Rohbau (z. B. Mauerwerksmaße). Nennmaße sind Baurichtmaße abzüglich der Fugen. Ausbaumaße sind für den fertigen Bau gedacht (Stellflächenmaße etc.).

Die Beziehungen zwischen Baurichtmaß und Nennmaß zeigt Abb. 5.2.3.3/4.

5.2.3.4 Mauerverbände, -köpfe und -versätze

Um sicherzustellen, daß Lasten und Kräfte gleichmäßig verteilt werden, müssen Mauern in einem bestimmten

Abb. 5.2.3.3/3 Stein- und Schichthöhen

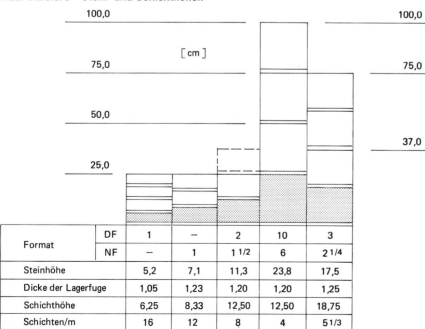

Format		1	—	2	10	3
	DF	1	—	2	10	3
	NF	—	1	1 1/2	6	2 1/4
Steinhöhe		5,2	7,1	11,3	23,8	17,5
Dicke der Lagerfuge		1,05	1,23	1,20	1,20	1,25
Schichthöhe		6,25	8,33	12,50	12,50	18,75
Schichten/m		16	12	8	4	5 1/3

Steinverband erstellt werden, d.h. die einzelnen Steine müssen regelgebunden aneinandergereiht und senkrecht geschichtet werden. Dabei müssen alle Steine auf waagerecht durchlaufenden Fugen fluchtgerecht liegen. Die Stoßfugen übereinander liegender Steine müssen um das Maß ü ≥ 0,4 h = 4,5 cm gegeneinander versetzt sein (Abb. 5.2.3.4/1).

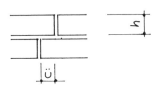

Abb. 5.2.3.4/1 Fugenversatz

I.a. werden die Stoßfugen, je nach Verbandsart, um 1 bis ¹/₂ Steinbreite überdeckt. Man erreicht dies mit Dreiviertelsteinen oder Viertelsteinen bei der Ausführung des Mauerkopfes.

Die Steine einer Schicht sollen gleiche Höhe haben. Liegen mehrere Läuferschichten nebeneinander, so darf die Steinhöhe nicht größer als die Steinbreite sein.

Die Lager- und Stoßfugen sind mit Mörtel voll zu schließen, damit die Steine satt aufliegen und Unebenheiten ausgeglichen werden.

Mauerverbände

Für das tragende, aufgehende Mauerwerk (Hintermauerung) werden in der

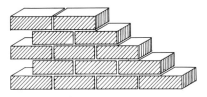

Läuferverband

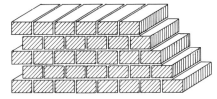

Binderverband

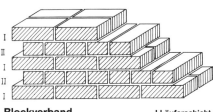

Blockverband

I Läuferschicht
II Binderschicht

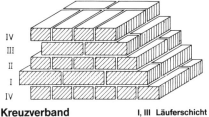

Kreuzverband

I, III Läuferschicht
II, IV Binderschicht

Abb. 5.2.3.4/2 Ziegelmauerwerk – Verbände

Praxis i.a. 4 Verbände ausgeführt, die den Verbandsregeln entsprechen und Druckspannungen entsprechend DIN 1053 verteilen. Es sind der Läufer-, Binder-, Block-, und Kreuzverband.

Im *Läuferverband* (Abb. 5.2.3.4/2) bestehen alle Schichten aus Läufern, die jeweils um ¹/₂ bis ¹/₄ Steinlänge gegeneinander versetzt sind. Der Verband eignet sich für Wanddicken, bei denen die Steinbreite der Wanddicke entspricht.

Im *Binderverband* (Abb. 5.2.3.4/2) bestehen alle Schichten aus Bindern, die jeweils um ¹/₂ Steinbreite gegeneinander versetzt sind. Der Verband ist geeignet, wenn die Steinlänge mit der Wanddicke übereinstimmt.

Im *Blockverband* (Abb. 5.2.3.4/2) wechseln Binder- und Läuferschichten regelmäßig. Die Stoßfugen der Läuferschichten liegen senkrecht übereinander.

Im *Kreuzverband* (Abb. 5.2.3.4/2) wechseln Binder- und Läuferschichten ebenfalls regelmäßig. Die Stoßfugen jeder zweiten Läuferschicht sind aber um eine halbe Steinlänge versetzt.

Für das Verblendmauerwerk sind *Zierverbände* (Abb. 5.2.3.4/3) zugelassen, die vom äußeren Fugenbild ausgehen und keine tragende Funktion haben. Sie werden entweder mit einzelnen Bindern in den dahinter liegenden Mauerkern eingebunden oder als zweischaliges Mauerwerk ausgeführt. In diesem Fall bietet sich ein Läuferverband an.

Bei der Ausbildung von Endverbänden für Mauerköpfe, Ecken, Anschlüs-

Abb. 5.2.3.4/3 Zierverbände Ansichten senkrecht und diagonal betonter Anordnungen

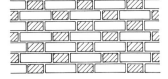 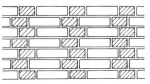 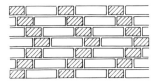 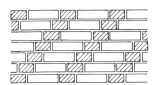

Gotischer Verband (Wechsel von 1 Läufer und 1 Binder)

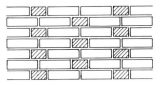 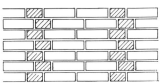 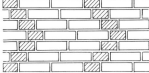 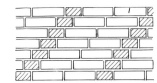

Märkischer Verband (Wechsel von 2 Läufer und 1 Binder)

 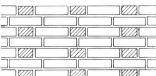 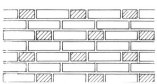 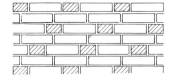

**Flämischer Verband
(Wechsel von unterschiedlichen Schichten)**

Tannenberg-Verband

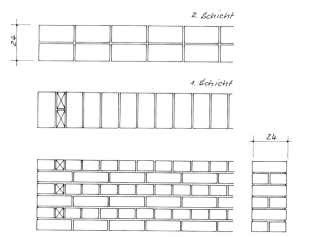

Mauerkopf einer 24er Mauer mit ¼ Steinen

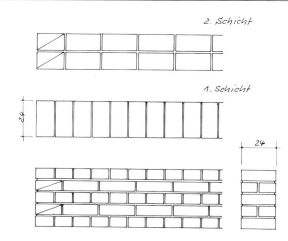

Mauerkopf einer 24er Mauer mit ¾ Steinen

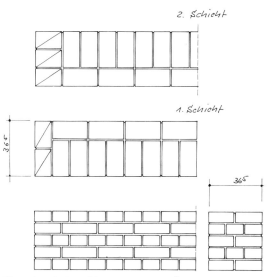

Mauerkopf einer 36,5er Mauer mit ¾ Steinen

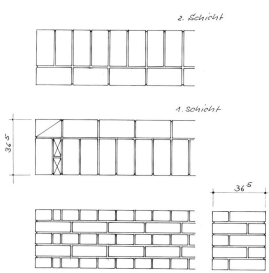

Mauerkopf einer 36,5er Mauer mit ¼ Steinen

a) Vorschläge zur Ausführung von Mauerköpfen

c) Vorschlag zur Ausführung eines Mauerversatzes

b) Vorschlag zur Ausführung einer Mauer-vorlage

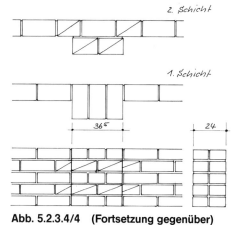

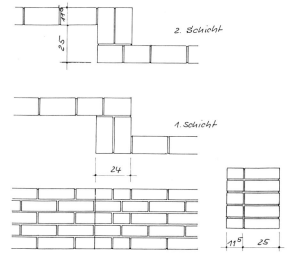

Abb. 5.2.3.4/4   (Fortsetzung gegenüber)

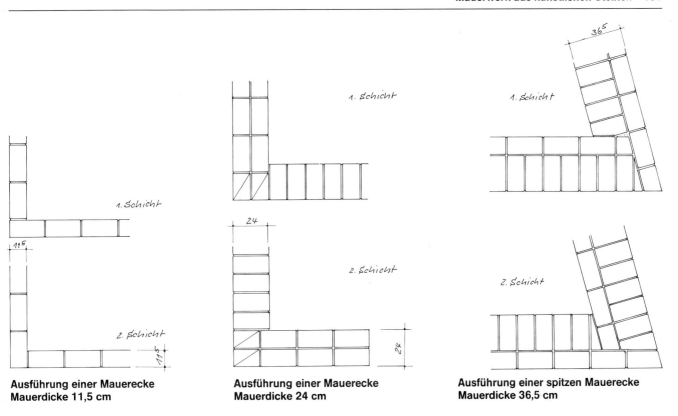

Ausführung einer Mauerecke
Mauerdicke 11,5 cm

Ausführung einer Mauerecke
Mauerdicke 24 cm

Ausführung einer spitzen Mauerecke
Mauerdicke 36,5 cm

d) Vorschläge zur Ausführung von Mauerecken

e) Vorschlag zur Ausführung einer Mauer-
kreuzung

f) Pfeilerverbände

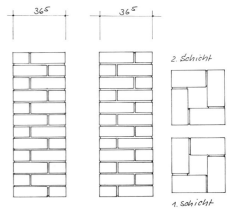

Mauerpfeiler b/d = 36,5/36,5 cm

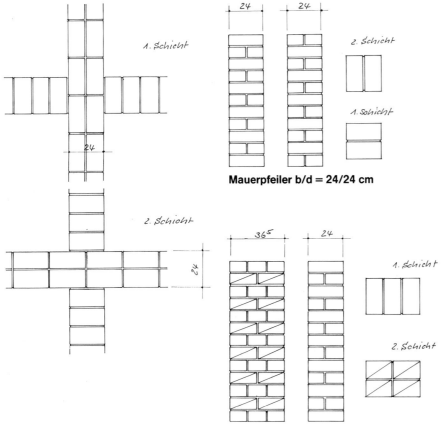

Mauerpfeiler b/d = 24/24 cm

Mauerpfeiler b/d = 36,5/24 cm

se etc. sind folgende Grundsätze zu beachten: Mauerköpfe und Vorsprünge lassen sich unter Zuhilfenahme von Dreiviertel- und/oder Viertelsteinen ausbilden. So läßt sich bei einem Mauerwerk von b = 36,5 cm z.B. der Dreiviertelstein in der Läuferschicht durch einen Viertelstein in der Binderschicht ersetzen. Der Viertelstein darf aber nicht am Mauerkopf liegen. Es muß mindestens ein halber Stein vorgeschaltet werden. Bei Mauerkreuzungen sind die sich kreuzenden Wände so anzulegen, daß sie in gleicher Fugenhöhe unterschiedlich geschichtet sind. (Liegt in der Mauer-1- eine Binderschicht, so hat die Mauer-2- eine Läuferschicht.) An den Kreuzungspunkten wird die Läuferschicht durchgelegt, (evtl. unter Zuhilfenahme von Teilsteinen), während die Binderschicht gegen die Läuferschicht gestoßen wird.

In den nach Abb. 5.2.3.4/4a–f Beispielen werden einige Möglichkeiten aufgezeigt. Diese lassen sich durch viele Varianten ergänzen, zumal bei Mauerenden das Fugenbild die Art der Ausführung bestimmt.

5.2.3.5 Bögen

Bögen und Stürze sind Bauelemente, die zum Überdecken von Maueröffnungen verwendet werden. Sie unterscheiden sich durch die unterschiedliche Art, vertikale Gewichtslasten abzutragen.

Der gemauerte Bogen ist eine technische Entwicklung der Römer. Er hat vor allem im Mittelalter eine große Bedeutung erlangt, so daß sogar Baustile bestimmter Epochen durch die Art der Bogenform charakterisiert sind (z.B. Gotik-Spitzbogen). Mit der Entwicklung neuer Baustoffe und Verbundsysteme wie Stahl, Stahl- und Spannbeton war es möglich, Biegeträger auszuführen, die bei wesentlich kleineren Konstruktionshöhen und geringerem Materialaufwand auch weitgespannte Bögen ersetzen.

Die Bogenform ist so gewählt, daß sich im Mauerwerk senkrecht zur Steinrichtung nur Druckkräfte einstellen. Dies setzt voraus, daß seitlich ein entsprechend schweres und standfestes Mauerwerk als Widerlager vorhanden ist (Abb. 5.2.3.5/1).

Der seitliche Schub am Auflager ist abhängig von der gewählten Stichhöhe. Diese sollte mindestens $^1/_{10}$ der Länge der Maueröffnung betragen. Es ist sinnvoll, die Bogenform der Stützlinie anzupassen. Dies würde bei einer gleichmäßigen Belastung die Form einer quadratischen Parabel sein. In Wirklichkeit sind Bögen komplizierte Tragsysteme (statisch unbestimmte Systeme). Die DIN 1053 – Mauerwerksbau – läßt das

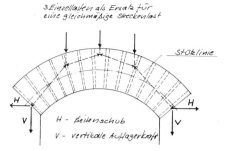

Abb. 5.2.3.5/1

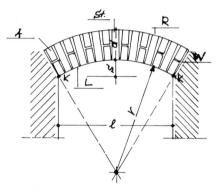

Abb. 5.2.3.5/2 Elemente des Bogens
K = Kämpferpunkt d = Bogendicke
W = Widerlager   St = Schlußstein
R = Rücken   s = Stichhöhe
L = Leibung   l = Spannweite
A = Anfangsstein r = Radius

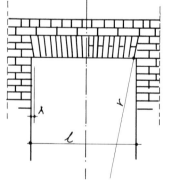

Abb. 5.2.3.5/4 Skizzenhafte Darstellung eines scheitrechten Bogens:
a) mit auskragendem Kämpfer

b) mit angeschlagenem Kämpfer

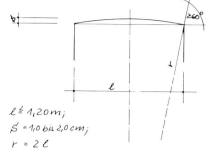

$l \leqq 1,20 \text{ m};$
$s = 1,0 \text{ bis } 2,0 \text{ cm};$
$r = 2 l$

Scheitrechter Bogen

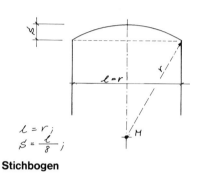

$l = r;$
$s = \dfrac{l}{8};$

Stichbogen

$r \geqq \dfrac{l}{2}$
$s \geqq \dfrac{l}{10} \leqq \dfrac{l}{6}$

Segmentbogen

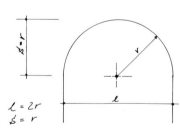

$l = 2r$
$s = r$

Rundbogen

Korbbogen

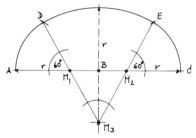

Abb. 5.2.3.5/3 In der Praxis bevorzugte Bogenarten

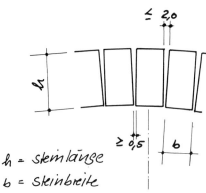

h = steinlänge
b = Steinbreite

Abb. 5.2.3.5/5 Fugendicke bei Bögen

24 cm, so daß die Elemente im Steinverband verlegt werden. Angeboten werden Breiten von 11,5, 17,5 und 24,0 cm. Damit sind beliebige Mauerbreiten möglich. Die Ziegelindustrie bietet auch Winkelelemente an (Abb. 5.2.3.6/2) an, die auseinandergezogen werden. Hier ist an der Sturzunterseite ein Schalbrett erforderlich.

Der Stahlbetonträger ist für den verbleibenden Betonquerschnitt gemäß DIN 1045 zu berechnen und zu bewehren. Es handelt sich hierbei um einen Ortbetonbalken, der auf der Baustelle bewehrt und betoniert wird (Abb. 5.2.3.6/3).

Flachstürze bestehen aus einem vorgefertigten, bewehrten »Zuggurt« und erreichen im Zusammenwirken mit einer »Druckzone« aus Mauerwerk ihre Tragfähigkeit. Der Zuggurt hat einen Stahlbetonkern und eine Schale aus gebranntem Ton, Leichtbeton oder Kalksandstein (Abb. 5.2.3.6/4).

Flachstürze müssen stets an der Unterseite liegen und dürfen nur über eine freie Öffnung von maximal 3,00 m gelegt werden. Mit Breiten von 11,5 cm, 14,5 cm und 17,5 cm können beliebige Mauerbreiten abgefangen werden. Einbaumöglichkeiten siehe Abb. 5.2.3.6/5.

Die Druckzone ist aus Mauerwerk im

Stützlinienverfahren daher nur bei kleinen Stützweiten zu. Bei größeren Stützweiten ist eine Berechnung nach der Elastizitätstheorie erforderlich.

Die Elemente des Bogens und in der Praxis bevorzugte Bogenarten sind in Abb. 5.2.3.5/2 und 3 dargestellt.

Die Tragfähigkeit des Bogens ist neben der Steinfestigkeit wesentlich von der Beschaffenheit der Mörtelfuge abhängig. Es muß stets vollfugig gemauert werden. Weiterhin sind die in der DIN 1053 festgelegten Grenzwerte der Fugendicke einzuhalten. Danach muß die Fuge an der Bogeninnenseite (Leibung) mindestens 0,5 cm dick sein und darf die Fugendicke an der Bogenaußenseite (Rücken) nicht mehr als 2,0 cm betragen (Abb. 5.2.3.5/5).

Die Abhängigkeit zwischen Radius und Stoßfugenbreiten am Bogenrücken und an der Bogenleibung läßt sich durch folgende Gleichung erfassen:

$$\min r = \frac{h \cdot (b + 0,5)}{1,5}$$

(Maße in cm)

5.2.3.6 Stürze

Stürze sind waagerecht liegende Träger, die vorwiegend Tür- und Fensteröffnungen überspannen. Im Gegensatz zu den Bögen erhalten sie unter vertikalen Gewichtslasten Biegezug-, Biegedruck- und Schubspannungen, so daß i. a. Baustoffe wie Holz, Stahl oder Stahlbeton verwendet werden.

Es werden aber von der Ziegel- und Kalksandsteinindustrie Sonderbauteile wie U-Schalen und Flachstürze angeboten, die Schal- und Lohnkosten einsparen und auch im Sturzbereich eine steinartige Ansichtsfläche bieten.

U-Schalen sind Schalungselemente aus Ziegel- oder Kalksandsteinmaterial für Stahlbetonstürze (Abb. 5.2.3.6/1). Alternativ können auch Stahlträger eingelegt werden. Die Schalenhöhe beträgt

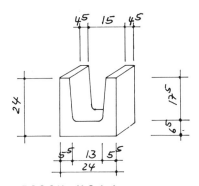

Abb. 5.2.3.6/1 U-Schalen

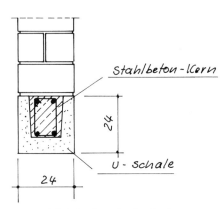

Abb. 5.2.3.6/3 Schnitt durch einen KS-Schalensturz im eingebauten Zustand

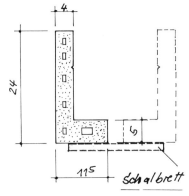

Abb. 5.2.3.6/2 Leichtziegel-Winkelelement

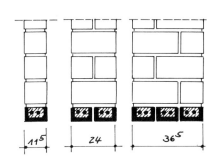

Abb. 5.2.3.6/5 Einbaumöglichkeiten von Flachstürzen

Abb. 5.2.3.6/4 Flachsturz

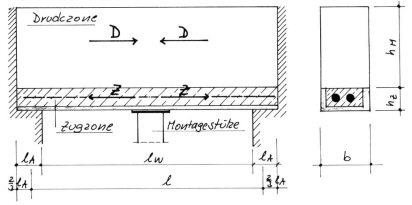

Tab. 5.2.3.6/1   Tragfähigkeit eines Flachsturzes

Sturzbreite Übermauerung cm		Zulässige Belastungen q_{zul} in KN/m bei Stützweiten l								
		1,00	1,25	1,50	1,75	2,00	2,25	2,50	2,75	3,00
11,5	1 Schicht d = 18,6 cm	4,55	2,90	2,02	1,48	1,29	1,02	0,83	0,68	0,57
	2 Schichten d = 32,1 cm	11,80	7,55	5,25	3,85	3,45	2,72	2,20	1,82	1,53
	3 Schichten d = 44,6 cm	21,30	13,70	9,50	6,96	6,26	4,00	3,95	3,32	2,70
	4 Schichten d = 57,1 cm	32,70	21,00	14,50	10,70	9,70	7,66	6,22	5,12	4,31

Verband mit vollständig gefüllten Stoß- und Lagerfugen auszuführen. Es dürfen Voll- und Hochlochziegel –A– nach DIN 105, Kalksandvoll- und Kalksandlochsteine nach DIN 106 und Vollsteine aus Leichtbeton nach DIN 18152 mit einer Druckfestigkeit von mindestens 12 N/mm² (Mz 12) verwendet werden. Hochlochziegel mit versetzten oder diagonal verlaufenden Stegen müssen eine Mindestdruckfestigkeit von 20 N/mm² haben und dürfen keine Griffleisten aufweisen. Der Mauermörtel muß mindestens Mörtelgruppe II entsprechen.

Beim Einbau der Flachstürze sind folgende Montagestützweiten einzuhalten:

Höhe des Sturzes [cm]	Montagestützweite [m]
≦ 6,0	≦ 1,00
> 6,0	≦ 1,25

Die Montageunterstützung muß ca. 7 Tage bleiben, bis die Druckzone eine ausreichende Festigkeit erreicht hat. Flachstürze sind am Auflager in ein Mörtelbett zu verlegen mit einer Mindestauflagerlänge von 11,5 cm. Die Tragfähigkeit ist aus Tab. 5.2.3.6/1 zu entnehmen.

5.2.3.7 Verfugen

Bei Sicht- und Verblendmauerwerk ist neben der Zusammensetzung des Fugmörtels die Tiefe, Gleichmäßigkeit und Lage der Fugenoberfläche sowie die Art des Einbringens von entscheidender Bedeutung. Die Verfugung soll bündig mit der Sichtfläche und wasserabweisend sein. Es sind daher 4 Regeln zu beachten:

1. Das Mauerwerk wird an der Fugseite vor jeder Arbeitspause 2 cm tief ausgekratzt. Die Fugen werden von allen losen Mörtelteilen gesäubert.

2. Verfugarbeiten dürfen nicht bei starker Sonneneinstrahlung, starkem Wind, Regen oder Frost durchgeführt werden.
3. Vor Einbringen des Fugmörtels ist die Maueroberfläche gut anzunässen.
4. Fugmörtel soll stets maschinell gemischt werden. Das vorgeschriebene Mischungsverhältnis ist einzuhalten. Es soll nur soviel Mörtel angemacht werden, wie in 2 Stunden verarbeitet werden kann.
Zum Verfugen dient ein Fugeisen, mit dem der Mörtel kräftig in die ausgekratzte Fuge in 2 Arbeitsgängen eingedrückt wird.
1. Arbeitsgang: erst Stoßfuge, dann Lagerfuge
2. Arbeitsgang: erst Lagerfuge, dann Stoßfuge.
Im letzten Arbeitsgang wird der Mörtel glattgestrichen. Dehnungsfugen, sowie Anschlüsse an Stützen, Fenster etc. sind mit dauerelastischen Kitten zu schließen.
Vor dem Verfugen sind Verunreinigungen auf der Steinfläche zu entfernen. Zunächst werden die groben Verschmutzungen mit Putzwolle, Spatel oder Holzbrettchen beseitigt. Danach soll versucht werden, die feinen Verunreinigungen durch Abbürsten zu entfernen. Gelingt dies nicht, empfiehlt es sich, einen speziellen Zementschleierentferner zu verwenden. Besondere Sorgfalt ist bei Kalksandsteinflächen geboten. Salzsäure- oder Essigsäurelösungen im Verhältnis 1:10 bis 1::20 dürfen nur bei Ziegelmauerwerk angewendet werden. Grundsätzlich sind beim Reinigen mit Lösungen die Ansichtsflächen gut vorzunässen und nachzuspülen. Dies geschieht mit klarem Wasser von unten nach oben.
Kalksandstein-Sichtflächen sind nach dem Verfugen mit einem Witterungsschutz zu versehen. Hierfür stehen spezielle Konservierungsmittel zur Verfügung, die auf Kieselsäure- oder Silikonbasis arbeiten.

Fugmörtel

Unter Berücksichtigung der Witterungsbeständigkeit sind für Fugmörtel nur Mörtel der Gruppen II, IIa und III zu verwenden. Üblicherweise wird bei einer nachträglichen Verfugung Zementmörtel (MG III) verwendet. Das Mischungsverhältnis beträgt ca. Zement:Sand = 1:3. Voraussetzung ist ein ausreichend gemischtkörniger Mörtelsand 0–2 ⌀ mm. Fehlende Feinstanteile sind durch entsprechenden Zusatz von Gesteinsmehlen (Kalkstein-Quarzmehl, Traßpulver) zu ersetzen.

Bei Verwendung von Traß können folgende Mischungsverhältnisse gewählt werden:

Hohlraumgehalt des Sandes	Mischungsverhältnis
> 40%	1 Rt. Portlandzement 1 Rt. Traß 4 Rt. Sand (0–2 ⌀ mm)
< 40%	1 Rt. Portlandzement 1 Rt. Traß 5 Rt. Sand (0–2 ⌀ mm)

5.2.3.8 Putzen

Putz ist ein an den Wänden und Dekken ein- oder mehrlagig in bestimmter Dicke aufgetragener Belag aus Mörtel oder anderen Beschichtungsstoffen, der seine endgültigen Eigenschaften erst durch die Verfestigung am Baukörper erhält. Je nach Eigenschaft der verwendeten Mörtel oder Beschichtungsstoffe übernimmt der Mörtel bestimmte bauphysikalische Aufgaben und dient der Oberflächengestaltung des Bauwerks.

1. Putze mit mineralischen Bindemitteln (Putztyp Anorg).

Die Ausgangsstoffe des Putzmörtels entsprechen denen des Mauermörtels. Für den Außenputz sind i.w. Sande des Korngruppenbereichs 0–4 mm geeignet. Dabei soll der Anteil der Körnung 0–0,25 mm 10 bis 20% betragen. Für den Oberputz sind z. T. Korndurchmesser > 40 mm zweckmäßig. Man unterscheidet 5 Mörtelgruppen (siehe Tabelle 5.2.3.8/1). Die Mörtelgruppen PI, PII und PIII sind für den Außenputz geeignet (Tab. 5.2.3.8/2).

Wird Baustellenmörtel nach den Rezepten der Tab. 5.2.3.8/3 hergestellt, so sind die geforderten Festigkeitsnachweise erfüllt und können für die entsprechenden Putzsysteme verwendet werden. Die Mischungsverhältnisse sind in Raumteilen angegeben. Es ist jedoch eine Zumessung der Mörtelstoffe nach Massenteilen vorzuziehen. Die werksmäßige Zusammensetzung von Werkmörtel ist durch Eignungsprüfung festzulegen. Dabei muß der Mörtel so zusammengesetzt sein, daß er die an das Putzsystem gestellten Forderungen erfüllt. Die Zugabe von Zusätzen ist gestattet, sofern diese nach Art und Menge bei der Eignungsprüfung berücksichtigt werden.

2. Putze mit organischen Bindemitteln (Putztyp Org).

Es handelt sich hierbei um Beschichtungsstoffe aus organischen Bindemitteln in Form von Dispersionen oder Lösungen und vorwiegend groben Füllstoffen. Dies sind i. w. mineralische Zuschläge, die im Einklang mit den Bindemitteln eine Beschichtung mit putzartigem Aussehen ergeben. Man nennt diese Putze Kunstharzputze. Eine nähere Beschreibung findet sich in der z. Z. in Bearbeitung befindlichen DIN 18558.

Die DIN 18558 unterscheidet zwischen Putzen, die allgemeinen Anforderungen genügen, und solchen, die zusätzlichen Anforderungen genügen, wie z. B. wasserhemmend, wasserabweisend oder wasserundurchlässig.

Zur Vorbereitung des Putzgrundes ist i. a. ein Spritzbewurf erforderlich, um einen festen und dauerhaften Verbund zwischen Putz und Putzgrund herzustellen.

Stark saugender Putzgrund ist vorzunässen. Als Putzgrund ungeeignete Flächen (z. B. Holz) sind mit einem

Tab. 5.2.3.8/1 Mörtelgruppen für Putz

Mörtelgruppe	Art der Bindemittel	mittlere Mindestdruckfestigkeit [N/mm²]
P I	Loftkalke, Wasserkalke Hydraulische Kalke	–
P II	Hochhydraulische Kalke, Putz- und Mauerbinder, Kalk-Zement Gemische	2,5
P III	Zemente	10,0
P IV	Baugipse ohne und mit Anteilen an Baukalk	2,5/–
P V	Anhydritbinder ohne und mit Anteilen an Baukalk	2,5

Tab. 5.2.3.8/2 Anwendungsbereiche der Mörtelgruppen (Auszug)

	Mörtelgruppe	Eigenschaften	Witterungsangriff bei Außenputz
Putzmörtel	P Ia	stark saugend, schnell verdunstend, nur mit chem. Zusätzen wasserhemmend	mäßig
	P Ib		mittel-höher
	P II	schwächer saugend, hemmt Niederschlagseindringen, nur mit chem. Zusätzen wasserabweisend	stark
	P III	kaum saugend, wasserabweisend oder -sperrend	stark, Wassersperrputz, Sockelputz, Putz unter Erdboden

Tab. 5.2.3.8/3 Rezepte zur Herstellung von Putzmörtel

	Mörtel	Kurzzeichen	Misch. verh. in Rt.	Vorgeschriebene Raumteile (Rt)					
Gruppe	Art			Zement	Luft- + Wasserkalk Kalkteig	Luft- + Wasserkalk Kalkhydrat	Hydr. Kalk	Hochhydr. Kalk Romank.	Sand
P I a	Luft- u. Wasser Kalkmörtel	Km	1:3,5 / 1:3	–	1,0 / –	– / 1,0	– / –	– / –	3,5– 4,0
P I b	Hydr. Kalkmörtel	HKm	1:3	–	–	–	1,0	–	3,0– 4,0
P II a	Hochhydr. Kalkmörtel	Hhkm	1:3	–	–	–	–	1,0	3,0– 4,0
P II b	Kalkzementmörtel	Kzm	1:1,5:9 / 1:2:9	1,0 / 1,0		1,5 / 2,0		– / –	9,0–11,0 / 9,0–11,0
P III a	Zementmörtel mit Zusatz von Luftkalk	Zm	2:0,5:6	2,0	–	≤ 0,5	–	–	6,0– 8,0
P III b	Zementmörtel	Zm	1:3	1,0	–	–	–	–	3,0– 4,0
	Gewicht in kg/l			1,2	1,3	0,5	0,8	1,0	1,3
Sackinhalt in	kg			50	–	40	50	50	–
	Rt			40	–	80	65	50	–

Putzträger auszustatten. Putze müssen gleichmäßig gut am Putzgrund, die einzelnen Lagen gut aneinander haften. Beim Außenputz muß das Putzsystem insbesondere der Einwirkung von Feuchtigkeit und wechselnder Temperaturen widerstehen. Für die in der Tabelle aufgeführten Systeme ist die Witterungsbeständigkeit nachgewiesen.

Die mittlere Dicke von Außenputzen beträgt 20 mm, davon nimmt die Dicke des Unterputzes 10–15 mm ein. Bei Regen und Frost darf nicht geputzt werden, ebenso müssen besondere Schutzmaßnahmen getroffen werden, wenn starker Sonnenschein oder Wind einen schnellen Wasserentzug befürchten lassen. Auf den Spritzbewurf darf die erste Putzlage erst nach etwa 12 Stunden aufgebracht werden, wenn der Mörtel ausreichend erhärtet ist. Die Oberfläche des Unterputzes ist möglichst aufzurauhen und vor Aufbringen des Oberputzes der Witterung entsprechend anzunässen. Werden Putzlehren aus Mörtel angelegt, so muß der gleiche Mörtel verwendet werden wie bei der auszuführenden Putzlage.

Die Putze werden nach der Art der Oberflächenbehandlung und der dadurch entstehenden Struktur eingeteilt.

1. Gefilzter (geglätteter) Putz
Der Putz erhält seine Oberflächenstruktur durch die Bearbeitung mit einer Filzscheibe oder Glättkelle. Bei fein geriebenen, gefilzten Putzen besteht die Gefahr der Bindemittelanreicherung an

Tab. 5.3.1/1   Wichtige gesteinsbildende Minerale (S. 157)

Name		Chemische Zusammensetzung	Farbe	Dichte g/cm³	weitere Angaben
Feldspate	Orthoklas	K-Al-Silikat	fleischrot, weiß	2,56	tafeliger Aufbau, gut spaltbar, glasglänzend, Ritzhärte 6,
	Plagioklas	Na/Ca-Al-Silikat	weiß, grau, dunkelblau	2,62–2,76	widerstandsfähig gegen mechanische Einwirkungen, mit zunehmendem Ca-Gehalt chemisch zersetzbar
					Bestandteil saurer bis basischer Magmatiten, Metamorphiten und Feldspatsandstein
Angite Hornblenden		Mg/Ca/Fe Silikate ±Al;±OH	dunkelgrün dunkelbraun schwarz	2,8–3,2	säuliger Aufbau, gut spaltbar, widerstandsfähig gegen mechanische Beanspruchung, Bestandteil basischer Magmatite und Metamorphite
Quarz	Bergkristall Milchquarz Rauchquarz	SiO₂	farblos weiß rauchbraun	2,65	sechsseitige Säulen mit aufgesetzten Pyramiden, nicht spaltbar, in der Kristallfläche glasglänzend, in der Bruchfläche fettglänzend, hohe Widerstandsfähigkeit gegen mechanische Angriffe, Bestandteil saurer Magmatite, Metamorphite und klastischer Sedimente
Glimmer	Muskowit Biotit	K-Al-Sil.+OH Fe-Mg-K-Al-Sil.+OH	weiß, silbrig schwarz	2,8–3,2	besteht aus dünnen Blättchen, sehr gut spaltbar, metallglänzend, elastisches Verhalten, Muskowit chem. widerstandsfähig, aus Biotit wird Fe-Mg-Gehalt ausgelöst, Bestandteil saurer bis intermediärer Magmatite und Metamorphite, klastischer Sedimente
Ton	Kaolinit Illit Montmorillonit	Al-Sil.OH	weiß	2,1–2,6	kristallin bei ⌀ > 4 mm; sonst blättchenförmig, sehr gut spaltbar, fettglänzend, widerstandsfähig (Endprodukt der Verwitterung), Bestandteil klastischer Sedimente, Residualgesteine
Limonit	(Brauneisen)	Fe(OH)₃	rostbraun	3,5–3,9	nicht spaltbar, mattglänzend, beständig, Verwitterungsprodukte, tritt nur als Nebengemengteil auf
Kalkspat		CaCO₃	meist weiß, braun, evtl. schwarz	2,6–2,8	Rhomboederform, körnig, sehr gut spaltbar, glasglänzend, wenig widerstandsfähig, wasserlöslich, Bestandteil von Kalkstein, Kreide, Mergel, Marmor
Dolomit		(CaMg)CO₃	weiß, grau braun	2,85–2,95	Rhomboederform, körnig, gut spaltbar, glasglänzend, wenig widerstandsfähig, wasserlöslich, Bestandteil des Dolomitgesteins, als Nebengemengteil im Kalkstein
Gips		CaSO₄ 2H₂O	weiß, grau	2,2–2,4	tafeliger Aufbau, im Gestein körnig, sehr gut spaltbar, glasglänzend, sehr wenig widerstandsfähig, wasserlöslich, Bestandteil des Gipsgesteins, als Nebengemengteil in chem. Sedimenten und Tonen
Anhydrit		CaSO₄	grau, dunkelblau-grau	2,8–3,0	körniger Aufbau, gut spaltbar, glattglänzend, sehr wenig widerstandsfähig, leicht wasserlöslich, Bestandteil des Anhydrit-Gesteins, Nebengemengteil im Gips

der Oberfläche. Dadurch wird die Entstehung von Schwindrissen gefördert und bei Luftkalkmörteln das Erhärten der tieferen Schichten gehemmt.

2. Reibeputz
Der Putz wird je nach Art des verwendeten Werkzeugs (Holzscheibe, Traufel etc.) unterschiedlich bezeichnet wie z.B. Münchener Rauhputz, Rillenputz, Wurmputz, Altdeutscher Putz, etc.

3. Kellenwurfputz
Er erhält seine Struktur durch das Anwerfen des Mörtels in einer bestimmten Konsistenz. In der Regel wird ein Zuschlag mit einer Körnung bis zu ∅ 10 mm verwendet.

4. Kellenstrichputz
Der Putz wird nach dem Auftrag mit einer Kelle oder Traufel fächer- oder schuppenförmig verstrichen.

5. Spritzputz
Der Putz wird durch zwei- oder mehrlagiges Aufbringen eines feinkörnigen, dünnflüssigen Mörtels mit Spritzputzgeräten (Putzhexe) oder Spritzpistolen hergestellt.

6. Kratzputz
Die Putzstruktur entsteht durch Kratzen mit einem Nagelbrett oder Sägeblatt. Der richtige Zeitpunkt des Kratzens ist erreicht, wenn das Korn herausspringt und nicht im Nagelbrett hängen bleibt.

7. Waschputz
Beim Waschputz wird die an der Oberfläche noch nicht erhärtete Bindemittelschlemme abgewaschen. Er erfordert ausgewählte Zuschläge grober Körnung und einen Unterputz, der der Mörtelgruppe III entspricht.

5.3 Mauerwerk aus natürlichen Steinen

5.3.1 Natursteine

Natursteine sind alle natürlich gewachsenen Steine. Sie sind ein Gemenge aus Mineralien, die durch das direkte Verwachsen oder durch eine Grundmasse bzw. Bindemittel zusammengehalten werden.

Das geologische System der Steine ist genetisch gegliedert. Danach gibt es 3 Hauptgruppen:

1. Magmatite – erstarrte Gesteine aus silikatischen Schmelzflüssen des Erdinnern. Sie werden unterschieden nach ihrem chemischen Aufbau, dem Entstehungsort oder dem geo-

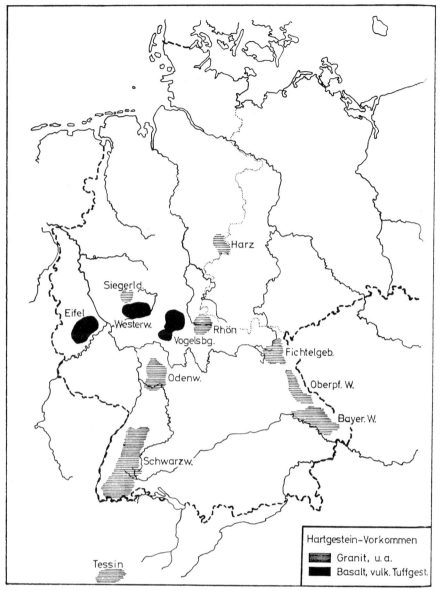

Abb. 5.3.1.1/1

logischen Alter. Die an der Oberfläche schnell erstarrten Magmatite werden »Vulkanite«, die innerhalb der Erdkruste langsam erstarrten »Plutonite« genannt.
2. Sedimente – auf der Erdoberfläche (Land/Meer) abgelagerte Gesteine, deren Substanz an anderer Stelle durch Wasser, Wind oder Eis abgetragen worden ist. Man unterscheidet »klastische« Sedimente (mechanische Zertrümmerung/Umlagerung), »chemische« Sedimente (wässrige Lösungen) und »organische« Sedimente (Organismen).
3. Metamorphite – Gesteine aus Magmatiten, Sedimenten oder älteren Metamorphiten, in tieferen Bereichen der Erdkruste, die z.B. durch Berührung mit magmatischem Schmelzfluß in ihrem Mineralbestand und Gefüge umgeformt wurden.
Darüber hinaus gibt es Gesteinsneben-

gruppen. Hier sind Gesteine zusammengefaßt, die Merkmale verschiedener Hauptgruppen aufweisen:
Tuffe und Tuffite: – sedimentäre Ablagerungen vulkanischer Asche.
Migmatite: Gesteine, die aus einem metamorphen Restbestand und einem magmatischen Neukristallisat bestehen.
Risidualgesteine: durch Verwitterung entstandene, aber nicht umgelagerte und nicht sedimentierte, sondern noch am Entstehungsort verbliebene Gesteine, die noch Merkmale des Ausgangsgesteins aufweisen.

Die Gesteine setzen sich aus Mineralien zusammen. Das Mineral ist ein natürlich entstandener, stofflich einheitlicher anorganischer Bestandteil der Erdkruste.

Nach ihrem prägenden Anteil im Gestein unterscheidet man: Hauptgemengteile, Nebengemengteile und Verunreinigungen.

Tab. 5.3.1.1/1 Natursteinvorkommen

	Festigkeit	Farbe	Vorkommen	Rohgewichte in kg/dm³	Verwendung
A) Hartgestein – vulkanische und metamorphe Gesteine					
Granit	wetterbeständig, hart	hellgraublau grau-gelbgrau hellgrau hellgrau-rötl. blaugrau-rötl.	Oberpfälzer Wald Fichtelgebirge Bayerischer Wald Odenwald Schwarzwald	2,6–2,8	
Syenit	wetterbeständig,	*hellblau-grün*	*Fichtelgebirge*	*2,6–2,8*	
Dierit	hart	dunkelgrün dunkelgrün	Oberpfälzer Wald Odenwald	2,8–3,0	
Diabas	hart, granitähnlich	grünlich dkl. schwarzgr. grünlich	Harz Siegerland Fichtelgebirge	2,8–2,9	vorwiegend als Werkstein, Straßenbaumaterial; außer Gneis selten für Landschaftsgärtnerische Arbeiten
Gabbro (sog. schw. schwed. Granit)	wetterbeständig, hart	dkl. grün-schwarz	Harz	2,8–3,0	
Gneis (Umwandlungsgest.)	granitähnlich	hell-dkl.grau	Tessin/Schweiz	2,6–3,0	
Basalt	sehr hart, dicht	schwarz schwarz dkl. grün-schw. rot, porig	Westerwald Rhön Eifel Vogelsberg	2,9–3,0	
Basaltlava	leichter bearbeitbar als Basalt, feinporig	blaugrau-schw., porös	Eifel	2,2–2,4	
Porphyr (Quarzporphyr)	hart, granitähnlich	rötlich gelbgrün-grau grün	Odenwald Schwarzwald Fichtelgebirge	2,5–2,8	
Vulkanischer Tuffstein (verkitteter, vulk. Sand)	porig, hart	rot gelblich mit dkl. Einsprengungen	Oberhessen (Michelauer Tuffstein) Eifel	1,8–2,0	

Tab. 5.3.1.2/1 Natursteinvorkommen (Forts.)

	Festigkeit	Farbe	Vorkommen	Rohgewichte in kg/dm³	Verwendung
B) Weichgestein – Schicht- und metamorphe Gesteine					
a) *Sandsteine*					
Sandstein	unterschiedlich hart, gut spaltbar+	grau, gelb, rotbraun, hellrot, grün		2,0–2,7	
Quarzit	sehr hart durch starke Verkieselung	grau	Harz, Wiehengebirge, Franken	2,6–2,7	für landschaftsg. Arbeiten gut, auch als Werkstein, Quarzit und Grauwacke außerdem als Straßenbaumaterial
Grauwacke	sehr hart	grau	Westerwald, Harz	2,6–2,7	
Nagelfluh (sand. poröses Geröllkonglomerat)	sehr fest	grau-gelblich	Isartal, Allgäu	~2,5	
b) *Kalksteine*					
Kalkstein	unterschiedlich hart, alle polierbaren Kalksteine heißen Marmor	grau-weiß, gelblich		2,6–2,9	für landschaftsg. Arbeiten gut, wenn lagerhaft spaltbar. Plattenkalk ungeeignet.
Plattenkalk	plattig, nicht wetterbeständig	weiß-gelb	altmühltal	2,6–2,9	
Muschelkalk	hart, porös	weiß, grau		1,7–2,6	
Travertin	porig, porös, unterschiedlich fest, polierbar	gelb-braun		2,4–2,5	
Kalktuff	weich, stark porös, lufterhärtend	weiß-gelb	Oberbayern, Schwäb. Alb	1,7–2,6	

Die Hauptgemengteile bilden den weitaus größten Anteil der Gesteinsmassen. Nebengemengteile haben nur einen kleinen Anteil an der Gesteinsmasse, sind mit dieser aber gesetzmäßig zusammen entstanden. Verunreinigungen sind kleine Gesteinsanteile, die für das Gestein nicht bestimmend sind.

Wichtige gesteinsbildende Minerale sind in Tab. 5.3.1/1 (S. 156) aufgeführt.

Für den Landschaftsgärtner steht die Bearbeitbarkeit der Gesteine im Vordergrund. Er unterscheidet daher weniger nach geologischen Gesichtspunkten wie Entstehung, Alter oder Zusammensetzung, sondern danach, ob die Gesteine der Bearbeitung einen großen oder kleinen Widerstand entgegensetzen. Man unterscheidet daher in Hartgestein und Weichgestein.

5.3.1.1 Hartgestein

Zu den Hartgesteinen zählen die Tiefengesteine (Plutonite), die Oberflächengesteine (Vulkanite) und einige Umwandlungsgesteine (Metamorphite).

Die Vorkommen und Eigenschaften sind in Tab. und Abb. 5.3.1.1/1 aufgeführt (S. 157, 158).

Granit (Plutonit):
Granit besteht aus den hellen Hauptgemengteilen Quarz und Kalifeldspat (Orthoklas und saure Plagioklase) und aus den dunklen Anteilen Biotit (Glimmer) und Hornblende. Da der Quarzanteil über 65 % beträgt, hat er i. a. einen hellen Farbton, der vom Weiß zum Gelb, vom gelblichen Grün oder Rot bis zum zarten Blau reicht. Der hohe Quarzanteil und ein gleichmäßiges körniges Gefüge garantieren gute technologische Eigenschaften. Die meisten Granite haben Korngrößen von 5–15 mm ⌀.

Syenit (Plutonit):
Der Syenit unterscheidet sich vom Granit i. a. durch das Fehlen des Quarzes. Die hellen Anteile des roten Kalifeldspats geben ihm einen quarzähnlichen Farbton, wenn auch die grünlich bis schwarzen Anteile an Hornblende, Biotit und Augit ihn dunkler erscheinen lassen. Seine Farbskala reicht daher vom Grau-rot oder dunkelgrün bis zum Blau und Graublau. Technologisch ist Syenit dem Granit gleichwertig.

Ein Verwandter des Syenits ist der Hellblaue oder dunkelgrüne, perlmutterartig schimmernde »Labrador« aus Norwegen.

Diorit (Plutonit):
Diorit besteht aus weißlich-glasklarem Kalknatronfeldspat (Plagioklas) und aus den dunklen Hauptgemengteilen Hornblende, Augit und evtl. Biotit. Er ist daher dunkelgrün bis tiefschwarz. Seine Struktur kann mittel- bis feinkörnig sein.

Eine Variante stellt der Quarzdiorit dar. Hier ist Quarz mit brauner, grauer und gelblicher Farbe eingelagert. Diese Gesteine gehen ohne besondere Grenze in die Diorite über. Die technologischen Eigenschaften sind ähnlich wie beim Granit.

Gabbro (Plutonit):
Der basische Gabbro besteht aus kalkreichem Kalknatronfeldspat (Plagioklas) und dem z. T. dunklen Augit. Quarz und Glimmer fehlen gänzlich. Er ist dunkel- bis olivgrün oder grünlichgrau. Manchmal kann er auch weißgefleckt oder gesprenkelt sein. Er hat ebenfalls eine hohe Festigkeit und ist witterungsbeständig.

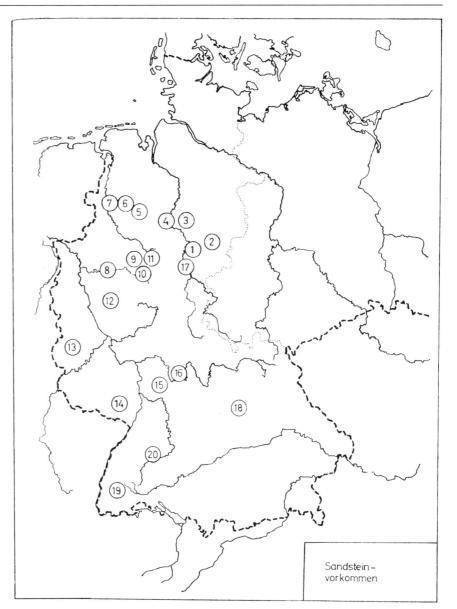

Abb. 5.3.1.1/2

Sandstein-vorkommen

Basalt (Vulkanit):
Basalt ist ein jungvulkanisches Ergußgestein mit basischem Charakter. Der Aufbau ist i. w. nicht mehr kristallin. Es überwiegen plagioklase Feldspate, daneben in unterschiedlicher Menge Glimmer (Biotit) und Eisenerz. Helle Gemengteile wie Quarz und Kalifeldspat sind kaum noch vorhanden. Basalt hat ein dichtes Gefüge, hohe Festigkeit und ein spez. Gewicht von 2,8 kg/cm³. Seine Farbe ist dunkel, oft blau- oder grünschwarz. Durch Oxidation können auch braune, rötliche oder violette Farbtöne entstehen.

Basaltlava (Vulkanit):
Basaltlava unterscheidet sich vom Basalt durch eine hohe Porosität, die durch die in der basaltigen Ergußmasse eingeschlossenen Gase bewirkt werden. Das Material ist schwarz, rötlich oder blau-

grau. Bei den härteren Sorten (Hartbasaltlava) liegt das Porenvolumen bei etwa 11%, bei den weicheren Sorten (Weichbasaltlava) bei ca. 20–25%. Dementsprechend variieren die Druckfestigkeiten zwischen 80 bis 150 N/mm².

Quarzporphyr (Vulkanit):
Der Quarzporphyr ist mineralisch und chemisch dem Granit ähnlich, hat aber ein porphyrisches Gefüge. Er ist rötlich bis gelblichbraun, gelegentlich auch grünlich gesprenkelt. Da er porös ist, ist er als Werkstein nicht immer schleif- und polierbar.

Porphyre und Trachyte (Vulkanit):
Die Porphyre sind altvulkanischen, die Trachyte jungvulkanischen Ursprungs. Beide sind dem Tiefengestein Syenit mineralogisch und chemisch zugeordnet. Die Farbe des Trachyts ist gelblich bis hellgrau.

Diabase (Vulkanit):
Die Diabase sind mineralogisch und chemisch dem Gabbro zugeordnet. Sie sind dunkelgrün, manchmal gesprenkelt oder geflammt. Es handelt sich meistens um dichte, polierfähige Materialien, die äußerlich den Eindruck eines Tiefengesteins machen.

Gneise (Metamorphit):
Gneise sind eine vielseitige Gruppe von Gesteinen, die unterschiedlich entstanden sind. Man unterscheidet Orthogneis, der sich direkt aus Granitmaterial herleitet, und Paragneis, der sekundär aus der Umbildung alten Schichtgesteins entstand. Gneis ist ein polierbares Material mit schiefrigem oder schichtigem Gefüge. Je nach Ausgangsmaterial ist die Farbe hell- bis dunkelgrau, hellgrün oder rötlich.

5.3.1.2 Weichgestein

Zu den Weichgesteinen zählen die Sedimentgesteine, Schichtgesteine und meisten Metamorphe.
Die Vorkommen und Eigenschaften sind in Tab. 5.3.1.2/1–3 und Abb. 5.3.1.2/1–2 aufgeführt.

Sandstein (klastisches Sediment)
Sandsteine sind unterschiedlich verfestigte fein-, mittel- oder grobkörnige Sande, die überwiegend aus Quarzkörnern bestehen und mit einem zementartigen Bindemittel aus tonigen, mergeligen oder kalkigen Bestandteilen verkittet sind. Farbe und Steineigenschaften wie Witterungsbeständigkeit, Festigkeit, Wasseraufnahmevermögen und Abnutzwiderstand sind i. w. durch die Art des Bindemittels bestimmt. Sandsteine sind auf keine geologische Epoche festgelegt, sondern treten in unterschiedlichen Formationen wie z. B. Karbon, Buntsandstein, Keuper als Ablagerungen in Horizonten unterschiedlicher Mächtigkeit auf. Die Farbe ist vorwiegend gelb, weiß bis elfenbeinfarben oder hell- bis dunkelrot. Grüne Sandsteine haben eine glaukonische Verkittungsmasse.

Quarzit
Quarzite sind durch Umwandlung aus Sandsteinen älterer geologischer Formationen entstanden. Sie haben wie diese ein dichtes Gefüge und sind sehr hart. Sie sind z. T. mit hellen Glimmerstreifen durchzogen und erhalten dadurch ein schiefrig glänzendes Aussehen. In Abhängigkeit von den mineralischen Beimengungen erscheinen sie in unterschiedlichen Farbtönen. Sie sind gut spaltbar und als Werkstein daher geeignet.

Grauwacke
Grauwacke weist einen unsortierten und unterschiedlichen Mineralbestand auf. Er besteht z. T. aus feinen und groben Quarzkörnern, die wie ein Konglomerat zusammengewerfelt sind. Mittelstellung zwischen Brekzien, Konglomeraten und Sandsteinen. Er ist ein meist grauer Stein mit hohem Anteil an kieseligen Materialien und kalkig-tonigen Bindemitteln. Er erreicht hohe Druckfestigkeiten.

Nagelfluh
Nagelfluh ist ein Konglomerat großer Härte, das durch die Verkittung von Rollschotter entstanden ist. Der Stein weist eine hohe Festigkeit auf und ist sehr witterungsbeständig. Er zeigt meistens eine graue Färbung, kann aber auch gelblich sein. Als Werkstein für Mauern gut geeignet.

Kalkstein
Kalkstein besteht hauptsächlich aus kohlensaurem Kalzium $CaCO_3$ oder kohlensaurem Kalzium-Magnesium $(Ca, Mg) CO_3$, z. B. Dolomitgestein. Die

Tab. 5.3.1.2/2   Wertvolle Sandsteinvorkommen

Vorkommen	Plan-Nr.	Benennung	Farbe	landschaftsg. Verwendbarkeit
Nördliche Mittelgebirge				
Stadtoldendorf-Holzminden	1	Sollingsandstein	rotbraun + hellgrau	gut
Lutter am Barenberge	2	Hilssandstein	grüngelb	bedingt
Obernkirchen b. Bückeburg	3	Obernkirchener Sandstein	graugelb	bedingt
Porta Westfalica	4	Portasandstein	bräunlich	bedingt
Osnabrück	5	Piesberger Quarzit	grau-graublau	bedingt
Ibbenbüren b. Rheine	6	Ibbenbürener stein	gelb-bräunlich	gut
Rheine/Westf.	7	Gravenhorster Sandstein	graublau + gelb	gut
Mülheim/Ruhr-Unna	8	Ruhrsandstein	blaugrau – graubraun	gut
Ampel b. Soest	9	Soester Grünstein	grüner Kalksandstein	bedingt
Rüthen/Möhne	10	Rüthener Sandstein	grüner Kalksandstein	bedingt
Anröchte/südl. Lippstadt	11	Anröchter »Dolomit«	grün – graublau	gut
Gummersbach	12	Grauwacke	grau	gut
Rheinland-Pfalz, Hessen, Franken				
Kylital/Eifel	13	Eifelsandstein	rot, grau, gelb	gut
Pfälzer Wald	14	Pfälzer Sandstein	rot + hellgrau	gut
östl. Odenwald	15	Odenwaldsandstein	rot	gut
Aschaffenburg – Mildenberg-Wertheim – Lohr	16	Mainsandstein	rot	gut
Karlshafen/Weser	17	Wesersandstein	rot + hellgrau	gut
südl. Nürnberg	18	Wendelsteiner Quarzit	grau	bedingt
Baden-Württemberg				
Schwarzwald	19	Schwarzwälder Buntsandstein	rot + gelblich	gut
südl. Stuttgart	20	Neckartäler Sandstein	grau, rot + gelblich	gut

Tab. 5.3.1.2/3 Wertvolle Kalksteinvorkommen (vorwiegend Werk- und Baustein)

Vorkommen	Plan-Nr.	Benennung	Farbe	landschaftsg. Verwendbarkeit
Nördliche Mittelgebirge				
Königslutter	1	Elmkalkstein	gelbgrau, weich	bedingt
Thüste b. Elze	2	Thüster Kalkstein	gelbgrau, weich	bedingt
Osnabrück	3	Osnabrücker Kalkstein	gelb – bräunlich	bedingt
Hessen, Franken				
mittl. Lahntal	4	Lahnmarmor	rötlich	bedingt
Frankenwald	5	Marmor	hellgrau, rot, weiß	bedingt
südl. Würzburg	6	Kirchheimer Muschelkalk	hellgrau mit gelben Flecken	bedingt
Bayern, Baden-Württemberg				
Oberpfälzer + Bayerischer Wald	7	Bayer. weißer Marmor	weiß	bedingt
Altmühltal	8	Solnhofener Platten, Eichstätter Flinzplatten	weiß bis gelb	bedingt
Kehlheim	9	Kehlheimer Marmor	weiß	bedingt
Alpenvorland	10	Unterberg-, Berchtesgadener-, Ruhpoldinger Marmor	rötlich-rot	bedingt
Crailsheim	11	Crailsheimer Muschelkalk	hellgrau	bedingt
Schwäbische Alb	12	Jurakalkstein	gelblich-grau	bedingt
Stuttgart-Bad Cannstatt		Cannstätter Travertin	braun-gelb	

Sandsteine mit wesentlichen Kalkeinschlüssen heißen Kalksandsteine und sind unter »Sandsteinen« aufgeführt

meisten Kalksteine sind organischen Ursprungs. Es sind kalkhaltige Rückstände von Lebewesen (Schalen, Gehäusen etc.), die abgelagert unter Druck mittels kalkiger Bindemittel zu einem festen, dichten Kalkstein verkittet werden. Man findet sie in oft ausgedehnten Schichten in sämtlichen geologischen Formationen.

Eine besondere Form des Kalksteins ist der Marmor. Gemeint ist damit ein in der Tiefe umgewandeltes, polierbares Kalkgestein mit körniger, kristalliner Struktur. Durch Beimengungen von z. B. Metalloxyden oder Farberden ergeben sich unterschiedliche Farbspiele und Zeichnungen.

Plattenkalk
Bekannt sind die Solnhofener Plattenkalke aus der Jura-Formation. Die Gebiete der Plattenkalke waren zu der Zeit Küstenzonen und Senken eines Meeres, in denen sich der bei wiederholten Überflutungen mitgeführte Kalkschlamm in vielen Schichten übereinander ablagerten. Je nach Überflutungsdauer und Tiefe der Senken bildeten sich plattige Ablagerungen unterschiedlicher Dicke, die sogen. Flinze. Sie bestehen zu 96 % aus $CaCO_3$ und geringen Anteilen an $MgCO_3$. Als Nebengemengteile sind Ton, Metalloxyde

und Natrium zu nennen. Der Solnhofener Stein hat Plattendicken bis zu 30 cm und ist i. a. gelblich gefärbt. In dem Stein sind viele Fossilien eingeschlossen.

Muschelkalk
Muschelkalke bestehen aus versteinerten Schaltierresten aus der Zeit des Trias. Sie bildeten sich als Meeresablagerungen oder Korallenriffe (Riffkalke) in den Küstenbereichen vor allem im süddeutschen Raum. Bekannte Sorten sind: Blauband, Goldbank und Rotbank sowie Muschelkalk-Kernstein.

Muschelkalk-Blauband ist ein blaugraues bis tiefblaues Material, grobmuschelig mit einem hohen Anteil an kalkigen Füllstoffen.

Muschelkalk-Goldbank besteht aus einer Kalkmasse, die mit tonigen bräunlich-grauen und goldgelben Farbeinlagen durchsetzt ist.

Muschel-Rotbank ist durch Tonadern rötlich eingefärbt. Die Hauptmasse der Muschelkalke bildet der Muschelkalk-Kernstein. Er hat ein leicht poröses Aussehen, ist aber ein festes, widerstandsfähiges Material und im polierten Zustand dem dichten Handelsmarmor ähnlich. Er ist i. a. gelblich-braun gefärbt, ist auch in Blau- oder Grautönen erhältlich.

Travertin und Kalktuff
Travertin und Kalktuff sind poröse, zelliglöcherige Kalksteine, die aus Absätzen kalkhaltiger Quellwässer entstanden sind. Während die Kalktuffe nur geringe Druckfestigkeiten aufweisen, entwickelte sich der Travertin durch fortschreitende Kalzium-Karbonatzufuhr und teilweiser Umkristalisation zu einem dichten Naturwerkstein mit höheren Festigkeiten. Die Steine sind hellgelb bis bräunlich-rot gefärbt. Polierbare Travertine werden handelsüblich unter Marmor geführt.

5.3.2 Gewinnung und Bearbeitung

Natursteine werden in einem Steinbruch vorwiegend im Tagebau gewonnen. In einem modernen Betrieb geschieht dies i. w. durch Einsatz von Maschinen. Zunächst wird das Gestein durch Beseitigen des Oberbodens und Abraum freigelegt. Über den zerklüfteten und plattigen Fels erreicht man die Kernfelszone, in der dichtes Material oft in mehreren Metern Mächtigkeit ansteht. Dieser wird für die Verarbeitung zum Naturwerkstein herausgezogen.

Um unkontrollierte Rißbildung zu vermeiden, wird abgesehen vom Handbetrieb kaum noch gesprengt. Das Herausbrechen der Rohlinge erfolgt mit Preßluft- oder Elektrobohrgeräten, Sägen mit endlosem Stahlseil, oder hydraulischen Verfahren. Sind die Rohlinge auf eine für den Sägetisch maßgerechte Größe gebracht, werden sie mittels Tiefladern in die Werkhalle gefahren und auf den Sägewagen gelegt. Das Zuschneiden auf Natursteinplatten erfolgt über Steinsägevollgatter oder mit großen Diamantkreissägen. Die Sägestärke ist beliebig einstellbar. Bei Sandstein, Granit etc. wird als Schneidegut Stahlsand, ein besonders gehärteter Spezialgrauguß, verwendet. Kalkstein und Marmor wird mit Quarzsand als Schneidegut gesägt.

Um das Steinmaterial wirtschaftlich zu nutzen, werden die Blöcke oft als Verblendstein zugeschnitten.

Für die Fassadenbekleidung sind folgende Dicken ausreichend:

Kalkstein – Granit	3–4 cm
Sandstein	4–6 cm

Durch die große Nachfrage an Natursteinplatten im Hochbau sind auch im Landschaftsbau oft nur Verblendplatten erhältlich.

Die manuelle Bearbeitung der Natursteine setzt fachliche Kenntnisse und große Geschicklichkeit voraus. Früher erfolgte die wesentliche Bearbeitung der Steine auf der Baustelle. Heute wird das Material oft vorgefertigt angeliefert, so

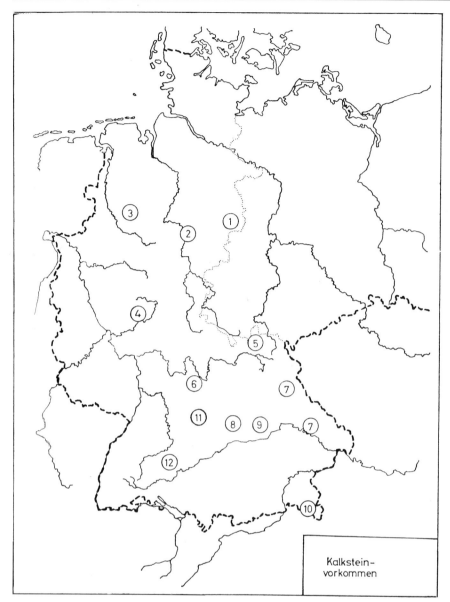

Abb. 5.3.1.2/2

rung ausgesetzt, müssen sie ausreichend witterungsbeständig sein. Lagerhafte Steine (i. w. Sedimentgestein) sind ihrer natürlichen Schichtung entsprechend zu verwenden. Die Lagerfugen sollen rechtwinklig zum Kraftangriff liegen. Die Steinlängen sollen das vier- bis fünffache der Steinhöhe nicht über- und die Steinhöhe nicht unterschreiten.

5.3.3 Verbandsregeln

Für alle in der DIN 1053 aufgeführten Natursteinmauerwerksarten gelten folgende Verbandsregeln. Die zusätzlichen Regeln sind bei den einzelnen Ausführungsarten aufgeführt.

Der Verband muß so ausgeführt werden, daß

1. an der Vorder- und Rückfläche nirgends mehr als 3 Fugen zusammenstoßen (Abb. 5.3.2/2).
2. keine Stoßfuge durch mehr als 2 Schichten durchgeht (Abb. 5.3.2/3).

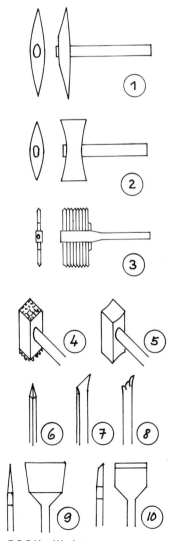

Abb. 5.3.2/1 **Werkzeuge zur Natursteinbearbeitung**

daß vor Ort nur noch geringfügige Nacharbeiten erforderlich sind.

Für die Steinbearbeitung im Landschaftsbau sind folgende Schlag- und Setzwerkzeuge erforderlich. Die Reihenfolge der Werkzeuge führt von der gröberen zur feineren Oberflächenbearbeitung.

Werkzeuge zur Natursteinbearbeitung (Abb. 5.3.2/1)
1. Spitzeisen: Gröbere Bearbeitung von Flächen
2. Flächhammer: Flächige Nacharbeitung von Oberflächen.
3. Kröneleisen: Feinere flächige Nacharbeitung.
4. Stockhammer: Nachbehandlung glatter Oberflächen.
5. Scharrierhammer: Nachbehandlung glatter Oberflächen.
6. Spitzmeißel

7. Breitmeißel
8. Zahneisen
9. Scharriereisen: Nachbehandlung glatter Sichtflächen.
   Keilförmig angeschliffen, Eisen wird im spitzen Winkel angesetzt.
10. Setzeisen (Setzer, Prelleisen)
    Darüber hinaus werden die meisten Arbeiten heute maschinell durchgeführt.

Im Gegensatz zu den künstlichen Steinen sind Natursteine nicht genormt. Die DIN 1053 macht nur präzise Angaben zum Format. Zur Beurteilung von Natursteinen hinsichtlich ihrer Verwendbarkeit als Mauerstein sollen daher nur Firmen oder Personen herangezogen werden, die langjährige Erfahrungen mit den Materialien haben.

Natursteine für Mauerwerk dürfen nur aus gesundem Stein gewonnen werden. Sind sie ungeschützt der Witte-

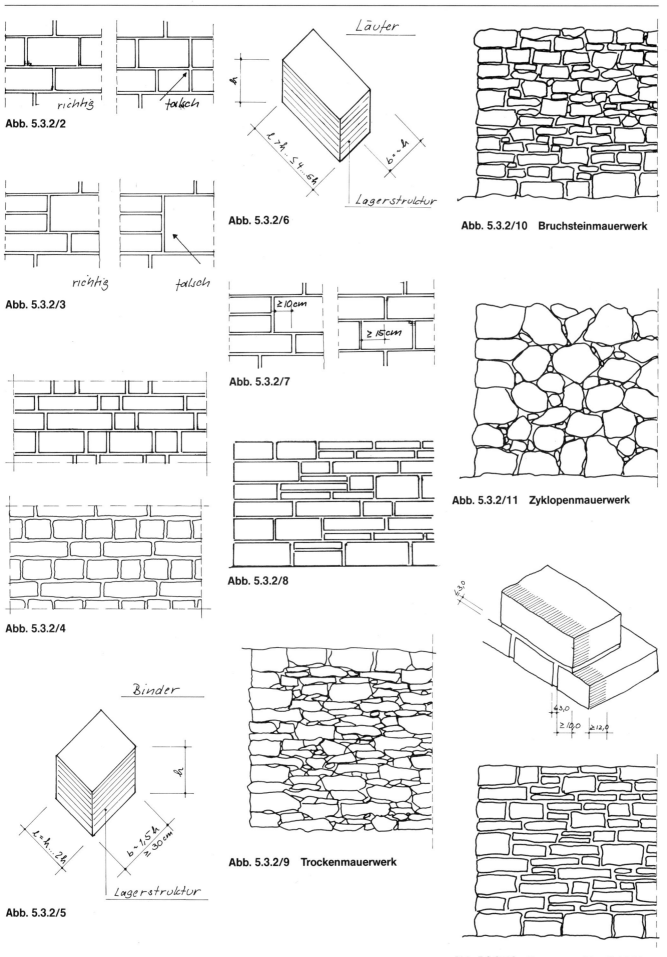

Abb. 5.3.2/2

richtig   falsch

Abb. 5.3.2/3

richtig   falsch

Abb. 5.3.2/4

Binder

Abb. 5.3.2/5

Läufer

Lagerstruktur

Abb. 5.3.2/6

≥10cm   ≥15cm

Abb. 5.3.2/7

Abb. 5.3.2/8

Abb. 5.3.2/9   Trockenmauerwerk

Abb. 5.3.2/10   Bruchsteinmauerwerk

Abb. 5.3.2/11   Zyklopenmauerwerk

Abb. 5.3.2/12   Hammerrechtes Schichten-mauerwerk

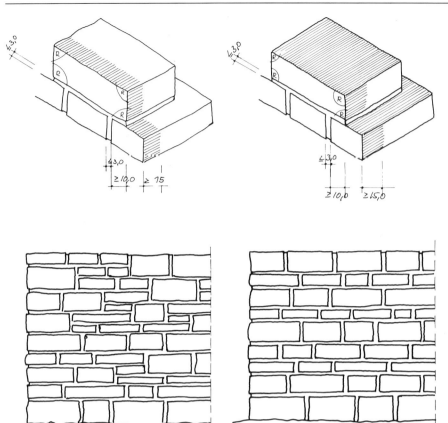

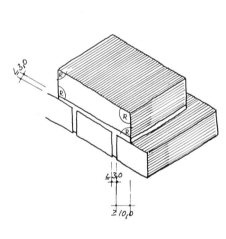

Abb. 5.3.2/13 Unregelmäßiges Schicht-mauerwerk

Abb. 5.3.2/15 Quadermauerwerk

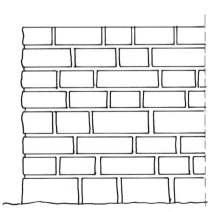

tragender Querschnitt

Plattenverkleidung

Abb. 5.3.2/17 Plattenverkleidung (li.)

3. auf zwei Läufern mindestens ein Binder kommt, oder Binder- und Läuferschichten miteinander abwechseln (Abb. 5.3.2/4).
4. die Dicke (Tiefe) der Binder etwa das 1¹/₂fache der Schichthöhe, mindestens aber 30 cm, beträgt (Abb. 5.3.2/5).
5. die Dicke (Tiefe) der Läufer etwa gleich der Schichthöhe ist (Abb. 5.3.2/6).
6. die Überdeckung der Stoßfugen bei Schichtenmauerwerk mindestens 10 cm und bei Quadermauerwerk mindestens 15 cm beträgt (Abb. 5.3.2/7).
7. an den Ecken die größten Steine eingebaut werden (Abb. 5.3.2/8).

Treten im Innern des Mauerwerks Zwischenräume auf, so sind diese durch im Mörtelbett liegende Steinstücke auszuzwickeln, damit keine Mörtelnester entstehen. Dies gilt auch für weite Fugen auf der Vorder- und Rückseite von Zyklopenmauerwerk, Bruchsteinmauerwerk und hammerrechtes Schichtenmauerwerk. Sichtflächen sind so zu fugen, daß Fugentiefe und Fugenweite gleich groß sind.

5.3.4 Mauerwerksarten

5.3.4.1 Trockenmauerwerk

Geringfügig bearbeitete Bruchsteine werden ohne Verwendung von Mörtel im Verband verarbeitet. Die Fugen sollen eng und die Hohlräume klein sein. Die Hohlräume sind mit sorgfältig ge-

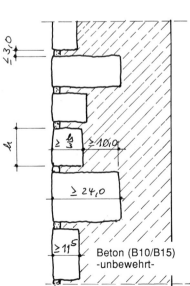

Beton (B10/B15) -unbewehrt-

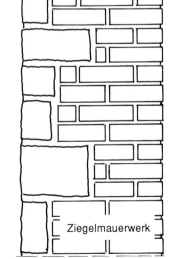

Ziegelmauerwerk

Abb. 5.3.2/14 Regelmäßiges Schichtenmauerwerk

Abb. 5.3.2/16 Verblendmauerwerk als Mischmauerwerk

setzten Zwickeln auszufüllen (Abb. 5.3.2/9).

Die Wirkung des verbindenden Mörtels (Haftung) wird durch das Verspannen (Reibung) ersetzt.

Die Verwendung der Trockenmauer beschränkt sich auf freistehende (unbelastete) Mauern und auf Stützmauern (Schwergewichtsmauern) im Landschaftsbau. Dabei darf nur die Hälfte der Rohdichte der Steine als Berechnungsgewicht eingesetzt werden.

Verwendbare Steingrößen:
wechselnd   von 200 × 100 × 50 mm
            bis 800 × 400 × 400 mm

5.3.4.2 Mörtelmauerwerk

Bruchsteinmauerwerk (Abb. 5.3.2/10)
Wenig bearbeitete Bruchsteine werden im Verband und satt in Mörtel verlegt. Es ist in seiner gesamten Dicke und in Absätzen von höchstens 1,50 m Höhe rechtwinklig zur Kraftrichtung auszugleichen. Die Vielzahl der Formen und Größen sowie die geringe Bearbeitung der Steine bedingen eine große Inhomogenität des Mauerwerks. Daher sind nur geringe Druckspannungen zugelassen.

Verwendbare Steingrößen:
wechselnd   von 200 × 100 × 50 mm
            bis 900 × 450 × 450 mm
Mauerdicken: – doppelhäuptiges Mauerwerk – 490, 615, 740, etc. mm
– Verblendmauerwerk – 365, 490, etc. mm
Fugendicken: 10 bis 15 mm

Eine Spielart des Bruchsteinmauerwerks ist das Zyklopenmauerwerk (Abb. 5.3.2/11). Es unterscheidet sich durch seine polygonale Fugenführung.

Hammerrechtes   Schichtenmauerwerk (Abb. 5.3.2/12)
Die Steine der Sichtfläche erhalten bearbeitete Lager- und Stoßfugen von mindestens 12 cm Tiefe. Die Fugen müssen ungefähr rechtwinklig zueinander stehen. Die Schichthöhe darf innerhalb einer Schicht und in den verschiedenen Schichten wechseln. Das Mauerwerk muß aber in seiner ganzen Dicke und in einer Höhe von höchstens 1,50 m rechtwinklig zur Kraftrichtung ausgeglichen sein.

Verwendbare Steingrößen:
wechselnd   von 200 × 100 × 50 mm
            bis 900 × 450 × 450 mm
Mauerdicken: – doppelhäuptiges Mauerwerk – 490, 615, 740 etc. mm
– Verblendmauerwerk – 365, 490 etc. mm
Fugendicke: 10 bis 15 mm

Unregelmäßiges   Schichtenmauerwerk (Abb. 5.3.2/13)
Die Steine der Sichtfläche erhalten auf mindestens 15 cm Tiefe bearbeitete Lager- und Stoßfugen. Diese müssen exakt senkrecht zu einander und zur Oberfläche stehen. Die Fugenweite an den Sichtflächen darf nicht größer als 3 cm sein. Die Schichthöhe darf innerhalb einer Schicht sowie in den verschiedenen Schichten wechseln. Der Ausgleich des Mauerwerks in Kraftrichtung muß in der ganzen Tiefe sowie in Höhenabständen von 1,50 m erfolgen.

Regelmäßiges Schichtenmauerwerk (Abb. 5.3.2/14)
Es gelten zunächst die Vorschriften für das unregelmäßige Schichtenmauerwerk.

1. Bearbeitete Lager- und Stoßfugen auf mind. 15 cm Tiefe. Die Fugen müssen zueinander und zur Oberfläche senkrecht stehen.
2. Die Fugen der Sichtfläche dürfen nicht weiter als 3 cm sein.

Darüber hinaus: Innerhalb einer Schicht darf die Steinhöhe nicht wechseln. Jede Schicht ist senkrecht zur Kraftrichtung auszugleichen. Die Schichtsteine sind auf ihrer ganzen Tiefe in den Lagerfugen zu bearbeiten. Mauerdicken: – doppelhäuptiges Mauerwerk – 240, 300, 365 etc. mm – Verblendmauerwerk – 115, 240, 300 etc. mm
Fugendicken: 8 bis 22 mm Stoß- und Längsfugen
10 bis 15 mm Lagerfugen

Quadermauerwerk
Die Steine sind genau nach den angegebenen Maßen zu bearbeiten. Lager- und Stoßfugen müssen in der ganzen Tiefe bearbeitet sein. Dieses Mauerwerk gestattet innerhalb der Natursteinmauerwerksarten die höchste Ausnutzung der Steinfestigkeit und darf auch bei Schlankheiten über 10 verwendet werden.

Mauerdicken: siehe Regelm. Schichtenmauerwerk.

5.3.4.3 Verblendmauerwerk

Aus Kostengründen werden Natursteine oft nur als Verblendmauerwerk verwendet. Sollen sie als Mischmauerwerk zum tragenden Querschnitt gerechnet werden, so sind folgende Bedingungen einzuhalten (Abb. 5.3.2/16):
1. Der Verblendstein muß gleichzeitig mit der Hintermauerung im Verband gemauert werden.
2. Das Verblendmauerwerk muß wenigstens 30% Bindersteine aufweisen.
3. Diese Binder müssen mindestens 24 cm dick und 10 cm in die Hintermauerung eingreifen.

4. Die Dicke der Binder muß mindestens $^1/_3$ ihrer Höhe und mindestens 11,5 cm sein.
5. Besteht die Hintermauerung aus natürlichen Steinen, so muß jede dritte Natursteinschicht aus Bindern bestehen.

Plattenverkleidungen werden i. a. nicht zum tragenden Querschnitt gerechnet, da sie die oben aufgeführten Bedingungen nicht erfüllen (Abb. 5.3.2/17). Bei Pfeilern ist eine Berücksichtigung nicht gestattet.

5.4   Sichtschutzwände

Sichtschutzwände sind im Sinne der DIN 1053 nichttragende Außenwände, die nur das Wandgewicht und seitlich auftreffende Windlasten aufnehmen müssen. Sie können als freistehende oder ausgesteifte Mauerwerkswände ausgeführt werden.

5.4.1   Freistehende Wände

Freistehende Wände sind weder durch Querwände oder Stützen, bzw. oben abschließende Decken oder Randbalken gehalten. Unter Beachtung der DIN 1055, Blatt 5 – Windlast – kann die zulässige Wandhöhe in Abhängigkeit von der Wanddicke nach der u.a. Formel ermittelt werden. Die Gleichung gilt für eine Wandkrone bis 8,00 m über Gelände und ein Steinberechnungsgewicht von $\gamma = 20,0$ KN/m^3.

$$h = 22,0 \, d^2$$

$h = $ zulässige Wandhöhe [m]
$d = $ Wanddicke [m]

In der Praxis ergeben sich daraus die Wandhöhen nach Tab. 5.4.1/1.

Bei einem Berechnungsgewicht von $\gamma = 18,0$ KN/m^3 sind die zulässigen Wandhöhen um 10% zu reduzieren. Bei einer Höhe der Wandkrone über 8,00 m über Gelände (z.B. Dachgärten, Penthauswohnungen etc.) sind die Werte um 25% abzumindern.

Freistehende Wände müssen an der Mauerkrone gegen Regenwasser geschützt werden. Hierzu eignen sich die unter 6.5 aufgeführten Abdeckprofile.

5.4.2   Ausgesteifte Wände

Sollen freistehende Wände höher als die unter 5.4.1 angegebenen Grenzwerte gemauert werden, so sind sie durch Pfeiler und biegesteife Randbalken zu halten (siehe Abb. 5.4.2/1).

Entsprechend DIN 1053, Blatt 1, Tab. 4 sind für Steine der Festigkeitsklassen 12,0 N/mm^2 Mauerflächen nach Tab. 5.4.2/1 erlaubt.

Tabelle 5.4.1/1 Wanddicken und Wandhöhen

Wanddicke	Stein-Berechnungsgewicht	zul. Wandhöhen
cm	ICN/m³	m
17,5	20,0	0,70*
24,0	20,0	1,30*
30,0	20,0	2,00
36,5	20,0	3,00*

* Werte aufgerundet

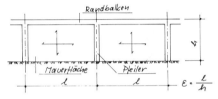

Abb. 5.4.2/1 Ausgesteifte Wand

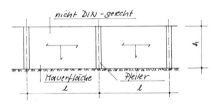

Abb. 5.4.2/2 Ausgesteifte Wand ohne Randbalken

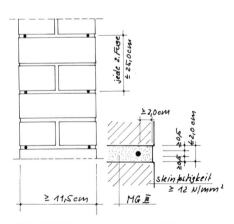

Abb. 5.4.2/3 Bewehrung von Mauerwerk

Für Wände mit oberem Randbalken werden bei einer Höhe über Gelände von 0,0–8,0 m Pfeilerabstände nach Tab. 5.4.2/2 empfohlen:

Der obere Randbalken kann durch einen Stahlbetonbalken, z. B. unter Verwendung einer U-Schale, oder ent-

sprechende Stahlwalzprofile hergestellt werden. Zweckmäßig ist auch ein Stahlbetonfertigteil, das gleichzeitig als Abdeckhaube dient.

In der einschlägigen Literatur werden ebenfalls freistehende seitlich ausgesteifte Wände ohne oberen Querriegel angeboten (Abb. 5.4.2/2). Die Größe der Mauerfläche beträgt etwa 40% der Fläche einer 4-seitig gelagerten Platte (Mauerfläche mit Randbalken). Sie wird durch eine analoge Betrachtung einer dreiseitig gelagerten Platte gewonnen. Diese Ausführung ist nicht DIN-gerecht und wird daher nicht übernommen.

Sollen Wände nur seitlich ausgesteift werden, so ist es sinnvoll, das Mauerwerk zu bewehren. Verwendet wird i. a. Betonstabstahl BST 500 S mit den Durchmessern ϕ 6 und ϕ 8 mm. Die Steinfestigkeit muß mindestens 12 N/

mm² betragen. Der Mörtel muß MG III entsprechen und besonders dicht und sorgfältig aufgebracht werden (Abb. 5.4.2/3).

Die Bewehrungsstäbe dürfen glatt, gerippt oder profiliert sein (BST IV, bei geschweißten Bewehrungselementen). Die Bewehrung wird in jeder 2. Lagerfuge eingelegt. Es sind mindestens 4 Stäbe je Meter Wandhöhe anzuordnen mit einem maximalen Abstand von 25,0 cm. Die Stäbe werden über ganze Feldlänge ohne Stoß verlegt und in den Pfeilern (Stahlbeton) gemäß DIN 1045 verankert. Bei freistehenden Wänden beträgt die Mörteldeckung 2,0 cm. Der Abstand zwischen dem Stabstahl und dem Stein muß mindestens 5 mm betragen. Insgesamt darf die Lagerfuge die Dicke von d = 2,0 cm nicht überschreiten.

Empfohlene Pfeilerabstände für be-

Tab. 5.4.2/1 Zulässige Größe der Mauerfläche [m²]

Wand-dicke [cm]	Höhe über Gelände			
	0 bis 8 m		8 bis 20 m	
	$\varepsilon = 1,0$	$\varepsilon \geq 2,0$	$\varepsilon = 1,0$	$\varepsilon \geq 2,0$
11,5	16	10,6	10,6	6,6
17,5	20	14	13	9
$\geq 24,0$	36	25	23	16

Seitenverhältnisse $1,0 > \varepsilon < 2,0$ können geradlinig interpoliert werden

Tab. 5.4.2/2 Pfeilerabstände

Wanddicke [cm]	Wandhöhe [m]	Abstand der Pfeiler [m]	Pfeiler St. 37-2*	Stahlbeton** b/d [cm]
11,5	0–2,00	5,00	IPE 140	12/24
	2,00–3,00	4,00		
17,5	0,70–2,00	6,00	IPE 200	24/18
	2,00–3,00	5,00		
$\geq 24,0$	1,30–2,00	8,00	IPE 260	24/24
	2,00–3,00	6,00		

* feuerverzinkt
** Betongüte und Bewehrung nach statischer Berechnung

Tab. 5.4.2/3 Pfeilerabstände für bewehrte, freistehende Wände

Wanddicke d [cm]	Pfeilerabstand e [m]	Betonstabstahl/m Bst III/ϕ mm (beidseitig)
11,5	3,00	4ϕ6
17,5	5,00	4ϕ6
24,0	6,00	4ϕ6
	7,50	4ϕ8

wehrte freistehende Wände siehe Tab. 5.4.2/3:
0–8,00 m über Gelände
Steinfestigkeit 12,0 N/mm²
Mörtelgruppe III
Betonstahl BST 500 S

Die Pfeiler sind statisch nachzuweisen. Schalmaße und Bewehrung nehmen mit der Wandhöhe zu. Auf die Bewehrung der Mauerflächen hat die Mauerhöhe keinen Einfluß.

5.5 Mauerköpfe

Die Mauerkrone muß gegen Niederschlagsfeuchtigkeit mit großen Steinen oder Platten abgedeckt werden. Die Abdeckelemente sollen ein Seitengefälle von mindestens 0,5%, – bei einseitigen Mauern gegen den Hang –, haben. Längsfugen sind in der Abdeckung nicht erlaubt. Stoßfugen sind senkrecht zur Mauerachse anzuordnen. Um das Wasser von der Ansichtsfläche fern zu halten, ist eine Wassernase im Abstand von mindestens 3 cm von der Mauerkante erforderlich.

5.5.1 Hauben und Abdeckplatten

Bei Ziegelmauerwerk eignen sich Beton-Fertigteilplatten, die in Zementmörtel (MG III) verlegt werden (Abb. 5.5.1/1). Die Stoßfugen sind mit dauerplastischem Fugenmaterial zu schlie-

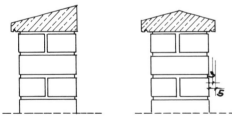

Abb. 5.5.1/1   Abdeckplatte aus Beton

Abb. 5.5.1/2   Abdeckung mit Zinkblech o. ä.

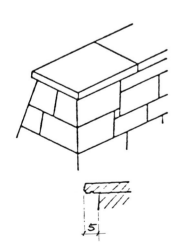

Abb. 5.5.1/3   Abdeckung von Natursteinmauern

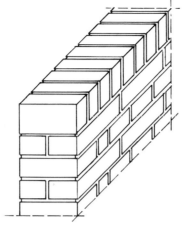

Abb. 5.5.2/1   Rollschicht bei Ziegelmauerwerk

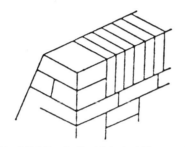

Abb. 5.5.2/2   Rollschicht bei Natursteinmauerwerk

ßen. Ebenso eignen sich Zink- und Aluminiumbleche, die aufgenagelt oder -geschraubt werden (Abb. 5.5.1/2). Bei Zinkblechen werden die Nagel- oder Schraubenköpfe durch aufgelötete Kappen geschlossen. Weiterhin können Welleternithauben, Dachziegel o. ä. Materialien verwendet werden.

Bei Natursteinmauern werden Abdeckplatten aus demselben Material verwendet. Sie sollten ebenfalls einen entsprechenden Abstand haben (Abb. 5.5.1/3).

5.5.2 Rollschichten

Rollschichten (Abb. 5.5.2/1 und 2) sind problematisch, da sich unterhalb dieser

Schicht oft Ausblühungen, Auslaugungen, vermooste oder zerstörte Fugen zeigen. Die Ursache liegt i.a. in einer schlechten Wasserführung oder einer mangelhaften Ausführung. Es sollen daher bei Ziegelmauerwerk nur ungelochte Vollklinker verwendet werden, die mit Traßkalkmörtel folgender Zusammensetzung gemauert werden:
1,0 Rt hochhydraulischer Traßkalk
2,5 Rt Sand ⌀ 0–3 mm

Rollschichten sollen schwach geneigt sein, damit das Niederschlagswasser abfließen kann. Außerdem muß die Fuge hohlraumfrei vermörtelt werden.

5.6 Dossierung/Anlauf

Natursteinmauern sind materialaufwendig, besonders wenn sie als Stützmauern (Schwergewichtsmauern) verwendet werden. Um Material zu sparen, erhalten sie daher oft einen vorderen oder/und hinteren Anlauf (Dossierung, Abb. 5.6/1). An der Sichtseite verhindert die Dossierung gleichzeitig ein optisches »Überhängen« der Mauer. Die Neigung beträgt ca. 10 bis 20%.

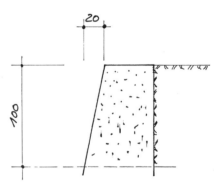

Abb. 5.6/1   Beispiel einer Dossierung von 20%

5.7 Ausführung von Mauerwerk bei Frost

Bei niedrigen Temperaturen wird die Erhärtung des Mörtels verzögert, bei Frost tritt ein Stillstand ein, der zu einer bleibenden Beeinträchtigung der Mörtelfestigkeit führen kann. Mauerwerk kann daher bei Temperaturen in der Nähe des Gefrierpunktes nur unter besonderen Schutzmaßnahmen ausgeführt werden.

Diese können sein:
1. Abdecken aller Baustoffe (Steine und Zuschlage) zum Schutz gegen Feuchtigkeit.
2. Verwendung reiner Sande ohne bindige Bestandteile.

3. Keine Verwendung von Mörtel der MG I.
4. Aufbereitung des Mörtels erst kurz vor der Verarbeitung.
5. Erwärmen des Wassers oder des Zuschlags, so daß der Mörtel beim Auftrag eine Temperatur von mindestens + 10° C hat. Es dürfen keine gefrorenen Zuschläge verwendet werden.
6. Abdecken des frisch erstellten Mauerwerks, um das Abfließen der Hydrationswärme zu verhindern.

Auf gefrorenem Mauerwerk darf nicht weitergemauert werden. Ebenso ist zu prüfen, ob Mauerwerk bereits durch Frost geschädigt ist. In diesem Fall ist es abzutragen. Der Einsatz von Tausalzen vor dem Weitermauern ist nicht zu empfehlen, da infolge chemischer Prozesse Schäden im Mörtel (Festigkeitsverlust) und in den Steinen (Ausblühen) auftreten können.

5.8 Gründung

Unter Gründung versteht man das Absetzen eines Bauwerks auf den Baugrund (Boden). Hierbei übernimmt das Gründungsbauwerk (Fundament) i.w. zwei wichtige Funktionen: Es muß erstens die Lasten sicher in den Untergrund leiten und zweitens den Baukörper vor Schäden (Setzungsrisse, aufsteigende Feuchtigkeit etc.) schützen. Aus diesen Gründen ist die richtige Wahl der Fundamente ein wesentlicher Faktor für die Güte des darauf zu errichtenden Bauwerks.

5.8.1 Baugrund

Der Baugrund wird wegen seines unterschiedlichen Verhaltens bei Belastung nach DIN 1054 unterteilt in gewachsenen Boden (Lockergestein), Fels (Festgestein) und geschütteten Boden.

5.8.1.1 Gewachsener Boden

Man spricht von einem gewachsenen Boden, wenn er durch einen abgeklungenen, erdgeschichtlichen Vorgang entstanden ist. Folgende Hauptgruppen werden unterschieden:
a) Nichtbindiger Boden:
Nichtbindige Böden sind i.w. grobkörnige oder gemischtkörnige Böden nach DIN 18196 (Sand, Kies, Steine), wenn der Gewichtsanteil der Bestandteile mit Korngrößen über 0,06 mm ⌀ größer als 15% ist.
b) Bindige Böden:
Hier handelt es sich um Tone, tonige Schluffe sowie ihre Mischungen mit nichtbindigen Böden, wenn der Gewichtsanteil der Korngrößen unter 0,06 mm ⌀ größer als 15% ist.

c) Organische Böden:
Organische Böden sind Torf, Faulschlamm oder Böden nach a) oder b), wenn der Gewichtsanteil organischer Bestandteile bei nichtbindigen Böden mehr als 3%, bei bindigen Böden mehr als 5% beträgt.

5.8.1.2 Fels

Im Rahmen der DIN 1054 werden alle Festgesteine mit Fels bezeichnet.

5.8.1.3 Geschütteter Boden

Unter einem geschütteten Boden versteht man einen Baugrund, der durch Aufschütten oder Aufspülen hergestellt worden ist. Geschütteter Boden kann verdichtet oder unverdichtet sein. Er gilt als verdichtet, wenn er entsprechend DIN 18127 eine 100% Proctordichte erzielt hat.

5.8.2 Baugrundverhalten

Belastete Fundamente erzeugen im Baugrund Spannungen und Verformungen, die der Bodenart entsprechende, unterschiedliche Reaktionen hervorrufen.

5.8.2.1 Setzungen

Durch die Bauwerkslasten entstehen im Baugrund vertikale Verschiebungen (Setzungen), i.w. durch das Zusammendrücken der oberen Bodenschichten. Gleichmäßige Setzungen gefährden nicht die Standsicherheit und führen nicht zu Bauwerksschäden. Erst wenn durch unterschiedliche Lasten oder heterogene Bodenverhältnisse Setzungsunterschiede entstehen, sind Schäden am Bauwerk zu erwarten. Diese können durch Stahlbetonfundamente oder durch Ausbildung von Raumfugen verhindert werden. Bei nichtbindigen Böden treten die Setzungen weitgehend beim Aufbringen der Last (während der Bauzeit) auf. Hier wird das Korngerüst je nach Lagerungsdichte durch Umlagerung der Bodenteilchen zusammengedrückt. Die Setzungen sind i.a. kleiner als bei bindigen Böden. Bei bindigen Böden hängt die Größe der Setzung von der Verformbarkeit des Korngerüsts ab. Sie erstreckt sich über einen längeren Zeitraum, währenddessen das Wasser aus den Poren verdrängt wird. Dabei tritt zunächst ein Porenwasserüberdruck ein, dessen Abklingen bei gleicher Abgabe von Porenwasser ein Maß für die Konsolidierung des Bodens ist.

5.8.2.2 Grundbruch

Bei zunehmender Last wird der Boden seitlich verdrängt, bis das Fundament

schließlich im Boden versinkt. Dieses Verhalten nennt man Grundbruch. Die Grundbruchgefahr wächst mit abnehmender Breite und Einbindetiefe des Fundaments, mit abnehmender Scherfestigkeit des Bodens sowie mit zunehmender Exzentrizität und Neigung der Last. Sie nimmt bei steigendem Grundwasserspiegel und abnehmender Rohdichte des Bodens zu. Bei bindigen Böden spielt die Höhe des Wassersättigungsgrades eine wichtige Rolle, da bei schneller Belastung durch Fundamente evtl. die Scherfestigkeit im Boden nicht mit der Zunahme der Druckspannungen Schritt hält. Bei Stützmauern oder Böschungen kann der Grundbruch auch als Geländebruch oder Böschungsbruch auftreten.

5.8.2.3 Kippen und Gleiten

Bodenplatten von Stützbauwerken, die vornehmlich Horizontalkräfte aufnehmen, werden auf Kippen und Gleiten beansprucht. Beim Kippen dreht sich theoretisch das Fundament ohne vorausgehende Bodenverformung und Grundbruch um seine Kante, sobald die Kraftresultierende diese überschreitet.

Ein Bauwerk gleitet, wenn die in der Sohlfläche angreifende Horizontalkraft größer ist als die entgegenwirkende Scherkraft. Die Gefahr des Gleitens verringert sich, wenn vor dem Bauwerk Boden liegt, der einen Erdwiderstand aufbauen kann.

5.8.3 Flächengründungen

Im Landschaftsbau werden fast nur Flächengründungen ausgeführt. Damit wird eine Gründungsart bezeichnet, die alle anfallenden Lasten (senkrechte, geneigte, mittige und ausmittige) in der Sohlfläche abträgt, unabhängig davon, ob es sich um eine Flach- oder Tiefgründung handelt. Die zulässige Belastung des Bodens ist begrenzt durch die für das Bauwerk erträglichen Setzungen und einer ausreichenden Grundbruchsicherheit. Die Werte können i.d.R. den Tabellen der DIN 1054 entnommen werden. Sicherheiten gegen Kippen und Gleiten sind bei entsprechender Belastung ebenfalls einzubeziehen.

Im Landschaftsbau handelt es sich in sehr vielen Fällen um Bauwerke von untergeordneter Bedeutung oder um Bauwerke mit geringer Flächenbelastung. In diesen Fällen kann von einer frostfreien Gründungstiefe (mindestens 0,80 m unter OK Boden) abgesehen werden. Die Gründung muß aber stets frostbeständig ausgeführt sein. Zwischen der Fundamentsohle und dem Baugrund ist in diesem Fall eine verdichtete Frostschutzschicht aus Sand/

Kies oder Schotter von mindestens 25 cm Dicke einzubauen.

Die Art der Gründung ist von der Beschaffenheit des zu gründenden Bauwerks abhängig. So kann bei einer Trockenmauer auf die Ausbildung eines starren Fundamentes verzichtet werden, da diese Mauer auf Grund ihrer unstarren Bauweise Bewegungen aus Setzungen oder Auffrieren unbeschadet abbaut.

Es genügt daher, unter Trockenmauern oder auch Blockstufen in geringer Anzahl ein verdichtetes Lager aus Schotter oder Schlacke.

Mit Mörtel hergestellte Mauern oder größere Treppenanlagen sind auf einem starren Fundamentkörper frostfrei zu gründen. Die Gründungssohle muß mindestens 0,80 m unter Geländeanschluß liegen, in besonders gefährdeten Gebieten kann eine Tiefe bis zu 1,50 m erforderlich werden.

Die Fundamentkörper werden wie folgt unterschieden:

5.8.3.1 Streifenfundamente

Streifenfundamente haben die Form eines Balkens und liegen i. a. gleichmäßig auf dem Untergrund auf (elastisch gebettet). Die Breite sollte schon aus Gründen des Bodenaushubs 40 cm nicht unterschreiten. Bei unbewehrten Fundamenten ist die Fundamenthöhe mindestens so zu wählen, daß die Abtragung der Last unter einer Lastausbreitung von l/n nicht überschritten wird (siehe Tab. 5.8.3.1/1).

Tab. 5.8.3.1/1 n-Werte der Lastausbreitung nach DIN 1045

Bodenpressung [MN/m²]	0,10	0,20	0,30
B 5	1,6	2,0	2,0
B 10	1,1	1,6	2,0
B 15	1,0	1,3	1,6
B 25	1,0	1,0	1,2

Die Fundamentsohle muß stets horizontal liegen. Bei Hanggelände kann ein Fundament unter Einhaltung der Frostfreiheit senkrecht abgestuft werden. Das Mauerwerk soll an der Fundamentoberkante überstehen (Schattenkante), damit eine Tropfkante möglich wird.

5.8.3.2 Punktfundament

Unter Stützen und Pfeilern werden i. a. Einzelfundamente mit quadratischer Grundfläche angeordnet. Diese geben die Last punktförmig an den Baugrund

ab. Da hierbei eine räumliche Tragwirkung des Fundamentkörpers berücksichtigt werden kann, dürfen bis zu einem Seitenverhältnis von 2 und bei Kreisfundamenten die zulässigen Bodenpressungen i. a. um 20 % erhöht werden.

5.8.3.3 Plattenfundament

Fundamentplatten sind flächenartige Fundamentkörper, die ganzflächig aufliegen und elastisch gebettet sind. Sie werden in Stahlbeton ausgeführt und sollen eine Dicke von 15 cm nicht unterschreiten. Die Randbereiche sind besonders beansprucht und erhalten daher i. a. eine obere und untere Bewehrung. Im Landschaftsbau werden vorwiegend Wasserbecken in dieser Form gegründet.

5.8.3.4 Senkbrunnengründung

Soll im Grundwasserbereich gegründet werden, so ist eine Flächengründung über eine Absenkung von Betonbrunnenringe geeignet. Die Brunnenringe werden durch Ausräumen des Innenraumes abgesenkt und anschließend mit Beton gefüllt. Die Lastabtragung entspricht der eines Kreisfundamentes. Der Ring hat dabei die Funktion einer Schalung.

5.9 Anwendungsbeispiele für den Garten K.

Innenhof und Garten sollen von der Auffahrt durch eine Sichtschutzwand abgeschirmt werden. Da an anderer Stelle auf eine Ausführung in Holz bereits eingegangen wird, werden hier Möglichkeiten aufgezeigt, die Wand als massive Mauer herzustellen.

Betonwände
Als Baustoffe bieten sich dabei grundsätzlich Beton und Mauerwerk an.

Betonwände in unbewehrter Form oder als Stahlbeton trifft man im Bereich des Hausgartens selten an. Hier spielen architektonische und wirtschaftliche Gesichtspunkte eine große Rolle. Die räumliche Nähe zur Gebäudewand bedingt i. a. eine Baustoffwahl, die den mit Mauerziegeln/Kalksandsteinen verblendeten oder auch geputzten Gebäuden entspricht, so daß dem Beton lediglich als Fundament die Aufgabe zufällt, die Lasten sicher in den Baugrund zu leiten und die Bodenfeuchte von der Mauer fernzuhalten.

Auch wirtschaftlich ist Beton dem Mauerwerk unterlegen. Da mit den seitlichen Windkräften nur geringe Lasten

angreifen, können Sichtschutzwände aus Mauerwerk in günstigen Dicken (d = 24,0 bis 36,5 cm) hergestellt werden. Ortbetonwände verursachen hohe Schalungskosten, bei Stahlbetonfertigteilen machen die Montagekosten ihre Anwendung unwirtschaftlich. Erst bei hohen Seitenkräften wie z. B. bei Stützmauern wird auf Beton zurückgegriffen.

Dabei läßt sich Beton vielseitig gestalten. Die Oberfläche kann durch eine besonders ausgeprägte Holzschalung oder mit Schalungsmatrizen strukturiert werden. Es lassen sich Öffnungen oder Vor- bzw. Rücksprünge jeglicher Art ausführen. Bei einer Wandhöhe von ca. 1,80 m kann die Wanddicke klein dimensioniert werden.

Die nach DIN 1045 vorgeschriebene beidseitige Netzbewehrung verhindert unliebsame Schwindrisse. Sichtbeton erfordert bei der Herstellung eine besondere Wahl des Mehlkorngehaltes und des Größtkorns (Sieblinie), sowie eine sorgfältige Verdichtung und Nachbehandlung.

Ortbetonwände sollen eine Dicke von d = 15,0 cm nicht unterschreiten, da ansonsten eine sorgfältige Ausführung nicht mehr gewährleistet ist. Stahlbetonfertigteile werden i. a. dünner hergestellt. Hier sind die guten technischen Vorgaben im Werk (Stahlschalung, Rütteltische etc.), sowie die höheren Betongüteklassen ausschlaggebend. Stahlbetonwände haben eine hohe Lebensdauer, doch werden sie infolge Witterungseinflüssen mit der Zeit unansehnlich. Es empfiehlt sich daher, die Sichtflächen mit einem Streich- oder Spritzmittel auf Silicon- oder Kieselsäurebasis zu konservieren. Diese Mittel sind sowohl farblos als auch in unterschiedlichen Tönungen im Handel.

Im vorliegenden Fall kann eine Ausführung in Stahlbeton ernsthaft erwogen werden. Da das ursprüngliche Gelände ca. 1,70 m tiefer liegt, macht die Gründung einer massiven Mauer Schwierigkeiten. Ein elastisch gebettetes Streifenfundament ist nur möglich, wenn der Baugrund oberhalb des gewachsenen Bodens durch eine entsprechende Kornzusammensetzung und lagenweise Verdichtung eine ausreichende Standfestigkeit erhält.

Da eine Stahlbetonwand sich selbst trägt, kann auf ein durchgehendes Fundament verzichtet werden. Es genügt, sie an einzelnen Punkten abzusetzen, in denen z. B. über abgesenkte und danach ausbetonierte Brunnenringe die Lasten auf den gewachsenen Boden in ca. 1,70 m Tiefe abgesetzt werden.

Beispiel (Abb. 5.9/1)
Es wird eine Stahlbetonwand in Ortbeton hergestellt. Die Wanddicke beträgt

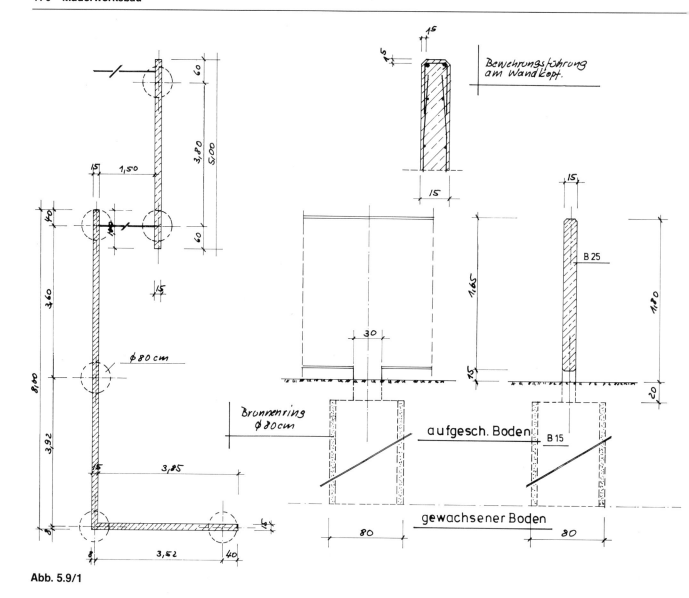

Abb. 5.9/1

d = 15,0 cm. Eine Ausführung als Stahl-betonfertigteil wird nicht empfohlen, da wandartige Elemente i. a. auf Rütteltischen gefertigt werden. Sie haben daher nur eine Sichtbeton-Ansichtsfläche. Die Gegenfläche ist abgezogen und gespachtelt.

Betontechnologische Angaben:
Sichtbeton: B 25
          Mehlkorngehalt: 400 kg/m³
          Sieblinie: A_{32}/B_{32} – Mitte –
Bewehrung: BST 500 M Baustahl-
          matte
          BST 500 S Betonstab-
          stahl

Die Gründung erfolgt mit Brunnen-ringen ⌀ 80 cm. Die Ringe werden abge-senkt oder vor dem Aufschütten des Bodens aufgestellt. Bis zu einer Gelände-höhe von − 0,50 m werden die Ringe mit Beton − B5 − gefüllt. Im oberen Bereich wird eine Betongüte B15 ver-wendet, da hier die Anschlußbeweh-rung der Wände einbindet.

Steinwände
Eine Ausführung in Mauerwerk bietet viele Gestaltungsmöglichkeiten. Die Mauer kann z. B. ein- oder mehrschalig, in Natursteinen, Ziegel- oder Kalksand-steinen ausgeführt werden.

Um wirtschaftlich zu bauen, wird zu-nächst die Mindestdicke unter Berück-sichtigung der Windlast nach DIN 1055 Blatt 4 ermittelt. Sie beträgt bei einer freistehenden Mauer und einer Stein-rohdichte γ = 2,0 kg/dm³

$$d_{erf} = \sqrt{\frac{H}{22}} \qquad \begin{array}{l} H = Wandhöhe \quad m \\ d = Wanddicke \quad m \end{array}$$

Legt man eine Höhe von H = 1,80 m zugrunde, so wird die Dicke 0,29 m. Das entspricht dem Mauermaß von d = 30,0 cm. Bei einer zweiseitigen Mauer dieser Dicke bietet sich ein einschaliges Sicht-mauerwerk aus Mauerziegeln oder Kalksandsteinen an. Auch ein Natur-steinmauerwerk aus Hart- oder Weich-gestein ist möglich. In diesem Fall ist

ein regelmäßiges Schichten- oder Qua-dermauerwerk mit 30,0 cm dicken Stei-nen zu empfehlen.

Ziegel- oder Kalksandsteinmauern müssen aus frostbeständigen Materia-lien bestehen (Vormauerziegel oder Klinker). Bei einer Ziegelmauer gibt es viele Möglichkeiten der Farb- und Ober-flächengestaltung. Das fertige Mauer-werk läßt sich z. B. durch Absäuern gut reinigen und muß nicht nachbehandelt werden.

Da aber im vorliegenden Fall die Au-ßenwände des Gebäudes mit KS-Vor-mauerziegeln verblendet sind, wird die-se Steinart übernommen.

Wie bei der Ausführung in Beton ist hier eine Nachbehandlung mit einem wasserabweisenden Anstrich auf Sili-con- oder Kieselsäurebasis erforderlich. Zum Säubern der Wandoberfläche bie-tet der Markt entsprechende Mittel an, da säurehaltige Lösungen den Stein an-greifen.

Es werden drei Ausführungsmöglich-

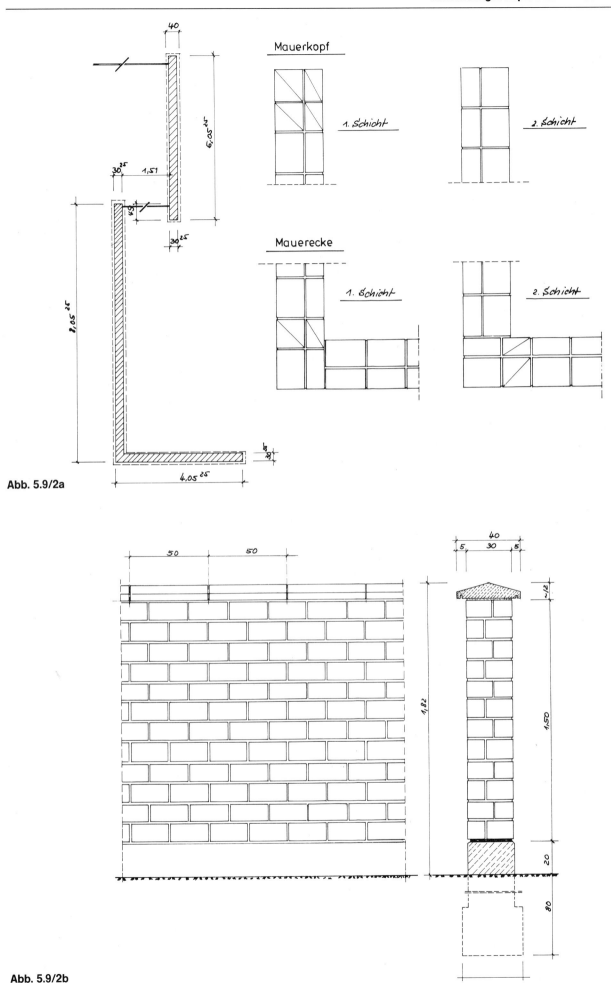

Mauerkopf

1. Schicht

2. Schicht

Mauerecke

1. Schicht

2. Schicht

Abb. 5.9/2a

Abb. 5.9/2b

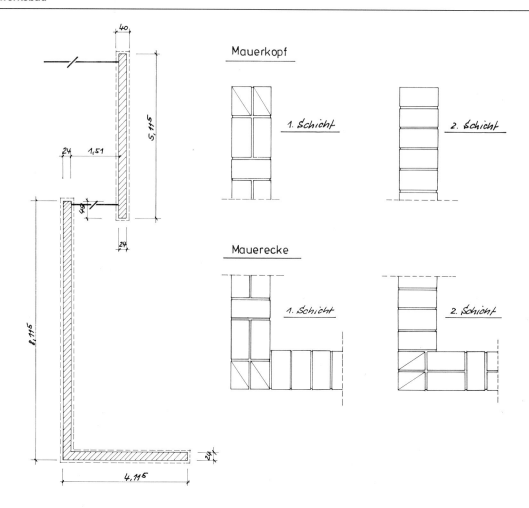

Abb. 5.9/3a

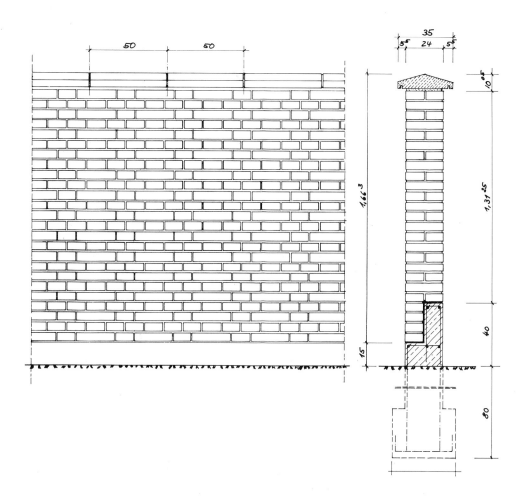

Abb. 5.9/3b

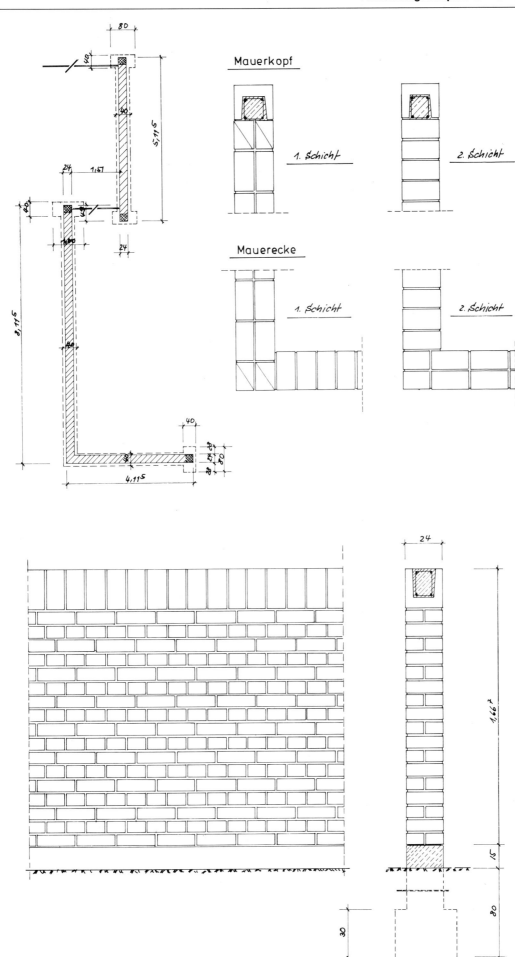

Abb. 5.9/4a

Mauerkopf

1. Schicht

2. Schicht

Mauerecke

1. Schicht

2. Schicht

Abb. 5.9/4b

keiten vorgestellt, die voraussetzen, daß der Baugrund gut verdichtet, die Fundamente frostfrei gegründet und elastisch gebettet sind.

1. *Wanddicke: d = 30,0 cm (Abb. 5.9/2a+b)*
   Es werden folgende Steinformate verwendet:
   KSVb 20/18 – 3DF DIN 106 (240/175/113)
   KSVb 20/18 – 2DF DIN 106 (240/115/113)
   Vertauscht man die Steinbreiten in den einzelnen Lagen, so greifen die Steine in der Mauermitte um 6,00 cm über. Es bietet sich daher ein einfacher Läuferverband an, bei dem die Steine um eine halbe Steinlänge versetzt sind. Die Wandlängen ergeben sich aus der Ausführung der Mauerköpfe und der Mauerecke.
   Die Streifenfundamente (Betongüteklasse – B10 –) bleiben unbewehrt und werden bis zu einer Sockelhöhe von 20,0 cm hochgeführt. Zum Schutz gegen aufsteigende Bodenfeuchte wird zwischen Mauerwerk und Sockel eine Bitumenpappe (o. ä. Material) eingelegt. Die Mauer wird mit einem satteldach-formatigen Betonfertigteil abgedeckt. Die quer zur Mauerlänge liegenden Fugen werden mit einem dauerplastischen Material ausgespritzt.

2. *Wanddicke: d = 24,0 cm (Abb. 5.9/3a+b)*
   Bei einer freistehenden Wand ist nur eine Höhe von H = 22 × 0,24² = 1,27 m zulässig. Dieser Wert ist bei der Ausführung von ca. 1,41 m überschritten, doch kann man davon ausgehen, daß die in DIN 1055 angegebenen Windlasten im Bodenbereich nicht voll auftreten. Auf der Gartenseite verbleibt eine Sockelhöhe von 40,0 cm. Hier wird eine Pflanzung angeordnet, die den Sockel verdeckt.

Das Mauerwerk an der Zufahrt wird als Verblendmauerwerk bis auf eine Sockelhöhe von 15,0 cm herabgeführt.
Steinformat: KSVb 20/18 – 1 DF DIN 106 (240/115/52)
Da nur ein Steinformat verwendet wird, muß der Verband eine ausreichende Anzahl Binder aufweisen. Es wird der »Holländische« Verband gewählt, bei dem Binder- und Binder/Läuferschichten einander abwechseln.
Der Fundamentsockel wird in Stahlbeton (Betongüteklasse – B15 –) ausgeführt. Die Bewehrungsführung ist angedeutet. Im übrigen gelten die Angaben unter 1.

3. *Wanddicke: d = 24,0 cm (Abb. 5.9/4a+b)*
   Eine weitere Möglichkeit bietet die vierseitig gehaltene Wand. Oberer Wandriegel und Stützen werden in wasserundurchlässigem Stahlbeton (B 25 wu) ausgeführt. Als Schalung dienen U-Schalen aus frostbeständigem Steinmaterial, die wie eine Grenadierschicht die Mauerkrone bilden. Die U-Schalen werden mit Traß-Kalkmörtel vermauert.
   Steinformat: KSVb 20/18 – NF DIN 106 (240/115/71)
   Die Steine werden im Kreuzverband verlegt, bei dem Binder- und Läuferschichten miteinander wechseln. Die Läuferschichten sind wiederum um eine halbe Steinlänge versetzt.
   Die Streifenfundamente sind im Bereich der Stützen in Windrichtung vergrößert. Hier ist eine Bewehrung erforderlich, um die Momente im Stützenanschnitt weiterzuleiten. Ansonsten werden die Streifenfundamente unbewehrt ausgeführt.
   Betongüteklassen: – B 15 –.
   Alle übrigen Angaben können von 1. übernommen werden.

Literatur

Baetzner, A.: Natursteinarbeiten im Garten- und Landschaftsbau. Ulmer Fachbuch Garten- und Landschaftsbau. Stuttgart: Ulmer Verlag.

Belz, W. u. a., 1984: Mauerwerk-Atlas. Deutsche Gesellschaft für Mauerwerksbau, Essen.

Brechner, H., u. a.: Kalksandstein, – Planung, Konstruktion, Ausführung –. Düsseldorf: Beton-Verlag.

Bundesverband Dt. Beton- und Fertigteilindustrie: Betonwerkstein Handbuch. Düsseldorf: Beton-Verlag.

Dt. Gärtnerbörse Aachen: Der Werkstoff Naturstein. Entstehung, Bearbeitung und Verwendung in den gärtnerischen Anlagen. Deutscher Naturwerksteinverband. Bauen mit Naturstein. Würzburg: Dt. Naturwerksteinverband.

DIN Taschenbuch 68 / Bauwesen 3. Normen über Mauerwerksbau. Berlin, Wiesbaden: Beuth Bauverlag.

Frick/Knöll/Neumann: Baukonstruktionslehre Teil 1 + 2. Stuttgart: B. G. Teubner.

Funk, P.: Mauerwerk-Kalender (Jahrbuch). Berlin: Ernst & Sohn.

Kersler, J., Luz, H., u. a.: Beton im Garten- und Landschaftsbau. Stuttgart: Ulmer Verlag.

Lehr, R., 1981: Taschenbuch für den Garten- und Landschaftsbau, 3. Aufl. Berlin, Handbuch: Verlag Paul Parey.

Otto, P.: Werkstoffkunde für Steinmetzen und Steinbildhauer. Hamburg: Handwerk & Technik.

Pohl, R., Schneider, K.-J., Wormuth, R., u. a.: Mauerwerksbau, – Konstruktion, Berechnung und Ausführung nach DIN 1053 – Teil 1 + 2. Wiesbaden: Bauverlag.

Schneider, K. H., u. a.: KS-Mauerwerk, Konstruktion und Statik. Düsseldorf: Beton-Verlag

6 Holzbau H.-D. Schmidt

6.1 Der Baustoff Holz

Holz wird im Garten-, Landschafts- und Sportplatzbau in vielfältiger Form verwendet.

Es gilt als ›warmer‹ Baustoff und genießt dadurch auf verschiedenen Gebieten zu Recht Vorrang vor anderen Baumaterilien. Als wichtige Anwendungsgebiete seien aufgeführt (Abb. 6.1/1-7):

- Bodenbeläge in Form von Pflaster und Decks
- Raumbildende und -abgrenzende Elemente (Zäune, Sichtschutzwände)
- Stützende Elemente bei Höhenunterschieden (Höhenstaffelungen in geneigtem Gelände, Hochbeete, Pflanzgefäße)
- Pergolen, Rankgerüste
- Treppen
- Ausstattungen (Bänke, Spielgeräte)

6.1.1 Aufbau des Holzes

Holz ist der von Rinde und Bast umgebene Teil der Stämme, Äste und Zweige von Bäumen und Sträuchern. Es wird gebildet aus dem chemischen Elementen C, H, O, N und Mineralsubstanzen. Bei einem Schnitt quer zur Achse eines Stammes (Hirnschnitt) wird der makroskopische Aufbau sichtbar: Markstrahlen, Holzteil (Kern- und Splintholz), Rinde (Bast und Borke) (Abb.

Abb. 6.1/1 Pflanzgefäß als Gliederungselement

Abb. 6.1/2 Abgrenzung

Abb. 6.1/3   Abgrenzung und Sichtschutz

Abb. 6.1/4   Abgrenzung und Rankhilfe (einhüftige Pergola)

**Abb. 6.1/5   Abgrenzung und Sichtschutz
(mit falsch angeordneter Stahllasche)**

Abb. 6.1/7   Palisadenwand

Abb. 6.1/6   Flächiges Rankgerüst

6.1.3/1). Nach dem Aufbau der Zellverbände unterscheidet man Leit-, Festigungs- und Speichergewebe.

Der mikroskopische Aufbau dagegen zeigt Unterschiede zwischen den Laub- und Nadelhölzern. Der Zellaufbau bei den erdgeschichtlich älteren Nadelgehölzen ist einfacher als bei den erdgeschichtlich jüngeren Laubgehölzen.

Der Werkstoff Holz ist inhomogen, d. h., er ist aus verschiedenen Bauteilen aufgebaut und er ist anisotrop, d. h., er besitzt in verschiedenen Richtungen (Faserrichtung, Markstrahlrichtung, Jahresringrichtung) unterschiedliche Eigenschaften.

6.1.2   Chemisch-technische Eigenschaften

Holz besteht vorwiegend aus
Zellulose 40–60% d. Trockengewichtes
Kohlehydrate,
Hemizellulose 15–20%
Lignin 15–40%,
ferner in den Zellwänden aus Gerb- und Farbstoffen, in den Hohlräumen befinden sich Öle, Wachse, Harze und Gummi.

Die fadenförmig aufgebauten Moleküle der Zellulose sind in sich kettenförmig verknüpft und bilden durch die weitere Verknüpfung mit Nachbarketten die Grundlage für die hohe Zugfestigkeit des auf diese Weise entstehenden Zellulosegerüstes. In dieses Zellulosegerüst lagert sich das Lignin – ein Benzolderivat – ein und verleiht ihm so die Steifigkeit. Wie alle organischen Verbindungen unterliegt auch Holz chemischen Umsetzungen. Diese werden durch Licht, Feuchtigkeit, Sauerstoff in Gang gesetzt und durch mechanische Einwirkungen der Atmosphärilien wie Hagel, Schlagregen, Wind, Frost verstärkt. Durch diese ›Verwitterung‹ verändert sich sowohl die Farbe (Ausblei-

chen, Vergrauen) als auch die Oberfläche (Rauhwerden) und ermöglichen so den biologischen Angriff durch Pilze und Insekten.

Nadelhölzer sind i. a. beständiger als Laubhölzer. Beiden gemeinsam ist die abnehmende Widerstandfähigkeit von Salzen über verdünnte Säuren zu Alkalien.

Holz selbst fördert unter Umständen auch die Korrosion anderer Materialien, z. B. von Metallen. Drahtstifte rosten in feuchtem Holz. Es bilden sich dann am Holz sogenannte Rostfahnen. Der Ausziehwiderstand der Drahtstifte vergrößert sich allerdings hierdurch.

6.1.3 Physikalisch-technische Eigenschaften

Unter *Rein*dichte versteht man die Masse des Holzstoffes ohne Zellhohlräume. Sie liegt für alle Holzarten im Mittel bei 1,50 kg/dm³.

Unter *Roh*dichte dagegen versteht man die Masse des Holzstoffes einschließlich der Zellhohlräume und Inhaltsstoffe. Sie schwankt naturgemäß sehr. Großzelliges Holz ist leicht und hat bei 12 % Holzfeuchte eine Rohdichte von etwa 0,04 kg/dm³, Pockholz als kleinzelliges, also schweres Holz dagegen von etwa 1,35 kg/dm³. Leichtes Holz hat im allgemeinen eine geringere Festigkeit aufzuweisen als . schweres Holz. (Balsaholz 1 Zelle/mm³, Buchsbaum 200 Zellen/mm³).

Die Wärmeleitfähigkeit trockenen Holzes ist gering. Holz ist ein guter Isolator. Leichtes Holz ist aufgrund des luftgefüllten Porenvolumens leitfähiger als schweres Holz. Alle Hölzer sind normal entflamm- und brennbar. Die Abbrandgeschwindigkeit ist jedoch wegen der o. a. Wärmeleitfähigkeit gering. Zudem bildet sich oberflächlich eine Holzkohleschicht, die den Zutritt von Sauerstoff verhindert und dadurch feuerhemmend wirkt.

In darrtrockenem Zustand isoliert Holz gut gegenüber elektrischem Strom, es besitzt also auch eine geringe elektrische Leitfähigkeit. Sie nimmt aber mit steigendem Feuchtegehalt bis zur Fasersättigung stetig zu. In Faserrichtung ist sie etwa doppelt so hoch wie in Querschnittrichtung.

Unter Feuchtigkeitsgehalt (Holzfeuchte) versteht man die im Holz enthaltene Gewichtsmenge Wasser. Man drückt sie aus als Prozentsatz des Gewichtes von darrtrockenem Holz.

Dieses Darrgewicht stellt sich nach langer Trocknung bei 103–105° C im Darrofen ein.

$$\frac{\text{Feuchtgewicht} - \text{Darrgewicht}}{\text{Darrgewicht}} \cdot 100$$
$$= \text{Holzfeuchte in \%}$$

Leichte Hölzer mit großem Porenvolumen können durchaus eine Holzfeuchte von 200 % aufweisen.

Holz ist hygroskopisch, d. h. sein Feuchtegehalt paßt sich dem der Umgebung an. Der Trocknungsvorgang beginnt unmittelbar nach dem Fällen und Entrinden des Baumes. Zuerst verdunstet das freie Wasser, das sich zwischen den einzelnen Zellen befindet. Ist dieses Wasser verdunstet, hat das Holz den *Fasersättigungspunkt* erreicht. Dieser variiert bei den einzelnen Holzarten zwischen 20 und 36 %. Bei weiterem Trocknen diffundiert das Wasser aus den Zellwänden heraus. Hierbei treten Veränderungen in der Masse sowie im Volumen auf. Das Holz ›arbeitet‹, es schwindet und quillt. Gleichzeitig verändern sich die physikalischen und mechanischen Eigenschaften.

Durch weiteres Trocknen erreicht Holz letztlich den Zustand der *Ausgleichsfeuchte*, die wiederum abhängig ist von der relativen Luftfeuchte der Umgebung, auf die sich das Holz aufgrund seiner Hygroskopizität durch Schwinden und Quellen einstellt.

Ein Holz, das diesen Zustand erreicht hat, bezeichnet man als lufttrocken. Seine Feuchte liegt etwa bei ¼ bis ⅕ der relativen Luftfeuchte.

Die Volumen-(Maß-)veränderungen des Holzes in Abhängigkeit von der relativen Luftfeuchte verlaufen in den verschiedenen Raumrichtungen des Holzes unterschiedlich. Es ergibt sich folgendes Verhältnis:

achsial : radial : tangential = 1 : 10 : 20
Folgende mittlere Werte wurden für die hiesigen Breiten ermittelt:
  bei normaler Witterung
                        11–15 Masse-%,
  nach längerer Feuchtperiode
                        14–21 M-%,
  dagegen in der Wüste nur 5–6 M-%
Mittlere Werte für Holzfeuchte:
  frisches Bauholz   30 Masse-%
  halbtrockenes Bauholz   20–30 M-%
  trockenes Bauholz   20 M-%
Trocknungsfehler können als Risse, Formveränderungen und Flecken auf der Holzoberfläche auftreten. Je rascher die Trocknung vor sich geht, um so größer ist die Gefahr von Trocknungsfehlern.

Formveränderungen des Holzes hängen auch von der Lage des Holzzuschnittes im Stamm (Kern- oder Splintholz) ab. Die Formveränderung (Verwerfung, Verkrümmung, Windschiefwerden) nimmt zu mit dem Abstand von der Stammitte. Das Kernbrett behält also im wesentlichen seine Form, die Splint- und Tangentialbretter wölben sich mit ihrer Mitte zum Kern des Stammes hin. Die rechte Seite des Brettes, also die dem Kern zugewandte

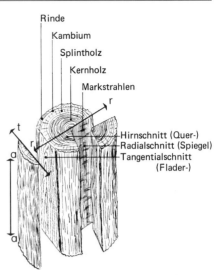

Abb. 6.1.3/1   Stammaufbau, Bezeichnungen, Schnitte. Maßveränderungen durch Trocknung
a = achsial   r = radial   t = tangential

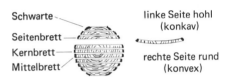

Abb. 6.1.3/2   Brettbezeichnung im Stamm, Verwerfung des Einzelbrettes

Seite wird konvex, die linke Seite, die dem Kern abgewandte Seite, konkav (Abb. 6.1.3/2).

6.1.4 Mechanisch-technische Eigenschaften

Unter diesem Begriff versteht man die Widerstandsfähigkeit des Holzes gegenüber von außen wirkenden Kräften, die zu Spannungen, Verformungen, Dehnungen bis hin zum Bruch durch Überlastung führen können. Die Tabellen 6.1.4/1–3 stellen den ganzen Komplex von Eigenschaften dar, wobei den einzelnen Faktoren ein gewisser Spielraum zugestanden werden muß.

6.2   Holzfehler

Unter Holzfehlern versteht man Merkmale und/oder Eigenschaften sowohl am lebenden Baum als auch beim Bauholz, die eine Verminderung der Güte zur Folge haben.

6.2.1   Wuchsfehler

Als *Abholzigkeit* wird das Abweichen des Stammes von der durchgehenden zylindrischen Form bezeichnet. Die Abholzigkeit ist die übliche Erscheinung,

Tab. 6.1.4/1   Kennwerte wichtiger Bauholzarten (Auszüge)

Holzart	Kurzzeichen nach DIN 4076 Teil I	Rohdichte (g/cm³) in normal klimatisiertem Zustand	mittlere Bruchfestigkeit in N/mm², Zug	Druck	Biegung	Elastizitätsmodul in N/mm²	Festigkeit (gemittelte Bruchfestigkeit aus Biege- u. Druckfestigkeit)	Dauerhaftigkeitsklasse
1	2	3	4	5	6	7	8	9
Nadelhölzer								
Douglasie	DGA	0,54	100	50	80	12000	f	3
Fichte	FI	0,47	80	40	68	10000	mf	4
Kiefer	KI	0,52	100	45	80	11000	f	3
Lärche, europ.	LA	0,59	105	48	93	12000	f	3
Tanne	TA	0,47	80	40	68	10000	mf	4
Laubhölzer								
Afzelia	AFZ	0,79	120	70	115	13500	sf	1
Angelique (Basralocus)	AGQ	0,76	130	70	120	14000	sf	1
Azobe' (Bongossi)	AZO	1,06	180	95	180	17000	sf	1
Buche	BU	0,69	135	60	120	14000	f–sf	5
Eiche	EI	0,67	110	52	95	13000	f	2
Mahagoni, Sipo	MAU	0,59	110	58	100	11000	f	2
Teak	TEK	0,69	115	58	100	13000	f	1
Hainbuche	HB	0,74		54	115	13000	f–sf	5
Robinie		0,77		72	136	14500	sf	2

Tab. 6.1.4/2   Festigkeit (die Werte geben die gemittelte Bruchfestigkeit an)

Bezeichnung	Biegefestigkeit N/mm²	Druckfestigkeit (long) N/mm²
sehr fest	$\geq$ 110	$\geq$ 65
fest	72–110	42–65
mäßig fest	50– 72	30–42
wenig fest	36– 50	21–30
sehr wenig fest	$\leq$ 36	$\leq$ 21

Tab. 6.1.4/3   Dauerhaftigkeit
Beständigkeit von chemisch nicht behandeltem Kernholz gegenüber ungünstigen Verhältnissen (Erdkontakt, Wasserwechselzonen u.a.). Einteilung in Klassen nach DIN 68 364 E

Holzarten (Auswahl)	Zeitdauer	Dauerhaftigkeit Klasse	Resistenz
Afromorsia, Afzelia, Angelique Bongossi (Azobe), Greenheart, Teak,	$\geqq$ 25 Jahre	1	sehr resistent
Eiche, Mahagoni (Sipo), Redcedar, Robinie	$\geqq$ 20	2	resistent
Douglasie, Kiefer, Lärche, Mahagoni versch. Herkünfte,	$\geqq$ 15	3	mäßig resistent
Fichte, Tanne	$\geqq$ 10	4	wenig resistent
Ahorn, Birke, Buche, Hainbuche	$\geqq$ 5	5	nicht resistent

da sich der Stamm zur Krone hin naturgemäß verjüngt. Man bezeichnet die Wuchsform als stumpf kegelförmig. Durch entsprechenden Zuschnitt des Bauholzes wird die Abholzigkeit ausgeglichen.

Einseitiger Wuchs (Krümmungen) entsteht meist durch einseitige Windbelastung. Dabei bilden sich auf der Luv- und Leeseite des Stammes die Jahresringe unterschiedlich aus. Die hierdurch entstehende Benachteiligung kann z.B. bei Kanthölzern und Balken durch entsprechenden Einbau ausgeglichen werden.

Drehwuchs ist an der Art der Trocknungsrisse erkennbar. In vorgegebenen Grenzen sind Abweichungen zulässig.

Verfärbung des Holzes kann verschiedene Ursachen haben. Rot- und Braunstreifigkeit sind in begrenztem Umfang zulässig. Durch Pilzbefall bei Nadelhölzern hervorgerufene Blaufärbung ist durch Behandlung zu bekämpfen. Das Bauteil bedarf eines deckenden Anstrichs. Aus der Sicht der Statik sind diese Bauteile jedoch voll belastbar.

Äste setzen in Abhängigkeit von der Anzahl, dem Durchmesser und der Häufigkeit die Belastbarkeit in bezug auf Festigkeit, Zug- und Biegezugfestigkeit herab.

6.2.2   Risse

Trocknungs- und *Schwindrisse* entstehen durch ungleichmäßiges Trocknen des geschlagenen Stammes.

Kern- und *Sternrisse* entstehen am eingeschlagenen Baum (Stammende). Sie vermindern die Tragfähigkeit des Holzes.

Ring-/Schälrisse entstehen im Verlauf der Jahrringe und verursachen einen erheblichen Festigkeitsverlust. Zugelassen sind sie nur für Bauschnittholz der Güteklasse III (Abb. 6.2.2/1).

Trockenrisse Kernrisse Ringrisse

Abb. 6.2.2/1   Holzfehler

Blitz- und *Frostrisse* entstehen durch Aufreißen des Stammes in Längsrichtung als Folge von Blitzeinschlägen bzw. starken Frostes. Die Risse verlaufen radial und werden häufig wieder überwallt (Ausbildung von Frostleisten). Derartiges Holz ist als Bauholz nicht brauchbar.

Tab. 6.3/1

Name, Bot. Name	Kurzzeichen DIN 4076/I	Heimat	Eigenschaften	Verwendung
Europäische Nadelgehölze				
Douglasie *Pseudotsuga menziesii*	DGA	N.-Amerika seit 1879 auch BRD	gutes Stehvermögen, mäßig leicht, mäßig witterungsfest, stark bläueanfällig, gut bearbeitbar	Bauholz für Außen- u. Innenbereich, Pfähle, Pergolen, Kinderspielbereich
Fichte *Picea abies*	FI	M.-Europa	mäßig leicht, mäßig witterungsfest, elastisch und fest, mäßig schwindend, gut bearbeitbar u. zu leimen, schlecht zu imprägnieren (Harz), gutes Stehvermögen	meistverwendetes Bauholz für innen und außen. Dachstühle, Holzleimbau, Tore, Zäune, Pergolen, Pflaster
Kiefer *Pinus sylvestris*	KI	Europa N.-Asien	mäßig leicht, mäßig hart, mässig schwindend, gutes Stehvermögen, elastisch und fest, gut bearbeitbar u. zu leimen, z. Tl. bläuegefährdet.	Bau- u. Konstruktionsholz im Hoch-, Tief- u. Bergbau. Im Außenbereich Masten, Rammpfähle, Gerüste, Pflaster, Pergolen, Holzleimbau
Lärche *Larix decidua*	LA	Alpen, Karpaten, Sudeten, Polen	mäßig leicht, mäßig schwindend, mäßiges Stehvermögen, mäßig imprägnierbar, hoher Harzgehalt, hohe Festigkeit u. Elastizität, hohe Säurefestigkeit, gut verleimbar, splittert, daher mäßig zu nageln und zu schrauben	Konstruktionsholz i. Wohnungsbau, Ausstattungsholz, gut geeignet i. Wasser-, Erd-, Brückenbau
Tanne *Abies alba*	TA	M.- u. S.-Europa, Bergmischwald	mäßig leicht, weich, mäßig witterungsfest, mäßig schwindend, mäßig bearbeitbar, besser imprägnierbar, elastisch, biegsam, hohe Säurefestigkeit, schilfert auf	ähnlich wie Fichte, aber im Erd- u. Wasserbau besser.
Außereuropäische Nadelgehölze				
Hemlock *Tsuga heterophylla*	HEL	N.-Amerika	weich, mäßig fest, spröde, mäßig schwindend, gutes Stehvermögen, nicht verwitterungsbeständig, leichtes Verblauen, leichtes Imprägnieren, gut zu bearbeiten	Ausbauholz für den Innenbereich
Oregon Pine *Pseudotsuga menziesii*	DGA	N.-Amerika Westküste	hart, fest, gutes Stehvermögen, mäßig schwindend, mäßig witterungsfest, schlecht zu imprägnieren, gut bearbeitbar, gutes Paßholz	Innen- u. Außenbereich Schiffsbau, Planken, Brüstungen, Fassadenelemente, Pergolen
Redwood *Sequoia sempervirens*	RWK	NW.-Amerika	leicht, sehr fest, spröde, wenig schwindend, gutes Stehvermögen, gut zu bearbeiten, witterungsfest, Imprägnierung nicht notwendig, pigmentierte Lasuren empfehlenswert	Rankgerüste, Schindeln, Pergolen, sofern frei von Druckkräften.

Harzgallen entstehen als Folge starker Durchbiegung des Baumes und damit einhergehendem Abreißen des Kambiums am Baum. Die Eigenschaften als Bauholz werden nicht beeinträchtigt, es sind aber Folgearbeiten notwendig, da auf diesen Stellen Anstriche schlecht haften.

6.2.3 Schädlingsbefall und Krankheiten

Fraßgänge von Insekten und deren Entwicklungsformen können die Festigkeit herabsetzen. Das Eindringen von Feuchtigkeit und Krankheitserregern wird möglich.

Pilzbefall kann je nach Art des Befalls die Festigkeit beeinträchtigen (Rotfäule bei Fichten), so daß entweder eine Verwendung als Bauholz ausgeschlossen oder aber eine Nachbehandlung des Holzes oder des Bauteils erforderlich ist (deckender Anstrich bei Blaufäulebefall).

6.3 Holzarten und Verwendungsmöglichkeiten

In Tabelle 6.3/1 sind eine Reihe von Holzarten, die im Garten-, Landschafts- und Sportplatzbau Bedeutung haben,

Tab. 6.3/1 (Fortsetzung)

Name, Bot. Name	Kurzzeichen DIN 4076/I	Heimat	Eigenschaften	Verwendung
Europäische Laubgehölze				
Ahorn *Acer platanoides* *Acer pseudoplatanus*	AH	Mitteleuropa	mäßig schwer, sehr hart, dicht, zäh, fest, ziemlich elastisch, gut biegsam, gut bearbeitbar, wenig dauerhaft, schwindet mäßig	Innenausbau, Ausstattung, Drechsler-, Schnitz-, Resonanzholz, Wagnerholz, nicht für den Außenbereich geeignet
Buche *Fagus sylvatica*	BU	W.-, S.-, M.-Europa	schwer, mittelhart, sehr zäh, elastisch, reißt und schwindet sehr stark, gut bearbeitbar	Konstruktionsholz im Innenausbau, Möbelholz, vor allem dampfgebogen, außen nur als Schwellenholz (hervorragend)
Eiche *Quercus robur*	EI	Europa, Kleinasien	schwer, hart, dicht, fest, langfaserig, elastisch, mäßig schwindend, wenig werfend, ziemlich gut bearbeitbar, sehr dauerhaft, gut zu verleimen	›milde‹ Qualitäten für dekorative Zwecke i. Innenausbau, Drechslerei ›harte‹ Qu. als Bau- u. Konstruktionsholz i. Hoch-, Tief-, Brücken-, Wasser-, Gruben- u. Maschinenbau, i. d. Bautischlerei, Pfähle, Pflaster, Schwellen
Esche *Fraxinus excelsior*	ES	Europa, No.-Amerika, Mandschurei, Japan	schwer, hart fest, gutes Stehvermögen, mäßig schwindend, hohe Elastizität, außergewöhnliche Zähigkeit, hohe Abriebfestigkeit, geringe Dauerhaftigkeit, mäßig imprägnierbar	Ausstattungsholz im Innenbereich. Spezialholz für Spiel- u. Sportgeräte, Leitersprossen, Wagnerei. Keine Verwendung im Außenbereich.
Hain-/Weißbuche *Carpinus betulus*	HB	S.-Skandinavien, M.- bis S.-Europa	sehr schwer, sehr dicht, sehr hart, starkes Schwinden, geringe Stehfestigkeit, geringe Dauerhaftigkeit, gut bearbeitbar, schwer nagelbar	Werkzeugbau, Maschinenbau, landwirtsch. Geräte, Pflaster nur für Innenbereich. Im Außenbereich keine Verwendung.
Robinie *Robinia pseudacacia*		N.-Amerika, in Europa eingebürgert	hart, schwer, zäh, elastisch, biegsam, schwer zu spalten, mäßig gut zu bearbeiten, mäßig gut zu leimen, geringes Schwinden, sehr dauerhaft	Wagnerholz, Geräteholz, Palisaden, Stützwände
Rüster *Ulmus glabra*	RU	Europa, N.-Afrika, Kleinasien, Ural, Kaukasus	grob, langfaserig, mäßig schwer, ziemlich hart, schwindet mäßig, gute Stehfestigkeit, elastisch, sehr zäh, Kernholz unter Wasser u. im Erdboden sehr dauerhaft	Gehobenes Ausstattungsholz im Innenbereich, Bauschreiner-, früher Drechslerholz, Sportgeräte, früher im Wasserbau. Nicht für den Außenbereich.

mit ihren Eigenschaften und Verwendungsmöglichkeiten aufgeführt. Die Unterteilung erfolgt nach Nadel- und Laubgehölzen sowie innerhalb dieser Gruppen nach europäischen und außereuropäischen Holzarten.

6.4 Holzzerstörung und Holzschutz

6.4.1 Holzzerstörung

Holzzerstörende Organismen leiten bei zusagenden Verhältnissen Um- und Abbauprozesse ein.

Pilze benötigen zu ihrer Entwicklung Feuchtigkeit und Sauerstoff, Insekten nur Sauerstoff.

6.4.1.1 Holzzerstörende pflanzliche Organismen

Pilze entwickeln erst ab 18 M-% Holzfeuchte aus Pilzsporen sogenannte Hyphen, die den gesamten Holzkörper durchwachsen. Nach der Art des Mycels wird unterschieden zwischen *Stammfäulen* am lebenden Stamm: Über die Wurzel oder Wunden an Stamm oder Ästen dringen die Pilze ein und bilden die Fäulen (Wurzelfäule,

Wund- oder Astfäule; Hallimasch). Sie sterben beim Austrocknen des eingeschlagenen Stammes ab.

Oberflächenpilze: Hierzu werden alle Arten des Hausschwammes gerechnet.

Substratpilze (Lagerfäulen): Diese Pilze befallen frischgeschlagenes, aber auch im Außenbereich oder an feuchten Stellen eingebautes Holz. Das Holz – Nadelholz ist anfälliger als Laubholz –, wird von innen heraus befallen. Äußere Holzbereiche sehen unversehrt aus, während das Innere bereits völlig vermorscht sein kann und kaum noch Festigkeit aufweist. Die gefährlichste Pilzgruppe sind die Blättlinge.

Tab. 6.3/1 (Fortsetzung)

Name, Bot. Name	Kurzzeichen DIN 4076/I	Heimat	Eigenschaften	Verwendung
Außereuropäische Laubgehölze				
Angelique (Basralocus) *Dycorynia guianensis*	AGQ	S.-Amerika	schwer, höhere Festigkeit, gute Elastizität, niedrige Spaltfestigkeit, widerstandsfähig gegen Pilze u. Insekten, feucht gut, trocken schwierig zu bearbeiten, sehr stark schwindend, sehr stark verwitterungsfest, zum Nageln vorbohren	Wasserbau, Poller, Stützwände, Treppenstufen
Afzelia (Doussi) *Afzelia bipindensis*	AFZ	trop. Afrika	hohe Härte und Festigkeit, sehr wenig schwindend, gutes Stehvermögen, witterungsresistent, säurebeständig, gut bearbeitbar, längselastisch	Im Innenausbau nur als Vollholz. Im Außenbereich Rahmenbau (Türen u. Tore), Geländer, Zäune, Bänke
Azobe (Bongossi) *Lophira alata*	AZO	W.-Afrika	Besonders schwer, neigt zum Reißen, schwindet stark, stehfest, witterungsfest, widerstandsfähig gegen alle Holzschädlinge, besonders hart, schlagfest, abriebfest, schwer bearbeitbar, säurefest, zum Nageln vorbohren	schweres Konstruktionsholz im Wasser- u. Brückenbau, Poller, Stützwände, Treppenstufen
Mahagonia (amerik.) *Swietenia macrophylla*	MAE	M.-Amerika	mittelschwer, schwindet gering, gutes Stehvermögen, gut bearbeitbar, gut zu nageln, schrauben, leimen, widerstandsfähig gegen Insekten und Pilze	Rahmenkonstruktionen, Profilbretter, Sitzmöbel
Sapelli *Entandrophragma cylindricum*	MAS	trop. Afrika	mäßig schwer, neigt zum Werfen, mäßig hart, mäßig fest, Stehvermögen befriedigend, gut bearbeitbar, gut zu leimen	Innenausbau, Bootsbau, im Außenbereich für Handläufe, Gelände, Tore, Türen
Sipo *Entandrophragma utile*	MAU	trop. Afrika	mäßig schwer, mäßig hart, mäßig fest, neigt zum Werfen, geringere Festigkeit als MAS, sehr widerstandsfähig gegen Pilze u. Insekten, gutes Stehvermögen, gut bearbeitbar, gut zu leimen	Innenausbau, Bootsbau, Außenbereich für Tore, Türen, Verbretterungen
Teak *Tectona grandis*	TEK	S.-Asien	mäßig schwer, schwindet gering, sehr gute Stehfestigkeit, sehr witterungsfest, widerstandsfähig gegen Insekten und Pilze, feuerhemmend, gut zu biegen und zu bearbeiten	Konstruktionsholz für besondere Anforderungen innen wie außen, Rahmenkonstruktionen, Innenausbau, Schiffs- und Bootsbau, Behälterbau (chem. Industrie), Sitzmöbel

Im Gegensatz zum Blättling sind die Bläuepilze, die ebenfalls vorwiegend auf Nadelhölzern unmittelbar nach dem Fällen auftreten, nicht wertmindernd. Es ist lediglich ein deckender Farbanstrich notwendig nach der Bekämpfung der Bläue, da die Färbung nach dem Absterben des Pilzes erhalten bleibt.

Holz, das ständig in Wasser eingetaucht oder dessen Holzfeuchte ständig unter 20% bleibt, wird von Fäulnispilzen nicht angegriffen. (Pfahlgründungen für Brücken aus römischer Zeit, alte Fachwerkbauten).

6.4.1.2 Holzzerstörende Tiere

Wichtig sind hier die Insekten. Das *Voll*insekt benutzt das Holz lediglich zur Eiablage. Der eigentliche Holzzerstörer ist die Insekten*larve*. Nach dem Auftreten unterteilt man in Frischholzzerstörer, zu denen die verschiedenen Arten der Borkenkäfer, so-

wie Holzwespen und Holzameisen zu zählen sind, und Trockenholzzerstörer, denen Hausbock, Splintholzkäfer und kleiner Holzwurm zugerechnet werden.

6.4.2 Holzschutzmaßnahmen

6.4.2.1 Grundsätze des Holzschutzes

Es werden konstruktive und chemische Maßnahmen ergriffen, um Holz und

Holzbauwerke vorbeugend und bekämpfend vor Befall durch pilzliche und tierische Schädlinge zu schützen.

Konstruktiver (baulicher) Holzschutz heißt:
Auswahl der geeigneten Holzart
Entwicklung einer konstruktiven Lösung mit dem Ziel rascher Wasserableitung und Wiederabtrocknung des Bauteils (Profilwahl, Bodenfreiheit, Schutz/Überdeckung von Hirnholzflächen, Vermeidung von Wassersäcken, Verwendung nicht korrodierender Verbindungsmittel).
Chemischer Holzschutz heißt:
Festlegen von Schutzmittel und Einbringverfahren
Festlegen von Art und ggf. Farbton aufzubringender Anstriche.

6.4.2.2 Chemischer Holzschutz

Bei Bauwerken, die teilweise oder ständig bewittert werden, ist immer eine Kombination von konstruktivem und chemischem Holzschutz notwendig. Chemischer Holzschutz sollte, unabhängig vom Einbringverfahren, stets nach Zuschnitt und Bearbeitung erfolgen. Ist nach der chemischen Behandlung nochmals eine handwerkliche Bearbeitung erforderlich, muß nachbehandelt werden. Diese Nachbehandlungen sind aber wegen der geringeren Einwirkzeit und der daraus sich ergebenden geringeren Eindringtiefe weniger wirksam als die Erstbehandlung. Von einem Holzschutzmittel erwartet man

Hohe Giftwirkung gegen pilzliche und tierische Schädlinge bei gleichzeitiger Unbedenklichkeit gegenüber Mensch, Tier und Pflanze,

Dauerschutzwirkung durch Verdunstungsbeständigkeit, Unauslaugbarkeit, chemische Stabilität,

Verträglichkeit gegenüber Leimen und Oberflächenbehandlungen, Holz, Feuerschutzmitteln, nicht korrodierend wirkend auf andere Baustoffe,

Farbbeständigkeit.

Eine Unterteilung der Holzschutzmittel erfolgt in:

wasserlösliche, auf Salzbasis aufgebaute Mittel, die durch Diffusion in das Holz eindringen und

ölige Schutzmittel, die durch die Holzporen eindringen und die einzelne Zelle umhüllen.

Die salzhaltigen Mittel sind geeignet für die Anwendung vorwiegend bei frischen bis halbtrockenen Hölzern. Sie sind im allgemeinen den Giftklassen 1 und 2 zuzurechnen. Die öligen Mittel sind im Gegensatz hierzu weit weniger giftig (Giftklasse 3 bzw. ungiftig), haben aber einen starken Eigengeruch und sind zum Teil pflanzenschädlich. Sie

eignen sich vorwiegend für die Behandlung trockenen und halbtrockenen oder abgetrockneten Holzes.

Schutzpasten zur zusätzlichen oder Nachbehandlung von Hölzern, die in ständigem Erdkontakt stehen, bestehen meist aus Öl-Salz-Gemischen und werden in die Giftklasse 2 eingestuft.

Ein Holzschutzmittel, das alle Forderungen in idealer Weise erfüllt, gibt es nicht. In der Regel sind die Holzschutzmittel daher Gemenge mehrerer Stoffe. Die Hauptbestandteile werden in abgekürzter Form, Prüfprädikat genannt, (Tab. 6.4.2.2/1) in der Produktbezeichnung mit verwendet. Daraus sind Schlüsse auf Eigenschaften und Auslaugbarkeit möglich.

Diese Prüfprädikate sind Teilergebnis der Zulassungsprüfung der Holzschutzmittel, die nach DIN 68800 gefordert und von anerkannten Prüfinstituten durchgeführt werden. Eigenschaften der Holzschutzmittel s. Tab. 6.4.2.2/2.

Nach DIN 52175 werden die Schutzmaßnahmen in Abhängigkeit von der

Eindringtiefe bezeichnet als:
Oberflächenschutz = Holzschutzmittel nur an der Oberfläche,
Randschutz (handwerkliche Verfahren) = Holzschutzmittel mit weniger als 1 cm Eindringtiefe,
Tiefschutz (großtechnische Verfahren) = Holzschutzmittel mit mehr als 1 cm Eindringtiefe.

Da die meisten Holzschutzmittel giftige Substanzen enthalten, sind gesundheitliche Risiken oder Schäden nicht auszuschließen, wenn unsachgemäß gearbeitet wird. Die Ausführungen des von der Holzschutzmittel-Industrie im Verband der Bautenschutzmittel-Industrie e. V. herausgegebenen ›Merkblatt für den Umgang mit Holzschutzmitteln‹ sind daher zu beachten. Ein ›Holzschutzmittelverzeichnis‹ erscheint jährlich und wird herausgegeben vom ›Prüfausschuß für Holzschutzmittel beim Länder-Sachverständigenausschuß für neue Baustoffe und Bauarten‹ mit dem Sitz in 2101 Meckelheim ü. Hamburg-Harburg, Höpenstraße 75.

Tab. 6.4.2.2/1 Prüfprädikate für Holzschutzmittel

Kurz-zeichen	geprüfte Eigenschaft
P	wirksam gegen Pilze (Fäulnisschutz)
Iv	vorbeugend wirksam gegen Insekten
(Iv)	vorbeugende Wirkung gegen Insekten ist nur bei Tiefschutz gewährleistet
Ib	wirksam gegen Insekten zur Bekämpfung
F	wirksam zum Schwerentflammbarmachen (Feuerschutz)
S	auch zum Streichen, Spritzen, (Sprühen) und Tauchen von Bauhölzern geeignet
(S)	zugelassen zum Tauchen und Spritzen, nicht jedoch zum Streichen, von Bauhölzern in stationären Anlägen
W	geeignet auch für Holz, das der Witterung ausgesetzt ist
M	geeignet zur Bekämpfung von Schwamm im Mauerwerk

Tab. 6.4.2.2/2 Eigenschaften der Holzschutzmittel

Hauptbestandteil	Bezeichnung	Giftklasse	tox. Verhalten	Eigenschaften	auswasch-beständig
Silicofluoride	sf-Salze	2	giftig	P, Iv, S	nein
Hydrogenfluoride	hf-Salze	2	giftig	P, Iv, S	nein
anorganische Borverbindungen	B-Salze		kaum giftig	P, Iv, S	nein
Kupfersalze mit Zusätzen Alkalifluoride	CK-Salze	versch.		P, Iv, W, z.T. S	ja
Alkaliarsenat Alkalichromat verschieden reine	CFA-Salze	1	sehr giftig	P, Iv, W	weitestgehend
Teerölpräparate (Carbolineen)	Teeröl-präparate		kaum giftig	P, (Iv), S, W	ja
Steinkohlenteer-destillate mit Zusätzen		meist nicht	kaum giftig	P, Iv, S, W	ja
organische Insektizide u. Fungizide in Lösemitteln	Lösemittel-haltige Präparate	meist nicht	z. Teil giftig	P, Iv, S, W, z.T. Ib	ja

Oberflächenschutz.

Der Oberflächenschutz soll die Oberfläche insbesondere vor Strahlung, Feuchtigkeit und Erosion schützen. Die Eindringtiefe ist maximal 3 mm.

Das Bauteil ist vor dem Aufbringen der Beschichtung zu säubern, Fehler sind zu beseitigen, die Holzoberfläche ist haftfähiger zu machen.

Die Beschichtungsstoffe sollen elastisch, haftfest, abriebfest, witterungs- und lichtbeständig, auch beständig gegen Schädlinge und Krankheiten sein.

Das Aufbringen erfolgt durch Streichen, Spritzen, Gießen, Tauchen. Bindemittel sind hauptsächlich Öle, Alkydharze, Polyester, Polyurethan und Kunststoff-Dispersionen.

Man unterscheidet:

deckende Beschichtungen, die sowohl eine Schicht auf dem Bauteil bilden als auch die Poren schließen.

Farblose Lacke/Klarlacke, die das Holz in Struktur und Maserung erhalten und sichtbar lassen, aber hohe Dampfdichtigkeit und Sprödigkeit bei nicht ausreichender UV-Absorption aufweisen. Vor dem Erneuern muß die Erstbeschichtung völlig entfernt werden.

Deckende Lacke verdecken das Holz in Struktur und Maserung, bieten einen größeren Schutz, vor allem durch größere Strahlenfestigkeit. Auch sie sind vor Neubeschichtungen völlig zu entfernen.

Dispersionsfarben sind häufig mit Wasser verdünnbar, leicht zu verarbeiten und dickschichtbildend. Sie besitzen eine hohe Wasserdampfdurchlässigkeit. Mit Dispersionslackfarben erzielt man lackähnliche Oberflächen.

Lasuren: Sie sind holzschützend und offenporig. Das Bauteil kann sich daher der umgebenden Luftfeuchte anpassen und sein Volumen verändern. Sie lassen Maserung und Farbe des Holzes sichtbar bleiben, bilden auf der Oberfläche nur einen dünnen Film und dringen bis ca. 10 mm in das Bauteil ein. Eine Auffrischung ist nach 1 bis 3 Jahren notwendig. Eine gründliche Reinigung genügt als Vorarbeit.

Randschutz (handwerkliche Verfahren)

Spritzen und Streichen: Bei diesen Verfahren werden nur geringe Eindringtiefen erreicht (max. 1 mm bei Fichte und Kiefern-Kernholz). Mehrere Arbeitsgänge mit entsprechenden Trocknungszeiten sind erforderlich. Das zu behandelnde Holz muß trocken bis halbtrocken sein. Ein ausreichender Schutz bei Holzbauteilen, die in ständigem Erdkontakt stehen, wird nicht erreicht.

Tauchen: Das zu behandelnde Bauteil schwimmt im Schutzmittel. Mehrmaliges Tauchen mit zwischengeschalteten Trocknungszeiten erbringt einen größeren Erfolg als lediglich eine lange Tauchzeit. Die Schutzmittelaufnahme entspricht etwa der eines 2maligen Streichens, wenn auch die allseitige Benetzung wahrscheinlicher ist. Die Beschränkung hinsichtlich der Verwendbarkeit der behandelten Bauteile entspricht der beim Spritzen und Streichen.

Trogtränkung: Während beim Tauchen das Holz im Schutzmittel schwimmt, wird es beim Tränken untergetaucht. Ein 8-stündiges Tränken erbringt die dem Streichen (2malig) entsprechende Schutzwirkung. Durch Verlängerung kann die Schutzwirkung erhöht werden. Holzdicken von ≥ 8 cm taucht man mindestens 2 Tage.

Mit dem Verfahren einer Heiß-/Kalt-Trogtränkung mit üblicherweise öligen Mitteln wird der beste Erfolg erzielt. Einem mehrstündigen Tauchen im Heißbad (ca. 80° C) folgt unmittelbar ein Kaltbad (ca. 20° C). Durch die Abkühlung geht von den Zellhohlräumen eine Sogwirkung aus, die eine erhöhte Aufnahme des Schutzmittels bewirkt.

Tiefschutz (großtechnische Verfahren)

Das übliche Verfahren ist die Kesseldrucktränkung, die in verschiedenen Varianten durchgeführt wird. Sie ist sowohl mit salzhaltigen als auch öligen Mitteln möglich. Das Holz soll halbtrocken (≤ 30%) sein. Kesseldrucktränkung ist nach DIN 68 800 für Bauteile vorgeschrieben, die ständigem Erdkontakt unterliegen.

Volltränkung (Bethel-/Full-Cell-Verfahren): In großen, dicht schließenden Kesseln wird dem Holz zuerst durch ein aufgebautes Vakuum Luft aus den Poren gezogen. Das danach eingebrachte Holzschutzmittel (meist salzhaltig) wirkt mit einem Überdruck von ca. 10 bar für 2–4 Stunden auf das Holz ein. Dabei füllen sich die Holzporen bis zur Sättigung mit Holzschutzmittel.

Bei Verwendung öliger Mittel (lt. Vorschrift von Bundesbahn und Bundespost) wird zur Vermeidung von Anthrazenausscheidungen mit Temperaturen zwischen 100–120° C gearbeitet. Durch eine kurze Vakuumbehandlung wird der Tränkmittelüberschuß abgesaugt.

Die *Spartränkung* (nach Rüping) verwendet nur ölige Tränkmittel. Bei diesem Verfahren werden nur die Zellwände imprägniert, so daß für eine ausreichende Volltränkung 100 kg Teeröl/m^3 genügen.

6.5 Holz im Handel

Beim Handel mit Holz bzw. bei der Anwendung einschlägiger Vorschriften muß unterschieden werden, ob es sich um im Wald geschlagenes und zur Verarbeitung vorgesehenes Holz oder um bereits bearbeitetes Holz (Bauholz) handelt. Für den Handel mit Waldholz wird die HOMA (Holzmeßanweisung) angewendet. Die Gütebedingungen für Bauschnittholz sind in DIN 4074 Blatt 1, Bauholz für Bauteile – Gütebedingungen für Bauschnittholz (Nadelholz) und DIN 4074 Blatt 2, Bauholz für Bauteile – Gütebedingungen für Baurundholz (Nadelholz) festgelegt.

6.5.1 Waldholz

Die HOMA (Holzmeßanweisung) unterteilt nach

Durchmesserstärke in

Derbholz = oberirdisches Holz,
Nichtderbholz = unterirdisches (Stock-) Holz, Reisig

Verwendungsart in

Nutzholz, wie Langnutzholz, Schichtnutzholz, Nutzrinde; Brennholz, wie Scheitholz, Knüppelholz, Reisig, Stockholz, Brennrinde.

Aufmaß- und Abrechnungsdimensionen sind: DmR (∅ mit Rinde), DoR (∅ ohne Rinde), fm (Festmeter), rm (Raummeter, Ster). Umrechnung rm: fm = 1,0:0,7.

Nutzholz muß bestimmten Festlegungen entsprechen:

Vollholzig sind Stämme mit schwacher Verjüngung des Querschnitts,
abholzig sind Stämme mit starker Verjüngung des Querschnitts.
Güteklasse A: gute Beschaffenheit, gesund, geradschäftig, vollholzig, ast- oder fast astfrei u. a.
Güteklasse B: gewöhnliche, gesunde Hölzer mit unerheblichen Fehlern u. a.
Güteklasse C: stark astig, abholzig, drehwüchsig u. a.

6.5.2 Bauholz

6.5.2.1 Begriffe und Maße

Als *Baurundholz* werden entästete und entrindete Stämme bezeichnet, die meist ohne Bearbeitung Verwendung finden. Sie kommen im landwirtschaftlichen Bauwesen, für Gerüste, als Träger und Stützen für Behelfsbrücken und als Rammpfähle im Grundbau zum Einsatz.

Bauschnittholz wird im Sägewerk aus dem entrindeten Stamm durch Einschneiden (Sägen) der verschiedenen Querschnitte hergestellt. Bei geschnittenem Bauholz werden die Bezeichnungen Kanthölzer, Balken, Latten, Bretter

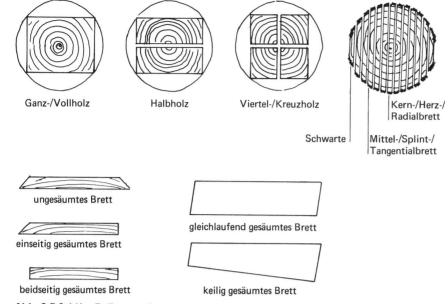

Ganz-/Vollholz Halbholz Viertel-/Kreuzholz Kern-/Herz-/Radialbrett

Schwarte Mittel-/Splint-/Tangentialbrett

ungesäumtes Brett

einseitig gesäumtes Brett

gleichlaufend gesäumtes Brett

beidseitig gesäumtes Brett keilig gesäumtes Brett

Abb. 6.5.2.1/1 Balken- u. Bretterbenennungen
Hölzer haben bei einem Seitenverhältnis von ungefähr 5:7, hochkant, die größte Tragfähigkeit (Durchbiegung nicht berücksichtigt)

Tab. 6.5.2.1/1 Querschnittsmaße für Vorratsschnittholz (Nadelholz) nach DIN 4070 (Breite × Höhe) in cm

Kantholz	–	8/8	–	–	–	–	–
	6/10	8/10	10/10	–	–	–	–
	6/12	8/12	10/12	12/12	–	–	–
	6/14	8/14	10/14	12/14	14/14	–	–
	–	8/16	10/16	12/16	14/16	16/16	–
	–	8/18	10/18	–	14/18	–	18/18
Balken	–	8/20	10/20	12/20	14/20	16/20	–	20/20
	–	–	–	–	–	16/22	18/22	–
	–	–	–	12/24	–	16/24	18/24	20/24
	–	–	–	12/26	–	–	–	20/26
Dachlatten in mm	24/48	30/50	40/60				

Tab. 6.5.2.2/1 Schnittklassen nach DIN 4074/1

S	scharfkantig	Baumkanten nicht zulässig
A	vollkantig	1/3, wobei in jedem Querschnitt mindestens 2/3 jeder Querschnittsseite von Baumkante frei sein muß
B	fehlkantig	1/3, wobei in jedem Querschnitt mindestens 1/3 jeder Querschnittsseite von Baumkante frei sein muß
C	sägegestreift	Muß auf allen vier Seiten durchlaufend von der Säge gestreift sein

und Bohlen verwendet. Die Abmessungen für Kanthölzer, Balken und Latten sind in DIN 4070 ›Nadelholz-Querschnittsmaße und statische Werte für Schnittholz‹, für Bretter und Bohlen in DIN 4071 ›Nadelholz, Bretter und Bohlen; Dicken‹ geregelt (Bemessung Abb. 6.5.2.1/1).

Bretter und Bohlen sind Schnitthölzer, bei denen das Seitenverhältnis mindestens 1:3 betragen muß. Die Mindestdicke beträgt bei Brettern 8 mm, bei Bohlen 40 mm. Die Mindestbreite beträgt bei rettern 8 cm.

Latten/Leisten sind Schnitthölzer mit einer Querschnittfläche von $\leq 32\ cm^2$ und einer Breite bis 8 cm.

Kanthölzer sind Schnitthölzer mit

quadratischem bis rechteckigem Querschnitt, einer Mindestseitenlänge von 6 cm und einem Seitenverhältnis von 1:3. Kanthölzer, deren größte Querschnittsseite $\geq$ 20 cm beträgt, werden als Balken bezeichnet.

Bretter: Dicken (8). 10, 12, 15, 18, 22, 24, 28, 30, 35 mm; Breiten 8 cm
Bohlen: Dicken 40, 45, 50, (52), (55), 60, 65, 70, 75, 80, 85, 100, 120 mm ( ) = gilt nur für Laubhölzer; Breiten zwischen 10 und 30 cm jeweils mit 2 cm Unterschied.

Alle angegebenen Maße gelten für sägerauhen Zustand. Gehobelte Schnitthölzer müssen gesondert ausgeschrieben werden. Von den o. a. Maßen ist für jeden Hobelgang 1 mm Stärke abzurechnen.

6.5.2.2 Schnittklassen

Nach DIN 4074 Blatt 1 werden bei vierseitig und parallel geschnittenem Bauschnittholz 4 Schnittklassen gemäß Tabelle 6.5.2.2/1 unterschieden.

6.5.2.3 Güteklasse

Nach den Güteeigenschaften wird in derselben Norm nach 3 Güteklassen unterschieden:
Güteklasse I: Bauschnittholz mit besonders hoher Tragfähigkeit
Güteklasse II: Bauschnittholz mit gewöhnlicher Tragfähigkeit
Güteklasse III: Bauschnittholz mit geringer Tragfähigkeit. (Holz dieser Güteklasse ist für Zugglieder nicht zulässig).
Die Anforderungen an die Hölzer der drei Güteklassen sind in DIN 4074, Blatt 1, geregelt.

Für Baurundholz gelten die gleichen Güteklassen (siehe auch Lehr-Taschenbuch für den Garten- und Landschaftsbau).

6.5.3 Gesägte Spezialhölzer

Für bestimmte Anwendungsbereiche und Konstruktionen werden sowohl aus inländischen wie aus überseeischen Hölzern Zuschnitte (Vollholz) hergestellt. Für den Außenbereich sind von Bedeutung:
Holzpflaster: Als Holzarten werden verwendet: Kiefer, Lärche, engringige Gebirgsfichte, Buche, Eiche und überseeische Harthölzer. Im Außenbereich wird Holzpflaster sowohl scharfkantig geschnitten als auch als rundholzabschnitte, entrindet/nicht entrindet, verwendet, wobei das Hirnholz die Lauffläche bildet.

Vergütetes Vollholz wird durch Pressen senkrecht zur Faserrichtung in Verbindung mit der richtigen Verleimungsart bzw. vorheriger Kunststofftränkung hergestellt. Im allgemeinen werden Druckfestigkeit, Scherfestigkeit, Witterungsbeständigkeit, Wartungsfreiheit verbessert, die Elastizität kann sich in einer Richtung verschlechtern.

Man unterscheidet Preßvollholz (DIN 7707), Formvollholz (Biegeholz) für Sitzmöbel, Isoliervollholz (DIN 7707, Teile 1 u. 2).

Brettschichtholz (Abb. 6.5.3/1): Mindestens drei Einzelbretter werden, entsprechend der vorgegebenen Form, mit ihren Breitseiten übereinander verleimt. Durch Keilzinkung können beliebig lange Einzelbretter hergestellt werden. Bauteile sind in großen Abmessungen herstellbar. Grenzen stellen die Größe der Werkhallen, Arbeitsbreite des Preßbettes und der Dickenhobelmaschine sowie die Transportmöglichkeiten zur Verwendungsstelle dar.

Das Holz, vorwiegend Fichte, aber auch Kiefer, wird durch Trocknung auf den Feuchtegrad des späteren Bauwerks gebracht. Vor dem Hobelgang werden Feuchtegehalt und Verwerfung geprüft und nicht entsprechende Bretter aussortiert. Entsprechend dem Verwendungsort wird der geeignete Leim gewählt, in der Regel Kunstharzleim auf Harnstoff- oder Resorcinharzbasis. Bis zur völligen Leimaushärtung ($\leq$ 10h) ist Preßdruck erforderlich. Nach dem Aushärten erfolgt die weitere Verarbeitung durch Hobeln, Anbringen von Bohrungen, Federn, Imprägnierbeschichtungen.

Die Oberfläche geleimter Bauteile, die im Freien stehen, also ständig bewittert werden, ist durch Imprägnierung vor Sonnenbestrahlung und Niederschlägen zu schützen, um Beeinträchtigungen zu mindern oder zu verhindern. Die Schutzmittelbehandlung erfolgt im Regelfall *nach* dem Verleimen und Aushärten und zwar durch Spritzen oder Streichen.

Von größter Wichtigkeit ist hierbei die Verträglichkeit des Holzschutzmittels mit dem verwendeten Leim. Der notwendige Nachweis ist zu erbringen.

Eine Schutzmittelbehandlung der Einzelbretter *vor* dem Verleimen ist auf Sonderfälle beschränkt. Hauptgrund hierfür ist die geringe Anzahl der zur Verwendung zugelassenen Leime. Auskunft erteilt der Prüfausschuß für Holzschutzmittel, Höpenstraße 75, 2102 Meckelfeld.

Brettschichtverleimungen werden im Außenbereich als Stützen und Träger bei Rankgerüsten unterschiedlicher Art und bei Brücken verwendet.

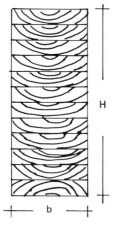

a) **Regellamelle**
H = mind. 3 Bretter
b = $\leq$ 20 cm
Bretterlage jeweils rechts oder links, an den Außenseiten *stets* rechte Bretter!

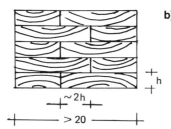

b) **Lamellen über 20 cm Breite**
Stoßfugenversatz mind. 2h.

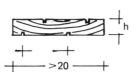

c) **Einzelbrett über 20 cm Breite**
Entlastungsnute (2 je Seite) notwendig, Nutenabstand ca. 2/5h, Nutentiefe 1,5–1,6 mm

Abb. 6.5.3/1 Brettschichtholz. Aufbau von Lamellen aus Brettschichtholz

6.6 Bauen mit Holz

6.6.1 Allgemeine Grundsätze der Holzverarbeitung

Holzbauwerke sind in der Regel Konstruktionen aus mehreren in sich gleichen oder ungleichen Bauteilen, die zusammengefügt und gegründet werden. Dabei müssen sämtliche Verbindungen sowohl gegen Abheben als auch gegen Zug gesichert sein. Diese Verbindungen können hergestellt werden als unmittelbare (handwerkliche) oder als mittelbare Verbindungen.

Sämtliche Holzbauteile im Außenbereich sind, um Spannungen zu vermeiden, aus einer Holzart herzustellen und aus Bauteilen gleicher Holzfeuchte zusammenzusetzen. Metallische Bauteile sollen korrosionsfest sein, d.h., sie dürfen weder unter dem Einfluß der Atmosphäre noch in der Kombination mit Holz korrodieren. Eisenwerkstoffe sind daher mindestens in verzinkter Ausführung zu verwenden. Bereits in der Planungsphase ist dem konstruktiven (baulichen) Holzschutz Vorrang gegenüber dem chemischen einzuräumen.

Die zu berücksichtigenden Lasten (Zug-, Druck-, Scherkräfte), die erwartete Dauerhaftigkeit und die gestalterisch erwünschten Dimensionen bestimmen Holzart, Güte- und Schnittklasse, Oberflächenbearbeitung, Holzschutz in Verbindung der Bauteile untereinander und mit bestehenden Bauwerken, sowie die Fundierung.

Wasser darf nicht eindringen und stehenbleiben, sondern soll rasch ablaufen. Feuchtigkeit soll nicht von einem Material in ein anderes überwechseln können.

6.6.2 Verbindungen und Verankerungen

6.6.2.1 Unmittelbare Verbindungen

sind so geformt, daß Bauteile aufgabengerecht ohne Verbindungselemente oder -mittel verbunden werden (Abb. 6.6.2.1/1)
Hier sind zu nennen:

Hakenüberblattung,
Hakenüberblattung mit Keil,
Schwalbenschwanzverbindungen,
Zapfenverbindungen,
Versätze (Stirn-, Rück-, doppelter Versatz),
Spundungen.

} nur bei voller Auflage zulässig

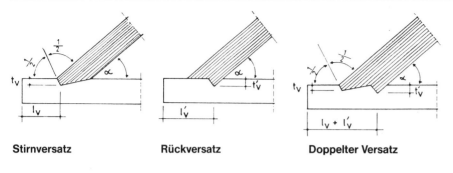

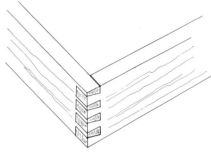

Stirnversatz **Rückversatz** **Doppelter Versatz**

Versätze
Die Einschnitt-Tiefe des Versatzes und die erforderliche Vorholzlänge sind abhängig von der Neigung der Strebe (tang) und der Größe der Strebenkraft. (Druckkraft). Sämtliche Versatzarten können auch mit Zapfen ausgeführt werden

Zinkenverbindung Schwalbenschwanz
Zinkenverbindung offen an Kastenecken gezeigt

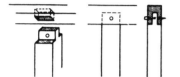

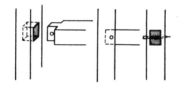

Zapfen (Verbindung Pfosten/Pfette)   **Zapfen (Verbindung Pfosten/Riegel)**

Verzapfungen

Spundung

Verlängerung mit

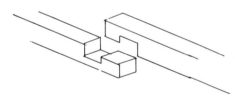

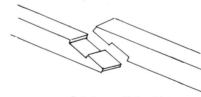

Geradem Hakenblatt   Schrägem Hakenblatt

Verlängerungen (nur bei voller Unterstützung)

Abb. 6.6.2.1/1   Unmittelbare Verbindungen

6.6.2.2 Mittelbare Verbindungen

sind so geformt, daß Bauteile nur durch Verwendung von Hilfsmitteln aufgabengerecht verbunden werden können (Abb. 6.6.2.2/1).
Hier sind zu nennen:
Unterstützende Stöße,
gerade Überblattung,
schräge Überblattung,
schräge Hakenüberblattung,
Ecküberblattungen,
Nut- und Federverbindungen,
verleimte Verbindungen.
Als Hilfsmittel finden Verwendung:
Hartholzdübel,
Holzfedern (Lang-, Quer-, Furnierplatten-Federn),
Holzkeile,
Holzschrauben, Schraubenbolzen,

verschraubt
oder durch
Schraubenbolzen
verbunden

Nägel, Stabdübel, Dübel,
Blechformteile,
Leime.

6.6.2.3 Verankerungen (Boden, Mauerkopf, Wand)

Verankerung im Boden
Holz verfault in ständigem Erdkontakt. Holzstützen dürfen daher mit Ausnahme einiger überseeischer Hölzer nicht direkt mit dem Erdreich in Verbindung kommen. Der Abstand Erdreich/Holz soll mindestens 5 cm betragen. Holzstützen werden daher mithilfe von Verbindungselementen mit dem Fundament verbunden.

Als Verbindungselemente bieten sich Flach- und Bandstahl, Profilstahl, Rohre, daneben Schrauben und Schraubenbolzen an.

Einige Konstruktionsbeispiele
Flach- oder Bandstahl wird U-förmig gebogen, ca. 40 cm in das Fundament eingelassen. Es umschließt die Stütze zweiseitig (Abb. 6.6.2.3/1a).

Flach- oder Bandstahl wird wie oben beschrieben gebogen, reicht jedoch nicht in das Fundament, sondern umschließt lediglich den Stützenfuß, ist aber auf einem O- oder I-Profil aufgeschweißt und so mit dem Fundament verbunden (Abb. 6.6.2.3/1b).

Bei beiden Beispielen wird die Stütze beidseitig so ausgearbeitet, daß sich das Stahlprofil oberflächengleich anschmiegt. Nach dem Setzen und Anziehen der Bolzenschrauben werden die Fugen verkittet.

In dem Stützenfuß wird ein Sägeschlitz angebracht, der eine Flach- oder Bandstahllasche aufnimmt. Die Verschraubung erfolgt auch hier mit Bolzenschrauben. Das untere, in das Fundament reichende Ende wird zur besseren Verankerung aufgespalten und aufgebogen (Abb. 6.6.2.3/1c).

Der Stützenfuß wird kreuzförmig eingeschnitten. Ein kreuzförmiger Profilstahl wird eingeschoben und in beiden Richtungen, aber unterschiedlicher Höhe, durch Bolzenschrauben mit der Stütze verbunden. Auch hier ist im unteren Teil eine Strebe anzubringen (Abb. 6.6.2.3/1d).

Um die Kraftübertragung bei diesen Bauweisen zu verbessern, sind bei den außenliegenden Stahllaschen Halbdübel zu verwenden.

Ähnlich der Bauweise mit der Stahlzunge wird ein Rund- oder Quadratrohr in eine Bohrung im Stützenfuß eingeschoben und kreuzweise mit Bolzenschrauben verschraubt. Der Rohrfuß wird unmittelbar unter der Stütze mit einer Querstrebe versehen. Auch hier ist im unteren Teil zur besseren Verankerung eine Querstrebe notwendig (Abb. 6.6.2.3/1e).

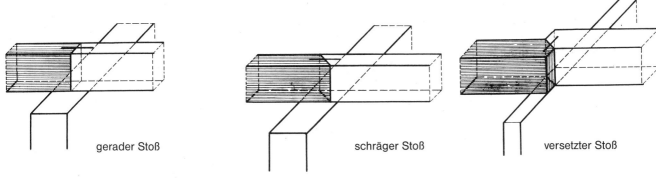

gerader Stoß   schräger Stoß   versetzter Stoß

Unterstützte Stöße auf Mauern verschiedener Breite

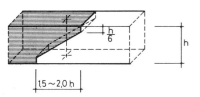

schräge Überblattung

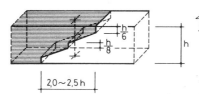

schräge Hakenüberblattung

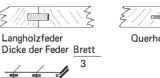

Langholzfeder
Dicke der Feder $\dfrac{\text{Brett}}{3}$

Querholzfeder

Nut und Feder

Überblattungen

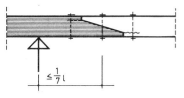

aufgelegter Pfettenstoß

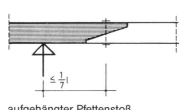

aufgehängter Pfettenstoß

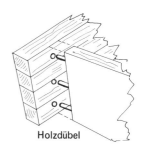

Holzdübel

Gedübelte Verbindung, eingeleimt

Freitragende Pfettenstöße

Man unterscheidet den aufgelegten und den aufgehängten Pfettenstoß. Der aufgelegte Stoß führt leicht zu einem Aufschlitzen der Pfette in Faserrichtung. Er sollte nur bei geringer Auflast und in Verbindung mit seitlich angeordneten Schraubenbolzen ausgeführt werden. Mit dem aufgehängten Stoß wird das Aufreißen der Pfette vermieden. Der Durchmesser des Schraubenbolzen und die Größe der Unterlegscheibe müssen der zu übertragenden Last entsprechen

Abb. 6.6.2.2/1 Mittelbare Verbindungen

Befestigung auf Mauern
Die Befestigung auf Mauern ist abhängig von Bauweise und Material, Höhe und Breite der Mauer sowie Richtung und Stärke des Winddruckes. *Vor dem Mauerbau* können Aussparungen vorgesehen werden oder Stützen einbetoniert werden, *nach dem Mauerbau* ist meist ein aufwendigeres Bohren oder eine Befestigung mittels entsprechender Dübel auf der Mauer noch erforderlich.

Grundsätzlich sind drei Bauweisen denkbar (Abb. 6.6.2.3/2), wegen der angeführten Zwangspunkte ist jedoch immer eine individuelle Lösung erforderlich.

Wandanschlüsse
Wandanschlüsse von Hölzern können nur mithilfe von metallenen Verbindungselementen hergestellt werden, wenn Zug- und/oder Scherkräfte auftreten und aufgenommen werden müssen. Gilt es lediglich, das Ende eines Holzprofils zu unterstützen, genügt eine Auflage.

Bei all diesen Konstruktionen muß bedacht werden, daß es sich um Materialien mit unterschiedlichen Eigenschaften handelt. Wand und Mauer bestehen aus mineralischem Baustoff (Stein, Beton), Holz aus organischem. Die Reaktion auf Temperatur- und Feuchtigkeitswechsel ist unterschiedlich. Von daher empfiehlt es sich, die Verbindungen unstarr auszubilden und die Standfestigkeit der Holzkonstruktion nicht auf diesen Befestigungen zu gründen.

Als Unterstützungen haben sich bewährt Konsol- oder Kragsteine aus Natur- oder Kunststein, die im Mauerwerk eingesetzt sind und mit ihrem hervorragenden Teil als Holzauflage dienen (Abb. 6.6.2.3/3).

Als metallene Verbindungsmittel empfehlen sich Band-, Profilstahl oder Rohre, die entweder in der Wand selber verankert oder an einer Tragplatte angeschweißt sind. Diese wiederum ist dann an der jeweiligen Wand angedübelt (Abb. 6.6.2.3/4).

Die zu befestigenden Hölzer sind entsprechend der Stahlform eingesägt, eingeschlitzt oder gebohrt. Sie sollten quer zur Zugrichtung mit einem Langloch versehen werden, so daß eine zusätzliche Sicherung des Holzprofils durch Stabdübel möglich wird.

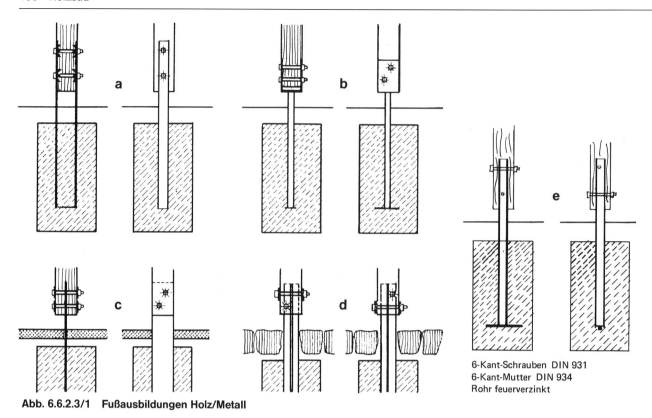

Abb. 6.6.2.3/1 Fußausbildungen Holz/Metall

6-Kant-Schrauben DIN 931
6-Kant-Mutter DIN 934
Rohr feuerverzinkt

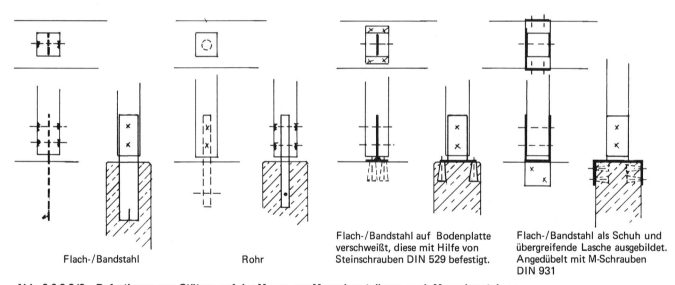

Flach-/Bandstahl

Rohr

Flach-/Bandstahl auf Bodenplatte
verschweißt, diese mit Hilfe von
Steinschrauben DIN 529 befestigt.

Flach-/Bandstahl als Schuh und
übergreifende Lasche ausgebildet.
Angedübelt mit M-Schrauben
DIN 931

Abb. 6.6.2.3/2   Befestigung von Stützen auf der Mauer, vor Mauerherstellung, nach Mauerherstelung

Abb. 6.6.2.3/3

Abb. 6.6.2.3/4

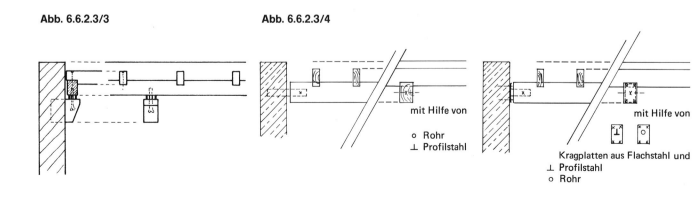

mit Hilfe von

o Rohr
⊥ Profilstahl

mit Hilfe von

Kragplatten aus Flachstahl und
⊥ Profilstahl
o Rohr

6.6.3 Holzbauwerke im Garten

6.6.3.1 Raumschlüsse, Wände

Bauweise

Bauwerke mit dieser Aufgabenzuordnung bestehen aus tragenden und nichttragenden Bauteilen. Die Querschnitte der tragenden Pfosten, Riegel, und Rahmen sind neben der gestalterischen Absicht (rhythmische Gliederung, Richtungsbetonung) abhängig von den Kräften, die einwirken und schadlos weitergeleitet werden müssen (Eigengewicht, Schneelast, Winddruck, Bewuchs). Je größer eine oder mehrere dieser Kräfte im Zusammenwirken sind, desto größer sind die notwendigen Konstruktionsquerschnitte. Die auftretenden Belastungen müssen in die Fundierung übertragen werden.

Technische Details

Die Fundamenttiefe soll mindestens 60 cm betragen. Es ist im Einzelfall zu entscheiden, ob eine frostsichere oder eine frostfreie Gründung erforderlich ist. Nur auf gewachsenem Boden sind blockartige Fundamente möglich. Bei aufgeschütteten Böden muß ein plattenförmiges Fundament gewählt werden, da hier nur die Fundamentsohle als tragend angesehen werden kann (Plattenrichtung = Windrichtung).

Als Material für die Pfosten haben sich bewährt:

Abb. 6.6.3.1/2 Verbretterungen
Die Zeichnungen zeigen in Lageplan und Seitenansicht einige Möglichkeiten für Verbretterungen in horizontaler und vertikaler Form (re.)

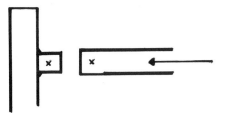

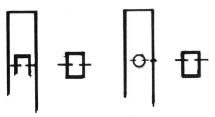

Abb. 6.6.3.1/1 Metall-Steckverbindungen
Angeschweißter Stutzen, entweder ⊏ oder ○, Riegel paßt darüber, wird unterseits teilweise ausgeschnitten. Fixierung durch Paßkerbstifte DIN 1472 oder Spannhülsen DIN 1481 oder 7346

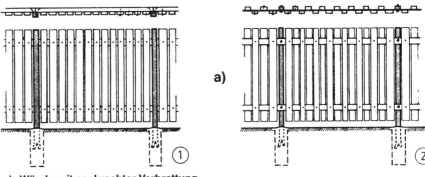

a) Wände mit senkrechter Verbrettung
① mit genagelten oder geschraubten Brettern,
② mit wechselseitig angeordneten Profilbrettern oder Latten

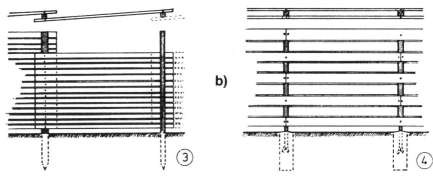

b) Wände mit horizontaler Verbrettung
③ in Schrägstellung angeordnete Bretter oder geschälte Halbhölzer,
④ wechselseitig genagelte Saum- oder Profilbretter

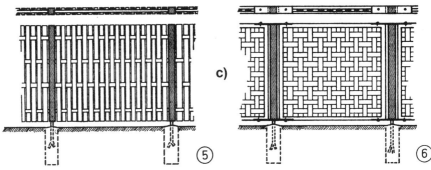

c) Spaltbrettverflechtungen
Werden Spaltbretter, z.B. aus Bongossiholz, verwandt und diese verflochten, so erfolgt die Anordnung möglichst in Kantholzrahmen ⑥, da die Spaltbrettenden, besonders bei engen Flechtungen, leicht aus der Richtung stehen ⑤. Empfehlenswert ist die Verwendung von Fertigteilzäunen

d) Transparente Sichtschutzwände
In Zeichnung ⑦ sind senkrecht stehende Bretter in schräger Stellung in oberen und unteren Halterungen gefaßt. In Zeichnung ⑧ werden in gleicher Stellung eingegrabene Stahlbetonplatten dargestellt

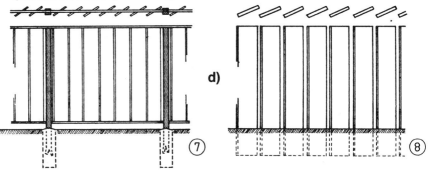

Natur- / Kunststein, unstarres / starres Fundament,

Rundholz, tiefimprägniert, unstarres Fundament

Kantholz, tiefimprägniert, unstarres Fundament

Holzpfosten müssen mit Hilfe von Verbindungselementen aus Stahl in Fundamenten oder auf/an Mauern befestigt werden. Die Haupttragrichtung dieser Laschen muß der Hauptwindrichtung entsprechen (siehe Kap. 6.6.2.3).

Rundrohr
Kantrohr   in starren Fundamenten
Stahlprofile oder an/auf Mauern.

Die Riegel oder Rahmen können bestehen aus:

Rund-/Halbrundholz
Kantholz
Rundrohr
Kantrohr
Stahlprofilen.

Die Verbindung mit den Pfosten sind auch hier in der Regel mittelbare Verbindungen (Abb. 6.6.3.1/1), nur in Sonderfällen unmittelbare (Stein/Holz bzw. Metallsteckverbindungen).

Die Felder solcher Raumschlüsse und Wände werden entweder mit senkrechter oder waagerechter Verbretterung, durchblasbar oder nicht durchblasbar – oder als Spaltbrettverflechtungen – hergestellt (Abb. 6.6.3.1/2). Sowohl die senkrechten wie auch die waagerechten Verbretterungen können ein- oder zweiseitig (dann meist mit versetzter Anordnung) erfolgen. Die Geschlossenheit einer solchen Wand hängt vom Abstand der einzelnen Bretter und der Dicke des Riegels ab. Je größer der Abstand der Bretter, und je dicker der Riegel, desto winddurchlässiger und durchgrünbarer ist die Konstruktion. Eine Sonderform ist die Wand mit schräg schuppenartig versetzten Feldern aus Brettern oder Halbrundhölzern. Diese Art wird häufig zur Gliederung langer Fluchten eingesetzt.

Spaltbrettverflechtungen werden im allgemeinen in Rahmenkonstruktionen gefertigt und dann felderweise am Pfosten befestigt. Der Markt bietet solche Spaltbrettverflechtungen aus Bongossi oder vollimprägnierter nordischer Kiefer oder Fichte an. Durch lückiges Verflechten sind Transparenz und Durchgrünbarkeit zu erzielen.

6.6.3.2 Rankgerüste

Rankgerüste an Mauern und Wänden bestehen aus einzelnen, gleichmäßigen Lattenprofilen, die in freier Anordnung (senkrecht, waagerecht, rautenförmig) auf Traglatten befestigt sind. Diese werden an dem tragenden Bauteil angedübelt. Die hierbei verwendeten Profile sind klein dimensioniert, da sie außer

a) Oberhölzer quergerichtet

b) Oberhölzer längsgerichtet

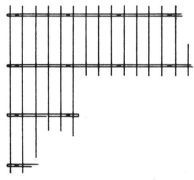

c) gleichgerichtet bei Winkelform

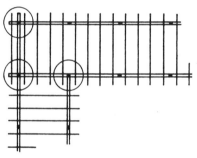

d) wechselnde Richtung bei Winkelform

Verbindungsschwierigkeiten entstehen in den umrandeten Bereichen. Günstiger ist in jedem Fall die Lösung c), da sie nur glatte Auflagen hat

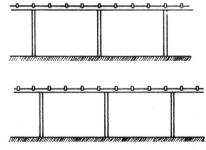

Die Verteilung der Auflagehölzer erfolgt entweder von einem über der Pfettenunterstützung liegenden Holz aus e) oder von 2 mit gleichen Abständen daneben angeordneten f). Letzteres wirkt meist eleganter

Abb. 6.6.3.3/1 Auflagepergolen

Auflagepergola: Unterzüge und Oberhölzer liegen in verschiedenen Ebenen übereinander

dem Eigengewicht nur das Gewicht des Bewuchses tragen müssen (Abb. 6.1./6).

6.6.3.3 Pergolen

Pergolen sind flächenüberspannende, dreidimensionale Bauwerke. Sie werden in der Regel frostfrei gegründet und sind verwindungssteif konstruiert, um die aus den verschiedenen Richtungen auftretenden Lasten aufnehmen und in die Gründung ableiten zu können. Pergolen können, wenn sie Verbindungsglieder zwischen Baukörpern sind, auch an diesen befestigt werden (siehe 6.6.2.3). Bei der Anbindung an Baukörper sollten aus gestalterischen Gründen horizontale Baukörperlinien wie Tür- und Fensterstürze, Friese, Dachtraufen u.a. aufgenommen werden.

Pergolenkonstruktionen bestehen in jedem Fall aus vertikalen und horizontalen Bauteilen, die meist rechtwinklig und parallel zueinander angeordnet werden.

Technische Details

Als Grundmaße für den Stützenabstand gelten 3,00 × 3,00 m, für die lichte Höhe bis Unterkante Pfette/Rahmen ca. 2,30 m. Bei Anlage einer Pergola über einer geneigten Fläche ist ein Höhenversatz jeweils an den Stützen möglich. Die lichte Höhe sollte aber auch dann zwischen 2,25 und 2,40 m liegen.

Ursprünglich waren sowohl tragende als auch nichttragende Elemente aus Holz. Inzwischen ist eine Vielzahl von Materialien üblich.

Für *tragende Teile* (Stützen, Pfetten, Rahmen) werden verwendet

Holz als Rund-, Kant-, Brettschichtholz, Naturstein als Monolith oder gemauert, Ziegel-/Klinkermauerwerk mit oder ohne statischen Kern, Stahlbeton/Schleuderbeton, Metall als Rund- und Kantrohr, als Profilstahl.

Als *nichttragende Teile* (Auflage-/Oberhölzer, Deckwerk) werden verwendet:

Holz als Bretter, Latten, Leisten, Kunststoff als Kastenprofile, Metall als kleinformatige Voll- und Hohlprofile.

Nach der Konstruktion unterscheidet man zwei große Gruppen von Pergolen, die sich jedoch weiter unterteilen lassen.

Auflagepergolen bestehen aus den senkrechten tragenden Bauteilen Stütz/Ständer/Pfeiler, waagerechten tragenden Bauteilen Pfette/Unterholz, waagerechten nichttragenden Bauteilen Ober-/Auflageholz. Pfetten und Auflagehölzer liegen übereinander, also in zwei Ebenen (Abb. 6.6.3.3/1).

Der Aufbau der Pergola geschieht auf

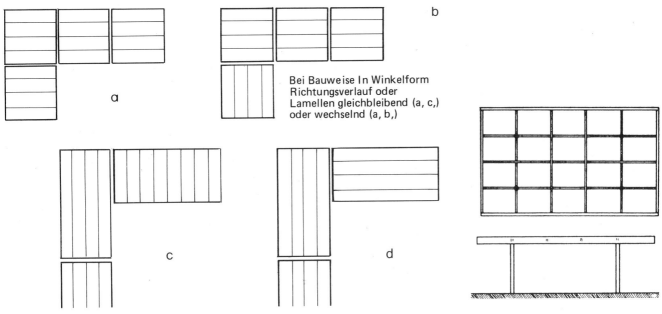

Bei Bauweise In Winkelform
Richtungsverlauf oder
Lamellen gleichbleibend (a, c,)
oder wechselnd (a, b,)

Abb. 6.6.3.3/2   Kassettenpergolen

der Baustelle mit Hilfe vorbereiteter Einzelelemente. Diese werden miteinander verschraubt oder vernagelt, sofern es sich um Holzprofile handelt. Metallprofile werden gesteckt oder verschraubt.

Rahmen-/Kassettenpergolen bestehen aus den
senkrechten tragenden Bauteilen Stütze/Ständer/Pfeiler,
waagerechten tragenden Bauteilen Rahmen (vorgefertigt),
waagerechten nichttragenden Bauteilen (Füllbretter).

Rahmen- und Kassettenpergola unterscheiden sich nur durch das Fehlen der Füllbretter bei der Rahmenpergola.

Diese Füllbretter bei den Kassettenpergolen verstärken den Dachcharakter. Tragende und nichttragende Bauteile liegen hier – im Gegensatz zur Auflagepergola – in einer Ebene.

Der Aufbau einer solchen Pergola geht schneller vonstatten, da die Rahmen/Kassetten bereits vorgefertigt auf die Baustelle kommen (Abb. 6.6.3.3/2).

Allen hier angesprochenen Pergolenarten sind die folgenden Problembereiche gemeinsam:
Fußausbildung,
Kopfausbildung einschließlich der Verbindung tragender mit tragenden Teilen,
Verbindung tragender mit nichttragenden Teilen,
Bauteilverlängerungen (begrenzt auf Auflagepergolen)
Höhenversatz (begrenzt auf Anlagen über geneigtem Gelände).

Fußausbildung
Stützen, deren Korrosionsneigung durch ständigen Erdkontakt nicht verstärkt wird (Naturstein, Stahlbeton, Schleuderbeton, Eisenwerkstoff), werden im allgemeinen in die Fundamente eingegossen. Die Stütze soll ca. 40 cm in das Fundament ragen und allseits von ca. 15 cm Beton umgeben sein. Daraus ergibt sich ein Mindestmaß von 40 × 40 × 55 cm. Eine frostfreie Gründung ist aber immer wünschenswert. Bei schweren Konstruktionen oder starker Windlast kann in das entsprechend vergrößerte Fundament noch ein Bewehrungskorb eingelegt werden.

Stützen aus Alu-Legierungen dürfen nicht mit Beton in Verbindung kommen, da dann chemische Prozesse das

Aluminium korrodieren und die Materialstärke abnimmt. Bandagen aus bitumengetränkter Jute oder Anstriche mit bitumenhaltigen Stoffen verhindern diese Prozesse. Um glattwandige Profile im Fundament zu verankern, werden am Fuß Querstreben angeordnet (Abb. 6.6.3.3/3 und Abb. 6.6.2.3/1).

Kopfausbildung
Die Ausbildung der Stützenköpfe hängt ab von der Art der Materialien und der Verbindung mit Pfette oder Rahmen. Man hat zu unterscheiden, ob die Pfette aufliegt oder
zwischen paarigen Stützenteilen befestigt ist,
ob der Rahmen
seitlich beidseitig oder
seitlich einseitig angebracht ist.

Bei der Verwendung von Rohrprofilen ist darauf zu achten, daß die Öffnungen verschlossen werden.

Beim Auflegen von Holzprofilen auf Holzstützen ist so zu konstruieren, daß das Hirnholz der Stütze durch das aufliegende Bauteil völlig überdeckt wird. Gegebenenfalls ist der Querschnitt der Stütze durch Abschrägen auf den Querschnitt der Pfette zu verringern. Querschnittsverkleinerung bedeutet aber zwangsläufig geringere Lastannahme!

Werden die Stützenköpfe nicht überdeckt, sind sie pult- oder satteldachförmig abzuschrägen, so daß keine Standfläche für Wasser entsteht (Abb. 6.6.3.3/4).

Verbindung tragender mit nichttragenden Bauteilen
Bei Auflagepergolen gibt es nur sich kreuzende tragende Pfetten und nicht

Abb. 6.6.3.3/3   Natursteinmonolith eingegraben oder eingegossen (B 15). Unter Umständen zusätzliche Ringbewehrung

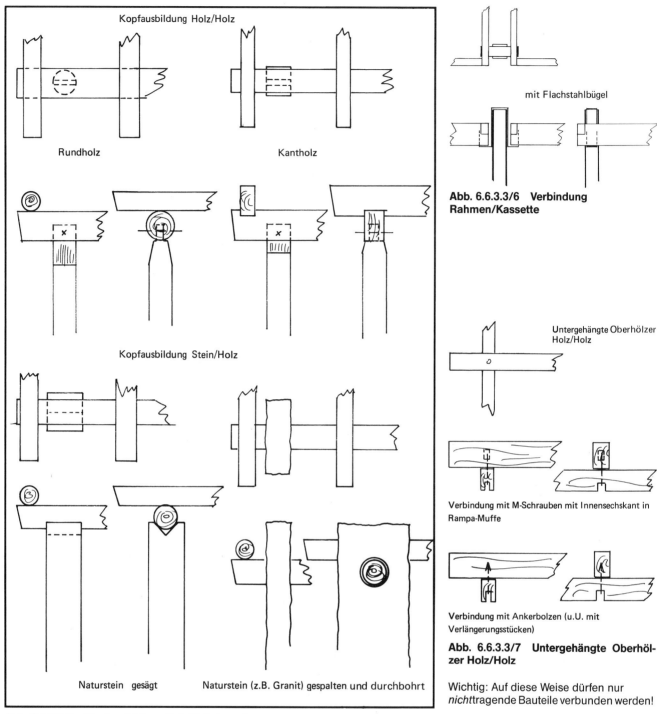

Kopfausbildung Holz/Holz

Rundholz

Kantholz

Kopfausbildung Stein/Holz

Naturstein gesägt

Naturstein (z.B. Granit) gespalten und durchbohrt

Abb. 6.6.3.3/4   Kopfausbildung Holz/Holz bzw. Stein/Holz

mit Flachstahlbügel

Abb. 6.6.3.3/6   Verbindung Rahmen/Kassette

Untergehängte Oberhölzer Holz/Holz

Verbindung mit M-Schrauben mit Innensechskant in Rampa-Muffe

Verbindung mit Ankerbolzen (u.U. mit Verlängerungsstücken)

Abb. 6.6.3.3/7   Untergehängte Oberhölzer Holz/Holz

Wichtig: Auf diese Weise dürfen nur *nicht*tragende Bauteile verbunden werden!

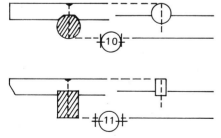

Abb. 6.6.3.3/5   Verbindung tragender mit nichttragenden Bauteilen (Auflagepergola)

tragende Ober-/Auflagehölzer. Die Lagerfläche der Auflagehölzer sollte, soweit es sich um Rundholzquerschnitte handelt, so ausgearbeitet werden, daß eine größere Auflagefläche entsteht und der Eindruck, diese Hölzer könnten rollen, vermieden wird (Abb. 6.6.3.3/5).

Auflagehölzer aus Kantholzprofilen können ebenfalls in dieser Weise ausgearbeitet werden. Man spricht dann von Aufkämmen. Ausgearbeitet werden darf in jedem Fall nur das nichttragende Auflageholz, da sonst das Tragholz geschwächt wird. Die Verbindung er-

folgt durch Holzschrauben oder beidseitig seitlich eingeschlagene Nägel. Schrauben- und Nagelköpfe sind im Holz einzusenken und zu verkitten (Abb. 6.6.3.3/5 und 6.6.2.3./3).

Kassetten werden in der Regel je zwei an einer Stütze mittels Schrauben befestigt. Hierfür werden, um Durchmesser und Länge den auftretenden Lasten entsprechend zu dimensionieren, meist Gewindestangen benutzt. Es ist handwerkliche Gepflogenheit, jeweils Unterlegscheiben oder Halbdübel und Abstandshalter zu verwenden. Auch das

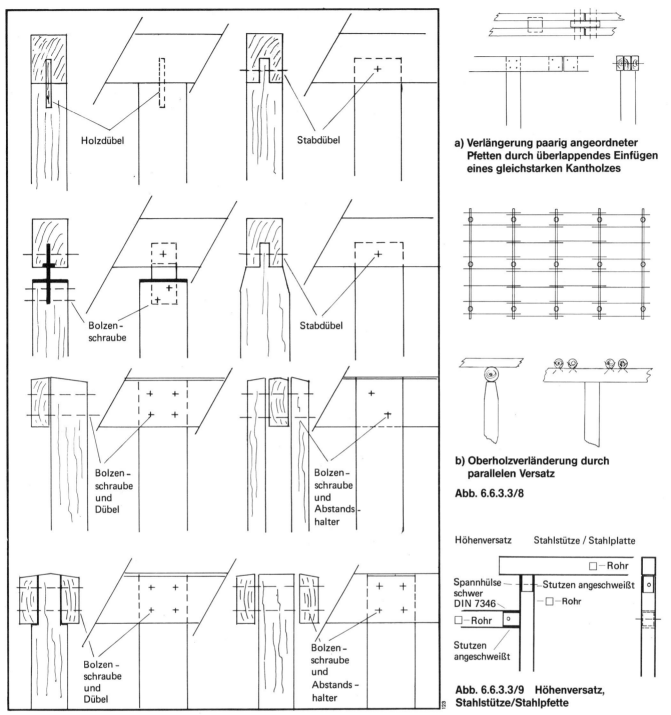

Holzdübel

Stabdübel

a) Verlängerung paarig angeordneter Pfetten durch überlappendes Einfügen eines gleichstarken Kantholzes

Bolzen- schraube

Stabdübel

Bolzen- schraube und Dübel

Bolzen- schraube und Abstands- halter

b) Oberholzverländerung durch parallelen Versatz

Abb. 6.6.3.3/8

Bolzen- schraube und Dübel

Bolzen- schraube und Abstands- halter

Höhenversatz   Stahlstütze / Stahlplatte

☐−Rohr

Spannhülse — schwer DIN 7346

Stutzen angeschweißt

☐−Rohr

☐−Rohr

Stutzen angeschweißt

Abb. 6.6.3.3/9   Höhenversatz, Stahlstütze/Stahlpfette

Abb. 6.6.3.3/4   Stützenköpfe

›Einhängen‹ dieser Kassetten in entsprechende, an der Stütze befestigte Bügel ist möglich. Eine derartige Befestigung hat den Vorteil, daß das Gesamtbauwerk nicht in sich starr verspannt ist und auch Auswechselungen leichter vorgenommen werden können (Abb. 6.6.3.3/6).

›Untergehängte Hölzer‹ werden zweckmäßigerweise von unten durch Schrauben befestigt. Dabei ist darauf zu achten, daß diese Verbindungen spreizdruckfrei sind. Zu diesem Zweck werden in die Pfette sogenannte Rampa-

Muffen (Gewindehülsen mit Holzgewinde außen und metrischem Gewinde innen) eingeschraubt und das untergehängte Profil mit einer M-Schraube befestigt.

Eine weitere Möglichkeit kostensparender Befestigung, bei der nur ein Arbeitsgang notwendig ist, besteht in der Anwendung sogenannter Ankerbolzen. Durch Drehen des Schraubbolzens öffnet sich der Anker harpunenartig und verbindet spreizdruckfrei (Abb. 6.6.3.3/7).

Um bei beiden Bauweisen größere

Längen und Durchmesser der Schrauben zu vermeiden, wird die Schraube eingesenkt. Um die Bohrung möglichst klein zu halten, ist statt Schlüsselschrauben auf solche mit Innensechskant oder Schlitz-/Kreuzschlitz zurückzugreifen.

Verlängerungen kommen sowohl bei tragenden (Pfetten) wie nichttragenden (Auflage-/Oberhölzer) Bauteilen vor. Man verwendet in der Regel mittelbare Verbindungen, unterscheidet aber zwischen aufgelegten (unterstützten) und aufgehängten Konstruktionen (s. Abb. 6.6.2.2.1).

Stöße sind an Unterstützungen (Mauern, Holz-/Stahlpfosten) gebunden. Die Verbindungen sollten nicht durch Bauklammern oder Blechformteile oder von oben eingelassene Holzlaschen hergestellt werden, da an solchen Stellen Wasser eindringen und nicht abfließen kann. Diese Arten sind jedoch unter Dach jederzeit ohne Bedenken möglich.

Überblattungen können aufgelegt oder aufgehängt werden. Die aufgelegte Überblattung führt leicht zum Aufschlitzen der Pfette in Faserrichtung. Sie sollte daher nur bei geringer Auflast und in Verbindung mit zusätzlichen Bolzenschrauben ausgeführt werden. Bei der aufgehängten Überblattung wird das Aufreißen durch die richtig angeordneten Bolzenschrauben vermieden. Paarig verlaufende Pfetten können stumpf gestoßen werden, wenn ein Kantholzprofil, das in der Stärke dem Abstand der beiden Pfetten entspricht, am Stoß eingefügt wird (Abb. 6.6.3.3/8a).

Auflage-/Oberhölzer werden wegen der geringen Abmessungen aufgelegt verlängert. Der gerade, der schräge oder der versetzte Stoß bieten sich an. Denkbar ist auch eine Parallel-Verlegung der Oberhölzer ohne Verlängerung in der Linie (Abb. 6.6.3.3/8b).

Höhenversatz
Bei Pergolen über geneigtem Gelände muß das ›Deckwerk‹, um den Dachcharakter zu erhalten, in entsprechenden, möglichst gleichmäßigen Stufungen den o. a. lichten Höhen angepaßt werden. Dies geschieht jeweils an entsprechenden Stützenpaaren durch einen sogenannten Höhenversatz. Dieser ist in Konstruktion und Aussehen abhängig vom verwendeten Stützenmaterial (Abb. 6.6.3.3/9).

6.6.3.4 Vollholz- und Stützwände

Bauweisen
Vollholz wird unter der Bezeichnung Palisade entweder als Rundholz oder als Kantholz zu Abgrenzungen, Unterteilungen und zur Höhenstufung eingesetzt.

Man verwendet Nadel- und Laubholzstammstücke, die entweder durch Weißschälen auf einen gleichmäßigen Durchmesser gebracht oder allseits scharfkantig (Schnittklasse A) eingeschnitten wurden, ehe sie durch Kesseldruckimprägnierung einen Tiefschutz erhielten. Der Kopf ist meist gefast, um Verletzungen der Benutzer zu vermeiden.

Neben diesen Profilen bietet der Markt zweiseitig besäumte, gekehlte oder genutete Palisaden an, die Sonderlösungen ermöglichen.

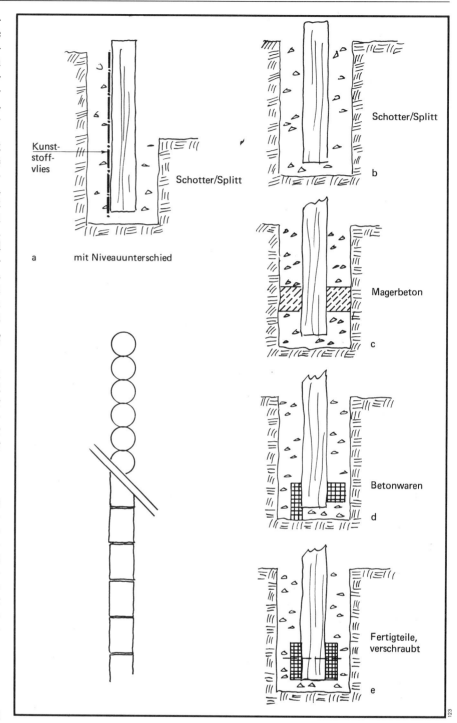

Abb. 6.6.3.4/1 Palisadengründungen

Technische Details
Die Gründung einer Palisadenwand muß wasserdurchlässig sein, um Fäulnisprozesse auszuschließen, durch welche die Haltbarkeit der Wand stark herabgesetzt würde.

Im Regelfall werden die Palisaden mit $\geq \frac{1}{3}$ ihrer Länge in dem ausgehobenen Fundamentgraben auf eine Schicht dränfähigen Materials dicht an dicht gestellt, ausgerichtet und beidseitig mit dränfähigem und verdichtbarem Material eingefüllt. Gebrochenem Korn

(Splitt/Schotter) ist der Vorzug vor Rundkorn (Kies) zu geben, da es sich besser verdichten läßt (Abb. 6.6.3.4/1a + b).

Ist eine zusätzliche Sicherung gegen Verrutschen einzelner oder mehrerer Palisaden notwendig, so kann dies auf verschiedene Weise erfolgen.

Beidseits werden die Palisaden etwa in halber Fundamenttiefe durch einen Magerbetonkragen umfaßt (Abb. 6.6.3.4/1c).

Diese Stabilisierung kann auch erfolgen durch trockenes Versetzen von Betonteilen (Platten, Bordsteine) auf der Fundamentsohle (Abb. 6.6.3.4/1d).

Eine fast starre Ausbildung erzielt man, indem man die Palisaden beidseitig mit Stahlbetonplanken einfaßt, die wiederum durch Bolzenschrauben oder Gewindestangen verschraubt werden (Abb. 6.6.3.4/1e).

Wird durch Palisaden ein Höhenunterschied abgefangen, wirkt ein hangseitig angebrachtes Vlies als Rieselschutz (Abb. 6.6.3.4/1a).

In den letzten Jahren werden in steigendem Maße gebrauchte Eisenbahnschwellen auf den Markt gebracht. Sie werden in den Klassifizierungen I.A Qualität, I. Qualität, II. Qualität angeboten. Diese Eisenbahnschwellen bringen neben der von der Deutschen Bundesbahn vorgeschriebenen Spezialimprägnierung vor allem große Längen (Weichenschwellen) mit.

Hinsichtlich des optischen Eindrucks, den sie in eingebautem Zustand vermitteln, unterliegen sie dem Zeitgeschmack.

Um Verletzungen und Unfälle an eingebauten Hölzern zu vermeiden, wird häufig eine Oberflächenbearbeitung unumgänglich sein. Wegen der Fremdkörper, die enthalten sein können, sind diese Arbeitsgänge kostenaufwendig.

6.6.3.5 Holzdecks (Fliesen, Roste)

Sie sind in vielfältigen Formen, quadratisch oder rechteckig, flach oder hochkant, im Handel erhältlich oder herstellbar und benötigen keinen aufwendigen Unterbau. Sie bestehen aus gleichmäßig breiten, tief imprägnierten, gehobelten – meist Nadelholz – Brettern, deren Kanten gefast sind. Die Dicke beträgt zwischen 20 und 35 mm, die Breite zwischen 50 und 95 mm. Sie werden auf entsprechende Unterlattung mittels Sondernägeln (Nagelung von unten, also unsichtbar) befestigt. Diese Unterlattung steht teilweise über, greift unter die benachbarte Fliese und verzahnt sich so mit dieser.

Der Abstand zwischen den einzelnen Brettern ist mit weniger als 8 mm so gering, daß eine Unfallgefahr beim Begehen weitgehend ausgeschlossen ist, daß aber Möbelstücke doch sicheren Stand haben. Auch die Konstruktion aus hochkant gestellten und mit Abstand zueinander angeordneten Brettern oder Bohlen (Breite 30–60 mm, Dicke 60–120 mm) ist üblich. Die Stabilität solcher Elemente wird durch Verschrauben mittels Gewindestangen erreicht (Abb. 6.6.3.5/1 + 2).

Da es sich hier aber um größere Einzelelemente handelt, ist unter den Stößen ein entsprechendes Auflager aus

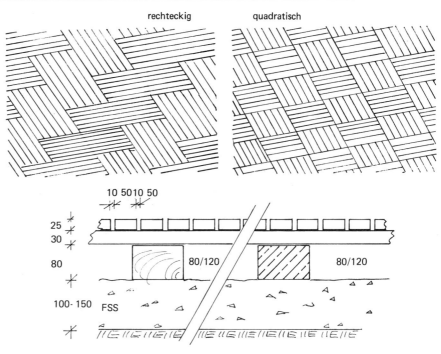

rechteckig   quadratisch

bewährte Aufbauarten Maße in mm

Abb. 6.6.3.5/1   Decks aus Holzfliesen/Rosten

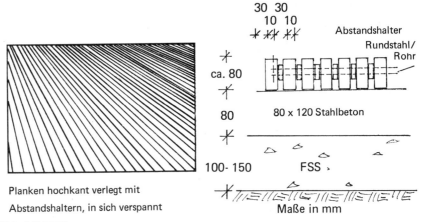

Planken hochkant verlegt mit Abstandshaltern, in sich verspannt

Abb. 6.6.3.5/2

Balken, Betonfundamentstreifen oder Profilstahlschienen denkbar. Die Schienen sind dann jeweils wieder mit Punktfundamenten starr zu verbinden (s. Abb. 6.6.3.5/2).

Beide Arten von Decks sind so zu verlegen, daß Wasser rasch abfließen kann, um das Holz rasch abtrocknen zu lassen. Dies geschieht durch einen Unterbau aus dränfähigem Kiessand und einer Schicht Mittelsand. Das zur Wasserableitung notwendige Gefälle kann im Kofferplanum hergestellt werden.

6.7 Anwendungsbeispiel für den Hausgarten K.

In unserem Hausgarten gibt es verschiedene Möglichkeiten, Holz zu verwenden. Da ist zum einen die Sichtschutzwand im Eingangsbereich, mit der die Abgrenzung zum Terrassenhof erfolgen soll, zum anderen ist sicher die Pergola vorwiegend aus Holz zu bauen. Weiter lassen sich die Höhenstufungen des Terrassenhofes und der Terrassenbelag aus Holz herstellen. Die Pergola soll, weil sie auch in einer Kombination von Holz und Stahl gebaut werden kann, unter dem Kapitel 7.7 behandelt werden. Wenden wir uns also der Sichtschutzwand zu, die natürlich auch aus Beton oder Ziegeln gebaut werden kann.

Die Situation stellt sich so dar, daß die Wand sowohl von der Einfahrt als auch von der Terrasse aus gut aussehen muß. Zuerst ist zu entscheiden, ob aus gestalterischen Gründen die

Waagerechte oder die

Senkrechte betont oder ob eine

Verflechtung ohne besondere Betonung von Senk- oder Waagerechten zweckmäßig ist.

Wie die Abb. 6.7/1–3 zeigen, ergeben sich jedesmal andere optische Eindrücke. Über die Technik ist bisher noch nicht gesprochen worden.

Gehen wir weiter davon aus, daß nach einem Gespräch zwischen dem Landschaftsarchitekten und dem Bauherrn die Entscheidung zugunsten einer Betonung der Senkrechten gefallen ist. Es ist jetzt unter den verschiedenen weiteren Lösungsmöglichkeiten zu wählen, wobei nun auch Kostengesichtspunkte eine Rolle spielen.

Es bieten sich Lösungen aus Rund- oder Kantholz an (s. Abb. 6.7/4–6).

Bei der Lösung mit Rundholz (Abb. 6.7/4), die kostengünstig ist, werden imprägnierte Rundholzpfähle als Pfosten verwendet, Halbrundriegel angenagelt und eine senkrechte Verlattung beidseitig angebracht, damit von beiden Seiten ein brauchbarer Anblick entsteht. Der Abstand der Verlattung hängt davon ab, wie stark der Sichtschutz und die Durchblasbarkeit sein soll.

Die gleiche Lösung läßt sich auch mit Kantholz erreichen (s. Abb. 6.7/5 + 6). Die Palette der gestalterischen und technischen Lösungen läßt sich mit Kantholz aber noch wesentlich erweitern. So kann der Riegel wie beim Rundholz nur an den Pfosten angenagelt werden, wobei eine unerwünscht große Kontaktfläche mit den beschriebenen Nachteilen entsteht. Technisch besser wäre es, wenn die Riegel mit einer metallischen Hilfskonstruktion *zwischen* den Pfosten angebracht wird. Damit ist ein wichtiger Schritt für den konstruktiven Holzschutz getan. Die Senkrechte kann nun mit Latten oder Brettern oder mit einer Kombination von Latten und Brettern unterschiedlich gestaltet werden. Breite, Tiefe und Abstände sind bei Einhaltung von technisch erforderlichen Mindeststärken von gestalterischen Überlegungen abhängig.

Nach verschiedenen Vorschlägen fand letztlich folgende Idee Zustimmung: Holzriegel werden zwischen Rechteckholzpfosten befestigt. An diesen werden, jeweils im Wechsel und mit unterschiedlicher Höhe, ein flaches neben zwei hochkant befestigten Brettern angebracht (Abb. 6.7/7).

Als Material soll nordische Fichte, mit salzhaltigen Mitteln tiefimprägniert, verwendet werden. Das dann grünlich

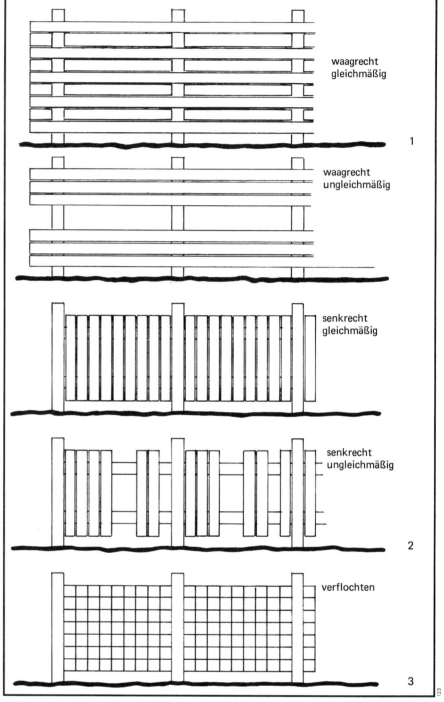

Abb. 6.7/1–3   Belattungsarten

aussehende Holz ist zusätzlich noch mit einem Lasuranstrich in hellem Holzton (Kastanie) zu versehen. Sämtliche Kopfflächen sind – wie aus der Zeichnung zu ersehen – abzuschrägen und zu glätten.

Die Gründung erfolgt über einen vorgebohrten, gespaltenen, verzinkten Flachstahl in einem Betonfundament. Der Pfostenfuß wird 20 cm tief aufgeschlitzt, der Flachstahl eingeschoben und mit zwei verzinkten M 16/110 DIN 931 und Muttern M 16 DIN 934 befestigt. Diese Verbindungen sind zusätz-

lich durch einseitige Dübel zu verstärken. Die Schlitzseiten sind auszukitten. Für die Verbindung Riegel/Pfosten sind Winkelelemente aus Flachstahl FL 50/5 herzustellen. Diese werden am Pfosten flächenbündig eingesenkt und paarweise von beiden Seiten in einer mittig eingeschobenen Hülse verschraubt. (M 5/25 DIN 9641, Messing).

Der Riegel wird von unten, nicht durchgehend aufgeschlitzt, auf das Winkelelement gesteckt und durch einen Zylinderstift DIN 7 gegen Abheben ge-

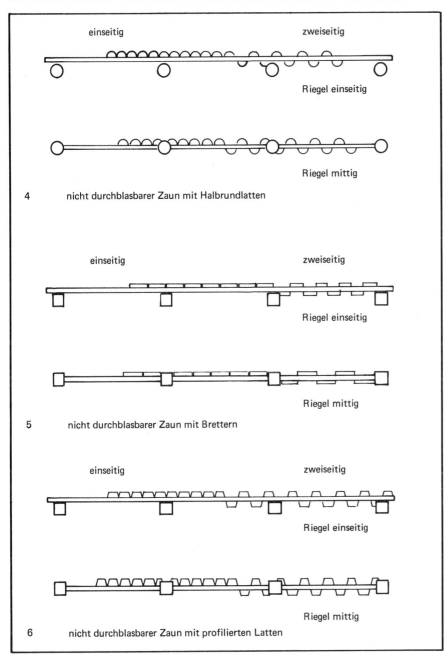

4 nicht durchblasbarer Zaun mit Halbrundlatten

5 nicht durchblasbarer Zaun mit Brettern

6 nicht durchblasbarer Zaun mit profilierten Latten

Abb. 6.7/4–6 Belattungsarten senkrecht

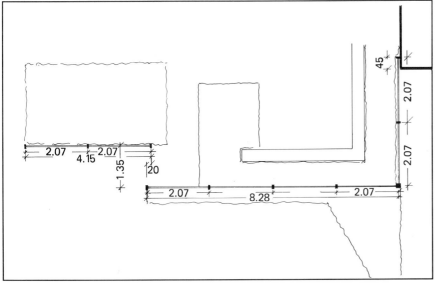

Abb. 6.7/7a Zaun/Lageplan

sichert. Die hochkant zu versetzenden Bretter sind derart auszuarbeiten, daß sie auf die Riegel aufgekämmt werden können. Sie werden je Riegel einmal von der Gegenseite, und daher unsichtbar, verschraubt (Linsensenkschraube 4,5 × 60 DIN 95, Messing). Die waagerechten Bretter werden je Riegel 2mal verschraubt (Linsensenkholzschraube 3,5 × 35 DIN 95, Messing).

Die Konstruktionsmaße werden wie folgt festgelegt:

Achsmaß der
Pfosten 2,07 m
Zaunlänge 4,14 m, 8,28 m, 4,14 m
Zaunhöhe 1,80 m
Bodenfreiheit 5 cm
Materialdimensionen:
Pfosten 80 × 120 × 1800 mm
Riegel 50 × 80 × 2080
Bretter flach 150 × 20 × 1650
Bretter hochkant 60 × 20 × 1800
Abstand der
Riegel, licht 1150
Abstand d. senk-
rechten Bauteile 30
Verbindungselement
Pfosten/Fundament
Bd 100/10 DIN 1016,850 mm Länge
Fundamentabmessungen
50 × 50 × 80 cm, B 15

Normen

DIN 1 052 T 1+2	Holzbauwerke, Berechnung und Ausführung
DIN 1 074	Holzbrücken, Berechnung und Ausführung
DIN 4 074 T 1+2	Bauholz für Holzbauteile, Nadelholz Querschnittsmaße und statische Werte f. Schnittholz, Vorratskantholz und Dachlatten
DIN 4 074 T 1+2	Bauholz für Holzbauteile. Gütebedingungen für Bauschnitt- und Baurundholz (Nadelholz)
DIN 18 367	Holzpflasterarbeiten
DIN 52 160	Prüfung von Holzschutzmitteln, Grundlagen für die Durchführung von Prüfungen
DIN 52 161 T 1–6	Prüfung von Holzschutzmitteln, Nachweis
DIN 52 175	Holzschutz. Begriff, Grundlagen
DIN 68 140	Keilzinkenverbindung von Holz
DIN 68 365	Bauteile für Zimmerarbeiten, Gütebedingungen
DIN 68 800 T 1–4	Holzschutz im Hochbau

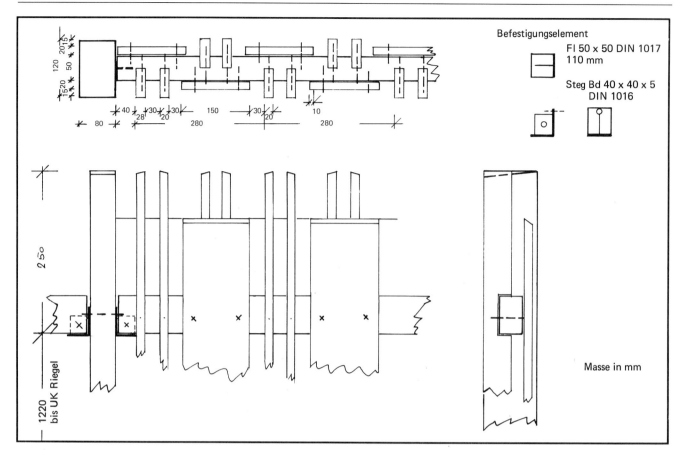

Abb. 6.7/7b Werkzeichnung Zaun

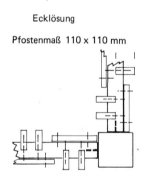

Ecklösung

Pfostenmaß 110 x 110 mm

**Abb. 6.7/7c + d Zaun Gründung
Maße in cm**

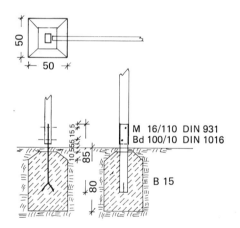

Literatur

Arbeitsgemeinschaft Holz e.V.: Informationsdienst Holz, Düsseldorf

Batran, Frey, Köhler, 1980: Tabellenbuch BAU, Verlag Handwerk und Technik, Hamburg 1980

Europa Lehrmittel, 1984: Fachkunde Bau, Wuppertal; Verlag Europa Lehrmittel, 3. Auflage

Glinski, Hansen u.a., 1981: Grundstufe Holztechnik, Technologie, Hamburg; Verlag Handwerk und Technik

Götz, Haar, Möhler, Natterer, 1980: Holzbau Atlas. Institut f. internationale Architektur Dokumentation, München

Knöfel, D., 1979: Stichwort: Holzschutz. Wiesbaden, Berlin: Bauverlag, 1979

Lehr, R., 1981: Taschenbuch für den Garten- und Landschaftsbau, Berlin, Hamburg: Verlag Paul Parey, 3. Aufl.

Schneider, K.-J., 1986: Bautabellen mit Berechnungshinweisen und Beispielen. Düsseldorf: Werner Verlag, 7. Auflage

Scholz, W., 1984: Baustoffkenntnis. Düsseldorf: Werner Verlag, 10. Auflage

7 Metallbau H.-D. Schmidt

7.1 Unterteilung, allgemeine Grundbegriffe

Metalle sind feste, kristallin aufgebaute, chemische Elemente unterschiedlicher Härte mit charakteristischen Eigenschaften. Diese sind durch die große Beweglichkeit der Elektronen im Kristallgitter der Metalle (chemische Bindung) zu erklären. Man unterteilt die Metalle allgemein in: (7.2) Eisen und Stahl sowie Nichteisen- (NE-) Metalle (7.3) und unterscheidet jeweils zwischen
● physikalischen Eigenschaften wie z.B. Festigkeit, Zähigkeit, Elastizität, Sprödigkeit, Härte
● chemischen Eigenschaften z.B. Korrosionsbeständigkeit
● technologischen Eigenschaften z.B. ob gießbar, schmiedbar, härtbar, spanend verformbar, spanlos verformbar.

Unter der Festigkeit eines Werkstoffes wird sein Widerstand gegen eine Formänderung durch äußere Krafteinwirkung (Zug-, Biege-, Druckfestigkeit) verstanden.

Der Grad der Zähigkeit zeigt sich in der dauerhaften Verformbarkeit eines Werkstoffes, z.B. durch Biegen.

Die Elastizität zeigt sich im Gegensatz dazu in der Tatsache, daß ein Werkstück nach Ende der Belastung wieder seine urprüngliche Form oder Gestalt annimmt.

Als Sprödigkeit bezeichnet man die Eigenschaft, wenn ein Werkstoff unter Belastung glatt und ohne plastische Verformung bricht.

Diese Eigenschaften lassen sich durch Behandlung und/oder Zugabe von Bestandteilen anderer chemischer Elemente (Legierungen) vorherbestimmbar verändern.

7.2 Eisen und Stahl

7.2.1 Herstellung

7.2.1.1 Roheisen

Eisen kommt in der Erdrinde nicht gediegen vor, sondern nur in chemischer Bindung an Sauerstoff, Schwefel oder steinige Bestandteile (Erz).

Durch einen Reduktionsvorgang, der im Hochofen abläuft, wird das flüssige Roheisen gewonnen. Als Nebenprodukt fällt Hochofenschlacke an, die heißflüssig weiterverarbeitet wird zu z.B.

Stückschlacke und Schlackenpflastersteinen (DIN 4301)
Hüttensand und Hüttenzement
Hüttenbims und Hüttenwolle.

Flüssiges Roheisen ist aufgrund seines relativ hohen Kohlenstoffgehaltes (3-4 M-%) und zusätzlicher Begleitstoffe aus Koks und Erz noch sehr spröde und muß daher weiter aufbereitet werden. Es entstehen Gußeisen oder Stahl.

Diese Aufbereitung geschieht meist in einem Kupolofen. Der C-Gehalt wird auf ≤ 2,5 M-% gesenkt. Die Art der Kohlenstoffbindung, die Abkühlungsgeschwindigkeit und der Siliziumgehalt entscheiden über Zuordnung und Eigenschaften des entstandenen Gußeisens.

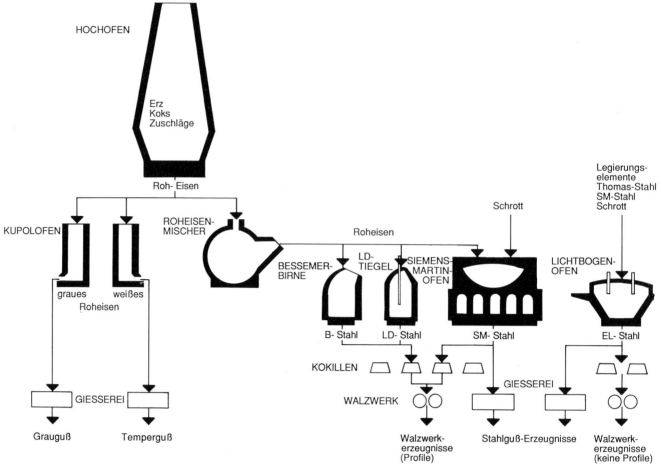

Abb. 7.2.1.4/1   Stahlherstellung

7.2.1.2   Graues Gußeisen

Hier liegt der Kohlenstoff ungebunden als Graphit vor.

Gußeisen mit Lamellengraphit (GG) weist hohe Sprödigkeit auf, besitzt keine Bruchdehnung, ist bearbeitbar und weist nur geringe Korrosionsneigung auf. Es wird verwendet für Abfluss- und Druckrohre, zugehörige Formstücke, Kanalroste, Sinkkästen und Heizkörper.

Gußeisen mit Kugelgraphit (GGG) entsteht durch Zugabe geringster Mengen Magnesium und Cer. Dadurch entsteht ein einheitlicheres Gußgefüge mit wesentlich verbesserten Eigenschaften hinsichtlich: Zugfestigkeit, Verschleißfestigkeit, Bearbeitbarkeit, Zähigkeit, Korrosionsverhalten und Schweißbarkeit bei entsprechender Behandlung. Verwendung findet es in Gußteilen für schwere Baumaschinen sowie als Druckrohre für Gas- und Wasserleitungen.

7.2.1.3   Weißes Gußeisen

Kohlenstoff liegt als Zementit (Fe_3C) vor. Es wird als Temperguß (GT) bezeichnet und findet nur noch Verwen-

dung bei der Herstellung kleiner Gußteile.

Weißes Gußeisen ist Zwischenprodukt bei der Stahlherstellung.

7.2.1.4   Stahl

Stahl ist ein Eisenwerkstoff mit einem Kohlenstoffanteil von $\leq 1,9$ M-%. Es ist formbar (schmied-, knetbar).

Dieser ›Veredlungsvorgang‹ des Roh- oder Gußeisens mit dem Ziel, den C-Gehalt zu vermindern und Stahl herzustellen, ist ein Oxydationsvorgang. Man nennt ihn ›Frischen‹. Es gibt unterschiedliche Verfahren, je nach Verwendungszweck des dadurch erzeugten Stahls.

Der auf diese Weise erzeugte flüssige Rohstahl wird entweder in Kokillen (Formen) oder als Endlos-Strang zum Erkalten gebracht. Der Strangquerschnitt kann dabei der zu walzenden Form bereits angepaßt werden.

Werden dem Rohstahl keine oder nur wenig Desoxydationsmittel zugesetzt, entsteht Unberuhigt vergossener Stahl (U), bei Zusatz dieser Mittel entsteht entweder Beruhigt vergossener Stahl (R) oder Besonders beruhigter Stahl (RR).

Diese Zusätze verändern die Eigenschaften des Stahls:
die Streckgrenze wird erhöht,
die Sprödbruchsicherheit wird erhöht,
RR-Stähle zeigen keine Alterung mehr.

Durch Zugabe unterschiedlicher Mengen eines oder mehrerer Metalle ändert sich die Raumgitterstruktur des Eisenatoms. Man spricht von einer Legierung. Die Massenanteile des Eisens sind aber in jedem Fall höher als die jedes anderen beigemischten Elementes.

7.2.2   Bezeichnungen

Die Einteilung der Stähle erfolgt entsprechend Euronorm 20 nach der Zusammensetzung in
unlegierte Stähle
niedrig legierte Stähle
legierte Stähle
nichtrostende Stähle,
nach den Verwendungseigenschaften in
Grundstähle
Qualitätsstähle
Edelstähle.

Zur Benennung der Stähle werden Kurznamen gebildet (DIN 17006, 10/49) entweder auf der Grundlage *einer* wichtigen Gebrauchseigenschaft oder nach der chemischen Zusammensetzung.

Die Bezeichnung z.B. der Baustähle erfolgt nach

Gebrauchseigenschaft: Stahl = St, Stahlguß = GS

chemischer Zusammensetzung: unlegierter Stahl = C legierter Stahl = mit Angabe der wesentlichen Legierungselemente

Festigkeitseigenschaften: z.B. 33 / 37 / 52 (N/mm^2)

Gütegruppen: 1, 2, 3.

Vergießungsart (vorangestellt): U = unberuhigt, R = s.o., RR = s.o.

Wärmebehandlung (nachgestellt): U = warmgewalzt, unbehandelt, N = normalgeglüht, V = vergüteter Stahl, K = kaltgezogener Stahl

Beispiel: USt 37–2 = Unberuhigt vergossener Stahl mit 37 kp/mm^2, ≙ heute 365 N/mm^2 Zugfestigkeit, Gütegr. 2,

C 35 V = unlegierter Stahl, C 35, vergütet.

GS 52,3 – Stahlguß, 520 N/mm^2 Zugfestigkeit.

7.2.3 Weiterverarbeitung des Rohstahls

Sie erfolgt im Walzwerk zu Flacherzeugnissen z.B. Blechen und Profilerzeugnissen.

Flacherzeugnisse

Die Blöcke bzw. die Stränge werden auf Walztemperatur aufgeheizt, anschließend ausgewalzt.

Warm gewalzte Produkte lassen sich durch Kaltumformung (Ziehen, Walzen) weiter verarbeiten.

Flacherzeugnisse unterscheiden sich nur in ihren Abmessungen voneinander.

Bleche sind ebene Tafeln von einer Mindestbreite von 600 mm, sind in 2 Richtungen warm gewalzt und haben rohe oder beschnittene Kanten. Ihrer Dicke nach werden sie wie folgt unterteilt:

Feinstblech ≤ 0,5 mm (kaltgewalzt)
Feinblech 0,5–3,0 mm
Mittelblech 3,0–4,75 mm
Grobblech ≥ 4,75 mm
Bandstahl DIN 1016 Breite ≤ 150 mm, Dicke ≤ 5 mm
Flachstahl DIN 1017 Breite ≤ 150 mm, Dicke 5–20 mm
Breitflachstahl DIN 59200 Breite ≥ 150 mm, Dicke ≥ 5 mm.

Profilerzeugnisse

Sie werden im Gegensatz zu den Flacherzeugnissen nur in Längsrichtung aus Strängen gewalzt und wie folgt unterteilt:

Stabstahl
Formstahl
Quadrathohlprofile (früher MSH-Profile)
Rechteckhohlprofile (früher MSH-Profile)
Rund-Hohlprofil nahtlos
Rund-Hohlprofil geschweißt
Rundstahlprofile, Gewinderohre, nahtlos oder geschweißt
Rundstahlprofile, Gewinderohre, mittelschwer
Rundstahlprofile, Gewinderohre, schwer

Bis einschl. Rechteck-Hohlprofil werden diese Erzeugnisse warm gefertigt.

Die Handelsformen von Profilstählen sind Tabelle A 7.2.3.2/1 im Anhang zu entnehmen. Durch weitere Arbeitsgänge im abgekühlten Zustand wie Walzen und Ziehen können folgende Produktgruppen hergestellt werden:

Kaltgeformte Bandstahl-Leichtprofile
Ankerschienen zum Einbau in Stahlbetonteilen
Stahlfenster-Profile
Stahlprofilbleche (Trapezbleche)
Stahlrohre (geschweißt, nahtlos, Stahl-Abflußrohre)

7.2.4 Korrosion und Korrosionsschutz

7.2.4.1 Definition und Ursachen

Die Beeinträchtigung von Eigenschaften, die von der Oberfläche ausgeht und ihre Ursache in chemischen oder elektrochemischen Vorgängen hat, bezeichnet man als Korrosion.

Auslöser sind in erster Linie Wasser und Boden, die Atmosphärilien, aber auch Säuren und Salze. Der Bewitterung unterliegende Bauteile sind der Korrosion also stärker ausgesetzt als die geschützt eingebauten.

Zunächst ist Korrosion ein chemischer Vorgang. Durch Vorhandensein von Wasser entsteht dann ein galvanisches Element. Die elektrochemische Reaktion beginnt. Korrosion verändert Eigenschaften und vermindert dadurch im Regelfall die Lebensdauer.

Korrosionsschutz ist daher aus wirtschaftlichen Erwägungen notwendig.

Korrosionsschutz umfaßt sämtliche Maßnahmen, die diese negative Entwicklung verlangsamen oder verhindern.

Es wird beim Korrosionsschutz unterschieden zwischen aktivem (konstruktivem) Korrosionsschutz (7.2.4.2) und passivem (chemischem) Korrosionsschutz (7.2.4.3).

Kombinationen beider Arten sind anzuraten und in der Praxis weitgehend üblich.

7.2.4.2 Konstruktiver (aktiver) Korrosionsschutz

Es bestehen konstruktiv drei Hauptmöglichkeiten des Schutzes:

- Verwendung wetterfester Stähle z.B. CORTEN, Patinax, Resista, Verwendung nichtrostender Stähle.
- Bevorzugen von Ausformungen, die das Ansammeln von Wasser und Verunreinigungen verhindern und deren Ablauf fördern. Für raschen Abfluß von Wasser sorgen. Glatte, geneigte Flächen bevorzugen. Belüften von Hohlkörpern und Spalten ermöglichen.
- Erzeugen eines kathodischen Schutzstromes entgegengesetzt zum Korrosionsstrom. (Dabei wird ein unedleres Metall als Opferkathode eingesetzt und elektrisch leitend mit dem zu schützenden Bauteil verbunden).

7.2.4.3 Chemischer (passiver) Korrosionsschutz durch Überzüge

Chemischer Korrosionsschutz bedeutet, daß die Stahlbauteile mit einem Schutzüberzug versehen werden. Die Überzüge oder Beschichtungen müssen fest mit dem Stahl verbunden sein, damit sie nicht *unterrosten*. Deshalb muß allen Korrosionsschutzmaßnahmen eine Oberflächenreinigung vorausgehen. Diese kann mechanisch manuell durch Kratzen und Bürsten oder maschinell durch Einsatz von Schleifscheiben oder Schleifbürsten oder durch Strahlen mit Quarz- oder Stahlsand, Wasser, Dampf, Druckluft oder Flammstrahlen erfolgen.

Chemisch lassen sich die Oberflächen durch Beizen reinigen. Anschließende Neutralisierung ist unumgänglich.

Schmelztauchüberzüge
(Feuerverzinken)
Besser bekannt ist diese Schutzart als Feuerverzinken. Es werden zwei Arten unterschieden. Beide ergeben porenfreie Überzüge, wenn auch mit unterschiedlicher Stärke und dadurch bedingt auch mit unterschiedlicher Schutzdauer.

Die zu verzinkenden Bauteile werden von Rost und Fett (nicht von Farbresten!) durch Beizen gereinigt und durch ein Flußmittelbad geführt. Nach einem Trocknungsgang erfolgt dann das Verzinken durch Eintauchen in ein Zinkbad. Die entsprechenden Regelungen sind zu finden in DIN 50 975 (10/67 und E 12/77).

Die Bauteile müssen verzinkungsgerecht konstruiert werden, d.h. schon bei der Planung müssen Entlüftungs- und

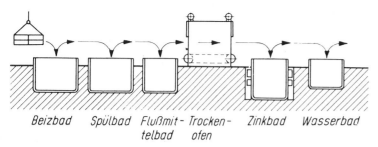

Abb. 7.2.4.3./1 Schematischer Verfahrensablauf der Fertigteilverzinkung (Trockenverzinkung)

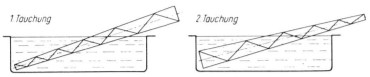

Abb. 7.2.4.3/2 Feuerverzinkung von überlangen Teilen durch zweimaliges Tauchen

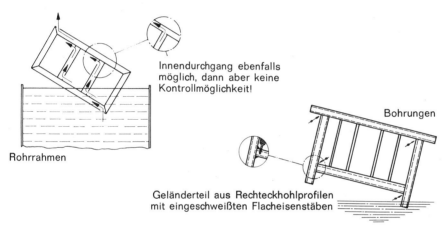

Abb. 7.2.4.3/3 Verzinkungsgerechtes Konstruieren

Alle Skizzen: Gemeinschaftsausschuß Verzinken e.V., Düsseldorf

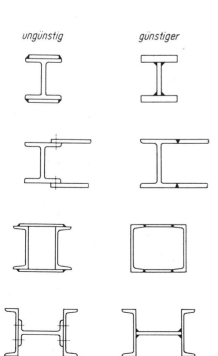

Durchflußöffnungen vorgesehen werden, die Körper müssen glattwandig sein. Schweißarbeiten nach dem Verzinken würde die Schutzschicht zerstören. Der Ablauf des Verzinkungsvorganges ist aus Abb. 7.2.4.3/1 und Hinweise auf verzinkungsgerechtes Konstruieren sind aus Abb. 7.2.4.3/3 zu entnehmen.

Kontinuierliche Verzinkung oder Sendzimir-Verzinkung
Diese Art der Verzinkung wird vorwiegend bei Blechbändern benutzt, die durch das Zinkbad kontinuierlich hindurchgezogen werden. Die Dicke des Zinküberzuges beträgt etwa 21 μm.

Diskontinuierliche Verzinkung.
Sie erfolgt stückweise. Die einzelnen Konstruktionsteile werden durch Eintauchen in das flüssige Zinkbad mit einem 14–140 μm dicken Überzug versehen.

Spritzmetallüberzüge
Großflächige und großformatige Konstruktionen, die aufgrund der Kapazitätsbegrenzung der Verzinkereien nicht mit einem Tauchüberzug versehen werden können, werden durch Spritzmetallüberzüge geschützt. NE-Metalldraht, meist Zink, wird in einer Pistole geschmolzen, die Metalltropfen mittels Druckluft gegen die gereinigte und aufgerauhte Metalloberfläche geschleudert. Die Tropfen verklammern sich beim Aufprall mit dem Trägermetall. Der Überzug ist porös und muß durch zusätzliche Beschichtung gedichtet und gesichert werden. Die Dicke des Zinküberzuges beträgt 50–250 μm.

Elektrolytische Schutzüberzüge
Die Konstruktionen werden durch Beizen und anschließendes Neutralisieren gereinigt und danach – als Kathode (–) geschaltet – mit entsprechenden Metallsalzlösungen elektrisch leitend verbunden. Dieses Verfahren ist auch bekannt als Galvanisieren. Vorwiegend wird galvanisch *verzinkt* oder *vernikkelt.* Wegen der geringen Dicke des Überzuges (3–40 μm) werden vorwiegend Schrauben und Muttern auf diese Weise korrosionsfest gemacht.

Metallisch-anorganische (Email-) Überzüge
Die gut gereinigten Metallflächen werden durch Tauchen oder Spritzen mit einem Überzug einer Suspension eines Alkali-Borsäure-Silikatglases versehen, die durch sorgfältige Trocknung im Tunnelofen zu einer dichten und festen Glasur zusammenschmilzt. Auf diese Weise entstandene Überzüge sind wesentlich dauerhafter als Beschichtungen, aber schlag- und stoßempfindlich.

Beschichtungen
Wetterfeste Rostschutzanstriche müssen aus 2 rostverhütenden Grundanstrichen und 2 Deckanstrichen, durch welche die Grundierung vor den Atmosphärilien geschützt werden soll, bestehen. (Festlegungen in DIN 55928 Teil 1, 11/76). Diese Schichten können sowohl durch Streichen als auch durch Spritzen aufgetragen werden. Die Mindestschichtdicke aller 4 Anstriche soll 125 μm, der des einzelnen Anstrichs 20–60 μm betragen, der Einzelauftrag beim Spritzen 5–15 μm. Rostschutzbeschichtungen bestehen aus Pigmenten wie Mennige, Bleicyanamid oder Zinkstaub, Eisenglimmer oder Titanoxyd und Bindemitteln wie Leinölfirnis, Öl-, Alkyd- und epoxidierten Alkydharzen sowie Chlorkautschuken bzw. Chlorkautschukalkydharzen, Polyurethan- und Epoxidharzen oder ungesättigten Polyestern.

Bei vorhandener Feuchtigkeit oder zur Abwehr von Bakterien, Algen und Pilzen verwendet man bituminöse oder Teeranstriche.

Verbundwerkstoffe
Hierbei werden kontinuierlich oder diskontinuierlich verzinkte Bauteile ein-, zwei- oder allseitig mit einem Kunststoffüberzug versehen. Dieser Überzug (Beschichtung) erfolgt durch Spritzen, Tauchen oder Aufwalzen von Folien. Neben der besonderen Schutzfunktion lassen sich so verzinkte Konstruktionen farblich gestalten und anpassen. Übliche Farbanstriche haften nicht auf dem glatten Zinküberzug. Dieser muß deshalb erst durch eine längere Bewitterung oder künstliche Oxydation eine rauhere Oberfläche erhalten.

7.3   NE-Metalle

7.3.1   Aluminium

7.3.1.1   Herstellung und Eigenschaften

Aluminium ist in Form von Verbindungen vielfältiger Art mit 8% Anteil am Aufbau der Erdkruste beteiligt.

Seine Gewinnung erfolgt unter hohem Energieeinsatz vorwiegend aus Bauxit. Sie findet in 2 Stufen statt.
1. Gewinnung reinen Al-Oxids durch kontinuierlichen Aufschluß in genau dosierter Menge einer Lauge (z.B. Natronlauge).
2. Reduktion des Oxids zu metallischem Aluminium durch Schmelzflußelektrolyse.

Aluminium besitzt eine geringe Dichte von $s = 2,7 \text{ kg/dm}^3$, gute Wärme- und elektrische Leitfähigkeit. Sein Schmelzpunkt liegt bei 660°C, die Zugfestigkeit von Rein-Aluminium zwischen 50–100, die von Legierungen bei 500 N/mm². Es ist weich und dehnbar, läßt sich walzen, ziehen, treiben, schmieden und hämmern. Gefügt wird es vornehmlich durch Schutzgas-Schweißen, aber auch durch Kleben, Schrauben und Nieten. Das Elastizitätsmodul von Aluminium beträgt nur etwa ⅓ des von Stahl, d.h., ein Aluminiumprofil läßt sich etwa dreimal so stark wie ein entsprechendes Stahlprofil in der Form verändern und kehrt trotzdem wieder in seine Ausgangsform zurück. Dies ist bei Konstruktionen (z.B. bei Biegeträgern) zu berücksichtigen.

Durch Legierungen können Eigenschaften hinsichtlich der späteren Verwendung positiv verändert werden. Die häufigsten Legierungsbestandteile sind Mn, Mg und Si.

Aluminium besitzt die starke Nei-gung, sich mit Sauerstoff zu verbinden, es bildet eine ca. 0,01 µm dicke Oxidschicht, die das darunterliegende Metall vor weiterer Korrosion schützt. Durch anodische (elektrolytische) Oxidation kann diese Schichtdicke gezielt um ein Vielfaches verstärkt werden. Diese Schichten sind korundartig hart und können – abhängig vom angewandten Verfahren – im Aussehen opak, transparent oder farbig sein. Dieses Verfahren ist bekannt unter dem Namen Eloxieren. Es entsteht *EL*-(ektrisch) *OX*-(idiertes) *AL*-(luminium).

7.3.1.2   Handelsformen

Aluminium kommt als
● Walzerzeugnis (Bleche warm oder kaltgewalzt, gleicher oder wechselnder Stärke und Breite oder mit geprägter Oberfläche), oder als
● Strangpreßerzeugnis, dann mit
  – genormten Querschnitten (L, I, T, U-Profil), oder als
  – Stangen oder Draht (●▬■ ●) oder in Form von
  – Rohren bis 400 mm ⌀ oder als
  – gezogenes Aluminium-Halbzeug in den Handel.

7.3.1.3   Verwendung

Aluminium wird im Bauwesen in Form von Legierungen als Blech für Abdeckungen und Verkleidungen von Gesimsen, Mauern, Fassaden, als Hohlprofil in Rohrgerüsten, Stützen und Masten verwendet.

7.3.2   Kupfer

7.3.2.1   Herstellung und Eigenschaften

Kupfer kommt in Form von Kupferkies und Kupferglanz als Kupfererz vor. Kupfer zählt zu den Buntmetallen, es ist weich, zäh und sehr dehnbar. Es läßt sich walzen, ziehen, schmieden. Gefügt wird es sowohl durch Weich- oder Hartlöten als auch durch Schweißen. Seine Dichte liegt bei $s = 8.9 \text{ kg/dm}]^3$, sein Schmelzpunkt bei 1083°C, die Zugfestigkeit bei 200 bis $\geq$ 360 N/mm². Kupfer ist bei hoher Reinheit der beste Leiter. Es ist korrosionsfest und bildet mit dem Kohlenstoff der Luft an der Oberfläche eine dünne, wasserunlösliche Schutzschicht (Patina).

Kontakt mit unedleren Metallen bei Konstruktionen ist zu vermeiden, da diese sonst elektrolytisch angegriffen werden. Kupfer ist legierbar insbesondere mit Zn, Sn, Ni, Al (DIN 17660 ≪62–65,4/74≫, DIN 17666 ≪11/70≫).

Die bekannteste Legierung ist Mes-sing mit 5–45% Zn. Es ist härter und fester als Kupfer und findet Verwendung bei der Herstellung von Armaturen, Beschlägen und Schrauben. Als Sondermessing bezeichnet man eine Cu-Zn-Legierung mit weiteren Zusätzen, z.B. Al. Produkte aus dieser Legierung sind neben Armaturen, Beschlägen, Fittings auch Elemente für Verkleidungen und Fassadenprofile.

7.3.2.2   Handelsformen

Kupfer wird als Halbfertigzeug und als Fertigzeug in den Handel gebracht. Fertigzeuge sind die o.a. Armaturen. Die Halbfertigzeuge sind sowohl als Flacherzeugnisse wie Bleche und Folien als auch als Profilerzeugnisse wie Drähte, Profile und nahtlose Rohre bekannt.

7.3.2.3   Verwendung

Kupfer wird in der Elektroinstallation für Leiter, in der Sanitärinstallation für Rohrleitungen und im Heizungsbau verwendet.

Weitere Verwendungszwecke sind Dacheindeckungen, Dachrinnen, Mauerabdeckungen und Abdichtungen. Die Verklebung dünner Bleche mit Heißbitumen hat sich bewährt. Die hohe Wärmeausdehnung von Kupfer ist besonders zu beachten. Ein ›endloses‹ starres Aneinanderfügen von Bauteilen führt zu Schäden bei Temperaturwechsel. Es kommt zu Aufwölbungen, Abrissen und ähnlichen Erscheinungen. Als Verbindungen sind daher Falze, Doppelfalze, Schiebenähte üblich (Abb. meist indirekt über Unterkonstruktio-

Abb. 7.3.2.3/1   Mauerkopfabdeckung aus Blech auf Unterkonstruktion aus verzinktem Bandstahl

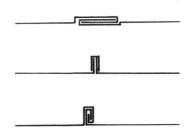

Abb. 7.3.2.3/2   Falzen und Bördeln von Blechen

7.3.2.3/1). Die Befestigung erfolgt dann nen durch Einhängen, Schrauben und Haften. Direkter Kontakt mit diesen Unterkonstruktionen – soweit sie aus ›unedleren‹ Metallen bestehen – ist durch Isolierung zu vermeiden, da diese sonst elektrolytisch angegriffen würden (Abb. 7.3.2.3/2).

7.3.3 Zink DIN 1706 (3/74)

7.3.3.1 Herstellung und Eigenschaften

Zink kommt in der Natur als Zinkkarbonat und als Zinkblende vor. Zink hat eine Dichte von $s = 7,2$ kg/dm³, sein Schmelzpunkt liegt bei 419°C. Die Wärmedehnzahl ist die größte aller im Bauwesen verwendeten Metalle. Die Zugfestigkeit liegt zwischen 120 und 140 N/mm². Zink ist spröde, bei 100°C leicht zu walzen und zu ziehen, es ist löt- und gießbar, kann gehämmert und getrieben werden.

Als Legierung haben Bedeutung Messing (Zn-Cu-Legierung) und Sondermessing (Zn-Cu-Legierung und Zusätze) s. 7.3.2.1, sowie die Legierung elektrolytisch gewonnenen Feinzinks mit geringen Mengen von Titan. Es entsteht Titanzink (DIN 17770 ≪11/72E und 8/76≫), das neben einer verbesserten Dauerstandsfestigkeit geringere Wärmeausdehnung und eine geringfügig verbesserte Zugfestigkeit besitzt.

Zink ist empfindlich gegenüber Basen und Säuren, bei Kontakt mit Kupfer entsteht elektrolytische Korrosion.

Beschichtungen und Farbanstriche haften auf neuen Zinkteilen schlecht. An der Luft überzieht sich Zink mit basischem, wasserunlöslichem Zinkkarbonat. Diese Patina schützt vor weiterer Korrosion.

Die Oberfläche rauht auf, dadurch wird die Haftfähigkeit verbessert.

7.3.3.2 Handelsformen

Zink kommt als Zinkblech (DIN 8722 ≪10/72≫) und Titanzinkblech in Form von Bändern und Tafeln von max. 1,00 m Breite und Längen von 2,00 und 3,00 m sowie als Hütten- oder Umschmelzzink in Barrenform in den Handel.

7.3.3.3 Verwendung

Im Bauwesen wird Zink als Flacherzeugnis in Form von Blechen für Verkleidungen, Anschlüsse, Traufbleche, Mauer- und Gesimsabdeckungen verwendet ebenso wie in geformten, gefalzten und gelöteten Bauteilen für Dachrinnen und Regenfallrohre. Wegen der größeren Dauerstandsfestigkeit wird ausschließlich Titanzink verwendet.

Wegen der großen Wärmedehnung muß auch hier der Befestigung besondere Aufmerksamkeit gewidmet werden, 7.3.2.3 und Abb. 7.3.2.3/1+2.

Um Kontaktkorrosion zwischen Zinkblech und Unterkonstruktion zu vermeiden, müssen diese entweder aus Titanzink oder aus verzinkten Stahlteilen bestehen.

Zink in Barrenform ist das Ausgangsmaterial für die verschiedenen Verzinkungsvorgänge (Schmelztauchüberzüge, Spritzmetallüberzüge), dazu 7.2.4.3.

7.4 Verbindungen, Verbindungsmittel

Aus Gewichts- und Abmessungsgründen werden in der Regel nur Teile von Konstruktionen vorgefertigt, transportiert und auf der Baustelle zusammengebaut. Die Verbindungen zwischen den einzelnen Teilen dürfen weder die Funktionstüchtigkeit noch Haltbarkeit nachteilig beeinflussen. Sie müssen auch dem gestalterischen Anspruch genügen und bei mehreren Werkstoffen die unterschiedlichen Eigenschaften (z.B. Holz und Stahl) berücksichtigen.

Man unterscheidet nach der Art des Zusammenbaus *unmittelbare* und *mittelbare Verbindungen*. Eine andere Unterscheidungsmöglichkeit wäre die in *lösbare* und *unlösbare Verbindungen*.

7.4.1 Unmittelbare Verbindungen

Die zu verbindenden Teile werden ohne Verbindungsmittel – entweder konstruktiv oder durch einen Schmelzprozeß – lösbar oder unlösbar miteinander verbunden.

7.4.1.1 Steckverbindungen

Sie bestehen aus zwei Teilen, die konstruktiv derart ausgebildet werden, daß sie paßgenau ineinander gesteckt und zusätzlich gesichert werden können. Verwendungsmöglichkeiten finden sich bei Gründungen von Pfosten, Pfeilern, Stützen, Geländern, bei Befestigung von Hohlprofilkonstruktionen an senkrechten Bauteilen (Gebäuden, Mauern, Stützen) sowie bei Verlängerungen und Abwinklungen von Werkteilen mit Hohlprofilen (Abb. 7.4.1.1/1).

Hohlprofil in Hohlprofil

IPBv in Hohlprofil

Fixierung und Sicherung entweder durch Schraubenbolzen, Stifte oder Spannhülsen

Steckverbindung zwischen Fundament und Stütze

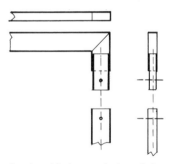

Steckverbindung zwischen Stütze und Pfette

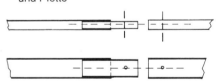

Pfettenverlängerung als Steckverbindung

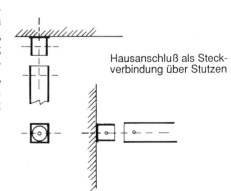

Hausanschluß als Steckverbindung über Stutzen

Abb. 7.4.1.1/1 Steckverbindungen Metall/Metall

7.4.1.2 Schweißen

Darunter versteht man das unlösbare Verbinden gleichartiger Werkstoffe im plastischen bis flüssigen Zustand bei Temperaturen von ca. 3200°C, ohne daß sich durch diesen Prozeß die Werkstoffeigenschaften im Umfeld thermisch stark verändern. Man unterscheidet Preßschweißen und Schmelzschweißen.

Preßschweißen

Hierbei werden die zu verbindenden Werkstücke aufgeheizt. Man läßt sie dann unter Druck erkalten. Bei diesem Vorgang werden die Oberflächen der zu verbindenden Teile durch Diffusion miteinander verbunden. Es wird nochmals unterschieden zwischen dem Feuerschweißen (Zusammenschmieden von Werkstücken) und dem Punktschweißen (Widerstandsschweißen). Da das Preßschweißen in dem hier abgehandelten Bereich ohne wirtschaftliche Bedeutung ist, wird nicht weiter darauf eingegangen.

Schmelzschweißen

Dei diesen Schweißvorgängen wird flüssiges Metall gleicher oder ähnlicher Zusammensetzung zwischen die zu verbindenden Werkstücke eingebracht. Es wird unterteilt in

Gas-Schweißen
Lichtbogen-Schweißen
Schutzgas-Schweißen.

Gas- (Autogen-) Schweißen

Der Werkstoff wird mithilfe einer Gas-Sauerstoff-Flamme auf ca. 3200°C erwärmt und über den Zusatzwerkstoff Schweißdraht, der ebenfalls plastisch bis flüssig geworden ist, zusammengefügt. Als Gas kommt hauptsächlich Acethylen zur Verwendung.

Lichtbogen- (E-) Schweißen

Werkstoff und Zusatzwerkstoff, in diesem Fall Stabelektroden, werden durch Aufbau eines elektrischen Lichtbogens zum Schmelzen gebracht und danach gefügt.

Schutzgas- Schweißen

Bei Schweißvorgängen werden Gase von den plastischen bis flüssigen Werkstoffen aufgenommen und durch sie Oxydationsvorgänge ausgelöst. Werkstoffveränderungen sind die Folge. Um dies zu vermeiden, geht man bei Schweißnähten, die besonderen Ansprüchen genügen müssen, dazu über, die Werkstücke zwar im Lichtbogenverfahren, aber in Edelgasathmosphäre (Argon, Helium) zusammenzufügen. Symbole für Schweißnähte sind in Tabelle 7.4.1.2/1 enthalten.

Tab. 7.4.1.2/1 Symbole für Schweißnähte

In Teil 5 der DIN 1912 sind für die verschiedenen Arten von Schweißverbindungen Symbole und Kurzzeichen angegeben, deren Anwendung die Zeichenarbeit vereinfacht und vereinheitlicht, da gesonderte Zeichnung und Vermaßung der Nähte sich erübrigen. Es ist hier aus den Tabellen 1 (Grundsymbole für Nahtarten), 2 (Zusatzsymbole), 3 (Ergänzungssymbole) und 4 (zusammengesetzte Symbole für Nahtarten) eine Auswahl abgebildet

	Benennung	Illustration	Symbol		Benennung	Illustration	Symbol
Grundsymbole	I-Naht		||	Zusammengesetzte Symbole	D-V-Naht = X-Naht (D = Doppel)		✕
	V-Naht		∨		D-HV-Naht = K-Naht		K
	HV-Naht		⟍				
	U-Naht		⊻		D-U-Naht		⋎
	Gegenlage		⌣				
	Punktnaht				V-Naht mit Gegenlage		⋎
	Steilflankennaht				Kehlnaht mit hohler Oberfläche (Hohlnaht)		
	Kehlnaht		◺				
Zusatzsymbole	Oberfläche hohl (konkav)		⌣		Doppel-Kehlnaht		▷
	Oberfläche flach (eben)		—				
	Oberfläche gewölbt (konvex)		⌢				
Ergänzungssymbole	ringsum verlaufende Nähte				Montagenähte		▶

7.4.2 Mittelbare Verbindungen, Verbindungsmittel

Mittelbare Verbindungen sind solche, die nur unter Zuhilfenahme von Werkteilen oder Werkstücken oder andersartigen Werkstoffen, die dabei aber nicht molekular verbunden werden, zusammengefügt werden können. Diese Verbindungen können unlösbar und/oder lösbar ausgebildet werden.

Hierzu dienen Schrauben, Niete, Stifte und Kleber, Muttern, Scheiben.

7.4.2.1 Schrauben

Man versteht darunter zylindrische Metallkörper mit Außengewinde, die durch Eindrehen in entsprechende Innengewinde Werkstücke lösbar miteinander verbinden. Die Innengewinde können entweder im Werkstück vorhanden sein, von der Schraube selbst in das Werkstück geschnitten oder durch Verwenden einer Mutter der Verbindung hinzugefügt werden.

Schrauben werden unterschieden hinsichtlich:

- des Materials (Eisenwerkstoff, Messing, Alu.)
- Genauigkeit und Oberflächenbeschaffenheit in
  m (mittel) – alle Oberflächen sind sauber bearbeitet
  mg (mittelgrob) – nur die Funktionsflächen sind sauber
  g (grob) – nur das Gewinde ist bearbeitet.
- Beanspruchung in rohe Schrauben für gering beanspruchte Verbindungen, Paßschrauben (mit gedrehten Schäften) für höher beanspruchte Verbindungen (Beanspruchung auf Lochleibung), HV-Schrauben (Hochfest-Vorgespannte Schrauben), sowohl als rohe als auch als Paßschrauben für Verbindungen, bei denen die Kontaktflächen der zu verbindenden Werkstücke derart zusammengepreßt werden, daß Kraftübertragung durch Reibung erfolgt.
- Gewindesteigung in Holzschrauben, Schlüsselschrauben, Steinschrauben, sowie Blechschrauben (z.T. selbstschneidend) und metrische (M-) Schrauben.

● Kopfform in Zylinder-, Sechskant-, Senk-, Linsensenk-, Halbrund-, Flachrundschrauben, Gewindestifte und Vierkantschrauben.

Schrauben müssen gesichert werden gegen selbständiges Lösen. Dies kann geschehen durch Muttern, die auf das durch das Werkstück hindurchgesteckte Gewinde der Schraube aufgedreht werden. Um die Auflagefläche sowohl des Schraubenkopfes als auch der Mutter zu vergrößern, werden Scheiben verwendet, die – abhängig von der Aufgabenstellung – unterschiedlich ausgebildet sind.

Bolzenschrauben sowie Vier- und Sechskant-Holzschrauben sind grundsätzlich mit Scheibe zu verwenden, um insbesondere eine Beschädigung des Holzteiles zu vermeiden.

Schrauben, Muttern und Scheiben sind hinsichtlich Material, Güte, Massen und Toleranzen genormt. (s. hierzu Tabelle 7.4.2.1/1)

7.4.2.2 Niete, Stifte

Niete

Das sind Verbindungsmittel mit Kopf und zylindrischem Schaft, aber ohne Gewinde. Mit ihnen stellt man schwer lösbare oder unlösbare Verbindungen her. Der Nietenschaft wird durch paßgenau hergestellte Bohrungen der zu verbindenden Werkstücke geschoben. Auf der Gegenseite wird das sichtbare Schaftende mechanisch verformt, so daß es die Bohrung völlig abdeckt. Niete werden vorwiegend im Stahlbau verwendet, haben aber kaum noch Bedeutung. Sie wurden weitgehend durch Schweißvorgänge ersetzt.

Form, Güte, Abmessungen und Toleranzen siehe Tabelle 7.4.2.2/1.

Stifte

Das sind Stahlteile ohne Gewinde und Kopf mit zylindrischer oder Kegelform. Sie dienen zur Verbindung, Zentrierung und Sicherung von Metallbauteilen. Sie ergeben formschlüssige, lösbare Verbindungen. Besondere Aufgabenstellungen können besondere Ausformungen notwendig machen (rüttelsichere Verbindung = Kerbstift, Zentrierung = Spannhülsen).

Festlegungen siehe Tabelle 7.4.2.2/2.

7.4.2.3 Nägel

Sind gewindelose Verbindungsmittel für Holzbauteile und Holzbauwerke mit für den jeweiligen Verwendungszweck ausgebildeten Köpfen. Man unterscheidet zwischen manuell hergestellten (geschmiedeten) Nägeln, die heute nur noch als Zier- oder Stilelement Verwendung finden und maschinell hergestell-

Tab. 7.4.2.1/1   Holzschrauben, Steinschrauben (Auszug)

Bezeichnung	Symbol	Norm
Linsensenkholzschrauben mit Längsschlitz		95
Halbrundholzschrauben mit Längsschlitz		96
Senkholzschrauben mit Längsschlitz		97
Linsensenkholzschrauben mit Kreuzschlitz		7995
Halbrundholzschrauben mit Kreuzschlitz		7996
Senkholzschrauben mit Kreuzschlitz		7997
Vierkantschrauben mit Bund		478
Steinschrauben mit Spaltdolle Form C		529
Sechskant-Holzschrauben		571
Zylinderschrauben mit Längsschlitz		84
Flachkopfschrauben mit Längsschlitz		85
Senkschrauben mit Schlitz		963
Linsensenkschrauben mit Schlitz		964
Senkschrauben mit Kreuzschlitz		965
Linsensenkschrauben mit Kreuzschlitz		966
rohe Sechskantschrauben (Stellschrauben)		558
Sechskantschrauben		931
Sechskantschrauben Gewinde annähernd bis Kopf		933
Schrauben für Sonderzwecke		

Tab. 7.4.2.1/1.1   Schrauben für Sonderzwecke

Bezeichnung	Symbol	Norm
Hammerschrauben mit großem Kopf		7992
Zylinderschrauben mit Innensechskant		912

Tab. 7.4.2.1/1.2 Muttern

Bezeichnung	Symbol	Norm
rohe Sechskantmuttern		555
Sechskantmuttern		934
flache Sechskantmuttern		936
Sicherungsmuttern		982
Sicherungsmuttern		985
Hutmuttern		1587

Blechschrauben (Auszug)

Linsenblechschrauben mit Kreuzschlitz		7981
Senkblechschrauben mit Kreuzschlitz		7982
Linsensenkblechschrauben mit Kreuzschlitz		7983

Tab. 7.4.2.1/1.3 Unterlegscheiben (Auszug)

Bezeichnung	Symbol	Norm
Unterlegscheiben (Auszug)		
Scheiben		125 B
rohe Scheiben		126
Federringe		127
Scheiben für Zylinder- und Halbrundschrauben		433
Vierkantscheiben für U-Träger		434
Vierkantscheiben für T-Träger		435
Vierkantscheiben für Holzverbindungen		436
flache Sechskantmuttern mit und ohne Fase		439
Scheiben, roh, für Holzverbindungen		440
rohe Scheiben für Bolzen		1441

ten Nägeln. Sie tragen die Bezeichnung Drahtstifte und werden nach der Kopfform unterschieden. Festlegungen siehe Tabelle 7.4.2.3/1.

Das Ausgangsmaterial ist im Regelfall unlegierter Stahl, je nach Behandlung können sie (DIN 1151) blank (bl), verzinkt (zn) oder metallisiert (me) sein.

Nagelverbindungen sind zuverlässige Verbindungen vorwiegend bei Scherbeanspruchung (quer zur Nagelachse), aber auch bei Druck- und Zugkräften, nicht jedoch gegenüber Ausziehkräften.

Von Bedeutung sind bei Belastung quer zur Achse zwei Faktoren: die Größe der Nagel-Querschnittfläche und der Lochleibungsdruck (Druck des Nagelschaftes auf die Nagellochwandung).

Die Nagel-Querschnittsfläche wird als Scherfläche bezeichnet. Als Nagelverbindung zwischen zwei Hölzern gilt erst eine solche mit mindestens zwei Scherflächen pro Fuge.

Als Schnittigkeit bezeichnet man die Zahl der Fugen zwischen zwei Werkstücken, die von einem Nagel berührt werden. Nagelverbindungen können ein-, zwei- oder mehrschnittig sein (s. Abb. 7.4.2.3/2). Holzdicke und Einschlagtiefe bestimmen die Nagelgröße. Wichtig bei Nagelverbindungen ist die gleichmäßige Verteilung der Nägel auf der Verbindungsfläche. Mindestabstände sind vorgeschrieben. Sie ergeben sich aus Nagelgröße, Holzart und -dicke sowie durch die Kraftrichtung (DIN 1052).

Durch Vorbohren der Nagellöcher können die Abstände vermindert werden, da die Gefahr des Aufplatzens des Holzes nicht mehr besteht.

Werden Blechformteile als Verbinder verwendet, kommen Sondernägel mit gerilltem Schaft, sogenannte Anker- oder Rillnägel zum Einsatz. Durch die besondere Form dieser Nägel ist der Ausziehwiderstand wesentlich größer.

Nagelverbindungen und Blechformteile sind an bewitterten Bauteilen erhöhter Korrosion ausgesetzt und vermindern die Lebensdauer der Verbindung und der Konstruktion. Sie sind daher im bewitterten Außenbereich möglichst zu vermeiden.

7.4.2.4 Stabdübel

Das sind Rundstifte aus Stahl. Sie sind entweder glattschäftig oder gerillt. Ihr Durchmesser liegt zwischen 8 und 24 mm. Sie werden im Holzbau bei der Herstellung ein- und mehrschnittiger Verbindungen verwendet. Die notwendigen Bohrungen sind 0,2 bis 0,5 mm kleiner als der Schaftdurchmesser. Dadurch werden die Dübel fest eingespannt und die Kraftübertragung erfolgt

Tab. 7.4.2.2/1   Niete

Bezeichnung	Symbol	Norm
Halbrundniete für Stahlbau		124
Senkniete ab 10 mm ⌀		302
Halbrundniete		660
Senkniete		661
Linsenniete		662

Tab. 7.4.2.2/2   Stifte

Bezeichnung	Symbol	Norm
Kegelstifte		1
Zylinderstifte		7
Paßkerbstifte		1469
Kegelkerbstifte		1471
Paßkerbstifte		1472
Zylinderkerbstifte		1473
Zylinderstifte, gehärtet		6325
Kegelstifte mit Gewindezapfen		7977
Spannhülsen, leicht		7346

Tab. 7.4.2.3/1   Nägel

Bezeichnung	Symbol	Norm
Drahtstift mit glattem Flachkopf		DIN 1151 Form A
Drahtstift mit geriffeltem Senkkopf		DIN 1151 Form B
Drahtstift mit Stauchkopf		DIN 1152

Für bestimmte Anwendungszwecke gibt es entsprechende Formen

Bezeichnung	Symbol	Norm
Leichtbauplattennagel (zn)		DIN 1144
Breitkopfnagel (Dachpappenagel)		DIN 1160

Beim Einsatz von Belchformteilen verwendet man Sondernägel mit gerilltem Schaft, sogenannte Anker- oder Rillnägel

quer zum Schaft über die Bohrlochwandung.

7.4.2.5   Dübel

Das sind Holzverbinder, die entweder aus Hartholz oder Metall bestehen und die Druck- und Scherspannungen übertragen. Sie werden stets in Verbindung mit Schraubenbolzen verwendet. Diese haben allerdings nur die Aufgabe, die Holzteile vor dem Verkanten zu schützen, da sonst die Haltbarkeit der Verbindung nicht mehr gegeben wäre.

Nach der Art des Einbaus unterscheidet man Einlaß- und Einpreßdübel (Abb. 7.4.2.5/1).

Einlaßdübel bestehen aus Hartholz oder Metall und werden in Ausklinkungen der zu verbindenden Holzteile gelegt. Sie dürfen auch zur Verbindung von Harthölzern verwendet werden, während Einpreßdübel nur zur Verbindung von Nadelhölzern zugelassen sind.

Einpreßdübel sind mit Zähnen oder Dornen versehene Metallringe oder Platten aus Stahl oder Temperguß. Sie werden in die zu verbindenden Holzteile eingetrieben. Ist die Grundplatte des Dübels stärker als 2 mm, so muß sie eingesenkt werden. Für die Verbindung von Metallbauteilen mit Vollholz können einseitige Dübel verwendet werden.

7.4.2.6   Kleben

ist in den letzten Jahren – einhergehend mit der Entwicklung organischer Kleber – als Verbindungsmöglichkeit zwischen gleichen und auch unterschiedlichen Werkstoffen in wachsenden Gebrauch gekommen. Trotzdem wird noch immer von der Erprobungsphase gesprochen.

Als Kleber finden Verwendung Harze auf Phenol-, Polyester-, Epoxid- und Polyurethanbasis.

7.5   Beispiele für Konstruktionen mit Metallen

Eisenwerkstoff in seinen vielfältigen Handelsformen ist alleiniger oder in Verbindung mit anderen Werkstoffen anteiliger Bestandteil von Konstruktionen der unterschiedlichsten Art. Bei Anwendung im Freien ist er der bevorzugte Werkstoff für Verbindungsteile zwischen der eigentlichen Konstruktion und der Gründung oder Befestigung, und zwar sowohl als Flach- als auch als Profilerzeugnis.

Notwendig sind solche Verbindungsstücke, wenn Witterungseinflüsse oder

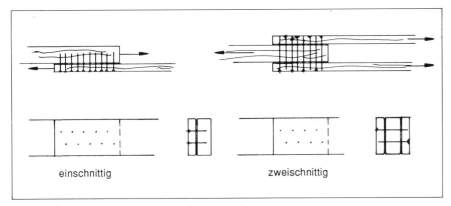

Abb. 7.4.2.3/2 Ein-/zweischnittige Nagelverbindung
Holzdicke und Einschlagtiefe bestimmen die Nagelgröße
Nagelanordnung und -Abstände sind festzulegen

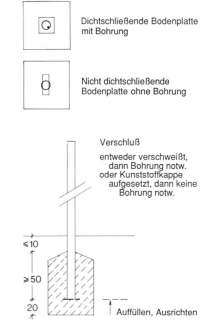

Abb. 7.5.1/1 Pfosten aus Rohrprofil –
Beispiel für Fundierung und Verschluß

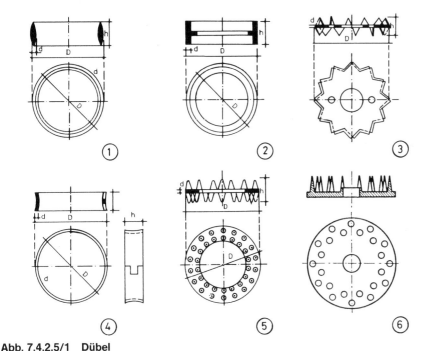

Abb. 7.4.2.5/1 Dübel

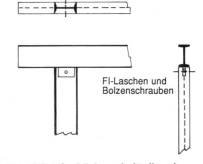

Abb. 7.5.1/2 Lösbare (mittelbare)
Verbindung Profilstahl/Profilstahl
hier: 2 × I 120 DN 1025

die Unvereinbarkeit von Eigenschaften der verwendeten Werkstoffe die Haltbarkeit der Gesamtkonstruktion verkürzen oder in Frage stellen (Holzstützen im Boden unstarr gegründet, Holzstützen in Betonfundamente starr eingegossen).

In die konstruktive Planung sind folgende Überlegungen mit ihrem Ergebnis einzubeziehen:
● Materialwahl (Art, Güte)
● Dimensionsfestlegung (konstruktiv, gestalterisch)
● Korrosionsschutz
● Werkstoff-Verträglichkeit (bei Verwendung unterschiedlicher Werkstoffe, z.B. bei Verbindungen).
In Kapitel 6 wurde schon auf die Verwendung von Stahlbauteilen in Verbindung mit Holz hingewiesen. Nachfolgend soll auf einige weitere Anwendungsgebiete bei der Verwendung von Eisenwerkstoffen eingegangen werden. Diese Stoffe werden vorzugsweise bei dreidimensionalen Elementen in Gärten und Freianlagen, z.B. bei Pergolen oder Sichtschutzwänden verwendet. Aus Stahlbauteilen werden dabei dann z.B. Stützen und Rahmen oder Pfetten hergestellt.

7.5.1 Stützenausbildung
(einschl. Kopf und Fuß)

Die Stützen können aus Profilstahl (I-Träger) oder Hohlprofilen (□ ○) gebildet werden. Aus Kostengründen wird i.d.R. kein korrosionsfreier Werkstoff (Edelstahl) verwendet. Es ist also aktiver und passiver Korrosionsschutz in die Planung einzubeziehen. Die Stützen sollen rd. 60 cm tief im frostfreien Fundament sitzen. Um die glattwandigen Profile im Fundament ausrichten zu können und unverrückbar festzuhalten, sollten Fußplatten angeschweißt werden (Abb. 7.5.1/1).

Sollen die Stützen mittels Steckverbindungen mit dem Fundament verbunden werden, siehe Abb. 7.4.2.1/1. Die Sicherung erfolgt durch Stifte.

Stützen aus Hohlprofilen sind durch einen Deckel zu schließen. Soll die Stütze mit einer Pfette verbunden werden oder Teil eines Rahmens sein, müssen sinnvolle Verbindungen hergestellt werden. Im Beispiel 7.5.1/2, bei dem Profilstahl verwendet wurde, ist durch Anschweißen von zwei Bandstahlstücken eine Aufsteckverbindung hergestellt worden, die durch Schraubenbolzen oder Stifte gesichert wird.

Bei Verwendung von Hohlprofilen

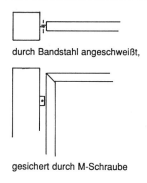

durch Bandstahl angeschweißt,

gesichert durch M-Schraube

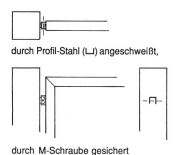

durch Profil-Stahl (⊔) angeschweißt,

durch M-Schraube gesichert

Abb. 7.5.2/1   Befestigung Rahmen/Stütze

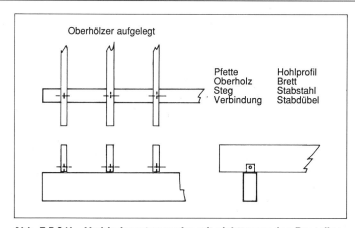

Oberhölzer aufgelegt

Pfette   Hohlprofil
Oberholz   Brett
Steg   Stabstahl
Verbindung   Stabdübel

Abb. 7.5.3/1   Verbindung tragender mit nichttragenden Bauteilen

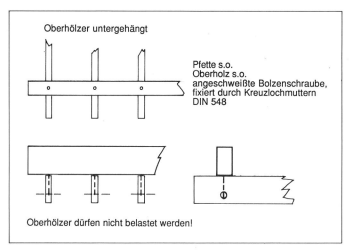

Oberhölzer untergehängt

Pfette s.o.
Oberholz s.o.
angeschweißte Bolzenschraube,
fixiert durch Kreuzlochmuttern
DIN 548

Oberhölzer dürfen nicht belastet werden!

Abb. 7.5.3/2   Oberhölzer untergehängt

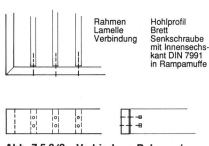

Rahmen   Hohlprofil
Lamelle   Brett
Verbindung   Senkschraube
               mit Innensechs-
               kant DIN 7991
               in Rampamuffe

Abb. 7.5.3/3   Verbindung Rahmen/ Lamelle

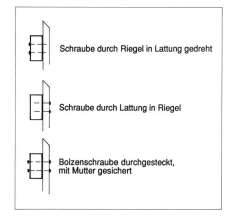

Schraube durch Riegel in Lattung gedreht

Schraube durch Lattung in Riegel

Bolzenschraube durchgesteckt, mit Mutter gesichert

Abb. 7.5.3/4   Befestigung Zaunriegel/ Lattung

wird man mittels eines in die Stütze passend eingeschweißten Profils oder Hohlprofils eine Steckverbindung herstellen können, die – darauf ist erhöhter Wert zu legen – das Hohlprofil der Stütze niederschlagssicher abdeckt. Die Sicherung erfolgt auch hier wiederum durch Stifte (s. a. 7.4.2.1).

Hat die Pfette keinen Überstand über die Stütze hinaus, soll aber am Ende geschlossen werden, empfiehlt sich die in Abb. 7.4.1.1/1 unten dargestellte Lösung.

An die auf Gehrung geschnittene Pfette wird das Stützenprofil angeschweißt und mit dem nächst kleineren Profil, das als Stutzen eingeschweißt wird, versehen. Auch hier entsteht eine Steckverbindung, die mit Stiften zu sichern ist.

7.5.2   Verbindung von Stützen mit Riegeln oder Rahmen

Die Verbindung zwischen Rahmen oder Riegel und der Stütze kann mittels Schrauben über beidseits angeschweißte Laschen erfolgen, sie kann bei Hohl- und Stabprofilen über die entsprechenden Stutzen, die an der Stütze angeschweißt sind, als Steckverbindung mit Sicherung durch Stifte erfolgen (s. Abb. 7.5.2/1).

7.5.3   Verbindung tragender mit nicht tragenden Bauteilen

Es wird sich in diesem Bereich vorwiegend um Verbindungen unterschiedlicher Werkstoffe – meist zwischen Stahlprofilen und Holzprofilen – handeln.

Werden z. B. Oberhölzer auf Stahlplatten aufgelegt, bietet sich an, auf den Pfetten Stege aus Stabstahl aufzuschweißen und mit einer Bohrung zu versehen. In den Unterseiten der Oberhölzer werden die entsprechenden Aussparungen ausgearbeitet. Das Oberholz wird ebenfalls mit einer Bohrung versehen. Die Oberhölzer werden nun aufgesteckt – Niederschlagswasser kann nicht eindringen – und mittels formschlüssiger Stabdübel (Stifte) gesichert (s. Abb. 7.5.3/1).

Bei untergehängten Hölzern kann diese Konstruktion nicht verwendet werden, da Wasser in die Ausarbeitung im Holz eindringen, aber nicht wieder ablaufen könnte. Deshalb wird z. B. eine ausreichend dimensionierte metrische Schraube mit dem Kopf an der Pfettenunterseite angeschweißt, eine entsprechende Bohrung in der Oberseite des Oberholzes angebracht, desgleichen eine Bohrung quer durch das Holz derart, daß sie noch die zuerst angebrachte Bohrung trifft. Der Schraubenschaft wird nun – nachdem ein Abstandshalter und eine Scheibe aufgeschoben wurden – in die Bohrung des Oberholzes geschoben und von der Seite durch die zweite Bohrung mittels einer Kreuzlochmutter verschraubt (Abb. 7.5.3/2). Diese Befestigung darf lediglich bei untergeordneten Bauteilen angewandt werden!

Die Verbindung von Eisenwerkstoff-Rahmen von Pergolen mit Holz-Lamellen wird sinnvoll als Schraubenverbindung hergestellt. Bohrungen werden sowohl im Rahmen als auch in der Stirnseite im Lamelle angebracht. In die Bohrung im Holz wird eine Rampa-Muffe eingedreht. Nun können beide Bauwerksteile miteinander verbunden werden. Es empfiehlt sich hier eine formschlüssige Senkschraube mit Innensechskant (Abb. 7.5.3/3).

Dic Verbindung von tragenden Riegeln oder Rahmen von Raumschlüssen und Sichtblenden aus Stahlprofilen mit den nichttragenden Verlattungen aus Holz kommt im Regelfall durch Verschraubungen zustande. Es sind Fragen der Gestaltung und der Haltbarkeit, die darüber entscheiden, welche Schraubenkopfform gewählt wird und ob die Schraube in das tragende Bauteil, in den Werkstoff der Lattung eingedreht wird oder ob die Schraube durch beide hindurchgeschoben und mit einer Mutter befestigt wird (siehe Abb. 7.5.3/4).

7.5.4 Bauteilverlängerungen

Auch hier ist zu unterscheiden zwischen Stahlprofilen und Hohlprofilen, die es zu verlängern gilt.

Bei Stahlprofilen wird man, wenn man nicht schweißen will, wechselseitig Laschen aus Bandstahl anschweißen, die beiden Bauteile aneinanderführen und mit Bolzenschrauben über die Laschen verbinden. Bei der Verlängerung von Hohlprofilen geht man analog der unter 7.4.2.1 dargestellten Steckverbindung vor.

7.5.5 Höhenversätze

können, da es sich in jedem Fall um den gleichen Werkstoff handelt, ausgeführt werden wie Befestigungen von Hohlprofilen an senkrechten Bauteilen (siehe Abb. 7.4.2.1/1). Der Stutzen am senkrechten Bauteil wird in diesem Fall nicht mit diesem verschraubt, sondern angeschweißt.

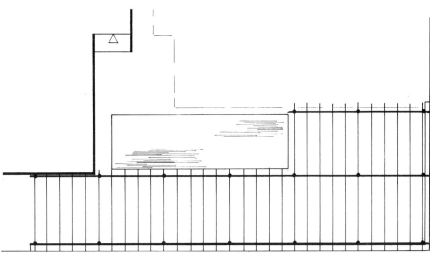

Abb. 7.6/1–2 Möglichkeiten der Gestaltung der Pergola

Abb. 7.6/1 Stützenraster 3,5 × 350 m
M 1:100
Auflagepergola
Pfetten in Längsrichtung

Abb. 7.6/2 Stützenraster 3,50 × 350 m
M 1:100
Auflagepergola
Pfetten in Querrichtung

7.6 Anwendungsbeispiel für den Hausgarten K.

Im Kapitel 6 ist schon davon gesprochen worden, daß die Pergola aus einer Kombination aus Stahl und Holz gebaut werden soll. Doch bis zu diesem Entschluß waren mehrere Entscheidungsgänge nötig.

Der Landschaftsarchitekt hat dem Bauherrn zunächst die verschiedenen Möglichkeiten vorgestellt. Dabei geht es sowohl um gestalterische Fragen als auch um Entscheidungen in der Materialwahl.

Gestalterische Fragen

Die Skizzen 7.6/1–3 zeigen schon in der Draufsicht, daß durch die Lage von Pfetten und Oberhölzern oder durch Rahmen ganz unterschiedliche Wirkungen erzielt werden können. Dabei kann die Wirkung durch unterschiedliche Wahl der Abstände und bei der Rahmenpergola durch Verdichtung mit Kassetten noch mehr verändert werden.

Materialalternativen

Für die Vorschläge nach Abbildung 7.6/1–2 (Pfettenpergola) stehen zur Auswahl:

Pfosten	Pfette	Oberholz
Rundholz	Rundholz	Rundholz
Naturstein	Rundholz	Rundholz
Betonstein	Rundholz	Rundholz
Kantholz	Kantholz	Kantholz
Natur/Betonstein	Kantholz	Kantholz
Stahl	Kantholz	Kantholz
Stahl	Stahl	Kantholz

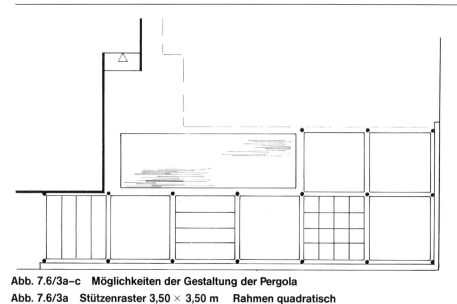

Abb. 7.6/3a–c   Möglichkeiten der Gestaltung der Pergola

Abb. 7.6/3a   Stützenraster 3,50 × 3,50 m
M 1:100
Rahmenpergola

Rahmen quadratisch
Lamellen in verschiedenen Richtungen anzuordnen

Abb. 7.6/3b
Stützenraster 7,00 × 7,00 m
M 1:100
Rahmenpergola mit Rechteckrahmen,
verschiedene Anordnung

Lamellenanordnung wie vor möglich
Rahmen aus Hohlstahl oder Brettschicht-
holz

Abb. 7.6/3c
Stützenraster 7,00 × 7,00 m
M 1:100
Rahmenpergola mit Rechteckrahmen,
gleiche Anordnung

Lamellenanordnung wie vor möglich
Rahmen aus Hohlstahl oder Brettschicht-
holz

Für den Vorschlag nach Abbildung 7.6/3a–c (Rahmenpergola) ist die Auswahl etwas geringer, weil Rundholz grundsätzlich dafür ungeeignet ist.

Stütze	Rahmen	Lamellen
Kantholz	Kantholz	Kantholz
Stahl	Kantholz	Kantholz
Stahl	Stahl	Kantholz

Bei der Abwägung zwischen den Materialien spielt die Dimensionierung aus technischen Gründen eine besondere Rolle. Mit Stahl lassen sich Profile mit geringerem Querschnitt wählen als bei Holz. Unser Bauherr möchte nun, zunächst unabhängig von der Form, eine leicht wirkende Pergola haben. Das ist nur in einer Kombination von Stahl und Holz zu verwirklichen. Es gilt also, eine Lösung zu finden, bei der die tragenden Elemente aus Metall, die getragenen aber aus Holz bestehen. Über folgende Punkte war zu entscheiden:
- in welcher Richtung verlaufen Pfetten bzw. Oberhölzer,
- wie und im Verlauf der Mauer wo sind die Pfosten zu gründen,
- wie muß eine verzinkungs- und baustellengerechte Konstruktion aussehen,
- in welcher Weise sind die Oberhölzer anzuordnen und zu befestigen und
- welche Holzart soll verwendet werden.

Verlaufen die Oberhölzer parallel zur langen Mauer, muß die letzte Pfette über der Mauer enden, da sonst keine Auflage besteht. Die bei dieser Anordnung notwendigen Brettlängen von ca. 21 m sind bei den notwendigen Querschnitten wegen ihrer Verwerfung nicht zu bekommen. Es müßten also in diesem Falle eine Vielzahl von Bauteilverlängerungen vorgesehen werden. Aus diesem Grunde wurde entschieden, eine Pergola nach Abbildung 7.6/2 mit einer Streichrichtung der Oberhölzer senkrecht zur langen Mauer zu errichten. Dies bedingt zwei gleichlange lange und eine kürzere Stahlpfette. Diese fallen aber nicht aus den Lagermaßen heraus. Die Mauer ist gedacht als durch Stahlbetonpfeiler gegliederte Klinkermauer. Die Stahlbetonpfeiler sind im Achsmaß der Pergola angeordnet und springen aus der Mauerfläche hervor. Die freistehenden Stützen und die am Haus sind in Einzelfundamenten 50 × 50 × 80 cm B 15 zu gründen (7.6/4a). Die Stützen vor der Mauer werden nicht in Einzelfundamenten gegründet, sondern mittels Halterungen aus Flachstahl

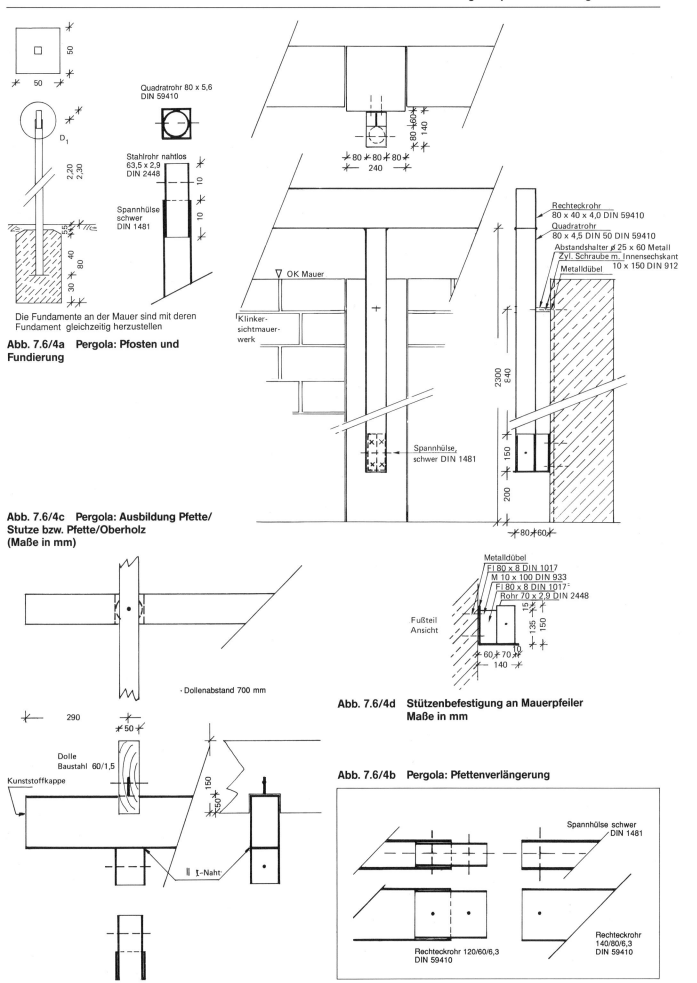

Quadratrohr 80 x 5,6
DIN 59410

Stahlrohr nahtlos
63,5 x 2,9
DIN 2448

Spannhülse
schwer
DIN 1481

Die Fundamente an der Mauer sind mit deren
Fundament gleichzeitig herzustellen

**Abb. 7.6/4a Pergola: Pfosten und
Fundierung**

OK Mauer

Klinker-
sicht-
mauer-
werk

Spannhülse,
schwer DIN 1481

Rechteckrohr
80 x 40 x 4,0 DIN 59410
Quadratrohr
80 x 4,5 DIN 50 DIN 59410
Abstandshalter ∅ 25 x 60 Metall
Zyl. Schraube m. Innensechskant
10 x 150 DIN 912
Metalldübel

**Abb. 7.6/4c Pergola: Ausbildung Pfette/
Stütze bzw. Pfette/Oberholz
(Maße in mm)**

Dollenabstand 700 mm

Dolle
Baustahl 60/1,5

Kunststoffkappe

∥ ⌐-Naht

Metalldübel
Fl 80 x 8 DIN 1017
M 10 x 100 DIN 933
Fl 80 x 8 DIN 1017
Rohr 70 x 2,9 DIN 2448

Fußteil
Ansicht

**Abb. 7.6/4d Stützenbefestigung an Mauerpfeiler
Maße in mm**

Abb. 7.6/4b Pergola: Pfettenverlängerung

Spannhülse schwer
DIN 1481

Rechteckrohr 120/60/6,3
DIN 59410

Rechteckrohr
140/80/6,3
DIN 59410

und Rundrohrprofilen an den Maurpfeilern angedübelt.

Bei dem vorgesehenen Stützen- und Pfettenmaterial Stahl sind Pfosten nur im Abstand von 3,50 × 7,00 m notwendig.

Verzinkungs- und baustellengerecht heißt bei Metall, daß sämtliche Schneid-, Schweiß- und Bohrarbeiten vor dem Tauchverzinken zu erfolgen haben. Auf der Baustelle wird die Konstruktion dann entweder gesteckt oder geschraubt.

Es bieten sich Stahlprofile (∟ ⊥ ⌐) oder Stahlhohlprofile (○ ▢ ▯) an. Wegen der gewünschten Leichtigkeit und des gestalterisch befriedigenden Aussehens scheiden Stahlprofile aus.

Steckverbindungen sind eleganter als Schraubverbindungen und hier durchaus möglich, da keine Zug-, sondern nur Druckbelastungen auftreten.

Es werden also Stützen und Pfetten aus Hohlprofilen als Steckverbindungen vorgesehen (7.6/4a).

Durch die abgewinkelte Form des Pergolagrundrisses ergibt sich, um gleiche Wahrnehmungsverhältnisse zu schaffen, die Notwendigkeit, die Stützen aus quadratischem Hohlprofil zu erstellen. Im Fundierungsbereich werden Streben angeschweißt, um sie zu fixieren. In das obere Ende wird ein rundes Profil als Führung für die Pfetten eingeschweißt (7.6/4a).

Als Pfette wird, um konstruktiv und gestalterisch Notwendiges zu vereinen, ein Rechteck-Hohlprofil vorgesehen, dessen Schmalseite der Kantenlänge des Stützenprofils entspricht. Jeweils an den Unterstützungspunkten ist ein 10 cm langer Stutzen des Stützenprofils anzuschweißen, das bei der Montage auf das Führungsrohr (▢) geschoben wird. Die Sicherung gegen Abheben erfolgt durch je eine Spannhülse schwer 5.0 DIN 1481. Die Verlängerung der Pfetten erfolgt analog der oben beschriebenen Verbindung etwa in der Mitte der Gesamtlänge, jedoch *neben* einer Unterstützung (7.6/4b). Es ist dafür kein Rund-, sondern ein Rechteckhohlprofil vorzusehen. Die Sicherung erfolgt ebenfalls durch Spannhülsen. Die offenen Enden der Pfetten werden nach Montage mit Kunststoffprofilen verschlossen.

Die Oberhölzer sollen, wie bei dem Sichtschutzzaun bereits verwendet, aus tiefimprägnierter, farbig behandelter, nordischer Fichte bestehen. Sie werden auf den Pfetten aufgekämmt (Abb. 7.6/4c). Die Sicherung gegen Abheben erfolgt durch Aufstecken - und zusätzliches Sichern mit Zylinderstiften - auf Stahldollen, die auf den Pfetten aufgeschweißt wurden. Die Oberhölzer weisen gegenüber den Pfetten 25 cm

Überstand auf und schließen über der Mauer mit der Grundstücksgrenze ab.

Details der Befestigung an der Mauer zeigt Abb. 7.6/4d.

Die Konstruktionsmaße werden wie folgt festgelegt:

Achsmaß der Stützen 3,50 × 7,00 m
Höhe bis UK Pfette 2,30 m
Fundamentmaße 50 × 50 × 80 cm
Dimensionen:
Stütze 80 × 80 mm DIN 59410
Pfette 140 × 80 × 6,3 mm DIN 59410
Führungsrohr Stütze ⌀ 63,5 × 2,4 mm DIN 2448
Führungsrohr Pfette 120 × 60 × 6,3 mm DIN 59410
Oberholz 50 × 150 × 4000 mm
Dollen Baustahl ⌀ 15 mm, 60 mm Länge

Normen

DIN 1016	Flacherzeugnisse aus Stahl; Warmgewalztes Band, warmgewalztes Feinblech
DIN 1017	Stabstahl, Warmgewalzter Flachstahl
DIN 1022	Stabstahl; Warmgewalzter, gleichschenkliger, scharfkantiger Winkelstahl
DIN 1024	Stabstahl; Warmgewalzter, rundkantiger T-Stahl
DIN 1025 T1	Formstahl; Warmgewalzte I-Träger, schmale I-Träger, I-Reihe
DIN 1025 T2	Formstahl; Warmgewalzte I-Träger, breite I-Träger, IPB- und IB-Reihe
DIN 1025 T3	Formstahl; Warmgewalzte I-Träger, breite I-Träger leichte Ausführung, IPBl-Reihe
DIN 1025 T4	Formstahl; Warmgewalzte I-Träger, breite I-Träger, verstärkte Ausführung, IPBv-Reihe
DIN 1025 T5	Formstahl; Warmgewalzte I-Träger, mittelbreite I-Träger, IPE-Reihe
DIN 1026	Stabstahl, Formstahl; Warmgewalzter, rundkantiger U-Stahl
DIN 1027	Stabstahl; Warmgewalzter, rundkantiger Z-Stahl
DIN 1910	Schweißen, Begriffe, Einteilung der Schweißverfahren
DIN 2444	Zinküberzüge auf Stahlrohren
DIN 4115	Korrosionsschutzsysteme
DIN 17100	Allgemeine Baustähle, Gütevorschriften
DIN 50928	Korrosionsschutz von Stahlbauten durch Beschichtungen und Überzüge.
DIN 50976	Korrosionsschutz durch Feuerverzinken auf Einzelteile aufbrachte Überzüge.
DIN 59410	Hohlprofile für den Stahlbau. Warmgefertigte quadratische und rechteckige Stahlrohre.
DIN 59411	Hohlprofile für den Stahlbau. Kaltgefertigte quadratische und rechteckige Stahlrohre.
DIN 1700	Nichteisenmetalle, Systematik der Kurzzeichen.
DIN 1725	Aluminiumlegierungen, Knetlegierungen.
DIN 1745	Bänder und Bleche aus Aluminium und Aluminiumlegierungen mit Dicken über 0,35 mm.
DIN 1746	Rohre aus Aluminium und Aluminiumknetlegierungen
DIN 1747	Stangen aus Aluminium und Aluminiumknetlegierungen
DIN 17670	Bänder und Bleche aus Kupfer und Kupferknetlegierungen
DIN 17671	Rohre aus Kupfer und Kupferknetlegierungen
DIN 17770	Bänder und Bleche aus Zink für das Bauwesen

Literatur

Batran, Frey, Köhler, 1980: Tabellenbuch BAU. Hamburg: Verlag Handwerk und Technik.
Europa Lehrmittel, 1980: Fachkunde Bau. Wuppertal: Verlag Europa Lehrmittel, 3. Auflage.
Krist, Th., 1969: Leichtmetalle kurz und bündig. Würzburg: Vogel Verlag.
Lehr,R., 1981: Taschenbuch für den Garten- und Landschaftsbau, Berlin, Hamburg: Berlin, Verlag Paul Parey, 3. Aufl.
Schneider, K.-J., 1986: Bautabellen mit Berechnungshinweisen und Beispielen. Düsseldorf: Werner Verlag, 7. Aufl.
Scholz, W., 1984: Baustoffkenntnis. Düsseldorf: Werner Verlag, 10. Auflage.

8 Wegebau und Oberflächenentwässerung K.-B. Prasuhn

8.1 Baugrundsätze

8.1.1 Anforderungen an Verkehrsflächen

Verkehrsflächen in Außenanlagen sind in der Regel mehr oder weniger stark befestigte Flächen, auf denen Menschen gehen oder sich häufig aufhalten, auf denen Fahrzeuge fahren oder abgestellt werden.

Verkehrsflächen erschließen Freiräume, machen sie zugänglich oder verbinden Bereiche unterschiedlicher Nutzung miteinander.

Die ursprüngliche Form einer Verkehrsfläche ist der Weg oder der Platz; durch ganz unterschiedliche Nutzungsanforderungen und Verkehrsabläufe werden daraus dann sehr spezifische Verkehrsflächen.

Im Bereich der Garten- und Landschaftsgestaltung kommen Verkehrsflächen bei größeren Anlagen z. B. in Form von Zufahrtsstraßen, Versorgungszufahrten, Feuerwehrwegen, Fußwegen – selbständig geführt oder an Fahrbahnen –, Fußgängerzonen, Radwegen, Treppen und Rampen, Parkplätzen sowie Platzflächen jeder Art vor.

Bei kleineren Anlagen, insbesondere Hausgärten, sind es in erster Linie die Hauszugänge oder -zufahrten, Garagenzufahrten oder -vorplätze, Einstellplätze, befestigte Hofflächen, befestigte Fußwegverbindungen, Treppen sowie Terrassen- und Sitzflächen. Ein typisches Beispiel solcher Kleinprojekte ist der Garten K.

An alle diese verschiedenen Verkehrsflächen werden nun ganz bestimmte, zum Teil sehr unterschiedliche Anforderungen gestellt, die erfüllt sein müssen, wenn eine gute Lösung erzielt werden soll – das heißt, wenn die Verkehrsfläche ihre Funktion optimal erfüllen soll.

Für den Planer oder Gestalter bedeutet dies umgekehrt, daß er sich zunächst klarmachen muß, welches die Funktionen sind, die die Verkehrsfläche erfüllen soll, um dann daraus Kriterien für die Gestaltung und Konstruktion abzuleiten.

8.1.1.1 Planerische Anforderungen

Grundsätzlich gilt für den Entwurf von Verkehrsflächen, daß die Gesamtkonzeption den Verkehrsfunktionen entsprechen muß. Bei Großprojekten sind in diesem Zusammenhang die Forderungen und Gesetzmäßigkeiten der Verkehrsplanung weitgehend zu berücksichtigen.

Für den Bereich »Hausgärten« bedeutet es, daß zunächst die grundsätzliche Lage und Anordnung von Platz- und Wegeflächen auf dem Grundstück stimmen muß, daß zum Beispiel Terrassenflächen auf die Räume und den Grundriß des Gebäudes abgestimmt sind, daß Sitzflächen von Straße und Nachbargrundstück abgeschirmt sind, daß Garage oder Stellplatz in der Nähe des Hauseinganges liegen und gut zu erreichen sind. Vor allem bedeutet es, daß die Wegeverbindungen den Verkehrsabläufen – den Gehgewohnheiten – entsprechen und in erster Linie direkt und ohne Umwege verlaufen. Letzteres gilt besonders für die am häufigsten benutzten Wegeverbindungen: Grundstückszufahrt – Garage – Hauseingang sowie für die Anbindung von Nebeneingängen und Hofflächen.

Eine andere wichtige planerische Anforderung bezieht sich auf die **Abmessungen** von Verkehrsflächen. Die Größe von Sitzflächen oder Stellplätzen, die Breite von Wegen, Steigungen oder Gefälleausbildungen richten sich nach der Nutzung, das heißt die Größenordnungen werden von den »Benutzern« – Menschen oder Fahrzeuge – und deren Platzbedürfnissen abgeleitet.

Für den öffentlichen Bereich sind derartige Abmessungen in umfangreichen Richtlinien und Vorschriften genau festgelegt. Bei der Planung von Verkehrsflächen in Hausgärten und bei anderen Kleinprojekten sollten folgende hauptsächlich vorkommenden Daten beachtet werden:

Wegebreiten

Die Breite eines Fußweges richtet sich nach der Anzahl von Personen, die auf dem Weg nebeneinander gehen sollen. Dabei rechnet man pro Person mit einem Bewegungsraum von mindestens 0,60 m (im öffentlichen Bereich 0,75 m). Daraus ergibt sich die Breite von Wegen mit mindestens 0,60 m oder einem Vielfachen davon.

Für Garten- und Pflegewege, die selten von zwei Personen zugleich benutzt werden, reicht diese Mindestbreite meistens aus; oftmals müssen jedoch Gartengeräte transportiert werden, so daß dann eine Breite von 0,60–1,00 m sinnvoll ist. Für häufig begangene Verbindungswege empfiehlt sich eine Breite von 1,20 m, ebenso sollten Sitzplätze durch Wege von mindestens 1,20 m – besser 1,50 m – erreichbar sein. Der Hauszugang sollte auf jeden Fall so breit sein, daß 2 Personen bequem nebeneinander gehen oder sich begegnen können, d.h. mindestens 1,20 m, besser jedoch 1,50 m oder 1,80 m.

Sollen Wege von Kraftfahrzeugen befahren werden, dann sollte die Breite nicht unter 2,75 m liegen, bei Begegnungsverkehr (Pkw) nicht unter 4,00 m.

Sitzplätze

Die Abmessungen von Sitzplätzen und Terrassen ergeben sich oft aus persönlichen Vorstellungen des Bauherrn. Folgende Mindestabmessungen sollten jedoch unter dem Gesichtspunkt einer späteren Möblierung beachtet werden: Ein Tisch mit 6 Gartenstühlen erfordert

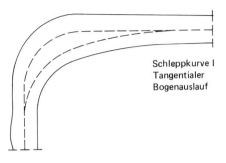

Schleppkurve I
Tangentialer
Bogenauslauf

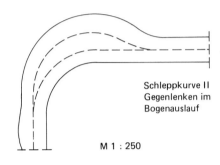

Schleppkurve II
Gegenlenken im
Bogenauslauf

M 1 : 250

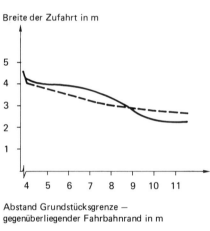

Breite der Zufahrt in m

Abstand Grundstücksgrenze –
gegenüberliegender Fahrbahnrand in m

Schleppkurve I Pkw – – – – – – –
Schleppkurve II Pkw ——————

Bemessungs- Pkw

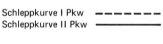

Länge	5,00 m
Breite	1,80 m
Radstand	2,80 m
Überhang vorne	0,90 m
Überhang hinten	1,30 m
Wendekreisradius	5,70 m

Abb. 8.1.1.1/1 Schleppkurven für Pkw (Quelle: Baubehörde Hamburg, Amt für Ingenieurwesen I, Mai 1979)

bei einer Tischgröße von 0,80 × 1,20 m eine Platzgröße von ca. 3 × 4 m; Als Faustformel gilt:
Tischbreite + 1,00 bis 1,20 m pro Sitzreihe = Platzbreite.

Steigungen

Größere Höhenunterschiede werden innerhalb von Hausgärten meist durch Treppenanlagen überwunden (s. Kap. 9), das Problem längerer Steigungsstrecken stellt sich auf Grund der Gesamtabmessungen eines Hausgartens nur selten. Bei Wegen sollte eine Begrenzung der Steigung auf etwa 10% angestrebt werden, um eine gute Begehbarkeit zu gewährleisten. Für ältere und behinderte Menschen liegt die obere Grenze einer zumutbaren Steigung bei 8%.

Rampen können ebenfalls eine Steigung bis 10% aufweisen, in Ausnahmefällen sind hier auch 12–15% möglich.

Auf das Problem der Rutschgefahr, das sich bei größeren Steigungen im Winter immer stellt, sei hier nochmals hingewiesen.

Grundstückszufahrten

Die Abmessungen von Grundstückszufahrten ergeben sich aus den Maßen und der Bewegungscharakteristik der Fahrzeuge, die in das Grundstück einbiegen sollen. Danach beträgt die Mindestbreite einer Grundstückszufahrt für Pkw 2,50 m und für Lkw 3,50 m.

Die zunehmende Anwendung minimaler Fahrbahnbreiten bei Erschließungsstraßen erfordert es auch, im Einzelfall zu überprüfen, ob der Flächenbedarf eines Pkw oder Lkw bei der Einfahrt in das Grundstück wirklich gesichert ist, so daß Havarien mit festen Gegenständen oder gar Unfälle vermieden werden.

Bei der Ermittlung des charakteristischen Flächenbedarfs aus der Fahrgeometrie eines Fahrzeuges wurde davon ausgegangen, daß die Fahrbewegung im Schrittempo ohne zwischenzeitliches Anhalten und ohne Rangierbewegungen (d.h. ohne Vor- und Rückwärtsfahren) erfolgt.

Es lassen sich dabei 2 verschiedene Fälle von Fahrbewegungen feststellen:
Schleppkurve I: Tangentialer Bogenauslauf
Schleppkurve II: Gegenlenken im Bogenauslauf.
Abbildung 8.1.1.1/1 zeigt die beiden verschiedenen Schleppkurven für einen Pkw von 5,00 m Länge und 1,80 m Breite.

In den meisten Fällen ist der Mindestabstand zwischen Grundstücksgrenze und Fahrbahnrand durch die minimale Gehwegbreite vorgegeben. Hierbei er-

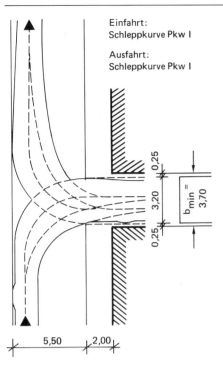

Einfahrt:
Schleppkurve Pkw I

Ausfahrt:
Schleppkurve Pkw I

Minimale Breite der Zufahrt für Pkw bei vorgegebenem Mindestabstand zwischen Grundstücksgrenze und Fahrbahnrand
(hier: Mitbenutzung der Gegenfahrspur möglich)

M 1 : 250

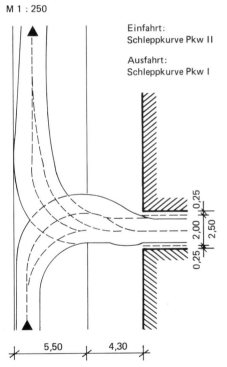

Einfahrt:
Schleppkurve Pkw II

Ausfahrt:
Schleppkurve Pkw I

Minimaler Abstand zwischen Grundstücksgrenze und Fahrbahnrand bei vorgegebener Mindestbreite der Zufahrt für Pkw
(hier: Mitbenutzung der Gegenfahrspur möglich)

Abb. 8.1.1.1/2 Grundstückszufahrten für Pkw (Quelle: Baubehörde Hamburg, Amt für Ingenieurwesen I)

fordert die Schleppkurve I die geringste Zufahrtsbreite. Ist dagegen die Mindestbreite der Grundstückszufahrt vorgegeben, dann wird durch die Schleppkurve II der geringste Abstand zwischen Fahrbahnrand und Grundstücksgrenze erforderlich (Abbildung 8.1.1.1/2).

Eine weitere Reduzierung des Platzbedarfs kann erreicht werden, wenn man davon ausgeht, daß das einbiegende Fahrzeug zwischenzeitlich kurz anhält und dabei der Lenkradeinschlag erfolgt; für den Fahrer ist dies jedoch unbequemer.

Garagenvorplätze
Einzelgaragen sollten mindestens 3,00 m breit und 6,00 m lang sein. Sie sind so anzuordnen, daß zwischen Gehweg und Garage eine Aufstellfläche von wenigstens 5,00 m Tiefe vorhanden ist. Der so entstandene Garagenvorplatz hat mindestens die gleiche Breite wie die Garage.

Garagenrampen
Werden Garagen tieferliegend als die Straße angeordnet, z.B. im Kellergeschoß von Wohnhäusern, so sind die Rampen entsprechend Abbildung 8.1.1.1/3 zu gestalten. Wichtig ist hierbei die Ausrundung der Knickstellen, um ein Aufsetzen des Fahrzeugs zu vermeiden. Damit die Steigung der Rampe so gering wie möglich gehalten wird, sollte die gesamte zur Verfügung stehende Länge ausgenutzt werden. Steigungen bis 15% sind die Regel, 20%

sollten als oberer Grenzwert angesehen werden.

Einstellplätze
Die Abmessungen eines offenen Einstellplatzes betragen 2,50 × 5,00 m, bei beengten Verhältnissen kann die Breite auf 2,30 m reduziert werden.

8.1.1.2 Bautechnische Anforderungen

Wenn unter dem Begriff »Bautechnik« hier die Wahl der Materialien, die Entscheidung für eine Bauweise und die Bauausführung selbst verstanden werden, dann ergeben sich immer wieder drei Grundforderungen, die unter diesen Gesichtspunkten an eine Verkehrsfläche gestellt werden. Sie betreffen Funktion, Kosten und Aussehen.

a) Eine Verkehrsfläche soll funktionell sein
Damit ist gemeint, daß die Materialien auf die Art der Benutzung abgestimmt sein sollen. Diese Forderung bezieht sich in erster Linie auf die Ausbildung der Oberfläche, auf die Deckschicht. So müßte beispielsweise eine Fläche, auf der sich Fußgänger bewegen auch von der Kontruktion her fußgängerfreundlich sein, d.h. angenehm zu begehen, rutschfest, und nicht schmutzend. Flächen, auf denen gefahren wird, sollten in erster Linie ebenflächig, staubfrei und abriebfest sein, Parkplätze z.B. unempfindlich gegen Tropföle usw.

Abb. 8.1.1.1/3 Ausbildung von Rampen bei tieflegenden Garagen für Pkw (Quelle: EAE 85)

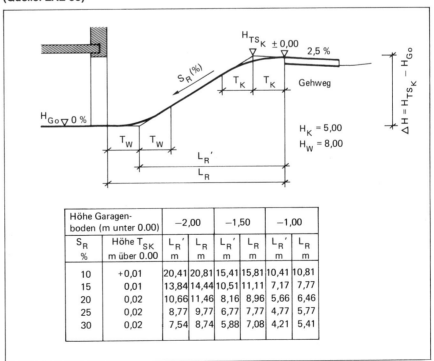

Höhe Garagenboden (m unter 0.00)		−2,00		−1,50		−1,00	
S_R %	Höhe T_{SK} m über 0.00	L_R' m	L_R m	L_R' m	L_R m	L_R' m	L_R m
10	+0,01	20,41	20,81	15,41	15,81	10,41	10,81
15	0,01	13,84	14,44	10,51	11,11	7,17	7,77
20	0,02	10,66	11,46	8,16	8,96	5,66	6,46
25	0,02	8,77	9,77	6,77	7,77	4,77	5,77
30	0,02	7,54	8,74	5,88	7,08	4,21	5,41

Abb. 8.1.1.2/1 Falsche Materialwahl und Ausführung führen zu Schäden

Es gibt eine ganze Reihe derartiger Kriterien, die für jede Verkehrsfläche aus ihrer speziellen Funktion abgeleitet werden müßten.

b) Eine Verkehrsfläche soll kostengünstig gebaut werden
Bei vielen tiefbautechnischen Maßnahmen stellen Wegeaufbau und -befestigung immer einen erheblichen Kostenfaktor innerhalb einer Außenanlage dar, der von Außenstehenden oftmals unterschätzt wird, nicht zuletzt, weil die Konstruktionen teilweise im Erdreich liegen und nicht sichtbar sind. Dadurch ist die Gefahr, gerade an diesen unteren Schichten zu sparen, leicht gegeben, womit spätere Schäden schon vorprogrammiert sind. Auf der anderen Seite kann beobachtet werden, daß gerade bei relativ wenig benutzten bzw. schwach belasteten Flächen oftmals ein viel zu großer Aufwand getrieben wird, der dann ebenfalls völlig unangemessen ist. Bei der Forderung nach einer kostengünstigen Bauweise geht es also nicht nur um die Wahl der Materialien für die Oberfläche, sondern um den Gesamtaufbau. Kostengünstig bedeutet in diesem Zusammenhang: Die einzelnen Schichten einer Verkehrsfläche hinsichtlich Materialien und Einbaudicken so zu wählen, daß an der Oberfläche keine bleibenden Verformungen oder Veränderungen aus Verkehrsbelastungen oder Witterungseinflüssen entstehen. Mit einem Minimum an Materialaufwand soll ein Optimum an Dauerhaftigkeit und Haltbarkeit erzielt werden, so daß keine Bauschäden entstehen und Folgekosten vermieden werden (Abbildung 8.1.1.2/1).

c) Eine Verkehrsfläche soll gut aussehen
Gerade im Garten- und Landschaftsbau spielen optische Gesichtspunkte eine entscheidende Rolle, weil die dort auf-

tretenden Verkehrsflächen in der Regel Teil einer Gesamtanlage und damit eines Gestaltungskonzeptes sind. In vielen Fällen werden Beläge von Verkehrsflächen ausschließlich unter optischen Aspekten gewählt, die sogar im Widerspruch zu den beiden erstgenannten Forderungen stehen können.

Bei optimaler Ausführung einer Verkehrsfläche sollte jedoch eine Ausgewogenheit zwischen den unterschiedlichen Anforderungen angestrebt werden.

8.1.2 Begriffsbestimmungen

Verkehrsflächen werden in der Regel aus mehreren Schichten aufgebaut. Diesen Schichten, die aus verschiedenen Materialien bestehen können, werden innerhalb der Gesamtkonstruktion unterschiedliche Aufgaben zugeordnet. Im Straßen- und Wegebau hat man eine einheitliche Terminologie festgelegt, wobei die folgenden Begriffe auch hier verwendet werden sollen:

8.1.2.1 Untergrund

Darunter wird der vorhandene Baugrund, d. h. der anstehende Boden verstanden, auf dem die Verkehrsfläche aufgebaut werden soll. Der Untergrund wird nach Abtrag des Oberbodens in den meisten Fällen nicht weiter behandelt; nur bei sehr ungünstigen Bodenverhältnissen kann es erforderlich werden, daß die obere Zone des Untergrundes durch geeignete Maßnahmen

(z. B. Bodenstabilisation) verbessert wird.

Art und Beschaffenheit des Untergrundes sind jedoch von größter Bedeutung für den Gesamtaufbau der Verkehrsfläche.

8.1.2.2 Unterbau

Als Unterbau bezeichnet man einen künstlich hergestellten Dammkörper, im weiteren Sinne also eine Aufschüttung aus geeignetem Boden, auf der die eigentliche Wegekonstruktion aufgebaut wird. Solch eine Aufschüttung ist immer dann erforderlich, wenn eine Verkehrsfläche höher als das vorhandene Gelände liegen soll.

Bautechnisch gesehen wird der Unterbau einer Verkehrsfläche meist aus dem anstehenden oder leicht verfügbaren Boden (Füllboden) nach den Regeln des Erdbaues lagenweise aufgebaut und verdichtet. Ungeeignete Materialien sind Oberboden, Böden mit organischen Bestandteilen (z. B. Holz, Wurzelstücke usw.), Torf- und Schlammböden.

Wenig tragfähige Böden können in der oberen Zone, genau wie der Untergrund, verbessert werden.

Den oberen Anschluß des Unterbaues bzw. des Untergrundes bildet das **Planum**, das durch seine Ebenflächigkeit definiert ist. Es ist eine planeben bearbeitete Fläche, die nicht mehr als 3 cm von der Sollhöhe abweichen soll und aus entwässerungstechnischen Gründen ein Mindestgefälle von 2,5 % aufweisen muß.

Abb. 8.1.1.3/1 Aufbau von Verkehrsflächen

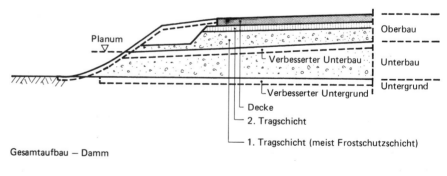

Gesamtaufbau – Damm

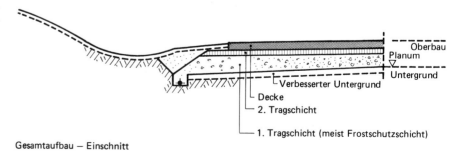

Gesamtaufbau – Einschnitt

8.1.2.3 Oberbau

Als Oberbau bezeichnet man die eigentliche Wegekonstruktion, die aus verschiedenen Schichten auf dem Planum des Untergrundes oder Unterbaues erstellt wird.

Dabei unterscheidet man folgende Schichten (Abbildung 8.1.1.3/1):

Tragschichten

Sie haben die Aufgabe, die aus den Verkehrslasten auftretenden Kräfte aufzunehmen, zu tragen und so zu verteilen, daß diese vom Untergrund bzw. Unterbau ohne nachhaltige Verformungen aufgenommen werden können. Da die Verkehrsbelastungen verschiedener Verkehrsflächen sehr unterschiedlich sein können (z. B. Gehwege, auf denen nur Fußgänger gehen – Hofflächen, die auch von Lkw befahren werden sollen), werden ebenso unterschiedliche Anforderungen an die Tragfähigkeit einer Tragschicht gestellt. Diesen Anforderungen läßt sich entweder durch Verwendung unterschiedlicher Materialien oder bei gleichem Material durch unterschiedliche Schichtdicken gerecht werden. Allerdings sind die Schichtdicken aus einbautechnischen Gründen nur in gewissen Grenzen variabel, so daß der Schwerpunkt bei Tragschichtkonstruktionen mehr auf der Entscheidung für Material und Bauweise liegt.

Im Straßenbau und bei Verkehrsflächen mit höherer Verkehrsbelastung können bis zu 3 unterschiedliche Tragschichten angeordnet werden, bei Wegen mit geringer Belastung und bei den meisten Flächen, die innerhalb eines Hausgartens vorkommen, genügt oftmals eine Tragschicht.

Bei der Anordnung mehrerer Tragschichten hat die 1. Tragschicht (die untere) außerdem die wichtige Aufgabe, die Frostsicherheit der Konstruktion zu gewährleisten, deshalb wird diese Tragschicht meist als **Frostschutzschicht** bezeichnet.

Bei einfachen Wegeaufbauten können Frostschutzschicht und Tragschicht jedoch identisch sein, d. h. die beiden Funktionen »Tragen« und »Frostschutz« werden von der gleichen Schicht erfüllt.

Deckschichten

Sie bilden den oberen Abschluß der Konstruktion und haben die Aufgabe, die Tragschichten vor unmittelbarer Beanspruchung durch den Verkehr und vor Witterungseinflüssen zu schützen. Sie sollen auch eine ebene Oberfläche ergeben, die dem jeweiligen Verkehrsablauf entspricht (befahrene Fläche – begangene Fläche).

Als Deckschichten kommen in Frage:

Wassergebundene Decken
Pflaster- und Plattenbeläge
Bituminöse Deckschichten
Zementbetondecken

Da bei Verkehrsflächen innerhalb von Hausgärten und Kleinprojekten gerade auf der Ausbildung der Deckschichten ein Schwerpunkt liegt, werden die einzelnen Bauweisen und Ausführungen in Abschnitt 8.2 ausführlich behandelt.

Tragdeckschichten

Hierbei werden die unterschiedlichen Aufgaben von Tragschicht und Deckschicht von einer Schicht erfüllt, die sowohl das »Tragen« als auch das »Abdecken« übernimmt. Tragdeckschichten finden bei untergeordneten Verkehrsflächen Anwendung.

Sauberkeitsschicht, Filterschicht

Diese Schichten können bei bestimmten Bodenverhältnissen erforderlich werden. Sie verhindern das Aufsteigen feiner Bodenteile aus bindigen Böden in die grobkörnigeren Befestigungsschichten. Außerdem dienen sie auch der Feinplanierung.

8.1.3 Bodenverhältnisse

Der Aufbau einer Verkehrsfläche hängt außer von der Verkehrsbelastung noch unmittelbar von den vorhandenen Bodenverhältnissen ab; eine Klassifizierung des Bodens unter bautechnischen Gesichtspunkten ist deshalb immer der erste Schritt bei der Festlegung einer Wegekonstruktion. Die Methoden zur Erfassung und Beurteilung eines Baugrundes sind in Kapitel 2 – Erdarbeiten – ausführlich dargestgellt.

In erster Linie interessieren dabei die Fragen nach der Tragfähigkeit, der Wasserdurchlässigkeit und der Frostempfindlichkeit eines Untergrundes. Anhand dieser Eigenschaften, die in einem ursächlichen Zusammenhang zueinander stehen, werden Art und Dicke von Tragschichten festgelegt sowie Maßnahmen zur Verhütung von Frostschäden getroffen. Auch die Ausbildung der Deckschichten sollte auf diese Ausgangswerte abgestimmt werden.

8.1.3.1 Tragfähigkeit

Ein anstehender Untergrund oder aufgeschütteter Boden muß zur Aufnahme des Oberbaues einer Verkehrsfläche hinreichend tragfähig sein, besonders dann, wenn größere Verkehrslasten zu erwarten sind. Diese Tragfähigkeit gilt als gegeben, wenn sich infolge der Verkehrsbelastung keine bleibenden Verformungen ergeben.

Werden Verkehrsflächen ausschließlich von Fußgängern benutzt, hat der Gesichtspunkt der Tragfähigkeit nur untergeordnete Bedeutung, da die hierbei auftretenden Verkehrslasten als sehr gering eingestuft werden.

Bei den Wegeflächen innerhalb eines Hausgartens sind es in erster Linie Zufahrten und befahrene Hofflächen, bei denen die Bodenverhältnisse unter dem Aspekt der Tragfähigkeit zu beurteilen sind. So wäre z. B. beim Garten K. die Tragfähigkeit des Untergrundes im Bereich der Garagenzufahrt und des Einstellplatzes von Bedeutung, wobei hier von einer Belastung ausschließlich durch Pkw ausgegangen werden kann. Hierbei handelt es sich um eine relativ geringe Belastung, jedoch werden Zufahrten in anderen Fällen auch von schwereren Fahrzeugen benutzt, z. B. bei der Anlieferung von Heizöl.

Beurteilung der Tragfähigkeit

Die Tragfähigkeit eines Untergrundes oder Unterbaues kann durch spezielle Methoden (Plattendruckversuch, Proctorversuch) überprüft und durch entsprechende Meßwerte exakt ausgedrückt werden. Für kleinere Baumaßnahmen sind diese Versuche jedoch meistens zu aufwendig und lassen sich oft auch schlecht in den Bauablauf einordnen. In solchen Fällen genügt es in der Regel, die Tragfähigkeit nur grob zu beurteilen. Dabei kann man davon ausgehen, daß die Tragfähigkeit ausreicht, wenn sich durch das Befahren des Erdplanums mit einem Lkw mit 2,5 t Radlast in gleichmäßiger Schrittgeschwindigkeit keine bleibenden oder deutlich sichtbare elastische Verformungen ergeben. Dieser Tragfähigkeitsnachweis läßt sich verhältnismäßig leicht auch auf kleineren Baustellen durchführen.

Maßnahmen zur Verbesserung der Tragfähigkeit

Oftmals besteht die Forderung, auch auf einem nicht ausreichend tragfähigen Baugrund eine Verkehrsfläche aufzubauen. In solchen Fällen läßt sich der anstehende Boden »verbessern« und die Tragfähigkeit erhöhen:

a) Durch Zugabe von Mineralkorn der fehlenden Korngröße (mechanische Bodenverbesserung). Das Verfahren ist angebracht, wenn ein nichtbindiger Boden infolge Gleichkörnigkeit nicht zu verdichten ist. Durch Untermischen eines Fremdmaterials bestimmter Korngröße läßt sich eine bessere Verdichtbarkeit und damit höhere Tragfähigkeit erzielen.

b) Durch Zugabe von Feinkalk oder Kalkhydrat (Kalkstabilisierung). Diese Maßnahme eignet sich besonders, wenn der vorhandene Untergrund einen sehr hohen natürlichen Wassergehalt hat (bindige Bodenarten) oder wenn trotz

Abb. 8.1.3.1/1 Durch Baustellenfahrzeuge zerstörtes Planum

sofortiger Verdichtung der Planumsoberfläche nicht verhindert werden kann, daß Oberflächenwasser in den Untergrund bzw. in die Schüttlagen des Unterbaues eindringt und dort zu einer Aufweichung führt. In solchen Fällen läßt sich das Planum oftmals nicht mehr befahren oder wird durch das Befahren mit Baustellenfahrzeugen und Geräten nachhaltig zerstört (Abb. 8.1.3.1/1). Die Folgen sind erhöhter Arbeitsaufwand und Materialverbrauch.

Durch das Einmischen von Feinkalk oder Kalkhydrat kann ein bindiger Boden einbau- und verdichtungsfähig gemacht werden, die Befahrbarkeit während der Bauzeit kann wiederhergestellt werden, und auf lange Sicht kann der Boden dauerhaft tragfähig gemacht werden.

Der Stabilisierungseffekt beruht auf einer dauerhaften Umwandlung der Bodenstruktur: Der vormals vernäßte, breiige Boden bekommt innerhalb weniger Stunden (4–8 Std.) eine Krümelstruktur, der Wassergehalt reduziert sich dabei um etwa 4–7 % unter der Voraussetzung, daß das Wetter trocken bleibt. Bei Verwendung von Feinkalk (Brantkalk CaO) wird der Wassergehalt durch das Ablöschen des Kalkes und die dabei freiwerdende Wärme um zusätzlich 1–2 % reduziert (Abb. 8.1.3.1/2).

Die Menge des zu untermischenden Kalkes hängt von der Bodenart und der gewünschten Tragfähigkeit ab. Für eine **Verbesserung** des Untergrundes, bei der mittels Krümelung eine bessere Bearbeitbarkeit und Befahrbarkeit erzielt werden soll (Hauptziel: Sofortwirkung), genügen Kalkzugaben von 2–4 Gew.% des trockenen Bodenmaterials, was bei der üblichen Schichtdicke von 15–20 cm einer Kalkmenge von 2–10 kg/m^2 entspricht.

Soll jedoch eine dauerhafte Tragschicht oder selbständige Befestigung (z. B. Baustraße) erzielt werden, dann

sind 4–8 Gew.%, bei besonders schweren, hochplastischen Böden sogar 4–12 Gew.% Kalk, entsprechend 10–40 kg/m^2 erforderlich. In diesem Fall spricht man von **Bodenverfestigung**. (Tab. 8.1.3.1/1).

Beim Einbau kommt es darauf an, den Kalk gleichmäßig im Boden zu verteilen und das Gemisch anschließend gut zu verdichten. Auf kleineren Baustellen können dazu Geräte des Ackerbaues wie Fräsen, Eggen zum Einsatz kommen. Dabei sollten die erreichten Schichtstärken zwischen 15 und 20 cm liegen. Eine Bodenstabilisierung mit Zement oder bituminösen Bindemitteln ist ebenfalls möglich (s. hierzu auch Kap. 2).

8.1.3.2 Frostempfindlichkeit

Das Frostverhalten von Böden

Aus bautechnischer Sicht ist das Frostverhalten eines Bodens von größter Bedeutung; hiervon hängt die Stärke des Gesamtaufbaues einer Verkehrsfläche unmittelbar ab.

Frost dringt, abhängig von Frostdauer und -stärke, bis zu einer bestimmten

Tiefe in den Boden ein. Die **Frosttiefe** liegt in unseren Breitengraden bei maximal 0,80–1,20 m; darunter beginnt die frostfreie Tiefe, in welcher die Bodentemperatur nicht unter 0° C absinkt.

In dieser Frostzone gefriert das im Boden befindliche Wasser zu Eis, womit eine um ca. 9 Prozent große Volumenausdehnung verbunden ist.

Bei diesem Vorgang sind nun drei unterschiedliche Verhaltensweisen des Bodens zu beobachten, die wesentlich von der Bodenart abhängen:

a) Frostsichere Böden

Ist in dem vorhandenen Boden ein ausreichend großer, luftgefüllter Porenraum, dann kann sich das Eis ungehindert in diese Hohlräume ausdehnen; die Volumenvergrößerung wird in den Poren aufgenommen – es passiert weiter garnichts.

Dieses ist der Fall bei grobkörnigen Bodenarten, in erster Linie bei groben Sanden und Kiesen.

Solche Böden werden als »frostsicher« bezeichnet, Trag- und Deckschichten können in diesem Fall direkt,

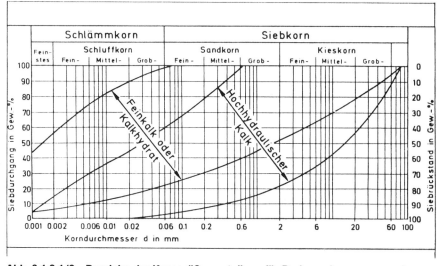

Abb. 8.1.3.1/2 Bereiche der Korngrößenverteilung für Bodenverbesserung und Bodenverfestigung mit Kalk

Tab. 8.1.3.1/1 Kalkarten und Richtwerte für Kalkmengen bei der Bodenverbesserung und Bodenverfestigung

Anwendungsart	Kalkmenge (Gew.-%) bezogen auf das Trockengewicht des Bodens bei Kalkarten		
	Feinkalk	Kalkhydrat	Hochhydr. Kalk
Bodenverbesserung (Hauptziel: Sofortwirkung)	2 bis 4	2 bis 5	2 bis 8
Bodenverfestigung (Hauptziel: Langzeitwirkung)	4 bis 6	4 bis 8	4 bis 12

Quelle: Bundesverband der Deutschen Kalkindustrie e. V.

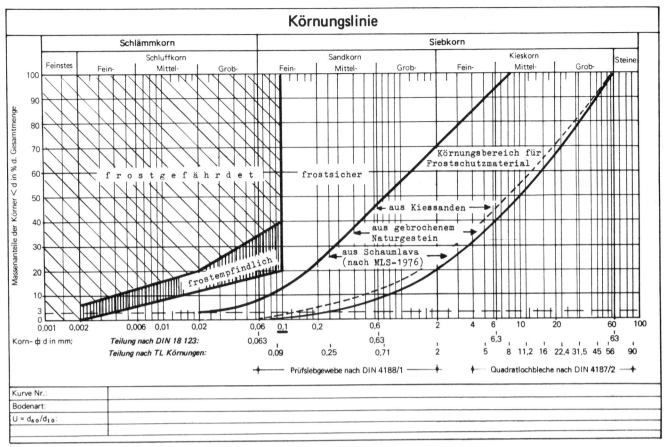

Körnungslinie

Abb. 8.1.3.2/1 Frostverhalten von Böden (nach den Kriterien von Casagrande und Schaible), Körnungsbereiche für Frostschutz-material (Quelle: Voth, Boden – Baugrund und Baustoff)

ohne Frostschutzmaßnahmen auf dem Untergrund oder Unterbau aufgebracht werden.

b) Frostempfindliche Böden

Feinkörnige, bindige Bodenarten weisen meist einen höheren Wassergehalt auf als grobkörnige Böden. Im Gegensatz zu den nichtbindigen Böden sind die meisten Poren hier sehr viel kleiner und stehen nicht untereinander in Verbindung, sondern sind in sich abgeschlossen und außerdem meist ganz oder teilweise mit Wasser gefüllt.

Gefriert solch ein Boden, dann findet das Wasser innerhalb des luftgefüllten Porenraumes keine Ausdehnungsmöglichkeiten mehr. Die Folge ist, daß der Boden nach oben ausweicht – es kommt zu **Frosthebungen**.

Dies tritt bei feinkörnigen Böden mit einem relativ hohen natürlichen Wassergehalt auf. Derartige Böden bezeichnet man als »frostempfindlich«. Hierzu gehören z.B. schwach schluffige Feinsande.

c) Frostgefährdete Böden

Bei sehr feinkörnigen, bindigen Bodenarten, hauptsächlich wenn Tonmineralien vorhanden sind, tritt beim Durchfrieren des Bodens noch ein weiterer

Effekt auf: Das von oben nach unten zu Eis gefrierende Bodenwasser saugt durch die Kapillaren weiteres Wasser aus dem Grundwasser oder aus Schichtenwasser nach oben. Dadurch kommt es in der Gefrierzone zu einer größeren Wasseranreicherung, d. h. es sammelt sich mehr Wasser an, als hier ursprünglich vorhanden war.

Dieses Wasser gefriert zu Eislinsen von etwa 0,1–10 mm Größe oder zu ganzen Eisschichten. Die Folge ist eine verstärkte Bodenhebung, die weit über 9 % Volumenvergrößerung hinausgehen kann.

Bodenarten, die zu einer starken Bildung von Eislinsen neigen, nennt man »frostgefährdet«. Zur Bildung von Eis-

Tab. 8.1.3.2/1 Klassifikation der Frostempfindlichkeit von Bodenarten (ZTVE-StB 76)

	Frostempfind-lichkeit	Bodenarten (DIN 18196)	
F 1	nicht frost-empfindlich	GW, GI, GE SW, SI, SE	grobkörnige Böden (Kiese und Sande) mit ≤ 5% ≤ 0,06 mm
F 2	gering bis mittel frost-empfindlich	TA OT, OH, OK TM ST, GT SU, GU	-ausgeprägt plastische Tone z.B. Schlick, Klei, Oberboden, Kalk- und Tuffsand -mittelplastische Tone (Lößlehm) -gemischtkörnige Böden mit 5–15% ≤ 0,06 mm bei ungünstigem U-Faktor
F 3	sehr frost-empfindlich	TL UL, UM OU S̄T̄, ḠT̄ S̄U, ḠU	-leicht plastische Tone -Schluffe -Schluffe mit organischen Beimengungen gemischtkörnige Böden mit 15–40% ≤ 0,06 mm

Quelle: ZTVE-StB 76

linsen muß der Boden drei Voraussetzungen erfüllen:
- Die Hohlräume des Bodens müssen so beschaffen sein, daß keine homogene Verteilung des gefrorenen Wassers erfolgen kann.
- Der Boden muß Kapillarität besitzen, um Wasser aus tieferen Schichten anzusagen.
- Der Boden muß dabei eine genügend große Durchlässigkeit aufweisen, um den Wassernachschub von unten auch mengenmäßig zu ermöglichen.

Einen Anhalt zur Beurteilung der Frostempfindlichkeit von Böden ergeben Abb. 8.1.3.2/1 sowie Tab. 8.1.3.2/1.

Die Entstehung von Frostschäden

Bei Verkehrsflächen, die auf frostempfindlichen oder frostgefährdetem Untergrund, bzw. Unterbau aufgebaut worden sind, kann es beim Zusammentreffen bestimmter äußerer Umstände zu Frostschäden kommen, die im Extremfall zur vollständigen Zerstörung der Konstruktion führen können.

Bei Trag- und Deckschichten, die direkt auf solch einem Boden liegen, tritt beim Durchfrieren des Untergrundes zunächst eine **ungleichmäßige** Hebung auf, die in der Regel zu Rissen führt; Pflaster- oder Plattenbeläge wölben sich auf, bituminöse Schichten reißen auf.

Frosthebung und Rißbildung sind bei Böden, die zur Eislinsenbildung neigen, stärker als bei nur feuchten, frostempfindlichen Bodenarten.

Die kritische Phase für Verkehrsflächen tritt jedoch erst auf, wenn nach einer längeren Frostperiode, in welcher der Boden tiefer durchgefroren ist, plötzliches Tauwetter einsetzt. Der Boden taut dann von oben nach unten auf, dabei hat er durch die Eislinsen einen wesentlich höheren Wassergehalt als im Normalfall. Dieses Wasser kann auch nicht nach unten entweichen, da hier der Boden noch durchgefroren ist.

Durch den höheren Wassergehalt verändert der bindige Boden nun seine Zustandsform, z.B. von »halbfest« in »weich« oder gar von »weich« in »breiig«, d.h. der Boden verliert in diesem Bereich seine Tragfähigkeit.

Durch eine hohe Verkehrslast zu diesem Zeitpunkt (z.B. Lkw) kann die Wegekonstruktion jetzt regelrecht »einbrechen«, es kommt zu einem seitlichen Ausweichen der Bodenmassen und zu einer Zerstörung der Decke.

Der frostsichere Oberbau

Um Frostschäden (genauer: Frost – Tauschäden) zu vermeiden, gibt es verschiedene Möglichkeiten: Früher wurde in der kritischen Phase des Frostaufganges ein Weg für schwere Fahrzeuge manchmal gesperrt; heute wird man so

etwas jedoch nur noch in Ausnahmefällen in Betracht ziehen. Der Einbau von Wärmedämmschichten oder eine Verfestigung des frostempfindlichen Bodens mit hydraulischen Bindemitteln (s. Abschn. 8.1.3.1 und Kap. 2) bieten ebenfalls Schutz vor Frost – Tauschäden, doch auch diese Methoden haben in der Praxis eine relativ untergeordnete Bedeutung.

Die häufigste Maßnahme ist der Einbau einer **Frostschutzschicht** aus frostsicherem Material.

Die Frostschutzschicht ist die unmittelbar über dem Planum des frostempfindlichen Untergrundes oder Unterbaues liegende erste Tragschicht. Für untergeordnete Verkehrsflächen mit geringer Belastung können Frostschutzschicht und Tragschicht identisch sein.

Die Frostschutzschicht besteht aus ungebundenen, frostsicheren Korngemischen, wie z.B. Kies-Sand-Gemischen, Sand-Kies-Gemischen, Kies oder Sand, oder aus gebrochenen Körnungen aus Naturgestein, Hochofen-, Metallhütten- oder Lavaschlacke. Übliche Körnungen sind 0/32 bis 0/56. Der Anteil an Korn unter 0,063 mm (Schlämmkorn) des Baustoffes soll bei einer Eignungsprüfung 7 Gew.% nicht übersteigen.

Die Dicke der Frostschutzschicht ist abhängig von der Frostempfindlichkeit des anstehenden Bodens, vom Trag- und Verformungsverhalten des Untergrundes bzw. Unterbaues, von den Wasser- und Klimaverhältnissen, sowie von der Dicke der weiteren Oberbauschichten über der Frostschutzschicht. Die eigentliche Dicke der Frostschutzschicht ergibt sich aus der Differenz zwischen der **Mindestdicke des frostsicheren Oberbaues** und der je nach Verkehrsbelastung erforderlichen Dicke der übrigen Schichten. Aus einbautechnischen Gründen sollte die Frostschutzschicht bei größeren Flächen 15–20 cm, bei kleineren Flächen 10–15 cm nicht unterschreiten.

Einen Richtwert für die Festlegung der Mindestdicke des frostsicheren Oberbaues auf frostempfindlichen oder frostgefährdeten Baugrund zeigt Tab. 8.1.3.2/2. Die hier angegebenen vereinfachten Richtwerte gelten nur für Verkehrsflächen, auf denen Fahrzeuge nur gelegentlich und sehr langsam fahren oder hauptsächlich stehen, wie Parkplätze, Hofflächen, Einfahrten usw. Die sich in diesem Fall ergebende überwiegend statische Belastung beansprucht die Konstruktion einer Verkehrsfläche weit weniger als eine dynamische Belastung, wie sie auf schneller befahrenen Wegen und Straßen infolge Stoßeinwirkung und Schubbeanspruchung aus Bremsen und Anfahren auftritt.

Tab. 8.1.3.2/2 Mindestdicke des frostsicheren Oberbaues (für Flächen mit überwiegend statischer Belastung)

Verkehrsart	Mindestdicke* des frostsicheren Oberbaues auf frostempfindlichen Untergrund/ Unterbau
Pkw-Verkehr	30 cm*
Pkw-Verkehr mit geringem LKW- und Busverkehr	40 cm*
Schwerverkehr (Lkw, Bus)	50 cm*

* Zuschlag von 10 cm bei sehr hohem Grundwasserstand (Untergrund wird durchfeuchtet) bzw. besonderen Kältezonen mit wiederholten Frost-Tauwechseln

Für häufig befahrene Verkehrsflächen wird empfohlen, eine genaue Festlegung des gesamte Oberbaus gemäß RSTO 86 (Richtlinien für die Standardisierung des Oberbaus von Verkehrsflächen) vorzunehmen.

Beispiel für die Festlegung der Frostschutzschicht:

Art der Verkehrsfläche: Garagenzufahrt
Bodenverhältnisse: F2
Belastung: Pkw
Mindesdicke des frostsichern Oberbaues: 30 cm (Tab. 8.1.3.2/2)
Befestigung mit 8 cm Verbundsteinpflaster + 4 cm Sandbett = 12 cm
30 cm − 12 cm = 18 cm Dicke der Frostschutzschicht/Tragschicht

Bei reinen Fußwegflächen genügt in der Regel ein Gesamtaufbau je nach Bodenverhältnissen von 15–max. 30 cm.

Frostschutzschichten sind so auszuführen, daß sie im Bau- und Betriebszustand einwandfrei entwässern können. Dazu ist ein Mindestquergefälle des Planums erforderlich (2,5 %).

Die Beurteilung des Verdichtungsgrades und der Tragfähigkeit läßt sich bei kleinen Baustellen aus Vereinfachungsgründen durch Befahren mit einem Lkw durchführen (s. 8.1.3.1)

Bei sehr feinkörnigen Untergrund und einem grobkörnigen Material der Frostschutzschicht, grundsätzlich jedoch bei sehr hochstehenden Grundwasser, ist die Filterstabilität zu überprüfen und ein filterstabiler Kornaufbau vorzunehmen, bzw. eine Filterschicht einzubauen.

8.1.4 Tragschichtbauweisen

8.1.4.1 Ungebundene Tragschichten

Ungebundene Tragschichten aus mineralischen Körnungen werden gerade im

Garten- und Landschaftsbau wegen ihrer einfachen Einbaumöglchkeit mit am häufigsten ausgeführt. Sie eignen sich ebenso für große, wie auch für kleine Verkehrsflächen und damit besonders gut auch für die Anwendung in Hausgärten. Zu den ungebundenen Tragchichten gehören die Kiestragschicht und die Schottertragschicht, die ihre Festigkeit lediglich aus der Verzahnung der Einzelkörner erhalten.

Baustoffe (Mineralische Körnungen)

Die Grundstoffe, aus denen alle Arten von Tragschichten, aber auch andere Baumaterialien bestehen, sind **mineralische Körnungen**. Unter Körnung versteht man hierbei eine Anhäufung oder ein Gemisch von Einzelkörnern gleicher oder unterschiedlicher Größe. Ausgangsstoffe für mineralische Körnungen können sein:

a) Natürliche Mineralstoffe: Dazu gehören alle Arten von Felsgestein und Lockergestein.

b) Künstliche Mineralstoffe: Damit sind Stoffe gemeint, die durch Aufschmelzen, Brennen oder Sintern entstanden sind, wie z. B. Hochofenschlacke oder Metallhüttenschlacke.

Für die bautechnische Verwendung ist die äußere Beschaffenheit einer Körnung von größter Bedeutung; deshalb unterscheidet man:

a) Ungebrochene Körnungen: Hierzu gehören vor allem Natursand und Kies. Diese Stoffe kommen in der Natur vor als Flußsand bzw. Flußkies oder als Grubensand bzw. Grubenkies. Die einzelnen Körner sind durch ständige Bewegung im Wasser oder durch eiszeitliche Verschiebungen entstanden. Sie haben daher eine glatte, abgerundete Form.

b) Gebrochene Körnungen: In der Regel werden geeignete Gesteine (Granit, Gabbro, Porphyr, Basalt, Diabas, Hartkalkstein, Grauwacke u. a.) durch Sprengung in Steinbrüchen gelöst und dabei grob zerkleinert. Die so entstandenen Gesteinsbrocken werden dann in speziellen Brechwerken (Backenbrechern, Prallmühlen) weiter zu unterschiedlichen Korngrößen zerkleinert und sogar bis zur Mehlfeinheit gemahlen.

Je nach Korngröße haben die dabei entstehenden Körnungen die Bezeichnung:

- Schotter   über 32 mm Korngröße
- Splitt   ab 5–32 mm Korngröße
- Brechsand   0–5 mm Korngröße
- Gesteinsmehl
  (Füller)   0–0,09 mm Korngröße

Hochofenschlacke besteht hauptsächlich aus Magnesia-Tonerde-Silikaten mit geringen Anteilen von Eisen, Mangan und Schwefel. Die flüssige Schlacke wird durch geeignete Verfahren so langsam abgekühlt, daß sie in kristallisierter

Form zu Stückschlacke erstarrt. Durch weiteres Brechen entsteht:
Schlackenschotter
Schlackensplitt
Schlackengrus

Für die Verwendung als Tragschichtmaterialien sind gebrochene Körnungen immer günstiger, als ungebrochene. Ihre kantigen, unregelmäßigen Oberflächen verkeilen und verzahnen sich untereinander in einer tragenden Schicht viel besser, als die rundlichen, glatten Körner aus ungebrochenen Mineralstoffen. Die Tragfähigkeit einer Schicht aus gebrochenen Körnern ist dadurch immer größer, als die einer Schicht gleicher Dicke aus ungebrochenen Körnern.

Aber auch die Kornform des Einzelkornes ist von Bedeutung für den Aufbau eines tragenden Korngerüstes in einer Schicht: Grundsätzlich sind gedrungene, kubische Körner (Länge : Dicke ≤ 3:1) günstiger als längliche, plattige Körner, die sich schlechter aneinander lagern und dabei weniger Berührungsflächen untereinander aufweisen.

Durch mehrfaches Brechen beim Herstellungsprozeß der Körnung kann der Anteil an länglichen, plattigen Körnern reduziert werden. Die dabei entstehende Körnung wird als »Edelsplitt« oder »Edelbrechsand« bezeichnet. Diese Körnungen werden in erster Linie in hochbeanspruchten Schichten oder Materialien verwendet, z. B. in bituminösen Deckschichten.

Wenn ungebrochene oder gebrochen Körnungen als Baumaterialien geliefert werden, unterliegen sie bestimmten Güteanforderungen. Als wichtiges Unterscheidungsmerkmal ist dazu die Korngröße bestimmter Korngruppen festgelegt (s. Anhang, Tab. A 8.1.4.1/1 Lieferkörnungen). Auf diese Lieferkörnungen sind alle weiteren Bauweisen und Baumaterialien aufgebaut und abgestimmt. Lieferkörnungen sind die Grundkörnungen, die in Kieswerken und Steinbrüchen hergestellt werden; zum Einbau, z. B. in Tragschichten kommen Gemische, die aus diesen Grundkörnungen nach bestimmten Gesetzen zusammengestellt werden, so daß daraus ein **kornabgestuftes** Gemisch wird, dessen Sieblinie in einem durch Vorschriften und Richtlinien vorgeschriebenen, eng begrenzten Bereich verläuft.

Kiestragschichten

Kiestragschichten bestehen aus korngestuften, hohlraumarmen Kies-Sand-Gemischen der Körnung 0/32; oder 0/45 gegebenenfalls unter Zusatz von gebrochenen Mineralstoffen. Entscheidend für die Tragfähigkeit solch einer Schicht ist die Kornverteilung. Da Kies, so wie er in der Natur vorkommt, diese gefor-

derte Kornabstufung normalerweise nicht aufweist, muß zumindest bei stärker belasteten Verkehrsflächen, das Material für eine Kiestragschicht aus verschiedenen Grundkörnungen zusammengestellt, d. h. nach Sieblinie dosiert und in einer Mischanlage gemischt werden. Dies geschieht in den Kieswerken.

Das Gemisch wird dann mit optimalen Wassergehalt eingebaut, wobei Schichtdicken zwischen 12 und 30 cm in einer Lage ausgeführt werden können. Beim Antransport ist das Gemisch hinreichend feucht zu halten, damit eine Entmischung durch die Erschütterungen des Lkw nicht stattfindet.

Der Einbau erfolgt bei kleineren Baustellen von Hand oder mit Ladegeräten, bei größeren Flächen mit dem Grader. Wichtig ist eine gute Verdichtung, zu der sich Rüttelplatten oder Vibrationswalzen eignen.

Für Verkehrsflächen mit geringer Belastung, wie sie zum Beispiel bei Hausgärten in Form von Gartenwegen, Sitzplätzen usw. vorkommen, können Gemische aus Naturkies oder Sand verwendet werden, d. h. abweichend von dem geforderten Sieblinienbereich, wobei jedoch mindestens ein Ungleichförmigkeitsgrad (s. Kap. 2) von $U \geq 7$ vorhanden sein sollte (bei Zufahrten wenigstens U 15–20), damit eine ausreichende Verdichtbarkeit und Tragfähigkeit gewährleistet ist. Der Anteil an Feinstoffen (Kornanteil > 0,063 mm) sollte dabei nicht mehr als 8 Gew.% betragen.

Kiestragschichten eignen sich für alle gering bis mittelstark belasteten Verkehrsflächen, so wie sie in Hausgärten vorkommen. Ein wichtiges Kriterium für die Verwendung von Kiestragschichten sind örtliche Kiesvorkommen, so daß längere Antransportwege entfallen.

Schottertragschichten

Schottertragschichten gehören nicht nur im Garten- und Landschaftsbau, sondern im gesamten Bereich des Straßen- und Wegebaues zu den verbreitetsten und am häufigsten angewendeten Tragschichtbauweisen. Wegen ihrer einfachen Herstellung und guten Tragfähigkeit eignen sie sich für nahezu alle Verkehrsflächen und lassen sich mit allen Deckschichtbauweisen gut kombinieren. Ihre Anwendung wird lediglich in Regionen ohne oder mit ungeeigneten Gesteinsvorkommen eingeschränkt.

Gegenüber der Kiestragschicht erreicht die Schottertragschicht bei gleicher Schichtdicke eine wesentlich höhere Tragfähigkeit; allerdings sind die Materialkosten auch erheblich größer: Schotter kostet bis zum 2–3fachen von Kies bei gleichen Antransportwegen.

Während noch bis in die 60er Jahre der hohlraumreiche »Rüttelschotter« hergestellt wurde, ist diese Bauweise heute auch für untergeordnete Verkehrsflächen weitgehend einer hohlraumarmen Bauweise aus einem korngestuften Material gewichen. Für kleine Flächen, wie sie bei Hausgärten vorkommen, ist der Rüttelschotter jedoch oftmals noch eine sinnvolle Alternative.

Hierbei wird zunächst eine Schicht aus groben Schotter (Körnung 32/56) verteilt und gut verdichtet. Die Hohlräume dieser Schicht werden danach mit einem Splitt-Sand-Gemisch, dem sogenannten »Füllkorn«, in mehreren Arbeitsgängen verfüllt und eingerüttelt.

Der Einbau solch einer Rüttelschottertragschicht erfordert viel Handarbeit, Sorgfalt und Erfahrung, denn die Tragwirkung der Schicht ist davon abhängig, wie gut das Schottergerüst mit dem Füllgut ausgefüllt worden ist.

Abb. 8.1.4.1/2 Schottertragschicht 0/45 für einen Parkplatz

Heute werden Schottertragschichten überwiegend aus korngestuften Gemischen der Körnung 0/32; 0/45 oder 0/56, bestehend aus Schotter, Splitt, Brechsand und/oder Natursand hergestellt. Diese Gemische werden innerhalb eines eng begrenzten, parabelförmigen Sieblinienbereiches (Abb. 8.1.4.1/1) aus verschiedenen Grundkörnungen (Lieferkörnungen) zusammengestellt und in Mischanlagen gemischt. Das fertige Gemisch kommt per Lkw auf die Baustelle und wird gleichmäßig durchfeuchtet eingebaut.

Bei kleinen Baustellen erfolgt der Einbau von Hand, sonst mit dem Radlader oder Grader. Das ausgebreitete Gemisch wird in mehreren Arbeitsgängen durch mittelschwere bis schwere Rüttelwalzen oder Flächenrüttler verdichtet; statische Walzen sind dazu ungeeignet (Abb. 8.1.4.1/2).

Korngestufte Mineralstoffgemische entmischen sich leicht beim Verladen, Transportieren oder Abkippen, was eine starke Reduzierung der Tragwirkung zur Folge hat. Um dieses zu verhindern wird dem Material schon in der Mischanlage das für den Einbau notwendige Wasser zugefügt. Auch beim Einbau sollte darauf geachtet werden, daß keine Entmischung auftritt. Die Schichtstärken liegen zwischen 12 und 25 cm, als optimale Schichtdicke werden 20 cm angesehen.

Die Körnung 0/32 eignet sich für dünnere Schichten, 0/56 für dickere; als Faustregel gilt: Die Mindestschichtdicke soll etwa das 3-fache des Größtkorns betragen.

Im Bereich von Hausgärten sollten Schottertragschichten für befahrene Verkehrsflächen (Garagenzufahrt, Einstellplatz) verwendet werden, für die fußläufigen Flächen ist in den meisten Fällen aus Kostengründen einer Kiestragschicht der Vorzug zu geben.

8.1.4.2 Gebundene Tragschichten

Gebundene Tragschichten bestehen aus einem mineralischen Korngerüst, dessen einzelne Körner noch zusätzlich zur mechanischen Verzahnung durch ein Bindemittel »zusammengeklebt« sind.

Als Bindemittel kommen in Frage:
a) Hydraulische Bindemittel: Kalk, Zement
b) Bituminöse Bindemittel: Teer, Bitumen (s. 8.2.5)

Hydraulisch gebundene Kies- oder Schottertragschichten

Diese Tragschichten bestehen aus korngestuften, hohlraumarmen Korngemischen, die durch Kalk oder Zement gebunden sind. Das Gemisch wird in einer stationären Mischanlage (Zentralmischverfahren) hergestellt.

Kennzeichnend ist hierbei gegenüber dem Beton ein geringerer Bindemittelgehalt, der zu einer punktförmigen Verbindung der Einzelkörner führt. Die Bindemittelmenge ist so zu wählen, daß eine Würfeldruckfestigkeit von 3–10 N/mm² entsteht. (Erfahrungswert 60–100 kg Bindemittel pro m³ verdichtete Schicht). Eine hydraulisch gebundene Schicht zerfällt nach ihrer Erhärtung in lauter kleine Einzelschollen, die durch ein Netz feiner Haarrisse voneinander getrennt sind. Durch ihre gute Verzahnung haben die Einzelschollen in ihrer Gesamtheit eine plattenartige Wirkung, wodurch die Tragfähigkeit gegenüber der ungebundenen Kies- oder Schottertragschicht wesentlich erhöht wird. Die Rißbildung ist gewollt und erforderlich, weil dadurch aufwendige Fugenkonstruktionen entfallen können.

Abb. 8.1.4.1/1 Sieblinienbereich für Schottertragschichten 0/45 (Quelle ZTVT-StB 86)

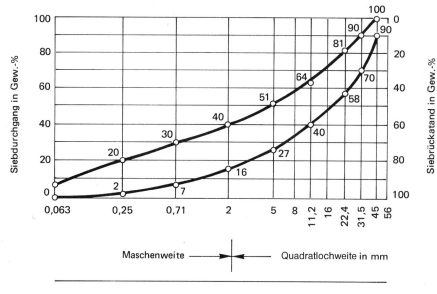

Die Einbaudicke liegt zwischen 15 und 20 cm.

Im Garten- und Landschaftsbau kommt diese Bauweise relativ selten zur Anwendung; sie kann jedoch hier z. B. unter höher belasteten Pflasterdecken aus Naturstein oder bei befahrenen Plattenbelägen wirtschaftlich sein.

Hydraulisch gebundene Kies- oder Schottertragschichten können manchmal einen weiteren Vorteil haben: Sie lassen sich zwischenzeitlich als Parkfläche oder Baustraße benutzen, was bei ungebundenen Schichten meistens zu ständigen Nacharbeiten führt; auch das Oberflächenwasser kann, ohne in den Baugrund einzudringen, abfließen.

Betontragschichten
Sie werden aus Beton der Festigkeitsklasse B15 nach DIN 1045 hergestellt; sie erhalten keine Bewehrung.

Im Gegensatz zu den hydraulisch gebundenen Kies- oder Schottertragschichten müssen Fugen vorgesehen werden, um eine unkontrollierte Rißbildung aus Schwinden und Kriechen des Betons zu vermeiden. Diese Fugen werden durch Einrütteln von Weichholzbrettern oder Einschneiden von Kerben in Abständen von höchstens 5 m hergestellt.

Im Rahmen von Kleinprojekten bzw. Hausgärten eignen sich Betontragschichten auf Grund ihrer Plattenwirkung für Verkehrsflächen, die bei extrem schlechten Baugrundverhältnissen von sehr schweren Fahrzeugen befahren werden. Aber auch im Bereich von Zufahrten oder Überfahrten kommen sie unter Plattenbelägen oder Natursteinpflaster zur Anwendung. Als Anhalt für die Dicke von Betontragschichten gelten hier 10–12 cm.

Bituminöse Tragschichten
Bituminöse Tragschichten werden im Heißeinbau hergestellt und bestehen aus korngestuften Mineralstoffgemischen (Schotter, Splitt, Brechsand, Füller, Kies und Natursand) der Körnung 0/32 oder 0/22 und Straßenbaubitumen, Pechbitumen oder hochviskosen Straßenpech (Straßenteer) als Bindemittel (s. hierzu auch 8.2.5).

Je nach Kornzusammensetzung unterscheidet man die Mitgutarten:
— AO mit   0–80 Gew.%
          Korn über 2 mm
— A   mit   0–35 Gew.%
          Korn über 2 mm
— B   mit über 35–60 Gew.%
          Korn über 2 mm
— C   mit über 60–80 Gew.%
          Korn über 2 mm
— CS mit über 60–80 Gew.%
          Korn über 2 mm
und einem Verhältnis Brechsand zu Nasand von mindestens 1:1

Tab. 8.1.4.2/1   Bituminöse Tragschichten – Schichtdicken u. Mischgutart

Verkehrsart	Mischgutart	Schichtdicke
Fußgänger/Radfahrer	A oder B	6–8 cm
PKW	B oder C	8 cm
PKW + geringer Anteil LKW	C oder CS	8–10 cm
LKW	CS	10 cm

(AO nur in Sonderfällen oder bei mehrschichtigem Tragschichtaufbau als untere Schicht)

Mit AO wird die geringste Tragfähigkeit erzielt, CS ist das hochwertigste Material mit der größten Tragfähigkeit.

Bituminöse Tragschichten werden überwiegend im Straßenbau verwendet, sie eignen sich jedoch auch für kleinere Flächen wie Grundstückszufahrten, Hofbefestigungen oder Garagenvorplätze. Als Anhalt für die zu verwendenden Mischgutarten und Schichtdicken gilt für solche Anwendungsbereiche Tabelle 8.1.4.2/1. Das bituminöse Mischgut wird in zentralen Mischanlagen gemischt und kommt mit Lkw heiß auf die Baustelle. Für kleinere Mengen eignen sich gewöhnliche Baustellenfahrzeuge zum Transport.

Der Einbau erfolgt bei einer Temperatur zwischen 120 und 190° C mit Verteilergeräten (Fertiger) oder bei kleineren Flächen von Hand mit Stahlschiebern, die mit Dieselöl eingestrichen werden, um ein Haften des Mischgutes zu vermeiden. Das Verteilen des Mischgutes von Hand erfordert ein sorgfältiges Arbeiten, um eine gleichmäßige Schichtdicke und Ebenflächigkeit zu erreichen.

Bituminöse Tragschichten müssen sofort nach dem Einbau verdichtet werden, und zwar in einem Temperaturbereich zwischen 100–170° C. Unter 80° C läßt sich das Material nicht mehr ausreichend verdichten.

Für kleine Flächen (Höfe, Garagenzufahrten) eignen sich zur Verdichtung leichte Vibrationswalzen oder Rüttelplatten.

8.2   Bauweisen

8.2.1   Wassergebundene Decken und Einfachbauweisen.

8.2.1.1   Begriffsbestimmung
Wassergebundene Decken gehören zu den Deckschichten ohne Bindemittel. Sie bilden den oberen Abschluß des Oberbaues und bestehen aus Sanden, Kies-Sanden oder Splitt-Sand-Gemischen. Sie dienen zur Verbesserung der Ebenheit und zum Schutz der Oberfläche von Tragschichten und kommen nur auf ungebundenen Tragschichten (Kies- oder Schottertragschichten) zur Anwendung. Folgende Ausführungen sind möglich:

a) Erdwege – Erdstraßen
   Hierunter ist die direkt benutzte Oberfläche des anstehenden Bodens zu verstehen, dessen Beschaffenheit lediglich durch Planieren oder Verdichten verbessert wird.
b) Wegebefestigung aus unsortiertem Gestein mit oder ohne Deckschicht aus Sand-Kiessand-Splitt.
c) Wegebefestigung aus Sand-Splitt-Kies verfüllten Schotterschichten mit Deckschicht aus Sand-Kiessand-Splitt.
d) Sandgeschlämmte Schotterdecke
   Sie besteht aus einer gut verkeilten Schotterschicht, die auf einer unteren Tragschicht liegt. Die Hohlräume sind mit Sanden, Splitten oder Gemischen aus beiden verfüllt. Das Verfüllen geschieht dabei durch Einschlämmen mit Wasser.
e) Wegebefestigung aus korngestuften Gesteinsgemischen (Mineralbeton)

8.2.1.2   Anwendungsbereich

Decken ohne Bindemittel eignen sich für Fußwege und wenig befahrene Verkehrsflächen. Im Hinblick auf zu erwartende Oberflächenschäden durch Auswaschungen ist diese Bauweise bei Längsneigungen über 6 % in der Regel jedoch nicht zu empfehlen.

Die Vorteile ungebundener Deckschichten bestehen in
— geringen Herstellungskosten
— guter Begehbarkeit
— gutem »naturnahen« Aussehen
Dem gegenüber stehen folgende Nachteile:
— Hohe Unterhaltungskosten. Durch die nie ganz zu vermeidenden Auswaschungen muß von Zeit zu Zeit nachgesandet werden.

– Staubbildung. Sie kann entstehen infolge mangelnder Durchfeuchtung, wodurch der Zusammenhalt der Kornfraktion gelöst wird, oder durch Kornzerkleinerung. Letztere kam auftreten bei nicht witterungsbeständigen Baustoffen durch Frost–Tauwechsel, durch Abrieb oder durch Begehen oder Befahren wenn die verwendeten Baustoffe nicht ausreichend verschleißfest sind.

– Schmutzbildung bei langanhaltenden Regenfällen.

– Erschwerter Winterdienst bei mechanischer Räumung. Die Decke kann beschädigt werden. Auch die Verwendung von Streusalz ist problematisch, da wassergebundene Decken bis zu einem gewissen Grade wasserdurchlässig sind und Salz dann unmittelbar in den Boden gelangt.

In Hausgärten, wie auch generell bei Außenanlagen von Gebäuden, sollten wassergebundene Decken im hausnahen Bereich, insbesondere vor Eingängen wegen der Schmutzbildung nicht verwendet werden. Da jedoch für wassergebundene Beläge gerade im Garten- und Landschaftsbau ein typischer und vielfältiger Anwendungsbereich liegt, soll diese Bauweise hier ausführlich behandelt werden.

8.2.1.3 Baustoffe

Für Flächen, die nur geringste Forderungen hinsichtlich Tragfähigkeit und Verschleißfestigkeit erfüllen sollen, kommen als Baustoffe unsortierte Gesteine zur Anwendung. Sie können bestehen aus:

a) Kiessanden, an deren Kornaufbau und Korngröße keine besonderen Anforderungen gestellt werden

b) Natursteinen, die als Abfallprodukte bei der Herstellung von Schotter und Splitt in den Steinbrüchen anfallen

c) Lesesteinen, die z.B. bei der Bearbeitung und Säuberung von Feldern ausgesondert werden

d) unsortierter Hochofenschlacke oder Haldenmaterial

Bei Verwendung solcher oder ähnlicher Materialien sollten Größtkorn und Schichtdicke aufeinander abgestimmt werden; gegebenenfalls sollten einzelne, zu große Steine aussortiert werden.

Als Deckschicht ist bindiger Sand, bzw. Kiessand als Füllstoff einzurütteln oder aufzubringen. Brechsande, auch aus verunreinigtem Naturgestein oder Hochofenschlacke können ebenfalls verwendet werden.

Wenn höhere Anforderungen an die Tragfähigkeit gestellt werden, sollten sortierte Gesteine zur Anwendung kommen. Hierbei gibt es die beiden Möglichkeiten für den Schichtaufbau durch die Verwendung von:

a) gebrochenem Gestein oder gebrochener Hochofenschlacke in Schottergröße, wodurch ein tragendes Gerüst (Stützkorn) in der Schicht gebildet wird. Die nach dem Verdichten noch verbleibenden Hohlräume werden durch ein feinkörnigeres Gesteinsgemisch oder andere geeignete Baustoffe (Füllkorn) bis zur Standfestigkeit ausgefüllt

b) Kornabgestuften Gesteinsgemischen aus gebrochenen oder ungebrochenen Materialien (s. hierzu auch 8.1.4)

Deckschichten

Für Deckschichten eignen sich hohlraumarme Gemische aus verwitterungsbeständigen, harten Mineralstoffen mit einem ausreichenden Anteil an bindigen Bestandteilen. Letztere haben die Aufgabe, wie ein »Bindemittel« zu wirken und für einen möglichst glatten, festen und staubfreien Deckenabschluß zu sorgen. Durch die bindigen Bestandteile entsteht auch ein geringer kapillarer Anschluß an die darunterliegenden Schichten und den Untergrund, wodurch ein unerwünschtes völliges Austrocknen der Decke vermieden wird.

Der Durchmesser des Größtkorns bei Deckschichten sollte nicht mehr als zwei Drittel der Schichtdicke betragen.

Die Dicke der Deckschicht bei überwiegend fußläufigen Wegen sollte im verdichteten Zustand mindestens 2 cm aufweisen. Für diese Deckenstärken eignen sich Splitt-Sand-Gemische der Körnung 0/11, bzw. Kies-Sand-Gemische 0/16 für Decken ab 2,5 cm. Das Größtkorn des Materials sollte für Fußwege dabei 16 mm nicht überschreiten.

Abb. 8.2.1.3/1 Deckschicht aus Baumrinde

Daneben kommen auch kleinere Körnungen für Gehwege (0/3 oder 0/5 mm) zur Anwendung.

Für wassergebundene Deckschichten sind eine ganze Reihe von Materialien im Handel erhältlich, die unter Bezeichnungen bekannt sind wie z.B.

Pyrmogrand
Rotgrand (aus Buntsandstein)
Steinmehl (aus Dolomitgestein)
Lavlith (aus Schaumlava)
Dorstener Lehmkies
Teutokies
rote Haldenasche
Ziegelmehl u.a.

In Sonderfällen ist auch die Verwendung von Baumrinde als Deckschicht möglich (Abb. 8.2.1.3/1).

Aus gestalterischer Sicht sind diese unterschiedlichen Baustoffe von Bedeutung, weil dadurch gewisse Farbgebungen der Deckschicht möglich sind. Allerdings haben diese Materialien im allgemeinen nur regionale Bedeutung, da sich Transportkosten bei größeren Entfernungen sehr stark auswirken.

8.2.1.4 Ausführung

Das Gesteinsgemisch für ungebundene Deckschichten wird mit Verteilergeräten oder von Hand eingebaut und bei günstigem Wassergehalt so verdichtet, daß ein einwandfreier Oberflächenabschluß gewährleistet ist. Dazu muß gegebenenfalls beim Walzen gewässert werden, bis ein gleichmäßig dichtes Gefüge entsteht. In Verbindung mit der Profilgestaltung soll ein rascher Abfluß des Oberflächenwassers ermöglicht werden (s. 8.3.2), gleichzeitig sollen Unebenheiten der Tragschicht ausgeglichen werden. Ein Beispiel für den Aufbau eines Fußweges mit korngestuften Material zeigt Abb. 8.2.1.4/1.

Die Verwendung von nicht korngestuften Materialien ist wesentlich arbeitsaufwendiger, wenn ein möglichst dauerhaftes Ergebnis erzielt werden soll. Hierzu zeigt Abb. 8.2.1.4/2 ein Beispiel für den Aufbau mit folgender Ausführung: Die Tragschicht aus Schotter ist in 2 Lagen aufzubauen, mit Splitt und Kies zu verfüllen und unter Zugabe von Wasser bis zur Standfestigkeit abzuwalzen. Danach wird eine 2 cm dicke Lehmschicht aufgebracht und festgestampft, mit Splitt überworfen und unter Zugabe von Wasser profilgerecht abgewalzt, bis ein gleichmäßiges, standfestes Gefüge entsteht. Einen Anhalt für den Materialbedarf gibt Tabelle 8.2.1.4/1.

8.2.1.5 Schotterrasen

Mit Schotterrasen läßt sich eine befahrbare Rasenfläche herstellen. Anwendungsgebiete sind: Gelegentlich befah-

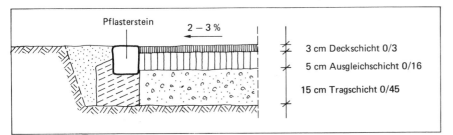

Abb. 8.2.1.4/1   Beispiel für den Aufbau eines wassergebundenen Weges – Material korngestuft

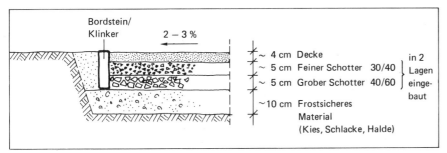

Abb. 8.2.1.4/2   Beispiel für den Aufbau eines wassergebundenen Weges – Material nicht korngestuft

Tab. 8.2.1.4/1   Wassergebundene Wege – Materialbedarf

Schicht	Dicke	Material (Beispiel)	Bedarf je m² m³	kg
1. Tragschicht (Frostschutzschicht)	10 cm	Kies	0,125	225
2. Tragschicht	10 cm	Grober Schotter	0,064	100
		Feiner Schotter	0,064	100
		Splitt	0,013	20
3. Decke	2 cm	Lehm	0,022	–
	2 cm	Splitt	0,025	45

rene oder gelegentlich als Abstellfläche oder Parkfläche benutzte Rasenflächen, gegebenenfalls auch Feuerwehrzufahrten im Bereich von Grünflächen. Für ständig genutzte Fahrwege bzw. Park- oder Abstellflächen ist Schotterrasen nicht geeignet.

Schotterrasen besteht aus einem hohlraumarmen Gemisch aus Schotter und Oberboden (Wachstumsschicht) in einer Dicke von 12–15 cm. Als Unterlage kommen wasserdurchlässige Tragschichten (Kies, Schotter) oder tragfähige Böden in Frage. Für die Ausführung gibt es verschiedene Möglichkeiten:
a) Es wird ein fertiges Gemisch aus Schotter und Oberboden eingebaut, wobei der Oberbodenanteil ca. 20–25 % betragen soll. Als Schotter eignet sich die Körnung 32/45 mm. Wichtig ist, daß der Oberboden für das Pflanzenwachstum genügend Nährstoffe enthält.

Das Gemisch ist nach dem Einbau soweit zu verdichten, daß es einem Befahren mit Fahrzeugen ohne sichtbare Verformungen standhält.

Nach dem Verdichten erfolgt die Einsaat mit einer Samenmenge von ca. 15–20 g/m². Im Anschluß daran wird mit Splitt der Körnung 22/32 mm abgestreut und mit leichter

Abb. 8.2.1.5/1   Schotterrasen

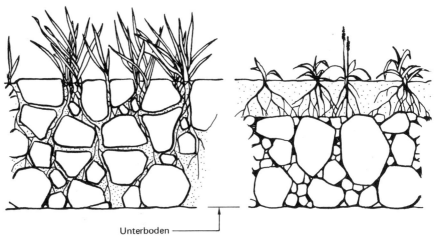

Richtig   Falsch

statischer Walze abgewalzt. Von einer Vibrationsverdichtung wird abgeraten, da der Samen sonst leicht in die Tiefe dringt und eine Keimung verhindert wird.
b) Das grobe Schottergerüst wird in einer Stärke von 20–30 cm in Lagen aufgebaut. Die Zwischenräume werden dabei lagenweise mit Oberboden ausgefüllt und eingeschlämmt. Auch bei dieser Bauweise kann das Gras tief wurzeln (Abb. 8.2.1.5/1).
Als Gräser werden empfohlen:
30 % *Lolium perenne* (Weidelgras), 30 % *Poa pratensis* (Wiesenrispe), 20 % *Festuca nigrescens* (Horstrotschwingel), 20 % *Festuca rubra* (Ausläuferrotschwingel).

Als Alternative zum Schotterrasen wird in diesem Zusammenhang auch auf die Verwendung von Rasengittersteinen oder Rasenpflaster verwiesen.

8.2.2   Pflaster

Pflastersteine gehören zu den ältesten Wegebaumaterialien in der Menschheitsgeschichte. Schon in der Antike wurden sie zur Befestigung von Verkehrsflächen verwendet und bis heute hat dieser Belag nichts an Aktualität eingebüßt (Abb. 8.2.2/1).

Insbesondere im Garten- und Landschaftsbau gibt es vielfältige Anwendungsmöglichkeiten von Pflastersteinen:

Hauptsächlich werden sie für Deckenkonstruktionen der verschiedensten Arten von Verkehrsflächen verwendet, aber auch zur Ausbildung von Randeinfassungen, Bord- und Muldenrinnen. Pflaster hat viele Vorteile:

Als kleinformatiger Belag läßt es sich gut verarbeiten. Dabei können sowohl eckige als auch runde Formen bei Verkehrsflächen ausgeführt werden, aber auch abgerundete oder kantige Aufwöl-

Abb. 8.2.2/1   Hauszugang – Kleinpflaster

bungen, Wälle oder Absenkungen. Pflasterflächen lassen sich gut begehen und befahren, der Belag ist hoch belastbar, von großer Dauerhaftigkeit und Haltbarkeit sowie reparaturfreundlich. Außerdem sieht Pflaster gut aus, läßt sich gut mit anderen Materialien kombinieren und bietet von daher auch gestalterisch viele Möglichkeiten.

Diese Vorteile haben allerdings auch ihren Preis:

Pflaster gehört zu den teureren Belägen, wobei es je nach Material und Ausführung hierbei noch sehr große Unterschiede gibt.

Pflaster kann bestehen aus Naturstein, Betonstein, Klinkermaterial oder Holz.

8.2.2.1   Natursteinpflaster

Baustoffe
Natürliche Gesteine sind Gemenge aus **Mineralien**, den stofflich einheitlichen, anorganischen Bestandteilen der Erdkruste, wie z. B. Quarz, Feldspat, Glimmer u. a. Von der Zusammensetzung eines Gesteins und der Anordnung der Mineralkörner (Gefüge) hängt weitgehend seine Bearbeitbarkeit und Dauerhaftigkeit ab.

Die natürlichen Gesteine lassen sich nach ihrer Entstehung wie folgt unterteilen:

a) Erstarrungsgesteine (auch Eruptivgesteine oder magmatische Gesteine genannt). Sie sind entstanden aus Magma, dem flüssigen Stoff des Erdinneren. Dabei werden nach dem Ort der Entstehung unterschieden:
— Tiefengesteine (Plutonite), z. B. Granit, Diorit, Syenit, Gabbro. Sie sind entstanden durch langsames Abkühlen in der Tiefe.
— Ergußgesteine (Vulkanite), die durch vulkanischen Ausfluß von Lava ent-

standen sind, z. B. Basalt, Trachyt, Andesit durch schnelles Abkühlen an der Oberfläche und Diabas, Melaphyr, Quarzporphyr durch langsames Abkühlen in geringer Tiefe.

b) Sedimentgesteine (auch Schicht- oder Ablagerungsgesteine genannt). Sie sind durch Ablagerungen aus Verwitterungsprodukten der Erdrinde an der Erdoberfläche, in festländischen Gewässern oder in Meeren entstanden und gebildet worden.

Nach Art der Ablagerung werden unterschieden:
— Klastische Sedimente, z. B. Sandstein, Tonschiefer, Grauwacke, Quarzit sind entstanden durch mechanische Zerkleinerung und Verfestigung
— Chemische und biogene Sedimente, z. B. Kalkstein, Dolomitstein, die durch chemische Vorgänge verfestigt wurden.

c) Metamorphe Gesteine (Umwandlungsgesteine). Sowohl magmatische- als auch Sedimentgesteine können eine Metamorphose durchgemacht haben. Dabei kam es durch erhöhte Druck- und Temperaturverhältnisse im Erdinneren zu Aufschmelzungen und Umkristallisationen kommen – z. B. Gneis, Amphibolit, Marmor.

Für die praktische Verarbeitung und Verwendung der Gesteine als Werksteine ist jedoch weniger die Entstehung von Bedeutung, als eine Unterscheidung nach der Bearbeitbarkeit (Spaltbarkeit) sowie vor allem nach Festigkeit und Härte.

Die Härte eines Gesteins, die aus der Mineralhärte der beteiligten Mineralien resultiert, sagt allein noch nichts über dessen allgemeines Festigkeitsverhalten aus. Hierfür ist das **Gefüge** (Struktur) d. h. Größe, Kristallentwicklung und Form der Mineralien, sowie die Verbin-

dungsart und räumliche Anordnung der Gemengteile (Textur) von wesentlicher Bedeutung. Das Zusammenspiel dieser Faktoren kann jedoch beim gleichen Gestein sehr stark variieren, so daß oftmals gleiche Gesteinsgruppen (z. B. Granit) sowohl vom Aussehen als auch von ihrem Festigkeitsverhalten durchaus unterschiedlich sein können.

Für den praktischen Gebrauch bietet sich eine grobe Unterscheidung in Hart- und Weichgesteine an. Die wichtigsten Vertreter dieser beiden Gruppen aus bautechnischer Sicht sind:

Hartgesteine: Granit, Basalt, Gneis, Quarzit, Grauwacke, Porphyr, Melaphyr, Diorit.

Weichgesteine: Kalksteine, Sandsteine, Tuffe

Für die Verwendung als Pflaster werden an die natürlichen Gesteine folgende Hauptforderungen gestellt: Hohe Druckfestigkeit, geringe Wasseraufnahme. Diese Eigenschaften sind bei Gesteinen mit einer großen Rohdichte vorhanden (Tab. 8.2.2.1/1), gleichzeitig sind sie Voraussetzung für Frostbeständigkeit. Ferner sollte das Gestein eine für die Griffigkeit des Pflasters günstige Oberfläche aufweisen.

Für Natursteinpflaster geeignete und gebräuchliche Gesteinsarten sind die Hartgesteine Granit, Basalt, Diorit, Gabbro, Grauwacke, Melaphyr und Porphyr. Seltener findet man Diabas und Diorit. Weniger geeignet, jedoch auch auf dem Markt erhältlich ist Pflaster aus Weichgesteinen wie Kalkstein, Sandstein und Schiefer.

Die wichtigsten Natursteine sollen hier kurz charakterisiert werden:

Hartgesteine
Granit: Bekanntestes und am häufigsten vorkommendes Hartgestein, körniges Gemenge, hart, wetterbeständig, sehr dauerhaft. Tritt in unterschiedlichen Färbungen und Aussehen auf. Farbe: Hellgrau bis dunkelgrau, rötlich, bräunlich.
Syenit und Diorit: Granitartig, grobkörnig, hart, wetterbeständig.
Gabbro: Grobkörnig, hart, wetterbeständig.
Farbe: Einheitlich grau bis grünlichschwarz.
Porphyr: Granitähnlich, hart, wetterbeständig, sehr dauerhaft.
Farbe: Rötlich, gelblich, grünlich, grau.
Diabas: Körnige Struktur, sehr hart, wetterbeständig, schwer zu bearbeiten.
Farbe: Grünlich
Basalt: Feinkörnig, dichtes Gefüge, wetterbeständig, sehr dauerhaft, schwer zu bearbeiten.
Farbe: Grau, schwarz bis blauschwarz. Als Pflaster verliert er unter Verkehr seine Griffigkeit und wird blank.

Tab. 8.2.2.1/1   Rohdichte, Druckfestigkeit und Wasseraufnahme von Gesteinen

	Rohdichte g/cm^3	Druckfestig- keit N/mm^2	Wasserauf- nahme%
Lockergesteine			
Kies, Natursand, Kiessand	2,55–2,75	–	–
Erstarrungsgesteine			
Granit, Syenit	2,60–2,85	160–240	0,2– 0,5
Diorit, Gabbro	2,85–3,05	170–300	0,2– 0,4
Quarzporphyr			
Basalt, Melaphy	3,00–3,10	250–400	0,1– 0,3
Diabas	2,85–2,95	180–250	0,1– 0,4
Sedimentgesteine			
Quarzit, Grauwacke	2,64–2,68	150–300	0,2– 0,5
Quarzsandstein	2,64–2,72	30–180	0,2– 9,0
Kalkstein, Dolomit	2,70–2,90	80–180	0,2–10,0
Umwandlungsgesteine			
Gneis	2,70–3,00	160–280	0,1– 0,6
Künstliche Gesteine			
Hochofenschlacken	2,40–2,80		≦ 4,0
Metallhüttenschlacken	3,50–3,90		≦ 1,5
Aufhellungsgesteine			
Luxovite, Makacit	2,45–2,53		
Synopal	2,55–2,70		

Tab. 8.2.2.1/2   Bedarf an Pflastersteinen (Naturstein)

Art	Größe	1 t ≙	1 m^2
Mosaikpflaster	6– 8 cm	6,5 m^2	Für 1 m^2
	5– 7 cm	7,5 m^2	benötigt man
	4– 6 cm	8,5 m^2	ca. 270–290 Steine
	3– 5 cm	10,0 m^2	
Kleinpflaster	9–11 cm	4,5 m^2	
	8–10 cm	5,0 m^2	ca. 100–110 Steine
	8– 9 cm	5,5 m^2	
Großpflaster	16–17 cm	2,7 m^2	ca. 35–40 Steine
	13–15 cm	3,3 m^2	

Weichgesteine

Kalkstein: Vorkommen als Muschelkalk, Travertin, Dolomit, Kalktuff, Plattenkalk u. a.

Für Pflastersteine kaum von Bedeutung. Harte und dichte Kalksteinvorkommen werden jedoch vielfach zu Schotter und Splitten verarbeitet.

Sandstein: Je nach Bindemittel werden härtere und weichere Sandsteine unterschieden. Sie treten in vielen Färbungen auf: Dunkelrot, hellrot, braunrot, hellbraun, gelblich und grünlich. Für Pflaster hat Sandstein jedoch nur eine untergeordnete Bedeutung.

Abmessungen und Flächenbedarf

Nach dem Grad der Bearbeitung und den Abmessungen lassen sich Pflastersteine wie folgt unterteilen:

a) Unbehauene Findlinge und Lesesteine können zu »Katzenkopfpflaster« oder »Kieselsteinpflaster« versetzt werden.

b) Grobgespaltene Steine mit einer bearbeiteten, vieleckigen Kopffläche werden zu »Polygonalpflaster« versetzt.

c) Allseitig bearbeitete Pflastersteine bezeichnet man als »Reihensteine«. Es werden 3 Größengruppen unterschieden:
   – Großpflastersteine 12–16 cm Kantenlänge
   – Kleinpflastersteine 8–10 cm Kantenlänge
   – Mosaikpflastersteine 4– 6 cm Kantenlänge

Die genauen Abmessungen sowie Güteanforderungen sind in der DIN 18 502

festgelegt (s. Anhang, Tab. A 8.2.2.1/1)

d) Neben den genormten Größen werden noch viele Zwischengrößen verwendet, die entweder im Handel sind (oft als ausländische Erzeugnisse), oder die aus alten, ehemaligen Straßenbelägen stammen und ohne Einbuße wiederverwendet werden können.

Pflastersteine werden nach Gewicht geliefert, wobei folgende Richtwerte für den Flächenbedarf angesetzt werden können (Tab. 8.2.2.1/2).

Ausführung

Die einwandfreie Ausführung von Natursteinpflasterarbeiten erfordert neben Geschick und Erfahrung auch die Kenntnis und Beachtung aller handwerklichen Regeln und Grundsätze. Dies gilt insbesondere für die Anordnung und Ausführung der verschiedenen Verbände und Verlegemuster. Aber auch das eigentliche »Versetzen« der Steine will gelernt sein.

Da Pflasterdecken keine Plattenwirkung haben und die Verbundwirkung der einzelnen Steine untereinander gerade bei Natursteinpflaster wegen der unregelmäßigen Formen nur gering ist, sollte in jedem Fall unter einer Pflasterdecke eine Tragschicht angeordnet werden. Art und Dicke der Tragschicht richten sich nach der Verkehrsbelastung und den örtlichen Verhältnissen. Als mögliche Tragschichten kommen sowohl ungebundene als auch hydraulisch oder bituminös gebundene Schichten in Frage (s. 8.1.4). Beispiele für einen möglichen Gesamtaufbau von Natursteinpflasterflächen zeigt Abb. 8.2.2.1/1.

Für weitere Kombinationsmöglichkeiten von Tragschichten, sowie für eine genaue Dimensionierungsmöglichkeit bei ständig befahrenen Verkehrsflächen wird auf die RSTO-86 verwiesen.

Die genaue Höhenlage der Tragschichtoberfläche ist dabei mitentscheidend für die Dauerhaftigkeit und Ebenheit der Pflasterung. Die Tragschicht muß absolut parallel zur fertigen Oberfläche liegen, damit die Konstruktionshöhe des Pflasters immer gleich ist. Die Konstruktionshöhe bezeichnet das Maß aus der Höhe des Pflastersteins und der Dicke der Bettung, die aus Sand, Mörtel oder Beton bestehen kann.

Als Seitenbegrenzung kommen für Groß- und Kleinpflaster Bord- oder Randsteine in Frage. Sie sollen den Seitendruck des Pflasters aufnehmen und gleichzeitig eine gute optische Abgrenzung der Pflasterfläche darstellen (s. hierzu auch 8.2.6 – Randausbildungen).

Großpflaster

Unter dem Gesichtspunkt der Tragfähigkeit eignen sich große Pflastersteine

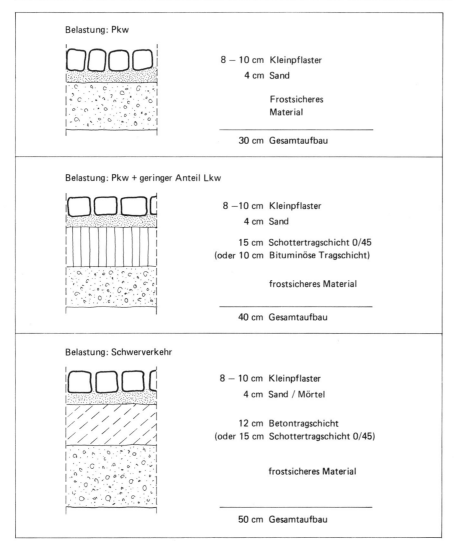

Abb. 8.2.2.1/1 Beispiele für den Gesamtaufbau von Natursteinpflaster (Quelle: Merkblatt für die Befestigung von Parkflächen)

(0/2 oder 0/3 mm) oder Zementmörtel. Die Mindestdicke muß nach dem Rammen noch 4 cm (DIN 18318) betragen, was einem Bedarf an Pflastersand von ca. 0,1 m³/m² entspricht.

Die Großpflastersteine werden mit etwa 15 mm breiten Fugen gepflastert, wobei der einzelne Stein etwa zu ⅔ seiner Höhe im Bettungssand stehen soll (Abb. 8.2.2.1/2). Beim Rammen kann gewässert werden, dabei wird Kiessand unter die Steine gespült. Anschließend werden die Fugen mit Kiessand oder Sand eingeschlämmt und danach nochmals mit Sand überworfen, der nach dem Fugenschluß wieder abzufegen ist.

Die erreichte Ebenflächigkeit kann mit einem 4 m langen Richtscheit überprüft werden; Unebenheiten sollen dabei nicht größer als 2 cm sein.

Bei hochbeanspruchten Verkehrsflächen, – z. B. Hofflächen, auf denen häufig schwere Fahrzeuge fahren, – empfiehlt es sich, das Pflaster in Zementmörtel auf einer Betontragschicht zu verlegen. Dazu wird auf der rauhen, noch nicht abgebundenen Betontragschicht ein Pflasterbett aus Zementmörtel (Zementgehalt 270 kg/m³, Dicke min. 4 cm) erdfeucht aufgebracht. Die angenäßten Steine sind dann wie zuvor beschrieben zu pflastern und abzurammen. Als Fugenschluß wird in diesem Fall ein Verguß mit Zementmörtel empfohlen. Dazu wird das Pflaster nochmals angenäßt und mit Zementmörtel (Zementgehalt 600 kg/m³, schlämmbar oder gießbar) eingeschlämmt und anschließend mit Sand abgedeckt und abgefegt, bis die Steinköpfe frei von Zement sind. Die Pflasterfläche ist 7 Tage feucht zu halten.

Kleinpflaster
Für die Anwendung und Ausführung gilt im Prinzip das gleiche wie für Großpflaster, wobei durch das etwas kleinere Steinformat der Anwendungsbereich

besser für höhere Verkehrslasten als kleinere Formate.

Meistens fällt jedoch die Entscheidung für Großpflaster mehr aus gestalterischen Gründen wegen der markanten Oberflächenstruktur. Von daher werden auch schmale Fußwege oder Platzflächen mit Großpflaster ausgeführt. In Hausgärten kann es für fast alle vorkommenden Verkehrsflächen angewendet werden, allerdings ist die Begehbarkeit etwas schlechter als bei Kleinpflaster. Auch für Sitzflächen mit mobiler Möblierung ist es wegen der unregelmäßigen Oberfläche wenig geeignet.

Großpflastersteine werden handwerksgerecht mit dem Pflasterhammer »hammerfest« versetzt und erhalten anschließend Stein um Stein den nötigen Stoßzuschlag mit einer Ramme aus Stahl (Gewicht 15–20 kg). Das heute oft zu beobachtende Einrütteln von Natursteinpflaster mit Rüttelplatten ist zwar weniger zeitaufwendig, jedoch ergibt sich bei dieser Arbeitsweise leicht ein ungleichmäßiges Fugenbild, da die ein-

zelnen Steine in ihrer Lage gegeneinander verschoben werden. Außerdem kann auf diese Weise nie die gleiche Lagerung der Steine im Sandbett erreicht werden, wie beim fachgerechten Stoßen.

Das Pflasterbett besteht aus Kiessand

Abb 8.2.2.1/2 Versetzen von Großpflaster

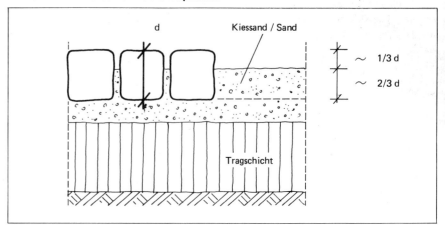

Abb. 8.2.2.1/3   Altes Reihenpflaster – Großpflaster

Abb. 8.2.2.1/4   Polygonalverband – Großpflaster

eher noch größer ist. Auch lassen sich verschiedene Verlegemuster etwas leichter ausführen. Im Vergleich zu Groß-pflaster sollten die Fugen nicht mehr als 10 mm breit sein, das Pflasterbett aus Sand oder Mörtel kann etwas geringer sein, mindestens jedoch 3 cm.

Mosaikpflaster
Mosaikpflaster kam früher oftmals auf Gehwegen und repräsentativen Plätzen in Bogenform oder kunstvollen Mosaik-bildern zur Anwendung. Heute sind derartige Beläge aus Kostengründen, oder weil das handwerkliche Können der Pflasterer fehlt, kaum noch ausführbar. Mosaikpflaster wird überwiegend nur noch als »Lückenbüßer« bei Anschlüssen, Umpflasterungen und Zwickel verwendet.

Abb.8.2.2.1/5   Bogenpflaster, Übergang zu Reihenverband – Kleinpflaster (hier in hochbelasteter Verkehrsstraße)

Bei Mosaikpflaster empfiehlt sich immer, zumindest jedoch bei kleineren Flächen, ein Verlegen in Zementmörtel und Fugenverguß. Hierbei kann der Zementmörtel auch trocken eingefegt und anschließend angenäßt werden.

Fugen
Durch den Fugenschluß soll erreicht werden:
a) daß die einzelnen Steine fester liegen (Verbundwirkung)
b) daß die Decke möglichst wasserdicht wird, um zu vermeiden, daß Feuchtigkeit in die Tragschichten eindringt.
– Die einfachste Art des Fugenschlusses ist das Einschlämmen oder Einfegen von Sand. Dabei läßt es sich nicht vermeiden, daß im Laufe der Zeit der Sand teilweise wieder ausgewaschen oder durch Sogwirkung entfernt wird.
– Die technisch beste, allerdings auch aufwendigste Art ist das Einschlämmen mit Zementmörtel (s. o.). Hierbei kommt es besonders auf eine einwandfreie Ausführung an, weil die Gefahr besteht, daß Zementreste an der Oberfläche der Steine zurückbleiben.
– Das trockene Einfegen eines Zement-Sand-Gemisches mit anschließender Befeuchtung durch Sprengen ist unter diesem Gesichtspunkt unproblematischer, jedoch wird hierbei nur eine geringe Festigkeit der Fugen erreicht.

– Ein nachträglicher Fugenverguß mit Zementmörtel ist möglich, jedoch sehr arbeitsaufwendig. Hierzu sind die Fugen mindestens 30 mm tief auszukratzen oder auszublasen und mit Zementmörtel bündig bis zu den Steinkanten zu vergießen und danach 7 Tage feucht zu halten.
– Eine weitere Art des Fugenschlusses kann mit bituminöser Fugenvergußmasse erfolgen, die mindestens 30 mm tief, in der Regel im heißen Zustand, in die Fugen eingegossen wird. Es entsteht eine absolut wasserdichte Decke. Aus optischen Gründen kommt dieses Verfahren jedoch nur noch in seltenen Fällen zum Einsatz.

Verbände und Verlegemuster
Unter einem **Verband** versteht man im Gegensatz zur regellosen Verlegung unbehauener Steine die geometrische Anordnung der einzelnen Werksteine nach bestimmten Gesetzmäßigkeiten.
   Durch den Verband soll erreicht werden, daß die lotrechten und horizontalen Kräfte aus den Verkehrslasten, die beim Parken oder Befahren auf einen Stein wirken, möglichst auf mehrere weitere Steine verteilt und weitergegeben werden (Verbundwirkung). Dazu sind auf der einen Seite versetzte Fugen erforderlich, wobei ein Überbinden der einzelnen Steine um etwa $\frac{1}{3}$ bis $\frac{1}{2}$ ihrer

Tab. 8.2.2.1/3   Gebräuchliche Verbände für Natursteinpflaster

Gebräuchliche Verbände	Häufig verwendete Steinformate	Siehe Abb.
Reihenverband	Großfl., Kleinpfl., Mosaikpfl.	8.2.2.1/3
Polygonalverband	Großpfl., Kleinpfl., Mosaikpfl.	8.2.2.1/4
Diagonalverband	Großfl., Kleinpfl.	–
Segmentbogenverband	Kleinpfl., Mosaikpfl.	8.2.2.1/5
Schuppenverband	Kleinpfl., Mosaikpfl.	8.2.2.1/6

Breite angestrebt wird; zum anderen können die Steine außerdem noch in Reihen längs, quer oder diagonal zur Fahrtrichtung oder in Bogenform angeordnet werden.

Nicht zuletzt spielt aber bei vielen Pflasterflächen auch der optische Eindruck, der sehr stark durch den Verband geprägt wird, eine wesentliche Rolle.

Die gebräuchlichsten Verbände für Natursteinpflaster sind (Tab. 8.2.2.1/3) zu entnehmen.

Bogenpflaster

Zum Bogenpflaster, dessen Ausführung besonderes handwerkliches Können voraussetzt, eignet sich vom Format der Steine am besten das Kleinpflaster. Es kommen hauptsächlich 2 Verlegemuster zur Anwendung:

a) Segmentbogenform. Dieses wohl am häufigsten verlegte Bogenpflaster erfordert bei stilechter Ausführung ein ganzes Sortiment unterschiedlicher Steingrößen, und zwar sowohl quadratische als auch längliche Steine.

Die Abmessungen des einzelnen Segmentbogens, d. h. Sehne (Bogenbreite) und Stichhöhe werden zunächst, ausgehend von der Breite des Weges oder Platzes, so festgelegt, daß der Anschluß an den Rändern immer rechtwinklig erfolgt. Auch zwei nebeneinander liegende Bögen müssen im rechten Winkel aufeinanderstoßen. Als Richtwert für Kleinpflaster gilt:

Sehne: 1,10–1,35 m
Stich (Pfeilhöhe): Etwa ⅕ der Sehne
(s. Tab. 8.2.2.1/4)

Abb. 8.2.2.1/6   Schuppenverband – Kleinpflaster

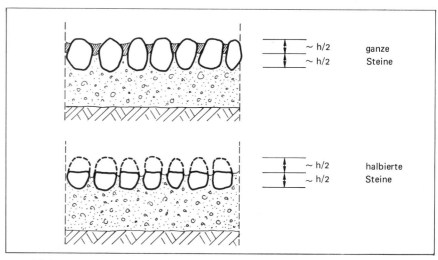

Abb. 8.2.2.1/7   Kopfsteinpflaster

Tab. 8.2.2.1/4 Bogengrößen bei Segmentbogenpflaster

Steingröße cm	Bogenbreite B cm	Stichhöhe S cm
6– 8	80–110	22–24
8–10	110–135	24–27
10–12	135–170	27–32

Jeder einzelne Segmentbogen wird nun in einer sich verjüngenden Form gepflastert, wobei der größte Stein (z. B. 10 × 10 cm) im Scheitel des Bogens liegt und der kleinste (z. B. 8 × 8 cm) als »Anfänger« an den beiden Bogenenden. Dazwischen sollen die Steinbreiten kontinuierlich zunehmen. Zum Schließen des Bogens, d. h. dort, wo zwei benachbarte Segmente aneinanderstoßen, dürfen auf keinen Fall dreieckig zugeschlagene Steine oder Zwickel verwendet werden, die das Gesamtbild empfindlich stören würden, sondern konische oder längliche Formate.

Die Lieferung solcher Zwischengrößen ist bei der Festlegung der Abmessungen von Kleinpflastersteinen in der DIN 18502 berücksichtigt und dort festgelegt (s. Anhang, Tab. A.8.2.2.1/1).

b) Schuppenpflaster. Eine weitaus seltenere Form des Bogenpflasters ist die »Schuppenform«, die auch für Mosaikpflaster sehr geeignet ist, jedoch ein Höchstmaß an handwerklichem Können verlangt. Eine sehr dekorative Wirkung kann dabei erreicht werden, wenn für Schuppenränder und Füllsteine verschiedene Farben verarbeitet werden (Abb. 8.2.2.1/6).

Sonderformen

a) Kopfstein-, Katzenkopf-, Kieselpflaster
Unter diesen Bezeichnungen versteht man die älteste Form der Pflasterung, bei der unbearbeitete Natursteine verwendet werden.

Früher wurden die Steine dazu gesammelt, nach passenden Größen sortiert und dann auf Straßen und Fahrwegen, aber auch auf Hofflächen und in Innenräumen verpflastert.

Die Steine wurden dabei in ein Sandbett versetzt (die größeren für Fahrwege, die kleineren für Gehwege), so daß sie sich im Bereich des größten Umfanges, ungefähr in halber Steinhöhe, berühren. Es ergaben sich sehr breite Fugen an der Pflasteroberfläche, die nicht verfüllt werden konnten. Insgesamt waren diese Pflasterflächen sehr unregelmäßig, uneben und von daher sehr schlecht zu begehen und zu befahren.

Eine wesentlich verbesserte Ebenflächigkeit wurde erreicht, wenn die Steine halbiert und mit der Bruchfläche nach oben versetzt wurden (Abb. 8.2.2.1/7).

Heute werden durch Nostalgie und Wunsch nach Naturnähe auch »naturnahe« Bauweisen gerade in gärtnerischen Anlagen wieder gefragt. Dazu gehört auch die Verwendung von Kopfsteinpflaster. Die schlechte Begehbarkeit sollte dabei jedoch stets beachtet

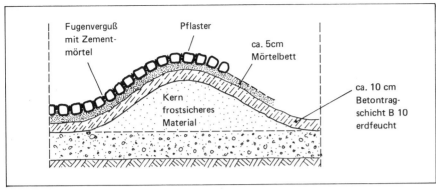

Abb. 8.2.2.1/8   Ausführung von Pflasterwällen

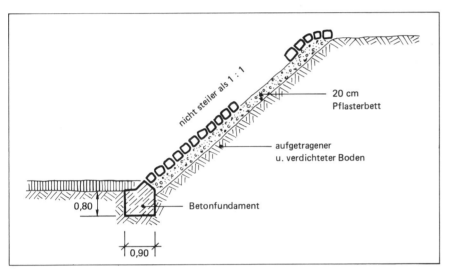

Abb. 8.2.2.1/9   Böschungspflaster

**Abb. 8.2.2.2/1   Betonsteinpflaster –
Länge/Breite 3:1**

werden; gegebenenfalls kann sie durch Einlegen von Gehstreifen aus Kleinpflaster oder anderer Materialien verbessert werden.

b) Pflasterwälle

Pflastermodellierungen in Form von Wällen, Aufwölbungen oder Vertiefungen werden vielfach im Bereich von Fußgänger- und Gartenanlagen ausgeführt.

Hierbei sollte stets eine Betontragschicht vorgesehen und das Pflaster in Zementmörtel mit anschließendem Fugenverguß versetzt werden (Abb. 8.2.2.1/8).

c) Böschungspflaster

Sollen Böschungen gepflastert werden, ist es wichtig, daß am Böschungsfuß ein Fundament als Widerlager ausgebildet wird. Das Fundament, meist aus Ortbeton hergestellt, muß frostfrei gegründet sein (Abb. 8.2.2.1/9).

8.2.2.2   Betonsteinpflaster

Baustoffe

In den vergangenen 20 Jahren hat die Pflasterbauweise eine wahre Renaissance erfahren. Nachdem das Natursteinpflaster wegen seines hohen Kostenaufwandes, sowohl vom Material her als auch von der Lohnintensität, vielfach durch kostengünstige Asphaltbeläge auch auf Gehwegen und Plätzen (Fahrbahnen mit Natursteinpflaster erhielten einen dünnen Asphaltüberzug) verdrängt worden war, bekamen die Pflasterbeläge nicht zuletzt durch die Entwicklung des Betonsteinpflasters – etwa seit Mitte der 60er Jahre – eine neue Aktualität.

Heute bietet das Betonsteinpflaster mit seinen vielen Formen, Farben und Oberflächen nicht nur einen technisch ausgereiften Belag für fast jede Art von Verkehrsfläche, es beinhaltet auch eine große Anzahl von Gestaltungsmöglichkeiten (Abb. 8.2.2.2/1).

Während das Natursteinpflaster in erster Linie als repräsentativer Belag gewählt wird, bei dem der optische Eindruck im Vordergrund steht, läßt sich Betonsteinpflaster sowohl für ausgesprochene Nutzflächen wie Zufahrten, Höfe oder Stellplätze als auch für reine Fußgängerflächen, Gehwege und Sitzplätze sinnvoll einsetzen.

Durch die heute hohe Steinqualität steht die Haltbarkeit solcher Beläge dem Natursteinpflaster nicht nach, die Tragfähigkeit einer Verbundsteindecke liegt dabei höher als bei Natursteinpflaster und auch die Ebenflächigkeit ist wesentlich größer. Im Vergleich zum Natursteinpflaster ist Betonsteinpflaster aus folgenden Gründen kostengünstiger:

a) Bei gleicher Verkehrsbelastung können beim Betonsteinpflaster (insbesondere bei Verbundsteinpflaster) auf Grund der besseren Verbundwirkung der Decke die Tragschichten geringer dimensioniert werden.

b) Das Material selber, die Steine, sind durch leistungsfähige Fertigungsanlagen, die in einem dichten Netz über die ganze Bundesrepublik verteilt sind, überall relativ preiswert zu beziehen.

c) Zum Verlegen der Pflastersteine werden nur noch angelernte Arbeitskräfte benötigt. Hierzu ist die hohe Maßgenauigkeit der einzelnen Steine die Voraussetzung.

Güteanforderungen

Die Grundlage für die hohe Steinqualität bilden bestehende Vorschriften und Richtlinien.

In der DIN 18501 sind Abmessungen und Qualitätsanforderungen von rechteckigen und quadratischen Pflastersteinen bis zu einer kleinsten Steingröße von 8 cm festgelegt. Daneben gibt es viele Abmessungen und Formen außerhalb der Norm, auf die aber die gleichen Güte- und Prüfbestimmungen anzuwenden sind. Die verlangte Druckfestigkeit wird zur Steinhöhe in Beziehung gebracht und beträgt bei den größten Steinen mindestens 60 N/mm² (was einem Beton B 55 entspricht).

Bei solch einer hohen Druckfestigkeit sind Pflastersteine in der Regel, sofern frostbeständige Zuschlagstoffe verwendet wurden, selbst frostbeständig und bedürfen in dieser Beziehung keiner Nachprüfung. Das gleiche gilt für eine Beständigkeit gegenüber Tausalz.

Pflastersteine werden aus dichtem Beton hergestellt und müssen frei von Rissen sein. Meistens bestehen sie durchgehend aus einer Betonsorte (einschichtig); werden sie jedoch zweischichtig hergestellt, müssen Unterbeton und Vorsatzbeton untrennbar miteinander verbunden sein.

Der Beton an der Nutzfläche kann hell, dunkel oder eingefärbt sein, die Griffigkeit kann durch entsprechenden Kornaufbau verbessert werden, z.B. wenn der Stein für Flächen mit sehr großem Gefälle verwendet werden soll.

Der Nachweis der Güte einer Lieferung gilt im allgemeinen als erbracht, wenn die laufende neutrale Überwachung im Rahmen einer amtlich anerkannten Gütesicherung gewährleistet ist oder Prüfzeugnisse einer amtlich anerkannten Materialprüfstelle vorliegen, die aber nicht älter als 6 Monate sein dürfen. Der Gedanke, einwandfreie Erzeugnisse zu gewährleisten, hat den »Bund Güteschutz Beton- und Stahlbetonfertigteile e.V.« ins Leben gerufen, der durch Verleihung seines Gütezeichens (Abb. 8.2.2.2/2) den Abnehmer auf einwandfreie Betonerzeugnisse hinweist. Heute wird die Qualität der Produkte von mehr als 2000 Betonwerken in allen Bundesländern überwacht.

Abb. 8.2.2.2/2 Gütezeichen des Bundes Güteschütz Beton- und Stahlbetonfertigteile e.V.

Abmessungen und Ausführung der Pflastersteine

Die genormten Abmessungen von Pflastersteinen, sowie weitere im Handel gebräuchliche Formate sind im Anhang, Tab. A 8.2.2.2/1 zusammengestellt. Häufige Färbungen sind: Zementgrau, anthrazit, rot und braun. Besonders behandelte Oberflächen gibt es z.B. als Natursteinvorsatz, Natursteinvorsatz sandgestrahlt, gewaschene oder besandete Oberfläche u.a.

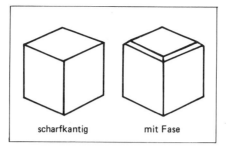

Abb. 8.2.2.2/3 Ausführung der Steine mit und ohne Fase

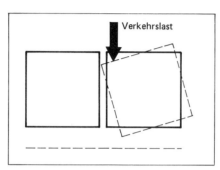

Abb. 8.2.2.2/4 Kippen des Steins bei außermittiger Belastung

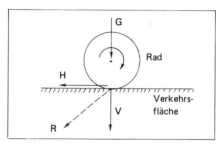

Abb. 8.2.2.2/5 Kräfte aus Verkehrslasten

Betonpflastersteine gibt es sowohl mit gefasten Kanten als auch scharfkantig (Abb. 8.2.2.2/3), wobei die Fasen nicht nur optische Bedeutung, sondern eine ganz praktische Funktion haben: Wenn eine Pflasterfläche von einem Fahrzeug befahren wird, so wandert die Radlast bei jedem Stein von der einen Steinkante über die Steinmitte zur anderen Kante. Die außermittige Laststellung an der Kante ist dabei am ungünstigsten, weil sie bei elastischem Verhalten der Tragschicht zu einem Kippen des Steines führen würde, wenn dieser nicht durch den angrenzenden Stein in seiner Lage gehalten würde (Abb. 8.2.2.2/4).

Dadurch ergeben sich aber sehr hohe Kantenpressungen, die leicht zu Absplitterungen an der Kante führen können. Durch eine Fase wird die Kante stumpfwinklig und damit weniger gefährdet.

Verbundsteinpflaster

Verkehrsflächen, auf denen Fahrzeuge fahren, werden zusätzlich zu den lotrecht wirkenden Kräften aus dem Gewicht der Fahrzeuge auch noch von horizontal gerichteten Kräften, die beim Anfahren und Bremsen, sowie bei der Kurvenfahrt entstehen, beansprucht. Aus Größe und Richtung dieser einzelnen Kräfte wirkt eine resultierende Kraft mit unterschiedlicher Kraftrichtung. Diese Kraft muß von der Deckenkonstruktion ebenfalls aufgenommen werden (Abb. 8.2.2.2/5).

Bei Pflasterungen aus quadratischen oder rechteckigen Steinen werden die horizontal angreifenden Kräfte allein durch Druck auf die in Druckrichtung liegenden Steine übertragen und bis zum Rand der Fläche weitergeleitet. Dort muß ein festes Widerlager, z.B. in Form eines Bordsteins vorhanden sein, um diesen Seitendruck aufzunehmen. Ohne Widerlager könnten sich die Steine leicht verschieben oder verkanten.

Um nun die seitliche Randeinfassung einsparen zu können, wurde zunächst für den Bau von ländlichen Wegen und Wirtschaftswegen der **Verbundpflasterstein** entwickelt. Die besondere Formgebung des Pflasters (s. Abb. 8.2.2.2/6) bewirkt hierbei, daß die einzelnen Steine ineinander greifen und miteinander verzahnt sind, so daß horizontal angreifende Kräfte keilförmig durch Druck und Zug auf eine Vielzahl von weiteren Steinen übertragen werden. Auf diese Weise kommt es zu einem Abbau der Horizontalkräfte zum Rand hin und ein Widerlager ist nicht mehr erforderlich.

Für die Randausbildung werden jedoch besondere Abschlußsteine benötigt.

Damit die Verbundwirkung voll ausgenutzt wird, müssen die Steine »knirsch«, d.h. sehr eng aneinander gesetzt werden.

Die Verwendung von Verbundpflaster leitet sich aus dem Vorhergehenden ab: Danach eignet es sich in erster Linie für befahrene oder belastete Verkehrsflächen.

Für überwiegend fußläufige Flächen ist die Verbundwirkung von untergeordneter Bedeutung. Hier werden meistens rechteckige oder quadratische Steine vorgezogen, vornehmlich weil das Aussehen als angenehmer, weniger »technisch« empfunden wird.

Ausführung

Die Voraussetzung für dauerhaft ebene Betonpflasterdecken sind geeignete Tragschichten, die sowohl auf den vorhandenen Untergrund bzw. Unterbau, als auch auf die zu erwartenden Verkehrslasten abgestimmt sind. Es kommen dabei ungebundene und auch ge-

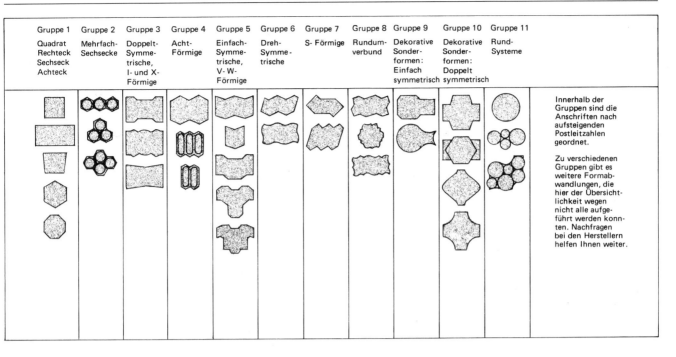

Gruppe 1	Gruppe 2	Gruppe 3	Gruppe 4	Gruppe 5	Gruppe 6	Gruppe 7	Gruppe 8	Gruppe 9	Gruppe 10	Gruppe 11
Quadrat Rechteck Sechseck Achteck	Mehrfach-Sechsecke	Doppelt-Symme-trische, I- und X-Förmige	Acht-Förmige	Einfach-Symme-trische, V- W-Förmige	Dreh-Symme-trische	S- Förmige	Rundum-verbund	Dekorative Sonder-formen: Einfach symmetrisch	Dekorative Sonder-formen: Doppelt symmetrisch	Rund-Systeme

Innerhalb der Gruppen sind die Anschriften nach aufsteigenden Postleitzahlen geordnet.

Zu verschiedenen Gruppen gibt es weitere Formab-wandlungen, die hier der Übersicht-lichkeit wegen nicht alle aufge-führt werden konn-ten. Nachfragen bei den Herstellern helfen Ihnen weiter.

Abb. 8.2.2.2/6   Ordnungsprinzip für Betonpflastersteine – Auswahl (Quelle: Der Elsner, 1982)

Abb. 8.2.2.2/7   Beispiele für den Gesamt-aufbau von Betonsteinpflaster (re.)

bundene Tragschichten in Frage (s. auch 8.1.4).

Pflasterdecken müssen seitlich durch Bordsteine, Abschluß- oder Randsteine begrenzt sein, die ein seitliches Auswei-chen oder Absinken der Steine in den Randzonen verhindern (s. hierzu auch 8.2.6 – Randausbildungen).

Die Dicke der verwendeten Pflaster-steine ist ebenfalls abhängig von den zu erwartenden Verkehrslasten. Bei Ver-bundpflastersteinen kann durch die bes-sere Tragwirkung der Decke mit etwas geringeren Steindicken gearbeitet wer-den (Tab. 8.2.2.2/1). Die Erfahrung zeigt jedoch, daß ein 6 cm dickes Verbund-pflaster nur in Ausnahmefällen bei be-fahrenen Flächen verwendet werden sollte.

Beispiele für einen möglichen Ge-samtaufbau von Pflasterflächen aus Be-tonstein zeigt Abb. 8.2.2.2/7.

Für weitere Kombinationsmöglich-keiten von Tragschichten, sowie für ei-ne genaue Dimensionierungsmöglich-keit bei ständig befahrenen Flächen wird auf die RSTO-86 verwiesen.

Herstellen der Pflasterdecke
a) Pflasterbett. Die Pflastersteine wer-den immer auf einem Pflasterbett ver-legt, das aus Sand, feinkörnigem Kies (2/4 mm) oder einem Brechsand-Splitt-Gemisch (bis 0/8 mm) bestehen kann. Weil die Verformbarkeit des Pflaster-

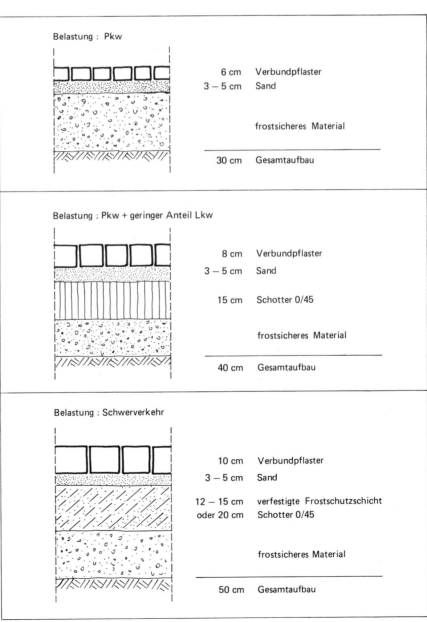

Belastung : Pkw

6 cm	Verbundpflaster
3 – 5 cm	Sand
	frostsicheres Material
30 cm	Gesamtaufbau

Belastung : Pkw + geringer Anteil Lkw

8 cm	Verbundpflaster
3 – 5 cm	Sand
15 cm	Schotter 0/45
	frostsicheres Material
40 cm	Gesamtaufbau

Belastung : Schwerverkehr

10 cm	Verbundpflaster
3 – 5 cm	Sand
12 – 15 cm oder 20 cm	verfestigte Frostschutzschicht Schotter 0/45
	frostsicheres Material
50 cm	Gesamtaufbau

Abb. 8.2.2.2/8 Hofbefestigung aus Betonverbundpflaster – Abziehen des Pflasterbettes über Stahlrohre

Abb. 8.2.2.2/9 Abziehen des Pflasterbettes über vorher gesetzte Randeinfassungen

Tab. 8.2.2.2/1 Verwendung von Pflastersteinen aus Beton – Mindestdicken

Verkehrsart	Mindestdicke des Pflastersteins in cm	
	Rechteckige u. quadratische Steine	Verbundsteine
Fußgängerverkehr	6 cm	6 cm
Pkw-Verkehr	8 cm	(6 cm) besser 8 cm
Pkw-Verkehr mit geringen Anteil Lkw-Verkehr	10 cm	8 cm
Schwerverkehr (Lkw, Busse)	12 cm	10 cm

Abb. 8.2.2.2/10 Einige Verlegemuster mit Rechtecksteinen (Seitenverhältnis 1:2)

a) Läuferverband

b) Fischgräten-
verband
-Rand mit
„Bischofs-
mützen"

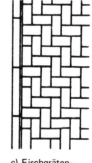

c) Fischgräten-
verband

d) Blockverband

e) Mittelsteinverband

bettes unter Verkehrslasten relativ groß ist, sollte es so dünn wie möglich ausgeführt werden. Die Mindestdicke beträgt 3 cm, höchstens jedoch 5 cm in verdichtetem Zustand.

Das Pflasterbett wird zwischen Lehren abgezogen, so daß es absolut parallel zur späteren Oberfläche der Pflasterdecke verläuft. Als seitliche Lehren können Kanthölzer, Stahlrohre, Flacheisen oder ähnliche Teile verwendet werden. Bei schmalen Wegen kann auch auf den vorher gesetzten Randeinfassungen abgezogen werden. Zum Abziehen selbst nimmt man Richtlatten aus Leichtmetall, Holz oder gerade Bretter (Abb. 8.2.2.2/8–9). Das Pflasterbett wird lose aufgebracht, die Verdichtung erfolgt erst nach dem Setzen der Steine durch das Abrütteln. Deshalb muß eine Überhöhung des Pflasterbettes vorgesehen werden, um später auf die richtige Sollhöhe zu kommen.

Die Überhöhung ist von der verwendeten Steingröße abhängig, als Richtwert gilt:
Bei quadratischen und rechteckigen Steinen:
ca. 3 cm bei Steinhöhen $\geq$ 12 cm
ca. 2 cm bei Steinhöhen < 12 cm
Bei Verbundsteinpflaster und anderen Formaten:
ca. 1–2 cm
Die Festigkeit des Pflasterbettes kann wesentlich erhöht werden, wenn erdfeuchter Mörtel mit Zement, Kalk oder Traßkalk als Bindemittel verwendet wird. Dabei gelten folgende Richtwerte für das Mörtelmischungsverhältnis (Tab. 8.2.2.2/2).

Das Versetzen der Steine in Mörtel empfiehlt sich bei stark belasteten Verkehrsflächen oder bei Verwendung geringer Steindicken. Die Tragfähigkeit

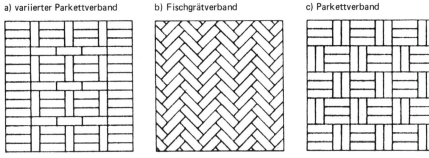

a) variierter Parkettverband   b) Fischgrätverband   c) Parkettverband

Abb. 8.2.2.2/11   Verlegemuster mit Rechtecksteinen (Seitenverhältnis 1:3)

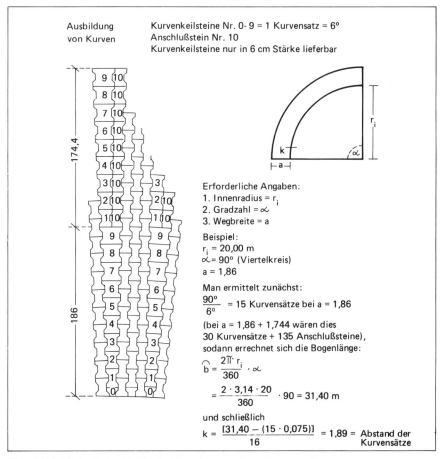

Ausbildung von Kurven

Kurvenkeilsteine Nr. 0-9 = 1 Kurvensatz = 6°
Anschlußstein Nr. 10
Kurvenkeilsteine nur in 6 cm Stärke lieferbar

Erforderliche Angaben:
1. Innenradius = r_i
2. Gradzahl = α
3. Wegbreite = a

Beispiel:
r_i = 20,00 m
α = 90° (Viertelkreis)
a = 1,86

Man ermittelt zunächst:
$$\frac{90°}{6°} = 15 \text{ Kurvensätze bei } a = 1,86$$

(bei a = 1,86 + 1,744 wären dies
30 Kurvensätze + 135 Anschlußsteine),
sodann errechnet sich die Bogenlänge:

$$\overset{\frown}{b} = \frac{2\pi \cdot r_i}{360} \cdot \alpha$$

$$= \frac{2 \cdot 3,14 \cdot 20}{360} \cdot 90 = 31,40 \text{ m}$$

und schließlich

$$k = \frac{[31,40 - (15 \cdot 0,075)]}{16} = 1,89 = \text{Abstand der Kurvensätze}$$

Abb. 8.2.2.2/13   Beispiel für die Berechnung eines Kurvensatzes

schofsmützen« für das Fischgrätmuster, s. Abb. 8.2.2.2/10b) erforderlich.

Je nach Steinformat und Fabrikat gibt es eine ganze Reihe von weiteren Verlegemustern und damit vielfache Gestaltungsmöglichkeiten durch Kombination unterschiedlicher Formen und Farben (Abb. 8.2.2.2/10–11).

Bei Verbundsteinen und Spezialformaten sind überdies die besonderen Verlegeanweisungen der Hersteller zu beachten. Auf die Möglichkeit, bei größeren Flächen mit speziellen Verlegegeräten zu arbeiten, sei hier nur kurz hingewiesen. Im Bereich von Hausgärten lohnt sich der Einsatz wegen der relativ kleinen Flächen meist nicht.

Bei befahrenen Verkehrsflächen sollte beachtet werden, daß längliche Steinformate quer zur Hauptfahrtrichtung verlegt werden, weil dadurch die Verkantungsgefahr beim Überrollen des Steins geringer ist (Abb. 8.2.2.2/12).

Wichtig ist auch, daß die Steine rechtwinklig zu den Seitenbegrenzungen angelegt werden. Dazu empfiehlt sich bei größeren Abmessungen der Flächen das Spannen von Längs- und Querschnüren.

Abb. 8.2.2.2/12   Anordnung länglicher Formate quer zur Hauptfahrrichtung

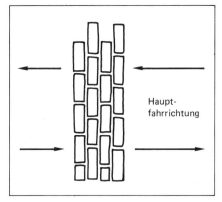

Haupt-fahrrichtung

Tab. 8.2.2.2/2   Pflaster im Mörtelbett – Richtwerte für das Mischungsverhältnis

Verwendetes Bindemittel	In Raumteilen	In Gewichtsteilen
Zement	~ 1:7,5	~ 1:8
Kalk,	~ 1:8	bis 1:8

der Konstruktion kann dabei noch wesentlich gesteigert werden, wenn die Steine unmittelbar in einem als Pflasterbett dienenden Beton der Festigkeitsklasse B 5 von mindestens 10 cm Dicke verlegt werden. Das Abrütteln der Steine muß beendet sein, bevor die Erhärtung des Mörtels bzw. Betons einsetzt.

b) Das Verlegen der Steine. Beim Verlegen der Steine darf das abgezogene Pflasterbett nicht mehr betreten werden, die Pflasterung erfolgt vorwärts, d. h. von der bereits fertigen Pflasterfläche aus. Dabei werden die Steine in einem gleichmäßigen Verband mit Fugenbreiten von 2–5 mm verlegt. Der genaue Abstand der Randeinfassungen sollte vorher durch Anlegen einer Steinzeile genau ermittelt werden, damit ein Zurechtschneiden oder Ausflicken an den Rändern nicht nötig wird.

Bei einem Rechteckformat mit dem Seitenverhältnis 1:2 lassen sich verschiedene Verbände oder Verlegmuster ausführen. Dazu sind auch halbe Steine und Sondersteine (z. B. sogenannte »Bi-

Nach dem Versetzen des Pflasters wird die Fläche gleichmäßig von den Rändern zur Mitte hin bis zur Standfestigkeit abgerüttelt. Hierzu eignen sich Flächenrüttler (Rüttelplatten) bis etwa 20 kN Rammgewicht.

Die Fugen werden in der Regel mit Sand 0/2 verfüllt, der vor dem Rütteln auf das Pflaster aufgebracht und eingefegt wird. Nach dem Abrütteln soll das Pflaster dann mit Sand 0/2 eingeschlämmt und sauber abgefegt werden; zur Nachfüllung der Fugen wird nochmals leicht nachgesandet.

Manche Hersteller empfehlen auch, erst nach dem Rütteln den Sand zum Schließen der Fugen einzufegen.

Ein Vergießen der Fugen ist im allge-

Abb. 8.2.2.2/14 Ausbildung von Richtungsänderungen durch Keilformen

Abb. 8.2.2.2/15 Betonrechteckpflaster – Kurvenausbildung durch Zwickel aus Mosaikpflaster

meinen nicht erforderlich. In Sonderfällen, z. B. bei Waschplätzen oder wenn mit erhöhten Anfall von Tropfölen gerechnet werden muß, kann ein Vergießen der Fugen mit Zementmörtel oder bituminöser Vergußmasse zweckmäßig sein. In diesem Fall müssen die Fugen jedoch von vorneherein breiter (ca. 8 mm) ausgebildet werden.

c) Ausbildung von Kurven. Kurven und geschwungene Wegeformen lassen sich mit Betonpflastersteinen durch Verziehen, d. h. durch unterschiedliche Fugenbreiten, nicht ausführen.

Für die verschiedenen Verbundsteinpflastersorten wurden deshalb jeweilig Kurvensätze entwickelt, die abhängig von Winkel, Radius und Wegbreite aus einem Sortiment unterschiedlicher, numerierter Einzelsteine zusammengestellt werden. Ein Beispiel für die Ermittlung der benötigten Kurvensätze zeigt Abb. 8.2.2.2/13.

Sollen kurvenreiche Wege mit Rechteckformaten ausgeführt werden, muß bei größeren Richtungsänderungen ein Wechsel in der Verlegerichtung vorgenommen werden. Dazu können keilförmige Übergangsbereiche zwischengeschaltet werden (Abb. 8.2.2.2/14 + 15).

Anforderungen an Pflasterflächen
Bei der Abnahme einer Pflasterdecke muß die höhen- und profilgerechte Lage sowie die Ebenheit durch Nivellement oder Abstandsmessung von einer Schnur, sowie mit einer 4 m langen Richtlatte nachgewiesen werden. Es gelten folgende Toleranzen:
– Abweichungen der Oberfläche von der geforderten Sollhöhe nicht mehr als ± 20 mm
– Abweichungen von der geforderten Querneigung nicht mehr als ± 0,4 %

– Unebenheiten der Oberfläche nicht mehr als 10 mm bei 4 m Richtlatte
– Höhenunterschied zwischen benachbarten Pflastersteinen nicht mehr als 2 mm

8.2.2.3 Pflasterklinker

Baustoffe
Pflasterklinker sind ungelochte, hartgebrannte Vollziegel, die schon zu allen Zeiten in natursteinarmen Gegenden beim Straßen- und Wegebau im In- und Ausland verwendet wurden. Während der Klinker heute auf überwiegend befahrenen Verkehrsflächen durch andere Baustoffe (Asphalt, Betonsteinpflaster) verdrängt worden ist, haben Klinkerbeläge für Fußwege, Sitzflächen und repräsentative Plätze wegen ihres angenehmen Aussehens, der langen Haltbarkeit sowie der guten Ebenflächigkeit und Griffigkeit eine erhebliche Bedeutung.

Gegenüber einem roteingefärbten Betonrechteckpflasterstein, der in Abmessungen, Eigenschaften und Aussehen vergleichbar ist, kommt der Pflasterklinker in der Regel jedoch erheblich teurer. Pflasterklinker zeigen ein lebhaftes Farbspiel, das eine lebendige, natürlich wirkende Fläche ergibt. Diese Farbgebung, die durch eingefärbtes Betonsteinpflaster bislang nicht in der gleichen Nuancierung erzielt werden kann, dürfte heute der Hauptgrund für die große Beliebtheit des Pflasterklinkers insbesondere in gärtnerischen Anlagen sein.

Die Farben können sehr unterschiedlich sein: In der Oldenburger Gegend werden von rot bis ins Violett spielende Klinker gebrannt, im Mindener und Osnabrücker Raum gibt es rote und braune Sorten. Auch in Hessen und Bayern werden Pflasterklinker hergestellt; au-

ßerdem gibt es noch die gesandeten Sorten, die vielfach aus den Niederlanden kommen.

Pflasterklinker lassen sich gut mit vielen anderen Materialien kombinieren, z. B. in Form von Streifen oder Bänderungen in Platten-, Natursteinpflaster- oder wassergebundenen Decken.

Pflasterklinker werden aus Lehm, Ton oder tonigen Massen, auch unter Zusatz von Sand, Tonmehl oder anderen geeigneten Magerungsmitteln geformt, getrocknet und »hart« gebrannt, d. h. bis zur Sinterung (Schmelzen) auf Temperaturen von ca. 1200–1300° C erhitzt. Dadurch wird das Material dicht und hart; die geforderte Druckfestigkeit liegt bei min. 80 N/mm² (in der Praxis meist noch darüber, bis zu 160 N/mm²); die Wasseraufnahme darf nicht größer als 6 Gew.% sein, sie ist aber bei den meisten Fabrikaten noch geringer (um 2 Gew.%). Hohe Druckfestigkeit und geringe Wasseraufnahme bedeuten, daß das Material frostbeständig ist und auch unempfindlich gegenüber Tausalz.

Für Güteanforderungen, Prüfung und Überwachung der Herstellung von Pflasterklinkern gilt die DIN 18503.

Gebräuchliche Formate siehe Tab. A 8.2.2.3/1. Außerdem können für größere Mengen Sondermaße vereinbart werden. Die Mindestdicke von Pflasterklinkern beträgt 40 mm, die Kanten können mit oder ohne Fase hergestellt werden.

Neben den rechteckigen und quadratischen Formaten gibt es Sonderformen.

Ausführung
Pflasterklinker können hochkant oder flach verlegt werden. Für hohe Verkehrslasten empfiehlt sich die Verlegung hochkant (Rollschicht), für Fußgängerflächen eignet sich die flache Verlegung (Flachschicht).

Die folgenden Zierverbände zeigen

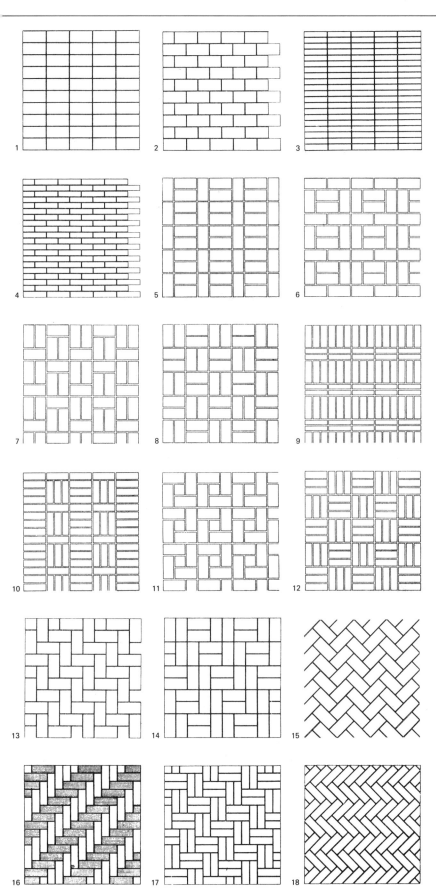

Abb. 8.2.2.3/1 Beispiele von Zierverbänden – Pflasterklinker

die gebräuchlichsten Verlegemöglichkeiten; darüber hinaus gibt es noch viele weitere Variationsmöglichkeiten (Abb. 8.2.2.3/1 + 2).

Das Verlegen in Diagonalverbänden bringt keine größere Tragfähigkeit oder Haltbarkeit, sondern hat lediglich Zierwert. Nachteilig ist, daß sich dabei am Rande Zwickel ergeben. Allerdings läßt sich der Klinker gut bearbeiten und kann mit dem Hammer (Maurerhammer) leicht halbiert oder zugeschlagen werden.

Der Flächenbedarf an Klinkern kann aus Tab. A 8.2.2.3/1 entnommen werden.

Für den Aufbau der Gesamtkonstruktion sowie für das Verlegen gilt im Prinzip das Gleiche wie für Betonsteinpflaster (s. 8.2.2.2).

8.2.2.4 Holzpflaster

Holz- oder Klotzpflaster besteht aus scharfkantig geschnittenen Holzklötzen oder anderen dichten Hölzern von ca. 8–10 cm Breite, 15–25 cm Länge und 10–15 cm Höhe, oder auch aus Rundholzscheiben, die mit Teeröl getränkt oder anderweitig imprägniert sind (Abb. 8.2.2.4/1).

Bei befahrenen Verkehrsflächen wird es auf einer Tragschicht möglichst eng verlegt; jedoch sollte die Anwendung auf Fußgängerflächen mit geringer Frequentierung beschränkt bleiben (z.B. Gartenwege). Die Haltbarkeit von Holzpflaster ist begrenzt, die Begehbarkeit schlecht, insbesondere durch Rutschgefährdung bei Nässe.

Holzpflaster wird in der Regel ausschließlich aus gestalterischen Gesichtspunkten gewählt, aus technischer Sicht ist es als Deckenbaustoff nur mit großen Einschränkungen verwendbar. Für Terrassen in Hausgärten lassen sich vorgefertigte Holzroste, die im Holzhandel angeboten werden, verwenden. Je nach Hersteller gibt es Formate von 120/60, 100/50, 60/60 oder 50/50 cm.

Speziell für Gartenwege werden gebündelte Rundhölzer im Format ca. 50 × 50 cm angeboten. Die Bündel werden in ein Sandbett gesetzt und festgeklopft; darauf wird das umschließende Band aufgeschnitten und entfernt. Die Fugen werden mit Sand verfüllt.

Bei Verwendung derartiger Materialien sollte darauf geachtet werden, daß das Holz druckimprägniert ist.

8.2.3 Plattenbeläge

Während Pflasterbeläge nahezu universell eingesetzt werden können, d.h. für Fußgänger-, Radfahrer-, leichten und schweren Fahrzeugverkehr, sind alle Arten von Plattenbelägen in ihrer Anwen-

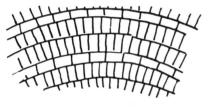

a) Gliederung größerer
   Flächen

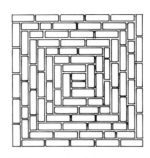

b) Kreuzungsbereich
   zweier Klinker

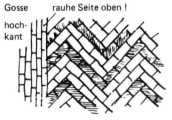

c) Wechsel von Kopf- und Läuferschichten,
   für Kurven besonders geeignet

Besonders gut wirkende (klassische)

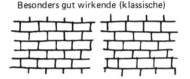

d) Längsverband (Versetzte Stoßfugen
   mildern das starre Schema)

Gosse   rauhe Seite oben !

hoch-
kant

e) Große Fischgräte od. Zick - Zackverband

„Köper" oder
Ellbogenverband
„Bischofsmützen"

f) Anschluß mit „Bischofsmützen an
   Gosse aus Naturstein

Abb. 8.2.2.3/2   Klinkerverbände – Details

dung eingeschränkt. Das große Format der Platten eignet sich grundsätzlich nur bedingt für höhere Verkehrslasten, weil die Gefahr der Verkantung gegeben ist, wenn eine Last von einem Plattenrand über die Platte zum anderen Rand rollt.

Außerdem können Platten leichter brechen, wenn die Auflage ungleichmäßig oder von zu geringer Tragfähigkeit ist.

Das Hauptanwendungsgebiet von Platten sind deshalb fußläufige Verkehrsflächen, die nicht oder selten be-

fahren werden. Im Bereich von Hausgärten kommen viele derartige Flächen vor; so eignen sich Hauszuwege, Gartenwege, Terrassen- und Sitzflächen besonders für die Verwendung von Plattenbelägen.

Im Vergleich zum Pflaster weisen Platten eine bessere Ebenflächigkeit auf; Material und Verlegen sind jedoch auch kostenaufwendiger.

Soll ein Plattenbelag für befahrene Flächen hergestellt werden, (z.B. Gehwegüberfahrten, Garagenzufahrten, Einstellplätze usw.), dann sollte auf jeden Fall eine hochwertige Tragschicht vorgesehen werden.

8.2.3.1   Platten aus Naturstein

Materialien

Natursteinplatten sind das wertvollste und gleichzeitig weitaus kostspieligste Material für eine Verkehrsfläche. Von daher ist die Anwendung beschränkt auf relativ kleine Flächen mit hohem repräsentativen Anspruch. Im Bereich von Hausgärten sind dies in erster Linie Sitzflächen, Terrassen und Gartenwege (Abb. 8.2.3.1/1).

Natursteinplatten, die als Außenbeläge verwendet werden, müssen frostbeständig sein. Geeignete Gesteine sind:

Tiefengesteine: Granit, Diorit, Syenit, Gabbro.

Ältere Ergußgesteine: Diabas, Melaphyr, Porphyr, Quarzporphyr, Trachyt.

Quarzfreie jüngere Ergußgesteine: Basaltlava.

Sedimentgesteine: Grauwacke, Quarzit, Phyllit, frostbeständiger Kalkstein und Dolomit, quarzitischer Sandstein.

Metamorphe Gesteine: Gneis.

Heute sind neben inländischen Erzeugnissen auch viele Naturwerksteine (Platten und Pflaster) im Handel, die

Abb. 8.2.2.4/1   Holzpflaster aus Rundholzscheiben

Abb. 8.2.3.1/1   Weg aus bruchrauhen Natursteinplatten

aus dem Ausland kommen, so z. B. aus Italien, der Schweiz oder Portugal, aber auch aus außereuropäischen Ländern (z. B. Indien).

Nach der Art der Bearbeitung unterscheidet man zwischen »bruchrauhen« und »gesägten« Platten. Während früher fast ausschließlich bruchrauhe Platten in Handarbeit aus lagerhaften Gesteinsvorkommen geschlagen wurden, haben sich heute überwiegend moderne maschinelle Fertigungsmethoden durchgesetzt, bei denen aus großen Kerntafeln großflächige Plattenelemente hergestellt werden können, die sowohl für Wegebeläge, als auch für Fassadenverkleidungen verwendet werden.

Die Platten werden bei den meisten Hartgesteinen stahlsand- oder diamantgesägt, wobei letzteres Verfahren auch für Weichgesteine angewendet wird.

Bruchrauhe Platten haben durch ihre etwas unregelmäßige Oberfläche das typische Aussehen von Naturgestein und wirken dadurch besonders reizvoll und natürlich; demgegenüber bringt das maschinelle Sägen der Platten folgende Vorteile: Höhere und gleichmäßigere Ebenflächigkeit und damit verbunden eine bessere Begehbarkeit und bessere Auflage auf der Unterlage, längere Haltbarkeit und überhaupt die Möglichkeit, großflächige Platten zu fertigen.

Abmessungen

Natursteinplatten gibt es als regelmäßige Formate (quadratisch oder rechteckig) in Abmessungen von 20–120 cm Seitenlänge, sowie in unregelmäßigen (polygonalen) Formaten. Die Dicken liegen zwischen 2–6 cm, selten bis 8 cm und darüber.

Im Handel wird außerdem Bahnware mit festen Breiten und freien Längen angeboten.

Aus optischen und ästhetischen Gründen sollten Natursteinplatten nicht zu klein sein; als Mindestgröße wird unter diesem Gesichtspunkt 0,25 m², besser jedoch 0,33 m², angegeben (Mindestgröße z. B. 50 × 50 cm).

Regelmäßige Formate werden entweder handbekantet, maschinell gefräst oder mit Silicium-Karbid-Sägescheiben gesägt. Es ergibt sich dabei ein verhältnismäßig großer Verschnitt. Bei polygonalen Platten fällt dagegen erheblich weniger Verschnitt an, wodurch dieses Format wesentlich preisgünstiger wird. Allerdings ist das Verlegen von polygonalen Platten aufwendiger und schwieriger.

Ausführung

Da Plattenbeläge i. a. für Verkehrsflächen mit reinem Fußgängerverkehr verwendet werden, können hierbei auch aufwendige Tragschichten entfallen.

In den meisten Fällen genügt eine dünne Schicht aus Kies oder Kiessand von 5–10 cm Dicke als Unterlage, die bei frostempfindlichen Böden mit geringer Wasserdurchlässigkeit auf 15–20 cm erhöht werden sollte.

Bei Gartenwegen ergibt sich diese Konstruktionshöhe oftmals auch schon allein durch die Dicke des anstehenden Oberbodens – der grundsätzlich abgetragen wird – und die spätere Wiederauffüllung auf Geländehöhe.

Bei sandigem, trockenen Untergrund können Platten direkt auf den anstehenden Baugrund verlegt werden.

Das Verlegen der Platten selbst erfolgt grundsätzlich in einem Bett aus Sand, Splitt 0/5 oder Mörtel von 3–5 cm Dicke, das auf der Unterlage vorbereitet und sauber abgezogen wird.

Darauf werden die Platten mit engen Fugen (bei polygonalen Platten bis 1,5 cm), im gewählten Verband gelegt und über ein aufgelegtes, schlagverteilendes Holzstück (Klopfholz) mit dem Fäustel so angeklopft, daß sie gleichmäßig und gut im Bettungsmaterial liegen. Auf eine gute Auflage muß besonders bei Platten mit bruchrauher Oberfläche geachtet werden.

Kleinformatige Platten und dünne Platten (unter 3 cm Dicke) liegen in einem Sandbett nicht sicher. Hier ist das Verlegen in einem Mörtelbett von 3–5 cm Kalk- oder Zementmörtel angebracht (s. hierzu 8.2.2.2 – Pflasterbett).

Gute Erfahrungen wurden mit der Verwendung von Traßkalk als Mörtelbett gemacht. Das 4–7 cm dicke Mörtelbett braucht keine hohe Festigkeit aufzuweisen, muß aber gute Elastizität besitzen. Traßkalkmörtel ist elastisch und bringt einen guten Haftverbund zwischen Mörtelbett und Platte. Dabei erhärtet Traßkalk langsamer als andere hydraulische Bindemittel und ist damit im Stadium der Anfangshärtung unempfindlicher gegen Erschütterungen.

Sollen Platten auf befahrenen Verkehrsflächen verlegt werden, z. B. bei Zufahrten, empfiehlt es sich, eine Betontragschicht aus B 15 von mindestens 10 cm Dicke vorzusehen. In diesem Fall werden die Platten auf jeden Fall in einem Mörtelbett verlegt. Dabei sollten die verwendeten Platten um so dicker gewählt werden, je größer die Verkehrslasten sind.

Beispiele für einen möglichen Gesamtaufbau von Plattenflächen zeigt Abb. 8.2.3.1/2.

Die Fugen von Natursteinplatten werden in der Regel durch Einfegen von Sand geschlossen. Bei Platten, die in einem Sandbett verlegt sind, ist ein Verfugen nicht angebracht, weil sich der Mörtel nach meistens 1–2 Jahren wie-

Abb. 8.2.3.1/2   Beispiele für den Gesamtaufbau von Plattenbelägen

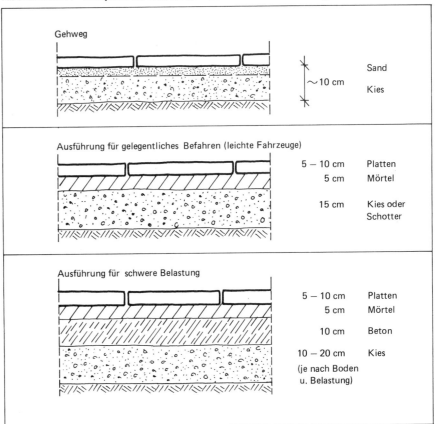

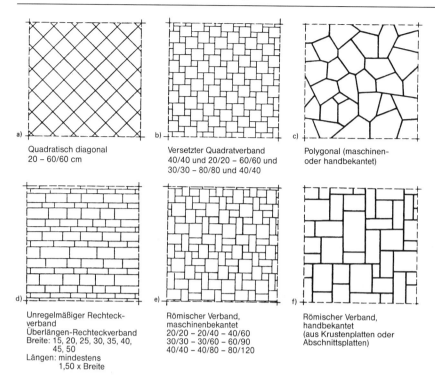

a) Quadratisch diagonal
20 – 60/60 cm

b) Versetzter Quadratverband
40/40 und 20/20 – 60/60 und
30/30 – 80/80 und 40/40

c) Polygonal (maschinen-
oder handbekantet)

d) Unregelmäßiger Rechteck-
verband
Überlängen-Rechteckverband
Breite: 15, 20, 25, 30, 35, 40,
45, 50
Längen: mindestens
1,50 x Breite

e) Römischer Verband,
maschinenbekantet
20/20 – 20/40 – 40/60
30/30 – 30/60 – 60/90
40/40 – 40/80 – 80/120

f) Römischer Verband,
handbekantet
(aus Krustenplatten oder
Abschnittsplatten)

Abb. 8.2.3.1/3 Verbände für Natursteinplatten

der aus den Fugen löst. Dagegen ist ein Ausfugen bei Platten, die in Mörtel liegen, sinnvoll. In diesem Fall sollten die Fugen 8–10 mm breit sein. Beim Verlegen der Platten steigt hierbei schon durch das Anklopfen geschmeidiges Gemisch in den Fugen nach oben. Anschließend können die Fugen mit fettem Verfüllmörtel eingeschlämmt werden. Für den Mörtel eignet sich ebenfalls Traßkalk (300 kg/m³ Sand 0/3 und 200–220 l Wasser. Das Sandgrößtkorn sollte etwa ⅓ der Fugenbreite sein). Zur Nachbehandlung sollte die Fläche ca. 8 Tage mit Sand oder Matten abgedeckt und ständig feucht gehalten werden.

Als Verbände kommen bei regelmäßigen Natursteinplatten vornehmlich der »Reihenverband« und der »Römische Verband« in Frage (Abb. 8.2.3.1/3).

Andere Fugenanordnungen sind möglich. Es sollte jedoch darauf geachtet werden, daß die Fugen entweder parallel oder rechtwinklig zu den angrenzenden oder benachbarten Gebäudefronten verlaufen. Spitze Winkel sind nicht werkgerecht und sollten ebenso wie alle langen, durchgehenden Fugen vermieden werden (Abb. 8.2.3.1/4 + 5).

Terrassenbeläge
Natursteinplatten werden häufig für Terrassen verwendet, die sich direkt an ein Gebäude anschließen oder über Bauwerken (Garagen, Kellerräumen usw.) befinden.

Bei Terrassen, die auf dem Erdreich aufliegen, ist in den meisten dieser Fälle eine Betontragschicht angebracht, um ein unverrückbares Festliegen der Plat-

ten zu garantieren. Hinzu kommt, daß in diesen Bereichen der Untergrund meist aus der Verfüllung der Baugrube des Gebäudes besteht und von daher Setzungen eintreten können.

Bei Plattenbelägen auf Bauwerken ergibt sich das Problem der Abdichtung des darunterliegenden Raumes. Außerdem muß bei größeren Flächen der unterschiedlichen Ausdehnung von Belag und Unterkonstruktion Rechnung getragen werden.

Dazu sind verschiedene Konstruktionen möglich:
a) Bei sehr kleinen Flächen (unter 10 m²) können die Platten unmittelbar auf die Schutzbetonschicht der Dachisolierung in Mörtel verlegt werden.
b) Bei größeren Flächen (ab 10 m²) sollte der Plattenbelag schwimmend verlegt werden. Dazu werden 2 Bahnen unbesandeter Dachpappe kreuzweise auf die Dachhaut oder die Schutzbetonschicht gelegt. Die Platten werden dann in einem Mörtelbett auf der Pappe verlegt und verfugt. Unterkonstruktion und Belag sind auf diese Weise nicht mehr starr miteinander verbunden.
c) Die Platten werden mit offenen Fugen auf Betonauflagern verlegt. Die Entwässerung erfolgt hierbei durch die offenen Fugen über die Dachhaut. Diese aufwendige Konstruktion wird z. B. über bewohnten Räumen ausgeführt.
d) Das gleiche Prinzip kann auch mit speziellen Abstandhaltern (aufgeständeter Plattenbelag) an Stelle der Betonauflager ausgeführt werden.

8.2.3.2 Betonsteinplatten

Betonsteinplatten gibt es in vielerlei Ausführungen, in unterschiedlichen Formen, Farben und Oberflächen.

Wie alle Plattenbeläge eignen sich

Abb. 8.2.3.1/4 Polygonale Platten, gesägt

Abb. 8.2.3.1/5 Polygonaler Plattenweg, Fugen nicht geschlossen

auch Betonsteinplatten in erster Linie für Fußgängerflächen, die nicht oder selten befahren werden, insbesondere Gartenwege, Terrassen und Sitzplätze.

Zu den sehr teuren Natursteinplatten stellen sie eine preiswerte Alternative dar, die viele Gestaltungsmöglichkeiten, aber auch technische Vorteile beinhaltet; dadurch ist der Anwendungsbereich von Betonsteinplatten im allgemeinen größer als von Natursteinplatten.

Die Anforderungen, die an die Oberfläche eines fußgängerfreundlichen Belages gestellt werden, lassen sich mit Betonsteinplatten erfüllen: Geh- und Sitzflächen sollen ebenflächig sein und eine hinreichende Griffigkeit aufweisen, insbesondere bei Nässe oder winterlicher Witterung. Daneben sollen die Beläge dauerhaft gegenüber Witterungseinflüssen und Benutzung sein und sich auch harmonisch in die Gesamtanlage einfügen.

Abmessungen und Ausführung von Platten aus Beton

Die Grundausführung von Betonsteinplatten ist hinsichtlich Abmessungen, Ausführung und Güteeigenschaften in der DIN 485 festgelegt. Gehwegplatten werden hauptsächlich als quadratische Platten (Form A) hergestellt. Für das Verlegen mit versetzten Fugen werden auch halbe, d. h. rechteckige Platten benötigt und eine diagonale Anordnung der Fugen erfordert zusätzlich noch Friesplatten (Form B, auch »Bischofsmützen« genannt, s. Abb. 8.2.3.2/1). Eine Zusammenstellung der Abmessungen von genormten sowie häufig vorkommenden Formaten außerhalb der Norm findet sich im Anhang, Tab. A 8.2.3.2/1.

Güteanforderungen und Oberflächen.

Betonsteinplatten, die der DIN 485 entsprechen sollen, können einschichtig oder zweischichtig hergestellt werden, d. h. einschichtig durchgehend aus dem gleichen Beton, zweischichtig mit einer dünnen Vorsatzschicht. Bei zweischichtigen Platten muß der Vorsatzbeton an allen Stellen mindestens 10 mm dick und mit dem Unterbeton untrennbar verbunden sein.

Die Platten werden im Normalfall vollkantig hergestellt, seltener auch abgefast. Die Nutzfläche soll eben und griffig sein, alle Flächen müssen frei von Rissen sein.

Die Platten können hell, dunkel oder auch farbig hergestellt werden.

Eine möglichst gute Griffigkeit soll von Anfang an gewährleistet sein und über die ganze Lebensdauer erhalten bleiben. Sie wird erreicht durch eine rauhe Oberflächenstruktur und durch die Verwendung von Zuschlägen mit

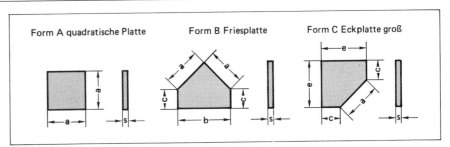

Abb. 8.2.3.2/1 Gehwegplatten aus Beton nach DIN 485 (Maße siehe Anhang, Tab. A 8.2.3.2/1)

Abb. 8.2.3.2/2 Betonplatten nach DIN 485

möglichst geringer Polierbarkeit und scharfen, harten Kanten, d. h. gebrochenem Gestein. Für Extremfälle, z. B. bei sehr steilen Gehwegen, kann die Griffigkeit durch die Einarbeitung von Hartstoffen in die Oberfläche gesteigert werden.

Auch unter gestalterischen Gesichtspunkten kann eine stark aufgerauhte Oberfläche, die der Platte ein »altes«, rustikales Aussehen gibt, erwünscht sein.

Als Güteeigenschaften werden verlangt: Die Biegefestigkeit darf bei der Prüfung von 5 Platten im Mittel 6 N/mm² und bei der einzelnen Platte 5 N/mm² nicht unterschreiten. Darüber hinaus muß von jeder Platte folgende Mindestbruchlast erreicht werden:

Größe 300	7 kN
Größe 350 und 400	10 kN
Größe 500	14 kN

Die DIN legt ferner das Verschleißverhalten unter einer schleifenden Beanspruchung fest und stellt außerdem die sehr wichtige Forderung: Die Platten müssen frostbeständig sein. Durch Imprägnieren mit verdünnten Leinölfirnis oder Epoxyharzlösung können Abwitterungen, die sich bei Tausalzbeanspruchung besonders bei jungem Beton zuweilen einstellen, vermieden werden (Abb. 8.2.3.2/2).

Außerhalb der Festlegung in der DIN

sind eine ganze Anzahl unterschiedlicher Oberflächenarten und -ausführungen im Handel, von denen hier beispielhaft einige herausgegriffen werden sollen:

a) Waschbeton

In eine Vorsatzschicht aus grauem oder weißem Zement wird eine runde oder gebrochene Körnung eingestreut und ausgewaschen, z. B.
Rheinkies 8/16 oder 4/8, Basaltsplitt 8/12, Porphyrsplitt 5/8 u. a.
Auf diese Weise lassen sich viele Farbtönungen und Strukturen erzielen.

b) Strukturierte Oberflächen

Durch besondere Techniken werden Natursteinoberflächen nachgebildet, z. B. Travertin-Struktur, Lava-Poren-Struktur, Sandstein-Struktur, Nagelfluh-Struktur u. a. (Abb. 8.2.3.2/3). oder es werden bestimmte Muster oder Reliefs ausgebildet, z. B. Kieselstein-Struktur, Kleinpflaster-Struktur u. a.
Zu den Strukturen kommen unterschiedliche Einfärbungen des Betons.

c) Besondere Vorsätze und Bearbeitung

Z. B. elfenbeinfarbener Hartkalksteinvorsatz in Weißzement mit angeschliffener Oberfläche u. a.

Abb. 8.2.3.2/3   Strukturplatten

BV3- Verbundplatte allseits abgefast	Länge cm	Breite cm	Dicke(d) cm	Gewicht ca. kg/m²	Stück/ 10 m²	BV3- Platten entsprechen den Güteeigenschaften nach DIN 485
	30	30	6	140	110	
	30	30	8	181	110	

Zur Wahl der Plattendicke

d = 6 cm

Bei normaler Beanspruchung durch Fußgänger und Pkw-Verkehr sowie gelegentlicher Benutzung durch Lkw und Versorgungsfahrzeuge (Möbelwagen, Tankwagen, Müllabfuhr, Feuerwehr).

d = 8 cm

Bei Beanspruchung durch Schwerverkehr sowie bei stark belasteten Lagerflächen.

Abb. 8.2.3.2/4   Betonplatten – Sonderausführungen

a) Verbundplatten

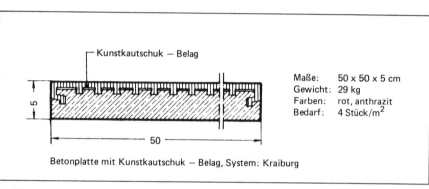

Maße: 50 x 50 x 5 cm
Gewicht: 29 kg
Farben: rot, anthrazit
Bedarf: 4 Stück/m²

Betonplatte mit Kunstkautschuk – Belag, System: Kraiburg

b) Platten mit gummielastischer Auflage

d) Schablonenplatten

Eine weitere Technik, bei der Waschbetonplatten im Direktverfahren teilweise ornamentartig ausgewaschen werden, wobei der nicht ausgewaschene Teil durch eine Schablone abgedeckt wird.

e) Spezialplatten

Z.B. Betonplatten mit Gummi- oder Kunststoffabdeckung für Spielplätze, unter Spielgeräten (Abb. 8.2.3.2/4b).

Verbundplatten mit horizontaler und vertikaler Verbundwirkung für befahrene Plattenflächen (Abb. 8.2.3.2/4a).

Ausführung

Für die Ausführung von Belägen aus Betonsteinplatten gilt im Prinzip das gleiche wie für Natursteinplatten (s. 8.2.3.1). Bei reiner Fußgängerbelastung ist das Verlegen der Platten in ein 3–5 cm dickes Sandbett oder in Splitt 0/5 ausreichend, wenn sandiger, trockener Untergrund ansteht.

Bei feuchten oder bindigen Bodenarten sollte eine 10–15 cm dicke Frostschutzschicht vorgesehen werden.

Bei vielen Verkehrsflächen, die für Fußgänger bestimmt sind, kann ein gelegentliches Befahren nicht ausgeschlossen werden. In solchen Fällen empfiehlt es sich, die Platten in ein Mörtelbett zu verlegen. Als Bettung kommen in Frage:

3–5 cm Kalkmörtel (Mischungsverhältnis 1:8 bis 1:6 in Raumteilen) oder Zementmörtel (270 kg Zement/m³, erdfeucht). Platten in Kalkmörtel lassen sich leichter aufnehmen und von dem anhaftenden Mörtel befreien, als bei Zementmörtel.

Bei häufig befahrenen Plattenflächen (Grundstückszufahrten, Garagenzufahr-

Abb. 8.2.3.2/5   Beispiele für den Gesamtaufbau von Betonplattenbelägen

a) Befahrbar: (z.B. Überfahrt)

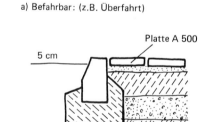

Platte A 500

5 cm

in Kalkzementmörtel MV 1 : 8 oder Zementmörtel (270 kg/m³)

15 cm Beton B 15   (oder Verfestigung mit Zement)

15 cm Frostschutzschicht

b) Nicht befahrbar:

Platte A 500

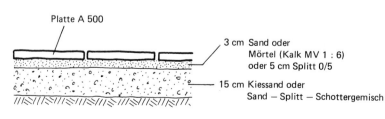

3 cm Sand oder Mörtel (Kalk MV 1 : 6) oder 5 cm Splitt 0/5

15 cm Kiessand oder Sand – Splitt – Schottergemisch

ten) sollte eine 10–15 cm dicke Tragschicht aus Beton B 15 vorgesehen werden. Die Platten werden in diesem Fall
ebenfalls in Mörtel verlegt. Auch andere
Tragschichten sind möglich (z.B. Bituminöse Tragschicht, Bodenverfestigung
oder Schottertragschicht (s. 8.1.4).

Beispiele für einen möglichen Gesamtaufbau zeigt Abb. 8.2.3.2/5.

Die Platten werden mit engen Fugen
verlegt und anschließend mit Sand eingefegt. Waschbetonplatten und verschiedene Strukturplatten sollten Fugen von
mindestens 5 mm Breite, Sechseckplat-
ten von 10 mm Breite aufweisen. (Die
Verlegehinweise der Hersteller sind zu
beachten.)

Das Verlegen selbst erfolgt in der
Regel »hammerfest«, d.h. mit schwe-
rem Gummihammer oder Fäustel und
Klopfholz.

Für großformatige Platten sind besondere Hilfsgeräte (Hebegeräte) entwickelt worden, die das Verlegen erleichtern und die Leistung erhöhen.

In Abb. 8.2.3.2/6 sind einige gebräuchliche Verbände für das Verlegen von
quadratischen Platten dargestellt.

Eine Auflockerung der Fläche kann
durch die Verwendung verschiedener
Plattenformate erzielt werden (Abb.
8.2.3.2/7), oder bei größeren Plattenflächen durch Bänderungen aus anderen
Materialien, z.B. Klinker, Kleinpflaster
usw.

In Anschlußbereichen, bei Bögen
oder beim Zusammentreffen zweier Wege müssen Betonplatten oftmals geschnitten werden. Dies geschieht am besten mit einer stationären Steinsäge
oder einer Trennscheibe. Für kleine Plat-

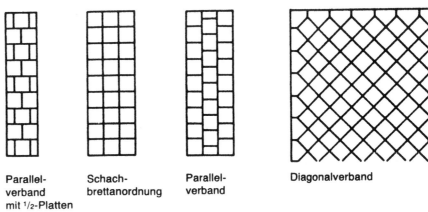

Parallel-
verband
mit ¹/₂-Platten

Schach-
brettanordnung

Parallel-
verband

Diagonalverband

Abb. 8.2.3.2/6   Verbände für Betonsteinplatten

ten eignet sich auch ein Platten- oder
Trennschneider. Ein Zuschlagen der
Platten mit Hammer und Meißel ist
lohnintensiver und ergibt außerdem
mehr Bruch.

Beim Zuschneiden von Platten und
Herstellen von Anschlüssen sollten die
folgenden Grundsätze beachtet werden:
– Keine Platten verwenden, die klei-
ner als ¹/₂ der normalen Größe sind
– Spitze Winkel (unter 45°) vermeiden
– Keine zu kleinen Dreieckssteine ver-
wenden
Wegebiegungen von Plattenbelägen las-
sen sich ausführen:
– Durch Auszwickel mit Mosaikpfla-
ster
– Durch versetzte Anordnung mit ge-
zacktem Rand

8.2.3.3   Rasengittersteine

Rasengittersteine (Bezeichnung auch:
Rasenkammersteine, Grassteine, Beton-
Grasplatten u.ä.) finden Verwendung,
wenn Rasenflächen so befestigt werden
sollen, daß sie von Fahrzeugen befahren bzw. belastet und von Fußgängern
häufig begangen werden können, ohne
daß der Rasenwuchs zerstört wird (Abb.
8.2.3.3/1). Sie stellen eine Alternative
zum Schotterrasen (s. 8.2.1.5) dar.

Anwendungsgebiete sind: Stellplätze
für Pkw und selten genutzte Parkplätze, Garagenzufahrten, Feuerwehrzufahrten, Böschungssicherungen.

Gegenüber anderen Befestigungsar-
ten ergeben sich folgende Vorteile:
– Naturnahes Aussehen der Verkehrsfläche
– Keine Oberflächenentwässerung erforderlich; außerdem umweltfreund-

Abb. 8.2.3.2/7   Verlegebeispiele für Betonplatten unterschiedlicher Formate

a) Wegeflächen

b) Platzflächen

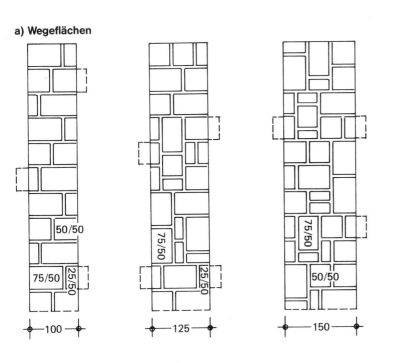

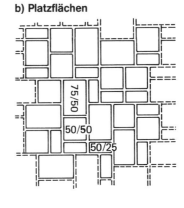

Abb. 8.2.3.3/1   Rasengittersteine

Abb. 8.2.3.3/2   Rasenpflaster

lich durch nicht versiegelte Oberfläche

Als Nachteile müssen genannt werden:
— Etwas teurer als z.B. eine Befestigung mit Verbundpflaster bei vergleichbarer Unterkonstruktion
— Größerer Unterhaltungsaufwand durch Rasenmähen
— Bei Stellplätzen besteht die Gefahr, daß Tropföle und Benzin ins Grundwasser gelangen
— Nur für gelegentliches Befahren geeignet

Als **Rasenpflaster** läßt sich solch eine Befestigung mit normalen Pflastersteinen ausführen. Geeignet sind z.B. Betonpflastersteine 16/16/12 oder auch Großpflastersteine aus Naturstein (Abb. 8.2.3.3/2).

Die Pflastersteine werden in gleichmäßigen Abständen mit 4–5 cm breiten Fugen nach Schnur oder mit speziellen Abstandselementen versetzt und die Fugen mit einem Torf- Sandsplitt-Gemisch (Mischungsverhältnis 1:2) verfüllt und eingesät (Abb. 8.2.3.3/3).

Rationeller ist die Verwendung von vorgefertigten Betonelementen, d.h. von Rasengittersteinen.

Baustoffe

Rasengittersteine sind gitterförmig durchbrochene Betonplatten in Abmessungen, die bei den meisten Fabrikaten zwischen 30–40 cm Breite, 50–60 cm Länge und 10 cm Dicke liegen. Daneben gibt es auch kleinere Formate.

Die einzelnen Rasenkammern haben eine Fläche von ca. 80 cm², das Verhältnis Betonfläche zu Rasenfläche liegt zwischen 50% Beton und 50% Rasen bis zu 25% Beton und 75% Rasen. Durch eine gewellte Oberfläche oder Einkerbungen in den Betonstegen wird bei manchen Modellen der Rasenanteil noch vergrößert.

Einige Fabrikate lassen sich im Verbund verlegen, andere in den üblichen Plattenverbänden. In der Betonqualität entsprechen die Platten in den meisten Fällen der DIN 18501 (Pflastersteine aus Beton). Die Platten sind nicht bewehrt.

Aus der Vielzahl der auf dem Markt erhältlichen Fabrikate und Modelle sind hier beispielhaft einige herausgegriffen und in Abb. 8.2.3.3/4 dargestellt.

Ausführung

Wie bei jeder Verkehrsfläche richtet sich der Gesamtaufbau der Befestigung mit Rasengittersteinen nach der zu erwar-

tenden Verkehrsbelastung und dem vorhandenen Untergrund.

Bei nicht befahrenen oder nur gelegentlich mit Pkw befahrenen Flächen genügt für die Verlegung bereits ein tragfähiges Erdplanum, wobei kleine Unebenheiten mit lehmigem oder humosem Sand ausgeglichen werden können.

Bei leichter Verkehrsbelastung (z.B. Pkw) sollten Rasengittersteine auf ein abgezogenes Sandbett aus ungewaschenem Sand von 5–10 cm Dicke verlegt werden.

Eine höhere Tragfähigkeit kann erzielt werden, wenn eine ca. 10 cm dicke Schicht aus Kies eingebracht und gut verdichtet wird. Auch hier eignet sich lehmiger Kies besonders gut, die Frage der Frostsicherheit ist bei dieser Befestigungsart meist nicht relevant. Die Platten werden darauf in einem Sandbett von 2–3 cm Dicke, das höhengenau abgezogen wird, verlegt. Soll die Verkehrsfläche auch von Lkw befahren oder häufig von Pkw benutzt werden, so wird eine Tragschicht nach 8.1.4 erforderlich. Es kommen in diesem Fall jedoch nur ungebundene Tragschichten in Frage.

Die Tragschicht sollte hierbei 20–30 cm dick sein, wobei auch ein lehmiger Kies geeignet ist. Dadurch ist der kapillare Anschluß an den Untergrund gegeben, das Gras vertrocknet nicht so leicht.

Bei der Verwendung von Schottertragschichten wird die Tragfähigkeit weiter gesteigert; es sollte dabei auf den Schotter jedoch ebenfalls eine ca. 10 cm dicke Schicht aus lehmigem Kies vorgesehen werden.

Über die fertig verlegte Plattenfläche wird trockener, stein- und unkrautfreier Oberboden der Bodengruppe 2 oder 4 gestreut und mit starkem Besen in die Erdkammern eingekehrt. Wichtig ist, daß der Humus nach seiner Setzung etwa 2 cm unter der Betonoberkante zu-

Abb. 8.2.3.3/3   Rasenpflaster – Ausführung

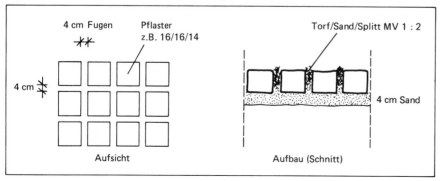

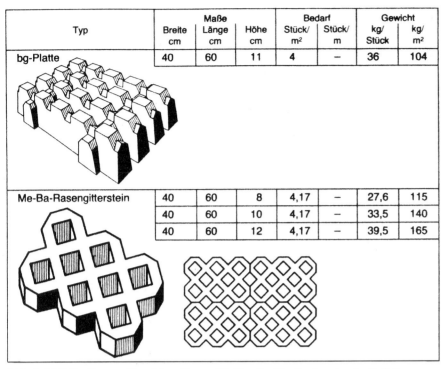

Typ	Maße			Bedarf		Gewicht	
	Breite cm	Länge cm	Höhe cm	Stück/ m²	Stück/ m	kg/ Stück	kg/ m²
bg-Platte	40	60	11	4	–	36	104
Me-Ba-Rasengitterstein	40	60	8	4,17	–	27,6	115
	40	60	10	4,17	–	33,5	140
	40	60	12	4,17	–	39,5	165

Abb. 8.2.3.3/4 Rasengittersteine (Auswahl) (Quelle: Straßenbau heute, Heft 3, Bauberatung Zement)

rückbleibt, damit sich der Rasen ungestört vom Fahrverkehr entwickeln kann.

Für die Einsaat empfiehlt sich die Verwendung einer Rasenmischung, die gegen Trockenheit widerstandsfähige, ausläufertreibende und kurzwachsende Grasarten enthält.

Folgende Hauptkomponenten sollten in der Mischung enthalten sein:
30% *Festuca nigrescens* (Horstrotschwingel), 15% *Festuca rubra ssp. rubra* (Ausläuferrotschwingel), 15% *Festuca ovina ssp. duriuscula* (Hartschwingel), 40% *Poa pratensis* (Wie-

Abb. 8.2.3.3/6 Feuerwehrzufahrt aus Rasengittersteinen (hier kurz nach der Einsaat)

senrispe) in 2 für Gebrauchsrasen gut geeigneten Sorten.

Die Ansaat sollte ca. 25 g/m² betragen. Abschließend wird über die gesäte Fläche nochmals trockener Humus fein verstreut und eingekehrt.

In diesem Zustand kann die Fläche bereits befahren werden, ohne daß das keimende Gras in seiner Entwicklung gestört wird (Abb. 8.2.3.3/5).

Die Pflege einer bereits begrünten Rasengitterfläche entspricht der einer normalen Rasenfläche; der Schnitt kann mit allen herkömmlichen Hand- und Motorrasenmähern durchgeführt werden. Eine mehrmalige Düngung ist ratsam.

Rasenziegel
Befahrene Grasflächen lassen sich nach dem gleichen Prinzip auch mit »Rasenziegeln« herstellen.

8.2.4 Betondecken

Betondecken gehören bei untergeordneten Verkehrsflächen zu der Kategorie der Tragdeckschichten, d.h., sie vereinen in sich die Funktionen von Tragschicht und Deckschicht.

Der Anwendungsbereich im Garten- und Landschaftsbau ist relativ gering, da hier die anderen Deckenbauweisen in den meisten Fällen größere Vorteile bieten.

Das Hauptanwendungsgebiet der Betondecke liegt heute bei hochbelasteten

Verkehrsstraßen (Autobahnen) und bei Wirtschaftswegen. Dennoch lassen sich Betondecken auch bei ausgesprochen kleinen Verkehrsflächen, wie sie im Bereich von Wohngrundstücken vorkommen, ausführen. Solche Anwendungsgebiete sind z.B. Hofflächen, Garagenzufahrten oder Einstellplätze.

Vorteile der Betondecke liegen in der hohen Tragfähigkeit auf Grund der Plattenwirkung und der großen Dauerhaftigkeit, wobei kaum jemals Reparaturen anfallen. Wegen der guten Ebenflächigkeit und Griffigkeit sind Betondecken gut zu begehen und zu befahren. Ein weiterer Vorteil, gerade bei sehr kleinen Verkehrsflächen, liegt darin, daß sich Betondecken ohne größeren Aufwand an Spezialgeräten gewissermaßen in »Eigenleistung« ausführen lassen. Dabei können die Formen und Begrenzungen der Verkehrsfläche auch unregelmäßig, verwinkelt oder gekrümmt sein.

Diesen Vorteilen stehen aber auch etliche Nachteile gegenüber: Betondecken sind nur schwer wieder aufzunehmen, z.B. bei Leitungsverlegungen oder Umgestaltungen. Der Einbau erfordert Sachkenntnis über den Baustoff Beton und auch handwerkliches Können.

Die gestalterischen Möglichkeiten und der optische Eindruck von Betondecken werden in der Regel als ungünstig eingestuft, weil der Beton meist »starr« und »leblos« wirkt. Auch die Kombinationsmöglichkeit mit anderen Materialien ist gering.

Im Straßenbau ist die Bauweise von Betondecken in der ZTV-Beton 78 genau geregelt. Für die hier behandelten Nebenverkehrsflächen sind diese Festlegungen sinngemäß übernommen und entsprechend vereinfacht worden. Die nachfolgenden Aussagen über die Herstellung von Betondecken reichen somit nicht aus für den Bau von Wirtschaftswegen oder Straßen.

8.2.4.1 Baustoffe

Damit eine Betondecke die auftretenden Verkehrslasten schadlos aufnehmen und an den Untergrund übertragen kann, muß der Beton eine Druckfestigkeit aufweisen, die einem B 25 entspricht. Zweckmäßig ist die Verwendung von werksgemischtem Transportbeton. Bei Eigenherstellung des Betons ist zu beachten:

Es sollte ein Zement der Festigkeitsklasse Z 35 verwendet werden. Als Zuschlag kommen gebrochene und ungebrochene Körnungen in Frage; der Zuschlag darf keine lehmigen, tonigen oder humosen Bestandteile haben. Die Kornzusammensetzung des Zuschlags sollte im günstigen Bereich nach DIN

1045 liegen, außerdem sollten mindestens 2 Korngruppen verwendet werden (0/4 und 4/32). Der Gesamtanteil an Mehlkorn (Zement + Feinsand 0/0,25 + ggf. Zusatzstoffe) ist auf das Mindestmaß von 450 kg/m³ Festbeton zu beschränken.

Der Wasserzementwert spielt für die Erhärtung und Festigkeit des Betons eine wichtige Rolle; er sollte nicht größer als 0,55 sein. Der Wassergehalt und damit die Steife des Betons ist so festzulegen, daß der Beton mit den gewählten Verdichtungsgeräten ein gleichmäßig dichtes Gefüge erhält (Konsistenzbereich K 1 nach DIN 1045). Die erforderliche Steife des Betons muß schon beim Mischen in der Mischmaschine erzielt werden. Der Wassergehalt ist richtig, wenn die Decke nach dem Übergang des Verdichtungsgerätes (meist Rüttelbohle) gut geschlossen ist, ohne daß an der Oberfläche ein Überschuß von Feinmörtel entsteht.

Ist zu erwarten, daß auf der Betondecke später Tausalze gestreut werden, so ist dem Beton ein Luftporenbilder zuzusetzen (Luftporengehalt im Mittel 3,5%).

Der Zementgehalt des Betons richtet sich nach dem nicht zu überschreitenden Wasserzementwert und der erforderlichen Konsistenz. Er liegt im Mittel bei 300 kg/m³ und sollte 280 kg/m³ nicht unterschreiten.

Bewehrung

Im Regelfall wird keine Flächenbewehrung vorgesehen. Eine Bewehrung mit Betonstahl IV (Baustahlgewebe) kann in Frage kommen bei extrem schlechtem Untergrund und gleichzeitig hohen Verkehrslasten.

In solchen Fällen werden Baustahlmatten mit 2 kg/m² Stahl in den unteren Teil der Decke eingelegt.

8.2.4.2 Ausführung

Betondecken erfordern bei den hier behandelten Verkehrsflächen keine Tragschichten.

Bei frostsicheren Böden kann die Decke direkt auf den Untergrund aufgebaut werden. Bei frostempfindlichen und frostgefährdeten Böden ist eine Frostschutzschicht aus frostsicherem Material von 10–15 cm Dicke erforderlich.

Die Dicke der Betondecke richtet sich nach der Verkehrslast. Entsprechende Anhaltswerte finden sich in Tab. 8.2.4.2/1.

Die Verwendung von ölgetränktem Unterlagspapier oder Unterlagsfolie unter der Betondecke ist umstritten, weil dadurch eine Verzahnung mit den darunterliegenden Schichten verhindert

wird. Durch das Ölpapier soll vermieden werden, daß aus dem erhärtenden Beton von den darunterliegenden Schichten Wasser entzogen wird. Unterlagspapier oder -folie sollte deshalb nur dann verwendet werden, wenn der Frischbeton auf eine sehr trockene Unterlage aufgebracht wird, oder wenn frühhochfester Beton mit Betonverflüssigern als Zusatz (Fließbeton) verarbeitet wird.

Fugen

Zum Ausgleich von Längenänderungen infolge Temperatur, Schwinden und Kriechen und zur Vermeidung von wilden Rissen müssen größere Flächen in möglichst gleiche Felder unterteilt werden. Dadurch entstehen Platten, die etwa folgende Abmessungen haben sollten:
Bei Dicke der Betondecke
  < 12 cm: 3,50 × 3,50 m
  ≧ 12 cm: 4,00 × 4,00 m

Die Feldereinteilung sollte so vorgenommen werden, daß keine spitzen Ecken entstehen, die abbrechen können. Außerdem sollten Fugenanschlüs-

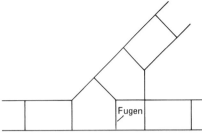
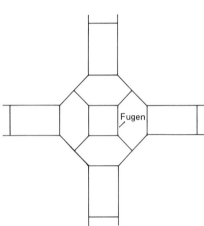

Abb. 8.2.4.2/1 Beispiele für die Fugenanordnung bei Betondecken

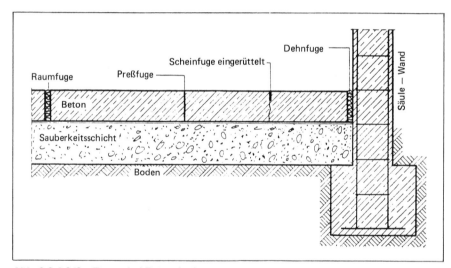

Abb. 8.2.4.2/2 Fugen bei Betondecken

Tab. 8.2.4.2/1 Dicke von Betondecken (unbewehrt)

Verkehrsbelastung	Art der Verkehrsfläche	Dicke der Betondecke
nicht befahren	Gehwege	8–10 cm
schwach befahren	Nebenflächen, Fußböden, vorderer Hofraum	12 cm
Pkw-Verkehr		14 cm
Pkw + geringer Anteil Lkw	Wege- u. Platzflächen, allgemein	14 cm
Schwerverkehr (Lkw, Bus)		16 cm

se möglichst rechtwinklig sein (Abb. 8.2.4.2/1).

Man unterscheidet 3 Arten von Fugen (Abb. 8.2.4.2/2):

a) **Raumfugen.** Sie trennen die Platten in ganzer Dicke voneinander und ermöglichen so durch einen breiten vorgebildeten Fugenspalt eine Ausdehnung der Platten. Raumfugen erhalten bleibende Einlagen aus astarmen Weichholzbrettern von ca. 13 mm Stärke, die senkrecht auf der Unterlage stehen müssen. Sie werden angeordnet zwischen Decke und festen Abgrenzungen wie Mauerwerk, Einläufen, Bordsteinen usw. Alle übrigen Fugen sind als Scheinfugen auszubilden.

b) **Scheinfugen.** Sie sollen ein unkontrolliertes, »wildes« Reißen des Betons verhindern; dafür sollen die Risse an ganz bestimmten Stellen auftreten. Dies erreicht man durch eine Schwächung des Betonquerschnittes, durch 3–4 cm tiefe und 6 mm breite Kerben an der Oberseite der Decke. Bei Überschreitung der Betonzugfestigkeit reißen die Platten an diesen Stellen. Die Fugen werden ausgeführt, indem Füllstreifen (Holz- oder Hartfaserleisten) direkt in den Beton eingerüttelt werden, oder indem mit Spezialgeräten nachträglich in den frisch erhärteten Beton Kerben eingeschnitten werden. In diesem Fall ist ein Vergießen mit Fugenvergußmasse erforderlich.

c) **Preßfugen.** Sie trennen die Platten in ganzer Dicke voneinander, bieten aber im Gegensatz zu den Raumfugen keinen Raum für die Ausdehnung des Betons über seine ursprüngliche Länge hinaus. Preßfugen (auch Tagesfugen genannt) entstehen meistens als Arbeitsfugen, dort wo an bereits erhärteten Beton anbetoniert wird. Hierbei sollte die Stirnfläche mit einem bituminösen Anstrich versehen werden.

Seitlich wird der Beton durch Seitenschalung begrenzt, bei größeren Maßnahmen werden auch Fertiger mit Gleitschaltung eingesetzt.

Der Beton muß gleichmäßig eingebracht und auch an den Ecken und an der Schalung sorgfältig verdichtet werden. Wenn sich an der Oberfläche ungenügend geschlossene Stellen zeigen, können diese von einer Arbeitsbühne aus mit Reibebrettern geglättet werden. Anschließend wird die durch die Verdichtung nach oben gezogene Betonschlempe durch einen Besenstrich entfernt, wodurch gleichzeitig eine saubere und griffige Oberfläche erreicht wird.

Die frische Betondecke muß geschützt werden gegen:

– Vorzeitiges Austrocknen durch Sonne und Wind
– Auswaschungen durch Niederschläge
– Zu schnelles Abkühlen bei niedrigen Temperaturen

Gegen das Austrocknen erfolgt eine Nachbehandlung der Decke über 7 Tage, die in einem ständigen Feuchthalten der Oberfläche besteht. Zum Schutz gegen Auswaschungen und zu schnelles Austrocknen wird ein Abdecken mit Kunststoffolie, Stroh- oder Schilfmatten empfohlen. Die Einbautemperatur sollte mindestens 5° C betragen.

8.2.5 Asphaltdecken (Bituminöse Decken)

Die bituminöse Bauweise stammt aus dem Straßenbau und hat dort etwa seit den 20er Jahren mit der Zunahme des Kfz-Verkehrs bis heute eine tiefgreifende Entwicklung durchgemacht. Wurden ursprünglich dünne Deckschichten mit bituminösen Bindemitteln verfestigt, um die damaligen Schotterstraßen staubfrei und verschleißfester zu machen, so gibt es heute Bauweisen, die bis zu 40 cm dicke, bituminös gebundene Schichten (vollgebundener Oberbau) aufweisen.

Heute ist die bituminöse Bauweise jedoch längst nicht mehr allein auf den Straßenbau beschränkt; gerade auch im Garten- und Landschaftsbau gibt es hierfür viele Anwendungsmöglichkeiten. Auch im Bereich von Hausgärten und Wohngrundstücken werden Höfe, Zufahrten und Stellplätze bituminös befestigt. Da jedoch das Hauptanwendungsgebiet im Rahmen von Großprojekten liegt, sollen hier nur die wichtigsten Grundlagen dieses umfangreichen Gebietes behandelt werden, wobei hier der Schwerpunkt auf den einfachen bituminösen Bauweisen liegt, die mit relativ geringem Aufwand an Spezialgeräten gerade für kleine Nebenflächen angewendet werden können.

8.2.5.1 Baustoffe (Bitminöse Bindemittel)

Als Bindemittel bezeichnet man im Bauwesen die Stoffe, die die mineralischen Körnungen (Sande, Kiese, Splitte usw.) zusammenbinden, wodurch ein neuer Baustoff entsteht. Neben den hydraulischen Bindemitteln Kalk und Zement gibt es die **bituminösen Bindemittel** Bitumen und Teer.

Bitumen wird aus Erdöl gewonnen. Es fällt bei der Aufbereitung (Destillation) als Rückstand an und ist somit ein Nebenprodukt bei der Benzin- und Heizölherstellung.

Teer wird bei der Koksherstellung aus dem anfallenden Kokereigas abgeschieden. Im Bauwesen werden in erster Linie Steinkohlenteere verwendet.

Mischungen aus mineralischen Körnungen (Sand, Kies, gebrochene Körnungen, Schlacke usw.) und bituminösen Bindemitteln heißten **Asphalt.**

Während in den Anfängen des bituminösen Straßenbaues zu Beginn dieses Jahrhunderts überwiegend Teer als Bindemittel verwendet wurde, was sich noch heute in der Umgangssprache ausdrückt (»eine Straße wird geteert«), wird heute jedoch fast ausschließlich das Bitumen verarbeitet.

In den neueren Richtlinien wird der Begriff »Teer« nicht mehr verwendet, dafür wurde die Bezeichnung »Pech« übernommen.

Bitumen

Bitumen ist ein Stoff mit thermoplastischen Eigenschaften, d.h. ohne definierte Schmelz- und Siedepunkte. Bei normalen Außentemperaturen bis etwa 20° C ist es hart bis spröde, darüber wird es mit zunehmenden Temperaturen weicher bis dünnflüssig.

In Wasser ist Bitumen unlöslich, es wird jedoch von Mineralölen, Benzin und den meisten Lösungsmitteln erweicht. Gegenüber Säuren, Laugen, Salzen und Luftsauerstoff zeigt es kaum Reaktionen.

Um das Bitumen überhaupt verarbeitbar (d.h. mischbar mit Zuschlagstoffen oder versprühbar) zu machen, gibt es verschiedene Möglichkeiten bzw. Verarbeitungsformen:

a) Heißbitumen. Die verbreitetste Form ist heute der Heißeinbau, bei dem »Straßenbaubitumen« soweit erhitzt wird, bis es dünnflüssig ist und dann im heißen Zustand weiterverarbeitet wird. Dazu gibt es härtere und weichere Bitumensorten für die verschiedenen Anwendungsgebiete.

Die Klassifizierung erfolgt nach dem plastischen Verhalten unter genormten Versuchsbedingungen (Penetration). Dazu wird die Eindringtiefe einer mit 100 g (1 N) belasteten Nadel in 1/10 mm in eine Bitumenprobe von 25° C während 5 Sekunden gemessen.

Beispiel: Gemessene Eindringtiefe 200/10 mm - Bezeichnung des Bitumens B 200

In der DIN 1995 werden die Bitumensorten unterschieden (Tab. 8.2.5.1/1).

Der große Vorteil des Heißbitumens liegt darin, daß die endgültige Härte gleich nach dem Abkühlen erreicht wird. Da der Heißeinbau auch im Straßenbau angewendet wird, ist er bei den heutigen Kapazitäten der Mischanlagen gegenüber anderen Verarbeitungsformen auch am kostengünstigsten.

Für bestimmte Anwendungsgebiete

Tab. 8.2.5.1/1   Bitumensorten

Bitumen-sorte	Eindringatiefe in $^1/_{10}$ mm		min. Temperatur beim Einbau	Hauptsächliche Verwendung
B 300	250–320	weich	120° C	Oberflächenbehandlung
B 200	160–210	weich	120° C	Maka dambauweise
B 80	70–100	mittel	120° C	Asphaltbeton
B 65	50– 70	mittel	120° C	
B 45	35– 50	mittel	140° C	Gußasphalt
B 25	20– 30	hart	220° C	
B 15	10– 20	hart	220° C	(Verwendung selten)

(z. B. sehr kleine Flächen, Reparaturarbeiten oder spezielle Bauweisen) ist es vorteilhaft, mit kalteinbaufähigem Material zu arbeiten, weil kleine Mengen heißeinbaufähiges Mischgut schnell abkühlen, kalteinbaufähiges Mischgut dagegen länger lagerfähig ist.

Dazu muß das Straßenbaubitumen weiterverarbeitet werden:

b) Verschnittbitumen. Diese Form stellt eine Zwischenstufe zwischen Heiß- und Kaltbitumen dar. Durch Zugabe von Lösungsmitteln (Verschnittmitteln) wird das Bitumen dünnflüssiger und läßt sich bei niedrigeren Temperaturen (30–130° C) verarbeiten als Heißbitumen. Durch Verdunstung der Lösungsmittel erhärtet das Bitumen langsam wieder. Bezeichnung:
Fluxbitumen FB 500
Verschnittbitumen wird beim sogenannten »Warmeinbau« verwendet, der heute jedoch kaum noch Bedeutung hat, mit Ausnahme untergeordneter, Schwach belasteter Flächen. Warmeinbaufähiges Mischgut ist anfangs sehr wärmeempfindlich und gibt bei mechanischer Beanspruchung leicht nach.

c) Kaltbitumen. Kaltbitumen ist gegenüber dem Verschnittbitumen ein noch stärker verschnittenes Straßenbaubitumen. Ausgangsstoffe sind ein B 80 oder B 200, dem ca. 20% Lösungsmittel zugegeben werden. Dadurch sinkt die Viskosität (Zähigkeit) so weit herab, daß Kaltbitumen ohne Erwärmung mit Mineralstoffen gemischt bzw. bei niedrigen Außentemperaturen eingebaut werden kann. Die Verfestigung erfolgt durch Verdunsten des Lösungsmittels.

Kaltbitumen ist ein Produkt der weiterverarbeitenden Industrie, es ist nicht genormt, seine Zusammensetzung und speziellen Eigenschaften sind je nach Hersteller unterschiedlich.

Im Straßen- und Wegebau wird Kalt-

bitumen zur Herstellung kalteinbaufähigen Mischgutes und auch zur Bodenverfestigung verwendet. Der Einsatz ist jedoch relativ selten, da zumindest größere Flächen im Heißeinbau kostengünstiger und technisch besser ausgeführt werden können. Als lagerfähiges Mischgut für Reparaturarbeiten und für kleine Flächen ist es jedoch gut geeignet.

d) Bitumenemulsion. Hierbei handelt es sich um eine weitere Verarbeitungsform des Bitumens auf kaltem Wege. Bitumenemulsionen sind Gemische aus Straßenbaubitumen (meist B 200) und Wasser. Das Bitumen wird in Wasser emulgiert, d.h. in mikroskopisch kleine Tröpfchen verteilt. Durch besondere Zusätze (Emulgatoren) wird erreicht, daß sich die beiden Stoffe nicht wieder entmischen. Das Wasser hat dabei die Aufgabe, die Verarbeitung des Bitumens ohne Wärmezufuhr zu ermöglichen; nach Anwendung der Emulsion verdunstet oder versickert es, wobei eine Schicht des ursprünglich reinen Bitumens zurückbleibt. Die Emulsion zerfällt, sobald sie mit dem Gestein der Zuschlagstoffe in Berührung kommt (Brechen), wobei je nach Art des verwendeten Emulgators unterschieden wird:

Anionische Emulsionen, bei denen die feste Anlagerung des Bitumens an die Gesteinsoberfläche vom völligen Verdunsten des Emulsionswassers und der Gesteinsfeuchtigkeit abhängt

Kationische Emulsionen, bei denen sich das Bitumen auch in Gegenwart von Wasser sofort fest an die Gesteinsoberfläche anlagert

Ein zweites Unterscheidungsmerkmal der Emulsionen ist das Brechverhalten.

Unstabile Emulsionen (U) brechen sofort nach Berührung mit dem Ge-

stein. Sie werden für Spritzarbeiten verwendet.

Stabile Emulsionen (S) brechen erst nach Verdunstung des Wassers. Sie können mit mineralischen Körnungen vermischt werden (kalteinbaufähiges Mischgut).

Halbstabile Emulsionen (H) stellen einen Zwischentyp dar.

Ferner gibt es Sonderemulsionen für spezielle Anwendungsgebiete, z.B. frostbeständige Emulsionen (F), die auch bei Frost verabeitet werden können, oder Emulsionen, die sich besonders für Bodenverfestigungen eignen (B).

Für Bitumenemulsionen gibt es beim Wegebau ein weites und vielfältiges Anwendungsgebiet. Sie können bei Feuchtigkeit verarbeitet werden, erwärmen ist in der Regel nicht erforderlich und sie lassen sich sowohl auf großen als auch auf kleinen Flächen sinnvoll einsetzen. Hauptsächlich werden sie für Oberflächenbehandlungen (s. Kap. 8.2.5.2), für lagerfähiges Mischgut und für Ausbesserungsarbeiten verwendet.

Teer
Das bei der Kohlevergasung anfallende Teerpech wird mit Ölen verschnitten und zu Straßenpech (Straßenteer) verarbeitet. Teer ist heute jedoch weitgehend durch das Bitumen verdrängt und wird nur noch selten verwendet, hauptsächlich als Mischung aus Bitumen und Teer. Im Vergleich zu Bitumen ist Teer alterungsanfälliger, jedoch widerstandsfähiger gegen Öl- und Treibstoffeinwirkungen (z.B. bei Parkplätzen). Decken mit Teer sind auch resistent gegen das Durchwachsen von Pflanzen.
Es gibt:
- Straßenpech (früher Straßenteer)   T
- Hochviskoses Straßenpech   HT
- Pechbitumen (früher Teerbitumen)   TB
- Bitumenpech (früher Bitumenteer)   BT, VT

8.2.5.2   Makadambauweise und Oberflächenschutzschichten

Die Makadambauweise ist aus der sandgeschlämmten Schotterdecke entwickelt worden, mit dem Gedanken, die obere Tragschicht durch die Verwendung von Straßenteer oder Verschnittbitumen möglichst dauerhaft zu verkleben und die Scherfestigkeit der ungebundenen Materialien zu erhöhen.

So besteht die klassische Makadamdecke (die ihren Namen nach dem Schotten Mc Adam erhielt, der schon um 1800 Untersuchungen zum Kornaufbau der einzelnen Schichten einer Straße anstellte) aus einer Schotterschicht, in deren oberen Bereich eine oder zwei Splittschichten zur Verkeilung der groben Schotterkörner eingewalzt wurden (Abb. 8.2.5.2/1). In diesem Mineralstoffaufbau fehlen Sand und Füller, so daß Hohlräume verbleiben. Makadamdecken waren also zunächst ungebundene Decken.

Kommt zu diesem Prinzip des Kornaufbaues ein bituminöses Bindemittel (Bitumenemulsion oder Verschnittbitumen) hinzu, dann unterscheidet man zwischen

Tränkmakadam
Streumakadam
Mischmakadam

Im modernen Straßenbau werden diese Bauweisen allerdings nicht mehr ausgeführt, doch für einfache Wegebefestigungen und Nebenflächen stellt gerade

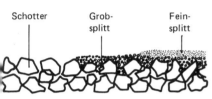

Abb. 8.2.5.2/1   Prinzip der klassischen Makadambauweise

(Beschriftung: Schotter — Grobsplitt — Feinsplitt)

die Tränkmakadambauweise eine einfach auszuführende, kostengünstige und sowohl technisch als auch optisch zufriedenstellende Bauweise dar.

Tränkmakadam. Auf eine Schicht aus groben Schotter 32/45 oder 45/56 werden etwa 15–20 kg/m² Grobsplitt 11/22 oder 22/32 gestreut und angewalzt. Dann erfolgt eine Tränkung mit ca. 3 kg/m² bituminösen Bindemittel (Bitumenemulsion U 60 oder Fluxbitumen). Nach dieser ersten Tränkung wird eine weitere Lage Splitt 11/22 aufgestreut (20 kg/m²) und wieder angewalzt. Darauf erfolgt die zweite Tränkung mit ca. 2 kg/m² und ein erneutes Abstreuen mit etwas feinerem Splitt 5/11, besser Edelsplitt 8/11 (15 kg/m²) und Abwalzen. Bei nur einer Tränkung wird die Bauweise als »Halbtränkmakadam« bezeichnet.

Die Bindemittelverteilung (Tränkung) kann von Hand erfolgen, d. h. mit einem Spritzgerät, das aus einem Tank, Bindemittelpumpe und Strahlrohr und ggfs. noch einer Heizeinrichtung besteht. Die Versprühung erfolgt bei einem Druck von 2–4 bar ohne oder mit leichter Erwärmung des Bindemittels, indem das Strahlrohr in Kniehöhe mit kreisenden Bewegungen geführt wird. Für größere Flächen können Spezialfahrzeuge mit mechanischer Spritzeinrichtung (Rampenspritzgeräte) eingesetzt werden.

Eine Tränkmakadamdecke erreicht anfangs eine Schichtdicke von 6–8 cm; bei Verkehrsbelastung durch Fahrzeuge erfolgt, wie bei allen hohlraumreichen Decken, eine Nachverdichtung. Für reine Gehwegflächen können die o. a. Einbaumengen an Splitt und Bindemittel reduziert werden. Ein Beispiel zeigt Abb. 8.2.5.2/2.

Steumakadam. Der Unterschied zum Tränkmakadam besteht darin, daß der Splitt, der auf die vorgespritzte, ungebundene Schotterschicht aufgebracht und angewalzt wird, schon vor dem Einstreuen mit Bindemittel umhüllt wurde. Dies geschieht in stationären Mischanlagen, von wo aus der Splitt auf die Baustelle gebracht wird. Dieser umhüllte Splitt ist ein kalteinbau- und lagerungsfähiges Mischgut, das auch als »Einstreusplitt« bezeichnet wird und von daher der Bauweise ihren Namen gegeben hat.

Es werden ca. 35–40 kg/m² Einstreusplitt 5/11 benötigt. Durch das Umhüllen des Splittes in der Mischanlage kommt es zu einer wesentlich gleichmäßigeren Verteilung des Bindemittels und damit zu einem besseren Oberflächenabschluß.

Mischmakadam. Diese Bauweise ist von den Makadambauweisen die hochwertigste und aufwendigste. Alle eingebauten Körnungen (Schotter, grober und feiner Splitt) sind vorher in einer Mischanlage mit Bindemittel umhüllt worden, jede Schicht wird für sich eingebaut und gewalzt.

Im heutigen Sprachgebrauch bezeichnet man nicht nur diese »klassische« dreischichtige Bauweise, sondern jede grundsätzlich hohlraumreiche bituminöse Bauweise als »Makadam«. Streu- und Mischmakadam haben jedoch auch für untergeordnete Verkehrsflächen heute kaum noch eine Bedeutung. Bei allen Makadambauweisen eignet sich ein kalteinbaufähiges Bindemittel, weil durch die großen Hohlräume bei nicht übermäßig dicken Schichten (6–8 cm) die Lösungsmittel, Zusätze bzw. das Wasser der Emulsionen entweichen können.

Damit die anfangs großen Hohlräume einer Tränkmakadamdecke nach oben geschlossen werden, sollte eine Oberflächenbehandlung vorgenommen werden oder eine Versiegelung mit bituminöser Schlämme. Durch diese Maßnahmen wird erreicht, daß in die Konstruktion

— kein Wasser eindringt (Sprengwirkung bei Gefrieren)
— kein Staub eindringt (Ausmagerung)
— kein Luftsauerstoff eindringt (Alterung)

Oberflächenbehandlung. Wird eine Absplittung ähnlich dem Tränkmakadam auf einer bereits bestehenden Decke vorgenommen, so spricht man von **Oberflächenbehandlung.** Die erreichte Schichtstärke und die verwendeten Materialmengen sind etwas geringer als bei Tränkmakadam.

Mit der Oberflächenbehandlung soll erreicht werden, daß alte, brüchig oder glatt gewordene Oberflächen insbesondere von Aspahltbelägen eine neue Oberflächenschutzschicht erhalten, die verschleißfest und griffig ist. Ein weiterer wichtiger Gesichtspunkt – gerade im Garten- und Landschaftsbau – ist, daß

Abb. 8.2.5.2/2   Beispiel für den Aufbau eines Fußweges in Tränkmakadam

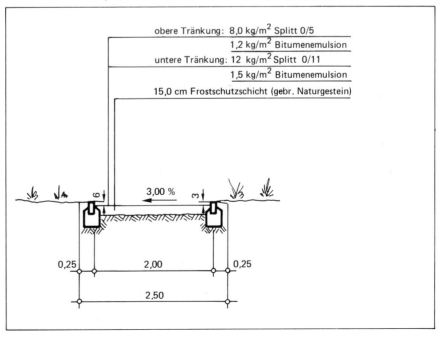

(Beschriftungen: obere Tränkung: 8,0 kg/m² Splitt 0/5 — 1,2 kg/m² Bitumenemulsion — untere Tränkung: 12 kg/m² Splitt 0/11 — 1,5 kg/m² Bitumenemulsion — 15,0 cm Frostschutzschicht (gebr. Naturgestein); 3,00 %; 0,25 — 2,00 — 0,25; 2,50)

Abb. 8.2.5.2/3 Richtige Bindemittel-menge bei der Oberflächenbehandlung

dadurch das Aussehen einer Asphalt-oberfläche maßgeblich verändert werden kann.

Bei der Oberflächenbehandlung wird ein bituminöses Bindemittel (meist Bitumenemulsion oder Fluxbitumen) gespritzt und anschließend mit Splitt abgestreut und gewalzt. Zum Abdecken kann auch Brechsand genommen werden, am geeignetsten ist jedoch Edelsplitt der Größe

2/5 für Fußwege
5/8 und 5/11 für Fußwege und befahrene Wege
11/16 für befahrene Wege

Um das Aussehen von Wegoberflächen zu verändern, können z.B. helle Moränekörnungen verwendet werden. Der Weg erhält dann eine helle Oberfläche, die in ihrer Struktur und im Aussehen an Waschbeton bzw. einen Kiesweg erinnert. Wichtig ist die richtige Bindemittelmenge. Sie soll gerade so bemessen sein, daß die Gesteinskörner bis etwa $2/3$ ihrer Höhe im Bindemittel eingebettet sind (Abb. 8.2.5.2/3).

Die Bindemittelmenge ist abhängig von Kornform, Korngröße und Saugfähigkeit der Unterlage. Einen Anhalt für die zu verwendenden Mengen gibt Tab. A 8.2.5 2/1 im Anhang.

Oberflächenbehandlungen können auf ungebundenen Tragschichten, auf bituminösen Tragschichten und Dekken, Betondecken sowie gegebenenfalls auf Pflasterdecken ausgeführt werden.

Bituminöse Schlämmen. Sie bestehen aus hochstabilen Bitumenemulsionen und feinkörnigen, abgestuften Mineralstoffen. Die schlammartigen bituminösen Massen können mit Gummischiebern in einer gleichmäßig dünnen Schicht aufgezogen werden. Nach dem Brechen der Emulsion und dem Verdunsten des Emulsionswassers bleibt eine dünne, dichte, feinkörnige Asphaltschicht zurück. Offene Oberflächen, z.B. von Makadamdecken können so abgedichtet und kleine Risse überbrückt werden.

Der Einbau erfolgt nach Anspritzen der Oberfläche mit Haftkleber oder unstabiler Bitumenemulsion mit einer Einbaumenge von ca. 3 kg/m². Eine doppelte Schlämmbehandlung ist möglich.

Zur Versiegelung von Parkplätzen und Stellplätzen gibt es spezielle Schlämmen, die gegen Tropföle, Benzin und andere Treibstoffe resistent sind.

8.2.5.3 Heißeinbau von Asphalt

Asphaltbeton ist das am häufigsten verwendete Mischgut zur Herstellung von Decken im Straßenbau und für untergeordnete Verkehrsflächen. Im Gegensatz zu den bisher beschriebenen Bauweisen ist das Material hohlraumarm, so daß keine spätere Nachverdichtung mehr erfolgt. Dies wird erreicht durch bestimmte Kornabstufungen der mineralischen Körnungen, die nach festgelegten Sieblinien dosiert werden. Anders als bei der Makadambauweise sind hierbei auch feine Kornanteile (Sand und Gesteinsmehl) vorhanden. Der hohlraumarme Aufbau wird erst durch die Verwendung von Heißbitumen ermöglicht; Kaltbitumen wäre hierfür nicht geeignet, da die Lösungsmittel nicht oder nur sehr langsam aus der Schicht entweichen könnten und eine Erhärtung damit ausbliebe.

Das Mischgut für Asphaltbeton besteht aus einem Gemisch aus:
– Splitten (auch aus Hochofenschlacke)
– Brechsanden und Natursanden
– Füller (Gesteinsmehl)
– Straßenbaubitumen oder Pechbitumen

Je nach Splittgehalt, Korngröße u. -verteilung gibt es Asphalt- und Teerasphaltbeton in folgenden Körnungen: 0/5; 0/8; 0/11; 0/11S und 0/16S (S für höhere Beanspruchungen)

Asphaltbeton wird in stationären Heißmischanlagen unter präziser Einhaltung der Rezepturen hergestellt und mit den für Walzasphalt üblichen Maschinen (Fertigern, Walzen) heiß eingebaut und verdichtet.

In Abhängigkeit vom größten verwendeten Splittkorn sind wegen der Verdichtungsfähigkeit bei ausreichender Ebenheit die Schichtdicken nach Tab. 8.2.5.3/1 möglich.

Tab. 8.2.5.3/1 Abhängigkeit der Körnung von der Schichtdicke bei Asphalt

Dicke der Asphaltschicht	Körnung
2,0–3,0 cm	0/5
3,0–4,0 cm	0/8
3,5–4,5 cm	0/11
4,0–5,0 cm	0/11 S
5,0–6,0 cm	0/16 S

Die Wahl des Mineralgemisches, des Bindemittels und der Einbauart richtet sich nach dem Nutzungszweck. Allgemein gilt, daß mit zunehmender Verkehrsbelastung härtere Bitumensorten verwendet werden sollten.

Splittmastixasphalt

Durch einen hohen Splittgehalt mit hohen Anteil an Größtkorn entsteht ein skelettartiges Korngerüst, dessen Hohlräume durch Asphaltmastix weitgehend ausgefüllt sind. Durch den relativ hohen Bindemittelgehalt wird die Zugabe von stabilisierenden Zusätzen (z.B. organische oder mineralischen Faserstoffe, Gummi- bzw. Kautschukzusätze oder Polymere in Pulver- oder Granulatform) erforderlich. Dadurch erreicht Splittmastixasphalt eine hohe Standfestigkeit und weitgehende Unabhängigkeit von der Temperatur. Zum Einsatz kommt das Material überwiegend auf höher belasteten Verkehrsflächen.

Dränasphalt

Hierbei handelt es sich um eine neuere Entwicklung einer wasserdurchlässigen Deckschicht, die im Straßenbau auch zu einer Geräuschdämpfung beitragen soll. Der makadamähnliche Aufbau des Materials wird zusätzlich durch Polymer- oder Kautschukzusätze verfestigt. Dränaspalt befindet sich noch weitgehend in einer Erprobungsphase.

Grundsätzlich läßt sich sagen, daß ein geringer Hohlraumgehalt sich günstig auf das Langzeitverhalten eines Asphaltes auswirkt:

– Hohlraumarme Decken sind wasserdicht, dadurch keine Sprengwirkung bei gefrierendem Wasser
– Luft, und damit Sauerstoff, der die Alterung von Asphalt fördert, kann nicht eindringen
– Schmutz und Staub, die auf lange Zeit zu einer Ausmagerung führen, können ebenfalls nicht eindringen
– Eine Oberflächenversiegelung ist nicht erforderlich

Ein wesentlicher Vorteil gegenüber allen kalteinbaufähigen, hohlraumreichen Bauweisen ist ferner, daß eine im Heißeinbau hergestellte Fläche sofort nach dem Erkalten ihre Endfestigkeit hat und entsprechend genutzt werden kann.

Binder

Im Straßen- und Wegebau gibt es noch den Begriff der »Binderschicht«. Diese Bezeichnung stammt aus den Anfängen des bituminösen Straßenbaues. Damals war es üblich, eine »Verbindungsschicht« zwischen den meist ungebundenen Tragschichten und der bituminösen Decke anzuordnen. Der Unterschied zur Decke lag hauptsächlich im Kornaufbau und in der Qualität. Bindermaterial war grobkörniger und hohlraumreicher, wodurch eine gute Verzahnung nach unten erreicht wurde.

Heute gehört die Binderschicht zur Decke. Sie wird im bituminösen Straßenbau verwendet und liegt zwischen der meist bituminösen Tragschicht und der Decke. Ihre Aufgabe ist es, auf Grund ihrer Kornzusammensetzung die Verzahnung herzustellen und insbesondere die Schubkräfte aus den Verkehrslasten aufzunehmen.

Die Ausgangsstoffe des Binders sind die gleichen wie beim Asphaltbeton, es bestehen nur Unterschiede in der anteiligen Zusammensetzung. Im Vergleich mit dem Asphaltbeton hat Binder
– einen etwas grobkörnigeren Aufbau
– einen etwas größeren Splittgehalt
– einen etwas geringeren Füllergehalt
– einen etwas geringeren Bindemittelgehalt
– einen etwas größeren Hohlraumgehalt
in den Richtlinien sind folgende Sorten festgelegt:

Es gibt Asphalt- und Teerasphaltbinder in folgenden Körnungen: 0/11; 0/16 und 0/22

Für untergeordnete Verkehrsflächen wie z.B. im Bereich von Hausgärten, aber auch Radwege, Parkplätze und Zufahrten mit geringer Belastung kann die Binderschicht ganz entfallen, da hier die auftretenden Schubspannungen aus der Verkehrsbeanspruchung nicht sehr hoch sind.

Einbau
Der Einbau von Asphaltbeton und Binder erfolgt bei Temperaturen von 120–140° C mit Fertigern. Nur für sehr kleine Flächen oder bei Flächen mit sehr unregelmäßigen Rändern ist ein Handeinbau möglich (vgl. 8.1.4.2 bituminöse Tragschicht). Anschließend erfolgt das Walzen.

Bei größeren Flächen wird eine leichte Walze oder eine Gummiradwalze direkt hinter dem Fertiger eingesetzt, um die Hauptverdichtungsarbeit vorzunehmen, und eine schwere Glattmantelwalze zum Glätten des langsam abkühlenden Materials. Das Walzen einer gleichmäßig ebenen Fläche ohne Walzspuren erfordert Erfahrung und Geschick. Bei sehr kleinen Flächen werden entsprechend kleinere und leichtere Walzen eingesetzt. Einen Richtwert für die Dicke und Körnung von Asphaltdecken im Heißeinbau gibt Tab. 8.2.5.3/2.

Beispiele für einen möglichen Gesamtaufbau von Asphaltflächen zeigt Abb. 8.2.5.3/1.

Für häufig befahrene oder stärker belastete Verkehrsflächen wird auf die RSTO-86 verwiesen

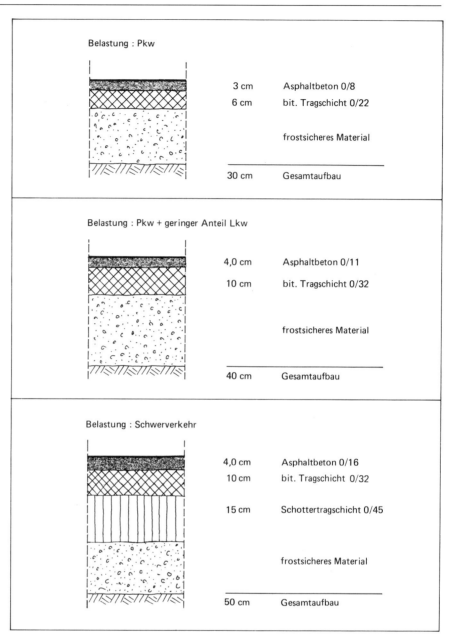

Abb. 8.2.5.3/1   Beispiele für den Gesamtaufbau von Asphaltflächen im Heißeinbau

Tab. 8.2.5.3/2   Asphaltbeton – Decken (Heißeinbau) – Richtwerte für Dicken

Verkehrsart	Körnung des Mischgutes	Dicke der bit. Deckschicht
Pkw-Verkehr	0/8 mm	3,0 cm
Pkw-Verkehr + geringer Anteil Lkw	0/11	3,5 cm
Schwerverkehr	0/16	4,5 cm

1 cm Dicke $\hateq$ $\approx$ 24 kg/m²
4 cm AB $\approx$ 100 kg/m²

Gußasphalt

Den Makadam- und Asphaltbetonbauweisen ist gemeinsam, daß das Material nach dem Einbau durch Walzen verdichtet werden muß; man kann sie deshalb unter dem Oberbegriff »Walzasphalt« zusammenfassen.

Das Gegenstück zum Walzasphalt bildet der »Gußasphalt«. Gußasphalt ist ein gußfähiges, plastisches Material, das sich im heißen Zustand zu gleichmäßigen Schichten ausgießen und verteilen läßt, ohne daß eine Verdichtung durch Walzen erfolgen muß.

Damit lassen sich mit diesem Material auch Verkehrsflächen befestigen, die auf Grund der unregelmäßigen Formen und Ränder nur schwer zu walzen sind oder mit Geräten überhaupt nicht zugänglich: ferner auch Flächen mit stark profilierter oder modellierter Oberfläche (Hügel oder Vertiefungen).

Gußasphalt ist der hochwertigste Asphaltbelag, mit der größten Lebensdauer und Verschleißfestigkeit, deshalb liegt das Hauptanwendungsgebiet bei hochbelasteten Straßen (Stadtstraßen, Autobahnen). Im Vergleich zu anderen Asphaltbauweisen ist Gußasphalt am teuersten.

Gußasphalt besteht aus den gleichen Grundstoffen wie Asphaltbeton:

Splitt, Sand (Natursand, Brechsand), Füller, Bitumen

Der Unterschied liegt in der mengenmäßigen Zusammensetzung. Während beim Asphaltbeton das Bindemittel die Gesteinskörner »punktweise zusammenklebt«, wobei auch nach der Verdichtung immer noch geringe Hohlräume verbleiben, ist Gußasphalt durch einen geringen Bindemittelüberschuß praktisch hohlraumfrei, die Körner »schwimmen« im Bitumen.

Eine Bindemittelversteifung wird durch einen großen Anteil von Füller (Gesteinsmehl), nämlich 25–30 Gew. % erzielt. (Zum Vergleich: Asphaltbeton enthält 6–13 Gew. % Füller). Bei 7–9 Gew. % Bindemittel beträgt die Menge des Füllers damit etwa das 3fache; dadurch wird die Versteifung so groß, daß sich der kleine Bindemittelüberschuß nicht nachteilig auf die Stabilität auswirkt, das Material wird jedoch gußfähig. Je knapper der Überschuß an Bindemittel, um so höher wird die Stabilität, aber auch der Kraftaufwand zum Verteilen beim Einbau (Maschineller Einbau).

Ein größerer Bindemittelüberschuß ergibt weicheren Gußasphalt mit geringerer Stabilität (Handeinbau). Im Vergleich zum Asphaltbeton werden die härteren Bitumensorten (B 45 und B 25) verwendet. Dadurch liegen die Einbautemperaturen beim Gußasphalt wesentlich höher: 200–250° C. Das erfordert

Spezialfahrzeuge mit beheizten Kesseln und Rührwerk, damit sich das Material beim Transport nicht entmischt. Von daher ist Gußasphalt ein teures Material, das nur von wenigen Firmen ausgeführt werden kann. Je nach verwendeten Größtkorn gibt es die Sorten 0/5; 0/8; 0/11 und 0/11 S.

Mastix

Mastix ist eine dem Gußasphalt verwandte, im heißen Zustand gießfähige Masse aus Bitumen und feinkörnigen Mineralstoffen im Kornbereich 0/2. Zur Herstellung und zum Transport werden die gleichen Kocher wie beim Gußasphalt verwendet.

Ausführung:

Mastix-Deckschicht: Eine dünne Mastixschicht (15–20 kg/m²) wird auf fester Unterlage (z. B. bituminöse Tragschicht) verteilt und mit Splitt 8/11 (15–20 kg/ m²) abgestreut und angewalzt.

Diese Bauweise hat vom Prinzip Ähnlichkeit mit der Oberflächenbehandlung. So kann z. B. auch durch die Verwendung von hellem Kies oder Moräne-Splitt eine Aufhellung von Gehwegen erzielt werden (Beispiel: Wege im Olympia-Gelände in München). Die Bauweise ist dauerhafter als eine Oberflächenbehandlung, allerdings auch kostspieliger.

Tragdeckschichten

Bei dieser Bauweise handelt es sich um eine einschichtige, bituminöse Befestigung, die hauptsächlich für ländliche Wege, Rad- oder Gehwege zur Anwendung kommt.

Das Material besteht aus gestuften Mineralstoffgemischen der Körnung 0/16 und Straßenbaubitumen, Straßenpech oder hochviskosem Straßenpech

als Bindemittel. Das Material wird im heißen Zustand in einer Schichtstärke von 5,0 bis 10,0 cm eingebaut.

Farbige Asphaltdeckschichten

Durch Zugabe von Eisenoxid lassen sich Asphaltbeläge auch rot einfärben, was zuweilen im Bereich von Fußgängeranlagen oder bei Verwendung von Asphalt bei gärtnerischen Anlagen gefordert wird. Allerdings ist roter Asphalt nicht unproblematisch, einmal weil die Kosten in der Regel nicht im Verhältnis zum erzielten Effekt stehen, zum anderen, weil die Haltbarkeit durch das Eisenoxid herabgesetzt wird.

Als Gesteinsmaterial für Rotdecken sollten druckfeste rötliche oder helle Splitte aus rotem Porphyr, rotem Granit, Hartkalkstein oder ähnlichem Material gewählt werden. Das gleiche gilt auch für den verwendeten Brechsand.

Die eigentliche Farbgebung wird durch ein roteingefärbtes Bindemittel erreicht, wobei hierfür hauptsächlich Kaltbitumen in Frage kommt, das jedoch nur einen hohlraumreichen Aufbau zuläßt. Kleine Mengen können in einem Zwangsmischer an Ort und Stelle gemischt werden; den möglichen Aufbau solch einer Fläche, sowie die Zusammensetzung des Mischgutes nach Angabe des Herstellers, zeigt Abb. 8.2.5.3/2.

Heißeinbaufähiges Mischgut kann dagegen hohlraumarm aufgebaut werden und hat dadurch eine größere Dauerhaftigkeit. Die Mischgutherstellung in den sehr aufwendigen Heißmischanlagen hält sich aus Kostengründen jedoch nur für größere Mengen in vertretbaren Grenzen.

Dagegen läßt sich Gußasphalt in den üblichen Motorkochern auch in kleineren Mengen rot einfärben, wobei jedoch

Abb. 8.2.5.3/2   Beispiel für den Aufbau einer bituminösen Rotdecke (nach Angabe des Herstellers VAT)

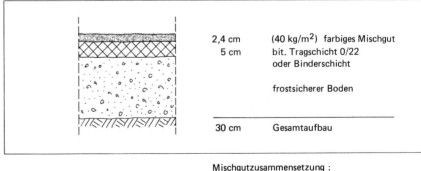

2,4 cm	(40 kg/m²) farbiges Mischgut
5 cm	bit. Tragschicht 0/22 oder Binderschicht
	frostsicherer Boden
30 cm	Gesamtaufbau

Mischgutzusammensetzung :
45 Gew. % Edelsplitt (rot) 5/8
35 Gew. % Edelsplitt (rot) 2/5
20 Gew. % lehmfreier Sand oder G gewaschener Brechsand 0/2 (rot oder hell)
11 Gew. % Kaltbitumen (rot)

Abb. 8.2.6.1/1   Rand eines Weges – Bauphase

Abb. 8.2.6.1/3   Randeinfassung eines Weges durch Bordsteine

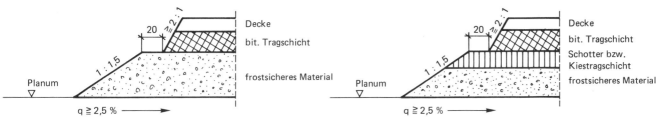

Abb. 8.2.6.1/4   Randausbildung durch Abtreppung

nur rotbraune Farbtöne erzielt werden. Bei Gußasphalt wirkt sich auch der alterungsfördernde Einfluß des Eisenoxids kaum aus.

Neben diesen durchgefärbten Asphaltmaterialien besteht die Möglichkeit, farbige Beschichtungen auf Kunststoffbasis in Rot oder Grün als Farbüberzug auf bituminösen Decken oder Betondecken auszuführen.

8.2.6   Randausbildungen

8.2.6.1   Anforderungen an Randeinfassungen

Mit der Ausbildung der Ränder einer Verkehrsfläche ergeben sich meist besondere Problemstellungen, die sowohl planerisch als auch konstruktiv gelöst werden müssen. Auch die Bauausführung der Ränder erfordert in den meisten Fällen einen größeren Aufwand als die freie Fläche (Abb. 8.2.6.1/1). Ränder ergeben sich dort, wo Verkehrsflächen enden, wo Flächen unterschiedlicher Verkehrsfunktionen aneinanderstoßen oder wo Einbauten (z.B. Einläufe) in der Fläche liegen. Aber auch die Verwendung von verschiedenen Materialien innerhalb einer Fläche muß konstruktiv gelöst werden. Der Rand einer Verkehrsfläche hat in der Regel 3 Hauptaufgaben zu erfüllen:

a) Funktionelle Aufgaben. Die Ränder sollen so ausgebildet sein, daß die Verkehrsflächen deutlich gegen andere Flächen abgegrenzt sind, daß unterschiedliche Verkehrsfunktionen und Nutzungsarten getrennt werden. Das beste Beispiel hierfür im öffentlichen Bereich ist die Trennung von Gehweg und Straße durch einen Hochbord. Auch die Forderung nach einer klaren optischen Führung gegenüber der angrenzenden Fläche – meist Vegetationsfläche – kann in diesem Zusammenhang genannt werden.

Im Bereich von Hausgärten spielen

Abb. 8.2.6.1/2   Weg ohne sichtbare Randkonstruktion

diese Gesichtspunkte nicht solch eine große Rolle, oftmals entsteht sogar die gegenteilige Forderung: Zufahrten können z.B. von Fußgängern und Fahrzeugen gemeinsam genutzt werden, Übergangsstellen sollen nicht in Erscheinung treten; oder Wegeflächen und angrenzende Grünflächen sollen ineinander übergehen (Abb. 8.2.6.1/2). In jedem Fall muß der Rand entsprechend den jeweiligen Anforderungen ausgebildet werden.

Ein weiterer Gesichtspunkt sind Pflegearbeiten und Rasenmähen auf angrenzenden Vegetationsflächen, was durch die Randkonstruktionen nicht erschwert werden soll.

Nicht zuletzt spielt das Aussehen eine große Rolle; der Rand soll optisch auf die Fläche abgestimmt sein und eine material- und werkgerechte Ausführung erlauben.

b) Konstruktive Aufgaben. Ränder von Verkehrsflächen müssen so ausgebildet sein, daß sie dem Oberbau einen seitlichen Halt geben. Sie sollen ein Widerlager bilden gegenüber angrenzenden Vegetationsflächen, unterschiedlichen Verdichtungsarten oder einem anderen Oberbau und dabei Kräfte aus Verkehrslasten, insbesondere in den Randbereichen, aufnehmen. Dazu können z.B. Randkonstruktionen in Form von Bordsteinen Trag- und Deckschichten seit-

Abb. 8.2.6.1/5 Randausbildung – Kurvenbereich

Abb. 8.2.6.1/6 Fließrinne als Rand

g) **Fließrinnen,** Pflasterrinnen. Hierbei handelt es sich um Einfassungen, die aus Pflastersteinen, Klinkern oder Platten, in einer oder mehreren Reihen, im Zusammenhang mit oder ohne Bordstein verlegt sind. Sie schließen entweder bündig an den angrenzenden Belag an oder liegen ca. 1 cm tiefer und dienen gleichzeitig als Widerlager und zur Entwässerung.

8.2.6.3 Ausführung von Rändern

Bordsteine
Bordsteine werden heute überwiegend aus Beton hergestellt und als Einfassung für Betonsteinpflaster-, Platten- oder Asphaltbeläge verwendet.

Bei Natursteinbelägen auf repräsentativen Flächen sollten auch die passenden Bordsteine aus Naturstein verwendet werden.

lich stützen (Abb. 8.2.6.1/3), oder durch Abtreppung der verschiedenen Schichten gebildet werden (Abb. 8.2.6.1/4).

Ränder können je nach Anforderung gerade oder in gekrümmten Formen verlaufen. Im letzten Fall müssen viele Materialien besonders bearbeitet werden (Abb. 8.2.6.1/5).

c) Entwässerungstechnische Aufgaben.
Zur Entwässerung von Verkehrsflächen wird das anfallende Oberflächenwasser in den meisten Fällen zum Rand der Fläche geleitet. Dort gelangt es entweder in die angrenzende Vegetationsfläche, oder es wird gesammelt und zu den Entwässerungseinrichtungen (Einläufe) geführt.

Die Randkonstruktion muß daher auch dieser Anforderung gerecht werden; Bordsteine können so zur Wasserführung dienen, oder es werden Fließrinnen angeordnet, die gleichzeitig Widerlager, Entwässerungselement und optische Führung in sich vereinigen (Abb. 8.2.6.1/6).

c) **Tiefbord.** Ein Tiefbord ist ein Bordstein, der höhengleich mit der angrenzenden Verkehrsfläche bzw. Nachbarfläche oder mit nur gering vorstehender Kante von 1–3 cm versetzt ist.

Häufig wird unter diesem Begriff auch ein verdeckt versetzter Bordstein, der 1–3 cm tiefer als die angrenzende Verkehrsfläche liegt, verstanden (Abb. 8.2.6.3/10c).

d) **Rasenbord,** Saumschwelle, Kantenstein. Dies sind im Sprachgebrauch regional verschiedene Bezeichnungen für leichte Einfassungen, insbesondere von Gehwegen, mit Bordsteinen geringer Dicke.

e) **Flachbord.** Ein Spezialbordstein zur Einfassung von Verkehrsinseln. Er findet im Garten- und Landschaftsbau kaum Anwendung.

f) **Rundbord.** Ein spezieller Stein für Einfahrten, der das Überfahren erleichtert.

a) **Bordsteine aus Beton**
Die Abmessungen und Güteanforderungen werden in der DIN 483 festgelegt. Es gibt folgende Formen (Abb. 8.2.6.3/1 und 2).

Daneben sind je nach Hersteller unterschiedliche, nicht genormte Kantensteine im Handel, die folgende Profile aufweisen können (Abb. 8.2.6.3/3):

Die Stirnflächen werden eben oder mit Nut und Feder ausgeführt (Abb. 8.2.6.3/4).

Die Abmessungen der genormten und nicht genormten Bordsteine aus Beton sind im Anhang, Tab. A 8.2.6.3/1 und 2 zusammengestellt.

Bordrinnensteine sind Fertigteile, die eine Kombination von Hochbord und Fließrinne darstellen (Abb. 8.2.6.3/5 und Tab. A 8.2.6.3/3). Sie können nur bei vorhandenem Längsgefälle verwendet werden.

8.2.6.2 Begriffsbestimmungen

Es werden folgende Arten von Randeinfassungen unterschieden:

a) **Hochbord.** Ein Hochbord ist ein deutlich vorstehender Bordstein. Seine Auftrittshöhe (auch »Ansicht« genannt) entspricht etwa einer niedrigen Treppenstufe und beträgt in der Regel 12–15 cm. Im Bereich von Hausgärten findet der Hochbord selten Anwendung.

b) **Abgesenkter Hochbord.** Diese Randeinfassung besteht aus einem tiefer versetzten Hochbord. Die Höhendifferenz zum angrenzenden Belag beträgt 2–5 cm und kann von Fahrzeugen überfahren werden. Abgesenkte Hochborde werden z.B. bei Grundstückseinfahrten vorgesehen (Abb. 8.2.6.2/1).

Abb. 8.2.6.2/1 Abgesenkter Hochbord

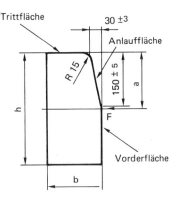

Form H Hochbordstein
Größen 18 x 30, 18 x 25,15 x 30 und 15 x25

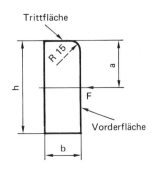

Form T Tiefbordstein
Größen 10 x 30, 10 x 25, 8 x 25 und 8 x 20

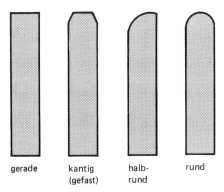

gerade   kantig   halb-   rund
(gefast)   rund

Abb. 8.2.6.3/3 Profile von Rasenbordsteinen

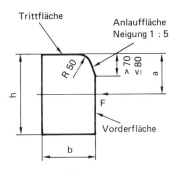

Form R Rundbordstein
Größen 18 x 22 und 15 x 22

Abb. 8.2.6.3/1 Bordsteine aus Beton – Formen nach DIN 483

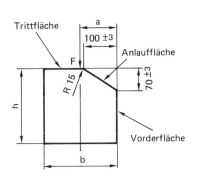

Form F Flachbordstein
Größe 20 x 20

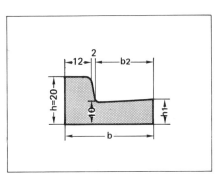

Abb. 8.2.6.3/5 Bordrinnenstein (Abmessungen siehe Anhang, Tab. A 8.2.6.3/3)

Kurvensteine gibt es für Außen- und Innenbogen in Radien von 0,50–12,0 m (Abb. 8.2.6.3/6).

Kleine Radien werden z. B. häufig bei der Ausbildung von Parkständen verwendet, größere Radien als 12 m werden mit geraden Steinen ausgeführt. Kurvensteine haben die gleichen Querschnittsabmessungen wie die geraden Steine, ihre Länge beträgt 0,78 m.

Rundbordsteine finden unter anderem Verwendung bei Grundstückszufahrten und Überfahrten. Dazu werden Übergangssteine (auch als »Anläufer« bezeichnet) erforderlich, bei denen die Querschnittsform allmählich vom Hoch-

bordstein auf den Rundbordstein übergeht.

Die früher gebräuchliche Ausführung des »abgesenkten Hochbords« (Abb. 8.2.6.2/1) wird dadurch wesentlich verbessert und erleichtert.

Winkelsteine werden nicht mehr zu den Bordsteinen gezählt, wenngleich sie manchmal die gleiche Funktion zu erfüllen haben (s. Kap. 4. Betonbau Stützmauern). Es gibt sie in vielen Abmessungen, Größen und Ausführungen. Auf ihre Verwendung sei hier nur hingewiesen.

Herstellung

Bordsteine müssen aus dichtem Beton vollkantig hergestellt sein. Fertigungsbedingte Poren an der Oberfläche sind für den Gebrauchswert ohne Belang, wenn die in der Norm geforderte Biegezugfestigkeit und Widerstandsfähigkeit gegen Frost und Tausalz erfüllt ist.

Bordsteine können einschichtig (d. h. durchgehend gleiche Betonmischung) oder zweischichtig (aus Kern- und Vorsatzbeton) hergestellt werden. Soweit ein Bordstein mit Vorsatz hergestellt wird, muß dieser mit dem Kernbeton untrennbar verbunden sein. Die Dicke des Vorsatzbetons an Tritt- und Anlauf-

Abb. 8.2.6.3/2 Bordsteinform H mit Läufer (versetzt auf Betonfundament mit Rückenstütze)

Abb. 8.2.6.3/4 Rasenbordstein (mit Nut und Feder)

flächen darf an keiner Stelle weniger als 10 mm betragen.

b) Bordsteine aus Naturstein
Die Beschaffenheit von Bordsteinen aus Naturstein ist in der DIN 482 festgelegt. Es gibt 2 Formen:
    Form A: Bordsteine mit Anlauf
    Form B: Bordsteine ohne Anlauf
    (Abb. 8.2.6.3/7)
Die Abmessungen sind im Anhang, Tab. A 8.2.6.3/4 zusammengestellt. Die Norm legt außer den Abmessungen noch die Bearbeitung der Natursteine fest; die Oberflächen sind handwerksmäßig gestockt, gespitzt, scharriert, ebenflächig oder bruchrauh. Kurvensteine werden in Radien von 0,50–25,0 m ohne weitere Abstufung nach Angabe geliefert (Abb. 8.2.6.3/8). Neben den genormten Abmessungen sind diverse Sonderformate und Abmessungen im Handel; deshalb sind bei Verwendung nicht normgerechter Steine bei Bestellungen und Ausschreibungen folgende Angaben zu machen:
− Gesteinsmaterial
− Mindestlänge
− Mindest- und Höchstbreite

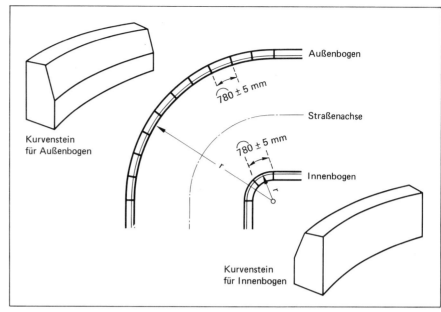

Abb. 8.2.6.3/6   Kurvensteine

Abb. 8.2.6.3/8   Bordstein aus Naturstein

Abb. 8.2.6.3/9   Plattenartige Bordsteine (Sandstein)

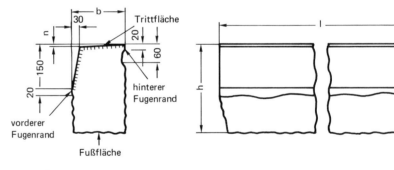

a) Bordsteine mit Anlauf
   Größen 1 bis 5

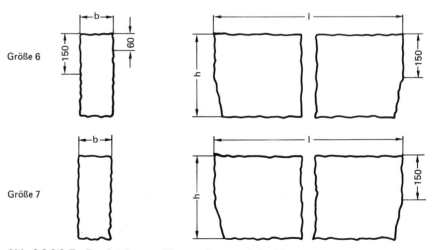

b) Bordsteine ohne Anlauf
   Größen 6 und 7

Abb. 8.2.6.3/7   Bordsteine aus Naturstein nach DIN 482 (Abmessungen siehe Anhang, Tab. A 8.2.6.3/4)

– Höhe
– senkrechte Bearbeitung bis zu welcher Höhe

Auch regelmäßige oder unregelmäßige Natursteinplatten, senkrecht gestellt oder flach verlegt, können als Wegeeinfassung verwendet werden (Abb. 8.2.6.3/9).

Ausführung von Randeinfassungen

Beim Bau von Verkehrsflächen mit begrenzenden Randkonstruktionen werden diese Konstruktionen immer zuerst ausgeführt. Die Randeinfassungen bilden so eine Art Rahmen, worin die einzelnen Schichten des Aufbaues dann hergestellt werden. Der Rahmen wird höhenmäßig genau festgelegt, Bordsteine oder Pflasterrinnen werden dabei nach Schnur höhen- und fluchtgerecht versetzt, danach bilden sie die Bezugshöhe für die Ausführung der Flächen.

Bordsteine werden bei einfachen Gartenwegen direkt in den Boden, bzw. auf einer Sand- oder Kiesbettung versetzt, bei stärker belasteten Flächen sollte stets ein Betonfundament mit Rückenstütze (Abb. 8.2.6.3/10) angeordnet werden. Je größer die zu erwartenden Verkehrslasten sind, umso dickere Bordsteine sollten verwendet werden. Auch Fundament und Rückenstütze sind dann entsprechend stärker auszuführen.

Um eine spätere Rißbildung zu vermeiden, müssen bei Bordsteinen und Rinnen das Fundament und die Rückenstütze »frisch in frisch« hergestellt werden.

Die Rückenstütze bei Hochbordsteinen sollte eingeschalt werden, um eine Verdichtung des Betons durch Stampfen zu ermöglichen. In der Praxis wird

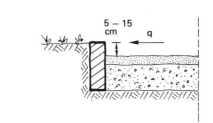

a) Rasenkantenstein in anstehenden Boden versetzt

Leichte Ausführung – nur Fußgängerverkehr

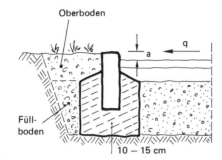

b) Kantenstein auf Fundament, mit ein- oder beidseitiger Rückenstütze versetzt.

Ansicht: a = 2 – 3 cm Tiefbord
a = 6 – 15 cm Hochbord

Betonfundament: 10 – 15 cm dick
Seitenstützen: 8 – 10 cm dick
aus Beton B10 oder B 15, erdfeucht

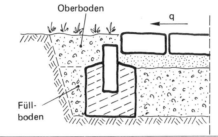

c) Versenkter Tiefbord für Pflasterdecken Randkonstruktion nicht sichtbar

Betonfundament: 10 – 15 cm dick
Seitenstützen: 8 – 10 cm dick
aus Beton B 10 oder B 15, erdfeucht

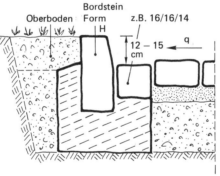

d) Hochbord mit ein- oder mehrreihiger Pflasterrinne
Für befahrene Verkehrsflächen

Rinnenquerneigung entspricht Querneigung der Decke

Betonfundament (Bordstein):
15 – 20 cm dick
Rückenstütze: 10 – 15 cm dick
aus Beton B 10 oder B 15, erdfeucht

Abb. 8.2.6.3/10 Beispiele für die Ausführung von Randeinfassungen (re.)

Abb. 8.2.6.3/11 Rasenbordsteine – Bogenausführung mit geraden Steinen

Abb. 8.2.6.3/12 Bordsteinkonstruktion durch hochkant versetzte Betonpflastersteine

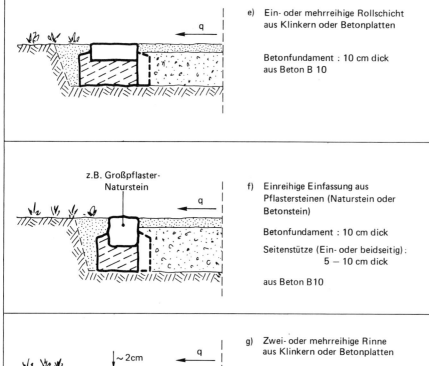

e) Ein- oder mehrreihige Rollschicht aus Klinkern oder Betonplatten

Betonfundament : 10 cm dick aus Beton B 10

z.B. Großpflaster-Naturstein

f) Einreihige Einfassung aus Pflastersteinen (Naturstein oder Betonstein)

Betonfundament : 10 cm dick

Seitenstütze (Ein- oder beidseitig) : 5 – 10 cm dick

aus Beton B10

g) Zwei- oder mehrreihige Rinne aus Klinkern oder Betonplatten

Betonfundament: 10 – 15 cm dick aus Beton B10 oder B15

z. B. 16/16/14

h) Drei- oder fünfreihige Rinne aus Pflastersteinen (Naturstein oder Betonstein)

Betonfundament: 10 – 15 cm dick aus Beton B10 oder B15

Abb. 8.2.6.3/10   Beispiele für die Ausführung von Randeinfassungen

Abb. 8.3.1/1   Falsche Oberflächenentwässerung

die Rückenstütze meist durch Anschrägen mit der Schaufel ausgeführt. Bordsteine werden mit 5–10 mm breiten Fugen versetzt, die später nicht ausgefugt werden sollen, um eine gewisse Wärmeausdehnung der Steine zu ermöglichen. Weitere Ausführungsbeispiele von Randeinfassungen zeigen die Abb. 8.2.6.3/11 u. 12.

8.3   Oberflächenentwässerung

8.3.1   Entwässerungsgrundsätze und Begriffsbestimmungen

Verkehrsflächen im Außenbereich sind in der Regel nicht überdacht und damit der Witterung ausgesetzt. Wasser, das in Form von Niederschlägen als Regen oder Schnee auf diese Flächen gelangt, muß abgeleitet werden. Wenn nach einem Regenschauer Wasser stehen bleibt

oder nur sehr langsam abfließt, kann dies folgendes bewirken:
— Belästigung der Fußgänger (nasse Füße, Spritzwasser)
— Wasser kann in die Konstruktion eindringen und zu Schäden führen
— Bei Frost kann es zu überfrierender Nässe und Glatteisbildung kommen
Eine einwandfreie Entwässerung ist damit ein entscheidender Faktor für die optimale Benutzbarkeit und Dauerhaftigkeit einer Verkehrsfläche.

Die entwässerungstechnischen Prinzipien müssen bereits bei der Planung beachtet und berücksichtigt werden.

Grundsätzlich werden an eine Verkehrsfläche folgende Forderungen hinsichtlich der Entwässerung gestellt:
— Kurz nach einem starken Regenschauer darf an keiner Stelle eine Wasseransammlung – Pfütze – vorhanden sein, d.h., das Wasser muß grundsätzlich abgeflossen sein (Abb. 8.3.1/1).
— Darüber hinaus soll bei einem starken Regen die sich bildende Wasserschicht so dünn wie möglich sein, d.h., das Wasser soll auch möglichst **schnell** abfließen. Diese Forderung gilt sowohl für Fußgängerflächen, als auch besonders für befahrene Flächen.

Ein weiteres grundlegendes Planungsprinzip besteht in der konsequenten Trennung von Verkehrsflächen und übrigen Flächen, d.h. es soll nur das Niederschlagswasser der Verkehrsfläche selbst abgeleitet werden, nicht aber noch zusätzliches Wasser, das aus angrenzenden Flächen auf oder über die Verkehrsfläche fließt. Alles in der Umgebung anfallende Oberflächenwasser muß deshalb vorher abgefangen oder anderweitig abgeführt werden (Abb. 8.3.1/2).

Offene und geschlossene Decken
Bei den unterschiedlichen Deckenkonstruktionen und verwendeten Materialien kann man unterscheiden zwischen

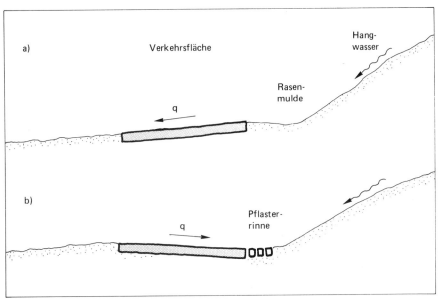

Abb. 8.3.1/2 Wasser von angrenzenden Flächen soll vor der Verkehrsfläche abgefangen werden

wasserdichten (geschlossenen) Decken und wasserdurchlässigen (offenen) Decken. Außerdem gibt es Zwischenstufen, die als sickerfähige Decken mehr oder weniger durchlässig sind.

Offene Decken: z. B. wassergebundene Decken, Kies- oder Schlackenwege.

Geschlossene Decken: z. B. Asphaltbeton.

Sickerfähige Decken: z. B. Pflasterdecken.

Beim Bau von Verkehrsflächen werden geschlossene Decken angestrebt, um zu verhindern, daß Wasser in die Konstruktion eindringt. Dadurch sinkt die Tragfähigkeit und im Winter besteht erhöhte Gefahr von Frostschäden. Dies gilt besonders für befahrene Flächen.

Nun lassen offene Decken allerdings auch nur einen Teil des anfallenden Regenwassers durchsickern, das restliche Wasser muß auch hier oberflächig abgeleitet werden. Der **Abflußbeiwert** gibt für verschiedene Materialien ungefähr

Abb. 8.3.1/3 Entwässerungsanlagen für offene Entwässerung a–c

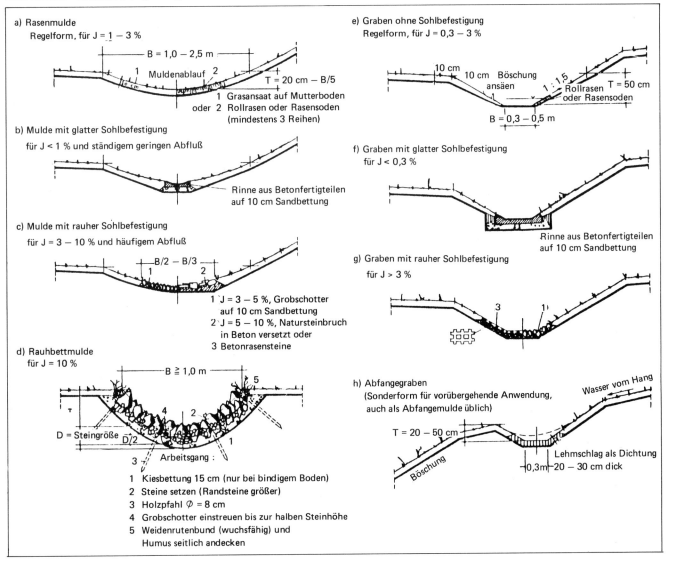

a) Rasenmulde
  Regelform, für J = 1 – 3 %
  B = 1,0 – 2,5 m
  Muldenablauf
  T = 20 cm – B/5
  1 Grasansaat auf Mutterboden
  oder 2 Rollrasen oder Rasensoden
  (mindestens 3 Reihen)

b) Mulde mit glatter Sohlbefestigung
  für J < 1 % und ständigem geringen Abfluß
  Rinne aus Betonfertigteilen
  auf 10 cm Sandbettung

c) Mulde mit rauher Sohlbefestigung
  für J = 3 – 10 % und häufigem Abfluß
  B/2 – B/3
  1 J = 3 – 5 %, Grobschotter
  auf 10 cm Sandbettung
  2 J = 5 – 10 %, Natursteinbruch
  in Beton versetzt oder
  3 Betonrasensteine

d) Rauhbettmulde
  für J = 10 %
  B ≥ 1,0 m
  D = Steingröße
  D/2
  Arbeitsgang :
  1 Kiesbettung 15 cm (nur bei bindigem Boden)
  2 Steine setzen (Randsteine größer)
  3 Holzpfahl ⌀ = 8 cm
  4 Grobschotter einstreuen bis zur halben Steinhöhe
  5 Weidenrutenbund (wuchsfähig) und
  Humus seitlich andecken

e) Graben ohne Sohlbefestigung
  Regelform, für J = 0,3 – 3 %
  10 cm
  10 cm Böschung
  ansäen
  1 : 1,5
  Rollrasen
  oder Rasensoden
  T = 50 cm
  B = 0,3 – 0,5 m

f) Graben mit glatter Sohlbefestigung
  für J < 0,3 %
  Rinne aus Betonfertigteilen
  auf 10 cm Sandbettung

g) Graben mit rauher Sohlbefestigung
  für J > 3 %

h) Abfangegraben
  (Sonderform für vorübergehende Anwendung,
  auch als Abfangemulde üblich)
  Wasser vom Hang
  T = 20 – 50 cm
  Böschung
  Lehmschlag als Dichtung
  0,3 m 20 – 30 cm dick

Tab. 8.3.1/1 Abflußbeiwerte

Beschaffenheit der Auffangflächen	Abflußbeiwert
Dachflächen	0,8–1,0
Pflaster mit Fugenverguß, Asphaltdecken, Betonflächen	0,9
Fugendichtes Pflaster aus Stein	0,75–0,85
Reihenpflaster ohne Fugenverguß	0,5–0,7
ungepflasterte Wege	0,5
Vorgärten	0,15
Park- u. Gartenflächen	0

an, wieviel Wasser an der Oberfläche abfließt (Tab. 8.3.1/1.)

Beispiel: Ein Abflußbeiwert von 0,85 für fugendichtes Pflaster besagt, daß etwa 85 % des anfallenden Wassers oberflächig abgeleitet werden muß und etwa 15 % durch die Fugen versickert. Diese Werte werden für hydraulische Berechnungen zu Grunde gelegt, wenn die abzuführenden Wassermengen ermittelt werden müssen.

Für die Planung und Bauausführung zeigen sie, daß bei den meisten Materialien und Deckenkonstruktionen der größte Teil des Wassers über die Fläche abgeleitet werden muß. Jede zu entwässernde Verkehrsfläche muß deshalb als **geneigte** Fläche ausgebildet werden.

In der Regel wird das Regenwasser zunächst zum Rand der Fläche geleitet. Danach lassen sich 2 grundsätzliche Möglichkeiten unterscheiden:

a) Entwässerung in die Vegetation. Das Wasser gelangt hierbei über den Rand in die angrenzende Fläche – meist Vegetationsfläche – und versickert dort. Auf diese Weise werden viele Verkehrsflächen in Gärten und Grünanlagen, besonders Fußwege, Gartenwege, kleine Sitzflächen usw., entwässert. Die Vorteile liegen auf der Hand: Es entstehen keine Kosten für weiterreichende Entwässerungsmaßnahmen. Aus gestalterischer Sicht werden keine störenden Einläufe und die oft als unschön empfundenen hochstehenden Randeinfassungen erforderlich.

Diesen Vorteilen, die oftmals entscheidend sind, stehen folgende Nachteile gegenüber:
– Die angrenzenden Flächen können an den Rändern versumpfen, besonders bei größeren zu entwässernden Flächen und undurchlässigem Untergrund.
– Wasser kann in die Tragschichten eindringen, was zu Setzungen, besonders der Randbereiche, führen kann.
– Bei Flächen, auf denen im Winter Salz gestreut wird, kann die angrenzende Vegetation zu Schaden kommen.

Diese Art der Entwässerung eignet sich somit für schwach belastete Fußwege und kleinere Flächen auf gut durchlässigem Untergrund. Die Vegetationsflächen sollten dabei im Verhältnis immer größer sein als die befestigte Fläche.

b) Entwässerungsanlagen. Bei größeren befestigten Flächen wird das Oberflächenwasser in der Regel in besonderen **Entwässerungsanlagen** aufgefangen und abgeleitet. Man unterscheidet hierbei zwischen »offener« und »geschlossener« Entwässerung:

– Offene Entwässerung: hierzu gehören Gräben und Mulden, die im Bereich von Hausgärten und Kleinprojekten jedoch kaum vorkommen, da die Flächen hier meist zu klein dafür sind (Abb. 8.3.1/3).

Außerdem gehören Rinnen und Mulden aus Pflastersteinen dazu Abb. (8.3.1/4 s. hierzu auch 8.2.6.3, Ausführung von Rändern)

– Geschlossene Entwässerung: Hierbei wird das Wasser über **Entwässerungseinrichtungen** (z. B. Einläufe) und Rohrleitungen abgeführt (s. 8.3.3 und 8.3.4)

Planumsentwässerung.
Wasser, das in den Aufbau einer Verkehrsfläche eindringt, sei es als Sickerwasser durch die Decke, als Kapillarwasser aus dem Untergrund oder als seitlich in die Konstruktion drängendes Hangwasser, muß grundsätzlich über das Planum abgeleitet werden. Dazu erhält das Planum eine Neigung, die in der Regel gleich der Deckenneigung ist, mindestens jedoch 2,5 % beträgt.

8.3.2 Oberflächenprofilierung (Neigung von Verkehrsflächen)

8.3.2.1 Mindestgefälle

Das zügige Abfließen des Oberflächenwassers wird erleichtert oder erschwert durch die Struktur und Bauweise der Decke; auf einer glatten Fläche fließt das Wasser schneller ab als auf einer rauhen Oberfläche. Für die Ausführung bedeutet dies, das rauhe Decken eine

Abb. 8.3.1/4 Bau einer dreireihigen Pflasterrinne aus Naturstein, anschließendes Einschlämmen der Fugen

Tab. 8.3.2.1/1 Mindestquerneigung verschiedener Deckenausführungen*

Betondecken	1,5–2,0%
ebenso Asphaltdecken	1,5–2,0%
rauhe Asphaltdecken	2,0%
(Oberflächenbehandlungen)	
Pflaster mit Fugenverguß	2,0–2,5%
Betonsteinpflaster	
Natursteinpflaster	2,5–3,0%
Ungebundene Decken	3,0%

* Gilt nicht für Straßen
  Im Straßenbau beträgt die Querneigung
  min. = 2,5%

etwas größere Neigung erhalten als glatte (Tab. 8.3.2.1/1).

Als Richtwert für die Neigung von Verkehrsflächen gilt:

q = 2,5%

Werte darunter führen leicht zur Belästigung von Fußgängern oder auch zu Schäden an der Konstruktion.

Werte über 3% sind hinderlich beim Begehen und Befahren. (Auch haben Untersuchungen gezeigt, daß eine weitere Erhöhung der Neigung entwässerungstechnisch nicht mehr viel bringt, d.h. der sich einstellende Wasserfilm wird dadurch nicht mehr viel dünner.)

Eine um 2–3% geneigte Fläche wird sowohl optisch als auch beim Begehen als horizontale Fläche empfunden.

Eine Ausnahme bilden Terrassenflächen, auf denen Tische aufgestellt werden. Hier sollte die Neigung 1–2% nicht überschreiten, um ein Schiefstehen der Tische zu vermeiden.

Sind durch feste Zwangspunkte wie z.B. vorgegebene Eingangshöhen o.ä. Neigungen in einer Größenordnung von ca. 2,5% nicht möglich, sollte als Ausnahme noch mindestens eine Neigung von 1,5% vorhanden sein; hierbei sollte dann jedoch ein möglichst glatter Belag vorgesehen werden.

Durch die Neigung soll das Oberflächenwasser möglichst schnell zum Rand oder zu einem bestimmten Punkt geleitet werden; das bedeutet: Die Neigung ist immer zum Rand oder in Richtung der kürzesten Entfernung zum Entwässerungspunkt gerichtet.

Hierbei muß nun grundsätzlich unterschieden werden zwischen linienförmigen, bzw. länglichen Flächen und platzförmigen Flächen. Innerhalb einer Außenanlage kann sich die Gesamtverkehrsfläche aus mehreren aneinandergereihten oder miteinander verbundenen Teilbreichen dieser beiden Kategorien zusammensetzen.

Bei der Aufstellung eines Entwässerungskonzeptes empfiehlt es sich, diese Systematik einzuhalten.

8.3.2.2 Längliche, wegeförmige Flächen

Hier ist die Neigung einerseits grundsätzlich zum Rand hin gerichtet. Da Wege in den meisten Fällen in ihrem Verlauf jedoch steigen oder fallen, müssen hierbei immer 2 Arten von Neigungen unterschieden werden:

a) Querneigung q. Sie ist zum Rand gerichtet und hat die Aufgabe, das Oberflächenwasser auf dem kürzesten Weg dorthin zu bringen. (Größe von q s. Tab. 8.3.2.1/1)

b) Längsneigung s. Sie ist in Richtung des Weges gerichtet und ergibt sich aus dem Geländeverlauf. Die Längsneigung kann in Sonderfällen ± 0% betragen oder jeden beliebigen Wert bis ca. 10% und mehr annehmen. (Wege über 10% sind schwer zu begehen.)

Die Querneigung wird bei einem Weg jedoch unabhängig von der Längsneigung grundsätzlich angeordnet.

Bei einem Weg, bzw. einer länglichen Verkehrsfläche, bilden Querneigung und Längsneigung zusammen die **Schrägneigung**, d.h. die Neigung des größten Gefälles. Die Schrägneigung ergibt sich als Resultierende aus Längs- und Querneigung und zeigt die Richtung des abfließenden Wassers an.

Schrägneigung $p = \sqrt{s^2 + q^2}$

In Abb. 8.3.2.2/1 soll der Einfluß des Längsgefälles auf die Fließrichtung (Schrägneigung) verdeutlicht werden. Für Wege mit großem Längsgefälle ergibt sich daraus die Forderung, durch Querrinnen das Wasser abzufangen (Abb. 8.3.2.2/2).

Abb. 8.3.2.2/2 Querrinnen bei großem Längsgefälle

Ausbildung des Quergefälles

Bei Wegen und Straßen kann das Quergefälle entweder als Einseitneigung ausgeführt werden, mit durchgehend gleicher Querneigung über die gesamte Breite, oder als Dachprofil mit gegensätzlich ausgerichtetem Gefälle (Abb. 8.3.2.2/3).

In den meisten Fällen ist der Einseitneigung der Vorrang zu geben, wegen folgender Vorteile gegenüber dem Dachprofil:
– Entwässerungsanlagen sind nur an einer Seite erforderlich
– Die Herstellung der Decke ist einfacher
– Bessere Optik, da kein Grat in der Mitte

Abb. 8.3.2.2/1 Fließrichtung und Schrägneigung in Abhängigkeit vom Längsgefälle

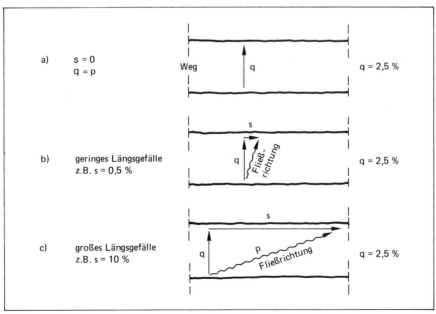

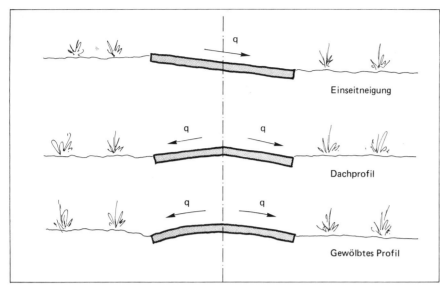

Abb. 8.3.2.2/3 Ausbildung des Quergefälles

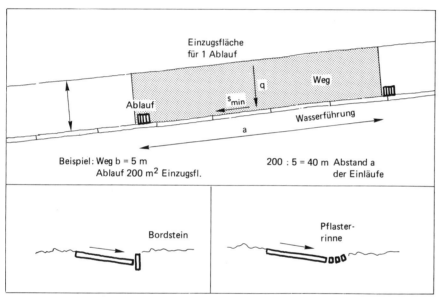

Abb. 8.3.2.2/4 Wasserführung

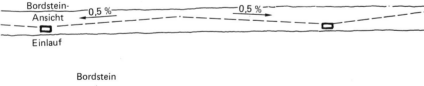

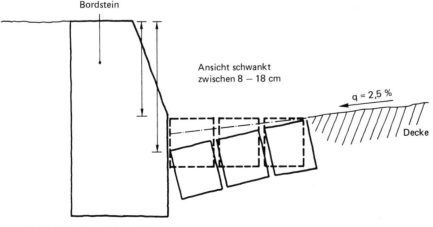

Abb. 8.3.2.2/5 Pendelbordrinne

Das Dachprofil kann in folgenden Fällen vorteilhaft sein:
– Bei der Entwässerung in die Vegetation wird bei breiten Wegen die Einzugsfläche auf diese Weise halbiert
– Bei höhenmäßigen Zwangspunkten am Rand liegen beide Ränder so auf gleicher Höhe
Gewölbte Querschnitte werden wegen der aufwendigen Ausführung kaum noch hergestellt.

Mindestlängsgefälle
Bei der Entwässerung in die Vegetation genügt es, wenn ein Weg nur das Quergefälle hat, d. h., das Längsgefälle kann $s = 0\%$ sein.

Auch bei einem seitlichen Graben oder einer Rasenmulde ist eine Längsneigung zur Entwässerung nicht erforderlich, sofern der Graben oder die Mulde ein Längsgefälle hat. Wird jedoch ein Weg durch ein geschlossenes System entwässert, wobei das Oberflächenwasser durch eine Rinne am Rand zum nächsten Einlauf geleitet wird, dann muß diese Rinne – und damit der Weg insgesamt – ein Mindestlängsgefälle aufweisen, damit das Wasser zum Einlauf hin weiterfließt (Abb. 8.3.2.2/4). Das Mindeslängsgefälle beträgt hierbei:

$$s_{min} = 0,5\%$$

Da bei diesem geringen Gefälle eine sehr genaue Bauausführung vorausgesetzt werden muß, empfiehlt es sich, schon bei der Planung des Weges das Mindestlängsgefälle nicht unter 1 % anzuordnen.

Kann in Sonderfällen auch das Mindesgefälle von 0,5 % nicht erreicht werden, besteht die Möglichkeit, eine **Pendelrinne** auszubilden (Abb. 8.3.2.2/5).

Die klare Unterscheidung von Längs- und Quergefälle erleichtert erfahrungsgemäß die Ausbildung der Oberflächenprofilierung, da diese Prinzipien sinngemäß auch auf die Platzentwässerung und damit insbesondere auf die Entwässerung unregelmäßiger Flächen übertragen werden können.

8.3.2.3 Platzflächen

Bei Plätzen und platzartigen Flächen gibt es 2 Grundtypen der Oberflächenprofilierung:
a) Trichterform. Sie eignet sich besonders für horizontales Gelände, weil die Ränder auf gleicher Höhe liegen. Bei der Trichterform entspricht das zum Einlauf geneigte Gefälle dem Quergefälle q und dessen Größe (s. Tab. 8.3.2.1/1). Eine größere Fläche kann in mehrere kleine Trichter aufgeteilt werden, von denen jeder in seiner Größe von der Einzugsfläche des Einlaufs bestimmt wird (Abb. 8.3.2.3/1 b).

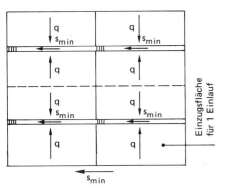

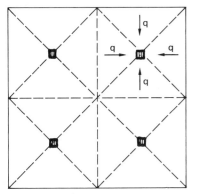

Abb. 8.3.2.3/1 Platzentwässerung
a) Gelände geneigt – Dachform
b) Gelände horizontal – Trichterform

Nachteile der Trichterausbildung sind:
– Größere Flächen wirken bei zu häufiger Unterteilung unruhig
– Die Ausführung ist wegen der vielen Grate und Kehlen aufwendig
– Der optische Eindruck ist ungünstig, wenn Einläufe in der Mitte einer Fläche liegen

b) Dachform. In vielen Fällen ist eine dachförmige Oberflächenprofilierung zweckmäßig, die meist eine bessere Anpassung an das vorhandene Gelände zuläßt (Abb. 8.3.2.3/1 a).

Wegen der einfacheren Herstellung sollten Platzflächen aber auch möglichst bei horizontalem Gelände mit einem geringen Längsgefälle angelegt werden. Die Anordnung der Einläufe am Rande ist dabei in vielen Fällen möglich. Bei der Verwendung von Kastenrinnen (s. 8.3.3.2) kann auch bei horizontal liegenden Platzflächen die Dachform gewählt werden.

Bei der Entwässerung sehr unregelmäßiger Flächen ist meistens eine Kombination von dachförmigen und trichterförmigen Teilflächen erforderlich; das Grundschema ist dabei sowohl auf große als auch auf kleine Flächen, so wie sie z.B. im Bereich von Hausgärten vorkommen, übertragbar.

Abb. 8.3.3.1/1 Hofablauf, Pflasterrinne

Abb. 8.3.3.1/3 Hofabläufe

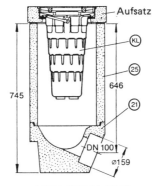

Ablauf DIN 1236-21-25-KL

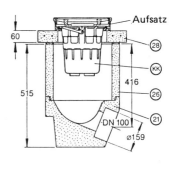

Ablauf DIN-1236-21-26-28-KK

ohne Geruchverschluß

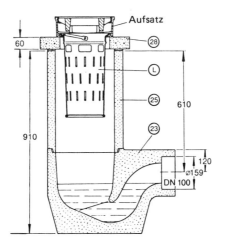

Ablauf DIN 123-23-25-28-L

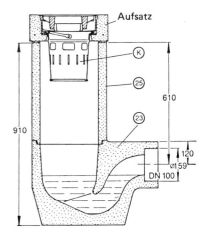

Ablauf DIN 1236-23-25-K

mit Geruchverschluß

Einzelteile:

21	Boden DIN 1236-21 aus Beton	L	Eimer DIN 1236-L aus Stahlblech, verzinkt
23	Boden DIN 1236-23 aus Beton	K	Eimer DIN 1236-K aus Stahlblech, verzinkt
25	Schaft DIN 1236-25 aus Beton	KL	Eimer DIN 1236-KL aus Kunststoff
26	Schaft DIN 1236-26 aus Beton	KK	Eimer DIN 1236-KK aus Kunststoff
28	Auflagering DIN 1236-28 aus Beton		

Abb. 8.3.3.1/2   Hofablauf, runde Form – saubere Umpflasterung

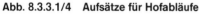

Abb. 8.3.3.1/5   Straßenablauf

8.3.3   Entwässerungseinrichtungen (Abläufe)

In einem geschlossenen Entwässerungssystem, bei dem das Wasser unterirdisch in Kanälen abgeleitet wird, dienen Entwässerungseinrichtungen dazu, das Wasser aufzunehmen und den Leitungen zuzuführen. Hierbei wird unterschieden zwischen »punktförmigen« und »linienförmigen« Entwässerungseinrichtungen.

8.3.3.1   Hof- und Straßenabläufe

Hofabläufe sind punktförmige Entwässerungseinrichtungen, die – wie der Name sagt – zur Entwässerung untergeordneter Verkehrsflächen wie Höfe, Fußwege, Einfahrten usw. verwendet werden (Abb. 8.3.3.1/1–4).

Straßenabläufe unterscheiden sich von Hofabläufen dadurch, daß sie für größere Flächen und höhere Verkehrslasten ausgelegt sind. (Abb. 8.3.3.1/5–7)

Abläufe bestehen aus Aufsatz, Ausgleichring, Schaft und Boden. Diese genormten Einzelteile gibt es in verschiedenen Ausführungen:
– *Boden* mit oder ohne Geruchverschluß, mit oder ohne Schlammfang
– *Schaft* mit Schlammeimer in kurzer oder langer Form
– *Aufsatz* mit gußeiserner Roste in runder oder quadratischer Form, mit Rahmen aus Beton oder Gußeisen

Für Terrassen und ähnliche Flächen gibt es darüber hinaus noch viele Spezialabläufe (Abb. 8.3.3.1/8).

Abläufe lassen sich aus den dargestellten Einzelteilen zu verschiedenen Formen kombinieren: Kriterien für die Zusammenstellung sind dabei:

Breite, bzw. Form des Rahmens: Abhängig von Art und Breite der Rinne, oder vom verwendeten Belag

Längs- oder Querstäbe des Rostes: Bei befahrenen Flächen quer zur Hauptfahrrichtung

Verkehrsklasse: Abhängig von der höchsten Verkehrslast (z. B. bei Einfahrten der Heizölwagen o. a.)

Schafthöhe: Abhängig von der Lage der Anschlußleitungen. Liegt die Leitung tief genug, ist die lange Form günstiger (größerer Schlammeimer)

Schlammfang: Bei größeren anfallenden Mengen Schlamm (Naßschlammgewinnung)

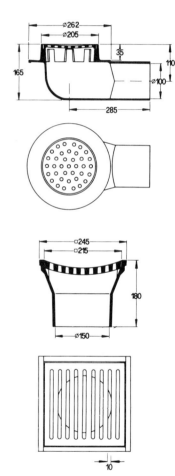

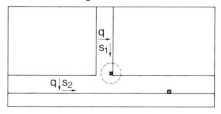

Abb. 8.3.3.1/8   Bodenabläufe für Terrassen- und Sonderflächen

Abb. 8.3.3.1/9   Anordnung von Abläufen vor Einmündungen

Abb. 8.3.3.1/4   Aufsätze für Hofabläufe

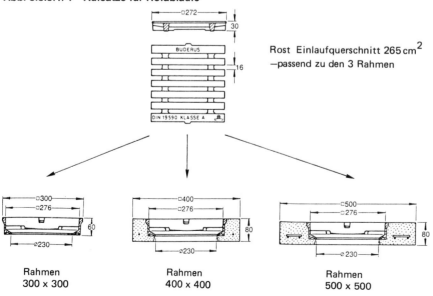

Rost Einlaufquerschnitt 265 cm²
–passend zu den 3 Rahmen

Rahmen
300 x 300

Rahmen
400 x 400

Rahmen
500 x 500

(jeweils mit angeformten Auflager für den Eimer)

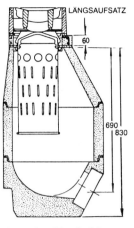

Für rechteckige Aufsätze
300 x 300   "Elcord"
mit Eimerauflage — auch kurze Form lieferbar

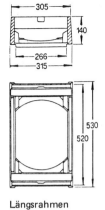

Längsrahmen
(Gußeisen)

Nennmaß: 300 x500
DIN 19594

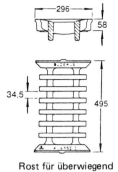

Rost für überwiegend
befahrene Bereiche

Einlaufquerschnitt:
915 cm^2

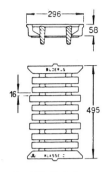

Rost für Fußgänger-
bereiche

Einlaufquerschnitt:
520 cm^2

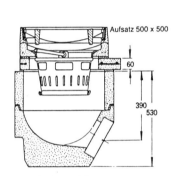

Für quatratische Aufsätze
500 x 500
mit Eimerauflage — auch lange Form lieferbar

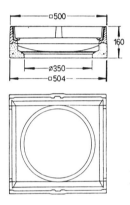

Quatratischer Rahmen
Begu

Nennmaß 500 x 500
DIN 19583

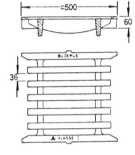

Rost für überwiegend
befahrene Bereiche

Einlaufquerschnitt:
1300 cm^2

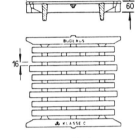

Rost für Fußgänger-
bereiche

Einlaufquerschnitt:
750 cm^2

Abb. 8.3.3.1/6   Straßenabläufe für Trockenschlammgewinnung

Abb. 8.3.3.1/7   Straßenabläufe für Naßschlammgewinnung

① Nr. **0238** 00
Aufsatz aus
Gußeisen
Längsaufsatz
AC DIN 19594
Klasse C

② Nr. **0056** 00
Auflagering 10 b
DIN 4052

③ Nr. **0055** 00
Schaftkonus 11
DIN 4052

④ Nr. **0011** 03
Muffenteil 3a
DIN 4052

⑤ Nr. **0011** 06
Zwischenteil 6a
DIN 4052

⑥ Nr. **0011** 02
Boden 2a
DIN 4052

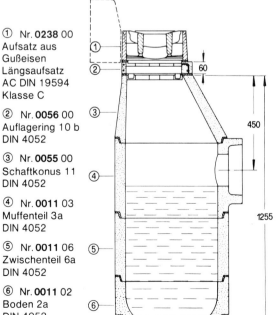

① Nr. **0290** 00
Aufsatz aus
Gußeisen und
Beton BEGU®
A 2 C DIN 19583

② Nr. **0011** 20
Auflagering 10a
DIN 4052

③ Nr. **0011** 25
Schaft 5c
DIN 4052

④ Nr. **0015** 03
Muffenteil 3/G

⑤ Nr. **0011** 02
Boden 2a
DIN 4052

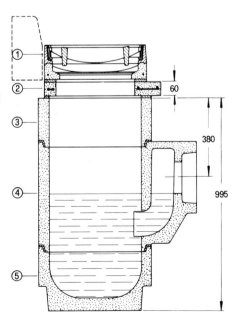

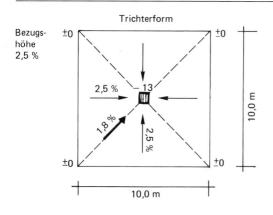

Trichterform

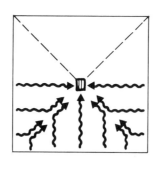

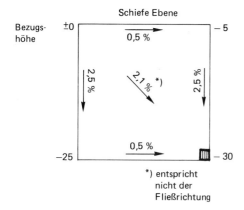

Schiefe Ebene

*) entspricht
nicht der
Fließrichtung

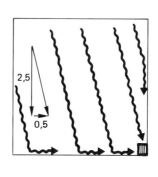

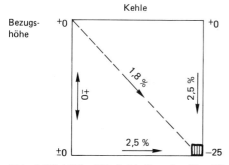

Kehle

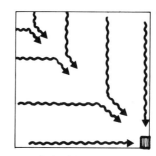

Abb. 8.3.3.1/10   Möglichkeiten der Oberflächenprofilierung am Beispiel einer quadratischen Fläche von 10 × 10 m
a) Höhen- und Gefälleausbildung
b) Fließrichtung des Wassers

Abb. 8.3.3.2/1   Kastenrinne zur Entwässerung von Treppenanlagen

Die hydraulische Leistungsfähigkeit eines Ablaufs (Schluckvermögen) und damit die Größe der angeschlossenen Fläche, bzw. der Abstand der Abläufe ist abhängig von:
- dem Ablauf selbst (Größe der Öffnungsfläche des Rostes)
- der Größe des Zuflusses und dessen Geschwindigkeitsverteilung
- dem Gerinnetyp und der Gerinnelängsneigung

Für eine überschlägliche Festlegung, die in den meisten Fällen völlig ausreichend ist, gelten folgende Fauswerte:
- ca. 200 m² bei Hofabläufen
- ca. 400 m² bei Straßenabläufen

Für eine genaue Dimensionierung wird auf die RAS-Ew Ausgabe 1987 verwiesen.

Bei schmalen Wegen ergibt sich bei Zugrundelegung der Einzugsfläche ein zu großer Abstand der Abläufe. Hier kann das Schluckvermögen nicht voll ausgenutzt werden; es empfiehlt sich, den Abstand nicht größer als 40–50 m zu wählen, bei sehr geringem Längsgefälle höchstens 30 m.

Bei sehr großem Längsgefälle sollten Doppelabläufe oder Bergabläufe angeordnet werden, um ein Überschießen des Wassers über den Ablauf zu vermeiden.

Folgende Grundsätze sollten bei der Anordnung von Abläufen noch berücksichtigt werden:

- In Tiefpunkten muß grundsätzlich ein Ablauf vorgesehen werden
- Vor Einmündungen sollte das Wasser abgefangen werden (Abb. 8.3.3.1/9)
- Die Anordnung des Ablaufes am Rand ist oft optisch günstiger als in der Mitte der Fläche (Abb. 8.3.3.1/10).

8.3.3.2   Kastenrinnen

Kastenrinnen finden besonders auf Platzflächen, vor Treppen und immer

Abb. 8.3.3.2/2   Kastenrinne

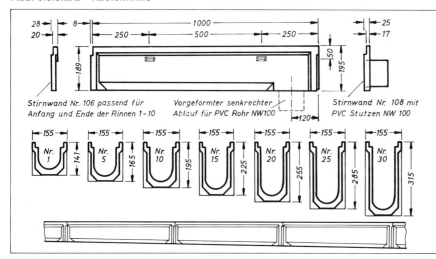

Stirnwand Nr. 106 passend für
Anfang und Ende der Rinnen 1–10

Vorgeformter senkrechter
Ablauf für PVC Rohr NW100

Stirnwand Nr. 108 mit
PVC Stutzen NW 100

Nr. 1   Nr. 5   Nr. 10   Nr. 15   Nr. 20   Nr. 25   Nr. 30

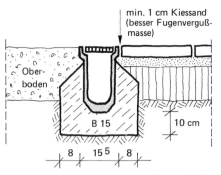

a) Anschluß: Platten (Beton, Naturstein)

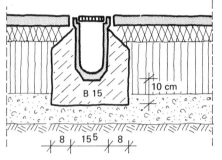

b) Anschluß: Asphalt

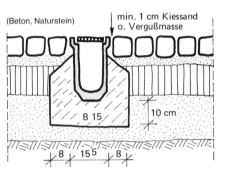

c) Anschluß: Pflaster (Beton, Naturstein)

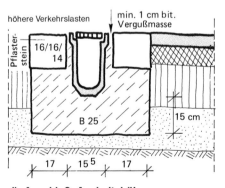

d) Anschluß: Asphalt, höhere Verkehrslasten

Alle angrenzenden Flächen 3–5 mm über Rinnenkante einbauen!
(Quelle: Severin Ahlmann)

Abb. 8.3.3.2/3 Einbau von Kastenrinnen – Anschluß angrenzender Flächen

Abb. 8.3.3.2/4 Kastenrinne (angrenzende Fläche im Bau)

dann Anwendung, wenn eine Verkehrsfläche kein Längsgefälle aufweisen soll. Optisch stellen sie oftmals eine optimale Lösung dar, hinsichtlich der Herstellungskosten ist die Entwässerung über Einzeleinläufe in vielen Fällen günstiger (je nach erforderlicher Rinnenlänge). Auch die Reinigung und Unterhaltung erweist sich bei Einzelabläufen meist als einfacher.

Konstruktionsmerkmale
Sehr verbreitet sind Kastenrinnen aus Polyesterbeton (Polyesterharz in Verbindung mit geeigneten Quarzsanden), die mit eingebautem Eigengefälle von 0,6 % nach einem Baukastenprinzip zusammengestellt werden können. Durch das Eigengefälle verläuft die Oberfläche der Rinne horizontal (Abb. 8.3.3.2/1 und 2)

Je nach Einsatzbereich gibt es Abdeckungen als verzinkter oder kunststoffbeschichteter Stegrost, als verzinkter Maschenrost, als Schlitzrost aus Gußeisen oder Polyesterbeton. Einlaufkästen, Sinkkästen, Anschlußstutzen usw. vervollständigen das System. Die Rinnen können auch für höhere Verkehrslasten (Klasse A–E) ausgeführt werden.

Hinweise zum Verlegen
Kastenrinnen werden auf einem 10 cm dicken Fundament aus erdfeuchtem Beton verlegt und erhalten eine 8–10 cm starke Rückenstütze. Die Rostarretierungen müssen vor dem Anbringen der Rückenstütze montiert werden. Das Verlegen der einzelnen Rinnenelemente erfolgt vom tiefsten Punkt aus; dabei ist die Fließrichtung und Numerierung der Einzelelemente zu beachten.

Anschlüsse sollten nach Abb. 8.3.3.2/3 ausgeführt werden. Wichtig ist, das die Roste beim Asphaltieren bzw. Anbetonieren oder Anpflastern eingelegt bleiben.

8.3.4 Rohrleitungen

Rohrleitungen dienen der unterirdischen Weiterleitung des Wassser.

Das umfangreiche Gebiet der Projektierung und Ausführung von Rohrleitungen soll hier nur soweit gestreift werden, wie es sich auf die Entwässerung kleiner Flächen, besonders jedoch auf die Grundstücksentwässerung bezieht.

8.3.4.1 Grundlagen

In der Entwässerungstechnik unterscheidet man 2 Arten des abzuleitenden Wassers;

a) Schmutzwasser (SW): Häusliches Abwasser aus Bad, WC, Küche, Keller.

Das Wasser gelangt von den Grundstücken in Sammelleitungen und wird dann zu einer Kläranlage geleitet, dort in verschiedenen, teilweise aufwendigen Arbeitsgängen gereinigt und anschließend in einen »Vorfluter« (Bach, Fluß oder See) eingeleitet.

b) Regenwasser (RW): Wasser aus Niederschlägen auf Dach- und Verkehrsflächen.

Das Wasser wird ebenfalls von den Grundstücken aus in Sammlern zum Vorfluter geleitet. Da Oberflächenwasser in der Regel nur Sand- und Schwebstoffe enthält, kann es direkt oder nach Durchfluß durch ein Absetzbecken in den Vorfluter eingeleitet werden.

Für die Sammelleitungen, die meist im öffentlichen Straßenraum verlaufen, gibt es 2 grundlegende Systeme:

a) Mischwasserkanalisation: Hierbei werden Schmutzwasser und Regenwasser in einer gemeinsamen Rohrleitung abgeleitet.

Vorteile: Baulich und an Unterhaltung geringerer Aufwand, da nur eine Rohrleitung erforderlich

Nachteile: Das gesamte Regenwasser muß mit durch die Kläranlage geleitet und gereinigt werden, wobei der Anteil des anfallenden Regenwassers wesentlich größer ist als der des Schmutzwassers. Entsprechend muß die Kläranlage größer ausgelegt werden; allerdings kann sie nicht für den selten auftretenden Spitzenregen dimensioniert werden. In diesem Fall muß ein Teil des Mischwassers ungeklärt in den Vorfluter eingeleitet werden.

b) Trennsystem: Schmutzwasser und Regenwasser werden schon von den Grundstücken aus in getrennten Leitungen abgeführt. Im Straßenquerschnitt verlaufen die beiden Kanäle in der Regel parallel nebeneinander.

Heute kommt überwiegend das Trennsystem zur Anwendung.

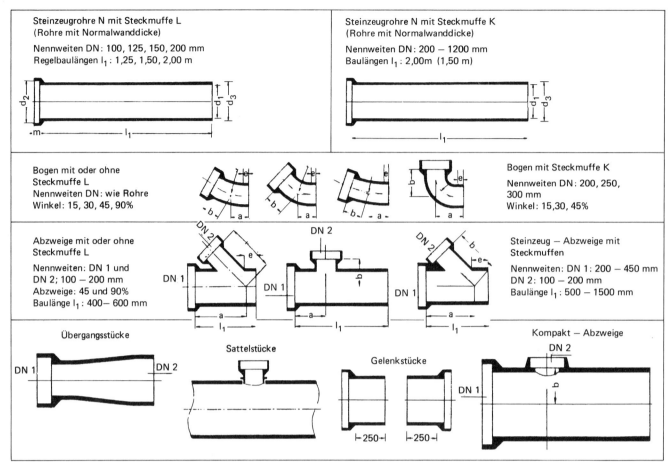

Abb. 8.3.4.2/1   Steinzeugrohre und -formstücke

8.3.4.2   Rohre

Das Material einer Rohrleitung kann auf sehr unterschiedliche Weise beansprucht werden:

Mechanisch: Durch Schleifwirkung und Abrieb der im Wasser enthaltenen Schmutzstoffe, insbesonders Sande.

Chemisch: Durch im Wasser enthaltene Chemikalien oder durch aggressives Bodenwasser.

Thermisch: Durch stoßweises Einleiten von heißem Wasser. Das führt zu Spannungen, weil die Rohre im kalten Boden liegen und oftmals nur teilgefüllt sind.

Statisch: Durch Grabenverfüllung und Erddruck.

Dynamisch: Durch Verkehrslasten, die Stöße und Schwingungen bis auf die Rohre übertragen.

Gegenüber diesen unterschiedlichen Beanspruchungen sind die zur Anwendung kommenden Rohrmaterialien mehr oder weniger gut geeignet. Nachfolgend sollen hier die Rohrarten behandelt werden, die bei der Grundstücksentwässerung außerhalb von Gebäuden am häufigsten verwendet werden.

Steinzeugrohre

Steinzeug gehört, wie Porzellan, zu den dichten Tonwaren (Sinterzeug), im Gegensatz zu den porösen Tonwaren wie z. B. Ziegel, Töpferwaren usw. Steinzeug zeigt einen halbverglasten, muscheligen Bruch und ist auch ohne Glasur dicht. Als Rohstoffe dienen Tone und Schamott, die unter Zugabe von Wasser mit hohem Druck geformt werden. Nach dem Trocknen entsteht beim anschließenden Brennen ein dichtes, widerstandsfähiges Material, das gleichzeitig eine Glasur erhält. Teilweise werden Steinzeugrohre auch ohne Glasur gefertigt.

Das Steinzeugrohr zählt neben dem Ziegelstein zu den ältesten Bauelementen der Abwassertechnik; in zahlreichen Fällen hat dieses Rohrmaterial über Jahrhunderte seine Langzeitfestigkeit bewiesen.

Heute wird die Nutzungsdauer von Steinzeugrohren allgemein mit 100 Jahren angesetzt, die tatsächliche Lebensdauer dürfte in den meisten Fällen jedoch wesentlich höher liegen.

Steinzeugrohre werden überwiegend für Schmutzwasserkanäle verwendet.

Die Rohre und zugehörigen Formteile sind in der DIN 1230 genormt und werden in Abmesungen von 100 mm Durchmesser (DN 100) bis 1400 mm Durchmesser (DN 1400) in Baulängen von 1,00 und 2,00 m hergestellt (ab DN

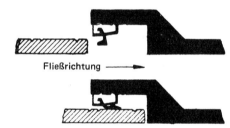

a) Muffendichtung mit Steckmuffe L bis Rohrdurchmesser 200 mm; besteht aus einem elastischen Lippendichtungsring aus Spezialgummi und einer Zentrierfassung

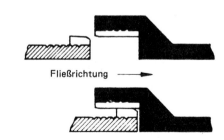

b) Muffendichtung mit Steckmuffe K ab Rohrdurchmesser 200 mm; besteht aus säurefestem und alterungsbeständigem Kunststoff; vor dem Einschieben sind Muffe und Rohrende zu säubern und mit einem Gleitmittel zu bestreichen

Abb. 8.3.4.2/2   Dichtungen von Steinzeugrohren (Quelle: Voth, Tiefbaupraxis)

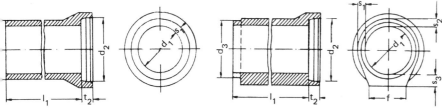

Kreisförmige Rohre mit Muffe, Formen K und KW Kreisförmige Rohre mit Falz, Formen KF und KFW

K kreisförmige Rohre ohne Fuß KF kreisförmige Rohre mit Fuß
KW kreisförmige Rohre ohne Fuß, wandverstärkt KFW kreisförmige Rohre mit Fuß, wandverstärkt

a) **Bezeichnung eines kreisförmigen Muffenrohres ohne Fuß in wandverstärkter Ausführung (KW-M) von Nennweite 400 und Baulänge 1 = 2000 mm. Rohr KW-M 400 × 2000 DIN 4032**
b) **Bezeichnung eines kreisförmigen Muffenrohres mit Fuß mit normaler Wanddicke (KF M) von Nennweite 500 und Baulänge 1 = 2000 mm. Rohr KF-M 500 × 2000 DIN 4032**

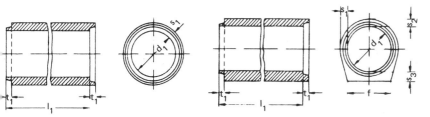

Kreisförmige Rohre mit Falz, Formen K und KW Kreisförmige Rohre mit Muffe, Formen KF und KFW

c) **Bezeichnung eines kreisförmigen Falzrohres ohne Fuß mit normaler Wanddicke (K-F) von Nennweite 250 und Baulänge 1 = 1000 mm. Rohr K-F 250 × 1000 DIN 4032**
d) **Bezeichnung eines kreisförmigen Falzrohres mit Fuß in wandverstärkter Ausführung (KFW-F) von Nennweite 800 und Baulänge 1 = 1000 mm. Rohr KFW-F 800 × 1000 DIN 4032**

Abb. 8.3.4.2/3 Kreisförmige Betonrohre

200 in 2,00 m Länge). Für unterschiedliche statische Belastungen gibt es 2 verschiedene Wanddicken (N = normal, V = verstärkt). Alle Steinzeugrohre sind Muffenrohre, wobei die kleinen Durchmesser bis einschließlich DN 200 eine Lippendichtung (Steckmuffe L), ab DN 200 einen selbstklebenden Steckring (Steckmuffe K) als Dichtung haben (Abb. 8.3.4.2/1 und 2).

Bei der »Steckmuffe L« befindet sich das Dichtelement in der Muffe. Beim Einschieben des freien Spitzendes des Rohres drücken sich die Lippen des Gimmiringes fest an den Schaft und bilden so einen nach außen und innen dichten Verschluß. Die »Steckmuffe K« besteht aus 2 Dichtringen aus elastischem Kunststoff; sie befinden sich im Spitzende und in der Muffe.

Als preiswerte Sonderausführung der Steinzeugrohre, speziell für Grundstücksentwässerungen werden Rohre auch ohne Außenglasur, nur mit durchsichtiger Innenglasur, angeboten (topton). Das Lieferprogramm umfaßt Rohre der Nennweite DN 100, DN 125 und DN 150.

Betonrohre
Betonrohre gibt es in einer großen Anzahl von Querschnitten, mit zahlreichen Formteilen. Überwiegend haben die Rohre einen kreisförmigen Querschnitt, darüber hinaus gibt es eiförmige Querschnitte für größerer Leitungen (Hauptsammler usw.). Außerdem gibt es Stahlbetonrohre (bewehrte Rohre), die ebenfalls für größere Druchmesser Verwendung finden.

Für Grundstücksentwässerungen kommen hauptsächlich Betonrohre nach DIN 4032 in Frage, wobei folgende Ausführungen und Bezeichnungen unterschieden werden:
K Kreisförmige Rohre ohne Fuß
KW Kreisförmige Rohre ohne Fuß wandverstärkt
KF Kreisförmige Rohre mit Fuß
KFW Kreisförmige Rohre mit Fuß wandverstärkt
EF Eiförmige Rohre mit Fuß
Diese Rohrarten gibt es sowohl als Falzrohre, als auch als Muffenrohre, was bei der Kurzbezeichnung durch Anfügen eines F (Falz), bzw. M (Muffe) gekennzeichnet wird (Abb. 8.3.4.2/3).

Kleinster Durchmesser von Betonrohren ist laut DIN die Nennweite DN

100. In der Praxis werden Betonrohre unter DN 150 jedoch nur noch selten hergestellt und verwendet. Die Baulängen betragen bei Falzrohren meist 1,00 m, bei Muffenrohren meist 2,00 m.

Betonrohre werden für Regenwasserkanäle verwendet. Dabei sollte wegen der besseren Dichtigkeit dem Muffenrohr gegenüber dem preiswerteren Falzrohr der Vorzug gegeben werden. Falzrohre sind schwieriger abzudichten, weil sie beim Verlegen in Längsrichtung stark aneinandergepreßt werden müssen. Rohre mit Fuß haben den Vorteil eines besseren, gleichmäßigeren Auflagers; bei Sandbettung kann ein Unterstopfen entfallen.

Die Dichtung von Betonrohren erfolgt bei Muffenrohren mit Rollringen aus Gummi, bei Falzrohren mit Dichtungsband aus plastischem oder elastischem Material oder mit Spachtelmasse. Ein Verfugen der Rohrstöße mit Mörtel, wie es manchmal zu beobachten ist, bringt nur eine unvollkommene Dichtung und stellt somit keine fachgerechte Lösung dar.

Rohre aus Kunststoff
Kunststoffrohre für Kanäle gibt es aus Polyvenylchlorid (PVC hart) und aus Polyethylen (PE hart).

PVC gehört zu den thermoplastischen Kunststoffen; die Herstellung der Rohre erfolgt durch Warmverformung. Schweißverbindungen sind nicht möglich, die Rohrverbindungen werden mittels Muffe und Rollring ausgeführt. PVC-Rohre für Kanalisationsleitungen sind an ihrer rötlich-braunen Farbe zu erkennen. Sie sind in Durchmessern von DN 100–DN 600 genormt.

Polyethylen gehört ebenfalls zu den thermoplastischen Kunststoffen; auch hierbei werden die Rohre im erwärmten, plastischen Zustand geformt. Im Gegensatz zum PVC lassen sich Verbindungen und Anschlüsse jedoch durch Warmverformung oder Schweißung herstellen.

Es gibt Nennweiten von DN 100–DN 1200, die Handelslängen betragen 6 und 12 m.

PE-Rohre werden vielfach für Wasser- und Gasleitungen verwendet.

Bei der Grundstücksentwässerung und bei kleineren Baumaßnahmen finden hauptsächlich Rohre aus PVC-hart Verwendung, und zwar sowohl für Schmutzwasser als auch für Regenwasserleitungen. Aber auch für Sammelleitungen kommen sie zum Einsatz.

Neben Eigenschaften wie Abriebfestigkeit, glatte Rohrwandung und chemische Beständigkeit ist das geringe Gewicht der Rohre hervorzuheben. Letzteres wirkt sich vorteilhaft auf Transport und Verlegung aus. Eine große Er-

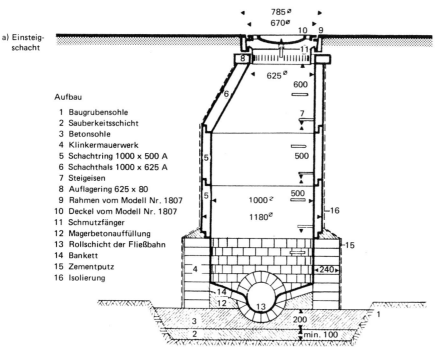

Aufbau

1 Baugrubensohle
2 Sauberkeitsschicht
3 Betonsohle
4 Klinkermauerwerk
5 Schachtring 1000 x 500 A
6 Schachthals 1000 x 625 A
7 Steigeisen
8 Auflagering 625 x 80
9 Rahmen vom Modell Nr. 1807
10 Deckel vom Modell Nr. 1807
11 Schmutzfänger
12 Magerbetonauffüllung
13 Rollschicht der Fließbahn
14 Bankett
15 Zementputz
16 Isolierung

Abb. 8.3.4.3/1   Kontrollschacht für Sammelleitungen

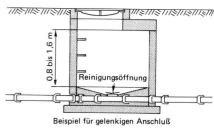

Beispiel für gelenkigen Anschluß

Schachtausbildung bei einer Schachttiefe
von weniger als 1,60 m

**Abb. 8.3.4.3/3   Grundstücks-
kontrollschacht**

leichterung beim Verlegen der Rohre ist auch durch die große Baulänge gegeben.

Asbestzementrohre
Es gibt Nennweiten von DN 100–DN 1500. Für die Grundstücksentwässerung haben sie jedoch kaum Bedeutung.

8.3.4.3   Ausführung von Kanalisationsarbeiten

Lage des Kanals
Kanäle setzen sich aus Teilabschnitten zusammen, die aus geradlinig und

Abb. 8.3.4.3/2   Beispiel für eine Grundstücksentwässerung (Quelle: Passavant)

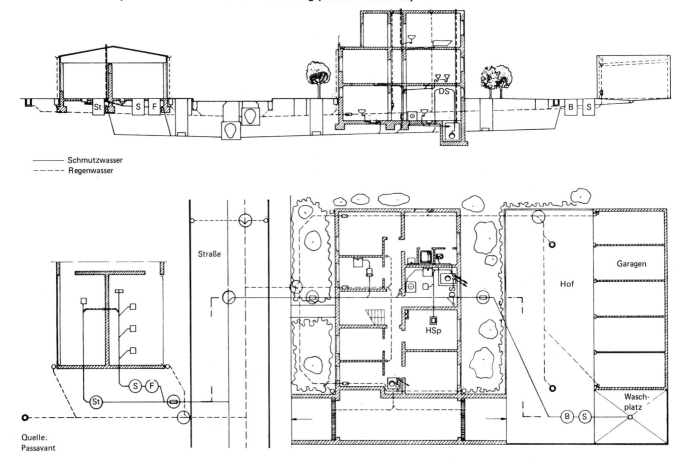

———— Schmutzwasser
- - - - Regenwasser

mit Gefälle verlegten Rohren bestehen. Diese Teilabschnitte (Haltungen), die bis ca. 50 m lang sein können, werden durch Kontrollschächte begrenzt. Auch bei jeder Richtungsänderung und jeder Gefälleänderung wird ein Kontrollschacht angeordnet, wobei Änderungen in Richtung und Gefälle meist zusammenfallen. Ebenso erfolgt die Zusammenführung zweier Rohrleitungen in einem Kontrollschacht. Die Kontrollschächte dienen zur Reinigung der Leitungen (Abb. 8.3.4.3/1.).

Dagegen werden Grundleitungen bei der Grundstücksentwässerung sowie Anschlußleitungen von Abläufen und Rinnen mit Formstücken (Bögen, Abzweige) ausgeführt. Diese Leitungen sollten jedoch auch immer so angelegt werden, daß eine Reinigung über die Entwässerungseinrichtungen möglich ist. Bei sehr vielen sich verzweigenden Leitungen oder bei Leitungen mit sehr vielen Richtungsänderungen sollten auch auf Grundstücken Kontrollschächte vorgesehen werden. Ein Beispiel für das Leitungsschema auf einem Grundstück zeigt Abb. 8.3.4.3/2.

Bevor eine Leitung in das öffentliche Netz eingeleitet wird, muß auf dem Grundstück ein kleiner Kontrollschacht oder eine Reinigungsöffnung vorgesehen werden (Abb. 8.3.4.3/3). Der Anschluß an den Sammler erfolgt dann wiederum mit einem Formstück (Abzweig).

Tiefe der Leitungen
Die Tiefe der Grundleitungen auf den Grundstücken richtet sich nach
— Tiefe der Kanäle, an die angeschlossen werden soll
— Höhe der Flächen, die entwässert werden sollen (z. B. Kellersohle usw.)
— Geländeform
Erdverlegte Leitungen sollten frostfrei verlaufen, d. h. ca. 70–90 cm tief liegen. Aber auch aus Gründen der Rohrstatik muß eine **Mindestüberdeckung** vorhanden sein. Dazu wird bei größeren Leitungen eine statische Berechnung durch-

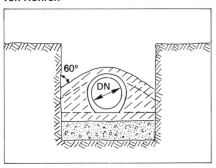

Abb. 8.3.4.3/4 Betonummantelung von Rohren

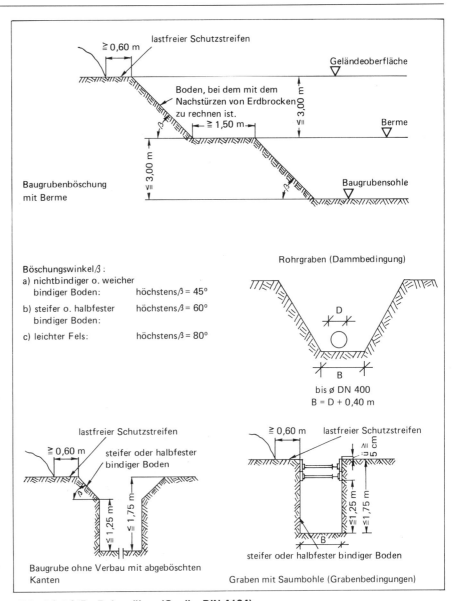

Abb. 8.3.4.3/5 Rohrgräben (Quelle: DIN 4124)

Tab. 8.3.4.3/1 Mindestgefälle von Grundstücksentwässerungsleitungen

DN	Mindestgefälle für				
	Schmutzwasserleitungen innerhalb von Gebäuden	Regenwasserleitungen innerhalb von Gebäuden	Mischwasserleitungen innerhalb von Gebäuden	Schmutzwasserleitungen außerhalb von Gebäuden	Regenwasser- u. Mischwasserleitungen außerhalb von Gebäuden
bis 100	1:50	1:100	1:50	1:DN	1:DN
125	1:66,7	1:100	1:66,7	1:DN	1:DN
150	1:66,7	1:100	1:66,7	1:DN*	1:DN**
ab 200	$1:\dfrac{DN}{2}$	$1:\dfrac{DN}{2}$	$1:\dfrac{DN}{2}$	1:DN*	1:DN**
Füllungsgrad h/d (nach DIN 1986 Teil 2)	0,5	0,7	0,7	0,5 (* auch 0,7)	0,7 (** auch 1,0)

geführt, bei der die Scheiteldruckfestigkeit der Rohre nachzuweisen ist.

Bei der Grundstücksentwässerung wird auf die statische Berechnung in der Regel verzichtet. Als Richtwert für die Mindestüberdeckung gilt hier, daß Leitungen unter Flächen mit höheren Verkehrslasten (d.h. befahrene Flächen), eine Überdeckung von 0,80–1,00 m aufweisen sollten. Läßt sich dieses Maß nicht einhalten, so können bei Steinzeug- und Betonrohren die wandverstärkten Ausführungen verwendet werden.

In Sonderfällen, wenn durch Zwangslagen bedingt nur geringe Rohrüberdeckungen bei gleichzeitig hohen Verkehrslasten möglich sind, kann eine Rohrummantelung mit Beton vorgenommen werden (Abb. 8.3.4.3/4).

Diese Ummantelung läßt sich sowohl bei Steinzeug-, Beton- als auch bei Kunststoffrohren durchführen.

Bei Kunststoffrohren sollte die Mindestüberdeckung auf verkehrsfreien Flächen oder Flächen mit leichtem Verkehr mindestens 0,80 m und bei schwerem Verkehr mindestens 1,50 m betragen.

Seltener ist eine zu große Überdeckung (Tiefenlage 4–6 m). Hierbei kann es bei bestimmten Bodenarten zu großen Auflasten kommen.

Gefälle von Rohrleitungen

Rohrleitungen müssen leerlaufen können und deshalb mit Gefälle verlegt werden. Das Mindestgefälle für Grundstücksentwässerungen zeigt Tab. 8.3.4.3/1: Als Höchstgefälle sollten 1:20 nicht überschritten werden, ein größeres Gefälle kann durch den Bau von Absturzschächten gemildert werden.

Das Gefälle von Rohrleitungen muß nach oben und nach unten begrenzt werden, weil davon unmittelbar die Geschwindigkeit, die Schleppkraft und damit die Leistungsfähigkeit, aber auch die Luftzirkulation und Geräuschbildung bei Anschlußleitungen abhängig ist. Die günstigste Spülwirkung liegt erfahrungsgemäß in einem mittleren Gefällebereich.

Mindestdurchmesser

Der erforderliche Durchmesser von Rohrleitungen wird durch hydraulische Berechnungen ermittelt. Alle erdverlegten Leitungen auf Grundstücken müssen einen Mindestdurchmesser von 100 mm (DN 100) haben. Es wird jedoch empfohlen, aus Reinigungsgründen eine Nennweite von DN 150 für Grundleitungen nicht zu unterschreiten.

Rohrgräben

Rohrgräben können mit senkrechten oder abgeböschten Wänden ausgeführt

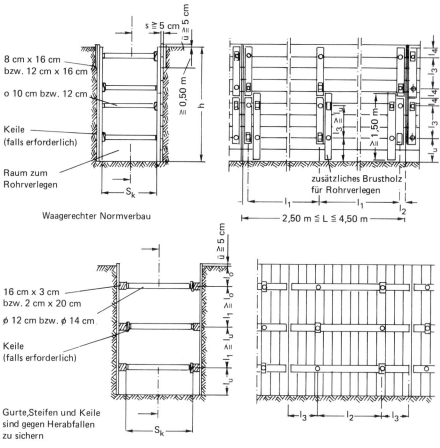

Abb. 8.3.4.3/6 Verbau von Leitungsgräben (Quelle: DIN 4124)

a) Richtige Auflagerung kreisförmiger Rohre ohne Fuß (bei sandigem Boden und Feinkies)

Rohr nicht unterstopft
Falsch wegen Linienlagerung

Rohr unterstopft
Rohre auf eben abgeglichener Grabensohle, dann Rohr unterstopft

Falsch wegen Punktauflagerung

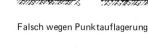

b) für Beton, Stahlbeton, Stahlbetondruck und Steinzeugrohre (nur bis 600 einschließlich) und bei Asbest, Gußeisen, Kunststoff u. Stahlrohren aller Nennweiten zulässig

Abb. 8.3.4.3/7 Rohrauflager

werden. Für den Bauablauf bedeutet dies:
Senkrechte Grabenwände: Weniger Aushub, genaueres Arbeiten erforderlich, bei größeren Tiefen Verbau erforderlich.
Abgeböschte Grabenwäde: Mehr Aushub, bei Einsatz größerer Maschinen (Bagger) oft rationeller, da Verbau entfällt.

Für die Rohrstatik wird ebenfalls unterschieden zwischen »Grabenbedingung« und »Dammbedingung« (Abb. 8.3.4.3/5). Die Grabenbedingung ist statisch günstiger, da die senkrechten Grabenwände die Rohrleitung durch Lastübertragung auf den gewachsenen Boden entlasten. Bei der Dammbedingung entstehen oftmals zusätzliche Belastungen für die Rohre durch Setzung des Verfüllbodens beiderseits der Leitung.

Im Bereich von Verkehrsflächen sollte deshalb möglichst mit senkrechten Wänden gearbeitet werden.

Beim Aushub von Rohrgräben und Baugruben sind bestimmte Sicherheitsvorkehrungen einzuhalten. Danach dürfen Gräben und Baugruben bis 1,25 m Tiefe ohne besondere Sicherungen mit senkrechten Wänden hergestellt werden.

Bei 1,25–1,75 m hohen Wänden in standfestem, gewachsenem Boden genügt es, den mehr als 1,25 m über Sohle liegenden Bereich abzuböschen oder mit Saumbohlen zu sichern (Abb. 8.3.4.3/5). Über 1,75 m hohe Wände von Baugruben werden entweder abgeböscht oder »verbaut«. Mögliche Verbauweisen zeigt Abb. 8.3.4.3/6.

Die Breite eines Leitungsgrabens ergibt sich aus dem Durchmesser des zu verlegenden Rohres und dem erforderlichen Arbeitsraum (Abb. 8.3.4.3/5).

Unabhängig vom Rohrdurchmesser sind folgende Mindestbreiten der Gräben einzuhalten:
— Bei Grabentiefen bis 1,75 m: B = 0,60 m
— Bei Grabentiefen über 1,75 m: B = 0,80 m
In unverbauten Gräben bis 1,25 m Tiefe können diese Werte unterschritten werden, da ein betretbarer Arbeitsraum zum Verlegen und Prüfen der Leitung nicht erforderlich ist.

Das Verlegen der Rohre
Wichtig für eine standfeste Lage bei gleichmäßiger Auflagespannung der Rohre ist das Rohrauflager. Dazu muß die Grabensohle ebenflächig und fest sein. Auf keinen Fall darf die Grabensohle aufgelockert werden; versehentlich zu tief ausgeschachtete Gräben müssen mit gut verdichtbarem Boden auf die richtige Sohlhöhe wieder aufgefüllt und verdichtet werden. Grundsätzlich soll ein flächiges Auflager der Rohre erreicht werden, Linien- oder gar Punktauflager sind auf jeden Fall zu vermeiden (Abb. 8.3.4.3/7).

Am gebräuchlichsten ist ein Rohrauflager aus Sand oder Kies. Dazu wird ein Sand- oder Kiesbett eingebaut und gut verdichtet. Für die Dicke des Bettes gilt:
$d = 10$ cm $+ \frac{1}{10}$ Rohrdurchmesser
Bei der Verwendung von Rohren ohne Fuß wird anschließend eine Mulde ausgeformt.

Auflager aus Beton eignen sich z.B. für Rohrleitungen, die mit großem Gefälle verlegt werden; für kleine Nennweiten ist es jedoch in den meisten Fällen nicht erforderlich.

Verfüllen des Rohrgrabens
Nachdem die einzelnen Rohre verlegt worden sind, kann die Leitung eingebettet und überschüttet werden. Es wird unterschieden zwischen dem »Einbetten« der Rohrleitung bis 0,30 m über Rohrscheitel (Leitungszone) und dem anschließenden »Überschütten« bis zur vorgesehenen Überdeckungshöhe. In der Leitungszone darf nur steinfreier, verdichtungsfähiger Boden verwendet werden. Der Boden ist in diesem Bereich in Lagen bis zu 30 cm einzubringen und von Hand oder maschinell zu verdichten. Oberhalb der Leitungszone wird der ausgehobene Boden lagenweise wieder verfüllt und verdichtet. Dabei sind schwere Stampf- oder Rüttelgeräte bis 1,0 m über Rohrscheitel nicht zulässig.

Abb. 8.4/3   Weg im hausnahen Bereich (Garten K.)

8.4   Anwendungsbeispiel »Wegebau« für den Hausgarten K.

Bei der Frage nach dem Aufbau der Verkehrsflächen in unserem Anwendungsbeispiel, dem Hausgarten K., sind folgende Gesichtspunkte zu beachten:

— Funktion, Verkehrsart und Belastung der Verkehrsfläche
— der anstehende Baugrund (Untergrund)
— das Aussehen der Deckschichten und damit die gestalterische Einbeziehung in die Gesamtanlage
— die Kosten des Gesamtaufbaues

Funktion und Belastung.
Im Hausgarten K. lassen sich die Verkehrsflächen in 3 Bereiche unterschied-

Abb. 8.4/1   Zufahrt und Stellplatz (Garten K.)

Abb. 8.4/2   Terrasse (Garten K.)

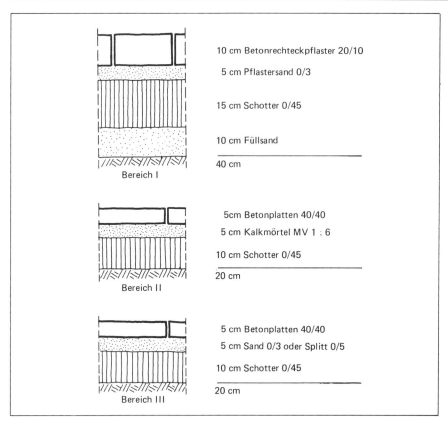

10 cm Betonrechteckpflaster 20/10

5 cm Pflastersand 0/3

15 cm Schotter 0/45

10 cm Füllsand

40 cm

Bereich I

5cm Betonplatten 40/40

5 cm Kalkmörtel MV 1 : 6

10 cm Schotter 0/45

20 cm

Bereich II

5 cm Betonplatten 40/40

5 cm Sand 0/3 oder Splitt 0/5

10 cm Schotter 0/45

20 cm

Bereich III

Abb. 8.4/4 Aufbau der Verkehrsflächen im Hausgarten K.

licher Funktion und Belastung einteilen:

Bereich I: Garagenzufahrt und Stellplatz (Abb. 8.4.1)
Bereich II: Terrasse und Sitzplätze (Abb. 8.4.2)
Bereich III: Wege in Hausnähe und im Garten (Abb. 8.4.3)

Während wir in den Bereichen II und III ausschließlich von eine Fußgängerbenutzung ausgehen können, kommt im Bereich I primär die Belastung durch Pkw hinzu. Als Besonderheit muß in diesem Fall außerdem noch berücksichtigt werden, daß die Garagenzufahrt zur Anlieferung des Heizöles auch von einem Tanklastwagen befahren wird. Zwar kommt dies in der Regel nicht häufiger als ein bis zwei Male im Jahr vor, doch es kann dieser Belastungsfall gerade in der kritischen Phase des Frostaufganges auftreten. Aus diesem Grunde legen wir für den Bereich I die Verkehrsbelastung »Pkw + geringer Anteil Lkw« fest.

Hinsichtlich der Ebenflächigkeit der Oberfläche sind nur an den Bereich II erhöhte Anforderungen zu stellen, da auf diesen Flächen Tische, Sitz- und Gartenmöbel aufgestellt werden sollen.

Untergrund
Auf die vorhandenen Bodenverhältnisse wurde bereits in Kap. 3.7 näher eingegangen.

Es handelt sich bei dem in einer Tiefe von ca. 1 m anstehenden Boden 1 um einen schwach tonigen, schwach sandigen Schluff; darüber ist eine ca. 0,7 m dicke Schicht aus stark schluffigen Mittelsand (Boden 2) gelagert. Die ca. 0,3 m dicke Oberbodenschicht wurde vor Baubeginn im ganzen Baustellenbereich abgetragen und zur späteren Wiederverwendung in einer Miete aufgeschüttet.

Für den Wegebau ist besonders das Frostverhalten eines Bodens von größter Wichtigkeit. Unter diesem Aspekt ist der Boden 1 als ausgesprochen frostgefährdet einzustufen, während Boden 2 noch als frostempfindlich anzusprechen ist.

Die Verkehrsflächen auf dem Grundstück liegen in oder oberhalb der Bodenschicht 2, jedoch kann durch den Baugrubenaushub und eine spätere Aufschüttung mit diesem Material eine Vermischung der beiden Bodenarten erfolgen, bzw. es kann sogar reiner Boden 1 unmittelbar unter eine Verkehrsfläche gelangen. Wir müssen deshalb auf jeden Fall einen frostsicheren Aufbau vorsehen.

Da die Dicke des frostsicheren Oberbaues von der Verkehrsbelastung abhängt, ergeben sich folgende Gesamtstärken für den Aufbau:

Bereich I: Garagenzufahrt 40 cm
Pkw–Stellplatz 30 cm
hier wird ein einheitlicher Aufbau von 40 cm vorgeschlagen
Bereich II: mindestens 20 cm
Bereich III: 20 cm

Tragschichten
Bei der Frage nach der optimalen Tragschichtbauweise können wir in unserem Fall wegen der geringen Verkehrsbelastung und der relativ kleinen Flächen eine bituminös oder hydraulisch gebundene Tragschicht ausschließen. Es bietet sich hier eine ungebundene Tragschicht aus Kies oder Schotter an, die leichter und mit einfacheren Hilfsmitteln herzustellen ist, wobei hinsichtlich der Tragfähigkeit sowohl Kies als auch Schotter verwendet werden könnte. Eine weitere Entscheidungshilfe ist das regionale Vorkommen von Kies oder Schotter und die daraus resultierenden Kosten. Da unser Anwendungsbeispiel im Raum Osnabrück liegt, stellt sich die Situation wie folgt dar: In Osnabrück befinden sich Steinbrüche, in denen gebrochenes Material hergestellt wird, während Kies über eine größere Entfernung angeliefert werden muß und damit einen relativ hohen Frachtkostenanteil beinhaltet. Durch die annähernde Kostengleichheit entscheiden wir uns in diesem Fall eindeutig für Schotter, der durch seine höhere Scherfestigkeit ohnehin das hochwertigere Material ist.

Zur Ausführung kommt für den Bereich I eine 15 cm starke Tragschicht aus Schotter 0/45; wegen des stark frostgefährdeten Bodens wird für diesen Bereich zusätzlich eine 10 cm starke Frostschutz- bzw. Filterschicht aus frostsicherem Füllsand vorgeschlagen.

Die Bereiche II und III erhalten ebenfalls eine Schottertragschicht, jedoch in einer Stärke von 10 cm.

Deckschichten
Bei der Wahl der Decken scheiden für alle drei Bereiche folgende Bauweisen von vornherein aus:
— Wassergebundene Decken, da alle Bereiche in unmittelbarer Hausnähe liegen, wodurch das Hineintreten von Schmutz in den Innenbereich unvermeidlich wäre
— Bituminös gebundene Decken, da diese Bauweise bei den kleinen Flächen nicht rationell ist
— Rasengittersteine oder ähnliche Konstruktionen, da der Bauherr pflegeleichte Verkehrsflächen wünscht

Damit stehen zur Auswahl:
Für den Bereich I:
Betonsteinpflaster, Natursteinpflaster, Pflasterklinker.

Für den Bereich II:

Betonsteinpflaster, Pflasterklinker, Platten (Glatter Naturstein o. Beton).

Für den Bereich III:

Betonsteinpflaster, Natursteinpflaster, Pflasterklinker, Holzpflaster, Platten. Vom Bauherrn wurde ein möglichst heller Belag gewünscht, der gut zu der modernen Architektur des Hauses und den hellen Klinkerwänden paßt. Ferner sollten möglichst wenig unterschiedliche Materialien verwendet und eine kostengünstige Bauweise angestrebt werden.

Unter diesen Gesichtspunkten wird für den Bereich I ein naturgrauer Betonrechteckstein 20/10 gewählt; für die Bereiche II und III entspricht eine Waschbetonplatte mit hellem Eifel-Quarz den Vorstellungen des Bauherrn.

Als Randeinfassung kommt für alle drei Bereiche ein Kantenstein 5/20, versetzt in Beton, zur Ausführung.

Die Oberflächenentwässerung erfolgt bei den Bereichen II und III über ein seitliches Quergefälle von 2 % in die Vegetationsflächen. Bereich I, der an die öffentliche Straßenfläche angrenzt, wird an der Grundstücksgrenze über eine Kastenrinne entwässert.

1. Literatur

Baetzner, Natursteinarbeiten, Verlag: Ulmer 1979

Der Elsner, Handbuch für Straßen- und Verkehrswesen, Verlag: Otto Elsner 1982

Hosang / Bischof, Abwassertechnik, Verlag: B. G. Teubner 1984

Klengel / Wagenbreth, Ingenieurgeologie für Bauingenieure, Verlag: Bauverlag 1982

Lehr, Taschenbuch für den Garten- und Landschaftsbau, Verlag: Paul Parey 1981

Lautrich, Der Abwasserkanal, Verlag: Wasser u. Boden A. Lindow u. Co.

Martz, Siedlungswasserbau, Teil 2 Kanalisation, Verlag: Werner 1987

Richter, Straßen- und Tiefbau, Verlag: B. G. Teubner 1985

Velske, Baustofflehre – Bituminöse Baustoffe, Verlag: Werner 1976

Velske, Straßenbautechnik, Verlag: Werner 1977

Voth, Boden – Baugrund und Baustoff, Verlag: Bauverlag 1978

Voth, Tiefbaupraxis, Verlag: Bauverlag 1984

Wehner/Siedek/Schulze, Handbuch des Straßenbaues Bd. 1–3, Verlag: Springer 1979

Wiehler, Straßenbau Bd. 2, Verlag: VEB Verlag für Bauwesen 1979

2. Richtlinien und Vorschriften
(Auszug)

Merkblatt für die Verhütung von Frostschäden 1968

Merkblatt für die Befestigung von Parkflächen 1977

Merkblatt für Flächenbefestigungen mit Platten und Pflasterbelägen

DIN 1986 Entwässerungsanlagen für Gebäude und Grundstücke 1978

EAE 85

RSTO 86

ZTVT StB 86

ZTV bit StB 84

RAS-Ew 1987

TV-LW 75

9 Treppen G. Osburg

Treppen sind stufenförmige Bauwerke, die überall dort erforderlich werden, wo das Längsgefälle eines Weges ein zumutbares Steigungsmaß überschreitet bzw. eine gewisse Höhendifferenz auf engem Raum bewältigt werden muß.

9.1 Begriffe (s. Abb. 9.1/1)

Ein Treppenarm oder Treppenlauf besteht aus mindestens 3 Stufen. Treppen können einarmig oder von Podesten untergliedert auch mehrarmig sein. Richtungsänderungen erfolgen als Wendungen auf Podesten oder als Wendelungen mittels gleichmäßig verzogener Stufen. Änderungen der Gehrichtung um 90° sind Viertel-, solche von 180° Halbwendungen bzw. Halbwendelungen. Wendelungen erlauben außerdem, die Richtung mit im Antritt- und/oder im Ausstritt gewendelten Treppen zu ändern. Die gleichfalls auf verzogenen Stufen beruhenden Formen der Wendeltreppen, insbesondere die im Kreis- oder im Korbbogen gerundeten Treppen, sind aufgrund ihrer nur gelegentlichen Verwendung im Außenbereich von untergeordneter Bedeutung.

Die Maße für Treppenhöhe, Treppenlänge und sinngemäß auch für die Podestlänge erstrecken sich zwischen den Vorderkanten der An- und Austrittsstufen.

Die Treppen- bzw. die Treppenlauflänge wird in Grundrißdarstellungen durch einen Lauflinienpfeil gekennzeichnet. Die Lauflinie verläuft bei geraden Treppenläufen in der Treppenmitte, bei gewendelten Treppen – unabhängig von der Laufbreite – auf der Innenkurve etwa 60–90 cm vom Handlauf entfernt.

Im Zuge der Lauflinie halten die Austrittstiefen gewendelter Stufen strikt die Abmessung der gewählten Steigung ein.

9.2 Steigungsverhältnis

Das Steigungsverhältnis einer Treppe ergibt sich aus den Maßen der Auftrittsbreiten (a) und der Steigungshöhe (h) (s. Abb. 9.2/1).

Das Steigungsverhältnis einer Treppe wird den jeweiligen gestalterischen Anforderungen, in erster Linie aber dem geländebedingten Raumangebot und den Höhenverhältnissen angepaßt.

Im Außenbereich neigt man dazu, geringere Steigungen zu verwenden als es bei Gebäudetreppen gemeinhin möglich ist. Flache Steigungen kommen dem ungezwungenen Bewegungsstil im Freien entgegen. Höhere Steigungen im Außenbereich sind im wesentlichen nur bei Freitreppen vor Gebäudeeingängen und zwangsläufig, da sitzstufenabhängig, in Sportstadien zu finden.

9.2.1 Steigungsformeln

Das Steigungsverhältnis wird in der Freiraumplanung grundsätzlich nach der

Schrittmaßformel a + 2 h = 63 cm
berechnet und in h/a z. B. 15/33 angegeben. Der Formel liegt die Schrittlänge eines normalen, d. h. nicht zu groß gewachsenen Menschen zugrunde, wobei die kräftezehrende vertikale Komponente des Steigungsverhältnisses in der Verdoppelung Berücksichtigung findet.

In Anbetracht der unterschiedlichen menschlichen Körpergrößen kann die Länge des Schrittmaßes in Grenzen, d. h. von 63 bis 65, in seltenen Fällen auch von 61 bis 66 cm variieren. Auf diese Weise lassen sich Treppen in ihren Maßbeziehungen vollkommener auf die jeweiligen Geländegegebenheiten abstimmen.

Aus Sicherheitsgründen müssen alle Stufen einer Treppe im selben Steigungsverhältnis gebaut sein.

Von Gebäudetreppen her kennt man noch die **Sicherheitsformel** und die Bequemlichkeitsformel. Anhand der **Sicherheitsformel** lassen sich sichere Steigungsverhältnisse überprüfen:
a + h = 46 cm. Mit Hilfe der

Bequemlichkeistformel a −41 h = 12 cm
kann der Kraftaufwand beim Steigen beurteilt werden.

Die gleichzeitige Anwendung aller drei Formeln führt nur bei den Steigungsverhältnissen 16/31, 17/19 und

GERADE TREPPENLÄUFE

Einläufige oder einarmige gerade Treppe

Zweiläufige gerade Treppe mit Zwischenpodest

Dreiläufige gerade Treppe mit zwei Zwischenpodesten

GEWENDETE TREPPEN

Zweiläufige rechtsgewendete Treppe mit Viertelpodest

Zweiläufige linksgewendete Treppe mit Halbpodest

Dreiläufige rechtsgewendete Treppe mit zwei Viertelpodesten

Dreiläufige Treppe mit Halbpodest

GEWENDELTE TREPPEN

Einmal viertelgewendelte Rechtstreppe

Zweimal viertelgewendelte Linkstreppe

Einmal halbgewendelte Rechtstreppe

Im An- und Austritt gewendelte Rechts-/Linkstreppe

GERUNDETE TREPPEN

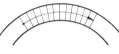
Einläufige Kreisbogentreppe

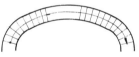
Zweiläufige Korbbogentreppe

Einläufige Wendeltreppe

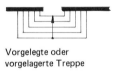
Vorgelegte oder vorgelagerte Treppe

ZWEILÄUFIGE GERADE TREPPE

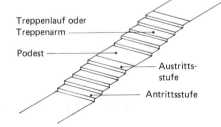
Treppenlauf oder Treppenarm
Podest
Austrittsstufe
Antrittsstufe

Abb. 9.1/1   Begriffe

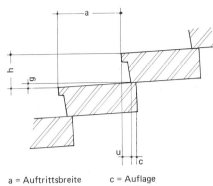

a = Auftrittsbreite   c = Auflage
h = Steigung   g = Gefälle
u = Unterscheidung

Abb. 9.2/1   Steigungsverhältnis

9.2.2   Steigungsbezogene Stufenabmessungen

Stufenabmessungen sind normalerweise größer als die Maße der zugehörigen Steigungsverhältnisse, ein Umstand, der vor allem bei Ausschreibungen beachtet werden muß. Stufen werden mit Unterschneidungen und abweichend von Gebäudetreppen mit Gefälle und Auflage verlegt.

Das Stufengefälle soll anfallendes Niederschlagswasser rasch ableiten und damit die Voraussetzungen für das möglichst umgehende Abtrocknen der Stufenoberflächen schaffen.

Die Auflagebreite von 1 bis 3 cm wirkt sich verlegetechnisch besonders vorteilhaft bei unstarren Gründungen aus. Außerdem bietet die Auflage die Möglichkeit, die visuell ansprechende Form der knirschen Lagerfuge zu verwenden.

Antrittsstufen sind zweckmäßigerweise mit ca. 3 cm Einbindung unter OK Wegebelag zu verlegen. Auf diese Weise sind geringfügige Schwankungen im Höhenanschluß der normalerweise unstarr unterbauten Wegedecken weniger auffällig.

Überschneidungen haben die Funktion, die Auftrittstiefen der Stufen zu vergrößern. Zusätzlich erzielt die Profilierung der Vorderhäupter im Spiel von Licht und Schatten eine ausgeprägt horizontale Gliederung, die dem Bauwerk Treppe eine leichtere Wirkung verleiht.

Aus gestalterischen Gründen sollten die Auftritte der Austrittsstufen um das Maß der Auflage kleiner gehalten werden.

9.3   Stufenarten

Stufen unterscheiden sich nach Art, Form, Material und Oberflächenbearbeitung. Die Wahl der geeigneten Stufe ist im Rahmen des gestalterischen Anspruchs, der konstruktiven Vorausset-

18/27 zu zufriedenstellender Übereinstimmung. Diese Steigungsmaße sind im Außenbereich aber nur selten anwendbar.

Alwin Seifert hat im Laufe von 40 Jahren Treppen unter dem Gesichtspunkt »Entspanntes Begehen« beobachtet und beurteilt. Die positiv empfundenen Maßbeziehungen für Menschen von 1,65–1,75 m Größe schlagen sich in der folgenden Zusammenstellung nieder:

H	A	2 H + A
8	62	78
9	58	76
10	54	74
11	50	72
12	46	70
13	42	68
14	38	66
15	34	64
16	30	62

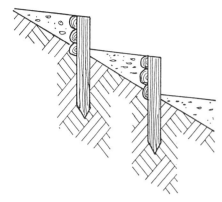

Abb. 9.3.1/1   Knüppelstufen

zungen sowie der wirtschaftlichen Erwägungen zu treffen.

Als Materialien mit den unterschiedlichsten Oberflächenausführungen sind Beton, Naturstein, Klinker, Holz und in seltenen Fällen auch Stahl aufzuzählen. Für Konstruktion und Gründung ist weiterhin von Bedeutung, ob das Material klein- oder großformatig zur Anwendung kommt.

9.3.1   Knüppelstufen

Knüppelstufen stellen die einfachste Ausführung aller Stufenarten dar (Abb. 9.3.1/1). Das Vorderhaupt der Stufen wird wahlweise aus Rundhölzern Halbrundhölzern, Latten, Brettern gebildet. Sie werden von einigen in den Boden eingeschlagenen Pflöcken, normalerweise zugespitzte Rundholzstangen, von ca. 6 bis 12 cm Durchmesser abgestützt.

Die anspruchslose Konstruktion läßt keine dauerhafte Stabilität erwarten: Die Haltepflöcke können dem beim Begehen abwärts gerichteten Schub der Füße auf die Vorderhäupter nur begrenzt standhalten.

Die geringe Standfestigkeit rechtfertigt nicht den Aufwand einer Kesseldruckimprägnierung. Auch eine dauerhafte Befestigung der Auftrittsflächen erscheint nicht geraten. So werden Knüppelstufen normalerweise nur mit möglichst nichtbindigem Bodenmaterial hinterfüllt.

Knüppelstufen werden vorteilhaft dort verwendet, wo
1. statische Belastungen selten oder nur in geringem Umfang auftreten, z.B. bei wenig genutzten Waldbühnen, im gestalteten Außenbereich von Jagd-und Schutzhütten, bei wenig frequentierten Schießständen, Waldparkplätzen etc.
2. das Baumaterial dem Bauobjekt visuell ideal entspricht, z.B. dem landschaftsähnlichen Environment von Abenteuerspielplätzen
3. bei provisorischen Baumaßnahmen, z.B. Zugangstreppen im Anschüttungsbereich des Arbeitsraumes vor

Gebäuden, wenn Bodensetzungen für bessere Treppenlösungen abgewartet werden müssen, weil keine Verdichtungsarbeiten stattgefunden haben und keine stabilen Gründungskonstruktionen vorgesehen worden waren.

9.3.2   Palisadenstufen

Als stabilere und bessere Alternative zu Knüppelstufen bieten sich Palisadenstufen an. Dafür werden von Rinde und Bast befreite Rundhölzer von ca. 12 bis 16 cm Durchmesser verwendet, die ggf. rundstabgefräst, des besseren Seitenschlusses wegen sägegestreift, in jedem Fall aber kesseldruckimprägniert sein sollten. Als Holzart sollte möglichst Kiefer gewählt werden, die sich im Gegensatz zur Fichte bis auf den ohnehin geschützten Kern imprägnieren läßt.

Der materialgerechte Einbau der Palisaden erfolgt in wasserdurchlässigem und verdichtungsfähigem Material wie Splitt, Schotter oder Kiessand, wobei aus statischen Gründen ⅔ ihrer Länge eingebaut werden müssen. Technisch falsch ist der etwas materialsparamere Palisadeneinbau in Beton, weil aufgrund fehlenden Wasserabflusses Holzzerstörung eintritt.

Die Auftrittsflächen der Palisadenstufen sind mit kesseldruckimprägnierten, auf Splitt-Sand-Unterbau verlegtem Holzpflaster besonders materialhomogen zu befestigen. Rechteckiges Holzpflaster kann bei enger Verlegungsweise quellen und dadurch zu unerwünschten Aufwölbungen der Auftrittsflächen führen. Bei Rundholzpflaster läßt sich der beachtliche, zuweilen störende Fugenanteil durch Verwendung unterschiedlicher Durchmesser erheblich reduzieren.

Materialgerecht eingebaute Palisaden sind keine preiswerten Stufen, aber es wird ein natürlicher Eindruck erzeugt.

9.3.3   Stellstufen

Stellstufen bestehen aus senkrecht gestellten Platten, Kanten- oder Bordsteinen als Vorderhaupt und Auftrittsflächen aus verschiedenen Materialien.

Die heute verwendeten Stellstufen sind von rechteckigem Querschnitt mit bestenfalls leicht gerundeten oder gefasten Kanten (Abb. 9.3.3/1). Die Querschnittshöhe ist selten größer als 25 cm ausgelegt; die Stärke variiert zwischen 4-6 cm bei Rasenbordsteinen bis zu 12-15 cm bei Straßenbordsteinen.

Als Material kommen sowohl Beton als auch seit jeher Naturstein zur Anwendung.

Der konstruktive Nachteil der Stellstufen ist darin zu sehen, daß die nor-

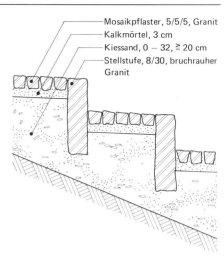

Abb. 9.3.3/1   Stellstufen; unstarre, übliche Bauweise

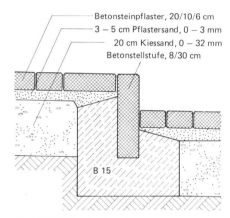

Abb. 9,3,3/2   Stellstufe; stabilisierter, unstarrer Einbau

malerweise maximal 25 cm hohen Elemente dem abwärts gerichteten Schub langfristig nicht ausreichend standhalten können und nach vorn abkippen. Die Standfestigkeit kann erheblich dadurch verbessert werden, daß die Stellstufen eine Rückenstütze aus Beton erhalten (Abb. 9.3.3/2).

Die Befestigung der Auftrittsflächen kann Probleme bringen. Mineralische Decken lassen sich schwer verdichten und können leicht ausgewaschen und ausgetreten werden; die schließlich herausragenden Oberkanten der Stellstufen sind besonders beim Abwärtsgehen der Treppe als Stolperkanten gefürchtet.

Bitumengebundene Decken lassen sich ebenfalls bei der Herstellung schwer verdichten; die ausschließliche Fußgängerbenutzung verhindert die erforderliche Nachverdichtung und fördert damit den Zerfall der Decke.

Platten ermöglichen eine besonders gute Befestigung der Auftrittsflächen, erfordern aber einen sorgfältigen Zuschnitt, was bei Verwendung von Betonplatten im Regelfall mit zusätzlichem Schnittaufwand verbunden ist.

Steinpflaster ist als dauerhaftes und verlegetechnisch problemloses Befestigungsmaterial besonders geeignet. Da es die wünschenswerte Materialgleichheit von Stoß und Auftritt ermöglicht, vermittelt es auch den günstigsten optischen Eindruck. Insbesondere Mosaik-Natursteinpflaster eignet sich aufgrund des kleinen Steinformates hervorragend für die Befestigung der flächenmäßig kleinen Stufenauftritte.

Bei Verwendung von Betonsteinpflaster können die Pflastersteine ggf. auf Passung gespalten werden; eleganter ist in jedem Falle die Lösung, die Steigungsmaße der Stufen schon bei der Planung auf der Grundlage der Steinabmessungen zu berechnen. Zusätzlich ist im Rahmen der Produktauswahl ein gewisser Spielraum gegeben.

9.3.4 Winkelstellstufen

Winkelstellstufen sind Stellstufen mit einem Winkelfuß nach dem Prinzip der Winkelstützmauern: die biegesteif mit der Wandplatte verbundene Sohlplatte besitzt eine große Standfläche (Abb. 9.3.4/1). Die Auflast der Hinterfüllung auf die Sohlplatte stabilisiert dabei zusätzlich die Standfestigkeit. Da Winkelstellstufen auf Zug beansprucht werden, bestehen sie aus Stahlbeton. Winkelteile (L-Form) gibt es in verschiedenen Ausführungsformen und Größen. Die im Baustoffhandel erhältlichen Formate mit Mindestschenkellängen von 30/50, 40/40 und 40/50 cm sind für andere Anwendungsbereiche wie Mauern gedacht und daher für die üblichen Steigungsmaße von Treppen ungeeignet, will man nicht einen großen Teil der Stufen unsichtbar im Boden einbauen.

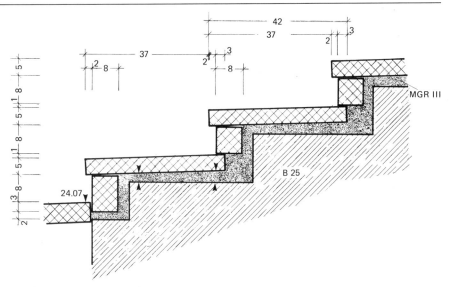

Abb. 9.3.5/1 Antrittsstufe

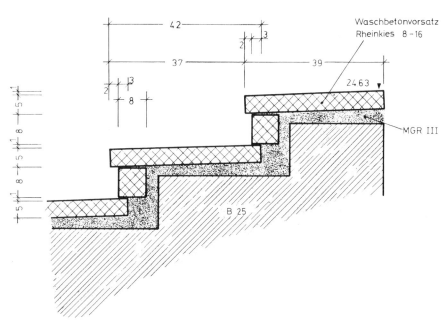

Abb. 9.3.5/2 Legstufen-Antrittsstufe

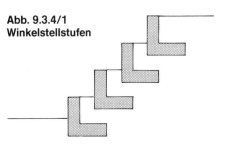

**Abb. 9.3.4/1
Winkelstellstufen**

Der herkömmliche Einbau der Winkelstellstufen mit aufrechter Wand- und waagerechter Sohlplatte ist mit eben den gleichen Schwierigkeiten der Auftrittsflächenbefestigung behaftet, die bereits unter dem Thema Stellstufen behandelt wurden.

Für die Auftrittsflächen gilt das unter 9.3.3 Gesagte.

9.3.5 Legstufen

Legstufen bestehen aus Unterlegstein und Auftrittsplatte (Abb. 9.3.5/1 u. 9.3.5/2). Die Auftrittsplatte wird mit 2 bis 6 cm Überstand auf den Unterlegstein aufgelegt; im Spiel von Licht und Schatten wird der störende Eindruck der Lagerfugen gemildert, wenn nicht ausgeglichen. Die Auftrittsplatte besitzt in Betonausführung fertigungsbedingt eine Stärke von 3 bis 6 cm, in Naturstein je nach Art und Provenienz von 2 bis 8 cm. Die Höhe des Unterlegsteins wird unter Berücksichtigung der Auftrittsplattenstärke von der Stufenhöhe bestimmt. Unregelmäßige Stärken der Auftrittsplatten ergeben bei Naturstein-

stufen ein besonders lebhaftes Bild; die einheitliche Stufenhöhe wird bei hohem Arbeitsaufwand durch Abstimmen der Unterlegsteinhöhe auf die jeweilige Plattenhöhe erkauft.

Auftrittsplatten und Unterlegsteine sollten aus demselben Material bestehen. Betonlegstufen erhalten in allen Sichtflächen die gleiche Oberflächenausführung; diese kann aus Waschbeton mit Kiesel- oder Splittvorsatz oder auch aus glatten bis schwach strukturierten Flächen bestehen. Bei Legstufen aus Naturstein werden die Auftrittsflächen gesägt, gefräst oder bruchrauh belassen, Vorderhaupt und sichtbare Seitenhäupter der Auftrittsplatten wie der Unterlegsteine gleichartig bearbeitet, also z. B. gesägt oder besser noch bossiert. Das Hinterhaupt bleibt unbesäumt. Sedimentgesteine werden ihrer natürlichen Lagerung entsprechend verarbeitet. Der Unterlegstein weist einen nahezu quadratischen Querschnitt auf. Da er Druck auffangen muß, sollte seine Länge im Bereich des drei- bis sechsfachen seiner Dicke bemessen werden. Bei Betonstufen und Umprägungsgesteinen wie Marmor, Quarzit u. a. kann er auch senkrecht stehen, wenn die Treppe eine starre Bauweise aufweist; die Länge der Setzstufen kann in diesem Falle unabhängig von statisch-konstruktiven Gesichtspunkten bestimmt werden.

Lagerfugen werden aus optischen Gründen besonders vorteilhaft knirsch ausgeführt. Sichtbare Mörtelfugen wirken bei den geringen Schichtstärken häßlich; sie werden bei unregelmäßigen Schichtstärken allerdings als Ausgleichsschicht erforderlich. Stoßfugen werden in der Regel als 8–10 mm breite Mörtelfuge ausgeführt. Die Vorteile der Stufengliederung in Auftrittsplatten und Unterlegstein sind:

● Das relativ kleinteilige und dünnformatige Material erlaubt ein nahezu problemloses Arbeiten. Das Zusammenfügen der Steinelemente erfordert nur geringen Kraftaufwand und läßt sich bei den üblichen Formaten leicht von Hand bewältigen.
● Gestalterisch bewirken die überstehenden Auftrittsplatten eine stark horizontale Gliederung des Treppenbaukörpers; unter dem Einfluß von Licht und Schatten wird ein leichter, gefälliger Eindruck erweckt.
● Legstufentreppen lassen sich besonders harmonisch im Fugenbild zwischen Plattenflächen einfügen. So kann beispielsweise das Fugenspiel des Polygonalverbandes noch weitgehend in den Auftrittsplatten eingehalten werden. Besonders gut lassen sich die Auftrittsplatten der Austrittsstufen in den angrenzenden Plattenverband eingliedern.
● Gewendelte Treppen, insbesondere solche mit großer Laufbreite, erfordern aufgrund der großen Auftrittstiefen häufig auch einen besonders großzügigen Fugenzuschnitt, der hier leicht herzustellen ist.

Die Gründung der Legstufen kann unstarr erfolgen. Auf der Frostsicherheitsschicht sollte allerdings eine Unterkonstruktion aus Magerbeton oder Zementmörtel den Verbund der Stufenteile verstärken. Haltbarer sind starre Gründungen in Form eines Vollfundamentes oder einer Stahlbetonplatte auf Streifen- oder Punktfundamenten.

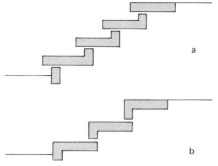

Abb. 9.3.6/1 Winkellegstufen

9.3.6 Winkellegstufen

Winkellegstufen sind im Prinzip Auftrittsplatten mit fest angeformtem Unterlegstein (Abb. 9.3.6/1a). Die im Handel erhältlichen Formate 20/40 und 40/80 cm sind auf die Steigungsmaße von Steh- und Sitzstufen in Stadien berechnet.

Die Gründung der Winkellegstufen erfolgt unstarr auf einer Frostschutzschicht in einer körnungsabhängigen Mächtigkeit von 15–30 cm Kies, Splitt oder Kiessand. Verlegt wird in Sand, Zementmörtel oder Magerbeton; die Gefahr des Versatzes einzelner Winkellegstufen aus der Vorderhauptflucht wird weitgehend durch entsprechende Formgebung vermieden (Abb. 9.3.6/2).

Stoßfugen bei Winkellegstufen mit glatten unbehandelten Seitenhäuptern können mit rückseitig hinterlegten, ggf. selbstklebenden Fugenbändern abgedichtet werden. Auf der Stufenvorderseite werden die Stoßfugen mit dauerelastischem Fugenkitt geschlossen. Aus

Kostengründen entfällt das aber meistens. Dann sollte möglichst knirsch verlegt werden.

Winkellegstufen gibt es auch mit obenliegender Auftrittsfläche und unterseits angebrachtem Vorderhaupt als Verkleidung roher Betonstufen. Sie bestehen ausschließlich aus Stahlbeton (Abb. 9.3.6/1b und 9.3.6/3).

Die Rohtreppe muß genau abgetreppt geschalt sein. Dann werden die Winkellegstufen auf satter Mörtelauflage verlegt. Bei nicht vollständiger Hinterfüllung der Vorderhäupter ist mit Wassereinschluß in Mörtelhohlräumen zu rechnen, was bei Frosteinwirkung zum Abplatzen von Stufenteilen oder zu Rissen in den Stufen führen kann. Diese Stufe werden deshalb fast ausschließlich in Gebäuden verlegt.

9.3.7 Blockstufen

Blockstufen stellen die stabilste Stufenart dar, gleichgültig ob sie aus Naturstein gearbeitet oder in Beton gegossen sind. Der Monolithcharakter der Blockstufen verleiht der Treppe ein gravitisches, eindrucksvolles, bei entsprechenden Treppenabmessungen auch monumentales Aussehen. Der bei glatten, einfarbigen Oberflächen leicht entstehende Eindruck einer gewissen Monotonie kann durch Profilierung der Stufenhäupter vermieden, mindestens aber gemildert werden.

Die Blockstufe mit Rechteckquerschnitt wird am meisten verwendet; Auftritts- und Ansichtsflächen sind meistens gleich bearbeitet (Abb. 9.3.7/1).

Aus gestalterischen Gründen werden

Abb. 9.3.6/2 Winkellegstufen mit rückseitiger Wandplatte bei einer Zuschauertribüne

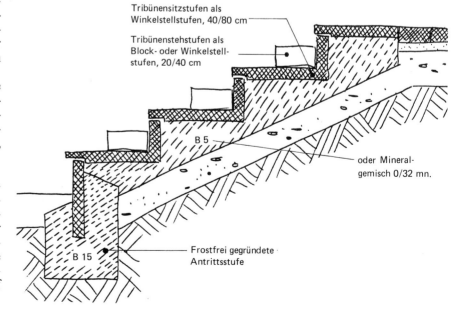

Tribünensitzstufen als Winkelstellstufen, 40/80 cm

Tribünenstehstufen als Block- oder Winkelstellstufen, 20/40 cm

B 5

oder Mineralgemisch 0/32 mn.

Frostfrei gegründete Antrittsstufe

B 15

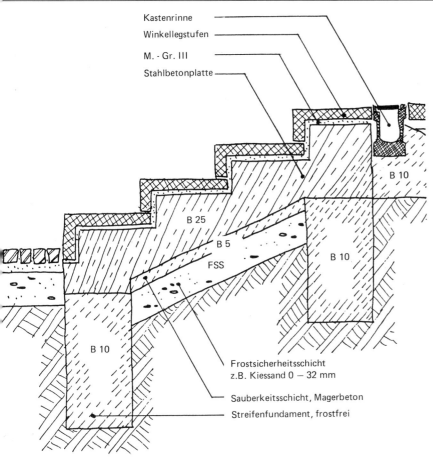

Kastenrinne
Winkellegstufen
M. - Gr. III
Stahlbetonplatte

B 10

B 25

B 5

FSS

B 10

B 10

Frostsicherheitsschicht
z.B. Kiessand 0 – 32 mm

Sauberkeitsschicht, Magerbeton

Streifenfundament, frostfrei

Abb. 9.3.6/3 Winkellegstufen – Starre Bauweise

Abb. 9.3.7/1-7 Blockstufen mit unterschiedlichem Querschnitt

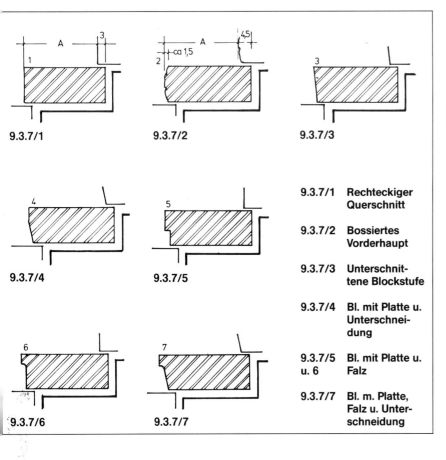

9.3.7/1

9.3.7/2

9.3.7/3

9.3.7/4

9.3.7/5

9.3.7/6

9.3.7/7

9.3.7/1	Rechteckiger Querschnitt
9.3.7/2	Bossiertes Vorderhaupt
9.3.7/3	Unterschnittene Blockstufe
9.3.7/4	Bl. mit Platte u. Unterschneidung
9.3.7/5 u. 6	Bl. mit Platte u. Falz
9.3.7/7	Bl. m. Platte, Falz u. Unterschneidung

Treppenunterseite

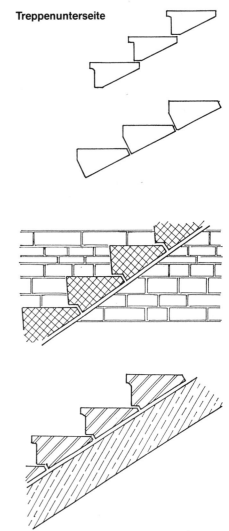

Abb. 9.3.7/8 Keilstufen

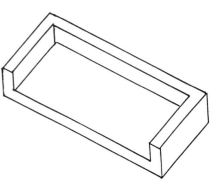

Abb. 9.3.7/9 Unterseite einer Blockstufe mit ausgespartem Innenkern

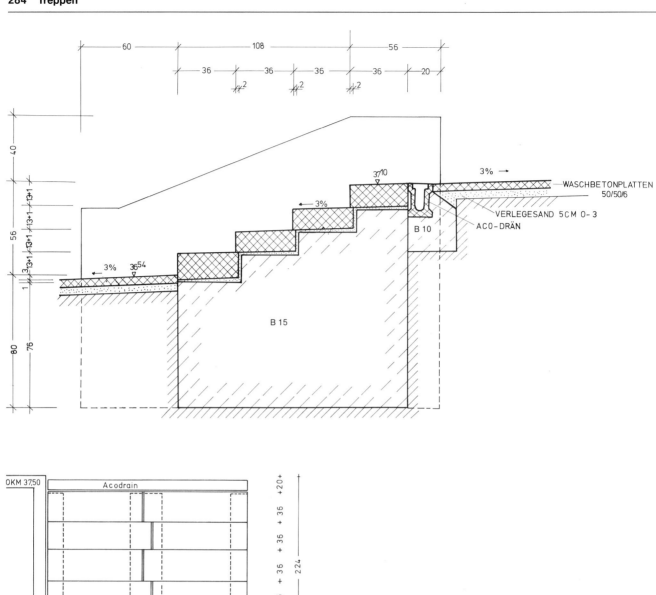

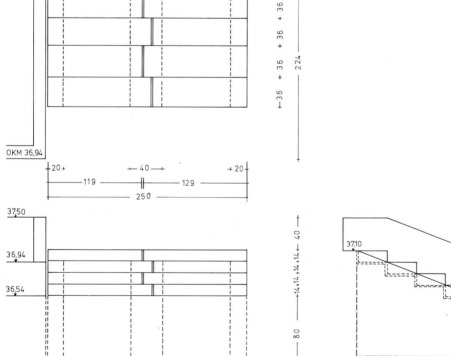

Abb. 9.3.7/10   Blockstufentreppe mit Streifenfundamenten

die Vorder- und sichtbaren Seitenhäupter häufig profiliert, um damit der Treppenanlage durch Schattenwirkung mehr Leichtigkeit zu verleihen. Das erfolgt am einfachsten durch Bossierung der Ansichtsflächen (Abb. 9.3.7/2). Der Bossen weist ca. 2 cm Ausladung auf, so daß die Auftrittstiefe von der Vorderkante Bossen an gerechnet werden muß. Die Stufenbreite wird damit um 2 cm größer.

Wird die Auftrittstiefe kleiner als 26 cm, empfiehlt es sich, die Ansichtsfläche zu unterschneiden (Abb. 9.3.7/3). Der dadurch erzielte Vorteil der Auftrittstiefenvergrößerung kann allerdings nur beim Aufwärtsbegehen der Treppe genutzt werden. Die Unterschneidung wird mit 1,5 bis 2 cm ausgeführt.

Die Licht- und Schattenwirkung kommt intensiver zur Geltung, wenn die Ansichtsfläche nur teilweise unterstochen wird (Abb. 9.3.7/4). Dabei ist der rechtwinklige obere Teil, die sogenannte Platte, je nach Steigungshöhe 4 bis 6 cm, die Unterschneidung 1,5 cm stark auszubilden.

Die Licht- und Schattenwirkung kann noch gesteigert werden, wenn die Ansichtsflächen mit Platte und Falz versehen werden (Abb. 9.4.7/5). Die Platte kann 4 bis 8 cm hohe, die Falz 2 bis 3,5 cm tief sein.

Eleganter wirkt die schmalere Platte mit nur 4 bis 5 cm Höhe (Abb. 9.3.7/6). Der Übergang zur Restfläche kann mit einer Viertelkehle erfolgen.

Unter den zahllosen Variationen der möglichen Ansichtsflächenbearbeitungen ist die Kombination von Platte, Falz bzw. Viertelkehle und Unterschneidung besonders erwähnenswert (Abb. 9.3.7/7).

Blockstufen mit Platte und Falz bzw. Viertelkehle erfordern auch eine feinere Oberflächenbearbeitung, z. B. fein gespitzt, mittel oder fein gestockt, scharriert oder auch gesandelt.

Die Normalausführung besteht bei Betonblockstufen aus Sichtbeton mit den verschiedenartigsten Körnungen oder aus glatten bis schwach strukturierten Oberflächen, bei Natursteinstufen aus gesägten bis bruchrauhen Oberflächen. Die Profilierung der Vorderhäupter ist in Beton mit entsprechenden Schalungsformen leicht herstellbar. Bei Natursteinstufen stellt das mit Kantenschlag versehene und bossierte Vorderhaupt die Normalausführung im Landschaftsbau dar. Weitergehende Profilierungen sind durch steinmetzmäßige Bearbeitungen zu erzielen, beschränken sich aber wegen des hohen Arbeits- und damit Kostenaufwandes nahezu ausschließlich auf Treppen in historischen Anlagen. Im Hinblick auf die im Außenbereich zahlreich gegebenen Gele-

genheiten von Kantenverletzungen empfiehlt es sich, ausgeprägt feingliedrige Profile möglichst zu vermeiden.

Das hohe Gewicht auch kurzer Stufen erschwert das Verlegen von Hand. Deshalb wurden zur Gewichtsverminderung Beton-Blockstufen mit ausgespartem Innenkern entwickelt (Abb. 9.3.7/9). Da diese Stufen auf der Baustelle durch Zuschneiden nicht mehr auf die jeweiligen Abmessungen abgestimmt werden können, sind die Treppenlaufbreiten wie die Verteilung der Stoßfugen abhängig von den im Marktangebot vorhandenen Stufenlängen oder entsprechend teuren Sonderanfertigungen.

Unter anderem auch aus Gründen der Gewichtseinsparung wurde die »Beton-Keilstufe« mit drei- bzw. fünfeckigem Querschnitt bei annähernd gleicher Stabilität entwickelt (Abb. 9.3.7/8). Zur Erleichterung maßgenauen Verlegens wird an der Unterkante des Vorderhauptes eine Falz vorgesehen.

Die Gründung von Blockstufentreppen kann starr oder unstarr erfolgen. Bei unstarren Gründungen reagiert die schwere, solide Blockstufe weniger setzungsempfindlich auf Veränderungen des Unterbaus als die leichte und kleinteilige Legstufe.

Starre Gründungen lassen sich mit Blockstufen sehr anpassungsfähig an die jeweilige Baustellensituation auf Vollfundamenten, Stahlbetonplatten oder -balken u.a.m. durchführen. Besonders wirtschaftlich erweist sich bei nicht zu langen und hohen Treppenarmen die Gründung auf Streifenfundamenten parallel zur Laufrichtung. Je nach Querschnittsform der Blockstufe ist die Fundamentoberfläche abzutreppen oder abzuschleppen (Abb. 9.3.7/10).

Bei Zweipunktauflage werden Blockstufen auf Zugfestigkeit beansprucht. Das Maß der Fähigkeit, Zugbelastungen aufnehmen zu können, bestimmt den Abstand der Streifenfundamente. Bei Natursteinstufen schwanken die zu überbrückenden Spannweiten in Abhängigkeit von Steinart, Provenienz, Kernigkeit u.a.m. erheblich; sie dürften mit 1,20 m bis 1,50 m im allgemeinen im oberen Grenzbereich liegen. Dieselben Spannweiten können auch bei unbewehrten Betonblockstufen veranschlagt werden.

Bewehrte Blockstufen können dagegen ein mehrfaches dieses Wertes an freitragender Spannweite erreichen.

9.3.8 Plattenstufen

Die im Querschnitt rechteckigen Plattenstufen haben mit ca. 8–10 cm Gesamtstärke ein wesentlich dünneres Format als Blockstufen. Bei Steigungs-

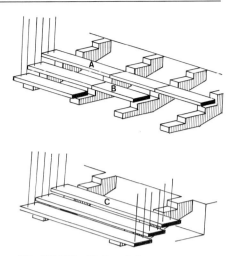

Abb. 9.3.8/1 Plattenstufen aus: »bauen mit naturstein«

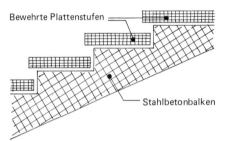

Bewehrte Plattenstufen

Stahlbetonbalken

Abb. 9.3.8/2 Bewehrte Plattenstufen auf Stahlbetonbalken

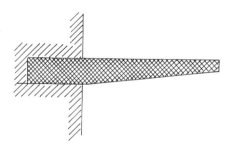

Abb. 9.3.8/3 Einseitig eingespannte Plattenstufe im Längsschnitt

höhen von 15 bis 17 cm und mehr eignen sich diese Stufen für den Bau transparenter Treppen. Die dazu erforderliche transparente Unterkonstruktion besteht aus Stahlbetonbalken oder -wangen (Abb. 9.3.8/1 u. 9.3.8/2).

Selbstverständlich müssen Plattenstufen wegen ihrer Beanspruchung auf Zugfestigkeit bewehrt werden. An den Auflagepunkten werden die Stufen aus bewehrungstechnischen Gründen häufig in der Materialhöhe verstärkt.

Eine Sonderform der Plattenstufengründung ist die einseitige, seitliche

Einspannung im Mauerwerk. Diese, im Tessin aufgrund des Vorkommens der höher belastbaren Tiefengesteine Granit und Gneis seit altersher übliche Bauweise, konnte sich erst mit dem Aufkommen bewehrter Betonstufen weltweit ausbreiten (Abb. 9.3.8/3).

Treppen aus Plattenstufen erfordern eine gewisse Mindesthöhe. Die Transparenz der Konstruktion hat zwangsläufig auch die Verschmutzung der Fläche unterhalb der Treppe zur Folge. Aus Reinigungsgründen muß dieser Raum begehbar sein, mindestens aber erreichbar bleiben. Abhängig von der tragenden Konstruktion ist bei geringen Laufbreiten eine Mindesthöhe von 1,20 m nicht zu hoch veranschlagt.

9.4 Gründungen

Zur Vermeidung von Setzungsschäden sind Gründungen möglichst auf gewachsenem Baugrund vorzunehmen. Gründungen auf einem standfest verdichtetem Unterbau bedürfen einer genauen Überprüfung.

9.4.1 Unstarre Gründungen

Unstarre Gründungen werden im Bereich der Frosteindringtiefe vorgenommen. Frostschäden werden daher durch Fernhalten bzw. rasches Ableiten von Niederschlag-, Kapillar-, Grund- und Hangwasser vermieden.

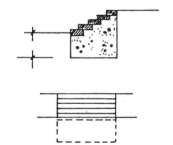

Abb. 9.4.1/1 Unstarre Konstruktionen

Auf frostsicheren Böden sind bei standfest verdichtetem Unterbau oder gewachsenen Baugrund mit ausreichender Tragfähigkeit keine weiteren Gründungsmaßnahmen erforderlich.

Bei einem Baugrund aus bindigen Bodenarten ist eine Frostschutzschicht vorzusehen. Das Material dieser Schicht muß aus einem frostbeständigen, hohlraumreichen und verdichtbaren Mineralgemisch bestehen. Bei Verwendung von Splitt der Körnung 8/32 mm genügt eine Schichtstärke von 20 cm. Bei sehr undurchlässigem Baugrund ist zusätz-

lich eine Rohrdränung mit Anschluß an die Kanalisation oder die nächste Vorflut vorzusehen. Die Baugrundsohle ist zur Verminderung des hangabwärts gerichteten Kräfteschubes der Treppenführung entsprechend lot- und waagerecht abzutreppen. Mit zunehmender Stufenzahl innerhalb eines Treppenlaufes ist der Schub der aufgehenden Stufen mit einer starr gegründeten Antrittsstufe abzufangen.

Die Stufen werden in 3–5 cm Pflastersand oder Zementmörtel verlegt.

Unstarre Gründungen sind generell vorteilhaft anwendbar bei provisorischen Treppenbauten, bei Treppenbauten auf setzungsempfindlichem Unterbau oder Baugrund und aus wirtschaftlichen Erwägungen bei großflächigen Treppenanlagen, z.B. im Tribünenbau von Sportanlagen sowie grundsätzlich in Absprache mit privaten Bauherren auf öffentlich nicht zugänglichen Grundstükken.

Im Hinblick auf die Eignung der einzelnen Stufenarten für die unstarre Gründung ist festzustellen:

Knüppelstufen erfordern mit Ausnahme des Einschlagens der Haltepflöcke keine besonderen Gründungsmaßnahmen; bei etwas anspruchsvollerer Ausführung können die Auftrittsflächen mit Sand abgemagert werden.
Plattenstufen eignen sich ausschließlich für starre Gründungsformen.
Stell- und Legstufen sind für unstarre Gründungen gut geeignet; der Verbund der einzelnen Stufenelemente läßt sich bei zusätzlicher Verwendung von Magerbeton oder Zementmörtel erheblich verbessern.
Blockstufen sind aufgrund des schweren, lagerhaften Materials für diese Gründungsart geradezu prädestiniert.

9.4.2 Starre Gründungen

Ein Baukörper ist starr gegründet, wenn der Fundamentkörper mit Hilfe von Bindemitteln zu einer einzigen starren Einheit verbunden und die Fundamentsohle zur Vermeidung frostbedingter Baukörperbewegungen unterhalb der Frosteindringtiefe angeordnet wurde.
Fundamentsohlen sind grundsätzlich waagerecht anzulegen. Im Hinblick auf Arbeits- und Materialeinsparungen werden Fundamentsohlen gern abgetreppt angeordnet (Abb. 9.4.2/1).

Abgetreppte Fundamentsohlen können aufgrund der unterschiedlichen Baugrundbelastung Risse zur Folge haben, die das Gefälle und die Steigungshöhen der Stufen verändern (Abb. 9.4.2/2). Aus eben diesem Grunde ist auch die Anordnung von Raumfugen zur Vermeidung unerwünschter Risse

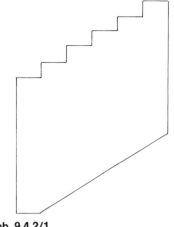

Abb. 9.4.2/1

Abb. 9.4.2/2

Abb. 9.4.2/3

unzweckmäßig, da diese zu unterschiedlich starken Setzungen der einzelnen Fundamentkörper führen können (Abb. 9.4.2/3).

Starre Fundamente gewährleisten langfristige Standfestigkeit. Unter dem Aspekt der kommunalen Verkehrssicherungspflicht sind sie deshalb die optimale Gründungsart für Treppen in öffentlich zugänglichen Grünflächen und Grundstücken.

9.4.2.1 Vollfundamente

Vollfundamente unterfangen die Treppe in voller Länge, Breite und Tiefe (Abb. 9.4.2.1/1). Der massige Fundamentblock benötigt nur eine geringe Betonfestigkeit wie B 5, bestenfalls B 10. Der hohe Materialaufwand ist nur bei Treppen von geringen Ausmaßen zu rechtfertigen, z. B. bei kurzen, noch dazu schmalen Treppen.

Vollfundamente eignen sich wie alle flächig ausgebildeten Fundamente zur Gründung von Winkel-, Block- und Legstufen, besonders jedoch für klein- und mehrteilige Stufenarten.

9.4.2.2 Streifenfundamente

Streifenfundamente sind mindestens 10 cm breite Betonfundamente. Sie sind besonders wirtschaftlich, wenn sie sich parallel zur Laufrichtung erstrecken. In dieser Anordnung sind sie vor allem bei großen Laufbreiten die ideale Gründungsmöglichkeit für Blockstufen. Eine Betonfestigkeit von 15 N/mm^2 ist ausreichend (Abb. 9.4.2.2/1a).

In der Praxis ergeben sich aus Verarbeitungsgründen Fundamentbreiten von ca. 25 bis 30 cm. Bei Mittelfundamenten ist die Breite zusätzlich vom Fugenspiel der Stufen abhängig (9.4.2.2/2). Verläuft die Treppenführung zwischen Mauern, können die Streifenfundamente entweder als auskragende Bestandteile der Mauerfundamente (9.4.2.2/3) oder getrennt von diesen als selbständige Fundamentkörper ausgebildet werden. Die getrennte Bauweise ist einfacher zu konstruieren, allgemein üblich und dort zwingend anzuwenden, wo in Größe und Ausformung unterschiedliche Mauern den Baugrund verschieden belasten und damit unterschiedliche Setzungen erwarten lassen.

9.4.2.3 Plattenfundamente

Stufenanlagen aus kleinteiligeren Bauelementen wie Legstufen erfordern eine durchgehend gestufte Fundamentoberfläche wie bei Vollfundamenten. Aus wirtschaftlichen Gründen wird statt eines Vollfundamentes eine mindestens 18 cm dicke Stahlbetonplatte mit entsprechender Stufung auf Streifenfundamente gelegt, die unter den Antritts- und Austrittsstufen angeordnet sind (Abb. 9.4.2.2/1). Die Platte überträgt die Auflast der Stufen auf die Fundamente; bei Anordnung einer Frostschutzschicht unterhalb der Stahlbetonplatte kann diese auch unter Frosteinwirkung nicht angehoben werden. Bei labiler Auflagerung der Platte kann das obere Streifenfundament entfallen.

Sofern Baugrund und Planum/Bodenmodellierung es zulassen, sind bei mehr-

Abb. 9.4.2.1/1 – 9.4.2.4/2   Starre Konstruktionen

Abb. 9.4.2.1/1

Block o. Vollfundament

Abb. 9.4.2.2/1

Streifenfundament

Abb. 9.4.2.2/2

Streifenfundament   gemeinsam mit Mauerfundament   getrennt von Mauerfundament

Abb. 9.4.2.2/3

Stahlbetonplatte an Treppenenden   auf Streifenfundamenten gelagert

Abb. 9.4.2.3/1

Stahlbetonplatte seitlich gelagert

Abb. 9.4.2.3/2

freitragende Platte oben eingehängt   freitragende Endbalken   Stahlbetonbalken Mittelbalken

Abb. 9.4.2.4/1

Abb. 9.4.2.4/2

armigen Treppen nur die Treppenläufe mit Stahlbetonplatten zu unterfangen, die Podeste sind unstarr wirtschaftlicher zu befestigen.

Bei mauerbegrenzten Treppen kann die Platte in den Wangenfundamenten verankert oder auf Maueauskragungen aufgelegt werden (9.4.2.3/2).

9.4.2.4   Freitragende Konstruktionen

Freitragende Konstruktionen erfordern auf Druck und Zug belastbare Bauelemente. Sie werden hergestellt, indem Stufen auf Stahlbetonplatten oder -balken aufgelegt oder in seitliches Mauerwerk eingespannt werden.

Treppen mit freitragenden Stahlbetonplatten und -balken eignen sich gut zur Überbrückung nicht ausreichend verdichteter Arbeitsräume vor Gebäuden oder aber in gestalterisch anspruchsvollen Situationen zur Überbrückung von Wasserläufen, Pflanzrabatten u.a.m. (Abb. 9.4.2.4/1). Im Antrittsstufenbereich sind die Stahlbetonplatten und -balken auf Streifen- bzw. Punktfundamenten, im Bereich der Austrittsstufen dagegen auf Geschoßdecken oder Mauerkronen aufzulegen.

Transparente, d.h. besonders leicht wirkende, freitragende Konstruktionen sind mit Plattenstufen auf Stahlbetonbalken zu erzielen. Bei Einpunktauflage auf Mittelbalken ist auf eine ausreichende Verankerung der Stufen durch Dübel, Schrauben oder Anschlußbewehrung zu achten (Abb. 9.4.2.4/2).

Eine elegante freitragende Konstruktionsart ist die seitliche Einspannung von Plattenstufen. Sie ist architektonisch und bautechnisch reizvoll (Abb. 9.3.8/3), erfordert allerdings die Beachtung einiger wichtiger Bauregeln:

Die Einspannung der Plattenstufen muß mind. 25 cm tief im Mauerwerk erfolgen; die Auflast des aufgehenden Mauerwerks muß bei den nur auf Druck belastbaren, gemauerten Ziegelsicht- und Natursteinmauern groß genug sein; andernfalls sind die Stufen mit Baustahlstäben bis tief in das Fundament hinein zu verankern.

9.5   Seitliche Treppenbegrenzungen

9.5.1   Baurechtiche Bestimmungen

Neben gestalterischen Erwägungen bestimmen vor allem Überlegungen zur Sicherheit die formale Ausführung der seitlichen Treppenbegrenzungen. Die baurechtlichen Bestimmungen dazu sind in den Bauordnungen der jeweiligen Bundesländer enthalten.

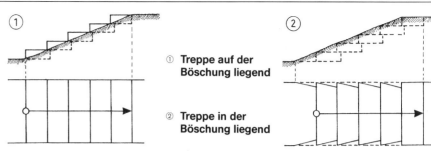

① **Treppe auf der Böschung liegend**

② **Treppe in der Böschung liegend**

Abb. 9.5.2/1   Begrenzungsfreie Treppen

Die Niedersächsische Bauordnung (NBauO) schreibt z.B. in § 35,1 vor, daß alle notwendigen Treppen, das sind Treppen, die erforderlichenfalls als Rettungswege dienen sollen, beiderseits Handläufe aufweisen müssen. Ausgenommen davon sind die Treppen in Einfamilienhäusern und Treppen, die nicht oder nur in seltenen Ausnahmefällen von Behinderten oder von alten Menschen benutzt werden.

Die Allgemeine Durchführungsverordnung zur Niedersächsischen Bauordnung (DVBauO) schreibt mit § 4,1 vor, daß alle zum Begehen bestimmten Flächen baulicher Anlagen, Treppen und Treppenabsätze sowie Verkehrsflächen auf dem Baugrundstück, die mehr als 1 m tiefer liegenden Flächen benachbart sind, soweit die Umwehrung dem Zweck der Flächen nicht widerspricht, wie bei Verladerampen, Kais und Schwimmbecken, zum Schutz gegen Abstürzen umwehrt sein müssen. Umwehrungen offener Gänge, die vor Außenwänden liegen, müssen mindestens 1,10 m hoch sein. Brüstungen müssen bei einer Absturzhöhe bis 12 m und einer Brüstungsdicke

1.   bis 25 cm   90 cm
2. 25 bis 40 cm   80cm
3. 40 bis 80 cm   70 cm
4. von mehr als 80 cm 60 cm hoch sein.

Die Höhe der Umwehrung ist von der Standfläche aus, bei Treppen von der Stufenvorderkante über der Auftrittsfläche der Stufen zu messen.

Schließlich müssen Umwehrungen so ausgebildet sein, daß Kleinkindern das Überklettern nicht erleichtert wird. Deswegen dürfen lt. Ministerialerlaß die lichten Abstände senkrechter Stäbe max. 12 cm, bei waagerechter Stabanordnung max. 2 cm betragen. Der seitliche Abstand zwischen der Umwehrung und der zu sichernden Fläche darf nicht größer als 4 cm sein.

Treppen müssen mindestens einen Handlauf haben; bei nutzbaren Laufbreiten von mehr als 2,50 m können beiderseits Handläufe und Zwischenhandläufe verlangt werden, DVNBauO § 16,4.

Für Treppen mit einer flacheren Neigung als 1:4, d.s. ca. 10/42 sind Handläufe nicht erforderlich. Bei Treppen mit nicht mehr als 5 Stufen und einer Absturzhöhe bis zu 1 m kann auf Handläufe verzichtet werden, wenn keine Bedenken wegen der Verkehrssicherheit bestehen und Behinderte oder alte Menschen die Treppe nicht oder nur in seltenen Ausnahmefällen benutzen.

9.5.2   Begrenzungsfreie Treppen

Treppen am Hang, deren Lauflinie parallel zur Hangfallinie verläuft, benötigen mit Ausnahme von Handläufen keine besonderen Absicherungen, da keine Absturzgefahren gegeben sind.

Besitzen Treppe und Hang dieselbe Steigung, kann die Böschungslinie sowohl an der Vorderkante wie an der Hinterkante der Auftrittsflächen geführt werden (Abb. 9.5.2/1).

Im ersten Fall ist mit ständiger Verschmutzung der Auftrittsflächen zu rechnen, im zweiten Fall ist die werkgerechte Bearbeitung der sichtbaren Seitenhäupter zu beachten.

Stimmen dagegen die Steigungen von Treppe und Böschung nicht überein, so ist der Geländeanschluß möglichst weich fließend zu modellieren, damit nicht der nachteilige Eindruck entsteht, die Treppe liege im Einschnitt bzw. auf einem Damm.

9.5.3   Treppengeländer

Treppengeländer sollen das Abstürzen von der freien Treppenseite verhindern; sie können als Brüstungen, syn. Wangen, aus Mauerziegel, Naturstein oder Beton oder aber als Stabgeländer aus Stahl oder Holz ausgeführt werden.

9.5.3.1   Treppen mit Wangen

Im konstruktiven Sinne wird unter dem Begriff »Wange« ein balkenförmiges tragendes Bauelement zwischen Streifen- bzw. Punktfundamenten und Stufen verstanden, s. Kap. 9.4.2.4.

Wangen im üblichen Sinne sind trep-

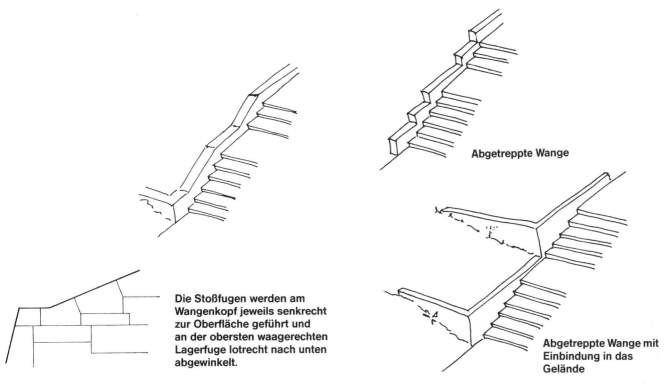

Abgetreppte Wange

Abgetreppte Wange mit Einbindung in das Gelände

Die Stoßfugen werden am Wangenkopf jeweils senkrecht zur Oberfläche geführt und an der obersten waagerechten Lagerfuge lotrecht nach unten abgewinkelt.

Abb. 9.5.3.1/1 Abgeschleppte Wangenführung

Abb. 9.5.3.1/2 Abgetreppte Wangenführungen

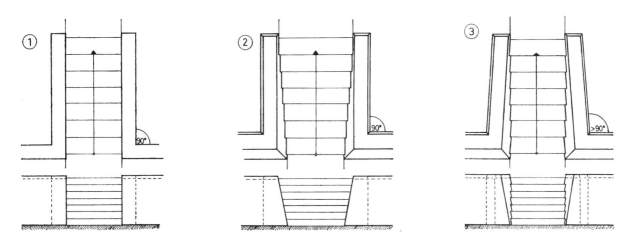

Abb. 9.5.3.1/3 Treppenwangen und Maueranlauf
1. Treppenwangen ohne Anlauf – 2. Treppe mit anlaufenden Wangen und sich verbreitender Laufbreite – 3. Treppe mit anlaufenden Wangen und gleichbleibender Laufbreite

penbegleitende Mauern, deren primäre Funktion in der Umwehrung zu sehen ist; sie prägen das äußere Erscheinungsbild einer Treppe, vor allem einer mehrarmigen Treppe besonders stark.

Abgeschleppte Treppenwangen sind Wangen, deren Kronen parallel zur Steigung der Stufen und Podeste verlaufen; sie sind visuell besonders zufriedenstellend (Abb. 9.5.3.1/1).

Bei Natursteinmauern erfordert die Herstellung des werkgerechten Fugenschnitts der Abdecksteine einen erheblichen zusätzlichen Arbeits- und damit Kostenaufwand.

Abgetreppte Treppenwangen (Abb. 9.5.3.1/2) sind i. a. wirtschaftlicher zu erstellen, sehen aber weniger gut als die abgeschleppten Mauern aus. Der negative Eindruck läßt sich jedoch vermeiden, wenn die Wangen durch angesetzte Mauerflügel seitlich in das Gelände eingebunden werden, besonders dann, wenn die Abtreppung der Wangen in Höhe und Länge konform auf die Treppenarme und die Podeste abgestimmt worden ist.

Weiter ist zu beachten, daß die Treppenführung von der Dosierung, dem Anlauf der Wangen beeinflußt wird

(Abb. 9.5.3.1/3): Verlaufen die Wangenkronenkanten in der Draufsicht parallel zueinander und im rechten Winkel zu den Stufenvorderkanten, vergrößert sich mit zunehmender Höhe auch die Laufbreite des Treppenarmes. Soll bei mehrarmigen Treppen die Laufbreite nicht zu groß werden, so ist jeweils bei der Antrittsstufe des folgenden Treppenarmes auf die ursprüngliche Laufbreite zurückzugehen.

Soll die Laufbreite dagegen auch innerhalb eines Treppenarmes gleich groß bleiben, so müssen die Wangenkronenkanten divergierend zueinander und mit einem Winkel < 90° zu den Stufenvorderkanten verlaufen.

Wird die Kombination von Wangen und Handläufen erforderlich, sind – insbesondere bei abgetreppten Wangen – große Wangenhöhen, die ggf. auch über das in den baurechtlichen Vorschriften vorgesehene Maß hinausgehen, von Vorteil. In diesem Fall lassen sich Handläufe vor den Ansichtsflächen der Wangen besonders unauffällig und harmonisch anbringen.

Oberhalb der Wangenkronen verlaufende Handläufe erzielen selten einen visuell zufriedenstellenden Eindruck, gleichgültig, ob die Handläufe auf den Wangenkronen aufgesetzt oder vor den Wangen angeordnet werden.

9.5.3.2 Treppen mit Stabgeländer

Stabgeländer für Treppen im Außenbereich werden i.d.R. aus Stahl gefertigt, da die verwendeten Stahlstäbe oder rohre mit rundem, quadratischem und rechteckigem Querschnitt nur geringe Abmessungen benötigen. Sie ermöglichen besonders transparente Geländerkonstruktionen.

Holz findet im nennenswerten Umfang nur bei einfachen Stabgeländern, z.B. als Rundholz- und Halbrundholzkonstruktionen, vornehmlich bei Spielgeräten, Brücken, Burgen usw. auf Spielplätzen mit Abenteuergenre Verwendung.

Stahlgeländer werden heute fast ausnahmslos aus gewalzten Stahlprofilen und aus Stahlrohren als Stabgitter hergestellt.

Abb. 9.5.3.2/1

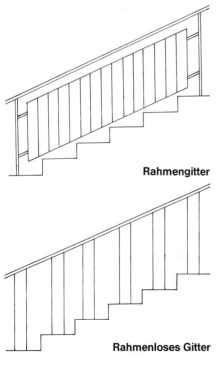

Rahmengitter

Rahmenloses Gitter

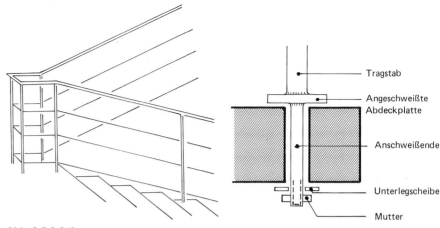

Abb. 9.5.3.2/2   **Abb. 9.5.3.2/4 (re.)**
Schräge Stabgitter; Überschneidung der Füllstablinien bei gegenläufig ansteigenden Treppenarmen

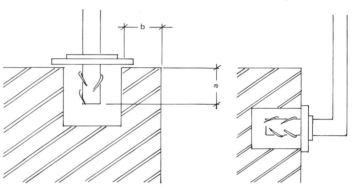

Abb. 9.5.3.2/3   Verankerung in der Auftrittsfläche.   Verankerung im Seitenhaupt (re.)

Unter Stabgitter wird eine Vielzahl paralleler Stäbe verstanden; die Stäbe können innerhalb eines Rahmens oder aber ohne Rahmen angeordnet werden (Abb. 9.5.3.2/1).

Rahmengitter, aber auch mit Untergurt und Zwischengurt versehene rahmenlose Gitter eignen sich unter dem Aspekt der Lösbarkeit besonders gut für feuerverzinkungsgerechte Konstruktionen.

Der Anordnung der Stahlstäbe zufolge sind senkrechte und schräge, parallel zur Treppensteigung verlaufende Stabgitter zu unterscheiden (Abb. 9.5.3.2/2).

Schließlich sind noch die Tafelfüllungen aus mehr oder weniger intensiv gestalteten Stahlblechen zu erwähnen, die gelegentlich an Stelle der Gitterfüllungen verwendet werden.

Stabgeländer bestehen aus mindestens den Konstruktionselementen:
- Tragstab
- Handlauf und
- Füllstäben;
zusätzlich können erforderlich werden:
- seitliche Verstrebungen oder Stützen und, nur bei senkrechten Stabgittern
- Gurte.

Geländerpfosten (Tragstäbe), haben die am Handlauf und an den Geländerfüllungen auftretenden Kräfte aufzunehmen und auf die Unterkonstruktion zu übertragen. Außer der richtigen Bemessung der Pfostenquerschnitte ist vor allem auf die ausreichende Verankerung der Geländerpfosten zu achten.

RONGE, Karl (Metallbauarten) empfiehlt für Einspanntiefen (a) und Randabstände (b) für die zu ermittelnden Biegemomente (MB) die folgenden Werte:

MB	Einspanntiefe a(mm)	Randabstand		b(mm)
		Ziegelart nach DIN 105		Granit oder gleichw.
		Mz 250	KMz 350	
25	40	110	90	75
50	50	160	130	100
75	60	200	165	125
100	70	240	200	150

Das Ausbrechen der Mauer- oder der Seitenkante kann nur durch genügenden Abstand (b) des Vergießloches vermieden werden (Abb. 9.5.3.2/3). Besteht der zu verankernde Teil des Pfostens aus nichtrostendem Edelstahl oder Metall, kann das Ankerloch mit Zementmörtel vergossen werden. Andernfalls sollten die Tragstäbe im Außenbereich zum Schutze gegen Rost besser mit Blei vergossen oder verstemmt werden. Bei Bleiverguß sind die Werte der angegebenen Randabstände (b) um ca. 50 % zu erhöhen, um ein Ausbrechen der Materialkanten beim Verstemmen der Pfosten zu verhindern.

In freitragenden und auskragenden Stufen können Tragstäbe durch Bohrungen gesteckt oder festgeschraubt werden (Abb. 9.5.3.2/4).

Tragstäbe können über angeschweißte Flanschen auf den Stufen oder auf der Unterkonstruktion durch Anschießen oder Dübeln befestigt werden (Abb. 9.5.3.2/5). Es sind mindestens drei Befestigungspunkte vorzusehen, von denen zwei auf der abhebenden Flanschseite anzubringen sind.

Werden Tragstäbe mit Dübel befestigt, so sind die von den Herstellern angegebenen Rand- und Eckabstände zu beachten! Metall- und Schwerlastdübel sind nur bei Naturstein und Beton mit Festigkeitswerten von mind. 15 KN/m² zulässig.

Handläufe, syn. Obergurte, dürfen als oberer Abschluß des Geländers nicht unterbrochen werden; sie sollen handlich, regelmäßig und glatt, d.h. ohne Grate und frei von vorspringenden Elementen wie Nieten, Schrauben, Schweißnähten u.ä. gearbeitet, die Kanten sollen mit einem Radius von mind. 2 mm abgerundet sein (Abb. 9.5.3.2/6).

Die Hand findet im allgemeinen ausreichenden Halt, wenn ein freier Handlaufumfang von 70 bis 100 mm gegeben ist; dabei soll der freie Handlaufumfang auch an den Befestigungspunkten des Handlaufes mit den Tragstäben gegeben sein und an diesen Stellen mind. 70 % des Umfanges des gesamten Handlaufprofils betragen.

Füllstäbe besitzen lediglich absichernde Funktionen; sie können deshalb schwächer als Tragstäbe dimensioniert werden.

Seitliche Verstrebungen erhöhen die Standfestigkeit des Geländers; sie stützen den Pfosten ab und werden in der Richtung der angreifenden Hauptkraft angebracht (Abb. 9.5.3.2/7).

Geländergurte sind parallel zur Treppensteigung verlaufende Konstruktionselemente mit teilweise tragenden Funktionen. Es lassen sich Untergurte, Zwischengurte und die bereits behandelten Handläufe als Obergurte unterscheiden.

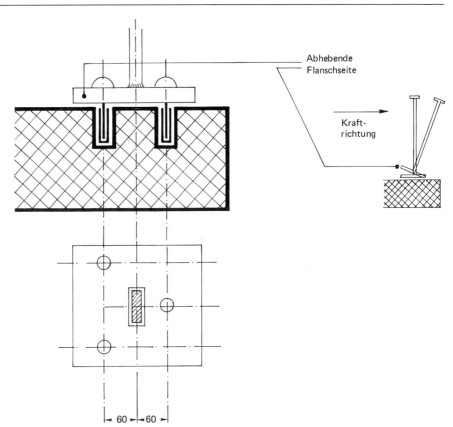

Abbhebende Flanschseite

Kraftrichtung

Abb. 9.5.3.2/5 Tragstab-Verankerung mit Flansch und Dübeln

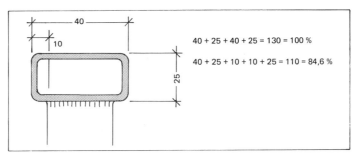

40 + 25 + 40 + 25 = 130 = 100 %

40 + 25 + 10 + 10 + 25 = 110 = 84,6 %

Abb. 9.5.3.2/6 Handlaufumfang-Bemessung

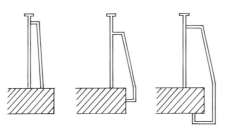

Abb. 9.5.3.2/7 Seitliche Verstrebungen

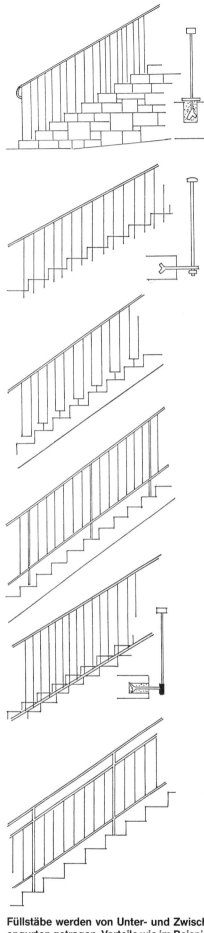

Jeder Füllstab ist gleichzeitig Tragstab. Verankerung auf der Oberseite der Blockstufen. Mindestabstand zu den Stufenkanten beachten. Großer Arbeitsaufwand bei schwieriger Aufteilung der Füllstäbe auf die Auftrittstiefen

Verankerung der Füll- oder Tragstäbe erfolgt im Seitenhaupt einer Stahlbetonplatte. Die Stabaufteilung ist problemlos, da Mindestabstände zu den Stufenkanten nicht zu beachten sind

Je zwei Füllstäbe werden von einem Tragstab getragen. Die Tragstäbe werden mittig auf der Stufe oder seitlich im Seitenhaupt verankert

Tragstäbe werden in Abständen von ca. 1,50 m mittig in den Stufen verankert. Untergurte tragen die Füllstäbe; die Stabverteilung kann damit losgelöst von der Stufenaufteilung erfolgen

Untergurt wird im Seitenhaupt der Stufen verankert. Vorteile wie im Beispiel D, aber gestalterisch weniger befriedigend

Schräge Gitterfüllungen vermeiden die Probleme der Stabverteilung auf den Stufen. Die Bestimmungen der Landesbauordnungen erlauben allerdings meistens keinen befriedigend großen lichten Abstand der Füllstäbe

Füllstäbe werden von Unter- und Zwischengurten getragen. Vorteile wie im Beispiel D aber zusätzliche Verbesserung der Handlauffunktion

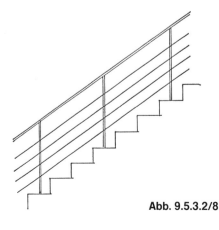

Abb. 9.5.3.2/8

Untergurte und Zwischengurte dienen bei senkrechten Stabgittern der Befestigung der Füllstäbe (Beispiele siehe Abb. 9.5.3.2/8).

9.6   Anwendungsbeispiel für den Garten K.

Im Garten sind Treppenanlagen an zwei Stellen herzustellen. Eine Treppe führt an der Nordseite aus dem Grundstück hinaus und eine weitere Treppenanlage ist mit dem Sitzplatz vor dem Wohnzimmer und dem anschließenden tieferliegenden Gartenplatz verbunden.

Die Stufenanlage vor dem Wohnzimmer.

Hierbei handelt es sich um eine Stufenanlage, die in voller Breite des Sitzplatzes zu dem unten liegenden Sitzplatz führt, wobei die unterste Stufe noch als Begrenzung des Sitzplatzes gegenüber dem anschließenden Staudenbeet dient. Die beiden oberen Stufen winkeln nach Osten ab.

Als Plattenbelag ist vom Bauherrn eine Waschbetonplatte mit hellem Eifel-Quarz gewählt worden. Da diese Platten direkt an die Stufen stoßen, wird man bei der gleichen Oberflächenstruktur bleiben müssen. Damit bleibt als Lösung für die Art der Stufen nur noch eine Entscheidung zwischen
a) Legstufentreppe oder
b) Blockstufentreppe.
Die Legstufentreppe nimmt in seinen Platten die Kleinteiligkeit des Belages auf. Sie wirkt gestalterisch in dieser Situation jedoch nicht sehr überzeugend, weil diese breite Stufenanlage mit der Fortsetzung als Einfassung um den unteren Sitzplatz eine großzügigere Lösung verlangt. Technisch gesehen lassen sich Legstufen sehr einfach verlegen. Erforderlich ist jedoch ein Vollfundament, entweder bis in frostfreie Tiefe oder mit frostsicherer Gründung. Das ist ein hoher Materialaufwand. Das Verlegen der Stufen selbst ist wegen der geringen Gewichte einfach. Die Stufen müssen mit einer sauberen Sichtseite hergestellt werden, die Eckplatten müssen zwei Sichtkanten haben.

Die Blockstufentreppe wird in diesem Falle großzügiger wirken. Diese Stufen benötigen nur Streifenfundamente, weil die Stufen selbst bei entsprechender Bewehrung die auftretenden Zugspannungen zwischen zwei Auflagepunkten aufnehmen können. Die Gestaltung der Ansichtsfläche kann in unterschiedlicher Weise erfolgen. Der Nachteil in diesem Falle liegt darin, daß wegen der individuellen Lösung nicht auf Standardstufen zurückgegriffen werden kann,

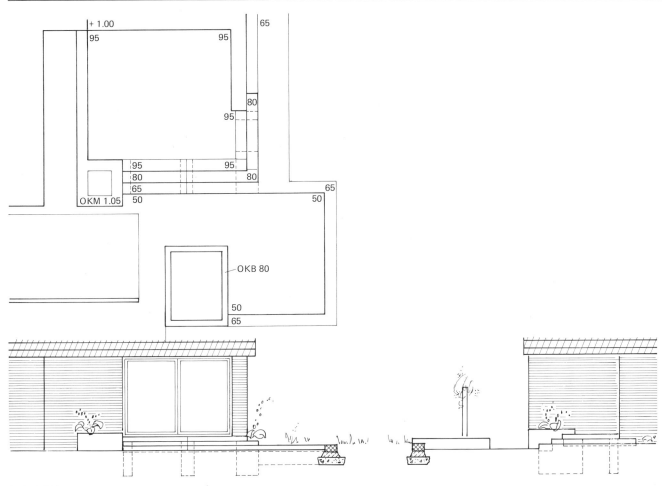

Abb. 9.6/1

sondern doch Sonderanfertigungen notwendig werden.

Der Bauherr sieht den gestalterischen Zusammenhang ein und so kommt es zu folgender Lösung (s. Abb. 9.6/1)

Es werden bewehrte Blockstufen in den Steigungsmaßen 15/35 cm mit rechteckigem Querschnitt hergestellt. Die unteren Stufen sind 2 cm breiter zu wählen als die Auftrittstiefe beträgt, damit die aufgehenden Stufen satt aufgelegt werden können. Außerdem sind die Antrittsstufen zur Unterbindung der Wegeanschlüsse 2 cm höher als die Steigungshöhe auszuführen.

In Anlehnung an den Plattenbelag werden die Ansichtsflächen der Stufen ebenfalls mit einem Waschbetonvorsatz aus hellem Eifel-Quarzit hergestellt.

Die Treppe gründet im zwei- und dreistufigen Bereich auf Streifenfundamenten aus Beton B 15, die mit frostfreier Tiefe parallel zur Laufrichtung angeordnet werden. Zwischen den Streifenfundamenten sind die Stufen mit einer 15 cm dicken kapillarbrechenden Schicht aus Splitt 7/32 zu unterbauen, damit die Treppe im Terrassenbereich keine, wenn auch erwartungsgemäß nur geringfügige Setzungen der Platten verursachen kann.

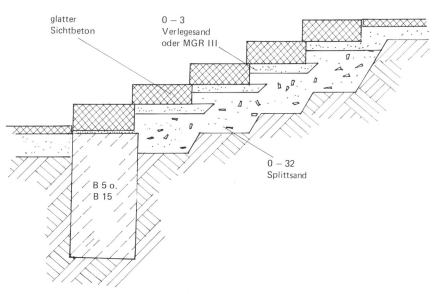

Abb. 9.6/2

Die Stufen werden mit knirschen Lagerfugen und 1 cm breiten Stoßfugen verlegt.

Die Einzelstufen zwischen Treppe und Brunnen werden unstarr auf einer 10 cm dicken Magerbetonschicht über einer 25 cm dicken Frostschutzschicht aus Splittsand 0/32 mm gegründet. Dabei ist der Übergang von starrer zu unstarrer Gründung im Stufenbereich mit einer Stoßfuge eindeutig zu berücksichtigen.

Die zweite Treppe ist eine ganz untergeordnete Treppe, die keine gestalterische Bedeutung hat. Hier kann man eigentlich alle technischen Lösungen, angefangen bei der Knüppelstufe wählen. Da die Stufen aber Bestand haben sollen und jede Gefährdung der spielenden Kinder ausgeschlossen sein soll, bieten sich wieder die zuvor beschriebenen Lösungen an. Die einfachste Lösung sind hier Blockstufen, bei denen die unterste Stufe auf einem Betonfundament liegt, während die weiteren Stufen mit einem Kiesbett und einer Sandauflage auskommen. Hier lassen sich handelsübliche Stufen aus glattem Sichtbeton verwenden. Die Lösung sieht deshalb wie folgt aus (s. Abb. 9.6/2).

Die Treppe zählt fünf Stufen mit einem Steigungsverhältnis von 12/40 cm. Die Laufbreite entspricht der Wegebreite von 1,25 m. Stufen dieser Länge können unbewehrt in einem Stück gegossen werden. Die Auftrittsflächen und die Vorder- und sichtbaren Seitenhäupter sind als glatt geschalte Sichtbetonflächen hergestellt.

Die Antrittsstufe wird auf einem Streifenfundament aus Beton B 5 oder B 15 mit erdseitiger Schalung und frostfreier Fundamentsohle verlegt. Die Verlegung erfolgt auf dem noch frischen, verdichteten Stampfbeton oder – wegen der leichteren Verdichtbarkeit – besser auf einer ca. 2 cm dicken Zementmörtelschicht auf einem in K 2 - Konsistenz eingebrachten und inzwischen abgebundenen Fundamentbeton.

Die übrigen 4 Stufen werden lediglich frostsicher, d. h. auf einer verdichteten 25–30 cm dicken Schicht aus Kiessand oder Splittsand 0/32 mm und einer zusätzlichen 3–5 cm dicken Auflage aus Verlegesand 0/3 mm gegründet. Der Bodenaushub sollte möglichst stufenartig erfolgen, um eine waagerechte Fundamentsohle und damit eine standfeste Treppe zu erzielen.

In der gegebenen Situation ist eine größere Steigungshöhe der Antrittstufe zwecks Unterschneidung des Wegebelages nicht erforderlich. Nach dem Abbinden der Antrittsstufe erfolgt das Verdichten des Frostschutzmaterials und das Aufbringen des Verlegesandes. Die zweite Stufe wird mit leichten Hammerschlägen soweit zum Setzen gebracht, daß sie höhengerecht mit 1 cm Gefälle und 1 bis 2 cm Auflage knirsch auf der Hinterkante der Antrittsstufe zu liegen kommt. Entsprechend wiederholt sich dieser Vorgang, bis auch die Austrittsstufe verlegt ist. Statt des Verlegesandes kann auch ein Zementmörtel verwendet werden. Dann muß aber vor dem Hinterfüllen das Abbinden des Mörtels abgewartet werden.

Da die Treppe innerhalb der Böschungslinie verläuft, ist kein Geländer erforderlich. Der seitliche Bodenanschluß sollte 1–2 cm unterhalb der Hinterkante der Auftrittsfläche verlaufen, damit kein Erdreich auf die Treppe fällt. Im Hausgarten wird man bei einer derart untergeordneten Treppe auf eine Kastenrinne zum Abführen des Niederschlagswassers oberhalb der Treppe verzichten.

10 Wasseranlagen   H. Pätzold

Wasser ist eine Voraussetzung für das Leben auf unserem Planeten. Entsprechend ist das Verhältnis des Menschen zu diesem »Element«. Wasser ist deshalb immer ein fester Bestandteil der Gartenarchitektur gewesen unabhängig von der formalen Gestaltung. Die vielfältigen Formen, in denen Wasser Eingang in die Garten- und Landschaftsgestaltung gefunden hat, kann man wohl zusammenfassen unter den Begriffen

- Fließgewässer (Bäche, Flüsse, Wasserfälle)
- Stillgewässer (Teiche, Becken)
- Brunnen in vielfältigsten Formen.

Im Grundsatz gibt es für die Herstellung von Fließgewässern, Stillgewässern und Brunnen nur wenige Probleme:

1. Jede Wasserfläche benötigt, um als solche in Erscheinung zu treten, eine Hohlform, in der das Wasser fließen oder als Stillgewässer sich halten kann.
2. Wenn Wasser fließen soll, wird ein Gefälle benötigt oder das Wasser muß unter Druck gesetzt werden in Form von Springstrahlen.
3. Der Wasserspiegel eines Stillgewässers ist immer waagerecht. Das ist bei der Gestaltung des Ufers sorgfältig zu beachten, weil jede ungewollte Unkorrektheit sofort auffällt.

Ausgangspunkt der Gestaltung durch Menschen ist auch bei Wasseranlagen das Vorbild der Natur gewesen. Diese natürlichen Gewässer sind nicht Gegenstand dieses Buches, im nachfolgenden Kapitel soll aber kurz auf einige wesentliche Charakteristika eingegangen werden, aus denen sich Folgerungen für den Ausbau sogenannter »naturnaher« Gewässer ableiten lassen.

10.1 Natürliche Gewässer

10.1.1 Fließgewässer

Das Bett von Fließgewässern ist eine nach zwei Seiten offene Hohlform, in der das Wasser dem Gefälle folgend fließen kann. Das Wasser stammt aus natürlichen Quellen, oft mit unterschiedlichen Mengen je nach Witterung. Das Bett ist in der Regel nicht wasserdicht, ein Teil des Wassers kann versickern. Für den Naturhaushalt ist das sogar erwünscht, damit das Wasser möglichst lange im Lande gehalten wird. Solange der Zufluß größer ist als die Versickerung und Verdunstung, fließt Wasser.

Je nach dem Gefälle des Geländes, durch das dieses Wasser fließt, sind Bach- oder Flußbett ausgebildet. Bei großem Gefälle und hoher Fließgeschwindigkeit sucht sich das Wasser den direkten Weg, verläuft gerade in der Richtung des Gefälles, allenfalls abgelenkt durch natürliche Hindernisse wie z.B. Felsbarrieren. Bei geringem Gefälle und entsprechend geringer Fließgeschwindigkeit windet sich das Wasser in vielen Bögen durch die Landschaft. Die Art der Uferausbildung ist dann das Ergebnis aus vielen Faktoren, wobei Wassermenge, Geländeneigung, Fließgeschwindigkeit, Wechsel von Hoch- und Niedrigwasser, Bodenart sowie Begleitflora und -fauna eine besondere Bedeutung zukommen. Bei so vielen Einflußfaktoren sind Bach- und Flußbett häufigen Veränderungen unterworfen. Am augenfälligsten sind Auskolkungen, Erosionen und Anlandungen. Wenn der Mensch sich diesen Veränderungen nicht unterwerfen will, greift er mit natürlichen oder künstlichen Ufersicherungen oder anderen technischen Maßnahmen in die Natur ein. Negative Beispiele sind dabei die Begradigungen im Zuge von Flurbereinigungsmaßnahmen.

10.1.2 Stillgewässer

Das Bett von Stillgewässern ist eine allseitig umschlossene Hohlform. Kleine Stillgewässer mit geringer Wassertiefe werden Teich oder Weiher genannt. Auch hier hält sich das Wasser nur, wenn der Zufluß die Versickerung und Verdunstung ausgleicht, sofern es sich nicht um einen Grundwasserteich oder -see handelt. Für die Gestalt der Ufer gilt alles das, was für Fließgewässer gesagt wurde, nur tritt hier ein möglicher Wellenschlag an die Stelle der Fließbewegungen des Wassers.

10.2 Künstliche Gewässer und Wasseranlagen

Wenn Wasser an Orten fließen oder gehalten werden soll, an denen die natürlichen Gegebenheiten nicht mehr vorhanden sind, muß der Mensch mit technischen Maßnahmen in die Natur eingreifen und künstliche Gewässer schaffen. Maßstab für Art und Umfang dieser technischen Maßnahmen ist der Zweck, den diese Wasseranlage erfüllen soll. Wasser als Flüssigkeit paßt sich jeder Form an. Als technische Maßnahmen in diesem Sinne können gelten:
1. die Herstellung des künstlichen Hohlkörpers, in dem sich Wasser ständig oder vorübergehend aufhalten soll.
2. Die Dichtung des Hohlkörpers in einem Umfang, der der Menge des zuführbaren Wassers einerseits und den zu erwartenden bzw. zulässigen Versickerungs- und Verdunstungsverlusten andererseits entspricht.
3. Zufuhr von Wasser in einer Menge, die dem Verdunstungsverlust, bei nicht vollständig abgedichteten Hohlkörpern auch dem Versickerungsverlust und bei Fließgewässern dem vorgesehenen Fließbild entspricht.

10.2.1 Die Herstellung der Hohlkörper

Hohlkörper, die zur Aufnahme von Wasser bestimmt sind, werden entweder durch Verformung der Erdoberfläche oder durch technische Bauten mit Hilfe verschiedener Baustoffe hergestellt. Verformung der Erdoberfläche bedeutet, daß Vertiefungen durch Erdaushub hergestellt werden in Form von Rinnen oder geschlossenen Hohlformen. Es können auch vorhandene Gerinne durch den Bau von Dämmen zu geschlossenen Hohlkörpern werden. Stauseen bilden hier ein Vorbild. In diesen Hohlkörpern kann jetzt Wasser flie-

ßen oder stehen. Ihre Form, Randausbildung und Tiefe werden von Gestaltungs- und Nutzungsabsichten bestimmt. Die Landschaftsgestaltung kennt unregelmäßige, geschwungen geformte und sehr regelmäßig angelegte Wasserflächen. Ungezählt sind die möglichen Formen von Brunnen, bei denen das Schwergewicht der Gestaltung auf der Form selbst, auf dem Zusammenspiel von Form und Wasserbewegung oder nur auf der Art der Wasserbewegung beruhen kann. Bei der Überlegung, welche Randausbildung zu wählen ist, stellt sich die Frage, ob auch bei unregelmäßigen Wasserständen die vorgegebene Beckenform sichtbar bleiben soll oder ob die Uferlinie zurückweichen darf mit der Gefahr, daß Teile der Dichtung sichtbar werden.

Sobald der natürliche Böschungswinkel des anstehenden Bodens überschritten wird, muß die gewollte Neigung durch dauerhafte technische Lösungen gesichert werden. Bei stärker geneigten Beckenwänden eignen sich dafür Bitumen- oder Betonbefestigungen, bei senkrechten Wänden wird heute in der Regel Stahlbeton verwendet. Nur bei sehr untergeordneten Becken wird in Ausnahmefällen die Beckenwand aus Ziegelmauerwerk errichtet. Becken lassen sich heute auch fabrikmäßig herstellen aus Stahl, Aluminium oder Kunststoff.

Bei der Herstellung solcher Hohlkörper, die entweder in den Erdboden eingebaut werden oder aus der Fläche herausragen, sind Erddruck, mögliche Frosthebungen und Aufschwimmen bei Grundwassereinfluß zu berücksichtigen.

10.2.2 Die Dichtung der Hohlkörper

Es gibt die verschiedensten Möglichkeiten der Dichtung. Welche Art verwendet wird, hängt von Aufgabe, Größe, Form und formgebendem Material ab.

10.2.2.1 Dichtungsbahnen

Dichtungsbahnen werden häufig als »Foliendichtungen« bezeichnet; es handelt sich dabei um Kunststoff-Dichtungsbahnen oder um Bitumenschweißbahnen.

Diese Dichtungsart eignet sich vorwiegend für unregelmäßige Wasseranlagen wie Teiche, Wasserläufe, Kanäle und Biotopersatz, aber auch für die Abdichtung von Trinkwasserbehältern, gemauerten oder betonierten Wasser- bzw. Schwimmbecken, Deponien, Güllebecken und Sumpfbeetkläranlagen.

Nach dem gegenwärtigen Stand sind als Regeln der Technik anzusehen:

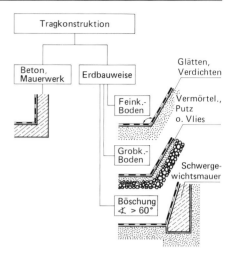

Abb. 10.2.2.1/1

– Richtlinien für die Planung und Ausführung von Dächern mit Abdichtungen – Flachdachrichtlinien, Zentralverband des Deutschen Dachdeckerhandwerks
– DIN 18 195 »Bauwerksabdichtungen«
– DIN 18 337 »Abdichtung gegen nichtdrückendes Wasser«
– Verlegeanleitungen und sonstige Vorschriften der Hersteller

Bei den Baustoffen für die Dichtung handelt es sich vorwiegend um
– Bitumen-Schweißbahnen entsprechend DIN 52 131
– Polymer-Bitumen-Schweißbahnen entsprechend DIN 52 133
– Kunststoff-Dichtungsbahnen aus Polyisobothylen-(PIP) entsprechend DIN 16 935
  PVC-weich entsprechend DIN 16 937 und DIN 16 938 und
  Ethylencopolymerisat-Bitumen entsprechend DIN 16 729
– EPDM-Dichtungsbahnen entsprechend DIN 7864

sowie die erforderlichen Klebemassen, Deckaufstrichmittel, Spachtelmassen, Trennschichten, Trennlagen und sonstigen Hilfsstoffe.

Bitumen-Schweißbahnen werden für Teichdichtungen in einer Dicke von 5 mm verwandt, während Kunststoff-Dichtungsbahnen in Dicken zwischen 0,8 mm und 2,0 mm angeboten werden. Schweißbahnen und Kunststoff-Dichtungsbahnen müssen dehnungsfähig und beständig gegen Reißen, Alterung und UV-Belastung sein; außerdem ist die Wurzelfestigkeit nachzuweisen.

Bei der Herstellung ist die Art des Hohlkörpers von Bedeutung; man unterscheidet in
– Erdbauweisen mit
– – feinkörnigem Boden als Baugrund oder

– – grobkörnigem Boden als Baugrund
sowie
– – Steilböschungen mit technischer
Ausbildung und
– Beton- bzw. Mauerbauweisen (Abb.
10.2.2.1/1)
Bei Erdbauweisen mit Hohlkörpern bis
60° ist nach dem Aushub die Glättung
des Erdplanum erforderlich, da »Folien«
gegen punktförmige Belastungen empfindlich sind. Bei feinkörnigen Böden
ist ein Abziehen des Erdplanums zur
Herstellung der Ebenheit in der Regel ausreichend. Grobkörnige Böden
oder bindige mit Steinen durchsetzte
Böden müssen entweder eine Ausgleichsschicht aus Sand oder eine Vermörtelung mit Kalk bzw. Zement oder
einen Mörtelputz erhalten. Auch der
Einbau eines Schutzvlieses wird von
den Herstellern empfohlen.

Sofern der Hohlkörper aus einer starren Form (Beton- oder Mauerwerk) besteht, müssen die Verlegeflächen planeben sein und dürfen keine Grobkiesan-
sammlungen, Schalungsunebenheiten,
Bewehrungs- oder Drahtteile enthalten.
Die Flächen müssen vor dem Verlegen
abgerieben und geglättet werden. Diese
Anforderungen sind auch bei »Misch-
bauweisen« zu erfüllen, wenn bei Erdbauweisen mit einem Böschungswinkel
über 60° Beton- oder Mauerwerkswände verwandt werden.

Die Randbefestigung erfolgt bei Erdbauweisen durch Eingraben in Form eines Einbinde-, Ring- oder Aufhänge-
grabens, wobei die Befestigung durch
Erdschüttung, Beton- oder Rohrbefe-
stigung erfolgen kann (Abb. 10.2.2.1/
2a + b).

Um eine unerwünschte Vernässung
der Randzonen zu vermeiden, muß die
Dichtungsbahn stets über den höchsten
Wasserstand gezogen werden, sofern
nicht eine Sumpfzone geplant ist.

Bei Beton- oder Mauerwerkbauwei-
sen erfolgt die Randbefestigung durch
Verbundbleche aus feuerverzinktem
Stahlblech mit beidseitiger Kaschierung
und Spreiznieten, Alu-Klemmprofile,
Anschlußbänder oder dergl. (Abb.
10.2.2.1/3).

Bis zu einer Flächengröße zwischen
500 qm und 1000 qm werden die
Kunststoff-Dichtungsbahnen vom Hersteller einbaufertig geliefert, wobei
Formwünsche berücksichtigt werden.

Bei größeren Wasseranlagen muß
Rollenware verwandt werden, die in
Breiten von 1,04 m bis 2.08 m angeboten wird. Die Verbindung der Bahnen
(Fügetechnik) erfolgt auf der Baustelle
in erster Linie
– durch Quellverschweißung als che-
momolekulare Verbindung oder
– durch Heißluft als thermomolekula-
re Verbindung.

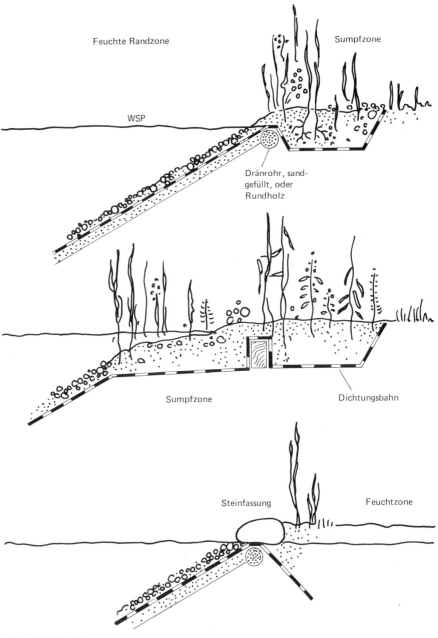

Abb. 10.2.2.1/2a

Bei der Quellverschweißung werden die
Stöße der Dichtungsbahn in einer Breite von 5 cm überlappt, wobei die
Schweißflächen trocken und sauber sein
müssen. Das Auftragen des Quell-
schweißmittels zum Anlösen der Über-
lappungsflächen erfolgt durch Auftrag
mittels Flachpinsel, wobei die obere
Dichtungsbahn angedrückt wird, damit
in die Schweißnaht keine Luft gelangen
kann. Die frisch verschweißte Naht wird
mit einem nachzuziehenden Sandsack
oder anderen Gewichten beschwert.

Während die Quellverschweißung in
erster Linie auf offenen Baustellen angewandt wird, ist für die Verschweißung
in geschlossenen Räumen das Heißluft-
schweißen zu bevorzugen, wobei jedoch
die Dicke der Dichtungsbahnen min-

destens 1,5 mm betragen sollte. Dabei
werden mit einem Heißluftgerät die Flächen angeschmolzen und die plastifi-
zierten Überlappungen mit einer An-
drückrolle aufeinander gepreßt.

Bei der Verbindung von Längs- und
Querverbindungen werden die T-Stöße
durch Injizieren von Flüßigkunststoff
abgedichtet.

Die Nahtverbindungen werden mechanisch, durch Vakuumglocke o. dgl.
auf Dichtigkeit überprüft.

Bei der Verwendung von Bitumen-
schweißbahnen entsprechend DIN
52131 erfolgt die Verbindung mit dem
Heißluftschweißgerät oder im An-
flämmverfahren, wobei die Überlappung mindestens 8 cm breit sein muß.

Alle Dichtungsbahnen werden in

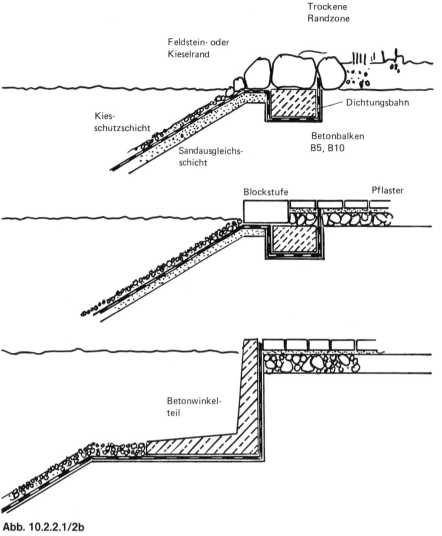

Trockene Randzone

Feldstein- oder Kieselrand

Dichtungsbahn

Kiesschutzschicht

Sandausgleichsschicht

Betonbalken B5, B10

Blockstufe

Pflaster

Betonwinkelteil

Abb. 10.2.2.1/2b

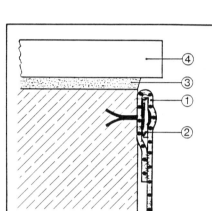

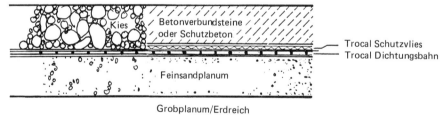

Kies

Betonverbundsteine oder Schutzbeton

Trocal Schutzvlies
Trocal Dichtungsbahn

Feinsandplanum

Grobplanum/Erdreich

Abb. 10.2.2.1/4

1 Schwimmbeckenfolie

2 Aluband 20,0 x 1,0 mm mit Spreiznieten

3 Silikonspritzung

4 Abdeckplatten in Mörtelbett verlegt

5 Absichern der Naht- und Kreuzungsstellen mit Ursuplast flüssig

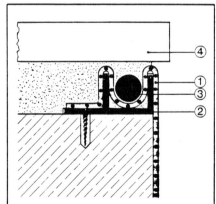

1 Schwimmbeckenfolie

2 Aluminium-Klemmprofil aufgeschraubt

3 PVC-Rundprofil zum Einklemmen der Folie

4 Abdeckplatten nachträglich in Mörtelbett verlegt

Abb. 10.2.2.1/3 (Produktinformation: Ursoplast)

Form der »Losen Verlegung« auf dem Untergrund aufgebracht.

Nach der Verlegung erhalten die Dichtungsbahnen in der Regel aus optischen oder schutzfunktionellen Gründen eine Abdeckung aus Sand, Kiessand, Oberboden oder auch durch Pflaster oder Platten. (Abb. 10.2.2.1/4).

Bei Pflanzbecken sind je nach den Anforderungen der Wasserpflanzen Substrattaschen vorzusehen (Abb. 10.2.2.1/5).

Bei Einbauten oder Durchdringungen muß darauf geachtet werden, daß die Dichtungsbahnen so anschließen, daß keine Sickerstellen entstehen, die zu Ausspülungen führen können. Die Abb. 10.2.2.1/6–8 zeigen eine Reihe von Verbindungen bei Einbauten und Durchdringungen.

Beim Anschluß von Bauteilen oberhalb der Wasserfläche ist darauf zu achten, daß auch hier die Dichtungsbahn über den höchsten Wasserstand geführt wird, wobei die Dichtungsbahn durch entsprechende Schutzvliese vor mechanischen Beschädigungen geschützt wird (Abb. 10.2.2.1/7).

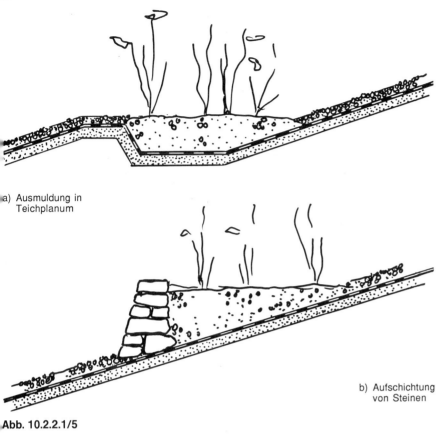

a) Ausmuldung in
   Teichplanum

b) Aufschichtung
   von Steinen

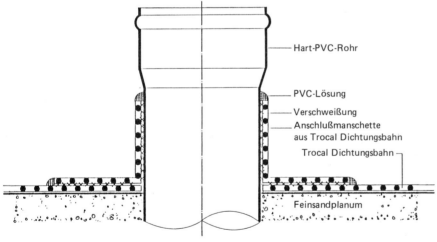

Abb. 10.2.2.1/5

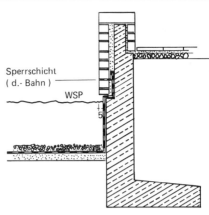

Sperrschicht
(d.- Bahn)

WSP

Abb. 10.2.2.1/7

Hart-PVC-Rohr

PVC-Lösung

Verschweißung

Anschlußmanschette
aus Trocal Dichtungsbahn

Trocal Dichtungsbahn

Feinsandplanum

Abb. 10.2.2.1/6   (Produktinformation: Ursoplast)

— Fügetechnik
— - Stoßüberlappung mind. 5 cm
— - Quellverschweißung oder
— - Heißluftverschweißung oder
— - Flämmverfahren
— Einbau und Befestigung in Einbin-
  degraben
— Abdeckung Randausbildung
— Abdeckung mit Schutzschicht
— Einlassen des Wassers und Prüfung
  auf Wasserverluste.

Beton- oder Mauerwerkbauweise
— Wand- und Bodenfläche säubern
— Dichtungsbahnen auslegen, evtl. zu-
  schneiden
— Befestigung mit Verbundblechen,
  Klemmprofilen oder Anschlußbän-
  dern
— Fügetechnik
— - Stoßüberlappung mind. 5 cm
— - Quellverschweißung oder
— - Heißluftverschweißung oder
— - Flämmverfahren
— Bodenanschlüsse
— - Wandfolie mit Verbundblech oder
    Klemmprofilen befestigen
— - Bodenbahn auslegen
— - Verstärkungsstreifen aufschwei-
    ßen
— - Abspritzen oder Abstreichen der
    Nähte oder Kreuzungspunkte
— Dehnungsfugen
— - Verstärkungsstreifen mit Schlau-
    fe, 20 cm Breite
— - Durchdringungen durch Verflan-
    schungen usw. dichten.
— Einlassen des Wassers und Prüfung
  auf Wasserverlust

**10.2.2.2 Bitumen-Dachbahnen-
           Dichtung**

Diese häufig als »Dachpappen-Dich-
tung« bezeichnete Dichtungsart hat
nach Einführung der Kunststoff-Dichtungsbahnen nur noch geringe Bedeutung. Sie wird gelegentlich noch für
kleinere Wasseranlagen im nichtöffent-

Bei Stegen, Brücken oder dergleichen
müssen die Stützen ebenfalls abgedichtet werden. Da hier selten eine optisch
befriedigende Lösung gefunden werden
kann, sollten bei Dichtungsbahnen
möglichst keine Stützen eingebaut werden; Stege, Wasserterrassen usw. sollten vielmehr in Form von Kragplatten
eingebaut werden (Abb. 10.2.2.1/8).
   Zusammenfassend werden folgende
Arbeitsschritte bei der Herstellung aufgezeigt:

Erdbauweise
— Ausheben der Hohlform
— Glätten des Erdplanums
— - Vermörtelung oder
— - Mörtelputz oder
— - Lehmputz
— Ausheben des Einbindegrabens
— - Ausrollen der Dichtungsbahnen
    und Hochführen über den Rand
    in Einbindegraben
— Festlegung der Bahnen mit Steinen
  o. dgl.

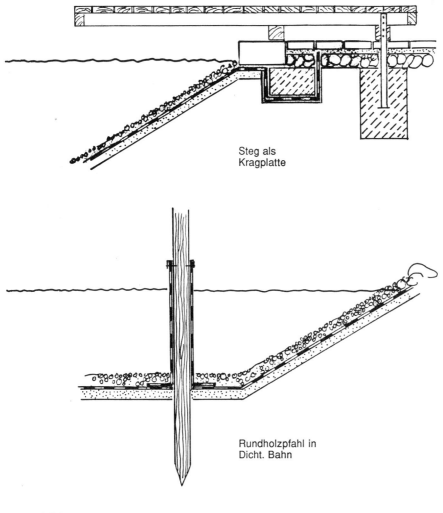

Steg als
Kragplatte

Rundholzpfahl in
Dicht. Bahn

Abb. 10.2.2.1/8   **Abb. 10.2.2.2/1 (u.)**

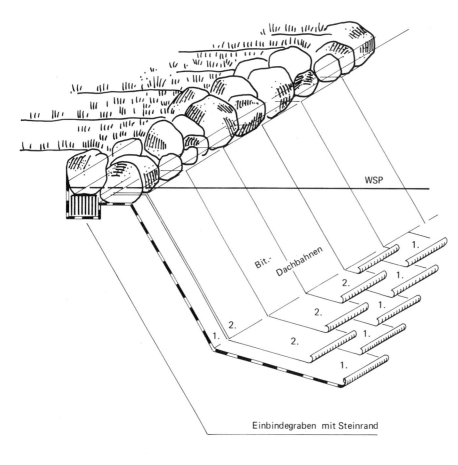

WSP

Bit.- Dachbahnen

Einbindegraben mit Steinrand

lichen Bereich angewandt, bei denen eine Beschädigungsgefahr weitgehend auszuschließen ist.

Regeln der Technik für diese Bauweise finden sich in
- DIN 18338 »Dachdeckungs- und Dachabdichtungsarbeiten«
- DIN 18195 »Bauwerksabdichtungen«
- Richtlinien für die Planung und Ausführung von Dächern mit Abdichtungen – Flachdachrichtlinien und
- den Herstellervorschriften.

Als Baustoff werden Bitumen-Dachbahnen mit Rohfilzpappe R 500 entsprechend DIN 52128 mit einem Nennflächengewicht von 0,500 kg/m² verwandt.

Bei der Herstellung wird zunächst eine glatte Oberfläche des Hohlkörpers hergestellt (s. Abschn. 10.2.2.3). Danach werden die Bitumen-Dachbahnen der ersten Lage auf der geglätteten Fläche so ausgerollt, daß eine Überlappung von mindestens 8 cm entsteht. Die Überlappungsfläche der ersten Lage wird im Bürstenstreichverfahren mit heißflüssiger Bitumenklebmasse bei einer Verarbeitungstemperatur von 180° C bis 200° C bestrichen und die nächste Rolle sofort nachgerollt, wobei beim Einrollen unter leichtem Druck in der gesamten Überlappungsfläche ein Klebemassewulst entsteht. Die verklebten Streifen dürfen keine Falten oder Blasen aufweisen; Kehlen, Rundungen und Anschlüsse müssen vor der Verklebung zugeschnitten werden, um ein Abkühlen der Bitumenklebemasse zu verhindern. Die zweite Lage wird versetzt und parallel zu den Bahnen der ersten Lage vollflächig im Gießverfahren aufgeklebt, wobei sich beim Einrollen der Dachbahn unter leichtem Druck vor der Rolle in ganzer Breite ein Klebmassewulst bilden muß (Abb. 10.2.2.2/1).

Bei größeren Wasseranlagen ist der Einbau einer dritten Lage zweckmäßig.

Alle Arbeiten müssen bei warmem und trockenem Wetter durchgeführt werden, damit durch vorzeitig abgekühlte Bitumenklebmasse keine Undichtigkeiten entstehen. Bei der Verklebung müssen Beschädigungen durch Schuhwerk oder Geräte unterbleiben.

Nach dem Verkleben wird die gesamte Dichtungsfläche mit einem heiß zu verarbeitenden Deckaufstrichmittel bestrichen und mit trockenem, scharfem Sand abgestreut. Außerdem ist eine Schutzschicht aus Kiessand in einer Dicke von 5 cm bis 10 cm erforderlich.

Die Randbefestigung erfolgt ebenfalls in einem Einbindegraben, der eine entsprechende Abdeckung durch Steine oder Boden erhält.

Bitumen-Dachbahnen sind nicht UV-beständig und müssen daher im Bereich oberhalb des Wasserspiegels im Abstand von zwei bis drei Jahren nachgestrichen werden. Außerdem sind derartige Bahnen nicht wurzelfest, so daß bei der Anlage von Pflanzbecken Beschädigungen entstehen können.

Die Abdichtung von Durchdringungen muß durch Klebeflansche, Dichtungsmanschetten oder Klemmflansche geschehen, wobei die Anschlußflächen mindestens 120 mm breit sein müssen.

10.2.2.3 Asphaltmastix-Dichtung

Asphaltmastix-Dichtungen finden in erster Linie Verwendung bei großflächigen sowie für unregelmäßige Wasseranlagen, Stauanlagen sowie im Fluß- und Wasserbau.

Die Herstellung von Böschungen mit einer Neigung von 1:2,5 (und steiler) ist möglich.

Als Regeln der Technik sind u. a. folgende Normen und Merkblätter anzusehen:
- Zusätzliche Techn. Vorschriften und Richtlinien für den Bau bituminöser Fahrbahndecken - ZTVbit-StB 84 -
- EAAW 77 »Empfehlungen für die Ausführung von Asphaltarbeiten im Wasserbau«, Deutsche Gesellschaft für Erd- und Grundbau, Essen
- DIN 18317 »Straßenbauarbeiten; Oberbauschichten mit bituminösen Bindemitteln«
- DIN 18354 »Asphaltbelagarbeiten«
- DIN 18195 »Bauwerkabdichtungen«

Der Asphaltmastix ist eine dichte bituminöse Masse, die im heißen Zustand gieß- und streichbar ist und die aus 14–30 Gew.-% Füllern (Steinmehl), d = max. 0,09 mm, und 76–86 Gew.-% Sand, d = 0,09 bis 2 mm besteht. Als Bindemittel wird Bitumen B 80, B 65 oder B 45 entsprechend DIN 1995 mit einem Bindemittelgehalt von 14–20 Gew.-% in Mischanlagen mit Zwangsmischer oder in stationären bzw. fahrbaren Kocheranlagen beigemischt, wobei eine Mischguttemperatur von 180° bis 220° C vorgeschrieben ist. Neben den Straßenbaubitumen wird auch gelegentlich Naturasphalt dem Mischgut beigegeben.

Bei der Herstellung von Teichdichtungen sind ebenso wie im Straßenbau Unterlagen für die Asphaltmastixschicht als Dichtungsschicht erforderlich. Als Unterlagen sind Asphalttragschichtgemische entspr. DIN 18317 geeignet wie z. B. Asphaltbinder 0/16 und 0/22, die zweilagig auf eine Schottertragschicht aufgebracht werden; erfüllt der Baugrund die Anforderung an die Tragschicht, so kann eine Schottertragschicht entfallen.

Zur Vermeidung von Dampfdruck unter der Dichtungsschicht soll der Hohlraumgehalt der Asphalttragschicht

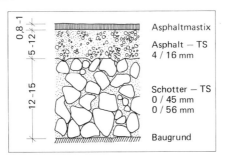

Abb. 10.2.2.3/1

8 Vol-% nicht unterschreiten. Die Oberfläche muß rauh sein, um eine schubfeste Verbindung mit der Dichtungsschicht zu gewährleisten.

Die Asphaltbinderschichten erhalten eine Dicke je nach Beanspruchung zwischen 5 cm und 12 cm.

Nach Herstellung der Unterlage (Schottertragschicht und Asphaltbinderschicht) erfolgt der Einbau bei einer

Temperatur von 150° bis 200° C durch Abziehvorrichtung oder Schieber in einer Dicke von 0,8 cm bis 1 cm, wobei eine möglichst gleichmäßige Dicke anzustreben ist. Schichtdicken über 1 cm müssen in mindestens zwei Lagen aufgebracht werden. Anschließend kann ein bitumenreicher Versiegelungsmastix mit einem Bindemittelgehalt von 30–60 Gew.-% in zwei Lagen mit einer Gesamtmenge von 5 kg/m² aufgebracht werden (Abb. 10.2.2.3/1).

Die Herstellung soll möglichst in einem Arbeitsgang durchgeführt werden, um Nahtstellen zu vermeiden.

Bei Anschlüssen an Bauwerken müssen Setzungen möglich sein. Neben einer Verstärkung der Asphalttragschicht sind Fugen auszusparen und mit Schlaufenbändern und Fugenvergußmassen zu dichten (Abb. 10.2.2.3/2). Da diese Fugenvergußmassen keine Dichtungsfunktion übernehmen, ist das Heraufziehen der Asphaltmastix-Dichtung über den Wasserspiegel erforderlich.

Abb. 10.2.2.3/2   (Produktinformation: »Asphaltinformation«)

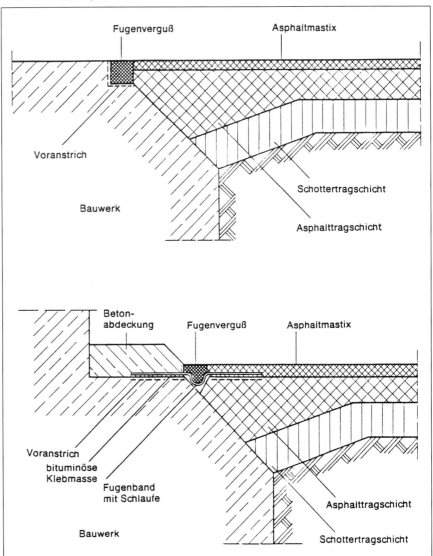

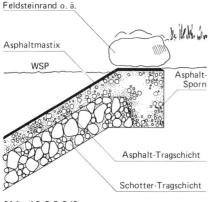

Abb. 10.2.2.3/3

Durchdringungen müssen Verbindungselemente ausweisen, um einen wasserdichten Anschluß zu ermöglichen. Entsprechend DIN 18195 T 9 müssen Klebeflanschen von mindestens 120 mm Breite vorgesehen werden. Bei Einläufen soll die Oberkante des Entwässerungsteiles etwa 5 mm unter der Oberkante der Asphaltmastix-Dichtung liegen.

Die Randabdichtung erfolgt entsprechend Abb. 10.2.2.3/3.

10.2.2.4 Beton-Dichtungen

Betonbauweisen werden in erster Linie für Wasserbecken, Pflanzbecken, Bade- und Schwimmbecken und alle anderen Formen von »gebauten« Wasseranlagen angewandt. Vorwiegend werden Betondichtungen in Form von bewehrtem Beton hergestellt, während unbewehrte Betonbauweisen nur mit zusätzlicher Dichtung durch Kunststoffdichtungsbahnen funktionsfähig sind: Risse im Beton, durch Setzungen oder Maßänderungen entstanden, führen nicht nur zu Wasserverlusten, sondern auch zu Ausspülungen im Baugrund (Erosion) und dadurch zu Hohlraumbildungen und der Gefahr weiterer Setzungen.

Bei Wasseranlagen wird die Betondichtung in Form von Stahlbeton als Ortbeton, Stahlbeton als Fertigteilbecken und als Spritzbeton angewandt.

a) Stahlbeton als Ortbeton
Als Regeln der Technik gelten u. a.
– DIN 1045 »Beton und Stahlbeton«
– DIN 1055 »Lastannahmen für Bauten«
– DIN 4227 »Spannbeton«
– Schwimmbecken aus Stahlbeton und Stahlbeton-Fertigteilen, Deutsche Gesellschaft für das Badewesen, Essen.
Hinsichtlich der Baustoffe und der Betonherstellung wird auf Kapitel 4 verwiesen. Daneben sind für Wasseranlagen folgende Besonderheiten zu beachten:

Betondichtungen erfordern grundsätzlich wasserundurchlässigen Beton entsprechend Abschn. 6.5.7.2 DIN 1045. Daher kommen in erster Linie Betone der Betongruppe II wie B 25 und B 35 in Frage. Die Wasserdurchlässigkeit kann durch die Zugabe von Betonverflüssigern verbessert werden.

Betondichtungen müssen widerstandsfähig gegen aggressive Wässer sein, wobei gelegentlich auch pflanzliche Stoffe als betonangreifend aufgeführt werden. Bei wasserundurchlässigem Beton entsprechend DIN 1045 kann dieses Angriffsvermögen in der Regel vernachlässigt werden. Dagegen können Moorwässer, Moorböden oder Aufschüttungen durchaus betonangreifende Stoffe enthalten, so daß eine Untersuchung entsprechend DIN 4030 »Beurteilung betonangreifender Wässer, Böden und Gase« empfehlenswert ist.

Jedes Betonbauwerk ist üblicherweise durch Schwinden und Quellen gewissen Maßänderungen unterworfen. Daher sind auch bei Betondichtungen für Wasseranlagen ausreichende Bewehrungen sowie Bewegungsfugen erforderlich. Empfehlenswert ist bei allen Wasseranlagen eine sorgfältige statische Berechnung, wobei der Standsicher-

Abb. 10.2.2.4/1 (Kappler, »Das private Schwimmbad«)

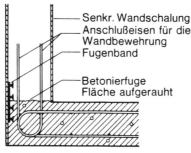

Arbeitsfuge mit außenliegendem Fugenband im Ortbetonbecken

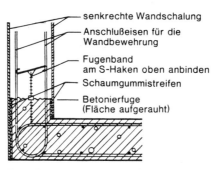

Fugenband-Ausbildung bei innenliegendem Fugenband

heitsnachweis den höchsten Grundwasserstand berücksichtigen muß. Zu beachten sind bei der statischen Berechnung ferner die Beckenfüllung, die Temperaturunterschiede, die Auflagerung anderer Bauteile, der Erddruck und evtl. die Verkehrslast in der Beckenumgebung.

Vor Herstellung der Beckensohle wird in der Regel eine Kiesschüttung als kapillarbrechende Schicht eingebaut, die insbesondere bei entleerten Becken eine Durchfeuchtung und Frostgefährdung vermeiden soll.

Die Herstellung von Stahlbeton in Ortbeton erfolgt in aller Regel durch Verwendung einer zweiseitigen Schalung, wobei im Hinblick auf die Wasserundurchlässigkeit Ankerlöcher vermieden werden sollten. Die Herstellung mit einer äußeren Erdschalung ist nicht empfehlenswert.

Die Schalung von Betondichtungen, die keine keramische Auskleidung erhalten, muß dicht und glatt sein, so daß keine Grate usw. entstehen, eine gründliche Schalungsvorbehandlung ist daher erforderlich. Unebenheiten auf der Betonoberfläche sind Schmutzfänger und können besonders bei Zierbecken zu einer optischen Beeinträchtigung führen.

Sohle und Wände von Wasserbecken sollen zur Vermeidung von Rissen in einem Arbeitsgang hergestellt werden. Ansonsten wird der Einbau von Arbeitsfugenband erforderlich (Abb. 10.2.2.4/1).

Ausgeschalter Beton muß vor dem Austrocknen geschützt werden: Er muß ein bis zwei Wochen, je nach Witterung, ununterbrochen durch den Einsatz von Sprühschläuchen, Regnern usw. feucht gehalten werden. Nach dem endgültigen Abbinden sind Becken zu füllen; um Schwindrisse auszuschalten, sollten fertiggestellte Becken nicht längere Zeit ohne Füllung bleiben.

Alle größeren Becken erhalten Dehnungs- und Bewegungsfugen, die den Anforderungen an die Druckwasserbelastung genügen müssen. Diese Fugen sind unter Verwendung geeigneter Fugenbänder durch die gesamte Beckenkonstruktion in Sohle und Wänden hindurchzuführen (s. auch Kap. 4). Auch bei Verwendung von wasserundurchlässigem Beton sollen die erdseitigen Flächen eine Isolierung entsprechend DIN 18195 »Bauwerksabdichtungen« erhalten.

Die wasserseitigen Flächen können je nach Gestaltungsabsicht und Verwendungszweck unbehandelt bleiben oder erhalten eine optische Oberflächenbehandlung, wobei darauf hingewiesen werden muß, daß diese Behandlungen keine Dichtungsfunktionen haben:

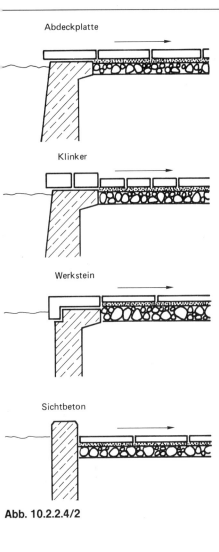

Abdeckplatte

Klinker

Werkstein

Sichtbeton

Abb. 10.2.2.4/2

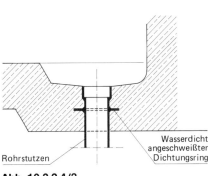

Wasserdicht
angeschweißter
Dichtungsring

Rohrstutzen

Abb. 10.2.2.4/3

— Betonflächen können Anstriche oder Beschichtungen nach DIN 18363 erhalten. Unterwasseranstriche müssen lichtecht sowie pflanzen- und fischunschädlich sein. Es ist davon auszugehen, daß diese Bearbeitungen in gewissen Abständen wiederholt werden müssen.

— Betonflächen können ganz oder teilweise mit einem keramischen Belag nach DIN 18352 »Fliesen- und Plattenarbeiten« ausgekleidet werden. Dabei werden Fliesen oder Platten mit glasierter oder unglasier-

ter, jedoch dicht gesinterter Oberfläche verwandt. Diese Beläge müssen feuchtigkeitsbeständig, farbecht und widerstandsfähig gegen mechanische und chemische Beanspruchungen sein.

— Eine Bekleidung mit Kunststoffdichtungsbahnen wird zur Sanierung von Betondecken häufig angewandt; hier wird auf Abschnitt 10.2.2.1 verwiesen.

Die Randausbildung erfolgt bei Betondichtungen in erster Linie in »gebauter« Form, wobei besonders auf eine waagerechte Ausführung geachtet werden muß. Da derartige Randabdeckungen zur Vermeidung von Durchfeuchtungen in der Regel oberhalb des Wasserspiegels liegen, empfiehlt sich ein Überstand von 4–5 cm, um durch den Schattenwurf den Betoneindruck der Beckenwand zu überspielen. Bei wechselndem Wasserstand kann eine Randausbildung auch in Form von L-förmigen Beton- oder Naturwerksteinen erfolgen. Bei der Auskleidung mit einem keramischen Belag können keramische Formteile als Abschluß verwendet werden. Sichtbeton kann bei entsprechend sorgfältiger Schalung ebenfalls als Randabschluß wirken (Abb. 10.2.2.4/2).

Für Einbauten und Durchdringungen sind Kunststoffrohre oder Teile aus nichtrostendem, säurebeständigem Stahl zu verwenden. Rohrdurchführungen sind im Boden vor dem Betonieren, in Wänden bei Herstellung der Schalung einzubauen. Alle Durchdringungsteile erhalten angeschweißte Dichtungsringe zur Stabilisierung im Betonbereich und gegebenenfalls Formstücke mit Flanschteilen (Abb. 10.2.2.4/3). Scheinwerfer müssen den VDE-Vorschriften genügen.

b) Stahlbeton-Fertigteilbecken

Vorgefertigte aus Teilen bestehende Becken werden für Schwimmbecken sowie für großflächige Wasseranlagen mit Wasserspielen verwendet.

Als Regeln der Technik gelten
— DIN 1045 »Beton und Stahlbeton«
— Schwimmbecken aus Stahlbeton und Stahlbeton- Fertigteilen, Deutsche Gesellschaft für das Badewesen, Essen
— u. a.

Bei den Baustoffen dieser Bauweise handelt es sich um Stahlbetonfertigteile entsprechend Abschn. 19 DIN 1045. Unterschieden werden
— Becken aus Fertigteil-Wänden mit einem Boden aus Ortbeton
— Becken aus Fertigteil-Wänden und Fertigteil-Böden

Hinsichtlich der allgemeinen Herstellung wird auf Abschn. 4 verwiesen.

Kleinere Becken werden aus einem Stück im Betonfertigteilwerk hergestellt. Das Versetzen erfolgt entweder auf Punktfundamenten oder auf eine verdichtete Kiesschüttung. Der Beckenrand wird häufig bereits im Werk hergestellt, so daß auf eine besonders sorgfältige Horizontierung zu achten ist, da spätere Korrekturen kaum möglich sein werden.

Größere Wasseranlagen werden in Teilen geliefert und versetzt, wobei häufig eine Vorspannung erfolgt: Spannstähle werden während des Versetzens in vorgefertigte Kanäle eingelegt, die Fugen mit Mörtel verfüllt und nach dem Erhärten des Fugenmörtels wird soviel Spannkraft auf die Stähle aufgebracht, daß Fugen auch bei gefüllten Becken überdrückt bleiben.

Die Auskleidung derartiger Becken sowie die Randausbildung kann in gleicher Weise wie bei Ortbeton erfolgen, sofern die Randausbildung nicht bereits im Fertigteilwerk erfolgt.

c) Spritzbeton

Die Spritzbetonbauweise kann insbesondere bei polygonalen Wasseranlagen mit Wölbungen, Krümmungen und wechselnden Flächenneigungen angewandt werden.

Als Regeln der Technik gelten
— DIN 1045 »Beton und Stahlbeton«
— DIN 18551 »Spritzbeton; Herstellung und Prüfung«
— DBV-Merkblätter, Deutscher Beton-Verein e. V., Wiesbaden

Spritzbeton wird in geschlossener, überdruckfester Schlauch- oder Rohrleitung zur Einbaustelle gefördert, durch Spritzen aufgetragen und dabei verdichtet. Es wird unterschieden zwischen Trocken- und Naßspritzbeton und hinsichtlich der Verfahrenstechnik zwischen Dünnstromförderung (pneumatische Förderung) und Dichtstromförderung (Pumpförderung).

Spritzbeton wird beim Einbau auf die Auftragflächen aufgebracht, die aus Schalungsflächen, Böden, Mauerwerk, Beton- oder anderen Bauteilen aus Stahl oder Holz bestehen können. Spritzbeton kann daher auch zur Sanierung von bestehenden Beton- oder Mauerwerksbecken verwandt werden.

Entsprechend DIN 18551 soll die Oberfläche des Spritzbetons möglichst spritzrauh belassen werden, da durch nachträgliche Bearbeitungen eine nachteilige Veränderung der Oberfläche zu befürchten ist. Wenn die Oberfläche glatt sein soll, was bei Wasseranlagen zur Vermeidung von Schmutzablagerungen in der Regel erforderlich sein dürfte, so muß Spritzmörtel oder Spritzbeton mit einer Zuschlagkörnung 0/8 mm in einer Dicke von 0,5–1,0 cm aufgespritzt werden und durch leichtes Abreiben geglättet werden. Außer Spritzputz kann auch Normalputz von Hand aufgetragen werden.

Der Einbau von Rohrdurchführungen und Durchdringungen, die Behandlung der Oberflächen und die Randausbildung kann wie bei der Herstellung in Stahlbeton vorgenommen werden.

10.2.2.5 Sperrputz

Putze sind Mörtel-Oberflächenbehandlungen von Mauerwerk oder Beton. Man unterscheidet einlagige, zweilagige und mehrlagige Putze. Für die Dichtung von Wasseranlagen werden wasserabweisende Außenwandputze verwandt.

Als Stand der Technik gelten u. a.
– DIN 18350 Putz- und Stuckarbeiten
– DIN 18558 Kunstharzputze
– DIN 18550 T 1 Putz; Begriffe und Anforderungen
– DIN 18550 T 2 Putze aus Mörteln mit mineralischen Bindemitteln.

Putze sind Oberflächenbehandlungen von Mauerwerk und Betonbauteilen zur Glättung bzw. zur Dichtung. Für Wasseranlagen werden sogenannte »Sperrputze« verwandt, die durch Zusatzmittel eine Dichtung gegen Wasserverluste von Hohlkörpern ermöglichen.

Das Dichtevermögen eines »Sperrputzes« hängt von der Standfestigkeit des Unterbaues (Mauerwerk, Beton) ab. Bei Setzungen oder Bewegungen entstehen im »starren« Putz Risse, die zu Undichtigkeiten führen; Sperrputze sind daher immer ein Notbehelf. Die Verwendung kann daher nur für kleinere, untergeordnete Wasseranlagen empfohlen werden.

Bei der Herstellung muß der Putzgrund (Mauerwerk, Beton) abgebunden sein.

Ein saugender Putzgrund muß grundiert oder gut vorgenäßt werden. Der Putz wird entweder mit der Putzmaschine angespritzt oder mit Hand angeworfen. Bei mehrlagigem Putz, der bei »Sperrputz« die Regel ist, wird dann die zweite Lage mit wasserabweisendem Putzmörtel in einer Dicke von 10–15 mm aufgebracht; der Putzmörtel muß der Mörtelgruppe MG III entsprechen.

Bei Wasserbecken werden die Ecken zur Vermeidung der Verschmutzungsgefahr ausgerundet.

Bei Einbauten und Durchdringungen werden häufig Manschetten aus Blei oder Kunststoff-Folien verwandt. Eine wirksame Abdichtung ist auf Dauer bei Bewegungen des Putzgrundes nicht möglich.

10.2.2.6 Ton-Dichtungen

Ton als Dichtungsmaterial ist durch die Einführung von Kunststoff-Dichtungsbahnen weitgehend in den Hintergrund gedrängt worden. Bei dem derzeitigen Interesse an Naturprodukten könnte jedoch auch dieser Baustoff, der seit altersher im Landschaftsbau verwandt wurde, wieder an Bedeutung gewinnen. Die Verwendungsmöglichkeiten beschränken sich auf
– natürliche Teichanlagen
– ausreichende Tonvorkommen in erreichbarer Nähe
– Wasserzuflußmöglichkeit zum Ausgleich von Verdunstungs- und Versickerungsverlusten
– Ausschaltung von Badebetrieb
– Vermeidung von Einbauten.

Technische Regeln sind für diese Dichtung nicht vorhanden.

Der Baustoff besteht aus Ton bzw. steinfreiem Lehm mit einem hohen Anteil an bindigen Bestandteilen und einer geringen Wasserdurchlässigkeit. Zur Feststellung der Eignung ist eine Bestimmung der Kornzusammensetzung sowie der Wasserdurchlässigkeit erforderlich.

Außerdem werden ungebrannte Ziegel (Rohlinge) verwandt, die beim Verlegen angenäßt werden.

Bei der Herstellung ist nach Aushub des Hohlkörpers die Boden- und Wandfläche zu planieren und zu verdichten. Die Wände sollen ein Böschungsverhältnis von 1 : 2 nicht überschreiten. Bei steinigen Böden ist eine Sandausgleichsschicht in einer Dicke von ca. 10 cm aufzubringen.

Auf das verdichtete Planum wird das Tonmaterial aufgebracht, wobei je nach Wasserdurchlässigkeit eine Dicke von 10 cm bis 15 cm vorhanden sein muß. Das erdfeuchte Material wird dabei stampfend verdichtet; bei größeren Flächen können auch Schaffußwalzen eingesetzt werden. Nach dem Verdichten wird die Oberfläche abgeglichen und eine Schutzschicht aus Sand aufgebracht, die bei zu geringem Wasserstand vor Austrocknung sowie vor Beschädigungen schützen soll. Die Dichtungsschicht ist über den künftigen Wasserspiegel hochzuziehen.

Die Randausbildung erfolgt zweckmäßigerweise mit Steinen oder mit einer entsprechenden Randzonenbepflanzung (Abb. 10.2.2.6/1).

Ein Durchstoßen der Tondichtung zieht Wasserverluste und Ausspülungen nach sich. Der Einbau von Bauteilen (Stegpfosten usw.) sowie von Durchdringungen ist daher zu vermeiden. Eine Erhöhung der Dichtung ist durch

Abb. 10.2.2.6/1

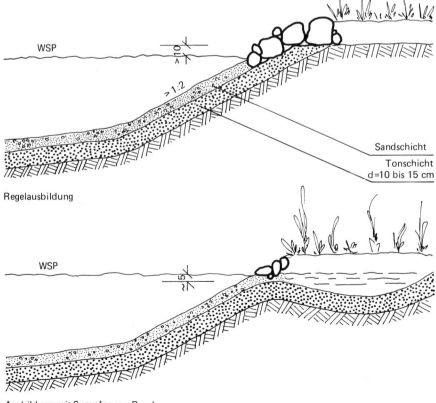

Regelausbildung

Ausbildung mit Sumpfzonen-Rand

Beigabe von Sickerdichtungsmittel auf Harzpolymer-Basis offenbar möglich.

10.2.2.7 Dichtungen mit Kunststoff- und Kunstharz-Bauteilen

Becken aus »harten« Kunststoffen werden vorwiegend für Zierbecken mit regelmäßigen Formen, in erster Linie jedoch für Schwimmbecken und Planschbecken verwendet.

Als Regeln der Technik gelten u. a.
- die Herstellungsrichtlinien Nr. 1.122 BSSW (Bundesverband Schwimmbad- Sauna- und Wassertechnik e. V., Arbeitskreis »Polyester-Becken«).

Es handelt sich dabei um werkseitig hergestellte (tiefgezogene) Kunststoffschalen aus glasfaserverstärktem Polyesterharz. Die Herstellung erfolgt einteilig, zweiteilig (getrennt) oder mehrteilig aus Einzelelementen mit Flanschverbindungen, Verschraubungen und Dichtungsbändern. Die Becken oder Beckenteile werden in ein- oder zweischaliger Form angeboten. Bei einer einschaligen Herstellung besteht die Wasserseite aus glasfaserverstärkten Polyesterharzen (warmwasserbeständige Isophthalsäureharze), die in verschiedenen Farben durchgefärbt sind und eine hohe UV-Beständigkeit aufweisen müssen. Die Rückseite (Erdseite) ist in der Regel wasserdicht versiegelt. Häufig wird eine Polyurethan-Schaum-Verstärkung als Stützkern und zur Wärmedämmung angeboten.

Zweischalige Becken sind Verbundkonstruktionen, die ebenfalls eine wasserseitige Schale aus glasfaserverstärktem Polyesterharz mit einer erdseitigen Schale aus dem gleichen Material aufweisen. Der Kern besteht ebenfalls aus Polyurethanschaum, wobei gelegentlich Abstandshalter in Form von Punktstegverbindern eingebaut werden. Andere Systeme sehen Verstärkungsrippen vor. Bei verschiedenen Anbietern wird die Wasserseite zusätzlich mit einer PVC-Deckschicht versehen. Die Wanddicken schwanken bei den Sandwich-Konstruktionen zwischen 30 mm und 75 mm.

Bei der Montage sind - schon aus Gewährleistungsgründen - die Einbauvorschriften der Hersteller strikt zu beachten. Im Prinzip handelt es sich bei allen Polyesterbeckenformen bzw. -teilen um eine nicht selbsttragende, mehr oder weniger elastische Konstruktion. Die Beckenform ist daher sowohl als Dichtungskörper als auch wie eine »verlorene Schalung« anzusehen, da die Stabilität in der Regel durch Betonhinterfüllung erreicht wird (Abb. 10.2.2.7/1).

Die Montage geschieht im Regelfall nach folgenden Arbeitsschritten:

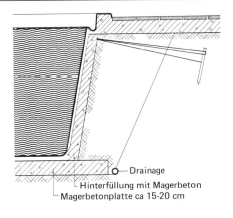

— Drainage
— Hinterfüllung mit Magerbeton
— Magerbetonplatte ca 15-20 cm

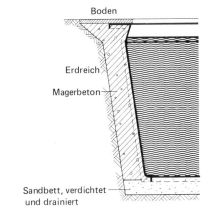

Boden

Erdreich

Magerbeton

Sandbett, verdichtet und drainiert

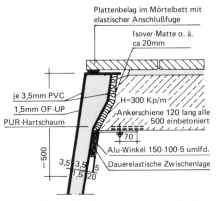

Plattenbelag im Mörtelbett mit elastischer Anschlußfuge

Isover-Matte o. ä. ca 20mm

je 3,5mm PVC
1,5mm OF-UP
PUR-Hartschaum

~500

3,5 / 3,5 / 5
1,5 / 20

H=300 Kp/m
Ankerschiene 120 lang alle 500 einbetoniert
70
Alu-Winkel 150·100·5 umlfd.
Dauerelastische Zwischenlage

Abb. 10.2.2.7/1   (Kappler, »Das private Schwimmbad«)

Abb. 10.2.2.7/2   (Produktinformation)

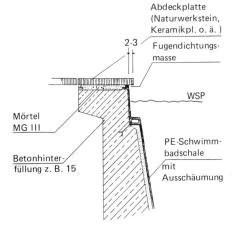

Abdeckplatte (Naturwerkstein, Keramikpl. o. ä.)

2-3

Fugendichtungsmasse

WSP

Mörtel MG III

Betonhinterfüllung z. B. 15

PE-Schwimmbadschale mit Ausschäumung

— Herstellung der Baugrube durch Aushub, wobei im Gegensatz zu DIN 4124 »Baugruben und -gräben« ein Arbeitsraum mit einer Breite von lediglich 15 cm bis 25 cm vorgesehen werden darf.
— Herstellung einer Dränung im Bereich der Beckensohle als Ring- bzw. Fischgrätdränung, sofern ein zu hoher Grundwasserstand bzw. Fremdwassereinfluß vorhanden ist.
— Einbau einer Sauberkeitsschicht aus Kiessand.
— Einbau einer Fundamentplatte - je nach Herstellervorschrift - als unbewehrter Beton B 10 oder B 15 DIN 1045 bzw. als bewehrter Beton B 15 bzw. B 25. Die Oberfläche der Fundamentplatte muß eine Ebenheit von +/- 5 mm aufweisen und absolut waagerecht sein; gegebenenfalls ist ein Ausgleichestrich aufzubringen.

Für den Bodenablauf sind Aussparungen in der Fundamentplatte vorzusehen; ebenfalls sind Schlitze für die Aufnahme von Montageflanschen bei geteilten oder mehrteiligen Becken vorzusehen.

Bei nicht standfesten Baugrubenwänden sind Anschlußbewehrungen einzubauen.
— Einbau der Beckenform mit Autokran oder von Hand über Rollen, Rutschen oder dergleichen.
— Einbau der Rohrleitungen und Einbauteile.
— Ausrichten der Beckenwände mit anschließendem Aussteifen durch Kanthölzer.
— Einbau von Hinterfüllungsbeton, B 10 bzw. B 15 DIN 1045, K 1, in Lagen von 20 cm ohne Stampfen und Rütteln bei gleichzeitigem Anstau des Wasserspiegels im Becken zur Erzielung eines Druckausgleiches.
— Einbau eines Stahlbeton-Ringankers, B 15, am Beckenrand sowie Einbau eventuell vorhandener Betonanker.

Sofern keine außenliegende Überflutungsrinne angeformt ist, sind Randabdeckungen aus Betonwerkstein bzw. Naturwerkstein in Dicken von 4 cm bis 6 cm erforderlich. Zur Herstellung einer Schwallkante ist ein Überstand von 1 cm bis 3 cm vorzusehen, wobei die Fuge mit Dichtungsmasse ausgespritzt werden muß (Abb. 10.2.2.7/2). Der Einbau von Rohrleitungen und anderer Einbauteile erfolgt in der Regel in vorbereitete Wandaussparungen mit Verschraubungs- und Dichtungselementen.

Gemauerte oder betonierte Becken können nachträglich mit glasfaserverstärktem Polyesterharz beschichtet werden, wobei jedoch eine weniger glatte Oberfläche erreicht wird.

10.2.2.8 Sonstige Dichtungen (Metallbecken)

Becken aus Metallformen oder -elementen sind als Schwimmbecken, Planschbecken, Kneipp-Tretbecken und gelegentlich als Zierbecken geeignet. Die Becken werden als Kreis-, Oval- und Rechteckform angeboten.

Außer für die eigentlichen Baustoffe sind Regeln der Technik für die Beckenformen nicht vorhanden.

Stahlbecken bestehen aus verzinkten, verschraubbaren Elementen aus Stahlblech, d = 2,0 mm bis 2,5 mm, die einen umlaufenden Flansch aufweisen. Sie sind in der Regel wasserseitig mit einer PVC-Folienkaschierung versehen, während erdseitig ein Bitumenanstrich, eventuell in Verbindung mit Kork- oder Styroporisolierung, empfohlen wird.

Die Hersteller schreiben lediglich eine unbewerte Betonbodenplatte, d = 20 cm, vor, während für die Wände nach Einbau der Elemente eine Kieshinterfüllung und von einigen Herstellern eine Hinterfüllung mit unbewertem Beton vorgeschrieben wird. Die Aussteifung der Elemente erfolgt durch Erdanker oder durch Diagonalstreben, die in ein Betonfundament verankert sind. Die Beckentiefe liegt zwischen 130 cm und 180 cm; das Rastermaß beträgt 500 mm bzw. 900 mm.

Leichtmetallbecken bestehen in der Regel aus zweiseitig mit PVC beschichteten Leichtmetallblechen und einer Einlegehaut aus verschweißten PVC-Weichbahnen. Rechteckbecken bestehen meist aus Sandwichplatten aus zweischaligen, folienbeschichteten Leichtmetallblechen mit Verstärkungsrippe und Ausschäumung; die Gesamtwanddicke beträgt bis zu 70 mm.

Für den Eigenbau sind Kombinationsbecken bekannt, deren Wände aus einem verzinkten Stahlmantel bzw. verschraubbaren Stahlblechelementen bestehen, in die eine PVC-Folie eingehängt und mit Steckprofilen befestigt wird. Der Boden besteht hier aus verdichtetem Baugrund mit Sandgleiche oder aus einem unbewerten Beton mit Vlieszwischenschicht.

Die Aussteifung erfolgt bei größeren Becken durch Stahlprofil-Stützkonstruktion bzw. durch Betonhinterfüllung oder Stützmauern (Abb. 10.2.2.8/1).

Die Montage erfolgt bei Elementbecken durch Verschrauben der einzelnen Teile auf der Betonplatte und anschließendes lageweises Verfüllen der Wände mit Kies oder Beton. Die Fugen werden verschweißt. Kombinationsbecken werden oft nur in eine Baugrube, gegebenenfalls unter Verwendung von Stützkonstruktion oder Stützmauern und mit den im Bausatz beigegebenen Profilen ineinander gesteckt.

Sowohl bei den Metallbecken als auch bei den Kombinationsbecken sind Einbauten (Skimmer, Scheinwerfer, Düsen usw.) möglich.

Abb. 10.2.2.8/1

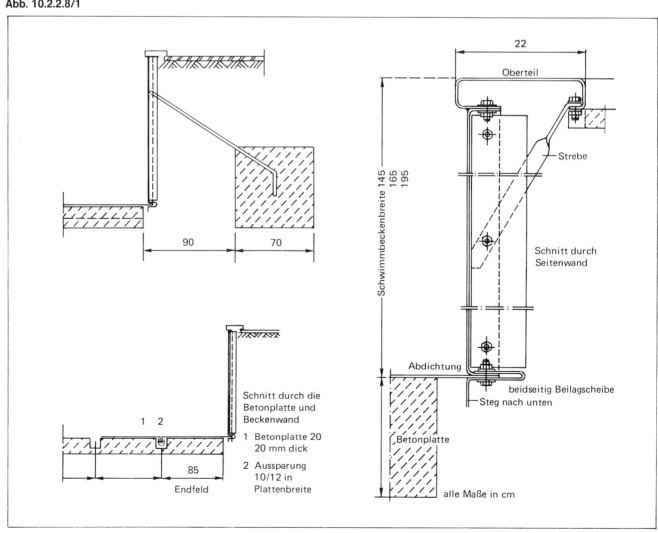

Schnitt durch die Betonplatte und Beckenwand
1 Betonplatte 20 mm dick
2 Aussparung 10/12 in Plattenbreite

Endfeld

Schwimmbeckenbreite 145 165 195

Oberteil
Strebe
Schnitt durch Seitenwand
Abdichtung
Betonplatte
beidseitig Beilagscheibe
Steg nach unten
alle Maße in cm

10.3 Wasserzu- und abfluß, Wasserspiele

10.3.1 Wasserzufluß

Die Speisung von Wasseranlagen kann in druckloser Form oder durch Druckwasser erfolgen.

10.3.1.1 Druckloser Wasserzufluß

Die Speisung erfolgt durch Wasser aus
− Quellen

− Wasserläufen (Graben, Bach, kleiner Fluß)
− Niederschlagswasser.

Wird Wasser aus Quellen, also natürlich zu Tage tretendes Grundwasser, eingeleitet und ist die Austrittsstelle nicht als Wasserlauf ausgebildet, ist der Einbau einer Quellfassung erforderlich, die das Wasser im Grundwasserbereich sammelt und ableitet. Sie besteht aus geschlitzten oder gelochten Steinzeug- oder Kunststoffrohren, DN mind. 150 mm, die von einer Filterpak-

kung aus abgestuften Kiessand umgeben sind und die in eine gemauerte oder betonierte Quellstube münden. Sie erhalten an der Hangunterseite sowie zur Abdichtung eine Betonabdeckung. Von der Quellstube führt eine Leitung sowie ein Überlaufrohr zur Wasseranlage (Abb. 10.3.1.1/1).

Voraussetzung für die Benutzung von Quellen und Quellfassungen als Wasserzufluß ist eine entsprechende Schüttung, so daß langzeitige Schüttungsmessungen, insbesondere auch während

Abb. 10.3.1.1/1   (AFB-Merkblatt)

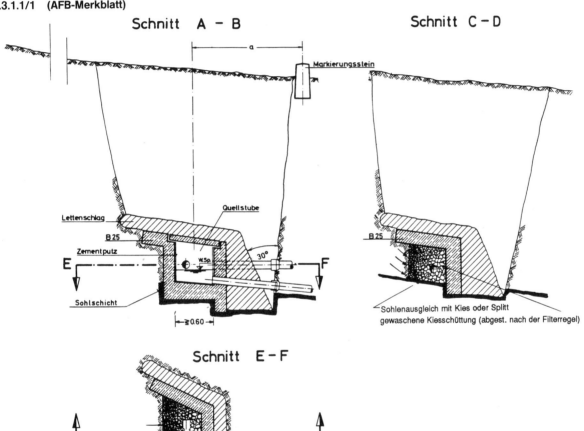

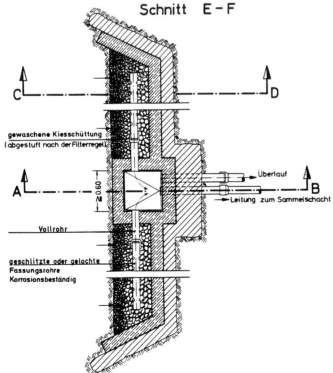

längerer Trockenperioden, vorausgehen sollten.

Die Einlaufvorrichtung besteht bei Wasserläufen bei entsprechender Fließgeschwindigkeit im einfachsten Falle aus der Graben- oder Bachausmündung, die unmittelbar in die Wasserfläche eingeführt wird (bei natürlichen Zuläufen wird in der Regel das Wasser nicht direkt aus dem Wasserlauf entnommen; der Wasserlauf wird meist in Form eines Umlaufgrabens um die Wasseranlage herumgeführt, um bei Hochwasser Beschädigungen usw. der Wasseranlage zu vermeiden).

Bei Anhebung des Wasserstandes oder zur optischen Darstellung des Wassers kann der Zulauf auch über ein Wehr oder ein Einlaufbauwerk erfolgen. Hier ist zur Vermeidung von Auskolkungen unter der Zuflußstelle für entsprechende Sicherung durch Prallsteine oder dergleichen Sorge zu tragen.

Wasser in druckloser Form kann auch über Rohre aus dem Rücklauf von Pumpanlagen, Niederschlagswasserzuleitungen usw. erfolgen. Zur Vermeidung von aggressiven Wassereinflüssen sollten Steinzeugrohre, Kunststoffrohre oder aggressionsbeständige Metallrohre verwandt werden, wobei aus optischen Gründen das Mündungsrohr entweder verdeckt angeordnet oder eine gestalterische Bearbeitung als Wasserspeier erfahren sollte. Auch hier sind Ausspülungen und Auskolkungen durch den Einbau von Prallsteinen zu vermeiden.

10.3.1.2 Druckleitungszufluß

Die Einspeisung erfolgt entweder aus dem Rohrnetz oder durch Pumpen aus Brunnen oder Wasserflächen. Die Anlage eigener Hoch- oder Staubehälter ist in der Regel nur bei größeren Wasseranlagen üblich.

Die Einlaufinstallationen bestehen aus entsprechend dimensionierten Druckrohrleitungen mit Anschluß an das Rohrleitungsnetz. Häufig wird ein Voreinlaufbehälter benutzt, wobei gleichzeitig ein Rücklaufschutz erforderlich ist, damit kein Wasser in das Rohrleitungsnetz zurücklaufen kann.

Erfüllt der Druckleitungszufluß nur die Aufgabe der Einspeisung zur Erhaltung des Wasserspiegels, wird die Zuleitung durch Schwimmer oder Magnetventile gesteuert.

10.3.1.3 Druckerzeugung

Ein erhöhter Wasserdruck wird zum Betrieb von Wasserspielen sowie zur Durchströmung und Reinigung von Wasseranlagen benötigt.

Reicht der Betriebsdruck des Rohr-

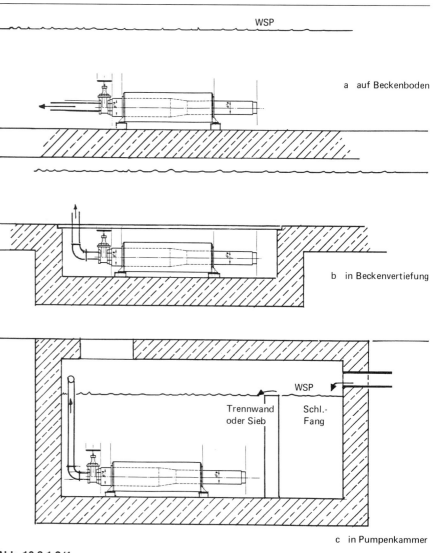

a   auf Beckenboden

b   in Beckenvertiefung

WSP

Trennwand oder Sieb   Schl.-Fang

c   in Pumpenkammer

Abb. 10.3.1.3/1

Abb. 10.3.1.3/2   (Produktinformation: Fa. Karl-Friedrich Schlack, Detmold)

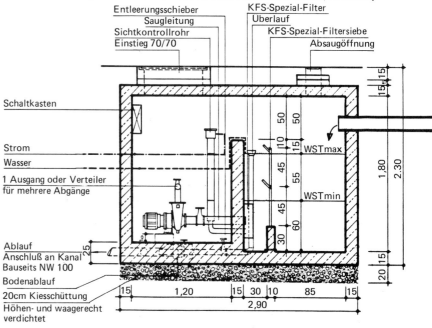

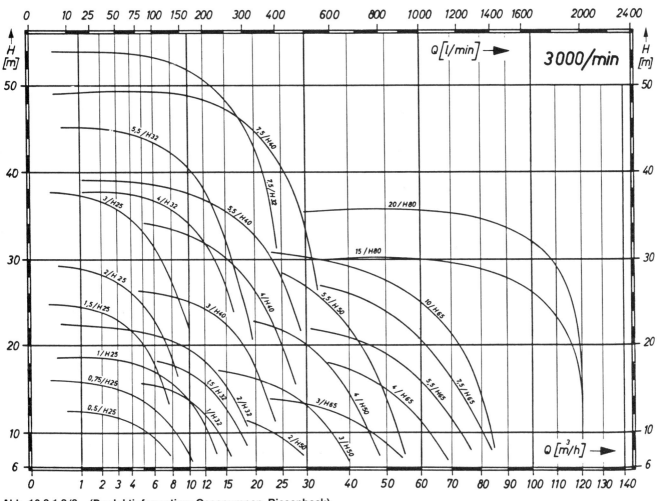

Abb. 10.3.1.3/3 (Produktinformation: Oasepumpen, Riesenbeck)

netzes für diesen Zweck nicht aus, sind Druckerhöhungsanlagen erforderlich, die über Druckbehälter und Pumpen einen erhöhten Betriebsdruck erzeugen können.

In der Regel erfolgt jedoch die Druckerzeugung über Pumpen, die das Wasser aus dem Rücklaufwasser der vorhandenen Wasseranlage entnehmen, wobei Tauchmotorpumpen und Kreiselpumpen unterschieden werden.

Tauchmotorpumpen werden unter Wasser installiert und besitzen eine vertikale oder horizontale Pumpenanordnung. Der Pumpenkörper ist entweder allseitig mit einem Siebkorb umgeben oder im Ansaugbereich mit einem Schlitz- oder Igelkorb versehen, der als Filter Schmutz- und Blatteile abhalten soll. Tauchmotorpumpen benötigen keine gesonderte Pumpenkammer, sondern werden auf dem Beckenboden oder in einer Vertiefung mit Rostabdeckung untergebracht. Sie benötigen aus diesem Grunde keine oder nur geringe Rohrleitungen, wobei einfache Fontänen direkt auf die Pumpen montiert werden können. Daneben ist die Unterbringung der Tauchmotorpumpen in

seitlich angeordnete Pumpenkammern möglich. Die Schaltung erfolgt automatisch über Niveauschalter, die durch Schwimmkörper an flexible Kabel, Hebelschwimmkörper, Magnetschalter oder elektronische Schalter ausgelöst werden (Abb. 10.3.1.3/1).

Kreiselpumpen erfordern dagegen eine trockene Aufstellung, die entweder in Pumpenkammern oder in der Nähe liegenden Gebäuden (Druckverluste!) erfolgt. Die Wartungsmöglichkeit ist bei dieser Unterbringungsart günstiger; auch ist das Auswechseln von Pumpen schneller möglich. Zur Vermeidung von Verschmutzungen wird das Wasser möglichst über ein als Schlammfang ausgebildetes Wasserreservoir über entsprechende Filtereinrichtungen angesaugt (Abb. 10.3.1.3/2).

Die Auswahl der Pumpe richtet sich nach den vorgesehenen Leistungen wie Art und Umfang von Fontänenanlagen, Wasserflächengröße usw. Anhaltspunkte liefern zunächst die hydraulischen Daten wie

– Förderleistung   = Watt
– Fördermenge   = cbm/h
– Förderhöhe   = m.

Eine Leistungsbeurteilung ist mit Hilfe der Kennlinien, die für jede Pumpe von den Lieferfirmen zur Verfügung gestellt werden, möglich (Abb. 10.3.1.3/3).

Für kleinere Anlagen werden von der Industrie eine große Anzahl unterschiedlicher Pumpen angeboten, die häufig selbst eingebaut werden können. Für größere Anlagen empfiehlt sich die Einschaltung einer Fachfirma.

10.3.2 Wasserabfluß

Abflußeinrichtungen sind erforderlich zur Entleerung der Hohlkörper. Folgende Arten sind bei Wasseranlagen üblich:

– Bodenablauf an der tiefsten Stelle des Hohlkörpers mit Rohranschluß und Ableitung zur Vorflut, in der Regel gegenüber dem Dichtungsboden etwas vertieft angeordnet und mit Abdeckroste usw. gegen Wasserabfälle geschützt. Der Verschluß erfolgt im einfachsten Falle durch eine Gummikugel oder durch einen Stopfen, im Regelfalle jedoch durch ein Schieberventil außerhalb der Wasseranlage (Abb. 10.3.2/1).

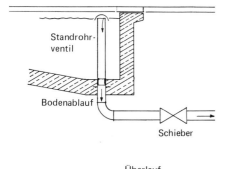

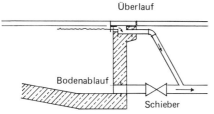

Abb. 10.3.2/1

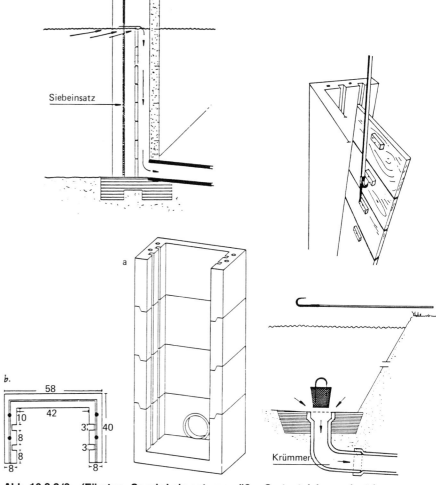

Abb. 10.3.2/2 (Förster, »So wird ein naturgemäßer Gartenteich angelegt«)

– Standrohrventil, meist mit Bodenablauf kombiniert. Durch das herausnehmbare Rohr erfolgt gleichzeitig die Regulierung des Wasserstandes. Herausnehmbare Standrohrventile sind nur in Privatanlagen empfehlenswert, da sonst durch Unbefugte das Wasser abgelassen werden kann (Abb. 10.3.2/1).

– Mönch, eine Abfluß- und Staueinrichtung aus der Teichwirtschaft, die den Wasserstand unterschiedlich regulieren kann. Er besteht aus einem U-förmigen Gehäuse aus Beton oder Ziegelmauerwerk, das im Inneren in der Regel zwei bis drei Führungsschienen aus U-Profilen erhält, die die Staubretter bzw. Siebe aufnehmen. Der Durchmesser des Abflußrohres richtet sich danach, ob Teichanlagen zum Abfischen entleert werden müssen; in diesem Falle wird ein Rohrdurchmesser von 250 mm bis 300 mm gewählt (Abb. 10.3.2/2).

– Überläufe sind Aussparungen am Hohlkörperrand. Sie bestimmen gleichzeitig den Wasserstand, der wie beim Mönch durch Staubretter verändert werden kann. Der Ablauf erfolgt durch Rohrleitungen oder Gräben zur Vorflut. Ein Schmutzfang durch Sieb oder Rechen ist empfehlenswert, um Treibgut abzuhalten (Abb. 10.3.2/3).

– Überlaufrinnen sind Abflußeinrichtungen, die beim Schwimmbadbau üblich sind. Man unterscheidet zwischen tiefliegenden und hochliegenden Überflutungsrinnen (Abb. 10.6.2.2/2).

– Wehre sind als Staueinrichtung bei natürlichen Gewässern bekannt und können als feste oder bewegliche Wehre hergestellt werden. Bei klei-neren Anlagen werden Schützenwehre zum Wasserstau benutzt, die durch Heben und Senken von tafelförmigen Schützen aus Bohlen oder Stahlplatten mittels Aufwindvorrichtungen den Wasserstand regulieren. Bei größeren Wasseranlagen werden vielfach Klappenwehre eingebaut.

10.3.3 Wasserreinigung

Sofern nicht ein ständiger Wasseraustausch durch Zu- und Abfluß erfolgt, entstehen bei Wasseranlagen Verunreinigungen, die wie folgt eingeteilt werden können:

– Wasserunlösliche Stoffe, die entweder auf der Oberfläche schwimmen oder im Wasser schweben oder zum Boden absinken. Sie entstehen durch Staub, Luftverschmutzungen, Pflanzenteile wie Pollen, Blüten, Blätter, Zweige sowie deren abgestorbene Rückstände (Faulschlamm), Bodenteile (Abspülungen und Zuflüsse) sowie grobe Verunreinigungen (Papier, Kunststoffreste, Verpackungsmaterial, Flaschen, Obstreste usw.). Bei Schwimmbecken erfolgt eine weitere Verunreinigung durch Haare.

– Wasserlösliche Stoffe wie Huminsäuren, Nährstoffe, Kalkausspülungen, Chemikalien und bei Schwimmbecken Haut- und Kosmetikfette, Hautoele und Urin.

– Lebewesen, besonders in Form von Algenbewuchs, jedoch auch Mikroorganismen und Viren.

Verschmutzungen führen u. a. zu Ablagerungen auf der Wasseroberfläche, zu Trübungen bei Schwebstoffen und zu Bodenschlamm bei kolloiden Stoffen.

Neben einer optischen Beeinträchtigung kann sich der durch Verschmutzung entstehende Sauerstoffmangel sowie ein Kohlensäureüberschuß nachteilig auf Pflanzenwuchs und Fischentwicklung auswirken. Zur Erhaltung einer optimalen Wasserqualität sind verschiedene Reinigungsverfahren und -möglichkeiten vorhanden, wobei unterschieden werden muß, ob es sich um eine reine Zieranlage, um Pflanzanlagen oder um Schwimmanlagen handelt. Während bei den Schwimmanlagen neben Erhaltung einer optischen Wasserqualität auch die hygienischen Belange be-

achtet werden müssen, wird bei Zierbecken nur eine Entfernung von Grob- und Schwebstoffverschmutzung sowie von Bodenschlamm erforderlich sein. Bei Pflanzen- und Fischbecken dürfte dagegen die Erzielung eines biologischen Gleichgewichts neben einer ausreichenden Sauerstoffversorgung im Vordergrund stehen.
– Mechanische hydraulische Reinigung.
   Bei kleineren Wasseranlagen können die schwimmenden Schmutzstoffe mit einem Kescher abgefischt werden. Bei Anlagen mit Wasserspielen ist dies durch Wasserbewegung bzw. Wassertransport in Richtung auf die Pumpanlage möglich, wobei in einem Schlammfang im Wasserbehälter vor der Pumpenkammer eine Ablagerung erfolgen.
   Eine Reinigung von Schwebstoffen kann durch Filteranlagen erfolgen, die eine Rückhaltung der Verschmutzung in Filterbehältern vornehmen, die mit Sand-, Anthrazit-, Dolomit-, Lavakies oder mikroporösen silikatischen Filtermaterial, Kunststoffschaum oder Kunststoffgranulat gefüllt sind. Die Reinigung erfolgt durch Rückspülung oder durch Austausch des Filtermaterials.
   Schwebstoffe können außerdem durch Aufbringen von Ausfällungsmitteln auf der Wasseroberfläche bzw. durch Dosiereinrichtungen zur Koagulation veranlaßt werden, so daß durch Flockenbildung eine Rückhaltung in den Filtern erfolgt oder ein Absaugen des Beckenbodens mittels Schlammpumpe möglich ist.
   Voraussetzung für diese Reinigungsverfahren ist eine Wasserbewegung zu den Abläufen hin, die alle Teile des Beckens gleichmäßig erfaßt, ohne daß Strömungsschatten entstehen. Außerdem ist durch Frischwasserzufuhr ein allmählicher Austausch des Wassers anzustreben.
– Chemische Reinigung
   Durch Filterung erfolgt lediglich eine mechanische Wasserreinigung. Daher wird häufig zusätzlich eine chemische Reinigung erforderlich, die verschiedenen Zwecken dienen kann und die daher für die einzelnen Arten der Wasseranlagen unterschiedlich ist:
– – Zur Ausflockung werden durch Fällungsmittel wie z.B. Aluminiumsulfat gelöste Stoffe in filtrierfähige Form gebracht.
– – Zur Desinfektion werden oxidierend wirkende Mittel wie Chlor, Chlordioxid, Ozon u. dgl. dem Wasser zugesetzt; dies ist lediglich bei Schwimm- und Badebecken erforderlich.

– – Zur Algenbekämpfung werden eine Reihe von Algiziden angeboten, wobei eine Fisch- und Pflanzenverträglichkeit gesichert sein muß.
– Biologische Reinigung
   Kann durch geeignete Pflanzenarten und ein abgestimmtes Verhältnis zwischen Wassertiefe, Pflanzen- und Fischbesatz erfolgen. Unterwasserpflanzen als Sauerstoffspender eignen sich z.B. als Algenbekämpfer, ebenso Wasserflöhe. Außerdem ist eine zusätzliche Durchlüftung zur Sauerstoffzufuhr anzustreben.

10.3.4 Wasserspiele, -bewegung und -beleuchtung

Außer als »Spiegel« kann Wasser in vielfältigster Form als sprudelndes, spritzendes, quellendes, rieselndes, strömendes, plätscherndes, fließendes, tropfendes, kaskadenförmiges Medium dargestellt werden. Eine Wasserbewegung über einen Wasserspiegel wird durch Wasserdruck und Leitungsreduzierung oder -änderung hervorgerufen.
Eine Leitungsreduzierung bzw. -änderung erfolgt durch den Einbau von Düsen, wobei im wesentlichen folgende Arten zu unterscheiden sind:
– Glattstrahl-Düse:
   Düsen (Fontänenaufsätze) mit einer oder mehreren Bohrungen, die einen zunächst glatten Strahl hervorbringen, der sich beim Zurückfallen tropfen- oder schleierartig auflöst. Glattstrahldüsen gibt es in feststehender und beweglicher Form (Kreiseldüsen).
– Wasserluftgemisch-Düsen:
   Schaumquelldüsen, Schaumsprudler, Buschstrahldüsen, Geysier. Bei diesen Düsen wird beim Aufsteigen des Wasserstrahls Luft mitgerissen, so daß bei einem Luftanteil bis zu 75 % ein größeres Wasservolumen entsteht. Derartige Fontänenaufsätze gibt es in wasserstandsabhängiger und wasserstandsunabhängiger Form.
– Rückprall-Düsen:
   Der Wasserstrahl trifft beim Aufsteigen im Fontänenaufsatz gegen eine kegelförmige Fläche, die eine gleichmäßige schleierartige Verteilung bewirkt. Der Wasserschleier bildet in der Regel eine gleichmäßige glatte Haut, so daß eine Wasserglocke entsteht. Die Verwendung sollte in windgeschützten Anlagen erfolgen.
– Rieselelemente:
   Verteilung eines Wasserstrahls mit mäßigem Druck über Horizontalflächen, die ein seitliches Verrieseln und Abtropfen bewirken.
– Daneben gibt es Wasserbewegungen

durch Luftzufuhr, die häufig in transparenten Röhren durch aufsteigende Luftblasen einen Sprudeleffekt bewirken, ohne daß die Wasseroberfläche durchstoßen wird.
Wasserspiele gibt es in zahlreichen Formen und Kombinationen: Düsen mit unterschiedlicher Ausbildung und Steighöhe werden zu Gruppen zusammengesetzt, so daß verschiedene Wasserbilder entstehen. Die maximale Springhöhe ist abhängig von der Größe der Wasseranlage. Zur Vermeidung von Wasserverlusten durch Windabdrift wird in der Regel die maximale Steighöhe mit 80 % des Durchmessers der Wasseranlage begrenzt.
   Der Betrieb der Wasserspiele erfolgt in der Regel im Umwälzverfahren über Pumpen, die entweder im Becken selbst oder in einer benachbarten Pumpenkammer untergebracht werden (Abschn. 10.3.1.3).
   Die Montage der Düsen und Fontänenaufsätze erfolgt auf den Rohrleitungen. Die Installation der Rohrleitungen wird unterschiedlich gehandhabt:
– Oberhalb der Dichtung:
   Das Rohrleitungssystem befindet sich auf Stativhalterungen oder Aufständerungen auf der Dichtungsebene, dadurch sind Änderungen in der Düsenanordnung möglich. Gefahr der Beschädigung oder der Düsenverstellung.
– Innerhalb der Dichtung:
   Keine oder nur geringfügige Änderungsmöglichkeiten für die Anordnung der Düsen- und Fontänenaufsätze; Einbau z.B. während des Betoniervorganges
– Unterhalb der Dichtung:
   Keine oder nur geringfügige Änderungsmöglichkeiten; kaum Beschädigungsmöglichkeiten, jedoch Schwachstellen bei Durchdringung der Dichtung.
– Plattform oder Gestänge mit Schwimmkörpern, die sowohl die Düsen als auch die Pumpe auf der Wasserfläche tragen. Verwendung gelegentlich bei Naturwasseranlagen.
Bei der Montage der Rohrleitungen sind zu beachten
– DIN 18307 »Gas- und Wasserleitungsarbeiten«
– DIN 18339 »Klempnerarbeiten«.
Die Beleuchtung von Wasserspielen erfolgt durch Unterwasserleuchten oder Unterwasserscheinwerfer. Durch den Einbau von Farbscheiben können auch farbige Lichteffekte erzielt werden.
   Scheinwerfer und Leuchten werden entweder an Halterungen auf der Dichtungsebene montiert, oder in die Dichtung eingebaut. Alle Teile müssen rostsicher und wasserdicht sein. Für die

Kabel sind entsprechende Kabeldurchführungen im Bereich der Dichtung vorzusehen.

10.4 Wasseranlagen im Druckwasserbereich

Werden Wasseranlagen mit ihren Dichtungen unterhalb des geschlossenen Grundwasserspiegels geführt, so sind Vorkehrungen zur Wasserabführung sowohl während der Bauzeit als auch für die Zeit nach der Fertigstellung zu treffen:

Während der Bauzeit muß die Baugrube vom Grundwasser freigehalten werden, um die Dichtung einbringen zu können; nach der Fertigstellung besteht die Gefahr des Auftriebes des Hohlkörpers, wenn dieser unterhalb des Grundwasserspiegels nicht gefüllt ist. Zweckmäßigerweise sollten daher die Hohlkörper von Wasseranlagen nicht oder nicht überwiegend in den Grundwasserbereich hineinragen.

Während der Bauzeit kann das Grundwasser durch
— offene Wasserhaltung oder
— Grundwasserabsenkung
vom Hohlkörper ferngehalten werden.

Bei der offenen Wasserhaltung wird das Grundwasser durch Einbringung von Rohrbrunnen, die auf Solltiefe gebracht werden, abgepumpt.

Bei der Grundwasserabsenkung baut man Brunnen um die Baugrube herum an und senkt dadurch den Wasserspiegel bis unterhalb der Baugrubensohle.

Nach der Herstellung muß für eine ständige Abführung des Grundwassers Sorge getragen werden, so daß unterhalb der Dichtungen ein System von nebeneinander liegenden oder zu einem Ring verbundenen Dränsträngen entsprechend DIN 4095 »Dränung des Untergrundes zum Schutz von baulichen Anlagen« anzuordnen ist. Sofern die Dränung nicht an eine natürliche Vorflut angeschlossen werden kann, muß eine Hebeanlage vorgesehen werden (Abb. 10.4/1).

Bei Betondichtungen kann sich evtl. eine erdseitige Abdichtung entsprechend DIN 18915 als zweckmäßig erweisen.

10.5 Einrichtungen für Wasserpflanzen

Bei der Bepflanzung von Wasseranlagen ist die unterschiedliche Wassertiefe je nach Pflanzenart und -sorte zu beachten, die zwischen 20 cm und 200 cm liegen kann.

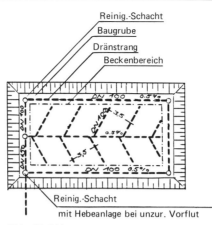

Abb. 10.4/1

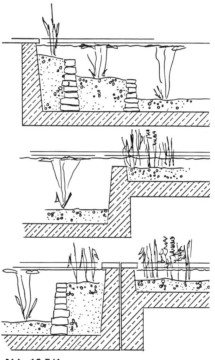

Abb. 10.5/1

Unterwasserpflanzen und Pflanzen mit Schwimmblättern werden in geeignetes Pflanzsubstrat gepflanzt, das zum Schutz gegen Ausspülungen und Wassertrübungen zweckmäßigerweise mit Kies abgedeckt wird.

Zum Schutz gegen seitliches Ausschwimmen und zur Höhenstaffelung können Aufmauerungen aus trocken verlegten Natur- oder Ziegelsteinen vorgenommen werden. Dadurch ist es möglich, die Wassertiefe zu regulieren bzw. zu staffeln (Abb. 10.5/1).

Auch die Pflanzung in Weidenkörben oder in Gefäßen mit seitlichen Öffnungen ist möglich, wobei die Wassertiefe durch untergelegte Steine reguliert werden kann.

Bei Becken mit Dichtungsbahnen kann der Teichboden vorher so profiliert werden, daß Mulden oder Taschen entstehen.

Bei senkrechter oder schwach geneigten Beckenwänden können Kunststofftöpfe durch Draht oder Flachstahlhalterungen in das Wasser hineingehängt werden, wobei die Wassertiefe reguliert werden kann.

Wasserpflanzenbereiche benötigen in der Regel eine sonnige Lage und ein ruhiges Wasser, so daß keine Wasserspiele benachbart werden sollen. Gegebenenfalls ist ein gesonderter Wasserpflanzenbereich vorzusehen.

10.6 Beispiele für Wasseranlagen

10.6.1 WasserflächenAnordnung

Die Wasserfläche kann dem Betrachter in verschiedenen Formen angeboten werden:
— abgesenkt
— bündig
— ebenerdig – flach
— erhöht
— schalenartig – aufgeständert
(Abb. 10.6.1/1).

10.6.2 Funktion von Wasseranlagen

Wasseranlagen können verschiedensten Funktionen sowie Gestaltungsabsichten dienen. Hinsichtlich der Ausführung kann eine grobe Unterteilung in
— natürliche oder natürlich wirkende Wasseranlagen und
— gebaute bzw. architektonische Wasseranlagen
erfolgen.

10.6.2.1 Natürliche oder natürlich wirkende Wasseranlagen Wasserlauf

Linienförmige Wasseranlagen
in unterschiedlicher Breite mit natürlich erscheinender Ufer- und Sohlausbildung.

— Wasserflächenanordnung: abgesenkt oder bündig
— Dichtungsbaustoff: Dichtungsbahnen, Bitumen-Dachbahnen, Asphaltmastix, in Ausnahmefällen Beton
— Randausbildung: Rasen, Wasserpflanzen, Gehölze, Steine, Holzteile
— Wand- bzw. Böschungsausbildung: mind. 1:2
— Bodengefälle: mind. 0,3 ‰
— Speisung: natürlicher Zulauf, Quellen

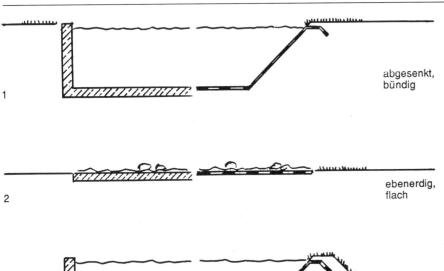

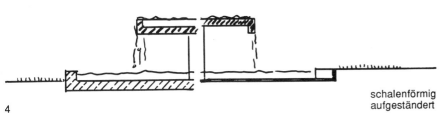

Abb. 10.6.2.1/1

teilweise mit architektonisch-künstlerischer Gestaltung.
– Wasserflächenanordnung: abgesenkt, bündig, erhöht
– Wassertiefe: 30–100 cm
– Dichtungsbaustoff: Beton, Mauerwerk mit Sperrputz, Kunststoff und Kunststoffharz-Bauteile
– Randausbildung: Abdeckplatte oder Abdeckstein, Sichtbeton-Bauteile
– Wand- bzw. Böschungsausbildung: 0–10%
– Bodengefälle: 0–1%
– Speisung: Regenwasser oder Zulauf aus Rohrnetz
– Entleerung: Bodenablaß

Wasserspiegel-(Reflexions-)Anlagen
Bei diesen Anlagen soll nur die Wasseroberfläche durch Spiegelung von Pflanzen, Bauteilen usw. wirken, so daß hier eine Ausrichtung auf wichtig erscheinende Sichtverbindungen notwendig wird; die Anordnung erfolgt zweckmäßig in windgeschützten Lagen zur Erhaltung eines ruhigen Wasserspiegels.

– Wasserflächenanordnung: leicht abgesenkt, bündig, erhöht
– Wassertiefe: ab 20 cm
– Dichtungsbaustoff: Beton, Dichtungsbahnen, seltener: Kunststoff und Kunststoffharz-Bauteile
– Randausbildung: Abdeckplatten oder Abdecksteine, Sichtbeton-Bauteile
– Wandausbildung: 0–10%
– Bodengefälle: mind. 0,3%
– Speisung: Rohrnetz
– Entleerung: Bodenablauf

Anlagen mit Wasserspielen ohne sichtbare Wasserfläche
Statt einer Wasserfläche wird Wasser aus Sprudlern oder anderen Fontänenaufsätzen durch Kiesel- oder Steinschüttungen hindurchgeleitet, so daß Wasser nur gelegentlich sichtbar wird. Neben kleineren »Brunnen« werden derartige Anlagen hin und wieder in Innenhöfen usw. angeordnet.

– Wasserflächenanordnung: ebenerdig, flach
– Wassertiefe: ab 5 cm
– Dichtungsbaustoff: Dichtungsbahnen, Bitumen-Dachbahnen, Beton, Kunststoff und Kunstharz-Bauteile
– Randausbildung: Kies- oder Steinschüttung
– Wandausbildung: entfällt
– Bodengefälle: mind. 0,3%
– Speisung: Rohrnetz oder Pumpe
– Entleerung: Bodenablauf, Standrohrventile, Überlauf

Tümpel, Weiher
Kleingewässer mit Verlandungsbereichen (Tümpel), in der Regel mit Pflanzen-, Fisch-, Amphibien- und Insektenbesatz; evtl. als Biotopersatz geeignet. Hinsichtlich der Bepflanzbarkeit sind zu unterscheiden: Feucht-, Sumpf-, Flach- und Tiefwasserzonen.
– Wasserflächenanordnung: abgesenkt oder bündig
– Wassertiefe: 25–200 cm (und mehr)
– Dichtungsbaustoff: Dichtungsbahnen, Bitumen-Dachbahnen, Asphaltmastix, Ton
– Randausbildung: Rasen, Wasserpflanzen, Steine
– Wand- bzw. Böschungsausbildung: Flachzonen = 1:5, sonst mind. 1:2.
– Bodengefälle: unterschiedliche Gefälleverhältnisse
– Speisung: Schlauchzuleitung o. dgl. zum Ausgleich von Verdunstungsverlusten beim Weiher, beim Tümpel gelegentliche Austrocknung möglich.
– Entleerung: nur durch Absaugen bzw. Abpumpen.

Teich
Ablaßbares Kleingewässer sowohl mit Pflanzen-, Fisch-, Amphibien- und Insektenbesatz als auch zum Zwecke der Fischwirtschaft.

– Wasserflächenanordnung: abgesenkt, selten bündig
– Wassertiefe: mind. 90 cm
– Dichtungsbaustoff: wie vor
– Randausbildung: wie vor
– Wand- bzw. Böschungsausbildung: wie vor
– Bodengefälle: mind. 0,3%
– Speisung: Wasserlauf, Quellen, selten Rohrnetzwasser
– Entleerung: Mönch, Wehr, Bodenablauf, Pumpensumpf

10.6.2.2 Gebaute (architektonische) Wasseranlagen, Brunnen und Schöpfbecken

Brunnen waren ursprünglich Sammelbecken für Grundwasser, Schöpfbekken ursprünglich als Sammelbecken an Quellen oder anderen natürlichen Gewässern. Heute als Kleinwasserbecken,

Anlagen mit Wasserspielen mit sichtbarer Wasserfläche
Die häufigste Art von »Zierbecken« mit

Größen von ein bis mehreren hundert Quadratmetern Wasserfläche.
- Wasserflächenanordnung: abgesenkt, bündig, erhöht, schalenförmig-aufgeständert
- Wassertiefe: mind. 15 cm
- Dichtungsbaustoff: Beton, Dichtungsbahnen, Asphaltmastix, Kunststoff und Kunstharz-Bauteile
- Randausbildung: Abdeckplatten oder -stein, Sichtbeton-Bauteile
- Wandausbildung: i.d.R. 0–10 %
- Bodengefälle: mind. 0,3 %
- Speisung: Pumpe, selten Rohrnetz
- Entleerung: Bodenablauf, Standrohrventil, Überlauf

Anlagen mit Wasserspielen und Wasserfall

Das Wasser wird teilweise als Wasserfall oder als Kaskade abgeführt. Für eine gleichmäßige Verteilung ist eine absolut ebene Ausbildung sowie entsprechende Profilierung des Überlaufbauteiles erforderlich.
- Einzelangaben: wie vor

Wasserpflanzenanlagen

Auch bei gebauten Wasseranlagen ist eine Unterteilung in Sumpf-, Flach- und Tiefwasserzone erforderlich; die Wassertiefenstaffelung kann durch entsprechende Einbauten auf der Dichtungsfläche erfolgen. Wasserpflanzenbecken vertragen keine Wasserspiel-Einbauten.
- Wasserflächenanordnung: abgesenkt, bündig, erhöht
- Wassertiefe: mind. 25 cm
- Dichtungsbaustoff: Beton, Dichtungsbahnen, Bitumen-Dachbahnen, Asphaltmastix, Mauerwerk mit Sperrputz, Kunststoff und Kunstharz-Bauteile
- Randausbildung: Abdeckplatten und -stein, Sichtbeton-Bauteile, selten Holzabdeckung
- Wandausbildung: i.d.R. 0–15 %
- Bodengefälle: mind. 0,3 %
- Speisung: Schlauch, Rohrnetz mit Schwimmerventil
- Entleerung: Bodenablauf, Standrohrventil, Überlauf, Pumpensumpf

Bade- und Schwimmbecken

Diese stellen eine Sonderform der Wasseranlagen im Garten- und Landschaftsbereich dar; sie benötigen eine gesonderte Wasseraufbereitung. Die Wasserflächengröße ist abhängig von der geplanten Nutzung (Abb. 10.6.2.2/1); bei öffentlichen Bädern sind die »KOK-Richtlinien für den Bäderbau« zu beachten.
- Wasserflächenanordnung: abgesenkt, bündig, seltener erhöht
- Wassertiefe: Planschbecken = 0,10–0,4 m

Nichtschwimmer = 0,60–1,35 m
Privatschwimmbecken = 1,20–1,40 m
Schwimmer = 1,80 m und mehr
Springerbecken = 3,80–4,50 m
Privatschwimmbecken = 1,20–1,40 m
- Dichtungsbaustoff: Beton, Dichtungsbahnen, Kunststoff und Kunstharz-Bauteile, Aluminium und Stahlbauteile

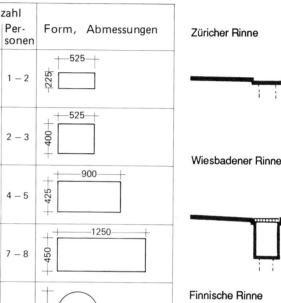

Abb. 10.6.2.2/1 (nach Kappler, »Das private Schwimmbad«)

- Randausbildung: Bauteil-Kombination von Überlaufrinne und Handfasse
Ausführung i.d.R. mit dem Baustoff der Beckenwand (Beton, Keramik, Kunststoff, Kunstharz oder Metall), nur bei Becken mit Dichtungsbahnenauskleidung wird eine Platte verlegt. Die Überlaufrinnen werden als hoch- oder tieflaufendes Rinnensystem ausgeführt (Abb. 10.6.2.2/2).
- Wandausbildung: i.d.R. senkrecht
Bei einer Wassertiefe von mehr als 1,35 m muß 1,20 m bis 1,35 m unterhalb des höchstmöglichen Wasserstandes eine umlaufende Beckenraststufe mit einer Auftrittsbreite von mind. 0,10 m vorgesehen werden.
- Bodengefälle: Planschbecken = 5 %
Nichtschwimmerbecken = max. 10 %
Schwimmerbecken) 0–max. 3 %
- Speisung: Zuführung von Trinkwasser über Wasseraufbereitung bei ständiger Umwälzung
- Entleerung: Bodenablauf

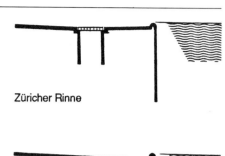

Züricher Rinne

Züricher Rinne

Wiesbadener Rinne

Punkt A

Finnische Rinne

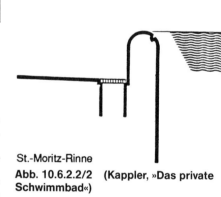

St.-Moritz-Rinne

Abb. 10.6.2.2/2 (Kappler, »Das private Schwimmbad«)

10.7 Anwendungsbeispiele für den Hausgarten K.

Im Hausgarten K. sind zwei Wasseranlagen vorgesehen:
- Brunnenanlage im Süd-West-Bereich
- Wasserpflanzenbecken im Süd-Ost-Teil.

10.7.1 Brunnen im Süd-West-Bereich

Das Becken kann in folgenden Varianten vorgesehen werden:

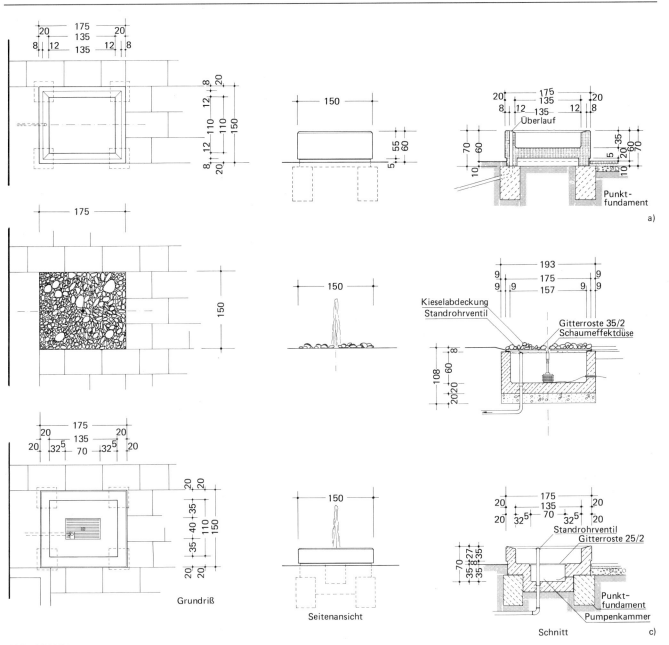

Abb. 10.7.1

— Reflexionsbecken (Abb. 10.7.1/1a).
— Becken mit Wasserspielen ohne sichtbare Wasserflächen (Abb. 10.7.1/1b).
— Becken mit Wasserspielen mit sichtbarer Wasserfläche (Abb. 10.7.1/1c).
Für die Ausführung kommen die Dichtungsbaustoffe Stahlbeton, Kunststoff, Kunstharz-Bauteile oder Metall-Bauteile in Frage.

Bei dem Becken mit Wasserspiel-Einrichtungen wird zweckmäßigerweise eine Unterwassertauchpumpe vorgesehen.

10.7.2 Pflanzbecken im Süd-Ost-Teil

Das Becken wird als gebaute Wasseranlage mit leicht abgesenktem Wasserspiegel in den Dichtungsbaustoffen
— Stahlbeton (Abb. 10.7.2/1a) oder
— Dichtungsbahn (Abb. 10.7.2/1b)
vorgesehen.

Die Speisung erfolgt durch Schlauchfüllung; für die Entleerung ist ein Bodenablauf vorgesehen.

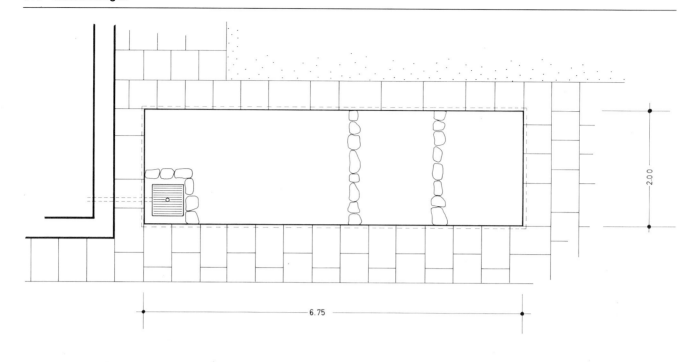

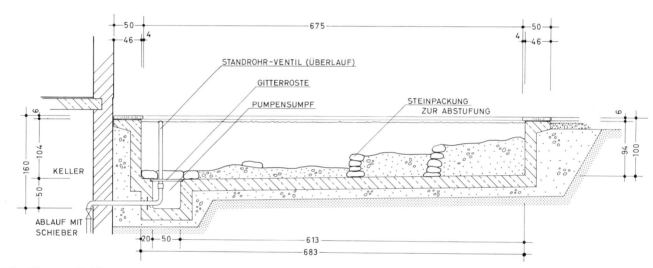

a) Ausführung: Stahlbeton

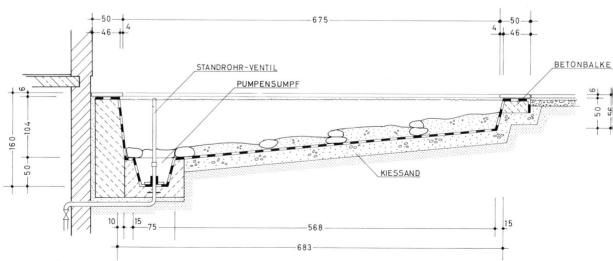

b) Ausführung: Dichtungsbahn

Abb. 10.7.2/1

11 Pflanzarbeiten A. Niesel

Wenn alle technischen Bauwerke wie z.B. Mauern, Treppen, Wasserbecken, Zäune und Leistungen erstellt und auch die Bodenarbeiten durchgeführt sind, kann mit den Pflanzarbeiten begonnen werden.

Voraussetzung dafür ist zunächst einmal eine sorgfältige Planung der Bepflanzung durch den Landschaftsarchitekten. In seinem Entwurfsplan hat er sich in der Regel bei Bäumen und Solitärgehölzen schon auf bestimmte Arten und Sorten festgelegt. Für die flächigen Pflanzungen hat er aber zunächst nur mit Worten oder Planzeichen den allgemeinen Charakter bestimmt, z.B. Rosen, Stauden, Beetstauden, bodendeckende immergrüne Pflanzung, Zier- und Blütensträucher, Moorbeetpflanzen, Nadelgehölze o.a. In einem Bepflanzungsplan (Abb. 11.5/1) legt er nun bis ins einzelne fest, an welcher Stelle eine Pflanze stehen soll und in einer Pflanzenliste (s. Abb. 11.5/2) wird zusätzlich aufgeführt, welche Größe und Qualität diese Pflanze bei der Lieferung haben soll. Bei der Aufstellung seines Bepflanzungsplanes muß der Landschaftsarchitekt die Standort- und späteren Pflegeansprüche dieser Pflanzen berücksichtigen, denn die beste Pflanzware und die besten Pflanz- und Pflegeleistungen nutzen nichts, wenn hier grundsätzliche Fehler gemacht werden. Pflanzen, die auf Sandboden zu Hause sind, vertragen i.d.R. keinen schweren bindigen Boden, Moorbeetpflanzen brauchen ein saures Bodensubstrat, in einem Lehm- oder Tonboden werden sie sehr schnell sterben.

Bei der Benennung der Pflanzen und der Festlegung der Größen richtet sich der Landschaftsarchitekt nach den im Handel und insbesondere in Normen festgelegten Regeln. Auf sie wird auf den folgenden Seiten noch näher eingegangen. Bei der Pflanzung selbst sind zur Sicherung des Anwuchses vier Bereiche sorgfältig zu beachten:

1. Die Beschaffenheit der Pflanzen, die auf die Baustelle geliefert und dort gepflanzt werden.
2. Der Transport zur und die Lagerung auf der Baustelle.
3. Die Durchführung der Pflanzarbeiten selbst.
4. Die Durchführung der anschließenden Fertigstellungspflege bis zum Anwachsen der Pflanzen.

Nur wenn in diesen vier Bereichen keine schwerwiegenden Fehler gemacht werden, ist mit einem Anwachsen und zügigen Weiterwachsen der Pflanzen zu rechnen.

Die Grundregeln für die Beschaffenheit der Pflanzen sind in den »FLL-Gütebestimmungen für Baumschulpflanzen« und den »FLL-Gütebestimmungen für Stauden« aufgeführt. Technische Regeln für den Umgang mit Pflanzen enthält DIN 18916 – Vegetationstechnik; Pflanzen und Pflanzarbeiten.

11.1 Pflanzen

Wir unterscheiden Pflanzen, deren Triebe verholzen und Pflanzen mit krautartigen Trieben, deren Triebe nach einer Vegetationsperiode wieder vergehen. Die erste Gruppe wird »Gehölze« genannt, zu den krautartigen Gewächsen gehören Stauden, Wasserpflanzen, Zwiebeln, Knollen und Einjahrsblumen.

Pflanzen, die bei Landschaftsbaumaßnahmen verwendet werden sollen, müssen in der Regel in Baumschulen oder Staudengärtnereien angezogen und dort für das Verpflanzen auf einen neuen Standort vorbereitet werden. Sogenannte »Wildware«, die aus Wildbeständen ohne vorherige Vorbereitung entnommen wird, wächst im allgemeinen schwer an und darf deshalb nur verwendet werden, wenn sich Bauherr und Unternehmer ausdrücklich darauf geeinigt haben.

11.1.1 Gehölze

Gehölze werden in der Baumschule angezogen und dürfen erst für landschaftsgärtnerische Arbeiten verwendet werden, wenn sie ein ausreichendes Alter erreicht haben, ausgereift und gesund sind.

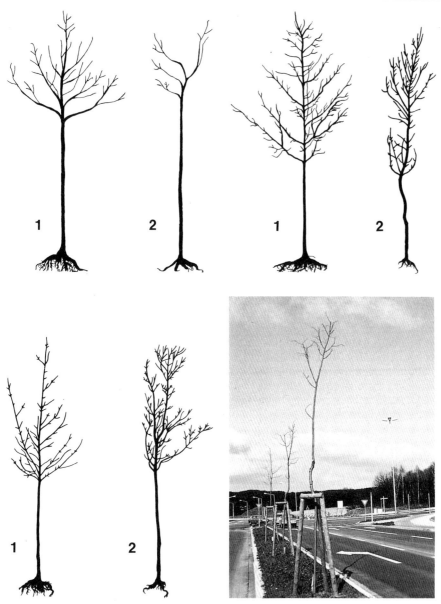

Abb. 11.1.1.1/1–3 Typische Wuchsbilder von Hoch- und Halbstämmen. 1: normgerechte Handelsware mit geradem, fehlerfreiem Stamm, gleichmäßiger Krone mit gerader Stammverlängerung und arttypischem Wuchs sowie guter Bewurzelung. 2: fehlerhafte Pflanzen, die für Landschaftsbauarbeiten nicht verwendet werden dürfen

Abb. 11.1.1.1/4 Hochstämme mit unzureichender Qualität in Stamm und Krone

11.1.1.1 Anzuchtformen und spezielle Gruppen von Gehölzen

Je nach Art und Verwendungszweck werden sommergrüne Gehölze zu unterschiedlichen Formen herangezogen und in den Handel gegeben. Andere Pflanzen wie z. B. Bodendecker, Nadelgehölze oder Rhododendren werden in eigenen Gruppen zusammengefaßt. Sie unterliegen bestimmten Gütebestimmungen, die in den »Gütebestimmungen für Baumschulpflanzen« der Forschungsgesellschaft Landschaftsentwicklung Landschaftsbau (FLL) enthalten sind. Weil es für den Nichtfachmann sehr schwierig ist, die Güte einer Pflanze zu beurteilen, hat der Bund Deutscher Baumschulen (BdB) Beispiele und Gegenbeispiele in einer Dokumentation gegenübergestellt. Diese Beispiele werden nachstehend jeweils verwendet.

Hochstämme (Abb. 11.1.1.1/1–4)

Hochstämme sind Gehölze mit mindestens 1,80 m langem Stamm und einer artgemäßen Krone und artspezifische Stammverlängerung, sofern es sich nicht um Kugel-oder Hängeformen handelt. Der Stamm muß gerade und ohne Beschädigung sein und darf bis zu zwei Jahre altes seitliches Verstärkungsholz besitzen.

Halbstämme

Sie unterscheiden sich von Hochstämmen dadurch, daß ihr Stamm mindestens 0,80 bis höchstens 1,80 m lang sein darf.

Stammbüsche

Hier handelt es sich um baumartige Gehölze von mindestens 2,50 m Höhe, deren Stamm dicht mit Ästen und Zweigen besetzt ist. Sie werden in der Baumschule in weitem Stand angezogen. Sie müssen 2 × verpflanzt sein.

Heister

Das sind baumartige, gerade gewachsene, mit Seitenholz in natürlichem Wuchs besetzte und in weitem Stand angezogene Gehölze ohne Krone bis 4,00 m Höhe, die mindestens 2 × verpflanzt sind.

Leichte Heister (Abb. 11.1.1.1/7B)

Sie unterscheiden sich von Heistern dadurch, daß sie nur bis 1,50 m hoch sind und nur 1 × verpflanzt sein müssen.

Sträucher (Abb. 11.1.1.1/5–7)

Sträucher (Büsche) sind nicht baumartig wachsende Gehölze. Sie müssen mehrere der Art entsprechende kräftig ausgebildete und verzweigte Triebe aufweisen und 2 × verpflanzt sein.

Leichte Sträucher (Abb. 11.1.1.1/5C–7C)

Sie sind im Gegensatz zu Sträuchern nur bis 1,20 m hoch und nur 1 × verpflanzt.

Laubholzheckenpflanzen (Abb. 11.1.1.1/ 6A)

Laubgehölze, die für Hecken geeignet und dafür angezogen wurden, bezeichnet man als Laubholz-Heckenpflanzen. Sie sind von unten an verzweigt, was durch entsprechende Rückschnitte während der Anzucht erreicht wird. Wenn es für die Art typisch ist, müssen sie einen geraden Mitteltrieb besitzen.

Bodendecker

Hierbei handelt es sich um niedrige oder flachwachsende Gehölze, die für eine Bodendeckung geeignet sind. Durch entsprechende Rückschnitte während der Anzucht müssen sie so verzweigt sein, daß sie schon bei der Pflanzung mindestens 2/3 der Fläche bedecken, die dem geforderten Durchmesser entspricht.

Schling-, Rank- und Kletterpflanzen

Diese Pflanzen schlingen, ranken oder klettern mit oder ohne Hilfe an Mauern, Pergolen oder Rankgerüsten hoch. Sie werden in der Regel in der Baumschule an Stäben gezogen. Sie müssen bis auf einjährige Clematis-Hybriden und ein-

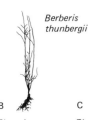
*Berberis
thunbergii*

A
Zweimal ver-
pflanzter
Strauch aus
weitem Stand,
40–60 cm hoch

B
Einmal ver-
pflanzter leichter
Strauch aus mit-
telweitem Stand,
40–70 cm hoch

C
Einmal ver-
pflanzte Jung-
pflanze, drei-
jährig, aus
engem Stand,
30–50 cm
hoch

Pinus mugo

Regelmäßig verpflanzte
Gehölze haben feste,
gut durchwurzelte
Ballen.
Ausgenommen sind
Arten und Sorten, die
mehrmals verpflanzt,
auch ohne Ballen
handelsüblich sind.

Lose Ballen und unzu-
reichende Bezweigung
sind qualitätsmindernd.

jährige Parthenocissus tricuspidata Veit-
chii zwei kräftige Triebe haben.

Veredelte Rosen (Abb. 11.1.1.1/8–10)
Während Wildrosen unter der Gruppe
Sträucher geführt werden, bilden veredelte Rosen eine gesonderte Gruppe.
Von ihnen wird gefordert, daß sie als
einjährige Veredelung mit drei kräftigen
Trieben gehandelt werden, von denen
zwei aus der Veredelungsstelle entspringen müssen. Bei Hochstämmen müssen beide Veredelungsstellen angewachsen und ausgetrieben sein.

Wurzelecht vermehrte Rosen
Heute werden Rosen auch durch Steck-
linge vermehrt und im Freien weiter-
kultiviert. Sie werden i.d.R. mit Topfballen gehandelt und müssen ein- bis
zweijährig sein und je nach Wuchsstärke
zwei bis drei Triebe haben.

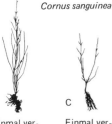
Cornus sanguinea

A
Zweimal ver-
pflanzter
Strauch aus
weitem Stand,
60–100 cm
hoch

B
Einmal ver-
pflanzter
leichter Strauch
aus mittel-
weitem Stand,
70–90 cm hoch

C
Einmal ver-
pflanzte
Jungpflanze,
dreijährig, aus
engem Stand,
50–80 cm hoch

Picea omorika

Aufrecht wachsende
Nadelgehölze zeigen
durchgehenden Mittel-
trieb.
Ausnahmen bei Gingko,
Taxus, Thuja, Tsuga
o.ä. sind zulässig.

Verzweigter Mitteltrieb
und spärliche Bezweigung
mindern die Qualität.

Nadelgehölze (Abb. 11.1.1.1/11–13)
Alle nadeltragenden Gehölze einschließlich Ginkgo biloba, also die Koniferen, bilden eine eigene Gruppe.
Handelsfähig sind nur Pflanzen, die
vom Boden aufwärts voll bezweigt und
gleichmäßig gewachsen sind. Sofern art-
typisch, sollen sie einen geraden Mitteltrieb besitzen.

Rhododendron und Azaleen
Wegen ihrer besonderen Eigenschaften
und Ansprüche an Anzucht und Standort werden diese sommer- und immergrünen, zu den Ericaceen gehörenden
Gehölze in einer besonderen Gruppe
zusammengefaßt. Sie werden immer
mit Ballen gehandelt und müssen bei
gedrungenem Wuchs von unten her bezweigt sein.

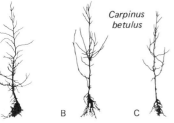
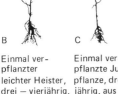
*Carpinus
betula*

A
Zweimal ver-
pflanzter
Heckenpflanze
aus weitem
Stand,
80–100 cm
hoch

B
Einmal ver-
pflanzter
leichter Heister,
drei – vierjährig,
60–100 cm
hoch

C
Einmal ver-
pflanzte Jung –
pflanze, drei-
jährig, aus
engem Stand,
80–100 cm
hoch

*Chamaecyparis
lawsoniana
Columnaris Glauca*

Nadelgehölze müssen
ihren Wuchseigenschaften
und der Sorte entspre-
chend vom Boden an voll-
bezweigt sein.

Zu enger Stand und feh-
lendes Verpflanzen sind
Hauptgründe für unzu-
reichende Entwicklung.

Solitärgehölze (Abb. 11.1.1.1/14–16)
So bezeichnet man Pflanzen, die in der
Baumschule mindestens 3 × verpflanzt
sind und in extra weitem Stand für eine
spätere Einzelstellung vorbereitet wurden.

Abb. 11.1.1.1/5–11.1.1.1/7 Beispiele für Sträucher, Heckenpflanzen und leichte Heister (li.)
Abb. 11.1.1.1/11–11.1.1.1/13 Beispiele für gute und nicht handelsfähige Nadelgehölze (re.)

Containerpflanzen (Abb. 11.1.1.1/17–19)
Diese Gehölze werden nicht in Beeten
oder Quartieren in normalem Boden

Rose Güteklasse A

Hierunter versteht man einjährige,
durch Sommerokulation erzielte
Pflanzen mit mindestens drei
normal entwickelten, gut ausgereiften Trieben, wovon mindestens
zwei aus der Veredlungsstelle
kommen müssen, während der
dritte Trieb bis 5 cm darüber
entspringen darf.
Bündelung à 10 Stück hat
zweifach zu erfolgen.

Rose Güteklasse B

Hierunter versteht man gut
entwickelte Pflanzen mit zwei
kräftigen, gut ausgereiften, aus
der Veredlungsstelle entsprin-
genden Trieben.
Bündelung: Rosen der Güteklassen A und B mit 10 Stück je
Bund zweifach gebunden.
Kletter-, Park- und Strauchrosen
der Güteklassen A und B mit
5 Stück je Bund zweifach
gebunden.

Abb. 11.1.1.1/8–11.1.1.1/10 Beispiele für die Qualität von Rosen. Bei Hochstämmen
nach Abb. 11.1.1.1/10 müssen beide Veredelungsstellen angewachsen und bei Güteklasse A müssen drei stark entwickelte Triebe vorhanden sein

Solitärsträucher werden zur Ausbildung des natürlichen Habitus in extra weitem Stand gepflanzt.

Zu eng gestellte oder nicht oft genug verpflanzte Sträucher zeigen das sogenannte Aufkahlen.

Höhe und Breite müssen in einem dem Wuchscharakter und der Einzelstellung entsprechenden Verhältnis stehen.

Fehlt ein entsprechender Wuchsraum, so kann sich kein Solitärstrauch, sondern bestenfalls Normalware entwickeln.

Gute Solitärsträucher zeigen einen festen, gut durchwurzelten Ballen.

Ungenügend vorbereitete Pflanzen zeigen einen zu kleinen oder zu losen Ballen.

Abb. 11.1.1.1/14–11.1.1.1/16   Beispiele für gute und nicht handelsfähige Solitärpflanzen (li.)

Abb. 11.1.1.1/17–11.1.1.1/19   Beispiele für gute und nicht handelsfähige Containerware (re.)

fangreicher, gesunder und frischer das Wurzelwerk einer Pflanze ist, die im Rahmen von Landschaftsbauarbeiten gepflanzt werden soll, desto größer sind auch die Aussichten auf ein Anwachsen. Jede Pflanze bildet arttypische Wurzeln aus, z. B. flache Wurzeln, Herzwurzeln oder Pfahlwurzeln mit mehr oder weniger natürlicher Verzweigung. Diesen Wurzelformen sind die Kulturmaßnahmen der Baumschulen und deren Handelsformen angepaßt, um eine möglichst gute Verpflanzbarkeit zu erreichen.

Kulturmaßnahmen
Die wesentlichste Kulturmaßnahme ist das mehrmalige Verpflanzen der Gehölze in der Baumschule zur Anregung der Wurzelverzweigung in der Nähe des Stammes oder der Hauptwurzeln. Bei jedem Umpflanzen werden die Gehölze in weiterem Abstand zueinander gepflanzt. Statt des Umpflanzens kann auch ein Umstechen der Pflanze zur Wurzelverzweigung beitragen. Der Umfang der Kulturmaßnahmen wird dann wie folgt gekennzeichnet:
jährig – verpflanzt (mit Angabe der Häufigkeit) – aus mittelweitem Stand – aus weitem Stand – aus extra weitem Stand.
In der Regel sollen die Pflanzen alle zwei Jahre umgepflanzt oder zumindest umstochen werden.
Pflanzen, die wegen ihrer Pfahlwurzeln auch bei mehrmaligem Verpflanzen keine wesentlichen, die Verpflanzbarkeit fördernden Wurzelverzweigungen zeigen, werden in Töpfen und Containern angezogen. Man spricht dann von Pflanzen mit Topfballen.
In den Kulturregelungen des BdB sind genaue Bestimmungen enthalten, unter denen die Pflanzen in der Baumschule zu kultivieren sind. In diesen Kulturregelungen ist festgelegt, wie viele Pflanzen je m² als Höchstmenge aufgeschult werden dürfen.
Dabei werden die Pflanzen nach arttypischem Zuwachs oder Anzuchtformen in Gruppen eingeteilt oder einzeln genannt. In den Tabellen A 11.1.1.2/1 und A. 11.1.1.2/2 des Anhanges ist ein Auszug aus diesen Kulturregelungen enthalten, um das Wesen dieser Regelungen aufzuzeigen.

Handelsformen
Gehölze können ohne Ballen, mit Ballen, mit Topfballen und in Containern gehandelt werden. Die Entscheidung, ob eine Pflanze ohne oder mit Ballen gehandelt oder angefordert wird, richtet sich einmal nach der grundsätzlich erforderlichen Anzuchtsart und zum anderen nach dem Zweck der Verwendung.

angezogen, sondern in Behältern aus Kunststoff, die Container genannt werden. Der Vorteil der Anzucht in Containern liegt darin, daß diese Pflanzen praktisch das ganze Jahr über verpflanzt werden können.

Jungpflanzen
Diese Pflanzen genügen noch nicht den Anforderungen, die an die vorgenannn-

ten Gruppen gestellt werden. Sie werden im Landschaftsbau nur in Ausnahmefällen, z. B. bei Pflanzarbeiten in der Landschaft oder an Autobahnen verwendet.

11.1.1.2 Bewurzelung

Die Pflanze versorgt sich über die Wurzel mit Wasser und Nährstoffen. Je um-

* **Ballenlose Pflanzen**

Sommergrüne Pflanzen, die in der Vegetationsruhe, also ohne Blätter, verpflanzt werden sollen, werden ohne Ballen gehandelt. Ihre Bewurzelung muß der Art, dem Alter und der Verschulung entsprechend lang und verzweigt sein. Die meisten Mängel in der Praxis liegen darin, daß die Pflanzen zu wenig oder zu kurze Wurzeln haben.

* **Ballenpflanzen**

Immergrüne Gehölze und Solitärgehölze werden mit Ballen gehandelt. Diese Handelsform ist bei Immergrünen erforderlich, weil sie durch ihre Blätter und Nadeln ständig atmen und Wasser verdunsten. Dieser Wasserverlust kann zumindest in bestimmtem Umfang aus dem feuchten Ballen ersetzt werden.

Solitärgehölze sollen ihr Stamm- und Astgerüst möglichst in vollem Umfang behalten, wenn sie umgepflanzt werden, ein Rückschnitt wie bei ballenlosen Gehölzen üblich, soll unterbleiben. Der unvermeidliche Wurzelverlust beim Ausgraben der Pflanzen soll in seiner negativen Wirkung durch das Erhalten vieler kleiner Wurzeln und Faserwurzeln innerhalb des Ballens auf ein Mindestmaß beschränkt werden. Deshalb ist es auch wichtig, daß der Ballen niemals zwischen Baumschule und neuem Verwendungsort austrocknet.

Ballenpflanzen müssen einen ihrer Art und Größe entsprechend großen, durchwurzelten, festen Ballen haben. Der wesentliche Mangel an Ballenpflanzen liegt in lockeren, zerfallenen oder in sogenannten »Kunstballen«, bei denen in der Baumschule an Pflanzen, die z.B. wegen unterlassener Umschulung keinen richtigen Ballen halten, Ballen künstlich angeformt und durch viel Ballentuch gehalten werden.

Die Ballen werden durch Ballentuch gesichert, das eine gewisse Zeitlang, im allgemeinen etwa 6 Monate lang an der Pflanze haltbar sein soll. Dann soll es sich auflösen und nach insgesamt eineinhalb Jahren überwiegend verwittert sein. Größere Ballen werden zusätzlich mit unverzinktem Maschendraht oder Drahtkörben gesichert.

* **Pflanzen mit Topfballen**

Insbesondere immergrüne Bodendecker und Pflanzen mit ausgesprochenen Pfahlwurzeln werden mit Topfballen gehandelt. Diese müssen einen voll durchwurzelten Ballen haben und die Hauptwurzeln dürfen nicht durch die Wandungen oder den Boden des Topfes gewachsen sein. Außerdem muß der Rauminhalt des Topfes in einem angemessenen Verhältnis zur Pflanzengröße stehen.

* **Pflanzen mit Containerballen**

Für solche Pflanzen gilt das Vorgesagte sinngemäß. Container müssen aber einen Mindest-Topfinhalt von mindestens 2 Litern besitzen.

11.1.1.3 Sortierung, Bündelung und Kennzeichnung

Zur Erleichterung des gegenseitigen Geschäftsverkehrs sind in den Gütebestimmungen der FLL Vorschriften für Sortierung, Bündelung und Kennzeichnung enthalten.

Sortierung

Sortiert wird entweder nach Stammumfang (StU), Höhe über dem Erdboden und/oder Breite.

Hoch- oder Halbstämme sowie Stammbüsche werden nach Stammumfang (StU) sortiert und zwar bis zu einem Stammumfang von 20 cm in 2 cm Staffelungen (z.B. 14–16 cm), über 20 bis 50 cm Stammumfang in 5 cm Staffelungen (z.B. 25–30 cm) und über 50 cm Stammumfang in 10 cm Staffelungen (z.B. 60–70 cm).

Heister werden nach Höhe in den Staffelungen 25 oder 50 cm bis zu einer Höhe von 2,00 m sortiert, über dieser Höhe nur in 50 cm Stufen.

Leichte Heister werden bis zu einer Höhe von 1,00 m in Stufen von 10 cm, darüber in Stufen von 25 oder 50 cm sortiert.

Sträucher staffeln sich in Stufen 30/40, 40/60, 60/100 und 100/150 cm.

Leichte Sträucher haben die Staffelungen 40–70, 70–90 und 90–120 cm.

Laubholz-Heckenpflanzen werden bis zu 1,00 m Höhe in Stufen von 20 cm, darüber in Stufen von 25 cm sortiert. Niedrige Arten ohne Mitteltrieb, wie z.B. Liguster erhalten zusätzlich noch eine Angabe der Mindesttriebzahl in den Stufen 3/4, 5/7 und 8/12 Stück.

Nadelgehölz-Heckenpflanzen staffeln sich bis 40 cm Höhe in Stufen von 10 cm, bis 1,00 Höhe in Stufen von 20 cm, darüber in Stufen von 25 cm. Eine Ausnahme bilden Taxus, die bis zu einer Höhe von 1,00 in Stufen von 10 cm gestaffelt werden.

Höherwachsende Bodendecker werden in den Höhen- und Breiten-Staffelungen 30–40, 40–60 und 60–80 cm, niedrig- und breitwachsende Bodendecker nach der Breite bis zu 40 cm Breite in 10 cm, darüber in 20 cm Stufen sortiert. Bei Arten wie Erica kennt man noch die Staffelungen 10–15 und 15–20 cm und Arten wie Pachysandra werden nach den Triebzahlen 3/4 und 5/7 gehandelt.

Bei Schling-, Rank- und Kletterpflanzen richtet sich die Staffelung nach der Art.

Bei Rosenhochstämmen kennt man die Stammhöhen 60–90 und 90–120 cm, die Stammhöhe von Trauerrosen liegt zwischen 140–160 cm.

Bei Nadelgehölzen spielt die arttypische Zuwachsrate eine Rolle. Raschwachsende Arten werden bis zu einer Höhe von 1,00 m in 10 cm, bis 3,00 m Höhe in 25 cm und darüber in 50 cm Staffelungen sortiert. Langsamwachsende Arten werden nach Höhe oder Breite bis 30 cm in 5 cm, darüber in 10 cm Stufen sortiert.

Auch bei Rhododendron und Azaleen wird die arttypische Zuwachsrate berücksichtigt. Hochwachsende Arten werden bis 1,00 m Höhe in 10 cm, bis zu 2,00 m Höhe in 20 cm, und darüber in 25 cm Staffelungen sortiert. Azaleen werden schon ab 1,00 m Höhe in 25 cm Stufen gemessen. Schwachwachsende Arten erhalten Staffelungen von 5 cm bis zu einer Höhe von 30 cm, danach 10 cm Stufen.

Die Sortierung der Solitärpflanzen erfolgt nach Höhe und Breite, nach Stammumfang bei Bäumen und Anzahl der Grundtriebe bei mehrstämmigen Gehölzen.

Bei Containerpflanzen gehört zur Gruppensortierung noch die Angabe des Topfinhaltes.

Bündelung

Die Bündelung muß zahlenmäßig immer in gleicher Weise erfolgen, damit Lieferungen schnell auf Vollzähligkeit überprüft werden können. In Tabelle A 11.1.1.3/1 im Anhang sind die Bündelungsvorschriften aufgeführt.

Kennzeichnung

Gehölze müssen so gekennzeichnet sein, daß auf der Baustelle keine Irrtümer entstehen können. Für den Fachmann ist es zwar relativ leicht, die Gehölzart zu erkennen, aber die Sorten sind häufig nicht am Holz auseinanderzuhalten. Deshalb soll jede Sortiereinheit und jede Ballenpflanze einzeln mit einem Etikett versehen sein, auf dem die Beschriftung vor der Pflanzung zweifelsfrei lesbar sein muß. Das Befestigungsband muß so beschaffen sein, daß es nicht in die Rinde einschneidet, d.h. es müßte nachgiebig sein.

Für die Kennzeichnung ist national und international eine Reihenfolge festgelegt worden. Sie ist in Tabelle A 11.1.1.3/2 als Übersicht angegeben. Diese Reihenfolge ist bei Ausschreibungen, Bestellungen und auch bei der Beschriftung einzuhalten. Die dort angegebenen Kurzzeichen dürfen dabei verwendet werden. Auf einem Etikett kann dann beispielsweise stehen:

Quercus palustris, H, Sol, 5 × v, ew, 40–45 StU, 400–600 br, 700–900 h.

Das bedeutet dann: Quercus palustris, Hochstamm, Solitär, 5 × verpflanzt, aus extra weitem Stand, 40–45 cm Stammumfang, 400–600 cm breit, 700–900 cm hoch.

11.1.2 Stauden und Wasserpflanzen

Ihre Pflanzenqualität wird bestimmt durch die Art der Vermehrung, das Alter der gehandelten Pflanzen, die Größe und Durchwurzelung der Ballen, die Triebzahl, die Gesundheit und die Unkrautfreiheit. Deshalb sind handelsfähig nur Pflanzen, die

a) aus einer fachgerechten Vermehrung stammen, d.h. keine »Wildware« darstellen,
b) keine Jungpflanzen mehr sind,
c) gesund sind,
d) unkrautfrei sind,
e) eine der Art entsprechende Bewurzelung besitzen und
f) feste Ballen besitzen, sofern sie in Töpfen oder Containern angezogen wurden.

Tabelle A 11.1.2/1 faßt alle Beschaffenheitsanforderungen zusammen, die in der Richtlinie der FLL aufgestellt sind. Zusätzlich dazu stellt Tabelle A 11.1.2/2 einen Bezug zwischen Topfgröße und Topfinhalt her.

Staudensendungen sind unverwechselbar mit üblichen Abkürzungen zu kennzeichnen, d.h. entweder durch Etiketten an jeder Einzelpflanze oder an jeder fest zusammengefügten Verpackungseinheit.

11.1.3 Ein- und Zweijahrsblumen

Für sie gibt es bisher noch keine Gütebestimmungen, die speziellen Bezug nehmen auf die einzelnen Arten. Deshalb muß man sich mit allgemeinen Festlegungen begnügen,

a) daß die Pflanzen durchwurzelte, zusammenhaltende Erd- und Topfballen haben müssen, die in ihrer Größe der Pflanzenart und dem Entwicklungsstand entsprechen,
b) daß die Pflanzen wüchsig sein müssen,
c) daß die Pflanzen ausreichend abgehärtet sein müssen,
d) daß die Pflanzen frei von Schädlingen und Krankheiten sein müssen.

11.1.4 Blumenzwiebeln und Knollen

Auch für diese Gruppe gibt es nur allgemeine Festlegungen.

a) Sie müssen blühfähig sein.
b) Sie müssen frei von Schädlingen und Krankheiten, insbesondere Schimmel sein.

c) Ballen dürfen keine Unkräuter enthalten.
d) Topfballen müssen gut durchwurzelt und artentsprechend groß sein.
e) Sie müssen in luftdurchlässigen Behältnissen verpackt sein.
f) Die Kennzeichnung jeder Verpackungseinheit muß Angaben über Menge, Art, Sorte und Sortierungsgröße enthalten und bis zur Verwendung auf der Baustelle lesbar sein.
g) Sie dürfen nur in der artbedingten geeigneten Jahreszeit versandt werden.

Für den Handel gilt die »Verordnung zur Festsetzung von Qualitätsnormen für Blumenbulben, -zwiebeln und -knollen«.

11.2 Pflanzentransport

In der Einführung wurde schon darauf hingewiesen, daß auch ein sachgemäßer Transport der Pflanzen Voraussetzung für eine erfolgreiche Pflanzung ist.

11.2.1 Pflanzenschädigung beim Transport

Der Transportweg der Pflanzen beginnt in der Baum- oder Staudenschule, sobald die Pflanzen im Quartier gerodet oder vom Standort ihrer Anzucht bei Topfpflanzen aufgenommen werden, und endet auf der Baustelle in dem Moment, in dem sie endgültig gepflanzt sind. In dieser Zeit muß alles getan werden, um Schäden an der Pflanze zu vermeiden oder auf das unvermeidliche Maß zu reduzieren. Fehler können den Wert der Pflanze mehr oder weniger stark mindern oder sogar Pflanzen abtöten. Die nachfolgenden Schäden können im allgemeinen auftreten.

Austrocknungsschäden
Sie entstehen
a) durch zu langes Offenliegenlassen der gerodeten Pflanzen im Quartier bei Sonne oder austrocknenden Winden oder auf dem Hof bzw. Lagerhalle der Baumschule,
b) durch zu lange oder unsachgemäße Zwischenlagerung in der Baumschule oder auf der Baustelle,
c) durch falsches Einschlagen in der Baumschule oder auf der Baustelle,
d) durch Transport auf offenen Fahrzeugen ohne oder mit ungenügender Abdeckung,
e) durch langes Liegen auf der Baustelle zwischen Auslegen und Pflanzung bei Sonne oder austrocknenden Winden.

Frostschäden
Sie entstehen

a) wenn Pflanzenwurzeln in der Baumschule oder auf der Baustelle dem Frost ausgesetzt werden,
b) wenn Pflanzen bei zu tiefen Temperaturen versandt werden und danach nicht sachgemäß behandelt werden,
c) wenn Pflanzen unsachgemäß eingeschlagen werden und die Wurzeln dadurch dem Kahlfrost ausgesetzt sind.

Überhitzungsschäden
Sie entstehen, wenn krautartige Pflanzen oder Immergrüne dicht aufeinander gestapelt werden. Weil die bei der Atmung entstehende Wärme nicht entweichen kann, überhitzen diese Pflanzen, schlagen vorzeitig aus oder zeigen Fäulnisschäden.

Bruchschäden
Sie entstehen durch unsachgemäßes Stapeln der Pflanzen, falsches Entladen, unsachgemäßes Binden und häufig durch Unachtsamkeit in jeder Phase des Transportes, der Lagerung und des Einschlages.

11.2.2 Folgen der Transportschäden

Der Unternehmer des Landschaftsbaues ist verpflichtet, ein Pflanzengut auf die Baustelle zu liefern, das frei von Mängeln ist, die seinen Wert beeinträchtigen. Pflanzen, die Transportschäden erlitten haben, wachsen in der Regel schlecht an, treiben nicht richtig aus, kümmern nach dem ersten Notaustrieb oder wachsen erst gar nicht an. Bei der Abnahme der Pflanzung im Spätsommer werden diese Pflanzen als nicht der geforderten Leistung entsprechend vom Auftraggeber abgelehnt und müssen ersetzt werden oder werden, wenn der Auftraggeber auf den Ersatz verzichtet, nicht vergütet.

Pflanzen, die durch Bruchschäden nicht mehr ihren typischen Wuchscharakter zeigen, im allgemeinen also die Solitärpflanzen, können ebenfalls bei der Abnahme abgelehnt werden. Sie sind entweder zu ersetzen oder man einigt sich auf eine Minderung der Vergütung, weil die Pflanze nicht mehr der in der Ausschreibung gestellten Forderung entspricht.

11.2.3 Maßnahmen zur Vermeidung von Transportschäden

Transportschäden verursachen dem Unternehmer also neben dem damit verbundenen Ärger und den zeitlichen Aufwendungen für Ersatzpflanzung und Pflege bis zum Anwachsen auch erhebliche finanzielle Einbußen. Sie können weitgehendst vermieden werden, wenn die nachfolgenden Regeln eingehalten werden.

Laden

Zunächst sind Kronen und Triebe so zusammenzubinden, daß sie weder beim Beladen noch beim Entladen ineinander verhaken und dabei brechen. Beim Stapeln ist dann zu beachten, daß
a) Arten und Größen zusammenliegen,
b) schwere Pflanzen unten liegen,
c) bruchempfindliche Pflanzen oben liegen,
d) krautartige und immergrüne Pflanzen zur Vermeidung von Überhitzungsschäden z. B. durch Verwendung von Paletten Durchlüftung erhalten,
e) die Sicherheit gegen Verrutschen gegeben ist und insbesondere Stämme von Bäumen nicht durch Auflegen auf die Kastenwand geschädigt werden
f) die Entladungsseite draußen am Fahrzeug gekennzeichnet ist.

Tabelle A 11.2.3/1 im Anhang gibt einen Überblick über die Gewichte, die beim Transport von Pflanzen anfallen.

Transport

Der Transport der Pflanzen darf nur in geschlossenen oder in Fahrzeugen mit geschlossener Abdeckung erfolgen. Das gilt auch für Transporte auf kurze Entfernungen, bei denen die Möglichkeit der Schädigung häufig nicht so ernst genommen wird. Aber gerade die Austrocknung durch den Fahrtwind ist die größte Schadensquelle zwischen Baumschule und Baustelle. Auch auf der Baustelle ist diese Regel zu beachten, denn oft liegt die Einschlagstelle weit von der Verwendungsstelle entfernt.

Bei Hitze und Kälte darf der Transport der Pflanzen nur erfolgen, wenn der Empfänger das gestattet. Maßgebende Temperaturen sind Wärme über +25° C oder Kälte unter −2° C. Der Empfänger wird den Versand nur zulassen, wenn er über ausreichende Lagerhallen verfügt, in denen die Pflanzen nach der Ankunft fachgerecht versorgt werden können.

Entladen

Das Entladen beginnt immer an der gekennzeichneten Seite. Beschädigungen der Pflanzen, die entweder durch die Art der Lagerung oder durch den Transport selbst entstanden sind, sollen in einem Protokoll vermerkt werden, das ein Zeuge unterzeichnen soll. Außerdem muß die Transportversicherung benachrichtigt werden.

Feuchtigkeitsverluste, die während des Transportes üblicherweise eintreten können, werden durch Wässern ausgeglichen. Überhitzte Sendungen, bei denen ein vorzeitiger Austrieb festgestellt wird, werden umgehend an einer schattigen Stelle eingeschlagen oder sofort gepflanzt. Gefrorene Sendungen sind in frostfreie, kühle Räume zu bringen und langsam aufzutauen. Danach sind sie entweder zu pflanzen oder ungebündelt einzuschlagen.

Lagern (Abb. 11.2.3/1 + 2)

Größere Pflanzensendungen können nicht immer sofort gepflanzt werden. Meistens werden dazu mehrere Tage benötigt. Beträgt der Zeitraum zwischen Anlieferung und Pflanzung nicht mehr als 48 Stunden, dann können die Pflanzen über der Erde gelagert werden. Sträucher und ähnliche Gehölze ohne Ballen werden mit den Wurzeln gegeneinander aufgestapelt, angefeuchtet und abgedeckt. Die Wurzeln von Heistern, Stammbüschen, Hoch- und Halbstämmen werden sofort mit Boden bedeckt und Ballenpflanzen werden Ballen an Ballen an einem möglichst schattigen Platz aufgestellt, die äußeren Ballen mit Erde, Stroh u. ä. abgedeckt und alle Ballen ständig feucht gehalten. Stauden und Sommerblumen beläßt man in flachen Transportgefäßen oder stellt sie in flachen Gruben eng aneinander auf.

Einschlagen (Abb. 11.2.3/3 + 4)

Beträgt die Zeit zwischen Anlieferung und Pflanzung mehr als 48 Stunden, müssen die Pflanzen sehr sorgfältig weiter feucht gehalten oder bei voraussehbar längerer Lagerungszeit eingeschlagen werden. Dazu werden Gräben ausgehoben, die Pflanzen einzeln dicht an dicht schräg nach hinten eingestellt, angefeuchtet und ihre Wurzeln oder Ballen von allen Seiten mit lockerer Erde umfüllt und angetreten. Gebündelte Pflanzen werden durch Lösen der unteren Bindung so auseinandergezogen, daß alle Wurzeln Erdkontakt bekommen können. Arten und Sorten werden immer von hinten links an beginnend geschlossen eingeschlagen, um Vertauschen während der Pflanzarbeit zu vermeiden. Der Streifen zwischen den einzelnen Reihen soll so breit sein, daß man durch die Reihen gehen kann, um die Pflanzenlieferung im Einschlag kontrollieren und pflegen zu können. Zur Pflege des Einschlags gehören das Feuchthalten, das Bekämpfen von Schädlingen und Krankheiten, sobald sie auftreten und bei Wintereinschlägen das Abdecken empfindlicher Gehölze mit Stroh, Nadelholzreisig oder Laub.

Aufschulen

Pflanzen, die wegen fortgeschrittener

Abb. 11.2.3/1 Lagerung von Hochstämmen für einen Zeitraum von 48 Stunden (li.) – **Abb. 11.2.3/2** Als Lagerung ist dieser Schnelleinschlag voll geeignet und geht über die Festlegung in DIN 18916 hinaus. Ein Einschlag, auch kurzfristig, erfordert das Auflösen zumindest der unteren Bindung und eine vollständige Abdeckung der Wurzeln

Abb. 11.2.3/4 Dieser Einschlag ist zum Schutz gegen Wildverbiß und Weidevieh durch einen provisorischen Drahtzaun geschützt (o.)

Abb. 11.2.3/3 Bei diesem nicht fachgerechten Einschlag von Hochstämmen mit Ballen ist die Abdeckung mit Erde nicht vollständig. Die Ballen können austrocknen (li. o.)

Abb. 11.2.3/5 Das ist ein nicht fachgerechter Einschlag, weil die Pflanzen gebündelt eingeschlagen sind (li. Mitte)

Abb. 11.2.3/6 Bei gebündeltem Einschlag ist ein Verfüllen mit Boden in der Mitte des Bündels nicht möglich. Trocken- und Frostschäden sind zu erwarten. Um das zu verhindern, ist zumindest die untere Bindung aufzulösen und das Bündel so auseinanderzuziehen, daß alle Wurzeln gut mit Erde abgedeckt werden können (li. u.)

Vegetation nicht mehr auf der Baustelle gepflanzt werden können, wenn z. B. die Pflanzflächen noch nicht fertiggestellt sind, müssen aus dem Einschlag herausgeholt und aufgeschult werden. Darunter versteht man das Aufpflanzen der Gehölze in baumschulmäßigen Quartieren. Der Reihenabstand und der Abstand in der Reihe richtet sich nach der Größe der Pflanzen, und er sollte so gewählt werden, daß auch noch für einen Zuwachs Raum gegeben ist.

11.3 Pflanzarbeit

Die Pflanzarbeit bringt nur Erfolg, wenn alle Voraussetzungen dafür gegeben sind und das Pflanzen selbst fachgerecht durchgeführt wird. Erste Voraussetzung für einen guten Erfolg der Pflanzarbeit sind eine gute Bodenvorbereitung und ein geeigneter Bodenzustand während des Pflanzens.

11.3.1 Bodenvorbereitung und Bodenzustand

Jede Pflanze hat einen für sie typischen Standort sowohl bezogen auf den Bo-

den als auch auf die Licht- und Wärmeverhältnisse. Moorbeetpflanzen z. B. benötigen im allgemeinen einen nicht zu sonnigen Standort mit saurem Boden, feuchte Böden vertragen neben vielen anderen *Alnus glutinosa* und *Salix caprea* und zu den Pflanzen, die ausgesprochen trockene Böden vertragen, gehören u. a. *Eleagnus angustifolia, Cytisus scoparius* und *Tamarix*. Neben den Pflanzen, die einen bestimmten Standort benötigen, gibt es viele mit einer sehr breiten Amplitude, die also auf verschiedensten Standorten gedeihen. Der Landschaftsarchitekt wird bei seiner Pflanzenauswahl zunächst einmal versuchen, unter Beachtung ökologischer Zusammenhänge heimische und standortgerechte Pflanzen auszuwählen. Standortgerecht bedeutet, daß diese Pflanzen auf dem an dieser Stelle vorgefundenen Standort bezüglich Boden, Klima und Exposition auch in der freien Natur vorkommen, sich dort wohlfühlen und auch an dieser gleichgearteten Stelle gut wachsen werden. Bei einer artenreicheren Bepflanzung ist das nicht mehr zu verwirklichen. Noch schwerer wird es aber, wenn der Garten als Kunstform aufgefaßt wird und deshalb auch Pflanzen vorgesehen werden, die weder heimisch noch standortgerecht sind.

Durch eine entsprechende Bodenvorbereitung wird nun versucht, möglichst günstige Wachstumsvoraussetzungen zu schaffen. Ein guter Landschaftsarchitekt wird zunächst einmal bei der Aufstellung seines Bepflanzungsplanes alle die Pflanzen, die einen annähernd gleichen Standort verlangen, in einem bestimmten Garten- oder Parkteil zusammenfassen, z.B. in einem absonnigen Bereich die Rhododendron, Azaleen und andere schattenvertragende Moorbeetpflanzen mit den dazugehörenden Stauden und Bodendeckern. In die sonnigen Bereiche wird er Pflanzen z.B. aus dem Mittelmeerbereich setzen, die volle Sonne und Trockenheit vertragen oder sogar benötigen. Durch eine solche Aufteilung in bestimmte Bereiche können nun die einzelnen Standorte in ihrer Bodenzusammensetzung einheitlich hergerichtet werden. Das Herrichten erstreckt sich einmal auf die Lockerung des Bodens, um möglichst viel Sauerstoff in den Boden zu bringen, dann aber auch auf die Verbesserung und Anpassung des Bodens an die vorgesehene Bepflanzung. So gibt man z.B. dort, wo Moorbeetpflanzen stehen sollen, vorwiegend Torf in den Boden und an Stellen, die trockenheitsliebende Pflanzen einnehmen sollen, u.U. sehr viel Sand und Kies, d.h. man richtet einen den Pflanzen entsprechenden Bodenzustand her. Zusätzlich wird der Boden dann noch mit Nährstoffen angereichert, um ein zügiges Wachsen der gepflanzten Pflanzen zu sichern. Die Regeln, nach denen ein Boden zu verbessern und herzurichten ist, sind unter 3.4 ausführlich behandelt.

Ein weiteres Augenmerk werfen wir auf den Zustand des Bodens bei der Pflanzung. Unter 3.6.4 war ausführlich auf die Bearbeitbarkeitsgrenzen eines Bodens eingegangen worden. Diese Grenzen sind nun auch bei der Pflanzarbeit selbst sorgfältig zu beachten. Wir erkennen auf der Baustelle sehr leicht, ob ein Boden vom Feuchtzustand her für die Pflanzung geeignet ist. Wenn er so feucht ist, daß er nur als ganze Scholle zu bewegen ist und die Scholle nicht auseinanderbricht, wenn sie sich vom Spaten löst, dann soll nicht gepflanzt werden. Ein derart nasser Boden wird, wenn er wieder in das Pflanzloch verfüllt wird, die Wurzeln an einer Wand des Pflanzloches zusammenquetschen, sie kaum richtig ummanteln und außerdem das Wurzelbild wesentlich verändern. Beim Antreten der Pflanzen kommt es zudem noch zu einem Verschmieren der Bodenporen und damit zu einer Verminderung und Verhinderung des Luft- und Wasseraustausches

im Boden. Deshalb gilt als Grundregel für das Pflanzen: »Nur pflanzen, wenn der Boden bei der Bearbeitung krümelt!«

Nicht immer wird die Pflanzfläche erst unmittelbar vor der Pflanzung vorbereitet. Wenn im Zuge der Bauarbeiten die Pflanzflächen schon im Sommer hergerichtet sind, dann müssen sie bis zum Zeitpunkt der Pflanzung unkrautfrei gehalten werden. Handelt es sich zwischen diesen beiden Terminen nur um etwa acht Wochen, dann wird das Unkraut mechanisch durch Hacken, Fräsen, Grubbern oder Eggen bekämpft. Ist ein größerer Zeitraum zu überbrücken, dann wird man durch eine Zwischenbegrünung etwas für den Boden tun und gleichzeitig das Unkraut niedrighalten. Unter einer Zwischenbegrünung versteht man die Bestellung der Vegetationsfläche mit einjährigen, schnellwachsenden und meistens stickstoffsammelnden Pflanzen wie Klee oder Lupine. Über die geeigneten Pflanzen und weitere Einzelheiten ist unter 3.6.7.3 geschrieben worden. Die schnellwachsenden Pflanzen beschatten den Boden sehr rasch und verhindern weiteres Keimen von Unkraut und verdrängen schon gekeimtes Unkraut. Durch ihre Wurzeln schließen sie den durch die Bauarbeiten gestörten Boden besser als jedes Gerät auf und reichern den Boden mit Humus an. Vor der Durchführung der Pflanzarbeiten wird dann gemäht und die Blattmasse möglichst durch Umgraben oder Pflügen in den Boden gebracht. Wo das nicht möglich ist, muß die Blattmasse entfernt und der Boden durch Grubben, Eggen oder Fräsen wieder zur Pflanzung hergerichtet werden.

11.3.2 Pflanzzeit (Tab. A 11.3.2/1)

Pflanzen lassen sich am besten in der Wachstumsruhe umpflanzen. Diese beginnt bei Gehölzen mit dem Laubfall und endet mit dem Austrieb im Frühjahr. Alle Pflanzen, auch die Immergrünen, haben dann das oberirdische Wachstum abgeschlossen und die neuen Triebe sind verholzt. Nicht abgeschlossen ist das Wurzelwachstum. Das bedeutet, daß eine Pflanze durch gute Wurzelbildung schon fest im Boden verankert sein kann, wenn sich oberirdisch noch gar nichts zeigt.

Klimatisch ist die Zeit der Wachstumsruhe dadurch gekennzeichnet, daß die Temperaturen niedrig sind, eine hohe Luftfeuchtigkeit herrscht und wirksame Niederschläge fallen. Das erleichtert das Anwachsen der Pflanzen, die zu jeder Zeit weiter Wasser verdunsten, die Immergrünen durch ihr volles Laub in sehr großem Umfang, die sommergrünen Gehölze durch den blattlosen

Zustand in erheblich geringerem Umfang.

Im Prinzip ist es gut, die Pflanzen so früh wie möglich in den Boden zu bringen, denn durch die Wurzelbildung auch in der Vegetationsruhe gehen sie gefestigt in die Zeit des Austriebes hinein. Es gibt aber Gehölze und Stauden, die besser im Frühjahr gepflanzt werden. Das sind vor allem Birken und Buchen sowie alle Gehölze mit fleischigen Wurzeln. Sie sollen natürlich auch erst im Frühjahr in der Baumschule gerodet werden. Den besten Anwuchserfolg erreicht man, wenn man diese Pflanzen beim Austrieb pflanzt.

Immergrüne Gehölze, die keine Ballen besitzen, pflanzt man am besten früh im Herbst oder spät im Frühjahr. Wenn sie aber mit Ballen ausgemacht und geliefert werden, können sie wie die anderen Gehölze mit Ausnahme der Frostzeiten in der gesamten Zeit der Wachstumsruhe gepflanzt werden.

Die Wachstumsruhe vieler Stauden ist durch das Einziehen der krautigen Triebe gekennzeichnet. Bei immergrünen oder wintergrünen Stauden hört das Wachstum auf und die Triebe reifen aus. Die beste Pflanzzeit sind die gemäßigten Jahreszeiten, also etwa August bis September und April bis Mai. Uferstauden und Wasserpflanzen werden im späten Frühjahr gepflanzt. Aber auch bei den Stauden gibt es Unterschiede in der Anwuchsfreudigkeit, denn es gibt Arten, die nach dem Pflanzen nur schwer überwintern. Im Herbst lassen sich gut verpflanzen *Adonis, Astilbe, Paeonia, Phlox, Primula, Mertensia, Papaver, Doronicum, Trillium* u.a., im Frühjahr sollten gepflanzt werden *Anchusa, Anemone-Japonica-Hybriden, Helictotrichon sempervirens, Anthemis, Aster amellus, Chrysanthemum maximum, Chrysanthemum Koreanum-Hybriden, Delphinium, Fuchsia, Kniphofia, Lupinus, Nepeta, Scabiosa, Verbascum* u.a. *Iris* versetzt man am besten kurz nach der Blüte im Juli oder August.

Auch die Blumenzwiebeln und Knollen haben ihre typische Pflanzzeit. Grundsätzlich werden alle winterharten Arten, die im Frühjahr blühen sollen, im Herbst von September bis November gesetzt. Es sind dies *Allium, Anemone, Arum, Bulbocodium, Camassia, Chionodoxa, Corydalis, Crocus, Eranthis, Erythronium, Frittilaria, Hyacinthus, Iris, Ixia* (November), *Ixiolirion, Leontice, Leucojum,* Lilien, *Mertensia virginica, Muscari, Narcissus, Ornithogalum, Ostrowskia, Oxalis, Puschkinia, Romulea, Sanguinaria, Scilla, Trillium* und Tulpen. Im Frühjahr werden von März bis April gepflanzt *Alstroemeria, Anemone coronaria, Bletilla, Caochortus, Crinum, Crocosmia, Cyclamen, Dioscorea, Eucomis, Gal-*

tonia, Gladiolus (April) *Lilium, Moraea, Ranunculus asiaticus, Saxifraga granulata,* nach Mitte Mai setzen wir *Acidanthera, Bessera, Canna, Commelina, Cyclobothra,* Dahlien, *Elisena, Gloriosa, Hedychium, Ismene,* Knollenbegonien, *Milla, Mirabilis, Salvia patens, Sprekelia, Tigridia* und im Sommer etwa im August *Colchicum, Crocus* (Herbstblüher), *Eremurus, Galanthus, Lilium candicum, Narcissus* und *Sternbergia.*

11.3.3   Durchführung der Pflanzung

Zunächst bereiten wir die Pflanzen auf die Pflanzung vor. Bei sommergrünen Gehölzen ohne Ballen werden die Wurzeln und oberirdischen Pflanzenteile zurückgeschnitten. Beim Beschneiden der Wurzeln sollen nur die verletzten Wurzelteile entfernt und die gesunden Wurzeln angeschnitten werden, damit sich an diesen Schnittstellen Wundcallus und aus ihm heraus neue Wurzeln bilden können. Es ist immer falsch und unzulässig, wenn die Wurzeln stärker als unbedingt notwendig gekürzt werden, um sich z. B. das Pflanzen selbst zu erleichtern, denn je weniger Wurzeln desto kleiner kann auch das Pflanzloch sein. Ein großes Wurzelvolumen ist immer notwendig, um das Anwachsen zu erleichtern.

Die oberirdischen Pflanzenteile werden nur soweit zurückgeschnitten, daß ein gewisser Ausgleich zwischen dem durch das Herausnehmen aus der Baumschule und den Rückschnitt reduzierten Wurzelvolumen und den oberirdischen Trieben hergestellt ist. Bei Herbstpflanzungen kommt man mit einem geringeren Rückschnitt aus, weil die Wurzelbildung schon im Winter und frühen Frühjahr vor dem Austrieb einsetzt und zum Zeitpunkt des Austriebes die Versorgung der Pflanze mit Wasser dadurch zunächst einmal gesichert ist. Je später im Frühjahr gepflanzt wird, desto stärker muß der Rückschnitt ausfallen, denn wir wollen damit die Verdunstungsfläche erheblich reduzieren, weil wegen des späten Pflanztermins und der damit noch nicht vorhandenen Saugwurzeln eine Wasserversorgung der austreibenden Pflanze nicht gesichert ist. Diese Pflanzen müssen zeitweise mit dem in den Zellen gespeicherten Wasser auskommen. Bei hohen Temperaturen besteht dann die Gefahr des Austrocknens (Abb. 11.3.3/1).

Sollten beim Schneiden Wunden über 3 cm Durchmesser entstehen, so müssen diese mit einem Wundbehandlungsmittel verstrichen werden.

Bei Stauden werden die Wurzeln ebenfalls angeschnitten, soweit sie nicht als Topfware geliefert wurden. Nur bei

Abb. 11.3.3.1   Pflanzung auf einer Straßenböschung ohne Rückschnitt im Frühjahr. Das Anwachsrisiko ist hier sehr hoch

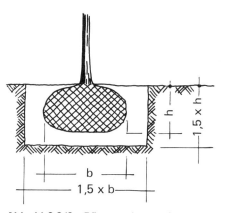

Abb. 11.3.3/2   Pflanzgrubengröße für Ballenpflanzen

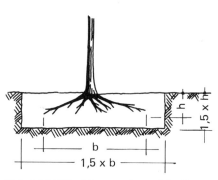

Abb. 11.3.3/3   Pflanzgrubengröße für ballenlose Pflanzen

sehr später Pflanzung im Frühjahr muß man auch die ausgetriebenen Krauttriebe zurücknehmen, um die Verdunstungsfläche zu reduzieren.

Immergrüne Pflanzen und Solitärpflanzen mit Ballen werden weder im Wurzelbereich noch in den oberirdischen Teilen beschnitten. Hier schneiden wir lediglich beschädigte Äste heraus. Nur in den Fällen, in denen der Ballen durch den Transport stark gelitten hat oder ein richtiger Ballen nicht vorhanden ist, sollte vorsichtig zurückgeschnitten werden, d.h. der Wuchscharakter der Gehölze darf dabei nicht gestört werden. Es handelt sich hier also nur um einen leichten Ausschnitt (Lichtungsschnitt).

Danach werden die Pflanzen ausgelegt, d.h. sie werden nach Pflanzplan oder nach den Angaben des Landschaftsarchitekten an die Stelle gelegt, an der sie gepflanzt werden sollen. Da die Wurzeln jetzt offen liegen und schnell austrocknen, muß sofort gepflanzt werden. Langes Liegen in Sonne und Wind schädigt die Pflanzen sehr und macht die Mühe, die man sich vorher mit sorgfältigem Transport, Lagerung oder Einschlag gegeben hat, gegenstandslos. Zum Pflanzen wird ein Pflanzloch ausgehoben, das den 1,5fachen Durchmesser des Wurzelwerkes der Pflanze oder des Ballens in Breite und Tiefe haben muß (Abb. 11.3.3/2 + 3). In dieses Pflanzloch wird nun die Pflanze gehalten und lockerer und krümelnder Boden so eingefüllt, daß er zwischen die Wurzeln fällt und diese gut umhüllt. Durch mehrfaches Hochziehen und Niederdrücken bzw. Schütteln der Pflanze wird das vollständige Umhüllen der Pflanzenwurzeln noch unterstützt, denn es darf kein Hohlraum mehr verbleiben. Deshalb darf auch kein gefrorener Boden oder Schnee in die Pflanzgrube gelangen (Abb. 11.3.3/4). Sie würden die Hohlräume hinterlassen, die unbedingt vermieden werden müssen. Die Wurzeln sollen in natürlicher Lage eingebracht werden, d. h. so wie es ihrem natürlichen Wuchs entspricht. Wenn nun ein bindiger Boden wegen zu hoher natürlicher Feuchtigkeit beim Pflanzen klumpt, dann kann diese Forderung nicht gut erfüllt werden, denn die Erdbrocken drücken die Wurzeln beim Verfüllen in eine unnatürliche Lage. Das verschlechtert wiederum die Aussicht auf zügiges Anwachsen. Nach dem Verfüllen des Pflanzloches oder bei größeren Pflanzgruben schon während des Verfüllens wird der Boden kräftig angedrückt, damit die Wurzeln festen Erdkontakt bekommen. Ein späteres Einschlämmen kann dieses Antreten nicht ersetzen. Fehlt noch Boden, muß weiter verfüllt werden, bis Erdplanumshöhe erreicht ist.

Nach dem Pflanzen müssen die Gehölze ebenso hoch stehen wie vorher in der Baumschule. Es darf vor allem nicht zu tief gepflanzt werden, weil die Pflanzen sonst kümmern. Insbesondere die Flachwurzler unter den Gehölzen und Bäumen reagieren sehr stark auf zu tiefes Pflanzen. So verhindert schon eine Schicht von 2 cm bindigem Boden über

Abb. 11.3.3/4 Pflanzen bei Schnee führt dazu, daß gefrorener Boden oder Schnee in die Pflanzgrube eingefüllt werden und später Hohlräume auftreten. Deshalb ist das Pflanzen bei Frost und Schnee unzulässig

dem natürlichen Wurzelhorizont bei Birken das Anwachsen. Bei Gehölzen, die aus Steckholz vermehrt werden, die also in der Lage sind, neue Wurzeln aus dem Stamm oder Trieben zu bilden wie z. B. Pappeln, Weiden, Hartriegel, Forsythie u. a. können ohne großen Schaden auch mal tiefer gepflanzt werden. Bei bindigen Böden wirkt sich aber auch das nachteilig aus, weil die in der Baumschule gezogenen Wurzeln jetzt tiefer sitzen, dadurch weniger Sauerstoff erhalten und deshalb weniger zum Anwachsen beitragen können.

Bei größeren Pflanzen ist es sinnvoll, sie mit der gleichen Seite zur Sonne zu stellen, die vorher auch in der Baumschule in der Sonne stand. Das Gehölz hatte sich dort in seiner Zellstruktur auf diese Besonnung eingestellt. Eine Umstellung würde eine gewisse Schwächung bedeuten.

Ballenpflanzen werden zunächst bis zur vollen Durchfeuchtung in Wasser gestellt. Es ist ein Trugschluß zu meinen, daß ein nachträgliches Wässern den gleichen Effekt besitzt. Die Pflanzen werden dann mit dem gut durchfeuchteten Ballen in die vorher ausgehobene Pflanzgrube gestellt. Dazu muß die vorher vorbereitete Pflanzgrube wieder mit dem gelockerten Aushub, der u. U. noch verbessert wurde, teilweise gefüllt werden. Unter dem Ballen muß also lockere und soweit notwendig verbesserte Erde liegen. Beim Einstellen ist darauf zu achten, daß das Gehölz wieder so hoch steht wie vorher in der Baumschule. Danach lösen wir das Ballentuch oder den Draht, mit dem der Ballen gehalten wurde, im Bereich des Wurzelhalses, um Einschnürungen an dieser Stelle zu verhindern. Diese Einschnürungen, die zum Tod der Pflanze führen können, treten auf, obwohl das Ballentuch verrottbar sein muß, denn es wird im Bereich des Wurzelhalses zu einem Strick zusammengezogen und verknotet. Dieser Strick verrottet natürlich langsamer. Ballentuch und Draht verbleiben nach dem Lösen der Knoten am Ballen, denn das Ballentuch verrottet nun ohne Schaden für das Gehölz und der Draht wird von den Wurzeln durchwachsen und verrostet langsam. Nun verfüllen wir wieder sorgsam und treten zwischendurch an. Unterboden soll dabei zuerst eingefüllt werden, damit wieder der Urzustand in der Bodenschichtung hergestellt wird. Bei bindigen Böden muß vor allem vermieden werden, daß zuviel organische Masse in größere Tiefe eingebracht wird. Bei dem dort herrschenden relativen Sauerstoffmangel bilden sich schnell Faulgase, die die Wurzeln schädigen. Bei solchen Bodenverhältnissen ist es richtiger, durch Sandzugabe oder den Einbau von Dräin-

Lüftungsrohren viel Sauerstoff in den Boden zu bringen.

Rosen sollten ebenfalls vor dem Pflanzen voll ins Wasser gelegt werden, damit sie sich vollsaugen können. Dann werden die Wurzeln leicht gekürzt. Die oberirdischen Teile schneiden wir bei Herbstpflanzungen erst im Frühjahr auf drei bis fünf Augen zurück. Bei Frühjahrspflanzungen wird gleich soweit zurückgeschnitten. Park-, Strauch und Kletterrosen werden auf etwa 20–25 cm zurückgenommen. Dann wird so tief gepflanzt, daß die Veredelungsstelle 2–3 cm unter dem Erdanschluß liegt. Die Rosen häufeln wir dann etwa 20 cm hoch an und belassen diesen Verdunstungsschutz aus Erde bis zum Einsetzen des Triebes. Bei bedecktem Wetter wird dann abgehäufelt.

Der Pflanzvorgang bei Stauden entspricht sinngemäß den bisher genannten Pflanzvorgängen. Die Pflanztiefe ist der Pflanzenart anzupassen und die Wurzeln müssen in natürlicher Lage in das Pflanzloch eingebracht werden. Die Art der natürlichen Lage ist bei den krautigen Wurzeln nicht immer leicht zu erkennen, insbesondere wenn sie etwas schlaff geworden sind. Ein typisches Beispiel für eine Staude mit annähernd horizontal wachsenden Wurzeln ist Eremurus.

Als Norm für die Pflanztiefe bei Blumenzwiebeln gilt jeweils das 3–4fache Maß der Zwiebelgrößte (Abb. 11.3.3/5 + 6), bei Tulpen also etwa 10 bis 15 cm. Es ist besser zu tief zu pflanzen als zu flach. Beim Pflanzen z. B. mit einem Pflanzstock muß darauf geachtet werden, daß unter der Blumenzwiebel oder Knolle, die mit der Spitze nach oben gesetzt werden, kein Hohlraum unter der Zwiebel verbleibt. Besser geeignet zum Pflanzen sind Geräte, bei denen der Boden nicht verdrängt, sondern ausgestochen und nach dem Legen der Zwiebel wieder verfüllt wird.

Nach der Durchführung der Pflanzung wird die Pflanzfläche wieder hergerichtet. Darunter verstehen wir das Ebnen und Lockern der Fläche, das Ablesen von Steinen und Unrat über 5 cm Durchmesser, schwer verrottbarer Pflanzenteile und Dauerunkräutern und das Anlegen von Gießmulden.

Schließlich müssen die Pflanzen, gleich ob Gehölz oder Staude, durchdringend gewässert werden. Tabelle A 11.3.3/1 gibt einen Anhalt über die dafür jeweils erforderlichen Wassermengen. Das Anwässern ist durch einen leichten Regen nicht zu ersetzen, wie das nachfolgende Beispiel zeigt. Bei 10 mm Niederschlag fallen 10 l Wasser auf einen Quadratmeter. Die Pflanze erhält davon jedoch nur einen Bruchteil, nämlich nur die in seine unmittelbare

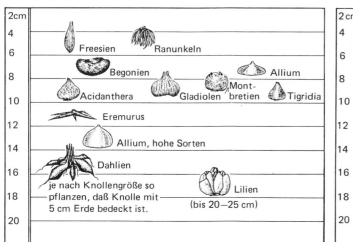

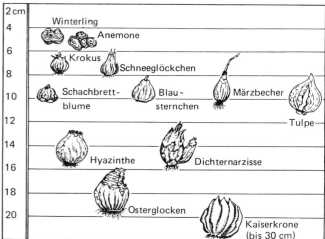

Abb. 11.3.3/5   Pflanztiefen für Herbstblumenzwiebeln und Knollen (li.)

Abb. 11.3.3/6   Pflanztiefen für Frühjahrsblumenzwiebeln und Knollen

Nähe gelangenden Tropfen. Um das Anwässern voll zu ersetzen, müssen bei niedrigen Stauden in 24 Stunden 10 mm und bei hohen Stauden 20 mm Niederschlag fallen. Mit dieser Regenmenge kommen auch noch Junggehölze, ballenlose Sträucher, Heckenpflanzen, Rosen und Ballengehölze bis 40 cm Höhe oder Breite aus. Bei allen größeren Gehölzen ersetzt kein Regen das Anwässern. Hier muß sorgfältig und ausgiebig von Hand angewässert werden.

11.3.4 Sicherung der Pflanzen

Unter Sicherung von Pflanzen verstehen wir alle Maßnahmen, die notwendig sind, die Pflanzen vor Wind, Austrocknung und Wildschaden zu schützen.

11.3.4.1 Verankerung

Größere Gehölze mit weniger flexiblem Holz und größere Immergrüne bieten dem Wind eine große Angriffsfläche. Die oberirdischen Pflanzenteile wirken dabei wie ein Hebel auf das Wurzelwerk, das zunächst nur mechanisch durch das Gewicht des Wurzelballens oder das Gewicht des auf den Wurzeln liegenden Bodens im Erdreich verankert ist. Bei starkem Wind reicht dieser mechanische Widerstand nicht mehr aus. Das Wurzelwerk wird dann aus seiner Ruhestellung herausgerissen. Das führt über eine leichte Lockerung bis zum Windwurf. Schon eine leichte Lockerung hat zur Folge, daß feine Haarwurzeln, die sich bereits gebildet und die erste Versorgung des Gehölzes übernommen haben, losgerissen werden. Je häufiger diese Störungen eintreten, desto geringer wird der Anwuchserfolg. Deshalb müssen große Gehölze sorg-

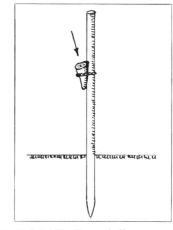

Abb. 11.3.4.1/1   Rammkeil zum Eintreiben eines Baumpfahles

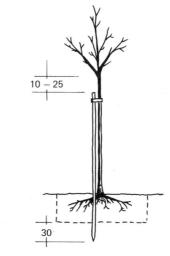

Abb. 11.3.4.1/2   Verankerung eines Baumpfahles in der Baumgrube

fältig verankert werden. Mit dieser Verankerung muß erreicht werden, daß das Wurzelwerk und der Ballen ruhiggestellt werden und die Bewegungen der Krone nicht mitmachen. Diese Gefahr besteht bei allen Gehölzen mit Stämmen oder stammartigen Trieben wie Heister, Stammbüsche, Solitärs sowie großvolumigen Großsträuchern und höheren Koniferen.

Als Verankerungen sind allgemein üblich:
a) Senkrechtpfähle
b) Schrägpfähle
c) Drahtanker
d) Pfahlgerüste mit 2 bis 4 Pfählen
e) Stangenscheren.

Für die Verankerung verwenden wir fast ausschließlich Holz in Form von Baumpfählen, Holzpfählen und Latten. Diese müssen zwei Vegetationsperioden lang ihre Aufgabe des Sicherns voll erfüllen. Deshalb werden weißgeschälte Hölzer gewählt, die gegen Pilze und Insekten durch Imprägnierung mit einem anerkannten Holzschutzmittel geschützt sind. Diese Mittel müssen pflanzenunschädlich sein. Als Bindematerial sind Kokosstrick und Kunststoffbänder üblich. Auch sie müssen zwei Vegetationsperioden lang halten und dauerhaft elastisch sein, damit keine Einschnürungen verursacht werden.

Die Länge der Pfähle richtet sich nach der Stammlänge der zu verankernden Pflanze und der Art der Verankerung. Über der Erde soll der Pfahl zwischen 10–25 cm vom Kronenansatz entfernt enden, also nicht in die Krone hineinreichen, aber auch nicht zu weit vom Kronenansatz entfernt sein, weil sonst der Stamm bei starkem Sturm an der Bindestelle brechen kann. Wie tief der Baumpfahl in die Erde reicht, richtet sich nach der Verankerungsart. Bei Ge-

Abb. 11.3.4.1/3 Sicherung eines Baumes mit einem Baumpfahl, durch Kunststoffband miteinander verbunden

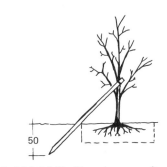

Abb. 11.3.4.1/4 Pfahlgerüst mit Verankerung der Baumpfähle außerhalb der Baumgrube

hölzen, insbesondere Bäumen, die ohne Ballen gepflanzt werden, weil es sich um jüngere Ware handelt mit geringeren Stammumfängen, können die Baumpfähle sehr nahe an den Stamm gebracht werden. Sie werden dazu vor der Pflanzung im Pflanzloch eingeschlagen und zwar 30 cm tief in den ungelokkerten Boden. Bei einem 50 cm tiefen Pflanzloch errechnet sich dann die in der Erde befindliche Pfahllänge auf 80 cm. Bei Ballenware kann der Baumpfahl nicht mehr in der Nähe des Stammes stehen, weil er nicht durch den Ballen geschlagen werden darf. Bei solchen Pflanzen sind in der Regel Pfahlgerüste, Drahtanker, Schrägpfähle oder Stangenscheren zu verwenden. Stehen dabei die Pfähle eines Stangengerüstes noch in

Abb. 11.3.4.1/7 Verankerung mit Schrägpfahl

der Baumgrube, sind sie ebenso tief zu verankern wie zuvor beschrieben. Außerhalb der Baumgrube gesetzte Pfähle müssen 50 cm tief im Erdreich verankert sein. Beim Einschlagen der Pfähle ist darauf zu achten, daß die Pfahlköpfe dabei nicht aufgespalten werden. Um das zu verhindern, bedient man sich des seitlich am Pfahl anzubringenden Rammkeils (Abb. 11.3.4.1/1). Beschädigte Köpfe müssen nachgeschnitten werden.

Senkrechtpfähle werden in der Regel als Einzel-Baumpfähle dicht neben dem Stamm des Gehölzes angesetzt. Der Abstand beträgt nur 5 bis 10 cm. Seine Wirksamkeit ist dann beendet, wenn das Gehölz durch Windbewegungen auch den Pfahl mitzieht. Der Einzel-Baumpfahl ist also nur bei jüngeren Bäumen geeignet (Abb. 11.3.4.1/2 + 3).

Größere Bäume und Stammbüsche werden durch Pfahlgerüste gesichert. Das sind Verankerungen aus drei oder vier Baumpfählen, die im Drei- oder Viereck um den Baum gesetzt und am oberen Ende durch Latten miteinander verbunden werden. Sie stützen sich damit gegenseitig ab. Meistens stehen sie etwas schräg, um die Stützwirkung zu erhöhen (Abb. 11.3.4.1/4–6). Pfahlgerüste zur Sicherung von Großbäumen, die häufig in größerem Abstand vom Baum stehen müssen, erhalten zusätzlich zu der oberen Verbindung Querversteifungen zwischen den Baumpfählen. Die Latten werden jeweils vernagelt.

Schrägpfähle verwenden wir zur Verankerung von Heistern, Solitärpflanzen und Großsträuchern ohne Mitteltrieb oder Verästung von unten an sowie bei

Abb. 11.3.4.1/5 Die Baumpfähle sind vor der Pflanzung gesetzt (li.)
Abb. 11.3.4.1/6 Fertiges Pfahlgerüst aus drei Baumpfählen und Bindung mit Kunststoffband (Mitte)

Abb. 11.3.4.1/8 Verankerung mit Schrägpfahl

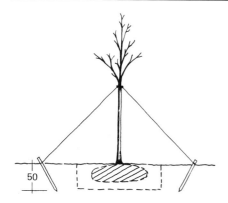

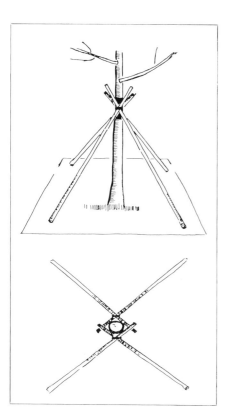

Pflanzen aus dem Bereich der Koniferen. Bei diesen Gehölzen beginnt das blattragende Volumen direkt über der Erde. Bei ihnen fehlt also ein Stamm. Sie besitzen nur einen oder mehrere stammartige Triebe. Die Verankerung erfolgt nach dem Pflanzen mit einem oder mehreren schräg außerhalb der Pflanzgrube in den Boden geschlagenen Baumpfählen (Abb. 11.3.4.1/7 + 8). Beim Setzen des Pfahles muß das Gehölz sorgfältig zur Seite gebogen werden, um Beschädigungen zu vermeiden.

Drahtanker werden zur Sicherung von Großbäumen gebraucht, wenn genügend Platz vorhanden ist und Pfahlgerüste aus ästhetischen Gründen nicht infrage kommen. Im allgemeinen nimmt man mindestens 2 mm starken verzinkten Stahldraht, spannt ihn nach drei Seiten etwa im Winkel von 45 Grad und sichert mit schräg in den Boden getriebenen Pflöcken (Abb. 11.3.4.1/9). Besonderes Augenmerk ist auf den Schutz des Stammes an der Stelle zu

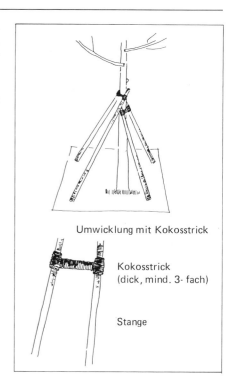

Umwicklung mit Kokosstrick

Kokosstrick (dick, mind. 3-fach)

Stange

Abb. 11.3.4.1/9 Drahtanker zur Sicherung des Baumes. Pfähle außerhalb der Baumgrube im Boden verankert (li. o.)

Abb. 11.3.4.1/10 Einfache Stangenschere aus 4 zeltartig gekreuzten und paarweise verbundene Stangen, nur flach eingegraben. Stammschutz durch Bandage (li. Mitte)

Abb. 11.3.4.1/11 Verbesserte Stangenschere aus paarweise mit mehrfacher Kokosstrick-Bandage verbundenen Stangen. Hier kann der Stammschutz entfallen (re. o.)

Abb. 11.3.4.1/12 Stangenschere zur Sicherung großer Bäume (li. u.)

Abb. 11.3.4.1/13 Bindung des Baumes mit Kokosstrick in 8-Form. Es besteht die Gefahr des Einschnürens. Laufende Kontrollen sind erforderlich (Mitte u.)

Abb. 11.3.4.1/14 Bindung des Baumes mit Kunststoffband. Dieses ist zur Verhinderung des Abrutschens am Baumpfahl festgenagelt (re. u.)

wenden, wo der Draht am Baum befestigt ist. Hier muß eine gute Abpolsterung mit Gummiunterlagen, Sackleinwand oder ähnlichem vor Rindenschäden und Einschnürungen schützen.

Stangenscheren sind vorwiegend in Süddeutschland zur Verankerung von Großbäumen üblich. Sie bestehen aus Baumpfählen, die am oberen Ende durch Kokosstrickeschlaufen bei einem Abstand von 20 bis 30 cm miteinander verbunden werden. Zwei Stangenscheren werden nun so gegen den Baum gelehnt, daß der Stamm in der Schlaufe liegt und die Baumpfähle den Baum nach allen vier Seiten abstützen. Diese Stangenscheren können während der Rasenpflegearbeiten in der Nähe des Baumes entfernt und später wieder angesetzt werden. Somit erleichtern sie die Pflege der benachbarten Vegetationsflächen, insbesondere der Rasenflächen (Abb. 11.3.4.1/10–12).

Bindungen
Nach dem Setzen der Verankerungen werden diese mit dem Gehölz verbunden. Durch die Art der Verbindung dürfen keine Verletzungen oder Einschnürungen der Rinde während der Pflanzung und der ersten beiden Vegetationsperioden entstehen. Rindenverletzungen gibt es, wenn das Gehölz durch Wind gegen das Pfahlende gedrückt und gerieben wird. Das Dickenwachstum der Pflanzen führt zu Einschnürungen, wenn die Bindung falsch und das Bindematerial nicht ausreichend elastisch ist. Einschnürungen können den Bruch des Stammes an dieser Stelle oder Absterben der Krone wegen fehlender Wasser- und Nährstoffversorgung verursachen. Das Binden mit Kokosstrick geschieht deshalb so, daß der Strick zunächst sehr lose zwei- bis dreimal um Stamm und Pfahl gebunden und diese Bindung dann zwischen Stamm und Pfahl mehrmals umwickelt wird. Dadurch ist eine Bindung in Form einer Acht entstanden, wobei die Wickelung einen Abstandshalter bildet, der verhindert, daß der Stamm gegen den Baumpfahl gedrückt werden kann. Bei Kunststoffbändern, die bei guten Qualitäten elastischer als Kokosstrick sind, wird die Wickelung zwischen Stamm und Pfahl durch eine Schlaufe ersetzt. Die Bindung am Stamm darf nicht zu stramm sein, um ein Dickenwachstum nicht zu verhindern. Andererseits darf sie nicht zu locker sein, weil sonst Scheuerwunden entstehen. Deshalb muß während der Standzeit der Verankerungen gelegentlich die Bindung überprüft und gegebenenfalls gelockert werden. Um ein Verrutschen der Bindung zu verhindern, sichern wir sie durch Vernageln (Abb. 11.3.4.1/13 + 14).

Abb. 11.3.4.2/1   Verdunstungsschutz für den Stamm durch Strohseile (li.)

Abb. 11.3.4.2/2   Verdunstungsschutz durch Jute-Bandagen bis in die Äste hinein. Zusätzlich sind Sprühdüsen installiert, um die Verdunstung zu mindern

11.3.4.2 Schutz vor Austrocknung

Während der Anwuchszeit muß die Pflanze vor übermäßigen Verdunstungsverlusten geschützt werden, bis die neugebildeten Wurzeln die Versorgung voll übernehmen können. Durch Rückschnitt der Triebe haben wir schon für eine geringere Verdunstungsfläche gesorgt. Neben den Blättern verdunstet ein Gehölz aber auch über Stamm und Triebe. Diese Verdunstung können wir herabsetzen durch Umwicklung von Stämmen und dickeren Ästen mit lehmgetränkten Jutebändern oder mit Strohstricken. Dieser Verdunstungsschutz sollte angewendet werden bei Gehölzen, deren Stamm und Hauptäste einen Umfang über 30 cm besitzen. Die Technik des Anbringens ist einfach. Die Jutebänder werden in Lehm getaucht und von unten an um den Baum oder die Äste gewickelt und zum Schluß so befestigt, daß sich die Umwicklung nicht lösen kann. In gleicher Weise geschieht die Umwicklung mit Strohseilen (Abb. 11.3.4.2/1). Auch diese Materialien müssen so beschaffen sein, daß sie zwei Vegetationsperioden lang wirksam sind. Statt der Lehm-Jute-Bandage kann man auch Bandagen mit Kunststoff-Schaumfüllung nehmen.

Kurzfristigen Verdunstungsschutz geben chemische Verdunstungshemmer wie Wachsemulsionen oder Kunststoffdispersionen. Sie werden über das Gehölz ein- oder mehrmals gesprüht. Sie sollen bei sachgemäßer Anwendung mindestens acht Wochen lang wirksam sein.

Immergrüne Gehölze, die an ungünstigen Stellen z.B. in Windschneisen oder an sehr sonnige Stellen gepflanzt wurden, können durch Wind- oder Sonnensegel vor zu starker Verdunstung geschützt werden. Rosen schützen wir nach der Pflanzung durch Anhäufeln der ersten drei Augen vor Verdunstung.

Große Bäume sollten zusätzlich zu den bisher genannten Schutzmaßnahmen noch durch den Einbau einer Wasser-Sprühanlage vor Verdunstung geschützt werden. Dazu werden eine oder mehrere Sprühdüsen oben in der Krone des Baumes befestigt und Wasser über Schläuche herangeführt (Abb. 11.3.4.2/2).

Bis auf die kurzfristigen Schutzmaßnahmen durch Sprühen mit Wachsemulsionen oder Kunststoffdispersionen wird der Landschaftsarchitekt alle anderen Maßnahmen als Leistungen in seinem Leistungsverzeichnis fordern, wenn die Notwendigkeit dazu gegeben ist.

11.3.4.3 Schutz gegen Wildverbiß

Neupflanzungen sind vor allem im Winter durch Wildverbiß gefährdet. In harten Wintern konnte beobachtet werden, daß Mäuse ganze Pflanzungen durch Verbiß der gesamten Rinde kurz über dem Schnee völlig vernichtet hatten. Verbiß-Schäden durch Kaninchen, Hasen und Rehwild häufen sich vor allem bei Pflanzungen an Straßen oder in der freien Landschaft. Der Landschaftsbau-Unternehmer muß bis zur Abnahme seine Pflanzung vor solchen Schäden schützen. Schutzmaßnahmen sind dafür Anstreichen oder Spritzen mit Wildverbißmitteln, Einzäunungen oder Einzelsicherungen mit Drahthosen, Stroh oder Reisig. Drahthosen zur Einzelsicherung bietet der Handel an.

11.4 Fertigstellungspflege

Bis zum Anwachsen am neuen Standort bedürfen alle Pflanzen einer sorgfältigen Pflege. Diese Pflege, die von der Pflanzung bis zur Übergabe der angewachsenen Pflanze an den Bauherrn reicht, bezeichnen wir als Fertigstellungspflege. Sie ist darauf abgerichtet, den abnahmefähigen Zustand der Pflanzung zu erreichen. Zu diesem Zeitpunkt soll erkennbar sein, ob die Pflanze angewachsen ist, denn nur angewachsene Pflanzen entsprechen dem Wunsch und Willen des Bauherrn. Die Übergabe an den Bauherrn wird im Vertragsrecht als Abnahme bezeichnet, d. h. der Bauherr nimmt dem Landschaftsbauunternehmer das fertige Werk ab, er übernimmt es. Abnahmefähig sind Pflanzungen, wenn erkennbar ist, daß die Pflanzen angewachsen sind und ein weiteres Wachsen als gesichert gelten kann. In der Regel ist das an einem Austrieb erkennbar. Dabei muß man aber bedenken, daß insbesondere hartholzige Gehölze unter gewissen Umständen einen Austrieb zeigen, ohne eingewurzelt zu sein. Es handelt sich dabei um einen Notaustrieb aus dem noch saftigen Holz. Bei höherer Wärme trocknen die Blätter und später auch die Triebe ein. Es gibt andererseits auch Gehölze, wie z. B. *Crataegus*, die im Pflanzjahr überhaupt nicht austreiben, aber vollsaftige Triebe haben. Sie treiben dann erst im zweiten Vegetationsjahr aus. Deshalb wird das Erkennen eines gesicherten Anwachsens bei Gehölzen frühestens im Spätsommer möglich sein.

Bei Stauden ist das Anwachsen durch den Pflanzballen viel eher gesichert und erkennbar.

Zur Unterstützung des Anwachsens sind folgende Maßnahmen nötig

- Freihalten der Pflanzen und damit in der Regel auch der Pflanzflächen von konkurrierenden Kräutern und Gräser.
- Nachschneiden
- Düngen
- Wässern
- Pflanzenschutz
- Überprüfen der Verankerung

Das Freihalten der Pflanzen von konkurrierenden Kräutern und Gräsern kann durch Mulchen oder Lockern (Hacken) der Pflanzflächen erfolgen. Beim Mulchen wird die Pflanzfläche mit einem Mulchmaterial in Form von Rindenmulch, Holzschnitzeln, Mähgut vom Rasenschnitt, Müllkompost o. ä. 2-3 cm dick überzogen. Durch das Abdecken werden die Kräuter und Gräser am Keimen gehindert. Die Abdeckung bewirkt weiter eine Aktivierung des Bodenlebens und damit eine erwünschte Bodengare. Nachteilig wirkt sich aus, daß Regenfälle geringen Umfangs in der Mulchdecke verbleiben und nicht mehr zu den Pflanzenwurzeln gelangen. Das Mulchen wird heute in sehr vielen Fällen angewendet, weil das nachstehend beschriebene Lockern eine teure Handarbeit ist. Die weitere Alternative wäre das Vernichten des unerwünschten Aufwuchses mit chemischen Mitteln. Das ist in den meisten Fällen ausdrücklich untersagt. Der Grund ist darin zu suchen, daß starke Beeinträchtigungen der Umwelt, hier insbesondere des Bodens, der Fauna und Flora nicht auszuschließen sind.

Das Lockern der Pflanzflächen sollte sechsmal in der Vegetationsperiode vorgenommen werden. Es bezweckt die Bekämpfung des auflaufenden Unkrautes und das Lüften des Bodens. Die Lockerungstiefe beträgt bei Gehölzflächen 3 cm und bei Staudenflächen 2 cm. Die oberirdischen Teile des unerwünschten Aufwuchses werden dabei abgetrennt und entweder von der Pflanzfläche entfernt oder auf der Fläche zum Zwecke des Mulchens, also Abschattierens des Bodens belassen. Beim Hacken ist Vorsicht zu üben, denn keinesfalls dürfen dabei Wurzeln beschädigt oder Pflanzen gelockert werden, denn beides beeinträchtigt die Aussichten auf Anwachsen. Sollte trotzdem einmal eine Pflanze gelockert worden sein, was bei Flächenbearbeitungen mit Maschinen gelegentlich eintreten kann, sind diese Pflanzen wieder fest anzudrücken und evtl. zurückzuschneiden.

Während der Fertigstellungspflege beobachten wir die Pflanzen. Wenn sie nicht kräftig durchtreiben, stehen meistens oberirdische Triebe und Wurzeln in einem Mißverhältnis zueinander. Durch Schneiden während der Fertigstellungspflege kann man dieses Mißverhältnis abändern und der Pflanze eine bessere Chance zum Anwachsen geben. Durch diesen Rückschnitt vermindert sich die Verdunstungsfläche. Zusätzlich entfernen wir alle beschädigten Pflanzenteile und trockene Äste. Das abgeschnittene Holz wird aus der Pflanzfläche entfernt.

Steine und Unrat, die durch Passanten in Pflanzflächen geworfen werden, müssen nur entfernt werden, wenn der Bauherr das wünscht. Bei repräsentativen Flächen wird das sicher immer gefordert werden, aber in der freien Landschaft wird wegen der damit verbundenen Kosten meistens darauf verzichtet.

Zur Unterstützung des kräftigen Durchtreibens muß zusätzlich zu der Grunddüngung, die bei der Bodenvorbereitung in den Boden kam, noch eine weitere Düngung vorgenommen werden. Hierbei handelt es sich in aller Regel um eine Kopfdüngung mit Stickstoff. Sie wird im zweiten oder dritten Wachstumsmonat gegeben, je nachdem, wann gepflanzt wurde, bei Frühjahrspflanzungen also erst zum späteren Termin. Die Art des Düngers und seine Menge richten sich nach der jeweiligen Pflanzenart, insbesondere nach dem benötigten pH-Wert.

Besonders wichtig ist das Wässern der Pflanzen, die zunächst nur über ein unvollkommenes Wurzelwerk verfügen. Der Abstand der Wässerungsgänge hängt von dem Umfang der natürlichen Niederschläge ab und ist auf den jeweiligen Standort abzustimmen. Das bedeutet, daß die natürliche Sickerungsrate beachtet werden muß sowohl bei bindigen Böden, bei denen es sehr lange dauern kann, bis das Wasser bis zu den Wurzeln gedrungen ist, als auch bei sandigen, wenig Wasser haltenden Böden, bei denen das Wässern häufiger wiederholt werden muß. Ein oberflächliches Wässern nützt fast gar nichts, andererseits muß auch verhindert werden, daß bei bindigen Böden mit geringen Sickergeschwindigkeiten Pflanzgruben unter Wasser stehen und stauende Nässe zum Tode der Pflanzen führt. Mit einer einfachen Spatenprobe kann die Eindringtiefe des Wassers schnell kontrolliert werden.

Der Pflanzenschutz kann bei jungen Pflanzungen für das Anwachsen von besonderer Bedeutung sein, weil schwache Pflanzen besonders anfällig sind und noch mehr geschwächt werden können. Ein besonderes Augenmerk ist immer auf Blattläuse und insbesondere bei Rosen auf Mehltau zu wenden. Auf Schädlingsbefall ist bei den Lockerungsmaßnahmen zu achten. Über die Art der Bekämpfung ist von Fall zu Fall zu entscheiden.

Die Überprüfung der Verankerungen geschieht ebenfalls während der Lockerungsarbeiten. Insbesondere ist darauf zu achten, ob die Bindungen noch einwandfrei sind und sich keine Einschnürungen zeigen, aber auch die feste Verankerung der Baumpfähle, Pfahlgerüste, Drahtanker, Schrägpfähle und Stangenscheren sowie von Vernagelungen ist zu kontrollieren. Schäden müssen sofort behoben werden.

Sind die vorbeschriebenen Leistungen von Landschaftsarchitekten im Leistungsverzeichnis nicht vorgeschrieben worden, muß der Unternehmer Bedenken wegen fehlender Leistungen anmelden, denn er kann für seine Pflanzenlieferung und Pflanzarbeit nur gewährleisten, wenn die in DIN 18916 verlangten Fertigstellungspflege-Leistungen auch von ihm ausgeführt werden können. Verzichtet der Auftraggeber z.B. aus finanziellen Gründen auf die Leistungen der Fertigstellungspflege und hat der Unternehmer dagegen Bedenken geltend gemacht, dann brauchen Pflanzen, die nach der Pflanzung eingehen, nicht ersetzt zu werden. Wurde die Fertigstellungspflege aber dem Unternehmer übertragen, muß er alle Pflanzen, die zum Zeitpunkt der Abnahme nicht angewachsen sind, ersetzen und im nächsten Jahr bis zum Anwachsen auf eigene Kosten pflegen.

11.5 Anwendungsbeispiel für den Garten K.

Der Gartenarchitekt hat bei der Vorlage seines Entwurfsplanes schon erste Hinweise für die Art der Bepflanzung gemacht. Bei der Planbesprechung wird dann intensiver über die Einzelheiten gesprochen und eine grundsätzliche Abstimmung erzielt. Das Ergebnis dieser Besprechung verarbeitet der Gartenarchitekt dann in seiner Bepflanzungsplanung, die sich in Form eines Bepflan-

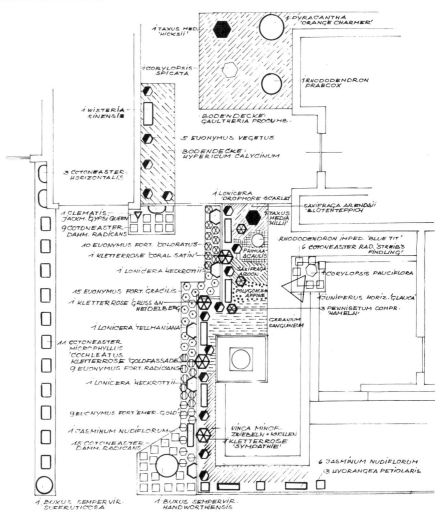

Abb. 11.5/1 Ausschnitt aus dem Bepflanzungsplan

Abb. 11.5/2 Planzenliste (Auszug)

Gehölze

1 *Buxus sempervirens* ›Handsworthiensis‹ Sol 3 × v, mB, 50–60
1 *Buxus sempervirens* ›Suffruticosa‹, Sol 3 × v, mB, 60–80
1 *Corylopsis pauciflora,* Sol, 3 × v, mB, 60–80
1 *Corylopsis spicata,* Sol, 3 × v, mB, 60–80
6 *Cotoneaster dammeri* ›Streib's Findling‹, 2 × v, mB, 20–25
3 *Cotoneaster horizontalis,* 2 × v, mB, 40–60
11 *Cotoneaster microphyllus* ›Cochleatus‹, 2 × v, mB, 30–40
1 *Juniperus horizontalis* ›Glauca‹, 3 × v, mB, 30–40
1 *Pyracantha* ›Orange Charmer‹, 2 × v, mB, 80–100
1 *Rhododendron impeditum* ›Blue Tit‹ 40–50
1 *Rhododendron praecox,* 40–50
1 *Taxus × media* ›Hicksi‹, 3 × v, mB, 60–70
1 *Taxus × media* ›Hillii‹, 3 × v, mB, 60–70

Bodendecker

24 *Cotoneaster dammeri* var. *radicans,* 2 × v, mB, 20–30
10 *Euonymus fortunei* ›Coloratus‹, 2 × v, mB, 20–30
9 *Euonymus fortunei* ›Emerald'n Gold‹, 2 × v, mB, 20–30
10 *Euonymus fortunei* ›Gracilis‹, 2 × v, mB, 20–30
50 *Gaultheria procumbens,* 2 × v, mB, 12–18
30 *Hypericum calycinum,* 2 × v, mTb, 15–20

Rankpflanzen

1 *Clematis* ›Gipsy Queen‹, mTb,
15 *Euonymus fortunei* var. *vegeta,* mTb, 30–40
3 *Hydrangea petiolaris,* 2 × v, mB, 40–60
7 *Jasminum nudiflorum,* 2 × v, mTb, 40–60
1 *Lonicera* ›Dropmore Scarlet‹, 2 × v, mTb, 60–100
1 *Lonicera × heckrottii,* 2 × v, mTb, 60–100

1 *Lonicera ×* tellmanniana, 2 × v, mTb, 60–100
1 Rose ›Coral Satin‹
1 Rose ›Goldfassade‹
1 Rose ›Gruß an Heidelberg‹
1 Rose ›Sympathie‹
1 *Wisteria sinensis,* mTb, 60–100

Stauden und Gräser

20 *Geranium sanguineum*
15 *Pennisetum alopecuroides* ›Hameln‹
30 *Polygonum affine*
20 *Primula vulgaris*
25 *Saxifraga paniculata*
25 *Saxifraga-Arendsii-Hybriden* ›Blütenteppich‹
60 *Vinca minor*

zungsplanes darstellt. Einen Ausschnitt zeigt die Abb. 11.5/1. Aus diesem Plan geht hervor, welche Pflanze an welcher Stelle stehen soll. Dabei werden zukünftige Größe, Farbe und Blütenzeit, Ansprüche an den Standort und Pflege berücksichtigt.

Der nächste Schritt ist dann die Aufstellung einer Pflanzenliste, in der Gehölze, Stauden, Blumenzwiebeln und Knollen als Gruppen zusammengefaßt werden. Diese Liste ist dann die Grundlage für eine Ausschreibung der Pflanzenlieferung und Pflanzarbeit (Abb. 11.5/2).

Voraussetzung für die Pflanzung ist ein gut vorbereiteter Boden, wie in Kapitel 3.7 beschrieben. Bei der Pflanzung wird dann so vorgegangen, daß zunächst einmal alle Pflanzen zur Baustelle geliefert und dort so gelagert werden, daß sie nicht austrocknen können. Sie werden also angefeuchtet und mit Planen abgedeckt. Dann beginnt man mit der Pflanzung, wobei zunächst die Bäume, die das Gerüst bilden, gepflanzt werden. Für sie ist beim Aushub der Pflanzgrube auch die größte Erdarbeit zu leisten. Bevor die Bäume in die Pflanzgrube gesetzt werden, sind die Baumpfähle einzuschlagen. Direkt nach der Pflanzung sollten die Bäume angebunden werden, damit jede Beeinträchtigung durch Wind oder die nachfolgenden Pflanzlei-

stungen ausgeschlossen ist. Erst danach werden dann abschnittweise die anderen Gehölze ausgelegt, damit die Wurzeln nicht austrocknen, die Wurzeln werden beschnitten, die Triebe gekürzt und dann die Pflanzen so in die Erde gesetzt, daß die Wurzeln voll mit Boden ummantelt sind. Dann wird fest angetreten, damit die Wurzeln einen vollen innigen Kontakt mit dem Boden haben. Dieser Kontakt wird durch das anschließende Anwässern noch erhöht.

Mit den Stauden wird dann ebenso verfahren. Durch kräftiges Andrücken und Wässern werden die Voraussetzungen für ein Anwachsen geschaffen.

Zum Schluß müssen die Gießringe für die Bäume und größeren Gehölze hergestellt und die Pflanzflächen planiert und gelockert werden. Dabei werden alle störenden Steine und alle beim Rückschnitt angefallenen Pflanzenteile entfernt. Die Pflanzfläche sieht jetzt sauber und ordentlich aus und kann dem Bauherrn zur weiteren Pflege übergeben werden, sofern er nicht die Fertigstellungspflege dem Landschaftsbauunternehmer übertragen hat.

Die Fertigstellungspflege soll durch regelmäßiges Gießen, Lockerhalten des Bodens und eine Düngung das Anwachsen den Pflanzen sichern. Die Leistungen sind unter Kapitel 11.4 im einzelnen beschrieben.

Literatur

DIN 18916 Vegetationstechnik – Pflanzen und Pflanzarbeiten. Berlin: Beuth Verlag.

Niesel, A.: Neue Landschaft, Arbeitsblätter für das Bauingenieurwesen des Landschaftsbaus. Arbeitsblätter 2.2.1–2.2.4. Berlin, Hannover: Patzer Verlag.

Gütebestimmungen für Baumschulpflanzen, Ausgabe 1987. Forschungsgesellschaft Landschaftsentwicklung Landschaftsbau, Bonn.

Bund Deutscher Baumschulen: Qualitätsbegriffe für Baumschulerzeugnisse (Versch. Ausgaben – vergriffen), Pinneberg.

Gütebestimmungen für Stauden, Ausgabe 1988. Forschungsgesellschaft Landschaftsentwicklung Landschaftsbau, Bonn.

12 Saat- und Rasenarbeiten A. Niesel

Die Gräser nehmen in der Natur eine einzigartige Stellung ein. Mit Ausnahme der Polkappen sind Gräser in allen Klimazonen der Erde heimisch und sie stellen den größten Anteil an der Vegetationsdecke dieser Erde. In Steppen und Savannen herrschen Gräser als Vegetation vor, aber auch bei anderen Vegetationstypen einschließlich des Waldes sind Gräser weit verbreitet. In unserem Sprachgebrauch und für unsere Kulturlandschaft unterscheiden wir heute die Begriffe Wiese und Rasen.

Wiesen sind entweder aus dem natürlichen Standort heraus mit Gräsern und Kräutern besetzte Bodenflächen oder angesäte bzw. natürlich entstandene und landwirtschaftlich beeinflußte Flächen dieser Art, von denen Heu als Winterfutter gewonnen wird.

Rasen sind nach der Definition in DIN 18917; Vegetationstechnik im Landschaftsbau – Rasen und Saatarbeiten – künstlich angelegte flächenhafte Begrünungen mit einer Pflanzendecke, die in Anpassung an den Verwendungszweck entweder nur aus einer bzw. mehreren Grasarten besteht oder aber auch mit Kräutern durchsetzt sein kann. Eine landwirtschaftliche Nutzung ist in der Regel dann nicht vorgesehen. Die Palette der Verwendungszwecke ist sehr groß. Das beginnt beim Zierrasen, der als Repräsentationsgrün vor öffentlichen Gebäuden und in Hausgärten angelegt wird, geht über Rasenflächen im öffentlichen Grün, Wohnsiedlungen und Hausgärten, auf denen man lagert und spielt oder die man auch als einen grünen Parkplatz benutzt, geht weiter bis zum Spiel- und Sportrasen, auf dem intensiv Spiel und Sport mit Stollenschuhen und sogar bei jeder Witterung getrieben wird und endet bei der mit Kräutern durchsetzten Grasfläche, mit der Wunden in der Landschaft geschlossen werden, die beim Straßenbau, bei Entnahmen oder Haldenschüttungen entstehen. Das Feld der Anwendung von Gräsern ist also sehr weit und es gibt einen fließenden Übergang vom Rasen zur Wiese, die auf vielen Standorten dann aus klimatischen Gründen im Laufe der Jahre mit Gehölzen durchsetzt und überlagert werden kann.

Aus ökologischer Betrachtungsweise sind mit Kräutern durchsetzte Grasflächen höher einzustufen als Mehrschnittrasen. Bei vielen Anwendern spielt dabei die Blüte der Kräuter und Gräser eine große Rolle, wie die Begriffe »Blumenwiese« oder »Blumenrasen« u.a. das ausdrücken. Die dauerhafte Zusammensetzung derartiger Gras-Kräuterbestände hängt ab von:

- dem Standort einschließlich der in dem Boden vorhandenen keimfähigen Samen und dem Nährstoffvorrat,
- der Zusammensetzung der Ansaatmischung
- der Pflege der Ansaat z.B. durch den Zeitpunkt und die Häufigkeit der Mähgänge, die weitere Entwicklung der Nährstoffe, den Witterungsverlauf, die Belastung durch Immissionen, die Einflüsse der Nachbarflächen und vieles andere mehr.

Die Vielfalt der Zielvorstellungen von solchen Gras-Kräuterbeständen, die von naturbelassenen und naturüberlassenen Trockenrasen und Feuchtwiesen als Biotope bis hin zu gesteuerten Blütenwiesen mit bestimmten Blühaspekten reicht, läßt eine Behandlung dieses Spezialthemas im Rahmen dieses Buches nicht zu. Hier soll alles das betrachtet werden, was als Erstansaat zum Schließen von offenen Wunden in der Landschaft oder zur Gestaltung einer Freianlage in Form von Rasen bis hin zu Landschaftsrasen aus Gräsern und Kräutern erforderlich ist.

12.1 Rasentypen

Wir unterscheiden heute entsprechend dieser Anwendungsgebiete folgende Rasentypen (siehe auch Tab. A 12.1/1).

12.1.1 Zierrasen

Sein Anwendungsbereich ist das Repräsentationsgrün im öffentlichen und privaten Bereich. Er verlangt eine hohe bis sehr hohe Pflege, läßt sich auf jedem Standort und Klimaraum anlegen und erhalten und ist durch Begehen nur gering belastbar.

12.1.2 Gebrauchsrasen

Der Anwendungsbereich sind alle Rasen im öffentlichen Grün, an Wohnsiedlungen, Freibädern und in Hausgärten, die bei gutem Wetter durch Lagern und Bespielen in Anspruch genommen werden. Auch grüne Parkplätze und Bedarfszufahrten rechnen unter diesen Rasentyp, dessen Gebrauchseigenschaften durch eine mittel bis hohe Pflege erhalten werden müssen. Die Anpassung an den Klimaraum und Standort erfolgt durch entsprechende Gräserzusammensetzung.

12.1.3 Spiel-, Sport- oder Strapazierrasen

Dieser Rasen wird zunehmend mehr durch Spiel, Sport und Parken auch zu ungünstigen Zeiten in Anspruch genommen. Das setzt je nach Umfang der Benutzung eine mittlere bis hohe Belastbarkeit voraus. Der Belastung entsprechend ist der Pflegeanspruch mittel bis hoch. Vom Standort her werden keine Einschränkungen gemacht, es müssen allerdings die bodenmäßigen Voraussetzungen durch Schaffung einer belastbaren Vegetationsschicht geschaffen werden.

12.1.4 Landschaftsrasen

Das Anwendungsgebiet sind die freie Landschaft, Randzonen an Verkehrswegen, Böschungen, Rekultivierungsflächen und Waldparks. Die Anpassung an den Klimaraum und den Standort geschieht durch eine entsprechende Gräserauswahl und gegebenenfalls auch durch Zugabe von Kräutern. Diese Rasen, die eher den Charakter einer Wiese bzw. Naturrasens haben, sind nicht belastbar. Ihre Pflegeansprüche sind entweder gering oder man kann bei einigen Anwendungsbereichen sogar ganz auf Pflege verzichten und die Weiterentwicklung bei gelegentlicher Lenkung der Natur überlassen.

12.2 Rasengräser

Bei pflanzensoziologischen Aufnahmen stellt man fest, daß jedes Gras einen natürlichen Standort hat, also nur unter bestimmten Klima-, Boden-, Nährstoff-, Feuchtigkeits- und Gesellschaftsbedingungen vorkommt. Die Palette der Gräser, die in der Natur vorkommen, ist sehr groß. Für Rasen im Landschaftsbau kann man sich auf wenige Gräser beschränken. Für die wichtigsten Gräser sollen die allgemeinen Erkennungsmerkmale und Eigenschaften vorgestellt werden.

Rasengräser sind solche Gräser, die zur Bildung einer dichten Pflanzendecke bzw. Narbe fähig sind. Nach SKIRDE können als potentielle Rasengräser, die von Natur aus zur Rasenbildung neigen, unter ca. 200 in Mitteleuropa vorkommenden Grasarten gelten:

- *Agrostis canina* ssp. *canina* – Hunds-Straußgras
- *Agrostis stolonifera* – Flecht-Straußgras
- *Agrostis tenuis* – Rotes Straußgras
- *Cynosurus cristatus* – Kammgras
- *Festuca ovina* ssp. *ovina* – Schafschwingel
- *Festuca ovina* ssp. *duriuscula* – Hartschwingel
- *Festuca ovina* ssp. *tenuifolia* – Feinschwingel
- *Festuca nigrescens (*syn. *Festuca rubra* ssp. *commutata) –* Horst-Rotschwingel
- *Poa supina* – Lagerrispengras

Als Grasarten, die nach züchterischer Bearbeitung rasentaugliche Formen und Typen aufweisen, gelten:

- *Festuca rubra* ssp. *rubra* – Ausläufer-Rotschwingel
- *Lolium perenne* – Deutsches Weidelgras
- *Phleum nodosum* – Kleine Thimothe
- *Phleum pratense* – Wiesenlieschgras (Timothe)
- *Poa pratensis* – Wiesenrispe

Als Ungräser, die im Rasen unerwünscht sein können, spielen vor allem eine Rolle:

Poa annua – Jährige Rispe
Poa trivialis – Gemeine Rispe
Dactylis glomerata – Knaulgras
Holcus lanatus – Wolliges Honiggras
Agropyron repens – Quecke

12.2.1 Bestimmungsmerkmale von Rasengräsern und Rasenungräsern

Wesentliche morphologische Merkmale zur Bestimmung von Rasengräsern sind die Blätter, die Wuchsform und der Blütenstand.

12.2.1.1 Blätter

Ihnen kommt bei der Bestimmung der Rasengräser eine besondere Bedeutung zu, weil die meisten Arten im geschnittenen Rasen keine Blütenstände bilden. Zu beachten sind:

Blattscheide
Die Blattscheide kann röhrig-rund (Abb. 12.2.1/1 u.3) oder plattgedrückt (Abb. 13.2.1/2) sein. Weiter werden unterschieden offene (nicht verwachsene) (Abb. 12.2.1/3) und geschlossene (verwachsene Abb. 12.2.1/1 u. 2) Blattschei-

Abb. 12.2.1/1 Mittlerer Teil eines Laubblattes

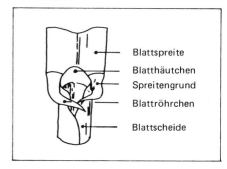

Blattspreite

Blatthäutchen

Spreitengrund

Blattröhrchen

Blattscheide

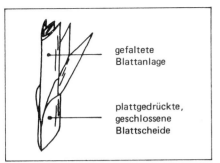

Abb. 12.2.1/2 Blatt-Trieb-Ausschnitt: gefaltete Blattanlage, plattgedrückte, geschlossene Blattscheide

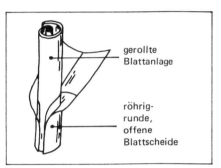

Abb. 12.2.1/3 Blatt-Trieb-Ausschnitt: gerollte Blattanlage, röhrig-runde, offene Blattscheide

den. An jungen Trieben geschlossene Blattscheiden können später besonders an Halmtrieben auseinanderklaffen.

Blattspreite
Hier sind verschiedene Merkmale zu unterscheiden:

a) Form der Blattspreite (Abb. 12.2.1/ 6): linear (parallelrandig), allmählich zugespitzt, lanzettlich, borstig.
b) Form der Blattanlage: gerollt – (Abb. 12.2.1/3 und 4), gefaltet (Abb. 12.2.1/2 und 5).
c) Oberseite der Blattspreite (Abb. 12.2.1/7): gerieft, ungerieft, Doppelrille (Skispur), behaart.
d) Unterseite der Blattspreite (Abb. 12.2.1/7): gekielt (= erhabene Längsrippe in der Mitte), glänzend, stumpf.

Spreitengrund
Der Spreitengrund ist entweder ungerieft oder nur schwachgerieft, meist unbehaart und gewöhnlich heller gefärbt als die übrige Spreite.

Blattöhrchen
Es fehlt bei allen Rasengräsern bis auf *Lolium perenne,* wo es undeutlich vorhanden ist. Deshalb ist es für dieses Rasengras ein gutes Erkennungsmerkmal.

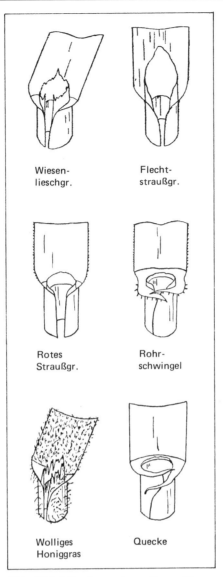

Wiesenlieschgr. Flechtstraußgr.

Rotes Straußgr. Rohrschwingel

Wolliges Honiggras Quecke

Abb. 12.2.1/4 Grasarten mit gerollter Blattanlage und unterschiedlichen Blatthäutchen

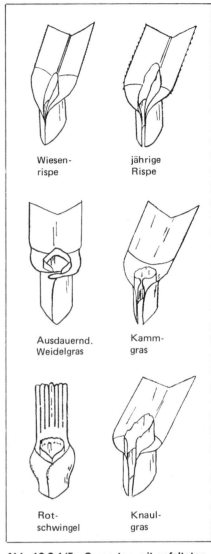

Wiesenrispe jährige Rispe

Ausdauernd. Weidelgras Kammgras

Rotschwingel Knaulgras

Abb. 12.2.1/5 Grasarten mit gefalteter Blattanlage und unterschiedlichen Blatthäutchen

Abb. 12.2.1/6 Blattspreiten

Abb. 12.2.1/7 Blattspreiten im Querschnitt

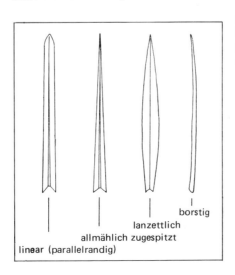

borstig

lanzettlich

allmählich zugespitzt

linear (parallelrandig)

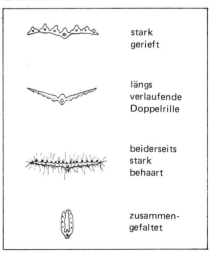

stark gerieft

längs verlaufende Doppelrille

beiderseits stark behaart

zusammengefaltet

Blatthäutchen
Ihm kommt bei der Gräserbestimmung im blütenlosen Zustand eine besondere Bedeutung zu, da es bei den meisten Gräsern vorhanden und sehr vielgestaltig ist (Abb. 12.2.1/4 und 5). Zu unterscheiden sind: a) Höhe des Blatthäutchens. b) Rand des Blatthäutchens – oben gerade, lang und spitz, zungenförmig, halbrund, fein gezähnelt, gesägt, gefranst, geschlitzt. c) Farbe des Blatthäutchens – farblos, weiß, grünlich, bräunlich.

Blattbreite
Die Blattbreite ist ein erstes Erkennungsmerkmal zusammen mit einer typischen Färbung. Der Blattbreite kommt zudem als Beurteilungsmerkmal für Rasengräser eine besondere Bedeutung zu. Stufen kann man etwa nach Tabelle 12.2.1/1.

Tab. 12.2.1/1   Benennung und Stufung der Blattbreiten

Stufung	Breite bis (mm)
sehr fein	0,5
fein	0,8
schmal	2
mittelbreit	3
mittelbreit bis breit	4
breit	5
sehr breit	6
extrem breit	10

Abb. 12.2.1/8   Horstbildendes Gras in der vegetativen Phase

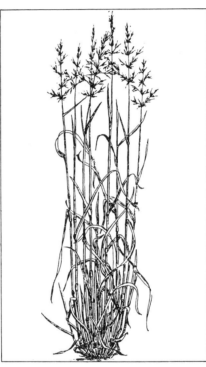

Abb. 12.2.1/9   Horstbildendes Gras in der generativen Phase

Abb. 12.2.1/10   Oberirdisch Kriechtriebe bildendes Gras

Abb. 12.2.1/11   Unterirdisch Ausläufer treibendes Gras

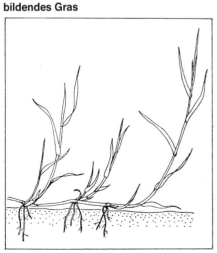

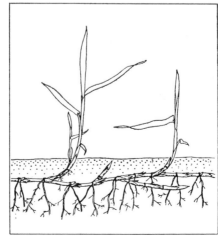

Rispe

Doppel-Traube

einfache Traube

rispige Scheinähre

Fieder-ähre

lockere Ähre

traubige Scheinähre

dichte Ähre

Abb. 12.2.1/12   Blütenstandstypen von Poaceen – Schemazeichnung

12.2.1.2 Wuchsform

Die Wuchsform ist für das Erkennen der verschiedenen Grasarten hilfreich. Es werden unterschieden:

Horstbildende Gräser (Abb. 12.2.1/8 und 9)
Ein Horst ist ein räumlich klar umgrenzter Triebverband geringer Ausdehnung, dessen Triebe mehr oder weniger

dicht gedrängt nebeneinanderstehen. Die Triebe wachsen mehr oder weniger aufrecht und besitzen ausschließlich oder überwiegend gestauchte Internodien, wenn sie in ihrer vegetativen Phase sind und durch Schnitt in ihr gehalten bzw. an der Halmbildung gehindert werden. Fast alle einjährigen Grasarten (z. B. *Poa annua*) bilden Horste. Ausdauernde Horstgräser bilden häufig zusätzlich Kriechtriebe oder Ausläufer.

Oberirdisch Kriechtriebe bildende Gräser (Abb. 12.2.1/10)

Neben mehr oder weniger aufrecht wachsenden Trieben bilden bestimmte Rasengräser auch Seitentriebe mit horizontaler Wuchsrichtung und gestreckten Internodien aus. Sie werden als Kriechtriebe bezeichnet. Diese können unter geeigneten Bedingungen an den Knoten sproßbürtige Wurzeln bilden. Typische Kriechtriebgräser sind Flechtstraußgras und gemeine Rispe. Bei manchen Grasarten kommen aufrechte Blatt-Triebe im Horst und Kriechtriebe nebeneinander vor, häufig beeinflußt durch die Umweltbedingungen, d. h. auch durch die Pflegebedingungen bei Rasengräsern.

Unterirdisch Ausläufer treibende Gräser (Abb. 12.2.1/11)

Zur Ausläuferbildung sind nur bestimmte Grasarten fähig, unter ihnen vor allem die Quecke und die Wiesenrispe. Es handelt sich bei den Ausläufern um unterirdische, durch Knoten gegliederte Sprosse und nicht um Wurzeln. Diese bilden sich erst an den Knoten.

12.2.1.3 Blütenstand

Blütenstände können bei gemähten Rasen zwar nicht zum Erkennen von Gräsern herangezogen werden, Landschaftsrasen aber werden nur ein- bis zweimal jährlich gemäht. Hier können die Gräser Blütenstände bilden. Durch die Halmbildung verwischen sich die Erkennungsmerkmale an den Blättern. Dann lassen sich die Gräser viel besser am Blütenstand erkennen. Abb. 12.2.1/12 gibt einen schematischen Überblick über die wichtigsten Blütenstand-Typen der Poaceen.

Die Rispe gilt als der ursprüngliche Blütenstand-Typ. Die abgebildete Rispe besitzt Seitenäste erster bis vierter Ordnung. Alle weiteren Blütenstands-Typen dürften durch Vereinfachung oder Verarmungen im Verlaufe der Pflanzenentwicklung entstanden sein.

Die Doppeltraube besitzt außer der Hauptachse nur noch Seitenäste erster und zweiter Ordnung, die einfache Traube weist neben der Hauptachse nur noch Seitenäste erster Ordnung auf.

Aus der Rispe entsteht durch starke Verkürzung der Seitenäste die rispige Scheinähre. Fehlen die Seitenäste, spricht man von der traubigen Scheinähre. Bei der Scheinähre sind die Seitenäste trotz starker Verkürzung noch deutlich zu erkennen.

Sitzen die einzelnen Ährchen unmittelbar an der Hauptachse des Blütenstandes, fehlen also die Seitenäste mehr oder weniger vollständig, wird der Blütenstand Ähre genannt. Bei der Fiederähre blieben die Seitenäste erster Ordnung weitgehend erhalten, während die Seitenäste zweiter Ordnung durch Kontraktion verschwanden.

Die Blütenstände der Poaceen unterscheiden sich zudem vor allem dadurch, wie oft sich die Achsverzweigungen wiederholen und wie lang die Seitenäste verschieden hoher Ordnung werden.

12.2.2 Gräserbeschreibung

12.2.2.1 Rotschwingel – *Festuca rubra* und *F. nigrescens* (Abb. 12.2.2/1)

Allgemeines
Formenreiche Art. Wichtigste Unterarten sind: Ausläufer-Rotschwingel – *Festuca rubra ssp. rubra* mit ziemlich langen unterirdischen Ausläufern und der Horst-Rotschwingel – *Festuca rubra commutata/nigrescens. Festuca rubra trichophylla* ist ein Rotschwingel mit kurzen Ausläufern.

Erkennungsmerkmale
Blatt und Trieb: Blattanlage gefaltet, bei *F. nigrescens* schwer zu erkennen. Blattscheide verwachsen geschlossen, häufig mit kurzen Haaren besetzt. Blattspreite bei *F. rubra ssp rubra* lineal-parallelrandig, stark gerieft; bei *F. nigrescens* rundlich starr. Blattöhrchen nicht vorhanden. Blatthäutchen sehr kurz. Blattbreite bei *F. rubra ssp. rubra* = 1–2 mm, bei *F. nigrescens* = 0,5–0,8 mm. Farbe sattgrün bis graugrün.

Sonstiges: Bei *F. rubra ssp. rubra* an der Triebbasis dünne, häutige, braune, rasch zerfasernde Blattscheide mit weißlichen Längsrippen.

Blütenstand: Lockere, aufrecht oder etwas überhängende Doppeltraube, bis 15 cm lang. Auf den unteren Stufen der Hauptachse meist je zwei Abästungen. Längster Ast der untersten Stufe halb so lang oder mehr als halb so lang wie der ganze Blütenstand.

Kornzahl je Gramm Saatgut: 1000

Bedeutung für den Rasen
Ausläufer-Rotschwingel – *F. rubra ssp. rubra*: Je nach Zuchtform fein- bis schmalblättrig. Kurzausläufertreibende

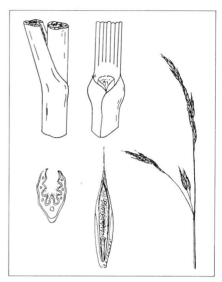

Abb. 12.2.2/1
Rotschwingel – *Festuca rubra*
Schmale, auseinanderfaltbare Blätter, bei *Festuca rubra commutata* rundlich starr, bei *Festuca rubra rubra* stark gerieft. Sehr kurzes Blatthäutchen. Bei *Festuca rubra rubra* Triebbasis oft mit weißlichen Längsrippen

Sorten sind in Blattbreite und Narbendichte mit Horst-Rotschwingel vergleichbar. Regenerationskräftig, anspruchslos, trockenheitsverträglich, mäßig schattenverträglich. Für Landschaftsrasen unter extremen Bedingungen sind Sorten mit typischer Ausläuferbildung zu verwenden. Mäßig trittfest.

Horst-Rotschwingel – *F. nigrescens*: Für alle Ansaatzwecke geeignet, anspruchslos, trockenheitsverträglich, dicht narbenbildend. Gute Zuchtsorten bleiben kurz und vertragen Tiefschnitt. Mäßig trittfest.

12.2.2.2 Schafschwingel – *Festuca ovina* (Abb. 12.2.2/2)

Allgemeines
Horstbildendes ausdauerndes Gras mit sehr vielen Formen. Von Bedeutung für den Rasen:

Hartschwingel – *Festuca ovina ssp. duriuscula*

Feinschwingel – Festuca ovina ssp. tenuifolia

Erkennungsmerkmale
Blatt und Trieb: Blattanlage gefaltet, jedoch im allgemeinen schwer zu erkennen.

Blattscheide nicht verwachsen, oben offen, im unteren Teil geschlossen.

Blattspreite rundlich oval, starr borstenartig, stark zusammengefaltet, ovaler Querschnitt, unbehaart und rauh. Läßt sich nur schwer auseinanderfalten.

Blattöhrchen nicht vorhanden.

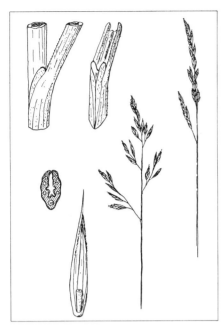

Abb. 12.2.2/2
Schafschwingel – *Festuca ovina*
Feinblättrige, borstliche Horste. Blattsprei-
ten mit ovalem Querschnitt, kaum entfalt-
bar. Dunkel- bis blaugrün

Blatthäutchen sehr kurz, beidseitig halbrund-lappig emporgezogen, dazwischen praktisch nicht vorhanden.

Blattbreite sehr fein bis fein, bis 1 mm.

Blattfarbe graugrün oder blaugrün bis blaugrau, auch lebhaft grün.

Blütenstand: Traubig bis rispig, 4–10 cm lang. Auf jeder Stufe nur eine Abästung. Unterster Seitenast weniger als halb so lang wie der ganze Blütenstand.

Kornzahl je Gramm Saatgut:
F. ovina ssp. duriuscula: 1300. *F. ovina ssp. tenuifolia:* 2000.

Bedeutung für den Rasen
Hartschwingel – *F. ovina ssp. duriuscula:* Feinblättriges, borstiges, horstbildendes Gras, das dichte Narben bildet. Trockenheitsverträglich, anspruchslos und wenig krankheitsanfällig. Guter Mischungspartner für pflegearme Gebrauchs- und Landschaftsrasen. Mäßig trittfest.

Feinschwingel – *F. ovina ssp. tenuifolia:* Feinblättriges horstbildendes Gras von niedrigem Wuchs und dichter Narbenbildung. Anspruchslos und deshalb besonders für Landschaftsrasen geeignet. Unter Schnitt krankheitsanfällig. Mäßig schattenverträglich und mäßig trittfest.

12.2.2.3 Kammgras : *Cynosurus cristatus* (Abb. 12.2.2/3)

Allgemeines
Ausdauerndes Horstgras mit tiefem Blattansatz. Horst nicht groß.

Erkennungsmerkmale
Blatt und Trieb: Blattanlage gefaltet (scheinbar gerollt).

Blattscheide verwachsen, von oben aufreißend, unbehaart.

Blattspreite allmählich zugespitzt, gedreht; Oberseite deutlich gerieft; Unterseite schwach glänzend.

Blattöhrchen nicht vorhanden.

Blatthäutchen kurz, derb, beidseits halbrund-lappig emporgezogen.

Blattbreite 2–5 mm.

Blattfarbe grün, jahreszeitlich nach blaugrün, gelbgrün oder mittelgrün wechselnd.

Blütenstand Traubige Scheinähre, mäßig dicht besetzt, bis 10 cm lang

Kornzahl je Gramm Saatgut: 1700

Bedeutung für den Rasen
Horstbildendes Gras mit breitem Blatt und tiefem Blattansatz. Trockenheitsgefährdet und stickstoffliehend. Strapazierfähig. Heute kaum noch in Mischungen verwendet, durch Lolium ersetzt.

12.2.2.4 Lieschgras – *Phleum pratense* (Abb. 12.2.2/4)

Allgemeines
Ausdauerndes Horstgras mit kurzen Kriechtrieben, breit- bis sehr breitblättrig, fast wintergrün.

Erkennunsmerkmale
Blatt und Trieb: Blattanlage gerollt.

Blattscheide nicht verwachsen, offen, kahl.

Blattspreite zugespitzt; Oberseite un-

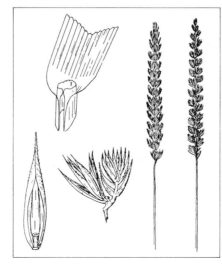

Abb. 12.2.2/3
Kammgras – *Cynosurus cristatus*
Gefaltete, bis scheinbar gerollte Blatt-
anlage, Blattspreite gerieft. Kurzes,
beiderseits lappig emporgezogenes
Blatthäutchen

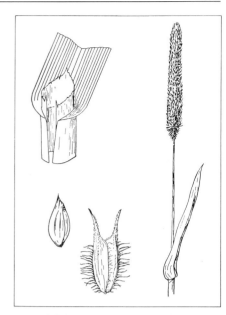

Abb. 12.2.2/4
Lieschgras – *Phleum pratense*
Gerollte Blattanlage. Mittelgroßes, weißes
Blatthäutchen mit Eckzähnen

deutlich gerieft oder fast ungerieft; Unterseite stark gekielt, kahl.

Blattöhrchen nicht vorhanden.

Blatthäutchen mittelgroß, weiß, gezähnelt, in der Mitte oftmals spitz hochgezogen, an den Seiten meist mit je einem kleinen spitzen Eckzahn.

Blattbreite 3–6 mm.

Blattfarbe oft gelbgrün.

Blattrieb leicht zwiebelförmige Verdickung der Triebbasis.

Blütenstand: Zylindrische, von unten bis oben fast gleichdicke, sehr dicht besetzte Scheinähre, ziemlich lang (10 cm und mehr), grün bis graugrün gefärbt.

Kornzahl je Gramm Saatgut: 2000

Bedeutung für den Rasen
Fast wintergrünes breit- bis sehr breitblättriges Horstgras mit Kriechtrieben, trockenheitsgefährdet. Überbrückt Trockenheit durch Einlegen einer Wachstumsruhe. Regenerationsstark, früh austreibend. Besonders auf schweren und feuchten Böden mit höheren Bestandsanteilen. Heute durch Lolium ersetzt.

12.2.2.5 Deutsches Weidelgras – *Lolium perenne* (Abb. 12.2.2/5)

Allgemeines
Raschwüchsiges, ausdauerndes Horstgras mit kurzen Kriechtrieben, fast wintergrün und im Frühjahr früh austreibend.

Erkennungsmerkmale
Blatt und Trieb: Blattanlage gefaltet.

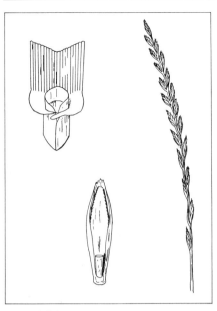

Abb. 12.2.2/5
Deutsches Weidelgras – *Lolium perenne*
Gefaltete Blattanlage. Geriefte, unterseits stark glänzende Blattspreite. Kurzes Blattöhrchen

Blattscheide verwachsen, z. T. von oben her aufreißend, an der Basis oft blutrot gefärbt, weiter oben etwas plattgedrückt.

Blattspreite fast lineal; Oberseite deutlich gerieft; Unterseite auffallend glatt und stark glänzend.

Blattöhrchen kurz, bisweilen undeutlich.

Blatthäutchen meist kurz (1 mm), gerade abgeschnitten, farblos.

Blattbreite 2–3 mm.

Blattfarbe dunkelgrün.

Blütenstand: Zweiteilige echte Ähre mit Gipfelährchen, locker besetzt, oft etwas übergebogen, bis 20 cm lang

Kornzahl je Gramm Saatgut: 500

Bedeutung für den Rasen
Raschwüchsiges Gras mit guten Wachstumsvoraussetzungen besonders im maritimen Bereich, fast wintergrün, Blatt mittelbreit bis breit. Im ersten Vegetationsjahr auf andere Gräser unterdrückend wirkend und unter Vielschnitt allein nicht ausdauernd. Sehr strapazierfähig und unter Benutzung ausdauernder. Neue Zuchtsorten für Rasen geeignet und narbenbildend. In neueren Sorten für belastbare Rasenflächen hervorragend geeignet.

12.2.2.6 Wiesenrispe – *Poa pratensis* (Abb. 12.2.2/6)

Allgemeines
Ausdauerndes Gras mit ziemlich langen und kräftigen unterirdischen Ausläufern.

Erkennungsmerkmale
Blatt und Trieb: Blattanlage gefaltet.

Blattscheide anfangs plattgedrückt, verwachsen, mit dem Erstarken von oben her aufreißend.

Blattspreite lineal (parallelrandig) mit Kahnspitze, die beim Glattstreichen aufreißt; Oberseite in der Mitte deutlich sichtbare Doppelrille, im übrigen ungerieft; Unterseite gekielt, nur schwach glänzend.

Blattöhrchen nicht vorhanden.

Blatthäutchen sehr kurz und mehr oder weniger gerade abgestutzt, grünlich.

Blattbreite 2–4 mm.

Blattfarbe dunkelgrün bis graugrün.

Blütenstand: Pyramidenförmig aufgebaute Rispe.

Kornzahl je Gramm Saatgut: 3300

Bedeutung für den Rasen
Ausläufertreibendes Gras mit mittelbreitem bis breitem Blatt, überwiegend dunkelgrün, langsamwachsend und trockenheitsverträglich, sehr regenerationsstark, bei guter Sortenqualität sehr gut narbenbildend. Im maritimen Raum anfällig für Blattfleckenkrankheit, im kontinentalen Raum anfällig für Rost. Resistente oder weniger anfällige Sorten sind auf dem Markt. Strapazierbar und unentbehrlich für alle belastbaren Rasenflächen.

Abb. 12.2.2/6
Wiesenrispe – *Poa pratensis*
Parallelrandige Blattspreite mit Doppelrille und Kahnspitze. Kurzes, gerade abgestutztes Blatthäutchen. Unterirdische Ausläufer

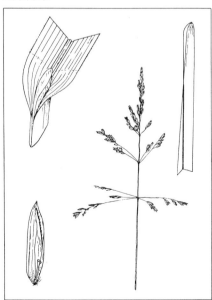

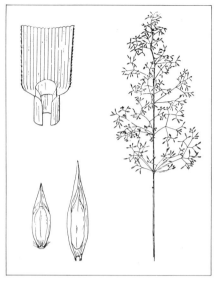

Abb. 12.2.2/7
Rotes Straußgras – *Agrostis tenuis*
Ziemlich schmale, geriefte Blattspreite. Kurzes, gerade abgeschnittenes Blatthäutchen. Kurze unterirdische Ausläufer

12.2.2.7 Rotes Straußgras – *Agrostis tenuis* (Abb. 12.2.2/7)

Allgemeines
Ausdauerndes Horstgras mit kurzen, gelegentlich auch längeren unterirdischen Ausläufern.

Erkennungsmerkmale
Blatt und Trieb: Blattanlage gerollt.

Blattscheide röhrig-rund, nicht verwachsen, offen, kahl.

Blattspreite lanzettlich, schlaff; Oberseite gleichmäßige, deutliche Riefung; Unterseite glatt, matt, ungekielt.

Blattöhrchen nicht vorhanden.

Blatthäutchen kurz bis sehr kurz, gerade abgeschnitten, zarthäutig, zuweilen etwas bräunlich.

Blattbreite 2–3 mm.

Blattfarbe in der Regel sattgrün.

Blütenstand: bis 15 cm lange Rispe mit zahlreichen Abästungen auf der untersten Stufe der Hauptachse. Seitenäste bis 7 cm lang, dünn, häufig etwas geschlängelt.

Kornzahl je Gramm Saatgut: 15 000

Bedeutung für den Rasen
Narbendichtes, kurzbleibendes, überwiegend horstbildendes sattgrünes Gras mit mittelbreitem Blatt. Im binnenländischen Raum, besonders auf schweren Böden, trockenheitsgefährdet. Mäßig trittfest. Tiefschnittverträglichkeit nimmt mit Narbendichte und Sorte zu.

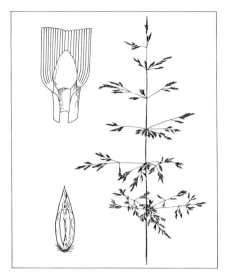

Abb. 12.2.2/8
Flechtstraußgras – *Agrostis stolonifera*
Geriefte Blattspreite. Großes weißes Blatt-
häutchen mit abgerundeter Spitze. Sehr
lange oberirdische Kriechtriebe

12.2.2.8 Flechtstraußgras – *Agrostis stolonifera* (Abb. 12.2.2/8)

Allgemeines
Ausdauerndes Gras mit langen bis sehr langen oberirdischen Kriechtrieben, teilweise auch noch mit unterirdischen Ausläufern.

Erkennungsmerkmale
Blatt und Trieb: Blattanlage gerollt.

Blattscheide röhrig-rund, nicht verwachsen, offen, kahl.

Blattspreite lanzettlich, schlaff; Oberseite deutlich gerieft; Blattröhrchen nicht vorhanden.

Blatthäutchen groß mit abgerundeter Spitze, bisweilen zerschlitzt, weiß.

Blattbreite 2–3 mm.

Blattfarbe in der Regel blaustichig.

Blütenstand: Rispe mit zahlreichen, unterschiedlich langen Abästungen auf den unteren Stufen. Rispe nur zur Blütezeit ausgebreitet.

Kornzahl je Gramm Saatgut: 17 000

Bedeutung für den Rasen
Unter optimalen Feuchtigkeitsbedingungen sehr konkurrenzstarkes bis aggressives Gras schon bei geringen Saatanteilen, dicht narbenbildend, niedrig wachsend, sehr gutes Regenerationsvermögen, gut tiefschnittverträglich, sehr krankheitsanfällig. Mäßig trittfest.

12.2.2.9 Jährige Rispe – *Poa annua* (Abb. 12.2.2/9)

Allgemeines
Ein- bis überjähriges, gelegentlich auch ausdauerndes Gras. Bildet kleine Horste von geringer Größe mit kurzen Kriechtrieben. Besonders im Rasen am Grund niederliegende Halme. Charakteristisch sind das ganze Jahr über sichtbar blühende und fruchtende Pflanzen. Wiederholtes Aussamen und Keimen besonders an Fehlstellen im Rasen möglich.

Erkennungsmerkmale
Blatt und Trieb: Blattanlage gefaltet.

Blattscheide etwas zusammengedrückt, nicht verwachsen, kahl.

Blattspreite parallelrandig, im mittleren Teil oft quer gewellt, mit Kahnspitze, kurz; Oberseite Doppelrille in der Mitte, jedoch nicht immer deutlich zu erkennen, sonst ungerieft, Unterseite matt bis schwach glänzend.

Blattöhrchen nicht vorhanden.

Blatthäutchen mittellang, deutlich erkennbar, weiß.

Blattbreite 2–4 mm.

Blattfarbe meist hellgrün, nur bei starker Düngung dunkler.

Blütenstand: Kleine lockere Rispe bis etwa 8 cm Länge, oberste Blüten oft weißlich

Kornzahl je Gramm Saatgut:
5000 bis 6500

Bedeutung für den Rasen
Trittverträgliches Gras, das sich an viel betretenen Stellen und in lückigen Rasen in der Regel bodenbürtig oder durch Saatgutverunreinigungen einstellt. Hoher Feuchtigkeits- und Stickstoffbedarf.

Abb. 12.2.2/9
Jährige Rispe – *Poa annua*
Kleine Horste und kurze Kriechtriebe.
Kurze parallelrandige Blattspreite mit
Doppelrille und Kahnspitze, im mittleren
Teil oft quergewellt. Mittelgroßes Blatt-
häutchen, weiß

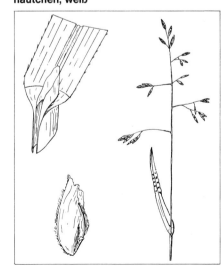

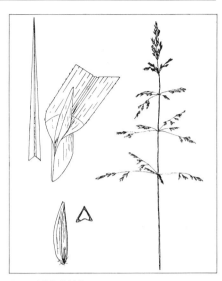

Abb. 12.2.2/10
Gemeine Rispe – *Poa trivialis*
Allmählich zugespitzte, unterseits glän-
zende Blattspreite mit Doppelrille.
Zungenförmiges Blatthäutchen. Breit aus-
gebreitete oberirdische Kriechtriebe

In der Regel als Ungras zu bezeichnen, das durch hohe Stickstoffgaben und häufiges Wässern mit geringen Wassermengen stark gefördert wird. Krankheitsanfällig und mit schlechtem Winteraspekt. Hinterläßt durch Absterben im Winter häufig erhebliche Lücken. Sondereignung nur für Nachsaat in Poa-annua-dominanten Rasen. Sehr flachwurzelnd.

12.2.2.10 Gemeine Rispe – *Poa trivialis* (Abb. 12.2.2/10)

Allgemeines
Ausdauerndes Gras mit teilweise stark verzweigten oberirdischen Kriechtrieben. Im Frühjahr zeitig austreibend.

Erkennungsmerkmale
Blatt und Trieb: Blattanlage gefaltet.

Blattscheide flachgedrückt, verwachsen, von oben her leicht aufreißend, kahl, häufig violett gefärbt.

Blattspreite spitz zulaufend; Oberseite deutliche Doppelrille, sonst ungerieft; Unterseite deutlich gekielt, meist stark glänzend, unbehaart.

Blattöhrchen nicht vorhanden.

Blatthäutchen zungenförmig bzw. spitz hochgezogen, weiß.

Blattbreite 1–3 mm.

Blattfarbe lebhaft grün bis hell- oder gelblichgrün.

Blütenstand: Fast pyramidenförmig aufgebaute unterschiedlich lange Rispe.

Kornzahl je Gramm Saatgut: 5500

Bedeutung für den Rasen

Schattenverträgliches Gras mit hohem Anspruch an die Wasser- und Stickstoffversorgung. Empfindlich gegen lange Schneebedeckung und Kahlfröste. Tritt vor allem bei zu feuchten oder falsch gepflegten Rasensportplätzen in Schattenbereichen auf. Gilt als Ungras im Rasen. Sondereignung nur in unbelasteten extensiven Schattenrasen, was ihrem natürlichen Vorkommen in Gebüschen und feuchten Waldrändern entspricht.

12.2.2.11 Gemeine Quecke – *Agropyron repens* (Abb. 12.2.2/11)

Allgemeines

Ausdauerndes Ausläufergras mit Verzweigungen im unteren Halmabschnitt.

Erkennungsmerkmale

Blatt und Trieb: Blattanlage gerollt.

Blattscheide nicht verwachsen, behaart oder kahl.

Blattspreite, Oberseite flach undeutlich gerieft, meist stark bis schwach behaart.

Blattöhrchen oft sehr lang, krallenartig, häufig gewellt, an den oberen Blättern meist übereinandergreifend.

Blatthäutchen sehr kurz, derb, gerade abgeschnitten bzw. fein gezähnelt.

Blattbreite 3–9 mm.

Blattfarbe oft blaugrün bereift.

Blütenstand: Zweizeilig, locker besetzte echte Ähre, etwa 10 cm lang, auf-

Abb. 12.2.2/11
Gemeine Quecke – *Agropyron repens*
Kurzes Blatthäutchen. Kralliges Blattöhrchen. Meist behaarte Blätter. Fadenförmige unterirdische Ausläufer von erheblicher Länge

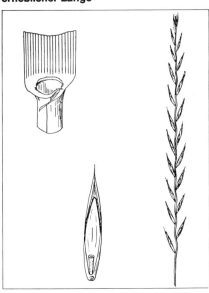

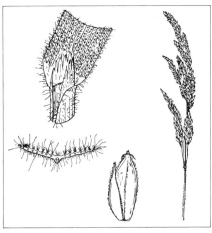

Abb. 12.2.2/12
Wolliges Honiggras – *Holcus lanatus*
Horstartige Wuchsform, sammetartig behaarte extrem breite, weißlich graugrüne Blätter. Mittelgroßes gefranstes Blatthäutchen

rechtstehend mit Gipfelährchen, Halmhöhe 20 bis 100 cm, teilweise knickig aufsteigend.

Korzahl je Gramm Saatgut: 430

Bedeutung für den Rasen

Sehr verbreitetes und gefürchtetes Schadgras, das auf verschiedensten Böden und Standorten vorkommt. Die unter der Bodenoberfläche sich ausbreitenden bindfadenstarken Ausläufer können bis zu zwei Meter lang werden.

Sondereignung zur Begrünung von Böschungen und Sandflächen.

12.2.2.12 Wolliges Honiggras – *Holcus lanatus* (Abb. 12.2.2/12)

Allgemeines

Ausdauerndes Horstgras mit oberirdischen Kriechtrieben. Horste polsterartig, oft wintergrün. Extrem breite Blätter.

Erkennungsmerkmale

Blatt und Trieb: Blattanlage gerollt.

Blattscheide nicht verwachsen, offen, blaugrün bis graugrün oder weißlich, häufig mit weinroten oder violetten Längsstreifen, gelegentlich rötlich angelaufener Grund, samtig behaart.

Blattspreite lanzettlich schlaff; Oberseite schwach gerieft, dicht behaart; Unterseite stark gekielt, dicht behaart; Blattöhrchen nicht vorhanden.

Blatthäutchen mittelgroß, grob gezähnt bis stark gefranst, weißlich, ganz fein behaart.

Blattbreite 5–10 mm.

Blattfarbe weißlich graugrün.

Blütenstand: Rispe mit in der Regel 2 Abästungen auf den unteren Stufen der Hauptachse, bis ca. 10 cm lang.

Kornzahl je Gramm Saatgut: 2500

Bedeutung für den Rasen

Ausgesprochenes Rasen-Ungras, das durch das breite und helle Blatt sehr störend in einer Rasenfläche auffällt. Gras mit einer sehr breiten Amplitude. Saatgut für Rasen darf durch Samen dieses Grases nicht verunreinigt sein (DIN 18917 – Vegetationstechnik im Landschaftsbau – Rasen und Saatarbeiten).

12.3 Sortengräser

Von fast allen Gräsern, die heute wirtschaftlich genutzt werden, gibt es eine Reihe von Sorten. Das betrifft auch die Rasengräser. Deshalb sollten heute nur solche Sorten verwendet werden, die eine besondere Eignung für den Verwendungszweck besitzen. Die Eignung einer Sorte wird vom Bundessortenamt durch entsprechende Versuche an verschiedenen Standorten festgestellt. Die Belastung wird dabei durch eine Stollenwalze simuliert. Das Ergebnis der Untersuchung auf Rasentauglichkeit wird alle zwei Jahre in der »Beschreibenden Sortenliste – Rasengräser« (Alfred Strothe Verlag – Hannover, Verlagsgruppe Deutscher Fachverlag Frankfurt/M.) bekanntgegeben. 1986 waren 173 speziell für die Rasennutzung von den Züchtern bezeichnete Gräser in dieser Liste enthalten. Die Prüfung einer Grassorte ist an die Auflage gebunden, daß der Züchter sie als »nicht für Futterzwecke« oder »nicht für landwirtschaftliche Nutzung bestimmt« deklariert. Futtersorten sind für Rasen nicht geeignet.

Für die Prüfung auf Raseneignung werden verschiedene Bewertungskriterien herangezogen. Es sind dies: Zeitpunkt des Rispenschiebens, Zeitpunkt des Narbenschlusses, Zeitpunkt des Wachstums im Frühjahr, Wüchsigkeit, Wuchshöhe in der Vollentwicklung, Wuchsform in der Vollentwicklung, Ausläuferbildung, Zeitpunkt des Aufganges, Narbenfarbe, Mängel im Winteraspekt, Blattbreite, Mängel in der Ausgeglichenheit der Narbe, Narbendichte, Neigung zur Lückigkeit, Neigung zur Verunkrautung, Anfälligkeit gegen Blattflecken, Rost, Rotspitzigkeit und Schneeschimmel, Wuchshöhe, Blütenstandsbildung und Mängel im Gesamtaspekt.

Eine kurze Zusammenfassung der vom Bundessortenamt geprüften Sorten und deren Eignung sowie von Sorten, die in der niederländischen »Beschrievende Rassenlijst« aufgeführt sind, ist in der Broschüre »Regelsaatgutmischungen (RSM)« enthalten, die jährlich von der Forschungsgesellschaft Landschaftsentwicklung Landschaftsbau e. V. Bonn herausgegeben wird. Zusätzlich wird darin vermerkt, ob Saatgut von der jeweiligen Sorte auch verfügbar ist. Eine Seite aus dieser RSM zeigt Tab. A 12.3/1 im Anhang.

Für den Anwender der »Beschreibenden Sortenliste« und der RSM kommt es darauf an, die am besten geeignete Sorte für den jeweiligen Standort herauszusuchen und sie bei der Ausschreibung durch Namensnennung zu verlangen oder bei alternativen Angeboten die bessere Sorte herauszufinden.

12.4   Kräuter und Leguminosen

Kräuter und Leguminosen eignen sich als zusätzliche Komponenten für den Landschaftsrasen und können auf entsprechenden Standorte sowie angemessenen Ansaat- und Kulturbedingungen zu artenreichen, wiesenähnlichen Flächen hinführen. Im Prinzip können alle Kräuter und Leguminosen ausgesät werden, die es in der Landschaft gibt und der Handel bietet heute diese Kräuter bis hin zur Brennessel an. Von Bedeutung für den Landschaftsbau bezogen auf seine Aufgabe, offene Flächen zu begrünen und zu sichern, sind jedoch nur die in Tabelle A 12.4/1 aufgeführten Pflanzen.

Für die Zwischenbegrünung oder einen Voranbau sind Lupinen, Klee, Senf und Ölrettich besonders geeignet. Im einzelnen sind hierzu unter 3.6.7.3 Ausführungen gemacht.

12.5   Regelsaatgutmischungen

Es war gesagt worden, daß die Gräser in der Landschaft immer auf einem für sie typischen natürlichen Standort wachsen. Mit natürlichen Standorten hat man es bei der Anlage von Gärten und Grünflächen nicht mehr zu tun. Auch die Nutzung des Grases entspricht nicht mehr den natürlichen Gegebenheiten. Es wird bei den meisten Rasentypen durch Vielschnitt niedrig gehalten und durch Belaufen, Lagern und Befahren mechanisch belastet. Nur Landschaftsrasen unterliegt gelegentlich noch natürlichen Bedingungen.

Die geschilderten Belastungen vertragen nur wenige Arten. Aus der Erfahrung der Praxis und als Ergebnis der Rasenforschung wurden deshalb für den allgemeinen Gebrauch sogenannte »Regelsaatgutmischungen« entwickelt, die für den jeweiligen Nutzungszweck eine breite Amplitude bezüglich der Arten

aufweisen und durch entsprechende Bodenvorbereitung und Pflege in dem gewünschten Zustand gehalten werden können. Die ersten Regelsaatgutmischungen wurden in DIN 18917, Ausgabe 1973 aufgestellt. Sie entsprachen dem damaligen Kenntnisstand und dem Sortenangebot des Marktes. Inzwischen weiß man, daß sich durch die Züchtung neuer Sorten und neue Versuchserkenntnisse die Auffassungen über die zweckmäßigste Zusammensetzung einer Saatgutmischung häufiger ändern können, als Neuausgaben einer Norm möglich sind. Aus diesem Grunde wird jährlich die Broschüre »Regelsaatgutmischungen (RSM)« von der Forschungsgesellschaft Landschaftsentwicklung Landschaftsbau e. V. Bonn herausgegeben. In ihr legt eine Gruppe von Fachleuten aus allen Bereichen, die mit Rasen und Rasensaatgut zu tun haben, den neuesten Stand der Kenntnisse nieder (siehe Tabellen A 12.5/1 bis A 12.5/10 im Anhang).

Jede Regelsaatgutmischung enthält verschiedene Mischungspartner, deren Mischungsanteil in Gew.% angegeben wird. Ausschlaggebend für den Anteil der einzelnen Grasart an der Mischung sind:

a) Die Kornzahl der Grasart je Gramm, die von 500 bei *Lolium* bis 17000 bei *Agrostis* reicht. Die Grammkornzahl der einzelnen Sorten kann dabei erheblich von der Art abweichen.

b) Die unterschiedlich lange Keimdauer der einzelnen Grasart, die z.B. bei *Lolium* 5–15 Tage, bei *Poa pratensis* aber 8–25 Tage beträgt.

c) Die unterschiedlich hohe Keimquote, die z.B. bei *Lolium* sehr hoch, bei *Poa pratensis* und *Agrostis* relativ niedrig ist.

d) Das Wachstumsverhalten in der Anfangsphase, das von zögerndem Zuwachs bei *Festuca* und *Poa pratensis* bis zu starker Blattentwicklung bei *Lolium* und *Phleum* reicht.

e) Das Konkurrenzverhalten der einzelnen Mischungspartner in der Narbe, das durchaus vom Verhalten in der Anfangsphase abweichen kann, wesentlich aber von der weiteren Pflege, dem Standort und der Nutzung abhängt.

Die endgültige Narbe wird dann also weitgehend beeinflußt durch die Individualität des jeweiligen Standortes, die Beanspruchung und die Pflege. Das bedeutet, daß sich wesentliche Verschiebungen in der Mischungszusammensetzung im Endresultat ergeben können und eine Entwicklung zu einer standort-, nutzungs- und pflegetypischen Rasennarbe eintritt.

Die in den Regelsaatgutmischungen angegebenen prozentualen Anteile sind jeweils als Regelwert einzustufen.

Durch geringfügige Änderungen um 5–10% eines Mischungspartners kann man sich der jeweiligen Situation und auch der Marktlage anpassen. Insbesondere muß man bedenken, daß die gewählte bzw. verwendete Sorte einen viel höheren Einfluß auf die Narbenqualität hat als die prozentuale Zusammensetzung der Mischung. Der Sorte kommt also die höchste Priorität zu. Um Nachteile, die jeder Sorte anhaften, auszugleichen, sollen möglichst zwei bis drei Sorten eines Mischungspartners mit guter Eignung verwendet werden, sofern es sich um Zier-, Gebrauchs-oder Strapazierrasen handelt. Bei Landschaftsrasen spielen die Sorten keine so große Rolle.

Landschaftsrasen können auch Beimischungen von Kräutern und Leguminosen enthalten, wenn der Verwendungszweck dieses erfordert oder sinnvoll erscheinen läßt. Dabei nutzt man für die Startphase deren individuellen Eigenschaften aus, die z.B. in Tiefwurzeln, schnellem Wuchs, Sammeln von Stickstoff oder einer guten Trockenheitsresistenz liegen können. In der Folge siedeln sich durch Anflug oder durch die Tierwelt in der Regel die standortgerechten Kräuter von selbst an. Kräuter in der Ansaatmischung können aber auch Nachteile bringen, wenn sie z.B. in der Startphase besonders vorwüchsig sind und andere Partner unterdrücken, die langsamer starten, weniger durchsetzungsfähig, auf Dauer aber für diesen Zweck geeigneter sind. Die Anwendung von Kräutern in einer Mischung mit Sicherungsaufgaben in der Landschaft setzt deshalb besonders gute Kenntnisse voraus.

Für die RSM 7 und 8 könnte eine Zugabe von Kräuter- und Leguminosensaatgut gemäß Tab. A 12.5/11 sinnvoll sein.

12.6   Handelsanforderungen

Der Handel von Saatgut unterliegt den Festlegungen des Saatgutverkehrsgesetzes. Weitere Festlegungen enthält DIN 18917 mit Verweis auf die Broschüre »Regelsaatgutmischungen (RSM)«, in der eine spezielle Anpassung an die Bedürfnisse der jeweiligen Rasentypen vorgenommen wurde.

12.6.1 Klassifizierung, Einfuhr und Vertrieb von Rasensaatgut

12.6.1.1 Saatgutkategorien

Nach dem Saatgutverkehrsgesetz werden folgende Kategorien unterschieden

Basissaatgut
Dieses Saatgut dient ausschließlich der weiteren Vermehrung von Sorten-Saatgut. Deshalb ist dieses Saatgut nicht im Handel als Saatgut für das Anlegen von Rasenflächen zu erhalten. Basissaatgut zeichnet sich durch eine hohe Reinheit aus und weist insbesondere einen sehr geringen Fremdgrasbesatz auf.

Zertifiziertes Saatgut
Dieses Sorten-Saatgut ist unmittelbar aus dem anerkannten Basissaatgut erwachsen. Es dient nicht mehr der Saatguterzeugung zum Zwecke der Saatgutvermehrung, sondern ist für die Aussaat zum Zwecke der Rasenanlage bestimmt. Es muß bestimmte Anforderungen an Reinheit, Keimfähigkeit und Fremdartenbesatz erfüllen.

Sofern in einer Saatgutmischung bestimmte Sorten verlangt werden, müssen diese Sorten als zertifiziertes Saatgut geliefert werden.

Handelssaatgut
Hierunter fällt alles Saatgut, das keiner Züchtung unterliegt oder ohne Anerkennung der Sorte gehandelt werden soll; es ist lediglich artenecht. Demzufolge wird bei diesem Saatgut in der Regel lediglich die Art deklariert. Wird trotzdem eine Sorte angegeben, muß die Sortenidentität nicht gegeben sein.

Reinheit, Keimfähigkeit und Fremdartenbesatz müssen bestimmten Anforderungen genügen.

Gräserarten, von denen keine Zuchtsorten auf dem Markt sind, z. B. weil sie züchterisch nicht bearbeitet werden, können also nur als Handelssaatgut vertrieben werden. In diesen Fällen bedeutet die Einstufung eines Grases in die Handelssaatgut-Kategorie keine Beeinträchtigung seiner Qualität. Als Handelssaatgut dürfen lt. Saatgutverkehrsgesetz weiter in den Handel gebracht werden: *Deschampsia flexuosa* (Rasenschmiele), *Festuca ovina* (Schafschwingel), *Agrostis tenuis* (Rotes Straußgras), *Poa nemoralis* (Hainrispe), *Festuca tenuifolia* (Feinschwingel), *Phleum nodosum*-Arten (Zwiebellieschgras) u. a.

Behelfssaatgut
Dieses Saatgut ist artenecht und unterliegt geringeren Anforderungen an Reinheit, Keimfähigkeit und Fremdartenbesatz.

Abb. 12.6/1   Kennzeichnung von zertifiziertem Saatgut niederländischer Herkunft (Farbe blau)

12.6.1.2 Anerkennung von Saatgut

Basissaatgut und zertifiziertes Saatgut unterliegen einem Anerkennungsverfahren. Ein solches Verfahren beginnt mit einer Feldbesichtigung durch die nach jeweiligem Landesrecht zuständige Anerkennungsbehörde (z. B. Regierungspräsidium). Nach der Feldbesichtigung kann eine vorläufige Anerkennung ausgestellt werden, sofern der Antragsteller die Keimfähigkeit durch eine vorläufige Analyse nachgewiesen hat. Die endgültige Anerkennung erfolgt durch neutrale staatliche Untersuchungsstationen nach einer Laborprobe auf Reinheit, Keimfähigkeit und Fremdartenbesatz. Nach der Laboranerkennung darf Saatgut in der anerkannten Partie unter einer Anerkennungsnummer in den Verkehr gebracht werden, d. h. die Vertriebsgenehmigung ist erteilt.

Voraussetzung für die Anerkennung als Basissaatgut ist u. a. eine systematische Erhaltungszüchtung unter neutraler Aufsicht und Anweisung.

Nicht anerkanntes Saatgut darf für Saatzwecke nicht verwendet werden.

Handelssaatgut unterliegt nicht diesem Anerkennungsverfahren, sondern lediglich einem Zulassungsverfahren. Wenn es den Anforderungen bezüglich Reinheit, Keimfähigkeit und Fremdartenbesatz genügt, darf es unter einer zugeteilten Zulassungsnummer gehandelt werden.

12.6.1.3 Sortenordnung

Voraussetzung für die Eintragung einer Sorte in die Bundes- und EG-Sortenliste ist:
a) die Unterscheidbarkeit gegenüber vergleichbaren Arten und Sorten,
b) hinreichende Homogenität
c) Beständigkeit
d) landeskultureller Wert
e) berechtigte Eintragsfähigkeit.
Bei Gräsern, die nicht für Futterzwecke, sondern für Rasen verwendet werden sollen, spielt der landeskulturelle Wert keine Rolle und entfällt deshalb als Voraussetzung für die Eintragung in die Bundes- und EG-Sortenliste. Das trifft auch auf die Rasenzuchtsorten zu.

12.6.1.4 Artenverzeichnis

Gehandelt werden dürfen nur Arten, die im Artenverzeichnis als zertifiziertes oder als vertriebsfähiges Handelssaatgut aufgeführt sind. Dazu gehören alle Gräser und landwirtschaftlichen Leguminosen. Das Verzeichnis beginnt mit den *Agrostis*-Gräsern und endet mit *Trisetum flavescens*.

12.6.1.5 Saatguteinfuhr

Die Saatgutproduktion in der Bundesrepublik deckt bei weitem nicht den Bedarf an Rasensaatgut. Außerdem werden sehr viele ausländische Sorten an-

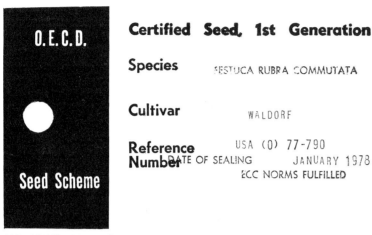

Certified Seed, 1st Generation

Species FESTUCA RUBRA COMMUTATA

Cultivar WALDORF

Reference Number USA (0) 77-790
DATE OF SEALING JANUARY 1978
ECC NORMS FULFILLED

Abb. 12.6/2 Kennzeichnung von zertifiziertem Saatgut. Herkunft USA (Farbe blau)

Stichting Nederlandse Algemene Keuringsdienst voor zaaizaad en pootgoed van landbouwgewassen
N.A.K. Bosrandweg 5 Wageningen

HANDELSZAAD

niet naar het ras goedgekeurd

Soort: **GEWOON STRUISGRAS** 46 kg
(AGROSTIS TENUIS)

Partijnummer: 968-53955

Datum van plombering:

Geteeld in: USA

2 0 JUNI 1978

№ 36108760

Uitsluitend voor machinaal genaaide zakken!
Dient tevens als plombe!

E. E. G. systeem

Model 11

Abb. 12.6/3 Kennzeichnung von Handelssaatgut niederländischer Herkunft (Farbe braun)

Abb. 12.6/4 Kennzeichnung von Handelssaatgut, Aufwuchsgebiet USA, Anerkennungsstelle Hamburg (Farbe braun)

EWG- Norm
Bundesrepublik Deutschland

Handelssaatgut (nicht der Sorte nach anerkannt)

Kennzeichen der Zulassungsstelle: D/HH

Art: Rotes Straussgras

Aufwuchsgebiet: USA

Zulassungs-Nr.: D/HH 5936

Verschließung (Monat, Jahr): August 1978

Angegeb. Gewicht d. Packung oder angegebene Zahl der Körner: 46 kg

Zusätzliche Angaben:

EG –, wodurch das Saatgut aus diesen Ländern in der Bundesrepublik verkehrsfähig ist),
c) das Saatgut im Geltungsbereich des Gesetzes oder innerhalb der EG als Handelssaatgut zugelassen ist und die gesetzlichen Vorschriften erfüllt sind.

Einfuhr und Vertrieb von Saatgut, das nicht in der Sortenliste eingetragen ist, wird über Verordnung geregelt. Da die Rasenzuchtsorten keine landwirtschaftliche Eignung besitzen, also nicht in der Sortenliste eingetragen sind, fallen sie ebenfalls unter diese Verordnung. Auskunft über die Eignung für einen bestimmten Verwendungszweck gibt die »Beschreibende Sortenliste für Rasengräser« des Bundessortenamtes.

Kennzeichnung und Verschließung von Einfuhrsaatgut

Saatgut darf nur in Packungen oder Behältern eingeführt und vertrieben werden, die den gesetzlichen Vorschriften des Saatgutverkehrsgesetzes genügen. Dazu gehören bei der Kennzeichnung Angaben über: (s. Abb. 12.6/1–4)

A. Basissaatgut und zertifiziertes Saatgut
a) Anerkennungsstelle
b) Art
c) Sortenbezeichnung
d) Kategorie
e) Anerkennungsnummer
f) Verschließung (Monat, Jahr)
g) Erzeugerland
h) Angegebenes Gewicht der Packung

B. Handelssaatgut
a) Zulassungsstelle
b) »Handelssaatgut« (nicht der Sorte nach anerkannt)
c) Art
d) Aufwuchsgebiet
e) Zulassungsnummer
f) Verschließung (Monat, Jahr)
g) Angegebenes Gewicht der Packung

Die Etiketten müssen die Mindestgröße 115 × 80 mm besitzen. Etiketten und Einleger müssen folgende Farben aufweisen: für Basissaatgut = weiß, für zertifiziertes Saatgut = blau, für Handelssaatgut = braun.
Der Verschluß der Packung muß so ausgerichtet sein, daß er beim Öffnen verletzt wird und dadurch nicht wieder verwendet werden kann.

geboten, auf die man heute nicht mehr verzichten kann.

Einfuhrvoraussetzungen
Saatgut darf eingeführt werden, wenn
a) die Sorte als Basis- oder zertifiziertes Saatgut in die Bundes- und EG-Sortenliste eingetragen ist,
b) im Geltungsbereich des Saatgutverkehrsgesetzes als Basis- oder zertifiziertes Saatgut anerkannt ist (Als Geltungsbereich gilt aufgrund der EG-Sortenliste der Staatenbereich der Europäischen Gemeinschaft –

12.6.2 Mischung von Saatgut

Das Mischen von Saatgut unterliegt den Regelungen nach der Saatgutmischungsverordnung vom 10. 6. 68. Diese Verordnung ist heut erweitert auf den Bereich der EG-Mitgliedstaaten. Die Verordnung enthält u.a. folgende Regelungen.

12.6.2.1 Allgemeine Festlegungen zu Saatgutmischungen

Die Verordnung regelt, welche Saatgutmischungen überhaupt hergestellt werden dürfen und welcher Kategorie das Saatgut angehören darf.

a) Folgende Mischungen dürfen hergestellt werden:
- Saatgutmischungen, deren Aufwuchs zu Futter- oder Gründüngungszwecken bestimmt ist.
- Saatgutmischungen, deren Aufwuchs zur Körnergewinnung bestimmt ist.
- Saatgutmischungen, deren Aufwuchs zu anderen Zwecken bestimmt ist. Hierunter fallen auch die Saatgutmischungen für den Landschafts- und Sportplatzbau.

b) Saatgut für Mischungen muß folgenden Anforderungen genügen:
In den Saatgutmischungen darf nur Saatgut enthalten sein, das als Basis-, zertifiziertes oder als Handelssaatgut auf der Grundlage des Saatgutverkehrsgesetzes zugelassen und im Artenverzeichnis aufgeführt ist.

12.6.2.2 Mischungsgenehmigung

Saatgutmischungen dürfen nur mit Genehmigung der nach Landesrecht zuständigen Behörde hergestellt werden. Dazu ist ein Antrag auf Erteilung einer Mischungsnummer auf einem entsprechenden Vordruck zu stellen (s. Abb. 12.6.2.2/1–3). Der Antragsteller muß erklären, daß er die Saatgutmischung von den im Artenverzeichnis aufgeführten Arten auf der Grundlage von Basissaatgut, zertifiziertem oder anerkanntem Handelssaatgut zusammensetzt und vertreibt. Ist das zertifizierte oder Handelssaatgut außerhalb des Geltungsbereiches des Saatgutverkehrsgesetzes anerkannt, muß zusätzlich die Anerkennungs- und Zulassungsstelle angegeben werden.

Auf der Rückseite des Antrages ist die Zusammensetzung der Mischung anzugeben.

Aufgrund des Antrages wird eine Bezugsnummer erteilt. Diese setzt sich zusammen aus folgenden Teilen:

a) Kennzeichen des Landes, in dem die Mischung erstellt wird, z.B. D für die Bundesrepublik
b) Kennzeichen der Anerkennungsstelle, z.B. KA für Karlsruhe
c) einer mehrstelligen von der Anerkennungsstelle festgelegten Zahl
d) dem Kennbuchstaben »M« als Hinweis auf eine Mischung.
Eine solche Mischungs- bzw. Bezugsnummer lautet dann z.B. D / KA 7069 043 M

(Antrag ist in doppelter Fertigung einzureichen)

Anschrift des Antragstellers: Julius Wagner GmbH, Samengroßhandlung-Samenzucht

6900 Heidelberg, Eppelheimer Straße 20

An das
Regierungspräsidium

Abt.Landwirtschaft

7500 Karlsruhe

Betr.: Saatgutmischungen;
hier: Antrag auf Erteilung einer Mischungsnummer

Anl.:

Nach § 3 der Saatgutmischungsverordnung vom 10. Juni 1968 (BGBl. I S. 613) wird hiermit um Erteilung einer Mischungsnummer für nachstehend bezeichnete Partie einer Mischung gebeten:

Bezeichnung der Partie: Parkrasen nach DIN 18917

Zweck der Mischung: Nicht für Futter- u. Gründüngungszwecke sowie Körnergewinnung

Voraussichtl. Gewicht: 5,00 dz

Voraussichtl. Zahl der Packungen: 20

Der Vertrieb soll in Kleinpackungen erfolgen: ja / nein

Hiermit wird erklärt, daß in die Mischung von den im Artenverzeichnis aufgeführten Arten nur Saatgut aufgenommen wird, das als Basissaatgut oder Zertifiziertes Saatgut anerkannt oder als Handelssaatgut zugelassen oder als Behelfssaatgut gekennzeichnet ist. Einzelheiten sind aus der umseitigen Aufstellung ersichtlich, deren Richtigkeit hiermit bestätigt wird.

Heidelberg, den 9.3.1977/8

(Ort und Datum)

Julius Wagner G.m.b.H.
ppa.
(Rechtsverbindl. Unterschrift)

Vermerk der Anerkennungsstelle:
Für die o. bez. Partie wird hiermit die Mischungsnummer erteilt. Es ist dafür Sorge zu tragen, daß Kennzeichnung und Verschließung nach den Bestimmungen der Saatgutmischungsverordnung veranlaßt wird. Der mit der Plombierung Beauftragte hat bei der Verschließung eine Probe nach § 6 (3) a.a.O. zu entnehmen und mindestens 1 Jahr aufzubewahren.

D/ KA 7069 043 M

Karlsruhe den 13.4.77 Regierungspräsidium Karlsruhe

Im Auftrag

Gebühr nach Nr. 64 c 11 Geb.-Verz.: 2,– DM, zahlbar erst nach Erhalt einer entsprechenden Sammelrechnung.

Dr. Laube

Abb. 12.6.2.2/1 Antrag auf Erteilung einer Mischungsnummer, Vorderseite

12.6.2.3 Kontrolle des Mischvorgangs

Saatgutmischungen dürfen nur unter Aufsicht eines amtlichen Probenehmers vorgenommen werden.

12.6.2.4 Kennzeichnung der Saatgutmischung

Die Packungen von Saatgutmischungen sind vor dem Vertrieb im Rahmen des Misch- und Abpackvorganges unter Aufsicht der nach Landesrecht zuständigen Behörde bzw. deren Beauftragten (amtlicher Probenehmer) mit Etiketten zu kennzeichnen. Das Etikett muß grün sein und den saatgutverkehrsgesetzlichen Bestimmungen entsprechen. Das Etikett muß auf der Rückseite enthalten (s. Abb. 12.6.2.4/2):

a) die Bezeichnung der Mischung, z.B. »Gebrauchsrasen«
b) die Sortenbezeichnung bei Basis- und zertifiziertem Saatgut
c) die Artenbezeichnung bei Handelssaatgut
d) die Reinheit und Keimfähigkeit bei Handelssaatgut, das nicht im Artenverzeichnis aufgeführt ist
e) den Gewichtsanteil der einzelnen Mischungspartner

Zusammensetzung der Mischung

Art	Sorten- bzw. bezeichnung	Kategorie	Erzeugerland bzw. Aufwuchsgebiet	Anerkennungs- bzw. Zulassungs- nummer bzw. Zulassungsstelle	Mischungs- anteil in %	Soweit erforderlich Reinheit %	Keimfähigkeit %
Lolium perenne	Majestic	zert.	Holland	NL-NAK 068-27824	15		
Poa pratensis	Baron	zert.	Holland	NL-NAK 068-42592	50		
Poa pratensis	Fylking	zert.	USA	USA (A) 77-062	10		
Poa pratensis	Kimono	zert.	Holland	NL-NAK 867-27539	10		
Poa pratensis	Merion	zert.	USA	USA-W-335	15		
					100 %		

Abb. 12.6.2.2/2   Antrag auf Erteilung einer Mischungsnummer, Rückseite, Mischung aus zertifiziertem Saatgut

Zusammensetzung der Mischung

Art	Sorten- bzw. bezeichnung	Kategorie	Erzeugerland bzw. Aufwuchsgebiet	Anerkennungs- bzw. Zulassungs- nummer und ggf. auswärtige Anerk.- bzw. Zulassungsstelle	Mischungs- anteil in %	Soweit erforderlich Reinheit %	Keimfähigkeit %
Cynosurus crist.					10	99,3	97
Festuca rubra r.	Dawson	zert.	Holland	NL-NAK 886-40537	25		
Lolium perenne	Pelo	zert.	Dänemark	DK/D 44167	10		
Phleum pratense	Phlewiola	zert.	BRD	D/KA 5010322	10		
Poa pratensis	Baron	zert.	Holland	NL-NAK 066-35417	30		
Poa pratensis	Merion	zert.	USA	USA-W-309	15		
					100 %		

Abb. 12.6.2.2/3   Antrag auf Erteilung einer Mischungsnummer, Rückseite, Mischung aus Handels- und zertifiziertem Saatgut

Auf der Vorderseite des Etiketts sind zu vermerken (siehe Abb. 12.6.2.4/1):
a) die Anerkennungsstelle
b) der Verwendungszweck der Saatgut- mischung
c) die Bezugsnummer (Mischungsnum- mer)
d) der Zeitpunkt der Verschließung
e) das Gewicht der Packung
Zusätzlich zum Etikett ist der Packung ein grüner Einleger beizulegen, der die gleichen Angaben enthält.

12.6.2.5 Verschließung der Packung

Im Anschluß an die Kennzeichnung der Packungen sind diese unter Aufsicht einer von der Zulassungsbehörde be-

```
          S 61

     MAJESTIC Sportrasen

  %

  40   LOL. perenne MAJESTIC
  35   POA prat. BARON
  10   POA prat KIMONO
  10   POA prat. AQUILA
   5   POA prat. MONOPOLY
```

Abb. 12.6.2.4/2   Etikett-Rückseite

Abb. 12.6.2.4/3   Einleger in die Packung einer Saatgutmischung

```
600 kg Sonderrasenmischung
f.Fa. Eisenstein & Martino
Schifferstadt
- - - - - - - - - - - - - - - - - -
Anerk.St.Rg.Pr.Ndb.K'ruhe
Bez.-Nr.: D/KA 8069 173 M
Gew.d.Pack. 25 kg,9.10.78
- - - - - - - - - - - - - - - - - -
   8 % Agrostis tenuis
         HIGHLAND BENT
   2 % Agrostis stolonifera
         PROMINENT
  25 % Festuca duriuscula
         BILJART
  15 % Festuca rubra commutata
         KOKET
  35 % Festuca rubra RUSCN
  15 % Poa pratensis BARON
- - - - - - - - - - - - - - - - - -
100 %
```

Abb. 12.6.2.4/1   Etikett-Vorderseite

```
        Anerkennungsstelle

Regierungspräsidium Karlsruhe

Saatgutmischung für (Verwendungszweck):


Bezugs-Nr.: D/KA 8069147.   M

Verschließg.: (Monat u. Jahr)      Juli 1978

Angegeb. Gewicht d. Packung      25 kg

Zusätzliche Angaben:
```

stimmten Person zu verschließen und mit einer Plombe zu versehen. Die Plombe, die von der Anerkennungs- stelle ausgegeben wird, muß so ange- bracht werden, daß sie bei Sacköffnung unbrauchbar wird, indem sie z.B. zer- bricht. Gleichzeitig mit Verschluß und Plombierung entnimmt der Beauftragte eine Probe, die mindestens ein Jahr auf- zubewahren ist.

12.6.2.6 Handel mit Kleinpackungen

Kleinpackungen im Sinne des Saatgut- verkehrsgesetzes sind:
a) Packungen bis zu 30 kg Gewicht bei Saatgutmischungen, deren Auf- wuchs zur Körnernutzung bestimmt ist. Das trifft z.B. auch zu, wenn mehr als 50 % des Saatgutinhaltes aus Getreide, Lupinen, Futtererbsen, Ackerbohnen, Sonnenblumen u.ä. besteht.
b) Packungen bis zu 15 kg Gewicht bei Rasenmischungen.

Abweichende Regelungen für Kleinpak- kungen
Die Regelungen für die Mischung und den Verschluß von Kleinpackungen sind sehr großzügig. Die wesentlichsten Ab- weichungen liegen darin,
a) daß kein Verschluß nach § 6 der Mi- schungsverordnung und damit auch

nicht die Aufsicht eines amtlichen Probenehmers bei Mischung und Verschluß erforderlich ist und

b) daß statt einer Bezugsnummer lediglich eine Vertriebsnummer notwendig ist, die ebenfalls durch die zuständige Behörde erteilt wird.

Als Kennzeichnung genügen bei Kleinpackungen:

1. Name und Anschrift des Herstellers der Kleinpackungen
2. Die Vertriebsnummer
3. der Zweck der Saatgutmischung
4. der Artenanteil in Gew. %
5. bei Saatgutarten, die nicht im Artenverzeichnis enthalten sind, sind zusätzlich noch die Angaben von Reinheit und Keimfähigkeit erforderlich.

12.6.3 Handelsanforderungen

Das Saatgutverkehrsgesetz ist im wesentlichen auf landwirtschaftliches Saatgut ausgerichtet und regelt daher die Anforderungen für Rasensaatgut nicht immer in befriedigender Weise. Deshalb sind in der RSM darüber hinausgehende spezielle Regelungen insbesondere bezüglich Reinheit, Keimfähigkeit und Fremdartenbesatz enthalten.

12.6.3.1 Grundsätzliche Festlegungen

Grundsätzlich muß das Saatgut für Rasensaaten den Bestimmungen des Saatgutverkehrsgesetzes entsprechen, d.h. anerkannt, nach den Regeln des Gesetzes gekennzeichnet, verschlossen und verplombt sein. Diese Mindestfest-

Abb. 12.6.3.1/1 Ordnungsmäßig abgepackte, verschlossene und gekennzeichnete Rasenmischung

legungen bezgl. des Vertriebs sind also bindend (Abb. 12.6.3.1/1).

12.6.3.2 Spezielle Anforderungen

Die Anforderungen des Saatgutverkehrsgesetzes an Reinheit, Keimfähigkeit und Fremdartenbesatz sind bezogen auf die für Rasen zu stellende Ansprüche nicht sehr hoch und reichen deshalb für die Herstellung von Rasen in der Regel nicht aus. Die Arbeitsgruppe RSM hat deshalb höhere, dem Anwendungszweck angepaßte Handelsanforderungen aufgestellt. Diese beziehen sich allerdings auf die ganze Mischung, denn es entspricht der Praxis, daß das Saatgut in fertiger Mischung zur Baustelle gelangt.

Reinheit

Hierunter versteht man den Grad der Verunreinigung einer Saatgutpartie mit Spelzen, Stengelteilen und anderen nicht keimfähigen Bestandteilen, die im Rahmen des Gewinnungsvorganges noch im Saatgut verbleiben. Die Beseitigung dieser für die Qualität des Endproduktes Rasen bedeutungslosen Verunreinigungen ist technisch in hohem Maße möglich, zu hohe Forderungen verteuern jedoch die ganze Partie, weil im Zuge des Reinigungsvorganges auch erhebliche Samenmengen verlorengehen insbesondere bei Saatgut niederen Korngewichtes. Die Anforderungen an die Reinheit nach der Saatgutverordnung – Landwirtschaft sind in Tabelle A 12.6.3.2/1 und A 12.6.3.2/2 im Anhang enthalten.

Keimfähigkeit

Die Keimfähigkeit des Saatgutes ist neben dem Fremdartenbesatz das wesentlichste Qualitätsmerkmal. Sie kann auch bei bester Behandlung in Abhängigkeit vom Witterungsverlauf des Erntejahres erheblich schwanken. Eine exakte Festlegung, die den Gegebenheiten des Marktes in jedem Falle entspricht, kann daher nicht erfolgen.

Das Verfahren der Prüfung der Keimfähigkeit ist in den »Technischen Vorschriften für die Keimprüfung von Saatgut« festgelegt und geschieht über Auszählung der gekeimten Samen von 100 ausgelegten Körnern in jeweils vier Parallelversuchen. Die Anforderungen an die Mindestkeimfähigkeit nach RSM sind in Tabelle A 12.6.3.2/3 enthalten.

Fremdartenbesatz

Unter Fremdartenbesatz versteht man nach dem Saatgutverkehrsgesetz lediglich den Besatz einer Saatgutpartie mit »Unkrautsamen und anderen Kultursamen«. Für Rasensaatgut ist der Besatz an Samen von zweikeimblättrigen Un-

kräutern nicht so entscheidend, da diese entweder dem Schnitt zum Opfer fallen oder relativ leicht chemisch bekämpft werden können. Entscheidend für die Qualität des Rasensaatgutes ist der Besatz mit »Fremdgräsern«, die u.U. als »Ungräser« einen sehr negativen Einfluß auf die Entwicklung und den Bestand des Rasens haben können. Die zulässigen Anteile an Körnern anderer Kulturpflanzen nach Saatgutverordnung – Landwirtschaft enthält die Tabelle A 12.6.3.2/2.

SKIRDE nennt dazu in seinem Buch »Vegetationstechnik, Rasen und Begrünungen« in der Schriftenreihe Landschafts- und Sportplatzbau, Patzer Verlag, Berlin und Hannover, zwei Beispiele, die das Problem verdeutlichen.

Beispiel 1: Das Saatgutverkehrsgesetz läßt einen Fremdartenbesatz bei Grasarten von 1 Gew.% anderer Kulturpflanzen zu. Diese Festlegung bedeutet, daß in einem Zierrasen je m² mehr als eine Pflanze von *Dactylis glomerata,* einem wertvollen horstbildenden Futtergras für Wiesen mit breiten Blättern auftreten kann. Das aber beeinträchtigt das ästhetische Bild des Zierrasens erheblich.

Beispiel 2: Das Saatgutverkehrsgesetz läßt bei *Poa pratensis* einen Besatz von 1 Gew.% anderer Poa-Arten zu, z.B. auch *Poa annua.* Ein solcher Besatz führt dazu, daß dieses »Ungras«, das sich sehr schnell entwickelt und bestockt, bald 10 bis 20 % des Bestandes ausmachen kann.

Diese Beispiele machen deutlich, warum für Rasensaatgut höhere Anforderungen an Reinheit und Fremdartenbesatz gestellt werden müssen. Auch strengere Regelungen über den Besatz mit Fremdgräsern sind in den Tabellen A 12.6.3.2/4 bis A 12.6.3.2/9 enthalten, die aus der RSM entnommen wurden.

12.7 Fertigrasen

Fertigrasen soll aus Anzuchtbeständen stammen. Er muß für den Anwendungszweck geeignet sein, in der Artenzusammensetzung dem jeweiligen Rasentyp entsprechen und in der prozentualen Artenverteilung ausgewogen sein.

Der Anteil an Kräutern und Fremdgräsern darf bei Zierrasen nicht mehr als 2 %, bei Stapazier- und Gebrauchsrasen nicht mehr als 5 % der projektiven Bodendeckung betragen.

Der zur Herstellung verwendete Anzuchtboden soll der Bodengruppe 2 oder 4 nach DIN 18915 entsprechen. Der Anzuchtboden des Fertigrasens sollte weniger bindig als der Boden des Verlegestandortes sein.

Der Fertigrasen muß dichtnarbig und festzusammenhängend sein.

Die Nennschäldicke beträgt 2 cm; Abweichung von ± 0,5 cm sind zulässig. Die Fertigrasenteile müssen gleichmäßige Längen und Breiten haben.

Die Maße für Rollrasen sind in der Regel:

Breite: 30 cm
Länge: 167 cm
Das ergibt eine Fläche von 0,5 m².

12.8 Ansaat

12.8.1 Bodenverhältnisse und Bodenvorbereitung

12.8.1.1 Bodenverhältnisse

Rasen muß, wenn er bespielt oder anders beansprucht werden soll, immer in Verbindung mit dem Boden gesehen werden, denn mit der Beanspruchung durch Gehen, Spielen, Sport oder Befahren erfährt der Boden eine Kompression, die die Wachstumsvoraussetzungen für die »Kulturpflanze Rasen« verschlechtert. Besonders empfindlich sind dabei die bindigen, feinteilreichen Böden, die mit zunehmender Wassersättigung ihre Standfestigkeit und Scherfestigkeit verlieren und in einen breiigen und sogar fließenden Zustand übergehen, wenn ihre gewachsene Struktur durch die Belastung zum falschen Zeitpunkt zerstört wird. Keine oder geringe Gefahr besteht bei diesen Böden, wenn sie bei geringerem Feuchtigkeitsgehalt bespielt werden. Da das aber bei öffentlichen Anlagen und insbesondere bei Sportanlagen nicht kontrolliert werden kann oder solche Ausfälle nicht akzeptiert werden, lassen sich belastbare Rasenflächen nur auf Böden mit einem geringen Gehalt an bindigen Bestandteilen anlegen.

In Tabelle A 12.8.1/1 sind Anhaltswerte für Böden für belastbare Vegetationsflächen und Sportrasenflächen nach DIN 18035 Blatt 4, Sportplätze; Rasenflächen aufgeführt. Vergleicht man diese Werte miteinander und bedenkt dabei, daß die in DIN 18035 Blatt 4 genannte Obergrenze für Feinteile schon sehr kritisch ist nach den bisherigen Erfahrungen, dann wird schnell deutlich, daß Spielrasen, die auf bindigeren Böden angelegt sind, nicht bei jedem Wetter belastet werden dürfen und eine intensive Bespielung über den ganzen Winter insbesondere bei Nässe nicht aushalten. Spielrasen unterliegen also gewissen Einschränkungen, wobei das Maß der Einschränkung zunimmt, je ungünstiger die Bodenverhältnisse werden. Sinngemäß gilt das natürlich auch für Gebrauchsrasen.

12.8.1.2 Bodenvorbereitung

Die Bodenvorbereitung für Rasen dient dem Ziel, dem Verwendungszweck angepaßte Voraussetzungen zu schaffen.

12.8.1.3 Bodenverbesserung

Bei Vorliegen ungeeigneter oder schlechter Voraussetzungen ist der Boden zu verbessern. Das bedeutet bei nichtbindigen Böden Verbesserung des Wasserhaltevermögens durch Zugabe von organischen und anorganischen Stoffen z. B. in Form von Kompost oder auch Erhöhung der Bindigkeit durch Einarbeiten bindigen Bodens. Bei bindigen Böden wird ein stufenweises Abmagern mit einem geeigneten, in der Regel sehr feinsandreichen Sand vorzunehmen sein, indem Sand in 4–5 cm Dicke aufgetragen und eingefräst und danach jeweils weitere Lagen aufgetragen und eingefräst werden in dem notwendigen Umfang. Dadurch ergibt sich nach oben hin eine zunehmende Abmagerung. Dieser Aufwand ist natürlich nur zu vertreten, wenn eine stärker strapazierbare Rasenfläche auf bindigem Boden hergestellt werden soll.

12.8.1.4 Düngung

Voraussetzung für einen guten Rasen ist eine gute Nährstoffversorgung. Sofern nicht durch spezielle Untersuchungen der Nährstoffbedarf festgestellt wurde, können nachstehende Werte als Anhalt gelten:

10 g Rein-N/m²
10 g P_2O_5/m²
15 g K_2O/m²

Bei Landschaftsrasen wird die Hälfte gegeben. Ohne Nährstoffanreicherung bleiben Böden, auf denen speziell standortbezogene Gras-Kräutermischungen angesät werden.

12.8.1.5 Lockerung und Planum

Das Einbringen von Bodenverbesserungsmitteln und Düngern erfolgt in der Regel im Zuge der Lockerung, die die vorgeschriebene Tiefe erreichen muß. Vor der Saat muß sich dann der Boden wieder gesetzt haben. Liegt die Lockerung schon länger zurück und ist die Oberfläche verdichtet und verkrustet, sollte oberflächlich gelockert werden. Dann wird das Planum hergerichtet (häufig als Feinplanum bezeichnet). Seine Genauigkeit muß der Ausschreibende festlegen, denn der Preis der Leistung wird hier sehr wesentlich von den Genauigkeitsanforderungen bestimmt. Die Angabe erfolgt z .B. dadurch, daß bestimmt wird, wie groß die Spaltweite unter der 4-m Richtlatte sein darf. Als

Maßstab sei darauf hingewiesen, daß für die Rasentragschicht nach DIN 18035 Blatt 4 gefordert wird: »Bei der Prüfung der Ebenflächigkeit mit der 4-m Richtlatte darf die Spaltweite nicht größer als 2 cm sein.« Bei anderen Rasenflächen wird man in der Regel mit geringeren Anforderungen auskommen.

12.8.2 Saatarbeit

Der Erfolg der Saatarbeit wird beeinflußt durch den Zeitpunkt der Saat, die Saatgutmenge und durch den eigentlichen Saatvorgang selbst.

12.8.2.1 Zeitpunkt der Saat

Das Saatgut sollte nur in den Jahreszeiten ausgebracht werden, in denen auch Aussicht auf eine gleichmäßige Keimung besteht. Ab 8° C Bodentemperatur und ausreichender Bodenfeuchte liegen günstige Auflaufbedingungen vor. In diesem Sinne günstig sind deshalb die Zeiten von Mitte April bis Mitte Juni und von Anfang August bis Ende September. Von der Temperatur her sind natürlich auch die Wochen zwischen Mitte Juni und Anfang August geeignet, aber die hohen Temperaturen verbunden mit geringen Niederschlägen und raschem Austrocknen behindern das Auflaufen oder lassen gerade gekeimte Samen vertrocknen. Ungünstig, ja ungeeignet und als Verstoß gegen die Regel der Technik zu beurteilen sind Saattermine zwischen Oktober und Mitte April, weil die Gräser einer Saatgutmischung in der Regel unterschiedliche Keimtemperaturen aufweisen. So keimen schon bei geringerer Temperatur *Lolium* und *Phleum*. Die Folge sind unerwünschte Verschiebungen in der Rasenzusammensetzung.

12.8.2.2 Saatgutmenge

Man kann die Saatgutmenge berechnen. Dabei geht man in der Regel von 30 000 bis 50 000 Korn je m² aus. In der Praxis lohnt sich eine solche Berechnung nicht, weil auch bei dieser Kornzahl eine übergroße Menge Saatgut aufgebracht wird. Das macht man, um die negativen Einflüsse des Wetters, der Fauna oder auch der mangelhaften technischen Möglichkeit des Einbringens von Samen auszugleichen. Über den Erfolg einer Ansaat entscheiden nicht so sehr die Anzahl der Samenkörner, sondern viel mehr die Keimbedingungen und der weitere Verlauf des Rasenwachstums. Die Arbeitsgruppe RSM hat für Gebrauchs- und Landschaftsrasen 20 g/m², für stärker belastete Gebrauchs-, Spiel-, Sport und Strapazierrasen 25 g/m² und für die Regeneration von Sportplätzen 30 g/m² als angemessene Saatgutmenge definiert.

12.8.2.3 Saatvorgang

Die Aussaat muß gleichmäßig unter Vermeidung von Entmischungen erfolgen. Diese treten leicht bei Mischungen auf, in denen Samen unterschiedlicher Größe vorhanden sind. In solchen Fällen kann man kreuzweise in zwei getrennten Saatgängen für große und kleine Samen einsäen. In DIN 18917 ist die Saattiefe mit maximal 1,0 cm angegeben. SKIRDE weist in seinem Buch »Vegetationstechnik, Rasen und Begrünungen« darauf hin, daß entscheidend für die Saattiefe die Bodenverhältnisse sind. Bei bindigen feinteilreichen Böden soll die Saattiefe 0 bis 0,5 cm betragen, damit Keimstörungen infolge Oberflächenverfestigung durch Regen oder Beregnung begegnet wird und zudem ausreichend Licht für die sogenannten »Lichtkeimer« zur Verfügung steht. Dagegen wird eine Saattiefe bis 2 cm empfohlen bei sehr durchlässigen Böden, wie wir sie von Rasensportplätzen kennen. Ein Andrücken nach der Saat ist aus den genannten Gründen nur bei durchlässigen Böden sinnvoll und angeraten.

Die Ansaat erfolgt bei kleineren Rasenflächen von Hand, das Einarbeiten geschieht mit einem Rasenigel, einer mit Stahlstiften versehenen kleinen Walze. Besseren Erfolg bringt aber das Einharken, da die Technik des Rasenigels nicht sehr vollkommen ist. Größere Flächen werden mit der Rasenbaumaschine eingesät, die durch eine Vorwalze die Fläche vorverdichtet, durch Zerkleinerung größer Bodenkrümel ein Feinplanum herstellt, einsät, das Saatgut einigelt und mit einer Walze festdrückt.

12.9 Verlegen von Fertigrasen

Beachtet werden müssen beim Verlegen von Fertigrasen der Verlegezeitpunkt, Art und Weise des Transportes und der Lagerung und das Verlegen selbst.

12.9.1 Verlegezeitpunkt

Der Vorteil von Fertigrasen gegenüber Saatrasen liegt insbesondere in der Tatsache, daß er über eine längere jahreszeitliche Spanne verlegt werden kann und damit in erheblich kürzerer Zeit auch unter schlechteren Temperaturbedingungen eine geschlossene Rasenfläche mit der gewünschten Funktion (Sicherung, Belastung, Repräsentation

u. a.) erreicht werden kann. Die beste Verlegezeit ist das Frühjahr, ein gesichertes Anwachsen im Herbst setzt aber Temperaturen von 6° C voraus. Das ist darin begründet, daß das Wurzelwachstum schon oder noch stattfindet, während das Sproßwachstum noch ruht oder schon zur Ruhe gekommen ist. SKIRDE weist darauf hin, daß hohe Sommertemperaturen Anwurzelungsschwierigkeiten verursachen, da dadurch die Wurzelbildung fast unterbunden wird und lediglich Blattwachstum ohne nennenswerte Bestockung stattfindet. Dem Verlegen von Fertigrasen sind also auch natürliche Grenzen gesetzt, die bei der Planung zu beachten sind und gegebenenfalls Bedenken des Auftragnehmers herausfordern.

12.9.2 Transport und Lagerung

Durch die Art des Transportes und der Lagerung einschließlich des Abladens müssen Schäden am Fertigrasen vermieden werden. Das bedeutet.
a) Kurze Zeitspanne zwischen Schälen in der Rasenschule und Eintreffen an der Verwendungsstelle bei genauer Terminabstimmung zwischen Lieferant und Verwender.
b) Transport in abgedeckten Fahrzeugen, die ein Austrocknen ausschließen.
c) Transport unter Vermeidung einer Überhitzung infolge zu dichter Stapelung. In der Regel heute Transport auf Paletten, die eine durchlüftbare Stapelung zulassen.
d) Sachgemäßes Abladen auf der Baustelle unter größter Schonung des Fertigrasens. Abkippen oder Werfen sind untersagt.
e) Schutz der verteilten Fertigrasenrollen gegen Austrocknung durch Feuchthalten und/oder Abdecken und umgehendes Verlegen.
f) Notwendige Zwischenlagerung durch Ausrollen des Fertigrasens auf gesäuberte und vorher durchfeuchtete Flächen in einer Lage sowie Feuchthalten bis zur endgültigen Verlegung.

12.9.3 Verlegen

Die Bodenvorbereitung erfolgt wie für Saatrasen, zusätzlich ist der Boden jedoch bis zur Sättigung anzufeuchten. Auch wird eine zusätzliche Stickstoffdüngung unmittelbar vor der Verlegung empfohlen, damit den Wurzeln ein besonderer Anreiz gegeben ist. Dann wird der Fertigrasen engfugig und oberflächengleich mit versetzten Querfugen verlegt und gleichmäßig angedrückt. Zu dünn geschälte Rasenstücke, die bei welligen Anzuchtflächen nicht zu ver-

meiden sind, müssen dabei entfernt werden, da sonst die Oberflächengleichheit nicht zu erreichen ist. Durch Anwässern soll dann eine Übereinstimmung zwischen den Feuchtigkeitsgehalten von Fertigrasen und Vegetationsschicht hergestellt werden, um gleichwertige Vegetationsbedingungen als Voraussetzung für das Einwurzeln zu erreichen.

12.10 Fertigstellungspflege

Der Auftraggeber erwartet vom Auftragnehmer eine weitgehend geschlossene Rasenfläche. Die Einsaat alleine sichert noch keine derartige Rasenfläche. Sie ist vielmehr erst nach Durchführung weiterer Arbeiten zu erwarten. Diese notwendigen Leistungen fallen unter den Begriff der »Fertigstellungspflege«. Damit diese Leistungen zeitlich und leistungsmäßig eingegrenzt werden können, wurde in DIN 18 917 ein »abnahmefähiger Zustand« definiert.

12.10.1 Abnahmefähiger Zustand von Rasenflächen

Abnahmefähig ist ein Gebrauchs-, Spiel-, Parkplatz- und Zierrasen, wenn er einen betretbaren, in Wuchs und Verteilung gleichmäßigen Bestand mit Pflanzen der geforderten Saatgutmischung und in geschnittenem Zustand einen Deckungsgrad von 75 % aufweist. Der letzte Rasenschnitt soll dabei nicht mehr als eine Woche zurückliegen. Bei Landschaftsrasen soll ein Deckungsgrad von 50 % erreicht sein. Dabei kann wegen der vielen noch im Boden vorhandenen und jetzt keimenden Gras- und Kräutersamen nicht verlangt werden, daß ein Bestand entsprechend der geforderten Saatgutmischung vorliegt. Entscheidend ist, ob der Zweck der Ansaat erfüllt ist. Fertigrasen muß gleichmäßig und nicht abhebbar verwurzelt sein.

Für den Ungeübten ist das Schätzen des Deckungsgrades bisweilen schwierig. Am besten wird man damit fertig, wenn man sich durch Fragen an die Antwort herantastet, z. B. mit der ersten Frage: »Mehr als 50 %?« Sie ist relativ leicht zu beantworten. 75 % oder ¾ der Fläche wird dann die nächste Frage lauten, wenn nicht ein langsames Steigern von 50 über 60 und 70 % zur entscheidenden Frage: »75 % oder weniger« führt.

12.10.2 Leistungen der Fertigstellungspflege bei Saatrasen

Die Leistungen der Fertigstellungspflege sind mit Beregnen, Düngen und Mähen festgelegt. Der Umfang dieser Leistungen d. h. die Anzahl der einzelnen Arbeitsgänge ist abhängig vom Rasentyp, Herstellungstermin, anschließendem Witterungsverlauf, Beschaffenheit der Vegetationsschicht und deren Nährstoffversorgung.

12.10.3 Beregnen

Voraussetzung für Keimen und zügiges Weiterwachsen ist das Vorhandensein ausreichender Feuchtigkeit. Da diese in der Regel durch natürliche Niederschläge nicht in gleichmäßiger Verteilung und ausreichender Menge geboten wird, sollen künstliche Wassergaben vorgesehen werden. Sie sollen sich in Häufigkeit und Menge dem natürlichen Bedarf des keimenden und sich entwickelnden Rasens anpassen. Das bedeutet während der Keim- und Auflaufphase wöchentlich etwa vier Gaben von 5 l/m², danach zunehmende Mengen in größeren Abständen bis zu 1 bis 2 Gaben je Woche mit insgesamt 20 l/m². Durch die Art der Wassergabe sind Verschlämmungen zu vermeiden.

Wegen der Unwägbarkeit des Witterungsverlaufes und des Leistungsumfanges ist es notwendig, diese Arbeit in einer gesonderten Position auszuschreiben und nach Aufwand abzurechnen.

In der freien Landschaft kann das Wässern wegen der großen Transportweiten und der Schwierigkeiten des Ausbringens so teuer werden, daß es unwirtschaftlich wird. Dort kann deshalb u. U. darauf verzichtet werden. Zu beachten ist dabei allerdings, daß infolge Fehlens einer notwendigen Leistung die Erfolgshaftung des Auftragnehmers dadurch eingeschränkt wird.

12.10.4 Düngen

Unter 12.8.1 wurde schon auf eine ausreichende Grunddüngung im Rahmen der Bodenvorbereitung hingewiesen. Sie gilt wesentlich einer guten Bevorratung mit Kali und Phosphor und einem ersten Angebot an Stickstoff. Nach dem Auflaufen muß bei Mährasen durch eine zusätzliche Stickstoffdüngung der Wachstumsverlauf der Gräser gefördert werden. Es sollen mindestens 5 g Rein-N je m² gegeben werden, was einer Menge von ca. 24 g schwefelsaurem Ammoniak je m² entspricht. Vorsicht ist beim Ausbringen geboten, damit Verätzungsschäden vermieden werden.

12.10.5 Mähen

Die Gräser bestocken sich erst nach dem ersten Schnitt. Sie müssen dann regelmäßig weiter gemäht werden, damit sich eine gleichmäßige Narbe bil-

den kann. Dieser Schnitt soll je nach Rasentyp erfolgen, wenn eine Wuchshöhe von 6 bis 10 cm erreicht ist. Als geringste Schnitthöhe legt die Norm 4 cm fest, gemessen als Abstand zwischen Erdboden und unterem Messerbalken. SKIRDE differenziert diese Festlegungen in seinem o. g. Buch, indem er für Zierrasen eine maximale Wuchshöhe von 5 cm und eine Schnitthöhe von 2 cm angibt, was der Zusammensetzung und dem Ziel dieses Rasens angemessener ist.

Zum Mähen sind glattschneidende Geräte oder Maschinen zu verwenden, der früher übliche erste Rasenschnitt mit der Sense ist überholt. Das Mähgut kann auf der Fläche bleiben, wenn es nicht klumpt und damit Gräser beschattet und unterdrückt. Gerade das zwischen das junge Gras fallende Schnittgut kann den Boden beschatten und damit das Wachstum verbessern.

In der Regel reichen 6 Rasenschnitte, um einen abnehmbaren Zustand zu erreichen, bei Fertigrasen 4 Schnitte.

Bei Landschaftsrasen wird man von Fall zu Fall festlegen, ob überhaupt oder in welchem Umfang gemäht werden soll. Entscheidend sind dabei Zweckbestimmung und Gräserzusammensetzung. DIN 18917 sieht mindestens einen Mähgang vor.

12.10.6 Begrenzen

Das plangerechte Begrenzen der Rasenflächen an den Stellen, wo Rasen ohne feste Kante an Wege- und Pflanzflächen stößt, ist eine bei Bedarf anzuordnende Leistung. Damit soll erreicht werden, daß eine ordnungsgemäß hergestellte und sauber begrenzte Rasenfläche dem Bauherrn übergeben wird. Das Abstechen wird häufig von Hand mit einem Spaten durchgeführt, es gibt aber auch maschinelle Hilfen. Das abgestochene Gras muß entfernt werden.

12.10.7 Leistungen der Fertigstellungspflege bei Fertigrasen

DIN 18 917 sieht keine Differenzierung der Leistung für Saat- und Fertigrasen vor. Im Prinzip sind gleiche Leistungen nötig. SKIRDE macht in zwei Punkten jedoch auf geändertes Pflegeverhalten aufmerksam.

a) Es soll in den ersten zwei Wochen nur 2 bis 3 mal mit 5–6 l/m² beregnet werden, danach wie bei Saatrasen mit zwei Wassergaben je Woche mit insgesamt 20 l/m².

b) In den ersten drei bis vier Wochen soll nicht gedüngt werden.

Die zusätzliche Stickstoffdüngung vor dem Verlegen regt die Verwurzelung an,

während eine frühe Kopfdüngung in Verbindung mit einer guten Wasserversorgung eine Verwurzelung hemmt, da der Fertigrasen dadurch »Selbstversorger« wird ohne jedes Verlangen zur Verwurzelung.

12.11 Anwendungsbeispiel für den Garten K.

Unser Bauherr hat Kinder und deshalb soll der Rasen gut belastbar sein. Schon bei der Vorbereitung des Bodens wurde darauf Rücksicht genommen, wie im Kapitel 3 beschrieben. Der Oberboden wurde durch Zugabe von Sand mechanisch stärker belastbar und wasserdurchlässiger. Der Oberboden ist auch mit Nährstoffen angereichert, damit die jungen Rasenpflanzen eine ausreichende Grundversorgung haben.

Jetzt geht es darum, eine geeignete Mischung zu finden. Dazu nimmt der Landschaftsarchitekt die neueste RSM (Regelsaatgutmischung). Für diesen Fall bieten sich zwei unterschiedliche Mischungen an: Gebrauchsrasen A (RSM 2) oder Gebrauchsrasen C + Spielrasen (RSM 4).

Weil die Hausfrau den Wunsch geäußert hatte, daß sie im Rasen gerne auch Blümchen hätte, würde bei Gebrauchsrasen A (RSM 2) die Zusammensetzung lauten:

Agrostis tenuis	5,00 Gew.%
Festuca nigrescens	39,75 Gew.%
Festuca rubra ssp. *rubra*	10,00 Gew.%
Festuca rubra ssp. *trichophylla*	10,00 Gew.%
Poa pratensis 1. Sorte	25,00 Gew.%
Poa pratensis 2. Sorte	10,00 Gew.%
Bellis perennis	0,05 Gew.%
Prunella vulgaris	0,20 Gew.%

Für die einzelnen Arten sucht der Landschaftsarchitekt geeignete Zuchtsorten aus.

Der Hausherr neigt mehr zu einem wirklich gut belastbaren Rasen, weil er seine Kinder mit ihrem Spieltrieb anders einschätzt. Eine Rasenmischung nach RSM 4 (Gebrauchsrasen C + Spielrasen) sieht mit einer entsprechenden Sortenausstattung wie folgt aus:

Festuca nigrescens	20,00 Gew.%
Sorten: Atlanta, Center oder Lifalla	
Festuca rubra ssp. *rubra*	10,00 Gew.%
Sorten: Ensylva oder Pernille	
Festuca rubra ssp. *trichophylla*	10,00 Gew.%
Sorten: Dawson, Liprosa oder Merlin	
Lolium perenne	20,00 Gew.%
Sorten: Elka, Lisabelle oder Loretta	
Lolium perenne	10,00 Gew.%
Sorten: Barclay, Hunter oder Score	

Poa partensis   20,00 Gew.%
Sorten: Bristol, Ikone oder Julia
Poa pratensis   10,00 Gew.%
Sorten: Kimono, Parade oder Saskia

Mit der Einsaat wartet man jetzt so lange, bis die Rahmenpflanzung durchgeführt ist und sich der Boden etwa Mitte April ausreichend erwärmt hat. Nach der Aussaat wird der Samen leicht eingeigelt.

Was jetzt zu tun ist, hängt sehr vom Wetter ab. Der Samen muß zur Keimung ständig feucht bleiben. Wenn also Regen ausbleibt, wird der Samen durch leichtes Befeuchten ständig feucht gehalten, 2–3 Liter/m² reichen dafür aus. Sobald der Samen gekeimt ist, werden die Intervalle des Beregnens und die jeweilige Menge bei der einzelnen Regengabe langsam vergrößert. Statt täglichen Feuchthaltens wird nur noch alle drei Tage, dann alle acht Tage gewässert. Wenn der Rasen eine Höhe von 8–10 cm erreicht hat, erfolgt der erste Rasenschnitt und danach noch eine Kopfdüngung mit rd. 24 g/m² eines Stickstoffdüngers, z.B. Schwefelsaures Ammoniak oder Kalk-Ammon-Salpeter. Danach ist nur noch regelmäßig zu mähen und bei Trockenheit feucht zu halten. Nach etwa 6 Rasenschnitten sollte der Rasen dicht sein. Jetzt muß er auch schon leicht bespielt werden, damit sich die Gräser flacher legen, besser verzweigen und sich die besonders belastbaren Gräser gegenüber den weniger belastbaren stärker durchsetzen.

Literatur

C. E. Hubbard, 1985: Gräser – Beschreibung, Verbreitung, Verwendung. Stuttgart: Ulmer-Verlag.

E. Klapp, 1983: Taschenbuch der Gräser, 11. Aufl. Berlin/Hamburg: Verlag Paul Parey.

A. Niesel, 1979: Neue Landschaft – Arbeitsblätter Bauingenieurwesen des Landschaftsbaus. Arbeitsblätter 1.10.1 bis 1–10.4.2. Berlin/Hannover: Patzer Verlag.

A. Schrader/H. Kaltofen, 1974: Gräser – Biologie, Bestimmung, Wirtschaftliche Bedeutung. Berlin: VEB Deutscher Landwirtschaftsverlag. Hieraus die Abbildungen der Gräser.

W. Skirde, 1978: Vegetationstechnik – Rasen und Begrünungen. Berlin/Hannover: Patzer Verlag.

DIN 18917 Vegetationstechnik im Landschaftsbau – Rasen und Saatarbeiten. Berlin: Beuth Verlag.

RSM 1987 Regelsaatgutmischungen. Forschungsgesellschaft Landschaftsentwicklung Landschaftsbau Bonn.

Skirde – Grundriß der Landschaftsbaulichen Vegetationstechnik Gießen 1976.

13 Entwicklungs- und Unterhaltungspflege
H.-D. Schmidt

Im Gegensatz zu technischen Bauwerken wie Mauern, Pergolen, Wegen, Treppen u. ä. haben Pflanzungen und Rasenflächen zum Zeitpunkt der Abnahme noch nicht den Zustand erreicht, den sich der Planer vorgestellt hat. Durch geeignete Entwicklungs-Pflegemaßnahmen muß daher dafür gesorgt werden, daß das Planungsziel auch erreicht wird. Die Entwicklungspflege geht dann schrittweise in die Unterhaltungspflege über, die die Funktion der Vegetation weitgehend erhalten soll.

Schon bei der Planung einer Vegetationsfläche kann man den späteren Pflegeaufwand bestimmen, z. B. durch eine weitgehende Anpassung der Vegetation an den Standort, durch weite Pflanzabstände untereinander und gegenüber Gebäuden und Grenzen, Vermeidung von Bodenverdichtung während der Ausführung u. ä.

Die Pflege kann sich bei extensiven Vegetationsflächen bisweilen darauf beschränken, nur gelegentlich steuernd einzugreifen durch Reduzierung von verdrängend wirkenden Pflanzen, sie kann aber auch in täglich auszuführenden Leistungen liegen, wenn man an einen Golfrasen denkt, der täglich gemäht, sehr häufig gedüngt und regelmäßig gewässert werden muß.

13.1   Pflanzflächen

Ziel der Entwicklungspflege kann z. B. das Erreichen folgender Zustände sein:

- Völliger Kronenschluß bei Abpflanzungen,
- völliger Bodenschluß bei Bodendeckern,
- geschlossener Pflanzenbestand bei Stauden,
- gesicherter Stand durch Verwurzelung bei Solitärgehölzen und Bäumen,
- Erosionsschutz aufgrund von Durchwurzelung,
- Sichtschutz durch Erreichen der vorgesehenen Höhe,
- Windschutz durch Erreichen des vorgesehenen Volumens.

Der Zeitraum, der hierfür anzusetzen ist, hängt von einer Reihe, zum Teil nicht beeinflußbarer, Faktoren ab wie:
- geographische Lage
- Klima
- Boden
- Pflanzenzusammenstellung
- Pflanzengröße und Pflanzabstand.

Unter normalen Verhältnissen kann jedoch von folgenden Zeiträumen ausgegangen werden:
- bodendeckende und vergleichbare Pflanzungen   2 Veg.-Perioden
- Staudenrabatten und Beetrosenpflanzungen   2-3 Veg.-Perioden
- Gehölzabpflanzungen
                         3-5 Veg.-Perioden.

Für Hecken und Bäume ist eine Angabe nicht möglich. Im Rahmen der Entwicklungspflege sind als regelmäßig erforderliche Leistungen zu nennen:
- Düngen
- Lockern oder Mulchen der Flächen
- Rückschnitt an Stauden und Beetrosen, Heckenschnitt
- Wässern, abhängig von der Witterung
- Winterschutz
- Unterhalten von Verankerungen.

Als unregelmäßig erforderliche Leistungen in diesem Pflegeabschnitt sind zu nennen:
- Pflanzenschutzmaßnahmen
- Auslichten und Erziehen, Herausnehmen von Pionieren.

Im Rahmen der Unterhaltungspflege reduzieren sich diese Maßnahmen, einzelne entfallen ganz oder werden nur noch gezielt angewendet.

1. Düngen
Der Nährstoffbedarf der Pflanzen ist unterschiedlich. Vorwiegend in Staudenpflanzungen werden Zuchtsorten verwendet, die unter Umständen einen anderen Nährstoffbedarf als die Art haben. Durch Pflegeeingriffe wird organisches Material in Form abgeblühter Triebe und abgestorbener Pflanzenteile dem natürlichen Kreislauf entzogen. Die Düngergaben sollen den notwendigen Nährstoffausgleich schaffen. Dies kann durch 1–2 Gaben eines ausgewogenen Mehrnährstoffdüngers erreicht werden. Die Entscheidung für mineralische, organisch-mineralische, physiologisch saure oder basische, schnell oder langsam wirkende Dünger ist u. a. abhängig von der Pflanzenzusammenstellung.

In der Regel ist während der Entwicklungspflege auf einen ausreichenden Stickstoffanteil zu achten, da ja eine rasche Volumenvergrößerung erreicht werden soll. Günstige Termine zur Ausbringung sind die erste Mai- und spätestens die erste Augusthälfte, so daß die Nährstoffe nicht nur aufgenommen, sondern auch umgesetzt werden können. Spätere Gaben lassen u. U. die Pflanzen nicht mehr zum Triebabschluß kommen. Sie sind dann wesentlich frostempfindlicher.

Der Dünger sollte möglichst bei bedecktem Himmel ausgebracht und umgehend flach eingearbeitet oder eingewässert werden. Nach der Entwicklungsphase sollen die Pflanzen nur noch durch Nährstoffzugabe funktionsfähig gehalten werden. Bei Gehölzen heißt dies in der Regel Beschränkung in der Düngerzusammensetzung auf die Nährstoffe Kali, Phosphor und Spurenelemente, da ein Triebwachstum nicht mehr gefördert werden soll. Die Zeiträume zwischen den einzelnen Düngegängen werden größer, u.U. wird nur noch im Abstand von mehreren Jahren gezielt gedüngt.

Anders bei den krautigen, einjährigen Pflanzen, bei Rosen und Gehölzen, die ständig geschnitten werden. Hier ist eine ausgewogene Volldüngung notwendig, da auch der Zuwachs beeinflußt werden soll. Zeitabstände und Mengen unterscheiden sich in der Regel nicht von denen in der Entwicklungspflege.

2. Lockern oder Mulchen

Der Wurzelraum der Pflanzen ist zu pflegen, um

- Verkrustungen der Bodenoberfläche entgegenzuwirken,
- Niederschläge versickern zu lassen,
- den Gasaustausch reibungslos zu ermöglichen,
- die Verdunstung aus dem Boden heraus zu unterbinden,
- auflaufenden Bewuchs (Gräser und Kräuter), der Anwachsen und Entwicklung gefährden könnte, zu beseitigen.

Je dichter sich der Bestand schließt, desto weniger ist zu lockern, desto größer werden die Zeitabstände zwischen den einzelnen Lockerungsgängen, da die Blattmasse den Boden beschattet, den Aufprall der Niederschläge mildert und auflaufende Pflanzen verdrängt. Leichte Zieh- und Pendelhacken sind zu bevorzugen, da sie nicht tief in den Boden eingreifen und eine große Flächenleistung ermöglichen. Die Hacktiefe sollte max. 2 cm für krautige Pflanzen, max. 3 cm Tiefe für holzige Pflanzen betragen. Auf diese Weise werden die Faserwurzeln nicht geschädigt.

Das Hackgut kann entfernt werden, es kann aber auch als Mulch liegenbleiben. Auf geneigten Pflanzflächen sollte es liegenbleiben, da es erosionshemmend wirkt.

Die Lockerungsgänge können ganz entfallen, wenn auf die Flächen organisches Material mindestens 2 cm stark als Mulchschicht aufgetragen wurde. Nur Einzelkräuter sind noch zu entfernen. Rindenmulch und Rindenschrot in den verschiedensten Handelsformen haben sich für diesen Zweck in den letzten Jahren bewährt.

Lockerungsgänge werden nach der Entwicklungsphase nur noch bei Stauden- und Beetrosenpflanzungen durchgeführt, denn durch den jahreszeitlich bedingten Wachstumsrhythmus bzw. die Schnittmaßnahmen ist der Standraum nicht ständig bedeckt und beschattet. So verkrustet er durch die Wechselwirkung der Witterung und durch Samenzuflug erwächst unerwünschte Konkurrenz, die durch Hacken zu beseitigen ist. Auch jetzt kann das Verkrusten des Bodens und das Aufkommen von Unkraut durch Aufbringen einer dauerhaften Mulchdecke (Rindenschrot o.ä.) verhindert werden.

Ältere Gehölzpflanzungen werden nur noch vereinzelt bis überhaupt nicht mehr gelockert. Durch Erreichen der vollen Funktionsfähigkeit wird der Standraum im allgemeinen ausreichend beschattet. Das in Jahren gefallene Laub ist mehr oder minder stark verrottet, die auf diese Weise entstandene Mulchschicht nimmt den aufprallenden Niederschlägen die Wucht. Der Standort hat einen befriedigenden Garezustand erreicht. Mechanische Eingriffe würden diesen nur stören.

3. Schneiden von Stauden und Gehölzen

Die ersten Pflegearbeiten fallen im Frühjahr vor Triebbeginn an. Die Ziergräser sind stark zurückzuschneiden, damit der junge Trieb ungehindert ist. Die Beetrosen, deren Zweige im Herbst nur eingekürzt wurden, sind durch Schnitt auf wenige starke Triebe, die Zahl der Knospen auf 3–5 je Trieb zu reduzieren. Durch diese, sich jährlich wiederholende Maßnahme bleibt die Pflanze über Jahre hinweg blühfähig. Je weniger Blüten an einer Pflanze ausgebildet werden, desto größer ist die Einzelblüte. Je größer die Zahl der Blüten, desto kleiner wird die Einzelblüte. Die Gesamtpflanze jedoch sieht geschlossener aus.

Im Laufe der Vegetationsperiode sind die verblühten Triebe, vertrocknete oder beschädigte Pflanzenteile durch Schnitt zu entfernen. Ein Rückschnitt unmittelbar nach der Blüte in Verbindung mit einer Düngergabe führt bei den sog. remontierenden Stauden im Herbst nochmals zu einer Blüte.

Nach Triebabschluß im Herbst sind die krautigen Teile von Stauden bis ca. 10 cm über Boden zurückzuschneiden.

Hecken sind während der Vegetationsperiode mindestens einmal zu schneiden. Der Heckenschnitt ist ein *Verdichtungsschnitt*. Eine Vielzahl von Schnittstellen regt die Pflanze an, die verlorene Blattmasse zu ersetzen. Beim Aufbau einer Hecke ist in den ersten Jahren zuerst auf eine gute seitliche Verzweigung zu achten, dann erst wird durch den Schnitt die Höhenentwicklung ge-

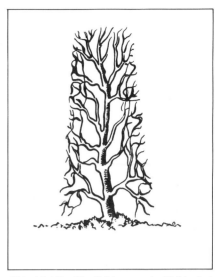

Abb. 13.1/1   Verdichtungsschnitt (Hecke)

fördert, bis die Sollhöhe erreicht ist. Der Heckenkörper ist möglichst schmal zu halten, die Seiten sind mit 15 % Verjüngung nach oben zu schneiden. Auf diese Weise wird die allseitige Belichtung auch der unteren Blätter erreicht. Die Hecke kahlt nicht auf. Das anfallende Schnittgut ist zu entfernen. Es kann entweder der Kompostierung oder als Mulchmaterial den Gehölzabpflanzungen zugeführt werden. Wenn weitere Schnitte notwendig werden, erbringen sie weniger Schnittgutanfall, mit dem in gleicher Weise verfahren werden kann (Abb. 13.1/1, 2).

Bei Stauden- und Rosenflächen sind auch in der Erhaltungspflege – meist im Zusammenhang mit Lockerungsmaßnahmen – Rückschnitt und Wegschnitt

Abb. 13.1/2

verblühter und beschädigter Pflanzenteile notwendig. Bei Stauden ist in mehrjährigen Abständen ein Teilen und Umsetzen und dadurch ein Verjüngen notwendig, um die Blühfähigkeit zu erhalten.

Hecken werden nach jeweils mehreren Jahren durch Rückschnitt (in der Winterruhe an frostfreien Tagen) auf das gewünschte Volumen reduziert.

Schnittarbeiten in Gehölzpflanzungen mit dem Ziel, auszulichten, zu verjüngen und dadurch die Blühfähigkeit zu erhalten, erfolgen vorwiegend in der Vegetationsruhe, im frostfreien Spätwinter. Man verursacht dabei möglichst wenige Schnittstellen, meist an der Basis, so daß neue Triebe, nicht neue Blattmasse, gebildet werden.

Der *Erhaltungs-* oder *Auslichtungsschnitt* wird, artenabhängig, im 3–5 Jahresrhythmus durchgeführt. Die alten, überflüssigen, auch die frostgeschädigten Triebe werden an der Basis entfernt (Abb. 13.1/3). Das auf diese Weise entstehende Ungleichgewicht zwischen Wurzel und Krone gleicht die Pflanze durch neuen Austrieb aus. Eine Überzahl neuer Triebe ist durch Eingriff im Sommer auf die richtige Anzahl zu reduzieren.

Eine Ausnahme bilden die meisten Halb- und Zwergsträucher (*Calluna, Helianthemum* u. a), die jährlich nach der Blüte zu schneiden sind, da sie vorwiegend am einjährigen Holz blühen.

Der *Verjüngungsschnitt* ist meist nur die notwendige Folge unterlassener Erhaltungs- oder Auslichtungsschnitte und/oder zu enger Pflanzweise im Gesamtbestand. Die Gehölze haben sich hochgeschoben, sie sind unten aufgekahlt und durchsichtig geworden, sie haben ihre Blühfähigkeit weitgehend verloren. Eine Verjüngung kann Erfolg bringen. Dieser ist unter anderem abhängig von der Zusammensetzung der Pflanzung, da nicht alle Arten einen derart starken Eingriff überstehen.

Bis auf wenige jüngere, kräftige Triebe, die nur eingekürzt werden, wird das übrige Holz an der Basis entfernt. Die Einzelpflanze wird dabei für mehrere Jahre ihre typische Form verlieren, sie aber durch den neuen Austrieb wiedergewinnen. Auch hier ist eine Überzahl neuer Triebe durch Sommerschnitt zu reduzieren (Abb. 13.1/4).

4. Wässern

Die in unseren Breiten angelegten Pflanzungen sind, soweit es sich nicht um spezielle Zusammenstellungen an extremen Standorten handelt, zur Aufrechterhaltung ihrer Lebensvorgänge auf Niederschläge angewiesen. Menge und Verteilung der Niederschläge können zeitweise oder ständig nicht ausrei-

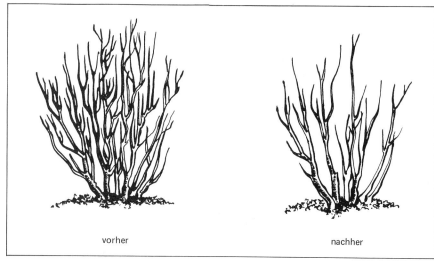

vorher   nachher

Abb. 13.1/3 Auslichtungsschnitt

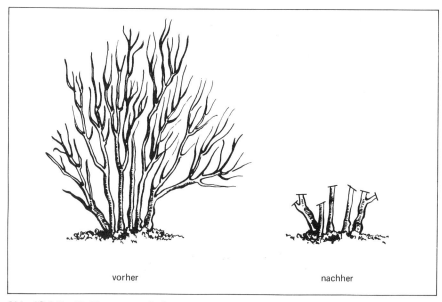

vorher   nachher

Abb. 13.1/4 Verjüngungsschnitt

chen, so daß durch künstliche Wassergaben ein Defizit vermieden werden muß. Eine generelle Aussage über Zeitpunkt und Menge ist nicht möglich, da sie von einer Reihe, z. T. nicht beeinflußbarer, Faktoren wie

- Wasseransprüche der einzelnen Pflanzenarten und -sorten
- Standort mit Boden und Besonnung
- Häufigkeit und zeitliche Verteilung der Niederschläge abhängig sind.

Das Wässern sollte jedoch nicht bei voller Sonneneinstrahlung erfolgen, da dann ein Teil der Wassermenge unmittelbar wieder verdunsten würde und es zu Verbrennungen auf den Blättern (Brennglaseffekt) kommen könnte. Auch ein ständiges Feuchthalten des Bodens ist nachteilig, da Atmung und Gasaustausch behindert werden. Größere Wirkung wird erzielt, wenn in grö-

ßeren Zeitabständen durchdringend gewässert wird. Wassergaben ziehen bei ungemulchten Flächen Bodenverkrustungen nach sich, die wiederum Lokkerungen notwendig machen. Lockern kann – wie eine alte Gärtnerregel besagt – Wässern ersetzen.

Immer- und wintergrüne Pflanzen haben sowohl einen größeren als auch einen ständigeren Wasserbedarf als sommergrüne Pflanzen, da sie auch im Winter über ihre Blattfläche verdunsten. Wassergaben vor Frosteintritt und an frostfreien Tagen sind daher besonders notwendig.

Pflanzen, die ausreichend mit Wasser und Nährstoffen versorgt, also kräftiger sind, überstehen sowohl Dürre- als auch Frostperioden ungleich besser als unzureichend versorgte!

In der Erhaltungspflege wird das Wässern als Leistung notwendig werden und sich auf Stauden-, Einjahrsblumen- und Sonderpflanzungen beschränken.

5. Winterschutz

Intensivpflanzungen mit hohem Schmuckwert, aber auch Sonderpflanzungen setzen sich zum Teil aus Pflanzenarten und auch Zuchtsorten anderer Klimabereiche zusammen, die bei uns nicht völlig frosthart sind. Sie brauchen Schutz.

- Pflanzpartien, die aufgrund der exponierten Lage (geneigte Fläche, Hochbeet o. ä.) dem Frost oder starker Sonneneinstrahlung besonders ausgesetzt sind, werden abgedeckt. Reisig, Laub, Fasertorf, Rindenschrot bieten sich an, sind aber zum Teil windanfällig.
- Beetrosen werden durch Anhäufeln bis über die Veredlungsstelle und die untersten drei Augen geschützt.
- Knollen und frostempfindliche Zwiebeln werden aufgenommen und in trockenen, kühlen, luftigen Räumen dunkel überwintert.

6. Unterhalten von Verankerungen

Verankerungen sollen das Anwachsen der Großsträucher und Bäume sichern. Nach Ablauf der Entwicklungspflege werden sie überflüssig. Bis dahin werden sie bei den einzelnen Pflegegängen auf Haltbarkeit und einwandfreie Bindung überprüft, gegebenenfalls ersetzt. Auf Einschnürungen ist dabei besonders zu achten. Draht, Kokosschnur oder andere Bindemittel können, wenn sie nicht dem Dickenwachstum jeweils angepaßt werden, überwallt werden, einwachsen und verändern dadurch in die-

Abb. 13.1/5

ser Zone die Zellstruktur des Baumes. Auf diese Art kann eine ›Sollbruchstelle‹ entstehen, an der noch nach Jahren ein Großgehölz abknicken kann (Abb. 13.1/5).

7. Pflanzenschutzmaßnahmen

Auch in einem intakten ökologischen System werden sowohl Einzelpflanzen als auch ganze Bestände von Krankheiten, Insekten, Nagetieren befallen und von Wild verbissen.

Monokulturen sind anfälliger als Mischbestände, in denen sich die einzelnen Arten aufeinander ›abstützen‹. Auf solchen Flächen kann sich ein Befall nicht so schnell ausbreiten und bricht auch schneller wieder zusammen. Das Schadbild wird erst später sichtbar und ist nicht so ausgeprägt wie bei Monokulturen. Eine Behandlung ist nicht in jedem Fall erforderlich. Es ist im Einzelfall zu prüfen, welcher Art der Befall ist, ob er bekämpft werden muß und wenn ja, mit welchen Mitteln.

Der biologischen und mechanischen Bekämpfung ist in jedem Fall der Vorzug vor der chemischen zu geben. Käfer fressen Läuse, Vögel grenzen den Insektenbefall ein, Schutzhüllen, Hosen genannt, helfen gegen Wildverbiß. Die Art der mechanischen Hilfen ist vielfältig und unterschiedlich hinsichtlich der zu schützenden Pflanzen, zum Teil auch begrenzt auf den Landschaftsraum, in dem sie in Generationen entwickelt wurden.

Erlaubt ist nur der Einsatz geprüfter und zugelassener chemischer Mittel. Die Biologische Bundesanstalt in Braunschweig gibt in Loseblattform ein Pflanzenschutzmittelverzeichnis heraus und ergänzt es ständig entsprechend der neuen Erkenntnisse. In dieser Liste werden Handelsname, Wirkstoff, Ausbringungsform, Konzentration, Wartezeit und Bienengefährlichkeit der einzelnen Mittel aufgeführt, daneben auch geprüfte Geräte.

Allgemein wird in folgende Gruppen unterteilt:

Mittelgruppe	wirksam gegen
Fungizide	Pilzkrankheiten
Insektizide	Schadinsekten
Herbizide	Kräuter (selektiv)
Rodentizide	Nagetiere
Akarizide	Spinnmilben
Molluskizide	Schnecken
Nematizide	Nematoden (zur Bodenentseuchung)

Mittel zum Wundverschluß, Holzschutz und zur Wildschadenverhütung

Pflanzenschutzmittel sind chemische Substanzen mit mehr oder minder grosser Giftwirkung auf die verschiedenen Organismen. Es ist daher beim Umgang mit ihnen Vorsicht geboten. Hersteller und Handel garantieren daher nur die Zusammensetzung und die Wirksamkeit der Mittel. Sie lehnen jedoch jede Verantwortung für den Einsatz ab, da sie hierauf keinen Einfluß haben. Die Gartenbau-Berufsgenossenschaft hat Unfall-Verhütungs-Vorschriften erlassen über den Umgang mit giftigen Stoffen, Geräten und Hilfsmitteln, die vom Anwender im eigenen Interesse einzuhalten sind.

8. Erziehen, Auslichten, Herausnehmen von Pflanzen

Standraum, Benachbarung, Handelsformen von Gehölzen und Planungsziel bedingen in manchen Fällen Eingriffe in den oberirdischen Teil. Leittriebe in Bäumen sind in ihrer Funktion durch Entlastungsschnitte an Konkurrenztrieben zu stärken. Der Aufbau eines arten- oder sortentypischen Aussehens kann den Wegschnitt zu zahlreich aus der Basis kommender Triebe notwendig machen. Schnitte sind immer in der Saftstromebene anzusetzen. Sie sind glatt und ziehend durchzuführen, dabei entstehende Wunden von mehr als 3 cm ⌀ sind mit einem anerkannten Wundverschlußmittel zu schließen.

Um möglichst schnell Sicht- oder Windschutz zu erreichen, werden die Gehölze des Endbestandes entweder dichter als natürlich gepflanzt, damit sie sich gegenseitig ›hochschieben‹, oder es werden raschwüchsige Arten als Pioniere oder Ammen eingestreut. Wenn diese sich nun soweit entwickelt haben, daß sie die Oberhand im Bestand gewinnen, müssen sie herausgenommen oder »auf den Stock gesetzt werden«, das heißt, Stamm und sämtliche Triebe werden unmittelbar über dem Boden gekappt. Die freigestellten Pflanzen werden den Lichtraum rasch erobern und einen Stockausschlag der zurückgeschnittenen Pflanzen nicht mehr zulassen oder stark unterdrücken.

Auf erosionsgefährdeten Flächen ist auf das Herausnehmen der Wurzeln möglichst zu verzichten, da auf diese Weise Ansatzpunkte für Erosionen entstehen können. Die im Boden verbliebenen Wurzeln sterben ab und verrotten allmählich, sie geben aber immer noch – wenn auch nachlassenden – mechanischen Halt. Das anfallende holzige Material wird zweckmäßigerweise gehäckselt und der Fläche als Mulch wieder zugeführt.

Bei der Anlage von Staudenpflanzungen wird aus den gleichen Gründen oft ähnlich verfahren. Auch hier wird das

Zuviel an Pflanzen durch vorsichtiges Herausnehmen mit Wurzel auf die notwendige Zahl reduziert. Die herausgenommenen Pflanzen entsprechen aufgrund ihres größeren Alters und ihrer längeren ungestörten Standzeit Solitärpflanzen. Sie können zum Ausfüllen von Lücken oder zur Anlage weiterer ähnlicher Flächen verwendet werden.

Tab. 13.2/2 Übersicht über Mähgeräte und Eigenschaften

Art d. Mähers	Antrieb	nicht geeignet für	Schnittgutverteilung
Spindelmäher	Hand/Motor	mittellanges und langes Gras	gleichmäßig
Sichel-/Kreisel-	Motor	langes Gras	ungleichmäßig
Balken-	Motor	kurzes Gras	gleichmäßig

13.2 Rasenflächen

Ziel der Entwicklungspflege ist das Erreichen der Funktion entsprechend dem jeweiligen Rasentyp, z. B. Beanspruchbarkeit, Belastbarkeit, dichte, teppichartige Narbe oder Erosionsschutz.

1. Mähen
Mähen beeinflußt die Entwicklung einer Rasenfläche in besonderem Maße. Je nach dem Begrünungsziel sind 0–60 Schnitte möglich (siehe Tab. 13.2/1). Gebrauchsrasenflächen sollen z. B. durch das Mähen
- ein gleichmäßiges Aussehen behalten (gleichhoher Bestand, kein Vergilben der Halme durch und nach der Samenreife),
- sich ständig wieder von unten bestocken, dadurch
- eine belastbare Narbe ausbilden. Darüber hinaus
- soll die für Standort und Nutzung aufgebaute Mischung sich nicht nachteilig verändern.

Wird die maximale Wuchshöhe häufig oder ständig überschritten, so wird die Bestockung durch Beschattung beeinträchtigt, außerdem werden feine Gräser, die nicht so trittfest sind, bevorteilt. Die Funktionstüchtigkeit leidet, die Mischung verändert sich. Wird die minimale Wuchshöhe häufig oder ständig unterschritten, ist bei entsprechender trockener Witterung der Wurzelraum nicht mehr ständig ausreichend beschattet, der Boden kann aushagern.

Das Mähen erfolgt heute in der Regel nicht mehr von der Hand, sondern maschinell mit hand- oder motorbetriebenen Geräten (s. Tab. 13.2/2).

Vom Rasentyp, von der Länge des Schnittgutes, von der Witterung und vom eingesetzten Rasenmähertyp ist die Entscheidung abhängig, ob das Schnittgut auf der Fläche belassen werden kann oder ob es abzuräumen ist. Bei Zierrasen sollte das Schnittgut in jedem Fall entfernt werden.

Das Mähen ist bei trockenem oder abgetrocknetem Gras durchzuführen. Das Schnittgut soll nach dem Schnitt gleichmäßig verteilt und nicht in Klumpen auf der Fläche liegen. Nasses, verklumptes Schnittgut lagert so dicht auf den Rasenpflanzen, daß Atmung und Assimilation verhindert werden. Der Rasen vergilbt und erstickt. Es muß daher auch bei anderen Rasentypen abgeräumt werden.

Extensive Rasen, wie z. B. Landschaftsrasen, werden 1–2mal, bisweilen auch gar nicht gemäht. Hier wird häufig auf größere Artenvielfalt abgehoben und der Blütenaspekt wird mit einbezogen. Solche Flächen werden 0 bis 3mal in der Vegetationsperiode gemäht, das erste Mal nach der Blüte. Die Schnitthöhe wird bei 6 bis 10 cm liegen. Das anfallende Mähgut muß abgeräumt werden, da es aufgrund des Mengenanfalles den Bestand sonst ersticken würde. Es kann zum Kompostieren wie zum Mulchen in Gehölzabpflanzungen verwendet werden. Dann sollte es jedoch mit einem sogenannten Mulchmäher

schon zu kurzem Schnittgut geschnitten und vor dem Abräumen angewelkt sein, damit es nicht klumpen kann.

Bei der Umwandlung intensiv zu extensiv zu pflegende Rasenflächen wird sich die Bestandsmischung verändern und den neuen Verhältnissen anpassen. Kräuter und Gräser werden sehr langfristig durch Samenanflug hinzukommen.

2. Düngen
Zur Erhaltung der Funktionstüchtigkeit intensiv gepflegter Rasenflächen ist eine ausreichende und ausgewogene Nährstoffversorgung unbedingt notwendig. Denn das Mähen einschließlich des Abräumens des Schnittgutes stellt einen erheblichen Eingriff in den natürlichen Lebenskreislauf der Pflanze dar (Tab. 13.2/1).

Das Unterlassen der Düngung muß daher zwangsläufig zu Mangelerscheinungen führen. Diese wiederum ziehen nachlassende Belastbarkeit, schlechten optischen Eindruck und erhöhte Krankheitsanfälligkeit nach sich.

Der Nährstoffbedarf der einzelnen Rasentypen ist durch eine Vielzahl von Beobachtungen und Untersuchungen bekannt. Das Verhältnis der Nährstoffe $N : P_2O_5 : K_2O$ zueinander liegt im Jahresdurchschnitt bei $1,0 : 0.3 : 0.4$. Als Anhalt für die Düngermengen, die im Laufe eines Jahres zu verabreichen sind, können die Werte nach Tab. 13.2/3 gelten. Die erheblichen Spannen sind zu erklären durch unterschiedliche Belastungen und Ansprüche an die Rasenflächen.

Bei der Wahl der Dünger ist die Bodenreaktion zu berücksichtigen, die (unter Berücksichtigung der Bodenart) zwischen pH 5,5 bis 6,5 einzuhalten ist. Über die Anzahl der Düngungen entscheidet die Form der Dünger. Bei langsam wirkenden genügen 1–2 Gaben, bei schnell wirkenden ist entsprechend öfter zu düngen. Die Mindestmenge je Gabe soll 4 g N/m^2 nicht unterschreiten. In jedem Fall ist eine Umrechnung notwendig vom angestrebten Rein-Nährstoffverhältnis auf die Menge des zur Wahl stehenden Düngers.

Eine Spätherbstdüngung ist von besonderer Bedeutung. Sie ist bei frostfreier Witterung ab Mitte Oktober zu

Tab. 13.2/1 Regelwerte für das Mähen von Rasenflächen

Rasentyp nach DIN 18917 (z. Z. Entwurf)	Schnittzeitpunkt			Schnitthäufigkeit[1]
	minimale Wuchshöhe cm	maximale Wuchshöhe cm	Schnitthöhe cm	
Gebrauchsrasen	6	10	3 bis 4	8 bis 20
Strapazierrasen		8	3,5 bis 4	12 bis 30
Extensivrasen	–	–	6 bis 10	0 bis 3
Zierrasen	3	6	2	30 bis 60

[1] Abhängig von Leistungsziel, Standortverhältnissen, Witterungsverlauf, Nutzung, Pflegemaßnahme, sind erhebliche Abweichungen möglich

Tab. 13.2/3 Richtwerte für die Düngung von Rasenflächen

Rasentyp nach DIN 18917	Stickstoff (Rein-N) g je Jahr und m²	P₂O₅[1] g/m²	K₂O[2] g/m²
Gebrauchsrasen	0 bis 20		
Strapazierrasen	10 bis 20	0 bis 8	0 bis 16
Extensivrasen	0[3] bis 8		
Zierrasen	10 bis 20		

[1] Je nach Bodenvorrat und Jahresstickstoffdüngung
[2] In Abhängigkeit von Tongehalt und Kalivorrat des Bodens ~ 40 bis 60% der jährlichen Stickstoffgabe
[3] Wird nicht regelmäßig gedüngt. Gegebenenfalls sind Erhaltungsdüngungen in regelmäßigen Abständen erforderlich

Magnesium und Spurennährstoffe sind in Abhängigkeit von Bodenvorräten und Benutzungsintensität zuzuführen

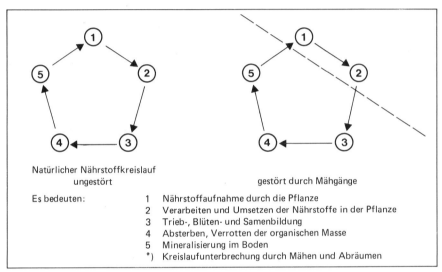

Natürlicher Nährstoffkreislauf
ungestört   gestört durch Mähgänge

Es bedeuten:
1 Nährstoffaufnahme durch die Pflanze
2 Verarbeiten und Umsetzen der Nährstoffe in der Pflanze
3 Trieb-, Blüten- und Samenbildung
4 Absterben, Verrotten der organischen Masse
5 Mineralisierung im Boden
*) Kreislaufunterbrechung durch Mähen und Abräumen

Abb. 13.2/1 Natürlicher Nährstoffkreislauf

geben. ›Satte‹, d. h. mit Nährstoffen ausreichend versorgte Pflanzen sind gesünder, widerstandsfähiger und aufgrund der Salzkonzentration in ihren Leitungsbahnen auch frosthärter. Der Frühjahrstrieb kommt kräftiger.

Sämtliche Düngergaben sind vor ausreichenden Niederschlägen (natürlich oder künstlich) auszubringen, um Verbrennungen durch Salzkonzentrationen zu vermeiden.

Tab. 13.2/4 Stickstoffbedarf in Abhängigkeit vom Rasentyp

Rasentyp	Stickstoffbedarf (Rein-N in g pro Jahr und m²)
Gebrauchsrasen	5–20
Strapazierrasen	15–25
Zierrasen	20–30

Bei der Festlegung der Düngung für extensive Rasenflächen ist zuerst das Entwicklungsziel zu klären. Bei Mager- oder Trockenrasen ist völliger Düngungsverzicht anzuraten.

3. Wässern
Der Ablauf von Lebensvorgängen ist an das Vorhandensein von Wasser gebunden. Wassermangel läßt diese Vorgänge nur beschränkt ablaufen oder bringt sie zum Stillstand. Zuviel Wasser jedoch schädigt ebenfalls, denn ein ständig feuchter Boden besitzt nur mit Wasser gefüllte Poren. Dadurch wird die Wurzelatmung behindert und die Pflanze geschädigt.

Rasenflächen benötigen in 10 Tagen etwa eine Wassermenge von 20–30 l/m², das entspricht 20-30 mm Niederschlag. Wenn diese nicht als natürlicher Niederschlag zur Verfügung steht, ist zu gießen. Die Art dieser zusätzlichen Was-

sergabe soll der eines Landregens – intensiv bei feiner Verteilung –, nicht der eines Starkregens entsprechen. Das Wasser soll den Boden nicht verschlämmen oder oberflächig ablaufen, sondern eindringen.

Der Handel hält eine Vielzahl geeigneter Beregnungsgeräte bereit. Sowohl beim Kauf als auch beim Einsatz der Regner sollte darauf geachtet werden, daß Fehlstellen oder doppelt beregnete Flächen vermieden werden (Kreis- oder Viereckregner).

4. Pflanzenschutz
Unerwünschte Gräser oder Kräuter, die den Nutzungswert intensiver Rasenflächen herabsetzen können, oder Krankheiten im Rasenbestand sind häufig die Folge nicht ordnungsgemäß durchgeführter Pflegegänge. Verstärkter Schnitt, verbunden mit Düngegängen, wird meist ausreichen, um die unerwünschten Arten wieder zu verdrängen. Der Einsatz chemischer Mittel ist aus ökologischen Gründen unerwünscht.

5. Verticutieren
Die Bildung von Filz auf Rasenflächen ist ein natürlicher Vorgang, der durch Trockenperioden, fehlende Belastung und Benutzung oder das Nichtabräumen von Schnittgut verstärkt wird.

Dieser Filz kann eine Stärke von bis zu 2 cm erreichen. Er verhindert das Eindringen von Wasser und Nährstoffen und behindert die Belüftung der obersten Bodenschicht. Dieser Filz ist zu lockern und zu entfernen. Hierzu wurden eine Reihe von Geräten entwickelt, die mit Schneiden oder Federzinken bis max. 3 mm in den Boden eindringen und bei ziehender oder kreisender Bewegung den Filz lösen und zerkleinern. Er ist abzuräumen und kann sowohl zum Kompostieren als auch zum Mulchen in geschlossenen Gehölzpflanzungen verwendet werden. Dieser Pflegegang wird nach Triebbeginn, zumindest in der ersten Hälfte der Vegetationsperiode durchgeführt. Rasen, die stark beansprucht werden, sollten im Frühherbst nochmals verticutiert werden.

6. Aerifizieren (Lüften)
Im Gegensatz zum Entfilzen ist das Lüften eine Maßnahme, die tief in den Boden eingreift.

Benutzte Rasenflächen verdichten sich durch ständigen Tritt in der obersten Bodenschicht. Wasser-, Nährstoff- und Sauerstoffzufuhr sind weitgehend und tiefergreifend unterbunden. Das Lüften kann hier Abhilfe schaffen und die Funktionstüchtigkeit des Rasens wieder herstellen.

Das Aerifizieren wird in zwei Verfahren unterteilt:

Das *Schlitzen* wird mit motorgetriebenen Geräten durchgeführt, die über eine waagerechte Welle Messer im Abstand von ca. 15 cm bis zu 10 cm Tiefe in den Boden drücken. Auf einen günstigen Feuchtezustand ist zu achten, denn bei trockenem Boden dringen die Messer nicht bis zur vollen Tiefe ein, bei zu feuchtem Boden kommt es an den Eindringflächen zu Verschmierungen und Verdichtungen durch Massenverdrängung. Die Belüftung wird also nicht erreicht.

Das *Löchern* wird ebenfalls mit motorgetriebenen Geräten durchgeführt, die den Schlitzgeräten vergleichbar aufgebaut sind und auch ähnlich arbeiten. Anstelle von Messern dringen jedoch Hohlzinken in den Boden ein, die zylinderförmige Bodenkörper ausstanzen und auswerfen. Tiefe mind. 5 cm, ϕ ca. 10 mm, Menge mind. 50/m². Dieser Auswurf ist abzuräumen. Auch bei diesem Pflegegang, der in der Vegetationsperiode durchgeführt wird, ist auf den Feuchtegehalt des Bodens zu achten, da die Arbeit sonst nicht zum Ziel führt.

7. Sanden als begleitende Maßnahme
Das Entfernen des Filzes (Verticutieren) und/oder das Lüften (Aerifizieren) hat die Mängel behoben, allerdings nur kurzfristig, wenn der so erreichte Zustand nicht stabilisiert wird. Hierzu dient insbesondere das Besanden mit Sand der Korngruppe 0–4 mm ϕ. Er wird mit einer Schleppe auf der gesamten Fläche verteilt und füllt dabei die durch das Aerifizieren entstandenen Öffnungen. Auf diese Weise entstehen senkrechte ›Dräns‹, die eine Aktivierung der pflanzlichen Lebensvorgänge bewirken. Der in den aufgelockerten Filz eingerieselte Sand fördert die Mineralisierung (Abbau) dieser organischen Substanz. Die Stärke der Sandschicht darf 5–6 mm nicht überschreiten, da sie sich sonst nachteilig auswirkt.

Dem Besanden muß zwingend ein Verticutieren oder Aerifizieren vorausgehen, sonst kann die notwendige Verbindung Sandschicht – Vegetationsschicht nicht zustandekommen. Der Rasenfilz liegt trennend dazwischen.

8. Bekämpfen von Moos
Das Auftreten von Moos in Rasenflächen ist meist zurückzuführen auf Veränderungen des Standortes (Beschattung, Bodenverdichtung mit Wasserstau, Nährstoffmangel, Bodenversauerung). Diese gilt es zu beseitigen. Ausharken der Fläche mit scharfem Werkzeug, Verticutieren mit anschließender Stickstoffdüngung und Besanden bringt meist den gewünschten Erfolg. Diese Maßnahmen sollten Vorrang haben vor einer Moosbekämpfung mit chemischen Mitteln.

13.3 Die Pflege im Garten K.

Es ist natürlich nicht möglich, einen mehrere Jahre umfassenden Pflegeplan für diesen Garten aufzustellen, denn trotz guter Planung ist die Entwicklung der einzelnen Pflanzen nicht abzusehen. Es können deshalb nur allgemeine Pflegehinweise gegeben werden, damit nichts grundlegend Falsches getan wird. Dem Bauherrn wird also folgendes für sein Leben im Garten auf den Weg mitgegeben:

- Alle Pflanzflächen nach Möglichkeit mit einer Mulchdecke abdecken, bzw. eine schon vorhandene weiter unterhalten. Evtl. trotzdem noch durchwachsende Kräuter und Gräser von Hand ausziehen.
- Alle Pflanzflächen im April mit 60 g/m² Volldünger 12:12:15:2 N/P$_2$O$_5$/K$_2$O/Mg düngen. Das gilt für das erste Jahr, die Gehölzflächen aus Ziersträuchern dann je nach Zuwachs immer weniger düngen. Später nach Auslichtungsschnitten oder Rückschnitten eine gezielte Unterhaltungsdüngung geben. Rosenflächen erhalten im Sommer noch einmal eine Düngung mit etwa 5 g Rein-N/m² in Form eines Volldüngers, damit sie gut nachblühen.
- Die Rasenflächen sollten 2× im Jahr einen Langzeitdünger (April und August) als Spezial-Rasendünger (z.B. Peraform, Hesa-Rasendünger, Nitrophoska permanent u.ä.) erhalten, wobei bei jeder Gabe etwa 10 g Rein-N/m² zu geben sind.

Im übrigen sind die Rasenflächen nach Bedarf zu mähen. Sollten sich Kräuter einfinden, so wird man sie bei einem Spielrasen wohl tolerieren können und sich an den Blüten freuen.

Nach Bedarf ist zu wässern, aber nicht jeden Tag ein bißchen als Freizeitvergnügen für den Hausherrn, sondern durchdringend bei längerer Trockenheit und wenn die Gräser anfangen, braun zu werden. Durch Nachgraben und Fühlen mit der Hand prüfen, ob das Wasser tief genug eingedrungen ist.

- Rosen und Stauden nach der Blüte regelmäßig zurückschneiden. Rankrosen und andere Ranker am Gerüst festbinden. Im Herbst Rosen auf 20 cm zurückschneiden und anhäufeln. Im Frühjahr wieder abhäufeln und auf 3 Augen zurückschneiden. Das gilt nicht für Strauchrosen.
- Staudenbeet im Frühjahr säubern, wieder mulchen. Beim Säubern oberirdische Staudenreste durch Schnitt entfernen, sofern es sich nicht um bodendeckende immergrüne Staudenpolster handelt. Bei Stauden im Zweifelsfall den Fachmann

fragen, weil Pflegeanleitungen für Stauden ein ganzes Buch füllen.

- Den Rasen im Herbst von Laub freihalten und im Frühjahr kräftig durchharken und damit abgestorbenes Gras entfernen.
- Durch Aufhängen von Nistkästen schnell für Vögel im Garten sorgen, die etwas gegen aufkommende Schädlinge tun können. Die Giftspritze hat in einem Garten mit Kindern auf keinen Fall etwas zu suchen, sie sollte aber auch sonst nicht verwendet werden.

Damit sind die wichtigsten Arbeiten genannt, die in den ersten Jahren anfallen. Da ein Garten ein lebendes Werk ist, sollte in Abständen von einigen Jahren der Landschaftsarchitekt befragt werden, wie der Garten weiterentwickelt werden kann, denn zuvor sonnige Stellen liegen jetzt lange im Schatten und brauchen eine andere Art der Bepflanzung. Einige Pflanzen haben sich besonders stark ausgebreitet. Es muß dann einmal bestimmt werden, ob man ihnen diesen Lebensraum zu lasten der schwächeren Pflanzen läßt oder sie entfernt, um ein neues Gartenbild zu schaffen. So hört das Planen und Gestalten eigentlich nie auf. Das aber ist der besondere Reiz eines Gartens.

Literatur
Forschungsgesellschaft für Straßen- und Verkehrswesen.
Richtlinien für die Anlage von Straßen (RAS). Teil: Landschaftsgestaltung (RAS-LG). Abschnitt 1: Landschaftsgerechte Planung RAS-LG 1. Abschnitt 2: Grünflächen-Planung, Ausführung, Pflege RAS-LG 2. Abschnitt 3: Lebendverbau RAS-LG 3.
Hänsler/Niesel, 1979: Landschafts- und Sportplatzbau Band 1 und 2 Kommentar zur VOB, Wiebaden: Bauverlag.
Hansen/Stahl, 1979: Bäume und Sträucher im Garten. Stuttgart: Ulmer Verlag.
Lehr, R., 1981: Taschenbuch für den Garten- und Landschaftsbau. 3. Aufl. Berlin, Hamburg: Verlag Paul Parey.
Peucker, H., 1983: Maßnahmen der Landschaftspflege, 2. Aufl. Berlin, Hamburg: Verlag Paul Parey.
Menzinger, W., und H. Sanftleben, 1980: Parasitäre Krankheiten und Schäden an Gehölzen, Berlin, Hamburg: Verlag Paul Parey,
Hoffmann, G., F. Nienhaus, F. Schönbech, H. C. Weltzien und H. Wilbert, 1985: Lehrbuch der Phytomedizin, 2. A., Berlin, und Hamburg: V. Paul Parey.

Normen
DIN 18320 Landschaftsbauarbeiten
DIN 18915 Landschaftsbau; Boden für vegetationstechnische Zwecke
DIN 18916 Landschaftsbau; Pflanzen und Pflanzarbeiten
DIN 18917 Landschaftsbau; Rasen
DIN 18919 Landschaftsbau; Unterhaltungsarbeiten bei Vegetationsflächen

14 Zäune und Gitter G. Osburg

Unter den zahlreichen Baumaßnahmen, die bei der Anlage eines Gartens notwendig werden können, gehören Zäune und Gitter zu den wenigen Baukosten, die nach § 7b des Einkommensteuergesetzes steuerlich absetzbar sind, sofern diese der Einfriedung des Grundstückes dienen. In den Ortsbausatzungen wird in aller Regel eine maximale Höhe von 1,20 m, in seltenen Fällen bis zu 1,60 m für Einfriedungen zu den Nachbargrundstücken vorgesehen; die Einfriedungshöhen auf den Grenzen zum öffentlichen Straßenraum werden zumeist niedriger angesetzt.

Umwehrungen dienen der Absicherung gegen Abstürzen; die Allgemeine Durchführungsverordnung zur Niedersächsischen Bauordnung (DVBauO) schreibt in § 4,1 Umwehrungen bei einer Absturzhöhe von mehr als 1,0 m vor, sofern nicht die Umwehrung der Benutzungsfunktion der höher gelegenen Fläche widerspricht wie z.B. bei Laderampen und Kaimauern. Absturzhöhen, die das Anbringen einer Umwehrung erfordern, können im Außenbereich bei Stützmauern und bei Treppen auftreten; s.a. Kap. Treppen, 9,41 Baurechtl. Bestimmungen.

14.1 Rechtliche Grundlagen

Die rechtlichen Grundlagen zum Thema Zäune und Gitter sind in den Bauordnungen und den Nachbarrechtsgeset-
zen der jeweiligen Bundesländer sowie in den Ortsbausatzungen der Gemeinden enthalten. Die Landesbauordnungen und Nachbarrechtsgesetze weichen je nach Geltungsbereich in den Details mehr oder weniger voneinander ab.

14.1.1 Landesbauordnungen

Die Landesbauordnungen behandeln unter dem Stichwort »Einfriedung«
a) Die Einfriedungspflicht bei Grundstücken an öffentlichen Verkehrswegen, wenn Sicherheitsbelange berührt werden;
b) die allgemeine Genehmigungsfreiheit;
c) den Genehmigungsvorbehalt bei »festen Einfriedungen« unter nachteiliger Beeinträchtigung des Straßenbildes und ggf.
d) die generelle Regelung von Grenzabstand und Einfriedungshöhe.
Unter dem Stichwort »Umwehrung« werden geregelt
a) Die Brüstungshöhe in Abhängigkeit von der Absturzhöhe und
b) die maximale Größe der lichten Weite bei Öffnungen innerhalb der Umwehrungen.

14.1.2 Nachbarrechtsgesetze

In den Nachbarrechtsgesetzen der einzelnen Bundesländer werden festgelegt
a) die Regelung der Einfriedungspflicht innerhalb der Nachbargrundstücke, d.h. welche Grundstücksgrenzen vom Eigentümer, seinem Nachbarn oder von beiden gemeinsam eingefriedet werden müssen;
b) die Einfriedungshöhen in Abhängigkeit zum Grenzabstand;
c) die Regelung der Kostenübernahme sowie bei gemeinschaftlichen Einfriedungen die Regelung der Benutzung und Unterhaltung u.a.m.

14.1.3 Ortsbausatzungen

Ortsbausatzungen werden von den kommunalen Baubehörden aufgestellt. Ihre Beachtung durch den Bauherrn wird im Zuge des Baugenehmigungsverfahrens, wie der baubehördlichen Endabnahme überwacht. Im zeitlichen Ablauf unterliegen sie relativ rasch »modischen« Abwandlungen. Häufig werden sie nur für den Geltungsbereich eines Bebauungsplanes aufgestellt; die innerhalb eines Gemeindegebietes geltenden Ortsbausatzungen können inhaltlich erheblich voneinander abweichen. Die Regelung der Grundstückseinfriedungen erfährt allerdings nur selten und dann auch nur geringe Modifikationen, wobei normalerweise die enge Anlehnung an das Nachbarrechtsgesetz festzustellen ist.

14.1.4 Bundesbaugesetz

Im Bebauungsplan können die Festsetzung der Höhenlage der baulichen Anlagen und die Festsetzung der Höhenlage der anbaufähigen Verkehrsflächen sowie des Anschlusses der Grundstücke an die Verkehrsflächen, im Vorfeld der eigentlichen Einfriedungsplanung bereits zu entscheidenden, u.U. sogar einschränkenden Voraussetzungen/Bindungen führen, wie das z.B. bei notwendigen Stützmauern der Fall sein kann. Weitere Einschränkungen können sich durch Bindungen für Bepflanzungen im Bebauungsplan und Sichtdreiecke auf Eckgrundstücken ergeben.

14.2 Gestaltungs-merkmale

14.2.1 Konstruktive Gestaltungselemente

14.2.1.1 Rahmenlose Gitter

Tragende Konstruktionselemente:
1. Fundamente
2. Pfosten, Tragstäbe
3. Riegel, Querriegel
4. Spanndrähte

Nichttragende Konstruktionselemente:
5. Latten, Bretter, Stabstahl
6. Maschendraht

14.2.1.2 Rahmengitter

Tragende Konstruktionselemente:
1. Fundamente
2. Pfosten, Tragstäbe
3. Rahmen

Nichttragende Konstruktionselemente:
4. Latten, Bretter, Stabstahl, Gitter
5. Maschendraht, Wellengitter

14.2.2 Formale Gestaltungskriterien

Rahmenlose Zäune können bei gleichförmiger Gestaltung den Eindruck des endlosen, ungegliederten Stabbandes vermitteln. Die Streckung der waagerechten Komponente läßt dabei die senkrechte Komponente kürzer erscheinen. Die gleichförmige Gestaltung kann bei senkrecht gestabten Gittern durch Querschnittsangleichung der Trag- und Füllstäbe, allgemein auch durch verdeckte Anordnung der Pfosten hinter den nichttragenden Füllelementen erzielt werden.

Rahmenzäune wirken aufgrund ihrer Felderteilung dagegen rhythmisch gegliedert. Der gliederungsbedingte Eindruck der Längenstraffung kann durch Überdimensionierung der Pfostenquerschnitte, d.h. also durch zusätzliche Betonung der Zaunfelder verstärkt werden.

Die Art der Zaungestaltung beeinflußt die Wirkung der waagerechten Längen (siehe Abb. 14.2.2/1).

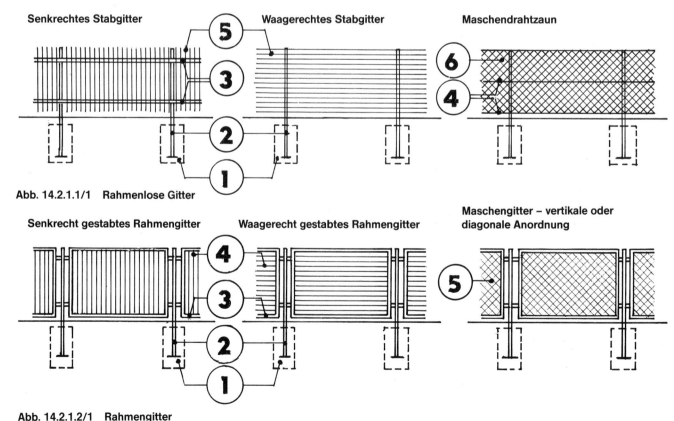

Senkrechtes Stabgitter **Waagerechtes Stabgitter** **Maschendrahtzaun**

Abb. 14.2.1.1/1 Rahmenlose Gitter

Senkrecht gestabtes Rahmengitter **Waagerecht gestabtes Rahmengitter** **Maschengitter – vertikale oder diagonale Anordnung**

Abb. 14.2.1.2/1 Rahmengitter

14.2.3 Zaunführung

Probleme in der Zaunführung sind im wesentlichen nur in Hangsituationen zu erwarten. Dabei ist es besonders in bewegtem Gelände schwierig, ein befriedigendes Ergebnis zu erzielen, weil mehrere, dicht aufeinander folgende Gefällebrechpunkte innerhalb der Zaunflucht einen gleichmäßigen, flüssigen Linienverlauf des oberen und unteren Zaunabschlusses verhindern; in derart schwierigen Geländesituationen bewähren sich »abgetreppte« Zaunsysteme, bei denen in Sonderfällen sogar die Pfostenabstände auf das Geländerelief abgestimmt werden können.

Gradlinige Geländeprofile erlauben »abgeschleppte« Zaunführungen, die in der Regel einen guten Gesamteindruck vermitteln. Besonders gut eignen sich senkrecht gestabte Zaunsysteme, zumal sich der Aufwand an Montage bei sorgfältigen Vorüberlegungen zu Konstruktion und Materialauswahl auf ein Minimum reduzieren läßt (Abb. 14.2.3/1).

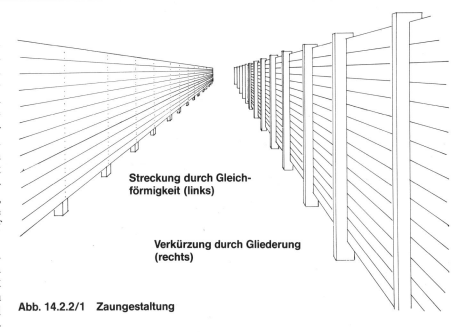

**Streckung durch Gleich-
förmigkeit (links)**

**Verkürzung durch Gliederung
(rechts)**

Abb. 14.2.2/1   Zaungestaltung

14.3 Material- und Materialschutz

14.3.1 Holz

14.3.1.1 Querschnitte, Güteklassen, Holzarten

Baurundholz und Bauhalbrundholz sollte vorwiegend als Nadelholz der Güteklasse I, DIN 4074, Bl. 2 Verwendung

Abb. 14.2.3/1   Obere und untere Zaunbegrenzung folgen dem Geländeverlauf; vorteilhaft bei wenigen Gefällebrechpunkten in der Zaunflucht. Problemlose Montage bei senkrecht gestabten Zäunen, besonders wenn Querriegel ebenfalls dem Geländeverlauf folgen

Dominierende waagerechte Linien, z. B. bei eingeschossigen Gebäuden mit Flachdach, können aufgenommen werden. Das Absetzen der oberen Zaunbegrenzung erfolgt sinnfälligerweise am Gefällebrechpunkt

Zahlreiche Gefällebrechpunkte in der Zaunfluchtlinie lassen sich mit gestufter oberer Zaunbegrenzung überzeugend überspielen. Erheblicher Arbeitsaufwand, weil Füllstäbe vor Ort zugeschnitten und nachbehandelt werden müssen. Senkrechte Füllungen problemloser als waagerechte

Zaunsysteme mit waagerechten Füllungen hinterlassen in Hangsituationen zwangsläufig bodenseitige Zaunlücken, die nur mit entsprechend hohem Aufwand durch Mauersockel vermieden werden können

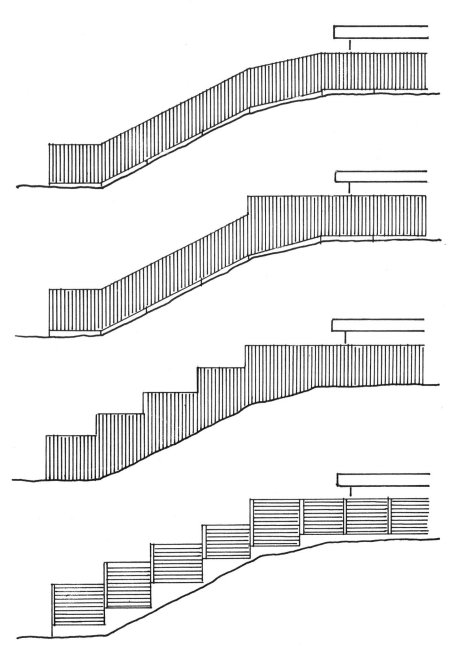

finden. Rund- und Halbrundholz müssen von Bast und Rinde befreit sein. Pfosten und Querriegel aus Bauschnittholz, DIN 4074, Bl. 1 sollen ebenfalls in Nadelholz der Güteklasse I ausgeführt werden. Schnittklasse A dürfte die genügende Festigkeit besitzen, sollte aber wegen der vorhandenen »Baumkanten« besser durch die Schnittklasse S ersetzt werden. Bretter und Latten sollten selbstverständlich scharfkantig sein. Als Holzart sind Fichte und Tanne für nichttragende Konstruktionselemente ausreichend; für Pfosten und Querriegel ist Kiefer vorzuziehen. Eiche und Lärche sind als Holzarten für Pfosten und Querriegel bevorzugt dort zu verwenden, wo auf chemischen Holzschutz verzichtet werden muß.

14.3.1.2 Materialstärken

In den Boden eingelassene Pfosten werden bei Zaunpfosten 70 cm, bei Torpfosten 90 cm länger als die Zaunhöhe bemessen. Der Querriegelabstand sollte vom oberen und unteren Lattenende etwa $1/7$ der Zaunhöhe betragen. Die Latten sind mit 5 cm Bodenfreiheit zu befestigen. Senkrechtlatten werden mit einem Abstand von $2/3$ der Lattenstärke, meistens jedoch mit der vollen Lattenstärke genagelt (Abb. 14.3.1.2/1 u. 14.3.1.2/2).

14.3.1.3 Vorbeugender chemischer Holzschutz

Der vorbeugende chemische Holzschutz kann darauf beschränkt werden, Pfosten mit Erdkontakt mittels Kesseldruckimprägnierung, mindestens aber durch Einstelltränkung zu konservieren. Für Bretter, Latten, Querriegel sowie für Pfosten ohne Erdkontakt genügen Tauchen möglichst in öligen Schutzmitteln oder dreimaliges Anstreichen mit Imprägnierlasurfarben. Die Behandlung hat nach dem Holzzuschnitt aber vor dem Zusammenfügen zu erfolgen. Nadel- insb. Kiefernholz ist mit einem Bläuesperrmittel vorzubehandeln.

14.3.1.4 Konstruktiver Holzschutz

Als konstruktiver Holzschutz sind die Kontaktstellen zwischen Holz und Holz, Holz und Stahl sowie Holz und Stein so gering wie möglich zu gestalten. So beruht ein besonderer Vorteil bei Halbrundholzzäunen darin, daß alle Befestigungspunkte ausnahmslos linienförmig ausgebildet sind (Abb. 14.3.1.4/1).

Abgeschrägte Holzoberflächen leiten das Regenwasser schnell ab (Abb. 14.3.1.4/2). Bei Bretter- und Lattenköpfen läßt sich die Art der Abschrägung außerordentlich stark variieren (Abb. 14.3.1.4/3).

Bei Zaunpfosten wird die Holzzerstörung in der Boden-Luft-Grenzzone durch Zwischenschaltung eines stabilen feuerverzinkten Stahlelementes zwischen Pfosten und Betonfundament

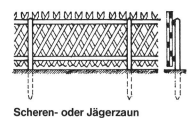

Senkrechter Lattenzaun

Scheren- oder Jägerzaun

Zaunhöhe in m	Pfosten Zaun-⌀ (1)	Pfosten Zaun-⌀ (2)	Tor-⌀	-abstand	Riegel ⌀ (1)	Riegel ⌀ (2)	Latten ⌀ (1)	Latten ⌀ (2)	Latten Horizontalabst. (2)	Latten Horizontalabst. (1) Stck/m
				Maße in cm						
0,5 / 0,6 / 0,7	7-9				6-8	6-8	3,5-4,5	4-6		
0,8 / 0,9 / 1,0 / 1,1	8-10	8-10	10-12	220-240	7-9	7-9	4-5,5	4,5-6	18-20	9-10
1,2 / 1,3 / 1,4 / 1,5	9-11	9-11					4,5-6			

Abb. 14.3.1.2/1   Zäune aus Halbrundhölzern

Abb. 14.3.1.2/2   Zäune aus Profilbrettern und -latten

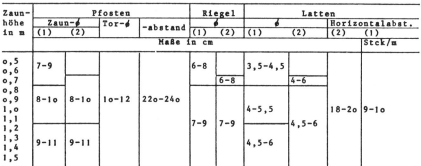

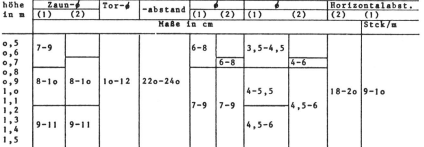

Lattenprofil

Zaunhöhe in m	Pfosten ⌀ -abstand	Riegel ⌀	Profilbretter + -latten (3)		Profilbretter + -latten (4)	
	cm		cm	Stck/m	cm	Stck/m
0,8	10/10					
0,9-1,0	11/11	≦ 250 / 5/7	~$2^5/6$	10	~$3^5/3^5/2$	17
1,1-1,5	12/12					

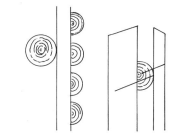

Abb. 14.3.1.4/1

Lattenkopf abschrägen
Pfostenkopf abschrägen
Querriegel in Richtung Pfosten abschrägen

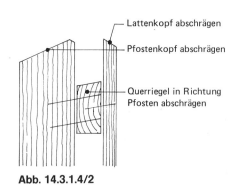

Abb. 14.3.1.4/2

Abb. 14.3.1.4/3

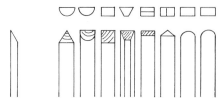

vermieden (siehe Abb. 6.6.2.3/1). Holz-pfosten mit Erdkontakt sollten mög-lichst nicht direkt in den Boden, besonders nicht in bindigen Boden ein-geschlagen werden, sondern besser in Fundamentlöcher in Kiessand oder bes-ser noch in Splitt gesetzt werden. Auf keinen Fall dürfen Pfosten aus Holz un-mittelbar in Betonfundamenten veran-kert werden.

14.3.2 Stahl

14.3.2.1 Stahlquerschnitte

Aufgrund seiner hervorragenden Werk-stoffeigenschaften wird Stahl bei zahl-reichen Zaunkonstruktionen gebraucht. Für die tragenden Konstruktionsele-mente wird die Verwendung von Stahl immer dann unerläßlich, wenn die Pfo-sten-, Rahmen- und Riegelquerschnitte zurückhaltend dimensioniert werden müssen. Aus dem gleichen Grund kön-nen Stabstahlgitter entsprechend leichte und transparente Wirkung erzielen. Au-ßerdem ist die bessere Dauerhaftigkeit einer Stahlkonstruktion immer dann gefragt, wenn für die Füllelemente be-sonders edle und teure Holzarten ge-wählt wurden.

Stahl findet als Baustahl, genauer als Formstahl (L, I, U-Profil u.a.), als Stab-stahl (≤80 mm; Z, U, L, T-Profil, ●, ■, ● und ✕) sowie als Rund-, Quadrat- und Rechteckrohr Anwendung (siehe 7.2.3.2 und Tab. 7.2.3.2/1).

14.3.2.2 Materialstärken

Als Anhaltspunkt für Pfosten kann bei leichten Konstruktionen mit Zaunhö-hen von 60 bis 120 cm dienen:
- Hochstegiger T-Stahl, DIN 1024: 40/40/5 bis 60/60/7
- Z-Stahl, DIN 1027: 40/40/40/4,5/5 bis 60/60/45/5/6
- Quadratrohr, ungenormt, 40/40/2,5 bis 50/50/2,5
- Rechteckrohr, ungenormt, 40/20/2,5 bis 60/30/2,5

Besonders belastete Pfosten wie Eck- und Torpfosten sollten geringfügig stär-ker dimensioniert werden. Querriegel müssen in Abstimmung auf die freitra-gende Länge und das Gewicht der Füll-elemente ggf. erheblich stärker bemes-sen werden.

14.3.2.3 Korrosionsschutz

Für den Korrosionsschutz gilt alles, was unter Kap. 8.2.4 ausgeführt wurde, sinn-gemäß.

14.4 Konstruktions-formen von Holzzäunen

Unter den Begriff »Holzzäune« fallen alle jene Zäune, bei denen mindestens die füllenden, nichttragenden Konstruk-tionselemente aus Holz, die tragenden dagegen wahlweise aus Holz oder Stahl bestehen können.

14.4.1 Zäune mit waagerechten Füllelementen

Waagerecht verlattete Holzzäune sind statisch einfache Konstruktionen, da die nichttragenden Konstruktionselemente unmittelbar an den Pfosten befestigt werden. Die Pfosten können aus Rund-holz, Schnittholz oder aus geeigneten Stahlprofilen, die nichttragenden Zaun-elemente aus Rund-, Halbrundholz, Brettern, Bohlen oder Latten bestehen.

14.4.1.1 Zäune aus Rundhölzern und Halbrundhölzern

Es sollten Ausführungsarten gewählt werden, die beidseitig ansprechend wir-ken. In aller Regel werden Rundholz-pfosten verwendet; sie erlauben auch die Befestigung von Latten, die zur Zaunflucht divergieren. Bei waagerecht einseitig verlatteten Zäunen sind Halb-rundholzpfosten von Vorteil, weil die-se die größeren Auflageflächen für die Holzverlängerungen bieten (Abb. 14.4.1.1/1). Beidseitig verlattete Zäune benötigen wegen der gegenüberliegen-den Anschlußpunkte keine Holzverlän-gerungsverbände; aus der Sicht des kon-struktiven Holzschutzes sind die Vor-teile der punktförmigen Auflagen von Rundholzstangen sowie die linienarti-gen Auflagen von Halbrundholzlatten auf Rundholzpfosten bemerkenswert (Abb. 14.4.1.1/2). Das rustikale Aus-sehen dieser Zäune, die in Varianten in Abb. 14.4.1.1/3 dargestellt sind, und der schlichte Bearbeitungsgrad des Mate-

Abb. 14.4.1.1/1

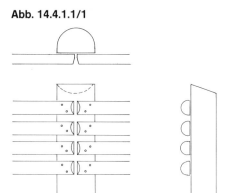

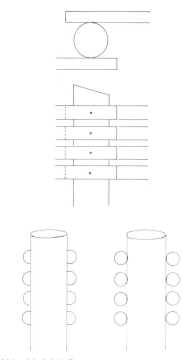

Abb. 14.4.1.1/2

rials fordert Nageln mit verzinkten Nä-geln. Die Nagellänge hat mindestens das $2\frac{1}{2}$fache, besser das 3fache der zu be-festigenden Holzstärke zu betragen. Da die Haltekraft des Nagels von dem Rei-bungswiderstand zwischen Holz und Nagel abhängig ist, sind bei weiten Jah-resringen und bei weichem und nassem Holz die größeren Nageldurchmesser, bei engen Jahresringen sowie bei fe-stem und trockenem Holz die kleineren Durchmesser von Nägeln gleicher Länge zu wählen.

14.4.1.2 Schnittholzzäune

Schnittholzzäune bieten für die Befesti-gung der Bretter und Latten den Vorteil der guten Auflagemöglichkeiten auf den ebenflächigen Pfosten; Verlängerungs-verbände lassen sich vorteilhaft auf der größeren Querschnittsseite rechteckiger Pfosten ausführen. Stehen nur geringe Pfostenquerschnitte zur Verfügung, eig-nen sich vor allem der parallele und der diagonale Versatz; einige Zentimeter Brettüberstand genügen meist, um aus-reichenden Abstand zwischen belaste-tem Ende und Befestigungspunkt ein-halten zu können.

Die Befestigung der Latten und Bret-ter erfolgt in einfachen Fällen, z.B. bei sägerauhem heimischen Nadelholz mit verzinkten Drahtnägeln, DIN 1151 mit geriffeltem Senkkopf. Bessere Holz-arten, insbesondere solche mit an-spruchsvoller Oberflächenbearbeitung, beispielsweise Lärche oder skand. Kie-fer, gehobelt und gefast, werden zweck-mäßiger mit verzinkten Linsensenk-

Paralleler Versatz: Der Wechsel von langen und kurzen Zaunfeldern ergibt eine ausgesprochen rhythmisch betonte Gliederung. Die Verwendung von Halbrundhölzern steigert die Wirkung zusätzlich durch den Wechsel von Baum- und Schnittkante

Diagonaler Versatz: Trotz gleicher Felderlängen deutliche Gliederung des Zaunbandes durch pfostenbedingte kräftige vertikale Zäsuren. Verwendung von Halbrundhölzern wegen umständlicher Nagelung nicht empfehlenswert

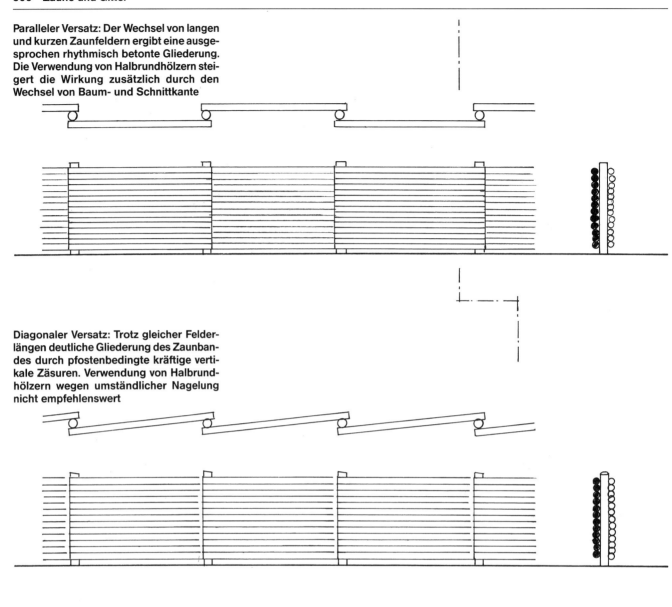

Höhenversatz mit Doppelpfosten: Transparenter Zaun mit rustikaler Wirkung. Kräftige rhythmische Felderteilung durch Doppelpfosten und Rundholzenden. Bei Verwendung von Halbrundhölzern genügt ein Pfosten

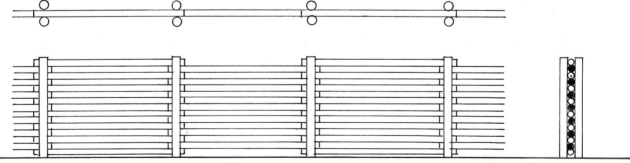

Abb. 14.4.1.1/3   Varianten von Rundholzzäunen

Diagonalversatz

Einseitig gelatteter Zaun

Beidseitige Lattung mit Höhenversatz

Parallelversatz

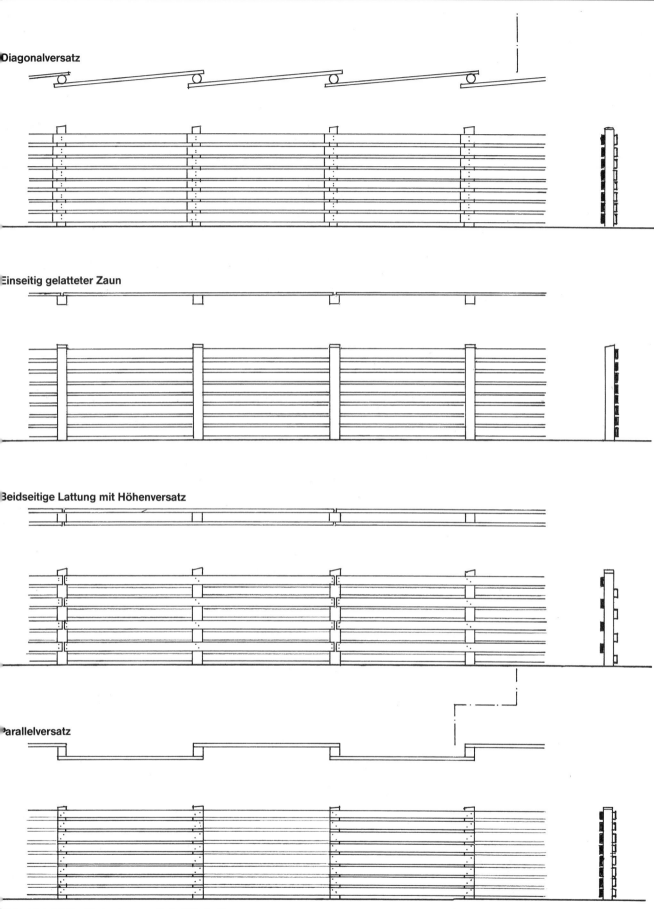

Abb. 14.4.1.2/1 Varianten von Schnittholzzäunen

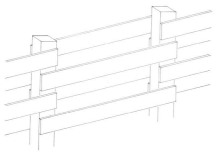

Abb. 14.4.1.2/2

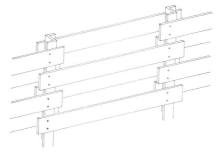

Abb. 14.4.1.3/1

holzschrauben DIN 95 oder noch besser, ebensolchen aus Messing festgeschraubt. Für das zügige Arbeiten auf der Baustelle werden heute Bohrschrauber verwendet, die ihrerseits die Verwendung von Pozidrivschrauben, ungenormt, Senkkopf mit Kreuzschlitz, erfordern; diese Schrauben aus Edelstahl haben einen kleinen Schaftdurchmesser, so daß sie normalerweise ohne Vorbohren eingeschraubt werden können.

Die verschiedenen Möglichkeiten, Bretter und Latten anzuordnen, verleihen den jeweiligen Zaunarten typische formale Merkmale (Abb. 14.4.1.2/1):

Der »Diagonalversatz« der Bretter ergibt aufgrund der Betonung der Pfosten durch die Brettenden eine intensive Zaungliederung. Rundholzpfosten erleichtern das diagonale Versetzen der Bretter; aus der Sicht des konstruktiven Holzschutzes sind die linienartigen Kontakte zwischen Brett und Rundholz positiv zu beurteilen.

Der »Parallelversatz« erzielt eine stark rhythmische Gliederung durch den Wechsel von kurzen und langen Zaunfeldern. Waagerecht verlängernde Holzverbände sind ebenfalls nicht erforderlich.

Der »einseitig gelattete« Zaun hat eine ansprechende, ungegliederte und eine durch Pfosten gegliederte, aber meistens unansehnlichere Seite.

Die »beidseitige Lattung mit Höhenversatz« ergibt aufgrund der überdeckten Pfosten ein gleichmäßiges, senkrecht ungegliedertes Zaunband mit Betonung der Horizontalen durch lebhafte Licht- und Schattenwirkung (Abb. 14.4.1.2/2).

»Beidseitig gelattete Zäune mit Parallel- und Höhenversatz« ergeben ebenfalls senkrecht ungegliederte, waagerecht betonte Zaunbänder mit besonders intensivem Wechsel von Licht und Schatten. Waagerechte Verlängerungsverbände sind nicht erforderlich.

14.4.1.3 Holzfüllungen auf Stahlpfosten

Unterschiede in der formalen Gestaltung gegenüber der Verwendung von Holzpfosten beruhen auf den geringeren Querschnittsmaßen der Stahlpfosten, denen schon bei der Auswahl der Latten und Bretter Rechnung getragen wird. Stahlpfostenzäune wirken daher feingliedriger als Zäune mit Holzpfosten. Desweiteren wird die formale Gestaltung durch die geringeren Querschnittsabmessungen insofern beeinflußt, als waagerechte Verlängerungsverbände auf den schmalen Stahlpfosten nur sehr schwierig oder gar nicht angebracht werden können; bei Zaunsystemen mit waagerechter Lattung, die waagerechte Verlängerungen erfordern, sind daher Lösungen mit Doppelpfosten anzustreben.

Als Stahlpfosten für problemlose Holzbefestigungen können grundsätzlich alle breitflanschigen, parallelseitigen Halbfabrikate mit I-, U- und Z-Profil verwendet werden; aus formal-ästhetischen Gründen finden aber – nicht zuletzt wegen der günstigen Befestigungsmöglichkeiten – nur Z-Profile Berücksichtigung (Abb. 14.4.1.3/1).

In Anpassung an die rechteckigen Holzquerschnitte werden für Stahlpfosten stets Rechteck- und Quadratrohre bevorzugt, obwohl diese wegen der zahlreichen Bohrungen in besonderem Maße der Korrosion ausgesetzt sind. Die materialgerechte Lösung, bei Stahlrohren mit angeschweißten Laschen zu arbeiten, wird aufgrund des großen Herstellungsaufwandes bei waagerechten Lattungen meistens vermieden. Das gilt erst recht für die formal besonders zufriedenstellende Lösung mit eingelassenen Einzellaschen (Abb. 14.4.1.3/2).

In den weitaus meisten Fällen wird bei waagerechten Lattungen die Befestigung der Bretter unmittelbar auf den Pfosten vorgenommen (Beispiele siehe Abb. 14.4.1.3/4). Für diese visuell ansprechendere Lösung sind Befestigungen mit Hilfe von Kunststoffdübeln geeignet, wie sie beispielsweise für Bal-

Abb. 14.4.1.3/2   Zwischen Pfosten eingespannte, waagerechte Füllelemente

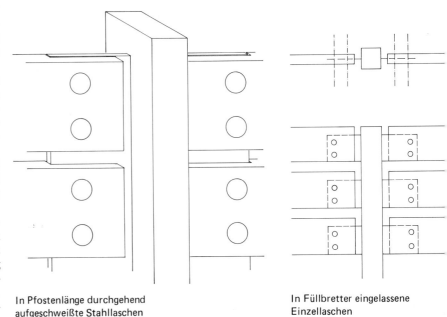

In Pfostenlänge durchgehend aufgeschweißte Stahllaschen

In Füllbretter eingelassene Einzellaschen

Abb. 14.4.1.3/2   fischer-Balkonbefestigung BBF

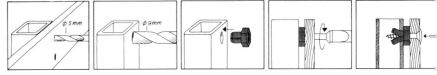

konbefestigungen entwickelt wurden (Abb. 14.4.1.3/3). Die spezielle Formgebung dieser Dübel ermöglicht wasserdichte Befestigungen ohne Kontaktkorrosion.

14.4.2 Zäune mit senkrechten Füllungen

Zäune mit senkrecht angeordneten, nicht tragenden Füllelementen benötigen Querriegel als zusätzliche tragende Konstruktionselemente. Die Befestigung der Bretter und Latten auf den Querriegeln erfolgt durch Nageln. Die Querriegelbefestigung auf den Pfosten dient dagegen der Übertragung von Kräften; bei großen Lasten, z. B. bei Sichtschutzzäunen erlauben die geringen Auflageflächen keine tragfähige Nagelverbindung im Sinne der DIN 1052, so daß die Querriegel vorzugsweise mit Bolzenschrauben am Pfosten angeschlossen werden. Auch bei geschraubten Verbindungen sind die Auflageflächen möglichst groß zu halten, indem beispielsweise die Querriegel auf der längeren Querschnittsseite rechteckiger Pfosten verlängert werden.

Der Abstand der Querriegel von den oberen und unteren Lattenenden sollte etwa $^1/_7$ der Zaunhöhe betragen. Bei Sichtschutzzäunen kann mittig zwischen den Querriegeln ein dritter zur Entlastung zusätzlich vorgesehen werden.

Latten und Bretter werden mit 5 cm Bodenfreiheit befestigt. Der Abstand der Latten beträgt im allgemeinen $^2/_3$ bis $^1/_1$ der Lattenstärke, kann aber wesentlich größer gewählt werden. Bei den Ausführungsarbeiten auf der Baustelle werden zunächst am Anfang und Ende eines Zaunfeldes je eine Latte bzw. ein Brett auf richtige Höhe befestigt. Dann wird über eingetriebene Nägel die Fluchtschnur gespannt und endlich die übrigen Zwischenlatten oder -bretter auf Schnurhöhe gesetzt und genagelt.

14.4.2.1 Halbrundholzzäune

Zäune mit Rundholz-Habitus werden bei senkrechter Lattung nahezu ausnahmslos aus Halbrundholz gebaut. Rundholzstangen werden nur gelegentlich bei Sichtschutzzäunen mit einseitiger Senkrechtlattung – stets ohne Distanz genagelt – verwendet (Abb. 14.4.2.1/1).

Querriegel werden wegen der besseren Auflage auf den Pfosten ausnahmslos als Halbrundhölzer, bei Halbrundholzlatten gelegentlich auch als Kantholz ausgeführt. Die Pfosten sind meistens aus Rundholzstämmen.

Die Befestigung der Querriegel an den Pfosten sowie der Latten auf den Querriegeln erfolgt grundsätzlich mit verzink-

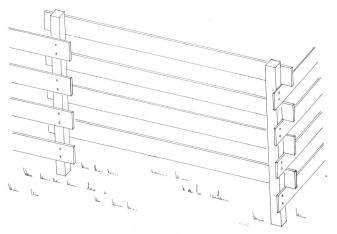

Einseitige Lattung mit Höhen- und Parallelversatz

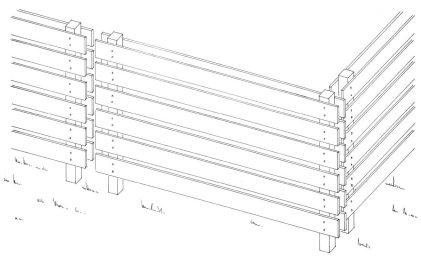

Beidseitige Lattung mit Doppelpfosten

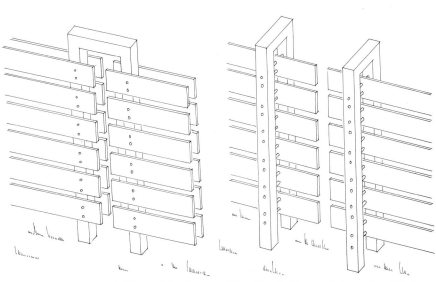

Beidseitige Lattung mit Pfostenbügel; Stabilere und formal anspruchsvollere Modifikation des Doppelpfosten-Zaunes

Einseitige Lattung mit doppelten Pfostenbügeln. Akzentuierte formale Alternative mit konstruktiv problematischer »Durchsteck«-Montage

Abb 14.4.1.3/4

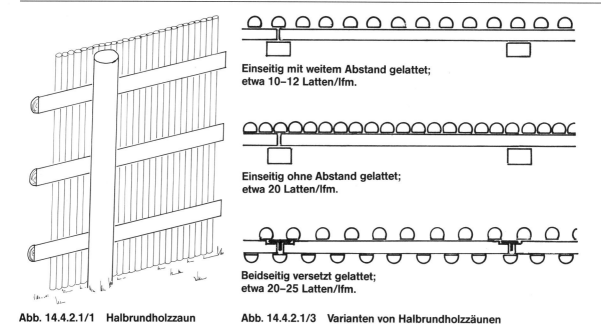

Einseitig mit weitem Abstand gelattet;
etwa 10–12 Latten/lfm.

Einseitig ohne Abstand gelattet;
etwa 20 Latten/lfm.

Beidseitig versetzt gelattet;
etwa 20–25 Latten/lfm.

Abb. 14.4.2.1/1   Halbrundholzzaun

Abb. 14.4.2.1/3   Varianten von Halbrundholzzäunen

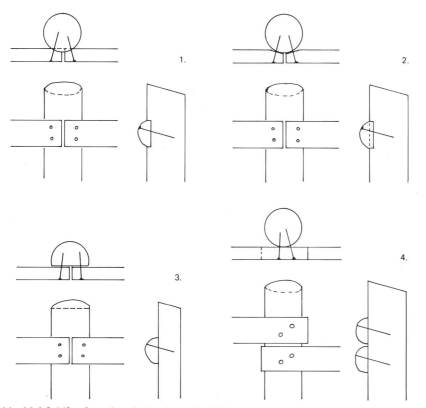

Abb. 14.4.2.1/2   Querriegelbefestigung bei Halbrundholzzäunen

ten Drahtnägeln, DIN 1151 mit geriffeltem Senkkopf. Bei höherem Anspruch auf Festigkeit müssen die Querriegel mit Bolzenschrauben angeschlossen werden; als Bolzenschrauben empfehlen sich Flachrundschrauben mit Vierkantansatz DIN 603, syn. Schloßschrauben mit den Schaftdurchmessern M 12 bis höchstens M 18.

Die knappe Auflagemöglichkeit auf der Pfostenrundung wirkt sich im Fall der horizontalen Verlängerungen recht nachteilig aus. Als Möglichkeiten, die Querriegelauflage zu verbessern, stehen nach Abb. 14.4.2.1/2 zur Wahl:
1. Anblattung der Querriegel,
2. Anschrägen der Querriegelenden,
3. Verwendung von Halbrundholz- oder Schnittholzpfosten und
4. Einseitiger Vertikalversatz.
Die nichttragenden Konstruktionselemente bestimmen allein aufgrund ihrer

Menge das äußere Erscheinungsbild der Zäune. Formal-gestalterische Varianten ergeben sich aus der ein- oder beidseitigen Anordnung der Latten und der Bemessung des Lattenabstandes (Abb. 14.4.2.1/3).

Schließlich bestimmen äußere Merkmale wie der Grad der Lattenbearbeitung, entrindet – geschält – gefräst, die Lattenstärke, die Ausformung des Lattenkopfes sowie die Farbgebung das Aussehen des Zaunes.

14.4.2.2 Schnittholz – Zäune

Die konstruktiven Vorteile ausschließlicher Schnittholzverwendung sind in der Maßhaltigkeit und Ebenflächigkeit der Pfosten und Querriegel zu sehen, die die Ausführung der Holzverbindungen erleichtern und vereinfachen.

Aus der Pfostenstellung ergeben sich die möglichen formalen Alternativen:
1. die Pfosten werden von den Füllelementen überspielt,
2. die Pfosten stehen zwischen den Füllelementen und treten in Abhängigkeit von der Dimensionierung der konstruktiven Elemente mehr oder weniger betont in Erscheinung.
Maßgebend dafür ist die Anordnung der Querriegel entweder auf der Pfostenvorderseite oder auf der Pfostenrückseite bzw. zwischen zwei Pfosten eingespannt. Eingespannte Querriegel erleichtern die beidseitigen Ausführungsformen, insb. dann, wenn die Vorderseiten der Pfosten und der Füllelemente in einer Flucht stehen sollen (Abb. 14.4.2.2/1).

Querriegel werden durch Auflage oder Anblattung, eingespannte Querriegel

Latten

Einseitig auf Querriegel dem Pfosten gegenüber geschraubt oder genagelt.

Einseitig auf Querriegel auf der Pfostenseite befestigt, n Latten und n+1 Lattenabstände.

Wechselseitig versetzte Latten oder Bretter; Querriegel zwischen den Pfosten.

Bretter

Abb. 14.4.2.2/1 Anordnung Pfosten – Querriegel – Latte/Brett

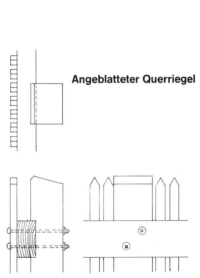

A

Aufgelegter Querriegel

Angeblatteter Querriegel

Mit Stahllaschen eingespannter Querriegel

B

Abb. 14.4.2.2/2 Verbindung Holzpfosten – Holzquerriegel

mit Hilfe von sondergefertigten Stahlblechformteilen an den Pfosten angeschlossen (Abb. 14.4.2.2/2). Als Verbindungsmittel werden Flachrundschrauben mit Vierkantansatz, DIN 603 M 12 bis M 18 bevorzugt. Nur bei geringen Belastungen können die Querriegel auch angenagelt werden. Die Verlängerung aufgelegter und angeblatteter Querriegel erfolgt bei ausreichender Auflagefläche mit stumpfen Stoß und bei knappen Auflagemöglichkeiten mit versetztem Stoß oder Vertikalversatz.

Als Füllelemente stehen wahlweise Bretter oder Latten zur Verfügung, die

genagelt oder mit Senkholzschrauben, DIN 97 oder Linsensenkholzschrauben, DIN 95 befestigt werden können. Latten haben Querschnittsmaße von 20/40, 24/48, 30/50 oder 40/60 mm.

Der Lattenabstand kann zwischen 3 und 10 cm betragen; um den Arbeitsablauf der Lattenbefestigung zügiger zu gestalten, dient die Latte meistens auch als Distanzholz: mithin entspricht der Lattenabstand der Lattenstärke.

Bretter sollten nicht breiter als 14 cm gewählt werden; sie sind mit zum Querriegel gewendeter Splintseite zu befestigen.

14.4.2.3 Füllung und Querriegel aus Holz auf Stahlpfosten

Formal gibt es gegenüber ausschließlich in Holz gefertigten Zäunen keinen Unterschied.

Konstruktiv ist zu beachten, daß die geringen Querschnittsabmessungen der Stahlprofile keinen unmittelbaren Anschluß von Holzquerriegeln auf Stahlpfosten zulassen. Holzquerriegel werden mit Schraubenbolzen befestigt, die in durchmesserabhängigen Mindestabständen angeordnet werden müssen, will man die Festigkeitseigenschaften des Werkstoffes Holz nicht überfordern. Daher sind Laschen an die Stahlpfosten zu schweißen (Abb. 14.4.2.3/1).

»Universal-Zaunpfosten« aus oberflächengeschützten Quadratstahlrohren 40/40 und 50/50 mit in beliebiger Höhe und mit beliebiger Neigung am Pfosten festschraubbaren Laschen lassen noch beim Aufstellen des Zaunes die Anpassung an besondere Geländesituationen zu (Abb. 14.4.2.3/2).

14.4.2.4 Füllelemente aus Holz auf Stahlpfosten und Stahlquerriegeln

Als Profilarten für Pfosten dienen vornehmlich Rechteck- und Quadratrohre; häufig ist Z-Stahl, in seltenen Fällen auch T- und L-Stahl geeignet. Für Querriegel werden meistens Rechteckrohre und U-Stahl, bei beidseitiger Verbretterung vor allem Z-Stahl verwendet.

Die Querriegel-Pfosten-Verbindung erfolgt selbstverständlich als lösbare, feuerverzinkungsgerechte Verbindung. Die Querriegel werden mit Maschinenschrauben auf den Pfosten oder den Pfostenlaschen und zur Absicherung möglichst mit zwei Verschraubungen je Verbindungsstelle befestigt; zusätzlich sollte mit Federringen und/oder Kontermuttern gearbeitet werden, um die Selbstlösung von Schrauben auf reinen Stahlverbindungen zu vermeiden (Abb. 14.4.2.4/1).

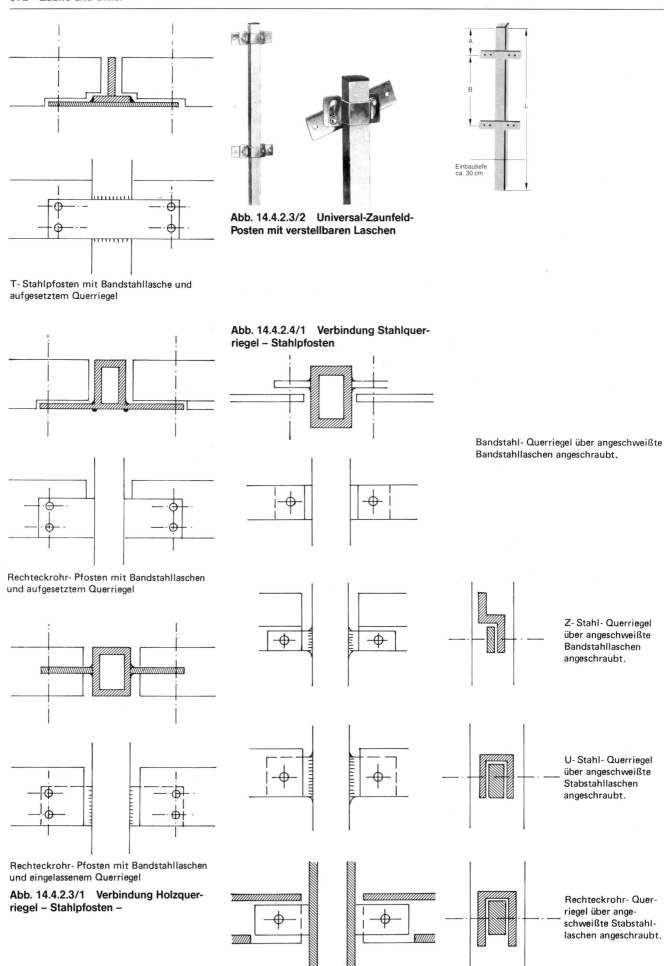

T- Stahlpfosten mit Bandstahllasche und
aufgesetztem Querriegel

**Abb. 14.4.2.3/2   Universal-Zaunfeld-
Posten mit verstellbaren Laschen**

**Abb. 14.4.2.4/1   Verbindung Stahlquer-
riegel – Stahlpfosten**

Bandstahl- Querriegel über angeschweißte
Bandstahllaschen angeschraubt.

Rechteckrohr- Pfosten mit Bandstahllaschen
und aufgesetztem Querriegel

Z- Stahl- Querriegel
über angeschweißte
Bandstahllaschen
angeschraubt.

U- Stahl- Querriegel
über angeschweißte
Stabstahllaschen
angeschraubt.

Rechteckrohr- Pfosten mit Bandstahllaschen
und eingelassenem Querriegel

**Abb. 14.4.2.3/1   Verbindung Holzquer-
riegel – Stahlpfosten –**

Rechteckrohr- Quer-
riegel über ange-
schweißte Stabstahl-
laschen angeschraubt.

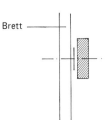

Brett ——————

Bandstahl- Querriegel mit Flachrundschraube, Unterlegscheibe und Hutmutter; Bandstahlverwendung nur bei geringen Pfostenabständen denkbar. Bandstahl und Brett sind vorzubohren.

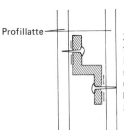

Profillatte ——————

Z- Stahl- Querriegel für beidseitige Verlattung, mit Linsensenkholzschrauben und Unterlegscheiben. Z- Stahl ist vorzubohren.

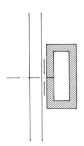

Rechteckrohr- Querriegel für ein- oder beidseitige Verlattung bzw. Verbretterung, mit Kunststoffdübel und Holz- oder Maschinenschraube. Brett und Querriegel sind mit unterschiedlichen Durchmessern vorzubohren.

Abb. 14.4.2.4/2   Verbindung Latten/Bretter – Stahlquerriegel

Latten mit entsprechenden Holzstärken können von der Stahlrückseite mit Holzschrauben von der Holzseite her unsichtbar befestigt werden (Abb. 14.4.2.4/2). Dünne Latten und vor allem Bretter, die allein aus Gewichtsgründen selten stärker als 24 mm sind, sollten mit Bolzenschrauben, möglichst Flachrundschrauben, befestigt werden; sind die Verschraubungen auch rückseits sichtbar, empfiehlt sich die Verwendung von Hutmuttern.

Die Befestigung der Füllelemente auf Hohlprofilen erfolgt, wie in Kap. 14.4.1.3 beschrieben, zweckmäßig mit Kunststoffdübeln und herstellerabhängig mit Holz- oder Maschinenschrauben. Die Kunststoffdübel erfüllen neben der Verankerung zusätzlich die Funktionen der Dichtungs- und der Distanzscheibe.

14.4.3 Rahmenzäune

Der gestalterisch formale Vorzug der Rahmenzäune ist in der Felderteilung, d.h. in der rhythmischen Gliederung der Zaunflucht zu sehen. Die Gliederung kann durch entsprechende Pfostendimensionierung und Pfostenstellung erheblich gesteigert werden. Die konstruktive Funktion der Rahmen besteht darin, die Last der Füllbretter auf-

zunehmen und auf die Pfosten zu übertragen. Rahmenzäune können in Holz oder Stahl ausgeführt werden.

14.4.3.1 Holzrahmenzäune

Holzrahmenzäune sind konstruktiv und formal nach folgenden Merkmalen zu unterscheiden:
1. einfach oder doppelt gelattete Rahmen und
2. senkrecht oder waagerecht angeordnete Füllbretter.

Einfach gelattete Rahmen haben ein geringeres Gewicht und eine gewisse Transparenz. Doppelt gelattete Rahmen können undurchsichtig gearbeitet werden, sind prinzipiell aber schwerer.

Rahmen mit waagerecht angeordneten Füllbrettern ermöglichen die Lastübertragung auf den Pfosten unmittelbar über das senkrechte Rahmenteil. Bei senkrechter Rahmenfüllung wird die auf den waagerechten Rahmenteilen ruhende Last über Eckblätter auf die senk-

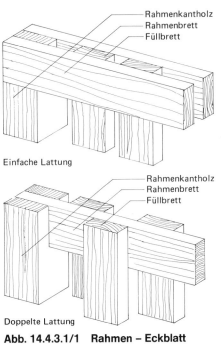

Einfache Lattung

Doppelte Lattung

Abb. 14.4.3.1/1   Rahmen – Eckblatt

Abb. 14.4.3.1/2   Verbindung Holzrahmen mit Holzpfosten

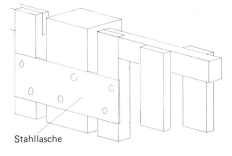

Stahllasche

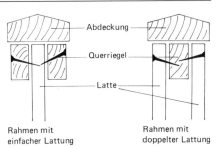

Rahmen mit einfacher Lattung

Rahmen mit doppelter Lattung

Abb. 14.4.3.1/3   Verbindung Latten – Holzrahmen

rechten Rahmenteile übertragen, die ihrerseits die Last an die Pfosten weitergeben. Schwachstellen sind die Rahmeneckblätter, da normalerweise Bretter als Material für die Rahmen verwendet werden und die Blattdicken mithin äußerst gering werden. Abhilfe erfolgt zweckmäßig durch Verwendung von Kanthölzern für die senkrechten Rahmenelemente, in die die waagerechten Rahmenbretter eingelassen werden können (Abb. 14.4.3.1/1).

Ein kritischer Punkt bei Holzrahmenzäunen ist im Anschluß des Holzrahmens an den Holzpfosten zu sehen. Dieser Anschluß ist nur unter Zuhilfenahme kräftiger, oft unangenehm auffallender Stahllaschen konstruktiv befriedigend zu lösen (Abb. 14.4.3.1/2).

Die waagerechten Rahmenelemente bilden mit der senkrechten Lattung einen bündigen, selten jedoch visuell befriedigenden Abschluß. Auch bei waagerechter Lattung kann der obere Abschluß nicht überzeugen. Holzrahmenzäune erhalten aus diesen, wie aus Gründen des konstruktiven Holzschutzes ein Abdeckblech oder besser ein profiliertes Abdeckbrett (Abb. 14.4.3.1/3).

14.4.3.2 Zäune mit Stahlrahmen

Als Profile für die Rahmen eignen sich besonders Rechteckrohre mit angeschweißtem Bandstahlanschlag. Auf diese Weise können die Füllbretter befestigt werden, ohne daß die Rohre gelocht werden müssen. Weniger gut geeignet sind Rahmen aus U-Stahl, bei denen das untere Rahmenteil aus L-Stahl oder besser Z-Stahl besteht. Die Befestigung der Füllbretter kann allerdings erleichtert werden, wenn das obere Rahmenteil aus U-Stahl auf den senkrechten Rahmenelementen verschraubbar befestigt wird (Abb. 14.4.3.2/1).

Die Stahlrahmen werden als eine mit Laschen versehene Einheit geschweißt und auf der Baustelle an die ebenfalls mit Laschen versehenen Stahlpfosten

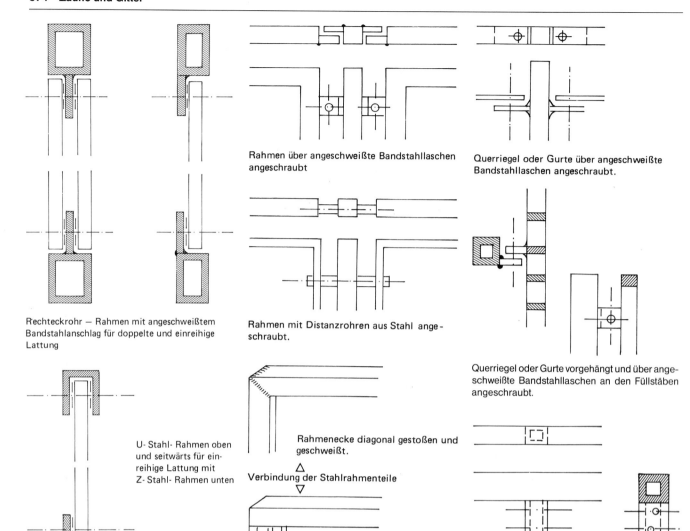

Rahmen über angeschweißte Bandstahllaschen angeschraubt

Rechteckrohr – Rahmen mit angeschweißtem Bandstahlanschlag für doppelte und einreihige Lattung

U- Stahl- Rahmen oben und seitwärts für einreihige Lattung mit Z- Stahl- Rahmen unten

Rahmen mit Distanzrohren aus Stahl angeschraubt.

Rahmenecke diagonal gestoßen und geschweißt.

△
Verbindung der Stahlrahmenteile
▽

Rahmenteil mit Verbindungsstück aufgesteckt und verschraubt.

Querriegel oder Gurte über angeschweißte Bandstahllaschen angeschraubt.

Querriegel oder Gurte vorgehängt und über angeschweißte Bandstahllaschen an den Füllstäben angeschraubt.

Querriegel oder Obergurt mit angeschweißtem Verbindungsstück aufgesteckt und verschraubt.

Abb. 14.4.3.2/1 Verbindung Stahlrahmen – Brett/Latte

Abb. 144.3.2/2 Vebindung Stahlrahmen – Stahlpfosten

Abb. 14.5.1.1/2 Querriegel oder Ober- und Untergurt/Pfosten

geschraubt. Bei leichten Konstruktionen können die Rahmen ggf. mit Distanzrohren an den Pfosten angeschraubt werden (Abb. 14.4.3.2/2).

14.5 Stahlzaun – Konstruktionen

Stahlzäune lassen sich in Stabgitterzäune, Maschengitterzäune und Drahtgeflechtzäune untergliedern.

14.5.1 Stabgitter

Waagerecht gestabte Gitter sind bei Stahlzäunen nahezu ohne Bedeutung. Senkrecht gestabte Gitter sind wirtschaftlicher im Materialverbrauch, erschweren das Überklettern und werden problemloser genehmigt.

14.5.1.1 Rahmenlose Stabgitter

Rahmenlose Stabgitter sind die typische Zaunform für lange Grundstücksfronten. Als Querschnitte kommen für gewöhnlich in Frage:
Pfosten: Quadratstahlrohr 30/30 bis 60/60, Rechteckrohr 40/20 bis 80/40
Querriegel: Flachstahl 20/6 bis 60/10 und zusätzlich für
Ober- und Untergurte: Rechteckrohr, 40/20 bis 80/40
Füllstäbe: Rohre und Rund-, Quadrat- und Sechskantstähle mit 10–20 mm ⌀ bzw. Kantenlänge.
Die tragenden Konstruktionselemente können aus formgebenden Gründen wesentlich stärker dimensioniert werden.
Für die Gestaltung des Zaunes ist maßgebend, daß Profildifferenzierung bei Pfosten und Füllstäben gegliederte

Zaunfluchten, Querschnittsangleichung dagegen ungegliederte, gleichförmige Zaunfluchten ergibt (Abb. 14.5.1.1/1).
Die konstruktionsbedingten Besonderheiten für Stabstahlzäune sind in den
Abb. 14.5.1.1/2: Querriegel oder Ober- und Untergurt/Pfosten
Abb. 14.5.1.1/3: Querriegel oder Ober- und Untergurt/Verlängerung und
Abb. 14.5.1.1/4: Querriegel oder Ober- und Untergurt/Füllstäbe dargestellt.

14.5.1.2 Rahmengitter

Rahmenzäune wirken aufgrund der hervorgehobenen Pfostenstellung und der an sich selbstverständlichen Profildifferenzierung zwischen Rahmen und Füllstab grundsätzlich zaunbandgliedernd. Die Abbildung ›Rahmengitter‹ versucht die unterschiedlichen Möglichkeiten der Gliederungsintensität darzustellen (Abb. 14.5.1.1/1).

1.

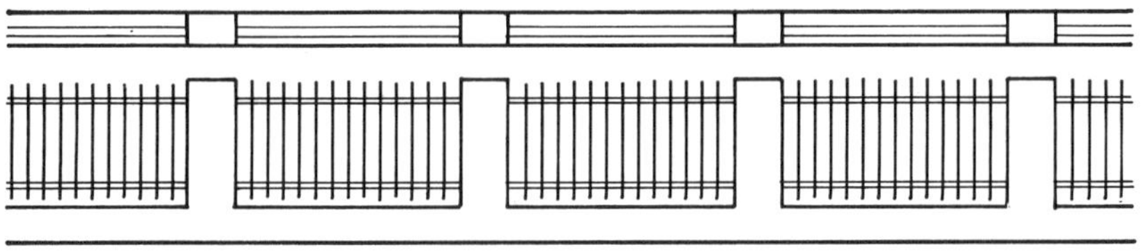

Gitter zwischen Steinpfeilern auf Mauersockel. Extrem betonte Felderteilung

2.

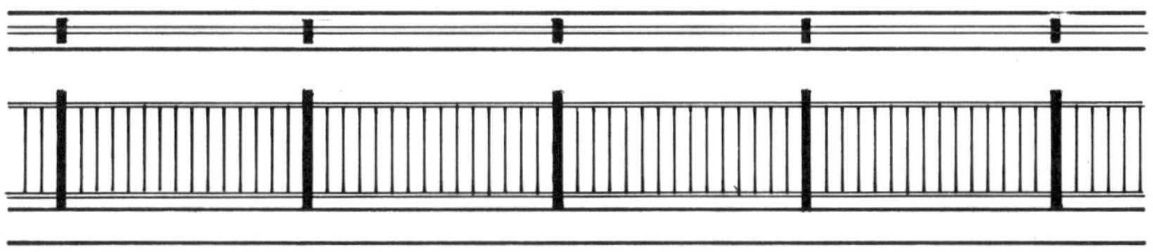

Gitter zwischen überdimensionierten Stahl-
rechteckrohren. Betont rhythmische Felderteilung

3.

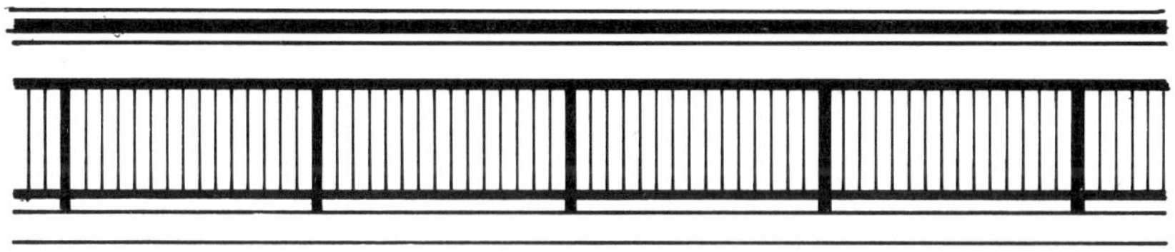

Durchlaufendes Gitterband, Felderteilung
durch Pfostenprofile

4.

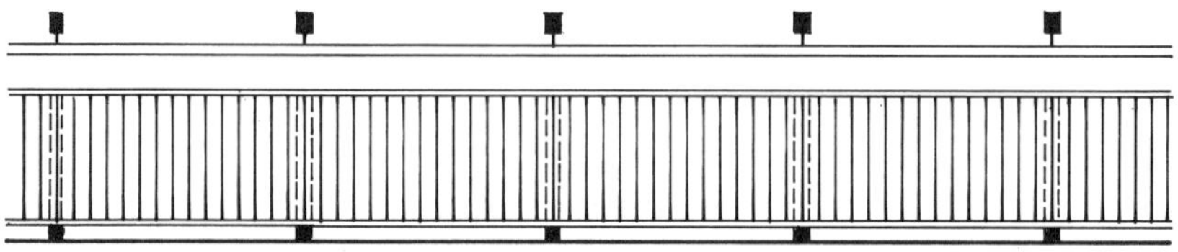

Pfosten vorgehängtes, durchlaufendes Gitterband. Abgeschwächte Felderteilung

5.

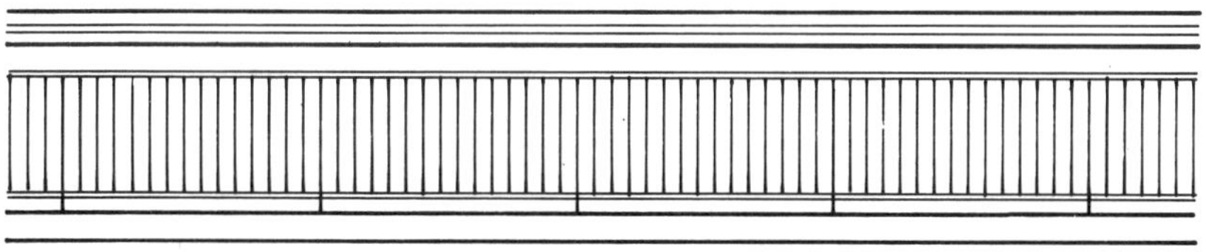

Gleichförmiges, durchlaufendes Gitterband; profilgleiche Füll- und Tragstäbe.
Keine Felderteilung

6.

Gleichmäßiges Stabband durch Reihung
von Einzelstäben. Keine Felderteilung

Abb. 14.5.1.1/1A   Rahmenlose Stabgitter

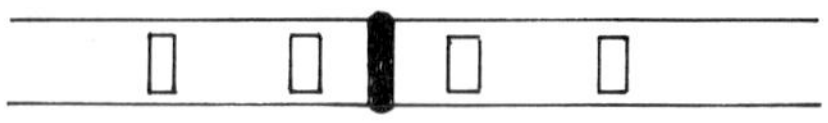

Stumpf gestoßen und verschweißt

Überblattet und verschweißt

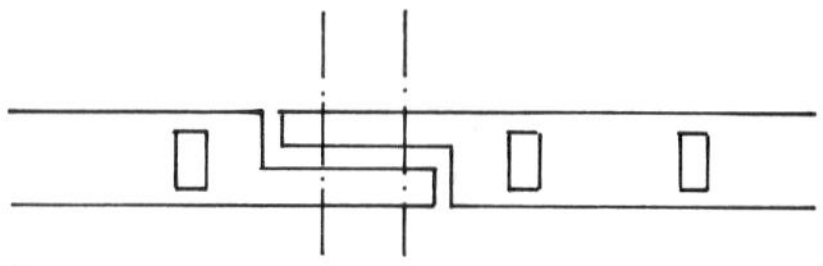

Überblattet und verschraubt

**Abb. 14.5.1.1/3   Querriegel oder Ober-
und Untergurt/Verlängerung**

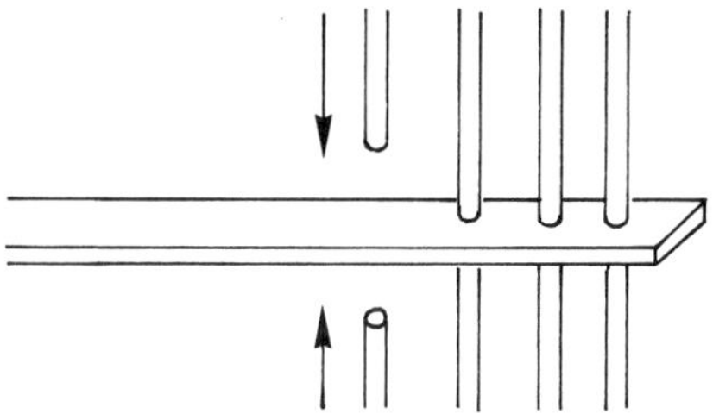

Füllstäbe eingepaßt und stumpfstoßend an
Querriegel angeschweißt.

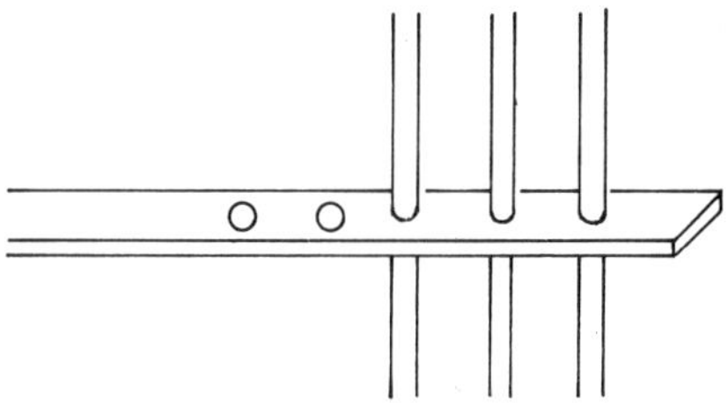

Querriegel durchbohrt, Füllstäbe durchgesteckt und angeschweißt oder angeschmiedet.

**Abb. 14.5.1.1/4   Querriegel oder Ober-
und Untergurt/Füllstäbe**

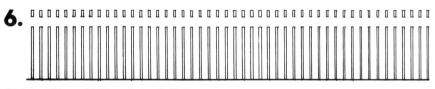

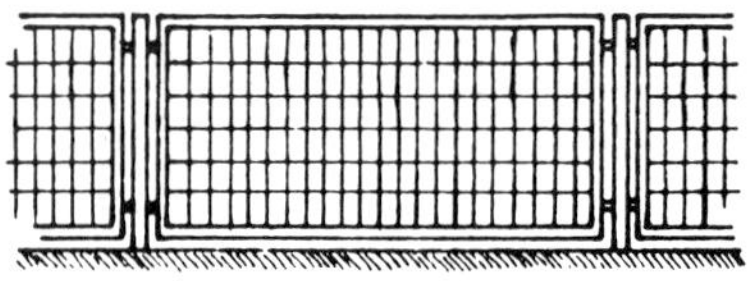

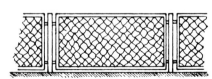

**Abb. 14.5.1.2/1   Rahmen – Maschen-
gitterzäune**

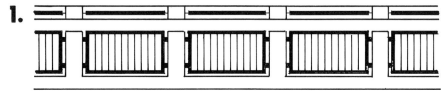

1.

Rahmengitter zwischen Steinpfeilern auf Mauersockel. Extrem betonte Felderteilung

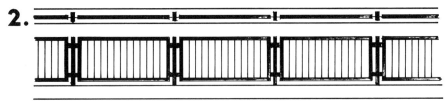

2.

Rahmengitter zwischen Stahl-Rechteckrohren. Starke Felderteilung

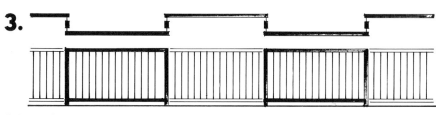

3.

Rahmengitter, wechselseitig an Stahlrechteckrohren vorgehängt. Rhytmische Felderteilung

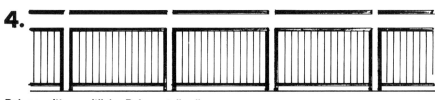

4.

Rahmengitter; seitliche Rahmenteile dienen als Pfosten. Rhythmische Felderteilung

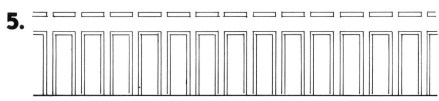

5.

Gitterlose Rahmenbügel, zu gleichförmigen Zaunband gereiht. Keine Felderteilung

Abb. 14.5.1.1/1B   Rahmengitter

Angaben zu den Materialien für Pfosten, Rahmen und Füllstäbe, sowie die konstruktiven Verbindungen von Rahmen und Füllstab sind sinngemäß im Kap. 14.5.1.1 ›Rahmenlose Stabgitter‹, die rahmenbezogenen konstruktiven Details im Kapitel 14.5.3.2 ›Zäune mit Stahlrahmen‹ bereits enthalten.

14.5.2 Maschengitterzäune

Maschengitterzäune sind Rahmenzäune, deren Rahmen mit Maschengittern ausgefüllt sind. Definitionsgemäß bestehen Maschengitter aus eng- oder weitmaschig angeordneten, waagerecht oder diagonal gekreuzten Stäben (Abb. 14.5.1.2/1).

Verwendet werden verzinkte und kunststoffbeschichtete stabile Geflechte, d.s. im Regelfalle Wellengitter mit 40, 50, 60, 80 oder 100 mm Maschenweite und 3.1, 4.0 oder 6.0 mm starken, gewellten Drähten von rundem oder quadratischem Querschnitt. Gelegentlich kommen auch Baustahlgewebe zur Anwendung.

Konstruktiv ist bei der Befestigung der Wellengitter auf die leichte mechanische Verletzbarkeit des Zinküberzuges und der Kunststoffummantelung insbesondere während des Schweißvorganges zu achten (Abb. 14.5.2/1).

Rahmenlose Maschengitterzäune sind als handwerkliche Einzelfertigungen außerordentlich selten; ganz anders verhält es sich mit den industriellen Serienerzeugnissen von Firmen wie Aderhold (adronit), Bekaert, Dörnemann (elkosta) Lechtenböhmer (Legi-R und Legi-D [Abb. 14.5.2/2]) u.a.m., die fast ausnahmslos ohne Rahmen aufgestellt werden.

14.5.3 Drahtzäune

Drahtzäune sind Zäune aus labilen Drahtgeflechten. Man unterscheidet Zäune aus Maschendraht und solche aus Knotengeflecht.

14.5.3.1 Knotengitter und Knotengeflechte

Zäune aus Knotengittern und Knotengeflechten sind zur Einfriedung land- und forstwirtschaftlicher Flächen beliebiger Größe geeignet aber auch als zeitlich begrenzte Maßnahme, z.B. als Schutz für Jungpflanzen auf öffentlich zugänglichen Freiflächen (Abb. 14.5.3.1/1).

Knotengitter und -geflechte bestehen aus 2 mm starken Fülldrähten und je einem 2,5 mm dicken Kopf- und Fußdraht. Alle Drähte sind verzinkt. Die vertikalen Drähte sind mit den horizontalen Drähten jeweils durch einen spi-

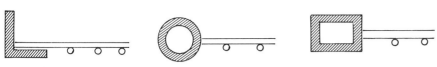

An L- Stahl anschweißen. An Rohrprofilen anschweißen.
Nachträgliches Anschweißen bei verzinkten Geflechten nur mit Nachteilen,
bei kunststoffummantelten Geflechten nicht möglich.

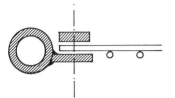

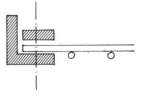

An L- Stahl mit angeschraubten oder ange-
nieteten Bandstahlbändern festklemmen.

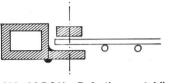

**Abb. 14.5.2/1   Befestigung stabiler Draht-
geflechte im Rahmen**

**Großer Ankerstab AS 2000 ab Zaunhöhe
1400 mm mit verschraubten engmaschi-
gen Gittern**

**Abb. 14.5.2/2 (u., re.)
LEGI-R
LEGI-D**

Rück-Ansicht

Montage-Schema

Front-Ansicht

Bodenanker mit Fundament

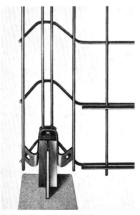

Erstes Gitter mit abgekröpftem
Ende angesetzt.

Zweites Gitter davorgesetzt und
verschraubt.

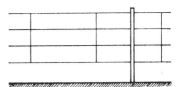

**Knotengeflecht: Längsdrahtabstand
nach oben zunehmend**

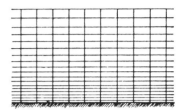

**Knotengitter: gleichbleibender Längs-
drahtabstand**

**Abb. 14.5.3.1/1   Knotengitter und
Knotengeflechte**

ralförmigen Wickelknoten verbunden.
Die Geflechthöhen betragen 78, 80, 100,
102, 125, 145 und 200 cm, die Längs-
drahtabstände unten 4–5 cm, oben
10–20 cm. Die Längsdrahtzahl liegt zwischen 6 und 22 je nach Geflechthöhe.

Die Senkrechtdrahtabstände betragen
15 oder 30 cm, die Rollenlänge 50 oder
100 m.

Knotengitter und -geflechte werden
straff gespannt und mit Drahtschlaufen
an Holzpfosten befestigt.

14.5.3.2 Maschendrahtzäune

Man unterscheidet Vier- und Sechseckgeflechte in verzinkter oder verzinkter
und kunststoffummantelter Ausführung. Sechseckgeflechte werden im
Rahmen der Kleintierhaltung und Klein-
tierabwehr, die stabileren Viereckge-
flechte dagegen hauptsächlich für
Grundstückseinfriedungen benötigt.

Die Rollenlängen lassen sich beliebig
verlängern, wenn der letzte Draht abgenommen wird und beim Neueinziehen
vom Rand her drehend beide Rollenen-
den erfaßt; in der gleichen Weise läßt
sich die Rollenlänge an jeder beliebigen
Stelle unterbrechen (Abb. 14.5.3.2/1).

Der Maschendraht ist an waagerechten Spanndrähten zu befestigen. Bis
1,20 m Zaunhöhe sind zwei, bis 2,00 m
Zaunhöhe sind drei Spanndrähte mit
3,0 mm, kunststoffummantelt 3,8 mm
Durchmesser erforderlich. Die Spanndrähte sind durch die Maschen zu ziehen und mit Spannschlössern zu straf-
fen. Alle Geflechte sollen, soweit der
Draht zur Kaninchenabwehr nicht 40 bis
60 cm tief eingegraben werden muß,
5 cm Bodenfreiheit haben. Zur Erhaltung des Maschendrahtes ist es besser,

Tab. 14.5.3.2/1

Geflechtart	Maschen-weiten	Drahtstärken	Rollen-länge	Handelsübl. Breiten
			in mm	
Viereckgeflecht (verzinkt)	40	2,0 2,2 2,5	25000	1000,1250,1500, 2000
	50	2,0 2,2 2,5	25000	
	60	2,2 2,5	25000	
(kunststoff-ummantelt)	40, 50, 60	2,8 3,1 3,4	25000	1000, 1250, 1500, 2000
Sechseckgeflecht	10 13 16 19	0,7	50000	
	25	0,8	50000	
	32	0,9 1,0	50000	500, 1000
	38	0,9 1,0 1,2	50000	
	51		50000	
	64	1,0 1,2	50000	500, 1000,1200, 1500
	76		50000	1000, 1200, 1500

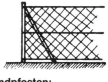

Endpfosten:
Einseitige Verstrebung

Tab. 14.5.3.2/2

Zaunhöhe in m	T-Stahl nach DIN 1024	Profilmindeststärke		
		Gleichschenkl. Winkelstahl nach DIN 1028	Nahtl. Flußstahlrohr nach DIN 2448	
1,25	T 25	L 30 × 5	41,5 × 2,5	
1,50	T 30	L 40 × 4	44,5 × 2,5	
2,00	T 45	L 45 × 5	51 × 2,5	
2,50	T 60	L 50 × 5	57 × 2,75	
3,00	T 70	L 55 × 5	63,5 × 3	

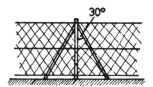

Zwischenpfosten:
jeder 10. zweiseitig
verstrebt

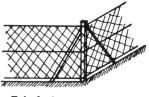

Eckpfosten:
Zweiseitig verstrebt

Abb. 14.5.3.2/2 Maschendrahtzaun-
Verstrebungen

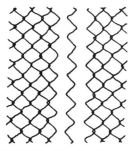

Abb. 14.5.3.2/1 Maschendraht-
Verlängerung

die Bodenfreiheit einzuhalten und dafür ein Sechseckgeflecht zusätzlich einzugraben.

Der Maschendraht muß am Ende mit einem 5 mm starken Drahtstab senkrecht durchzogen werden, der mit 2,0 bis 3,0 mm starkem Bindedraht am Endpfosten zu befestigen ist.

Die Zaunpfosten müssen 50 bis 60 cm im Fundament verankert sein. Die Fundamente sollten aus B 10 oder B 15 sein und bei frostfreier Tiefe eine Länge und Breite von 30 cm haben. Funda-

mente aus Ortbeton sind Fertigteilfundamenten vorzuziehen. Pfosten aus Stahlrohrprofilen dürfen auf keinen Fall durchbohrt werden. Für Holzpfosten sind kesseldruckimprägnierte Rundhölzer von 10 bis 12 cm Durchmesser zu verwenden.

Endpfosten müssen einseitig, Eck-, Tür- und jeder zehnte Zwischenpfosten zweiseitig verstrebt werden. Die Streben sind in etwa dreiviertel Zaunhöhe anzusetzen und im Querschnitt wie Fundament den Pfosten entsprechend auszubilden (Abb. 14.5.3.2/2).

14.6 Anwendungsbeispiel für den Garten K.

Wenn wir uns die Frage stellen, wo und wie der Garten K. eingefriedigt werden soll und muß, dann stellen wir fest, daß ein Teil der notwendigen Umzäunung, soweit er dem Sichtschutz dienen soll, schon durch hohe, raumbildende Elemente hergestellt werden soll. Im Eingangsbereich z. B. sind entweder Mauern oder ein Sichtschutz aus Holz vorgesehen, zum Nachbarn nach Süden hin begrenzt in jedem Falle eine Mauer

als Teil der Pergola den Garten und diese Mauer schützt auch noch die Südostecke des Gartens. Der Sichtschutz nach Osten und soweit erforderlich auch nach Norden übernimmt eine Strauchpflanzung. Für diese Gartenteile ist deshalb nur eine Einfriedigung erforderlich, die als Übersteigschutz und Schutz gegen Tiere dient.

Besondere Anforderungen an ästhetische Belange werden hier nicht gestellt. Solch ein Zaun soll möglichst pflegefrei und dauerhaft sein, weil Pflegeaufwendungen oder Erneuerungen schwierig und teuer werden, wenn sich die anschließende Strauchbepflanzung voll entwickelt und geschlossen hat. Die vorgesehene Strauchbepflanzung erübrigt es desweiteren, Zaunarten mit beidseitiger Verlattung in die Auswahlüberlegungen einzubeziehen.

Als denkbare Lösungen können in die Entscheidungsfindung einbezogen werden:

1. Holzzäune
a) als Senkrechtlattenzaun mit zusätzlichem Kaninchendraht
b) als Scheren- oder Jägerzaun mit zusätzlichem Kaninchendraht

Zaunausführung
mit Pfosten- und Strebenlänge ab 2,1 m

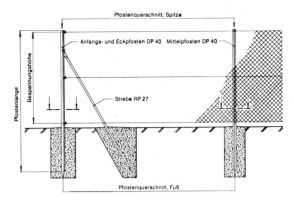

Pfostenquerschnitt, Spitze

Anfangs- und Eckpfosten   Mittelpfosten

Spannbrücke DP 40

Strebenlänge

diagonale Rückverspannung

Strebe DP 40, wahlweise statt Spannbrücke

Bespannungshöhe

Pfostenlänge

Pfostenquerschnitt, Fuß

Zaunausführung
mit Pfosten- und Strebenlänge bis 2,0 m

Pfostenquerschnitt, Spitze

Anfangs- und Eckpfosten DP 40   Mittelpfosten DP 40

Strebe RP 27

Bespannungshöhe

Pfostenlänge

Pfostenquerschnitt, Fuß

Was bedeutet was?

DP   = Dreieck-Stahlprofil mit gleichbleibendem Querschnitt (parallel)

DPK   = Dreieck-Stahlprofil nach oben verjüngend (konisch), ab 2,1 m Länge, Pfostenspitze 42 x 46 mm

DPK-F   = Dreieck-Stahlprofil, vergütet, nach oben verjüngend (konisch), ab 2,1 m Länge, Pfostenspitze 42 x 46 mm

DPK 80   = Dreieck-Stahlprofil, massiv, nach oben verjüngend (konisch) ab 2,1 m Länge, Pfostenspitze 81 x 82 mm

DP 40   = Zaunpfosten bis 2,00 m Länge, Horizontal-Spannbrücken und Diagonalstreben

DP 80   = Zaun-Anfangspfosten, Zaun-Eckpfosten (ab 2,10 m Länge), Türpfosten

DP 120   = Zaun-Anfangspfosten, Zaun-Eckpfosten (ab 4,25 m Länge), Türpfosten

DP 160   = Torpfosten bis 4,5 m Torbreite, alle betongefüllt

DPV 160   = Zaun-Anfangspfosten, Zaun-Eckpfosten (ab 7,00 m Länge), Torpfosten bis 6,0 m Torbreite, alle betongefüllt

DPS 160   = Zaun-Anfangspfosten, Zaun-Eckpfosten (ab 10,0 m Länge), Torpfosten bis 7,5 m Torbreite, alle betongefüllt

StMK   = Dreieckige Stahlmantelpfosten, nicht betongefüllt

StBK   = Dreieckige Stahlmantelpfosten, betongefüllt

RP 27   = Rundrohr-Diagonalstreben

Torbreite = Summe der Rahmenbreite beider Drehflügel

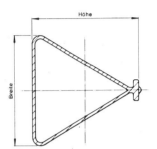

Höhe

Breite

Prinzip-Darstellung des Profil-Querschnitts der Pfosten Streben DP 40, Spannbrücken DP 40

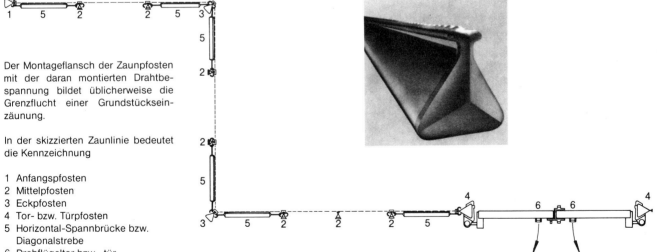

Der Montageflansch der Zaunpfosten mit der daran montierten Drahtbespannung bildet üblicherweise die Grenzflucht einer Grundstückseinzäunung.

In der skizzierten Zaunlinie bedeutet die Kennzeichnung

1 Anfangspfosten
2 Mittelpfosten
3 Eckpfosten
4 Tor- bzw. Türpfosten
5 Horizontal-Spannbrücke bzw. Diagonalstrebe
6 Drehflügeltor bzw. -tür

Abb. 14.6/1

Anschlußschelle

Anfangsanschluß **Eckspannschloß**

Edelstahl-Drahtklammer

Große Fotos: Horizontal-Spannbrücken mit Rückverspannung (Fotos/Hersteller: Dörnemann, Salzgitter)

Drahtklammerzange und handelsübliches Werkzeug zur Zaunmontage

Abb. 14.6/2

2. Holzzäune mit Stahlpfosten und Zaunfeldern wie vor
3. Maschendrahtzäune

Vor einer Entscheidung sollte man die Vor- und Nachteile gegeneinander abwägen.

1. Holzzäune (Senkrecht- und Scherenzäune)
Vorteile: Sie sind einfach aufzustellen, die Pfosten werden ohne Fundament in den Boden eingetrieben und sie sind preiswert.

Nachteile: Trotz bester Imprägnierung ist eine Lebensdauer der Pfosten von nur 12 bis 15 Jahren zu erreichen. Dann müßte der Zaun erneuert werden. Außerdem hat dieser Zaun nur eine gute Ansicht. Notwendigerweise wird man sie nach außen richten, so daß einem selbst nur die Rückseite bleibt, ein Nachteil allerdings, der mit zunehmender Entwicklung der Strauchpflanzung an Bedeutung verliert.

2. Holzzäune mit Stahlpfosten
Vorteile: Bei derartigen Zäunen wird der Schwachpunkt der vorerwähnten Zäune (die ohne konstruktiven Holzschutz in den Boden getriebenen Pfosten) aufgehoben. Gleichbedeutend mit Stahlpfosten sind natürlich auch Holzpfosten, die mittels feuerverzinkter Stahlelemente (z. B. nach Abschnitt 6.6.2.3) in Verbindung mit Betonfundamenten im Boden verankert werden.

Nachteile: Sie sind durch die bessere und dauerhaftere Verankerung teuerer.

3. Maschendrahtzäune
Vorteile: Die Materialwahl ist entscheidend für die Lebensdauer. Wählt man verzinkte und zudem noch kunststoffummantelte Profile für die Pfosten, verankert diese in ausreichend großen Betonfundamenten und verwendet man ebenfalls verzinkte und kunststoffummantelte Spanndrähte und Maschendrähte, ist mit einer Lebensdauer von mehr als 20 Jahren zu rechnen. Der Zaun ist leicht zu erstellen und es gibt viele geeignete Produkte auf dem Markt. Dadurch ist er auch relativ preisgünstig.

Nachteile: Umwelteinflüsse können den Kunststoff vorzeitig verspröden lassen und die Verzinkungsschicht schneller als üblich abbauen. Eine Schutzmöglichkeit dagegen hat man nicht. Ein weiterer Nachteil ist vielleicht darin zu sehen, daß dieser Zaun ausbeult, wenn Bälle vom Spiel der Kinder gegen ihn fliegen. Gleiches geschieht, wenn er überstiegen wird, wenn Kinder mal einen Ball aus Nachbars Garten holen wollen. Das Ausbeulen kann allerdings vermieden werden, wenn man den Maschendraht per Greifzug oder Traktor straff spannt und in diesem Zustand an den Pfosten befestigt.

Unser Bauherr wägt nun ab und entschließt sich für einen Maschendrahtzaun. Nach Studium verschiedener Prospekte und Beratung durch seinen Landschaftsarchitekten, fällt die Entscheidung für folgende Lösung:

Gebaut wird ein 1,50 hoher Maschendrahtzaun mit kunststoffummantelten Viereckgeflecht aus verzinktem Kerndraht mit 50 mm Maschenweite und 3,1 mm Gesamtdrahtstärke. Das Geflecht wird mit drei verzinkten, kunst-

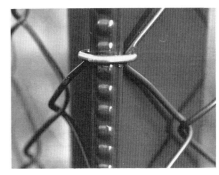

Abb. 14.6/3 (Fotos/Hersteller: Dörnemann, Salzgitter)

stoffummantelten und 3,8 mm dicken Spanndrähten verstärkt. Die Pfosten sollen aus innen und außen verzinktem sowie kunststoffbeschichtetem Stahlrohr sein.

Nennenswerte Unterschiede sind im allgemeinen Materialschutz für Pfosten, Spanndrähte und Drahtgeflechte unter den verschiedenen Firmenerzeugnissen nicht festzustellen; eine Ausnahme bildet nur die Aluminiumausführung der Pfosten bei den Firmen -alcan/final und ›adronit‹. Ganz anders sieht es im Bereich des konstruktiven Materialschutzes aus: hier hat die Firma Dörnemann mit ›elkosta‹ ein Zaunbausystem entwickelt, das die Befestigungsmöglichkeiten an den neuralgischen Punkten Pfosten – Spanndraht, Pfosten – Strebe/Spannbrücke, Endpfosten – Drahtgeflecht und Türpfosten – Türanschlag optimal löst, indem es vollkommen ohne Pfostenperforationen, Schweißstellen, pfostenumgreifende Schellen und dergleichen mehr auskommt. Die Ursache dazu liegt in der Ausstattung des Pfostens mit einem Montageflansch, der einen besonders vielseitigen Einsatz ermöglicht: die Befestigungselemente wie Edelstahlklammern für Spanndrähte und Drahtgeflecht, Anschlußschellen für Streben und Spannbrücken sowie Drahtspanner können an

jeder beliebigen Stelle des Montageflansches angebracht werden. Weitere Vorteile sind in der visuell einwandfreien Befestigungstechnik, in der Aussteifung des Pfostens durch dreieckiges Rohrprofil und Montageflansch und schließlich in der Begrenzung der Zubehörteile auf die drei Grundtypen Edelstahl-Drahtklammern, Anschlußschellen und Drahtspannschlösser zu sehen. Ausführliche Produktinformation, Beratung und Planungshilfen erleichtern zusätzlich die Entscheidungsfindung für das Zaunbausystem ›elkosta‹ (Abb. 14.6/1–3).

Die Montage des Drahtzaunes beginnt mit der Festlegung der Zaunfluchten, Eckpunkte und der evtl. erforderlichen Biegungen. Dann wird die Zaunstrecke in gleichmäßige Pfostenabstände aufgeteilt und markiert. Bei Verwendung von Horizontal-Spannbrücken muß der Abstand der Anfangs-, Eckund Endpfosten auf deren Länge abgestimmt werden.

Als nächstes werden die Pfostenlöcher 25 × 25 cm bzw. 30 × 30 cm groß bis in frostfreie Tiefe ausgehoben oder gebohrt. Diagonal-Streben erfordern zusätzliche Fundamentlöcher.

Zur Festlegung der Zaunflucht und der Oberkante der Pfostenköpfe wird mit Hilfe eines Schnurgerüstes die Fluchtschnur gespannt.

Der Boden der Fundamentlöcher wird bis Unterkante Pfosten mit Beton B 15 in K 1 – Konsistenz aufgefüllt und verdichtet. Nach dem Einsetzen der Pfosten und Streben wird der restliche Beton eingebracht, verdichtet und zeltdachförmig glattgestrichen. Nun werden die Zaunpfosten in Höhe und Flucht lotrecht ausgerichtet und anschließend erfolgt eine Nachverdichtung des Betons.

Nach dem Abbinden des Betons werden die Spannschlösser und die mit den Spannbrücken verbundenen Anschlußschellen auf den Montageflansch der Pfosten positionsgerecht montiert.

Anschließend wird das Drahtgeflecht ausgerollt, an den Pfosten aufgerichtet und am Endpfosten verklammert. Mit Hilfe einer Zugeinrichtung, z.B. eines Greifzuges, wird der Maschendraht über einen eingeschobenen Stahlstab straff gespannt; am Anfang, Ende und an jeder Ecke wird jede Masche mit Edelstahl-Drahtklammern am Montageflansch des Pfostens befestigt.

Zuletzt werden die Spanndrähte durch die Maschen des Drahtgeflechtes gezogen, in die Spannschlösser eingeführt, gespannt und mit Edelstahl-Drahtklammern an den Mittelpfosten auf den Flanschen befestigt.

15 Schutz der Vegetation bei Bauarbeiten A. Niesel

Auf vielen Bauflächen, die neu gestaltet oder umgestaltet werden sollen, steht Vegetation, die wegen ihrer ökologischen Bedeutung, ihrer Größe, ihres Habitus oder aus anderen Gründen erhalten bleiben soll. Das ist in der Praxis leichter gesagt als getan. Gefahren drohen der Vegetation durch Überfüllungen, Abträge, Aufgrabungen für Leitungen, Bau von Mauern, Treppen, Wegen oder anderen Bauwerken im Wurzelbereich oder auch nur durch Sorglosigkeit während der Bauzeit durch Überfahren, Baustofflagerungen, Feuer oder Ausschütten von bodenschädigenden Stoffen wie Fette, Säuren, Öle, Farben usw. im Kronen- oder Wurzelbereich.

15.1 Allgemeine Schutzmaßnahmen

Zunächst einmal soll schon im Stadium der Planung auf die Vegetation weitgehend Rücksicht genommen werden, damit nicht die Vegetation durch Hilfsmaßnahmen wie Überfüllungen, Abstützungen usw. dem Planungsgedanken angepaßt werden muß. Während der Bauphase muß durch Auflagen verhindert werden, daß der Boden durch Fette, Öle, Farben, Zementmilch oder andere pflanzenschädliche Stoffe verunreinigt und unbrauchbar für Vegetation wird. Feuer darf nur in einem Mindestabstand von 20 m von Vegetation entfacht werden.

15.2 Schutzzäune

Der beste Schutz für Bäume ist eine weiträumige Einzäunung der Vegetation mit einem Schutzzaun, der bei 1,80 m Höhe etwas schwierig zu übersteigen ist. Das können Maschendrahtzäune, Holzzäune oder Zäune aus Fertigelementen sein. Sie sollen auch den Wurzelbereich mit den Faserwurzeln schützen. Deshalb sollte ein Zaun 1,50 m von der Baumkrone entfernt aufgestellt werden (siehe Abb. 15.2/1).

15.3 Stamm- und Astschutz

Häufig muß unter sehr beengten Raumbedingungen gearbeitet werden. Dann muß zumindest dafür gesorgt werden, daß Stamm und tiefhängende Äste nicht während der Bauarbeiten geschädigt werden. Der Stamm wird dabei mit einer Polsterung aus Autoreifen und Holzbohlen abgepolstert (Abb. 15.3/1), die mindestens 2 m hoch sein sollte. Besonderen Schutz bedürfen auch die Wurzelanläufe. Bei dieser Abpolsterung dürfen keine Nägel in den Stamm geschlagen werden.

Tiefhängende Äste müssen hochgebunden werden. Besonders ist aber darauf zu achten, daß Baumaschinen mit ihren Auslegern diese Äste nicht beschädigen. Im Zweifelsfalle muß auf den Einsatz solcher Maschinen verzichtet werden.

Ein besonderer Problembereich ist auch der Schutz freigestellter Bäume vor Rindenbrand. Besonders empfindlich sind Buchen bei Freistellung, deren Rinde durch die ungewohnte Einstrahlung austrocknet und platzt. Rindenbrand führt häufig zum Absterben einzelner Kronenbereiche oder des ganzen Baumes. Schutz kann eine Jute-Lehm-Bandage bieten. Das Bestreichen mit Verdunstungsschutzmitteln reicht in der Regel nicht aus, weil die Mittel eine nicht ausreichende Wirkungsdauer haben. Besser als das Behandeln selbst ist aber ein langsames Freistellen gefährdeter Bäume beispielsweise dadurch, daß der Bestand nur schrittweise über einen Zeitraum von 3 bis 5 Jahren gelichtet wird.

15.4 Schutz des Wurzelbereiches

Der beste Schutz des Wurzelbereiches ist dann gegeben, wenn weder Ab- oder Aufträge vorgenommen werden noch dieser Bereich für Transporte, Lagerungen usw. in Anspruch genommen wird. Durch eine weiträumige Einzäunung wird er dauerhaft geschützt.

Muß der Wurzelbereich wegen beengter Baustellenverhältnisse doch durch Befahren oder Lagerungen beansprucht werden, überschüttet man ihn mit einer 20 cm dicken Kiesschicht und deckt diese mit Bohlen oder Dielen so fest ab, daß diese sich nicht verschieben können (Abb. 15.3/1). Nach Ende der Bauarbeiten wird dieser Schutz wieder ab-

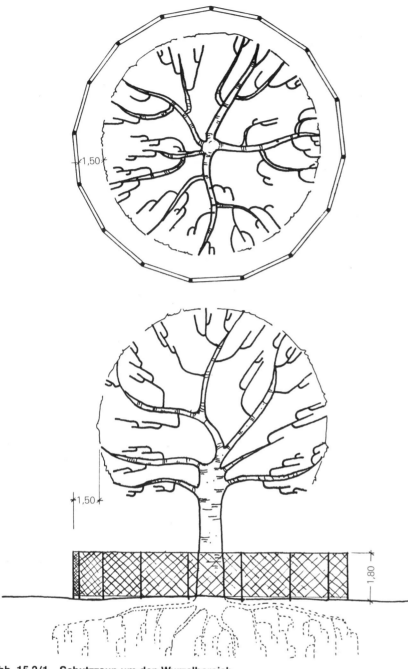

Abb. 15.2/1   Schutzzaun um den Wurzelbereich

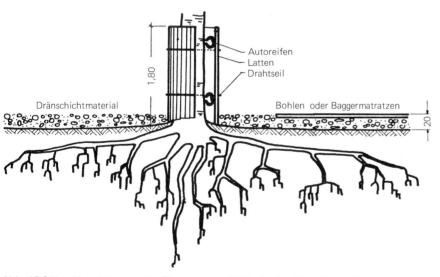

Abb. 15.3/1   Abpolsterung des Stammes und Schutz des Wurzelbereichs

getragen und der Wurzelbereich vorsichtig in Handarbeit gelockert.

Abträge schädigen eine Pflanze derart stark, daß grundsätzlich darauf verzichtet werden muß (Abb. 15.4/1).

Aufträge sollten möglichst auch vermieden werden. Besonders flachwurzelnde Gehölze wie Birken oder Buchen reagieren schon auf geringste Überfüllungen durch Absterben. Ursache ist der Luftabschluß oder die Minderung des Luftaustausches. Andere Gehölze sind weniger empfindlich. Das sind die Gehölze, die in der Baumschule aus Steckholz vermehrt werden, die also aus dem Stamm heraus neue Wurzeln bilden können. Ein gutes Beispiel für solche Gehölze sind Pappeln und Weiden. Kann aus nicht vermeidbaren Gründen auf die Überfüllung nicht verzichtet werden, muß dafür gesorgt werden, daß der Luftaustausch bis in den ursprünglichen Wurzelhorizont dauerhaft gewährleistet wird. Das geschieht dadurch, daß mit einem luftdurchlässigen Substrat aufgefüllt wird, nachdem vorher zur Vermeidung von Fäulnisbildung alle organische Substanz von der Oberfläche entfernt wurde. Bei empfindlichen Gehölzen sollte eine Dränkies verwendet werden, bei ausschlagfähigen Gehölzen ein durchlässiger Oberboden, wie man ihn auch für belastbare Rasenflächen verwendet (Abb. 15.4/2).

15.5   Aufgrabungen und Fundamente

Wenn irgend möglich, sollten Aufgrabungen im Wurzelbereich vermieden werden. Häufig lassen sich Leitungen durch Unterfahrungen und das Einziehen von Leerrohren verlegen. Wenn Aufgrabungen aber unvermeidlich sind, sollte ein Mindestabstand vom Stamm von 2,5 m (bei Tiefwurzlern im äußersten Fall 1,50 m, bei Flachwurzlern 2,00 m) eingehalten werden. Weiter muß unter größtmöglicher Schonung der Wurzeln von Hand gearbeitet werden, denn die Grabgefäße von Baggern reißen Wurzeln auch außerhalb des eigentlichen Grabens los oder schlitzen sie auf. Infekte sind dann meistens die Folge. Wenn man auf Wurzeln trifft, sollen diese nicht abgestochen, sondern abgeschnitten, mit einem Messer glattgeschnitten und mit einem Wundverschlußmittel bestrichen werden. Austrocknungen und Frosteinwirkungen müssen verhindert werden. Zur Vermeidung nochmaliger Aufgrabungen sollte in den offenen Graben vorsorglich gleich eine Verrohrung in Form von Leerrohren aus Beton oder Kunststoff eingelegt werden (Abb. 15.5/1).

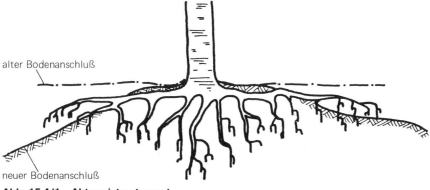

Abb. 15.4/1   Abtrag ist untersagt

alter Bodenanschluß

neuer Bodenanschluß

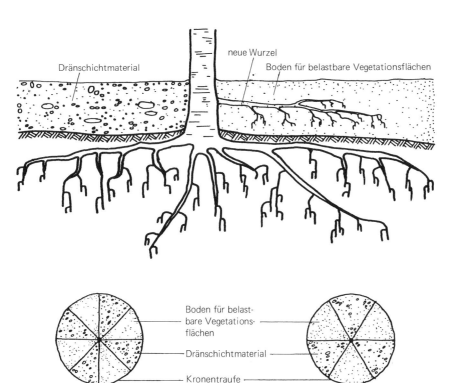

Dränschichtmaterial

neue Wurzel

Boden für belastbare Vegetationsflächen

Boden für belast-
bare Vegetations-
flächen

Dränschichtmaterial

Kronentraufe

Abb. 15.4/2   Überfüllung mit luftdurchlässigem Material

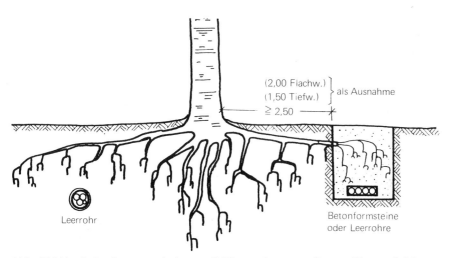

(2,00 Flachw.)
(1,50 Tiefw.) } als Ausnahme
≥ 2,50

Leerrohr

Betonformsteine
oder Leerrohre

Abb. 15.5/1   Aufgrabungen mindestens 2,50 m entfernt vom Stamm. Vorsorglich Leerrohre einziehen

Sollen Bäume in Hausnähe stehen bleiben, werden sie während der Bauarbeiten oft durch den Aushub der Baugrube beeinträchtigt. Als vorbeugender Schutz sollte schon eine Vegetationsperiode vor Aushub ein sog. »Wurzelvorhang« außerhalb des zukünftigen Randes der Baugrube angelegt werden (Abb. 15.5/2). In den ausgehobenen Graben wird ein luftdurchlässiges Substrat, das die Wurzelbildung anregt, eingebracht. Auf keinen Fall darf verrottbare organische Substanz in tiefere Zonen gelangen, weil es sonst zu Fäulnisprozessen im Boden kommt. Der Wurzelvorhang, der sich im Laufe des Jahres gebildet hat, wird nach der Aufgrabung mit Sackleinwand und einer standfesten Abstützung geschützt und ständig feucht gehalten.

Sind Mauern oder sonstige technische Bauwerke im Wurzelbereich unvermeidbar, sollten sie, wie Abbildung 15.5/3 zeigt, nur Punktfundamente erhalten, deren Abstand mit Stahlbetonbalken überbrückt werden kann. Diese sollen nicht in das ursprüngliche Erdreich hineinragen.

15.6   Wegebeläge im Wurzelbereich

Wege gehören eigentlich nicht in den Wurzelbereich von Bäumen, weil sie das Leben der Pflanzen beeinträchtigen. Trotzdem sind Interessenkonflikte unvermeidbar, denn schon aus gestalterischen Gründen werden häufig Plätze, Fußgängerzonen oder breite Wege durch Bäume gegliedert. Das ist dann erträglich, wenn offene Beläge verwendet werden, die luft- und wasserdurchlässig sind. Als Faustregel kann gelten, daß versiegelte Beläge nicht mehr als 30 %, offene Beläge, wie z. B. wassergebundenen Decken oder Pflaster mit möglichst vielen offenen Fugen nicht mehr als 50 % den Wurzelbereich des ausgewachsenen Baumes abdecken sollen.

15.7   Maßnahmen bei Grundwasserabsenkungen

Dauermaßnahmen gegen Grundwasserabsenkungen gibt es nicht. Wipfeldürre kennzeichnet die durch Grundwasserabsenkungen geschädigten Bäume. Sind die Absenkungen aus bautechnischen Gründen nur kurzfristig, also z. B. nur drei Wochen lang erforderlich, dann sind gründliche Wässerungen in kurzen Abständen, Düngungen zur Erhöhung der Widerstandskraft und auch das Ausbringen von Verdunstungsschutzmitteln hilfreich. Um das Wasser auch wirklich in die Wurzelzonen einzubringen, empfiehlt sich das Einlassen von Dränrohren in den Wurzelhorizont, durch die dann durchdringend und tiefreichend gewässert werden kann (Abb. 15.7/1).

15.8 Hinweise auf Vorschriften

Vorschriften über den Schutz von Vegetation sind zu finden in DIN 18920 Vegetationstechnik im Landschaftsbau – Schutz von Bäumen, Pflanzenbeständen und Vegetationsflächen bei Baumaßnahmen sowie in den Richtlinien für die Anlage von Straßen (RAS), Teil: Landschaftsgestaltung (RAS-LG), Abschnitt 4: Schutz von Bäumen und Sträuchern im Bereich von Baustellen (RAS-LG 4), Ausgabe 1986, Forschungsgesellschaft für Straßen- und Verkehrswesen.

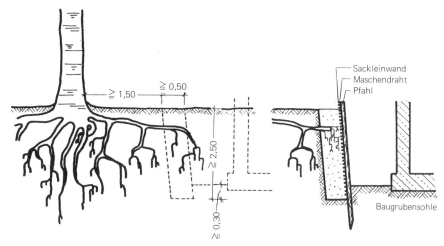

Abb. 15.5/2 Wurzelvorhang zur Baumgrube

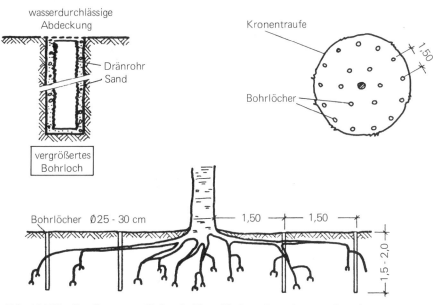

Abb. 15.7/1 Bewässerungslöcher bei kurzfristigen Grundwasserabsenkungen

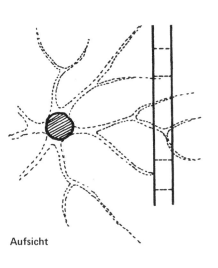

Aufsicht

Abb. 15.5/3 Mauerfundierung in der Nähe von Bäumen (li., u.)

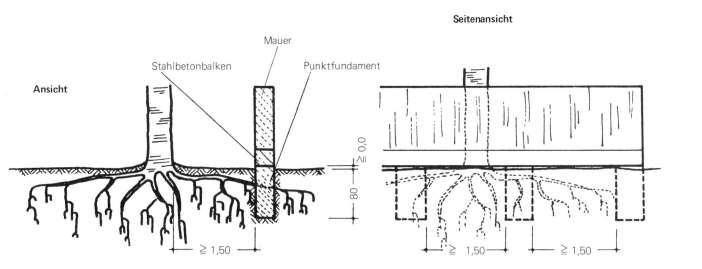

Anhang

Verfahren	Typ	Bohr-durch-messer d (mm)	geeignete Bodenart	erreichbare Güteklasse der Bodenproben
1. durchgehende Gewinnung von gekernten Bodenproben	A	65 ./. 150	Ton, Schluff, bindige Sande, ggf. Blöcke	(1), 2–4
	B		alle Böden ≤ d/5	(1) – 3 (bdB) (3), 4 (nbB)
	C		Ton, Schluff, Feinsand	(1), 2 (bdB) (3), 4 (nbB)
2. durchgehende Gewinnung von nicht gekernten Bodenproben	A	80 ./. 2000	über GW alle Böden unter GW alle bindigen Böden	(3), 4
	D	150 ./. 400	über GW Ton, Schluff, unter GW Ton	(3), 4
	E	400 ./. 2500	nichtbindige Böden ≤ d/2	3 (über GW) (4), 5 (unter GW)
3. Gewinnung unvollständiger Bodenproben	A	60 ./. 1000	alle Böden außer Blöcken	(4), 5
	D	75 ./. 500	unter GW Sand, Kies Ton, Schluff	(4), 5 5
	C	30 ./. 80	Schluff, Sand	5
4. Anwendung von Kleingeräten, Gewinnung geringer Probenmengen	A	30 ./. 80	über GW Ton bis Mittelkies unter GW bindige Böden	(3), 4 4
	B	20 ./. 50	Böden ≤ d/5	(2) – 4 (bdB) (3) – 5 (nbB)
	C	20 ./. 40	Ton, Schluff, Feinsand	(2) – 4

Abb. A 2.4.3.2/1 Anwendungsbereich und erreichbare Güteklassen verschiedener Bohrverfahren

Erläuterungen:
Typ A: drehend
Typ B: rammend (besondere Schlagvorrichtung erforderlich)
Typ C: drückend
Typ D: schlagend (nur Eigengewicht des Bohrwerkzeugs erforderlich)
Typ E: greifend
bdB: bindige Böden
nbB: nichtbindige Böden
GW: Grundwasserspiegel, freier Wasserspiegel

Benennung		Kurzzeichen		Zeichen		Flächen-farbe
Bodenart	Beimengung	Bodenart	Beimengung	Bodenart	Beimengung	
Kies	kiesig	G	g			hellgelb
Grobkies	grobkiesig	gG	gg			hellgelb
Mittelkies	mittelkiesig	mG	mg			hellgelb
Feinkies	feinkiesig	fG	fg			hellgelb
Sand	sandig	S	s			orangegelb
Grobsand	grobsandig	gS	gs			orangegelb
Mittelsand	mittelsandig	mS	ms			orangegelb
Feinsand	feinsandig	fS	fs			orangegelb
Schluff	schluffig	U	u			oliv
Ton	tonig	T	t			violett
Torf, Humus	torfig, humos	H	h			dunkelbraun
Mudde (Faulschlamm)		F	—			hellila
	organische Beimengung	—	o			—
Auffüllung		A		A		—
Steine	steinig	X	x			hellgelb
Blöcke	mit Blöcken	Y	y			hellgelb
Fels, allgemein		Z				dunkelgrün
Fels, verwittert		Zv				dunkelgrün

Abb. A 2.4.3.3/1a Benennung, Kurzzeichen, Darstellung von Böden nach DIN 4022/4023

Benennung	Kurzzeichen	Zeichen	Flächenfarbe
Mutterboden	Mu	Mu	hellbraun
Verwitterungslehm, Gehängelehm	L		grau
Geschiebelehm	Lg		grau
Geschiebemergel	Mg		blau
Löß	Lö		helloliv
Lößlehm	Löl		oliv
Klei, Schlick	Kl		lila
Wiesenkalk, Seekalk, Seekreide, Kalkmudde	Wk		hellblau
Bänderton	Bt		violett
Vulkanische Aschen	V		dunkelgrau
Braunkohle	Bk		schwarzbraun

Abb. A 2.4.3.3/1b Benennung, Kurzzeichen und Darstellung einiger geologisch typischer Böden

Benennung	Kurzzeichen	Zeichen	Flächenfarbe
Fels, allgemein	Z		dunkelgrün
Konglomerat, Brekzie	Gst		hellgelb
Sandstein	Sst		orangegelb
Schluffstein	Ust		kreß (orange)
Tonstein	Tst		violett
Mergelstein	Mst		blau
Kalkstein	Kst		dunkelblau
Dolomitstein	Dst		dunkelblau
Kreidestein	Krst		hellblau
Kalktuff	Kpst		hellblau
Anhydrit	Ahst		hellgrün
Gips	Gyst		hellgrün
Salzgestein	Lst		hellgrün
Verfestigte vulkanische Aschen (Tuffstein)	Vst		grau
Steinkohle	Stk		schwarzbraun
Quarzit	Q		rosa
Massige Erstarrungsgesteine und Metamorphite (Granit, Gabbro, Gneis)	Ma		karmin
Blättrige, feinschichtige Metamorphite (Glimmerschiefer, Phyllit)	B		violett

Abb. A 2.4.3.3/1c Benennung, Kurzzeichen und Darstellung von Felsarten nach DIN 4022/4023

Über der Säule	Links der Säule	Rechts der Säule
Sch = Schurf	P 2 ■ + 352,1 = Sonderprobe aus 19,0 m Tiefe = + 352,1 m NN	⌣ = naß Vernässungszone oberhalb des Grundwassers
B = Bohrung	K 1 ⊠ + 114,8 = Bohrkern aus 5,2 m Tiefe = + 114,8 m NN für Untersuchungen ausgewählt	≷ = breiig
BK = Bohrung mit durch- gehender Gewinnung gekernter Proben	▽ 8,9 (1.4.68) = Grundwasser am 1. 4. 1968 in 8,9 m unter Gelände angebohrt	≶ = weich
		┊ = steil
BP = Bohrung mit durch- gehender Gewinnung nichtgekernter Proben	▼ 8,9 (1.4.68) 3^h = Grundwasserstand nach Beendigung der Bohrung oder bei Änderung des Wasser- spiegels nach seinem Antreffen jeweils mit Angaben der Zeitdifferenz in Stunden (3^h) nach Einstellen oder Ruhen der Bohrarbeiten	┃ = halbfest
BuP = Bohrung mit Gewinnung unvollständiger Proben	▼ + 118,0 10.5.68 = Ruhewasserstand in einem ausgebauten Bohrloch	‖ = fest
BS = Sondierbohrung	▼ + 365,7 ↑(12.6.68) 10^h △ + 355,7 = Grundwasser in 15,8 m unter Gelände = + 355,7 m NN angebohrt, Anstieg des Wassers bis 5,8 m unter Gelände = + 365,7 m nach 10 Stunden	⟋⟍ = klüftig
3 = Nr der Bohrung, des Schurfs usw.		
	▽ + 11,7 (12.6.68) Y↓ = Wasser versickert in + 11,7 m NN	
	45°/25° = Streichen (hier SW-NE) und Fallen (hier 25° nach SE) von Trennflächen	
	‖ ┃ = gekernte Strecke	

Abb. A 2.4.3.3/2 Darstellung von Böden nach DIN 4023, sonstige Zeichen

PROBENAHME - PROTOKOLL

ERDBAULABOR
Fachhochschule Osnabrück
Fachbereich Landespflege
PROF. DR.-ING. BEIER

ANLAGE _____

Probenahme ausgeführt von _____

Bericht vom _____

1	Allgemeine Angaben		
1.1	Auftraggeber der Probenahme		_____
1.2	Kostenträger der Probenahme		_____
1.3	Zweck der Probenahme	a)	Eignungsprüfung Kontrollprüfung Schiedsprüfung Eigenüberwachungsprüfung

2	Angaben zum Prüfgut		
2.1	zugehörige Baumaßnahme		_____
2.2	Auftraggeber für 2.1		_____
2.3	Auftragnehmer für 2.1		_____
2.4	Lieferant/Hersteller	b)	_____
2.5	Verwendungszweck		_____

3	Angaben zur Probenahme		
3.1	Bezeichnung der Probe		_____
3.2	Lage der Entnahmestelle (ggf. Skizze beifügen)		_____
3.3	Tiefe der Entnahmestelle		_____
3.4	Bodenart/Gesteinsart		_____
3.5	Verfahren der Probenahme		_____
3.6	Art der Probe	a)	Einzelprobe/Sammelprobe/Mischprobe
3.7	Probenmenge		_____
3.8	Zeitpunkt der Probenahme		Datum _____ Uhrzeit _____
3.9	Witterung vor dem Entnahmetag		_____
3.10	Witterung während der Probenahme		_____
3.11	Verpackung der Probe		_____
3.12	besondere Bemerkungen		_____
3.13	Gesamtzahl der Proben		_____

4	Probenteilung	
4.1	Bezeichnung der Teilproben _____ _____ _____	Teilproben erhielten _____ _____ _____
4.2	Bezeichnung der Rückstellprobe	_____
4.3	Aufbewahrungsort der Rückstellprobe	_____

5	Vorgesehene Laboruntersuchungen	_____

Die ordnungsgemäße Probenahme und die Richtigkeit der Angaben
bestätigen:
für die Probenahme _____
für die Vertragspartner _____

Ort: _____ ,den _____

a)   nichtzutreffendes streichen
b)   sofern Auftragnehmer/Lieferant/Hersteller nicht identisch sind

Abb. A 2.4.4.1/1 Muster für Probenahme-Protokoll

Einwaage = Gesamt-trockenmasse	$m_t =$ 1 492,8 g		
Maschenweite = Korndurch-messer [mm]	Masse der Rückstände m_d [g]	Sieb-rückstände [%]	Summe der Siebdurch-gänge a_d [%]
31,5	0	0	100,2
16	116,8	7,8	92,4
8	406,7	27,2	65,2
4	451,2	30,6	34,6
2,0	110,5	7,4	27,2
1,0	72,9	4,9	22,3
0,5	64,7	4,3	18,0
0,25	232,4	15,6	2,4
0,063	27,1	1,8	0,6
Schale	8,4	0,6	
Summe (Σm_d)	1 490,7	100,2*	–
Verlust ($m_t - \Sigma m_d$)	2,1	0,1	–

* Abweichung zu 100 % = Aufrundungsungenauigkeit

Abb. A 2.4.5.1/1a Darstellung der Untersuchungsergebnisse einer Trockensiebung in Listenform

Abb. A 2.4.5.1/1b Ermittlung der Bodenart, der Ungleichförmigkeitszahl U und der Krümmungszahl C_c aus der Körnungskurve

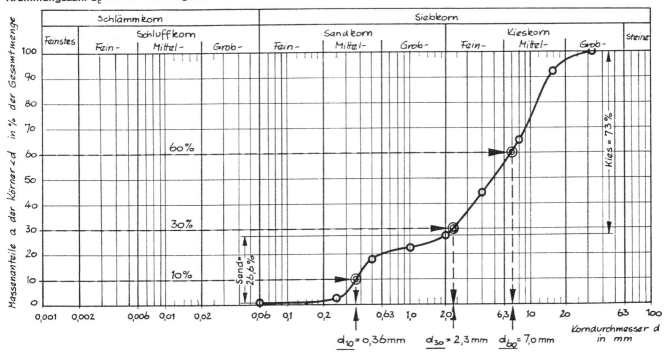

Bodenart: sandiger Kies (vereinfacht)   (G,s)   Arbeitsweise: Trockensiebung

$U = d_{60}/d_{10}$:   7,0/0,36 = 19   „sehr ungleichförmig"   Kornform: rund

$$C_c = \frac{d_{30}^2}{d_{60} \cdot d_{10}} = \frac{2,3^2}{7,0 \cdot 0,36} = 2,1 \longrightarrow \text{gleichmäßiger Kurvenaufbau (weit gestuft)}$$

Kornrohdichte ϱ_s = _2,65_ g/cm³

Trockenmasse m_t = _37,2_ g ⎫

Probengewicht m_u = _⟋_ g ⎬ ermittelt durch:

unter Wasser ⎭ _Eindampfen_

Dispergierungsmittel _Natriumpyrophosphat 0,5g/1000 cm³_

Aräometer Nr. _3_ C_m = _0,5_ [−]

$$a_d = \frac{100}{m_t}\cdot\frac{\gamma_s}{\gamma_s-1}(R+C_\vartheta) = \frac{100}{m_u}(R+C_\vartheta) = \underline{4,32}\,(R+C\;) \quad [\%]$$

$$a_{dges} = \frac{m_{0,125}}{m_{tA}}\cdot a_d = \underline{\angle}\cdot a_d$$

Datum	Uhrzeit	Zeit vom Versuchsbeginn bis zur Ablesung t			R'	R = R'+C_m	d	ϑ	C_ϑ	R+C_ϑ	a_d	a_{dges}
		h	min	s	−	−	mm	°C	−	−	%	%
22.8.73	8³⁰			30	22,3	22,8	0,062	20	−	22,8	98,4	⟋
			1		17,7	18,2	0,046	20	−	18,2	78,6	⟋
			2		13,2	13,7	0,033	20	−	13,7	59,1	⟋
			5		10,8	11,3	0,022	20	−	11,3	48,7	⟋
			15		9,5	10,0	0,013	20	−	10,0	43,2	⟋
			45		8,3	8,8	0,0076	20,1	−	8,8	38,0	⟋
		2			7,8	8,3	0,0046	20,1	−	8,3	35,8	⟋
		6			7,0	7,5	0,0028	20,3	+0,1	7,6	33,7	⟋
23.8.73	8⁵⁰	24			6,6	6,1	0,0014	19,5	−0,1	6,0	25,9	⟋

Abb. A 2.4.5.1/2a Versuchsprotokoll einer Schlämmanalyse

Abb. A 2.4.5.1/2b Aus der Schlämmanalyse aufgestellte Körnungskurve

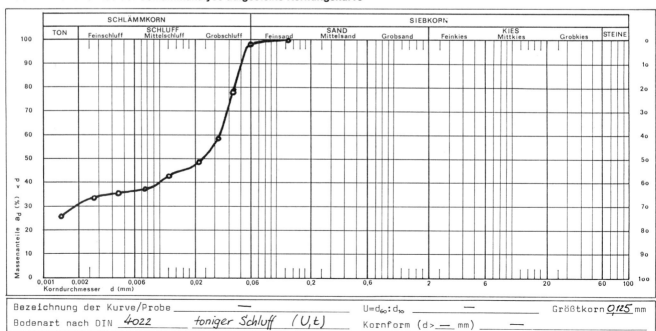

Bezeichnung der Kurve/Probe _−_   U=d_{60}:d_{10} _−_   Größtkorn _0,125_ mm

Bodenart nach DIN _4022_ _toniger Schluff (U,t)_   Kornform (d> _−_ mm) _−_

Bezeichnung der Probe			A1	A2	B1	B2	C1	C2
Bodenart			Mittelsand		toniger Lehm		Kies	
feuchte Probe + Kessel	$m_f + m_k$	g	3506	3581	3655	3622	3718	3767
Kessel	m_k	g	1886	1886	1886	1886	1886	1886
feuchte Probe $(m_f + m_k) - m_k$	m_f	g	1620	1695	1769	1736	1832	1881
Manometerlesung	p	mWs	8,95 i.M. 8,90 8,90 8,87	9,35 i.M. 9,30 9,31 9,28	13,72 i.M. 13,80 13,74 13,70	14,25 i.M. 14,20 14,21 14,20	9,86 i.M. 9,82 9,81 9,75	10,05 i.M. 10,10 10,10 10,15
rechnerischer Wassergehalt nach Nomogramm	w'	%	6,5	6,4	24,0	28,5	3,2	3,4
Kornrohdichte	ρ_s	g/cm³	2,65	2,65	2,69	2,69	2,63	2,63
Differenz der Kornrohdichten ς_S−2,65	$\Delta\rho$	g/cm³	0	0	+ 0,04	+ 0,04	−0,02	−0,02
Verbesserung des Wassergehaltes $\Delta\rho \cdot 0,25 \cdot 100$	Δw	%	0	0	+ 1,0	+ 1,0	−0,5	−0,5
tatsächlicher Wassergehalt W+ΔW	W	%	6,5	6,4	25,0	29,5	2,7	2,9
mittlerer Wassergehalt	w_m	%	6,45		25,0/29,5		2,8	

Abb. A 2.4.5.2/1a Versuchsprotokoll für die Wassergehaltsbestimmung mit dem Luftpyknometer (s.a. A 2.4.5.2/1b)

Abb. A 2.4.5.2/1b Nomographische Ermittlung des Wassergehaltes der Proben A, B und C aus A 2.4.5.2/1a

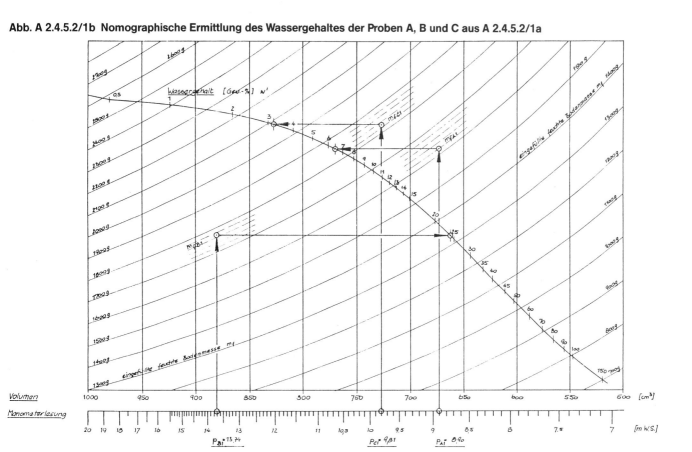

			Fließgrenze				Ausrollgrenze		
Behälter Nr.:			1	2	3	4	A 1	A 2	A 3
Zahl der Schläge			15 15 14	18 19 19	28 27 28	38 36 35	—	—	—
Feuchte Probe + Behälter	m_1	g	90,68	95,84	75,92	95,21	80,98	78,88	83,76
Trock. Probe + Behälter	m_2	g	72,44	75,45	61,01	77,02	79,36	76,86	80,59
Behälter	m_B	g	24,44	21,02	20,26	26,52	71,26	66,86	64,84
Wasser (m_1-m_2)	m_w	g	18,24	20,39	14,91	18,19	1,62	2,02	3,17
Trockene Probe (m_2-m_B)	m_t	g	48,00	54,43	40,75	50,50	8,10	10,00	15,75
Wassergehalt $(m_w : m_t) \cdot 100$	w	%	38,00	37,46	36,59	36,02	20,00	20,20	20,13

Ermittlung der Fließgrenze:

Ermittlung der Bodenart (nach Casagrande)

natürlicher Wassergehalt $w_n = $ **21,50** %

Fließgrenze $w_l = $ **36,85** %

Ausrollgrenze $w_p = $ **20,11** %

Schrumpfgrenze $w_s = $ **—** %

Plastischer Bereich $w_l - w_p$:

Plastizitätszahl: $J_p = w_l - w_p = \dfrac{36,85 - 20,11}{} = $ **16,74** %

Konsistenzzahl: $J_c = \dfrac{w_l - w_n}{J_p} = \dfrac{36,85 - 21,5}{16,74} = $ **0,92**

Konsistenz

Bemerkungen:

Bodenart: wenig plast. od. Ton
Konsistenz: steif (oberer Bereich)
Bodengruppe B (DIN 18915, Bl. 1)
Bei vorliegendem nat. Wassergehalt noch bearbeitbar (DIN 18915, Bl. 1, 4.2.2)

Abb. A 2.4.5.3/1 Ermittlung der Fließgrenze, Ausrollgrenze, Plastizitätszahl, Konsistenz-zahl und Bodenart

Abb. A 2.4.5.5/1 Ermittlung der Dichte mit dem Ausstechzylinder-Verfahren

					bind. Sand
Bodenart					bind. Sand
Bezeichnung der Probe					1
Masse d. Probe	feuchte Probe und Behälter		m_1	g	2142
	Behälter		m_2	g	579
	feuchte Probe	(m_1-m_2)	m	g	1563
Vol. d. Pr.	AUSSTECHZYLINDER				
	Volumen des Zylinders		V	cm³	865
Dichte		$(m:V)$	ρ	g/cm³	1,81
Wassergehalt ermittelt durch Trocknen			w	–	0,058
TROCKENDICHTE		$\rho:(1+w)$	ρ_d	g/cm³	1,71

Bodenart				kiesiger Sand
Bezeichnung der Probe				2
Masse d. Probe	feuchte Probe und Behälter	m_1	g	8143
	Behälter	m_2	g	715
	feuchte Probe (m_1-m_2)	m	g	7428
Volumen der Probe	SANDERSATZ			
	Gerät mit Sand vor dem Versuch	m_1	g	18712
	Gerät mit Sand nach dem Versuch	m_2	g	9319
	Masse des Sands im unteren Gerät und der Ringplatte	m_3	g	4675
	verbrauchter Sand $(m_1-m_2-m_3)$	Δm	g	4718
	Eichdichte des Sands	ρ_E	g/cm³	1,45
	Volumen der Probe $(\Delta m : V)$	V	cm³	3254
Dichte $(m:V)$		ρ	g/cm³	2,28
Wassergehalt ermittelt durch Luftpyknometer		w	–	0,084
TROCKENDICHTE $\rho:(1+w)$		ρ_d	g/cm³	2,10

Abb. A 2.4.5.5/2 Ermittlung der Dichte mit dem Sandersatz-Verfahren

Abb. A 2.4.5.5/3 Ermittlung der Dichte mit dem Ballon-Verfahren (Densitometer)

Bodenart				bind. Kies
Bezeichnung der Probe				3
Masse d. Probe	feuchte Probe und Behälter	m_1	g	11570
	Behälter	m_2	g	930
	feuchte Probe (m_1-m_2)	m	g	10640
Volumen der Probe	DENSITOMETER			
	Lesung 1	h_1	cm	15,72
	Lesung 2	h_2	cm	33,47
	Differenz (h_1-h_2)	Δh	cm	17,75
	Stempelfläche	F	cm²	289,4
	Volumen der Probe $(\Delta h \times F)$	V	cm³	5137
Dichte $(m:V)$		ρ	g/cm³	2,07
Wassergehalt ermittelt durch Trocknen		w	–	0,116
TROCKENDICHTE $\rho:(1+w)$		ρ_d	g/cm³	1,86

Bodenart					Kies
Bezeichnung der Probe					4
Masse d. Probe	feuchte Probe und Behälter		m_1	g	8035
	Behälter		m_2	g	860
	feuchte Probe	(m_1-m_2)	m	g	7175
Volumen der Probe	GIPSERSATZ				
	Volumen des Gipsabdrucks		V_G	cm³	4050
	Volumen der Ringplatte		V_R	cm³	157
	Volumen der Probe	(V_G-V_R)	V	cm³	3893
Dichte		(m:V)	ρ	g/cm³	1,84
Wassergehalt ermittelt durch Trocknen			w	–	0,049
TROCKENDICHTE		ρ:(1+w)	ρ_d	g/cm³	1,75

Abb. A 2.4.5.5/4 Ermittlung der Dichte mit dem Gipsersatz-Verfahren

Abb. A 2.4.5.10/1 Geforderte Verdichtungsgrade (s. auch S. 399)

Vorschrift / Baubereich	Bodenart	Verdichtungsgrad D_{Pr}
ZTVE-StB 76		
0 bis 0,2 m unter OK Planum	GW-GI[4]	1,03[1]
		1,00[2]
0,2 bis 0,5 m unter OK Planum	GE-SE-SW-SI[4]	1,00
0,2 bis 0,5 m unter OK Planum	GE-GW-GI-SE-SW-SI[4]	1,00
0 bis 0,5 m unter OK Planum	GU-GT-SU-ST-OH-OK[4]	1,00
	GŪ-GT̄-SŪ-ST̄-U-T-OU-OT[4]	0,97[3]
0,5 m unter OK Planum bis Dammsohle	GW-GI[4]	0,97
	GE-SE-SW-SI[4]	0,95
	GU-GT-SU-ST-OH-OK[4]	0,97
	GŪ-GT̄-SŪ-ST̄-U-T-OU-OT[4]	0,95[3]
Hinterfüllung und Überschüttung von Bauwerken unterhalb des Planums	SW-SI-SE-GW-GI-GE-GU-GT-SU-ST[4] sowie gebr. Gestein 0/100 mm, d ≤ 0,063 mm ≤ 15%	1,00
Verfüllen von Leitungsgräben (Leitungszone):	max d = 20 mm	
0 bis 0,5 m unter Planum		entsprechend den Angaben zum Erdplanum
ab 0,5 m unter Planum und außerhalb des Straßenkörpers		0,97
Frostschutzschicht:		
0 bis 0,2 m unter OK Frostschutzschicht	GW-GI;	1,03[1]
	Brechsand-Splitt-Gem. 0/5 bis 0/32 mm;	1,00[2]
	Brechs.-Splitt-Schotter-gem. 0/32 bis 0/56 mm	
	GE-SE-SW-SI[4]	1,00
ab 0,2 m unter OK Frostschutzschicht	Bodenarten wie vor	1,00

ZTVV-StB 81		
zur Verfestigung vorgesehene Schicht:		
Frostschutzschicht bzw. frostsicherer	–	1,00
Untergrund oder Unterbau	–	entsprechend den Angaben
bei anderen Fällen		der ZTVE-StB 76 / Erdplanum
verfestigte Schicht:		
Boden-Zement- bzw. Boden-Kalk-Gemische	–	0,98
Gemisch aus Boden und bitum. Bindemittel	–	$0,96^{5}$
ZTVT-StB 86		
Kies-, Schottertragschicht	–	1,03
hydraulisch gebundene Kies-, Schottertragschicht	–	0,98
DIN 18035, Blatt 4 – Okt. 74		
Untergrund oder Unterbau:		
0 bis 0,3 m unter Planum	nichtbindige Böden	0,95
ab 0,3 m unter Planum	nichtbindige Böden	0,57
0 bis 0,3 m unter Planum	bindige Böden	$0,92^{3}$
ab 0,3 m unter Planum	bindige Böden	0,55
DIN 18035, Blatt 5 – Januar 1987		
Baugrund (Untergrund oder Unterbau):		
0 bis 0,3 m unter Planum	grob-, gemischtkörnige Böden	$\geq 0,95$
	feinkörnige (bindige) Böden	$\geq 0,92^{3}$
DIN 18035, Blatt 6 – April 1978		
Untergrund oder Unterbau:		
0 bis 0,5 m unter Planum	nichtbindige Böden	1,00
	bindige Böden	$0,97^{3}$

[1] für Straßenoberbau der Bauklassen I bis V
[2] für Wegeoberbau
[3] Luftporenanteil $n_a \leq 0{,}12$ bei $G\bar{U}$-$G\bar{T}$-$S\bar{U}$-U-T-OU-OT-$S\bar{T}$
[4] Bodenbezeichnung nach DIN 18196
[5] bezogen auf die Marshall-Dichte

Abb. A 2.4.5.10/1 Geforderte Verdichtungsgrade
(Fortsetzung)

Vorschrift		Bodenart	Verformungs-modul E_{V2} MN/m^2
ZTVE-StB 76			
Untergrund/Unterbau,	Bauklasse I–IV	frostsicher	≥ 120
	Bauklasse V	frostsicher	≥ 100
	Bauklasse I–V	frostempfindlich	≥ 80
ungebundene Tragschicht auf Untergrund mit $E_{V2} \geq 45$ MN/m^2 bei Tragschicht mit	d = 20–30 cm	GE, SE, SW, SI ①	≥ 50
		GW, GI ②	≥ 80
		Brechsand-Splitt-Schotter 0/5 . . . 0/32 Brechsand-Splitt-Schotter 0/32 . . . 10/56 ③	≥ 100
bei Tragschicht mit	d = 30–40 cm	①	≥ 60
		②	≥ 100
		③	≥ 120
bei Tragschicht mit	d = 40–50 cm	①	≥ 70
		②	≥ 120
		③	≥ 140
ZTVT-StB 86			
Tragschicht	d > 20 cm	Kies	≥ 150
(bei $E_{V2} \geq 120$ MN/m^2	d > 25 cm	Kies	≥ 180
auf Frostschutzschicht)*	d > 15 cm	Schotter	≥ 150
	d > 20 cm	Schotter	≥ 180
DIN 18035, Blatt 4, Okt. 74			
Baugrund: 0–0,3 m unter Planum		nichtbind. Böden	≥ 30 $\}$ $E_{V2} : E_{V1} \leq 2{,}2$**
		bindige Böden	≥ 20
DIN 18035, Blatt 5, Januar 87			
Baugrund		grob-, gemischtkörnige $E_{V2} : E_{V1} \leq 3{,}0$**	≥ 45
		feinkörnige (bindige) Böden $E_{V2} : E_{V1} \leq 2{,}2$**	≥ 20
DIN 18035, Blatt 6, April 78			
Erdplanum: bis 0,5 m unter Planum ungebundene Tragschicht dgl. bei erhöhten Beanspruchungen		nichtbind. Böden bindige Böden	≥ 45 ≥ 30 ≥ 80 ≥ 120 $\}$ $E_{V2} : E_{V1} \leq 2{,}2$**

* bei $E_{V2} \geq 100$ MN/m^2 auf Frostschutzschicht können die E_{V2}-Werte der Tragschicht um 30 MN/m^2 niedriger sein.
** oder $E_{V1} \geq 0{,}6 \cdot$ min E_{V2}

Abb. A 2.4.5.12/1 Mindestanforderungen für den Verformungsmodul E_{V2}

Hauptgruppen	Definition und Bezeichnung				Erkennungsmerkmale	Beispiele
	Korngrößenanteile in Gew.-%		Gruppen	Kurzzeichen Gruppensymbol		
	≦ 0,06 mm	> 2 mm				
Grobkörnige Böden	≦ 5	> 40 (Kies)	enggestufte Kiese	GE	steile Körnungslinie infolge Vorherrschens eines Korngrößenbereichs	Fluß- und Strandkies Terrassenschotter Moränenkies vulkanische Schlacke und Asche
			weißgestufte Kies-Sand-Gemische	GW	über mehrere Korngrößenbereiche kontinuierlich verlaufende Körnungslinie	
			intermittierend gestufte Kies-Sand-Gemische	GI	treppenartig verlaufende Körnungslinie infolge Fehlens eines oder mehrerer Korngrößenbereiche	
		≦ 40 (Sand)	enggestufte Sande	SE	steile Körnungslinie infolge Vorherrschens eines Korngrößenbereichs	Dünen- und Flugsand Talsand (Berliner Sand) Beckensand Tertiärsand
			weitgestufte Sand-Kies-Gemische	SW	über mehrere Korngrößenbereiche kontinuierlich verlaufende Körnungslinie	Moränensand Terrassensand Strandsand
			intermittierend gestufte Sand-Kies-Gemische	SI	treppenartig verlaufende Körnungslinie infolge Fehlens eines oder mehrerer Korngrößenbereiche	
Gemischtkörnige Böden		> 40 (Kies-Schluff-Gemische)	5 bis 15 Gew.-% ≦ 0,06 mm	GU	weit oder intermittierend gestufte Körnungslinie Feinkornanteil ist schluffig	Verwitterungskies Hangschutt lehmiger Kies Geschiebelehm
			15 bis 40 Gew.-% ≦ 0,06 mm	GŪ		
		(Kies-Ton-Gemische)	5 bis 15 Gew.-% ≦ 0,06 mm	GT	weit oder intermittierend gestufte Körnungslinie Feinkornanteil ist tonig	
			15 bis 40 Gew.-% ≦ 0,06 mm	GT̄		
		≦ 40 (Sand-Schluff-Gemische)	5 bis 14 Gew.-% ≦ 0,06 mm	SU	weit oder intermittierend gestufte Körnungslinie Feinkornanteil ist schluffig	Flottsand
			15 bis 40 Gew.-% ≦ 0,06 mm	SŪ		Auelehm Sandlöss
		(Sand-Ton-Gemische)	5 bis 15 Gew.-% ≦ 0,06 mm	ST	weit oder intermittierend gestufte Körnungslinie Feinkornanteil ist tonig	lehmiger Sand Schleichsand
			15 bis 40 Gew.-% ≦ 0,06 mm	ST̄		Geschiebelehm Geschiebemergel

Abb. A 2.5.3.1/1a   Bodenklassifizierung nach DIN 18 196, grobkörnige Böden

Hauptgruppen	Feinkornanteile in Gew.-% ≦ 0,06 mm	Lage zur A-Linie (siehe Bild 4)	Gruppen		te$_f$ in Gew. %	Kurzzeichen Gruppensymbol	Trocken festigkeiz	Reaktion beim Schüttelversuch	Plastizität beim Knetversuch	Beispiele
Feinkörnige Böden	> 40	te$_{fa}$ ≦ 4 Gew.-% oder unterhalb der A-Linie	Schluff	leicht plastische Schluffe	≦ 35	UL	niedrige	schnelle	keine bis leichte	Löß Hochflutlehm
				mittelplastische Schluffe	35 bis 50	UM	niedrige bis mittlere	langsame	leichte bis mittlere	Seelon Beckenschluff
		te$_{fa}$ ≧ 7 Gew.-% und überhalb der A-Linie	Ton	leicht plastische Tone	≦ 35	TL	mittlere bis hohe	keine bis langsame	leichte	Geschiebemergel Bänderton
				mittelplastische Tone	35 bis 50	TM	hohe	keine	mittlere	Lößlehm Beckenton Keupermergel
				ausgeprägte plastische Tone	> 50	TA	sehr hohe	keine	ausgeprägte	Tarras Seplarienton Juraton
organogene[1] und Böden mit organischen Beimengungen	> 40	te$_{fa}$ ≧ Gew.-% und unterhalb der A-Linie	nicht brenn- oder nicht schwelbar	Schluffe mit organischen Beimengungen und organogene[1] Schluffe	35 bis 50	OU	mittlere	langsame bis sehr schnelle	mittlere	Seekreide Kieselgur Mutterboden
				Tone mit organischen Beimengungen und organogene[1] Tone	> 50	OT	hohe	keine	ausgeprägte	Schlick Klei
	≦ 40			grob- bis gemischtkörnige Böden mit Beimengungen humoser Art		OH	Beimengungen pflanzlicher Art meist dunkle Färbung, Modergeruch, Glühverlust bis etwa 20 Gew.-%			Mutterboden
				grob- bis gemischtkörnige Böden mit kalkigen, kieseligen Bildungen		OK	Beimengungen nicht pflanzlicher Art, meist helle Färbung, leichtes Gewicht, große Porosität			Kalksand Tuffsand
organische Böden			Brenn- oder schwelbar	nicht bis mäßig zersetzte Torfe		HN	an Ort und Stelle auf gewachsene (sedentäre) Humusbildungen	Zersetzungsgrad 1 bis 5 faserig, holzreich, hellbraun bis braun		Niedermoortorf Hochmoortorf Bruchwaldtorf
				zersetzte Torfe		HZ		Zersetzungsgrad 6 bis 10 schwarzbraun bis schwarz		
				Mudden (Sammelbegriff für Faulschlamm, Gyllja, Dy, Sapropel)		F	unter Wasser abgesetzte (sedimentäre) Schlamme aus Pflanzenresten, Kot und Mikroorganismen, oft von Sand, Ton und Kalk durchsetzt, blauschwarz oder grünlich bis gelbbraun, gelegentlich dunkelgraubraun bis blauschwarz, federnd, weichschwammig			Mudde Faulschlamm
Auffüllung				Auffüllung aus natürlichen Böden; jeweiliges Gruppensymbol in eckigen Klammern		[ ]				
				Auffüllung aus Fremdstoffen		A				Müll Schlacke Bauschutt Indstrieabfall

[1] unter Mitwirkung von Organismen gebildete Böden

Abb. A 2.5.3.1/1b   Bodenklassifizierung nach DIN 18 196, feinkörnige und organische Böden

Bodenklassen	Eigenschaften
1 Oberboden (Mutterboden)	Oberste Bodenschichten, die neben anorganischen Stoffen (Kies-, Sand, Schluff-, Tongemische) Humus und Bodenbakterien enthalten.
2 Fließende Bodenarten	Bodenarten mit hohem Wassergehalt von breiiger bis fließender Beschaffenheit, die Wasser beim Lösen schwer abgeben. Feinsand, Schluff, Ton, Torf, Faulschlamm.
3 Leicht lösbare Bodenarten	Nichtbindige bis schwachbindige Sande, Kiese, Sand-Kiesgemische mit Schluff- und Tonbeimengungen; $< 0{,}06$ mm bis zu 15 Gew.% und $\leq$ 30 Gew.% Steinen > 6 bis $\leq$ 25 cm Einzelgröße.
4 Mittelschwer lösbare Bodenarten	Sand-, Kies-, Schluff-, Tongemische mit > 15 Gew.% $< 0{,}06$ mm. Bindige Bodenarten von leichter bis mittlerer Plastizität und $\leq$ 30 Gew.% Steinen > 6 bis $\leq$ 25 cm Einzelgröße.
5 Schwer lösbare Bodenarten	Wie Klasse 3 und 4, jedoch > 30 Gew.% Steine > 6 bis $\leq$ 25 cm Einzelgröße. Nichtbindige bis bindige Bodenarten mit $\leq$ 30 Gew.% Steinen > 25 bis $\leq$ 50 cm Einzelgröße. Steife bis sehr feste plastische Tone.
6 Leicht lösbarer Fels und vergleichbare Bodenarten	Stark klüftige, brüchige, bröckelige, schiefrige, weiche oder verwitterte Felsarten mit einem inneren Zusammenhalt. Nichtbindige bis bindige, chemisch verfestigte Bodenarten oder solche mit > 30 Gew.% Steinen > 25 bis $\leq$ 50 cm Einzelgröße.
7 Schwer lösbarer Fels	Nur wenig klüftige oder verwitterte Felsarten mit hoher Gefügefestigkeit und innerem, mineralisch gebundenem Zusammenhalt. Unverwitterte, festgelagerte Tonschiefer, Nagelfluhschichten, ten, Hüttenschlackenhalden.

Abb. A 2.5.3.1/2   Bodenklassifizierung nach DIN 18 300

Verbesserungsstoff typische Eigenschaften		Wertungshinweise	
		Vorteile	Nachteile
kornstabile Stoffe	Sand, Kies: hohe Einzelkornfestigkeit	Vergrößerung von: Porengröße Porenvolumen Durchlässigkeit Scherfestigkeit Tragfähigkeit; niedrige Kosten	kaum Abnahme der Wichte zu erzielen; keine Erhöhung des Wasserhalte- vermögens[1]
	Splitt, Schotter: hohe Einzelkornfestigkeit	wie vor Vergrößerung der Standfestigkeit	wie vor u.U. negative Auswirkungen der schar- fen Kanten der Körner
	Bims, Lava: niedrigere Einzelkornfestigkeit hohe innere Reibung	Vergrößerung von: Porengröße Porenvolumen Durchlässigkeit Wasserhaltevermögen[1] Scherfestigkeit Tragfähigkeit Standfestigkeit; Verringerung der Wichte	relativ hohe Stoffkosten
	Blähton: mittlere Einzelkornfestigkeit	Vergrößerung von: Porengröße Porenvolumen Durchlässigkeit Tragfähigkeit; Verringerung der Wichte	relativ hohe Stoffkosten; kaum Vergrößerung von Scherfestigkeit und des Wasserhaltevermögens[1]
	für alle kornstabilen Stoffe	praktisch unbegrenzte Wirkungsdauer	
nicht kornstabile Stoffe	Schaumkunststoffe aus Harn- stoffharzen (z.B. Hygromull, Plastsoil): offenporiger Stoff; geringer Diffusionswiderstand gegen Wasserdampf; hohes Wasseraufnahmevermö- gen[1] (ca. 30 Vol.-%), Wasser fast ganz pflanzenverfügbar; sehr niedrige Wichte (ca. 0,08 bis 0,3 kN/m^3); sehr niedrige Scherfestigkeit; geringe Druckfestigkeit auch in trockenem Zustand; End-pH-Wert ca. 7,0	Vergrößerung von: Wasserhaltevermögen[1] Durchlässigkeit; Verbesserung der Porenverteilung; große Verringerung der Wichte; Erhöhung der Standfestigkeit; geringe Zunahme der Wärmedäm- mung	Kosten nur geringe Belastbarkeit (leichte Bauge- räte); Druckfestigkeit nimmt mit steigendem Wassergehalt ab, die Flockenzerstörung unter Last zu; schwammige Bodenstruktur; keine Erhöhung der Tragfähigkeit; wegen des niedrigen Anfangs-pH-Wer- tes Begrünung erst ca. 4 Wochen nach Aufschäumen vornehmen; Wirkungsdauer durch Abbau im Boden auf etwa 5 bis 10 Jahre begrenzt
	Schaumkunststoffe aus Polysterol (z.B. Styromull): geschlossenzelliger Stoff; hoher Diffusionswiderstand gegen Wasserdampf; praktisch keine Wasseraufnahme- fähigkeit[1]; sehr niedrige Wichte (ca. 0,15 bis 0,30 kN/m^3); höhere Scher- und Druckfestigkeit als bei Harnstoffharzen; Druckfestigkeit bis ca. 0,02 MN/m^2	Vergrößerung der Durchlässigkeit; weitgehende Erhaltung der Tragfähig- keit; leichte Erhöhung der Scherfestigkeit bei bindigen Böden; keine Beeinflussung des pH-Wertes; höchste Wirkungsdauer aller Kunst- stoffe (mindestens 10 Jahre)	Kosten für Belastung mit schweren Geräten nicht geeignet; kaum Verbesserung des Wasserhaltever- mögens[1]; hohe Wärmedämmung kann die Erwär- mung des Bodens negativ beeinflussen (Herabsetzung der Bodentemperatur); Kunststoffkugeln können, wegen ihres geringen Gewichts und weil sie kein Wasser aufnehmen können, leicht durch Wind und Wasser abtransportiert wer- den

[1] »Wasserhaltevermögen« ist nur auf das pflanzenverfügbare Wasser zu beziehen

Abb. A 2.6.3.2/1   Bewertung gekörnter Bodenzusatzstoffe

Kapitel 3

Tab. A 3.2.1/1: Bodengruppen nach DIN 18 915

Spalte	a	b	c	d	e	f	g
Zeile					Körnung		
	Boden-gruppe	Bezeichnung	Beispiele, Boden aus	Bearbeitbar-keit ohne Ge-fügeschädigung	$d < 0{,}02$ mm	$d > 20$ mm	Größtkorn d
					Massenanteil in %		
1	1	organischer Boden	Hoch- und Niedermoor	keine Einschränkung	–	–	–
2	2	nichtbindiger Boden	Sand	keine Ein-schränkung	≤ 10	≤ 10	5
3	3	nichtbindiger, steiniger Boden	Kies, Schotter	keine Ein-schränkung	≤ 10	> 10 bis ≤ 30	20
4	4	schwachbindi-ger Boden	anlehmigem Sand, Sandlöß, Löß	erst nach oberflächli-cher Abtrock-nung bei min-destens stei-fer Konsistenz ($I_c \geq 0{,}75$)	> 10 bis ≤ 20	≤ 10	5
5	5	schwachbindi-ger, steini-ger Boden	lehmigem Kies und Schotter	wie Boden-gruppe 4	> 10 bis ≤ 20	> 10 bis ≤ 30	20
6	6	bindiger Boden	lehmigem Sand, sandigem Lehm	erst nach Ab-trocknung bei mindestens halbfester Konsistenz ($I_c \geq 1{,}00$)	> 20 bis ≤ 40	≤ 10	5
7	7	bindiger, steiniger Boden	lehmigem Kies und Schotter	wie Boden-gruppe 6	> 20 bis ≤ 40	> 10 bis ≤ 30	20
8	8	stark bindi-ger Boden	leicht pla-stischem bis ausgeprägt plastischem Schluff und Ton, Lößlehm	wie Boden-gruppe 6	> 40	≤ 10	5
9	9	stark bindi-ger, steini-ger Boden	Bodengruppe 8 mit Kies- und Schotteran-teilen	wie Boden-gruppe 8	> 40	> 10 bis ≤ 30	20
10	10	stark steini-ger Boden	leichtem Fels	–	–	> 30	–

Tab. A 3.2.3.4/1: Anhaltswerte für die Wasserdurchlässigkeit

Schicht	k^*_{mod} in cm/s
unbelastete Vegetationstragschichten	–
belastbare Vegetationstragschichten	$\geq$ 0,001
Rasentragschicht Sportrasen	$\geq$ 0,0015
Dränschichten Filterschichten	$\geq$ 0,01

Tab. A 3.2.4.2/1: Grundwasserstand (Anhaltswerte)

Bei belastbaren Vegetationstragschichten nicht höher als 60 cm unter Geländeoberfläche
Für Sportrasenflächen nicht höher als 75 cm unter Oberkante des Erdplanums
Bei Einbau einer Dränschicht nicht höher als 50 cm unter Oberkante des Erdplanums

Tab. A 3.2.5.4/1: Gehalte an organischer Substanz (Anhaltswerte)

Belastbare Vegetationsflächen nicht mehr als 5 Gew.%
Rasentragschichten nicht mehr als 3 Gew.% in grober, faseriger Form

Tab. A 3.2.7.4/1: Aufstellung üblicher Dünger

Bezeichnung	Nährstoffgehalt, %				
	N	P_2O_5	K_2O	MgO	$CaCo_3$
Kalksalpeter	15				
Schwefelsaures Ammoniak	20				
Ammonsalpeter	25				
Kalkstickstoff	18				
Harnstoff	44				
Superphosphat		16			
Thomasphosphat		10			
Kaliumsulfat			47		
Kaliumchlorid			37		
Kohlensaurer Kalk					75
Branntkalk					65
Magnesiumsulfat				15	
Nitrophoska	10	8	18		
Nitrophoska	10	15	20		
Nitrophoska	12	12	17	2	
Nitrophoska	13	13	21		
Nitrophoska	15	15	15		
Nitrophoska	24	8	8		
Magnesium-Nitrophoska	15	9	15	4	
Nitrophos	20	20			
Nitroka	16		24		
Rasen-Floranid	20	5	8	2	
Nitrophoska permanent	15	9	15	2	

Tab. A 3.2.7.4/2: Anhaltswerte für Vorratsdüngung bei Pflanzung, Rasen und Landschaftsrasen

Nährstoff	Reinnährstoff in g/m² für	
	Pflanzungen und Rasen	Landschaftsrasen
Stickstoff N	10	0 – 5
Phosphor P_2O_5	10	0 – 5
Kali K_2O	15	0 – 7,5

Tab. A 3.3/1: Anhaltswerte für belastbare Vegetationsschichten

Gehalt an Teilen < 0,02 mm	$\leq$ 20%
Gehalt an Teilen < 0,002 mm	$\leq$ 10%
Grundwasserstand	$\geq$ 60 cm unter Geländeoberfläche
organische Substanz	$\leq$ 5 Gew. %
Bodenreaktion	pH 5,5–6,5 günstig
Wasserdurchlässigkeit	k* mod > 0,001 cm/s

Kapitel 4

Tab. A 4.8.2.2/1 Mindestzementgehalt von Beton B 1 ohne Eignungsprüfung (Rezeptbeton); Zuschlaggemische 0/32 mm; Zementgüte Z 35

Festig-keit-klasse	Sieblinien des Zuschlag-gemisches im Bereich	Mindestzement-gehalt in kg/dm^3 f. Konsistenzbereich			Ergänzende Bestimmungen
		KS	KP	KR	
B 5	A$_{32}$/B$_{32}$	140	160	–	Der Zementgehalt **muß** vergrößert werden:
	B$_{32}$/C$_{32}$	160	180	–	bei Zement der Festigkeitskl.
B 10	A$_{32}$/B$_{32}$	190	210	230	Z 25 um 15 %,
	B$_{32}$/C$_{32}$	210	230	260	bei Größtkorn des Zuschlags von 16 mm um 10 %,
B 15	A$_{32}$/B$_{32}$	240	270	300	von 8 mm um 20 %.
	B$_{32}$/C$_{32}$	270	300	330	
B 25 allgemein	A$_{32}$/B$_{32}$	280	310	340	
	B$_{32}$/C$_{32}$	310	340	380	Der Zementgehalt **darf** verringert werden:
B 25 für Außen-bauteile	A$_{32}$/B$_{32}$	300	320	350	bei Zement der Festigkeitskl. Z 45 um höchstens 10 %,
	B$_{32}$/C$_{32}$	320	350	380	bei Größtkorn des Zuschlags von 63 mm um höchstens 10 %.

Beton mit besonderen Eigenschaften

Wasserundurch-lässiger Beton	Es sind nur folgende Sieblinienbereiche mit den nachfolgenden Mindest-zementgehalten gestattet.	Eine Eignungsprüfung **muß** durch-geführt werden: bei Verwendung eines Betonzusatz-mittels,
Beton mit hohem Frostwider-stand		bei Verwendung eines Betonzusatz-stoffes, wenn dieser nicht minera-lisch ist oder auf den Bindemittel-gehalt angerechnet wird,
Beton mit hohem Widerstand gegen schwa-chen chem. Angriff	A$_{16}$/B$_{16}$–370 kg/m^3 A$_{32}$/B$_{32}$–350 kg/m^3	bei Herstellung eines B 5 mit einem Mischbinder.

Tab. A 4.8.2.2/2 Mindestzementgehalt von Beton B I, der aufgrund einer Eignungs-prüfung hergestellt wird, und von B II (kg/m^3)

Betonart		B I	B II
unbewehrter Beton		100	100
Stahlbeton mit Zement	Z 25	280	280
(allgemein)	≥ Z 35	240	240
Stahlbeton mit Zement	≤ Z 35	300	270
(Außenbauteile)	> Z 45	270	270
wasserundurchlässiger Beton Beton mit hohem Frostwiderstand Beton mit hohem Widerstand gegen schwach chemischen Angriff		A$_{16}$/B$_{16}$–370 A$_{32}$/B$_{32}$–350	nicht festgesetzt
Beton mit hohem Frost- und Tausalzwiderstand Beton mit hohem Widerstand gegen »starke« und »sehr starke« chemische Angriffe			Mindestzementmenge ergibt sich aus W/Z-Wert
Beton mit hohem Verschleißwiderstand			0/32– ≤ 350
Beton für hohe Gebrauchstemperaturen bis 250° C			nicht festgelegt
Beton für Unterwasserschüttung (Unterwasserbeton)			0/32– > 350

Tab. A 4.13.3.2/1 Baustahlgewebe (Listenmatten)

		QUERSCHNITT							Einfach-stäbe der 1. Spalte ver-schweißbar mit ⌀ (mm)		Doppel-stäbe der 1. Spalte ver-schweißbar mit ⌀ (mm)	
eines Stabes		einer Stabrichtung in cm²/m bei Abständen der Stäbe (mm)										
mm	cm²	50 100d	75 150d	100	150	200	250	300	von	bis	von	bis
4,0	0,126	2,52	1,68	1,26	0,84	0,63	0,50	0,42	4,0–	6,0	4,0–	5,5
4,5	0,159	3,18	2,12	1,59	1,06	0,80	0,64	0,53	4,0–	6,5	4,0–	6,5
5,0	0,196	3,93	2,62	1,96	1,31	0,98	0,78	0,65	4,0–	8,5	4,5–	7,0
5,5	0,238	4,75	3,17	2,38	1,58	1,19	0,95	0,79	4,0–	8,5	4,5–	7,5
6,0	0,283	5,65	3,77	2,82	1,88	1,41	1,13	0,94	4,0–	8,5	5,0–	8,5
6,5	0,332	6,64	4,43	3,31	2,21	1,65	1,33	1,10	4,5–	9,0	5,5–	9,0
7,0	0,385	7,70	5,13	3,85	2,57	1,92	1,54	1,28	5,0–10,0		6,0–10,0	
7,5	0,442	8,84	5,89	4,42	2,95	2,20	1,77	1,47	5,0–10,5		6,5–10,5	
8,0	0,503	10,05	6,70	5,03	3,35	2,51	2,01	1,67	5,0–11,0		7,0–11,0	
8,5	0,567	11,35	7,57	5,67	3,78	2,84	2,27	1,89	5,0–12,0		7,5–12,0	
9,0	0,636	12,72	8,48	6,36	4,24	3,18	2,54	2,12	6,5–12,0		7,5–12,0	
9,5	0,709	14,18	9,45	7,09	4,73	3,54	2,83	2,36	7,0–12,0		8,0–12,0	
10,0	0,785	15,71	10,47	7,85	5,24	3,92	3,14	2,61	7,0–12,0		8,5–12,0	
10,5	0,866	17,32	11,55	8,66	5,77	4,33	3,46	2,89	7,5–12,0		9,0–12,0	
11,0	0,950	19,01	12,67	9,50	6,34	4,74	3,80	3,16	8,0–12,0		9,5–12,0	
11,5	1,039	20,77	13,85	10,39	6,92	5,19	4,15	3,45	8,5–12,0		9,5–12,0	
12,0	1,131	22,62	15,08	11,31	7,54	5,66	4,52	3,76	8,5–12,0		10,0–12,0	

Doppelstabmatten nach dem Randsparrezepten sind nur in Mattenbreiten von 1,85–2,45 m möglich

Tab. A 4.13.4.11/1

APSTA Typ	Höhe in cm	Für Deckendicke cm	Gewicht je Korb in kg
A 8	8,0	~10	1,080
A 9	9,0	~11	1,114
A 10	10,0	~12	1,139
A 11	11,0	~13	1,172
A 12	12,0	~14	1,303
A 13	13,0	~15	1,340
A 14	14,0	~16	1,366
A 15	15,0	~17	1,557
A 16	16,0	~18	1,803
A 17	17,0	~19	2,225
A 18	18,0	~20	2,290
A 19	19,0	~21	2,355
A 20	20,0	~22	2,420

Tab. A 4.13.3.3/1: BAUSTAHLGEWEBE® Lagermatten

| Randausbildung bei Doppelstabmatten | | | | | | | | | | R = 2 Einfachstäbe Q und K = 4 Einfachstäbe | |

Matten-größe	Randeinsparung	Matten bezeich-nung	Abstände der		Durchmesser der		Stahlquer-schnitt der		Gewichte		
			Längs-stäbe	Quer-stäbe	Längs-stäbe	Quer-stäbe	Längs-stäbe	Quer-stäbe	je Matte	je m²	
			mm		cm²/m		kg				
5,00 × 2,15 m	ohne	Q 131	150	150	5,0	5,0	1,31	1,31	22,5	2,09	BSt 50/55 RK (IV R)
		Q 188	150	150	6,0	6,0	1,88	1,88	32,4	3,01	
	mit	Q 221	Q 150	150	6,5 5,0	6,5	2,21	2,21	33,7	3,14	
		Q 257	Q 150	150	7,0 5,0	7,0	2,57	2,57	38,2	3,55	
		Q 377	Q 150	150	6,0d	8,5	3,77	3,78	56,0	5,21	
6,00 × 2,15 m	ohne	Q 513	Q 150	100	7,0d	8,0	5,13	5,03	90,0	6,97	
5,00 × 2,15 m	mit	R 131	150	250	5,0	4,0	1,31	0,50	15,8	1,47	KARI
		R 188	150	250	6,0	4,0	1,88	0,50	20,9	1,95	
		R 221	R 150	250	6,5 5,0	4,0	2,21	0,50	21,6	2,01	
		R 257	R 150	250	7,0 5,0	4,5	2,57	0,64	25,1	2,33	
		R 317	R 150	250	5,5d	4,5	3,17	0,64	29,7	2,76	
		R 377	R 150	250	6,0d	5,0	3,77	0,78	35,5	3,30	
		R 443	R 150	250	6,5d	5,5	4,43	0,95	41,8	3,89	
6,00 × 2,15 m		R 513	R 150	250	7,0d	6,0	5,13	1,13	58,6	4,54	
		R 589	R 150	250	7,5d	6,5	5,89	1,33	67,5	5,24	
		K 664	K 100	250	6,5d	6,5	6,64	1,33	69,6	5,39	
		K 770	K 100	250	7,0d	7,0	7,70	1,54	80,8	6,27	
		K 884	K 100	250	7,5d	7,5	8,84	1,77	92,9	7,20	
5,00 × 2,15 m	ohne	N 94	75	75	3,0	3,0	0,94	0,94	15,9	1,48	glatt
		N 141	50	50	3,0	3,0	1,41	1,41	23,7	2,20	

Der Gewichtsermittlung der Lagermatten liegen folgende Überstände zugrunde
Q-Matte Überstände längs 100/100 mm   Überstände quer 25/25 mm
R-Matte Überstände längs 125/125 mm   Überstände 25/25 mm
K-Matte Überstände längs 125/125 mm   Überstände quer 25/25 mm

Tab. A 4.16.3/2: Wey-Fugenbänder aus PVC (Wey-Baustoff KG, Baden-Baden)

Profil	Bandlänge	Bandstärke	Mittel-schlauch-höhe	mögliche Beanspruchung
		in mm		
0	120	3	30	geringer
1	250	2,5	30	niedrig
2				
3	350	3	35	groß
4	500	3	40	schwer
1K	200	2,5	25	(f. niedrigen Wasserdruck und Hochbaufugen)
2K				
3K	300	2,5	30	
Ar	200	3,5	ohne	f. Arbeitsfugen
ArK	125	3	ohne	

Kapitel 5

Tab. A 5.2.1/1 Rohdichten und Festigkeitsklassen von Mauersteinen

Bezeichnung		Roh-dichte kg/dm³	Festigkeitsklassen MN/m²							*G_M kN/m³
			2	4	6	8	12	20	28	
Mauerziegel[1]		0,7	x	●	●		x	x	x	9
Mz	Vollziegel	0,8	x	x	●		●	x	x	10
HLz	Hochlochziegel	0,9	x	x	x		x	x	x	11
KMz	Vollklinker	1,0	x	x	●		●	x	x	12
KHLz	Hochlochklinker	1,2		x	x		●	●	x	14
KK	Keramik-Vollklinker	1,4		x	x		●	●	x	15
KHK	Keramik-Hochlochklinker	1,6		x	x		●	●	●	17
		1,8		x	x		●	●	●	18
		2,0		x	x		●	●	●	20
DIN 105 Teile 1 bis 4		2,2		x	x		x	x	x	22
Kalksandsteine		0,6		x	x	x	x	x	x	8
		0,7		x	x	x	x	x	x	9
		0,8		x	x	x	x	x	x	10
KS	Vollsteine	0,9		x	x	x	x	x	x	11
	Blocksteine	1,0		x	●	x	●	x	x	12
KSL	Lochsteine	1,2		x	●	x	●	x	x	14
	Hohlblocksteine	1,4		x	●	x	●	●	x	15
KSVm	Vormauersteine[2]	1,6		x	●	x	●	●	x	17
KSVb	Verblender[2]	1,8		x	x	x	●	●	●	18
		2,0		x	x	x	●	●	●	20
DIN 106 Teile 1 und 2		2,2		x	x	x	x	x	x	22
Hüttensteine[1]		1,0			x		x	x	x	12
		1,2		●			●	x	x	14
HSV	Vollsteine	1,4		●			●	x	x	15
HSL	Lochsteine	1,6		●			●	x	x	17
HHbl	Hohlblocksteine	1,8			x		●	●	x	18
DIN 398		2,0			x		●	●	●	20

x Rohdichte/Festigkeitsklasse gemäß DIN-Norm
● Beim Baustoffhandel gängige Formate

Kapitel 8

Tab. A 8.1.4.1/1 Lieferkörnungen

Benennung und Bezeichnung der Lieferkörnungen	zulässige Höchstwerte für	
	Unterkorn Gew.-%	Überkorn Gew.-%
1	2	3
Natursand0/2 (DIN 4226)	–	10 bis 4 mm
Natursand 0/2	–	25 bis 8 mm
Kies 2/4	15	10 bis 8 mm
Kies 4/8	15	10 bis 16 mm
Kies 8/16	15	10 bis 31,5 mm
Kies 16/32	15	10 bis 63 mm
Kies 32/63	15	10 bis 90 mm

Zulässige Höchstwerte für Unter- und Überkorn bei Natursand und Kies.

Benennung und Bezeichnung der Lieferkörnung	zulässige Höchstwerte für	
	Unterkorn Gew.-%	Überkorn Gew.-%
1	2	3
Brechsand-Splitt 0/5	–	20 bis 8 mm
Splitt 5/11	20	10 bis 22,4 mm
Splitt 11/22	20	10 bis 31,5 mm
Splitt 22/32	20	10 bis 45 mm
Schotter 32/45	20	10 bis 56 mm
Schotter 45/56	20	10 bis 63 mm

Zulässige Höchstwerte für Unter- und Überkorn bei Brechsand, Splitt und Schotter.

Benennung und Bezeichnung der Lieferkörnung	zulässige Höchstwerte für	
	Unterkorn Gew.-%	Überkorn Gew.-%
1	2	3
Gesteinsmehl 0/0,09	–	20 bis 2 mm
Edelbrechsand 0/2	–	15 bis 5 mm
Edelsplitt 2/5	10	10 bish8 mm
Edelsplitt 5/8	15 jedoch höchstens 5% < 2 mm	10 bis 11,2 mm
Edelsplitt 8/11	15 jedoch höchstens 5% < 5 mm	10 bis 16 mm
Edelsplitt 11/16	15 jedoch höchstens 5% < 8 mm	10 bis 22,4 mm
Edelsplitt 16/22	15 jedoch höchstens 5% < 11,2 mm	10 bis 31,5 mm

Zulässige Höchstwerte für Unter- und Überkorn bei Gesteinsmehl, Edelbrechsand und Edelsplitt.

Tab. A 8.2.2.1/1 Abmessungen von Pflastersteinen aus Naturstein

Abmessungen von Großpflastersteinen aus Naturstein.

Größe	Breite	Länge	Höhe	Gestein (bei Bestellung angeben)
1	160	160–220	160	Granit
2			140[1]	
3	140	140–200	150	Basalt, Basaltlava, Diorit, Grauwacke, Melaphyr
4			130[1]	
5	120	120–180	130	

Großpflastersteine sind – sofern vom Besteller nicht ausdrücklich anders gefordert – mit einem Anteil von etwa 10 % Bindersteinen

für Größe 1 und 2 von 220 bis 290 mm Länge
für Größe 3 und 4 von 200 bis 230 mm Länge
für Größe 5 von 180 bis 210 mm Länge
zu liefern.

Abmessungen von Kleinpflastereinen aus Naturstein.

Größe	Kopffläche Breite	Länge	Höhe	Gestein (bei Bestellung angeben)
1	100	100	100	Basalt, Diorit,
2	90	90	90	Gabbro, Granit,
3	80	80	80	Grauwacke, Melaphyr

Kleinpflastersteine werden im allgemeinen in Bogenform verlegt. Die Lieferung darf deshalb nicht nur würfelförmige Steine mit den oberen und unteren Grenzmaßen, sondern muß auch genügend Steine mit Zwischengrößen und trapezförmiger Oberfläche, sowie längliche Steine enthalten, es dürfen bis zu 5 % schmale Steine, deren Länge oder Breite die zulässigen Toleranzen bis zu 10 mm über- bzw. unterschreiten, mitgeliefert werden. Die Höhe der Steine ist in jedem Falle einzuhalten. Werden die Steine jedoch nicht in Bogenform verlegt, ist dies bei der Bestellung besonders anzugeben.

Abmessungen von Mosaikpflastersteinen aus Naturstein.

Größe	Kopffläche Breite	Länge	Höhe	Gestein (bei Bestellung angeben)
1	60	60	60	Basalt, Diorit,
2	50	50	50	Gabbro, Granit,
3	40	40	40	Grauwacke, Melaphyr

Quelle: DIN 18502

Tab. A 8.2.2.2/1 Abmessungen von Pflastersteinen aus Beton (Auswahl)

Breite cm	Maße Länge cm	Höhe cm
16,0	16,0	14,0
16,0	24,0	14,0
16,0	16,0	12,0
16,0	24,0	12,0
10,0	20,0	10,0
10,0	10,0	8,0
10,0	20,0	8,0
10,0	20,0	6,0
10,0	10,0	6,0
6,8	20,8	7,0
6,5	6,5	6,0
6,5/5,5	6,0	6,0
18,0	23,0	8,0
15,3	18,0	8,0
12,0	15,3	8,0

Tab. A 8.2.2.3/1 Abmessungen und Flächenbedarf von Pflasterklinkern

Abmessungen mm	Flächenbedarf pro m² flach Stck.	hochkant Stck.
Pflasterklinker nach DIN 18318		
200 × 100 × 52		
200 × 100 × 62		
200 × 100 × 71		
150 × 150 × 52		
240 × 118 × 45		
240 × 118 × 52	37	80
240 × 118 × 62		
240 × 118 × 71	37	59
Holländische Pflasterklinker		
195 × 120 × 45		
195 × 85 × 92		
195 × 85 × 64		

Tab. A 8.2.3.2/1   Abmessungen von Platten aus Beton
a) Abmessungen gemäß DIN 485

Bezeich-nung	a mm	b mm	c mm	e mm	s mm	Gewicht (kg)	Anzahl für 10 m²
30×30×4	300	424	150	362	40	8,6	112
35×36×5	350	495	250	498	50	14,7	82
40×40×5	400	566	150	433	50	19,2	63
50×50×6	500	707	200	554	60	30,0	40

b) Weitere gebräuchliche Formate (nicht genormt)

150 × 300 mm	250 × 500 mm
200 × 400 mm	500 × 750 mm
400 × 600 mm	1000 × 1000 mm

Tab. A 8.2.5.2/1   Baustoffe für Oberflächenbehandlungen

Bindemittelart	Bindemittel-sorte	Lage bzw. Schicht	Bindemittel-menge kg/m²	Edelsplittmenge in kg/m² bei Körnung 2/5	5/8	8/11	11/16
1. Einfache Oberflächenbehandlung							
Unstabile Bitumenemulsion	U70K		1,5 bis 2,0	–	10 bis 17	–	–
			1,8 bis 2,3	–	–	12 bis 18	–
Unstabile Bitumenemulsion	U60K		1,6 bis 2,2	–	10 bis 17	–	–
Fluxbitumen	FB500		1,0 bis 1,5	–	11 bis 16	–	–
			1,2 bis 1,8	–	–	13 bis 18	–
Straßenpech Bitumenpech	T250/500 BT250/500 oder VT250/500		0,9 bis 1,4	–	10 bis 15	–	–
			1,2 bis 1,6	–	–	12 bis 17	–
			1,3 bis 2,0	–	–	–	14 bis 19
2. Einfache Oberflächenbehandlung mit doppelter Splittabstreuung							
Unstabile Bitumenemulsion	U70K	1. Lage	1,8 bis 2,3	–	–	10 bis 16	–
		2. Lage	–	3 bis 5	–	–	–
		1. Lage	2,0 bis 2,4	–	–	–	14 bis 19
		2. Lage	–	3 bis 5	–	–	–
Straßenpech Bitumenpech	T250/500 BT250/500 oder VT250/500	1. Lage	1,2 bis 1,6	–	–	10 bis 16	–
		2. Lage	–	3 bis 5	–	–	–
		1. Lage	1,2 bis 1,6	–	–	–	12 bis 17
		2. Lage	–	–	5 bis 8	–	–
3. Doppelte Oberflächenbehandlung							
Unstabile Bitumenemulsion	U70K	1. Schicht	1,0 bis 1,5	–	–	9 bis 15	–
		2. Schicht	1,3 bis 2,0	–	7 bis 13	–	–
		oder 2. Schicht	1,3 bis 2,0	6 bis 11	–	–	–
Unstabile Bitumenemulsion	U70K	1. Schicht	1,0 bis 1,3	–	7 bis 13	–	–
		2. Schicht	1,3 bis 1,7	6 bis 11	–	–	–
Fluxbitumen	FB500	1. Schicht	1,1 bis 1,5	–	–	12 bis 16	–
		2. Schicht	0,9 bis 1,4	–	10 bis 12	–	–
Straßenpech Bitumenpech	T250/500 BT250/500 oder VT250/500	1. Schicht	1,1 bis 1,5	–	–	12 bis 16	–
		2. Schicht	0,9 bis 1,3	–	10 bis 12	–	–

Tab. A 8.2.6.3/1   Bordsteine aus Beton – Abmessungen nach DIN 483

Form	Breite b ± 3	Höhe H ± 5	Länge l ± 5
H	180	300	
	180	250	
	150	300	
	150	250	
T	100	300	
	100	250	1000*
	80	250	
	80	200	
R	180	220	
	150	220	
F	200	200	

* Als Paßstücke und zur Verwendung in Kurven auch 250 und 500

Tab. A 8.2.6.3/2   Gebräuchliche Maße von Kantensteinen (nicht genormt)

Breite	Höhe	Länge
50 mm	200 mm	
	250 mm	
	300 mm	500 mm
		750 mm
60 mm	200 mm	1.000 mm
	250 mm	

Tab. A 8.2.6.3/3   Bordrinnensteine – Abmessungen

Größe	Länge cm	Breite b cm	b₂ cm	Höhe h cm	h₁ cm
1	33	40	26		11,0
2	und	45	31	20	11,2
3	50	50	36		11,4

Gewicht: 43 bis 53 kg bei $l = 33$ cm
65 bis 80 kg bei $l = 50$ cm
Übergangssteine und Einfahrtssteine haben die Höhe $h = 12,5$ cm

Tab. A 8.2.6.3/4 Bordsteine aus Naturstein – Abmessungen

Größe A	B	Breite b	zul. Abw.	Höhe h	zul. Abw.	Länge l	Quergefälle n
1	–	300		250			7
2	–	180		250			–
3	–	180		300	± 10	800 bis 1500	–
4	–	150	± 3	250			–
5	–	150		300			–
		140					
–	6			250 bis 280	–	500 bis 1500	–
		120					
		140 bis 150					–
–	7	120 bis 140	–	250 bis 300	–	500 bis 1500	–
		100 bis 120					–

Für Bordsteine der Größen 6 und 7 ist die gewünschte Breite in der Bestellbezeichnung anzugeben.
Bei Bordsteinen der Größe 1 bis 5 dürfen 10 % der Lieferung aus Steinen mit einer Länge von 500 bis 800 mm bestehen; Längen unter 500 mm sind nicht zulässig.

Kapitel 11

Tab. A 11.1.1.2/1   Auszug aus den Kulturregelungen nach den Gütebestimmungen für Baumschulpflanzen des BdB

Anzuchtart	Pflanzgruppe	Höchstzahl je m²	Pflanz-abstand
Heister		3	90 × 40
2 × v Bäume		2	90 × 50
Sträucher (z.B. Amelanchier u.ä.)	I	5–6	60 × 30
Sträucher (z.B. Potentilla u.ä.)	II	8	50 × 25
Heckenpflanzen (z.B. Carpinus betulus)	I	5	65 × 30
Heckenpflanzen (z.B. Ligustrum u.ä.)	II	8	50 × 25
Niedrige Rosen auf Rosa canina		10–11	15 × 65
Niedrige Rosen auf Rosa multiflora		10	18 × 65
Stammrosen		4–5	90 × 25
Nadelgehölz-Heckenpflanzen		10	40 × 25

Tab. A 11.1.1.2/2   Kulturregelungen für Laubgehölz-Verkaufsware mit Topfballen nach den Gütebestimmungen für Baumschulpflanzen des BdB.

Pflanzenart (Auszug)	Sortierung	Erdinhalt l	Vierecktopf cm
Gruppe 1			
Calluna, Erica	10-15-20		
Gaultheria	8-12		
Pachysandra	3/5,5/7 Tr.	0,375	8 × 8
Gruppe 2			
Berberis thunbergii ›Atropurpurea Nana6‹	15-20		
Cytisus scoparius S.	20-40-60		
Genista tinctoria	30-40-60	0,50	9 × 9
Gruppe 3			
Berberis thunbergii ›Atropurpurea Nana‹	20-25-30		
Cotoneaster dammeri var. *radicans*			
Cotoneaster dammeri ›Skogholm‹			
Cotoneaster salicifolia ›Parkteppich‹	20-30-40-60		
Cytisus praecox	30-40-60-80		
Hypericum calycinum	15-20-30		
Lonicera pileata	20-30-40-60		
Pyracantha	30-40-60-80	1,00	11 × 11

Tab. A 11.1.1.3/1   Bündelungsvorschriften nach den Gütebestimmungen für Baumschulpflanzen

Handelsform	Bündelung zu je Stck.
Sträucher unter 60 cm Höhe	10
Sträucher über 60 cm Höhe	5
Jungpflanzen als 1j. Sämlinge über 50 cm Höhe und Sämlinge über 30 cm Höhe	25
leichte Sträucher und leichte Heister	10

Tab. A 11.1.1.3/2   Kennzeichen und Schreibweise

Reihenfolge	Kurzzeichen Hand/Maschine	Kurzzeichen EDV/international
1. Anzuchtform	H, h, StBu, Hei, lHei, Str, lStr, He, Sol, lpf	H, HA, STBU, HEI, LHEI, STR, LSTR, HE, SOL, –
2. Anzuchtzustand	j, v, hw, w, ew	J, V, HW, W, EW
3. Anzuchtart	S, St, Sth, Abl, Abr, Ausl, Ws, Ws, VG, HVg	–, –, –, –, –, –,
4. Bewurzelung	bew, oB, mB, mTb, Co, mDb	–, OB, MB, MTB, CO, MDB
5. Meßbezeichnung		
Triebzahl	8/12 Tr	8/12 TR
Stammhöhe	StH 120	STH 120
Stammumfang	StU 10–12	STU 10–12
Durchmesser	3/4 ⌀	3/4 DU
Breite	80–100 br	80–100 BR
Höhe	80–100 h	80–100 HO

Tabelle A 11.1.2/1   Beschaffenheitsanforderungen an Stauden

Wuchscharakter und Eigenart der Gattung und Arten	Kultur Topf Frei-land	Mindest-Ballen-inhalt m³	Triebe Knospen Trieb-köpfe Stck	Triebaus-bildung	Stamm-stück cm	Beispiele
1. Breitwachsende Polsterstauden	T	250				Arabis procurrens, Aubrieta, Phlox subulata, Sedum, Saxifraga caespitosa, Viola cornuta
	Fr			⌀ 8 cm		
2. Alpine Kleinstauden	T	150				Draba, Saxifraga (alpine Arten), Sempervivum (kleinrosettige Arten)
3. Niedrige Stauden, an den Trieben wurzelnd	T	250				Aster dumosus, Epimedium, Lamium
	Fr		mind. 3			
4. Niedrige Stauden, an den Trieben nicht wurzelnd	T	250				Aquilegia, Brunnera macrophylla, Helleborus, Incarvillea, Oenothera missouriensis, Primula, Waldsteinia geoides
	Fr		Triebköpfe gut ausgeb.			
5. Halbhohe und hohe Stauden	T	500				Aster novi-belgii, Astilbe, Erigeron, Helenium, Hemerocallis, Lysimachia punctata
	Fr		mind. 3			
6. Halbhohe und hohe Stauden mit pfahl-artigen Wurzeln oder sehr dicken Stammstücken	T	500	starker Triebkopf, gut ausgebildete Pfahlwurzel mit artbed. Faserwurzeln			Heracleum, Iris germanica, Lupinus
	Fr					
7. Niedrige Gräser, polsterbildende und immergrüne	T	250				Carex (niedrige Arten) Festuca
	Fr		⌀ 8 cm			
8. Halbhohe und hohe Gräser mit festem Wurzelstock	T	600	sichtbar			Avena, Cortaderia, Pennisetum
	Fr					
9. Immergrüne hohe Gräser mit Gehölz-charakter	T	1500	Höhenangabe erforderl.			Sinarundinaria
	Fr	1500				
10. Niedrige Farne	T	250				Blechnum spicant, Phyllitis scolopendrium, Polystichum
	Fr	250				
11. Halbhohe und hohe Farne	T	500				Dryopteris, Matteucia, Osmunda
	Fr	500				
12. Seerosen, stark-wachsende Arten und Sorten	T	1500	gut sichtbare Trieb-knospe oder min-dest. drei Blätter		mind. 6	Nymphaes alba und Sorten, Nymphaea-Hybride ›Marliacea‹
	Fr					
13. Seerosen, schwachwachsende Arten und Sorten	T	800	gut sichtbare Trieb-knospe		mind. 5	Nymphaea-Hybride ›Laydeckeri‹
	Fr					
14. Sumpfpflanzen	T	250				Butomus, Hippuris, Iris pseudacorus
	Fr		Am Grund sichtbare Augen an einem Alttrieb oder ein gesunder Austrieb			

Tab. A 11.1.2/2   Verhältnis Topfgröße zu Topfinhalt bei Rundtöpfen

Topfgröße ⌀ cm	Volumen cm³
5	65
6	100
7	160
8	220
9	330
10	410
11	600
12	650
13	1000
14	1250
15	1400
16	1800

Tab. A 11.3.2/1   Pflanzzeiten für Gehölze und Stauden

Pflanzenart	Pflanzzeit
Laubabwerfende Gehölze	Wachstumsruhe, nicht bei Frost
Immergrüne Gehölze o. B.	Herbst früh, Frühjahr spät, nicht bei Frost
Immergrüne Gehölze m. B.	ganzjährig, ausgenommen Zeit des Austriebes
Container	ganzjährig
Stauden	gemäßigte Jahreszeiten

Tab. A 11.3.3/1   Richtmengen für das Anwässern von Pflanzen nach der Pflanzung

Pflanzenart	Liter Wasser/Stck
Niedrige Stauden Niedrige Einjahrsblumen Niedrige Zweijahrsblumen	0,2– 0,5
Höhere Stauden Größere Einjahrsblumen Größere Zweijahrsblumen	0,5– 1,0
Junggehölze Ballenlose Sträucher Ballenlose Heckenpflanzen Rosen Ballengehölze bis 40 cm Höhe oder Breite	1,0– 3,0
Ballengehölze bis 200 cm Höhe und Breite Heister bis 200 cm Höhe	5,0–15,0
Hochstämme Stammbüsche Heister über 200 cm Höhe Ballenpflanzen über 200 cm Höhe	20,0–50,0

Tab. A 11.2.3/1   Gewichte von Gehölzen

Anzuchtform	Maß	Gewicht kg	Anzuchtform	Maß	Gewicht kg
Hochstamm StU	8–12	4	Heister	100–150	1
2xv oB	12–16	8	2xv, oB	150–200	2
Hochstamm StU	14–20	22		200–300	3
3xv oB	20–30	35		300–400	4
Hochstamm StU	20–30	150	Rhododendron	30–30	4
3xv mB	30–40	300	und	40–50	5
			Azaleen	50–60	6
Hochstamm StU	30–40	400		60–70	8
4xv mB	40–50	550		70–80	10
	50–60	850		80–100	20
Bodendecker Co	1,5	1,3		100–120	30
	2,0	1,7		120–140	50
Heckenpflanze	–100	0,5	Zwergkoniferen	10–15	1
2xv, w, oB	100–150	1,0	und	15–20	2
	150–200	2,0	Immergrüne	20–30	3
	200–250	3,0		30–40	4
				40–50	6
Heckenpflanze	–100	8,0		50–60	8
2 o. 3xv, w, mB	100–150	10,0		60–80	10
	150–200	12,0		80–100	12
	200–250	20,0		100–125	15
				125–150	20
Sträucher				150–200	25
2xv, w, oB		0,5		200–250	30
Solitärstrauch			Rosen		0,2
3xv, w, mB	125–200	20,0			
	200–300	30,0			

Kapitel 12

Tab. A 12.1/1   Rasentypen nach DIN 18917

Rasentyp	Anwendungsbereich	Eigenschaften	Pflegeansprüche
Zierrasen	Repräsentations-grün	dichte teppich-artige Narbe aus feinblättrigen Gräsern, Belast-barkeit gering	hoch bis sehr hoch
Gebrauchsrasen	öffentliches Grün, Wohnsiedlungen, Hausgärten u. ä.	Belastbarkeit mittel, wider-standsfähig gegen Trockenheit	mittel bis hoch
Strapazierrasen	Sport- und Spielflächen, Liegewiesen, Parkplätze	Belastbarkeit hoch (ganzjährig)	mittel bis sehr hoch
Extensivrasen (Landschaftsrasen)	Extensiv genutzte und/oder gepfleg-te Flächen im öffentlichen und privaten Grün, in der Landschaft, an Verkehrswegen, für Rekultivie-rungsflächen, artenreiche, wie-senähnliche Flächen	Rasen mit großer Variationsbreite je nach Ziel und Standort, z.B. Erosionsschutz, Widerstandsfähig-keit auf extremen Standorten, Grund-lage zur Entwick-lung von standort-gerechten Bioto-pen, in der Regel nicht oder nur wenig belastbar	gering bis sehr hoch

Dichte und Belastbarkeit nehmen mit zunehmendem Schatten ab

Tab. A 12.3/1 Eignungsübersicht für Poa nemoralis und P. pratensis aus RSM 91

Art	Sorte	Eignungsübersicht				Saatgut-verfüg-barkeit
		RSM 1	RSM 2–4	RSM 4–6	RSM 7–10	
Poa nemoralis (Hainrispe)	Enhary				+	–
	Novombra				+	v
Poa pratensis (Wiesenrispe)	Alsa		–	–	3	v
	Amason	6		6	4	–
	Ampellia	7		6	3	v
	Annett	6		6	5	n
	Aquila	–		5	4	–
	Arnolda	7		7	5	n
	Asset	7		7	4	v
	Avanti	5		–	4	–
	Barblue	6		6	5	–
	Barlympia	6		7	4	v
	Baron	5		6	5	v
	Barzan	6		–	5	v
	Broadway	8		9	5	–
	Cento	4		–	3	–
	Charlotte	6		6	5	v
	Compact	7		7	4	v
	Conni	8		6	5	v
	Coronella	?		?	?	–
	Cynthia	8		8	5	v
	Delft	–		–	3	v
	Donna	6		–	4	n
	Enprima (NL)	5		–	3	–
	Entopper	6		6	4	v
	Fylking (NL)	5		5	–	v
	Geronimo	5		5	4	v
	Harmony	–		–	3	–
	Ikone	7		8	4	v
	Julia	7		8	4	v
	Kimono	7		7	5	v
	Leona	7		6	4	v
	Leuroba	7		7	4	v
	Ligrotta	5		5	4	n
	Limbo	6		–	4	n
	Limousine	9		9	4	v
	Liprater	7		7	4	v
	Marquis	6		6	4	–
	Melba	6		6	4	–
	Merit	6		6	3	–
	Minstrel	6		6	5	v
	Miranda	6		–	4	n
	Monopoly (NL)	5		5	–	v
	Mosa	–		–	4	v
	Nimbus	7		7	5	v
	Nutop	6		6	3	v
	Olmyprisp	–		–	4	v
	Opal	7		6	4	–
	Parade	7		7	3	v
	Primo	–		–	3	–
	Rissa	7		7	4	–
	Saskia	7		7	5	v
	Sheba	7		7	4	n
	Stola	7		7	4	v
	Sydsport	8		8	4	v
	Tendos	5		–	4	v
	Topfit	6		7	5	v
	Topform	5		5	4	v
	Toping	7		7	5	–
	Topstar	7		7	4	–
	Topten	7		7	3	–
	Trampas	7		6	5	v
Poa Trivialis (Gemeine Rispe)	Sabre	4		–	3	v

Eignung:
9 = sehr gut geeignet
8 = gut bis sehr gut geeignet
7 = gut geeignet
6 = geeignet bis gut geeignet
5 = geeignet
4 = bedingt geeignet bis geeignet
3 = bedingt geeignet
? = Prüfung noch nicht abgeschlossen
– = Mindesteignung nicht erreicht bzw. nicht geprüft

Verfügbarkeit:
v = Saatgut verfügbar
– = Saatgutverfügbarkeit unsicher
n = Saatgut nicht verfügbar

+ Mindesteignung nicht erforderlich,
   da nur für spezielle Anwendung

Tab. A 12.4/1   Pflanzen für Zwischenbegrünung und Voranbau

Pflanzenart	Reinheit %	Keimfähigkeit %	max. Fremdarten-Anteil Massenanteil in %	Anhaltswerte für Keimdauer bei mind. 8° C und ausreichende Bodenfeuchtigkeit[1] Tage	Anhaltswerte für Aussaat-Zeiten	leichte/ mittlere Böden, Bodengruppen 2 bis 5	schwere Böden, Bodengruppen 6 bis 9	für alle Böden, Bodengruppen 2 bis 10	vorwiegend kurzfristig	vorwiegend überjährig	vorwiegend mehrjährig	Aussaatmenge bei Reinsaat[2] g/m²
Achillea millefolium Schafgarbe[3]	90	80	1,5	18 bis 21	April bis September		x				x	2 bis 2,5
Anthyllis vulneraia Wundklee[3]	90	75	1,5	14 bis 21	Mai bis September	x Kalkböden					x	2 bis 2,5
Brassica napus oleifera Winter/ Sommer-Raps	85	95	0,3	6 bis 9	Mai bis September		x			x		2
Lotus corniculatus Hornklee	75	95	1,8	12 bis 15	April bis September	x					x	2
Lupinus albus einjährige weiße Lupine	80	97	1,5	6 bis 10	April bis September		x			x		25
Lupinus angustifolius einjährige blaue Lupine	80	97	1,5	6 bis 10	September	x				x		18 bis 20
Lupinus luteus einjährige gelbe Lupine	80	97	1,5	6 bis 10	April bis September	x kalkarme Böden				x		18 bis 20
Lupinus perennis Ausdauernde Lupine	75	97	1,5	21 bis 28	April bis September	x kalkarme Böden					x	10 bis 12
Medicago lupulina Gelbklee	80	97	2,5	6 bis 9	April bis September	x				x	x	2,5
Melilotus officinalis Gebräuchlicher Steinklee[3]	97	80	0,8	6 bis 9	März bis Juni	x				x		3
Onobrychis viciifolie Esparette	75	95	3,5	14 bis 21	März bis Juni	x Kalkböden				x		18 bis 20
Ornithopus sativus Serradella[3]	95	90	2,0	14 bis 21	März bis Juni	x				x		5

Art	Keimf.	Reinh.	Wert	Keimdauer[1]	Saatzeit							Menge[2]
Phacelia tanaceti-folia Buschelschön	75	96	2,0	10 bis 16	April bis September			x	x			1 bis 1,5
Pisum sativum Futtererbse	80	98	0,5	6 bis 9	März bis Juni			x	x			18 bis 20
Sinapis alba Gelbsenf	85	98	0,3	6 bis 9	Mai bis August			x	x			2
Trifolium alexandri-nium Alexandriner Klee	80	97	2,5	12 bis 14	April bis August	x			x			3 bis 4
Trifolium dubium Fadenklee[3])	85	75	7,5	14 bis 21	April bis August	x					x	2 bis 2,5
Trifolium hybridum Schwedenklee	80	97	1,5	14 bis 21	April bis August	x				x		1,5 bis 2
Trifolium incarnatum Inkarnatklee	75	97	1,5	12 bis 16	April bis *August*			x		x		2,5 bis 2,7
trifolium pratense Rotklee	80	97	1,5	18 bis 21	April bis August			x außer Sand-böden		x		2 bis 2,2
Trifolium repens Weißklee	80	97	1,5	18 bis 21	April bis August			x			x	1 bis 1,2
Trifolium resupinatum Persischer Klee	80	97	2,5	16 bis 18	April bis August			x	x			2
Vicia faba Ackerbohne	85	98	0,5	6 bis 9	März bis Juni		x		x			25
Vicia sativa Saat-/Som-merwicke	85	97	2,0	6 bis 8	April bis August			x	x			15
Vicia villosa Zottel-/Winterwicke	85	98	1,0	6 bis 8	April bis September			x		x		10 bis 12

Tabelle A.12.4/1 entspricht dem Stand des Saatgutverkehrsgesetzes vom 20. 08. 1985 und der Saatgutverordnung vom 21. 01. 1986.

[1]) Die Keimdauer kann sich je nach Herkunft des Saatgutes und Witterung erheblich verlängern.

[2]) Die angegebenen Mengen gelten für Reinsaaten; bei Mischungen reduzieren sich die Mengen anteilmäßig.

[3]) Unterliegen nicht dem Saatgutgesetz.

Tab. A 12.5/1   RSM 1 – Zierrasen (Stand 1987)

Zierrasen

Klimaraum:	Ohne Einschränkung
Standort:	Ohne Einschränkung
Belastbarkeit:	Gering
Anwendungsbereich:	Repräsentationsgrün, Hausgärten, Golfgrün[3]
Pflegeansprüche:	bei Variante 1: sehr hoch
	bei Variante 2: hoch
Regelaussaatmenge:	25 g/qm

Art	Mischungsanteil in Gewichts-%				Sorten-eignung
	Regelwert		Spielraum		
	Variante 1	Variante 2	Variante 3	Variante 4	
Agrostis tenuis	15	–	(10–20)	–	6–9
Agrostis stolonifera[1]	(15)	–	(10–20)	–	5–9
Festuca commutata/nigrescens	30	40	(20–40)	(30–50)	6–9
Festuca rubra rubra und/oder					4–9
Festuca rubra trichophylla[2]	55	60	(35–75)	(50–70)	5–9

(1) Alternativ zu Agrostis tenuis.
(2) Empfohlen wird die Verwendung beider Arten im Verhältnis 1:1.
(3) Nur Variante 1 kommt für Golfgrün in Betracht. Eine Kombination von Agrostis stolonifera und Agrostis tenuis wird empfohlen.

Tab. A 12.5/2   RSM 2 – Gebrauchsrasen A (Stand 1987)

Gebrauchsrasen

Klimaraum:	Maritimer Raum, Höhenlagen und Voralpenraum
Standort:	Feuchtere Böden
Belastbarkeit:	Gering bis mittel
Anwendungsbereich:	Benutzbares öffentliches Grün, Wohnsiedlungen, Hausgärten
Pflegeansprüche:	Gering bis hoch, je nach Belastung
Regelaussaatmenge:	20 g/qm

Art	Mischungsanteil in Gewichts-% (3)		Sorten-eignung
	Regelwert	Spielraum	
Agrostis tenuis	5	5[1]	6–9
Festuca commutata/nigrescens	40	(30–50)	6–9
Festuca rubra rubra und/oder	20	(10–30)	4–9
Festuca rubra trichophylla (2)			5–9
Poa pratensis	25	(15–35)	6–9
Poa pratensis	10	(5–15)	5–9

(1) Der geringe Saatgutanteil von 5% läßt keinen Spielraum zu.
(2) Empfohlen wird die Verwendung beider Arten im Verhältnis 1:1.
(3) Für einen gewünschten Kräuterzusatz bei der Ansaat empfiehlt sich besonders die Verwendung von 0,05% Saatgut von Bellis perennis sowie von 0,2% Prunella vulgaris zu Lasten von Festuca rubra commutata. (Anteile auf reine Saat bezogen.)

Tab. A 12.5/3 RSM 3 – Gebrauchsrasen B (Stand 1987)

Gebrauchsrasen

Klimaraum:	Trockenräume, insb. binnenländische
Standort:	Trockene Lagen
Belastbarkeit:	Gering bis mittel
Anwendungsbereiche:	a) Benutzbares, öffentliches Grün, Wohnsiedlungen, Hausgärten
	b) Parkplätze, Bedarfszufahrten mit Gittersteinbefestigung bei unbedeckten Gittersteinen
Pflegeansprüche:	Gering bis hoch, je nach Belastung
Regelaussaatmenge:	25 g/qm

Art	Mischungsanteil in Gewichts-% (3)		Sorten-eignung
	Regelwert	Spielraum	
Festuca ovina duriuscula (1)	15	(10–20)	5–9
Festuca commutata/nigrescens	30	(20–40)	6–9
Festuca rubra rubra und/oder	15	(10–20)	4–9
Festuca rubra trichophylla (2)			5–9
Poa pratensis	25	(15–35)	6–9
Poa pratensis	15	(10–20)	5–9

(1) Kann auf weniger trockenen Standorten durch Festuca rubra ersetzt werden.
(2) Empfohlen wird die Verwendung beider Arten im Verhältnis 1:1.
(3) Für einen gewünschten Kräuterzusatz bei der Ansaat empfiehlt sich besonders die Verwendung von 0,05% Saatgut von Bellis perennis sowie von 0,2% Prunella vulgaris zu Lasten von Festuca rubra commutata. (Anteile auf reine Saat bezogen.)

Tab.A 12.5/4 RSM 4 – Gebrauchsrasen C + Spielrasen (Stand 1987)

Gebrauchsrasen

Klimaraum:	Bis 1000 m Höhe ü. NN
Standort:	Ohne Einschränkung
Belastbarkeit:	Mittel bis hoch
Anwendungsbereiche:	a) Für intensive Benutzung vorgesehener Rasen (z.B. Spiel- und Liegewiesen, Hausgärten)
	b) Für Spielbahnen von Golfsportanlagen (1)
	c) Bei Parkplätzen, Bedarfszufahrten mit Gittersteinbefestigung bei ca. 2 cm Überdeckung der Gittersteine mit Boden
	d) Parkplätze, Bedarfszufahrten, Festplätze mit Schotterrasenbefestigung
Pflegeansprüche:	Mittel
Regelaussaatmenge:	25 g/qm

Art	Mischungsanteil in Gewichts-%		Sorten-eignung
	Regelwert	Spielraum	
Festuca commutata/nigrescens	20	(10–30)	6–9
Festuca rubra rubra und/oder	20	(10–30)	4–9
Festuca rubra trichophylla (2)			5–9
Lolium perenne	20	(15–25)	6–9
Lolium perenne	10	(5–15)	5–9
Poa pratensis	20	(10–30)	6–9
Poa pratensis	10	(5–15)	5–9

(1) 5% Agrostis tenuis zu Lasten von Festuca rubra commutata.
(2) Empfohlen wird die Verwendung beider Sorten im Verhältnis 1:1.

Tab. A 12.5/5   RSM 5 – Sportrasen (1) (Stand 1987)

Sportrasen

Klimaraum:	Ohne Einschränkung
Standort:	Ohne Einschränkung
Belastbarkeit:	Hoch, ganzjährig
Anwendungsbereich:	Sport, einschließlich Abschläge von Golfsportanlagen
Pflegeansprüche:	Mittel bis hoch
Regelaussaatmenge:	25 g/qm

| Art | Mischungsanteil in Gewichts-% | | Sorten-eignung |
	Regelwert	Spielraum	
Lolium perenne	25	(20–30)[2]	7–9
Lolium perenne	15	(10–20)[2]	5–9
Poa pratensis	25	(15–35)	6–9
Poa pratensis	20	(10–30)	5–9
Poa pratensis	15	(10–20)	5–9

(1) Für geringer belastete Rasen-Sportflächen und geringen Pflegeaufwand sowie für Rasentragschichten mit einer Beschaffenheit, die geringer ist als die Anforderungen nach DIN 18035 Teil 4, kommt RSM 4 in Betracht.
(2) Bei Sportarten wie Hockey u.ä., die regelmäßig Tiefschnitte erfordern, ist jeweils aus dem Spielraum der niedrige Wert (20 und 10) zu verwenden.

Tab. A 12.5/6   RSM 6 – Regenerationsmischung (Stand 1987)

Regeneration von Sportrasenflächen

Klimaraum:	Ohne Einschränkung
Standort:	Ohne Einschränkung
Belastbarkeit:	Hoch
Anwendungsbereich:	Spiel- und Sportflächen
Pflegeansprüche:	Mittel bis hoch
Regelaussaatmenge:	30 g/qm

| Art | Mischungsanteil in Gewichts-% | | Sorten-eignung |
	Regelwert	Spielraum	
Festuca rubra	10	0–20)	6–9[1]
Lolium perenne (2)	80	(60–100)	6–9
Poa pratensis	10	(0–20)	6–9

(1) Einstufung nach Gebrauchsprüfung.
(2) Empfohlen wird die Verwendung mehrerer Sorten.

Tab. A 12.5/7   RSM 7 – Landschaftsrasen A (Stand 1987)

Landschaftsrasen

Klimaraum:	Ohne Einschränkung
Standort:	Für alle Lagen, außer extrem trockenen, alkalischen, nassen und schattigen
Anwendungsbereich:	In der freien Landschaft, für Rekultivierungsflächen, an Verkehrswegen und für extensiv benutzte und/oder gepflegte Flächen im öffentlichen und privaten Grün
Pflegeansprüche:	Bering (0–3 Schnitte im Jahr, Schnitthöhe 5–10 cm)
Regelaussaatmenge:	20 g/qm

Art	Mischungsanteil in Gewichts-% (4)		Sorten-eignung
	Regelwert	Spielraum	
Agrostis tenuis	10	(5–15)	5–9
Festuca ovina (1)	35	(25–45)	–
Festuca rubra commutata/nigrescens	20	(10–30)	6–9
Festuca rubra rubra und/oder	20	(10–30)	4–9
Festuca rubra trichophylla (2)			5–9
Lolium perenne (3)	5	–	3–9
Poa pratensis	10	(5–15)	3–9

(1) Bei sauren Böden Festuca ovina tenuifolia verwenden.
(2) Empfohlen wird die Verwendung beider Arten im Verhältnis 1 : 1.
(3) Nur als Starthilfe zu verwenden.
(4) Für bestimmte Anwendungsbereiche ist die Verwendung von standortgerechten Kräutern und Leguminosen in der Regelsaatgutmischung sinnvoll.
Als Anhalt dient die Zusammenstellung nach Tab. A 12.5/11.

Tab. A 12.5/8   RSM 8 – Landschaftsrasen B (Stand 1987)

Landschaftsrasen

Klimaraum:	Binnenländischer Raum
Standort:	Extreme Trockenlagen auf alkalischen Böden (Südböschungen, hohe Böschungen, Steilböschungen, Rohböden)
Anwendungsbereich:	In der freien Landschaft, für Rekultivierungsflächen, an Verkehrswegen und für extensiv benutzte und/oder gepflegte Flächen im öffentlichen und privaten Grün
Pflegeansprüche:	Gering (0–3 Schnitte im Jahr, Schnitthöhe 5–10 cm)
Regelaussaatmenge:	20 g/qm

Art	Mischungsanteil in Gewichts-% (3)		Sorten-eignung
	Regelwert	Spielraum	
Brachypodium pinnatum (1)	5	(0– 5)	–
Bromus erectus (1)	5	(0– 5)	–
Festuca ovina	50	(40–60)	–
Festuca rubra commutata/nigrescens	15	(10–20)	6–9
Festuca rubra rubra und/oder	15	(10–20)	4–9
Festuca rubra trichophylla (2)			5–9
Lolium perenne	10	(5–15)	3–9

(1) Bei weniger extremen Lagen oder Saatgutmangel durch Festuca rubra zu ersetzen.
(2) Empfohlen wird die Verwendung beider Arten im Verhältnis 1 : 1.
(3) Für bestimmte Anwendungsbereiche ist die Verwendung von standortgerechten Kräutern und Leguminosen in der Regelsaatgutmischung sinnvoll.
Als Anhalt dient die Zusammenstellung nach Tab. A 12.5/11.

Tab. A 12.5/9   RSM 9 – Landschaftsrasen C (Stand 1987)

Landschaftsrasen

Klimaraum:	Ohne Einschränkung
Standort:	Staunässegefährdete Lagen
Anwendungsbereich:	In der freien Landschaft, an Verkehrswegen und für extensiv benutzte und/oder gepflegte Flächen im öffentlichen und privaten Grün
Pflegeansprüche:	Gering (0-3 Schnitte im Jahr, Schnitthöhe 5–10 cm)
Regelaussaatmenge:	20 g/qm

	Mischungsanteil in Gewichts-%		
Art	Regelwert	Spielraum	Sorten-eignung
Agrostis gigantea	10	(5–15)	–
Festuca ovina	20	(15–25)	–
Festuca rubra commutata/nigrescens	20	(15–25)	6–9
Festuca rubra rubra und/oder	30	(20–40)	4–9
Festuca rubra trichophylla (1)			5–9
Lolium perenne	10	(5–15)	3–9
Poa trivialis	10	(5–15)	–

(1) Empfohlen wird die Verwendung beider Arten im Verhältnis 1 : 1.

A 12.5/10   RSM 10 – Landschaftsrasen D (Stand 1987)

Landschaftsrasen

Klimaraum:	Ohne Einschränkung
Standort:	Lichter Halbschatten
Anwendungsbereich:	In der freien Landschaft, an Verkehrswegen und für extensiv benutzte und/oder gepflegte Flächen im öffentlichen und privaten Grün
Pflegeansprüche:	Gering (0–3 Schnitte im Jahr, Schnitthöhe 5–10 cm)
Regelaussaatmenge:	20 g/qm

	Mischungsanteil in Gewichts-%		
Art	Regelwert	Spielraum	Sorten-eignung
Agrostis tenuis	5	5 (1)	5–9
Deschampsia flexuosa (2)	5	(0–10)	–
Festuca ovina tendifolia	20	(15–25)	–
Festuca rubra commutata/nigrescens	20	(15–25)	6–9
Festuca rubra rubra und/oder	25	(15–35)	4–9
Festuca rubra trichophylla (3)			5–9
Poa pratensis	15	(10–20)	3–9
Poa nemoralis	10	(5–15)	–

(1) Der geringe Saatgutanteil von 5% läßt keinen Spielraum zu.
(2) Anwendung nur auf stark sauren Böden.
(3) Empfohlen wird die Verwendung beider Arten im Verhältnis 1 : 1.

Tab. A 12.5/11   Kräuter und Leguminosen für »Landschaftsrasen«
(Gew.-% unpilliert) zu Lasten von Festuca ovina

Pflanzenart	RSM 7	RSM 8
Achillea millefolium	0,2	0,2
Centaurea jacea	0,2	0,1
Centaurea scabiosa	–	0,1
Chrysanthemum leucanthemum	0,3	0,2
Daucus carota	0,1	0,1
Dianthus carthusianorum	–	0,2
Galium mollugo	0,1	0,1
Galium verum	0,1	0,1
Hieracium pilosella*	0,1	–
Leontodon spec.*	0,1	0,1
Plantago lanceolata	0,1	0,1
Pimpinella saxifraga	0,1	0,1
Salvia pratensis	–	0,2
Sanguisorba minor	0,2	0,1
Lotus corniculatus	0,3	0,3
Medicago lupulina	0,1	0,2
Onobrychis viciaefolia	–	0,8
Summe	2,0	3,0

* Evtl. fehlende Arten nicht ersetzen: Gesamtsumme reduziert sich entsprechend!

Tab. A 12.6.3.2/1 Mindestanforderungen an die Beschaffenheit des Saatgutes bezüglich Reinheit, Keimfähigkeit und Feuchtigkeitsgehalt nach Saatgutverordnung – Landwirtschaft i.d.F. vom 21. Januar 1986

Art	Technische Mindestreinheit (in v.H. des Gewichts)	Mindestkeimfähigkeit (in v.H. der reinen Körner oder Knäuel)	Höchster Feuchtigkeitsgehalt %
Straußgräser – *Agrostis sp.*	90	75	14
Rotschwingel/Schafsschwingel – *Festuca sp.*	90/85	75	14
Deutsches Weidelgras – *Lolium perenne*	96	80	14
Rispengräser – *Poa sp.*	85	75	14

Tab. A 12.6.3.2/2 Zusätzliche Anforderungen an die Technische Reinheit für die in Tab. A 13.6.3.2/1 aufgeführten Arten nach Saatgutverordnung – Landwirtschaft i.d.F. vom 21. Januar 1986

	Basissaatgut	Zertifiziertes Saatgut	Handelssaatgut
– Körner anderer Kulturpflanzen	0,1 v.H.	1,0 v.H.	3,0 v.H.
Innerhalb des festgesetzten höchstzulässigen Besatzes:			
– Körner von Flughafer in 100 g	0	0	0
– Körner von Seide in 100 g	0	0	0
– Körner von Stumpfblättrigem Ampfer und Krausem Ampfer in 5 g	2	2	2
– Körner von Ackerfuchsschwanz	5 in 25 g	0,3 v.H.	0,3 v.H.

Für den aufgeführten Besatz mit Flughafer und Seide gilt 1 Korn Flughafer oder Seide in 100 g Saatgut nicht als Unreinheit, wenn weitere 200 g Saatgut frei von Flughafer und Seide sind.
Bei einer Rispenart gilt bei Basissaatgut und Zertifiziertem Saatgut ein Anteil von 1 v.H. des Gewichts, bei Handelssaatgut von 3 v.H. des Gewichts an Körner anderer Rispenarten nicht als Unreinheit.

Tab. A 12.6.3.2/3 Mindestanforderungen an die Keimfähigkeit für Rasensorten der Regelsaatgutmischungen RSM 1–5 (RSM 1988)

Art	Keimfähigkeit in %
Straußgräser – *Agrostis sp.*	80
Rotschwingel/ Schafschwingel – *Festuca sp.*	80
Deutsches Weidelgras – *Lolium perenne*	85
Rispengräser – *Poa sp.*	80

Tab. A 12.6.3.2/4–9   Zusätzliche Anforderungen an die Reinheit und den Fremdarten-anteil an die Regelsaatgutmischungen RSM 1–6 (RSM 1988)

RSM 1 – Zierrasen

Reinheit	Fremdartenanteil
95%	RSM 1 muß praktisch frei sein von Knaulgras – *Dactylis glomerata*, groben Gräsern, Jähriger Rispe – *Poa annua*, Gemeiner Rispe – *Poa trivialis*. Das bedeutet: kein Korn Knaulgras in 10 g. 1 Korn Knaulgras in 10 g gilt nicht als Unreinheit, wenn weitere 50 g frei von Knaulgras-Spelzfrüchten sind. Bei einer Untersuchung von 3 g keine Körner von folgenden Arten bzw. Gattungen: Honiggras – *Holcus sp.*, Quecke – *Agropyron sp.*, Rohrschwingel – *Festuca arundinacea*, Wiesenschwingel – *Festuca pratensis*, Weidelgras – *Lolium sp.*, Lieschgras – *Phleum sp.*, Jährige Rispe – *Poa annua*, Gemeine Rispe – *Poa trivialis*. Je 1 Korn von diesen Arten bzw. Gattungen gilt nicht als Unreinheit, wenn weitere 6 g frei sind.

RSM 2 – Gebrauchsrasen A

Reinheit	Fremdartenanteil	
92%	RSM 2 muß weitgehend frei sein von groben Gräsern. Das bedeutet: höchstzulässiger Besatz mit Körnern folgender Arten bzw. Gattungen in 10 g:	
		Anzahl der Körner
	Knaulgras – *Dactylis glomerata*	1
	Honiggras – *Holcus sp.*	1
	Rohrschwingel – *Festuca arundinacea* und/oder	
	Wiesenschwingel – *Festuca pratensis*	10
	Quecke – *Agropyron sp.*	10
	Weidelgras – *Lolium sp.*	1
	Bei Überschreibung dieses höchstzulässigen Besatzes gelten die Anforderungen als erfüllt, wenn von den genannten Arten bzw. Gattungen in weiteren 50 g nicht mehr als die in 10 g zulässige Anzahl von Körnern gefunden werden. Ferner darf die Saatgutmischung an *Poa annua* – Jähriger Rispe und *Poa trivialis* – Gemeiner Rispe insgesamt nicht mehr als 0,1 Gewichts- Prozent enthalten.	

RSM 3 – Gebrauchsrasen B

Reinheit	Fremdartenanteil	
92%	RSM 3 muß weitgehend frei sein von groben Gräsern. Das bedeutet: höchstzulässiger Besatz mit Körnern folgender Arten bzw. Gattungen in 10 g:	
		Anzahl der Körner
	Knaulgras – *Dactylis glomerata*	1
	Honiggras – *Holcus sp.*	1
	Rohrschwingel – *Festuca arundinacea* und/oder	
	Wiesenschwingel – *Festuca pratensis*	10
	Quecke – *Agropyron sp.*	10
	Weidelgras – *Lolium sp.*	1
	Bei Überschreitung dieses höchstzulässigen Besatzes gelten die Anforderungen als noch erfüllt, wenn von den genannten Arten bzw. Gattungen in weiteren 50 g nicht mehr als die in 10 g zulässige Anzahl von Körnern gefunden werden. Ferner darf die Saatgutmischung an *Poa annua* – Jährige Rispe und *Poa trivialis* – Gemeiner Rispe insgesamt nicht mehr als 0,1 Gewichts- Prozent enthalten.	

RSM 4 – Gebrauchsrasen C + Spielrasen

Reinheit	Fremdartenanteil
92 %	RSM 4 muß weitgehend frei sein von groben Gräsern. Das bedeutet: höchstzulässiger Besatz mit Körnern folgender Arten bzw. Gattungen in 10 g:

Anzahl der Körner

Knaulgras – *Dactylis glomerata* — 1
Honiggras – *Holcus sp.* — 1
Rohrschwingel – *Festuca arundinacea*
und/oder
Wiesenschwingel – *Festuca pratensis* — 10
Quecke – *Agropyron sp.* — 10

Bei Überschreitung dieses höchstzulässigen Besatzes gelten die Anforderungen als noch erfüllt, wenn von den genannten Arten bzw. Gattungen in weiteren 50 g nicht mehr als die in 10 g zulässige Anzahl von Körnern gefunden werden.
Ferner darf die Saatgutmischung an *Poa annua* – Jähriger Rispe und *Poa trivialis* – Geheimer Rispe insgesamt nicht mehr als 0,1 Gewichts- Prozent enthalten.

RSM 5 – Sportrasen

Reinheit	Fremdartenanteil
92 %	RSM 5 muß weitgehend frei sein von groben Gräsern. Das bedeutet: höchstzulässiger Besatz mit Körnern folgender Arten bzw. Gattungen in 10 g:

Anzahl der Körner

Knaulgras – *Dactylis glomerata* — 1
Honiggras – *Holcus sp.* — 1
Rohrschwingel – *Festuca arundinacea* und/oder
Wiesenschwingel – *Festuca pratensis* — 10
Quecke *Agropyron sp.* — 10

Bei Überschreitung dieses höchstzulässigen Besatzes gelten die Anforderungen als noch erfüllt, wenn von den genannten Arten bzw. Gattungen in weiteren 50 g nicht mehr als die in 10 g zulässige Anzahl von Körnern gefunden werden.
Ferner darf die Saatgutmischung an *Poa annua* – Jähriger Rispe und *Poa trivialis* – Gemeiner Rispe insgesamt nicht mehr als 0,1 Gewichts- Prozent enthalten.

RSM 6 – Regenerationsmischung

Reinheit und Keimfähigkeit	Fremdartenanteil
Mindestanforderungen nach dem Saatgutverkehrsgesetz	RSM 6 muß weitgehend frei sein von groben Gräsern. Das bedeutet: Höchstzulässiger Besatz mit Körnern folgender Arten bzw. Gattungen in 10 g:

Anzahl der Körner

Knaulgras – *Dactylis glomerata* — 1
HHoniggras – *Holcus sp.* — 1
Rohrschwingel – *Festuca arundinacea* und/oder
Wiesenschwingel – *Festuca pratensis* — 10
Quecke – *Agropyron sp.* — 10

Bei Überschreitung dieses höchstzulässigen Besatzes gelten die Anforderungen als noch erfüllt, wenn von den genannten Arten bzw. Gattungen in weiteren 50 g nicht mehr als die in 10 g zulässige Anzahl von Körnern gefunden werden.
Ferner darf die Saatgutmischung an *Poa annua* – Jähriger Rispe und *Poa trivilis* – Gemeiner Rispe insgesamt nicht mehr als 0,1 Gewichts- Prozent enthalten.

Tab. A 12.8.1/2 Anteil an abschlämmbaren Feinteilen bei belastbaren Vegetationsflächen

Korngruppe	Anteile in Massen %	
	Belastbare Veg. Flächen	Rasensportflächen DIN 18035/4
≤ 0,02 mm	≤ 20	≤ 8
≤ 0,0002 mm	≤ 10	

Stichwortverzeichnis

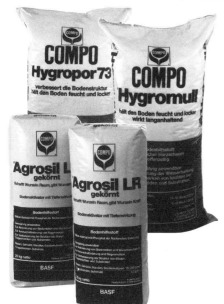